武漢科技大学

WUHAN UNIVERSITY OF SCIENCE AND TECHNOLOGY

年鉴

2023

《武汉科技大学年鉴》编辑委员会 编

北 京

冶 金 工 业 出 版 社

4月6日，原全国政协常委、港澳台侨委员会副主任、民革中央副主席、国家工商总局副局长刘凡来校调研

7月17日，湖北省委副书记诸葛宇杰来校调研

4月23日，湖北省属高校一流学科建设工作推进会在学校青山校区举行，时任湖北省政府党组成员、副省长邵新宇出席会议并讲话

12 月 28 日，湖北省政协副主席、党组副书记尔肯江·吐拉洪来校调研

3 月 28 日，青海省政协副主席田奎来校调研

4 月 14 日，学校在青山校区碧园会堂召开学习贯彻习近平新时代中国特色社会主义思想主题教育动员大会

4 月 24 日，学校在青山校区碧园会堂举行学习贯彻习近平新时代中国特色社会主义思想主题教育读书班开班式暨第一次辅导报告

1月6日，学校在青山校区主楼18楼报告厅召开中国共产党武汉科技大学第三届委员会第三次全体（扩大）会议暨重点工作部署会

7月5日，学校在青山校区主楼18楼报告厅召开中国共产党武汉科技大学第三届委员会第四次全体（扩大）会议

12月28日，学校在青山校区碧园会堂召开中国共产党武汉科技大学第三届委员会第五次全体（扩大）会议暨第五届教代会工代会第二次会议

7月4日，学校在青山校区主楼18楼报告厅举行领导干部警示教育大会

3月10日，学校在青山校区主楼18楼报告厅召开二级单位“一把手”述责述廉会议

3月18—19日，学校在青山校区主楼18楼报告厅举办年轻干部学习贯彻党的二十大精神暨履职能力提升培训班

6 月 28 日，学校在青山校区碧园会堂举行庆祝中国共产党成立 102 周年“两优一先”表彰大会暨“光荣在党 50 年”纪念章颁发仪式

10 月 20 日，学校在青山校区碧园会堂举行 2023 年重阳节集体祝寿暨文艺汇演活动

9 月 14 日，学校在黄家湖校区美术馆举办“师生面对面”迎新学习分享会

5 月 13—14 日，学校师生赴红安开展主题教育特色活动，这是学校连续第 40 年组织师生赴红安接受革命传统教育

7月7日，学校在青山校区碧园会堂举行武汉科技大学湖北省卓越工程师学院成立大会

5月31日，学校在青山校区举行材料学部成立仪式

4月18日，学校在黄家湖校区沁湖礼堂举行工业智能与数字孪生信创产业学院签约揭牌仪式

11 月 6 日，学校在青山校区主楼 1610 会议室召开矿物加工工程专业认证专家见面会

3 月 13 日，学校在黄家湖校区图书馆二楼会议室召开建筑环境与能源应用工程专业评估现场考查见面会

6 月 7—9 日，学校在黄家湖校区开展市场营销、材料物理专业联合校内专业评估

7月4日，学校在青山校区主楼1610会议室举行第十一届教学督导聘任仪式

3月9日，学校在黄家湖校区41101报告厅召开“毛泽东思想和中国特色社会主义理论体系概论”集体备课会

6月15日，湖北省大中小学思政课一体化共同体建设工作推进会在学校黄家湖校区41101报告厅举行

5 月 24 日，学校在黄家湖校区美术馆举行艺术与设计学院 2023 届毕业设计作品展开幕式

11 月 21 日，湖北省高校心理健康教育示范中心揭牌仪式暨心理健康教育座谈会在学校黄家湖校区举行

10 月 24 日，学校在黄家湖校区沁湖体育馆举办首届校友企业专场招聘会

4 月 23 日，学校在黄家湖校区沁湖礼堂举行第八届辅导员素质能力大赛暨第二届辅导员育人故事分享会决赛

3 月 14 日，学校在黄家湖校区举办“江城六校”2023 届毕业生联合招聘会首场招聘活动

3 月 16 日，湖北省科技创新大会在武汉举行，学校 16 项科研成果获奖

5 月 22 日，学校在青山校区召开冶金装备及其控制教育部重点实验室第三届学术委员会第四次会议

5 月 20 日，学校在青山校区碧园会堂召开 2023 年武汉科技大学化学科学与材料工程研讨会

11 月 11 日，学校在青山校区主楼 18 楼报告厅举办 2023 年人工智能前沿论坛暨第七届智能信息处理与网络优化国际研讨会

11 月 2 日，学校在青山校区碧园会堂举办 2023 国际产学研用合作会议（湖北）武汉科技大学“先进材料与绿色制造新技术”分论坛

11 月 9—11 日，学校在东湖宾馆举办第五届创新与知识管理国际会议

11月4日，由学校设立与协调管理的联合研究机构中非低碳冶金研究中心揭牌

6月1日，学校在青山校区钢铁楼举行智能膜材料与膜过程企校联合创新中心揭牌仪式

3月17日，由重庆市黔江区政府、重庆市药品监督管理局、武汉科技大学联合主办的重庆黔江武陵山生物医药联合研究院揭牌暨推动生物医药产业发展战略合作备忘录签约仪式在重庆黔江举行

7 月 25 日，学校与新疆博尔塔拉蒙古自治州人民政府合作签约仪式在新疆博乐举行

12 月 12 日，学校与十堰市人民政府合作签约仪式在十堰举行

11 月 19 日，学校在青山校区举行庆祝办学 125 周年暨高质量发展咨询会

11 月 18 日，学校在黄家湖校区图书馆召开“大健康产业校友会”成立大会

3 月 25—26 日，学校第三届校友会负责人年会暨首届校友企业高交会在深圳召开

9 月 12 日，学校与湖北联投合作签约仪式在联投举行

6 月 20 日，学校与冶金工业出版社合作签约仪式在青山校区主楼 1610 会议室举行

6 月 20 日，学校在武钢三中举行“优质生源基地”签约授牌仪式

7 月 19 日，香港理工大学代表团来校访问

11 月 16 日，第二十三届华侨华人创业发展洽谈会在东湖国际会议中心开幕，学校与香港理工大学签署战略合作框架协议

7 月 14 日，德国萨克森州代表团来校访问

7 月 27 日，加蓬矿业与地质部代表团来校访问

11 月 3 日，西班牙马德里康普顿斯大学代表团来校访问

11 月 3 日，西班牙马德里康普顿斯大学校长华金·戈雅切·戈尼一行参观学校

11 月 14 日，澳大利亚迪肯大学代表团来校访问

6 月 25 日，美国内华达大学拉斯维加斯分校代表团来校访问

7月6日，学校与中非创新合作中心签约共建中非青年创新创业示范基地

9月20日，学校创新创业基地江岸岱家山科创城揭牌成立

4月2日，学校第十四届“挑战杯”全国大学生课外学术科技作品竞赛暨“沁湖杯”学生科创作品展在黄家湖校区沁湖礼堂开幕

3 月 17—19 日，学校在第十三届“挑战杯”中国大学生创业计划竞赛全国终审决赛中获得银奖 2 项、铜奖 2 项

7 月 29—30 日，学校在第九届中国国际“互联网 +”大学生创新创业大赛湖北省复赛中获得金奖 9 项、银奖 1 项、铜奖 10 项

11 月 24—26 日，学校在 2023 年中国大学生工程实践与创新能力大赛（新能源车赛项、工程场景数字化赛项）全国总决赛中获得国家金奖 1 项、银奖 1 项

12 月 9—10 日，学校在 2023 年中国大学生工程实践与创新能力大赛（生活垃圾智能分类赛项）全国总决赛中获得国家金奖 1 项

5 月 24—28 日，学校赤骥车队在第七届中国汽车工程学会巴哈大赛中获得全国一等奖

10 月，黄家湖校区沁湖体育馆建成并投入使用

9 月，青山校区新建运动场建成并投入使用

2 月，附属老年病医院医学转化楼投入使用

7 月，附属天佑医院佑民楼投入使用

11 月 15 日，学校在黄家湖校区图书馆举行冶金特色文献馆开馆仪式

11 月 7 日，校友郑位三故居陈列布展在红安县七里坪镇马鞍山村郑位三故居开展

5月4日，学校在黄家湖校区沁湖礼堂举办五四表彰暨“五月的花海”合唱比赛

4月6日，学校“沁湖之音”管弦乐团首演音乐会在沁湖礼堂奏响

3月19日，学校在黄家湖校区举办第七届樱花节暨志愿项目嘉年华

3 月 13 日，学校领导与师生代表在黄家湖校区共同参加义务植树活动

10 月 26—28 日，学校在黄家湖校区南园操场举行第六十一届体育运动会

4月29日，学校在黄家湖校区举行第三届校园马拉松

4月29日，学校在黄家湖校区南园一站式学生社区举行第二十七期“沁湖时光　校长有约”活动

11 月 21 日，学校第九届沁湖鱼宴系列活动在黄家湖校区盛大开启

6 月 10 日，学校在沁湖举行第七届“沁湖连心　同舟共济”龙舟友谊赛

❶ 丁文红教授获评国家卓越工程师

❷ 张同存教授当选俄罗斯工程院外籍院士

❸ 李享成教授团队获批装备发展部和教育部联合创新团队

❹ 袁年兴教授获国家社科基金重大项目滚动资助

❺ 张华教授获宝钢优秀教师奖

❻ 谭伟教授获吴阶平全科医生奖

❼ 刘昱副教授、付绿平教授入选中国科协青年人才托举工程

❽ 孟佳老师获首届全国高校毕业生基层就业卓越奖

❾ “挑战杯”全国大学生课外学术科技作品竞赛特等奖获奖团队、中国国际大学生创新大赛国赛金奖获奖团队

❿ 马浩然获宝钢优秀学生特等奖

《武汉科技大学年鉴 2023》编辑委员会

《武汉科技大学年鉴 2023》编辑部

编辑说明

《武汉科技大学年鉴 2023》全面反映了武汉科技大学 2023 年在党的建设、人才培养、科学研究、社会服务、文化传承创新及综合改革等各方面的发展进程和最新成就。

《武汉科技大学年鉴 2023》以文章和条目为基本体裁，分要闻图片、学校概况、领导与机构、党建与思想政治工作、教育教学、招生就业、学科学位与专业建设、科学研究与社会服务、科研平台、师资队伍建设与人事工作、交流与合作、办学条件与保障、学院工作、校园十大新闻、校园十大人物、学校大事记、人物、学校重要文件和学校领导重要讲话等栏目。

本年鉴收录的时间范围是 2023 年 1 月 1 日至 2023 年 12 月 31 日，根据实际情况，部分内容在时间上前后略有延伸。

本年鉴收录的各学院资料基本上按照概况、党建与思想政治工作、教学工作、科研工作、学科专业建设、学生工作、队伍建设、实验室建设等条目编写；收录的各职能部门、直属单位的资料根据各自工作性质和特点，条目及内容安排相对灵活。本年鉴有关统计资料附在相关内容之后。

本年鉴所刊内容由各单位确定专人负责提供，并经本单位主要负责人审定。

《武汉科技大学年鉴 2023》由武汉科技大学党政办公室组织编写，在编写过程中得到学校领导和广大教职员工的大力支持，在此谨表衷心感谢。

《武汉科技大学年鉴》编辑部

2024 年 6 月

目录

武汉科技大学简介

武汉科技大学是湖北省人民政府和教育部共建的地方高水平大学，是国家国防科技工业局与湖北省人民政府共建高校，是湖北省“国内一流大学建设高校”，入选教育部“深化创新创业教育改革示范高校”“高等学校科技成果转化和技术转移基地”、科技部“创新人才培养示范基地”、国家知识产权局“知识产权试点高校”和湖北省“创新创业学院”“大学生创业孵化示范基地”。

学校办学历史溯源于1898年清末湖广总督张之洞奏请清朝政府批准成立的工艺学堂，历经湖北中等工业学堂、中南钢铁工业学校等传承与发展，1958年组建为武汉钢铁学院，开办本科教育。1995年隶属于原冶金工业部的武汉钢铁学院、武汉建筑高等专科学校、武汉冶金医学高等专科学校合并组建为武汉冶金科技大学。1998年根据国家高等教育管理体制改革需要，成为第一批实行“中央与地方共建，以湖北省人民政府管理为主”的划转院校。1999年更名为武汉科技大学。百余年来，学校为国家和社会培养了各类专门人才25万余人。一大批杰出校友成长为院士、专家学者、党政领导、大型钢铁企业掌门人，学校被誉为“冶金高层次人才的摇篮”。

学校现有青山、黄家湖和洪山三个校区，校园总面积171.43万平方米，校舍建筑面积129万平方米。固定资产33.01亿元；教学科研仪器设备总值8.43亿元；图书馆馆藏纸质图书285.99万册，电子图书104.18万册。全日制普通本科生25000余人，博士研究生、硕士研究生1万余人。校园依湖览江、风景优美，教学设施齐备，办学条件完善，是“湖北省生态园林式学校”“全国绿化模范单位”。

学校学科门类齐全、特色鲜明，构建了以工为主、理工结合，工、理、管、医、文、经、法、哲、艺、教、交叉等学科门类协调发展的综合性大学学科体系。设置有18个学院（部）、79个本科专业；拥有8个博士后科研流动站，8个一级学科博士学位授权点和40个二级学科博士学位授权点、33个一级学科硕士学位授权点和174个二级学科硕士学位授权点、20个硕士专业学位类别。建有1个国家重点（培育）学科、1个“十四五”教育部优先发展学科、10个省级重点学科，5个省级重点（培育）学科，6个省级优势特色学科群。材料科学与工程、冶金与矿业工程、机械工程3个学科入选湖北省“国内一流学科”建设学科；材料科学与工程学科入选湖北省一流学科重点建设学科；材料科学、工程学、化学、临床医学、计算机科学、环境/生态学6个学科进入ESI全球排名前1%。

学校坚持深化教育教学改革，获批“双万计划”一流本科专业建设点40个（其中国家级28个），国家级特色专业、“卓越工程师教育培养计划”等国家级专业建设项目14项，18个本科专业通过教育部专业认证（评估）。获批国家级一流本科课程16门，国家规划教材14部，国家级实验教学示范中心、虚拟仿真实验教学中心等实践教学平台7个。获国家级教学成果奖6项（其中一等奖1项）。获批国家级新工科研究与实践项目3项，国家级新文科研究与改革实践项目1项。毕业生就业率保持在95%以上。学生在中国国际大学生创新大赛、“挑战杯”等各级各类高水平学科和科技竞赛中成绩优异，“十三五”以来，累计获得国际级、国家级奖励5500余项；学校在中国高等教育学会发布的“2022年全国普通高校学科竞赛评估结果”中排名第47位。学校女篮在全国享有盛名，多次获得全国大运会、CUBA和CUBS冠军，培养了10多位国家队、国青队队员。

学校科研实力雄厚，建有湖北省属高校第一个国家重点实验室——“省部共建耐火材料与冶金国家重点实验室”、湖北省属高校第一个国家工程研究中心——“高温材料与炉衬技术国家地方联合工程研究中心”、湖北省属高校第一个生态环境部重点实验室——“国家环境保护矿冶资源利用与污染控制重点实验室”和2个国家级协同创新中心——“高性能钢铁材料及其应用省部共建协同创新中心”“战略钒资源利用省部共建协同创新中心”；拥有2个教育部重点实验室、1个教育部（B类）重点实验室、1个教育部工程研究中心、1个教育部国际合作联合实验室、1个国家民委“中华民族共同体研究基地”、1个国家级协同创新中心（联合）、31个省级科研平台。“十三五”以来，学校主持和承担国家重点研发计划、国家自然科学基金、国家社会科学基金、中央军民融合发展专项等国家级项目610多项，获得省部级及以上科技（社科）成果奖260余项。2007年以来获得19项国家科技成果奖（国家科学技术进步奖一等奖1项、二等奖13项，国家技术发明奖二等奖5项）。

学校积极实施人才强校战略，现有教职工2700余人，其中专任教师1900余人。拥有全职及双聘院士5人、俄罗斯工程院外籍院士2人，国家重要人才计划入选者25人，全国高等学校教学名师1人，全国模范教师2人，全国优秀教师5人，全国高校黄大年式教师团队1个，国家级教学团队3个，国家及湖北省新世纪百千万人才入选者30人，湖北省人才引进计划入选者318人，湖北省公共卫生领军人才培养计划入选者1人，湖北省青年拔尖人才等培养计划入选者9人，湖北名师15人，湖北名师工作室8个，宝钢教育基金优秀教师38人，省部级有突出贡献中青年专家33人，享受国务院和湖北省人民政府特殊津贴85人，获“霍英东青年教师奖”5人。“海洋工程用钢及应用性能学科创新引智基地”入选教育部和国家外国专家局联合组织实施的“高等学校学科创新引智计划”；“先进耐火材料学科创新引智基地”“混合智能引智创新示范基地”入选湖北省引智创新示范基地。

学校积极创新校企、校地合作，与中国宝武、鞍钢集团、柳钢集团、中国一冶、中冶南方等30余家大型企业和武汉、随州、孝感、无锡等省内外有关地市建立了全面合作关系，入选首批湖北省卓越工程师学院试点建设高校，成立了“中国宝武—武汉科技大学炭材料联合工程研究中心”“武汉科技大学—黄石市产学研合作创新中心”“武汉科技大学—老河口市科学技术研究院”；建有1所直属三级甲等附属医院、1所直属二级医院和8所非直属附属医院；设立了铌钢研究生奖学金、辉玲奖学金、濮耐奖学金、冶机77奖学金、悉地国际奖学金、李翠萍艺术奖学金、圣晖奖学金、创泽奖学金等近20项社会奖助学金。

学校坚持面向世界、开放办学，是湖北省最早开展国际教育交流合作的省属高校，是湖北省对外工作先进单位，是国家留学基金委“创新型人才国际合作培养项目”师生公派出国留学项目资格高校，是全国“中非创新合作中心”网络协作单位，是中非青年创新创业示范基地。与美国、德国、英国、意大利、西班牙、澳大利亚、荷兰、奥地利、新加坡、日本、韩国等数十个国家和地区的百余所高校、科研机构建立了学术交流和合作关系，开展学生交换、师资互访、联合科研等多方面的交流合作。与澳大利亚迪肯大学、英国伯明翰城市大学、美国桥港大学、意大利福贾美术学院合作举办本科教育项目，与荷兰阿姆斯特丹自由大学合作举办硕士教育项目；与香港理工大学等多所世界知名高校联合培养博士研究生和博士后高水平创新型人才。学校大力发展来华留学教育工作，在临床医学、土木工程、国际工商管理等本科专业及材料科学与工程、控制科学与工程、机械工程、化学工程与技术、安全科学与工程、矿业工程、系统科学等一级学科博士学位、硕士学位授权点招收外国来华留学生近500名。

站在新时代新的历史起点上，学校将坚持以习近平新时代中国特色社会主义思想和党的二十大精神为指导，全面贯彻党的教育方针，落实立德树人根本任务，始终秉持“厚德博学、崇实去浮”的校训精神，积极传承“坚韧不拔、勇承重载、崇实求精、表里如一”的钢铁品质，大力弘扬“向上向美、力行力新”的沁湖文化，扎根荆楚大地，服务国家需求，主动履行人才培养、科学研究、社会服务、文化传承创新、国际交流与合作的职责，不断增强综合实力和核心竞争力，为率先实现湖北省属高校国家“双一流”建设突破，把学校建设成为特色鲜明的一流大学而努力奋斗。（更新时间：2023年12月31日）

（党政办公室　提供）

2023年工作要点

2023年是全面贯彻党的二十大精神的开局之年，是全面落实省第十二次党代会的重要一年，是深入实施“十四五”规划承上启下的关键一年，是推进一流学科建设的攻坚之年。学校工作的总体要求是以习近平新时代中国特色社会主义思想为指导，深入学习贯彻党的二十大精神，认真贯彻落实习近平总书记关于教育的重要论述，深刻领悟“两个确立”的决定性意义，增强“四个意识”、坚定“四个自信”、做到“两个维护”，全面贯彻党的教育方针，落实立德树人根本任务，以学校“十四五”规划为引领，围绕第三次党代会确定的奋斗目标和发展战略，以一流学科建设为主线，以高质量发展为主题，巩固拓展20项重点改革任务成果，转变观念、凝聚共识、攻坚克难、稳中求进，确保全面完成学校目标任务，以实际行动迎接办学125周年，为湖北建设全国构建新发展格局先行区贡献武科大力量。

一、坚持和加强党的领导，压实全面从严治党主体责任

1. 学习宣传贯彻党的二十大精神。深入贯彻落实党中央关于认真学习宣传贯彻党的二十大精神的决定和省委决定，深入推进党的二十大精神进教材、进课堂、进头脑，扎实推动将党的二十大决策部署落到实处。按照中央和省委统一部署，扎实开展主题教育，落实党的创新理论学习教育计划。分层分类开展专题学习班，加强对处级以上领导干部集中轮训。充分发挥“一报两网多平台”阵地和载体宣传作用，积极构建“三团多队齐共鸣，七进七讲深融合”宣讲体系。

2. 加强宣传思想文化工作。加强党的创新理论武装，完善深入学习习近平总书记重要讲话和重要指示批示精神机制，强化党组织理论学习中心组学习、“第一议题”学习，制订年度学习计划和每月学习安排，及时跟进学习、贯彻落实习近平总书记重要讲话和重要指示批示精神，用党的创新理论凝心铸魂。强化校园文化和精神塑造，持续打造沁湖文化，讲好武科大故事，深入开展精神文明创建活动，高质量筹办好办学125周年纪念活动。全面落实意识形态工作责任制，持续抓好意识形态阵地建设和管控，切实加强意识形态领域风险监测、研判、报告和处置。召开宣传思想工作会议，完善“大统战”工作格局，扎实做好民族宗教工作，用心用情做好离退休老同志的服务管理，切实加强对工会、共青团、学术组织、教代会、妇委会、学生会等工作的领导。

3. 抓好基层党组织和干部队伍建设。严肃党的组织生活制度，从严做好党员发

展和党员教育管理。强化院系党组织政治功能，开展党建工作专项调研。积极构建基层党建工作品牌体系，开展“一融双高”经验探索，提升基层党组织服务学校高质量发展能力水平。开展党建工作“赋能强基”三级联创。持续深化对标争先工作，探索实行“党支部积分管理制”试点，发挥先进典型的示范引领带动作用。稳步做好二级单位领导班子调整工作，探索实行青年教师到机关业务部门挂职锻炼，统筹推进职级绩效晋升、组织员队伍建设和年轻专业技术干部培养选拔工作。强化省、校、院三级培训体系，组织开展学习贯彻党的二十大精神暨年轻干部履职能力提升专题培训，做实做细干部教育管理监督。做好干部考核工作，加强考核结果应用。深化“我为群众办实事”实践活动，持续抓好党员干部下沉社区工作。持续助力乡村振兴帮扶驻点村建设发展。

4. 全面推进“清廉学校”建设。始终把政治建设摆在首位，完善坚持和加强党对学校工作全面领导的体制机制，为学校发展提供坚强的思想保证、政治保证、组织保证。严明政治纪律和政治规矩，不折不扣落实重大事项请示报告制度。强化政治监督，落实不敢腐、不能腐、不想腐一体推进制度机制，精准运用监督执纪“四种形态”，持续加强对“一把手”和领导班子监督。持续推进政治生态分析研判工作，发挥预警、修复、纠偏作用。深化纪律教育，驰而不息纠“四风”、树新风，深入开展违规吃喝问题专项整治，推进作风建设常态化长效化。持续打造廉洁文化活动品牌，将廉洁教育融入师生日常。

二、牢牢抓住中心工作，全面提升高质量发展水平

5. 实施一流学科建设攻坚行动。坚决扛牢省属高校一流学科“率先突破”的责任使命，深入贯彻落实省委省政府《关于加快推进省属高校一流学科建设的若干措施》，成立学校一流学科建设领导小组和一流学科建设战略咨询专家委员会，召开一流学科建设推进会，科学制定“材料科学与工程”一流学科建设任务书，打造一流学科建设特区，谋划学科资源整合方案，推进组织体系重构和攻坚团队搭建，力争年度重点任务专项突破。

6. 持续优化学科专业结构。突出“一主两翼三新”学科专业发展布局，构建可持续发展的学科生态系统，加快完善学科建设管理制度，开展项目全流程管理体系建设，修订学科建设绩效评价管理办法，建立加强学科建设的长效机制。建立优势特色学科建设引导机制，实施高峰优势学科攀登计划、基础学科强基计划、交叉学科融合计划，推进学科体系建设调整升级，培育学科建设新增长点。全面总结第五轮学科评估经验，瞄准第六轮学科评估开展对标建设，全面提升学科建设水平。大力实施博士学位点建设提升工程，持续优化学位点建设，加强学位点周期性合格评估和新增点申报工作，力争新一轮学术学位博士点、专业学位博士点建设实现新突破。围绕湖北省五大优势产业和“51020”现代产业集群，健全专业结构优化与动态调整机制，做好专业预警、停招、增设工作。

7. 加强高层次人才引育。坚持人才引

育与一流学科建设统筹谋划，突出“高精尖缺”需求导向，提升引才聚才的精准性和有效性，强化跨学科创新团队建设。大力实施“香涛学者”等人才引进培育计划，完善国家级人才培育体系，抓好“四青”人才储备，建立健全以才引才工作机制，重点做好战略科技人才等高层次人才的引进培养、申报推荐、跟踪服务，力争实现自主培养或引进院士、杰青和长江学者特聘教授的突破。

8. 全面实施有组织科研。以“四个面向”为导向，以“举校体制”加强科学研究组织工作，建立部门联席制，强化省部高校间的联合，主动融入武汉具有全国影响力的科技创新中心、湖北“三高地、两基地”和三大都市圈建设。实施重大科研项目培育计划，聚焦一流学科建设，加强重点优势科研项目攻关，争取在国家级、省部级重点重大项目立项、成果获奖方面有新突破，争取实现科研经费新突破。稳步推进科技平台的实体化运行和开放共享水平，进一步优化平台评价体制机制，聚焦重大战略需求，推进国家重点实验室重组和国家重大科技基础设施论证工作，加强国防重点实验室建设，优化整合现有平台，提升现有国家级、省级科研平台能级，构建跨学科科研平台体系。高质量推进“高等学校科技成果转化和技术转移基地”等国家级基地建设，聚焦优势特色，推动产学研用深度合作，强化“一院一市一基地”建设，加强科技成果转移转化。严格学报学术质量，确保学报影响力稳步提升。

9. 推进高水平国际化建设。优化国际合作布局，加强与欧美、港澳台知名高水平大学的校际交流和实质性科技合作，联合申报国际科技合作项目，加快国际合作基地和平台建设，构建全方位、高层次、有重点的国际合作网络。推进上合组织框架下国际合作研究、乡村振兴研究和中非科技创新合作，申报教育部国际合作联合实验室。加强国际化人才培养，推进中外合作办学发展，提高国际学生培养质量，提升师资国际化水平，扩大国家留学基金委等对外交流项目，深化国际学术交流，加速国际化能力建设。做好“中非青年创新创业大赛”、材料学科“国际研究生学术交流论坛”等品牌活动。

三、深入落实立德树人根本任务，全面提升人才自主培养质量

10. 提高思想政治工作质量。完善“五个思政”“五帮五促”工作体系，构建以生为本的“三全育人”“五育并举”新格局。重点培育具有学校特色的课程思政示范课程，持续推进省级重点马克思主义学院建设，打造思想政治教育“金课”，用好讲好“大思政课”。深入推进“一站式”学生社区综合管理模式建设，共同缔造学生社区育人新生态圈，构建思政小课堂与社会大课堂协同育人机制。深入实施青年马克思主义者培养工程。进一步加强思政骨干队伍建设，持续推进“百炼成钢”辅导员能力素质提升工程。深化新入职教师岗前培训、本科课堂教学准入考查和师德师风建设主题月等活动，持续加强教师思想政治教育和师德师风建设。

11. 深入推进人才培养模式改革。稳步推进本科生院运行，为高水平本科教育提供高效的组织保障。健全医学部运行管

理机制，促进组建单位深度融合，进一步提升医学人才培养水平。加快“香涛计划2.0”建设，实施基础学科人才培养计划和卓越人才培养计划，深化辅修学位、微专业赋能的“传统专业+”复合应用型人才培养。加快“工业智能与数字孪生信创产业学院”建设，积极支持相关学院组建产业学院。探索未来科技创新领军人才培养新模式，推进未来技术学院建设。筹建卓越工程师学院，为工程技术人才培养提供支撑。构建创新创业课程体系、实践教育体系和质量监控体系，加快创新创业学院建设。深化继续教育改革，坚持规范与发展并重，推动继续教育规范、有序、健康发展。

12. 着力推进本科生教育质量建设。根据《普通高等学校本科教育教学审核评估实施方案（2021—2025年）》，打造符合新时代要求的教育教学管理制度体系，启动本科教育教学审核评估准备工作。持续推进一流专业和一流课程建设质量，做好国家一流本科专业建设点验收工作。优化学分设置和课程设置，做好国家级教材建设，完善教师教学培训体系，强化教学管理和绩效考核，改善实践教学办学条件，提高课程设计和毕业设计（论文）质量，积极开展专业认证和评估，着力提升人才培养质量。全面深化本科大类招生和培养改革。力争国家教学成果奖取得新突破。

13. 全面提升研究生培养质量。完善科教融合、产教融合育人机制，持续深化产教融合与工程硕博士培养改革。完善选拔机制，优化研究生招生考试流程，提高生源质量。强化研究生思想政治教育和科学精神培养，持续深化研究生培养模式改革，不断提升研究生创新能力。完善优秀研究生导师、团队评选制度，推进本硕博知识体系一体化设计，做好研究生精品课程和教材建设，推进研究生实习实践基地建设与考核，加强优秀博士论文培育，严格研究生培养过程和学位论文质量管理。

14. 全力推进毕业生就业工作。深入开展访企拓岗专项行动，促进校地、校企就业创业资源精准对接。做好西部计划、参军入伍等政策性岗位的开发和宣传工作，积极引导毕业生主动服务国家重大战略需求。构建精准化就业帮扶体系，提高对学生的生涯规划与就业指导服务质量，加大对重点群体毕业生就业创业能力的精准帮扶力度。

四、推动全面深化改革，大力提升治理体系和治理能力现代化水平

15. 推进目标责任制奖励分配改革。依据湖北省高质量发展综合绩效考核指标要求，修订学校目标责任管理考核制度，重点抓好核心工作目标设计，完善主动担当作为考核激励机制，以高质量考核促进学校高质量发展。完善后勤、继续教育、国际教育创收激励机制，推行创收单位实行全成本核算，坚持创收和质量双提升，加大对贡献者的激励。

16. 持续推进人事制度管理改革。落实《武汉科技大学绩效工资实施办法》，健全宏观调控机制，规范奖励性补贴发放内容，完善高层次人才分配激励办法，优化绩效工资发放方式。落实岗位设置与人员编制改革，优化人员结构，健全用人机制，提高办学质量与效益。聚焦国家重大

科技创新活动，实施科技人才分类评价的新标准、新方式、新机制，突出国家使命导向，构建以创新价值、能力、贡献为导向的科技人才评价体系。推进养老保险改革落实，认真做好退休待遇申领和养老保险增员减员工作。

17. 稳步推进民生保障工程改革。进一步提高后勤服务保障能力，建立后勤标准化工作体系，探索构建高效的用人机制和分配模式，深入推进“智慧后勤”建设，建立与学校事业发展相适应的后勤服务保障体系。加快推进家属区物业管理服务模式改革，提高物业服务质量与水平。推进节能节水改造工作，打造绿色、低碳的节约型校园。持续加强公费医疗改革政策的平稳推进，探索建立重大疾病互助基金。

18. 加强精细化内控管理改革。提高实验室安全管理和使用水平，全面推进实验室分级分类管理。加强无形资产管理，加快对现有专利权办理资产入账手续。持续深化校属企业改革，加强对参、控股企业的监督管理。结合经济责任审计、财务审计、建设工程审计等形式，切实提高学校资金使用效益。建立健全采购内控机制，优化采购流程，高效做好各项采购项目落实。

19. 深化学校内部治理结构改革。持续深化新时代教育评价改革，推动工作清单落实落细。落实《武汉科技大学机构及中层管理岗位设置方案》，进一步理顺管理体制机制。形成以大学章程为核心，规范统一、分类科学、层次清晰、运行高效的校内规章制度体系。加强法律顾问建设，强化合同审查规范化和备案制，开展宪法宣传教育，深入推进依法治校。发挥学校学术委员会及各专门委员在学校学术事业发展中的积极作用，建立健全科学民主的决策机制。做好信息公开工作，切实增强师生员工的知情权、参与权和监督权。持续深化青山校区、黄家湖校区“双中心”行政管理与服务模式。深入实施“美丽科大　共同缔造”。

五、着力提升服务保障水平，不断增进师生获得感幸福感安全感

20. 不断提升办学资源和经费保障。强化办学成本意识和绩效考核，提升资源配置标准化水平，不断优化支出结构，推进历史债务化解。加强办学经费筹措能力，积极拓展筹资渠道，提高洪山校区综合利用效益，做大做强做优继续教育、国际教育，落实社会捐赠目标任务，加大银校合作，做好土地征收及管理费、社会投资催收。广泛联系校友，积极拓展资源，建立健全学校和校友双向服务的协同机制。优化公房资源配置，加强公房出租出借管理。

21. 加强校园基本建设。推进校区总体规划调整，进一步拓展办学空间。全力建好“十四五”教育强国工程项目、教育部国防重点实验室项目等“基础能力提升工程”，统筹推进青山校区运动场建设、西院环境整治、春华餐厅改造、人和公寓租赁维修、沁湖体育馆、教室图书馆空调安装、学生宿舍维修等重点“民生工程”。积极推进黄家湖校区一、二期建筑不动产权证办理。

22. 推进信息化服务体系建设。构建精准的图书馆情报服务体系，提供定制化

的科研情报分析服务，进一步加强学科建设的文献资源保障能力。持续推进档案数字化工作，高质量完成校史馆改版。深化智慧校园建设，持续推进“一张表”工程建设，完成学生宿舍“一张网”工程三年规划，提高校园网络接入速度和稳定性，加强网络安全保障建设，持续提升校园网络品质和服务水平。推进校、院两级学科及大型仪器设备公共服务平台建设，做好湖北省科技创新券服务机构库入库工作。

23. 加强平安校园建设。贯彻落实总体国家安全观，开展国家安全宣传教育月活动，持续筑牢师生国家安全防线。完善维稳工作机制，加强与各校区属地政府的沟通交流，共同做好校园及周边治安综合治理，推动信访问题及时妥善解决。着力强化保密工作体系，加强保密风险排查防控。完善校园新冠疫情防控工作方案，严格落实“乙类乙管”下疫情防控各项举措，加强学校健康驿站建设，最大程度保障师生健康。做好医疗服务保障，建立健全传染病常态化防控秩序，不断满足师生多层次、多样化的医疗服务需求。

（党政办公室　提供）

2023 年工作总结

2023 年，学校全面贯彻党的教育方针，落实立德树人根本任务，认真履行人才培养、科学研究、社会服务、文化传承创新和国际交流合作职能，抓谋划、抓布局、抓改革、抓落实，有力推进学校事业高质量发展。

聚焦主责主业、矢志育人育才，人才自主培养质量不断强化。作为第一完成单位获国家教学成果奖二等奖，为湖北省属高校唯一；获批国家一流本科课程 8 门；3 个专业通过专业评估（认证），1 个专业通过专家组进校考查；获批湖北省卓越工程师学院，为首批 4 所高校试点单位之一；本科生多个专业组投档线稳居湖北省属高校第一，研究生优质生源稳步提升，在读研究生突破 1 万人，获评全国高校毕业生基层就业卓越奖；实现中国国际大学生创新大赛、“挑战杯”国赛金奖双突破。

坚持创新引领、实施关键突破，有组织的科研成效不断凸显。ESI 全球排名前 1%学科稳中有升达到 6 个，论文总数、总被引数、国际位次均位列湖北省属高校首位，材料科学与工程等 11 个学科入选软科世界一流学科；1 人获党中央、国务院首届“国家工程师奖”；获批省部级以上科研项目 175 项，全年科研到账经费突破 3.2 亿元；获批国家民委“中华民族共同体研究基地”、教育部重点实验室、国际合作联合实验室、创新团队；学报社科版、自科版接连入选核心期刊。

心怀国之大者、扎根区域行业，服务发展能力水平不断提升。积极寻求校地校企战略互动，强化产学研与科技合作，进一步完善科技成果转化体系，与湖北十堰、联投等共建产学研平台 24 个，外派科技人员 120 余人次；立项横向科研合同 720 项，合同总金额 2.6 亿元，其中与湖北省内合作立项合同 397 项，合同总金额达 1.36 亿元；专利转化 170 余项，金额 3000 余万元。

坚持开放办学、强化合作交流，协同发展办学格局不断构建。与香港理工大学、马德里康普顿斯大学等世界高水平大学签订战略合作协议；获批科技部首批“中国—非洲伙伴研究所交流项目”“中非青年创新创业示范基地”，首次获批湖北省政府对外友谊最高奖项“编钟奖”；主办和承办多场国际学术会议和赛事，派遣 300 余名师生出国（境）进行学术访问交流。

加强党的领导、深化党的建设，办学治校育人生态不断优化。坚持党的创新理论武装，深入开展主题教育，《省委主题教育简报》等 6 次刊发学校典型经验做法，6 个集体或个人入选全省党建“双创”建设名单；持续推进“钢铁文化”和

“沁湖文化”品牌建设，获评全省宣传思想文化工作先进集体、全国巾帼文明岗；纪委、监察专员办公室连续4年被省纪委监委评为“年度工作考核优秀单位”；获评全省平安建设优胜单位。

（党政办公室　提供）

武汉科技大学领导

党委书记	徐雁冰
党委副书记、校长	倪红卫
党委副书记	孙国胜
党委副书记	盛建龙
党委常委、纪委书记	窦先萍
党委常委、副校长	沈季伟
党委常委、副校长	吕　勇
党委常委、副校长	马　腾
党委常委	刘时新
党委常委（挂职）	胡　剑（9月— ）

（党政办公室　提供）

中共武汉科技大学委员会第三届全委会委员名单

（按姓氏笔画排序）

丁　宇　马　腾　吕　勇　伍学云　刘抗强　刘时新　刘振兴　许成祥　孙国胜
李亚伟　李晓敏　肖巧玲　吴清明　沈季伟　张会利　陈志刚　胡　剑（9月—）
夏绪辉　倪红卫　徐雁冰　唐忠义　曹　伟　戚　筠　盛建龙　窦先萍　黎宇宁
潘丽莎

（党政办公室　提供）

中共武汉科技大学委员会常委会委员名单

徐雁冰　倪红卫　孙国胜　盛建龙　窦先萍　沈季伟　吕　勇　马　腾　刘时新
胡　剑（9月—）

（党政办公室　提供）

中共武汉科技大学第三届纪律检查委员会组成人员名单

（按姓氏笔画排序）

书　记　窦先萍

副书记　韩洪波

委　员　王文涛　刘泽喜　许　辉　许立桥　苏芳勇　李建军　何光敏　佘春雨
张国华　徐　斌　黎　伟

（纪委、监察专员办公室　提供）

武汉科技大学工会委员会（教代会执行委员会）组成人员名单

工会委员会主席（教代会主任）　盛建龙

工会委员会常务副主席（教代会常务副主任）　张国华（1—4 月）
李　敏（4—12 月）

工会委员会副主席（教代会副主任）　汪国栋
陈若男（1—4 月）
王　玲（1—7 月）
郝春艳（7 月—）

工会委员会（教代会执行委员会）**委员**（按姓氏笔画排序）

丁　力　万　青　马娅婕　王念先　王　玲　邓　平　朱　斌　刘　勇
许晓英　孙　芳　李　敏　李建立　李桂珍　吴　芳　邹刚强　汪国栋
张　江　张连生　张连华　张国华　张晓晴　陈贵词　林　森　罗　刚
罗志文　郑淑芳　郝春艳　胡　威　段昌伟　姜天华　费明龙　殷中山

郭慧霞　唐金汉　黄诗冰　盛建龙　崔　涛　蒋佐斌　蒋　静　谭　伟

1. 工会经费审查委员会

主任委员　何光敏

委　　员（按姓氏笔画排序）

李炜巍　何光敏　蒋佐斌　蒋　静　韩洪波　魏　东　魏明良

2. 工会女教职工委员会

主任委员　陈若男（1—4月）

郝春艳（7月—）

委　　员（按姓氏笔画排序）

王　玲　刘　勇　刘晓柳　许晓英　孙　芳　李珊珊　李婵娟　杨贵丽

张　青　张美杰　明　晶　郝春艳　柯丽华　姜　瑾　姚　婕

（校工会、教代会　提供）

武汉科技大学妇女委员会组成人员名单

常务副主任　陆　勇

副主任　王　玲（1—7月）

郝春艳（7月—）

白　冰（1—5月）

龚　晗（7月—）

委　员（按姓氏笔画排序）

王　玲　王爱国　白　冰　刘　星　刘　斌　刘晓柳　许晓英　杜胜品

李桂珍　杨贵丽　吴晓琴　何　琼　张会利　张明丽　张金华　张春枝

张美杰　陆　勇　周　薇　郝春艳　柯丽华　冒　颖　龚　晗　戚　筠

傅江浩　潘丽莎　潘雅琼

（校妇委会　提供）

共青团武汉科技大学委员会组成人员名单

书　记	刘晓云（1—11月）	王媛媛（12月—）	
副书记	李宇奇（1—10月）	向方新	宋笑影（5—12月）
	张　晶（1—5月）	刘昌明（1—5月）	张施琦（5—12月）
	闫昌昊	裴林茹（5—12月）	吴　霜（5—12月）
	何　畅（1—5月）	叶显伟（1—5月）	陈文思（12月—）
常　委	李宇奇（1—10月）	向方新	宋笑影（5—12月）
	张　晶（1—5月）	刘昌明（1—5月）	张施琦（5—12月）
	闫昌昊	裴林茹（5—12月）	吴　霜（5—12月）
	何　畅（1—5月）	叶显伟（1—5月）	刘晓云（1—11月）
	王媛媛（12月—）	朱　磊	平　洋
	陈文思（12月—）		
委　员	李宇奇（1—10月）	向方新	宋笑影（5—12月）
	张　晶（1—5月）	刘昌明（1—5月）	张施琦（5—12月）
	闫昌昊	裴林茹（5—12月）	吴　霜（5—12月）
	何　畅（1—5月）	叶显伟（1—5月）	刘晓云（1—11月）
	王媛媛（12月—）	朱　磊	平　洋
	王云鹤	石其坤（9月—）	卢文博
	毕元玲	刘妙妙	李　显
	胡文峰	邹　龙	季晨昊
	章健宇	陈文思（12月—）	

（团委　提供）

武汉科技大学学术委员会组成人员名单

主　任　张一敏

副主任　盛建龙　吴开明

委　员（按姓氏笔画排序）

丁义明　王剑明　朱明炬　刘文波　刘思敏　刘俊洁　刘剑锋　刘振兴
刘　涛　刘海兵　许成祥　严运兵　吴清明　汪朝晖　张　华　张　凯
陈贵词　郑安民　袁年兴　顾华志　董志军　曾良才　管家庆

（注：学术委员会秘书处设在科学技术发展院，负责学术委员会日常事务。盛建龙同志兼任学术委员会秘书长，董志军、杨长发同志任学术委员会副秘书长。）

（学术委员会秘书处　提供）

武汉科技大学学位评定委员会组成人员名单

主　任　倪红卫

副主任　孙国胜　马　腾　吕　勇

成　员（按姓氏笔画排序）

丁　宇　丁义明　王剑明　伍世虔　刘　涛　刘振兴
刘剑锋　刘海兵　刘文波　许成祥　严运兵　肖巧玲
李光强　吴开明　吴清明　宋世震　宋红波　张　华
张　凯　张海军　郑安民　袁年兴　顾华志　韩　军
程常桂　曾良才　管家庆

（注：学位评定委员会办公室设在研究生院，刘斌同志任办公室主任。）

（研究生院　提供）

武汉科技大学本科教学指导委员会组成人员名单

主　任　倪红卫

副主任　孙国胜　吕　勇

成　员　傅江浩　邹清华　许立桥　丁　宇　陈　涛　魏　东　丁胜斋　陈东方　程常桂　刘晓云　陈志刚　张　华　毛前军　张光德　邱玉莲　江志刚　吴晓琴　王兴东　朱子奇　何　理　田胜兰　李　敏　张绪美　韩振勇　陈　尧　贺　尊　吴　谨　王　强　张　玲　胡　康　周　俊　刘　涛

（注：教学指导委员会办公室设在教务处，王永辉同志任办公室主任。）

（本科生院　提供）

武汉科技大学科学技术协会组成人员名单

主　席　刘　静

副主席　王　黎　吕　勇　李亚伟　张同存　梁　峰

委　员（按姓氏笔画排序）

马国军　王志刚　王路遥　朱明炬　江志刚　江高峰　许梦国　李　敏　杨明财　吴开明　闵华松　汪　恂　张　华　张志清　张晓龙　陈新元　幸福堂　郑　万　段卫东　贾　涓　徐贝杰　卿前恺　黄　涛　董　黎　曾　燕　曾丹林　熊　凌　颜家保　潘丽莎　薛春艳

（注：科学技术协会秘书处设在科学技术发展院，管靖同志任秘书长。）

（科学技术发展院　提供）

武汉科技大学党群部门及负责人

序号	单 位	正 职	副 职	备注
1	党政办公室	傅江浩	李 胤 刘 帅 郑永松（1—11月） 常 哲（12月—）	
2	保密办公室	周益宏		与党政办公室合署办公
3	黄家湖校区综合办公室	黎 伟（1—2月） 赵 凯（5月—）	赵 凯（1—5月） 梅海兵（12月—）	
4	洪山校区综合办公室	佘 杰	胡少华（1—4月） 张金华（4月—）	

续表

序号	单　位	正　职	副　职	备注
5	纪委、监察专员办公室	窦先萍	韩洪波（纪委副书记，正处级） 周　红（纪委派驻天佑医院（第一临床学院）正处级纪检员、纪委书记（兼）） 张金华（纪委派驻后勤保障部副处级纪检员、后勤保障部纪委书记，副处级，1—4月） 梅全亮（纪委派驻附属老年病医院副处级纪检员、附属老年病医院纪委书记，副处级，1—4月） 张连华（纪委派驻附属老年病医院副处级纪检员、附属老年病医院纪委书记，副处级，4月—） 丁　力（纪委派驻后勤保障部副处级纪检员、后勤保障部纪委书记，副处级，4—9月） 史小艳（纪委、监察专员办公室案件审理室主任，副处级） 蔡　鉴（纪委、监察专员办公室纪检监察室主任，副处级）	
6	巡察办	毛晓丹（12月—）		2023年9月成立党委巡察工作领导小组办公室，简称“巡察办”

续表

序号	单　位	正　职	副　职	备注
7	党委组织部	刘时新	郑　娟 杨福俊 郑永松（11 月—）	
8	党校	徐雁冰（兼）	郑　娟	与党委组织部合署办公
9	党委宣传部	孙国胜（兼）	李晓敏（常务副部长，正处级） 饶红亮 瞿孝平（1—7 月） 徐　乾（12 月—）	
10	党委统战部	沈季伟（兼）	杨启梅（常务副部长，正处级） 杜瑞瑞（5 月—）	
11	党委教师工作部	邹清华	杨　彦（1—7 月） 杨长发（7 月—）	与人事处合署办公
12	党委学生工作部（武装部）	许立桥（1—11 月） 潘丽莎（11 月—）	鞠　磊（1—7 月） 卢绍伟（1—12 月） 杨永彬（7 月—） 龚　晗（7 月—）	与学生工作处合署办公
13	党委研究生工作部	冒　颖	杨　云 毛宝胜（7 月—）	与研究生院合署办公

续表

序号	单 位	正 职	副 职	备注
14	党委保卫部	杨建国	王 伟 袁 彤 舒国谋	与保卫处合署办公
15	工会（教代会）	盛建龙（兼）	张国华（工会常务副主席、教代会常务副主任，正处级，1—4月） 李 敏（工会副主席、教代会副主任（主持工作），副处级，4—12月；工会常务副主席、教代会常务副主任，正处级，12月—） 陈若男（1—4月） 王 玲（1—7月） 汪国栋 郝春艳（7月—）	
16	妇委会		陆 勇（常务副主任，正处级） 郝春艳（7月—） 龚 晗（7月—） 王 玲（1—7月） 白 冰（兼）（1—5月）	与工会合署办公
17	团委	刘晓云（1—11月） 王媛媛（12月—）	李宇奇（1—10月） 向方新 陈文思（12月—）	

武汉科技大学二级党组织及负责人

序号	单　位	正　职	副　职	备注
1	材料与冶金学院党委	潘丽莎（1—5月）	林　莉（1—5月）	2023年5月成立材料学部党委，撤销材料与冶金学院党委
2	材料学部党委	潘丽莎（5—11月） 刘晓云（11月—）	林　莉（5月—）	2023年5月成立材料学部党委，撤销材料与冶金学院党委
3	城市建设学院党委	徐　斌	杨长发（1—11月） 胡丹蕾（12月—）	
4	管理学院党委	伍学云	毛晓丹（1—12月）	
5	国际学院党委	朱孟强	叶双慧	
6	化学与化工学院党委	刘抗强	毛宝胜（1—7月） 余　婷（7月—）	
7	机械自动化学院党委	余淑均	瞿孝平（7月—）	
8	计算机科学与技术学院党委	钟　磊	龚　晗（1—7月） 蔡　路（7月—）	
9	理学院党委	刘泽喜	余　婷（1—7月） 李宇奇（10月—）	

续表

序号	单　位	正　职	副　职	备注
10	汽车与交通工程学院党委	李建军	郝春艳（1—11月） 熊田田（12月—）	
11	外国语学院党委	苏芳勇	朱　明（1—2月） 胡晶晶（5月—）	
12	法学与经济学院党委	张继才（1—4月） 杨　彦（12月—）	杨　彦（主持工作，副处级，7—12月） 刘　英	
13	马克思主义学院党委	唐忠义	郭海沙（12月—）	
14	信息科学与工程学院（人工智能学院）党委	刘运显	陈　凯	
15	医学院　公共卫生学院党委	白　冰（1—5月）	范光泉（1—5月）	2023年5月撤销医学院　公共卫生学院党委
16	医学部党委	白　冰（5月—）	舒大凡（5月—）	2023年5月成立医学部党委
17	艺术与设计学院党委	黎宇宁	孔令浩	
18	资源与环境工程学院党委	曹　伟	张　瑞	
19	体育学院党委	刘俊洁（1—11月） 王永辉（12月—）	李大鹏（1—3月） 李　伟（5月—）	
20	生命科学与健康学院党委	王　婧	罗　刚	

续表

序号	单 位	正 职	副 职	备注
21	机关党委	郑 娟		与党委组织部合署办公
22	离退休党工委	彭宏斌	曲玉琴	
23	后勤保障部党委	杨 宏	梅全亮（4月—）	
24	图书馆党总支	汤 红		
25	附属天佑医院（第一临床学院）党委	许 辉	王剑明 胡 冰	
26	附属老年病医院党委	谭 伟	易文龙	
27	继续教育学院党委	万远太（1—4月） 张国华（4月—）	蔡 路（1—7月） 范光泉（7月—）	
28	资产经营有限公司党总支	双文庭（1—4月） 吴少利（5月—）		
29	省部共建耐火材料与冶金国家重点实验室党总支	鞠 磊（12月—）	鞠 磊（主持工作，副处级，5—12月）	2023年5月成立省部共建耐火材料与冶金国家重点实验室党总支
30	城市学院党委	肖 军		

武汉科技大学行政机构及负责人

序号	单位	正职	副职	备注
1	政策法规研究室		曹　源	与党政办公室合署办公
2	学生工作处	许立桥（1—11月） 潘丽莎（11月—）	鞠　磊（副处长兼毕业生就业指导中心主任，1—7月） 杨永彬（副处长兼毕业生就业指导中心主任，7月—） 卢绍伟（1—12月） 龚　晗（7月—）	
3	发展规划与学科建设处（高等教育研究所）	陈志刚	吴少利（1—5月） 王媛媛（1—12月） 黄　奥（12月—）	
4	本科生院	吕　勇（兼）	丁　宇（执行院长，正处级） 陈　涛（副院长，正处级，1—4月） 张志清（副院长兼教师教学发展中心主任，副处级，1—5月；正处级，5月—） 陈贵词（副院长兼教学研究与建设办公室主任，副处级） 王永辉（综合管理办公室主任、继续教育管理办公室主任，副处级，1—12月） 刘　波（教学质量管理办公室主任，副处级） 朱　明（本科招生办公室主任，2月—） 袁　龙（教务管理办公室主任，副处级）	

续表

序号	单位	正职	副职	备注
5	香涛学院	陈　涛（1—4月） 张志清（5月—）	张志清（1—5月）	挂靠本科生院
6	研究生院	程常桂	刘　斌（副院长兼学位管理办公室主任，副处级） 冯　涛（副院长兼研究生培养教育办公室主任，副处级） 杨　云（研究生就业办公室主任） 秦茂林（研究生招生办公室主任）	
7	科学技术发展院	夏绪辉	余春雨（副院长兼综合办公室主任，正处级） 董志军（副院长，7月—） 白　喻（副院长兼基础研究与高新技术办公室主任，副处级） 李　琛（副院长兼国防技术与装备办公室主任，副处级） 潘　婧（副院长兼人文社科办公室主任，副处级） 毛前军（副院长兼基地建设与成果管理办公室主任，副处级）	
8	校学术委员会办公室		问清泓（1—7月） 董志军（7月—）	挂靠科学技术发展院
9	人事处（人才工作办公室）	邹清华	杨　彦（副处长，1—7月） 龚　园（副处长） 杨长发（副处长，7月—） 邓映辉（副处长兼人才工作办公室副主任）	

续表

序号	单　位	正　职	副　职	备注
10	财务处	魏　东	梁　雪 任少轩 尤海鹰	
11	审计处	何光敏	雷　莹	
12	国有资产与实验室管理处	丁胜斋	姜曙媛 胡澄宇	
13	校园建设处	杨　魁	王　军 林　森	
14	国际交流合作处（港澳台办公室）	肖巧玲	杨　习	
15	校友工作与社会合作处	王文涛	刘昱佳	
16	离退休工作处	李婵娟	吴义国 胡少华（兼）（1—4 月） 张金华（4 月—）	
17	保卫处	杨建国	王　伟 袁　彤 舒国谋	
18	后勤保障部	黎　伟	赵厚成（1—7 月） 梅全亮（4 月—） 吴宝权 肖　珊 许晓英 丁　力（9 月—）	
19	采购与招标管理办公室	马志清	汪德伟	

续表

序号	单　位	正　职	副　职	备注
20	医学部		戚　筠（执行副主任，正处级，1—5月） 吴清明（兼副主任，正处级，1—5月） 王剑明（兼副主任，正处级，1—5月） 谭　伟（兼副主任，正处级，1—5月） 陈　勇（综合办公室主任，副处级，1—5月）	2023年5月对现有医学部实行重组，组建实体化的医学部，为学部制教学科研单位，归属学校二级学院（部）

武汉科技大学直属机构及负责人

序号	单　位	正　职	副　职	备注
1	工程训练中心	蒋国璋（1—11月） 江志刚（12月—）	刘忠胜（1—4月） 张光德（1—4月） 江志刚（4—12月） 胡　威（5月—）	
2	网络信息中心	袁　靖	涂　伟	
3	分析测试中心	王志刚（5月—）	王志刚（分析测试中心负责人，副处级，1—5月）	
4	图书馆	陈东方	邹晓顺（1—4月） 吴　芳 周　霆（5月—）	
5	档案馆	张明丽	万　青	

续表

序号	单　位	正　职	副　职	备注
6	学报编辑部	许　斌（1—4月） 冯育强（12月—）	冯育强（主持工作，副处级，4—12月）	
7	附属天佑医院（第一临床学院）	王剑明	胡　冰 费明龙 田胜兰 刘莉敏 李俊华	
8	附属老年病医院（附属洪山中心医院）	易文龙	尹　伶 杨贵丽 刘毅峰 黄燕飞（1—12月）	
9	创新创业学院	吕　勇	张会利（执行院长，正处级，1—12月） 冯育强（1—4月） 汪汝武（5月—）	
10	继续教育学院	宋世震（1—11月）	成红峰 陶　松 范光泉（5月—）	
11	资产经营有限公司	马志清（1—6月） 卢绍伟（12月—）	李炜巍 段昌伟（5月—） 黄燕飞（12月—）	
12	湖北省高校网络舆情分析研究中心	作　霜	李猛刚（5月—）	

武汉科技大学学院（部）行政机构及负责人

序号	单位	院（部）长	副院（部）长	备注
1	材料与冶金学院	顾华志（1—5月）	蒋　静（1—5月） 王周福（1—5月） 付绿平（1—5月） 张　华（1—5月）	2023年5月撤销材料与冶金学院
2	材料学部	马　腾（5月—） 顾华志（执行主任，正处级，5月—）	蒋　静（5月—） 王周福（5月—） 付绿平（5月—） 张　华（5月—） 杨庚蔚（11月—）	2023年5月成立材料学部
3	城市建设学院	许成祥	丁　力（1—4月） 朱红兵 杨　曌 肖　静（5月—）	
4	管理学院	邓旭东（1—6月） 刘海兵（执行院长，正处级，9月—）	崔　涛 邱玉莲（1—4月） 童泽平 刘海兵（1—9月） 黎精明（5月—） 张　洪（12月—）	
5	国际学院	肖巧玲	江志刚（1—11月） 陈　勇（11月—） 罗圆萍	

续表

序号	单 位	院（部）长	副院（部）长	备注
6	化学与化工学院	李轩科（1—6月） 郑安民（7月—）	董志军（1—7月） 罗志文 吴晓琴 雷 杨 徐继坤（11月—）	
7	机械自动化学院	曾良才（1—11月） 汪朝晖（执行院长，正处级，12月—）	蒋佐斌 王兴东 汪朝晖（1—12月） 王 蕾	
8	计算机科学与技术学院	张 凯	邓 平（1—7月） 王 玲（7月—） 朱子奇 刘 俊	
9	理学院	丁义明	张连华（1—4月） 何 理 王玉华 张传洲（5月—） 宋华丽（5月—）	
10	汽车与交通工程学院	严运兵	邹刚强 胡 溧 许小伟	
11	外国语学院	宋红波	殷中山 李金云 陈 尧	
12	法学与经济学院	袁年兴	李桂珍（1—7月） 赵厚成（7月—） 李 莉 贺 尊	

续表

序号	单位	院（部）长	副院（部）长	备注
13	马克思主义学院	刘文波（5月—）	李　敏（1—4月） 刘文波（1—5月） 郑淑芳（1—7月） 刘　勇（5月—） 张荆红（11月—） 郭海沙（12月—）	
14	信息科学与工程学院（人工智能学院）	吴宏鑫（院长） 刘振兴（执行院长）	吴　谨 朱　斌 陈　曦 刘　劲（5月—）	
15	医学院	吴清明（1—5月）	段昌伟（1—5月） 刘剑锋（1—5月） 王　强（1—5月） 曾　燕（1—5月）	2023年5月对现有医学部实行重组，组建实体化的医学部，医学院、公共卫生学院为医学部教学科研单位
16	公共卫生学院	吴清明（1—5月）	段昌伟（1—5月） 刘剑锋（1—5月） 张　玲（1—5月） 荣　爽（1—5月）	2023年5月对现有医学部实行重组，组建实体化的医学部，医学院、公共卫生学院为医学部教学科研单位
17	医学部	吴清明（5月—）	陈　勇（5—11月） 刘剑锋（5—9月） 王　强（5月—） 张　玲（5月—） 曾　燕（5月—） 荣　爽（5月—） 周小丽（12月—）	2023年5月对现有医学部实行重组，组建实体化的医学部，为学部制教学科研单位，归属学校二级学院（部）

续表

序号	单　位	院（部）长	副院（部）长	备注
18	艺术与设计学院	管家庆	郭慧霞 袁心平 胡　康	
19	资源与环境工程学院	刘　涛	张榜生（1—7月） 郑淑芳（7月—） 黄诗冰 韩　军	
20	体育学院	刘俊洁	王路遥（副院长，体育场馆服务管理中心主任（兼），10月—） 韩振勇 李大鹏（1—3月） 李　伟（5月—）	2023年9月成立体育场馆服务管理中心，作为体育教学辅助机构，与体育学院合署办公
21	生命科学与健康学院	张同存（1—6月） 刘剑锋（执行院长，正处级，9月—）	罗　刚 周　俊 廖兴华	

（党委组织部　提供）

武汉科技大学科研平台及负责人

序号	单位	正职	副职	备注
1	省部共建耐火材料与冶金国家重点实验室	倪红卫（主任兼） 顾华志（执行主任，正处级，5月—）	顾华志（常务副主任，正处级，1—5月） 李亚伟（副主任，正处级，1—5月） 李光强（1—4月） 邓承继 白　晨 李享成	国家级
2	高温材料与炉衬技术国家地方联合工程研究中心			国家级
3	高性能钢铁材料及其应用省部共建协同创新中心	吴开明（常务副主任，正处级）	余　敏	国家级
4	战略钒资源利用省部共建协同创新中心		黄　晶	国家级
5	绿色制造工程研究院	张　华（1—4月）	伍　林	
6	核磁共振与分子科学交叉研究院	杨　俊（7月—）		2023年7月成立核磁共振与分子科学交叉研究院

（科学技术发展院　提供）

党建与思想政治工作

纪检监察工作

【概况】2023年，学校纪检监察机构在学校党委和省纪委监委坚强领导下，以习近平新时代中国特色社会主义思想为指导，贯彻落实党的二十大、二十届二中全会精神，中央纪委和省纪委二次全会精神，坚定不移贯彻全面从严治党战略部署，锚定实现学校“双一流”发展目标，充分发挥监督保障执行、促进完善发展作用，持续深化纪检监察体制改革，坚决落实纪检监察干部队伍教育整顿决策部署，强化主题教育与教育整顿融合结合，注重学习教育成效转化，纪检监察工作高质量发展取得了新成效，为推动学校教育事业高质量发展提供了有力保障。

【高站位深化学习，淬思想、强党性，夯实绝对忠诚可靠基础】把铸就政治忠诚作为首要目标，深刻领悟“两个确立”的决定性意义，坚决做到“两个维护”。结合主题教育、教育整顿，健全“第一议题”，微论坛、微讲坛、微课堂等“三微平台”常态化全覆盖学习机制。突出习近平总书记关于全面从严治党目的、严管与厚爱干部、加强纪检监察干部队伍建设等三个方面重要论述主线，召开校纪委委员会、书记办公会、二级纪委书记例会等“第一议题”学习38次，专题研学中央纪委国家监委第六督导组组长李炎溪同志针对纪检监察队伍提出的“12个如何”等11次，组织“百炼铸魂”“齐学共讲”微论坛、微讲坛14期，讲党课、警示教育等15场。强化以考促学，编印学习资料汇编3部、纪检监察法规制度知识题库25套，全体专兼职纪检干部参加2轮法规测试。活化“深学习、实调研、抓落实”，学习深度、转化程度、斗争力度有效提升，中央纪委督导组对纪检干部教育整顿“心得体会”给予“总体不错”肯定。

【推进政治监督具体化、精准化、常态化，保障党的二十大精神、教育强国任务落实见效】深化政治监督。聚焦学习贯彻习近平新时代中国特色社会主义思想主题教育，党的二十大关于教育、科技、人才“三位一体”部署等统筹谋划，制定政治监督年度计划和工作台账，开展“贯彻落实党的二十大精神、促一流学科建设”、落实意识形态工作责任制等监督12项、专项监督3项。牵头主题教育督导工作，制定1+7专项整治方案，推进整改销号问题138个，在教育工委高校领域突出问题专项整治座谈会上作典型发言。细化措施跟进监督巡视整改审核反馈“1+2”问题、经济责任审计反馈问题整改，取得较好成效。

加强对“一把手”和领导班子监督。坚持以通报情况、检查、谈话等方式推动责任落实；向党委常委会报告监督执纪事项14次，向校党委书记汇报、向校领导班子成员通报反馈其分管领域有关问题25次，与二级单位“一把手”谈话超100人次，约谈违纪违法案发单位“一把手”和领导班子11次。对学校“一把手”向省委常委扩大会议述责述廉反馈问题督办整改，提交完成4项重点任务整改报告。协助组织校党委常委（扩大）会进行2022年度二级单位“一把手”述责述廉、民主测评。开展对学校二级单位“一把手”信访举报分析，定期形成信访分析研判报告，强化结果运用。

全力推动“一校一策”落地见效。推动党委常委会专题学习研究、制定工作方案，跟进监督问效，推动学校一流学科建设重点任务取得实效，大学者、大平台、大成果取得诸多突破。2家附属医院医疗器械、药品等领域权力运行规范化水平稳步提升，全覆盖修订廉政风险防控清单，制修订制度40项。提高纪检监察干部纪法“双施双守”能力，13个党纪政务处分的办案质效不断提升。

完善监督贯通协调机制。深化政治生态分析研判，定期召开联席会议成员单位工作调度会、会商沟通会，执行全年常态推进的工作机制，整改上级反馈问题19项，25个单位提交2023年自查问题清单，6个集中研究对象在党委常委扩大会议上述责述廉。统筹各类监督贯通协调，发现、反馈全面从严治党中期检查问题167个，制发反馈函25件。召开纪律教育、作风建设工作联席会，建立与审计部门贯通协同制度。协助建立党委—纪委—附属医院三维联动、齐抓共管责任链条，扎实推进附属医院医药领域腐败问题和不正之风集中整治。

【坚决以严的基调强化正风肃纪，狠抓作风建设，持之以恒巩固风清气正的良好育人环境】持之以恒推动落实中央八项规定精神。在重要节点常态化发布纪律要求和典型案例，部署并开展明察暗访，转载通报违反中央八项规定精神、违规吃喝典型案例等8批次，发送提醒短信1030人次，监督发现予以立行立改问题3个，推动化风成俗。深入开展违规吃喝问题专项整治，开展现场检查2次，整改问题4个，核查13人，查实问题1个，严肃批评教育1人。强化风腐同查，将查处违反中央八项规定精神问题有机融入执纪办案。

严纠严惩遏制“四风”问题反弹。落实学校纠治“四风”实施方案，结合主题教育“不担当不作为”专项整治、“基层治理”作风建设问题专项整治等强化作风建设监督检查，跟踪督促整改问题45个。充分发挥职能部门、直属单位服务质量网络测评综合效应，反馈2023年意见建议51条，督促34个单位对上年度143条意见、问题全面整改。紧盯师生、基层反映强烈的民生实事问题，约谈提醒、跟踪解决。

【坚持一体推进“三不腐”，深化标本

兼治、系统施治，在铲除腐败问题产生土壤和条件上持续发力】在不敢腐上持续加压。零容忍态度反腐惩恶，加强“室组地”联动，查处党员干部涉嫌受贿罪案，配合留置1人。规范处置信访件24件，其中转送件10件，主动将2个“案结仍信访”的信访件纳入重复信访化解不力专项整治，由纪委书记、副书记包保化解，有效性不断显现。充分运用“四种形态”提供的政策策略，综合考量纪法情理，着力提高监督执纪综合效应。2023年处置问题线索17件，“四种形态”处理处分17人次，其中以“第一种形态”处置4人；给予党纪政务处分13人，其中党内警告7人、严重警告1人、撤销党内职务1人、政务处分2人、开除党籍4人。

在不能腐上深化拓展。扎实做好办案“后半篇文章”，制发纪检监察建议书5份、违纪违法通报8份，公开通报典型案例，强化以案促改促治综合效应，推动学校在重点领域建章立制34项。督促二级单位全覆盖修制订廉政风险点防控清单，突出规范二级学院修订防控清单。开展回访教育11人，促进“有错”向“有为”转变。

在不想腐上巩固提升。开展年轻干部纪法教育针对性、有效性专题调研，制定加强年轻干部党纪法规学习教育实施措施、2023年党纪法规学习教育活动方案，开展酒驾醉驾问题专题教育，连续3年300余个党支部全覆盖实施纪法学习“一月一主题”。精心组织党风廉政建设宣教月活动，各级党组织书记上廉政党课81次，二级纪委书记讲纪法教育辅导报告26次，开展新任中层干部廉政谈话暨年轻干部纪法教育短训班、干部家属廉政座谈会，实施“七个一”警示教育“组合套餐”，接受教育12438人次。协助党委制定2023年清廉建设行动措施，发挥“一园一旅”廉洁文化阵地作用，培育遴选“清廉武科大”建设第一批示范点6个，在全省清廉学校建设推进会上作为2个高校代表之一做典型发言，中央纪委、省纪委网站报道学校清廉建设3次。

【以教育整顿淬炼彻底自我革命铁军，锤炼钢铁品质，锻造钢筋铁骨】一体推进主题教育和教育整顿纯洁思想。将政治教育、党性教育、警示教育贯穿教育整顿全过程，坚决做到锤炼品格强化忠诚。实行“双审制”，全体专兼职干部5轮修改心得体会，转变工作理念，服务保障大局；刀刃向内，自查问题，4轮修改党性分析材料，全力取得良好的政治成果、思想成果。

从严纯洁组织，从严检视整改。全面起底专兼职纪检监察干部信访和线索，编印警示教育案例，发挥以身边2个案例教育身边人最大功效。落实“法规制度执行年”任务清单，全面整改7个方面问题。深入开展7个专项整治，深挖问题、自查自纠、确保整治成效，修制订制度规范26项。组织召开两级三场教育整顿专题组织生活会，持续推进18项整改措施落地落实。

强化队伍建设，提升履职本领。研判查摆队伍问题19个，2轮深入谈心谈话50余人次；整改近3年卷宗，发现并整改问题152个；强化中央纪委国家监委、省纪委监委督导反馈问题等15项整改措施落实，确保销号。通过工作例会、组织参与监督检查与查信办案、履职述责考核等，加强专兼职干部队伍管理，有效发挥作用。落实“一校一策”补队伍短板，选送3名干部参与省纪委监委留置案件等工作，1名干部获评全省纪检监察系统“年轻干部成长班”优秀学员。

（撰稿：李祚海　审稿：韩洪波）

组织（党校）工作

【概况】 截至12月31日，武汉科技大学党委共有28个二级党组织（含25个党委、3个党总支），36个党总支，441个党支部；党员9845名，其中正式党员8045名，预备党员1800名，女性党员5058名，少数民族党员408名，在职教职工党员2980名，学生党员5605名，离退休党员1236名。

全校共有在职校级干部9人，其他干部257人。其中，正厅级2人，副厅级6人，正处级95人，副处级163人；副处级以上女干部78人，少数民族干部4人；党外干部16人。

【学习贯彻习近平新时代中国特色社会主义思想主题教育】 坚持牢牢把握“学思想、强党性、重实践、建新功”总要求，紧扣各项目标任务，全面开展理论学习、调查研究、推动发展、检视整改、建章立制等各项重点措施，持续推进主题教育走深走实，切实将主题教育成果转化为推动学校事业高质量发展的生动实践。成立党委书记为组长的领导小组，组建5个工作组和8个督导小组，先后召开领导小组办公室会议、专项工作推进会9次，实行专班负责、集体作战，确保每项工作横到边、纵到底。制定主题教育文件和工作方案14个，上报各类经验做法、典型案例、总结材料、统计报表等130余份。校院两级党委领导班子成员通过调研发现的问题清单213项，全部完成整改。建立的调研“三张清单”123项，提出解决措施323条，形成转化运用清单257项。校领导领办的10项民生项目和处级领导干部领办194项民生项目均已全部办结。学校主题教育工作得到上级充分肯定，学校在全省主题教育推进会、整治整治工作推进会和整改整治“回头看”座谈会上作为高校唯一代表交流发言，《省委主题教育简报》《湖北教育简报》刊发武汉科技大学主题教育典型经验做法6次，1篇报道在湖北新闻联播播出，11篇典型经验在全国高校思政网、中国教育在线强国号、湖北日报、极目新闻等媒体刊发。

【党的政治建设】 坚持不懈用习近平新时代中国特色社会主义思想凝心铸魂，充分发挥基层党组织政治引领作用，把政治标准、政治要求贯穿到组织建设、干部队伍建设、党管人才工作的全过程各方面，教育引导党员干部深刻领悟“两个确立”的决定性意义，增强“四个意识”、坚定“四个自信”、做到“两个维护”，确保政治上绝对忠诚、思想上深学笃信、行动上坚决有力。坚持和加强党对学校的全面领导，指导学院严格执行党政议事规则和决策程序，全面贯彻党的教育方针、落实立德树人根本任务。规范党内政治生活，推进学习教育常态化制度化，全年下发主题党日相关要求12次，严格规范“三会一课”“支部主题党日”、谈心谈话、民主评议党员等制度，28个分党委（党总支）和411个基层党支部完成了学习贯彻习近平新时代中国特色社会主义思想主题教育专题民主生活会和组织生活会。

【基层组织建设】严格实施各级党组织书记抓党建工作述职评议考核制度，27个分党委（党总支）书记和328个基层党支部书记完成2022年度述职评议考核。开展全面从严治党专项检查，对学校各二级党组织贯彻落实中央和省委重要部署、党员发展教育、党费收缴使用、党组织换届等情况进行调研督查，不断压实党建工作责任。加强标准化规范化建设，制定出台《武汉科技大学“三级三型”党支部积分制试点改革方案》，确定37个党支部为首批改革试点，积极探索党支部在支部设置、组织生活、管理服务、工作制度、阵地建设、党建与业务融合等方面的新路径、新方法。制定出台《关于深化教师党支部书记“双带头人”培育工程的实施方案》和《关于加强直属附属医院党的建设工作的实施办法》，推动基层党组织政治功能和组织功能进一步增强、教育管理监督党员和组织宣传凝聚服务师生更加有力。材料学部党委、信息科学与工程学院党委、化学与化工学院党委、城市学院党委4个二级党组织完成换届工作。推荐2人（伍学云、白冰）参加全省高校院（系）党组织书记培训示范班暨全省高校标杆院（系）党组织书记论坛，1人（刘怀广）参加全国高校教师党支部书记“双带头人”高级研修班。学校教师党支部书记“双带头人”比例达100%。

【党员干部培训】以学习贯彻习近平新时代中国特色社会主义思想为主线，先后举办年轻干部学习贯彻党的二十大精神暨履职能力提升培训班、学习贯彻习近平新时代中国特色社会主义思想主题教育基层党组织书记培训班、党组织书记“学思践悟”党性教育培训班、组织员履职能力提升培训班等各类培训4次，培训288人次，通过专家辅导、现场学习、个人自学等方式引导党员师生坚持读原著学原文悟原理。

【对标争先建设】构建党建双创“国家级—省级—校级”三级培育创建体系，立项建设校级党建工作标杆院系1个，样板支部6个，“双带头人”教师党支部书记工作室3个。马克思主义理论系教工党支部书记工作室、公共卫生学院教师党支部书记工作室，材料学部无机非金属材料工程研究生第五党支部、机械自动化学院机械工学研究生第一党支部，材料与冶金学院耐火材料博士研究生赵世周、汽车与交通工程学院交通工程硕士研究生郭锐琦分别入选全省高校“双带头人”教师党支部书记工作室、“研究生样板党支部”和“研究生党员标兵”培育创建单位，入选数居省属高校首位。推荐1个学院、5个支部参评第四批全国党建工作“标杆院系”和“样板支部”，推荐1个研究生党支部参评全国第三批“研究生样板支部”。2个学院和2个党支部顺利通过首批全省高校党建工作标杆院系、样板党支部验收。完成对第二批校级13个党建工作样板支部的验收工作。

【党建项目建设】坚持大抓基层的鲜明导向，聚焦新时代党的建设重点任务，不断增强基层党组织政治功能和组织功能，通过加强新时期学校党建工作理论研究和创新实践，全面激发学校基层党建创新活力。立项建设基层党建实践创新项目20项，2个项目入选全省党建研究课题立项。时任管理学院党委副书记毛晓丹主持的课题“新时期高校党委加强对高层次人才政治引领和政治吸纳工作的研究”荣获2023年度全省党建研究课题优秀成果奖三等奖。

【党员队伍建设】制定并严格执行2023年全校发展党员指标计划，优化党员发展结构，全年发展党员1780人，其中发展专任教师9人（其中高层次人才4人）。开展发展党员工作专项检查，认真完成党建标识设计制作使用情况的自查工作，做好流动党员管理工作。严格规范党费的收缴、使用和管理，全年收缴党费1198340.11元，上缴党费492968元，下拨给二级党组织党费499932元，使用党费316954.16元。高质量完成教育部全国高校基层党组织和党员队伍统计、中组部党内统计半年报、中组部党内统计年报等工作。落实党内激励、关怀和帮扶机制，走访慰问生活困难党员、老党员和老干部等共104人，共发放慰问金83200元。

【党内功勋荣誉表彰】举行庆祝中国共产党成立102周年“两优一先”表彰大会暨“光荣在党50年”纪念章颁发仪式，25名党员获“光荣在党50年”纪念章，评选了60名“优秀共产党员”，50名“优秀党务工作者”，44个基层党支部和6个基层党委“先进基层党组织”称号，积极营造崇尚先进、学习先进、争当先进的浓厚氛围。

【干部选拔任用】深入贯彻新时代党的组织路线，严格组织程序，优化干部队伍结构，加大年轻干部选拔培养力度，树立正确的选人用人导向，全年共计提拔处级干部59人，其中正处级23人，副处级36人；干部轮岗交流32人，其中正处级3人，副处级29人；干部转岗25人，其中正处级12人，副处级13人。

【年轻干部培养】出台《武汉科技大学优秀年轻干部发现培养选拔实施办法（试行）》，健全工作机制，统筹优秀年轻干部的发现、培育、选用、管理，开展年轻干部工作专题调研，深入32个单位对40岁以下副处、35岁以下正科、40岁以下正高、35岁以下副高共计159名年轻干部开展调研考察，形成了学校年轻干部专题调研报告和优秀年轻干部库。

【职级绩效晋升】出台《武汉科技大学2023年专职管理人员职级绩效晋升工作方案》，明确职级绩效晋升的基本原则、实施范围、晋升职数、资格条件和工作程序等，经个人申请、单位初审及推荐、资格审查、民主推荐、推荐评审、组织考察、学校党委常委会审定、公示等工作程序，4人晋升管理五级岗位绩效，5人晋升管理六级岗位绩效。

【干部挂职锻炼】落实青年教师校内挂职锻炼管理办法，完成第一批和第二批青年教师校内挂职锻炼选派，8位青年教师在相关职能部门挂职开展工作。选派1名干部参加全省综合性挂职锻炼、1名教师参加全省专项挂职锻炼、2名干部参加湖北省委组织部“翘楚计划”专项挂职、1名干部到省残联挂职、3名干部参加湖北省第十五批“科技副职”挂职、5名教师参加湖北省第十二批博士服务团，积极推动与武汉市开展干部队伍共建共育。

【科级干部晋升】制定并印发《武汉科技大学科级干部晋升及管理办法》，明确科级干部晋升条件与资格、晋升程序、任职管理和教育管理等，推进科级干部晋升工作常态化。全年开展两批科级干部晋升工作，共计32名同志晋升主任科员、20名同志晋升副主任科员。校内公开选调科级干部10人。

【内设机构设置】进一步理顺部分内设机构的管理体制，撤销材料与冶金学院和材料与冶金学院党委，成立材料学部和材料学部党委，充分发挥其整合跨学科、跨学院资源的作用。优化省部共建耐火材料与冶金国家重点实验室的管理体制，成立省部共建耐火材料与冶金国家重点实验室党总支，发挥其统筹相关科研平台、为材料学科科研提供支撑的作用。对现有医学部实行重组，组建实体化的医学部，推进医学教育创新发展，成立中共武汉科技大学医学部委员会。加强学校巡查工作领导，成立党委巡察工作领导小组办公室，与纪委、监察专员办公室合署办公。规范体育馆和运动场的管理、服务和运营，成立体育场馆服务管理中心，作为体育教学辅助机构，与体育学院合署办公。加强科研机构建设，成立核磁共振与分子科学交叉研究院。

【干部教育监督】举办年轻干部学习贯彻党的二十大精神暨履职能力提升专题培训班，采取组织筛选、带名点训的方式，对73名年轻干部进行集中培训；做好省级主体培训班工作，选派8名同志参加省委党校主体班培训。不断完善干部考核评价机制，统筹做好2023年学校中层干部履职尽责年终考核工作。做好新提拔处级干部试用期满考核工作，42名处级干部试用期考核合格，正式任职。完成学校2023年领导干部个人有关事项集中报告和录入工作，其中应报告168人，实际报告168人，报告率为100%；全年开展个人事项随机查核26人、重点查核51人。制定并印发《武汉科技大学中层干部出国（境）管理办法（试行）》，严格落实各项干部管理制度，开展干部任前谈话91人次，审批干部社会兼职27人次，干部离任经济责任审计12人，审批干部因私出国（境）12人，学校作为唯一高校代表在全省干部监督工作座谈会暨干部监督重点业务培训班交流发言。做好干部人事档案工作，高质量开展全省“干部档案提升年”活动。

【乡村振兴工作】聚焦加强党的建设、推进强村富民、提升治理水平、加快为民服务等，积极谋划帮扶项目，制定帮扶措施，落实各项帮扶任务，直接投入帮扶资金22万，开展消费帮扶购买郧西县农产品55万元。加强驻村工作队建设，有序做好驻村工作队轮换工作，扎实做好乡村发展、建设和治理工作，田文华获得2022

年度乡村振兴工作突出驻村工作队员，定点帮扶的石庙村入选2023年湖北省乡村振兴示范村。

【机关党委工作】扎实开展学习贯彻习近平新时代中国特色社会主义思想主题教育，举办为期8天的主题教育专题读书班，开展调查研究成果交流会，将专项整治工作作为主题教育的重要内容，持续加强作风建设。主题教育开展以来，机关处级领导干部下基层252次，领办并解决调查研究问题68个、民生实事项目59个、推动高质量发展重难点问题27个、检视整改问题124个，实行项目式管理，逐一对账销号。深入推进机关党风廉政建设，召开警示教育大会，组织党员集中观看警示教育片，机关党委书记讲授专题廉政党课，校纪委副书记作纪法专题辅导报告，开展纪法知识测试；与校纪委、监察专员办公室、妇委会、校工会等部门联合开展2023年干部家属廉政座谈会，推动清廉机关与清廉家庭协同共建。开展违规吃喝问题专项整治，在节假日等关键节点发布有关纪律要求，严抓警示教育、严防“四风”问题、释放从严信号，引导广大党员干部筑牢廉洁自律思想防线。组织开展2022年度机关党支部书记抓党建工作述职；加强对机关党支部的日常指导监督，严格党员日常管理，严格落实党内政治生活制度，做好机关各支部党费收缴工作、换届、组织关系转接等工作。全年4个支部按期换届，接转组织关系44人。

【党校各项工作】将入党启蒙教育课纳入学校通识课程，全年共有4683名学生选修。组织入党培训6期，培训学员8299人，其中入党积极分子培训班2期，培训学员4317人；发展对象培训班2期，培训学员2267人；预备党员培训2期，培训学员1715人。优化党史教师库，2023年增补11名党校专兼职老师。召开党校工作会议2次，组织党校教学工作研讨会2次，集体备课42次。成功举办第三届党校教师竞赛，评选一等奖1名，二等奖3名，三等奖4名，优秀奖5名。扎实完成《2019—2023年全国党员教育培训工作规划》目标任务，2019年以来，举办各级培训376班次，培训各类党员52954人次，培训新党员16629人次，实现了全体党员普遍轮训一遍的总体目标。

附录

2023年武汉科技大学“光荣在党50年”纪念章颁发名单

程玉保	祝洪喜	陶新学	张启明	李元兰	蒋永安	黄昌武
罗振坤	夏玉勤	孙汉蓉	张　玲	杨世祥	徐书鹏	陈金海
孙红兵	桂国强	陈文洲	黎振宇	寻秩猷	王茂玉	陈济光
黄秀芬	刘玉香	吕惜光	杨康雄			

2023年武汉科技大学优秀共产党员、优秀党务工作者、先进基层党组织名单

荣誉名称	获奖单位或个人
先进基层党委	材料学部党委、管理学院党委、理学院党委、 法学与经济学院党委、艺术与设计学院党委、附属老年病医院党委
先进基层党支部	材料学部党委： 无机非金属材料工程研究生第三党支部、 无机非金属材料工程教工党支部、金属材料工程教工党支部
	城市建设学院党委： 建筑环境与能源应用工程系教工党支部、研究生（暖通方向）党支部
	管理学院党委： 本科生第一党支部、会计与财务管理系教工党支部、 营销管理系教工党支部
	国际学院党委： 教工党支部
	化学与化工学院党委： 化工工艺系教工党支部、化学工艺研究生党支部
	机械自动化学院党委： 机械工学研究生第一党支部、机械电子工程系教工党支部
	计算机科学与技术学院党委： 2021级研究生党支部、计算机科学系教工党支部
	理学院党委： 研究生第一党支部、数学与统计系教工党支部
	马克思主义学院党委： 马克思主义理论系教工党支部
	汽车与交通工程学院党委： 交通工程系党支部、研究生第二党支部
	生命科学与健康学院党委： 教工党支部
	体育学院党委： 第二党支部
	外国语学院党委： 研究生第一党支部、英语系翻译系党支部

续表

<table>
<tr><th>荣誉名称</th><th>获奖单位或个人</th></tr>
<tr><td rowspan="11">先进基层党支部</td><td>法学与经济学院党委：
社工教工党支部、许白昊班党支部</td></tr>
<tr><td>信息科学与工程学院党委：
电信教工党支部、研究生第四党支部</td></tr>
<tr><td>医学部党委：
药学系教工党支部、临床试点本科生党支部</td></tr>
<tr><td>艺术与设计学院党委：
本科生第三党支部</td></tr>
<tr><td>资源与环境工程学院党委：
矿物加工工程系教工党支部、研究生第一党支部</td></tr>
<tr><td>后勤保障部党委：
黄家湖校区物业服务中心党支部</td></tr>
<tr><td>机关党委：
人事处（党委教师工作部）、人才办党支部、本科生院党支部
纪委、监察专员办公室党支部</td></tr>
<tr><td>图书馆党总支：
资源建设部党支部</td></tr>
<tr><td>附属老年病医院党委：
综合内科、综合外科、血液净化科党支部</td></tr>
<tr><td>附属天佑医院党委：
门诊党总支第六党支部、外科党总支第一党支部、医技党总支第四党支部</td></tr>
<tr><td>离退休党工委：
离退休洪山校区退休第六党支部、离退休校产退休党支部</td></tr>
<tr><td rowspan="4">优秀共产党员</td><td>材料学部党委：
李　杨、陈晓琳、陈　辉、徐一帆、彭小波</td></tr>
<tr><td>省部共建耐火材料与冶金国家重点实验室党总支：
高　标</td></tr>
<tr><td>城市建设学院党委：
吴　勇、徐　虹、潘　超</td></tr>
<tr><td>管理学院党委：
向纯洁、闫昌昊、彭琨琨、熊华平</td></tr>
</table>

续表

荣誉名称	获奖单位或个人
优秀共产党员	国际学院党委： 陆　晨
	化学与化工学院党委： 张　江、熊仁毅
	机械自动化学院党委： 阮金华、李　贵、张利平、黄志兴
	计算机科学与技术学院党委： 刘广胜、刘海江
	理学院党委： 李　新、韩　芳
	马克思主义学院党委： 别梓雯
	汽车与交通工程学院党委： 汤　文、游向荣
	生命科学与健康学院党委： 许　娜
	体育学院党委： 卢云飞
	外国语学院党委： 王国栋、甘小亚
	法学与经济学院党委： 姚梦迪、黎校瑜
	信息科学与工程学院党委： 何　杰、吴　宇、周钰杰、崔亚岚
	医学部党委： 王　婷、付文婧、陈　浩、高　翼
	艺术与设计学院党委： 王采莲
	资源与环境工程学院党委： 黄良慧、梅　丹、薛楠楠

续表

荣誉名称	获奖单位或个人
优秀共产党员	后勤保障部党委： 汪　沅
	机关党委： 叶　欣、朱　磊、彭　睿
	继续教育学院党委： 万　朝
	图书馆党总支： 刘　晶
	附属老年病医院党委： 陈　芳
	资产经营有限公司党总支： 陶遵权
	附属天佑医院党委： 刘　磊、张艳华、陈　琼、罗利琼、赵云飞
	离退休党工委： 刘宽能、夏翠云
优秀党务工作者	材料学部党委： 马　妍、邵鲁凌
	城市建设学院党委： 刘华琛、黄　荡
	管理学院党委： 方　青、吕　权
	国际学院党委： 张建伟
	化学与化工学院党委： 毛宝胜、范宝安
	机械自动化学院党委： 夏　娟、郭　媛
	计算机科学与技术学院党委： 田萍芳、孙莉娟

续表

荣誉名称	获奖单位或个人
优秀党务工作者	理学院党委： 余　婷、徐树立
	马克思主义学院党委： 郭海沙
	汽车与交通工程学院党委： 王　峰、熊田田
	生命科学与健康学院党委： 罗　刚
	体育学院党委： 刘俊洁
	外国语学院党委： 付治强、陈佳媚
	法学与经济学院党委： 胡诗绮、程松亮
	信息科学与工程学院党委： 陈　凯、蔡　彬
	医学部党委： 白　冰、刘晓柳
	艺术与设计学院党委： 刘　邦
	资源与环境工程学院党委： 叶　苗、柯丽华
	后勤保障部党委： 陶　刚、熊　敏
	机关党委 古文涛、张　曦、周　勇、郑永松、饶红亮、秦茂林、黄世军、彭晓峰
	继续教育学院党委： 毕元玲
	图书馆党总支： 曹艺潇

续表

荣誉名称	获奖单位或个人
优秀党务工作者	附属老年病医院党委： 许玉清、周全魁
	资产经营有限公司党总支： 双文庭
	附属天佑医院党委： 乔林茹、尚桂莲、谢　靖
	离退休党工委： 曲玉琴

2023 年武汉科技大学参加科技副职等挂职名单

序号	姓名	派出单位	挂职服务单位及职务	类型
1	吕　勇	校领导	湖南大学校长助理	湖北省“翘楚计划”专项挂职
2	付绿平	材料学部	武汉理工大学材料科学与工程学院副院长	湖北省“翘楚计划”专项挂职
3	曹　伟	资源与环境工程学院	安陆市人民政府副市长	湖北省 2023 年度服务推动先行区建设综合性挂职
4	赵云涛	信息科学与工程学院（人工智能学院）	武汉东湖新技术开发区科技创新和新经济发展局副局长	湖北省 2023 年度科技创新专项挂职
5	许立桥	学生工作处	省残疾人联合会党组成员、省残疾人联合会第八届执行理事会副理事长	
6	刘军伟	研究生院	湖北省随州市人民政府党组成员	湖北省科技副职
7	雷　杨	化学与化工学院	江陵县人民政府党组成员	湖北省科技副职
8	吴　磊	医学部	天门市经济开发区管委会副主任	湖北省科技副职
9	杨　云	研究生院	驻郧西县上津镇石庙村第一书记兼工作队长	湖北省乡村振兴

续表

序号	姓名	派出单位	挂职服务单位及职务	类型
10	汪晓兵	黄家湖校区综合办公室	驻郧西县上津镇石庙村工作队队员	湖北省乡村振兴
11	田文华	后勤保障部	驻郧西县上津镇石庙村工作队队员	湖北省乡村振兴
12	赵　强	机械自动化学院	连云港市海州工业园副主任	江苏省科技镇长团
13	孙　伟	机械自动化学院	常州智能制造产业科技镇长团成员	江苏省科技镇长团
14	张　江	化学与化工学院	南京市江北新区新材料科技园党工委委员	江苏省科技镇长团
15	王　琦	信息科学与工程学院	扬州高端装备镇长团（江都）团员	江苏省科技镇长团
16	万响亮	材料学部	武汉材料保护研究所有限公司（武汉市硚口区）部长助理	湖北省博士服务团
17	黄　亮	材料学部	湖北平安电工科技股份公司（通城县）博士服务团成员	湖北省博士服务团
18	范宝安	化学与化工学院	湖北融通高科先进材料集团股份有限公司（大冶市）项目组长	湖北省博士服务团
19	成日金	材料学部	湖北立晋钢铁集团（枣阳市）炼钢总工程师	湖北省博士服务团

各级党代表、人大代表、政协委员一览表（截至2023年12月31日）

序号	姓名	性别	单位及职务	备注
1	徐雁冰	男	武汉科技大学党委书记	湖北省第十二次党代会代表、 中国共产党湖北省第十二届委员会委员
2	倪红卫	男	武汉科技大学党委副书记、校长	武汉市第十五届人大代表、 湖北省第十四届人大代表
3	张　瑞	女	资源与环境工程学院党委副书记	湖北省第十二次党代会代表
4	冯育强	男	学报编辑部主任	湖北省第十三届政协委员

（撰稿：郑　娟、杨福俊、郑永松、周　勇、胡诗绮　审稿：刘时新）

宣传工作

【概况】2023年宣传思想工作，坚持以习近平新时代中国特色社会主义思想铸魂育人，深入学习贯彻习近平文化思想，紧扣学习贯彻党的二十大和二十届二中全会精神主题主线，学好党的创新理论、用好精品文化品牌、讲好学校特色故事，为建设特色鲜明的一流大学提供坚强的思想保证、不竭精神动力。2023年，党委宣传部获评“全省宣传思想工作先进集体”和学校2023年度高质量发展特别贡献奖先进单位。第九届沁湖鱼宴获央视2次重点报道。央视频号进入全国高校前十，荣获2023年度央视频号年度影响力奖。完成学校站群系统全面改版升级，发布校园文化系列丛书3部，完成校徽改版。在中央媒体发稿100多篇，获湖北新闻奖消息类三等奖、湖北高校新闻奖18项，作品《挺进“无人区”开辟“钒蓝海”》入选人民网文字类优秀作品，是湖北省属高校唯一入选作品。

【学习贯彻习近平新时代中国特色社会主义思想】主题教育期间，采取专题学习、辅导报告、集中研讨、个人自学等形式，分层举办校、院读书班。深化拓展“思想引领、学习在先”机制，及时跟进学习习近平总书记关于主题教育的重要讲话和重要指示批示精神，党委常委会传达学习7次，校院两级理论学习中心组学习103次，举办辅导员、思政课教师等专题培训2次。开展思政课教师集体备课、集中听课、集智评课，推动习近平新时代中国特色社会主义思想进教材、进课堂、进头脑。主题教育期间，组建校领导示范宣讲团、思政课教师宣讲团、青年讲师团、辅导员宣讲队、双带头人宣讲队、“许白昊”宣讲队，面向青年师生宣讲137场，覆盖1.3万余人。

【政治理论学习】把“学思想”摆在首位，贯彻“思想引领　学习在先”机制，全年组织校院党委中心组学习297次，编辑《学习参考》12期382本，发布理论学习指导意见10期，坚持中心组学习“一学一报”制度，向教育厅报送13次，坚持半年报送制度，上下半年分别向教育厅报送学校中心组学习情况。8月21日，省委宣传部、省教育厅联合巡听旁听组到校指导学校党委第九次集体学习。坚持专家导学强理论，邀请湖北省社会科学院院长刘光远等5位专家来校作专题报告。2023年，继续深入开展宣讲巡讲，构建“三团三队齐共鸣　七进七讲深融合”体系，全年开展宣讲巡讲146场，覆盖1.4万余人次，把党的创新理论讲深讲透讲活。马克思主义学院与仙桃龙华山理论热点面对面实践基地、武汉市蔡甸区奓山理论热点面对面实践基地建设深入推进。

【意识形态工作】 全校各二级党组织结合实际，研究制订该单位意识形态（网络意识形态）工作责任制实施细则、调整成立工作领导小组。2023年，学校党委常委会专题研究意识形态工作5次，其中听取意识形态领域工作汇报2次，研究校园安全稳定工作2次，研究巡视问题持续整改工作1次。研究制定《师生“自媒体”使用管理办法》，优化11项网上办事大厅工作流程，全年完成各种审批报备370余项。开展意识形态领域突出问题专项整治，加强发布信息审核，建立“三审三校”制度；开展微信（QQ）等的清理整改；开展涉政类不规范表述清查专项整改，与上级部门协调，开展网络舆论处置，向省教育工委报送意识形态分析研判12次，向上级党委报送学校意识形态工作1次。汇编下发宣传思想文化工作手册，为基层提供工作指引。

【思想政治教育】 聚焦大思政课建设，与马克思主义学院一起成功申报省大中小学思政课一体化共同体建设综合改革示范校牵头单位。党委常委会专题研究师生思想政治动态2次。签约武汉龙源红色报刊博物馆、尧治河等5个“大思政课”实践教学基地。持续深化思政课改革，党委常委会研究思政课建设2次，书记校长讲思政课8学时，其他校领导讲4学时。3位校领导参加思政课集体备课，3位校领导参加马克思主义学院建设工作专题会。联合马克思主义学院组织思政课教师56人到雄安等地进行实践研修，不断提升思政课教师素质和水平。2个项目入选高校思想政治工作质量提升综合改革与精品建设项目。

【精神文明创建】 省级文明校园届满三年复评圆满完成，6项一级测评指标、37项二级测评指标、190项三级测评指标顺利通过复评。通过以评促建、以评促改，补短板强弱项，常态化推动文明校园建设工作。发挥榜样引领作用，开展2022年度学雷锋表彰，在校报和新闻网开设“2023校长奖章”“2023保研人物”等专栏，宣传师生典型近100人，材料学部荣获湖北省“教育先进集体”，学校大学生心理健康中心获批湖北省高校心理健康教育示范中心；孟佳获评全国高校毕业生基层就业卓越奖，王炜入选“楚天名师”，程常桂入选湖北省有突出贡献中青年专家，材料学部张华教授获2023年度宝钢优秀教师奖，谭伟获“湖北医德先进个人”称号，刘拴获“湖北医德楷模”荣誉称号。国际学院2019级电子信息工程专业2班团支部获“全国五四红旗团支部”荣誉称号、计算机科学与技术学院袁鑫获“湖北青年五四奖章”。对青山校区橱窗、黄家湖校区廉园德政墙进行全面更新。策划组织师生赴红安接受革命传统教育，《中国教育报》进行专题报道，活动获评湖北省文明校园青少年思想道德建设工作创新案例三等奖。

【文化引领建设】 以钢铁文化、沁湖文化为核心，打造高品位、有特色的校园文化，以校园文化彰显大学精神。发布新版校徽，设计13个沁湖文化系列标识并注册商标；出版《校园景观故事》《校史馆馆藏故事》和《校园人物故事》校园文化系列丛书；在红安县七里坪镇建设郑位三故居陈列馆，举办郑位三事迹展；组织拍摄制作校情宣传片《正青春勇前进》、校史宣传片《逐浪》。深入营造办学125周年校庆文化氛围，完成125周年校庆系列活动和专题网站制作，制作20版校庆专刊，以校园文化进一步凝聚师生共识、积聚校友力量、汇聚办学资源；全面升级改版学校站群系统，实现全校网站“统一管理、个性展示和数据共享”；第九届沁湖鱼宴被央视新闻频道《新闻周刊》重点报道，全网点击量过千万。

【新闻宣传工作】加强和改进新闻宣传工作，推进媒体深度融合，确保舆论引导的时度效，不断提升新媒体在全国高校的影响力。出版校报17期，新闻网发稿3600余条，制作校报影展5期，对外发稿650多篇，其中专题报道近400篇。在央视、新华社等中央媒体发稿100多篇，获湖北新闻奖消息类三等奖、湖北高校新闻奖18项，获奖数量居全省前列。官方新媒体平台粉丝76万，累计获赞1200万，微信公众号入围全国100强，抖音号位居全国前20名。央视频号进入全国高校前十，荣获2023年度央视频号年度影响力奖。融媒体中心作品《挺进“无人区”开辟“钒蓝海”》入选人民网文字类优秀作品，是湖北省属高校唯一入选单位。长江日报“校长喊你来武汉上大学”、毕业典礼新闻视频《武汉科技大学2023届毕业典礼快闪》在新华社发布，达到了25.2万的浏览量。在各类新媒体平台开展的“我和我的专业”、沁湖鱼宴等直播活动20场，招生宣传直播观看人数突破41.5万，各类直播累计观看人数超100万。

附录

2023年获省级及以上表彰情况一览表

荣誉名称	项目	授奖单位	表彰日期
全省宣传思想工作先进集体	党委宣传部	省委宣传部 省人社厅	2023年1月
湖北省文明校园青少年思想道德建设工作创新案例三等奖	震撼思想课 延续四十年	省文明办 省委教育工委 省教育厅	2023年1月
2022年“全省基层理论宣讲先进集体”	“百马宣讲行动” 武汉科技大学宣讲队	省委宣传部 省委讲师团	2023年1月
“学习强国”学习平台湖北省“学习达人”	王美君	“学习强国” 湖北学习平台	2023年3月

续表

荣誉名称	项目	授奖单位	表彰日期
中国教育电视台2022年度好新闻	跨越五十一年的战友情！这对高校师生太有缘	中国教育电视台	2023年5月
中国教育电视台2022年度好新闻	向英雄致敬 武汉科技大学首创人民英雄研究中心	中国教育电视台	2023年5月
湖北新闻奖三等奖	武汉科技大学	湖北省新闻工作者协会	2023年6月
中国高校电视工作先进个人	杨　鲜	中国教育电视台高校电视专业委员会	2023年7月
中国大学官微百强	武汉科技大学	中国青年报社	2023年7月
2023年度人民网优秀校园新闻作品获选高校	武汉科技大学	人民网	2023年10月
2023年度优秀行业电视作品征集展映　新闻活动类　优秀作品	武汉科技大学融媒体中心	中国电视艺术家协会行业电视委员会	2023年12月
2023高校央视频号年度影响力奖	武汉科技大学	央视频官方	2023年12月

2023年武汉科技大学获新闻奖情况一览表

湖北新闻奖				
序号	奖项	作品标题	作者	编辑
1	消息类 三等奖	全球首例！CART新技术成功救治实体肿瘤患者	程　毓	李　芳
2	版面类 银奖	“走进武科大清廉之旅”专版	程　毓	

续表

湖北高校新闻奖				
序号	奖项	作品标题	作者	编辑
1	消息类 一等奖	魅力“方块字”架起中华“文化桥”	杨小丫、张虎琛	程　毓
2	通讯与深度报道类 一等奖	为失明者寻找光明	程　毓	程　毓
3	通讯与深度报道类 一等奖	一堂延续40年的理想信念课	陈孖川	程　毓
4	言论类 一等奖	做新时代好青年	杨小丫	程　毓
5	言论类 一等奖	把“钉子”钉准钉实钉牢	程　毓	李　芳
6	新闻摄影类 一等奖	“鱼”你同乐	杨佳伟、王政全 欧阳一茗	叶显伟
7	新闻摄影类 一等奖	追梦	梁绮琪、李钰昌 母鑫宇	叶显伟
8	版面类 一等奖	638期2~3版	—	程　毓 李　芳
9	版面类 一等奖	641期2~3版	—	程　毓 陈孖川
10	媒体融合类 一等奖	武科大万名师生共赴“沁湖鱼宴”	武汉科技大学	武汉科技大学
11	媒体融合类 一等奖	“红安行”40年 这件事武科大一直在坚持	武汉科技大学	武汉科技大学
12	消息类 二等奖	全国首款远程机器人“电工”上岗	陈孖川	程　毓
13	消息类 二等奖	新型“基因魔剪”让失明小鼠重见光明	李　芳、杨　鲜	程　毓
14	通讯与深度报道类 二等奖	高校“出圈”传播正能量	张虎琛、金如梦	程　毓

续表

湖北高校新闻奖				
序号	奖项	作品标题	作者	编辑
15	言论类 二等奖	提高“就业率”不要本末倒置	程 毓	程 毓
16	新闻摄影类 二等奖	民族服“秀”文化美	江子琪、邹逸凡 宋 钦	程 毓 李周阳
17	版面类 二等奖	650 期 2~3 版	—	陈孖川 程 毓
18	媒体融合类 二等奖	请回答，1898！	武汉科技大学	武汉科技大学

2023 年对外报道“百篇有影响力”作品目录

序号	发表时间	刊发媒体和作品标题
1	2023 年 12 月 27 日	中国青年报：17 年奔赴 19 个聚落，武科大举办这门“课程展”
2	2023 年 12 月 27 日	中国青年报：湖北十二月油画艺术研究会作品展在武科大展出
3	2023 年 12 月 17 日	文汇报：我和我的中国芯：一个关于担当与梦想的故事
4	2023 年 12 月 7 日	中国教育在线：武汉科技大学学子斩获中国国际大学生创新大赛国赛金奖
5	2023 年 12 月 5 日	中国青年报：武科大举行 12·5 国际志愿者日宣誓大会暨第八届志愿项目嘉年华
6	2023 年 12 月 2 日	中国青年报：将校园变成“水墨风”，武科大学子创作国画献礼校庆
7	2023 年 11 月 27 日	中国日报：武汉科技大学举办 2023 陶瓷艺术设计教育院长论坛
8	2023 年 11 月 27 日	CCTV13：新闻周刊丨“渔”你共贺 武汉科技大学沁湖鱼宴
9	2023 年 11 月 23 日	光明日报：武汉科技大学召开庆祝办学 125 周年暨高质量发展咨询会
10	2023 年 11 月 21 日	人民网：武汉科技大学师生共享沁湖鱼宴 为校庆生
11	2023 年 11 月 17 日	中国青年报：武科大举办“非遗学园”活动，学生社区迎来非遗文化体验盛宴
12	2023 年 11 月 17 日	长江日报：山里来的大三学生设计“黄连炕”机器获国赛大奖
13	2023 年 11 月 15 日	中国新闻网：武科大冶金特色文献馆开馆
14	2023 年 11 月 13 日	中国日报：第八届君子文化论坛在武汉科技大学开幕
15	2023 年 11 月 9 日	湖北日报：“小改造”改出“大幸福”这项社会调查获得“挑战杯”特等奖

续表

序号	发表时间	刊发媒体和作品标题
16	2023年11月8日	长江日报：“武科大天桥”开通，保障3000多名学生安全出行
17	2023年11月7日	中国新闻网：郑位三生平事迹展开展　武科大团队设计布展
18	2023年11月2日	长江云：活学活用！武科大新生以专业特长绘反诈骗漫画
19	2023年10月31日	人民网：倪红卫：地方高校要为区域行业、产业发展提供人才支撑
20	2023年10月31日	湖北日报：感民俗　品非遗　这所高校举办首届民族文化艺术节
21	2023年10月25日	中国教育报：武汉科技大学　校友企业进校揽才　力助大学生就业
22	2023年10月19日	中国青年报：师生同上“大思政课”，武科大举办“庆校庆、迎新生”文艺晚会
23	2023年10月16日	人民网：小山村的大思政课　马院书记论坛在湖北保康尧治河举办
24	2023年10月13日	中国青年报：军训汇演现场，武科大新生用特色方阵献礼125周年校庆
25	2023年10月12日	人民网：倪红卫：谁占领了科技的制高点，谁就能赢得未来
26	2023年10月10日	荆楚网：为新能源汽车续航里程“加速”武科大学生团队研发新成果
27	2023年10月10日	新华网：武汉科技大学“汉语桥·魅力方块字”线上秋令营开营
28	2023年10月1日	长江云：共庆祖国华诞，武科大师生与国旗“同框”
29	2023年9月28日	极目新闻：武科大校长倪红卫寄语2023级新生：惟以求真态度，绘就精彩人生
30	2023年9月28日	荆楚网：武科大校友捐赠价值2000万股份为母校庆生
31	2023年9月27日	人民网：武汉科技大学创新创业基地江岸岱家山科创城揭牌
32	2023年9月22日	中国新闻网：武科大举办“江城六校”2024届毕业生联合招聘会
33	2023年9月18日	中国青年报：开学第一份礼物，武科大为新生赠送文创
34	2023年9月14日	湖北日报：武科大迎新现场满满“科技感”
35	2023年9月10日	荆楚网：武汉科技大学印象教师一起为梦加油
36	2023年9月10日	湖北日报：“红安行”40年　武科大团队设计郑位三故居旧址陈列布展
37	2023年9月9日	楚天都市报：武汉科技大学以一流学科建设推动高质量发展
38	2023年8月16日	极目新闻：3年，他助企业创收超5亿
39	2023年8月11日	湖北日报：突破了！他为光芯片装“空调”
40	2023年8月1日	湖北日报：武科大教授张同存当选俄罗斯工程院外籍院士
41	2023年7月31日	长江日报：30余年深耕钢铁“无人区”，吴开明立志为“钢铁强国”奋斗终身
42	2023年7月30日	湖北日报：武科大“钢铁通知书”正在派送

续表

序号	发表时间	刊发媒体和作品标题
43	2023年7月29日	新华网：博州与武汉科技大学州校合作、校企科研合作协议签订暨“武科大—博州科技创新创业中心”揭牌仪式举行
44	2023年7月26日	湖北日报：点赞！武科大学子开展“护江”行动
45	2023年7月24日	湖北日报：武科大学子山村直播传播桑蚕非遗文化
46	2023年7月21日	科技日报：我是科研助理丨张志鹏：在火与热中淬炼“硬科技”
47	2023年7月20日	湖北日报：武科大“许白昊”宣讲队传承“碧血忠魂”基因血脉
48	2023年7月19日	湖北日报：武科大建立我国规模最大的临床前阿尔茨海默病社区队列
49	2023年7月14日	湖北日报：德国萨克森州代表访问武科大　共同推动科研创新合作
50	2023年7月11日	中国教育报：武汉科技大学以红安为思政大课堂开展理想信念教育——一堂延续40年的思政课
51	2023年7月11日	人民网：低碳功能材料新技术国际研讨会召开
52	2023年7月10日	湖北日报：安陆市人才活动周暨武汉科技大学张一敏教授团队入驻武科大安陆钒产业研究院签约活动举行
53	2023年7月8日	极目新闻：湖北—非洲“低碳功能材料新技术”专场：推动绿色低碳发展
54	2023年7月7日	湖北日报：武科大湖北省卓越工程师学院揭牌
55	2023年6月28日	湖北日报：科研基地遍及市州助推成果转化——专访武汉科技大学校长倪红卫
56	2023年6月26日	长江日报：武科大超过4100个计划投放在湖北，拔尖人才实行“一人一方案，一人一课表”培养
57	2023年6月22日	长江日报：“钢少硅多”如何建设武科大传统优势专业
58	2023年6月20日	新华社：8000学子扬帆启程　武汉科技大学举行2023届学生毕业典礼
59	2023年6月18日	中国新闻网：毕业典礼上　校长临别“金句”勉励学生“向上向美”
60	2023年6月18日	湖北日报：仪式感拉满！武科大为毕业生定制“独家礼物”
61	2023年6月18日	长江日报：武科大毕业生领到首批校友卡，凭卡可随时返校看看
62	2023年6月15日	湖北日报：这所理工类高校开设首个艺术类中外合作办学专业
63	2023年6月15日	长江日报：武科大新增光电信息科学与工程专业
64	2023年6月13日	科技日报：远程电力挂摘机器人把安全“带进”变电站
65	2023年6月8日	学习强国：武科大以铸魂增智“充电”为高质量发展“蓄能”
66	2023年6月5日	科技日报：铁钴钌三元合金薄膜让通信更稳定
67	2023年6月2日	学习强国：武汉科技大学坚持“共同答题”全面开展调查研究

续表

序号	发表时间	刊发媒体和作品标题
68	2023年5月31日	中国新闻网：武汉科技大学成立材料学部　推进一流学科建设
69	2023年5月28日	武汉广播电视台：武汉科技大学：让长江新区开放现代国际化的视觉形象与时代共鸣
70	2023年5月25日	长江日报：全球首个滑坡预警系统让企业避免5000万元损失
71	2023年5月17日	中国新闻网：武科大四十年“红安行”：上好学生入党必修课
72	2023年5月9日	党员生活：武汉科技大学材料与冶金学院冶金教工党支部：“钢铁侠”是怎样炼成的
73	2023年5月4日	湖北日报：《湖北民间书院现状调查》出版发行，你知道湖北有多少书院吗？
74	2023年4月29日	湖北日报：125岁正青春　武汉科技大学师生同跑马拉松为学校庆生
75	2023年4月29日	湖北广播电视台：身边的榜样“折翼”博士单手书写自强人生
76	2023年4月27日	光明日报：武汉科技大学姚凯团队攻克神经性失明世界医学难题——为失明者打开光明的眼窗
77	2023年4月22日	长江日报：模拟宇宙大爆炸，武科大团队加入国际实验组探寻“夸克”踪迹
78	2023年4月13日	中国新闻网：武汉科技大学团队给芯片披上“防护衣”
79	2023年4月12日	湖北日报：历时5年，武科大学生科研成果走上“中试线”
80	2023年4月5日	新华网：武汉科技大学航天知识启蒙授课活动进社区
81	2023年4月3日	搜狐：强！2023软科大学排名，武汉科技大学位居湖北省属高校第一位
82	2023年3月27日	中国新闻网：武科大师生共谋共建共管共享“一站式”学生社区
83	2023年3月27日	科技日报：失明者有望重见光明——我国科研团队研发新型通用基因编辑工具
84	2023年3月23日	中青在线：这一份报，这一份传承，60年以来一代代历久弥新
85	2023年3月9日	湖北日报：“移动食堂”现校园 开售一刻钟即被抢购一空
86	2023年2月4日	极目新闻：武科大毕业生留鄂就业率超50%，湖北多地人社局组团来汉招聘
87	2023年2月28日	湖北日报：武科大潮玩展秀出文化魅力
88	2023年2月27日	极目新闻：阅读、运动、云授课，武科大“云支教”陪伴中小学生成长
89	2023年2月24日	极目新闻：用三千粒积木拼出转炉模型！武科大师生获国奖
90	2023年2月19日	光明日报：武汉科技大学召开一流学科建设推进会

续表

序号	发表时间	刊发媒体和作品标题
91	2023 年 2 月 13 日	中国日报：国际学生学习三国历史，武科大汉语桥线上项目开营
92	2023 年 1 月 30 日	湖北日报：自在随心　意蕴交融——访高温釉彩画家管家庆
93	2023 年 2 月 3 日	中国教育电视台：参与科研攻坚　寒假留校生活也精彩
94	2023 年 1 月 17 日	湖北教育新闻：“校长有约”武科大学生校长“同讲同学”二十大精神
95	2023 年 1 月 16 日	长江云：两会微访谈丨倪红卫：推进中试平台共享，发挥湖北高校优势
96	2023 年 1 月 12 日	中国教育电视台：武汉科技大学留学生喜迎中国农历新年
97	2023 年 1 月 7 日	湖北教育新闻：全国高校唯一！武汉科技大学成立人民英雄研究中心
98	2023 年 1 月 7 日	湖北日报：从理论方案到工业产品，“机械女”带队拿下全国一等奖
99	2023 年 1 月 3 日	中国青年网：武汉科技大学研支团购物节回收快递盒爱心助学
100	2023 年 1 月 2 日	中国教育报：武汉科大：线下线上联动　精准服务就业

2023 年学雷锋先进集体和个人表彰情况一览表

类　别	单　位
雷锋社团	
教　工	附属老年病医院老年病科团队 后勤保障部“宿舍阿姨”团队 后勤退休支部 化学与化工学院教师团队 机械自动化学院陈新元教师团队 老年合唱团 理学院教师团队 汽车与交通工程学院教师团队
学　生	白衣天使志愿者服务联合队 “向日葵计划”志愿服务队 人与自然协会 图书馆青年志愿者服务队 武汉科技大学星辰社 学生安全自治委员会

续表

类　别	单　位
雷锋班级	
材料学部	无材卓越2101班
城市建设学院	土木工程2103班
管理学院	人力资源管理2101班
化学与化工学院	生物工程（产业计划）2202班
机械自动化学院	机械电子工程（产业计划）2101班
计算机科学与技术学院	计算机科学与技术专业2102班
理学院	信息与计算科学2101班
马克思主义学院	22级研究生
汽车与交通工程学院	车辆工程（产业）2201班
生命科学与健康学院	生物技术2102班
体育学院	体育教育2022级
外国语学院	英语2103班
法学与经济学院	行政管理2202班
信息科学与工程学院	自动化类2312班
医学部	临床2201班
艺术与设计学院	视觉传达设计2101班
资源与环境工程学院	地理信息科学2101班
继续教育学院	工程管理2101班
学雷锋标兵	
教　工	何雅琴、洪守胜、蒋　培、孙莉娟、王美君、王语琴、魏雪妍、徐　虹、严丽秀、余乾坤、张明洲、赵　环、赵智勇、周建军
材料学部	胡　千、韦希顿
城市建设学院	李鸿胜、张新燕
管理学院	廖　影、林小婷
国际学院	RODRIGUE ARMEL MUVUNYI（罗格）
化学与化工学院	王右军
机械自动化学院	陈宇昂、熊　琦

续表

类　别	单　位
学雷锋标兵	
计算机科学与技术学院	王鹏宇、郑康兴
理学院	柯　娟
马克思主义学院	刘　仪
汽车与交通工程学院	肖　煜
生命科学与健康学院	孙语璐
体育学院	崔俊妮
外国语学院	彭嘉俊
法学与经济学院	占　洁
信息科学与工程学院	夏紫琪、赖震修
医学部	江　欢
艺术与设计学院	郭成宇
资源与环境工程学院	王生富、张　贺
学生社团	曾莹莹、程柯扬、赵雪研、蒋　伟、王君竹、牛子轩

校　徽

2023 年，党委宣传部完成校徽改版，改版后的校徽如下。

武漢科技大学

WUHAN UNIVERSITY OF SCIENCE AND TECHNOLOGY

武汉科技大学校徽为正圆形，由两个同心圆构成的图案。内圈为搏击风浪的帆，帆为字母“Y”(“冶”字拼音首字母)的艺术创意表达，凸显学校的冶金特色。外层同心圆上方为鲁迅手写体校名，下方为学校英文名称和学校办学起始年份“1898”组合而成。

帆既是人类探索未知精神象征，又是

人类伟大技术发明。搏击风浪的帆代表武科大人在探索未知、追求真理中奋勇开拓，千帆竞发敢为人先；在铸魂育人、科技创新中奋楫扬帆，乘风破浪勇立潮头。帆还代表梦想、远方和希望，象征武汉科技大学矢志一流，御风以翔，不断创新发展，直挂云帆济沧海。

科技白 C: 0　M: 0　Y: 0　K: 0

沁湖蓝 C: 40　M: 10　Y: 10　K: 0

青山绿 C: 90　M: 30　Y: 80　K: 40

校徽主色调由科技白（C:0　M:0　Y:0　K:0）、沁湖蓝（C:40　M:10　Y:10　K:0）和青山绿（C:90　M:30　Y:80　K:40）三色构成。科技白象征创新、先进、严谨，代表学校优势特色的“大冶金”学科；沁湖蓝象征智慧、理性、未来，代表学校新兴交叉的“大数据”学科；青山绿象征生命、健康、青春，代表学校融合发展的“大健康”学科，三色组合凸显学校“一主两翼”的学科体系。同时沁湖蓝、青山绿也意喻“沁水青山”的美丽校园。

（撰稿：饶红亮、徐　乾、程　毓、陈孖川、李　芳、杨　鲜、覃　宇　审稿：李晓敏）

统战工作

【**概况**】2023 年，学校设有民革武汉科技大学支部、民盟武汉科技大学委员会、民进武汉科技大学总支、农工党武汉科技大学支部、致公党武汉科技大学支部、九三学社武汉科技大学支社 6 个民主党派基层组织；有湖北省党外知识分子联谊会武汉科技大学分会、武汉科技大学归国华侨联谊会 2 个统战团体。全校共有民主党派成员 207 人，民革党员 12 人，民盟盟员 98 人，民建会员 10 人，民进会员 29 人，农工党党员 18 人，致公党党员 13 人，九三学社社员 24 人，台盟盟员 3 人；

另有无党派人士65人。

【民主党派、无党派工作】根据中央统战部和省委统战部的工作部署，支持各民主党派、无党派人士和党外知识分子开展“凝心铸魂强根基、团结奋进新征程”主题教育。为纪念中共中央发布“五一口号”75周年，2023年4月6日，民盟武汉科技大学委员会联合民盟钢都委员会组织盟员集中观影《望道》。4月13日，民盟武汉科技大学委员会联合信息科学与工程学院工会和洪山区摄影协会联合举办了【摄影在洪山】之“走进武汉科技大学”公益大讲堂活动。6月9日上午，农工党武汉科技大学支部联合武汉科技大学医学部和青菱街黄家湖社区，在人体奥秘与主动健康湖北省、武汉市科普教育基地开展了2023年“环境与健康宣传周”系列科普活动。9月8日，民盟武汉科技大学委员会联合校工会、校离退休处，在青山校区东院举办“武汉科技大学2023年教师节名医义诊活动”。12月20日下午，全国政协委员，九三学社中央委员、湖北省委副主委徐礼华一行到学校就九三学社基层组织建设开展调研。协助民主党派基层组织做好党派成员发展工作，做到有质量、有计划，稳步发展民主党派新成员，2023年民主党派发展成员3人，配合完成民主党派4名新成员发展政审工作。民主党派成员获表彰。民进会员管家庆（艺术与设计学院）获评2023年“荆楚工匠”荣誉称号；民革武汉科技大学支部主委孙泰屹（汽车与交通工程学院）被民革武汉市委员会评为武汉民革“优秀党员”荣誉称号；农工党支部主委李炜巍（资产经营有限公司）被农工党湖北省委会评为“优秀党员”荣誉称号；致公党青山区工委主委卢振明（化学与化工学院）被致公党市委会评为2022年度参政议政优秀个人，入选致公武汉四十周年风采人物。

【党外知识分子工作】统战部扎实做好党外知识分子思想政治引领，根据中央统战部和省委统战部的工作部署，支持各民主党派、无党派人士和党外知识分子开展“凝心铸魂强根基、团结奋进新征程”主题教育。4月19日下午，在青山校区1610会议室举办武汉科技大学第五期统一战线“沁湖·同心讲坛”，湖北省社会主义学院一级巡视员、研究员严炳洲作“矢志守正笃行 致力双岗创优”专题报告。9月8日，组织学校民主党派基层组织负责人、无党派人士代表、统战骨干20余人赴武汉革命博物馆开展“凝心铸魂强根基、团结奋进新征程”主题教育实践活动。10月26—27日，举办武汉科技大学“凝心铸魂强根基、团结奋进新征程”统一战线骨干专题培训班，组织统一战线骨干成员30余人赴洪湖社会主义学院开展培训。

【民族宗教工作】开展统一战线相关会议精神学习宣传。将中央、省委民族工作会议精神，全国、全省宗教工作会议精神和中央、省委统战工作会议精神纳入各级中心组理论学习，纳入主题党日学习活动中，纳入主题团日学习活动中，纳入党校教学活动中，实现各级党政领导干部、全体统战干部、全校师生学习全覆盖。以铸牢中华民族共同体意识为主线，创新推进民族团结进步创建工作。将民族、宗教相关政策和法律法规纳入新生安全教育必修课。联合校团委开展“中华民族一家亲，同心共筑中国梦”主题团日活动。做好抵御宗教渗透和防范校园传教工作。充分发挥统战工作领导小组和、民族宗教工作领导小组作用，定期研究统战工作。5月31日，在黄家湖校区教四楼41101报告厅举办民族宗教政策专题辅导报告会。10月29日，联合校团委举办武汉科技大学举办首届民族文化艺术节。11月30日下午，在黄家湖校区崇实会堂举办铸牢中华民族共同体意识报告会，邀请国家民委理论宣讲团成员、中南民族大学中华民族共同体研究院副院长李学保教授作报告。11月30日下午，在南园一站式学生社区同党委学生工作部联合开展“校领导与学生面对面”系列活动之“中华民族一家亲同心共筑中国梦座谈会”。12月19日，学校召开统战工作会议，统一战线工作领导小组、民族宗教工作领导小组各成员单位负责人参加会议。

【归侨侨眷工作】申报湖北省侨联第十六次“梁亮胜侨界科技奖励基金”，协助省侨联慰问困难归侨侨眷3人次。

【党外代表人士队伍建设】分类分层建立健全党外代表人士数据库，做好党外干部培养举荐工作，加强对党外代表人士的日常管理，促进党外代表人士健康成长。2023年向各级组织推荐统战成员87人，建立武汉科技大学统战智库。向湖北省委统战部推荐48名供需对接机制专家。开展党外知识分子服务地方发展供需对接活动，12人次赴孝感、黄冈参加湖北省党外知识分子服务地方发展供需活动3场。

【参政议政工作】持续推进学校协商民主建设，发挥民主党派和无党派人士参与学校民主管理、民主决策的积极作用。向党外代表人士通报学校情况，听取党外代表人士对学校发展的意见和建议，党外人士参加学校2023年工作布置会、秋季学期工作部署会、学校第五届教职工代表暨工会会员代表大会第二次会议并参与讨论。

各民主党派积极参与建言资政和社会服务。9月25日下午，学校民进总支主委、民进湖北省委会委员邓旭东参加省政协召开“高质量供应链物流体系建设”专项民主监督会并发表主题监督建言。管理学院李红松（民进）、邓旭东（民进）教授荣获民进中央2023年参政议政成果三等奖，获奖成果被收录在民进中央办公厅印发的《民进中央2023年参政议政成果奖励目录》。邓旭东等撰写提案《建立健全湖北生态产品价值实现机制，助力长江经济带绿色发展》（省政协集体提案、大会发言，省发改委批复，省政府常务会议审议并出台《湖北省建立健全生态产品价值实现机制实施方案》）获2022年民进湖北省委会优秀提案建议。汽车与交通工程学院孙泰屹（民革）同志获青山区政协通报表扬。法学与经济学院张彦英（民革）编制的《湖北省中小企业发展环境第三方评估》报告及成果摘要被湖北省经济和信息化厅厅长刘海军批示。医学部万京桦（民革）执笔的民革武汉科技大学支部调研课题获评民革武汉市2023年度参政议政成果三等奖，调研课题获民革武汉市委会立项。法学与经济学院石秀华（民建）撰写的研究报告得到湖北省人大常委会副主任刘晓鸣的肯定性批示。艺术与设计学院翁春萌（民进）撰写的咨政建言报告被选为省政协十三届一次大会发言和集体提案（案号：20230076），她的2篇建议被湖北《社情民意专报》《湖北信息》综合采用、省政协《社情民意专报》采用并专报全国政协。材料学部李远兵（民进）、艺术与设计学院翁春萌（民进）、城市建设学院伍昌友（民盟）撰写的3项提案被列为省政协集体提案。化学与化工学院程正载（民进会员）的建议被省委统战部专报采用。资产经营有限公司李炜巍（农工党）参与洪山区政协4项提案，其中1项提案被列为洪山区政协提案（重点提案）。医学部曾燕（致公党）申请并获批立项致公党武汉市委员会参政议政课题2项。信息科学与工程学院李维刚（九三学社）、附属天佑医院郜国虎（九三学社）、化学与化工学院徐丹丹（九三学社）提交的3篇社情民意信息被九三学社湖北省委会采用。

【统战理论研究】深入开展调查研究，加强统战理论和政策研究工作。获2023年湖北省统战理论政策研究创新成果三等奖1项，2023年湖北省高校统战理论二等奖1项。参加第二届东湖论坛和2023年第4期县华林圆桌会议。

【其他工作】1个研究基地3名专家入选湖北省统战理论研究创新联盟。9月25日，第二届东湖论坛揭牌成立湖北省统战理论研究创新联盟，学校党建工程研究中心入选湖北省统战理论研究创新联盟成员单位，法学与经济学院袁年兴，马克思主义学院刘文波、王玉婷入选湖北省统战理论研究创新联盟特邀专家。

附录

2023年武汉科技大学民主党派基层组织一览表

序号	党派名称	基层组织名称	主　委	副主委	委　员
1	中国国民党革命委员会	民革武汉科技大学支部	孙泰屹	张彦英	田体先
2	中国民主同盟	民盟武汉科技大学委员会	田胜兰	涂　伟 姚刚霞 陈　实	伍昌友、彭　红、顾　曦、朱　辉、钱　宇
3	中国民主促进会	民进武汉科技大学总支	邓旭东	李远兵 杨中华	王周福、孙淑生、杨德林、管家庆
4	中国农工民主党	农工党武汉科技大学支部	李炜巍	邵俊华 唐文彰	张莉芹、王　涛（医）
5	中国致公党	致公党武汉科技大学支部	曾　燕	赵　琴	李秋阳
6	九三学社	九三学社武汉科技大学支社	孙　芳	王　益 李维刚	刘源洞、张明勇、郜国虎

2023年民主党派省委委员、市委委员名单

单　位	姓　名	任　职
汽车与交通工程学院	孙泰屹	民革武汉市第十四届委员会委员
附属天佑医院	田胜兰	民盟湖北省第十四届委员会委员
信息科学与工程学院	马娅婕	民建武汉市第十五届委员会委员
管理学院	邓旭东	民进湖北省第八届委员会委员
资产经营有限公司	李炜巍	农工党湖北省第九届委员会委员
化学与化工学院	卢振明	致公党湖北省第五届委员会委员 致公党武汉市第七届委员会委员
信息科学与工程学院	李维刚	九三学社湖北省第八届委员会委员

湖北省党外知识分子联谊会第五届会员名单

所在单位	姓　名	任　职	政治面貌
计算机科学与技术学院	顾进广	常务理事	无党派人士
化学与化工学院	杨忠华	理　事	无党派人士
学报编辑部	冯育强	会　员	无党派人士
材料学部	韩兵强	会　员	无党派人士
信息科学与工程学院	刘　斌	会　员	无党派人士
信息科学与工程学院	甘朝晖	会　员	无党派人士
机械自动化学院	王　涛	会　员	无党派人士

武汉知识分子联谊会第四届会员名单

所在单位	姓　名	任　职	政治面貌
研究生院	刘　斌	常务理事	无党派人士
材料学部	韩兵强	会　员	无党派人士
计算机科学与技术学院	顾进广	会　员	无党派人士
资源与环境工程学院	王　黎	会　员	无党派人士
机械自动化学院	王　涛	会　员	无党派人士

青山知识分子联谊会名单

所在单位	姓　名	任　职	政治面貌
化学与化工学院	吴晓琴	副会长	民盟盟员
资源与环境工程学院	王　钰	理　事	无党派人士
材料学部	周盈科	理　事	无党派人士
汽车与交通工程学院	邓明星	理　事	无党派人士
资源与环境工程学院	周仙霖	会　员	无党派人士
资源与环境工程学院	鄢曙光	会　员	无党派人士
材料学部	张　伟	会　员	无党派人士
材料学部	宋新莉	会　员	无党派人士
理学院	王登京	会　员	无党派人士
汽车与交通工程学院	冉茂平	会　员	无党派人士
艺术与设计学院	张　姝	会　员	无党派人士

湖北省侨联第十五次“梁亮胜侨界科技奖励基金”获奖名单

所在单位	姓　名	获奖等次	成果名称
资源与环境工程学院	王　黎	二等奖	基于3S维度的生物质固废清洁高效燃气能源化关键技术及应用
计算机科学与技术学院	张晓龙	三等奖	基于实时数据流的算法建模及工业应用
材料学部	张海军	三等奖	溶胶型金属纳米颗粒催化剂结构设计与性能

湖北欧美同学会（湖北留学人员联合会）第三届理事及会员名单

单　位	姓　名	任　职
党委常委、副校长	马　腾	理　事
生命科学与健康学院	刘剑锋	理　事
信息科学与工程学院	马娅婕	会　员
化学与化工学院	吴晓琴	会　员
发展规划与学科建设处	黄　奥	会　员
生命科学与健康学院	孙　钒	会　员

湖北省侨联青年委员会第三届委员名单

所在单位	姓　名	任　职
生命科学与健康学院	姚　凯	委　员
材料学部	王　强	委　员
材料学部	吴传栋	委　员
材料学部	胡海江	委　员
资源与环境工程学院	万　骞	委　员
机械自动化学院	袁　锐	委　员
医学院	廖静伶	委　员

湖北省青年联合会第十四届委员会委员名单

所在单位	姓　名	任　职	政治面貌
化学与化工学院	朱　辉	委　员	民盟盟员
资产经营有限公司	李炜巍	委　员	农工党党员

湖北省“同心·院士专家服务团”第一届成员名单

所在单位	姓　名	政治面貌
材料学部	李立新	民革党员
机械自动化学院	王兴东	民盟盟员
化学与化工学院	柯昌美	无党派人士
化学与化工学院	杨忠华	无党派人士
信息科学与工程学院	甘朝晖	无党派人士
汽车与交通工程学院	郭健忠	群　众

湖北省“同心·院士专家服务团”第二届成员名单

所在单位	姓　名	政治面貌
材料学部	李立新	民革党员
资源与环境工程学院	王　黎	无党派人士
化学与化工学院	柯昌美	无党派人士
信息科学与工程学院	甘朝晖	无党派人士
信息科学与工程学院	李维刚	九三学社社员
机械自动化学院	王　涛	无党派人士

省委统战部供需对接机制专家名单

序号	姓　名	所在单位	政治面貌
1	周盈科	材料学部	无党派人士
2	张　伟	材料学部	无党派人士
3	王　强	材料学部	中共党员
4	雷　文	耐火材料与冶金国家重点实验室	中共党员
5	伍昌友	城市建设学院	民盟盟员
6	谢世伟	城市建设学院	无党派人士
7	季　斌	城市建设学院	中共党员
8	邓旭东	管理学院	民进会员
9	杨中华	管理学院	民进会员
10	陈俊玲	化学与化工学院	群众
11	卢振明	化学与化工学院	致公党党员
12	彭　娜	化学与化工学院	中共党员
13	雷　杨	化学与化工学院	中共党员
14	陈　华	汽车与交通工程学院	群众
15	张光德	汽车与交通工程学院	无党派人士
16	鄢　威	汽车与交通工程学院	中共党员
17	孙　钒	生命科学与健康学院	无党派人士
18	周　翔	生命科学与健康学院	无党派人士
19	祝海川	生命科学与健康学院	群众
20	李维刚	信息科学与工程学院	九三学社社员
21	陈　曦	信息科学与工程学院	民盟盟员
22	万京桦	医学部	民革党员
23	刘　丹	医学部	农工党党员
24	曾　燕	医学部	致公党党员
25	周艳玲	医学部	致公党党员
26	赵　琴	医学部	致公党党员
27	管家庆	艺术与设计学院	民进会员
28	聂　虹	艺术与设计学院	群众
29	张　姝	艺术与设计学院	无党派人士

续表

序号	姓　名	所在单位	政治面貌
30	吴建星	资源与环境工程学院	群众
31	王　钰	资源与环境工程学院	无党派人士
32	鄢曙光	资源与环境工程学院	无党派人士
33	钱功明	资源与环境工程学院	无党派人士
34	胡　斌	资源与环境工程学院	致公党党员
35	徐顺香	资源与环境工程学院	群众
36	李琳娜	理学院	中共党员
37	邢远秀	理学院	中共党员
38	邵俊华	理学院	农工党党员
39	王登京	理学院	无党派人士
40	田胜兰	附属天佑医院	民盟盟员
41	杨　杨	附属天佑医院	农工党党员
42	张明勇	附属天佑医院	九三学社社员
43	王　益	附属天佑医院	九三学社社员
44	黄　巍	附属天佑医院	九三学社社员
45	朱明炬	外国语学院	群众
46	孙　芳	外国语学院	九三学社社员
47	石秀华	法学与经济学院	民建会员
48	涂庆丰	法学与经济学院	民建会员

2023 年学校各级党外人大代表、政协委员一览表

序号	姓　名	性别	单位及职务	备　注
1	冯育强	男	学报编辑部主任	湖北省政协委员
2	刘　斌	女	研究生院副院长	武汉市政协委员
3	卢振明	男	化学与化工学院教授	武汉市政协委员、 致公党武汉市青山区工委主委
4	李远兵	男	材料学部教授	青山区人大常委、 民进武汉科技大学总支副主委
5	孙　芳	女	外国语学院副教授	青山区人大代表、 九三学社武汉科技大学支社主委

续表

序号	姓　名	性别	单位及职务	备　注
6	田胜兰	女	附属天佑医院（第一临床学院）副院长	青山区人大代表、民盟武汉科技大学委员会主委
7	涂　伟	男	网络信息中心副主任	青山区人大代表、民盟武汉科技大学委员会副主委
8	孙泰屹	男	汽车与交通工程学院教师	青山区政协委员、民革武汉科技大学支部主委
9	李炜巍	男	资产经营有限公司副经理	洪山区政协委员、农工党武汉科技大学支部主委
10	邵俊华	女	理学院高级工程师	青山区政协委员、农工党武汉科技大学支部副主委
11	陈国平	男	管理学院教授	青山区政协常委
12	吴晓琴	女	化学与化工学院副院长	青山区政协委员
13	石秀华	女	法学与经济学院教授	青山区政协委员
14	涂庆丰	男	法学与经济学院副教授	青山区政协委员
15	马娅婕	女	信息科学与工程学院教授	青山区政协委员

（撰稿：杜瑞瑞　审稿：杨启梅）

离退休工作

【概况】2023年学校有离退休教职工1966人，其中离休11人，退休1955人（含大集体职工148人）。当年新增退休教职工106人，去世49人。离退休党工委下设26个党支部，现有党员904人，其中离退休教职工党员894人，在职教职工党员10人。学校有注册备案的老年社团15个。离退休工作处有工作人员12人，分别在青山校区、洪山校区、红钢城家属区设有办公点，实行一级管理。

【党建工作】离退休党工委紧紧围绕学校党建工作要点及任务要求，充分发挥党组织的政治核心作用，履行管党治党主体责任。深入学习贯彻习近平新时代中国特色社会主义思想，不断加强离退休党组织建设和离退休教职工思想政治引领。采取集中宣讲、专题辅导、支部学习、座谈讨论等多种形式深入开展主题教育。组织收看党中央延安十三年专题报告和四场全国离退休干部网上专题报告会，组织9批次共计20个党支部参观辛亥革命纪念馆、姚家山抗战第一村等教育基地。加强支部建设，开展离退休教职工党支部书记（支委）培训会2次，14个离退休教职工党支部完成换届，支委年龄结构得到优化，组织力量得到加强。

按时收缴党费，全年共收党费101969元。开展党内关怀，在元旦、春节和“七一”等特殊时间节点开展困难党员、老党员的摸排及慰问活动，全年共发放慰问金3.8万元，受助党员58人。

完成2023年度“光荣在党50年”党员的资格审查工作，成功举办纪念章颁发仪式，为22位老党员颁发纪念章。

党风廉政建设落到实处。开展党风廉政建设宣传教育月活动。组织党员骨干学习党纪法规，观看廉政教育警示片，开展禁止违规吃喝、坚决杜绝酒驾醉驾、典型案例警示学习教育活动，强化纪法意识。举办反腐倡廉露天电影放映，发放廉洁家风倡议书，组织参观廉洁教育基地，制作“清廉文化成果”宣传板，参加学校“树清廉家风 创清廉家庭”征文活动获优秀奖。

【离退休教职工教育】联合保卫处开展防诈骗宣传；联合附属老年病医院、普仁医院开展健康知识讲座；联合附属天佑医院开展健康义诊。围绕公费医疗报销、“中人”养老金结算、青山校区物业社会化改革和洪山校区校园资源优化利用等问题协助举办了五场沟通交流会，离退休教职工思想稳定。

【落实待遇】部门牵头起草《关于离退休教职工工作政策的贯彻落实意见》，就细化落实离退休同志两个待遇问题，提出八条具体意见，校长办公会审议通过，离退休教职工待遇进一步得到保障。

联合校医院为1100多位离退休教职工、高知老同志开展健康体检。为400余名离退休教职工办理大病互助入会工作。

【帮扶与慰问】广泛开展“敲门行动”，听取离退休教职工心声愿望，帮助解决急难愁盼问题，认真落实亲情化个性化精准服务，建立健全困难帮扶机制，加大对高龄、独居、失能、身患重病等有特殊困难离退休教职工的关爱帮扶力度。全年发放慰问金89100元、慰问物资58215元。及时协调有关职能部门吊慰去世离退休教职工家属、参加告别仪式等，协助家属做好后事处理。为127位年满70岁、80岁、90岁、100岁及以上的离退休教职工祝寿，发放133500元祝寿慰问金和价值22000元纪念品。

【文体活动】加强离退休教职工文体活动场所管理，改善条件，不定期做好体育活动场馆的设施维护。完善离退休文体社团注册、调整工作，规范各项流程。上半年以“沐春风 感党恩”为主题组织670名离退休教职工到东湖樱园参观游览。武汉科技大学老年合唱团参加武汉市第21届“春之声”合唱艺术节展演。举办“银龄花艺绽芳华”插花活动。组织门球队参加青山区第十一届全民运动会；组织乒乓球队参加湖北省高校老协“松鹤杯”乒乓球比赛。下半年举办了“情暖桑榆 魅力重阳”重阳节集体祝寿暨文艺汇演活动，参加了省高校老协“永远跟党走　奋进新征程”文艺展演。

【关心下一代工作】积极发挥广大老同志独特优势，做好关心下一代工作。2023 年 5 月，在首届全国高校教学督导工作优秀案例交流会上，退休教师、督导组副组长杨嘉晖老师作了主题汇报，学校荣获首届全国高校教学督导工作案例交流会学校案例一等奖。退休老师张炳刚代表武汉市洪山区“五老”报告团，为青菱小学的孩子们讲述红色历史故事。96 岁高龄的退休老教授周世倬老师与青年学子交流，与学生分享专业和英语学习感悟，将个人中英文文集赠予青年学子。材料学部李楠教授、机械自动化学院李友荣教授，退休不退岗，依旧为学院的科研、教学发挥余热。2023 年学校图书馆联合离退休处启动创建“沁湖文库”工作，离退休教职工积极向学校捐赠各类成果，为保存武科大人的知识资产和精神财富，构建系统完备的体现武科大特色的学术资源作出了应有的贡献。

附录

2023 年离退休党工委党组织设置分布表

序号	支部名称（简称）	书记姓名	序号	支部名称（简称）	书记姓名
1	材冶退休党支部	徐建平	14	医学退休第一党支部	王洪发
2	管理法经马院国际退休党支部	严丽秀	15	医学退休第二党支部	张本延
3	后勤退休党支部	张建忠	16	医学退休第三党支部	贺治安
4	化资退休党支部	强　敏	17	医学退休第四党支部	夏翠云
5	机关退休第一党支部	郑雁铭	18	洪山退休第一党支部	兰凤珍
6	机关退休第二党支部	程启明	19	洪山退休第二党支部	陈久范
7	机关退休第三党支部	汤佑高	20	洪山退休第三党支部	赵春莲
8	机械艺术汽车退休党支部	许铁林	21	洪山退休第四党支部	刘恒荣
9	离休党支部	李世荣	22	洪山退休第五党支部	赵显新
10	理体外党支部	张青桥	23	洪山退休第六党支部	肖金成
11	图书档案退休党支部	刘翘红	24	洪山退休职工第七党支部	张必贞
12	校产退休党支部	张传树	25	黄家湖退休职工党支部	张炳刚
13	信计退休党支部	邵平凡	26	离退休处在职职工党支部	彭红斌

（撰稿：赵　艳　审稿：李婵娟、彭红斌）

工会（教代会）工作

【概况】2023年，工会教代会在学校党委的正确领导下，在省教科文卫体工会的悉心指导下，坚持以习近平新时代中国特色社会主义思想为指导，深刻学习贯彻党的二十大精神、中国工会十八大和湖北省工会十四大精神，以创建“有为工会、和谐工会、暖心工会和智慧工会”为目标，团结动员广大教职工埋头苦干、勇毅前行，为学校高质量发展作出了积极贡献。2023年，校工会被评为“全国教科文卫体系统模范职工之家”，连续四年获评“湖北省教科文卫体系统职工创业创新比赛优秀组织奖”。

【坚持思想政治引领】围绕“喜迎省工会十四大”“庆祝办学125周年”等重要节点和重大主题，开展“中国梦·劳动美”“读好书、强素质”“最美劳动者”文艺作品、送书、主题征文、摄影作品征集等主题活动，教育引导教职工听党话、跟党走，不断夯实广大教职工支持、参与、推动学校事业发展的共同价值追求。

【推进民主管理】充分发挥工代会、教代会参与学校民主管理职能，组建第五届教代会专门工作小组，依法保障教职工行使民主权利。

认真开展教代会提案征集工作，2023年征集提案38件，办结率100%，促进了教职工关心的热点、难点问题的解决。

加强二级工代会建设，形成了校工会、基层工会、工会小组三级横向到边、纵向到底的组织运行体系。

组织召开第五届教代会工代会第二次会议，充分发挥教职工参与学校民主管理和民主监督，进一步集思广益、凝心聚力，加快推进学校各项事业发展。

【完善职工服务体系】开展教职工大病互助调研工作，调研国内相关高校的成功经验，制定了《武汉科技大学教职工重大疾病医疗互助金管理办法（试行）》文件。深入基层大力宣传和解读大病互助政策，提高广大职工对互助保障的认知度、认同度和参与度。2023年大病互助初次加入在职人数1963人，占比约70%，离退休419人，占比约20%。

关心教职工身体健康，组织开展在职教职工健康体检工作，参检高知429人、教职工2158人。

积极做好教职工帮扶慰问工作，加强困难教职工档案建立和管理工作，做好数据统计、信息审核、变化调整的动态管理。开展“夏送清凉”“冬送温暖”活动，慰问先进模范劳模、困难职工、患重病职工、一线教职工和离退休职工355人。

组织单身教职工参加省教科文卫体系

统职工联谊活动。

【开展文体活动】 开展学校第61届运动会（教工组），迎新年环湖健康行，校园马拉松，网球和乒乓球等职工喜闻乐见、健康向上、形式多样、广泛参与的文体活动，不断丰富教职工业余文化生活，推进和谐校园建设。

【搭建发展平台】 积极开展先进典型培育工作，积极申报国家和湖北省相关奖项和荣誉，开展先进人物评比，弘扬优秀师德，发挥标兵的榜样教育作用，2023年李亚伟获评湖北省先进工作者，刘拴获评湖北五一劳动奖章，管家庆获评湖北省荆楚工匠。

大力推进教职工创业创新工作，推选1个创业项目、4个创新项目参加湖北省职工创业创新比赛，获湖北省教科文卫体系统第六届职工创业创新比赛“十佳创业奖”项目1个，“优秀创新奖”项目2个。

大力弘扬劳模精神劳动精神工匠精神，2023年管家庆获湖北省“最佳绝活奖”，高翼获“优秀绝活奖”。

弘扬新时代雷锋精神，组织2022度教职工“学雷锋”评选活动，城市建设学院星火公益志愿服务团队等5个团队被评为“雷锋社团”，鞠磊等14人被评为“学雷锋标兵”。

【落实教职工福利】 落实好职工福利待遇，不断改进工作方式方法，满足教职工多样化需求，做好职工节日慰问人均1700元、生日蛋糕人均300元、电影票（旅游年卡）人均100元等福利项目的招标、谈判、采购及发放工作。

助力脱贫攻坚和乡村振兴，帮助对口扶贫地区组织爱心消费采购农资109.52万元。

【关心关爱女职工】 关心关爱女职工身体健康，组织开展了女职工专项体检工作，参检女职工1045人。安排专款给1170名女职工购买一份安康保险，并做好理赔工作。

组织女职工积极观看省总工会妇女权益保障普法讲座；录制民法典知识讲座，组织女职工观看学习；开展“春分养生健康梳头——舒心驿站之经络梳理”活动，深受女职工好评。

【加强队伍建设】 坚持定期开展理论学习、业务讨论，组织工会干部职工参加湖北省教科文卫体工会业务培训班学习、全国工会职工书屋示范性主题阅读交流活动，推荐工会工作人员年度参训20余次。坚持每年开展“读好书、强素质”活动，向工会干部发放政策法规学习资料和书籍430本，征集论文47篇。

【坚持从严治会】 严格按照全总和省总关于工会经费管理的相关规定，收好、管好、用好工会经费，主动接受、大力支持上级工会派驻审计监督。落实党风廉政建设责任制，教育引导工会干部严守政治纪律和政治规矩，严格执行各项财经纪律，坚决制止奢侈浪费行为，营造风清气正的良好生态。

附录

2023 年获省市级以上集体荣誉和表彰一览表

序号	单位	奖项名称	表彰单位	表彰时间
1	武汉科技大学工会委员会	全国教科文卫体系统模范职工之家	中国教科文卫体工会全国委员会	2023 年 8 月 28 日
2	武汉科技大学工会	第六届职工创业创新比赛优秀组织奖	湖北省教科文卫体工会	2023 年 11 月 6 日

2023 年获省市级以上个人荣誉和表彰一览表

序号	单位（项目）	姓名	奖项名称	表彰单位	表彰时间
1	材料学部	李亚伟	湖北省先进工作者	湖北省委、湖北省人民政府	2023 年 4 月
2	附属天佑医院（第一临床学院）	刘　栓	湖北省五一劳动奖章	湖北省总工会	2023 年 10 月
3	艺术与设计学院	管家庆	荆楚工匠	湖北省总工会	2023 年 12 月
4	资源与环境工程学院	胡　斌	十佳创业奖	湖北省教科文卫体工会	2023 年 11 月
5	机械自动化学院	赵　刚	优秀创新奖	湖北省教科文卫体工会	2023 年 11 月
6	生命科学与健康学院	廖兴华	优秀创新奖	湖北省教科文卫体工会	2023 年 11 月

2023 年学校对单位授予的荣誉和表彰一览表

序号	单位	奖项名称	表彰单位	表彰时间
1	城市建设学院星火公益志愿服务团队	2022 年度“雷锋社团”	党委宣传部、党委学工部、党委研究生工作部、工会、团委	2023 年 3 月
2	马克思主义学院“百马宣讲行动”武汉科技大学宣讲队	2022 年度“雷锋社团”	党委宣传部、党委学工部、党委研究生工作部、工会、团委	2023 年 3 月
3	理学院数学竞赛团队	2022 年度“雷锋社团”	党委宣传部、党委学工部、党委研究生工作部、工会、团委	2023 年 3 月

续表

序号	单 位	奖项名称	表彰单位	表彰时间
4	附属天佑医院（第一临床学院）耳鼻喉科志愿服务团队	2022 年度“雷锋社团”	党委宣传部、党委学工部、党委研究生工作部、工会、团委	2023 年 3 月
5	附属老年病医院（第二临床学院） 综合外科	2022 年度“雷锋社团”	党委宣传部、党委学工部、党委研究生工作部、工会、团委	2023 年 3 月

2023 年学校对个人授予的荣誉和表彰一览表

序号	单 位	姓 名	奖项名称	表彰单位	表彰时间
1	学生工作处	鞠 磊	2022 年度“学雷锋标兵”	党委宣传部、党委学工部、党委研究生工作部、工会、团委	2023 年 3 月
2	本科生院	肖 潇	2022 年度“学雷锋标兵”	党委宣传部、党委学工部、党委研究生工作部、工会、团委	2023 年 3 月
3	管理学院	卢文博	2022 年度“学雷锋标兵”	党委宣传部、党委学工部、党委研究生工作部、工会、团委	2023 年 3 月
4	艺术与设计学院	邹 龙	2022 年度“学雷锋标兵”	党委宣传部、党委学工部、党委研究生工作部、工会、团委	2023 年 3 月
5	马克思主义学院	张 勇	2022 年度“学雷锋标兵”	党委宣传部、党委学工部、党委研究生工作部、工会、团委	2023 年 3 月
6	法学与经济学院	陈 春	2022 年度“学雷锋标兵”	党委宣传部、党委学工部、党委研究生工作部、工会、团委	2023 年 3 月
7	理学院	汪汝武	2022 年度“学雷锋标兵”	党委宣传部、党委学工部、党委研究生工作部、工会、团委	2023 年 3 月
8	城市建设学院	高佳佳	2022 年度“学雷锋标兵”	党委宣传部、党委学工部、党委研究生工作部、工会、团委	2023 年 3 月
9	化学与化工学院	范宝安	2022 年度“学雷锋标兵”	党委宣传部、党委学工部、党委研究生工作部、工会、团委	2023 年 3 月
10	机械自动化学院	钱新博	2022 年度“学雷锋标兵”	党委宣传部、党委学工部、党委研究生工作部、工会、团委	2023 年 3 月
11	材料与冶金学院	李静捷	2022 年度“学雷锋标兵”	党委宣传部、党委学工部、党委研究生工作部、工会、团委	2023 年 3 月

续表

序号	单　位	姓　名	奖项名称	表彰单位	表彰时间
12	汽车与交通工程学院	吴耀中	2022 年度“学雷锋标兵”	党委宣传部、党委学工部、党委研究生工作部、工会、团委	2023 年 3 月
13	资源与环境工程学院	张　明	2022 年度“学雷锋标兵”	党委宣传部、党委学工部、党委研究生工作部、工会、团委	2023 年 3 月
14	附属天佑医院	严剑萍	2022 年度“学雷锋标兵”	党委宣传部、党委学工部、党委研究生工作部、工会、团委	2023 年 3 月

（撰稿：张　岚　审稿：李　敏）

妇委会工作

【概况】2023 年妇委会在学校党委的正确领导和行政的大力支持下，在上级妇联的指导下，紧紧围绕学校发展目标和主要任务，充分发挥妇委会在学校发展建设中的桥梁和纽带作用，团结引领广大女师生员工立足岗位、奋发有为，为学校高质量发展贡献巾帼智慧和力量。

【坚持思想引领】坚持以习近平新时代中国特色社会主义思想为指导，深入学习贯彻党的二十大精神、中国妇女十三大以及湖北省妇女十三大、武汉市妇女十四大会议精神，牢记习近平总书记殷殷嘱托，坚定不移听党话跟党走。主动组织学习《习近平走进百姓家》《习近平关于妇女儿童和妇联工作论述摘编》《习近平关于注重家庭家教家风建设论述摘编》。

【开展主题活动】在全校范围开展纪念“三八”国际妇女节 2021—2022 年度武汉科技大学三八红旗手标兵、三八红旗手表彰大会和组织系列活动。向全校女同胞发出节日慰问，引导各妇委分会开展丰富多彩的庆祝活动。开展征集“树清廉家风 创清廉家庭”文章、摄影作品、短视频活动，共收到 23 个分党委和妇委会分会 189 件廉洁文化作品。开展学校首届优秀女性科技人才访谈活动，讲述学校四位优秀女性科技工作者勇攀科技高峰的鲜活故事。组织“漫时光”女教职工关怀项目之六项团辅活动。

【选树先进典型】开展表彰 19 户“最美家庭”活动，弘扬家庭美德和良好家风。学校附属老年病医院综合内科获评“全国巾帼文明岗”；黄晶获评“武汉楷模”，黄峰家庭获武汉市“最美家庭”，黄晶获青山区“最美科技工作者”，龚洁家庭获青山区“最美家庭”。推荐李金云教授当选省第十三次妇女代表大会代表并参会，推荐陆勇同志作为武汉市第十四次妇女代表大会代表并参会。

【关爱妇女、女大学生成长成才、关心儿童】 多次组织妇女健康讲座，组织“让健康相随，让生活更美”送祝福活动，元旦前开展慰问2023年重大疾病住院、做过大型妇科手术女教职工。

在六一儿童节到来之际，看望武汉科技大学幼儿园并赠书4000余元，配合青山区妇联为青山区儿童友好社区微改造筹集善款项第一名，经费反馈回来用于幼儿园购买图书和社区儿童设施建设。

组织开展针对女大学生生理生殖健康讲座。联合学生工作处，为春蕾女孩高考加油，帮助志愿填报、专业分享，教育大学生合理规划假期生活，分享大学生活规划等。在新生开学典礼、九一八升旗、优良学风表彰等重大活动上挑选优秀女大学生代表发言，选树女大学生优秀榜样。

【加强自身建设】 加强思想政治引领，及时向妇委会分会、广大妇女传达党的二十大和习近平总书记重要讲话精神。组织委员观看学习中国妇女十三大会议内容。发挥妇委会委员作用，执行委员会研究决定工作制度，紧密依靠妇女干部开展维权工作，落实男女平等基本国策。主动和省妇联以及青山区妇联、洪山区建立联系。深入基层调研，了解基层妇委会和女职工的需求，有针对性改进妇女工作，提高管理服务水平。

加强组织建设，完善工作制度，强化对妇委会分会工作指导和协调，及时增补完善学校和妇委会分会干部队伍。组织增补校妇委会副主任2人，增补调整妇委会分会主任5人。

申报课题“后疫情时代高校女教职工健康问题和对策”并设计问卷开展调查和分析，形成调查报告一份。

附录

2023年获省市级以上集体荣誉和表彰一览表

单　位	奖项名称	表彰单位	表彰时间
武汉科技大学附属老年病医院（武汉市洪山区青菱街社区卫生服务中心）综合内科	全国巾帼文明岗	中华全国妇女联合会	2023年3月

2023年获省市级以上个人荣誉和表彰一览表

序号	单位（项目）	姓　名	奖项名称	表彰单位	表彰时间
1	材料学部	黄　蜂	武汉市“最美家庭”	武汉市妇女联合会 武汉市精神文明建设指导委员会办公室	2023年11月
2	资源与环境工程学院	龚　洁	青山区“最美家庭”	青山区委宣传部 青山区妇女联合会	2023年12月

2023年学校对个人授予的荣誉和表彰一览表

序号	单位	姓名	奖项名称	表彰单位	表彰时间
1	附属天佑医院（第一临床学院）	李明	三八红旗手标兵名单（2021—2022年度）	武汉科技大学妇女委员会	2023年3月
2	艺术与设计学院	周薇	三八红旗手标兵名单（2021—2022年度）	武汉科技大学妇女委员会	2023年3月
3	外国语学院	宋红波	三八红旗手标兵名单（2021—2022年度）	武汉科技大学妇女委员会	2023年3月
4	后勤保障部	杨柳	三八红旗手标兵名单（2021—2022年度）	武汉科技大学妇女委员会	2023年3月
5	机关党群分会	宋华丽	三八红旗手标兵名单（2021—2022年度）	武汉科技大学妇女委员会	2023年3月
6	信息科学与工程学院（人工智能学院）	吴谨	三八红旗手标兵名单（2021—2022年度）	武汉科技大学妇女委员会	2023年3月
7	马克思主义学院	郑琼梅	三八红旗手标兵名单（2021—2022年度）	武汉科技大学妇女委员会	2023年3月
8	化学与化工学院	吴晓琴	三八红旗手标兵名单（2021—2022年度）	武汉科技大学妇女委员会	2023年3月
9	管理学院	张洪	三八红旗手标兵名单（2021—2022年度）	武汉科技大学妇女委员会	2023年3月
10	机关行政分会	胡琳	三八红旗手标兵名单（2021—2022年度）	武汉科技大学妇女委员会	2023年3月
11	材料与冶金学院	丁文红、马妍	三八红旗手名单（2021—2022年度）	武汉科技大学妇女委员会	2023年3月
12	城市建设学院	徐虹	三八红旗手名单（2021—2022年度）	武汉科技大学妇女委员会	2023年3月
13	管理学院	毛晓丹、艾学轶、黄天蔚	三八红旗手名单（2021—2022年度）	武汉科技大学妇女委员会	2023年3月
14	国际学院	叶双慧	三八红旗手名单（2021—2022年度）	武汉科技大学妇女委员会	2023年3月
15	化学与化工学院	陈俊、陈彦珺	三八红旗手名单（2021—2022年度）	武汉科技大学妇女委员会	2023年3月

续表

序号	单　位	姓　名	奖项名称	表彰单位	表彰时间
16	机械自动化学院	李婵娟、卢　艳	三八红旗手名单（2021—2022 年度）	武汉科技大学妇女委员会	2023 年 3 月
17	计算机科学与技术学院	田萍芳	三八红旗手名单（2021—2022 年度）	武汉科技大学妇女委员会	2023 年 3 月
18	理学院	李　钰、张　青	三八红旗手名单（2021—2022 年度）	武汉科技大学妇女委员会	2023 年 3 月
19	马克思主义学院	张春晖、王玉婷	三八红旗手名单（2021—2022 年度）	武汉科技大学妇女委员会	2023 年 3 月
20	汽车与交通工程学院	龚京风	三八红旗手名单（2021—2022 年度）	武汉科技大学妇女委员会	2023 年 3 月
21	生命科学与健康学院	赵沙沙	三八红旗手名单（2021—2022 年度）	武汉科技大学妇女委员会	2023 年 3 月
22	体育学院	袁　菁	三八红旗手名单（2021—2022 年度）	武汉科技大学妇女委员会	2023 年 3 月
23	外国语学院	符李桃、吕　鸣、王丹妮	三八红旗手名单（2021—2022 年度）	武汉科技大学妇女委员会	2023 年 3 月
24	法学与经济学院	李桂珍、姚梦迪	三八红旗手名单（2021—2022 年度）	武汉科技大学妇女委员会	2023 年 3 月
25	信息科学与工程学院（人工智能学院）	宋笑影、黄卫华	三八红旗手名单（2021—2022 年度）	武汉科技大学妇女委员会	2023 年 3 月
26	医学院	邓海英、王　君	三八红旗手名单（2021—2022 年度）	武汉科技大学妇女委员会	2023 年 3 月
27	公共卫生学院	周　莉	三八红旗手名单（2021—2022 年度）	武汉科技大学妇女委员会	2023 年 3 月
28	艺术与设计学院	聂　虹	三八红旗手名单（2021—2022 年度）	武汉科技大学妇女委员会	2023 年 3 月
29	资源与环境工程学院	梅　丹	三八红旗手名单（2021—2022 年度）	武汉科技大学妇女委员会	2023 年 3 月
30	机关党群分会	孟　佳、杨　鲜	三八红旗手名单（2021—2022 年度）	武汉科技大学妇女委员会	2023 年 3 月
31	机关行政分会	余淑芬、石心竹、张珂珊	三八红旗手名单（2021—2022 年度）	武汉科技大学妇女委员会	2023 年 3 月

续表

序号	单　位	姓　名	奖项名称	表彰单位	表彰时间
32	后勤保障部	熊　敏	三八红旗手名单（2021—2022 年度）	武汉科技大学妇女委员会	2023 年 3 月
33	图书馆	王　萍	三八红旗手名单（2021—2022 年度）	武汉科技大学妇女委员会	2023 年 3 月
34	附属天佑医院（第一临床学院）	杨玉梅、周　琦、肖　丽、董瑞卿、魏　虹、张　莹、姜　萍、龚　菊、谢　靖、刘　群	三八红旗手名单（2021—2022 年度）	武汉科技大学妇女委员会	2023 年 3 月
35	附属老年病医院（第二临床学院）	张　竹、胡姗姗	三八红旗手名单（2021—2022 年度）	武汉科技大学妇女委员会	2023 年 3 月
36	材料与冶金学院	谢　鸿、周　楠	三八红旗手名单（2021—2022 年度）	武汉科技大学妇女委员会	2023 年 3 月
37	城市建设学院	刘　芊	三八红旗手名单（2021—2022 年度）	武汉科技大学妇女委员会	2023 年 3 月
38	管理学院	戴雨薇、李秋怡、钱泽薇、余子洁	三八红旗手名单（2021—2022 年度）	武汉科技大学妇女委员会	2023 年 3 月
39	国际学院	李　瑄	三八红旗手名单（2021—2022 年度）	武汉科技大学妇女委员会	2023 年 3 月
40	化学与化工学院	郑雨欣、周　娜	三八红旗手名单（2021—2022 年度）	武汉科技大学妇女委员会	2023 年 3 月
41	机械自动化学院	晏　蕾	三八红旗手名单（2021—2022 年度）	武汉科技大学妇女委员会	2023 年 3 月
42	计算机科学与技术学院	何利君	三八红旗手名单（2021—2022 年度）	武汉科技大学妇女委员会	2023 年 3 月
43	理学院	潘　烨	三八红旗手名单（2021—2022 年度）	武汉科技大学妇女委员会	2023 年 3 月
44	马克思主义学院	李思倩	三八红旗手名单（2021—2022 年度）	武汉科技大学妇女委员会	2023 年 3 月
45	汽车与交通工程学院	丁宇熹	三八红旗手名单（2021—2022 年度）	武汉科技大学妇女委员会	2023 年 3 月

续表

序号	单位	姓名	奖项名称	表彰单位	表彰时间
46	生命科学与健康学院	杨胜茜	三八红旗手名单（2021—2022年度）	武汉科技大学妇女委员会	2023年3月
47	外国语学院	陈　璐、彭静怡	三八红旗手名单（2021—2022年度）	武汉科技大学妇女委员会	2023年3月
48	法学与经济学院	张小英、赵晓阳	三八红旗手名单（2021—2022年度）	武汉科技大学妇女委员会	2023年3月
49	信息科学与工程学院（人工智能学院）	高　铭、吴　宇	三八红旗手名单（2021—2022年度）	武汉科技大学妇女委员会	2023年3月
50	医学院	胡心怡、王　可、赵瑾如	三八红旗手名单（2021—2022年度）	武汉科技大学妇女委员会	2023年3月
51	公共卫生学院	陈　艳	三八红旗手名单（2021—2022年度）	武汉科技大学妇女委员会	2023年3月
52	艺术与设计学院	李媛媛、聂思懿	三八红旗手名单（2021—2022年度）	武汉科技大学妇女委员会	2023年3月
53	资源与环境工程学院	段　蕾、王　燕	三八红旗手名单（2021—2022年度）	武汉科技大学妇女委员会	2023年3月

（撰稿：郝春艳、龚　晗　审稿：陆　勇）

学生工作

【概况】2023年，学生工作处坚持以习近平新时代中国特色社会主义思想为指导，深入学习贯彻党的二十大精神，全面贯彻落实习近平总书记关于教育的重要论述，按照教育部、省教育厅和学校党委行政的统一部署，全力推进学生教育管理与服务一体化工程，坚持学生工作守正创新，深入开展思想政治引领、学风建设、心理健康教育、“一站式”学生社区、劳动教育、网络思想政治教育、少数民族学生培养教育、辅导员队伍建设、毕业生就业等工作。坚持开展“红色钢铁熔炉”主题教育系列活动，爱国主义教育、劳动教育工作品牌初步形成，学生理想信念坚定，学生典型培育突出，学风建设工作持续推进，心理健康教育工作积极有效，积极构建“一站式”学生社区育人生态圈，国防教育和征兵工作特色鲜明，大学生资助工作、少数民族学生教育管理工作规范有序，毕业生就业工作稳中有进，辅导员队伍建设进一步加强，网络思想政治教育亮点突出。

【日常思想政治教育】 深入学习宣传贯彻党的二十大精神，组织形式多样、内容丰富的主题教育活动，以爱国主义教育为核心，理想信念教育为重点，以重要时间节点为契机，积极推进大学生思想政治教育“红色钢铁熔炉”工程建设：以百年校庆教育为契机，推进典礼育人，厚植爱党爱国爱校情怀。采用线上线下相结合的方式，通过抖音平台网络直播开学典礼、毕业典礼，完成特色学位服设计，发放典礼纪念品。开展“观校史　明校情　扬校风　行校训　铸校魂”“红色钢铁熔炉”爱校宣传教育活动，覆盖“文化熔炉”厚植校史文化根基、“网络熔炉”保障红色文化传播、“活动熔炉”激励爱国爱校情怀、“实践熔炉”锤炼理想信念教育四个维度，共组织开展“水墨校园”绘画联播、“3D校园”沉浸建模、“非遗学园”技艺比拼、“国学史园”知识竞答、“红色家园”视频欣赏、“爱校荣校”校史故事自媒体作品比赛、“红歌传唱”校庆歌曲自媒体作品比赛、“镜头下的武科大”摄影大赛、“科大我想对你说”诗歌大赛、“渔在沁湖育在科大”、红色遗迹历史寻访、校园打卡12项活动，构建爱校荣校教育评价体系，厚植爱校情怀，浓厚文化氛围，增强校园活力，献礼学校一百二十五周年华诞。开展“习近平总书记与大学生在一起”学习分享活动暨“红色钢铁熔炉”2023级新生入学教育活动，基于“知之深：总书记的话认真读”“情之切：总书记的话深入学”“意之坚：总书记的话记心上”“行之实：总书记的话做得实”4个维度，组织开展“原著提炼”“宣讲精炼”“活动熔炼”“榜样凝炼”“价值淬炼”“品质锻炼”“校史陶炼”“实践锤炼”8项活动，赋能思政工作形式改革创新，构建思政入学教育评价体系。开展“校领导与学生面对面”——“红色钢铁熔炉”“一站式”学生社区综合治理创新、思想政治教育系列活动，以“我敢闯 我会创”“我与我的挑战杯”“朋辈引航 筑梦前行”“心理健康教育座谈会”“研途有爱 E路花开”“中华民族一家亲 同心共筑中国梦”等主题，通过校领导与学生每周一次的面对面交流，零距离聆听学生“急难愁盼”问题，疏通学生成长发展的痛点堵点。开展“院系书记院长讲党课”——“红色钢铁熔炉”“一站式”学生社区综合治理创新、思想政治教育系列活动，充分发挥二级学院党委班子以上率下作用，各院系书记或院长在“一站式”学生社区共讲授专题党课16次，持续创新学生思想政治工作路径，积极尝试党建向社区延伸的模式创新。开展“红安行”入党积极分子红色革命教育活动，组织125名入党积极分子参观烈士陵园、聆听红军故事、学唱革命歌曲、宣讲红安精神、调研英烈家乡，通过“看听学讲做”上好入党必修课，这是学校连续第40年赴红安开展相关主题教育活动。

开展老一辈革命家郑位三故居改造、陈列布展系列活动，挂牌学校与红安县委、县政府共建“大思政课实践教学基地”“大中小协同育人实践基地”“乡村振兴实践教学基地”，进一步推进“红色钢铁熔炉”“校外熔炉”建设，发挥红色教育作用。选送资源与环境工程学院张瑞老师参评2023年“最美高校辅导员”暨第十五届“高校辅导员年度人物”，目前全国评审正在开展中。组织开展2023年学生思想政治状况滚动调查与网络问卷座谈，就相关重点、难点或热点问题形成专题调研报告2份。学校思想政治教育工作先后受邀参加全国大中小学思想政治教育一体化战略研讨会、第四届新时代“数字思政”创新发展论坛分论坛、湖北省高校劳动教育研讨会，并在会上分别作专题汇报。《红色钢铁熔炉工程——高校基于校本资源推进“三全育人”的探索和实践》入选教育部2024年度高校思想政治工作质量提升综合改革与精品建设项目，为湖北省省属本科院校唯一入选，刷新了学校在该类项目上零的突破。

【心理健康教育】 面向师生开展线上线下心理咨询服务，完成个体咨询3092人次。面向全校学生、全校女教职工、学生家长等多类人群开展主题多样的团体心理辅导，全年共计开展团体57场，覆盖456人次。与武汉大学人民医院精神卫生中心建立了良好联动机制，精神科医生每周来校心理坐诊，为心理危机学生开展门诊接待和评估，全年进行心理门诊服务106人次，完成82名心理危机学生的评估诊断。建立心理危机学生分级跟踪、干预机制，截至2023年12月，学校共有心理预警学生580名，其中，一级心理预警学生253名，二级心理预警学生为327人。全校跟踪排查5800余人次，完成心理预警学生数据的跟踪管理和档案整理工作。面向全校学生开展心理普查、心理面谈筛查工作，全年共组织4.9万余名学生完成心理普查，完成2000余人次心理面谈筛查工作。其中，2023年春季学期，心理中心组织各学院学生（2020级和2021级）共15250人进行标准化的团体线上心理测评，本科生共计12428人，研究生共计2822人，筛查出心理异常学生1126人，占总测评人数3.43%。2023年秋季学期，心理中心组织各学院学生（2023级、2022级、2021级、2020级）共3.4万余人进行标准化的团体线上心理测评，其中2023级新生共计9468人（含研究生新生3336人），筛查出2023级新生心理异常学生832人。心理中心聘请校外专业的户外素质拓展培训公司，培训校内师生，打造一支专业化的户外素质拓展教练团队，全年共组织1.2万余名学生参与户外素质拓展活动。成功举办第三十二届和第三十三届心理健康教育月活动，丰富活动载体，将情景剧、音乐、绘画、运动、心理主题班会、户外素质拓展、“家长开放日”等融入心理育人中，学生参与面和覆盖面广，形成以“心理情景剧大赛”“心理委员技能大赛”为代表的心理育人品牌。育人效果突出，学校两名学生分别获得全国百佳心理委员奖，一名学生成功当选第六届全国百佳心理委员论坛副主席。优化教学模式，打造心理育人精品课程，“大学生心理健康教育”课程实现理论与实践、线上与线下的心理教育全覆盖双通道，获评校级一流课程。“大学生心理健康教育”课程教学以理论与实践相结合的方式开展，课程包含32个学时，2个学分，其中理论教学24个学时，实践教学8个学时，实践教学包括“我与心理中心有个约会”、户外心理素质拓展、个人成长分析报告等内容。建设完成“触网·出网：揭秘网络心理”线上课程60余节，上线“学堂在线”精品在线课程平台，完成首轮线上教学工作，6235名新生完成线上课程学习。“大学生心理健康教育三维一体混合式教学模式研究”获批2023年校级教学研究重点项目和一般项目立项。不断强化心理育人队伍建设，凝聚全员育人合力。心理中心面向全校学院党委副书记、本科生辅导员、研究生辅导员、“大学生心理健康教育”课程教师、中心专兼职教师、班主任、课程助教、心理素质拓展教练、中心行政助理、实习咨询师等组织开展了系列心理健康教育工作技能培训，参加各类相关培训的教师达到1077人次。截至2023年12月，心理健康教育中心专兼职咨询师、实习咨询师已参与20期团体督导，共有190人次接受心理督导师的专业指导。为充分发挥学院心理健康教育工作站在大学生心理健康教育工作中的作用，心理中心开展了2023年度学院心理健康教育工作站申报与复核工作，对学院心理健康教育工作站的场地建设、工作内容、工作成效等方面进行了考核，有10个学院建成了心理健康教育达标站，5个学院建成了心理健康教育示范站，形成了全方位、多层次的心理健康教育工作体系。深度融入大中小协同育人工作格局，与中小学、社区共建协同育人模式，扎实推进大中小心理健康教育一体化建设。2023年7月，组织学生赴红安、孝昌两地开展暑期社会实践，累计举办心理专题讲座9场，心理特色活动40余场，课后辅导17节，为270余名中小学生提供心理服务，建设“线上家长温心课堂”，面向6235名新生家长发放家长温心课堂手册。面向湖北省内外开展心理健康公益服务70场，受众群体遍布湖北省内外大中小学教师、学生、学生家长、社区居民等群体，累计服务10361人次。加强“武科大心灵小站”微信公众号和湖北高校思政网“心育新人”板块的建设，在关键时间节点推送微课视频、发布暖心科普文章。截至2023年12月，面向学生、家长、教师等群体创建“树洞回音”“温心计划”“听心计划”等标签合集进行资讯与知识分享推送心理类文章180余篇，阅读量达3.5万，关注人数1.2万余人。在湖北高校思政网“心育新人”板块投稿11篇，浏览量2260余次。积极开展科学研究工作，心理中心专职教师继续开展2021年教育部人文社科规划基金项目、2022年教育部产学合作协同育人项目和湖北省教育厅人文社科青年项目研究工作，“跨理论模式下网络依赖团体辅导的设计与实施”获批立项2024年教育部高校思想政治工作质量提升综合改革与精品建设项目，“大学生心理健康教育三维一体混合式教学模式研究”“课程思政视域下情绪团体辅导教学设计与实践研究”获批2023年校级教学研究重点项目和一般项目立项，并发表2篇核心期刊论文。2023年10月，心理健康教育中心获批湖北省高校心理健康教育示范中心。

【学风建设】秉承学校“沉静好学，知行合一”之学风，持续推进学风建设工作。选树表彰学风建设先进典型，发挥前辈及朋辈榜样力量，在校园内营造爱学向学的良好氛围。5—6月，开展毕业生爱校教育，开展“校长奖章”获得者、“优秀毕业生”等先进个人评选工作，共评选校长奖章获得者10名，优秀毕业生675名。9月，开展“红色钢铁熔炉引领”2023级新生入学教育，组织新生学习《学生手册》，参观校史馆、图书馆，与专业课教师和优秀高年级学生代表座谈，为建设新生年级良好学风打下坚实基础。9月28日，在黄家湖校区南区田径运动场举行2023级新生开学典礼暨军训表彰大会。11月，开展优良学风先进集体和个人评选工作，共评选优良学风学院6个、优良学风单项奖6个、优良学风班276个、优秀学生标兵554名、优秀学生干部1531名、优秀学生2662名。2022—2023学年度优良学风班比例达46%，预警率0.61%，预警转化率73.08%，其中优良学风班比例较上一学年上升9.67%。

【“一站式”学生社区】按照“1+N”的建设思路，以学生为中心，集成青山和黄家湖两个校区育人要素，以集装房屋集群为主，在两个校区学生宿舍楼群里，以青山、北苑、南苑三个“一站式”学生社区为支撑点，辐射全校，积极推进基于“一个新生态圈—两个区域集群—三大实施路径—四股育人力量—五型多元社区—六大条件保障—七大连通中心—八大交互内容”的“一站式”学生社区建设目标，建成集党建引领、学习研讨、心理健康、生涯咨询以及文化娱乐等为一体的学生社区，促进“建设定位精准、日常管理精细、个性服务精致、学生青春精彩”的社区常态形成，共同缔造学生社区育人新生态圈。全年“一站式”学生社区开展“师生面对面”“沁湖时光 校长有约”等活动8场，面向全校学生提供200余项服务事项、学生自发开展各类活动近百场、接受学生预约使用各功能室6000余人次，开展各类主题教育共达60余场。

【劳动教育】2023年，依托学生工作处、校团委、保卫处、后勤保障部等部门，推进劳动教育项目资源优化，拓宽了劳动教育渠道，如开展“一站式”学生社区卫生打扫、校园内垃圾清捡、宿舍院落白色垃圾及杂物清理、除杂草、冲洗地面、教室内擦洗吊扇、食堂清洁等劳动项目。将每周四设立为学生宿舍开放日，当日下午2：00至晚上8：00，除上课时间外，学生宿舍需打开房门，开展卫生大扫除，并自觉接受学生工作处、保卫处和后勤保障部的安全检查。各学院辅导员深入宿舍，组织、指导学生做好打扫和消杀等工作，并做好检查、验收和记录，同时记入学生“公益劳动”社区网格化劳动实践学时。5月，启动了武汉科技大学2023年劳动教育月“五个一”系列活动。5月30日，学生工作处组织开展了2023年大学生劳动教育表彰大会，对6个劳动教育先进学院、3个劳动教育特色学院、45个劳动模范班级、136个劳动模范宿舍和428名劳动之星进行表彰。

【国防教育和征兵工作】2023年9月，组织开展了2023级学生军事训练，邀请空军预警学院官兵承训，组织在校退役大学生士兵协助训练，全体教官按纲施训、科学组训，全体学员刻苦训练，圆满完成了2023年学生军事训练教学安排。9月28日，召开2023级新生开学典礼暨军训表彰大会，对6个“先进连队”、3个“军事技能优秀奖”、6个“内务卫生优秀奖”、6个“精神风貌优秀奖”和1858名“军训标兵”先进个人进行表彰。严格落实省、市征兵工作精神，做好2023年度以毕业生为重点的征集宣传工作。举办优秀退伍学生成长故事分享会等线下征兵宣讲会2场，为学生进行政策宣讲；联合青山区人武部，分别在青山校区、黄家湖校区，组织线下现场征兵咨询会4场，为学生答疑解惑；组织迷彩社协会开展多场军事技能训练、真人对抗、战术演练等征兵宣传活动。按照“一年两征两退”工作要求，组织和指导学生进行兵役登记、应征报名、入伍体检、政治审查、役前训练和档案整理；组织新兵欢送活动，完成入伍学生的优抚优待等工作，2023年全国征兵网应征报名201人，通过入伍体检、政治考核及役前训练等层层筛选，最终批准入伍56人，其中，毕业生18人，在校生38人。2023年，根据湖北省征兵工作站标准化建设要求，进一步加强学校征兵工作站建设，被评为“省级示范高校征兵工作站”。

【少数民族学生培养管理】坚持做好少数民族学生团结教育工作，学校通过思想引导、学业帮扶、生活资助、心理援助、就业指导，开展少数民族学生教育管理，加强少数民族学生思想政治教育，守护校园意识形态领域安全，切实维护校园稳定。每学期初，召开新疆籍少数民族学生专场座谈会，了解学生假期思想、学习、生活状况。重视与学生一对一谈心谈话，重点关注学生做到每月一见面，随时掌握学生的思想动态和心理问题，特别是每学期返校后及期末考试期间的心理生活学习问题。11月30日，举办了“中华民族一家亲　同心共筑中国梦”少数民族学生座谈会，会上邀请优秀少数民族学生做宣讲、分享学习生活经验。加大学业帮扶力度，举办考研经验分享与学习方法交流会；开展党员一助一结对帮扶活动；校领导前往湖北民族大学看望预科生，召开新疆籍少数民族预科生英语学习帮扶研讨会，提前干预帮扶预科生。加强学生骨干培养，开展少数民族学生骨干培训等活动。

【大学生资助工作】积极完善“奖、贷、助、勤、补、免及绿色通道”七位一体的资助体系，规范学生奖助申报、评审、发放过程，建立健全家庭经济困难学生信息库。2023年，学校评选出国家奖学金获得者49人，国家励志奖学金获得者903人，学校优秀学生奖学金获得者4494人，优秀毕业生奖学金获得者660人，发放优秀学生奖学金以及奖励金417.63万元。2023年共有12440人次的家庭经济困难学生享受国家助学金资助共计2052.135万元。学校为75名应征入伍服兵役的学生发放学费补偿及助学贷款代偿金109.73万元，为90名退役后复学的退役士兵学生减免学费共58.2799万元，共有234人次的退役士兵学生享受国家助学金资助共计38.61万元。发放自然灾害临时困难补助近3万元。全年参与勤工助学金的学生近3000人次，共发放勤工助学岗位薪金61万余元。全年学校共发放奖、助、勤、免、补等资金约3230万元。

【就业工作】武汉科技大学始终坚持以习近平新时代中国特色社会主义思想为指导，深入学习习近平总书记关于做好高校毕业生就业工作的重要指示批示精神，贯彻落实党中央、国务院“稳就业”“保就业”决策部署，始终把就业工作摆在突出位置。坚持为党育人、为国育才，以服务国家战略和地方需求为导向，结合学校“双一流”建设目标，努力构建“领导挂帅、点面结合、全面统筹、重点督办”的就业工作组织领导机构和长效管理机制，树立“以培育综合素质为核心，以落实全面就业为保障，以提升就业质量为引领”的学生就业工作思路，积极研判当前高校毕业生就业工作面临的形势，聚焦关键环节，多措并举，促进2023届高校毕业生更加充分更高质量就业。在武书连发布的2023中国大学本科毕业生质量排行榜中，学校排名全国152名，全省第六，省属高校第一。持续深入开展“访企拓岗促就业”专项行动，深度了解行业企业的人才需求，精准有效访企拓岗，足质足量开拓就业岗位，充分发挥校园招聘主渠道作用，主动邀请用人单位进校开展招聘活动。全年举办了28场线下双选会，8场线上供需对接会，392场线下专场宣讲会以及417场线上专场宣讲会，发布招聘公告3336条，累计2653家用人单位在学校开展招聘活动，提供岗位需求616440个，为毕业生高质量充分就业提供有力保障。学校将“服务国家人才战略需要、服务学生职业生涯发展”作为就业工作的基本原则，积极引导和支持毕业生到祖国最需要的地方和行业建功立业。全年共有3162名毕业生留鄂工作和继续深造，较去年增加215人，占落实毕业去向毕业生人数的54.74%。基层就业工作稳步向好，全年共有31人参加国家或地方基层项目，到基层就业有2807人，其中有46名毕业生进疆进藏工作。持续加强“就业育人”体系建设，注重就业“情怀”引导与“赋能”指导。实施教师能力提升工程，选派43名教师参加职业生涯规划与就业指导教资培训。持续加强课程建设，“职业生涯规划与就业指导”获评2023年湖北高校就业创业指导特色课程。不断完善校院两级职业生涯咨询室建设，13个学院通过校级生涯咨询室审核，其中外国语学院等5个学院被评为校级示范工作室，理学院等8个学院被评为校级达标工作室，同时，学校铸梦职业生涯室通过湖北省2023年示范工作室考核复评、5人撰写案例入选湖北省优秀职业生涯咨询案例。依托“一站式”社区积极开展就业指导服务，学生参加湖北省职业生涯规划短视频大赛，获评一等奖2项，三等奖1项。积极举办职规赛校级总决赛，以赛促学、以赛促教、以赛促就。树立就业工作典型，孟佳老师获评2022年度全国高校毕业生基层就业卓越奖。此外，还成功申报教育部就业育人对接项目19项、湖北省就业创业专项课题1项，湖北省普通高校毕业生就业创业工作典型案例1项。此外，学校充分利用信息技术优势，完善学校就业信息网和微信公众号、小程序功能设计，打造线下“一站式”业务办理与线上“云服务”相结合的“互联网+就业”服务模式。推动就业服务管理联网上线，实现招聘信息发布、雇主单位宣讲、学生简历投递、求职辅导预约、就业手续办理、就业情况分析等全程网络化。完成2023届本科毕业生6006人就业方案的审核、制定、报送以及毕业去向登记工作。截至2023年12月31日，学校2023届6006名本科毕业生中，有5776人通过升学、出国出境留学、签约和自主创业等形式落实毕业去向，毕业去向落实率为96.17%，与去年基本持平。1866人升学和出国出境留学，升学出国率为31.07%。其中有1748人境内升学，占毕业生总人数的29.10%。境内升学的主要去向集中在“双一流”高校及本校，占升学毕业生的85.01%。持续强化就业帮扶体系，重点关注脱贫家庭、低保家庭、零就业家庭、残疾等困难高校毕业生，精准掌握就业困难学生数据，按照“一生一档”“一生一策”建立就业帮扶档案452份。2023届本科毕业生452名帮扶对象中，除去21人延长学习年限，431人中共有424人已落实毕业去向，落实率为98.38%，远超全校平均水平。聚焦就业困难群体学生需求，为986名2023届毕业生发放求职创业补贴158万元。

【辅导员队伍建设】基于“百炼成钢”辅导员素质能力提升工程，围绕立德树人的根本任务和辅导员九大工作职责，分层分类开展辅导员培训。通过辅导员工作沙龙、辅导员工作坊、工作案例研讨会等多种形式，全年共开展集中培训3次，专题培训24次，先后邀请华中师范大学党委学生工作部副部长、思政处处长李刁，2022年全国“最美高校辅导员”、安徽工业大学冶金工程学院党委副书记杨建到校开展辅导员职业能力培训专题讲座，组织辅导员赴江苏南京、江西南昌、山东青岛等地交流学习，实现辅导员培训工作师德师风建设全覆盖、业务能力提升全覆盖、教学水平提升全覆盖。组织第八届辅导员素质能力大赛、第二届辅导员育人故事分享会、第二届学生工作问题解决能力竞赛，以赛促训，在竞赛中发现不足，对标先进，提高工作实效。实施了2022—2023学年度湖北省高校辅导员专项奖励项目，发放奖励金额519660元。招聘本科、研究生专职辅导员9名，选聘助理辅导员15名，进一步充实辅导员队伍力量。推动辅导员、班主任“两个深入”工作走深走实，下发《关于进一步加强深入课堂深入宿舍工作的意见》，基于“一站式”学生社区，设置学生宿舍楼栋长、园区长，辅导员入驻社区办公，贴近服务学生，对于重点关注学生群体落实谈心谈话要求，做到一生一档案，一月一台账。基于“共同缔造”理念，组建辅导员文体艺美劳工作共同体，立足“热爱学生、走进学生、了解学生”的工作目标，通过开展形式多样的文、体、艺、美、劳活动，探索运用“社群化”工作思维，线上线下相结合，在活动的开展过程中知学生动态、问学生所需、解学生所忧。

【网络思想政治教育】进一步推进湖北高校网络思想政治工作中心建设工作。注重队伍建设，不断优化专职队伍结构，持续完善培训机制。本年度面向社会公开招聘专职工作人员3人；组建以学生团队为主体的“知行思政”工作室；选派骨干教师参与省级以上培训、研讨30人次；承办省级网络思政骨干培训班2期，共培训学员260人次；举办湖北高校思政网编辑专题培训4次。推动平台赋能，持续推进平台建设计划，对现有网络平台进行整合、拓展和更新。9月1日，全新改版的湖北高校思政网全面上线，截至2023年末，新站共收到投稿1万余篇，单篇最高点击量达5.4万人次，广受师生欢迎。强化思政领航，利用宣传矩阵，夯实网络育人“主阵地”。2023年通过网站和公众号平台，增设湖北高校学习贯彻党的二十大精神宣传展示专栏，全年推送党报党刊、专家评论、高校风采等专题文章351篇。在关键节点，面向全省学生开展安全教育、心理健康教育、爱党爱国教育等知识宣传，在网络空间唱响主旋律。丰富内容创作，2023年，围绕“一站式”学生社区建设，推出“2023新时代共同成长——湖北高校‘一站式’学生社区图景”宣传视频，在全国高校“一站式”学生社区综合管理模式建设工作推进会上播出，起到良好的示范效果；继续组织实施“全国大学生网络文化节和全国高校网络教育优秀作品推选展示”“第八届高校廉洁教育”等品牌活动，形成了带头创作、持续征集、广泛传播的网络内容建设模式。深化理论研究，近年来，中心还组织实施了“教育部2024年度高校思想政治工作质量提升综合改革与精品建设项目”“2023年度省教育厅哲学社会科学研究项目”“高校数字思政精品项目（第二批）”的申报、评审工作。

附录

2023年武汉科技大学优良学风学院、优良学风单项奖评选结果

优良学风学院	材料学部、管理学院、化学与化工学院、机械自动化学院、外国语学院、医学部
优良学风单项奖	法学与经济学院、计算机科学与技术学院、生命科学与健康学院、信息科学与工程学院（人工智能学院）、艺术与设计学院、资源与环境工程学院

2023年武汉科技大学学院心理健康教育工作站名单

序号	学　院	工作站等级
1	外国语学院	心理健康教育示范站
2	艺术与设计学院	
3	化学与化工学院	
4	资源与环境工程学院	
5	管理学院	

续表

序号	学　院	工作站等级
6	医学部	心理健康教育达标站
7	计算机科学与技术学院	
8	生命科学与健康学院	
9	材料学部	
10	信息科学与工程学院（人工智能学院）	
11	城市建设学院	
12	法学与经济学院	
13	理学院	
14	汽车与交通工程学院	
15	机械自动化学院	

2023 年武汉科技大学校长奖章获得者名单

序号	学　院	专　业	姓　名	层　次
1	材料学部	能源与动力工程	徐一帆	本科
2	城市建设学院	给排水科学与工程	余　哲	本科
3	管理学院	国际工商管理	杨雅智	本科
4	机械自动化学院	工业工程（精益）	陈　彬	本科
5	信息科学与工程学院（人工智能学院）	通信工程	朱悦明	本科
6	医学部	药学（产业计划）	艾晨杨	本科
7	艺术与设计学院	产品设计	王梓涵	本科
8	资源与环境工程学院	环境工程	吕　好	本科
9	资源与环境工程学院	给排水科学与工程	黄　洋	硕士
10	材料学部	能源与动力工程	张　浩	博士

2023 年武汉科技大学校长奖章提名奖获得者名单

序号	学　院	专　业	姓　名	层　次
1	国际学院	机械工程	郭　帅	本科
2	化学与化工学院	化学工程与工艺	尤　杰	本科
3	计算机科学与技术学院	计算机科学与技术	邱雅文	本科

续表

序号	学　院	专　业	姓　名	层　次
4	理学院	材料物理	付　阳	本科
5	汽车与交通工程学院	车辆工程	郑好坤	本科
6	生命科学与健康学院	生物技术	王运丹	本科
7	体育学院	体育教育	葛子曦	本科
8	外国语学院	英语	华　佳	本科
9	法学与经济学院	国际经济与贸易	官李芳	本科
10	法学与经济学院	公共管理	丁关东	硕士
11	管理学院	物流工程与管理	向　婷	硕士
12	理学院	物理学	刘方奇	硕士
13	马克思主义学院	马克思主义理论	杜　娟	硕士
14	汽车与交通工程学院	交通运输工程	黄　凯	硕士
15	外国语学院	外国语言文学	陈　璐	硕士
16	信息科学与工程学院（人工智能学院）	电子信息	郭启航	硕士
17	医学部	外科学	鲁　辉	硕士
18	城市建设学院	岩土与地下工程	刘　显	博士
19	化学与化工学院	化学工程与技术	李海梅	博士
20	机械自动化学院	机械工程	蒙　凯	博士
21	生命科学与健康学院	生物医药工程	张慧敏	博士

2022—2023 学年武汉科技大学国家奖学金获奖学生名单

学　院	姓　名
材料学部	吴文洁、程柯扬、孙　苗、闵星瑞
城市建设学院	马浩然、李鸿胜、陈知瀚
管理学院	刘　丹、李　妍、武妍妍、宾音涵、谭悦琦
化学与化工学院	古何冬、汪子涵
机械自动化学院	倪绍豪、陈　典、吴佳丽、曾延文、刘浩林
计算机科学与技术学院	刘子豪、孙运韬、侯丞志、张　莉、程梦琪
理学院	刘正鹏、陈雨曈

续表

学　院	姓　名
汽车与交通工程学院	李　伟、王　力、何谷泽
生命科学与健康学院	童祥文
外国语学院	周　裕
香涛学院	肖语嫣
法学与经济学院	余颖琪、邓李萍、赵紫怡
信息科学与工程学院（人工智能学院）	石锦锋、浦　倩、倪　城、林宇杰、刘思贤
医学部	邹昌昊、徐晗宁、颜楚益、吴霞玉、王　佳
艺术与设计学院	黄安琪、覃梓阳
资源与环境工程学院	彭佳琪、郭　仪

2022—2023 学年武汉科技大学国家励志奖学金获奖学生名单

学　院	姓　名
材料学部（75 人）	张效铭、陈　博、陈婷婷、董建平、王　栋、董　鑫、马帅帅、李　猴、罗　毅、董　璐、张　倩、郭　鹏、贺嘉媛、曾　武、高夏莉、朱小勇、冯鑫瑶、田樱睿、张　鑫、邓梦洁、康子烨、姜晓晴、尹江晶、陈先林、罗旭杨、严雨露、谷建明、张钰然、殷其聪、赵利鑫、何　博、马俊杰、张诗晴、杨秋杰、侯广亮、陈彦霖、袁梦娜、曹保鑫、张慧琛、李潇琳、杨　娟、徐子祎、黄堰雄、王　斌、李灿辉、包琳琳、李　阳、孙国祥、赵　杰、韦瑞蓉、高浩博、魏紫燕、宋坤鹏、何　欢、殷郁敏、高　茜、程浩龙、谭仁辉、洪前美、熊怡萱、陈丹阳、简　楚、汪嘉莉、邱丁浩、苏思琪、谢文浩、王金琇、谭冰倩、陈翰林、袁　玟、黄　灵、黄佳蕾、黄嘉柔、汪红颜、王姝颖
城市建设学院（60 人）	张代娜、韩绍威、周佳敏、朱光雅、周祎帆、胡　格、马方乾、黄发新、孙　悦、李　稳、杨李君、成　琛、刘　睿、曾笑薇、刘　芊、王靖怡、丁　琪、都永辉、吴　勇、项　凯、王栋洲、高肖祺、李积磊、郝永豪、余典隆、王利方、高文慧、何　鑫、向育锋、刘鑫宇、吴佳鑫、张　茜、陈　豪、张新燕、姜石红、柯熊熊、蒋　研、彭　峰、温正浩、盛　彤、邵静美、徐家合、庹俊一、左士成、程　珏、邹　洋、虞　敏、向盈盈、唐馨兰、吴余杰、边子豪、余思源、雷林菡、刘　洋、王钰珊、胡华溢、何俊龙、李忻怡、罗杰妮、麦迪乃·麦麦提艾力

续表

学　院	姓　名
管理学院（124人）	王　莹、李　雯、唐　琪、付嘉其、李诗雨、邢欣怡、余　静、柏君艳、黄欣悦、董思语、肖玲玲、郭哲毅、侯文洁、余小轩、徐　驰、崔浩浩、雷　成、叶艳阳、姚　霞、田　钤、杨梦蝶、李楠楠、王欣冉、邱金金、张暮婧、许晨晨、孙玉芬、王　燕、钟咿蕾、李　鑫、刘帅鹏、黄　晴、杨晶晶、舒　冉、潘智颖、董晨曦、马一可、邓　珂、黄烊烊、杨寓婷、戴雨薇、王宇琼、刘思雨、吴媛梅、李山岚、胡　璐、夏玉洁、陈应静、刘惠琪、魏新怡、张卿瑶、雷晓蓉、王　璇、张琴颖、彭家仪、朱寄托、胡雨欣、郭玉玲、夏若琳、刘欣妍、董玉萍、范雅铃、朱思雯、陈晓雪、刘　宽、刘湘贝、杨姗姗、胡光琪、周　倩、胡玉阳、王晴雯、任锦涛、张颢艺、韩　颖、王海淙、刘仁秀、郝舒婷、梁　晓、沙　冰、张贵南、刘孟婷、陈　泱、杜甜甜、刘　莉、邢宸菲、谭思颖、陈　雨、王杏美、余鸿坭、李　潘、谢　妍、杨　媚、代　琴、舒　芮、屈秋月、刘银星、刘春燕、黄科茗、彭佳欣、查　轮、马佳慧、吴思佳、晏思佳、陈丹雪、田　鑫、刘智文、张　鑫、王培芳、王思怡、陈安志、汪桦妮、陈先凛、艾宇阳、杨昱婷、汪丽娇、冉　发、芦嘉莉、李江慧、夏芳芝、肖伶俐、丁　婕、卢明杨、周丽娅、郭圣锋
化学与化工学院（54人）	胡　月、邓世豪、刘星宇、柯　理、吕　波、魏　琪、袁申奥、刘　畅、宋秀文、赵家志、余　广、邓彩霞、陈云朗、徐　鹏、梁君伟、吴　聪、冯志涛、柳　叶、程　宽、黄海冰、李文凤、雷雨彤、李文睿、李京晶、王　钰、林　源、谢芝桥、付雨鑫、朱　珠、刘　帆、秦新瑞、杨鸿鹭、鄢姝婷、谢庆康、李存涛、张　松、王　鼎、黄蕊雪、尹妍苏、姚虹羽、包艳雯、曾　鑫、张　欣、何　阳、肖　童、吴明慧、黄钰玮、彭金阳、樊　熠、成　菲、肖彩玲、张婉晴、张　萍、李静如
机械自动化学院（71人）	赖文博、温恬恬、杨熠钒、朱登亮、张　树、张　扬、晏　蕾、肖宏扬、赵海亮、刘　浪、冯俊衡、鲁　盼、李　昉、秦子卓、王　颖、王　茜、曾　真、陈明燕、陈克献、王朝阳、谭　柱、郁富斌、吕炜彬、王梓丞、朱泓宇、田明源、唐永福、吴　鹏、彭姝云、沈　佳、柴智聪、邹有为、张奋元、张龙彪、孙浩博、吕　志、刘爽爽、唐佩柔、林钰菲、邓佳乐、陶逸帆、张金坪、杨小龙、黄田俊、徐子扬、张定民、田梓豪、吕定康、吴启帆、李　阳、周昕怡、黄莉雅、尹子浩、董文案、方志伟、孔祥瑞、江朝辉、朱文浩、刘帆帆、魏玉迪、代凌雲、吴　磊、郭曼君、曹家维、王相洋、蔡宇豪、张子涵、周志鹏、黎绍华、张子浩、廉婷婷

续表

学　院	姓　名
计算机科学与技术学院（93人）	张　博、王林浩、易豪俊、王贤就、韩笑天、刘鹏飞、张庆辉、徐　露、冯云轩、吴付进、许春燕、王雪郦、夏　茹、张晨晨、李宜帆、张艺汶、戴镇辉、杨世杰、谢晓龙、常　华、钟子璇、吴　晶、周　颖、钟怡婧、顾珺楠、江　鑫、许盼盼、李若凡、周　倩、孙榕蔚、潘铭轩、李香颖、徐　杨、陈　相、刘思敏、方严栋、顾慧秋、叶　航、孟阳涛、许希恒、黄思豪、包安阳、李瑞雪、郑　艳、陈佳逸、何　伟、石　帅、徐雨浩、杨思瑶、张亚娟、杨丽静、郁万杰、王宇杰、张祖强、谭　娅、黄晴晴、朱自豪、毛智琦、覃诗童、王　盈、韦钧舰、宗欣悦、王佳慧、李　珂、田丰业、罗家兴、徐保伦、谈少镇、程家盛、崔向阳、何子杰、刘延凯、刘晋瑜、蔡云政、程玉林、金雨萱、刘　萍、刘　菲、罗运豪、刘　悦、潘敏姿、张雪芳、汪　烁、陆壹立、郭姿芹、万文典、杨金玉、张文萱、魏红秀、赵恒鹏、蒲思文、易佳亮、罗　睿
理学院（40人）	刘　焱、吴稳杰、林　涵、张炜波、程嘉慧、冯梅玉、向雪松、周　杰、赵知音、周一鸣、张亚琴、陈　茜、陈旭东、程碧云、凌诗洁、邓　祥、陈　菲、易鑫健、罗一辉、孙　琪、夏阳春、罗　毅、谭长虹、刘颛玮、张旭斌、杜鹏飞、李政洋、陈　焯、夏　天、张　敏、刘小满、李中森、高　尚、涂立春、聂晗希、柯　娟、侯嘉怡、柳彩薇、吴　航、郭　琪
汽车与交通工程学院（49人）	张　晶、张　菁、周德帆、张星月、官尤佳、万子睿、喻亚建、谢利单、何　林、汪雯雯、聂嘉豪、贺章涛、晋永风、谢泽华、周　晶、赵龙浩、李潇潇、颜辉杨、刘旻旻、李文杰、张晓龙、黄锐祥、徐兴意、郭梦雪、燕念念、胡　双、刘彦昱、陶剑辉、毛宇航、肖晨曦、王候勇、王　政、赵纪文、曾　炎、项婉仪、靳嘉杰、李耀威、罗　威、彭天佑、梁迅恺、陈　姗、黄　林、杨凌云、周宇航、杨少峰、李明荣、查逸洋、王自强、李晨璐瑶
生命科学与健康学院（5人）	黎　钗、周利霞、殷慧敏、易先红、颜　鑫
体育学院（5人）	陈　涛、崔俊妮、肖旭飞、田春花、范思润
外国语学院（25人）	贾乐辉、孔庆乐、杨紫圆、刘萍萍、钟　奕、韩鑫雨、关淑婧、肖小茗、蔡雨涵、王慧媛、陈红梅、张佳璐、余美君、曹晶莉、张湘钰、熊静茹、曾　苇、陈方玲、孙　慧、余圳扬、朱佳怡、张文华、周奕舒、罗　晶、赵怡萌

续表

学　院	姓　名
法学与经济学院（56人）	张佳佳、闫雨茹、胡金娥、史天宇、范淑媛、吴　豫、董朵朵、尹屹立、肖博涵、王慧颖、姬葶玉、于孟靖、王怡铃、夏萌莹、李　铁、张路华、张小英、乐思思、许祚霖、钱　森、陈思思、涂佳昕、金纯明、官美琳、张志琴、王艺霖、陈佳蓉、曾　切、陶兰兰、李艾婧、黄秋月、郭越扬、占　洁、贾健敏、刘耀辉、章佳怡、孙锦焕、金如梦、曾川钰、李天俊、李怡雯、蔡嫣然、黄　蓉、周雨萌、李卓雅、黄　景、梁　蝶、李嘉乐、严深发、张书阁、谭慧玲、周亚崎、陈　实、周藤岭、吴婉玲、吕　欣
信息科学与工程学院（人工智能学院）（73人）	连欣雨、朱含玉、杨　洋、李午元、曹骏驰、杨冉冉、辛松青、周玉晟、高美月、程学文、石鑫秀、刘晨曦、李　敏、蔡路超、张　楠、伍远翔、詹佳琪、刘墨泉、孔昀熙、郭　婵、蔡新乐、曾　明、单俊博、范雨姗、夏紫琪、吴艳芬、许文峰、彭思雪、陈雯珺、高晨程、王　鑫、纪一帆、阮乔乔、昌心雨、陈灏人、卫书彬、许飘飘、罗双会、李禹栅、王子怡、金嘉美、肖慧子、张雨欣、方天扬、柳　萌、李鸿睿、刘展成、匡好婕、胡雯珺、贾家宇、包倚萱、郭朋博、吴博彦、熊继强、付亚俊、盛福嘉、圣康乐、李　波、罗诗奕、淳宇乐、吴　优、曹思贤、龚子浩、孔强强、高晨曦、陆生博、万单雄、向　往、李林昌、王圣博、熊　玥、屈益利、刘　宇
医学部（88人）	朱育竹、陈　艳、尤华珍、刘　杰、刘一凡、魏晓宇、李小龙、刘　昊、涂佳良、刘　雅、徐　平、钱　坤、宋莉君、吴梦茜、马礼馨、张艺铭、程　甜、陆锦仙、李化煜、陈　瑞、董婉婷、雷鑫一、翟丕勇、罗珩雨、谢冰冰、周雨薇、姚艳蓉、刘维波、甘诗宇、欧阳芊、刘晨智、丁思雨、周芷娟、刘　琦、肖霓红、周莉山、王枫铭、郑嘉欣、陈星智、程迪娜、林　辉、周照博、操凡凡、向锦罡、彭姜芸、王梦洁、杨雨桐、王海云、万　清、张　莹、刁思羽、黄　宇、陈　叶、袁飞怡、戴　妞、秦宏喆、辛斯蔓、左泽蕙、毛婉玲、夏梦思、邢俊丰、吴　瑭、陈梓龙、布帕提妈·阿力木、刘　峥、帅梦婷、李佳妮、杨小雨、胡豫楠、王帅清、童思琦、熊泽龙、黄凯淇、朱晓妍、王慧婷、秦　宇、孙玟雯、朱智杰、万　晨、张雨乐、何红利、侯紫怡、吴雪妮、刘　珂、彭豪青、王　彤、吐尔地·赛买提、布阿西·麦麦提依明
艺术与设计学院（31人）	郝祖青、翁高君、李　晴、蔺环宇、郭可心、杨新意、陈怡萌、宋卓楠、陈韵爽、赵　玉、覃京坡、徐春林、方　婷、王晓川、吴尚真、顾冯冯、张长智、樊诗琪、李嘉琪、刘如昊、鲍新月、彭　欢、刘铭渲、牛子轩、孟　权、王盈欣、张文婷、郝瑶玥、成振豪、王胜岚、于子茜

续表

学 院	姓 名
资源与环境工程学院（54人）	王志远、田家欢、曾子懿、娄家豪、查 涛、陈天明、刘青云、李 容、乐张宝、王 锐、龚莉娜、夏 微、石远钊、柴 艺、周 瑶、胡雪菲、李 慧、杜文豪、王 慧、张晶晶、朱 涛、刘欣雨、胡 珊、邱兆康、黄 晓、曾耀莹、褚清柔、林少勇、程笑笑、董佳豫、雷 鑫、赵鑫霖、黄雨瀚、王 杰、刘兴凤、张振宇、王 燕、邹宇涵、王伟宏、梁诗乐、袁 航、陈心雨、张鸿飞、黄锦荣、谢文剑、王新伊、刘林海、外斯麦·阿卜力米提、任兴月、沈江念、覃芸琪、黄思宇、时诣涵、侯文豪

2023年武汉科技大学各类奖助学金发放情况统计表

项目名称	助学（发放）机构	人数/次	金额/万元
国家奖学金	教育部	49	93.2
国家励志奖学金	教育部	903	451.5
优秀毕业生奖学金	武汉科技大学	660	66
优秀学生奖学金	武汉科技大学	4494	351.63
国家助学金（春季部分）	教育部	6125	1010.16
国家助学金（秋季部分）	教育部	6315	1041.975
服义务兵役学费补偿及减免	教育部	165	168.01
退役士兵享受国家助学金	教育部	234	38.61
辉玲奖学金	湖北辉玲建设集团有限公司	53	15.9
助勤帮困	湖北省教育基金会	206	17.65
知音学子奖学金	湖北省青少年发展基金会	30	15
濮耐奖学金	濮阳濮耐高温材料（集团）股份有限公司	29	12.6
圣晖奖学金	圣晖系统集成集团股份有限公司	20	6
Wust-cs校友崇实励学金	杭州嘉互助学基金会	15	5.5
铌钢奖学金	中信金属股份有限公司	12	5
斯曼创新奖	湖北斯曼新材料股份有限公司	18	5
“优秀企业家慈善基金会”困难学生奖励金	优秀企业家联盟基金会	91	4.8
新长城助学金	中国扶贫基金会	13	3.9
李翠萍艺术奖学金	武汉煜汐生态农业有限公司	12	3.9

续表

项目名称	助学（发放）机构	人数/次	金额/万元
新长城助学金	中国扶贫基金会	14	4.2
“冶机77”奖学金	冶金机械77级校友	10	2.5
外研社创新奖学金	外语教学与研究出版社有限责任公司	13	1.7
优秀学生（团队）奖励金	杭州君临置业有限公司	35	1.4
涓滴沁湖校友爱心助学金	武汉科技大学校友	20	2
中云奖助学金	太原中云工程项目管理有限公司	2	2.0
菡萏奖学金	浙江敦和慈善基金会	10	1
“量子复兴”up奖学金	计算机科学与技术学院校友及合作企业	4	0.8

2023年度教育部人文社会科学研究专项任务项目（高校辅导员研究）立项一览表

项目名称	申请人	学校名称
大学生思想政治教育以美育人研究	张　瑞	武汉科技大学

2023年湖北省优秀生涯咨询案例名单

序号	学院（部门）	申报人	案例名称
1	外国语学院	王云鹤	找准目标才能大步向前
2	毕业生就业指导中心	杨　华	重新定位再出发
3	汽车与交通工程学院	何一鸣	从考研到车联，MBTI助力生涯规划
4	外国语学院	姜　超	考研不是唯一
5	资源与环境工程学院	叶　苗	找往飞往异国他乡的动力

武汉科技大学2022—2023学年度辅导员专项奖励名单

序号	单　位	姓　名	岗位职务	获奖等次
1	理学院	余　婷	党委副书记	一等奖
2	计算机科学与技术学院	龚　晗	党委副书记	一等奖
3	汽车与交通工程学院	郝春艳	党委副书记	二等奖
4	化学与化工学院	毛宝胜	党委副书记	二等奖
5	医学部	范光泉	党委副书记	三等奖
6	生命科学与健康学院	罗　刚	党委副书记	三等奖

续表

序号	单　位	姓　名	岗位职务	获奖等次
7	城市建设学院	杨长发	党委副书记	三等奖
8	城市建设学院	黄　荡	本科生辅导员	一等奖
9	法学与经济学院	何崇喜	本科生辅导员	一等奖
10	机械自动化学院	章健宇	本科生辅导员	一等奖
11	汽车与交通工程学院	何一鸣	本科生辅导员	一等奖
12	艺术与设计学院	邹　龙	本科生辅导员	一等奖
13	化学与化工学院	岳　哲	本科生辅导员	一等奖
14	管理学院	卢文博	本科生辅导员	一等奖
15	外国语学院	姜　超	本科生辅导员	一等奖
16	信息科学与工程学院（人工智能学院）	杨　恕	本科生辅导员	一等奖
17	材料学部	郭家麒	本科生辅导员	一等奖
18	材料学部	彭小波	本科生辅导员	一等奖
19	管理学院	谭武全	本科生辅导员	一等奖
20	体育学院	平　洋	本科生辅导员	一等奖
21	资源与环境工程学院	陈　哲	本科生辅导员	一等奖
22	艺术与设计学院	张　立	本科生辅导员	一等奖
23	香涛学院	郭恺茗	本科生辅导员	一等奖
24	计算机科学与技术学院	刘广胜	本科生辅导员	二等奖
25	生命科学与健康学院	李　显	本科生辅导员	二等奖
26	法学与经济学院	何　金	本科生辅导员	二等奖
27	医学部	徐大庆	本科生辅导员	二等奖
28	理学院	毕浩洋	本科生辅导员	二等奖
29	资源与环境工程学院	洪运志	本科生辅导员	二等奖
30	信息科学与工程学院（人工智能学院）	潘　鑫	本科生辅导员	二等奖
31	机械自动化学院	王　勋	本科生辅导员	二等奖
32	计算机科学与技术学院	徐浩伦	本科生辅导员	二等奖
33	化学与化工学院	李庆昉	本科生辅导员	二等奖
34	国际学院	石其坤	本科生辅导员	二等奖
35	医学部	章　扬	本科生辅导员	二等奖

续表

序号	单　位	姓　名	岗位职务	获奖等次
36	法学与经济学院	杜逸涵	本科生辅导员	二等奖
37	外国语学院	程腾飞	本科生辅导员	二等奖
38	计算机科学与技术学院	郭欣雨	本科生辅导员	二等奖
39	汽车与交通工程学院	安赛尔丁·买合木提	本科生辅导员	二等奖
40	国际学院	邓小龙	本科生辅导员	三等奖
41	医学部	陈　亮	本科生辅导员	三等奖
42	国际学院	张得运	本科生辅导员	三等奖
43	机械自动化学院	吴　意	本科生辅导员	三等奖
44	材料学部	胡文峰	本科生辅导员	三等奖
45	机械自动化学院	张　冉	本科生辅导员	三等奖
46	信息科学与工程学院（人工智能学院）	辛宇驰	本科生辅导员	三等奖
47	材料学部	赵亚宾	本科生辅导员	三等奖
48	化学与化工学院	易早月	本科生辅导员	三等奖
49	管理学院	范安铭	本科生辅导员	三等奖
50	信息科学与工程学院（人工智能学院）	季晨昊	本科生辅导员	三等奖
51	艺术与设计学院	赵亚龄	本科生辅导员	三等奖
52	资源与环境工程学院	袁文杰	本科生辅导员	三等奖
53	管理学院	窦　薇	本科生辅导员	三等奖
54	城市建设学院	罗思宇	本科生辅导员	三等奖
55	外国语学院	王国栋	研究生辅导员	一等奖
56	马克思主义学院	郭海沙	研究生辅导员	一等奖
57	法学与经济学院	胡诗绮	研究生辅导员	一等奖
58	艺术与设计学院	刘　邦	研究生辅导员	二等奖
59	理学院	杜海洋	研究生辅导员	二等奖
60	管理学院	吕　权	研究生辅导员	二等奖
61	机械自动化学院	李玉飞	研究生辅导员	三等奖
62	计算机科学与技术学院	向钦勇	研究生辅导员	三等奖
63	化学与化工学院	李艾强	研究生辅导员	三等奖
64	国际学院	庄　骏	留学生辅导员	二等奖

续表

序号	单　位	姓　名	岗位职务	获奖等次
65	国际学院	张建伟	留学生辅导员	三等奖
66	心理健康教育中心	贾健宇	心理健康专职教师	一等奖
67	心理健康教育中心	胡文燕	心理健康专职教师	二等奖
68	心理健康教育中心	夏　萌	心理健康专职教师	三等奖

武汉科技大学第二届学生工作问题解决能力竞赛获奖名单

序号	学　院	姓　名	调研成果名称	获奖等次
1	化学与化工学院	李艾强	劳动教育课程建设研究	一等奖
2	管理学院	窦　薇	大学生网络思想政治教育获得感影响因素与提升策略探究——以武汉科技大学文管类学生为例	一等奖
3	汽车与交通工程学院	雷霆霆	高校劳动教育实施路径探析——以汽车与交通工程学院为例	一等奖
4	机械自动化学院	李玉飞	研究生党建“对标提升工程”——高校院系研究生党建工作创新实践	二等奖
5	管理学院	卢文博	浅谈高校管理类毕业生就业服务的路径优化	二等奖
6	艺术与设计学院	潘　甜	“00后”大学生预防式谈心谈话技巧探析	二等奖
7	化学与化工学院	李庆昉	大学生学业指导与生涯规划现状与对策研究	二等奖
8	法学与经济学院	王　宇	新时代大学生网络思政教育成效提升的影响因素及优化路径探索——基于法学与经济学院的实证分析	二等奖
9	资源与环境工程学院	高东箭	“一基、两翼、四维”资源环境特色劳动教育课程建设	二等奖
10	法学与经济学院	何崇喜	高校本科生职业生涯规划现状及优化策略探究——基于法经学院大四学生的调查	三等奖
11	计算机科学与技术学院	刘广胜 向钦勇 郑晓旭	计算机科学与技术学院学生学业表现影响因素研究——基于2017级—2019级学生教育数据的分析	三等奖

续表

序号	学　院	姓　名	调研成果名称	获奖等次
12	医学部	章　扬	大学生常见心理问题及良好心理健康素养培养路径研究——以武汉科技大学医学部为例	三等奖
13	化学与化工学院	李江江	谈心谈话在高校新生专业适应教育中的辅导作用——以化学与化工学院为例	三等奖
14	化学与化工学院	易早月	如何提高辅导员与学生谈心谈话的时效性与针对性——以共性与特性结合为例	三等奖
15	汽车与交通工程学院	何一鸣	助力大学生生涯规划：汽车与交通工程学院的实践与探索	三等奖
16	艺术与设计学院	邹　龙	互联网时代高校辅导员媒介素养培育研究	三等奖
17	艺术与设计学院	赵亚龄	数字化背景下的高校学生管理数据可视化研究	三等奖
18	管理学院	薛知奇	党建融合学生社区，打造一线育人阵地	三等奖
19	法学与经济学院	何　金	社区“小阵地”搭起党建“大舞台”——高校党组织融入“一站式”学生社区综合服务路径探索	三等奖
20	信息科学与工程学院（人工智能学院）	杨　恕	延长学制学生的管理系统建构	三等奖

2023 年武汉科技大学“熔炉暖心”暑期家访活动先进个人名单

序号	学　院	姓　名
1	材料学部	胡文峰
2	城市建设学院	郝斐然
3	管理学院	卢文博
4	化学与化工学院	易早月
5	机械自动化学院	王　勋
6	计算机科学与技术学院	徐浩伦

续表

序号	学　院	姓　名
7	理学院	杜海洋
8	汽车与交通工程学院	何一鸣
9	生命科学与健康学院	李　显
10	体育学院	平　洋
11	外国语学院	王云鹤
12	法学与经济学院	何崇喜
13	信息科学与工程学院（人工智能学院）	辛宇驰
14	医学部	陈　亮
15	艺术与设计学院	邹　龙
16	资源与环境工程学院	陈　哲

武汉科技大学第八届辅导员素质能力大赛获奖名单

序号	学　院	姓　名	获奖等次
1	材料学部	郭家麒	一等奖
2	城市建设学院	黄　荡	一等奖
3	汽车与交通工程学院	何一鸣	二等奖
4	法学与经济学院	胡诗绮	二等奖
5	医学部	刘泽宽	二等奖
6	艺术与设计学院	邹　龙	二等奖
7	外国语学院	程腾飞	二等奖
8	国际学院	邓小龙	三等奖
9	机械自动化学院	章健宇	三等奖
10	医学部	柯昌雄	三等奖
11	理学院	毕浩洋	三等奖
12	艺术与设计学院	赵亚龄	三等奖
13	外国语学院	姜　超	三等奖
14	管理学院	窦　薇	三等奖
15	国际学院	张得运	三等奖
16	信息科学与工程学院（人工智能学院）	杨　恕	三等奖
17	生命科学与健康学院	昌森栋	三等奖
18	城市建设学院	郝斐然	三等奖
19	生命科学与健康学院	李　显	三等奖

武汉科技大学第二届辅导员育人故事会获奖名单

序号	学 院	姓 名	获奖等次
1	汽车与交通工程学院	李 苑	一等奖
2	化学与化工学院	玛依努尔·买地亚尔	二等奖
3	国际学院	石其坤	二等奖
4	城市建设学院	罗思宇	三等奖
5	材料学部	胡 适	三等奖
6	资源与环境工程学院	陈 哲	三等奖
7	外国语学院	王云鹤	三等奖
8	管理学院	范安铭	三等奖

2023年武汉科技大学职业生涯咨询工作室名单

序号	学 院	工作室名称	类 别
1	外国语学院	E立方生涯发展工作室	示范工作室
2	资源与环境工程学院	“筑梦”工作室	
3	计算机科学与技术学院	Hello world 职业生涯工作室	
4	艺术与设计学院	“艺启未来”生涯咨询工作室	
5	管理学院	管理学院职业生涯咨询室	
6	理学院	理学院生涯咨询室	达标工作室
7	汽车与交通工程学院	“持智以恒，生涯规划”工作室	
8	城市建设学院	“砼创未来”大学生职业生涯咨询工作室	
9	法学与经济学院	“红色梦想+”生涯发展工作室	
10	材料学部	“育木成材”生涯咨询室	
11	信息科学与工程学院（人工智能学院）	职业生涯咨询室	
12	化学与化工学院	“化雨春风”生涯发展工作室	
13	机械自动化学院	生涯“职通车”110工作室	

（撰稿：杨永彬、龚　晗、张彦良、李　鲤、张　旭、向思诺、郭欣雨、王雨辰、薛春艳、夏　萌、钱云瀚、杨　华　审稿：潘丽莎）

共青团工作

2023年，共青团武汉科技大学委员会牢牢把握立德树人根本任务，围绕共青团改革主线，着力提升团的组织力、引领力、服务力和大局贡献度，秉承引领凝聚青年、组织动员青年、联系服务青年的职责使命，全面服务青年学生成长成才，在各项工作中取得明显成效。

1. 聚焦思想建设，在政治引领上出成效。坚持高站位谋划、高效能推进、高质量落实、高标准把关"四位一体"扎实推进团员和青年主题教育，全校基层团支部100%完成了"思想旗帜""坚强核心""强国复兴""挺膺担当"4个专题的理论学习；举办"党的二十大战略部署""九·一八"升国旗宣誓仪式、"一二·九"爱国长跑等爱国主题教育活动；举办"青春心向党　奋进新征程"示范宣讲暨团学干部素质能力提升培训；举办"青马工程"第八期英才领航班、第十五期科大英才学校开班仪式，对"青马工程"英才领航班与科大英才学校学员进行了系统培训；开展主题为"强国复兴　挺膺担当"的第十八届特色团组织生活竞赛；全年持续推进了"青年大学习"的教育活动。

2. 聚焦典型培育，在示范带动上出成效。开展2023年度"五四表彰""榜样力量·十大魅力学子（团队）""我身边的好团支书"的评选与宣传展示工作，营造了良好的典型示范与朋辈教育氛围。国际学院2019级电子信息工程专业2班团支部被授予"全国五四红旗团支部"荣誉称号；计算机科学与技术学院博士研究生袁鑫荣获2023年"湖北青年五四奖章"，为获奖名单内唯一在校学生，也是学校学生首次获此荣誉；材料学部博士研究生陈哲、城市建设学院本科生阿勒哈尔·吐热斯别克获评"中国大学生自强之星"；推荐城市建设学院硕士研究生陈贤展冲担任湖北省学生联合会驻会执行主席，推荐宋生强、陈曦2名教师为湖北省归国青年发展促进会第三届会员；城市建设学院张鸿彬、法学与经济学院刘妙妙2名同学入选2023年度"荆楚英才学校"湖北省大学生骨干培训班。

3. 聚焦团建创新，在组织建设上出成效。作为10所践行共同缔造理念团建创新试点高校之一，校团委围绕"宿舍与学生社区""学生会与学生社团""实验室与项目团队"和"网络社群"四大类别功能性团组织建设，努力推动联系青年学生的组织网络有效覆盖，服务青年学生的资源项目有效汇聚，2023年6月，团省委书记周森锋来学校调研，对武汉科技大学试点工作给予了充分肯定；除此之外，校团委扎实推进网上“智慧团建”，做好团员信息录入、关系转接、团支部毕业时间标记和团员发展等基础性团务工作；全年推荐入党积极分子3872人，发展对象人选3224人，发展团员324人；组建了“共青团工作研究团队”，实施团干部能力提升工程，举办团支部书记培训班、团委书记培训班，许白昊班团支部围绕“永久奋斗的青春”开展团日活动公开课；规范执行“三会两制一课”，探索以“思想分享沙龙”方式创新基层团组织生活。

4. 聚焦科技创新，在标志成果上出成效。深耕学生拔尖创新能力培养，营造学校科创氛围，举办“科创咖啡”15期、“科大青年说”挑战杯专场分享会、“科技之光青年讲堂”等活动；尽早谋划、广泛发动、内部挖潜，全力备战第十八届“挑战杯”全国大学生课外学术科技作品竞赛，全年组织项目宣讲、专家辅导、交流学习、模拟问辩、基地实践、赛前动员等活动30余场；按照省赛的办赛模式，组织开展武汉科技大学第十四届“挑战杯”大学生课外学术科技作品竞赛暨“沁湖杯”学生科创作品展，团省委副书记林桢栋亲临作品展并对学校作品给予了充分肯定。2023年，学校获第十八届“挑战杯”全国大学生课外学术科技作品竞赛主体赛特等奖1项、一等奖1项、三等奖4项，“揭榜挂帅”专项赛一等奖1项、二等奖1项，“黑科技”展示活动恒星级1项、卫星级1项，是武汉科技大学首次获得特等奖和一等奖，创造了武汉科技大学本赛事历史最好成绩，学校连续四届入围“挑战杯”竞赛发起高校行列。

5. 聚焦沁湖文化，在以文铸魂上出成效。打造“沁湖文化”活动品牌，营造生动活泼的校园文化氛围。开展了大学生科技文化艺术节、樱花节与志愿者嘉年华、第七届“沁湖连心，同舟共济”龙舟友谊赛、社团文化艺术节等品牌活动；举办了“青春续航”毕业生文艺晚会、“五月的花海”合唱比赛、校园十佳歌手比赛、“春风十万里”系列校园文化活动（包括大学生艺术团文艺汇演、“沁湖之音”管弦乐团音乐会等）；结合学校125周年校庆举办了“薪火相传百廿五载 缘聚科大共铸新篇”庆校庆迎新生晚会、“沁湖之音”管弦乐团125周年专场音乐会、京剧专场演唱会、浠水杂技进校园专场晚会，承办了武汉市大学生音乐节等活动；推进了湖北省第八届大学生艺术节相关工作，向组委会报送优秀案例6件、优秀美术作品16件、优秀文艺节目13件、优秀艺术实践工坊6件；学校获得全国啦啦操联赛（武汉站）第一名。

6. 聚焦社会实践，在实践育人上出成效。以“学习二十大，永远跟党走，奋进新征程”为主题组织开展暑期社会实践活动。举办了暑期社会实践出征仪式与总结表彰大会，共立项266支校、院两级重点团队，10573名学生、73名教师参与了本次社会实践活动。信息科学与工程学院“智行筑梦”本科生实践团队获评团中央“三下乡”社会实践优秀团队；资源与环境工程学院“山水梦行”长江流域宜昌段综合治理调研团队入选湖北省暑期社会实践示范团队；赴天门“青年聚力共同缔造”实践队在“青年聚力共同缔造”工作中获评省级“铜牌示范团队”；此外15支暑期社会实践团队入选团中央“七彩假期”“推普助力乡村振兴”等社会实践专项。切实推进大学生社区实践计划，积极带领二级学院团委与50个社区建立友好结对关系，共计开展进社区服务150余次，涵盖关爱老人、教育帮扶、医疗服务、社会调研、普法宣传等多个方面。

7. 聚焦志愿服务，在服务质量上出成效。2023年学校新增注册志愿者6318人，新生注册率达100%，全年志愿服务项目累计达到575项。3月选派1000余名志愿者服务青山马拉松比赛，4月选派210名志愿者服务武汉马拉松比赛。机械自动化学院青年志愿者服务队入选2023年湖北省“本禹志愿服务队”。招募选拔26名西部计划志愿者赴西藏、新疆等地开展基层服务。第11届研究生支教团12名志愿者赴恩施利川市、宣恩县开展支教工作。招募选拔第12届研究生支教团志愿者12名，先后参与研支团青马班网络课程、普通话、教师资格证、校史教育等专项培训。2023年，学校获评西部计划绩效考核优秀等次高校项目办。

8. 聚焦从严治会，在业务指导上出成效。经请示学校党委与湖北省学生联合会，顺利召开第八次学生代表大会和第六次研究生代表大会，选举产生新一届学生会主席团成员、学生会委员会委员与新一届研究生会主席团成员、研究生委员会委员；组织“廉洁自律 克己奉公”学习交流会，开展警示教育，落实《关于学联学生会工作人员改进作风服务同学的若干规定》，加强学生组织宗旨意识和规章制度教育；全年指导校学生会、研究生会围绕思想品德塑造、学术学风养成、创新创业支持、校园文化建设、学生权益维护等方面开展活动70余次。

9. 聚焦创新发展，在社团管理上出成效。高度重视学生社团的指导监督与管理工作，按照团建创新工作指引，落实97个学生社团功能型团组织全覆盖，成立社团团工委，把好社团活动关，组织开展了社团团组织生活竞赛、团支书演讲比赛等系列活动；召开学生社团建设管理评议委员会会议，会议通过了97个社团的注册审批与102位社团指导老师的聘用；组织开展年度社团星级评定工作，10个社团被评为五星级社团；根据上级团组织要求，开展了学生社团管理部向学校党委述职工作，完成了年度社团调研工作。

10. 聚焦权益保障，在服务青年上出成效。依托武汉科技大学团委微信公众号开设“青年信箱”，从毕业求职、困难青年帮扶、创新创业等9个维度关心青年诉求，倾听青年声音；开展“我为同学做件事”——职能部门负责人与学生代表见面交流会3次，帮助青年解决急难愁盼问题；举办校园提案大赛，听取广大同学对学校发展的建议；积极配合上级团组织和学校各部门，完成青年科学家进校园、就业指导进校园、2023级新生网上报到工作、消防教育月、宪法宣传周等工作；此外高质量完成了2023届低收入家庭毕业生就业精准帮扶工作。

附录

2023年武汉科技大学共青团组织及个人所获荣誉一览表

获奖集体或个人	荣誉名称	荣誉级别	时间
陈　哲	中国大学生自强之星	中国青年报社	2023年
阿勒哈尔·吐热斯别克	中国大学生自强之星	中国青年报社	2023年
电子信息工程专业2班团支部	全国五四红旗团支部	共青团中央	2023年
城市建设学院委员会	挑战杯主体赛特等奖	共青团中央、中国科协技术协会	2023年
汽车与交通工程学院委员会	挑战杯主体赛一等奖	共青团中央、中国科协技术协会	2023年
武汉科技大学西部计划项目办（武汉科技大学团委）	2022年西部计划绩效考核优秀等次高校项目办	全国大学生志愿者服务西部计划项目管理办公室	2023年
闫昌昊	全国钢铁行业优秀共青团员	全国钢铁行业共青团工作指导和推进委员会	2023年
陈敦熙	全国钢铁行业优秀共青团员	全国钢铁行业共青团工作指导和推进委员会	2023年
夏紫琪	全国钢铁行业优秀共青团员	全国钢铁行业共青团工作指导和推进委员会	2023年
彭静怡	全国钢铁行业优秀共青团员	全国钢铁行业共青团工作指导和推进委员会	2023年
岳　哲	全国钢铁行业优秀共青团干部	全国钢铁行业共青团工作指导和推进委员会	2023年
周习海	全国钢铁行业优秀共青团干部	全国钢铁行业共青团工作指导和推进委员会	2023年
赵　环	全国钢铁行业优秀共青团干部	全国钢铁行业共青团工作指导和推进委员会	2023年
生物技术2001团支部	全国钢铁行业五四红旗团支部	全国钢铁行业共青团工作指导和推进委员会	2023年
机械自动化学院电子工程2101团支部	全国钢铁行业五四红旗团支部	全国钢铁行业共青团工作指导和推进委员会	2023年

续表

获奖集体或个人	荣誉名称	荣誉级别	时间
医学院临床医学2004团支部	全国钢铁行业五四红旗团支部	全国钢铁行业共青团工作指导和推进委员会	2023年
材料与冶金学院委员会	全国钢铁行业五四红旗团委	全国钢铁行业共青团工作指导和推进委员会	2023年
城市建设学院委员会	全国钢铁行业五四红旗团委	全国钢铁行业共青团工作指导和推进委员会	2023年
管理学院委员会	全国钢铁行业五四红旗团委	全国钢铁行业共青团工作指导和推进委员会	2023年
袁　鑫	湖北青年五四奖章	共青团湖北省委	2023年
张小英	湖北省大学生自强之星	共青团湖北省委学校部、湖北省学生联合会秘书处	2023年
阿勒哈尔·吐热斯别克	湖北省大学生自强之星	共青团湖北省委学校部、湖北省学生联合会秘书处	2023年
占文茜	2023年度“百生讲坛”省级银牌主讲人	共青团湖北省委、湖北省学生联合会	2023年
占　洁	2023年度“百生讲坛”省级铜牌主讲人	共青团湖北省委、湖北省学生联合会	2023年
郝斐然	2023“三下乡”社会实践先进个人	共青团湖北省委、湖北省学生联合会	2023年
程腾飞	2023“三下乡”社会实践先进个人	共青团湖北省委、湖北省学生联合会	2023年
窦　薇	2023“三下乡”社会实践先进个人	共青团湖北省委、湖北省学生联合会	2023年
邹冰雪	2023“三下乡”社会实践先进个人	共青团湖北省委、湖北省学生联合会	2023年
韩　颖	2023“三下乡”社会实践先进个人	共青团湖北省委、湖北省学生联合会	2023年
李晟源	2023“三下乡”社会实践先进个人	共青团湖北省委、湖北省学生联合会	2023年
资源与环境工程学院委员会	2023“三下乡”社会实践优秀团队	共青团湖北省委、湖北省学生联合会	2023年

续表

获奖集体或个人	荣誉名称	荣誉级别	时间
外国语学院委员会	2023“三下乡”社会实践优秀团队	共青团湖北省委、湖北省学生联合会	2023年
管理学院委员会	2023“三下乡”社会实践优秀团队	共青团湖北省委、湖北省学生联合会	2023年
计算机科学与技术学院委员会	2023“三下乡”社会实践优秀团队	共青团湖北省委、湖北省学生联合会	2023年
信息科学与工程学院委员会	2023“三下乡”社会实践优秀团队	共青团湖北省委、湖北省学生联合会	2023年
理学院委员会	2023“三下乡”社会实践优秀团队	共青团湖北省委、湖北省学生联合会	2023年
城市建设学院委员会	2023“三下乡”社会实践优秀团队	共青团湖北省委、湖北省学生联合会	2023年
武汉科技大学校团委	2023“三下乡”社会实践优秀组织单位	共青团湖北省委、湖北省学生联合会	2023年

2022—2023年武汉科技大学获“五四”红旗团委、特色工作先进团委名单

荣誉名称	获奖集体
“五四”红旗团委	机械自动化学院团委
“五四”红旗团委	材料与冶金学院团委
“五四”红旗团委	管理学院团委
“五四”红旗团委	资源与环境工程学院团委
“五四”红旗团委	法学与经济学院团委
“五四”红旗团委	城市建设学院团委
特色工作先进团委	艺术与设计学院团委
特色工作先进团委	外国语学院团委
特色工作先进团委	汽车与交通工程学院团委

2023年武汉科技大学校级学生组织及负责人一览表

组　织	负责人
学生会	张健成（1—5月）、刘妙妙（6—12月）
研究生会	汪家晗（1—5月）、张宏彬（6—12月）
青年志愿者服务总队	万瑞涵（1—5月）、牛子轩（6—12月）
大学生科学与技术协会	李昇昊
大学生艺术团	张鑫蕊（1—5月）、廖樱棠（6—12月）

（撰稿：魏雪妍　审稿：向方新）

本科生教育

【概况】 2023年，学校本科教学工作整体运行平稳。学校围绕“钢铁品质 社会英才”人才培养顶层设计，不断深化本科教学改革，通过全方位优化“香涛计划”，丰富辅修和微专业供给，创新人才培养制度体系，打造具有武科大特色的“四层次，多样化”人才培养体系。学校不断深化内涵建设，持续加强一流专业、课程及教材建设，有力推进教学研究与教学改革，优化教学管理与运行机制，加强公共基础课教学基本条件建设，强化教师教学能力提升，注重质量文化建设，进一步提升了学校人才培养质量。2023届本科毕业生共6267人，其中毕业生为5985人（授予学位5971人）、结业21人、延长学习年限261人。2023年，学校获教育部高等教育（本科）国家级教学成果奖二等奖2项，是湖北省属高校中唯一作为第一完成单位获奖的学校；“世界政治经济与国际关系”等8门课程被认定为国家一流本科课程，“民间建筑传承与创新设计”等27门课程被认定为省级一流课程；国家级第二批新工科研究与实践项目——面向“一带一路”材料与冶金国际化人才培养模式研究与实践，结题验收优秀；获批省级优秀基层教学组织3个、省级本科课程思政示范课程2项、省级教学研究项目23项，在C类及以上期刊发表的教研论文52篇。

【人才培养模式改革】 坚持改革创新，构建定位准确、特色鲜明的人才培养体系，构建“四层次，多样化”人才培养体系。拔尖创新人才，强化数理基础和学术研究能力，探索书院制，依托“强基班”“香涛班”“英才班”及本硕和本硕博贯通式培养模式；卓越应用型人才，强化复杂问题解决能力，完善协同育人机制，依托卓越计划、产业计划；复合应用型人才，强化专业交叉融合，依托辅修学位、微专业、“传统专业+”；高素质应用型人才，强化问题解决和实践应用能力，依托大类招生与培养。作为湖北省现代产业学院，2023年3月学校人工智能学院申报了国家级现代产业学院，并于10月24日参加教育部高等教育司第二批现代产业学院论证答辩。继续推进“香涛计划”升级和书院制试点工作，通过探索香涛学院与专业学院协同的工作机制，探索“能进能退”的学生选拔与动态管理工作机制，优化香涛计划强基班学生初次选拔条件，探索“小学期”等人才培养新模式，培养拔尖创新人才。新开发“商务智能”“金融科技”“智慧物流”“智能建造”“智能交通与建造”“生物智能”“生命健康与诊疗技术”“绿色制造工程”等微专业项目，首批88名学生获得微专业证书，新增261名学生修读“大数据技术与应用”等8个微专业项目，微专业赋能的“传统专业+”人才培养模式改革得到有效推进。组织完成2023级香涛计划强基班学生选拔和导师双选工作，2023年共选拔材料类、数学类、信息类、机械类、经管类和医学类强基班学生146人。组织完成2021级机械类、数学类和2022级信息类、经管类的专业选择及第二阶段个性化培养方案制定工作，学生结合自身优势及专业兴趣，自主选择专业，在导师指导下制定了第二阶培养方案，并对2023级学生开展专业预选择及第一阶段培养方案优化工作。

【课程建设】加强课程建设与质量管理，贯彻以学生为中心、成果导向、持续改进的教育理念，推进学校一流本科课程建设与管理的制度建设。根据《教育部关于公布第二批国家一流本科课程认定结果的通知》（教高函〔2023〕7号），学校“世界政治经济与国际关系”等8门课程被认定为国家一流本科课程；《省教育厅关于公布2023年度省级一流本科课程认定结果的通知》（鄂教高函〔2023〕19号），学校“民间建筑传承与创新设计”等27门课程被认定为省级一流课程。根据《武汉科技大学一流本科课程建设与管理办法》（武科大教发〔2020〕49号），推动线上一流课程、线下一流课程、线上线下混合式一流课程、虚拟仿真实验教学一流课程、社会实践一流课程建设【属《教育部关于一流本科课程建设的实施意见》（教高〔2019〕8号）文件明确规定的5类一流课程】。确定“计算机网络”等10门课程为校级在线开放课程（SPOC）建设项目；确定“创业投资管理”等10门课程为校级知识图谱课程建设项目；认定“恋爱婚姻经济学”为校级线上一流本科课程；认定“美国文学史及作品选读”等10门课程为校级线下一流本科课程；认定“建筑消防”等6门课程为校级线上线下混合式一流本科课程。加强了本科国际化一流课程建设，确定“系统解剖（Systematic Anatomy）”等5门课程为一流本科国际化课程立项建设。加大在线开放课程建设，2023年学校已在爱课程（中国大学MOOC）、学堂在线、智慧树、优课联盟、学银在线、楚课联盟等在线开放课程平台上线24门慕课。

【教材建设】根据教育部《普通高等学校教材管理办法》文件精神，结合学校《武汉科技大学教材管理实施细则》文件，严格执行文件规定，教材编写和选用实行“凡编必审、凡选必审”，建立了学院、学校二级管理制度，以管促建，全面管理。坚持把马克思主义理论研究和建设工程教材的使用作为教材工作的重中之重来抓，已出版的马克思主义理论研究和建设工程教材，学校对应课程做到了100%选用。开展校级教材立项建设，鼓励编写高质量教材，立项建设《安全应急管理》等20种新形态教材；立项建设《物流与供应链管理》等2种数字教材；立项修订《液压与气压传动》等25种教材。

【团队建设】学校认真贯彻落实教育部和湖北省本科教育教学改革有关文件精神，抓牢抓实教研室等实体基层教学组织建设，把建强基层教学组织作为学校落实本科教学基础地位、持续推进本科教学改革创新、全面提升教师教学能力水平的重要抓手，通过打造高水平基层教学组织，引导和激励一线教师回归教学、热爱教学、研究教学，潜心教书育人，带动本科教育教学高质量发展，全面提高人才培养质量。2023年获批省级优秀基层教学组织3个。

【教学研究】2023年，学校获批省级本科课程思政示范课程2项。根据学校《关于开展第三届“课程思政”示范课程评选工作的通知》，共评选出本科课程思政示范课程15门，研究生课程思政示范课程5门。2023年国家级第二批新工科研究与实践项目——面向“一带一路”材料与冶金国际化人才培养模式研究与实践，结题验收优秀；新文科研究与改革实践项目“地方工科院校多样化复合型新文科人才培养体系研究与实践”，结题验收合格。学校获批省级教学研究项目23项，立项校级教学研究项目96项，在C类及以上期刊发表的教研论文52篇，教育部产学合作协同育人项目立项58项。2023年7月24日，学校主持完成的“‘铸钢魂 深交融 重挑战 强协同’冶金类新工科人才培养体系探索与实践”获高等教育（本科）国家级教学成果奖二等奖，作为第二参与单位申报的“面向海洋与制造强国战略的创新型设计人才培养模式改革与实践”获得高等教育（本科）国家级教学成果奖二等奖。武汉科技大学是湖北省属高校中唯一作为第一完成单位获奖的学校。

【教学运行管理】秉持“以学生为中心，以教师为主体，以质量为核心”的理念，紧密围绕学校教育教学目标，加强教学运行日常管理，严格执行教学计划，合理安排课程设置，不断优化教学管理流程，提升服务效能，为教学活动的有序开展提供了有力保障。完善选课系统，优化选课流程，满足学生个性化学习需求。在教学任务下达和执行、课表编排、学生选课模块管理优化及课程考核管理等各环节严格把关和认真落实，保障了本科教学平稳有序运行。严密组织各类考试，严格执行考试规章制度，维护考试公平公正。为鼓励优秀本科生进一步拓宽知识面，培养复合型人才，2023年继续为学有余力的学生开展会计学、工商管理、国际经济与贸易、英语、计算机科学与技术5个辅修专业学位课程学习，共开设有49门辅修学位课程，总计1764人次选课修读。为主动适应新技术、新产业、新业态、新模式发展需求，对接湖北省“51020”重点产业集群，满足经济社会发展对跨学科专业人才的需求，加快推进新工科、新医科、新文科建设，增强学生的适应能力和竞争能力，扩大微专业开课，2023年开展“大数据技术与应用”“智能医学”“数字材料与冶金”“增材制造工程”“智能交通与建造”“商务智能”“智能建造”“金融科技”“智慧物流”9个微专业课程学习，共开设有31门微专业课程，总计723人次选课修读。继续开设“假期课堂”，为丰富学生假期通识教育类全校性选修课程资源，拓宽学生视野，完善学生知识结构，提高学生综合素质，增强学生自主学习能力，促进学生全面发展，学校从各 MOOC 平台引入优质课程，作为假期通识教育类全校性选修课程供学生修读。2023 年假期开展的网络在线课程学习，共开设有 60 门次网络在线课程，总计 8217 人次选课修读，继续实施“自我规划、自主学习、自由双考、自主选择”的大学英语修读模式改革，3517 人次修读假期大学英语课程并参加水平考试。

【实验与实习】申报 2023 湖北省虚拟仿真实验教学一流课程 4 项，获批 4 项，同时申报国家级 4 项。完成全校 17 个学院，近 15000 人次的实习教学工作。完成教育部实习公共服务平台的上报工作，全校共上报实习数据 38780 条。加强实训基地建设，鼓励学院加强与企业、地方合作，截至 2023 年年底，共建有校外实习基地 572 个。

【转专业】按照《武汉科技大学普通本科生专业选择与转专业管理办法》（武科大教发〔2020〕42 号）文件规定，完成了 2023 级普通本科生第一轮转专业工作。工作流程严谨规范，对提交申请学生的资格进行严格审查，包括对申请学生的高考类别、录取批次、选考科目等多项信息逐一核查。经由学生本人自愿申请、学院选拔考核、校院两级公示等环节，最终 319 名 2023 级普通本科生第一轮转专业成功。

【本科毕业生推荐免试攻读硕士学位研究生】根据《武汉科技大学关于推荐优秀本科毕业生免试攻读硕士学位研究生管理办法（试行）》（武科大教发〔2022〕13 号）等文件精神，经由学生本人自愿申请、学院初审、本科生院复审、学校硕士研究生推免工作领导小组会议研究讨论决定，曾武等 432 名本科毕业生获得推免资格。

【本科毕业设计（论文）】2023 年学校高度重视本科毕业设计（论文）工作，严格过程管理以及质量监控，调整 2023 届本科毕业设计（论文）工作流程，将工作启动提前到第七学期，全校使用毕业论文（设计）管理系统，加强过程的监督和落实。端正学术风气，对全校本科毕业生毕业设计（论文）进行文字复制比检测，通过检测的学生方可申请答辩。开展 2023 届本科毕业设计（论文）校内抽检工作，抽选全部毕业设计（论文）2%，聘请校内外专家开展论文评审，保证毕业设计（论文）质量。开展校级毕业设计（论文）评优工作，591 篇毕业设计（论文）被评为校优秀毕业设计（论文），521 名教师被评为校优秀毕业设计（论文）指导教师。根据教育部、省教育厅有关文件精神，学校接受教育部组织的 2022—2023 学年度本科毕业论文（设计）抽检，完成原文信息报送和抽检专家信息报送工作，共报送原文 6842 篇，上报评审专家 1573 名参加全国本科毕业论文（设计）评审工作。

【审核评估】学校召开了全校本科教学工作大会，开展了教育思想大讨论，参加了教育部和湖北省教育厅组织的审核评估培训，印发了《本科教育教学审核评估（2021—2025 年）宣传手册》，选派了盛建龙、吴清明、肖静、刘波等多位同志作为专家、秘书参加其他高校新一轮审核评估工作。印发了《武汉科技大学本科教育教学审核评估工作实施方案》，成立了由书记、校长担任组长的审核评估领导小组，设立学校审核评估建设工作办公室，明确了指导思想、工作目标、基本原则、工作职责等。2023年12月26日，学校召开本科教育教学审核评估动员会暨培训会。会议邀请了武汉理工大学原副校长张安富、湖北省教育科学研究院研究员李友玉作了《新一轮审核评估方案特征核心意涵与自评自建》和《本科教育教学审核评估自评自建实务》专题报告。校党委书记徐雁冰、校长倪红卫等全体校领导出席会议并作重要讲话，全面部署新一轮本科教育教学审核评估相关工作。

【专业认证（评估）】 2023年3月13—15日，住房和城乡建设部专业评估委员会现场考查专家组莅临武汉科技大学，对建筑环境与能源应用工程专业进行了现场考查。6月7—9日，专业评估专家组对市场营销、材料物理专业进行了现场考查，这是学校开展的第三轮校内专业评估。7月，协会发布公告，学校计算机科学与技术、生物工程专业通过了工程教育认证，有效期6年；机械工程、无机非金属材料工程、土木工程、采矿工程专业通过了中期审核，有效期保持至2025年12月。9月，建筑环境与能源应用工程专业收到了通过国家专业评估（认证）的报告，这是学校第二个通过国家专业认证复评的专业。11月6—7日，中国工程教育专业认证委员会专家组对矿物加工工程专业进行了现场考查，这是该专业第二轮参与认证。组织召开专业认证工作推进会，能源与动力工程、机械电子工程、测控技术与仪器、软件工程、环境工程、矿物加工工程6个专业均完成自评报告撰写工作；工程管理、电气工程及其自动化专业提交了自评报告。截至2023年12月，学校共有18个专业通过了国家专业认证，2个专业通过复评。其中，14个专业通过工程教育专业认证，通过数量居全国第48~57位。

【教学质量监控】 修订了《专业认证（评估）管理办法（试行）》（武科大教发〔2023〕50号）、《学生教学信息员管理办法》（武科大教发〔2023〕51号）、《本科课堂教学质量学生评价制度》（武科大教发〔2023〕52号）、《本科教学过程质量监控与评价管理办法（试行）》（武科大教发〔2023〕53号），进一步保障了教学及教学管理工作的科学性、规范性和严肃性。成立了武汉科技大学第一届学生教学信息员工作委员会，经公开报名、民主推荐、现场竞聘和答辩、组织研究等环节，聘用委员29人、学生信息员200余名。组织完成了4次学生课程学习评价工作，全学年共74835人次参与学生评教，全校平均参评率95%。组织开学第一课巡查、期中教学检查、期末巡考等多场专项检查，召开40余场教师、学生座谈会，快速有效地反馈与协调解决师生反映的各类教学质量保障信息，定期发布《教学质量简报》，积极宣传各单位优秀教学案例、优秀教师先进事迹，持续提升课堂教学质量。2023年5月，学校荣获首届全国高校教学督导工作案例交流会学校案例一等奖（全国仅九所高校获奖）。6月，质量管理办公室提交的一般教研项目《新一轮审核评估背景下地方高校质量保障体系研究》获学校立项。7月，学校举行了第十一届教学督导聘任仪式。本届督导组由23人组成，相较往届，总人数增加3人，平均年龄下降较明显。本年度，督导共听课1473学时，校领导听课82学时，中层领导干部听课717学时。完成2023年学校教育事业统计（高基报表）及本科教学基本状态数据的收集、上报、数据分析工作。在各部门共同努力下，历时2个多月完成数据填报及学校《2022年艺术教育年度报告》《2021—2022学年本科教学质量报告》撰写工作，经学校常委会、校长办公会审议通过后，上报至教育厅、教育部评估中心，并在信息公开网上公开。

【青年教师教学准入与教学培训】 组织了第五届新入职教师授课考察，48名新入职教师参加授课考察，综合审核各项准入资格，上半年有37人获得本科课堂教学准入资格。邀请国家名师郑用琏等专家到校作教学辅导报告，组织了教师信息化教学能力提升培训、教学创新能力提升培训、基础课教学创新能力提升培训以及教师教学创新大赛等专项培训，响应上级部门要求，组织教师参加课程思政示范课程相应任课教师培训、暑期教师研修等。全年共组织各级各类培训34次，共计2222人次参加。

【教师教学竞赛】 落实立德树人根本任务，助力学校新工科、新医科、新文科和课程思政建设，推动信息技术与高等教育教学融合创新发展，引导学校教师潜心教书育人，打造教学改革的风向标，提升学校教师教学水平和育人能力。学校在第三届湖北省高校教师教学创新大赛获奖数量取得突破，贺尊主讲的“创业学”、朱天彬主讲的“耐火材料工艺学”、袁芳主讲的“舞蹈与健康”获得二等奖，熊凌主讲的“自动控制原理”、闫明明主讲的“政治学原理”获得三等奖，学校获得优秀组织奖。贺尊、袁芳在第五届全国高校混合式教学设计创新大赛中荣获全国一等奖，学校获得优秀组织奖。成功举办第四届教师教学创新大赛暨第四届课程思政教学设计大赛，评选出教师教学创新大赛特等奖2名、一等奖6名、二等奖7名、三等奖9名，以及课程思政教学设计大赛本科组一等奖1名、二等奖3名、三等奖6名，研究生组二等奖1名、三等奖2名，其中教师教学创新大赛特等奖、一等奖以及课程思政教学设计大赛本科组一等奖推荐参加第四届湖北省高校教师教学创新大赛。组织了首届板书设计作品竞赛活动，张施琦等6位教师荣获一等奖，丁军等9位教师荣获二等奖，陈晓琳等15位教师荣获三等奖。学校在全国普通本科院校教师教学发展指数（2023版）有1835个项目入库，全国排名第159位，位列湖北省属高校第一，在湖北省普通本科院校教师教学发展指数（2023版）排名第八，省属高校第一。

【教务系统】 2023年，本科教学综合管理系统在保障日常教学平稳进行的基础上，对系统硬件服务器和网络环境进行了多次升级，以应对师生各种使用场景下的复杂需求；并且进一步深化了与学校门户及数据中心的集成，按照信息安全等级保护评测标准对系统进行了优化，使数据管理的安全性和标准化程度得到提升。各主要教学业务流程，如教室借用、调停课、考试申请、试卷印刷、成绩修改、缓考申请、成绩认定、转专业、休复学等，均已实现通过教学系统、学校门户等多个通道进行线上办理。实验、考务等功能模块的定制开发已经完成，并在全校范围推广使用。

附录

武汉科技大学 2023 年国家级教学成果奖获奖名单

序号	成果名称	主要完成人
1	“铸钢魂 深交融 重挑战 强协同”冶金类新工科人才培养体系探索与实践	倪红卫、王 炜、张 华、朱航宇、李建立、盛建龙、赵慧忠、吴怀宇、张志清、赵 雷、张晓龙、黄 峰、郑琼梅
2	面向海洋与制造强国战略的创新型设计人才培养模式改革与实践	潘长学、吕杰锋、李 卓、韩少钦、黄雪飞、吴卫国、王双全、周 艳、童彦婷、方 卫、袁晓芳、吴 瑜、管家庆、李万军、曹献馥

武汉科技大学 2023 年国家级一流本科课程名单

序号	学 院	课程名称	课程负责人	课程类型
1	法学与经济学院	世界政治经济与国际关系	丁 宇	线下一流课程
2	理学院	高等代数与解析几何	李德宜	线下一流课程
3	管理学院	运筹学	邓旭东	线下一流课程
4	材料学部	耐火材料工艺学	魏耀武	线下一流课程
5	材料学部	材料科学基础	贾 涓	线下一流课程
6	机械自动化学院	液压传动	曾良才	线上线下混合式一流课程
7	管理学院	管理信息系统	张志清	线上线下混合式一流课程
8	资源与环境工程学院	安全管理	梅 丹	线上线下混合式一流课程

武汉科技大学 2023 年省级一流本科课程名单

序号	学 院	课程名称	课程负责人	课程类型
1	艺术与设计学院	民间建筑传承与创新设计	翁雯霞	社会实践一流课程
2	管理学院	商业计划	童泽平	社会实践一流课程
3	计算机科学与技术学院	离散数学	陈东方	线上线下混合式一流课程
4	机械自动化学院	机械设计综合实验	王兴东	线上线下混合式一流课程

续表

序号	学　院	课程名称	课程负责人	课程类型
5	汽车与交通工程学院	项目管理	孟　芳	线上线下混合式一流课程
6	资源与环境工程学院	造块学1：烧结理论与工艺	周仙霖	线上线下混合式一流课程
7	理学院	工程力学	韩　芳	线上线下混合式一流课程
8	国际学院	汉语读写·魅力方块字	魏　敏	线上线下混合式一流课程
9	医学院	消化系统	刘　丹	线上线下混合式一流课程
10	医学院	局部解剖学	刘晓柳	线上线下混合式一流课程
11	马克思主义学院	舞蹈与健康	袁　芳	线上线下混合式一流课程
12	信息科学与工程学院	通信原理	吴　谨	线上线下混合式一流课程
13	马克思主义学院	伦理与礼仪	孙君恒	线上一流课程
14	信息科学与工程学院	机器人技术导论	程　磊	线上一流课程
15	外国语学院	大学英语（二）	陈　涛	线上一流课程
16	材料学部	工业炉窑热工及构造	陈元元	线上一流课程
17	机械自动化学院	精密机械设计	李公法	线下一流课程
18	信息科学与工程学院	电机拖动基础	刘振兴	线下一流课程
19	理学院	时间序列分析	丁咏梅	线下一流课程
20	法学与经济学院	政治学原理	闫明明	线下一流课程
21	艺术与设计学院	产品形态设计	翁春萌	线下一流课程
22	体育学院	大学体育——排球	韩振勇	线下一流课程
23	材料学部	材料成型设备	周家林	线下一流课程
24	机械自动化学院	新能源汽车动力电池拆解工艺优化虚拟仿真实验	江志刚	虚拟仿真实验一流课程
25	材料学部	耐火材料导热系数测试虚拟仿真实验	李亦韦	虚拟仿真实验一流课程
26	理学院	扫描电镜物相定性与定量分析虚拟仿真实验	侯廷平	虚拟仿真实验一流课程
27	材料学部	耐火浇注料制备与性能表征虚拟仿真实验	夏忠锋	虚拟仿真实验一流课程

武汉科技大学 2023 年知识图谱课程立项建设名单

序号	学　院	课程名称	课程负责人	课程团队其他主要成员
1	法学与经济学院	创业投资管理	贺　尊	谢韵典、何珊珊、丁　莹、赵　凡
2	机械自动化学院	机械原理	侯　宇	孔建益、邹光明、汤　勃、李　佳
3	计算机科学与技术学院	软件工程	刘茂福	张　凯、高　峰、赵红武、邱　晨
4	资源与环境工程学院	安全管理	梅　丹	胡　宁、张晓晴、赵　波、陈旺生
5	材料学部	耐火材料工艺学	魏耀武	顾华志、鄢　文、朱天彬、付绿平
6	管理学院	物流与供应链管理	王　勇	张建军、马云峰、陆　芬、朱梦萍
7	信息科学与工程学院	自动控制原理	陈　琳	熊　凌、陈　洋、郑秀娟、胡　棉
8	化学与化工学院	化工过程分析与合成	吴晓琴	罗　浩、陈佳玲、雷　杨、郭　立
9	理学院	线性代数	龚谊承	陈贵词、张传洲、胡　佳、袁柳洋
10	马克思主义学院	舞蹈与健康	袁　芳	张　勇、孙蕊芳

武汉科技大学 2023 年校级在线开放课程（SPOC）立项建设名单

序号	学　院	课程名称	课程负责人	课程团队其他主要成员
1	计算机科学与技术学院	计算机网络	李　鹏	金　瑜、鲁剑锋、李　俊、古　权
2	材料学部	材料科学基础	何　漩	姜婷婷、杜　星、王大珩、赵　雷
3	城市建设学院	桥梁工程	姜天华	金清平、高永红、黄　雯
4	医学部	仪器分析	柳　青	柳　青、邹　瑜、王　君
5	马克思主义学院	人际关系心理学	孙蕊芳	张　勇、薛春艳

续表

序号	学　院	课程名称	课程负责人	课程团队其他主要成员
6	汽车与交通工程学院	智能汽车感知技术	王　博	胡　溧、许小伟、王华伟、崔玉定、邓明星
7	管理学院	市场调研	吴世军	刘　勇、熊　英、成　韵、孙　伟
8	资源与环境工程学院	防排烟工程	王　洁	张洪杰、姜学鹏、王　勇、卢　颖
9	外国语学院	英语流行语及时尚文化简介	甘小亚	吴　燕、邹　丽、李　静
10	生命科学与健康学院	免疫学基础	周　翔	周经姣、孙　钒、廖兴华

武汉科技大学 2023 年线上一流本科课程认定名单

学　院	课程名称	课程负责人	课程团队其他主要成员
法学与经济学院	恋爱婚姻经济学	贺　尊	何珊珊、谢韵典、丁　莹

武汉科技大学 2023 年线上线下混合式一流本科课程认定名单

序号	学　院	课程名称	课程负责人	课程团队其他主要成员
1	城市建设学院	建筑消防	周百灵	樊　杰、陈　敏、庄　凌
2	机械自动化学院	液压可靠性与故障诊断	钱新博	曾良才、陈新元、邓江洪、卢　艳
3	资源与环境工程学院	安全系统工程	卢　颖	王　勇、张洪杰、赵　波、姜学鹏
4	材料学部	无机材料物理性能	丁　军	李发亮、黄　仲、邓承继、李享成、陈平安
5	学生工作处	大学生心理健康教育	薛春艳	卢绍伟、崔　佳、贾健宇、胡文燕
6	计算机科学与技术学院	计算机组成原理	黄　莉	姜　毅、卢建华、胡　威、付晓薇

武汉科技大学 2023 年线下一流本科课程认定名单

序号	学　院	课程名称	课程负责人	课程团队其他主要成员
1	外国语学院	美国文学史及作品选读	陈　尧	李金云、康有金
2	材料学部	材料合成与制备	赵　雷	李薇馨、王大珩、方　伟
3	管理学院	国际市场营销学	刘　勇	成　韵、陈　刚、吴世军、潘雅琼
4	法学与经济学院	民法学	梁东新	周　琳、王群仿、董春丽、郭晓虹
5	化学与化工学院	微生物学	李凌凌	陈　俊、左振宇、杨忠华、龚志伟
6	医学部	病理生理学 A	袁修学	陈星星、曾　燕、刘亚昆、王　波
7	机械自动化学院	制造业信息化工程学	周　敏	向　峰、陈宝通、顾　曦、周　艳
8	体育学院	大学体育——柔力球	张玲玲	刘占锋、韩振勇、马　蔚、袁　菁
9	汽车与交通学院	交通工程学	何雅琴	柳祖鹏、王道斌
10	生命科学与健康学院	细胞生物学	赵沙沙	王　婧、周　俊、邓文生

武汉科技大学 2023 年一流本科国际化课程建设项目名单

序号	教学单位	课程（或项目）名称	课程负责人
1	医学部	系统解剖学 （Systematic Anatomy）	刘晓柳
2	理学院	概率论与数理统计 （Probability & Statistics）	丁咏梅
3	机械自动化学院	流体力学 （Fluid Mechanics）	张　峰
4	城市建设学院	结构力学 I （Structural Mechanics Ⅰ）	肖良丽
5	信息科学与工程学院	网络技术及应用 （Techniqurs and Applications of Computer Networks）	马娅婕

武汉科技大学 2023 年上线慕课名单

序号	主建单位	课程名称	上线平台	课程负责教师
1	资源与环境工程学院	安全系统工程	智慧树	卢　颖
2	资源与环境工程学院	技术经济与投资分析	智慧树	柯丽华
3	汽车与交通工程学院	汽车构造（一）	智慧树	许小伟
4	城市建设学院	中国建筑史	智慧树	徐　虹
5	管理学院	管理学	智慧树	邵　琼
6	管理学院	微观经济学	优课联盟	赵海峰
7	管理学院	工程管理	优课联盟	熊华平
8	管理学院	税法	智慧树	刘丽霞
9	化学与化工学院	化工工程设计与技术经济分析	智慧树	李文兵
10	化学与化工学院	化工原理	智慧树	范宝安
11	计算机科学与技术学院	数字逻辑与数字系统	智慧树	廖雪超
12	艺术与设计学院	设计概论	智慧树	吴　清
13	艺术与设计学院	Grasshopper 参数化建筑设计方法	智慧树	罗　斌
14	理学院	工程力学 A	学银在线	陈桂娟
15	理学院	大学物理（二）	智慧树	李　新
16	理学院	时间序列分析	智慧树	丁咏梅
17	生命科学与健康学院	微生物与人类健康	智慧树	周　俊
18	学生工作处	触网·出网：揭秘网络心理	学堂在线	薛春艳
19	医学院	中枢神经系统药理学	智慧树	奚瑾磊
20	材料学部	材料研究方法（一）	智慧树	宋述鹏、卢志红
21	材料学部	材料腐蚀与防护	智慧树	黄　峰
22	材料学部	耐火材料工艺学	智慧树、优课联盟	魏耀武
23	材料学部	材料物理导论	楚课联盟	李睿智

武汉科技大学2023年校级新形态教材立项建设项目名单

序号	学院（部门）	书　名	主编	职称
1	资源与环境工程学院	安全与应急管理	梅　丹	教授
			张晓晴	教授
			赵　波	副教授
2	计算机科学与技术学院	软件工程	刘茂福	教授
3	材料学部	电子显微分析	刘　静	教授
			宋述鹏	副教授
4	城市建设学院	混凝土结构设计原理	杨　曌	教授
			吴晓春	副教授
5	体育学院	大学体育与健康教程	刘俊洁	教授
			韩振勇	副教授
			王路瑶	教授
6	资源与环境工程学院	环境工程 CAD	陈永亮	副教授
7	工程训练中心	智能制造综合实训教程	江志刚	教授
8	创新创业学院	大学生创新创业基础	张会利	副教授
9	校团委	新时代高校共青团工作理论与实践	刘晓云	副教授
10	理学院	工程爆破器材性能测试及效应测控技术	何　理	副教授
11	机械自动化学院	工程热力学原理	刘昌明	教授
12	汽车与交通工程学院	新能源汽车技术与应用	严运兵	教授
13	汽车与交通工程学院	项目管理	孟　芳	副教授
14	信息科学与工程学院	信号与系统	陈华丽	副教授
15	艺术与设计学院	Grasshopper 参数化设计基础	罗　斌	讲师
16	法学与经济学院	办公自动化高级实务教程	王小玲 王　哲	高级实验师
17	计算机科学与技术学院	计算机组成设计与实践	黄　莉	副教授
18	外国语学院	莎士比亚戏剧欣赏教程	卢秋平	副教授
19	管理学院	现代商务谈判	姜　琳	副教授
20	信息科学与工程学院	现代控制理论基础	常晓恒	教授

武汉科技大学2023年校级数字教材立项建设项目名单

序号	学院（部门）	书　名	主编	职称
1	管理学院	物流与供应链管理	王　勇	副教授
2	国际学院	留学生汉语 On the Way	陈小玲	教授

武汉科技大学2023年校级修订教材立项建设项目名单

序号	学院（部门）	书　名	主编	职称
1	机械自动化学院	液压与气压传动	曾良才	教授
			雷　斌	副教授
			邓江洪	副教授
2	机械自动化学院	机械原理	孔建益	教授
3	材料学部	耐火材料学	顾华志	教授
4	法学与经济学院	创业学	贺　尊	教授
5	材料学部	冶金传输原理	朱航宇	教授
6	管理学院	运筹学简明教程（第3版）	邓旭东	教授
			刘　翱	副教授
7	化学与化工学院	燃气工程	欧阳曙光	教授
8	计算机科学与技术学院	Java 程序设计简明教程	张晓龙 （刘　俊）	教授
9	管理学院	管理信息系统	张志清	教授
10	管理学院	证券投资学	余学斌	教授
			黎精明	教授
11	理学院	线性代数（第3版）	陈贵词	教授
			刘云冰	副教授
12	计算机科学与技术学院	C 语言程序设计	王晓峰	教授
13	管理学院	网络广告学	刘　勇	教授
14	资源与环境工程学院	烧结与球团厂设计	钱功明	教授
			杨　福	讲师
15	艺术与设计学院	二维构成设计与表达（第3版）	彭　红	教授
16	机械自动化学院	精密机械设计	李公法	教授
17	艺术与设计学院	产品形态设计	翁春萌	副教授
18	管理学院	电子商务概论	王鑫鑫	副教授

续表

序号	学院（部门）	书　名	主编	职称
19	资源与环境工程学院	建设项目环境影响评价	段　宁	副教授
20	管理学院	管理沟通——理论、案例与应用	余淑均	教授
			张　敏	讲师
21	城市建设学院	土木工程材料（第3版）	廖宜顺	副教授
			廖国胜	副教授
22	学生工作处	大学生心理素养提升实践教程	薛春艳	教授
23	理学院	大学物理实验教程	李　钰	教授
24	信息科学与工程学院	电工电子技术	廖宇峰	副教授
25	机械自动化学院	液压可靠性与故障诊断（第3版）	湛从昌	教授

武汉科技大学2023年省级课程思政示范课程名单

序号	学院名称	课程名称	团　队
1	机械自动化学院	机械原理	侯　宇、孔建益、邹光明、汤　勃、李　佳、刘怀广、杜　辉
2	材料学部	材料科学基础	贾　涓、师静蕊、宋新莉、程朝阳、张施琦

武汉科技大学2023年课程思政示范课程名单（本科生）

序号	学院	姓　名	团队成员	申报课程名称
1	机械自动化学院	李　贵	邹光明、侯　宇、汤　勃、李　佳、刘怀广、杜　辉、丁　喆	机械设计基础
2	材料学部	朱天彬	魏耀武、顾华志、李亚伟、赵惠忠、鄢　文、付绿平、陈俊峰	耐火材料工艺学
3	资源与环境工程学院	张洪杰	王　洁、赵　波、施耀斌、卢　颖	建筑火灾安全工程
4	理学院	李　新	李　钰、侯廷平、彭　茹、刘春梅、衡伯军、魏　然、李　莹	大学物理B
5	理学院	韩　芳	蔡路军、周俊汝、吴　亮、李明方、蒋　培、白　凡、徐　旺	工程力学B
6	城市建设学院	徐　虹	—	中国建筑史

续表

序号	学院	姓　名	团队成员	申报课程名称
7	材料学部	姜婷婷	杜　星、何　漩、王大珩、赵　雷	表面与界面化学
8	化学与化工学院	李凌凌	陈　俊、左振宇、杨忠华、李　飞、龚志伟、王晓强、黄　皓	微生物学
9	计算机科学与技术学院	黄　莉	姜　毅、卢建华、胡　威	计算机组成原理
10	外国语学院	陈　尧	李金云、康有金、卢秋平、马　燕	美国文学史及作品选读
11	生命科学与健康学院	赵沙沙	王　婧、周　俊、邓文生	细胞生物学
12	汽车与交通工程学院	孟　芳	邓　超、张绪美、梁晓磊、金贵林	项目管理
13	医学部	周　婷	赵　琴、张连生、梅　勇、程　静、顾缨缨、柳赟昊、江明頔	水质理化检验
14	管理学院	李　蒙	熊华平、王　旭、余宏亮	工程经济学
15	工程训练中心	刘　翔	蒋国璋、江志刚、胡　威、曹建华、刘晓芹、郑　翠、鲍　雄	工程训练 A

武汉科技大学 2023 年课程思政示范课程名单（研究生）

序号	学院	姓　名	团队成员	申报课程名称
1	资源与环境工程学院	王　洁	姜学鹏、王　勇、张洪杰	防排烟理论与技术
2	城市建设学院	梅军鹏	金清平、廖国胜、廖宜顺	高等建筑材料学
3	管理学院	刘　勇	邵　琼、潘雅琼	商务英语
4	信息科学与工程学院	张良力	柴　琳、佃仁俊、郑秀娟、陈天宇、陆江华、蔡　彬、陈绪轩	现代电力电子技术
5	理学院	李春丽	刘云冰、何晓霞、赵喜林、张　青、蒋　君、吴传菊、宋　硕	概率与数理统计

2023 年省级优秀基层教学组织名单

序号	学院名称	基层教学组织名称	基层教学组织负责人
1	信息科学与工程学院	电气工程及其自动化教研室	柴　琳
2	汽车与交通工程学院	物流工程课程组	应保胜
3	资源与环境工程学院	矿物加工教研室	钱功明

截至2023年12月已通过国家专业认证（评估）专业一览表

序号	学　院	学科专业	认证类型	有效时间
1	医学部	临床医学	教育部临床医学专业认证委员会医学教育认证	通过认证，有效期延长至9年（2015年11月—2024年12月）
2	城市建设学院	建筑环境与能源应用工程	住房城乡建设部高等教育建筑环境与能源应用工程专业评估	通过认证，有效期6年（2021年5月—2027年5月）；2016年第一次通过，有效期5年（2016年5月—2021年5月）
3	资源与环境工程学院	矿物加工工程	教育部工程教育认证	通过认证，有效期6年（2018年1月—2023年12月）
4	材料学部	冶金工程	教育部工程教育认证	通过认证，有效期6年（有条件）（2019年1月—2024年12月）
5	信息科学与工程学院	自动化	教育部工程教育认证	通过认证，有效期6年（有条件）（2019年1月—2024年12月）
6	材料学部	无机非金属材料工程	教育部工程教育认证	通过认证，有效期6年（有条件）（2020年1月—2025年12月）
7	城市建设学院	土木工程	教育部工程教育认证	通过认证，有效期6年（有条件）（2020年1月—2025年12月）
8	机械自动化学院	机械工程	教育部工程教育认证	通过认证，有效期6年（有条件）（2020年1月—2025年12月）
9	资源与环境工程学院	采矿工程	教育部工程教育认证	通过认证，有效期6年（有条件）（2020年1月—2025年12月）
10	管理学院	工程管理	住房城乡建设部高等教育工程管理专业评估	通过认证，有效期5年（2020年5月—2024年5月）

续表

序号	学　院	学科专业	认证类型	有效时间
11	资源与环境工程学院	安全工程	教育部工程教育认证	通过认证，有效期6年（有条件）（2021年1月—2026年12月）
12	城市建设学院	给排水科学与工程	住房城乡建设部高等教育给排水科学与工程专业评估	通过认证，有效期6年（2021年5月—2027年5月）；2018年第一次通过，有效期3年（2018—2021年）
13	材料学部	金属材料工程	教育部工程教育认证	通过认证，有效期6年（有条件）（2022年1月—2027年12月）
14	化学与化工学院	化学工程与工艺	教育部工程教育认证	通过认证，有效期6年（有条件）（2022年1月—2027年12月）
15	汽车与交通工程学院	车辆工程	教育部工程教育认证	通过认证，有效期6年（有条件）（2022年1月—2027年12月）
16	汽车与交通工程学院	交通工程	教育部工程教育认证	通过认证，有效期6年（有条件）（2022年1月—2027年12月）
17	计算机科学与技术学院	计算机科学与技术	教育部工程教育认证	通过认证，有效期6年（有条件）（2023年1月—2028年12月）
18	化学与化工学院	生物工程	教育部工程教育认证	通过认证，有效期6年（有条件）（2023年1月—2028年12月）

2023年湖北本科高校省级教学改革研究项目立项名单

序号	项目名称	类别	主持人	主要参与人
1	“细胞生物学”课程思政探索与实践	本科教育项目	赵沙沙	王　靖、周　俊、邓文生、李　显

续表

序号	项目名称	类别	主持人	主要参与人
2	新工科背景下基础化学实验建设研究—以无机化学实验改革为例	本科教育项目	邱江华	陈　阳、唐　艳、谢　静、张雄志
3	基于现代产业学院的信创人才培养模式改革与实践创新研究	本科教育项目	朱子奇	张　凯、陈东方、刘茂福、杨　娟
4	智慧安全时代多元、多维、全融合的安全工程专业实验教学体系构建	本科教育项目	王　洁	张洪杰、姜学鹏、王　勇、胡　宁
5	面向“大工程”交叉融合的工程训练课程改革与实践	本科教育项目	江志刚	刘　翔、曹建华、蒋国璋、胡　威
6	面向教育“新基建”的“工程热力学”课程体系改革与教材建设创新实践	本科教育项目	刘昌明	吕　勇、肖　涵、杨　丹、袁　锐
7	历史主动精神融入高校“概论”课教学研究	本科教育项目	郑琼梅	唐忠义、刘　勇、李　琨、向　艳
8	公共艺术专业国际化人才培养模式研究与实践探索	本科教育项目	胡　康	高　超、管家庆、聂　虹、周　薇
9	协同与共享视阈下地方高校创新人才培养体系构建研究	本科教育项目	张志清	吕　勇、丁　宇、陈贵词、袁　龙
10	新工科背景下地方本科高校双创教育的能级跃升研究	本科教育项目	张会利	李　蓉、贺嘉贝、刘淞月、刘显铭
11	协同育人、实施路径、保障机制——新工科背景下土木类专业课程思政体系建设与探索	本科教育项目	徐　斌	许成祥、金　伟、何　金、刘华琛
12	大学生心理健康教育课程三维一体混合式教学模式研究	本科教育项目	卢绍伟	薛春艳、崔　佳、贾健宇、夏　萌

续表

序号	项目名称	类别	主持人	主要参与人
13	基于“竞赛+科研”的拔尖创新人才培养模式研究	本科教育项目	常晓恒	熊　凌、杨　君、黄卫华、熊　军
14	在地国际化背景下大学英语跨文化教学创新模式构建与实践	本科教育项目	程　靖	陆　晨、肖巧玲、陶晓蓉、陈小玲
15	以研发素质为导向的“材料合成与制备”课程教学改革	本科教育项目	李薇馨	王大珩、陈　辉、方　伟、赵　雷
16	湖北省普通高校技能主导类体育课程混合式教学现状及优化研究	本科教育项目	刘俊洁	韩振勇、黄显涛、姚　婕、贺晓霞
17	基于“运动教育”模式下高校校园足球改革与创新研究	本科教育项目	黄显涛	刘俊洁、韩振勇、饶　威、叶子聪
18	应用数字孪生技术建设高校智能实验室安全平台	本科教育项目	宋宏娇	许成祥、肖　静、赵　晖、何　芳
19	基于产教融合的拔尖创新人才有组织自主培养体系构建与实践	研究生教育项目	马　腾	程常桂、冯　涛、冒　颖、秦茂林
20	科产教融合驱动的智能制造领域专业学位研究生实践创新能力协同培育体系构建与实践	研究生教育项目	王　蕾	张泽琳、曹建华、夏绪辉、刘　翔
21	土木水利工程硕士卓越工程师校企联合培养模式研究与实践	研究生教育项目	朱红兵	冯　涛、龚建伍、孙　杰、王泽峰
22	基于材料工程领域“卓越工程师产教联合培养”专业学位研究生培养模式研究与实践	研究生教育项目	刘　浩	韩兵强、鄢　文、尹玉成、朱天彬
23	“双一流”建设背景下研究生招生风险防控及选拔方式改革	研究生教育项目	何　明	吕　勇、马　腾、程常桂、秦茂林

2023 年武汉科技大学教学研究项目立项名单

排序	项目编号	单位	申请项目名称	项目负责人		项目组成员	评审结果
				姓名	职称		
1	2023Z001	工程训练中心	面向“大工程”交叉融合的工程训练课程改革与实践	江志刚	教授	刘　翔、曹建华、蒋国璋、胡　威	校级重点
2	2023Z002	本科生院	协同与共享视阈下地方高校创新人才培养体系构建研究	张志清	教授	吕　勇、丁　宇、陈贵词、袁　龙	校级重点
3	2023Z003	计算机科学与技术学院	基于现代产业学院的信创人才培养改革与实践创新研究	朱子奇	副教授	张　凯、陈东方、刘茂福、杨　娟	校级重点
4	2023Z004	管理学院	数智时代管理类专业数字化人才培养体系研究	童泽平	教授	刘海兵、吴世军、杨中华、王鑫鑫	校级重点
5	2023Z005	城市建设学院	协同育人、实施路径、保障机制——新工科背景下土木类专业课程思政体系建设与探索	徐　斌	讲师	许成祥、金　伟、何　金、刘华琛	校级重点
6	2023Z006	材料学部	面向“双碳”时代的低碳冶金人才培养体系研究	刘成松	副教授	倪红卫、张　华、王　宝	校级重点
7	2023Z007	艺术与设计学院	公共艺术专业国际化人才培养模式研究与实践	胡　康	副教授	高　超、管家庆、聂　虹、周　薇	校级重点
8	2023Z008	学生工作处	大学生心理健康教育课程三维一体混合式教学模式研究	卢绍伟	讲师	薛春艳、崔　佳、贾健宇、夏　萌	校级重点
9	2023Z009	机械自动化学院	数智时代背景下机械工程专业知识图谱构建与应用研究	李　贵	副教授	王兴东、邹光明、侯　宇、刘怀广	校级重点

续表

排序	项目编号	单位	申请项目名称	项目负责人		项目组成员	评审结果
				姓名	职称		
10	2023Z010	马克思主义学院	历史主动精神融入高校“概论”课教学研究	郑琼梅	副教授	唐忠义、刘　勇、李　琨、向　艳	校级重点
11	2023Z011	汽车与交通工程学院	新时代地方高校工科学院党建引领课程思政协同育人模式研究与实践	何雅琴	副教授	郑　娟、李建军、郝春艳、张绪美	校级重点
12	2023Z012	机械自动化学院	面向教育“新基建”的“工程热力学”课程体系改革与教材建设创新实践	刘昌明	教授	吕　勇、肖　涵、杨　丹、袁　锐	校级重点
13	2023Z013	材料学部	以研发素质为导向的“材料合成与制备”课程教学改革	李薇馨	副教授	赵　雷、王大珩、陈　辉、方　伟	校级重点
14	2023Z014	创新创业学院	新工科背景下地方本科高校双创教育的能级跃升研究	张会利	副教授	李　蓉、贺嘉贝、刘显铭、刘淞月	校级重点
15	2023Z015	体育学院	湖北省普通高校技能主导类体育课程混合式教学现状及优化研究	刘俊洁	教授	韩振勇、黄显涛、姚　婕、何晓霞	校级重点
16	2023Z016	信息科学与工程学院	新工科视域下电气工程及其自动化专业卓越人才培养新模式	张良力	副教授	刘振兴、柴　琳、陈绪轩、蔡　彬	校级重点
17	2023Z017	医学部	新医科背景下医学人才实践创新能力培养模式的探索	刘晓柳	教授	王　强、刘剑峰、刘　丹、熊彦娥	校级重点
18	2023Z018	法学与经济学院	“四新”建设背景下辅修学士学位人才培养创新与实践	刘　岚	副教授	贺　尊、王　倩、周建雄、刘　丹、邓利华	校级重点

续表

排序	项目编号	单位	申请项目名称	项目负责人		项目组成员	评审结果
				姓名	职称		
19	2023Z019	资源与环境工程学院	智慧安全时代多元、多维、全融合的安全工程专业实验教学体系构建	王　洁	副教授	张洪杰、姜学鹏、王　勇、胡　宁	校级重点
20	2023Z020	理学院	多学科交叉下“厚基础，重实践，强创新”三位一体式力学人才培养模式构建	曾国伟	教授	何　理、蒋　培、蔡路军、陈桂娟	校级重点
21	2023Z021	信息科学与工程学院	基于“竞赛+科研”的拔尖创新人才培养模式研究	常晓恒	教授	熊　凌、杨　君、黄卫华、熊　军	校级重点
22	2023Z022	化学与化工学院	新工科背景下基础化学实验建设研究——以无机化学实验改革为例	邱江华	副教授	陈　阳、唐　艳、谢　静、张雄志	校级重点
23	2023Z023	生命科学与健康学院	“细胞生物学”课程思政探索与实践	赵沙沙	副教授	邓文生、王　琼、于珊珊	校级重点
24	2023Z024	外国语学院	ChatGPT类人工智能背景下“外语+智能+专业”的创新型外语人才培养模式研究	甘小亚	副教授	章木林、吴　燕、邹　丽、李　静	校级重点
25	2023Z025	国际学院	“在地国际化”背景下大学英语跨文化教学创新模式构建与实践	程　靖	讲师	陆　晨、肖巧玲、陶晓蓉、陈小玲	校级重点
26	2023X001	计算机科学与技术学院	数智融合的编译课程群虚拟仿真实践教学平台建设	刘茂福	教授	张　凯、朱子奇、袁　嵩、熊　莹	校级一般
27	2023X002	城市建设学院	基于城市更新创新人才培养的一流本科课程探索与实践	王　健	讲师	许成祥、杨　翚、季　斌、周传辉	校级一般

续表

排序	项目编号	单位	申请项目名称	项目负责人		项目组成员	评审结果
				姓名	职称		
28	2023X003	资源与环境工程学院	“双碳”目标背景下“大气污染控制工程”课程教学改革与实践	杨国栋	副教授	冯　涛、龚香宜、吴红丹、范先媛	校级一般
29	2023X004	理学院	基于实践教学和数据竞赛融合的教学探索	刘燕丽	副教授	张　婷、李春丽、陈　娟、徐　帆、鄂学壮	校级一般
30	2023X005	医学部	“智能+”视域下医学虚拟教学基层组织的创新探索与实践	陈星星	副教授	袁修学、王育斌、晏　丹、刘亚昆	校级一般
31	2023X006	法学与经济学院	新文科建设背景下交叉融合导向的金融科技人才培养模式研究	何珊珊	讲师	贺　尊、周冶芳、谢韵典、丁　莹	校级一般
32	2023X007	管理学院	数智赋能视域下的管理专业实践教学改革与创新	郭朝晖	副教授	马金平、吴友军、邹　琼、平　芸、智联梅	校级一般
33	2023X008	外国语学院	课程思政理念下外国语言文学类专业“古代汉语阅读”课程改革研究	王　杨	副教授	沈国环、吴文明、张　靖、王　晓	校级一般
34	2023X009	体育学院	“课程思政”理念下普通高校公共体育课程教学改革研究	王小安	副教授	刘俊洁、韩振勇、董　毅、张玲玲、唐金汉、鲁松涛	校级一般
35	2023X010	材料学部	科研项目驱动的“无机材料物理性能”课程复合型教学改革研究	陈平安	副教授	陈平安、李享成、朱颖丽、余　超、李　君	校级一般
36	2023X011	材料学部	电渣冶金混合式教学模式的探索与实践	曹玉龙	副教授	万响亮、马江华、张　战	校级一般
37	2023X012	材料学部	大类招生新形势下先进材料成型创新工程人才培养模式的探索与实践	胡海江	副教授	徐　光、杨庚蔚、刘　升、袁　清	校级一般

续表

排序	项目编号	单位	申请项目名称	项目负责人		项目组成员	评审结果
				姓名	职称		
38	2023X013	城市建设学院	基于XR扩展现实平台的建环专业实习类教学模式探索研究	李　涛	讲师	张春枝、刘腊美、陈　敏、李冠男	校级一般
39	2023X014	城市建设学院	转型期面向“新工科”建设的地方高校城乡规划专业改造升级探索与实践研究	刘伟毅	副教授	伍昌友、邵　俊、裴先明、李明术、周　恒	校级一般
40	2023X015	城市建设学院	建筑类专业产学研用协同创新平台建设	屈万英	副教授	周百灵、程　唯、吴　韬、刘琮如	校级一般
41	2023X016	管理学院	面向产教融合的会计实践教学校企合作模式构建与应用研究	朱新玲	副教授	黎精明、陈群芳、高　峻、白露珍	校级一般
42	2023X017	管理学院	基于财经大数据平台的财务分析O2O案例+实践课程开发研究	高　峻	副教授	邓旭东、黎精明、代　军、付　伟	校级一般
43	2023X018	管理学院	毕业设计（论文）各实践教学环节的管理研究	吕　权	助教	毛晓丹、谭武全、薛知奇、窦　薇	校级一般
44	2023X019	国际学院	“讲好中国故事”背景下的跨文化课程教学设计与实践	陈春梅	讲师	肖巧玲、冯　婕、杨　丽、张智勇	校级一般
45	2023X020	化学与化工学院	有机化学反应机理图解式教学的研究	叶　龙	教授	赵智勇、韩　飔	校级一般
46	2023X021	化学与化工学院	新工科和专业认证背景下生物工程复合型人才培养模式研究与探索	左振宇	副教授	李凌凌、杨忠华、周　卫、黄　皓	校级一般

续表

排序	项目编号	单位	申请项目名称	项目负责人		项目组成员	评审结果
				姓名	职称		
47	2023X022	化学与化工学院	大类招生背景下无机化学实验课程体系的重构	唐　艳	副教授	陈红祥、邱江华、谢　静、陈　阳	校级一般
48	2023X023	机械自动化学院	科教融合赋能“现代设计方法”课程改革的本科生创新能力培养模式研究	袁　锐	讲师	吕　勇、汪朝晖、肖　涵、刘昌明、党　章	校级一般
49	2023X024	机械自动化学院	数据驱动-材料促发产品创新设计能力培养模式研究	阮金华	副教授	刘昌明、赵三星、郭万富	校级一般
50	2023X025	机械自动化学院	新工科背景下案例兴趣驱动的机械制造课程学习模式改革与实践	肖　明	讲师	夏绪辉、谢良喜、段现银、汤名凯	校级一般
51	2023X026	计算机科学与技术学院	新工科背景下的“计算机语言类”课程教学新思考	边小勇	副教授	朱子奇、李　琳、熊　莹、刘　宇	校级一般
52	2023X027	计算机科学与技术学院	基于“翻转课堂+”学生自主学习与创新能力培养的研究	谢　潇	助理实验师	张　凯、朱航宇、刘　星、徐芳芳	校级一般
53	2023X028	理学院	立足新工科，通专融合，专技渗透教学方法研究	胡卫华	副教授	李　明、龚相超、杨　琳、李明方	校级一般
54	2023X029	理学院	基于创新人才培养的基础物理教学研究	徐麦容	副教授	李　钰、刘春梅、焦媛媛	校级一般
55	2023X030	理学院	工程力学“拓研式”教学与多维评价体系构建的研究	杨　琳	讲师	邵俊华、周俊汝、蒋　培、蔡路军	校级一般

续表

排序	项目编号	单位	申请项目名称	项目负责人		项目组成员	评审结果
				姓名	职称		
56	2023X031	马克思主义学院	高校思想政治理论课提升大学生调查研究能力研究——基于习近平关于调查研究的重要论述	向　艳	讲师	刘　勇、郑琼梅、李　琨、梅玉婕	校级一般
57	2023X032	马克思主义学院	英雄文化融入高校思想政治理论课教学研究	肖细明	讲师	向　艳	校级一般
58	2023X033	马克思主义学院	新时代教育筑牢“三位一体”之基的逻辑理路	张　晶	教授	刘　勇、吴文锦、陈澳慧、陈雨凡	校级一般
59	2023X034	汽车与交通工程学院	新工科背景下理论与实践一体化智慧课堂教学模式探索	刘华明	讲师	严运兵、许小伟、王维强、李浩然	校级一般
60	2023X035	汽车与交通工程学院	新工科背景下交通工程专业人才培养模式改革与探索	王道斌	副教授	邵冬明、朱晓宏、何雅琴	校级一般
61	2023X036	生命科学与健康学院	基于行业需求的生物技术创新人才培养模式探索与实践	徐　瑶	副教授	廖兴华、许　娜、杜　庆、王　琼	校级一般
62	2023X037	外国语学院	《理解当代中国》德语翻译教学生态研究	吴文明	讲师	徐小清、吴　莎、向　开、王　旸	校级一般
63	2023X038	外国语学院	课程思政、POA、混合模式“三位一体”的大学英语课程模式构建和实践	黄俊萍	讲师	王杨副、吴文明	校级一般
64	2023X039	外国语学院	互联网背景下自适应性英语教学平台建构研究	余思思	讲师	张　霞（小）、方庆华、陈　涛、张　丽	校级一般

续表

排序	项目编号	单位	申请项目名称	项目负责人		项目组成员	评审结果
				姓名	职称		
65	2023X040	法学与经济学院	基于社区工作人才培养的课堂教学手段与方法改革研究	高万芹	副教授	高万芹、黄　涛、宁雯雯、邹奥成、徐　敏	校级一般
66	2023X041	法学与经济学院	一流本科教学团队教学能力提升的路径研究——以行政管理专业“培+赛+诊”教学管理研究	程红丹	副教授	丁　宇、程　晨、王　哲、闫明明、姚梦迪、韩　丽、石秀华、刘文波	校级一般
67	2023X042	法学与经济学院	绿色发展观在“合同法”课程的具体化	王群仿	副教授	徐建桂、张　扬、李晓桃、程松亮	校级一般
68	2023X043	信息科学与工程学院	以毕业设计为核心的专业选修课沉浸式教学与实践	陈华丽	副教授	柴　琳、程　骅	校级一般
69	2023X044	信息科学与工程学院	集成电路制造全流程相关课程优化及虚拟实验平台建设	万　达	副教授	程用志、陈　晨、罗　辉、王文照	校级一般
70	2023X045	信息科学与工程学院	电能质量分析课程项目化实践教学探索	徐万万	实验师	王　斌、张良力、王　朋、陈　赟	校级一般
71	2023X046	医学部	新医科背景下医学生“医心”能力提升路径的实践研究	常红娟	副教授	吴清明、王　强、史崇清、李　勤	校级一般
72	2023X047	医学部	新医科背景下医学生科研思维和能力培育路径的探究与实践	王小梅	副教授	王　强、刘晓柳、钟茂华、胡　玲	校级一般
73	2023X048	医学部	面向新医科公共卫生本科人才科研创新能力培养的探索	廖静伶	副教授	陈　丹、张连生、梅　勇、周　莉、蔡小丽	校级一般

续表

排序	项目编号	单位	申请项目名称	项目负责人		项目组成员	评审结果
				姓名	职称		
74	2023X049	医学部	基于5G网络技术构建新时代医防融合公共卫生人才培养模式	石玉琴	教授	张　玲、周　婷、吴传莎、孙小杰	校级一般
75	2023X050	资源与环境工程学院	专业思政框架下矿业类课程体系的优化与实践	叶　青	讲师	钱功明、张　明、周仙霖、杨　福	校级一般
76	2023X051	资源与环境工程学院	新工科背景下实验教学管理信息化建设研究与实践	祝淑芳	高级实验师	钱功明、杜文豪、姜望龙、沈　璇	校级一般
77	2023X052	临床学院	案例式教学法在临床学院留学生教学见习中的初探讨	丁　卫	讲师/主治医师	李　靖、金胜昔、刘　磊、郤国虎	校级一般
78	2023X053	艺术与设计学院	国家一流专业建设背景下国内外环境设计专业建设特色比较研究	侯　涛	讲师	袁心平、胡　康、李一霏、李　菁	校级一般
79	2023X054	艺术与设计学院	智能时代语境下AIGC赋能设计学专业基础课教学体系研究	管小葳	助教	艾险峰、王　伟、罗　斌、张明洲、李文豪、张　旭	校级一般
80	2023X055	学生工作处	VUCA时代背景下以意义诉求为核心的大学生就业指导课程教学与探索研究	叶　苗	讲师	贺　尊、张会利、张　瑞、鞠　磊	校级一般
81	2023X056	本科生院	新一轮审核评估背景下地方高校质量保障体系研究	曾　琦	讲师	丁　宇、刘　波、李　理、刘　婷	校级一般
82	2023X057	材料学部	材料类专业课程群中课程思政建设的探索与实践	姜婷婷	副教授	陈　辉、何　漩、李薇馨、赵　雷	课程思政研究与实践专项

续表

排序	项目编号	单位	申请项目名称	项目负责人		项目组成员	评审结果
				姓名	职称		
83	2023X058	外国语学院	“5I”原则在双语“京剧艺术欣赏”与课程思政接驳的应用研究	张　霞（城）	副教授	宋红波、何　琼、黄朝恒、王　丽	课程思政研究与实践专项
84	2023X059	法学与经济学院	云计算赋能高校网络思想政治教育高质量发展的机制与路径研究	姚梦迪	讲师	王　哲、闫明明、程　晨、丘雯文	课程思政研究与实践专项
85	2023X060	医学部	“药物化学”课程思政建设与实践研究	闵真立	副教授	王　婷、王　君、邹　瑜、陈亚军	课程思政研究与实践专项
86	2023X061	资源与环境工程学院	“环境工程微生物学”课程思政教学改革探索与实践	吴　思	讲师	冯　涛、龚香宜、张惠灵、张淑琴	课程思政研究与实践专项
87	2023X062	管理学院	面向企业家精神培养的“沙盘模拟实训”课程设计与实践	苏穆清	助理实验师	杨中华、戴江华、盛　阳、刘俊武	课程思政研究与实践专项
88	2023X063	国际学院	湖北地域文化融入来华留学生立德树人的机制研究	杨　丽	副教授	肖巧玲、陈春梅、冯　婕、陈乐乐	课程思政研究与实践专项
89	2023X064	学生工作处	课程思政视域下的情绪团体心理辅导教学设计与实践研究	胡文燕	助教	卢绍伟、薛春艳、夏　萌	课程思政研究与实践专项
90	2023X065	材料学部	基于多层次项目教学培养拔尖创新人才的探索与实践	吴　腾	实验师	黄　峰、宋述鹏、柯德庆	创新人才培养专项

续表

排序	项目编号	单位	申请项目名称	项目负责人		项目组成员	评审结果
				姓名	职称		
91	2023X066	城市建设学院	基于“智能建造”微专业的创新人才培养探索与实践	杨 嬰	教授	姜天华、刘华琛、肖良丽	创新人才培养专项
92	2023X067	计算机科学与技术学院	新工科背景下信息安全产教融合人才培养实验室建设探索	徐芳芳	实验师	朱子奇、陈姚节、刘 静、高 峰、谢 潇	创新人才培养专项
93	2023X068	国际学院	“新闻传播与数字人文”微专业探索与实践	魏 敏	副教授	王永辉、潘 婧、王小玲、杜逸涵、罗圆萍、李 芳	创新人才培养专项
94	2023X069	汽车与交通工程学院	一流本科专业建设背景下工科类专业“1+1”复合型拔尖创新人才培养模式改革研究	梁晓磊	副教授	梁晓磊、张绪美、鄢 威、邓 超	创新人才培养专项
95	2023X070	生命科学与健康学院	“生物经济与管理”微专业建设的探索	许 娜	副教授	徐承晨、赵沙沙、周 俊、孙健红	创新人才培养专项
96	2023X071	生命科学与健康学院	面向国家重大战略需求的微专业建设与实践——以“生命健康与疾病诊疗”微专业为例	徐承晨	讲师	许 娜、赵沙沙、王 琼、徐红薇	创新人才培养专项

第四届教师教学创新大赛校赛获奖情况

获奖等级	姓名	职称	参赛课程名称	所在学院（部）
特等奖	吴清明	教授	消化系统	医学部
	梅　丹	教授	安全管理	资源与环境工程学院
一等奖	周　翔	副教授	免疫学基础	生命科学与健康学院
	吴传栋	副教授	材料研究方法（二）	材料学部
	郑秀娟	副教授	自动控制原理	信息科学与工程学院
	袁修学	副教授	病理生理学	医学部
	危　薇	讲师	思想道德与法治	马克思主义学院
	闫明明	讲师	政治学原理	法学与经济学院
二等奖	王　君	教授	药理学	医学部
	张利平	教授	工业工程基础	机械自动化学院
	刘　勇	教授	国际市场营销学	管理学院
	韩　芳	副教授	工程力学	理学院
	黄天蔚	副教授	服务管理学	管理学院
	杨金融	讲师	图示语言	艺术与设计学院
	何珊珊	讲师	投资学	法学与经济学院
三等奖	侯廷平	教授	材料电子显微分析	理学院
	龚谊承	副教授	线性代数	理学院
	周百灵	副教授	建筑消防	城市建设学院
	陈　辉	副教授	材料化学	材料学部
	王　勇	副教授	物流与供应链管理	管理学院
	张　战	讲师	火法冶金原理	材料学部
	任　亮	讲师	运筹学	管理学院
	周钰杰	讲师	数字电子技术	信息科学与工程学院
	周仙霖	讲师	造块学1：烧结理论与工艺	资源与环境工程学院

第四届课程思政教学设计大赛校赛获奖情况（本科生组）

获奖等级	姓名	职称	参赛课程名称	所在学院（部）
一等奖	张连生	教授	流行病学	医学部
二等奖	曹玉龙	副教授	冶金学	材料学部
	程朝阳	副教授	材料科学基础	材料学部
	李明方	讲师	工程力学	理学院

续表

获奖等级	姓名	职称	参赛课程名称	所在学院（部）
三等奖	姜　琳	副教授	微观经济学	管理学院
	柳祖鹏	副教授	道路交通安全	汽车与交通工程学院
	郑　鹏	讲师	分子生物学	生命科学与健康学院
	陈莉华	讲师	微观经济学	法学与经济学院
	胡修兵	讲师	电路分析基础实验	信息科学与工程学院
	王清淼	讲师	工业水污染控制技术与设备	资源与环境工程学院

第四届课程思政教学设计大赛校赛获奖情况（研究生组）

获奖等级	姓名	职称	参赛课程名称	所在学院（部）
二等奖	闫明明	讲师	公共管理理论专题（研）	法学与经济学院
三等奖	许　娜	副教授	生物材料与组织工程（研）	生命科学与健康学院
	周　莉	讲师	环境与健康（研）	医学部

首届板书设计作品竞赛活动获奖情况

获奖等级	姓名	职称	参赛课程名称	所在学院（部）
一等奖	张施琦	副教授	材料科学基础	材料学部
	黎精明	教授	财务管理学	管理学院
	李凌凌	副教授	微生物学	化学与化工学院
	李　新	副教授	大学物理	理学院
	蒋　君	副教授	高等数学 A（二）	理学院
	谢凤繁	副教授	高等数学	理学院
二等奖	丁　军	教授	无机材料物理性能	材料学部
	李冠男	副教授	供热工程	城市建设学院
	郭晓虹	讲师	经济法	法学与经济学院
	肖　竹	讲师	社会心理学	法学与经济学院
	陈　艳	讲师	分析化学 B	化学与化工学院
	肖　明	讲师	机械制造工艺学	机械自动化学院
	刘春梅	副教授	大学物理	理学院
	丁咏梅	副教授	时间序列分析	理学院
	胡卫华	副教授	工程力学	理学院

续表

获奖等级	姓名	职称	参赛课程名称	所在学院（部）
三等奖	陈晓琳	讲师	燃料及燃烧	材料学部
	张春枝	副教授	制冷与热泵技术	城市建设学院
	闫明明	讲师	中外政治制度比较	法学与经济学院
	常晓云	副教授	民事诉讼法	法学与经济学院
	程　晨	讲师	财务管理	法学与经济学院
	任　亮	讲师	运筹学	管理学院
	孙蕊芳	讲师	习近平新时代中国特色社会主义思想概论	马克思主义学院
	王　超	讲师	动力电池技术	汽车与交通工程学院
	陈　华	副教授	交通工程设施设计	汽车与交通工程学院
	吴小珍	副教授	物流系统工程	汽车与交通工程学院
	王路遥	教授	学校体育学	体育学院
	柳利军	副教授	电路电子技术	信息科学与工程学院
	武达亮	讲师	电路分析基础	信息科学与工程学院
	王　钰	副教授	环境工程专业英语	资源与环境工程学院
	杨　福	讲师	炼铁学	资源与环境工程学院

（撰稿：张志清、陈贵词、朱　明、刘　波、袁　龙、罗　刚、李　娜　审稿：丁　宇）

研究生教育

【概况】学位与研究生教育深入贯彻落实全国教育工作会议、首届中国学位与研究生教育大会精神，稳步推进改革任务，工作取得显著建设成效。2023 年在校博士研究生、硕士研究生人数 10111 人，其中全日制博士研究生 731 人，全日制硕士研究生 8317 人，非全日制硕士研究生 1063 人。全年开展 5 次学位授予工作，授予 2907 名研究生学位。2 篇博士学位论文和 11 篇硕士学位论文被评为“中国冶金教育学会优秀博（硕）士学位论文”。研究生质量工程项目新增立项55项。1门在线课程入选全国工程类专业学位研究生首批在线示范课程。1篇案例入选第十四届“全国百篇优秀管理案例”，9项管理类专业学位课程案例库入选中国管理案例共享中心，2项会计案例入选会计硕士专业学位教学案例库。

【培养工作】 继续实施“3+1+2”本硕贯通式“拔尖人才培育计划”，187名本硕连读的本科段学生提前进入研究生阶段进行课程学习和科研训练。继续推行硕博连读转博考核工作，106名硕士研究生通过硕博连读博士资格认定考核取得博士研究生学籍。推行“卓越人才计划”，2名本科生通过选拔和考核提前进入研究生阶段学习。规范留学研究生培养管理工作，34名来华留学研究生入校学习。落实研究生教学计划、排课、选课和成绩管理等教学工作，全年开课826门。进一步加强和规范学生学籍管理工作，对超过最长学习年限的学生进行学籍清理，年内对12名博士研究生，12名硕士研究生做退学处理。继续开展专业学位硕士研究生由专业类别转专业领域工作，其中计算机科学与技术学院178人，资源与环境工程学院28人。修订了《武汉科技大学“拔尖人才培育计划”实施办法》相关文件。

【教学质量监控工作】 组织研究生教学督导定期检查各培养单位研究生教育教学情况，采取线上听课、到堂听课、总结反馈等方式加强对研究生课堂教学质量的监控。通过开展学生对课程教师素养、教学纪律、教学目标、教学内容及媒体运用、教学策略等方面的评价进行课程教学评教工作。

学校组织督导组22位老师对全校16个研究生培养单位的2021—2022学年（部分）和2022—2023学年的研究生培养工作教学档案材料进行了现场检查，并分别召开教师和学生座谈会。督导组将研究生教学检查中发现的一些问题，及时反馈到学院与教师，督促其进行整改；总结了各培养单位的培养特色和亮点，并向培养单位和相关职能部门开出《研究生培养工作检查问题清单》，要求各培养单位和相关职能部门对清单问题逐一回复，并对同类问题自查整改。

【产教融合与实践】 创新组织形式，形成产教融合共同体。立足湖北，聚焦国家和区域急需关键领域，重点围绕低碳冶金、高端装备、新材料等湖北省优势产业和新兴特色产业的技术创新与人才需求，以提升研究生培养质量为核心，校企协同，加强组织科研与人才培养。学校获批首批湖北省卓越工程师学院试点建设高校，7月7日成立湖北省卓越工程师学院，并在已录取的2023级研究生中择优选拔41人进入卓越工程师学院培养。

加强实践基地建设，全年新增校级研究生实习实践基地40个。开展省级研究生工作站绩效考核工作，了解学生在合作单位的专业实践开展情况，进一步规范实践基地建设和学生实践地管理工作。

【社会实践与对外交流】 深入开展实践育人工作，组织开展“学习二十大、永远跟党走、奋进新征程”——2023年研究生暑期“三下乡”“返家乡”社会实践活动，组建研究生暑期社会实践团队深入基层一线，在实践中夯实专业知识，坚定科技报国的信念。其中，研究生团委实践团队获全国“镜头中的三下乡”优秀图片团队、校优秀实践团队等荣誉，团队5人获校“先进个人”称号。

推进国家公派研究生国际交流项目，支持和鼓励选派研究生开展多层次、多渠道、多形式的研究生国际学术交流与合作。全年共推荐6名研究生参加国家建设高水平大学公派研究生项目，4人成功获批国家留学基金委资助资格。

【教育教学改革】学校立项建设研究生教育教学改革研究项目30项、研究生教材7项、专业学位课程案例库8项、核心课程5门、在线课程5门，获批湖北高校省级教学研究项目4项。管理学院9项管理类专业学位课程案例库入选中国管理案例共享中心，2项会计案例入选会计硕士专业学位教学案例库。组织3门课程参评学校研究生“课程思政”教学设计大赛，8门课程申报学校研究生课程思政示范课程。

【科技创新】加强对研究生创新实践中心的建设与管理，大力引导研究生参与各级各类学科和科技竞赛活动，共获得省级以上奖励578项，其中国家级288项。获省级以上奖励352项（含国家级182项），较2022年增幅达64.20%，其中在中国国际大学生创新大赛获国家级银奖1项，铜奖3项；在第十八届“挑战杯”大学生课外学术科技作品竞赛主赛道获国家级三等奖3项、揭榜挂帅国家级一等奖1项、黑科技专项卫星级1项；在第二十届中国研究生数学建模竞赛获国家级二等奖5项、三等奖10项；在中国研究生创新实践系列大赛获国家级一等奖2项、二等奖16项、三等奖26项，优秀组织单位奖5项。

【党团工作】加强思政育人工作，打造研究生品牌工程。积极推进研究生样板支部和研究生标兵培育工作，武汉科技大学2个研究生支部、2名研究生党员分别获评省级“研究生样板党支部”“研究生标兵”称号，计算机科学与技术学院博士研究生袁鑫获“湖北省青年五四奖章”荣誉称号，材料学部博士研究生陈哲获2022年度“中国大学生自强之星”荣誉称号，管理学院硕士研究生闫昌昊获2021—2022年度全国钢铁行业“优秀共青团员（标兵）”荣誉称号。组织开展“第十届研究生科技文化节”“第十八届研究生学术论坛”等近10场学术科技活动，累计2000余人次参与相关赛事。举办“沁研学子”“优秀毕业研究生”评优评先工作，培育优秀典型，发挥榜样引领作用。加大宣传力度，扩展研究生新媒体工作，在2023年中国研究生媒体联席会议荣获优秀媒体作品奖·优秀读者互动提名奖。举办研究生“沁研杯”系列文体赛事、“我和武科大有个约”新生活动、“淬美”毕业季系列活动、“校园十佳歌手研究生大赛暨草坪音乐节”“第十届研究生摄影大赛”等丰富多彩的校园文化活动10余场，弘扬校园文化主旋律，营造了良好校园文化氛围。

【奖助学金】持续优化奖助学金管理办法，组织各培养单位依据学科特色、调研分析上一年度奖学金评定工作中出现的问题及不足，修订国家奖学金评定细则及评审计分标准，充分发挥其激励引导作用。全年有120名研究生获得国家奖学金、11名研究生获铌钢奖学金。全年发放奖助学金17070人次，累计发放奖助学金10944.25万元。加强研究生“三助”管理工作，全年设立研究生助教岗位319个、助管岗位72个，培养并提高研究生的科研实践、教学实践和管理实践能力。

【学位授予工作】开展5次研究生学位授予工作，授予132名研究生博士学位，2775名研究生硕士学位，其中学术型硕士研究生897人、专业型硕士研究生1878人，同等学力硕士研究生58人。实行学位论文全盲审制度，研究生院送审618篇学位论文至教育部学位中心的学位论文质量监测服务平台，其中初审合格528篇、复审合格76篇，不合格延期论文14篇。坚持“学术不端行为检测”，严把论文出口关，共检测论文2917篇，其中检测合格的论文2915篇，不合格延期的论文2篇，学位论文检测率达到100%。毕业研究生（双证）共发表论文3380篇，申请或授权各类专利共621项，学术成果登记率达到了100%。共遴选25名博士研究生参与优秀博士学位论文培育项目，25名博士研究生中期考核全部通过并予以资助，另有21名博士研究生达到结项要求顺利结项毕业。同时，大力支持学院开展优秀硕士学位论文培育工作。评选校级优秀博士学位论文21篇，优秀硕士学位论文114篇，其中2篇博士学位论文和11篇硕士学位论文被评为“中国冶金教育学会优秀博（硕）士学位论文”。协助省学位办做好学位年报工作，共计上报研究生学位信息2907条，归档研究生学位档案2907卷。国务院教育督导委员会办公室共抽检2020—2021学年度博士学位论文13篇，涉及7个一级学科，全部合格。配合省学位办完成2020—2021学年硕士学位论文抽检工作，共上报抽检硕士学位论文86篇，有一篇“存在问题学位论文”。校学位办共抽检2021—2022学年度硕士学位论文103篇，博士学位论文9篇，学术学位论文30篇，专业学位论文64篇。

【导师工作】努力打造高素质导师队伍，完善导师遴选办法，新增33位博士研究生导师；审核通过学术型硕士研究生招生资格教师804人、专业型硕士研究生招生资格教师1485人；聘任兼职研究生导师408人。全年开展校院两级导师培训，100%覆盖全体导师，在学校层面邀请部属高校优秀导师、心理健康专家等对所有导师及教育管理人员进行培训。对接中国教育干部网络学院，开办“推动研究生教育高质量发展 着力造就拔尖创新人才——2023年高校研究生导师网络培训班”，加大导师培训力度，以线上线下相结合的形式大力开展导师培训工作。学院根据学科特色，对所有导师进行全面培训。组织开展全国研究生教育评估监测专家库更新工作，报送专家1445人，其中博士研究生导师194人，硕士研究生导师888人，兼职博士研究生导师1人，兼职硕士研究生导师362人。根据教育部的要求，全年完成254位博士研究生导师信息采集。

附录

2023 年新建研究生实习实践基地一览表

序号	实习实践基地名称	学院（部）
1	江苏耀扬新能源科技有限公司	材料学部
2	中冶南方工程技术有限公司	材料学部
3	大冶特殊钢有限公司	材料学部
4	河南省瑞泰科实业集团有限公司	材料学部
5	湖北交投建设集团有限公司	城市建设学院
6	武汉建工集团股份有限公司	城市建设学院
7	中铁十一局集团第四工程有限公司	城市建设学院
8	武汉市文澜社会工作服务中心	法学与经济学院
9	武汉市洪山区人民法院	法学与经济学院
10	武汉科技大学附属老年病医院	法学与经济学院
11	惠州市惠城区高新科技产业园管理委员会	法学与经济学院
12	数智武汉云技术集团股份有限公司	法学与经济学院
13	荆州文物保护中心	化学与化工学院
14	湖北华武重工集团有限公司	机械自动化学院
15	三丰智能装备集团股份有限公司	机械自动化学院
16	湖北三环锻压设备有限公司	机械自动化学院
17	湖北卓迪旭电气科技有限公司	机械自动化学院
18	中信科移动通信技术股份有限公司	计算机科学与技术学院
19	深兰科技（武汉）股份有限公司	计算机科学与技术学院
20	奇安信科技集团股份有限公司	计算机科学与技术学院
21	东风悦享科技有限公司	汽车与交通工程学院
22	重庆黔江武陵山生物医药联合研究院	生命科学与健康学院
23	国药集团中联药业有限公司	生命科学与健康学院
24	武汉爱译信息技术有限公司	外国语学院
25	武汉环洋文化有限公司	外国语学院
26	武汉光谷爱计算有限公司	信息科学与工程学院
27	中交特种工程有限公司	信息科学与工程学院

续表

序号	实习实践基地名称	学院（部）
28	武汉烽火技术服务有限公司	信息科学与工程学院
29	湖北瀛新精密电子有限公司	信息科学与工程学院
30	武汉宝仪自动化科技有限公司	信息科学与工程学院
31	湖北宝乾新能源材料有限公司	信息科学与工程学院
32	武汉科大电控设备有限公司	信息科学与工程学院
33	洁珂量成智能环保科技（苏州）有限公司	信息科学与工程学院
34	武汉沃田生态科技有限公司	艺术与设计学院
35	襄阳国铁机电股份有限公司	资环与环境工程学院
36	中钢集团武汉安全环保研究院有限公司	资环与环境工程学院
37	湖北新华光信息材料有限公司	资环与环境工程学院
38	武汉棕地生态环保科技有限公司	资环与环境工程学院
39	穆特科技（武汉）股份有限公司	理学院

2023 年入选全国专业学位研究生首批在线示范课程

名　称	负责人	类别
无机材料热力学	韩兵强	全国工程类专业学位研究生在线示范课程

2023 年入选全国专业学位教学案例管理平台案例项目一览表

序号	名　称	作者	编号	发布日期	案例管理平台
1	路边摊的逆袭：文和友的创业之旅	孙　伟	EPSM-0769	2023 年 10 月 9 日	中国管理案例共享中心（全国百篇优秀管理案例）
2	共享 VIP 账号：商业模式创新还是不正当竞争？	林红珍	BL-0032	2023 年 1 月 27 日	中国管理案例共享中心
3	波睿达：以技术创新开拓“生”路	刘　勇	MKT-1124	2023 年 3 月 22 日	中国管理案例共享中心
4	小稀藤：从责任价值到共创价值	周　勇	CSR-0182	2023 年 3 月 24 日	中国管理案例共享中心
5	一场秀，赢天下——“熊猫不走”的烘培突围	朱新玲	MKT-1143	2023 年 6 月 1 日	中国管理案例共享中心

续表

序号	名　称	作者	编号	发布日期	案例管理平台
6	“整体性出售+财产信托”式破产重整：方正集团浴火重生	林红珍	BL-0034	2023 年 12 月 7 日	中国管理案例共享中心
7	破解“融”资困局，护航风电“创”新——三一重能的融优促创之路	朱新玲	FAM-1233	2023 年 12 月 15 日	中国管理案例共享中心
8	中泰“红牛”的商标之争：谁是“斗牛场”上的最后赢家？	林红珍	IPR-0013	2023 年 12 月 26 日	中国管理案例共享中心
9	DQ 公司内部控制与风险管理的数字化转型研究——基于实地调研的案例分析	林红珍	202212530247	2023 年 6 月 15 日	会计硕士专业学位教学案例
10	价值链视角下 FT 公司纳税筹划方案设计	刘丽霞	202212530255	2023 年 6 月 15 日	会计硕士专业学位教学案例

2023 年湖北高校省级教学研究项目一览表

序号	学院	项目名称	负责人	项目级别
1	管理学院	面向管理类专业学位研究生实践能力提升的“四位一体”案例教学体系的构建及实践	孙　伟	省级
2	机械自动化学院	新工科背景下基于成果导向的“本硕博一体化”贯通式人才培养模式研究	陶　波	省级
3	资源与环境工程学院	“一带一路”背景下来华留学研究生培养模式改革与实践——以采矿工程为例	黄诗冰	省级
4	机械自动化学院	面向智能制造产业需求的制造工程专业学位研究生培养模式改革与实践	夏绪辉	省级

2023 年武汉科技大学立项研究生质量工程项目一览表

序号	学院	项目名称	负责人	项目类型	项目级别
1	研究生院	基于产教融合的拔尖创新人才有组织自主培养体系构建与实践	马　腾	教研项目	校级重点（推荐省级）

续表

序号	学院	项目名称	负责人	项目类型	项目级别
2	党委研究生工作部	“双一流”建设背景下研究生招生风险防控及选拔方式改革	何　明	教研项目	校级重点（推荐省级）
3	城市建设学院	“数智化”背景下土木工程研究生创新实践能力培养体系研究	龚建伍	教研项目	校级重点（推荐省级）
4	材料学部	基于材料工程领域“卓越工程师产教联合培养”专业学位研究生培养模式研究与实践	刘　浩	教研项目	校级重点（推荐省级）
5	机械自动化学院	科产教融合驱动的智能制造领域专业学位研究生实践创新能力协同培育体系构建与实践	王　蕾	教研项目	校级重点（推荐省级）
6	城市建设学院	土木水利工程硕士卓越工程师校企联合培养模式研究与实践	朱红兵	教研项目	校级重点（推荐省级）
7	外国语学院	翻译专业硕士教育中《习近平谈治国理政》“三进”工作实施路径及成效研究	宋红波	教研项目	校级重点（推荐省级）
8	信息科学与工程学院/人工智能学院	“双导+双向”模式下研究生国际化联合培养探索与研究	常晓恒	教研项目	校级重点（推荐省级）
9	法学与经济学院	公益慈善教育人才培养模式研究	李　莉	教研项目	校级重点
10	计算机科学与技术学院	特色学科群背景下计算机专业研究生应用创新能力培养模式研究	黄　莉	教研项目	校级重点
11	管理学院	省属一流高校来华留学研究生培养质量提升研究	刘　勇	教研项目	校级一般
12	机械自动化学院	以学生为中心的“信号分析与故障诊断”一流课程建设与教学改革研究	刘昌明	教研项目	校级一般
13	艺术与设计学院	艺术设计类研究生教育国际化培养体系研究	张　姝	教研项目	校级一般
14	理学院	提升理工类研究生专业课教学课程思政建设成效之探讨	侯廷平	教研项目	校级一般

续表

序号	学院	项目名称	负责人	项目类型	项目级别
15	外国语学院	新工科背景下研究生学术英语多维混合教学模式研究	王　丽	教研项目	校级一般
16	信息科学与工程学院（人工智能学院）	构建新型电力系统背景下电气工程研究生课程思政建设路径研究	柴　琳	教研项目	校级一般
17	信息科学与工程学院（人工智能学院）	基于“赛研融合”的自动化类研究生创新实践能力培养模式研究	易静文	教研项目	校级一般
18	医学部	基于理工医交叉融合的生物医学研究生课程建设研究	吴　琼	教研项目	校级一般
19	材料学部	基于“科教融合+翻转课堂”的材料类研究生科技创新能力培养研究	程朝阳	教研项目	校级一般
20	机械自动化学院	产教融合趋势下机械工程专业学位研究生实践创新能力培养新模式	曾　飞	教研项目	校级一般
21	生命科学与健康学院	“生物医学进展”课程思政教学改革与评价体系研究	赵沙沙	教研项目	校级一般
22	医学部	基于新医科面向需求的公共卫生与预防医学学术型硕士研究生创新能力提升体系建设研究	陈　婷	教研项目	校级一般
23	资源与环境工程学院	面向资源与环境高层次创新人才培养的科教融合育人体系的构建与实践	陈永亮	教研项目	校级一般
24	外国语学院	MTI 融合式翻译课程思政教学改革研究	肖志清	教研项目	校级一般
25	化学与化工学院	百年未有之大变局下专业硕士大国工匠精神的发掘与培育	范宝安	教研项目	校级一般
26	城市建设学院	双碳背景下基于 SECI 理念的土木建筑类研究生教学改革探索——以“建筑节能原理与技术”课程为例	陈　敏	教研项目	校级一般

续表

序号	学院	项目名称	负责人	项目类型	项目级别
27	医学部	临床医学专业硕士研究生导师队伍建设研究	卢莉莉	教研项目	校级一般
28	法学与经济学院	公共管理类研究生复合型能力诉求及达成模式研究	刘　珺	教研项目	校级一般
29	材料学部	“新型能源材料”课程思政建设探索	何　漩	教研项目	校级一般
30	分析测试中心	大型科研仪器开放共享模式下以个性化科研服务培养研究生创新能力路径研究	王飞舟	教研项目	校级一般
31	外国语学院	《行业特色研究生学术英语阅读与写作（理工类适用）》	章木林	教材	校级
32	材料学部	《高温陶瓷先进制备技术》	王周福	教材	校级
33	城市建设学院	《土木工程试验检测》	杨泰华	教材	校级
34	资源与环境工程学院	《安全工程数值模拟》	梅　丹	教材	校级
35	城市建设学院	《建筑与城市设计》	徐　虹	教材	校级
36	材料学部	《环保型含铬耐火材料理论与工艺》	宋生强	教材	校级
37	材料学部	《工业热过程解析与模拟》	戴方钦	教材	校级
38	管理学院	《战略管理》课程案例库	刘海兵	案例库	校级
39	艺术与设计学院	“传统文化与民间艺术实践”课程案例库	聂　虹	案例库	校级
40	信息科学与工程学院（人工智能学院）	“人工智能原理与应用”课程案例库	刘　斌	案例库	校级
41	信息科学与工程学院（人工智能学院）	“机器学习及数据挖掘”课程案例库	宋笑影	案例库	校级
42	管理学院	“商业伦理与会计职业道德”课程案例库	林红珍	案例库	校级

续表

序号	学院	项目名称	负责人	项目类型	项目级别
43	管理学院	“财务报表与企业经营”课程案例库	高　峻	案例库	校级
44	城市建设学院	“城市设计理论与方法”课程案例库	申　洁	案例库	校级
45	外国语学院	“外宣翻译”课程案例库	耿殿磊	案例库	校级
46	机械自动化学院	现代设计理论	汪朝晖	核心课程	校级
47	理学院	泛函分析	冯育强	核心课程	校级
48	管理学院	工程经济学	李　蒙	核心课程	校级
49	城市建设学院	高等建筑材料学	梅军鹏	核心课程	校级
50	外国语学院	中国语言文化	乔　琼	核心课程	校级
51	管理学院	智慧物流	王　勇	在线课程	校级
52	医学部	医学科研设计与文献利用	张　玲	在线课程	校级
53	材料学部	材料物理与化学	姜婷婷	在线课程	校级
54	医学部	高级护理实践	史崇清	在线课程	校级
55	医学部	生物统计与应用软件	石玉琴	在线课程	校级

2022—2023 学年武汉科技大学研究生国家奖学金获奖名单

学院	姓　　名
材料学部（20 人）	苑高千（博）、王　坤（博）、李可琢（博）、王海路（博）、张金帅（博）、刘东明（博）；孙楠杰（硕）、周　楠（硕）、郭伟杰（硕）、钟柏林（硕）、齐莘迪（硕）、高东升（硕）、任　杰（硕）、安　毅（硕）、刘亚军（硕）、张喜飞（硕）、陈智杰（硕）、李红肖（硕）、孟　泽（硕）、赵一将（硕）
城市建设学院（6 人）	孙鹏辉（硕）、张雨菲（硕）、王　柱（硕）、曹文龙（硕）、陈　亮（硕）、刘青霞（硕）
高性能钢铁材料及其应用湖北省协同创新中心（1 人）	何成杰（硕）
管理学院（7 人）	彭　震（硕）、林　棋（硕）、胡依娜（硕）、盛　聪（硕）、沈晓攀（硕）、陈　磊（硕）、王南星（硕）

续表

学院	姓　名
化学与化工学院（8人）	孙冬冬（博）、黄　唯（博）；雷敬芳（硕）、蒋　瑞（硕）、蔡　艳（硕）、张文可（硕）、陈裕铭（硕）、郭胜楠（硕）
机械自动化学院（16人）	云俊童（博）、刘　颖（博）；闫阳阳（硕）、熊启文（硕）、刘　俊（硕）、张振宇（硕）、熊　肖（硕）、侯　丰（硕）、邹测景（硕）、佴嘉诚（硕）、范瀚文（硕）、段林超（硕）、张富齐（硕）、李舒航（硕）、冯新彪（硕）、吴新超（硕）
计算机科学与技术学院（7人）	刘　威（博）；李富豪（硕）、吴万昱（硕）、武梦洁（硕）、陈　瑶（硕）、陈　奔（硕）、朱　哲（硕）
理学院（5人）	王一彤（博）；徐天杰（硕）、方柳入（硕）、王通通（硕）、王慧玲（硕）
医学部　第一临床学院（2人）	吴舒婷（硕）、肖　瑶（硕）
马克思主义学院（1人）	项　楠（硕）
汽车与交通工程学院（5人）	严　毅（硕）、代兴雷（硕）、杨家宣（硕）、张艇洋（硕）、洪　雨（硕）
生命科学与健康学院（3人）	王　君（博）；黄文武（硕）、胡晓东（硕）
外国语学院（2人）	郑家诺（硕）、王　悦（硕）
法学与经济学院（4人）	王　慧（硕）、龙理敏（硕）、杨沐阳（硕）、袁　野（硕）
信息科学与工程学院（11人）	刘蓉蓉（博）；宋　纯（硕）、张子木（硕）、李　渊（硕）、肖城钢（硕）、王优龙（硕）、黄泽丰（硕）、孙家骏（硕）、吕思海（硕）、吕　旭（硕）、孙　坤（硕）
医学部　医学院（8人）	赵诗琴（硕）、王晓萱（硕）、姚嫣秋（硕）、王奕心（硕）、吕　莹（硕）、魏玲琪（硕）、李夏莹（硕）、喻芳琳（硕）
艺术与设计学院（2人）	胡雨洁（硕）、翟　玫（硕）
资源与环境工程学院（10人）	吴孟龙（博）、黄剑莹（博）；贾晋彭（硕）、吕亚菲（硕）、孙振浩（硕）、戴妍妮（硕）、朱实权（硕）、杨健航（硕）、谢思航（硕）、史欣雨（硕）
医学部　公共卫生学院（2人）	袁　杨（硕）、王亚奇（硕）

（撰稿：冯　涛、毛宝胜、秦茂林、刘　斌、何　明、蔡　玥、郭金芳、汪筱渊、朱　磊、汪　姣、郑　超、沈　鑫　审稿：程常桂、冒　颖）

国际教育

【概况】国际学院是学校专门开展国际教育交流与合作的教学机构，致力于培养具有国际视野、通晓国际规则、能够参与国际事务和国际竞争的国际化人才。学院设置有英语及汉语语言教学部、德语项目部、学院办公室、学生工作办公室以及留学生工作办公室等机构。2023 年有教职工 27 人，其中专任教师 15 人。主要职能是具体承办中外合作办学本科项目的英语教学和日常管理、中德本升硕项目的德语教学和项目管理、长短期来华留学生（本、硕、博）的招生、汉语教学及项目管理、学生海外交流及海外学生来华短期交流的组织及管理服务工作。

根据学校国际化改革要求，协同学校相关职能部门，平稳推进中外合作办学项目管理改革。中美电子信息工程、中英网络工程、中澳机械工程 3 个中外合作本科教育项目自 2023—2024 学年起分别正式移交给信息科学与工程学院、计算机科学与技术学院和机械自动化学院举办，国际学院做好学生管理、教学管理及财务等相关工作的移交，并协助专业学院在过渡期间做好项目运行的各项工作。

本年度，新招入国际学生 130 人，在校国际学生总数达 360 人；新招入台湾学生 1 人，香港学生 6 人，在校港澳台及华侨学生 13 人。

【党建与思想政治工作】2023 年，国际学院以习近平新时代中国特色社会主义思想为指导，在学校党委和行政的正确领导下，党政班子团结一心，坚持不懈抓理论学习教育，巩固主题教育各项工作成效。中心组理论集中学习 12 次，领导干部个人自学 20 次，各支部严格按照“三会一课”制度、党日主题活动安排召开支部大会组织学习活动 12 次。领导干部带头上党课 12 次，参加所在党支部主题教育等系列主题党日活动 32 次，参加联系党支部的党员大会 10 次，开展谈心谈话 30 余人次。

开展周四大讲堂专题活动 10 余次，主题涵盖师德师风建设、法纪法规学习、国际化发展等，很好地将党建与业务工作融合，达到相互促进的良好效果。

抓好基层党组织建设，完成学院支部调整工作。因应国际学院改革，将支部按专业分别调整至三个专业学院，重新调整支部构成，组建行政和教师两个支部，完成支部改建各项工作。

学院党委采取讲党课、座谈、交心谈心等多种形式，严明党的政治纪律和政治规矩，把坚决做到“两个维护”作为首要政治纪律，教育督促全院党员干部始终对党忠诚老实。针对学院的涉外特点，健全意识形态工作责任制，完善防范校园传教和抵制宗教渗透工作机制。经常梳理学院师生中可能存在的敏感性因素、苗头性倾向性问题，防止演变为政治风险、外交事件，守好课堂主渠道，严把教材、出版物政治观，加强对论坛、讲座、沙龙、汉语桥等阵地，尤其是网络阵地、在线课程的管理，加大对国际学生遵法学法守法教育力度。

【中外合作办学学生工作】 完成中外合作办学本科教育项目学生管理的移交工作并圆满完成2023届中外合作办学项目学生毕业工作。

【来华留学生学生工作】 来华留学本科生培养取得新进展。本年度共招收留学生130名，其中语言生79人、临床医学本科生19人、硕士研究生27人、博士研究生5人。留学生日常管理工作有序开展，2023届77名留学生毕业及学位授予工作顺利完成。研究制定了《武汉科技大学2023—2024学年湖北省外国留学生奖学金生录取标准》，完成2023年湖北省来华留学生奖学金申报工作，共获批各类留学生新生奖学金143万元。

【教学工作】 圆满完成中外合作办学项目年度英语教学任务和毕业生相关工作，完成项目教学运行及管理的移交工作。中德硕士预科项目平稳运行，与德国弗莱贝格工业大学续签协议，本年度共招生项目学生9人，输送7人赴德留学深造。

加强留学生汉语教学研究与改革，修订留学生汉语课程修读计划。顺利完成2023届77名留学生毕业及学位授予工作。

首次组织并实施剑桥商务英语证书（BEC）考试，完成初级、中级和高级共6次174人的笔试及口试。考试组织工作获得剑桥英语考评部的好评。开展剑桥商务英语考试（BEC）考官队伍建设、启动首批考官招募培训工作，共培训本校考官20人，其中18人获得中高级考官资格。

获批省级教学研究项目1项、校级教学研究项目2项、课程思政研究项目1项、创新人才培养项目1项；1门课程被认定为省级一流本科课程，出版专著1部，发表教研论文4篇；获得湖北省翻译工作者协会第十三届优秀学术成果奖（专著类）二等奖1项，武汉科技大学第三届课程思政教学设计大赛一等奖1项。

【科研工作】 进一步凝练科研方向，组织科研项目申报，共有11人次申报各类各级科研项目，获批科研项目2项，到账科研经费18.4862万元，发表科研论文4篇。

【学科专业建设】 协同国际交流合作处并对接中非创新中心，承办第2届中非青年创新创业大赛（现代农业与大健康领域）。共收集来自十多个单位参赛作品60余项，其中，校内参赛作品13项，遴选与推荐5项优秀作品参加决赛。鼓励教师积极参加校内外学术会议与论坛活动，共参加学术会议或论坛活动12人次。加强国际教育、区域国别等方面的研究与基地建设，成立跨文化与人文交流研究中心。

附录

2023 年国际学院内设教学机构负责人名单

职　　务	负　责　人
教学副院长	江志刚（2023 年 1—11 月） 陈　勇（2023 年 11—12 月）
教务办主任	王志芳
英语教研室主任	陶晓蓉
汉语教研室主任	魏　敏
中德项目主任	何　华

2023 年国际学院内设学术机构负责人名单

机构名称	主　任	副主任	委　员
学术委员会	肖巧玲	江志刚（2023 年 1—11 月） 陈　勇（2023 年 11—12 月）	陈小玲、陶晓蓉、魏　敏、杨　丽、陆　晨

（撰稿：叶双慧、陈　勇、罗圆萍　审稿：朱孟强、肖巧玲）

继续教育

【概况】学院设有行政（党务）办公室、自学考试办公室、成人教育办公室、培训部、资源管理办公室，新设同等学力申请硕士学位工作办公室。截至 2023 年底，全院共有教职工 44 人，其中校编职工 17 人、院聘职工 27 人。完成 2023 年经济目标任务 3500 万元，全口径收入合计 7048 万元。

【党建与思想政治工作】2023 年学院高度重视领导班子建设，把党建与学院中心工作结合起来，扎实开展学习贯彻习近平新时代中国特色社会主义思想主题教育，深入学习贯彻习近平新时代中国特色社会主义思想和系列讲话、党的二十大精神，注重强化理论武装，自觉树立“四个意识”、坚定“四个自信”、做好“两个确立”、做到“两个维护”，坚持党建引领推进学院事业发展。全年开展党委理论学习中心组学习15次。学院党委坚持党政同责，履行党委把方向、管大局、作决策、抓班子、带队伍、保落实的领导职责。学院严格按照议事规则，认真落实“三重一大”事项集体决策制度，实行主要负责人末位表态发言，全年召开党委会10次，党政联席会17次。

按照党章《中国共产党基层组织选举工作条例》，按期完成两个教工支部换届工作。2023年发展教工党员2人，2人提交入党申请书。

【高等教育自学考试】与37家自学考试类助学机构开展合作，其中新增联合助学机构8家。考籍注册5050人，注销考籍420人，累计在籍考生31949人。19990人次报考2023年高等教育自学考试82180科次。办理毕业证1311人（其中湖北省1194人，海南省117人），办理成人学士学位证129人。

完成湖北省和海南省高等教育自学考试专业申报工作。其中，获批海南省高等教育自学考试专业1个，获批湖北省高等教育自学考试非全日制（专升本）专业25个，获批湖北省高等教育自学考试非全日制专科专业14个，获批湖北省高等教育自学考试全日制专业12个。

组织湖北省高等教育自学考试9个专业计划调整工作。其中新增社会工作（专科）和体育教育（本科）专业计划调整已完成。获批新增湖北省高等教育自学考试投资学（本科）、法学（本科）专业、社会工作（专科）、体育教育（本科）4个专业。

向湖北省考试院备案自学考试学业综合评价课件67门，新增备案网络学习平台1个，上报成绩79068科次。组织实践考核2次，上报成绩6802科次。

学校被评为2023年度武汉地区自考助学班先进考点。王新颖、戚微娜被评为武汉市优秀考务工作者。

【成人高等教育】根据《教育部办公厅关于严格规范高等学历继续教育校外教学点设置与管理工作的通知》（教职成厅〔2022〕1号）、《教育部关于推进新时代普通高等学历继续教育改革的实施意见》（教职成〔2022〕2号）、《湖北省教育厅办公室关于开展高等学历继续教育校外教学点清理整治工作的通知》（鄂教高办函〔2022〕16号）、《武汉科技大学高等学历继续教育校外教学点清理整治工作方案》等文件精神，继续教育学院对原51家校外教学点行清理整治。2023年备案校外教学点33家。制定《武汉科技大学高等学历继续教育校外教学点管理办法》（武科大继发〔2023〕1号）。

2023级新生注册学籍65088人（包括2022年保留入学资格51人），419人保留入学资格，1258人放弃入学资格。其中，专科7204人，本科57884人（高起本1652人，专升本56232人）。2019—2023级累计在籍学生106511人。

2023年学历注册20383人。学位申报264人。2023级专升本待查学生1332人，通过线上、线下方式核查通过965人。学籍异动1639人。

完成全国高等学历继续教育专业管理平台拟招生专业申报。2023年共申报72个专业，其中高起专专业8个（业余7

个、函授1个）；高起本专业12个（业余5个、函授7个）；专升本专业52个（业余27个、函授25个）。加强与企业合作，有针对地为企业员工进行学历提升及专业培训，根据大冶特钢、鄂城钢铁等单位实际需求，新增材料成型及控制工程（业余）和冶金工程（业余）专升本两个专业。修订高起专、专升本、高起本3个层次，共88个专业人才培养方案。

全面实行毕业生档案电子化。

【同等学力】 稳步启动和规范开展继续教育学院开展同等学力人员申请硕士学位工作。根据党委书记徐雁冰同志对于《继续教育学院关于申请开展同等学力人员申请硕士学位项目的报告》批示精神，学院成立了同等学力工作办公室，负责全校同等学力项目的具体实施；推动学校出台《武汉科技大学关于推进同等学力人员申请硕士学位工作高质量发展的实施办法》（武科大继发〔2023〕6号）文件，明确由继续教育学院牵头落实同等学力申硕工作；牵头出台《武汉科技大学非学历教育校外管理基地设置与管理暂行办法》（武科大继发〔2023〕9号）文件，按照文件要求，分批遴选10家非学历教育校外管理基地，签署合作协议。

【培训工作】 全年与2家社会办学机构联合开展合作培训项目，2023年在校培训学员567人。

【资源管理】 根据学校有关会议精神，将原由学院管理的24家出租单位移交给后勤保障部。根据5月12日学校专题会议精神，除湖北艺术职业学院和湖北汽车工业实验技工学校外，学院对在协议期内的其他合作单位根据学校部署统一进行清退。

【社会工作】 按照湖北省教育考试院等上级主管部门统一安排，承办2023年全国高等教育自学考试（4月、10月）、成人高校招生全国统一考试（11月）、湖北省成人学士学位外语考试（3月）和武汉科技大学成人高等教育学位课程考试（5月、10月），累计服务考生31278人次；承接上级主管部门安排的各类教育考试巡视工作63人次，组织教师参与阅卷427人次，参与命题225人次。

附录

2023年继续教育学院内设部门及负责人一览表

序号	部　门	负责人
1	学院（党政）办公室	毕元玲
2	自学考试办公室	王新颖
3	成人教育办公室	陶　松（兼）
4	同等学力办公室	范光泉（兼）
5	培训部	陈翠玲
6	资源管理办公室	万　朝
7	学生工作办公室	万　朝

2023 年继续教育学院教职工人员变动人情况一览表

序号	姓　名	变动情况	时　间
1	胡永平	退休后学院聘用	2023 年 1 月
2	王善娟	学院聘用	2023 年 3 月
3	李　玫	退休后学院聘用	2023 年 5 月
4	瞿秋红	退休	2023 年 3 月

2023 年继续教育学院自学考试类合作单位及学生人数一览表

序号	机构名称	学习形式	注册人数	毕业人数
1	湖北电子信息专修学院	非全日制专升本	448	96
		非全日制专科	81	0
2	襄阳职业技术学院（原襄樊职业技术学院）	非全日制专升本	303	8
3	武汉城市学院（原武汉科技大学城市学院）	非全日制专升本	199	50
		全日制专科		1
4	咸宁职业技术学院	非全日制专升本	373	5
		非全日制专科	2	0
5	黄冈科技职业学院	非全日制专升本	106	59
6	湖北城市建设职业技术学院	非全日制专升本	190	115
7	武汉商贸职业学院	非全日制专升本	175	12
8	鄂州职业大学	非全日制专升本	54	97
9	武汉震旦法商专修学院（省学习服务中心）	非全日制专升本	175	1
		非全日制专科	100	0
10	湖北开放职业学院＊	非全日制专科	5	0
11	湖北财经专修学院＊	非全日制专科	3	0
		非全日制专升本	5	0
12	武汉法律经济专修学院	非全日制专升本	21	0
		非全日制专科	1	0
13	湖北中山专修学院＊	非全日制专升本	77	1
		非全日制专科	17	0
14	武汉江城国际经贸辅导学院＊	非全日制专升本	125	0
		非全日制专科	75	0

续表

序号	机构名称	学习形式	注册人数	毕业人数
15	仙桃职业学院 *	非全日制专升本	401	0
16	湖北工业职业技术学院 *	非全日制专升本	46	0
17	湖北幼儿师范高等专科学校	非全日制专升本	7	1
18	湖北省黄冈应急管理职业技术学院 *	非全日制专升本	77	0
19	武汉长江教育专修学院	全日制专升本		0
20	武汉信息传播职业技术学院	非全日制专升本	169	42
21	湖北国土资源职业学院	非全日制专升本	43	16
22	湖北水利水电职业技术学院	非全日制专升本	130	0
23	武汉天健专修学院（湖北）	非全日制专升本	487	12
		非全日制专科	241	4
24	湖北职业技术学院	非全日制专升本	10	5
25	武汉科创专修学院	非全日制专升本	53	1
		非全日制专科	44	0
26	随州职业技术学院	非全日制专升本	57	1
27	武汉长江教育专修学院（省学习服务中心）	非全日制专升本	414	0
28	武汉时代科技专修学院	非全日制专升本	52	4
		非全日制专科	5	0
29	武汉船舶职业技术学院	非全日制专升本	69	4
30	武汉交通职业学院	非全日制专升本		37
31	武汉现代家政进修学院	非全日制专升本	96	33
		非全日制专科	45	0
32	天门职业学院 *	非全日制专升本		58
33	武汉科技大学继续教育学院（遗留生）	全日制本科	1	8
		全日制专科		11
34	荆州理工职业学院	非全日制专升本	50	53
35	武汉大学武汉校友会专修学院	非全日制专升本		171
		非全日制专科		23
36	武汉电子信息专修学院	非全日制专升本		4
37	武汉大学医学职业技术学院	非全日制专升本		38
38	湖北科技培训学院	非全日制专升本		1

续表

序号	机构名称	学习形式	注册人数	毕业人数
39	武汉江南专修学院	非全日制专升本	15	15
		非全日制专科	3	0
		全日制本科		44
		全日制专科		58
40	长江职业学院	非全日制专升本		15
41	武汉软件工程职业学院	非全日制专升本		21
42	湖北交通职业技术学院	非全日制专升本		1
43	湖北恩施学院	非全日制专升本		11
44	武汉工程职业技术学院（原武汉冶金管理干部学院）	非全日制专升本		2
45	武汉长江职业中等专业学校	非全日制专升本		13
46	海南工商职业学院（海南）	非全日制专升本		0
47	海南南方民族艺术学校（海南）	非全日制专升本		29
48	武汉天健专修学院（海南）	非全日制专升本		88
49	学习服务中心	非全日制专升本		1
50	社会考生	非全日制专科		25
		非全日制专升本		16
合计			5050	1311

注：带 * 为 2023 年新增合作单位。

2023 继续教育学院成人教育类合作单位及学生人数一览表

序号		单位（全称）	新生注册人数	毕业人数
省外函授站点	1	河北正定师范高等专科学校（原石家庄科技工程职业学院）	3225	941
	2	浙江携职专修学院	320	22
	3	永州德宇成人教育中心	626	572
	4	遵义职业技术学院	6840	0
	5	六安新徽教育培训学校	10533	0
	6	黄平县中等职业学校 *	0	0
	7	新疆科技职业技术学院 *	0	0

续表

序号		单位（全称）	新生注册人数	毕业人数
省外函授站点	8	福建闽海人才教育培训中心▲	692	2241
	9	银川钜橙教育培训学校有限公司▲	73	7
	10	山西青年职业技术专修学院▲	0	105
	11	郑州黄河英才专修学校▲	15055	1194
	12	广西商业学校▲	0	104
	13	江苏建筑职业技术学院▲	685	220
	14	乌鲁木齐职业大学▲	0	1
	15	海口市琼山区金诚教育培训学校▲	106	75
	16	云南现代教育进修学院▲	320	39
	17	娄底市卫生学校▲	0	1
	18	南宁市拓普职业培训学校▲	0	2
	19	吐鲁番职业技术学院▲	4000	2046
	20	重庆江北社会科学人才培训中心▲	3648	0
省内函授站	21	宜昌科技学校	2193	1363
	22	应城市职业教育中心（应城市卫生学校）	0	310
	23	黄冈科技职业学院	55	15
	24	三峡电力职业学院	0	99
	25	麻城市卫生职工中等专业学校▲	50	94
	26	松滋市经济贸易学校▲	1562	798
	27	襄阳职业技术学院▲	0	4
	28	湖北十堰职业技术（集团）学校▲	34	0
地市州合作单位	29	随县允升职业学校	795	402
	30	襄阳市樊城区凡成教育培训学校	1572	1051
	31	十堰市茅箭区硕博教育学校	263	0
	32	荆门市掇刀区华明教育培训中心有限公司	1086	0
	33	湖北现代科技学校	81	130
	34	武汉江南专修学院	979	936
	35	武汉良济专修学院	1399	124
	36	武汉时代科技专修学院	488	324
	37	武汉市工商专修学院	1189	139

续表

序号		单位（全称）	新生注册人数	毕业人数
地市州合作单位	38	武汉现代家政进修学院	442	328
	39	武汉震旦法商专修学院	960	49
	40	武昌星光培训学校	414	416
	41	武汉东湖新技术开发区长江教育培训学校 1	126	0
	42	武汉科创专修学院	738	421
	43	武昌理工学院	127	0
	44	武汉市洪山区天创教育培训学校	352	0
	45	夜大	39	9
	46	武汉工程职业技术学院 *	0	0
	47	武汉江城国际经贸辅导学院 *	0	0
	48	湖北开放职业学院 *	0	0
	49	长江教育专修学院 *	0	68
	50	湖北博士厚德投资管理有限责任公司▲	1149	704
	51	湖北中南高级职业技术学校▲	113	195
	52	武汉华地航空教育服务有限公司▲	1021	934
	53	武汉文化阳光教育咨询有限公司▲	590	502
	54	武汉建筑技术培训学校▲	0	3
	55	大冶育华人才交流培训中心▲	964	415
	56	荆州市江汉职业培训学校▲	195	212
	57	荆州市卓越职业培训中心▲	557	684
	58	咸宁市创新职业技术培训学校▲	415	129
	59	黄石市乾和教育培训学校有限公司▲	89	1345
	60	荆门市道鸿教育培训中心▲	0	4
	61	孝感市孝南区经纬培训学校▲	619	597
	62	谷城县英才职业技术培训学校▲	142	0
合计			66754	20383

注：带 * 为 2023 年新增合作单位；带▲为 2023 年停止合作单位。

2023 继续教育学院培训类合作单位及学员人数一览表

序号	合作单位名称	培训人数
1	湖北汽车工业实验技工学校	517
2	武汉东湖新技术开发区长江教育培训学校	50
合计		567

2023 继续教育学院承担省级以上教育考试工作（社会工作）情况一览表

序号	考试名称	命题人次	监考及组织人次	评卷人次	巡视人次	参考学生人次	备注
1	湖北省成人学士学位外语考试	2	252	17	2	2369	
2	湖北省高等教育自学考试	34	506	82	12	19168	
3	2023 年 10 月成人高校招生全国统一考试	—	321	191	—	2939	
4	湖北省高等教育自学考试实践性环节考核（上半年）	91	130	65	15	3173	本校教师7人
5	湖北省高等教育自学考试实践性环节考核（下半年）	98	136	72	16	3629	本校教师8人
6	2023 年 6 月湖北省普通高中学业水平合格性考试	—	—	—	15	—	
7	2023 年 6 月湖北省普通高等学校专升本考试	—	—	—	3	—	
合计		225	1345	427	63	31278	

（撰稿：毕元玲　审稿：张国华）

工程实践教学

【概况】工程训练中心是学校学生参与人数最多、覆盖面最广、受益面最大的实践教学平台。2023 年，工程训练中心按照学校党政工作要点和年度目标管理责任制工作目标，坚持以学生为本，争取专项经费支持，着力加强省级实验教学示范中心软硬件环境建设；以实训课程思政、深化实践教学研究与改革、强化“四实两创”理念和举办贯通全年实训教学过程的工程训练基本技能竞赛等为抓手，培养学生的工程实践与创新能力，不断提升实训教学质量，育人实效不断显现。在2023年中国大学生工程实践与创新能力大赛中，获得国赛金奖3项，创历史最好成绩，实现了学校该赛项国家级金奖零的突破！

【实训教学】按照教学大纲和各专业培养方案要求，工程训练中心圆满完成了学校本科生院下达的2023年的全部实训教学任务，覆盖智能制造、材料类等39个大类（专业），104个班级、3362人，人时数达到142224。

同时，工程训练中心发挥省级实验示范中心辐射作用，主动对接，积极拓展社会服务，完成汉口学院708名学生1～2周、武昌理工学院77名学生1周，共计50720人时数的工程实训教学任务。

【实训教学改革与研究】积极推进实践教学研究与改革，获批武汉科技大学校级重点教学研究项目1项、湖北省高教学会教育研究重点课题2项、教育部产学合作协同育人项目6项；公开发表或已录用论文10余篇。申报校级教材建设立项1项。

持续开展现有的教研项目研究，运用教研成果服务于实训教学实践与改革，鼓励动员年轻教师参与教学改革，凝练方向，做好新的教研项目储备。

【课程建设与思政】将思政融入实训教学，作为湖北省金工教学专业委员会思政组召集人单位，组织开展了工程训练课程思政教学多项活动。根据现有设备和实训教学人员专业学科结构，想方设法拓展资源，积极争取外部支持，利用新增的“激光雕刻机、机器人手臂”等设备和数控软件，按照现代产业对学生知识结构的需求，在工科专业中全面开设“机器人”和“智能制造产线虚拟仿真”两个新的实训项目。

【工程创客教育与教学能力提升】携手华为开发者社区共同举办“HarmonyOS赋能创新人才培养”研讨和“探索鸿蒙原生应用开发”创意活动，开阔年轻教师的视野，提高年轻教师的教学能力。成功举办有华中科技大学、武汉大学等十余所高校参会的“2023年人工智能支持下的先进制造实训体系研讨会”和“教赛创融合推进创新人才培养研讨会”，拓宽年轻教师的知识面。组织教师参加首届高校教师工程创客教学大赛暨教育部工程创客虚拟教研室教学研究项目终评现场答辩，获三等奖1项。

【中国大学生工程实践与创新能力大赛】工程训练中心精心组织、悉心备战、勠力同心，参加2023年中国大学生工程实践与创新能力大赛，创历史最好成绩，获得国赛金奖3项，3项进入国赛全部获得金奖，3项金奖在各自赛项分别排位全国第6、第8和第13，实现了学校该赛项国家级金奖零的突破！该赛事是教育部直接主办的三项赛事之一，也是大学生工程实践类最高级别的赛事，被列入《教育部评审评估和竞赛清单》，被学校认定为A类赛事。参加2023年中国大学生工程实践与创新能力大赛湖北赛区省赛，获得省级一等奖4项、二等奖16项、三等奖11项和湖北省优秀组织奖。超额完成该项任务，实现历史突破；既锻炼了师生队伍，也培养了学生的创新创造能力和永无止境的团队合作精神。

【武汉科技大学第十二届大学生工程训练基本技能竞赛】工程训练中心组织举办了贯穿于2023年全年实训教学过程的武汉科技大学第十二届大学生工程训练基本技能竞赛，共有106支队伍、308名学生参赛，学生参与度高、参与面广，竞赛达到了预期效果。竞赛内容不仅涵盖了激光加工、3D打印、钳工装配等现场加工、组装调试、质量检验，而且也考查了学生方案论证、结构设计、工艺设计、成本分析等多方面的分析解决实际问题的综合能力；巩固提升了学生的专业知识，锻炼了学生的设计创新思维、工程创新创造能力和“大工程学科交叉融合”的综合素养，塑造和培育了学生的“工匠精神”，做到了产教融合、工学并举，有力促进了实训教学水平的提升。该赛事的整体设计与全国、全省大学生工程实践与创新能力竞赛相衔接，为学生成长、教学实效提升和省赛、国赛成绩大幅度提高打下了良好的基础。

【人才队伍建设】工程训练中心高度重视师资队伍建设和校际、校企交流，拓宽教职工的工程视野，助力教职工教学能力提升；引进2名非事业编制教学指导人员，充实师资队伍；先后选派多名教职工到华中科技大学、中南大学、西北工业大学、吉林大学等高校和华中数控、武汉高德信息等企业学习交流，接待英国卡迪夫大学、瑞典皇家理工学院、华中科技大学、西南科技大学、湖北大学等高校和企业来访交流。

【工程教育认证】根据学校有关专业认证的总体工作要求，中心群策群力，积极配合本科生院和相关学院接受国家工程教育专业认证专家组对学校矿物加工工程、建筑环境与能源应用工程等专业进行了认证，中心详细制定了参观考察路线图和解说词，组织督促对中心各实训室环境卫生进行清理，进一步改善教学环境和硬件条件；中心严格按照要求把工作做细做实，圆满完成专业认证过程中的考察相关工作，得到了认证专家组和相关部门的充分肯定和好评。

【实训教学安全】强化安全责任管理，时刻将安全工作摆在第一位。与各实训班组签订了“2023年实训教学安全与社会治安综合管理目标责任书”，与各实训班级签订了“实训须知与安全责任承诺书”。上、下半年分别专题召开会议布置并检查落实“校园安全检查月和安全生产月”“消防安全宣传教育月、校园安全与实验室安全分类分级管理”等相关工作，防微杜渐，深入实训室开展安全隐患排查并及时落实整改到位。组织安全管理人员和安全员参加“教育部教学实验室安全与管理培训班”线上学习，完成规定学时，取得合格结业证书。集中召开学生安全教育课23次，全年安全责任事故为零。

【6S现场管理进车间】组织实施6S（整理、整顿、清扫、清洁、素养、安全）现场管理进车间工作，制作了实训安全教学展板，提升中心管理水平和员工整体素质，创建整洁、有序、高效、文明、舒适、安全的实训环境，培养与现代企业相适应的合格人才，达到全面育人的效果。

【荣誉与表彰】工程训练中心获得2023年中国大学生工程实践与创新能力大赛金奖3项，创历史最好成绩，3项进入国赛项目全部获得金奖，实现了学校该赛项国家级金奖零的突破。获得2023年中国大学生工程实践与创新能力大赛湖北省赛一等奖4项、二等奖16项、三等奖11项和优秀组织奖。获得全国三维数字化设计大赛暨华中数控杯工业协作机器人及数字孪生技术创新应用专项赛湖北赛区（本科组）比赛特等奖1项、一等奖3项、二等奖2项；特等奖与一等奖获奖数量之和位居全省第一。获得2023年启创远景杯全国大学生跨校训练营活动一等奖1项、二等奖1项、三等奖2项。获得首届全国高校教师工程创客教学大赛三等奖1项。

【基地建设与多层次社会服务】加强3D打印技术科普基地建设，开展科普宣传，普及科普知识，先后开展了“智能制造”“激光加工技术”科普展和科普知识进校园活动。延伸工作手臂，拓展社会培训服务，完成教学计划外的汉口学院708名学生1~2周、武昌理工学院77名学生1周，共计50720人时数的工程实训教学任务。

（撰稿：明　俊　审稿：江志刚）

创新创业教育

【概况】学校高度重视创新创业工作，认真贯彻国办35号、36号文件精神，坚持“思政引领、教育为先、典型示范、制度保障”工作思路，按照“四新”建设要求，结合学校学科布局规划，大胆作为，率先突破，深化改革，探索形成了高校深化创新创业教育改革的“沁湖模式”。学校于2023年获批省级创新创业学院、省级大学生创业孵化示范基地。2023年，学生获省级以上学科和科技竞赛奖励6124项，其中国家级及以上奖励4145项，获奖学生达10000余人次。在中国国际大学生创新大赛中，学校获国赛金奖1项、银奖2项、铜奖4项，获省赛金奖9项、银奖1项、铜奖8项。学校在中国高等教育学会发布的全国普通高校大学生竞赛八轮总榜单排名69位，位列湖北省域高校第五位。

【中国国际大学生创新大赛】学校2023年中国国际大学生创新大赛由创新创业学院承办。大赛自启动以来，全校师生参与热情极高，共收到本科生、硕士研究生、博士研究生2910余件作品，累计12830余人次参赛，参赛规模再创新高。在中国国际大学生创新大赛中，学校获国赛金奖1项、银奖2项、铜奖4项，获省赛金奖9项、银奖1项、铜奖8项。学校荣获中国国际大学生创新大赛（2023）湖北省复赛集体贡献奖、优秀组织奖。

【学科和科技竞赛】学校大力倡导“以赛促学、以赛促练”“一次参赛，终生受益”，鼓励学生积极参与各级各类学科和科技竞赛，逐步形成“一专业一赛事”“一生一赛”“综合赛事引领，各学科竞赛协同发展”的格局。全年举办“2023年全国大学生英语竞赛”“第十二届三维数字化创新设计大赛”“武汉科技大学2023年大学生数学竞赛”等全校性学科和科技竞赛50余项，参与学生25000余人次。2023年学校学生共获得省部级及以上学科和科技竞赛奖励6124项，其中国家级及以上奖励4145项，获奖学生达10000余人次。

【大学生创新创业训练】坚持以“大学生创新创业训练计划项目”为引导，培养学生的创新意识、创新能力和创业能力。2023年获批国家级“大学生创新创业训练计划”项目51项，省级项目150项，校级项目165项。

【课程建设】学校大力支持建设有特色、高水平、互动性强的创新创业教育线上课程，积极引进名校名师创新创业类在线课程供学生修读，鼓励教师积极开展线上线下相结合混合式教学模式，不断提升创新创业教育质量和水平。学校全年开设了“创业学基础”“创业管理学”“创业实训”等线上或线下创新创业教育课程45门，共有9000余人次选课学习。

【培训活动】为了在全校范围内营造良好的创新创业氛围，激发学生的创新精神和创业意识，学校大力倡导学生根据自己的兴趣爱好参加创新创业培训活动。学校积极开展创新创业讲座、沙龙等培训活动，开展讲座培训22次，参与学生达16795人次，开展创业意识培训（GYB）班5期，共有665名学生结业。2023年外派参加武汉市SYB培训班等创新创业师资培训教师1人。

【创业基地建设】学校在黄家湖校区建成总面积为8000平方米的大学生创新创业基地，是湖北省省属高校规模最大条件最好的大学生创新创业基地之一。基地汇聚政府、学校、社会和校友等各个方面的优质资源免费为大学生创新创业提供政策扶持、创业场地、创业培训、创业导师、投融资对接、工商注册和税务登记代办等全方位创业服务，降低大学生创业门槛，提高创业成功率，培养具有现代企业管理理念和经验的创业人才，孵化高科技企业以及推动学校科技成果转化。2023年基地新建成RoboMaster机甲大师训练基地，新增注册公司32家，基地3家在孵企业获批国家高新技术企业，获批省人社厅的大学生创业孵化示范基地。

附录

2023年武汉科大学重要学科与科技竞赛获奖情况一览表

序号	项目名称	学生负责人	获奖级别	获奖等级	组织参赛学院	主要指导老师
1	中国国际大学生创新大赛	徐一帆	国家级	一等奖	材料学部	高　标
2	中国国际大学生创新大赛	陈敦熙	国家级	二等奖	资源与环境工程学院	柯丽华

续表

序号	项目名称	学生负责人	获奖级别	获奖等级	组织参赛学院	主要指导老师
3	中国国际大学生创新大赛	周佳丽	国家级	二等奖	材料学部	樊希安
4	中国国际大学生创新大赛	王智慧	国家级	三等奖	理学院	吴开明
5	中国国际大学生创新大赛	胡天鑫	国家级	三等奖	汽车与交通工程学院	游向荣
6	中国国际大学生创新大赛	侯　丰	国家级	三等奖	机械自动化学院	赵　刚
7	中国国际大学生创新大赛	黄良慧	国家级	三等奖	资源与环境工程学院	胡　斌
8	中国国际大学生创新大赛	张志豪	省级	一等奖	管理学院	童泽平
9	中国国际大学生创新大赛	宫逸文	省级	一等奖	机械自动化学院	易灿灿
10	中国国际大学生创新大赛	柯俊宇	省级	二等奖	材料学部	张会利
11	中国国际大学生创新大赛	蒋宾辰	省级	三等奖	信息科学与工程学院（人工智能学院）	陈　凯
12	中国国际大学生创新大赛	占　柳	省级	三等奖	汽车与交通工程学院	游向荣
13	中国国际大学生创新大赛	王保兴	省级	三等奖	资源与环境工程学院	胡南燕
14	中国国际大学生创新大赛	刘　鑫	省级	三等奖	机械自动化学院	赵　刚
15	中国国际大学生创新大赛	闵星瑞	省级	三等奖	材料学部	张旭明
16	中国国际大学生创新大赛	万福建	省级	三等奖	生命科学与健康学院	许　娜
17	中国国际大学生创新大赛	徐美君	省级	三等奖	生命科学与健康学院	祝海川
18	中国国际大学生创新大赛	祁菲菲	省级	三等奖	生命科学与健康学院	廖兴华
19	“挑战杯”全国大学生课外学术科技作品竞赛	余欣灿	国家级	特等奖	城市建设学院	徐　虹
20	“挑战杯”全国大学生课外学术科技作品竞赛	李　伟	国家级	一等奖	汽车与交通工程学院	游向荣
21	“挑战杯”全国大学生课外学术科技作品竞赛	鄢龙武	国家级	三等奖	计算机科学与技术学院	林云汉
22	“挑战杯”全国大学生课外学术科技作品竞赛	周耀飞	国家级	三等奖	材料学部	李享成
23	“挑战杯”全国大学生课外学术科技作品竞赛	彭九九	国家级	三等奖	机械自动化学院	张泽琳
24	“挑战杯”全国大学生课外学术科技作品竞赛	魏松怿	国家级	三等奖	医学部	王　君
25	“挑战杯”全国大学生课外学术科技作品竞赛	黄良慧	省级	特等奖	资源与环境工程学院	胡　斌

续表

序号	项目名称	学生负责人	获奖级别	获奖等级	组织参赛学院	主要指导老师
26	“挑战杯”全国大学生课外学术科技作品竞赛	祁菲菲	省级	一等奖	生命科学与健康学院	廖兴华
27	“挑战杯”全国大学生课外学术科技作品竞赛	吴天一	省级	一等奖	汽车与交通工程学院	钱　枫
28	“挑战杯”全国大学生课外学术科技作品竞赛	柯　松	省级	一等奖	法学与经济学院	程红丹
29	“挑战杯”全国大学生课外学术科技作品竞赛	文　娱	省级	一等奖	管理学院	李永周
30	“挑战杯”全国大学生课外学术科技作品竞赛	周康宁	省级	一等奖	材料学部	梁　雄
31	“挑战杯”全国大学生课外学术科技作品竞赛	孔令天	省级	三等奖	资源与环境工程学院	秦林波
32	“挑战杯”全国大学生课外学术科技作品竞赛	王士櫟	省级	三等奖	计算机科学与技术学院	高　峰
33	“挑战杯”中国大学生创业计划竞赛	徐美君	国家级	二等奖	生命科学与健康学院	祝海川
34	“挑战杯”中国大学生创业计划竞赛	徐一帆	国家级	二等奖	材料学部	高　标
35	“挑战杯”中国大学生创业计划竞赛	黄良慧	国家级	三等奖	资源与环境工程学院	李　胤
36	“挑战杯”中国大学生创业计划竞赛	黄羽晨	国家级	三等奖	汽车与交通工程学院	游向荣
37	“挑战杯”全国大学生课外学术科技作品竞赛（专项赛）	何　畅	国家级	一等奖	材料学部	吴　腾
38	“挑战杯”全国大学生课外学术科技作品竞赛（专项赛）	宋大为	国家级	一等奖	材料学部	王　炜
39	“挑战杯”全国大学生课外学术科技作品竞赛（专项赛）	杨城钦	国家级	二等奖	机械自动化学院	唐秋华
40	“挑战杯”全国大学生课外学术科技作品竞赛（专项赛）	张振宇	国家级	三等奖	机械自动化学院	易灿灿
41	“大唐杯”全国大学生新一代信息通信技术大赛（原“大唐杯”全国大学生移动通信5G技术大赛）	王　东	国家级	一等奖	信息科学与工程学院（人工智能学院）	吴广良

续表

序号	项目名称	学生负责人	获奖级别	获奖等级	组织参赛学院	主要指导老师
42	“大唐杯”全国大学生新一代信息通信技术大赛（原“大唐杯”全国大学生移动通信5G技术大赛）	王　东	国家级	一等奖	信息科学与工程学院（人工智能学院）	吴广良
43	“大唐杯”全国大学生新一代信息通信技术大赛（原“大唐杯”全国大学生移动通信5G技术大赛）	徐力强	国家级	一等奖	信息科学与工程学院（人工智能学院）	杨　君
44	“大唐杯”全国大学生新一代信息通信技术大赛（原“大唐杯”全国大学生移动通信5G技术大赛）	郑龙斌	国家级	二等奖	信息科学与工程学院（人工智能学院）	杨永立
45	“大唐杯”全国大学生新一代信息通信技术大赛（原“大唐杯”全国大学生移动通信5G技术大赛）	浦　倩	国家级	三等奖	信息科学与工程学院（人工智能学院）	刘　劲
46	““大唐杯”全国大学生新一代信息通信技术大赛（原“大唐杯”全国大学生移动通信5G技术大赛）	石鑫秀	国家级	三等奖	信息科学与工程学院（人工智能学院）	尉　宇
47	“学创杯”全国大学生创业综合模拟大赛	彭雨婷	国家级	二等奖	管理学院	刘俊武
48	“中国软件杯”大学生软件设计大赛	杨　瑞	国家级	二等奖	计算机科学与技术学院	王　晓
49	“中国软件杯”大学生软件设计大赛	刘颛玮	国家级	二等奖	理学院	王　晓
50	“中国软件杯”大学生软件设计大赛	郁万杰	国家级	三等奖	计算机科学与技术学院	王　薇
51	ACM-ICPC国际大学生程序设计竞赛	胡可欣	国家级	二等奖	计算机科学与技术学院	李顺新
52	ACM-ICPC国际大学生程序设计竞赛	潘　骏	国家级	二等奖	计算机科学与技术学院	李顺新
53	ACM-ICPC国际大学生程序设计竞赛	贾　金	国家级	二等奖	计算机科学与技术学院	李顺新
54	ACM-ICPC国际大学生程序设计竞赛	胡　步	国家级	二等奖	计算机科学与技术学院	李顺新

续表

序号	项目名称	学生负责人	获奖级别	获奖等级	组织参赛学院	主要指导老师
55	ACM-ICPC 国际大学生程序设计竞赛	袁　铭	国家级	二等奖	管理学院	李顺新
56	ACM-ICPC 国际大学生程序设计竞赛	肖依如	国家级	二等奖	计算机科学与技术学院	李顺新
57	ACM-ICPC 国际大学生程序设计竞赛	曹阳兴	国家级	三等奖	计算机科学与技术学院	李顺新
58	ACM-ICPC 国际大学生程序设计竞赛	曹阳兴	国家级	三等奖	计算机科学与技术学院	李顺新
59	ACM-ICPC 国际大学生程序设计竞赛	侯丞志	国家级	三等奖	计算机科学与技术学院	李顺新
60	ACM-ICPC 国际大学生程序设计竞赛	贾　金	国家级	三等奖	计算机科学与技术学院	李顺新
61	iCAN 大学生创新创业大赛	宫逸文	国家级	三等奖	机械自动化学院	易灿灿
62	蓝桥杯全国软件和信息技术专业人才大赛	张伟志	国家级	一等奖	计算机科学与技术学院	张　智
63	蓝桥杯全国软件和信息技术专业人才大赛	孙煜恒	国家级	一等奖	计算机科学与技术学院	李顺新
64	蓝桥杯全国软件和信息技术专业人才大赛	张　博	国家级	二等奖	计算机科学与技术学院	王晓峰
65	蓝桥杯全国软件和信息技术专业人才大赛	程子雄	国家级	二等奖	计算机科学与技术学院	王晓峰
66	蓝桥杯全国软件和信息技术专业人才大赛	向俊杰	国家级	二等奖	计算机科学与技术学院	周怡君
67	蓝桥杯全国软件和信息技术专业人才大赛	周神洲	国家级	二等奖	计算机科学与技术学院	王晓峰
68	蓝桥杯全国软件和信息技术专业人才大赛	王康弘	国家级	二等奖	计算机科学与技术学院	叶双慧
69	蓝桥杯全国软件和信息技术专业人才大赛	周　硕	国家级	二等奖	计算机科学与技术学院	王晓峰
70	蓝桥杯全国软件和信息技术专业人才大赛	马长敬	国家级	二等奖	计算机科学与技术学院	李顺新
71	蓝桥杯全国软件和信息技术专业人才大赛	贺　昊	国家级	二等奖	计算机科学与技术学院	李顺新
72	蓝桥杯全国软件和信息技术专业人才大赛	周奕恒	国家级	二等奖	理学院	刘燕丽

续表

序号	项目名称	学生负责人	获奖级别	获奖等级	组织参赛学院	主要指导老师
73	蓝桥杯全国软件和信息技术专业人才大赛	张轶雯	国家级	二等奖	计算机科学与技术学院	王晓峰
74	蓝桥杯全国软件和信息技术专业人才大赛	刘　熙	国家级	二等奖	计算机科学与技术学院	张　智
75	蓝桥杯全国软件和信息技术专业人才大赛	刘彤琛	国家级	二等奖	艺术与设计学院	张　姝
76	蓝桥杯全国软件和信息技术专业人才大赛	江　岳	国家级	二等奖	艺术与设计学院	张　姝
77	蓝桥杯全国软件和信息技术专业人才大赛	刘如昊	国家级	二等奖	艺术与设计学院	王　伟
78	蓝桥杯全国软件和信息技术专业人才大赛	谭定福	国家级	二等奖	计算机科学与技术学院	李顺新
79	蓝桥杯全国软件和信息技术专业人才大赛	熊帅衡	国家级	二等奖	计算机科学与技术学院	李顺新
80	蓝桥杯全国软件和信息技术专业人才大赛	唐怡佳	国家级	二等奖	信息科学与工程学院（人工智能学院）	张彭朋
81	蓝桥杯全国软件和信息技术专业人才大赛	许　露	国家级	二等奖	信息科学与工程学院（人工智能学院）	陈　凯
82	蓝桥杯全国软件和信息技术专业人才大赛	张子亮	国家级	二等奖	计算机科学与技术学院	李顺新
83	蓝桥杯全国软件和信息技术专业人才大赛	郭哲毅	国家级	二等奖	管理学院	秦　岭
84	蓝桥杯全国软件和信息技术专业人才大赛	易豪俊	国家级	三等奖	计算机科学与技术学院	徐浩伦
85	蓝桥杯全国软件和信息技术专业人才大赛	张晨旭	国家级	三等级	计算机科学与技术学院	李顺新
86	蓝桥杯全国软件和信息技术专业人才大赛	胡舟俊	国家级	三等奖	计算机科学与技术学院	王晓峰
87	蓝桥杯全国软件和信息技术专业人才大赛	常晨曦	国家级	三等奖	计算机科学与技术学院	徐浩伦
88	蓝桥杯全国软件和信息技术专业人才大赛	周庆瑞	国家级	三等奖	计算机科学与技术学院	张　智
89	蓝桥杯全国软件和信息技术专业人才大赛	祝一鸣	国家级	三等奖	信息科学与工程学院（人工智能学院）	陈　凯

续表

序号	项目名称	学生负责人	获奖级别	获奖等级	组织参赛学院	主要指导老师
90	蓝桥杯全国软件和信息技术专业人才大赛	何 喆	国家级	三等奖	信息科学与工程学院（人工智能学院）	杨 君
91	蓝桥杯全国软件和信息技术专业人才大赛	谈 芊	国家级	三等奖	计算机科学与技术学院	
92	蓝桥杯全国软件和信息技术专业人才大赛	赵炜锋	国家级	三等奖	计算机科学与技术学院	王晓峰
93	蓝桥杯全国软件和信息技术专业人才大赛	张宇豪	国家级	三等奖	计算机科学与技术学院	王晓峰
94	蓝桥杯全国软件和信息技术专业人才大赛	沈雨涵	国家级	三等奖	管理学院	
95	蓝桥杯全国软件和信息技术专业人才大赛	蔡 杰	国家级	三等奖	计算机科学与技术学院	周怡君
96	蓝桥杯全国软件和信息技术专业人才大赛	侯丞志	国家级	三等奖	计算机科学与技术学院	胡 静
97	蓝桥杯全国软件和信息技术专业人才大赛	黄志启	国家级	三等奖	计算机科学与技术学院	秦 岭
98	蓝桥杯全国软件和信息技术专业人才大赛	张羽茜	国家级	三等奖	艺术与设计学院	高 超
99	蓝桥杯全国软件和信息技术专业人才大赛	袁 铭	国家级	三等奖	管理学院	卢文博
100	蓝桥杯全国软件和信息技术专业人才大赛	罗 铮	国家级	三等奖	材料学部	向钦勇
101	蓝桥杯全国软件和信息技术专业人才大赛	许文辉	国家级	三等奖	计算机科学与技术学院	张 智
102	蓝桥杯全国软件和信息技术专业人才大赛	刘如昊	国家级	三等奖	艺术与设计学院	王 伟
103	蓝桥杯全国软件和信息技术专业人才大赛	胡智勇	国家级	三等奖	计算机科学与技术学院	
104	蓝桥杯全国软件和信息技术专业人才大赛	李若凡	国家级	三等奖	计算机科学与技术学院	胡 静
105	蓝桥杯全国软件和信息技术专业人才大赛	肖依如	国家级	三等奖	计算机科学与技术学院	李顺新
106	蓝桥杯全国软件和信息技术专业人才大赛	万 齐	国家级	三等奖	机械自动化学院	李巍峰

续表

序号	项目名称	学生负责人	获奖级别	获奖等级	组织参赛学院	主要指导老师
107	蓝桥杯全国软件和信息技术专业人才大赛	陈乔松	国家级	三等奖	计算机科学与技术学院	李顺新
108	蓝桥杯全国软件和信息技术专业人才大赛	刘思敏	国家级	三等奖	计算机科学与技术学院	王晓峰
109	蓝桥杯全国软件和信息技术专业人才大赛	李　松	国家级	三等奖	管理学院	秦　岭
110	蓝桥杯全国软件和信息技术专业人才大赛	汪　烁	国家级	优秀奖	计算机科学与技术学院	李顺新
111	蓝桥杯全国软件和信息技术专业人才大赛	陈丽安	国家级	优秀奖	计算机科学与技术学院	王晓峰
112	蓝桥杯全国软件和信息技术专业人才大赛	张健雄	国家级	优秀奖	计算机科学与技术学院	张　智
113	蓝桥杯全国软件和信息技术专业人才大赛	潘　骏	国家级	优秀奖	计算机科学与技术学院	李顺新
114	蓝桥杯全国软件和信息技术专业人才大赛	唐嘉怡	国家级	优秀奖	计算机科学与技术学院	王晓峰
115	两岸新锐设计竞赛“华灿奖”	王晓川	国家级	三等奖	艺术与设计学院	聂　虹
116	两岸新锐设计竞赛“华灿奖”	文芝元	国家级	优秀奖	艺术与设计学院	王采莲
117	米兰设计周——中国高校设计学科师生优秀作品展	谢婉欣	国家级	一等奖	艺术与设计学院	
118	米兰设计周——中国高校设计学科师生优秀作品展	林　宸	国家级	一等奖	计算机科学与技术学院	王　伟
119	米兰设计周——中国高校设计学科师生优秀作品展	张羽茜	国家级	一等奖	艺术与设计学院	高　超
120	米兰设计周——中国高校设计学科师生优秀作品展	宁　阳	国家级	一等奖	艺术与设计学院	管家庆
121	米兰设计周——中国高校设计学科师生优秀作品展	张紫鑫	国家级	一等奖	艺术与设计学院	张晓熙
122	米兰设计周——中国高校设计学科师生优秀作品展	殷　玥	国家级	一等奖	艺术与设计学院	张　姝
123	米兰设计周——中国高校设计学科师生优秀作品展	王怡霖	国家级	一等奖	艺术与设计学院	聂　虹
124	米兰设计周——中国高校设计学科师生优秀作品展	鄢汉臣	国家级	一等奖	艺术与设计学院	翁春萌

续表

序号	项目名称	学生负责人	获奖级别	获奖等级	组织参赛学院	主要指导老师
125	米兰设计周——中国高校设计学科师生优秀作品展	周春雨	国家级	一等奖	艺术与设计学院	赵　音
126	米兰设计周——中国高校设计学科师生优秀作品展	孔令恺	国家级	一等奖	艺术与设计学院	王　伟
127	米兰设计周——中国高校设计学科师生优秀作品展	牛玥涵	国家级	一等奖	艺术与设计学院	聂　虹
128	米兰设计周——中国高校设计学科师生优秀作品展	胡雨洁	国家级	一等奖	艺术与设计学院	聂　虹
129	米兰设计周——中国高校设计学科师生优秀作品展	谢若玲	国家级	一等奖	艺术与设计学院	王采莲
130	米兰设计周——中国高校设计学科师生优秀作品展	江　楠	国家级	一等奖	艺术与设计学院	王　伟
131	米兰设计周——中国高校设计学科师生优秀作品展	石明缘	国家级	二等奖	艺术与设计学院	聂　虹
132	米兰设计周——中国高校设计学科师生优秀作品展	孙雨文	国家级	二等奖	艺术与设计学院	王　伟
133	米兰设计周——中国高校设计学科师生优秀作品展	马宇轩	国家级	二等奖	艺术与设计学院	管小葳
134	米兰设计周——中国高校设计学科师生优秀作品展	李　晴	国家级	二等奖	艺术与设计学院	王　伟
135	米兰设计周——中国高校设计学科师生优秀作品展	孔令恺	国家级	二等奖	艺术与设计学院	王　伟
136	米兰设计周——中国高校设计学科师生优秀作品展	计开禹	国家级	二等奖	艺术与设计学院	胡　康
137	米兰设计周——中国高校设计学科师生优秀作品展	胡雨洁	国家级	二等奖	艺术与设计学院	聂　虹
138	米兰设计周——中国高校设计学科师生优秀作品展	胡雨洁	国家级	二等奖	艺术与设计学院	聂　虹
139	米兰设计周——中国高校设计学科师生优秀作品展	吕　璟	国家级	二等奖	艺术与设计学院	彭　红
140	米兰设计周——中国高校设计学科师生优秀作品展	丁家虎	国家级	二等奖	艺术与设计学院	王　伟
141	米兰设计周——中国高校设计学科师生优秀作品展	薛　雪	国家级	二等奖	艺术与设计学院	余劲松

续表

序号	项目名称	学生负责人	获奖级别	获奖等级	组织参赛学院	主要指导老师
142	米兰设计周——中国高校设计学科师生优秀作品展	章　雯	国家级	二等奖	艺术与设计学院	翁春萌
143	米兰设计周——中国高校设计学科师生优秀作品展	陈姿谷	国家级	二等奖	艺术与设计学院	王　伟
144	米兰设计周——中国高校设计学科师生优秀作品展	王小慧	国家级	二等奖	艺术与设计学院	聂　虹
145	米兰设计周——中国高校设计学科师生优秀作品展	金　婷	国家级	二等奖	艺术与设计学院	张晓熙
146	米兰设计周——中国高校设计学科师生优秀作品展	江　岳	国家级	二等奖	艺术与设计学院	张　姝
147	米兰设计周——中国高校设计学科师生优秀作品展	邱梓怡	国家级	二等奖	艺术与设计学院	王　伟
148	米兰设计周——中国高校设计学科师生优秀作品展	金亿杰	国家级	三等奖	艺术与设计学院	胡小祎
149	米兰设计周——中国高校设计学科师生优秀作品展	金亿杰	国家级	三等奖	城市建设学院	胡小祎
150	米兰设计周——中国高校设计学科师生优秀作品展	洪震哲	国家级	三等奖	艺术与设计学院	刘艺洁
151	米兰设计周——中国高校设计学科师生优秀作品展	洪震哲	国家级	三等奖	艺术与设计学院	刘艺洁
152	米兰设计周——中国高校设计学科师生优秀作品展	冯羽微	国家级	三等奖	艺术与设计学院	张　姝
153	米兰设计周——中国高校设计学科师生优秀作品展	邹　龙	国家级	三等奖	艺术与设计学院	王　伟
154	米兰设计周——中国高校设计学科师生优秀作品展	宗宸宇	国家级	三等奖	艺术与设计学院	王　伟
155	米兰设计周——中国高校设计学科师生优秀作品展	黄雨露	国家级	三等奖	艺术与设计学院	王　伟
156	米兰设计周——中国高校设计学科师生优秀作品展	朱庆玲	国家级	三等奖	艺术与设计学院	彭　红
157	米兰设计周——中国高校设计学科师生优秀作品展	刘彤琛	国家级	三等奖	艺术与设计学院	张　姝
158	米兰设计周——中国高校设计学科师生优秀作品展	余冰雁	国家级	三等奖	艺术与设计学院	彭　红

续表

序号	项目名称	学生负责人	获奖级别	获奖等级	组织参赛学院	主要指导老师
159	米兰设计周——中国高校设计学科师生优秀作品展	黄　灏	国家级	三等奖	艺术与设计学院	赵　音
160	米兰设计周——中国高校设计学科师生优秀作品展	许洋洋	国家级	三等奖	艺术与设计学院	管家庆
161	米兰设计周——中国高校设计学科师生优秀作品展	石明缘	国家级	三等奖	艺术与设计学院	聂　虹
162	米兰设计周——中国高校设计学科师生优秀作品展	唐可倩	国家级	三等奖	艺术与设计学院	张晓熙
163	米兰设计周——中国高校设计学科师生优秀作品展	李卫康	国家级	三等奖	艺术与设计学院	聂　虹
164	米兰设计周——中国高校设计学科师生优秀作品展	阮　颖	国家级	三等奖	艺术与设计学院	聂　虹
165	米兰设计周——中国高校设计学科师生优秀作品展	江　楠	国家级	三等奖	艺术与设计学院	王　伟
166	米兰设计周——中国高校设计学科师生优秀作品展	黎江鹏	国家级	三等奖	艺术与设计学院	袁心平
167	米兰设计周——中国高校设计学科师生优秀作品展	李明月	国家级	三等奖	艺术与设计学院	徐武斌
168	全国本科院校税收风险管控案例大赛	李蕊岑	国家级	三等奖	管理学院	张　宏
169	全国大学生创新创业训练计划年会展示	包涵朔	国家级	一等奖	机械自动化学院	曹建华
170	全国大学生创新创业训练计划年会展示	刘浩林	国家级	二等奖	机械自动化学院	刘　翔
171	全国大学生创新创业训练计划年会展示	张行乐	国家级	三等奖	机械自动化学院	曹建华
172	全国大学生工程实践与创新能力大赛	王宇杰	国家级	一等奖	工程训练中心	李红斌
173	全国大学生工程实践与创新能力大赛	张凌霜	国家级	一等奖	工程训练中心	李红斌
174	全国大学生工程实践与创新能力大赛	王子豪	国家级	一等奖	工程训练中心	徐望明
175	全国大学生广告艺术大赛	田　瑶	国家级	一等奖	艺术与设计学院	余劲松
176	全国大学生广告艺术大赛	范亚文	国家级	二等奖	艺术与设计学院	余劲松

续表

序号	项目名称	学生负责人	获奖级别	获奖等级	组织参赛学院	主要指导老师
177	全国大学生广告艺术大赛	杜思琴	国家级	三等奖	艺术与设计学院	余劲松
178	全国大学生广告艺术大赛	孔令恺	国家级	三等奖	艺术与设计学院	曹亚丽
179	全国大学生广告艺术大赛	黄安琪	国家级	优秀奖	艺术与设计学院	曹亚丽
180	全国大学生化工设计竞赛	吕　波	国家级	一等奖	化学与化工学院	雷　杨
181	全国大学生化工设计竞赛	胡　月	国家级	二等奖	化学与化工学院	程正载
182	全国大学生化工实验大赛	古何冬	国家级	一等奖	化学与化工学院	崔正威
183	全国大学生机器人大赛——RoboMaster、RoboCon	杨宇宸	国家级	二等奖	信息科学与工程学院（人工智能学院）	程　磊
184	全国大学生机器人大赛——RoboMaster、RoboCon	杨宇宸	国家级	二等奖	信息科学与工程学院（人工智能学院）	程　磊
185	全国大学生机器人大赛——RoboMaster、RoboCon	单俊博	国家级	二等奖	信息科学与工程学院（人工智能学院）	程　磊
186	全国大学生机器人大赛——RoboMaster、RoboCon	张志雄	国家级	二等奖	机械自动化学院	孙　伟
187	全国大学生机器人大赛——RoboMaster、RoboCon	陈超秩	国家级	二等奖	信息科学与工程学院（人工智能学院）	程　磊
188	全国大学生机器人大赛——RoboMaster、RoboCon	陈可豪	国家级	三等奖	机械自动化学院	侯　宇
189	全国大学生机器人大赛——RoboMaster、RoboCon	陈可豪	国家级	三等奖	机械自动化学院	侯　宇
190	全国大学生基础医学创新研究暨实验设计论坛（大赛）	陈　浩	国家级	一等奖	医学部	张　玲
191	全国大学生基础医学创新研究暨实验设计论坛（大赛）	许睿珈	国家级	一等奖	医学部	李金泉
192	全国大学生基础医学创新研究暨实验设计论坛（大赛）	胡心怡	国家级	二等奖	医学部	王　君
193	全国大学生基础医学创新研究暨实验设计论坛（大赛）	方诗凡	国家级	二等奖	医学部	曾　燕
194	全国大学生基础医学创新研究暨实验设计论坛（大赛）	许睿珈	国家级	三等奖	医学部	李金泉
195	全国大学生基础医学创新研究暨实验设计论坛（大赛）	魏松怿	国家级	三等奖	医学部	王　君
196	全国大学生交通科技大赛	吴天一	国家级	三等奖	汽车与交通工程学院	钱　枫

续表

序号	项目名称	学生负责人	获奖级别	获奖等级	组织参赛学院	主要指导老师
197	全国大学生节能减排社会实践与科技竞赛	成　亮	国家级	二等奖	资源与环境工程学院	陈永亮
198	全国大学生节能减排社会实践与科技竞赛	宫逸文	国家级	三等奖	机械自动化学院	易灿灿
199	全国大学生节能减排社会实践与科技竞赛	陈　涛	国家级	三等奖	资源与环境工程学院	胡南燕
200	全国大学生节能减排社会实践与科技竞赛	彭佳琪	国家级	三等奖	资源与环境工程学院	秦林波
201	全国大学生节能减排社会实践与科技竞赛	刘文元	国家级	三等奖	材料学部	刘　浩
202	全国大学生金相技能大赛	张　婷	国家级	一等奖	材料学部	师静蕊
203	全国大学生金相技能大赛	董　璐	国家级	二等奖	材料学部	戴明杰
204	全国大学生金相技能大赛	欧阳琴	国家级	三等奖	材料学部	戴明杰
205	全国大学生金相技能大赛	汪策军	国家级	三等奖	材料学部	戴明杰
206	全国大学生金相技能大赛	周伟成	国家级	三等奖	材料学部	师静蕊
207	全国大学生金相技能大赛	张　婷	国家级	三等奖	材料学部	师静蕊
208	全国大学生金相技能大赛	胡坤林	国家级	三等奖	材料学部	师静蕊
209	全国大学生生命科学竞赛（CULSC）——生命科学竞赛、生命科学创新创业大赛	孙书棋	国家级	一等奖	化学与化工学院	李凌凌
210	全国大学生生命科学竞赛（CULSC）——生命科学竞赛、生命科学创新创业大赛	李　琴	国家级	一等奖	医学部	王　君
211	全国大学生生命科学竞赛（CULSC）——生命科学竞赛、生命科学创新创业大赛	许睿珈	国家级	一等奖	医学部	李金泉
212	全国大学生生命科学竞赛（CULSC）——生命科学竞赛、生命科学创新创业大赛	李子一	国家级	二等奖	生命科学与健康学院	廖兴华
213	全国大学生生命科学竞赛（CULSC）——生命科学竞赛、生命科学创新创业大赛	张航胜	国家级	二等奖	生命科学与健康学院	廖兴华

续表

序号	项目名称	学生负责人	获奖级别	获奖等级	组织参赛学院	主要指导老师
214	全国大学生生命科学竞赛（CULSC）——生命科学竞赛、生命科学创新创业大赛	祁菲菲	国家级	二等奖	生命科学与健康学院	廖兴华
215	全国大学生生命科学竞赛（CULSC）——生命科学竞赛、生命科学创新创业大赛	徐　月	国家级	二等奖	生命科学与健康学院	徐　瑶
216	全国大学生生命科学竞赛（CULSC）——生命科学竞赛、生命科学创新创业大赛	林　晨	国家级	二等奖	化学与化工学院	李　飞
217	全国大学生生命科学竞赛（CULSC）——生命科学竞赛、生命科学创新创业大赛	李　浩	国家级	二等奖	医学部	刘　娟
218	全国大学生生命科学竞赛（CULSC）——生命科学竞赛、生命科学创新创业大赛	李　婷	国家级	二等奖	生命科学与健康学院	廖兴华
219	全国大学生生命科学竞赛（CULSC）——生命科学竞赛、生命科学创新创业大赛	陈辉广	国家级	二等奖	医学部	刘晓柳
220	全国大学生生命科学竞赛（CULSC）——生命科学竞赛、生命科学创新创业大赛	杨胜茜	国家级	二等奖	生命科学与健康学院	廖兴华
221	全国大学生生命科学竞赛（CULSC）——生命科学竞赛、生命科学创新创业大赛	贾旭升	国家级	二等奖	艺术与设计学院	廖兴华
222	全国大学生生命科学竞赛（CULSC）——生命科学竞赛、生命科学创新创业大赛	张家乐	国家级	三等奖	生命科学与健康学院	赵沙沙
223	全国大学生生命科学竞赛（CULSC）——生命科学竞赛、生命科学创新创业大赛	李文玉	国家级	三等奖	生命科学与健康学院	廖兴华
224	全国大学生生命科学竞赛（CULSC）——生命科学竞赛、生命科学创新创业大赛	任宇垚	国家级	三等奖	生命科学与健康学院	廖兴华

续表

序号	项目名称	学生负责人	获奖级别	获奖等级	组织参赛学院	主要指导老师
225	全国大学生生命科学竞赛（CULSC）——生命科学竞赛、生命科学创新创业大赛	王子鑫	国家级	三等奖	化学与化工学院	王晓强
226	全国大学生生命科学竞赛（CULSC）——生命科学竞赛、生命科学创新创业大赛	王锦程	国家级	三等奖	生命科学与健康学院	廖兴华
227	全国大学生生命科学竞赛（CULSC）——生命科学竞赛、生命科学创新创业大赛	刘熙玮	国家级	三等奖	医学部	王　君
228	全国大学生生命科学竞赛（CULSC）——生命科学竞赛、生命科学创新创业大赛	胡心怡	国家级	三等奖	医学部	晏　丹
229	全国大学生生命科学竞赛（CULSC）——生命科学竞赛、生命科学创新创业大赛	祁菲菲	国家级	三等奖	生命科学与健康学院	廖兴华
230	全国大学生市场调查与分析大赛	王欣雯	国家级	三等奖	管理学院	殷志平
231	全国大学生市场调查与分析大赛	张　曼	国家级	三等奖	管理学院	殷志平
232	全国大学生市场调查与分析大赛	李家乐	国家级	三等奖	管理学院	殷志平
233	全国大学生数学建模竞赛	黄亚琳	国家级	一等奖	信息科学与工程学院（人工智能学院）	张　强
234	全国大学生数学建模竞赛	羿旭辉	国家级	一等奖	管理学院	张　强
235	全国大学生数学建模竞赛	董逸之	国家级	二等奖	理学院	
236	全国大学生数学建模竞赛	石锦锋	国家级	二等奖	信息科学与工程学院（人工智能学院）	张　强
237	全国大学生数学建模竞赛	陈　菲	国家级	二等奖	理学院	张　强
238	全国大学生数学建模竞赛	陈　菲	国家级	二等奖	理学院	
239	全国大学生数学建模竞赛	王候勇	国家级	二等奖	汽车与交通工程学院	张　强
240	全国大学生数学建模竞赛	王候勇	国家级	二等奖	汽车与交通工程学院	张　强
241	全国大学生数学建模竞赛	李　翔	国家级	优秀奖	机械自动化学院	丁咏梅
242	全国大学生数学竞赛（决赛）	刘子豪	国家级	一等奖	理学院	李德宜

续表

序号	项目名称	学生负责人	获奖级别	获奖等级	组织参赛学院	主要指导老师
243	全国大学生数学竞赛（决赛）	柯　毅	国家级	二等奖	理学院	指导组
244	全国大学生数学竞赛（决赛）	黄　浩	国家级	三等奖	理学院	指导组
245	全国大学生数字媒体科技作品及创意竞赛	刘浩林	国家级	一等奖	机械自动化学院	章健宇
246	全国大学生数字媒体科技作品及创意竞赛	陈　典	国家级	二等奖	机械自动化学院	郭万富
247	全国大学生数字媒体科技作品及创意竞赛	康　旻	国家级	二等奖	城市建设学院	伍昌友
248	全国大学生数字媒体科技作品及创意竞赛	康　旻	国家级	三等奖	城市建设学院	伍昌友
249	全国大学生数字媒体科技作品及创意竞赛	康　旻	国家级	三等奖	城市建设学院	金　伟
250	全国大学生数字媒体科技作品及创意竞赛	黎景枫	国家级	三等奖	机械自动化学院	曾　飞
251	全国大学生物理实验竞赛	毛　宇	国家级	一等奖	理学院	董锡杰
252	全国大学生物理实验竞赛	舒　俊	国家级	一等奖	理学院	童明强
253	全国大学生物理实验竞赛	郑富强	国家级	二等奖	理学院	
254	全国大学生物理实验竞赛	刘　暄	国家级	三等奖	理学院	李　新
255	全国大学生物理实验竞赛	毛俊凌	国家级	三等奖	理学院	季玲玲
256	全国大学生先进成图技术与产品信息建模创新大赛	刘梦寒	国家级	一等奖	城市建设学院	吴　韬
257	全国大学生先进成图技术与产品信息建模创新大赛	文子同	国家级	一等奖	机械自动化学院	蒋　俊
258	全国大学生先进成图技术与产品信息建模创新大赛	韩润鑫	国家级	一等奖	城市建设学院	周百灵
259	全国大学生先进成图技术与产品信息建模创新大赛	尹少龙	国家级	二等奖	城市建设学院	高永红
260	全国大学生先进成图技术与产品信息建模创新大赛	谢晓哲	国家级	二等奖	城市建设学院	周百灵
261	全国大学生先进成图技术与产品信息建模创新大赛	张有容	国家级	二等奖	城市建设学院	高永红
262	全国大学生先进成图技术与产品信息建模创新大赛	韩润鑫	国家级	二等奖	城市建设学院	周百灵

续表

序号	项目名称	学生负责人	获奖级别	获奖等级	组织参赛学院	主要指导老师
263	全国大学生先进成图技术与产品信息建模创新大赛	刘毅凡	国家级	二等奖	城市建设学院	高永红
264	全国大学生先进成图技术与产品信息建模创新大赛	李鸿胜	国家级	二等奖	城市建设学院	胡传新
265	全国大学生先进成图技术与产品信息建模创新大赛	张有容	国家级	二等奖	汽车与交通工程学院	李　苑
266	全国大学生先进成图技术与产品信息建模创新大赛	吴荣轩	国家级	二等奖	机械自动化学院	张杰峰
267	全国大学生先进成图技术与产品信息建模创新大赛	吕炜彬	国家级	二等奖	机械自动化学院	肖　立
268	全国大学生先进成图技术与产品信息建模创新大赛	杨熠钒	国家级	二等奖	机械自动化学院	肖　立
269	全国大学生先进成图技术与产品信息建模创新大赛	寿涵海	国家级	二等奖	机械自动化学院	汪鸣琦
270	全国大学生先进成图技术与产品信息建模创新大赛	寿涵海	国家级	二等奖	机械自动化学院	肖　立
271	全国大学生先进成图技术与产品信息建模创新大赛	尹少龙	国家级	二等奖	城市建设学院	高永红
272	全国大学生先进成图技术与产品信息建模创新大赛	尹少龙	国家级	二等奖	城市建设学院	高永红
273	全国大学生先进成图技术与产品信息建模创新大赛	张龙彪	国家级	三等奖	机械自动化学院	肖　立
274	全国大学生先进成图技术与产品信息建模创新大赛	姚蛟渊	国家级	三等奖	城市建设学院	周百灵
275	全国大学生先进成图技术与产品信息建模创新大赛	王昌祥	国家级	三等奖	汽车与交通工程学院	李　苑
276	全国大学生先进成图技术与产品信息建模创新大赛	王候勇	国家级	三等奖	汽车与交通工程学院	邹兰林
277	全国大学生先进成图技术与产品信息建模创新大赛	周坤辉	国家级	三等奖	城市建设学院	高永红
278	全国大学生先进成图技术与产品信息建模创新大赛	蓝星宇	国家级	三等奖	城市建设学院	高永红
279	全国大学生先进成图技术与产品信息建模创新大赛	张金坪	国家级	三等奖	机械自动化学院	姜繁智

续表

序号	项目名称	学生负责人	获奖级别	获奖等级	组织参赛学院	主要指导老师
280	全国大学生先进成图技术与产品信息建模创新大赛	杨城钦	国家级	三等奖	机械自动化学院	肖　立
281	全国大学生先进成图技术与产品信息建模创新大赛	曾笑薇	国家级	三等奖	城市建设学院	周百灵
282	全国大学生先进成图技术与产品信息建模创新大赛	姜石红	国家级	三等奖	城市建设学院	高永红
283	全国大学生先进成图技术与产品信息建模创新大赛	王毅铭	国家级	三等奖	机械自动化学院	汪鸣琦
284	全国大学生先进成图技术与产品信息建模创新大赛	向圣杰	国家级	三等奖	城市建设学院	高永红
285	全国大学生先进成图技术与产品信息建模创新大赛	刘觅桐	国家级	三等奖	机械自动化学院	肖　立
286	全国大学生先进成图技术与产品信息建模创新大赛	肖文轩	国家级	三等奖	机械自动化学院	肖　立
287	全国大学生先进成图技术与产品信息建模创新大赛	王俊霖	国家级	三等奖	城市建设学院	高永红
288	全国大学生信息安全竞赛	刘　磊	国家级	三等奖	计算机科学与技术学院	任正伟
289	全国大学生信息安全与对抗技术竞赛	殷连杰	国家级	一等奖	计算机科学与技术学院	任正伟
290	全国大学生信息安全与对抗技术竞赛	何骏博	国家级	一等奖	计算机科学与技术学院	任正伟
291	全国大学生信息安全与对抗技术竞赛	刘　磊	国家级	一等奖	计算机科学与技术学院	任正伟
292	全国大学生信息安全与对抗技术竞赛	高旭东	国家级	一等奖	计算机科学与技术学院	任正伟
293	全国大学生信息安全与对抗技术竞赛	高旭东	国家级	一等奖	计算机科学与技术学院	任正伟
294	全国大学生信息安全与对抗技术竞赛	胡从婷	国家级	二等奖	计算机科学与技术学院	任正伟
295	全国大学生信息安全与对抗技术竞赛	何骏博	国家级	三等奖	计算机科学与技术学院	任正伟
296	全国大学生智能汽车竞赛	赵海亮	国家级	三等奖	机械自动化学院	曾　飞
297	全国大学生智能汽车竞赛	郑　蔚	国家级	三等奖	机械自动化学院	易灿灿

续表

序号	项目名称	学生负责人	获奖级别	获奖等级	组织参赛学院	主要指导老师
298	全国高校 BIM 毕业设计创新大赛	林金煌	国家级	一等奖	管理学院	董　岚
299	全国高校 BIM 毕业设计创新大赛	刘金珠	国家级	二等奖	管理学院	姚晓庆
300	全国高校 BIM 毕业设计创新大赛	苟全勇	国家级	三等奖	管理学院	姚晓庆
301	全国高校 BIM 毕业设计创新大赛	王柳曼	国家级	三等奖	管理学院	董　岚
302	全国高校 BIM 毕业设计创新大赛	胡光富	国家级	三等奖	管理学院	董　岚
303	全国高校商业精英挑战赛——品牌策划竞赛、会展专业创新创业实践竞赛、国际贸易竞赛、创新创业竞赛、会计与商业管理案例竞赛	覃梓阳	国家级	一等奖	艺术与设计学院	曾　力
304	全国高校商业精英挑战赛——品牌策划竞赛、会展专业创新创业实践竞赛、国际贸易竞赛、创新创业竞赛、会计与商业管理案例竞赛	陈先凛	国家级	一等奖	管理学院	吴世军
305	全国高校商业精英挑战赛——品牌策划竞赛、会展专业创新创业实践竞赛、国际贸易竞赛、创新创业竞赛、会计与商业管理案例竞赛	揭煦博	国家级	一等奖	管理学院	温琼娟
306	全国高校商业精英挑战赛——品牌策划竞赛、会展专业创新创业实践竞赛、国际贸易竞赛、创新创业竞赛、会计与商业管理案例竞赛	陈　婷	国家级	一等奖	管理学院	吴世军
307	全国高校商业精英挑战赛——品牌策划竞赛、会展专业创新创业实践竞赛、国际贸易竞赛、创新创业竞赛、会计与商业管理案例竞赛	曾　力	国家级	一等奖	艺术与设计学院	曾　力

续表

序号	项目名称	学生负责人	获奖级别	获奖等级	组织参赛学院	主要指导老师
308	全国高校商业精英挑战赛——品牌策划竞赛、会展专业创新创业实践竞赛、国际贸易竞赛、创新创业竞赛、会计与商业管理案例竞赛	曾　力	国家级	一等奖	艺术与设计学院	曾　力
309	全国高校商业精英挑战赛——品牌策划竞赛、会展专业创新创业实践竞赛、国际贸易竞赛、创新创业竞赛、会计与商业管理案例竞赛	李　妍	国家级	二等奖	管理学院	吴世军
310	全国高校商业精英挑战赛——品牌策划竞赛、会展专业创新创业实践竞赛、国际贸易竞赛、创新创业竞赛、会计与商业管理案例竞赛	袁国梁	国家级	二等奖	管理学院	
311	全国高校商业精英挑战赛——品牌策划竞赛、会展专业创新创业实践竞赛、国际贸易竞赛、创新创业竞赛、会计与商业管理案例竞赛	袁国梁	国家级	二等奖	管理学院	吴世军
312	全国高校商业精英挑战赛——品牌策划竞赛、会展专业创新创业实践竞赛、国际贸易竞赛、创新创业竞赛、会计与商业管理案例竞赛	岳　靖	国家级	三等奖	管理学院	温琼娟
313	全国高校商业精英挑战赛——品牌策划竞赛、会展专业创新创业实践竞赛、国际贸易竞赛、创新创业竞赛、会计与商业管理案例竞赛	谭明桦	国家级	三等奖	管理学院	杨　文
314	全国高校商业精英挑战赛——品牌策划竞赛、会展专业创新创业实践竞赛、国际贸易竞赛、创新创业竞赛、会计与商业管理案例竞赛	张子妍	国家级	三等奖	管理学院	温琼娟
315	全国企业竞争模拟大赛	魏晓雅	国家级	一等奖	管理学院	刘俊武

续表

序号	项目名称	学生负责人	获奖级别	获奖等级	组织参赛学院	主要指导老师
316	全国企业竞争模拟大赛	张暮婧	国家级	一等奖	管理学院	刘俊武
317	全国企业竞争模拟大赛	谢涌毅	国家级	二等奖	管理学院	刘俊武
318	全国企业竞争模拟大赛	李楠楠	国家级	二等奖	管理学院	刘俊武
319	全国企业竞争模拟大赛	曾弋倩	国家级	二等奖	管理学院	盛　阳
320	全国企业竞争模拟大赛	杨瑞祥	国家级	二等奖	管理学院	刘俊武
321	全国企业竞争模拟大赛	梁文彬	国家级	三等奖	管理学院	任　亮
322	全国企业竞争模拟大赛	陈　奇	国家级	三等奖	管理学院	刘俊武
323	全国企业竞争模拟大赛	黎晨曦	国家级	三等奖	管理学院	刘俊武
324	全国企业竞争模拟大赛	王心怡	国家级	三等奖	管理学院	刘俊武
325	全国企业竞争模拟大赛	刘帅鹏	国家级	三等奖	管理学院	刘俊武
326	全国三维数字化创新设计大赛	韩　顺	国家级	一等奖	机械自动化学院	曾　飞
327	全国三维数字化创新设计大赛	陈　典	国家级	一等奖	机械自动化学院	龚彩云
328	全国三维数字化创新设计大赛	王桦寅	国家级	一等奖	机械自动化学院	曾　飞
329	全国三维数字化创新设计大赛	白浩珂	国家级	一等奖	机械自动化学院	王兴东
330	全国三维数字化创新设计大赛	李陈佳瑞	国家级	一等奖	机械自动化学院	侯　宇
331	全国三维数字化创新设计大赛	杨　妍	国家级	一等奖	信息科学与工程学院（人工智能学院）	曾　飞
332	全国三维数字化创新设计大赛	冯思淇	国家级	一等奖	机械自动化学院	
333	全国三维数字化创新设计大赛	夏紫琪	国家级	一等奖	机械自动化学院	
334	全国三维数字化创新设计大赛	吴荣轩	国家级	一等奖	机械自动化学院	陶　平
335	全国三维数字化创新设计大赛	吴荣轩	国家级	一等奖	机械自动化学院	陶　平
336	全国三维数字化创新设计大赛	朱家豪	国家级	二等奖	机械自动化学院	易灿灿
337	全国三维数字化创新设计大赛	黄锐祥	国家级	二等奖	汽车与交通工程学院	安赛尔丁·买合木提
338	全国三维数字化创新设计大赛	舒先涛	国家级	二等奖	机械自动化学院	杨　丹
339	全国三维数字化创新设计大赛	邹世杰	国家级	二等奖	汽车与交通工程学院	何一鸣
340	全国三维数字化创新设计大赛	李俊成	国家级	二等奖	机械自动化学院	徐增丙
341	全国三维数字化创新设计大赛	周天泽	国家级	二等奖	汽车与交通工程学院	何一鸣
342	全国三维数字化创新设计大赛	祝青森	国家级	二等奖	机械自动化学院	朱　硕
343	全国三维数字化创新设计大赛	宫逸文	国家级	二等奖	机械自动化学院	吴宗武

续表

序号	项目名称	学生负责人	获奖级别	获奖等级	组织参赛学院	主要指导老师
344	全国三维数字化创新设计大赛	夏紫琪	国家级	二等奖	信息科学与工程学院（人工智能学院）	季晨昊
345	全国三维数字化创新设计大赛	宓乐圆	国家级	二等奖	机械自动化学院	李公法
346	全国三维数字化创新设计大赛	胡　超	国家级	二等奖	汽车与交通工程学院	曾　飞
347	全国三维数字化创新设计大赛	胡　超	国家级	二等奖	机械自动化学院	曾　飞
348	全国三维数字化创新设计大赛	文子同	国家级	二等奖	机械自动化学院	林　昕
349	全国三维数字化创新设计大赛	文子同	国家级	二等奖	机械自动化学院	林　昕 朱锟鹏
350	全国三维数字化创新设计大赛	吴静雯	国家级	二等奖	机械自动化学院	李　贵
351	全国三维数字化创新设计大赛	吴静雯	国家级	二等奖	机械自动化学院	李　贵
352	全国三维数字化创新设计大赛	周天泽	国家级	三等奖	汽车与交通工程学院	王维强
353	全国三维数字化创新设计大赛	丛欣然	国家级	三等奖	机械自动化学院	孙　伟
354	全国三维数字化创新设计大赛	郭歆昊	国家级	三等奖	机械自动化学院	陶　平
355	全国三维数字化创新设计大赛	杨小龙	国家级	三等奖	机械自动化学院	孙　伟
356	全国三维数字化创新设计大赛	黎景枫	国家级	三等奖	机械自动化学院	曾　飞
357	全国三维数字化创新设计大赛	刘　鑫	国家级	三等奖	机械自动化学院	赵　刚
358	全国三维数字化创新设计大赛	杨尚伟	国家级	三等奖	机械自动化学院	刘源泂
359	全国三维数字化创新设计大赛	许艳涛	国家级	三等奖	机械自动化学院	邹光明
360	全国三维数字化创新设计大赛	袁佳豪	国家级	三等奖	机械自动化学院	饶　刚
361	全国三维数字化创新设计大赛	秦文洋	国家级	三等奖	机械自动化学院	党　章
362	全国三维数字化创新设计大赛	茅景盛	国家级	三等奖	机械自动化学院	李婵娟
363	全国三维数字化创新设计大赛	曾延文	国家级	三等奖	机械自动化学院	汤　勃
364	全国三维数字化创新设计大赛	曾延文	国家级	三等奖	机械自动化学院	孙　伟
365	全国三维数字化创新设计大赛	刘雪玉	国家级	三等奖	机械自动化学院	王兴东
366	全国三维数字化创新设计大赛	刘雪玉	国家级	三等奖	机械自动化学院	曾　飞
367	全国三维数字化创新设计大赛	王祎浩	国家级	三等奖	机械自动化学院	但斌斌
368	全国三维数字化创新设计大赛	王祎浩	国家级	三等奖	机械自动化学院	但斌斌
369	全国三维数字化创新设计大赛	庞奥康	国家级	三等奖	机械自动化学院	李玉飞
370	全国三维数字化创新设计大赛	庞奥康	国家级	三等奖	机械自动化学院	李玉飞
371	全国周培源大学生力学竞赛	胡浩智	国家级	三等奖	理学院	陈桂娟

续表

序号	项目名称	学生负责人	获奖级别	获奖等级	组织参赛学院	主要指导老师
372	全国周培源大学生力学竞赛	张铁晟	国家级	三等奖	理学院	陈桂娟
373	全国周培源大学生力学竞赛	李书楷	国家级	三等奖	理学院	陈桂娟
374	全国周培源大学生力学竞赛	黄劲翔	国家级	三等奖	机械自动化学院	陈桂娟
375	全国周培源大学生力学竞赛	熊　博	国家级	三等奖	理学院	陈桂娟
376	全国周培源大学生力学竞赛	余浩天	国家级	三等奖	理学院	陈桂娟
377	全国周培源大学生力学竞赛	詹森震	国家级	三等奖	城市建设学院	陈桂娟
378	全国周培源大学生力学竞赛	徐　宇	国家级	三等奖	理学院	陈桂娟
379	全国周培源大学生力学竞赛	孙　琪	国家级	优秀奖	理学院	李明方
380	睿抗机器人开发者大赛（RAICOM）（原 RoboCom 机器人开发者大赛）	侯烝志	国家级	一等奖	计算机科学与技术学院	
381	睿抗机器人开发者大赛（RAICOM）（原 RoboCom 机器人开发者大赛）	杨熠钒	国家级	二等奖	机械自动化学院	段现银
382	外研社全国大学生英语系列赛——英语演讲、英语辩论、英语写作、英语阅读	刘阿龙	国家级	一等奖	外国语学院	肖志清
383	外研社全国大学生英语系列赛——英语演讲、英语辩论、英语写作、英语阅读	叶文杰	国家级	三等奖	外国语学院	吴万伟
384	未来设计师·全国高校数字艺术设计大赛	唐梦璋	国家级	一等奖	城市建设学院	李明术
385	未来设计师·全国高校数字艺术设计大赛	翟　玫	国家级	一等奖	艺术与设计学院	聂　虹
386	未来设计师·全国高校数字艺术设计大赛	孔令恺	国家级	一等奖	艺术与设计学院	王　伟

续表

序号	项目名称	学生负责人	获奖级别	获奖等级	组织参赛学院	主要指导老师
387	未来设计师·全国高校数字艺术设计大赛	黄　灏	国家级	二等奖	艺术与设计学院	赵　音
388	未来设计师·全国高校数字艺术设计大赛	杨　琨	国家级	二等奖	艺术与设计学院	聂　虹
389	未来设计师·全国高校数字艺术设计大赛	李舒玥	国家级	二等奖	艺术与设计学院	聂　虹
390	未来设计师·全国高校数字艺术设计大赛	张羽茜	国家级	二等奖	艺术与设计学院	高　超
391	未来设计师·全国高校数字艺术设计大赛	王星雨	国家级	二等奖	艺术与设计学院	王　伟
392	未来设计师·全国高校数字艺术设计大赛	井煜斌	国家级	二等奖	艺术与设计学院	彭　红
393	未来设计师·全国高校数字艺术设计大赛	井煜斌	国家级	二等奖	艺术与设计学院	彭　红
394	未来设计师·全国高校数字艺术设计大赛	方　婷	国家级	三等奖	艺术与设计学院	艾险峰
395	未来设计师·全国高校数字艺术设计大赛	王晓川	国家级	三等奖	艺术与设计学院	聂　虹
396	未来设计师·全国高校数字艺术设计大赛	周　林	国家级	三等奖	艺术与设计学院	王　伟
397	未来设计师·全国高校数字艺术设计大赛	王耀珑	国家级	三等奖	艺术与设计学院	张晓熙
398	未来设计师·全国高校数字艺术设计大赛	张长智	国家级	三等奖	艺术与设计学院	聂　虹
399	未来设计师·全国高校数字艺术设计大赛	周冠雄	国家级	三等奖	艺术与设计学院	聂　虹
400	未来设计师·全国高校数字艺术设计大赛	荣天涯	国家级	三等奖	艺术与设计学院	聂　虹
401	未来设计师·全国高校数字艺术设计大赛	黄健容	国家级	三等奖	艺术与设计学院	张　姝
402	未来设计师·全国高校数字艺术设计大赛	黄健容	国家级	三等奖	艺术与设计学院	张　姝
403	中国大学生服务外包创新创业大赛	李晨阳	国家级	三等奖	计算机科学与技术学院	李红斌

续表

序号	项目名称	学生负责人	获奖级别	获奖等级	组织参赛学院	主要指导老师
404	中国大学生机械工程创新创意大赛	王宇辰	国家级	一等奖	机械自动化学院	易灿灿
405	中国大学生机械工程创新创意大赛	李佳宁	国家级	一等奖	机械自动化学院	邵　华
406	中国大学生机械工程创新创意大赛	王桦寅	国家级	二等奖	机械自动化学院	曾　飞
407	中国大学生机械工程创新创意大赛	刘洋瑞	国家级	二等奖	机械自动化学院	赵　刚
408	中国大学生机械工程创新创意大赛	胡鑫凯	国家级	二等奖	机械自动化学院	张旭刚
409	中国大学生机械工程创新创意大赛	黄伟明	国家级	二等奖	材料学部	王　贞
410	中国大学生机械工程创新创意大赛	何　畅	国家级	二等奖	材料学部	吴　腾
411	中国大学生机械工程创新创意大赛	李博澳	国家级	二等奖	机械自动化学院	江　都
412	中国大学生机械工程创新创意大赛	张　昊	国家级	二等奖	材料学部	吴　腾
413	中国大学生机械工程创新创意大赛	张鹏晖	国家级	二等奖	材料学部	郭家麒
414	中国大学生机械工程创新创意大赛	万　欣	国家级	二等奖	材料学部	宋新莉
415	中国大学生机械工程创新创意大赛	张志鹏	国家级	二等奖	机械自动化学院	张旭刚
416	中国大学生机械工程创新创意大赛	刘心雨	国家级	二等奖	机械自动化学院	赵　刚
417	中国大学生机械工程创新创意大赛	王毅铭	国家级	三等奖	机械自动化学院	刘昌明
418	中国大学生机械工程创新创意大赛	贺雨晴	国家级	三等奖	机械自动化学院	唐秋华
419	中国大学生机械工程创新创意大赛	丁志鹏	国家级	三等奖	机械自动化学院	张旭刚
420	中国大学生机械工程创新创意大赛	廖树斌	国家级	三等奖	材料学部	彭志贤

续表

序号	项目名称	学生负责人	获奖级别	获奖等级	组织参赛学院	主要指导老师
421	中国大学生机械工程创新创意大赛	杨城钦	国家级	三等奖	机械自动化学院	张利平
422	中国大学生计算机设计大赛	邱梓怡	国家级	二等奖	艺术与设计学院	王　伟
423	中国大学生计算机设计大赛	顾慧秋	国家级	二等奖	计算机科学与技术学院	朱子奇
424	中国大学生计算机设计大赛	舒　洪	国家级	二等奖	计算机科学与技术学院	朱子奇
425	中国大学生计算机设计大赛	严晓武	国家级	三等奖	汽车与交通工程学院	何一鸣
426	中国大学生计算机设计大赛	李晨璐瑶	国家级	三等奖	汽车与交通工程学院	何一鸣
427	中国大学生计算机设计大赛	罗　琪	国家级	三等奖	计算机科学与技术学院	林晓丽
428	中国大学生计算机设计大赛	张艺汶	国家级	三等奖	计算机科学与技术学院	林晓丽
429	中国高校计算机大赛——大数据挑战赛、团体程序设计天梯赛、移动应用创新赛、网络技术挑战赛、人工智能创意赛	孙煜恒	国家级	一等奖	计算机科学与技术学院	李顺新
430	中国高校计算机大赛——大数据挑战赛、团体程序设计天梯赛、移动应用创新赛、网络技术挑战赛、人工智能创意赛	潘　骏	国家级	二等奖	计算机科学与技术学院	李顺新
431	中国高校计算机大赛——大数据挑战赛、团体程序设计天梯赛、移动应用创新赛、网络技术挑战赛、人工智能创意赛	聂泽锴	国家级	二等奖	计算机科学与技术学院	李顺新
432	中国高校计算机大赛——大数据挑战赛、团体程序设计天梯赛、移动应用创新赛、网络技术挑战赛、人工智能创意赛	孙煜恒	国家级	二等奖	计算机科学与技术学院	李顺新
433	中国高校计算机大赛——大数据挑战赛、团体程序设计天梯赛、移动应用创新赛、网络技术挑战赛、人工智能创意赛	肖依如	国家级	三等奖	计算机科学与技术学院	
434	中国高校计算机大赛——大数据挑战赛、团体程序设计天梯赛、移动应用创新赛、网络技术挑战赛、人工智能创意赛	马长敬	国家级	三等奖	计算机科学与技术学院	

续表

序号	项目名称	学生负责人	获奖级别	获奖等级	组织参赛学院	主要指导老师
435	中国高校计算机大赛——大数据挑战赛、团体程序设计天梯赛、移动应用创新赛、网络技术挑战赛、人工智能创意赛	张　博	国家级	三等奖	计算机科学与技术学院	
436	中国高校计算机大赛——大数据挑战赛、团体程序设计天梯赛、移动应用创新赛、网络技术挑战赛、人工智能创意赛	张　博	国家级	三等奖	计算机科学与技术学院	李顺新
437	中国高校计算机大赛——大数据挑战赛、团体程序设计天梯赛、移动应用创新赛、网络技术挑战赛、人工智能创意赛	潘　骏	国家级	三等奖	计算机科学与技术学院	李顺新
438	中国高校计算机大赛——大数据挑战赛、团体程序设计天梯赛、移动应用创新赛、网络技术挑战赛、人工智能创意赛	张子亮	国家级	三等奖	计算机科学与技术学院	李顺新
439	中国高校计算机大赛——大数据挑战赛、团体程序设计天梯赛、移动应用创新赛、网络技术挑战赛、人工智能创意赛	张伟志	国家级	三等奖	计算机科学与技术学院	李顺新
440	中国高校计算机大赛——大数据挑战赛、团体程序设计天梯赛、移动应用创新赛、网络技术挑战赛、人工智能创意赛	郑天佑	国家级	三等奖	计算机科学与技术学院	李顺新
441	中国高校计算机大赛——大数据挑战赛、团体程序设计天梯赛、移动应用创新赛、网络技术挑战赛、人工智能创意赛	张子豪	国家级	三等奖	计算机科学与技术学院	
442	中国高校计算机大赛——大数据挑战赛、团体程序设计天梯赛、移动应用创新赛、网络技术挑战赛、人工智能创意赛	谭定福	国家级	三等奖	计算机科学与技术学院	李顺新
443	中国高校计算机大赛——大数据挑战赛、团体程序设计天梯赛、移动应用创新赛、网络技术挑战赛、人工智能创意赛	胡　步	国家级	三等奖	计算机科学与技术学院	李顺新

续表

序号	项目名称	学生负责人	获奖级别	获奖等级	组织参赛学院	主要指导老师
444	中国高校计算机大赛——大数据挑战赛、团体程序设计天梯赛、移动应用创新赛、网络技术挑战赛、人工智能创意赛	胡可欣	国家级	三等奖	计算机科学与技术学院	李顺新
445	中国高校计算机大赛——大数据挑战赛、团体程序设计天梯赛、移动应用创新赛、网络技术挑战赛、人工智能创意赛	杨　森	国家级	三等奖	计算机科学与技术学院	何　亨
446	中国高校智能机器人创意大赛	贺雨晴	国家级	一等奖	机械自动化学院	曾　飞
447	中国高校智能机器人创意大赛	陈　典	国家级	一等奖	机械自动化学院	汤　勃
448	中国高校智能机器人创意大赛	丁逸峰	国家级	一等奖	机械自动化学院	曾　飞
449	中国高校智能机器人创意大赛	王伯杰	国家级	二等奖	汽车与交通工程学院	孙　伟
450	中国高校智能机器人创意大赛	陶剑辉	国家级	二等奖	汽车与交通工程学院	孙　伟
451	中国高校智能机器人创意大赛	赵海亮	国家级	二等奖	机械自动化学院	孙　伟
452	中国高校智能机器人创意大赛	周天泽	国家级	二等奖	汽车与交通工程学院	孙　伟
453	中国高校智能机器人创意大赛	王东烁	国家级	三等奖	机械自动化学院	邹光明
454	中国高校智能机器人创意大赛	马刘荣	国家级	三等奖	机械自动化学院	孙　伟
455	中国高校智能机器人创意大赛	马刘荣	国家级	三等奖	机械自动化学院	
456	中国好创意暨全国数字艺术设计竞赛	王怡霖	国家级	一等奖	艺术与设计学院	王　伟
457	中国好创意暨全国数字艺术设计竞赛	杨一凡	国家级	一等奖	艺术与设计学院	李丽媛
458	中国好创意暨全国数字艺术设计竞赛	孔令恺	国家级	二等奖	艺术与设计学院	王　伟
459	中国好创意暨全国数字艺术设计竞赛	张羽茜	国家级	二等奖	艺术与设计学院	高　超
460	中国好创意暨全国数字艺术设计竞赛	周春雨	国家级	二等奖	艺术与设计学院	赵　音
461	中国好创意暨全国数字艺术设计竞赛	邱泽林	国家级	三等奖	艺术与设计学院	李丽媛
462	中国好创意暨全国数字艺术设计竞赛	翟　玫	国家级	三等奖	艺术与设计学院	聂　虹

续表

序号	项目名称	学生负责人	获奖级别	获奖等级	组织参赛学院	主要指导老师
463	中国好创意暨全国数字艺术设计竞赛	杨　婕	国家级	三等奖	艺术与设计学院	袁心平
464	中国机器人大赛暨 RoboCup 机器人世界杯中国赛	郁万杰	国家级	一等奖	计算机科学与技术学院	刘　静
465	中国机器人大赛暨 RoboCup 机器人世界杯中国赛	龚思宇	国家级	一等奖	计算机科学与技术学院	刘　静
466	中国机器人大赛暨 RoboCup 机器人世界杯中国赛	龚思宇	国家级	一等奖	计算机科学与技术学院	刘　静
467	中国机器人大赛暨 RoboCup 机器人世界杯中国赛	郁万杰	国家级	二等奖	计算机科学与技术学院	刘　静
468	中国机器人及人工智能大赛	龚　灿	国家级	三等奖	机械自动化学院	陶　波
469	中国机器人及人工智能大赛	刘心雨	国家级	三等奖	机械自动化学院	赵　刚
470	中国研究生“美丽中国”创新设计大赛	刘昊天	国家级	一等奖	城市建设学院	徐　虹
471	中国研究生“美丽中国”创新设计大赛	黄雨露	国家级	一等奖	艺术与设计学院	王　伟
472	中国研究生“美丽中国”创新设计大赛	张大藩	国家级	二等奖	艺术与设计学院	王采莲
473	中国研究生“美丽中国”创新设计大赛	付云豪	国家级	二等奖	艺术与设计学院	董　黎
474	中国研究生“美丽中国”创新设计大赛	康美琪	国家级	二等奖	艺术与设计学院	董　黎
475	中国研究生“美丽中国”创新设计大赛	谢若玲	国家级	二等奖	艺术与设计学院	王采莲
476	中国研究生“美丽中国”创新设计大赛	刘彤琛	国家级	三等奖	艺术与设计学院	张　姝
477	中国研究生“美丽中国”创新设计大赛	杨　琨	国家级	三等奖	艺术与设计学院	王　伟
478	中国研究生“美丽中国”创新设计大赛	严昕雨	国家级	三等奖	艺术与设计学院	李一霏
479	中国研究生“美丽中国”创新设计大赛	李程锦	国家级	三等奖	艺术与设计学院	曾　力

续表

序号	项目名称	学生负责人	获奖级别	获奖等级	组织参赛学院	主要指导老师
480	中国研究生“双碳”创新与创意大赛	余丽玲	国家级	二等奖	材料学部	吴开明
481	中国研究生“双碳”创新与创意大赛	齐莘迪	国家级	二等奖	材料学部	付绿平
482	中国研究生“双碳”创新与创意大赛	王冲冲	国家级	三等奖	城市建设学院	李冠男
483	中国研究生电子设计竞赛	苗雨露	国家级	三等奖	法学与经济学院	李　莉
484	中国研究生工程管理案例大赛	吴俭泰	国家级	三等奖	管理学院	李　蒙
485	中国研究生公共管理案例大赛	韩天荣	国家级	三等奖	法学与经济学院	程红丹
486	中国研究生机器人创新设计大赛	薛家成	国家级	三等奖	机械自动化学院	易灿灿
487	中国研究生机器人创新设计大赛	李佩瑶	国家级	三等奖	机械自动化学院	曾　飞
488	中国研究生机器人创新设计大赛	雷　子	国家级	三等奖	机械自动化学院	谢良喜
489	中国研究生能源装备创新设计大赛	王集泽	国家级	三等奖	机械自动化学院	雷　斌
490	中国研究生能源装备创新设计大赛	张雨菲	国家级	三等奖	城市建设学院	李　涛
491	中国研究生能源装备创新设计大赛	刘雅琴	国家级	三等奖	城市建设学院	高佳佳
492	中国研究生企业管理创新大赛	陈　婷	国家级	二等奖	管理学院	黎精明
493	中国研究生企业管理创新大赛	路　帅	国家级	二等奖	管理学院	刘俊武
494	中国研究生企业管理创新大赛	吴安可	国家级	三等奖	管理学院	刘俊武
495	中国研究生企业管理创新大赛	陈钱林	国家级	三等奖	管理学院	
496	中国研究生企业管理创新大赛	舒　瑾	国家级	三等奖	管理学院	
497	中国研究生数学建模竞赛	黄文哲	国家级	二等奖	机械自动化学院	陈新元
498	中国研究生数学建模竞赛	张凤比	国家级	二等奖	理学院	丁咏梅
499	中国研究生数学建模竞赛	李　越	国家级	二等奖	理学院	刘燕丽

续表

序号	项目名称	学生负责人	获奖级别	获奖等级	组织参赛学院	主要指导老师
500	中国研究生数学建模竞赛	杨欣卢	国家级	二等奖	理学院	王文波
501	中国研究生数学建模竞赛	容　英	国家级	二等奖	化学与化工学院	余　婷
502	中国研究生数学建模竞赛	裴秋玉	国家级	二等奖	理学院	王文波
503	中国研究生数学建模竞赛	臧硕文	国家级	三等奖	管理学院	刘　翱
504	中国研究生数学建模竞赛	陈志恒	国家级	三等奖	信息科学与工程学院（人工智能学院）	陈志环
505	中国研究生数学建模竞赛	毛竣锋	国家级	三等奖	理学院	涂俐兰
506	中国研究生数学建模竞赛	梁啸林	国家级	三等奖	机械自动化学院	江志刚
507	中国研究生数学建模竞赛	孙莹莹	国家级	三等奖	理学院	
508	中国研究生数学建模竞赛	李想想	国家级	三等奖	机械自动化学院	江志刚
509	中国研究生数学建模竞赛	曾志辉	国家级	三等奖	理学院	杜海洋
510	中国研究生数学建模竞赛	唐崇彪	国家级	三等奖	理学院	丁咏梅
511	中国研究生数学建模竞赛	陈球球	国家级	三等奖	理学院	邢远秀
512	中国研究生数学建模竞赛	聂灶金	国家级	三等奖	理学院	
513	中国研究生数学建模竞赛	杨旭阳	国家级	三等奖	机械自动化学院	唐秋华
514	中国研究生数学建模竞赛	蒯彦兵	国家级	三等奖	理学院	杜海洋
515	中国研究生数学建模竞赛	庞奥康	国家级	三等奖	机械自动化学院	容芷君
516	中国研究生数学建模竞赛	秦天芸	国家级	三等奖	机械自动化学院	肖　明
517	中国研究生数学建模竞赛	崔文豪	国家级	优秀奖	机械自动化学院	
518	中国研究生网络安全创新大赛	陈月佳	国家级	二等奖	计算机科学与技术学院	何　亨
519	中国研究生网络安全创新大赛	鲁　力	国家级	三等奖	计算机科学与技术学院	任正伟
520	中国研究生未来飞行器创新大赛	李胜昔	国家级	二等奖	信息科学与工程学院（人工智能学院）	陈　洋
521	中国研究生智慧城市技术与创意设计大赛	罗长源	国家级	二等奖	机械自动化学院	朱锟鹏
522	中国研究生智慧城市技术与创意设计大赛	郭梓瑄	国家级	三等奖	城市建设学院	徐　虹

2023 年武汉科技大学创新创业教育课程开设情况一览表

序号	课程名称	课程性质	备注
1	创业学基础	通识教育平台课程	线上/线下必修
2	创业管理学	专业任选课程	线下选修
3	创业管理学	专业方向课程	线下选修
4	创业学	专业任选课程	线下选修
5	社会创业学	学科基础平台课程	线下必修
6	项目投资与融资	专业任选课程	线下选修
7	证券投资基金	专业核心课程	线下必修
8	证券投资理论与应用	专业任选课程	线下选修
9	证券投资学	专业任选课程	线下选修
10	知识产权法	专业任选课程	线下选修
11	商业计划书模块化制作与演示设计	通识教育平台课程	在线选修
12	创业投资管理	专业方向课程	线下选修
13	投资基金管理	专业任选课程	线下选修
14	投资项目评估	专业核心课程	线下必修
15	投资学	专业核心课程	线下必修
16	项目管理概论	通识教育平台课程	线下必修
17	项目投资与融资	专业核心课程	线下必修
18	证券法	专业方向课程	线下选修
19	证券投资学	专业核心课程	线下必修
20	创业学	通识教育平台课程	在线选修
21	互联网金融	通识教育平台课程	在线选修
22	大学生创业基础	通识教育平台课程	在线选修
23	互联网与营销创新	通识教育平台课程	在线选修
24	大学生创业概论与实践	通识教育平台课程	在线选修
25	证券投资学	通识教育平台课程	在线选修
26	创意学经济	通识教育平台课程	在线选修
27	思辨与创新	通识教育平台课程	在线选修
28	创造性思维与创新方法	通识教育平台课程	在线选修
29	互联网与营销创新	通识教育平台课程	在线选修
30	大学生创业概论与实践	通识教育平台课程	在线选修

续表

序号	课程名称	课程性质	备注
31	创践——大学生创新创业实务	通识教育平台课程	在线选修
32	创课——大学生创新创业基础	通识教育平台课程	在线选修
33	创业管理	通识教育平台课程	在线选修
34	证券投资分析与智慧人生	通识教育平台课程	在线选修
35	创新创业学	通识教育平台课程	在线选修
36	创业营销——创业新手营销实战指南	通识教育平台课程	在线选修
37	创业管理——易学实用的创业真知	通识教育平台课程	在线选修
38	大学生创新创业法律实务	通识教育平台课程	在线选修
39	创业：道与术	通识教育平台课程	在线选修
40	企业 EHS 风险管理基础	通识教育平台课程	在线选修
41	创新、发明与专利实务	通识教育平台课程	在线选修
42	创业创新领导力	通识教育平台课程	在线选修
43	创业创新执行力	通识教育平台课程	在线选修
44	创意 Creativity	通识教育平台课程	在线选修
45	创业实践案例课程	通识教育平台课程	在线选修

2023 年武汉科技大学创新创业培训活动一览表

序号	时间	主题	主讲人	人数
1	2023 年 3 月 18 日	第九届互联网+大赛专项训练营	李　珂	56
2	2023 年 3 月 21 日	“沁湖创客”讲堂第 1 讲	韩英春	865
3	2023 年 3 月 23 日	商业模式的创新与设计	陈　刚	132
4	2023 年 3 月 30 日	创新创业思维与职业实践	张福宏	127
5	2023 年 4 月 7 日	“从创新的角度看创业大赛”创业沙龙	向东辉	115
6	2023 年 4 月 13 日	“初创企业的投资与融资”创业沙龙	赵温才	131
7	2023 年 4 月 19 日	“沁湖创客”讲堂第 2 讲大学生创新创业	樊希安	230
8	2023 年 4 月 27 日	“创业项目的商业模式选择”创业沙龙活动	张云川	126
9	2023 年 5 月 6 日	“初创企业如何吸引风险投资”创业沙龙	杨　蓬	135

续表

序号	时间	主题	主讲人	人数
10	2023年5月10日	“沁湖创客”讲堂第3讲自媒体创客	王梓娴、韩 睿、王 茜、肖 畅	1157
11	2023年5月13日	初创企业的法律风险和控制创业沙龙活动	王 浩	102
12	2023年5月14日	学校开展互联网+校赛专题培训	佘有缘	299
13	2023年5月17日	武汉理工大学“互联网+”大赛国家级金奖分享会	张嘉翊	135
14	2023年5月20日	互联网+校赛现场赛	71个参赛团队	9357
15	2023年6月2日	沁湖创客创新创业典型表彰暨第九届中国国际互联网+大学生创新创业大赛校赛金奖排位赛	33个参赛团队	389
16	2023年6月10日	“沁湖创客”讲堂第4讲自媒体创业培训会	葛冰南、张伯伦	988
17	2023年6月15日	“趁青春，创业而行”创业沙龙活动	葛 馨	157
18	2023年10月10日	第三届武汉大学生“英雄杯”创新创业大赛宣讲活动	冯丽华	251
19	2023年10月12日	“沁湖创客”讲堂第五讲	张 莹	953
20	2023年10月19日	“投资人在想什么”创业沙龙活动	杨 蓬	123
21	2023年10—12月	GYB培训	刘 峰、王莉等	665
22	2023年11月2日	才聚荆楚·创立方大学生创业路演周会（武汉科技大学专场）	9个项目团队	302
合 计				16795

2023年武汉科技大学大学生创业基地新增注册公司一览表

序号	企业名称	法定代表人	注册资本/万元	统一社会信用代码
1	武汉松玲星辉信息科技有限公司	宋一辉	10	91420111MACETE3C5N
2	湖北慧建通科技有限公司	张 庭	100	91420111MACH0A4Y5G
3	湖北省创芯声电科技有限责任公司	胡晓明	1200	91420111MACECFPE1Q
4	武汉盛鑫科技有限责任公司	王智慧	605	91420111MACJB0XH5G
5	武汉市鉴川自动化科技有限公司	蒋宇皓	10	91420111MAD1E3AP4Y

续表

序号	企业名称	法定代表人	注册资本/万元	统一社会信用代码
6	湖北胶聚科技有限公司	张焱喆	150	91420111MACJBP4U53
7	武汉市洪山区慧泽堂药品销售有限责任公司	付　健	40	91420111MAD35R506F
8	武汉市崇实科技有限公司	严　楚	10	91420111MACA85DE2H
9	武汉昊乐科技有限公司	赵海亮	10	91420111MACP288EXH
10	武汉昌俊城乡规划设计咨询有限公司	张仕俊	100	91420111MACCJYLR0M
11	武汉昕驰科技有限公司	胡天鑫	100	91420111MACNKK7G9G
12	武汉一维知识产权服务有限公司	孙　伟	100	91420111MACH4DYK11
13	武汉礼艺创艺文化有限公司	陈宣宇	50	91420111MACJ79GQ3R
14	武汉卓情文化传媒有限公司	卓　情	100	91420111MACY9HDC6X
15	湖北情志健康科技有限公司	孙淑伟	120	91420111MACX5CAM24
16	武汉希源教育咨询有限公司	王　颖	10	91420111MACQR3RE45
17	武汉智拓慧创科技有限公司	刘　鑫	100	91420111MACLJT2C1W
18	武汉爱橙可电子商务有限公司	倪绍豪	10	91420111MACMKMTE70
19	武汉汝意创意文化有限公司	朱思雯	500	91420111MACGUG6U4F
20	武汉恒源硅基科技有限公司	徐一帆	500	91420111MACXX2UU06
21	武汉慧控智矿科技有限公司	侯　丰	100	91420111MACPRJCU2C
22	武汉纨圣网络技术有限公司	周　纯	100	91420111MACMREWQ0U
23	武汉欧艾科技有限公司	杨熠钒	40	91420111MACN6QM62F
24	武汉华夏荣光科技有限公司	王东烁	40	91420111MACH0AK25Q
25	武汉歆予诚科技有限公司	贺雨晴	5	91420111MACLJRA68J
26	湖北鼎崇智能医疗科技合伙企业（有限合伙）	徐　雪	120	91420111MAD32U292J
27	武汉鼎崇智能医疗科技有限公司	孙淑伟	120	91420111MAD1KUPB17
28	武汉迈创讯辉大数据科技有限公司	羿旭辉	10	91420111MACLLCGW90
29	湖北道从医疗科技有限公司	李建雨	120	91420111MAD497LM6R
30	武汉铜延科技有限公司	柯俊宇	100	91420111MACJQHQ77F
31	武汉抑噪科技有限公司	雷远腾	100	91420111MACFJPHA4N
32	武汉武科江楚电子有限公司	张春生	100	91420111MACNARCJXJ

2023年武汉科技大学国家级和省级大学生创新创业训练计划项目获批立项情况一览表

序号	项目名称	项目类型	项目负责人姓名	指导教师姓名	项目级别
1	昕驰科技——重载运输车自动驾驶系统领跑者	创业实践项目	胡　双	游向荣	国家级
2	高温功能复合材料的制备及其性能研究	创新训练项目	夏玉婷	陈平安 李享成	国家级
3	金属材料磨损失效云端数据平台	创业训练项目	郭建隆	刘　升	国家级
4	基于聚合物改性的超早强—高耐蚀—高兼容快速修复材料研究	创新训练项目	李嘉驹	梅军鹏	国家级
5	“膏”科技背胶——开创建筑饰面装修新纪元	创业实践项目	刘　芊	廖国胜	国家级
6	基于社区社会工作视角的老工业社区公共服务转型状况及治理策略研究——以武汉市青山区为例	创新训练项目	庹桂英	李　莉	国家级
7	“革命文物忆峥嵘”——基于新媒体技术的县域红色文旅融合	创业训练项目	王艺霖	张　翼	国家级
8	社会支持理论视角下的大学生创新行为产生机制研究	创新训练项目	张紫彤	郭朝晖	国家级
9	基于人工智能的个性化自主学习平台研究	创业训练项目	刘　奕	王鑫鑫 张志清	国家级
10	可配置数据智能分析与展现系统	创业训练项目	孙运韬	高　峰 杨　湘	国家级
11	新型钢管喷砂机	创业实践项目	李嘉文	刘昌明 龚彩云	国家级
12	白腐真菌对新型污染物口罩的生物降解及其机制研究	创新训练项目	马路阳	李　飞	国家级
13	基于双轴履带的无人配送小车	创业训练项目	梁君伟	李庆昉	国家级
14	复杂工况下双足机器人腿部机构的变胞研究设计	创新训练项目	杨熠钒	侯　宇	国家级
15	适用于复杂场景的六足机器人柔性功能拓展坞机构原型开发	创业训练项目	刘浩林	刘　翔	国家级
16	圾分广益——垃圾分类车打造“绿色回收”新模式	创业训练项目	徐　可	王雨辰	国家级

续表

序号	项目名称	项目类型	项目负责人姓名	指导教师姓名	项目级别
17	云热像——工业安全智能监测设备	创业实践项目	宫逸文	吴　意	国家级
18	农丰电裕	创业实践项目	郑　蔚	易灿灿	国家级
19	基于深度学习的 3D 脑肿瘤分割研究	创新训练项目	杨思瑶	林晓丽 徐浩伦	国家级
20	基于计算机视觉的打印机源识别系统	创新训练项目	叶　航	朱子奇	国家级
21	基于 Transformer 模型的编译系统虚拟仿真平台建设	创新训练项目	张友衡	刘茂福	国家级
22	智联城摊	创业实践项目	刘　慧	郑晓旭 徐浩伦	国家级
23	基于 Citect 的铁矿球团生产工艺监控系统	创业实践项目	张衍昕	廖雪超	国家级
24	电池能源控制器密封工艺的优化设计与研究	创新训练项目	雷黎翰	宋　硕 王文波	国家级
25	空气预测与预警	创业训练项目	易鑫健	余　婷	国家级
26	利用最大公共子图降低集成芯片的模拟代价	创业训练项目	万祁阳	刘燕丽	国家级
27	极电——无功补偿先行者	创业实践项目	危佳仪	杨德明	国家级
28	基于无线射频定位和 AI 识别多源数据融合的无感智慧图书借阅系统关键技术研究	创新训练项目	柴　缘	梁晓磊	国家级
29	黄连炕——助力珍贵中药材增产保质	创业训练项目	贺章涛	安赛尔丁·买合木提	国家级
30	基于非诊断性 dPCR 方法的病毒试剂科技研发公司	创业训练项目	崔琢玉	张晓宇	国家级
31	培养“源泉”——一站式 CAR-T 细胞培养服务的开创者	创业训练项目	李子一	张同存	国家级
32	YTHDF2 对宫颈癌细胞肿瘤干性和内质网应激的影响及其作用机制	创新训练项目	郭舒月	周　俊	国家级
33	载药水凝胶定点治疗子宫内膜炎	创业实践项目	吴敦涛	许　娜	国家级
34	CAR-T“双引擎”——双靶点精准治疗霍奇金淋巴瘤服务的开创者	创业实践项目	祁菲菲	廖兴华	国家级
35	魔芋飞粉中魔芋淀粉的提取及其淀粉基复合抗菌膜的开发	创新训练项目	罗泽贤	王　琼	国家级

续表

序号	项目名称	项目类型	项目负责人姓名	指导教师姓名	项目级别
36	光颐健身有限公司	创业训练项目	张　斌	黄显涛 卢云飞	国家级
37	草原风味——“农潮儿”平台开拓者	创业训练项目	马茜云	程腾飞	国家级
38	基于碲化铟（InSb）超表面的热调控太赫兹波前操控器件研究	创新训练项目	倪　城	程用志	国家级
39	流云旅行社	创业训练项目	付亚俊	杨　恕	国家级
40	一叶生万象——光刻叶雕助力乡村振兴	创业实践项目	夏睿哲	何　杰	国家级
41	自动化浸焊设备	创业实践项目	蒋宇皓	陈　曦	国家级
42	用定量蛋白组学技术分析外周血浆蛋白质与认知轨迹衰退的相关性	创新训练项目	郑文哲	曾　燕	国家级
43	疲劳克星——HPA 轴刺介导梨多糖预防 CFS	创业训练项目	翟丕勇	程　静	国家级
44	烟草药用成分止血作用及其机制研究	创业训练项目	吴霞玉	舒　丹 周乾毅	国家级
45	特色废弃物产品再生计划	创业训练项目	徐锦舜	管小葳	国家级
46	数字榫卯——基于数字化设计与制造的木结构营造	创业训练项目	张长智	罗　斌	国家级
47	都市屋顶农园关键技术与应用研究	创业实践项目	俞彤彤	侯　涛	国家级
48	尾砂纤维混凝土性能研究及配比优化设计	创新训练项目	娄家豪	黄诗冰	国家级
49	新之筑——高性能发泡陶瓷材料领跑者	创业训练项目	刘照宇	张　瑞	国家级
50	一“废”万利——开创磷尾矿制备轻质隔热耐高温材料新时代	创业实践项目	陈敦熙	柯丽华 胡南燕	国家级
51	相分离法提纯有色金属及其结构设计	创新训练项目	刘泽锐	李建平 高　标	国家级
52	从“实验室”走向“生产线”——工业级节能减排多孔介质燃烧器	创新训练项目	张钰松	许学成 陈元元	省级
53	“氢”装上阵——基于计算与机制双驱动的氢能用管线钢研发	创新训练项目	张慧琛	张施琦	省级
54	基于图像识别的火焰模式检测技术	创新训练项目	胡　羿	李明杰 吕　伟	省级

续表

序号	项目名称	项目类型	项目负责人姓名	指导教师姓名	项目级别
55	超1000mm料层烧结极致能效减碳评估模型的开发	创新训练项目	高 远	周进东 熊 玮	省级
56	Cr2AlC直接结合氧化铬耐火材料的制备及其在水煤浆气化炉中侵蚀行为与Cr6+形成机制研究	创新训练项目	邓梦洁	陈俊峰	省级
57	薄板坯连铸连轧热轧板制备高强塑Q&P钢组织调控机理研究	创新训练项目	张梦岚	许德明	省级
58	高强钢过冷奥氏体变形流变应力模型	创新训练项目	李群芳	胡海江	省级
59	中间包异钢种连浇钢液混合及多相流行为优化研究	创新训练项目	邹 铭	方 庆	省级
60	红外屏蔽甘蔗渣纤维素气凝胶常压干燥制备及力学、热学性能	创新训练项目	王 爽	段红娟 张海军	省级
61	基于高温机器视觉技术的耐火材料蚀损行为研究	创新训练项目	彭 辉	黄 奥	省级
62	自动驾驶卫士-Micro-TEC国产替代	创新训练项目	周佳丽	樊希安	省级
63	低成本轻量型奥氏体不锈钢强塑性机理研究	创新训练项目	张致烽	陈光辉	省级
64	扩大内需背景下旅游空间异质性和人口动态分布耦合研究	创新训练项目	余欣灿	徐 虹	省级
65	基于pyrosim和pathfinder耦合的建筑疏散性能优化比较研究	创新训练项目	杜奥丽	周百灵	省级
66	太阳能耦合低谷电相变供暖叶板系统热性能及优化研究	创新训练项目	朱文涛	李 涛	省级
67	新型自激振荡反应水力空化器对四环素降解的研究	创新训练项目	舒雅雯	王 健	省级
68	无机碳添加下藻菌颗粒污泥减污降碳性能研究	创新训练项目	陈长青	季 斌	省级
69	电缆工井结构开孔力学分析与设计优化研究	创新训练项目	李威翰	龚建伍	省级
70	一种电化学厕所污水净化装置	创新训练项目	姚余铭	谢世伟	省级
71	压电式石墨烯发热保温鞋	创新训练项目	戈方婷	陈 俭	省级
72	高校厕所女性友好度评价与优化研究	创新训练项目	何筱宇	邵 俊	省级
73	高效活性污泥法处理特征废水效能研究	创新训练项目	余桤柠	宋宏娇	省级

续表

序号	项目名称	项目类型	项目负责人姓名	指导教师姓名	项目级别
74	武汉适应性热舒适调查与分析	创新训练项目	刘梦寒	屈万英	省级
75	藻—菌颗粒应用于湖泊水体修复的机理和方法	创新训练项目	杜思琪	郭绍东	省级
76	极端荷载作用下古建筑木结构塑性损伤性能快速识别方法研究	创新训练项目	陈　豪	彭　胜	省级
77	亚硫酸盐原位处理对剩余污泥厌氧发酵效能研究	创新训练项目	喻　庆	宋宏娇	省级
78	健康导向下社区绿地建成环境对老年人休闲性体力活动的影响研究——以武汉市为例	创新训练项目	张泽山	申　洁	省级
79	涉案企业合规的程序激励机制本土化构建探讨	创新训练项目	陶　醉	戴中祥 刘斯凡	省级
80	武汉市碳排放权交易政策赋能企业绿色创新作用研究：基于 DID 模型分析	创新训练项目	刘迦瑞	陈　春	省级
81	“互联网+”背景下网络儿童色情制品犯罪的中国式困境及刑法规制问题研究	创新训练项目	杜存兰	李永伟	省级
82	金融科技对中小企业绿色创新的作用机制及影响效应研究	创新训练项目	梅金欢	王　伟	省级
83	民营企业数字化转型的财税支持体系研究	创新训练项目	冯　勇	程红丹	省级
84	女大学生生育观念现状与社会工作介入策略研究	创新训练项目	黄伊晗	柯　燕	省级
85	新业态劳动者就业质量分析及对策研究——以湖北省快递及外卖送餐行业为例	创新训练项目	何　蕾	王　哲	省级
86	时间夹缝中的故事	创新训练项目	李晓诗	陈莉华 姜　琳	省级
87	高校基层党组织培育时代新人的现状和路径探索——以武汉市高校为例	创新训练项目	滕　蕊	胡诗绮	省级
88	关于 ChatGPT 在有效改善大学生社交恐惧心理机制功能上的试探性研究	创新训练项目	郑浩宇	孙蕊芳	省级
89	生成式 AI 商业数据获取行为的规制路径——以 ChatGPT 为例	创新训练项目	林佩鑫	郭晓虹	省级

续表

序号	项目名称	项目类型	项目负责人姓名	指导教师姓名	项目级别
90	数字经济对产业结构转型升级的影响研究——以长江中游省会城市为例	创新训练项目	赵紫怡	程　晨	省级
91	基于集对分析的本科生压力建模与分析	创新训练项目	王梦浩	张瑞军	省级
92	废旧轮胎回收纤维对混杂纤维 UHPC 性能	创新训练项目	许文杰	李维芳	省级
93	服务机器人采纳抗拒障碍对其使用意愿的研究	创新训练项目	邹　倩	孙　伟	省级
94	平台零工工作者工作压力与对策分析	创新训练项目	李　潘	马金平	省级
95	基于年报文本分析的制造业上市企业数字化能力的影响因素研究	创新训练项目	王夏薇	杨中华	省级
96	出水“浮”“容”，何以解“诱”：大学生容貌焦虑对垃圾食品购买的影响	创新训练项目	李倩茹	李四兰	省级
97	基于 GPT 模型的科研人工智能助手 ResearchPal 研究	创新训练项目	邓召东	严　红	省级
98	“书院—学院”协同育人视域下高校书院制改革对策研究	创新训练项目	彭佳欣	郭恺茗	省级
99	新时代高校党委加强对高层次人才党员发展和政治吸纳工作的调查和研究	创新训练项目	文　娱	毛晓丹 谭武全	省级
100	思政赋能——探索高校育人新格局	创新训练项目	苟燕红	伍学云	省级
101	乡村振兴背景下基于画像技术的脱贫不“反弹”研究	创新训练项目	潘孙贵楠	张志清	省级
102	大学生考研现状及对策研究——以武汉某高校为例	创新训练项目	韩　旭	吕　权	省级
103	三维点云与机器视觉在变电站巡检机器人自主导航中的应用研究	创新训练项目	刘明智	陈　洋	省级
104	端羟基聚丁二烯改性的水性聚氨酯胶粘剂的结构与性能	创新训练项目	吕　波	陈红祥	省级
105	乙烯焦油基可纺中间相沥青及其碳纤维制备与性能研究	创新训练项目	吴　聪	郭建光	省级
106	植物内生真菌 *Talaromyces purpurogenus* 中红色素的提取及理化性质研究	创新训练项目	曹润叶	李凌凌	省级
107	利用底物型小分子探针标记揭示癌症相关的丝氨酸转体组装规律	创新训练项目	侯　昊	陈俊玲	省级

续表

序号	项目名称	项目类型	项目负责人姓名	指导教师姓名	项目级别
108	中间相沥青基炭纤维微观结构控制及其性能研究	创新训练项目	李萧彤	高　芳	省级
109	基于分子间弱相互作用的超分子液晶的组装调控	创新训练项目	吴佳佳	张雄志	省级
110	HAase 修饰的纳米粒用于增强光动力抗肿瘤穿透深度	创新训练项目	余　广	彭　娜	省级
111	基于呋喃二甲酸可降解聚酯的制备与性能研究	创新训练项目	冉子怡	丁　玲	省级
112	基于三嗪—卟啉的超共轭共价有机框架对碱基和氨基酸的光催化氧化研究	创新训练项目	胡　颖	吴　魁	省级
113	非金属诱导烯烃的硫化过氧化反应及其机理研究	创新训练项目	张　松	高晓芳	省级
114	机器人关节变约束自锁周转轮系优化设计	创新训练项目	张宇锋	李　贵	省级
115	基于 OpenREALM 实时建图的一体化侦察无人机	创新训练项目	王毅铭	刘昌明	省级
116	基于 slam 的探测仿生鱼	创新训练项目	韩　顺	曾　飞	省级
117	光伏区多功能智能巡检机器人	创新训练项目	朱家豪	易灿灿	省级
118	基于 Opencv 与 Kociemba 的魔方还原机器人	创新训练项目	赵海亮	王　勋	省级
119	柔性一体化制造系统	创新训练项目	陈锦涛	王　涛	省级
120	基于机械手的智能药房设计及其取药时间优化研究	创新训练项目	王雪瑶	张　峰	省级
121	工程机械远程控制技术	创新训练项目	张卓凡	赵　刚	省级
122	基于三维视觉的机器人安全预警系统	创新训练项目	雷　鸣	孙　伟	省级
123	公卫上报系统中流程自动化与预测预警研究	创新训练项目	郭庆哲	刘　宇	省级
124	基于姿态估计和边缘计算的泳池溺水预警系统	创新训练项目	张名伟	张　智	省级
125	易停车智能共享停车服务	创新训练项目	熊敏瑞	胡　威	省级
126	基于知识增强与证据抽取的抑郁症等级研判模型研究	创新训练项目	陈佳逸	胡慧君	省级

续表

序号	项目名称	项目类型	项目负责人姓名	指导教师姓名	项目级别
127	夜间自监督光照迁移行人检测方法研究	创新训练项目	杨　珂	王　晓	省级
128	基于跨尺度信息相关性的图像超分辨算法研究	创新训练项目	黄泽童	王晓峰	省级
129	匿名网络中基于 SDN 的轻量级主动水印追溯技术研究	创新训练项目	韩　冲	何　亨	省级
130	英语听力精听训练软件的研究与开发	创新训练项目	王贤就	袁　嵩	省级
131	基于深度学习的智慧式艾灸治疗	创新训练项目	黄陈蕲	蒋　昱	省级
132	基于机器视觉的智慧农业大棚	创新训练项目	金　威	胡　威	省级
133	金属材料爆炸复合机理及技术工艺的研究	创新训练项目	赵　越	蒋　培	省级
134	垂直型不倒翁杆	创新训练项目	刘　焱	董锡杰	省级
135	基于压电主动传感和时间反演技术的木梁损伤识别研究	创新训练项目	夏阳春	韩　芳	省级
136	基于碳磷的磁性注入和自旋输运特性研究	创新训练项目	吴钰柱	朱思聪	省级
137	PVDF 压电薄膜水下传感器阵列的研制	创新训练项目	刘希铜	龚相超 杨　琳	省级
138	基于图像识别和多传感器数据融合的智慧物流搬运小车	创新训练项目	魏乐航	郝春艳	省级
139	“出行即服务”模式下预约定制出行的理论与方法	创新训练项目	李　伟	陈玲娟	省级
140	基于 FSEC 的传动系统设计	创新训练项目	刘旻旻	邹俊逸	省级
141	基于 PID 的门机走行自动纠偏系统	创新训练项目	丁欣茹	冯朝辉	省级
142	FSAC 赛车的自主驾驶系统搭建研究	创新训练项目	刘　旺	楚文慧	省级
143	层级蜂窝填充管的抗弯吸能性能分析和优化设计	创新训练项目	黄昱航	吴耀中	省级
144	数字健康背景下中医治疗结肠炎的效果和机制探究	创新训练项目	张航胜	周　翔	省级
145	参与免疫浸润的生物标志物和靶标 CTPS1 促进 BRCA 中的迁移和肿瘤干性	创新训练项目	周美彤	周　俊	省级
146	靶向 DSG3 的 CAR-T 细胞设计及其治疗肺鳞癌的研究	创新训练项目	王　鑫	孙　钒	省级

续表

序号	项目名称	项目类型	项目负责人姓名	指导教师姓名	项目级别
147	环状 RNA circBRD4 调控结肠癌发生发展的机制研究	创新训练项目	童祥文	徐　瑶	省级
148	纳米材料富集 DNA 用于食用油的真实性检测	创新训练项目	韩　舒	周　莹	省级
149	智慧家居健身器械在当代体育健身的影响力	创新训练项目	庞　超	刘占锋 韩振勇	省级
150	体医融合下高校大学生体质发展优化策略	创新训练项目	崔俊妮	鲁松涛 崔金喜	省级
151	扬·阿斯曼文化记忆理论中的象征物研究	创新训练项目	钟　奕	李金云	省级
152	英语专业学生“讲好中国故事”：现状与对策	创新训练项目	王慧媛	宋红波	省级
153	以 ChatGPT 为代表的新一代人工智能对大学英语学习力培养的影响与应用研究	创新训练项目	苏宇莎	陈　尧	省级
154	数智时代地方院校英语专业学生专业认同与数智学习投入的研究	创新训练项目	张文华	章木林	省级
155	社会文化视角下中国英语学习者情绪经历身份及其转化研究	创新训练项目	周家骐	龙在波	省级
156	在国际舆论场中讲好中华优秀传统文化的有效路径研究——以外语专业学生为主体	创新训练项目	邓韵婷	朱　明	省级
157	关于高校学生对乡村英语教育正向影响的研究	创新训练项目	陈思棋	程腾飞	省级
158	生态视角下大学英语教师反馈素养研究	创新训练项目	石馨雨	张　俊	省级
159	基于竞技与服务机器人底盘的移动机构研究	创新训练项目	杨宇宸	程　磊	省级
160	基于眼动追踪技术的手眼协调训练仪	创新训练项目	谷东霖	伍世虔 潘　鑫	省级
161	面向巡检机器人的智能图像抄表系统研究	创新训练项目	王子豪	徐望明	省级
162	基于 RoboMaster 机器人运动目标的图像识别与处理	创新训练项目	石锦锋	苏　茜	省级

续表

序号	项目名称	项目类型	项目负责人姓名	指导教师姓名	项目级别
163	基于光敏硅（Si）超表面的光调控太赫兹波前操控器件研究	创新训练项目	徐志祥	程用志	省级
164	新型骑踏式下肢康复机器人	创新训练项目	杨　妍	朱鲲鹏 林　昕	省级
165	曳引式电梯安全状态在线监测	创新训练项目	胡曾佳	郑秀娟	省级
166	基于 ABC 转运蛋白的抗抑郁药新污染物及其混合物潜在肝毒性风险及干预研究	创新训练项目	赵瑾如	王　君	省级
167	非烟草口味电子烟禁售前后电子烟网络关注度及时空特征分析	创新训练项目	陈　艳	陈　婷	省级
168	舌诊形态信息智能采集分析关键技术	创新训练项目	姜　恺	徐　雪	省级
169	孕期二氧化氮暴露与儿童哮喘，喘息和过敏性鼻炎的关联以及敏感窗口和性别差异的识别	创新训练项目	陈　浩	吴传莎	省级
170	健康老龄化背景下复合空气污染对中国老年人群认知功能的影响评价研究	创新训练项目	邓博宁	张云权	省级
171	TAAR1 激动剂对 PTSD 样行为的作用及机制研究	创新训练项目	付善妮	刘剑锋	省级
172	MSM 人群性病艾滋病预防干预的随机对照研究	创新训练项目	陈　叶	王　强	省级
173	突触粘附分子 KIRREL3 在 FXS 中的作用及泛素化降解机制	创新训练项目	刘宇葳	魏　珍	省级
174	靶点触发型 DNA 纳米机器对 MRSA 的抗菌效应研究	创新训练项目	南逸杨	吴　琼 程桂荣	省级
175	靶向 aβ 寡聚体的多功能纳米材料在 ad 治疗中的应用	创新训练项目	成　鑫	蔡小丽	省级
176	乳头体—海马神经环路在运动技能学习中的作用机制研究	创新训练项目	陈依文	陈雨珊	省级
177	基于单细胞表达特征的 AD 分型研究	创新训练项目	廖东香	胡斐斐	省级
178	三线工业遗产提升青少年核心素养的路径与优化策略	创新训练项目	王梦思	翁春萌 苏荷芬	省级
179	基于生态智慧传承的恩施土家族传统聚落景观形态研究	创新训练项目	郭可心	李一霏	省级

续表

序号	项目名称	项目类型	项目负责人姓名	指导教师姓名	项目级别
180	基于模块化设计方法的适应儿童不同阶段的电动童车设计研究	创新训练项目	鲍新月	雷　鸣（艺）	省级
181	空间生产理论视角下乡村聚落景观优化路径研究——以铁山区熊家境村为例	创新训练项目	牛　闯	李丽媛	省级
182	武汉科技大学沁湖文化文创产品设计	创新训练项目	罗世婷	王　伟	省级
183	武陵山红色文化遗产空间的数字化保护和创新性设计研究——以鄂西传统村落为例	创新训练项目	李嘉琪	翁雯霞	省级
184	基于 RP 技术的壳聚糖基智能环保生物塑料开发	创新训练项目	罗　莎	吴　思	省级
185	柠檬酸对高硫尾砂胶结充填体强度劣化行为的调控机理研究	创新训练项目	方永义	程爱平	省级
186	Co/Mo 基催化剂可控制备及其在电解海水中的机制研究	创新训练项目	郭　仪	夏　璐	省级
187	基于 5G 高精准定位技术的液压式钻探取样机	创新训练项目	方　赏	柯丽华	省级
188	基于光学传感技术的地下巷道缺陷自动识别与评估	创新训练项目	申逸凡	张光权	省级
189	表面改性纳米气泡强化苯乙烯膦酸沉淀浮选效果的研究	创新训练项目	张博仑	张　明	省级
190	磷石膏杂质处理及其材料化利用的研究	创新训练项目	彭佳琪	罗斌玉	省级
191	碱渣基吸附材料的制备及对富营养化水体同步脱氮除磷研究	创新训练项目	黄雨瀚	陈永亮	省级
192	冷板栏栅结构对动力电池系统散热性能的影响研究	创新训练项目	杜新月	赵　波	省级
193	水天一色——基于遥感技术的水体富营养化监测项目	创新训练项目	王　燕	战　川 洪运志	省级
194	贵州省矿区环境污染对当地红色文化保护的影响和挑战	创新训练项目	梁诗乐	张　瑞	省级
195	舒适生活的缔造者——智能茶几机器人	创新训练项目	曾子懿	罗斌玉	省级
196	超声对萤石、方解石表面不同键和原子捕收剂吸附状态的影响	创新训练项目	格干萨勒	崔　瑞	省级
197	“梁”身订制——智慧梁厂数字化建设服务领跑者	创业实践项目	李少洲	金清平 金　伟	省级

续表

序号	项目名称	项目类型	项目负责人姓名	指导教师姓名	项目级别
198	双靶点 CAR-T 细胞应用于制备治疗胃癌的活细胞药物和试剂盒	创业训练项目	张子璇	张同存	省级
199	无拘无“癌”——CAR-T 细胞治疗 EBV 潜伏感染的霍奇金淋巴瘤	创业训练项目	陈　晓	张晓宇	省级
200	基于区块链的校园资源共享交换平台	创业训练项目	华　颖	徐浩伦	省级
201	基于三菱 MC 协议的 PLC 工业以太网通信系统	创业实践项目	潘敏姿	廖雪超	省级

（撰稿：张　立、贺嘉贝　审稿：汪汝武）

本科生招生

【概况】2023年，学校面向全国30个省（区、市）共招收普通类、艺术类、体育类、高水平运动队等类别全日制普通本科生6340名（不含港澳台学生），顺利完成全部招生计划。

【计划编制】2023年，本科招生办公室在仔细分析往年各省招生情况基础上，结合学校学科优势特点、国家和地方的经济社会发展规划、各省生源情况和报考意愿等因素，不断优化招生计划安排及招生宣传策略。同时，积极走访本科招生学院（部），宣传高考改革政策，征求学院（部）意见，形成了2023年学校招生计划编制方案。从录取结果看，2023年学校省内外分数线稳中有升，整体生源质量持续向好。

【特殊类型】根据上级文件要求，本科招生办公室认真调整修订《武汉科技大学2023年高水平运动队招生简章》《武汉科技大学2023年艺术类专业招生简章》等招生制度文件及相关招生工作方案，明确纪律要求，细化各项工作措施，确保相关招生工作公平公正公开。2023年特殊类型招生共录取328人，其中艺术类专业290人、体育类专业32人、高水平运动队6人。新生入校后，本科招生办公室及时成立专家组对艺术类专业、体育类专业、高水平运动队等特殊类型录取新生开展了严格的专业水平复测。

【招生宣传】本科招生办公室始终坚持对内积极整合招宣工作力量，依托各职能部门和二级学院（部）持续强化“一体两翼”工作体系，不断推动“人人都是宣传员”大宣传工作理念的树立，对外坚持“走出去”和“引进来”相结合，不断丰富和拓宽招生宣传渠道，推动学校和高中衔接贯通，加强交流合作，争取更多优质生源。2023年，在各职能部门和二级学院（部）的支持下，本科招生办公室共组织了170余名教师奔赴全国136个咨询点开展线下咨询活动，选派优秀骨干教师奔赴10余所优质高中开展志愿填报指导讲座，进驻阳光高考平台、湖北招生信息网、广东招考在线、长江日报大武汉客户端等11个校外权威媒体平台开展线上咨询，在中国教育在线、科技日报、湖北日报、长江日报、荆楚网、极目新闻、长江云等主流媒体与校内媒体发布招生宣传文案200余篇，开展“我和我的专业”“学院零距离”等系列直播近50场，拍摄了1部MG动画、3部学院创意短视频，开展的科大学子“回访高中母校·分享大学生活”招宣品牌活动吸引了数百名学生参与。招生宣传密集期，校党委书记徐雁冰，校长倪红卫，党委副书记盛建龙，副校长沈季伟、吕勇深入孝感、天门、武汉等地的优质生源基地，开展本科招生宣传工作并慰问学校招生宣传员，进一步加强了学校与省内重点高中的交流联系。2023年，学校新增武汉市武钢三中、郧西县第一中学为“优质生源基地”，目前学校在湖北省的“优质生源基地”数量已达77个。此外，2023年学校首次接待高中学生来校研修学习，全年共计接待省内外来访高中学生2000余名，有效加强了学校与各地中学的联系，提升了学校在高中群体的影响力和社会美誉度。

【生源质量】2023年，考生报考学校踊跃，整体生源质量继续保持稳中有升的良好趋势。在安排有普通文理类计划的16个省份中，学校投档线高出当地批次线较2022年有增长的省份有11个。其中，理科投档线高出当地批次线80分以上的省份有5个。在11个招收文史类的省份中，学校投档线高出当地批次线30分以上的省份有5个；在实行“3+3”模式的6个改革省份中，学校最低投档线高出当地批次线较2022年有增长的省份有4个，其中海南高出当地特招线58分，北京高出当地特招线39分、天津高出当地特招线24分、山东高出当地特招线31分；在实行“3+1+2”模式的8个改革省份中，学校最低投档线高出当地批次线较2022年有增长的省份有7个。在湖北省，学校在保持原有优势的情况下进一步取得了新的成绩。在艺术类，学校设置有3个院校专业组，其中普通艺术类设置的2个院校专业组录取分数继续位居省属高校第一，新增的公共艺术（中外合作办学）项目在湖北省首年招生，全部录满，最低录取综合分为600分。在普通历史类，学校设置有1个院校专业组，分数为564分，高出特招线37分；在普通物理类，学校设置有10个院校专业组，其中有8个在湖北省属高校相同选考科目、同类型专业组中位居第一位，在普通物理类招生的31个专业（类）中有8个的录取线超过590分、14个超过585分、19个超过580分。普通物理类各院校专业组中分数最高为计算机、自动化类专业所在的02组，投档线为596分，最低为文管类专业所在05组，投档线为563分。学校保持并进一步巩固了湖北省属高校生源质量的领先地位。

附录

武汉科技大学2023年全日制普通本科各专业（类）招生计划

学院（部）	招生专业（类）	授予学位	学制	招生计划
材料学部	材料类（含材料化学、冶金工程、金属材料工程、无机非金属材料工程、材料成型及控制工程、能源与动力工程）	工学学士	四年	565

续表

学院（部）	招生专业（类）	授予学位	学制	招生计划
城市建设学院	建筑类（含建筑学、城乡规划）	工学学士	五年	80
	土木类（含土木工程、建筑环境与能源应用工程、给排水科学与工程）	工学学士	四年	340
管理学院	管理科学与工程类（含信息管理与信息系统、工程管理）	管理学学士	四年	135
	工商管理类（含工商管理、市场营销、会计学、财务管理、人力资源管理、物流管理）	管理学学士	四年	480
化学与化工学院	化工与制药类（含化学工程与工艺、生物工程）	工学学士	四年	275
	应用化学	工学学士	四年	60
机械自动化学院	机械类（含机械工程、机械电子工程、工业工程、测控技术与仪器、智能制造工程）	工学学士	四年	600
	机械工程（中外合作办学）	工学学士	四年	120
计算机科学与技术学院	计算机类（含计算机科学与技术、软件工程、网络工程、信息安全）	工学学士	四年	495
	网络工程（中外合作办学）	工学学士	四年	100
理学院	材料物理	理学学士	四年	75
	工程力学	工学学士	四年	75
	统计学	理学学士	四年	70
	信息与计算科学	理学学士	四年	70
	光电信息科学与工程	理学学士	四年	40
汽车与交通工程学院	交通工程	工学学士	四年	90
	机械类（车辆与物流）（含车辆工程、物流工程）	工学学士	四年	260
生命科学与健康学院	生物技术	理学学士	四年	70
体育学院	体育教育	教育学学士	四年	39

续表

学院（部）	招生专业（类）	授予学位	学制	招生计划
外国语学院	德语	文学学士	四年	35
	外国语言文学类（含英语、翻译）	文学学士	四年	150
法学与经济学院	法学类（含法学、社会工作）	法学学士	四年	85
	经济与贸易类（含国际经济与贸易、投资学）	经济学学士	四年	175
	行政管理	管理学学士	四年	65
信息科学与工程学院	自动化类（含电子信息工程、电子科学与技术、通信工程、电气工程及其自动化、自动化、机器人工程）	工学学士	四年	625
医学部	护理学	理学学士	四年	40
	临床医学	医学学士	五年	230
	药学	理学学士	四年	65
	卫生检验与检疫	理学学士	四年	70
	预防医学	医学学士	五年	80
艺术与设计学院	工业设计	工学学士	四年	30
	绘画	艺术学学士	四年	30
	设计学类（含视觉传达设计、环境设计、产品设计、公共艺术）	艺术学学士	四年	180
	公共艺术（中外合作办学）	艺术学学士	四年	80
资源与环境工程学院	安全工程	工学学士	四年	80
	环境工程	工学学士	四年	80
	矿业类（含采矿工程、矿物加工工程、地理信息科学）	工学学士（地理信息科学专业为理学学士）	四年	200

（撰稿：肖　潇、张彭朋　审稿：朱　明）

本科生就业

【就业工作】武汉科技大学始终坚持以习近平新时代中国特色社会主义思想为指导，深入学习习近平总书记关于做好高校毕业生就业工作的重要指示批示精神，贯彻落实党中央、国务院“稳就业”“保就业”决策部署，始终把就业工作摆在突出位置。坚持为党育人、为国育才，以服务国家战略和地方需求为导向，结合学校“双一流”建设目标，努力构建“领导挂帅、点面结合、全面统筹、重点督办”的就业工作组织领导机构和长效管理机制，树立“以培育综合素质为核心，以落实全面就业为保障，以提升就业质量为引领”的学生就业工作思路，积极研判当前高校毕业生就业工作面临的形势，聚焦关键环节，多措并举，促进2023届高校毕业生更加充分更高质量就业。在武书连发布的2023中国大学本科毕业生质量排行榜中，学校排名全国第152名，全省第六，省属高校第一。持续深入开展“访企拓岗促就业”专项行动，深度了解行业企业的人才需求，精准有效访企拓岗，足质足量开拓就业岗位，充分发挥校园招聘主渠道作用，主动邀请用人单位进校开展招聘活动。全年举办了28场线下双选会，8场线上供需对接会，392场线下专场宣讲会以及417场线上专场宣讲会，发布招聘公告3336条，累计2653家用人单位在学校开展招聘活动，提供岗位需求616440个，为毕业生高质量充分就业提供有力保障。学校将“服务国家人才战略需要、服务学生职业生涯发展”作为就业工作的基本原则，积极引导和支持毕业生到祖国最需要的地方和行业建功立业。全年共有3162名毕业生留鄂工作和继续深造，较去年增加215人，占落实毕业去向毕业生人数的54.74%。基层就业工作稳步向好，全年共有31人参加国家或地方基层项目，到基层就业有2807人，其中有46名毕业生进疆进藏工作。持续加强“就业育人”体系建设，注重就业“情怀”引导与“赋能”指导。实施教师能力提升工程，选派43名教师参加职业生涯规划与就业指导教资培训。持续加强课程建设，“职业生涯规划与就业指导”获评2023年湖北高校就业创业指导特色课程。不断完善校院两级职业生涯咨询室建设，13个学院通过校级生涯咨询室审核，其中外国语学院等5个学院被评为校级示范工作室，理学院等8个学院被评为校级达标工作室，同时，学校铸梦职业生涯室通过湖北省2023年示范工作室考核复评、5人撰写案例入选湖北省优秀职业生涯咨询案例。依托“一站式”社区积极开展就业指导服务，学生参加湖北省职业生涯规划短视频大赛，获评一等奖2项、三等奖1项。积极举办职规赛校级总决赛，以赛促学、以赛促教、以赛促就。树立就业工作典型，孟佳老师获评2022年度全国高校毕业生基层就业卓越奖。此外，还成功申报教育部就业育人对接项目19项、湖北省就业创业专项课题1项，湖北省普通高校毕业生就业创业工作典型案例1项。此外，学校充分利用信息技术优势，完善学校就业信息网和微信公众号、小程序功能设计，打造线下"一站式"业务办理与线上"云服务"相结合的"互联网+就业"服务模式。推动就业服务管理联网上线，实现招聘信息发布、雇主单位宣讲、学生简历投递、求职辅导预约、就业手续办理、就业情况分析等全程网络化。完成2023届本科毕业生6006人就业方案的审核、制定、报送以及毕业去向登记工作。截至2023年12月31日，学校2023届6006名本科毕业生中，有5776人通过升学、出国出境留学、签约和自主创业等形式落实毕业去向，毕业去向落实率为96.17%，与去年基本持平。1866人升学和出国出境留学，升学出国率为31.07%。其中有1748人境内升学，占毕业生总人数的29.10%。境内升学的主要去向集中在"双一流"高校及本校，占升学毕业生的85.01%。持续强化就业帮扶体系，重点关注脱贫家庭、低保家庭、零就业家庭、残疾等困难高校毕业生，精准掌握就业困难学生数据，按照"一生一档""一生一策"建立就业帮扶档案452份。2023届本科毕业生452名帮扶对象中，除21人延长学习年限，其余431人中共有424人已落实毕业去向，落实率为98.38%，远超全校平均水平。聚焦就业困难群体学生需求，为986名2023届毕业生发放求职创业补贴158万元。

（撰稿：钱云瀚、杨　华　审稿：杨永彬）

研究生招生

【概况】研究生招生工作在稳定规模、提高质量的总体格调下，进一步加大招生宣传力度，优化复试录取过程管理办法，开展暑期学术夏令营，建立优质生源基地，设置优质生源计划，着力完善"本—硕—博"贯通培养模式和"申请—考核"制博士研究生招生等若干措施进一步改善生源结构。全年招收研究生3504人，其中全日制博士研究生197人，全日制硕士研究生2984人，非全日制硕士研究生323人。教育部下达学校博士研究生招生计划较2022年增加27人，增幅为15.8%，全日制硕士研究生招生计划较2022年增加119人，增幅为4.2%。本年度共录取106名硕博连读研究生；录取"申请—考核"制博士研究生81人；录取全日制脱产学习博士研究生187人，占录取人数的94.9%；博士研究生录取优质生源180人，占录取人数91.4%；硕士研究生录取优质生源1609人，占硕士录取人数比例为48.7%；拟录取2024级推免生222人，含直博生5人。

【加大招生宣传力度】通过分析2023年的招生数据，召开“2023年研究生招生工作总结暨2024年研究生招生宣传工作部署会议”，构建“学校—学院—导师—学生”四位一体的招生宣传体系，进一步通过“全员参与宣传、全媒体投放宣传、全方位立体宣传”等方式广泛开展研究生招生宣传工作，以吸引更多优秀生源报考武汉科技大学。通过线上线下联动的方式加大研究生招生宣传力度，扩大招生宣传的覆盖面，委托中国教育在线等第三方机构全媒体推送武汉科技大学招生政策，通过学校官方微信公众号及时发布招生信息，多平台直播招生宣讲会，开辟研究生招生宣传专栏；指导继续教育学院做好同等学力申请硕士学位研究生宣传与学员注册工作，重点推进机械自动化学院、材料学部、信息科学与工程学院、医学部开展同等学力申硕招生工作；进一步拓宽生源渠道，吸引更多优秀生源报考武汉科技大学。

【严把入学质量关口】加强招生考试流程管理，进一步加强研究生招生考试自命题工作，召开自命题工作专题会议，编制《武汉科技大学2024年自命题工作手册》，严守自命题工作规范和保密规定。认真组织实施招生考试工作，加强对监考人员、考务工作人员的工作培训，编制《武汉科技大学2024年全国硕士研究生招生考试考务工作细则》《武汉科技大学2024年全国硕士研究生招生考试监考员工作手册》，分3个考区、2类考场，做到“应考尽考”，实现考前不发生泄密，考中不发生大规模舞弊，考后不发生舆情的三大目标，各项研究生招生考试的考务工作平稳有序，实现“健康招生”“平安研考”的目标要求。2024年报考武汉科技大学硕士研究生人数12380人，武汉科技大学考点5368人。受全国报名人数普遍降低影响，武汉科技大学上述人数相比2023年也有小幅度降低。

【切实提高生源质量】创新研究生招生选拔方式，通过不断完善相关人才选拔制度，进一步提高生源质量。共招收全日制研究生3181人，其中全日制博士研究生197人，全日制硕士研究生2984人。拔尖人才培育计划共选拔162人，创新人才培育计划共选拔50人，接收推荐免试硕士研究生193人，直博生10人，硕博连读研究生选拔113人，“申请—考核”制录取81人。组织5个招生单位开展了2023年线上暑期学术夏令营，吸引校内外优质生源参加，并向200余名优秀营员颁发证书，提前锁定优质生源。近年来，研究生生源质量得到明显提升，学校招收了硕士研究生优质生源1609人，其中双一流建设高校人数888人（其中国内一流大学建设高校102人，省内一流大学建设高校786人，含本校759人）。录取2023级推免生203人，较2022年增加9人。2023年招收全日制脱产学习博士研究生187人，占录取总人数94.9%，博士研究生优质生源180人。

（撰稿：汪筱渊、何　明、秦茂林　审稿：冒　颖）

研究生就业

【概况】学校历来高度重视研究生就业创业工作，通过不断深化研究生教育教学改革、创新人才培养模式、提高就业创业指导服务水平、推行创新创业教育等一系列工作，在稳定毕业研究生高就业率的同时，着力提升就业创业质量，促进毕业研究生充分就业创业。学校2023届毕业研究生就业率为98.33%，名列省属院校第一。

【就业创业工作】强化责任担当，开拓就业渠道，优化就业服务，扎实推进就业工作，2023届毕业研究生就业形势保持总体稳定。2023届毕业研究生就业率为98.33%，其中博士毕业研究生就业率为99.11%，硕士毕业研究生就业率为98.30%；协议就业作为主要流向，协议就业率为94.16%。在校研究生共有21个创业项目成功注册公司。开展毕业研究生就业跟踪调查，编制年度就业质量报告。

附录

2023年武汉科技大学博士研究生录取情况一览表

录取专业代码	录取专业名称	总数	录取专业代码	录取专业名称	总数
071100	系统科学	9	081700	化学工程与技术	12
080200	机械工程	34	0817Z1	生物医药工程	13
0802Z1	工业工程	4	081900	矿业工程	13
0802Z2	工程测控技术及仪器	1	0819Z1	矿冶环境工程	5
080500	材料科学与工程	47	0819Z2	岩土与地下工程	2
0805Z1	磁性物理与材料	1	0819Z3	爆炸动力学及其应用	2
080600	冶金工程	17	083700	安全科学与工程	8
0806Z1	冶金热能工程	1	0837Z1	公共安全工程与管理	2
081100	控制科学与工程	25	0837Z2	企业安全科学与管理	1

2023年武汉科技大学硕士研究生录取情况一览表

录取专业代码	录取专业名称	总数	录取专业代码	录取专业名称	总数
010100	哲学	6	070200	物理学	27
020200	应用经济学	7	070300	化学	29
025200	应用统计	38	071000	生物学	53
025400	国际商务	35	071100	系统科学	24
030500	马克思主义理论	28	071400	统计学	9
0305Z1	马克思主义法学	2	080100	力学	15
035102	法律（法学）	6	080200	机械工程	77
035200	社会工作	112	080204	车辆工程	13
050200	外国语言文学	14	080400	仪器科学与技术	19
055101	英语笔译	60	080500	材料科学与工程	116
070100	数学	20	080600	冶金工程	30
080800	电气工程	11	105102	儿科学	18
081000	信息与通信工程	20	105104	神经病学	7
081100	控制科学与工程	38	105109	全科医学	12
081200	计算机科学与技术	41	105110	康复医学与理疗学	2
0812J2	网络信息安全	1	105111	外科学	83
081300	建筑学	21	105113	骨科学	13
081400	土木工程	37	105115	妇产科学	34
081700	化学工程与技术	43	105118	麻醉学	7
081900	矿业工程	33	105123	放射影像学	16
082300	交通运输工程	12	105124	超声医学	11
083000	环境科学与工程	17	105400	护理	34
083500	软件工程	24	105500	药学	46
083700	安全科学与工程	14	120200	工商管理	29
085400	电子信息	250	120400	公共管理	31
085500	机械	222	1204Z1	艺术管理	1
085600	材料与化工	287	125100	工商管理	103
085700	资源与环境	99	125200	公共管理	114
085900	土木水利	110	125300	会计	111
086000	生物与医药	21	125601	工程管理	42
086100	交通运输	55	125603	工业工程与管理	20
087100	管理科学与工程	36	125604	物流工程与管理	136
100100	基础医学	60	130500	设计学	9
100400	公共卫生与预防医学	60	135107	美术	5
105101	内科学	110	135108	艺术设计	61

2023 年在校研究生创业情况统计表

序号	入学时间	姓名	层次	公司名称
1	2019 年	刘　恒	硕士	武汉银杏时代科技有限公司
2	2020 年	严伟明	硕士	世第（深圳）影视科技有限公司
3	2021 年	成立夫	博士	通山县泽牧种养殖专业合作社
4	2021 年	胡辰宇	硕士	武汉市东西湖区杰森体育用品店
5	2021 年	马俊杰	硕士	尚岸研辅导教育科技（洪山区）工作室
6	2021 年	董方源	硕士	湖北蕲硅新材料科技有限公司
7	2021 年	张　巍	硕士	孝感市城区张巍电动车经营部
8	2021 年	廖鸿雁	硕士	武汉汉厚柏合建筑设计事务有限公司
9	2021 年	阎　皓	硕士	武汉市蔡甸区摘来桃花换酒钱电子商务经营部
10	2022 年	潘　杨	硕士	武汉物捷商贸有限公司
11	2022 年	潘　杨	硕士	武汉卓情文化传媒有限公司
12	2022 年	蒋宾辰	硕士	武汉将至科技有限责任公司
13	2022 年	张仕俊	硕士	武汉昌俊城乡规划设计咨询有限公司
14	2022 年	孙智慧	硕士	荆州市智传文化传媒有限公司
15	2022 年	李建雨	硕士	湖北道从医疗科技有限公司
16	2022 年	严　楚	硕士	武汉市崇实科技有限公司
17	2023 年	徐一帆	硕士	武汉恒源硅基科技有限公司
18	2023 年	李政霖	硕士	凌辰文化传媒（武汉）有限公司
19	2023 年	刘新宇	硕士	驻马店市金田装饰工程有限公司
20	2023 年	向华盛	硕士	湖北协盈建设有限公司
21	2023 年	杨锦荣	硕士	大理极速医考教育咨询有限公司

（撰稿：蔡　玥、毛宝胜　审稿：冒　颖）

学科学位与专业建设

学科建设

【概况】 2023年，学校深入贯彻落实党的二十大精神和习近平总书记关于“双一流”建设的重要指示批示精神，落实省委省政府部署要求，以一流学科建设为牵引，深化学科交叉融合，重点突破任务实施揭榜挂帅，基础建设任务注重提质增效，在“大学者引育、大平台搭建、大成果产出、大项目承接”上持续发力攻坚，推进学科内涵式高质量发展和整体水平提升，一流学科建设工作总体成效居省属高校首位。

【一流学科建设】 学校材料科学与工程学科被确定为湖北省属高校一流学科重点建设学科，与湖北省教育厅签订建设责任书。学校坚持一流建设系统谋划、统筹推进，“率先突破”目标进一步走深走实。

2月17—18日，学校召开一流学科建设推进会，组建由30位院士组成的战略咨询专家委员会，成立一流学科建设工作领导小组，相关职能部门分管校领导、部门负责人分别签订一流学科建设目标责任书。

3月15日，制定并上报《武汉科技大学材料科学与工程学科建设规划（2023—2025年）》。

4月19日，召开一流学科建设专家咨询会，聘请中国工程院院士干勇为学校一流学科建设战略咨询专家委员会主任。

4月23日，湖北省属高校一流学科建设工作推进会在武汉科技大学举行，武汉科技大学与武汉理工大学签署《武汉理工大学对口支持武汉科技大学一流学科建设协议书》，并以项目清单化务实落实对口帮扶机制。

5月31日，学校成立材料学部，理顺省部共建耐火材料与冶金国家重点实验室管理体制，形成跨学科、跨学院、跨部门资源共享机制，建立一流学科建设材料学部特区制度。

6月2日，学校印发《武汉科技大学一流学科建设目标任务考核激励暂行办法》，建立“以目标定任务、以任务配资源”的资源配置机制，实施重点突破任务“揭榜挂帅”，加强重大成果产出督导激励。

7月10日，聚焦突破，实施一流学科建设项目揭榜挂帅，29个研究团队百舸争流，169项重点任务落实到位。

9月5日，围绕科研上水平、平台上层次、促进成果产出，突出设备共享，学校谋划建立包括精细表征、耐火材料、钢铁材料在内的高水平学科公共研究平台和学科方向特色平台。

9月7日，完成教育厅关于学校学科专业布局调整调研报告，制定《武汉科技大学关于支持优势特色学科建设若干措施》（武科大发〔2023〕10号），支持优势特色学科建设，构建一流学科引领、优势特色学科分层分类发展的学科生态体系。

本年度省政府召开省属高校一流学科建设工作推进会三次，学校两次作为代表发言。学校全年获得一流学科建设经费2.3亿元，并在2023年省属高校一流学科建设工作考核中位列首位。

【学科生态体系】 坚持发挥一流学科发展示范作用，以一流学科带动多学科协同发展，实施学科建设特色化发展、融合交叉发展，出台支持学科分类发展若干措施，制定医学教育创新发展意见，优化学科专业布局，构建一流学科引领、优势特色学科分层分类发展的学科生态体系。年内ESI学科稳中有升达到6个，论文总数、总被引数、国际位次均位列省属高校首位；材料科学与工程等11个学科入选软科世界一流学科。

【全球学科排名】 继材料科学（2016年7月）、工程学（2018年1月）、化学（2020年5月）、临床医学（2020年11月）、计算机科学（2022年9月）进入ESI全球排名前1%之后，学校环境/生态学于2023年9月首次进入ESI全球学科排名前1%新增榜单，ESI前1%学科数达到6个，在湖北省属高校位居首位。在内地高校ESI排名TOP200中，国内排名第132位，论文总数、总被引数、国际位次均位列省属高校首位。10月27日，软科发布2023“软科世界一流学科排名”，学校新增仪器科学、土木工程、生物工程、矿业工程、临床医学5个学科进入榜单，共有机械工程、仪器科学、计算机科学与工程、土木工程、化学工程、材料科学与工程、纳米科学与技术、能源科学与工程、生物工程、矿业工程、临床医学11个学科入选，上榜数量位居湖北省属高校第一。

附录

武汉科技大学ESI全球学科排名情况（截至2023年11月）

学科	论文数	论文增长	被引数	被引数增长	排名千分位
工程学	2040	51	25133	854	2.350‰
材料科学	3338	71	45497	1288	2.504‰
临床医学	612	16	26019	1047	3.028‰
化学	1462	41	23464	725	4.795‰
计算机科学	481	7	7594	219	6.858‰
环境/生态学	450	15	4919	167	9.735‰

软科世界一流学科排名

学科	排名	学科	排名
矿业工程	51～75	纳米科学与技术	301～400
材料科学与工程	401～500	仪器科学	201～300
机械工程	201～300	土木工程	201～300
化学工程	301～400	生物工程	101～150
计算机科学与工程	301～400	临床医学	301～400
能源科学与工程	201～300		

软科中国最好学科排名

学科代码	学科名称	排名层次	学科排名
0802	机械工程	前22%	48
0811	控制科学与工程	前24%	46
0835	软件工程	前24%	37
0805	材料科学与工程	前26%	61
0819	矿业工程	前30%	9
0806	冶金工程	前36%	9
1204	公共管理	前39%	85
0305	马克思主义理论	前45%	172

（撰稿：梁　婷、黄　奥　审稿：陈志刚）

学位点建设

【概况】学校学位点建设工作以党的二十大精神为指引，围绕国家战略、湖北地方经济社会发展需求及行业数字化绿色化转型升级需要，贯彻落实学校第三次党代会精神，瞄准“率先突破，走在前列”的奋斗目标，着力加强内涵建设，不断调整优化布局，为学校实现“双一流”建设目标奋力贡献基础支撑力量。

学校拥有一级学科博士点8个，二级学科博士点41个；一级学科硕士点33

个，二级学科硕士点 178 个；专业学位类别 20 个，覆盖工、理、管、医、文、经、法、哲、艺、交叉等 10 大门类，构建了优势突出、特色鲜明、相互支撑、协调发展的研究生教育学科专业体系。

【博士点培育建设工作】提出“突出优势，重点突破；合理布局，强化培育”的建设理念，以潜力博士学位点实力提升为基础，瞄准实现专业学位及文管、医学类博士点突破的目标，实施博士点培育重点建设计划，选定基础好、发展潜力大，省内绝对优势、全国具有比较优势的材料与化工、公共卫生与预防医学等学位点进行重点建设。组织潜力博士点所在培养单位开展进一步加强博士点培育学科（专业学位类别）建设工作，推进潜力博士点建设冲刺工作。积极谋划博士点申报方案，组织潜力学位点预填报申报简况表，对照申报条件及上轮获批高校数据进行分析，自查弱项及差距，制定建设举措和工作安排，明确建设完成时限。系统归纳各潜力博士点现有不足，逐一反馈至相关职能部门，集中力量帮助学位点补短板强弱项。同时，针对存在的不足，以实力提升为目标，建立博士点申报建设项目库，从思政建设、人才培养、师资队伍、科学研究、平台建设、社会服务等方面提供建设保障。经系统建设，博士点培育学科（专业学位类别）建设目标及思路进一步明确，建设举措不断落实，建设水平不断增强。

【学位点布局调整优化工作】聚焦湖北“51020”现代产业集群、“三高地、两基地”、五大优势产业及九大新兴产业等相关领域，根据《武汉科技大学“十四五”学科专业设置与优化调整实施方案》和学位点动态调整工作要求，盘点可进行动态调整的学位点招生、就业、培养、学位授予、达到授权审核基本条件等相关工作，制定并落实学位授权点动态调整工作方案。以学科专业布局优化为牵引，创新构建依托研究生招生、师德师风建设、论文抽检、就业等全过程管理情况的学位点建设水平微评估制度，建立学位点建设水平“红黄绿”清单，建立尾部学位点限制机制，推动学位点建设与动态调整等工作衔接，为学科专业布局优化提供有力依据。

【学位点合格评估工作】严格落实 2023 年学位点专项核验工作相关要求，认真组织学校参加核验的 22 个学位点在前期开展的预核验工作基础上，对照现行学位授权审核申请基本条件，细致盘点建设资源，深入凝练建设亮点，认真填报核验系统，充分展现各参评学位点在基本条件要求之上的建设水平和实力，保障专项核验质量。同时，根据各学位点核验的时限要求，严格倒排工期，紧抓工作进度，打好核验材料最终提交提前量，在保障专项核验质量的同时，保证进度达标。按照周期性合格评估工作要求，组织 27 个参评学位点正式填报《学位授权点基本状态信息表》，编制 2023 年度《学位授权点建设年度报告》，按时保质保量完成本年度合格评估相关工作；组织全体学位授权点对照《学位授权审核申请基本条件（2020）》，全面自查学位授权点各级指标及带头人和学术骨干达标情况，制定整改建设计划，进一步厘清建设思路，依托学位点影响力提升项目库的支持作用，不断提高学位点建设水平。

附录

武汉科技大学学位点对照《研究生教育学科专业目录》（2022 年）调整汇总表

序号	原学位授权点代码	原学位授权点名称	原学位授权点层次	调整的学位授权点代码	调整的学位授权点名称	调整的学位授权点层次
1	1202	工商管理	硕士	1202	工商管理学	硕士
2	1204	公共管理	硕士	1204	公共管理学	硕士
3	1305	设计学	硕士	1403	设计学	硕士
4	1351	设计	硕士	1357	设计	硕士

（撰稿：郑　超、刘　斌　审稿：程常桂）

专业建设

截至 2023 年，学校共有国家级一流本科专业建设点 28 个、省级一流本科专业建设点 12 个。依据《武汉科技大学一流本科专业建设管理办法》，按《省教育厅关于做好 2023 年本科教育教学有关工作的通知》（鄂教高函〔2023〕7 号）要求，学校对 2020 年的 17 个国家级、省级一流本科专业建设点进行了阶段性检查并提交了相关的检查报告及总结材料。为进一步健全专业动态调整机制，重新修订了《武汉科技大学关于专业结构优化与动态调整的实施办法》，对与经济社会发展需求脱节、质量保障体系不完备、生源质量不高、社会就业率较低和学生认可度低的本科专业进行预警、减少招生计划、隔年招生或停招，实施专业动态调整。2023 年，对城乡规划、建筑学、网络工程等 17 个专业实施了预警，停招了物业管理专业，根据教高函〔2023〕3 号《教育部关于公布 2022 年度普通高等学校本科专业备案和审批结果的通知》获批“金融科技”专业。组织申报了“智能车辆工程”“智能科学与技术”“运动训练”4 个专业，申请撤销“汽车服务工程”“电子商务”2 个专业。加强顶层设计，不断优化本科人才培养方案，修订了《武汉科技大学本科专业人才培养方案制订指导意见》（2023 版），在 2022 版的基础上根据教育部办公厅关于印发《高等学校公共艺术课程指导纲要》的通知要求，在美育教育类公选课至少选修 2 学分基础上，要求其中美学和艺术史论类、艺术鉴赏和评论类课程至少选修 1 个学分。

（撰稿：刘　俊　审稿：刘　俊）

科学研究与社会服务

【概况】2023年，学校认真贯彻党中央重大决策部署和湖北省委省政府工作要求，根据“十四五”发展规划和“双一流”建设要求，以加快推进有组织科研为主线，整合校内外科研资源，创新科研体制机制，强化创新平台建设，加快基础研究和关键技术攻关，取得了多项新突破。

本年度，获批国家级项目88项，其中，国家自然科学基金67项，国家级社科项目8项；签订横向技术合同826项，合同总金额达2.87亿元；科研项目到账总计3.24亿元。新增1个教育部国际合作联合实验室、1个教育部（B类）重点实验室、1个国家民委中华民族共同体研究院、1个湖北省工程研究中心、1个湖北省国防科技（军民融合）重点实验室。获教育部高等学校科学研究优秀成果奖（科学技术）二等奖1项，获2023年度湖北省科学技术奖18项，其中一等奖3项、二等奖6项、三等奖8项，获奖数量居湖北省属高校前列。

【科研项目】2023年，自然科学类纵向项目立项214项，立项经费6476.3万元，其中，国家自然科学基金项目67项（联合基金重点项目3项），科技部计划项目5项（科技部重点研发计划课题2项、子课题2项，政府间科技交流项目1项），湖北省重点研发计划项目5项、湖北省揭榜制科技项目2项、湖北省国际合作项目2项、湖北省自然科学基金项目44项（其中创新群体1项、青年科学基金项目（A类）2项）。人文社科类纵向项目立项160项，立项经费565.93万元；其中，国家社科基金5项、艺术基金1项、国家社科基金重大项目1项、国家社科基金重大项目滚动资助1项，立项经费270万元；教育部人文社科项目3项，立项经费20万元；其他省部级项目40项，立项经费207.5万元。获批GF纵向项目22项，其中，中央军委装备发展部“HY行动”项目1项，国家国防科工局JCKY重点项目1项，中央军民融合发展专项重点项目1项，GF“973专项”子课题1项，国家发改委重大技术装备攻关工程课题1项，国防科工局海洋防务创新基金项目2项；教育部“装备基金创新团队”项目1项，立项经费1269万元；获批湖北省“JD技术攻关工程”项目14项（其中课题4项，子课题10项），立项经费4465万元。

纵向科研项目经费到账8376万元，其中，自然科学纵向项目到账6214万元、人文社科纵向项目到账503万元、GF纵向项目到账1659万元。

【科研成果】2023年，学校积极组织各类成果奖申报，共获得省级以上成果奖（含行业奖、人文社科奖）50项。其中，自然科学类：特等奖1项（行业科技奖励1项）；一等奖13项（湖北省科学技术一等奖3项，行业科技奖励10项）；二等奖18项（湖北省科学技术二等奖7项，行业科技奖励11项）；三等奖15项（湖北省科学技术三等奖8项，行业科技奖励7项）。人文社科类：二等奖1项（国家民委社会科学研究成果奖二等奖1项）、三等奖2项（国家民委社会科学研究成果奖三等奖2项）。

全校共申请知识产权271件，其中发明专利122件，实用新型21件，外观设计1件，软件著作权121件。授权知识产权398件，其中国际专利11件，发明专利225件，实用新型21件，外观设计3件，软件著作权138件。以第一完成单位被批示或采纳的决策咨询成果有72篇，其中A级2篇，B1级4篇，B2级23篇，C级43篇。主编、参编各类学术著作33部。根据中国科学技术信息研究所的统计报告，2022年，被中国科技论文与引文数据库（CSTPCD）收录论文1031篇，在全国高等院校排名中列第91名，论文被引用2506篇4108次，在全国高等院校排名中列第154名；被科学引文索引扩展版（SCI）收录论文1281篇，在全国高等院校排名中列第121名，2013—2021年5814篇论文被引用75511次，在全国高等院校排名中列第141名；被工程索引核心部分（EI）收录期刊论文1082篇，在全国高等院校排名中列第85名；被科技会议录引文索引（CPCI-S）收录论文49篇，在全国高等院校排名中列第85名。

【科研平台】2022年，学校获批1个教育部国际合作联合实验室——“钢铁工业耐火材料新技术国际合作联合实验室”、1个国家民委中华民族共同体研究基地——“武汉科技大学中华民族共同体研究院”、1个湖北省省工程研究中心——“新能源汽车先进底盘技术湖北省工程研究中心”和1个湖北省国防科技（军民融合）重点实验室。截至目前，学校拥有省部共建国家重点实验室1个，国家地方联合工程研究中心1个，教育部重点实验室3个，教育部工程研究中心1个，生态环境部重点实验室1个，省部共建协同创新中心2个，国家民委中华民族共同体研究基地1个，省级重点实验室8个，省国防科技（军民融合）重点实验室1个，省级人文社科重点科研基地3个，省级工程研究中心4个，省级工程技术研究中心6个，省级中试基地2个，省级国际科技合作基地4个，省级协同创新中心2个，省级产业技术创新联合体1个，省委宣传部研究院1个，武汉市工程技术中心2个，武汉市中试平台3个，校级科研平台106个（其中校级重点科研平台22个，校级一般平台84个）。

在湖北省重点实验室评估中，职业危害识别与控制湖北省重点实验室获评优秀，机械传动与制造工程湖北省重点实验室和钢铁冶金新工艺湖北省重点实验室获评优秀，且被评为标杆实验室。

【产学研与成果转化】2023年，学校

选派121人次参加院士专家企业行、科技副总、科技特派员、博士服务团等项目，其中被湖北省委省政府有关部门认定的派遣项目80人次。外派科技工作人员为学校的专家教授与地方企业牵线搭桥，建立产学研合作平台，形成了稳定的合作关系。学校先后与湖北武汉、襄阳、宜昌、黄石、黄冈等地组织开展线上、线下产学研合作活动，与地方政府、高新技术企业签订33个校地校企合作协议，其中包括共建24个产学研平台。

与全国26个省市及自治区的650家企、事业单位展开了科技合作，签订技术合同826项，合同总金额达28676.12万元。其中，技术开发合同380项（合同金额19714.79万元）；技术服务合同268项（合同金额5060.44万元）；技术转让合同106项（合同金额2876.97万元）；技术咨询合同44项（合同金额444.165万元），其他合同28项（合同金额579.76万元）；与学校签订合同的湖北省内企、事业单位共345家，共签订合同461项，占合同总数55.81%；合同总金额达15210.65万元，占合同总金额的53.04%。同时，与中国船舶集团、中国航天科技集团、中国航发集团等单位签订J品配套合同90多项，立项金额4569万元。本年度，横向项目到账23992万元，其中GF横向项目到账3400万元，其他横向项目到账20592万元。

【军民融合与科协科普】 党的十八大以来湖北省首次对GF科技工业先进单位和个人进行表彰，学校获湖北省“GF科技工业突出贡献单位”，是唯一获得先进单位的高等院校。成功获批1个教育部ZB预研创新团队和2个湖北省GF科技（JMRH）创新团队。顺利通过武器装备质量管理体系（军工第二证）的年度监督审核；顺利通过武器装备科研生产许可备案凭证（军工第三证）的年度考核。

学校科协在人才推荐、项目申报和科普基地建设方面取得了较好的成绩，获批4个市级科普基地，获批中国科协项目2项，经费16万元，1人入选“第八届（2022—2024年度）中国科协青年人才托举工程”，1人入选“第九届（2023—2025年度）中国科协青年人才托举工程”。

附录

2023年国家自然科学基金项目立项一览表

序号	项目批准号	负责人	院系所	项目名称	项目类别	批准经费/万元
1	22379116	张旭明	材料学部	二维氮化钼/磷化钼面内异质结构催化材料的设计合成及大电流密度析氢性能研究	面上项目	50
2	52302027	邹永顺	材料学部	复合净化工艺下稀土镁合金与多重孔结构MgO陶瓷界面行为	青年科学基金项目（C类）	30

续表

序号	项目批准号	负责人	院系所	项目名称	项目类别	批准经费/万元
3	52372029	王庆虎	材料学部	基于共晶结构的 $LaAlO_3$ 钙钛矿型高熵红外陶瓷及其辐射节能机制	面上项目	50
4	52372290	李远兵	材料学部	氢还原气氛下莫来石质耐火材料微结构演变与高温行为	面上项目	50
5	52372291	李淑静	材料学部	高性能锆酸钡/锆酸钡基固溶体-氧化镁坩埚耐火材料微结构控制及抗镍基高温合金侵蚀机理研究	面上项目	51
6	52374309	刘　昱	材料学部	真空渣-钢反应均质化稀土处理钢的净化与凝固组织细化机制	面上项目	51
7	52304356	潘丽萍	材料学部	钢包底吹透气塞中费马螺旋渐变式气流通道设计及微胶囊抗热冲击机制	青年科学基金项目（C类）	30
8	52374341	朱航宇	材料学部	核燃料包壳用 FeCrAl 合金中非金属夹杂物生成、演变及其调控机理	面上项目	50
9	52374342	刘成松	材料学部	微 Mg 处理海工用不锈钢中微纳米夹杂物遗传特性及其协同细晶抗蚀机制	面上项目	50
10	52374343	高运明	材料学部	外加电压下熔渣与耐火材料的润湿行为及界面作用机制	面上项目	50
11	52374344	李　杨	材料学部	高磷铁矿闪速还原同步富集铁和磷的基础研究	面上项目	50
12	52304411	许德明	材料学部	Mn 偏析对 Q&P 钢亚稳奥氏体稳定性及塑性的影响机理研究	青年科学基金项目（C类）	30
13	52305211	王大珩	材料学部	防液态食品黏附的仿生超疏液表界面构建及其性能优化	青年科学基金项目（C类）	30
14	52376072	毛前军	城市建设学院	污染环境下多尺度气溶胶粒子散射特性研究	面上项目	50

续表

序号	项目批准号	负责人	院系所	项目名称	项目类别	批准经费/万元
15	82304172	谢新艳	公共卫生学院	lncRNA BDNF-AS 遗传变异扰乱色氨酸代谢在孤独症谱系障碍中的作用研究	青年科学基金项目（C类）	30
16	22372127	张　琴	化学与化工学院	铁族硫化物表面重构的双向调控及其性能强化研究	面上项目	50
17	52302353	徐丹丹	化学与化工学院	磁-光-纳米酶耦合驱动微纳米机器跨膜递送及肿瘤细胞诊疗研究	青年科学基金项目（C类）	30
18	52301166	罗石元	机械自动化学院	亚稳 β 型 Ti-*x*Mo 系钛合金锯齿形塑性失稳的机理与建模研究	青年科学基金项目（C类）	30
19	52375061	严　迪	机械自动化学院	航天用纳米颗粒多相流泵送机理及其分散均匀性主动调控研究	面上项目	50
20	52305125	袁　锐	机械自动化学院	低速变载轴承多源信号协同感知的早期故障特征增强与提取研究	青年科学基金项目（C类）	30
21	52375117	王兴东	机械自动化学院	多维耦合下非一般液体浸没的多层异质柔性带振动及微成形控制研究	面上项目	50
22	52375118	鲁志文	机械自动化学院	高分辨位移场驱动的运行轮轴裂纹参数识别及剩余寿命评估方法	面上项目	50
23	52375119	丁　喆	机械自动化学院	多阻尼耦合机制驱动的非对称多孔夹层结构动态特性跨尺度优化设计	面上项目	50
24	52305413	汤名锴	机械自动化学院	脉冲激光诱发微区热锻对 SLM 成形 7 系铝合金多尺度裂纹同步抑制机理	青年科学基金项目（C类）	30
25	52375508	张　华	机械自动化学院	面向固有能效损失抑制的机电装备全工作域节能运维理论与方法	面上项目	50

续表

序号	项目批准号	负责人	院系所	项目名称	项目类别	批准经费/万元
26	52301381	张　磊	机械自动化学院	电磁馈能隔振系统节能运行机制与协同优化控制研究	青年科学基金项目（C类）	30
27	52372395	周兴林	机械自动化学院	非结构路面下胎-路接触行为仿真与试验研究	面上项目	54
28	62303358	张子凯	机械自动化学院	分布式混装生产与变批配送协同作业的知识学习双驱动调度研究	青年科学基金项目（C类）	30
29	62372342	庞　俊	计算机科学与技术学院	大规模跨域图数据管理关键技术研究	面上项目	50
30	62372343	鲁剑锋	计算机科学与技术学院	面向边缘智能的联邦学习在线激励与公平优化研究	面上项目	50
31	62302351	王　晓	计算机科学与技术学院	面向夜间视频侦查的行人检测关键技术研究	青年科学基金项目（C类）	30
32	62303357	符　浩	计算机科学与技术学院	面向人机安全的多机器人强化学习协调控制研究	青年科学基金项目（C类）	30
33	62376201	徐　新	计算机科学与技术学院	面向长时安防监控的光照自适应行人重识别方法研究	面上项目	49
34	12374191	林恒福	理学院	新型二维能谷电子学材料及其物性的理论研究	面上项目	53
35	12304292	王立勇	理学院	基于腔内相干完美吸收的宽带双通道全光开关实验研究	青年科学基金项目（C类）	30
36	22309140	余　锐	理学院	基于逆水煤气变换反应的熔融碳酸盐热催化二氧化碳制备合成气的机理研究	青年科学基金项目（C类）	30
37	52375260	王　博	汽车与交通工程学院	车身三维等几何声场与噪声识别及可视化监测研究	面上项目	50

续表

序号	项目批准号	负责人	院系所	项目名称	项目类别	批准经费/万元
38	52301382	祝　能	汽车与交通工程学院	船机排温条件下等离子体与催化剂协同的氨分解制氢机制研究	青年科学基金项目（C类）	30
39	32300615	王聪聪	生命科学与健康学院	B-myb 调控细胞周期维持胚胎干细胞特性的机制研究	青年科学基金项目（C类）	30
40	32370880	于珊珊	生命科学与健康学院	剪接因子 $BCAS_2$ 在造血细胞发育以及血液肿瘤发生发展中的作用机制研究	面上项目	50
41	52373305	邱文秀	生命科学与健康学院	固有免疫程序化激活仿生纳米调节器的构建及其在抗肿瘤治疗中的应用	面上项目	51
42	82373038	胡　嘉	生命科学与健康学院	精氨酸甲基转移酶 CARM1 通过增强非组蛋白质底物 TRIM47 精氨酸甲基化抑制结直肠癌转移的机制研究	面上项目	49
43	22304138	余　蕾	省部共建耐火材料与冶金国家重点实验室	基于限域纳米微滴管的 DNA 量子测序研究	青年科学基金项目（C类）	30
44	22309141	任晓辉	省部共建耐火材料与冶金国家重点实验室	高炉煤气甲烷化反应中碳限域 Ni-Zn 固溶体金属－碳（M-C）耦合界面光热协同机制研究	青年科学基金项目（C类）	30
45	52372030	黄　亮	省部共建耐火材料与冶金国家重点实验室	高锰高铝钢—耐火材料—熔渣界面反应机理的从头算分子动力学研究	面上项目	50
46	52372031	王周福	省部共建耐火材料与冶金国家重点实验室	镁橄榄石基无机盐复合高温相变储热材料三维导热网络构筑及传/释热行为	面上项目	50

续表

序号	项目批准号	负责人	院系所	项目名称	项目类别	批准经费/万元
47	52304354	刘　涛	省部共建耐火材料与冶金国家重点实验室	铁基非晶合金中Al、Ti类夹杂物调控及其电磁性能优化机制	青年科学基金项目（C类）	30
48	52304355	王　勇	省部共建耐火材料与冶金国家重点实验室	S31254超级奥氏体不锈钢Mo元素偏析和第二相析出控制机理研究	青年科学基金项目（C类）	30
49	52304410	朱颖丽	省部共建耐火材料与冶金国家重点实验室	FeCoNiRu/$SrRuO_3$界面电子强关联与电磁损耗增强机制	青年科学基金项目（C类）	30
50	42371374	张效康	信息科学与工程学院	基于不确定性分析与知识推理的开放场景地表覆盖分类方法研究	面上项目	46
51	62301375	陈　晨	信息科学与工程学院	超高频同步整流DC-DC变换器效率优化关键技术研究	青年科学基金项目（C类）	30
52	62303359	黎　良	信息科学与工程学院	时间Petri网框架下具有时序规范的赋时离散事件系统安全监控研究	青年科学基金项目（C类）	30
53	62303360	朱振华	信息科学与工程学院	受扰合作竞争多智能体系统的预设时间协调控制研究	青年科学基金项目（C类）	30
54	62303356	郑皖宁	信息科学与工程学院	新能源多装备动态交互系统的鲁棒稳定性分析与装备控制器设计研究	青年科学基金项目（C类）	30
55	62306218	梅　岭	信息科学与工程学院	非监督跨模态小群体再识别关键理论问题研究	青年科学基金项目（C类）	30
56	82371444	曾　燕	医学院	基于认知轨迹和Aβ沉积双敏感外周血标志物的临床前AD诊断模型研究	面上项目	49

续表

序号	项目批准号	负责人	院系所	项目名称	项目类别	批准经费/万元
57	82302275	陈园园	医学院	以黑磷负载二磷化铁为基的纳米材料实时监测动脉粥样硬化斑块的新型磁共振造影剂研制与应用	青年科学基金项目（C类）	30
58	42301421	战　川	资源与环境工程学院	长时间序列高空间分辨率大气层顶净辐射遥感反演方法研究	青年科学基金项目（C类）	30
59	42307237	刘　洋	资源与环境工程学院	GFRP 锚杆锚固结构时变损伤的压电主动传感检测理论及试验研究	青年科学基金项目（C类）	30
60	42307252	李　京	资源与环境工程学院	二叠系石灰岩矿山高边坡软弱夹层流变特性及其致灾机理	青年科学基金项目（C类）	30
61	42377191	黄诗冰	资源与环境工程学院	季冻区粗粒土—岩二元结构边坡界面型冻融滑塌机理及数值模拟方法研究	面上项目	49
62	52304191	胡南燕	资源与环境工程学院	磷尾矿全量化制备轻质隔热耐高温材料的重金属固化机制及性能强化研究	青年科学基金项目（C类）	30
63	52374274	樊　涌	资源与环境工程学院	页岩高硅铝多杂体系钒熔融改质精馏提纯的基础研究	面上项目	50
64	52304428	胡　宁	资源与环境工程学院	钢铁过程烟气 CO_2 双金属卟啉基 3D 多位点靶向超快 BES 催化转化机理研究	青年科学基金项目（C类）	30
65	U23A20606	倪红卫	材料学部	高磷铁矿短流程制备铁基非晶软磁合金冶金材料一体化研	区域联合基金重点支持项目	252
66	U23A20559	张少伟	省部共建耐火材料与冶金国家重点实验室	超疏水/难水化镁钙质耐火材料制备及其高温服役性能强化研究	区域联合基金重点支持项目	252
67	U23B2076	李轩科	化学与化工学院	石油纺丝沥青调制及其通用级碳纤维连续喷纺制备与应用基础研究	区域联合基金重点支持项目	256

2023年湖北省科技计划项目（自然科学）立项一览表

序号	项目编号	项目类别	项目名称	学院	负责人	立项经费/万元
1	2023BAB091	湖北省重点研发计划	车辆行驶胎—路滚动阻力实时测量关键技术及装备	机械自动化学院	周兴林	100
2	2023BCB106	湖北省重点研发计划	炼铁高炉气化处置农林废物降低碳排放耦合锌回收关键技术	资源与环境工程学院	赵　波	50
3	2023BCB100	湖北省重点研发计划	超低氮/低碳多孔介质燃烧用碳化硅多孔材料研发	材料学部	李亚伟	100
4	2023BAB106	湖北省重点研发计划	基于材料典型缺陷服役演化的飞机方向舵疲劳寿命评估技术及验证	材料学部	丁　军	100
5	2023BCB090	湖北省重点研发计划	肺癌精准诊断与细胞免疫治疗的关键技术体系构建	生命科学与健康学院	孙　钒	100
6	2023AFA092	湖北省自然科学基金项目（杰青）	基因进化导向下失效机械零件低碳激光熔覆形性自适应调控机制研究	机械自动化学院	王　蕾	30
7	2023AFA062	湖北省自然科学基金项目（杰青）	残余元素对薄板坯连铸连轧高强钢强塑化的作用机制	材料与冶金学院	杨庚蔚	30
8	2023AFA004	湖北省自然科学基金项目（创新群体）	钢铁窑炉节能降碳协同城市生活垃圾资源化处置	资源与环境工程学院	韩　军	50
9	2023AFD087	湖北省自然科学基金项目（联合基金）	多级层片结构高强韧高熵合金构筑与多重强化协同变形机理	协同创新中心	胡丞杨	8
10	2023AFD076	湖北省自然科学基金项目（联合基金）	基于笼形蛋白的碎米荠硒肽递送载体的构建及其调节糖尿病视网膜病变氧化应激作用的机制研究	生命科学与健康学院	徐承晨	8
11	2023AFB105	湖北省自然科学基金项目	组蛋白乙酰转移酶HBO1的表达与EBV阳性鼻咽癌发展的关联性研究	生命科学与健康学院	刘　宇	5

续表

序号	项目编号	项目类别	项目名称	学院	负责人	立项经费/万元
12	2023AFB111	湖北省自然科学基金项目	光热发电系统中 Co-W 复合氧化物涂层对熔盐腐蚀的防护机理	材料学部	干　路	5
13	2023AFB048	湖北省自然科学基金项目	靶向组蛋白去乙酰化酶 6 光敏降解剂的设计、合成及其作用机制	化学与化工学院	何　欢	5
14	2023AFB915	湖北省自然科学基金项目	基于全视角表观特征选择聚焦的矿石自适应分选机制研究	机械自动化学院	张泽琳	8
15	2023AFB061	湖北省自然科学基金项目	基于钒萃取界面反应强化的页岩酸浸液配位环境调控及多元氢键重组机理研究	资源与环境工程学院	刘　红	5
16	2023AFB023	湖北省自然科学基金项目	高耐磨贝氏体基渗硼模具钢制备新工艺及表面强化机理研究	材料与冶金学院	刘　曼	8
17	2023AFB029	湖北省自然科学基金项目	Pt-CeO_2/石墨烯催化型微动力系统内碳氢燃料稳定燃烧机理及其协同优化研究	材料学部	左　威	8
18	2023AFB595	湖北省自然科学基金项目	利用基于小分子探针标记的超分辨荧光成像揭示核苷转体 hENT1 在细胞膜上的组装规律	化学与化工学院	陈俊玲	5
19	2023AFB047	湖北省自然科学基金项目	电力设备热点状态仿真计算与智能检测技术	信息科学与工程学院	龚若涵	5
20	2023AFB070	湖北省自然科学基金项目	基于多通道视觉感知融合的换装小股人群重识别研究	信息科学与工程学院	梅　岭	5
21	2023AFB088	湖北省自然科学基金项目	分布式异构混合流水车间调度问题研究	管理学院	李颖俐	5
22	2023AFB102	湖北省自然科学基金项目	肠道色氨酸代谢异常在四氯二苯并呋喃暴露所致小鼠肥胖中的机制研究	医学院	柳　青	5

续表

序号	项目编号	项目类别	项目名称	学院	负责人	立项经费/万元
23	2023AFB626	湖北省自然科学基金项目	二维 Zr-MOFs 在光催化制氢服役过程中的结构演变规律及其服役性能	材料学部	何　漩	5
24	2023AFB071	湖北省自然科学基金项目	内河集装箱班轮航线配载动态自适应决策方法	汽车与交通工程学院	李　俊	5
25	2023AFB608	湖北省自然科学基金项目	铁族硫化物在析氧反应中的动态重构机制及其性能强化研究	化学与化工学院	张　琴	5
26	2023AFB606	湖北省自然科学基金项目	外周 T 细胞淋巴瘤的 CAR-NK 细胞免疫治疗的临床前研究	第一临床学院	李　慧	5
27	2023AFB597	湖北省自然科学基金项目	固体氧化物燃料电池高熵氧化物纳米结构阴极的构筑及性能研究	理学院	马　奔	5
28	2023AFB570	湖北省自然科学基金项目	含多种阻尼特性的非对称多孔夹芯结构动态特性预测与跨尺度优化	机械自动化学院	丁　喆	5
29	2023AFB649	湖北省自然科学基金项目	NCOA4 介导的铁死亡在有机磷阻燃剂（TDCIPP）致小鼠睾丸损伤中的机制研究	医学院	柳赟昊	5
30	2023AFB084	湖北省自然科学基金项目	湿式离合器多摩擦副系统碰摩带排转矩影响机理与控制方法	汽车与交通工程学院	张　琳	5
31	2023AFB550	湖北省自然科学基金项目	肥胖扰乱肝源淀粉样前体蛋白表达诱发 AD 的机制	医学院	胡斐斐	5
32	2023AFB057	湖北省自然科学基金项目	轻质难熔高熵合金高温氧化机理研究	材料与冶金学院	邱　耀	5
33	2023AFB661	湖北省自然科学基金项目	构建模板化纳米递送系统用于广谱克服肿瘤耐药	生命科学与健康学院	邱文秀	8

续表

序号	项目编号	项目类别	项目名称	学院	负责人	立项经费/万元
34	2023AFB654	湖北省自然科学基金项目	电渣离心浇铸制备高品质 TBM 复合刀圈的结合界面调控	材料学部	曹玉龙	5
35	2023AFB1111	湖北省自然科学基金项目	功能化人博卡病毒样纳米颗粒介导的智能载药系统靶向清除肺癌干细胞的研究	医学院	王小梅	8
36	2023AFB089	湖北省自然科学基金项目	冬夏兼顾耦合自然能双效相变顶板主动供冷供热系统热特性研究	城市建设学院	高佳佳	5
37	2023AFB615	湖北省自然科学基金项目	面向智能手机的人像面部阴影消除与编辑技术研究	计算机科学与技术学院	张　玲	5
38	2023AFB030	湖北省自然科学基金项目	微区热锻激励下 SLM 成形 7 系铝合金热裂纹抑制机理	机械自动化学院	汤名锴	5
39	2023AFB028	湖北省自然科学基金项目	多源信号协同感知的低速重载轴承早期故障演化机制与诊断研究	机械自动化学院	袁　锐	5
40	2023AFB796	湖北省自然科学基金项目	弧阻共存稀土渣系电渣重熔制备大规格风电主轴轴承用钢的基础研究	材料与冶金学院	王　强	5
41	2023AFB603	湖北省自然科学基金项目	微 Mg 处理海工用不锈钢微纳米夹杂物遗传特性及组织性能调控机制	材料与冶金学院	刘成松	8
42	2023AFB642	湖北省自然科学基金项目	靶向补体 C3 激活依赖的选择性突触修剪在脆性 X 综合征中的作用及机制	医学院	陈雨珊	5
43	2023AFB096	湖北省自然科学基金项目	水力耦合作用下多孔沥青路面层间接触状态多尺度力学行为表征研究	城市建设学院	严　园	5
44	2023AFB619	湖北省自然科学基金项目	面向动态通信拓扑的信息物理融合系统安全状态估计	信息科学与工程学院	郑秀娟	5

续表

序号	项目编号	项目类别	项目名称	学院	负责人	立项经费/万元
45	2023AFB122	湖北省自然科学基金项目	功能化碳基单原子纳米酶诊疗探针的构建及靶向肿瘤的多模态成像	医学院	蔡小丽	8
46	2023AFB086	湖北省自然科学基金项目	自支撑 $CuCo_2O_4$ 纳米结构复合硫载体的构筑及协同吸附与催化机制	材料学部	田小慧	5
47	2023AFB109	湖北省自然科学基金项目	支持柔性协作的多机器人强化学习控制研究	计算机科学与技术学院	符　浩	5
48	2023AFB660	湖北省自然科学基金项目	火灾升降温全过程钢筋 S-PVA-SCC 柱受压力学性能及工作机理研究	城市建设学院	肖良丽	5
49	2023EHA010	湖北省国际科技合作	水稻田镉砷污染智能风险管理系统开发应用	资源与环境工程学院	张晓晴	30
50	2023EHA013	湖北省国际科技合作	熔融改质不锈钢渣风淬技术研究	材料学部	马国军	30

2023 年国家社科基金项目立项一览表

序号	负责人	项目编号	项目名称	资助类别	立项金额/万元	学院
1	王　平	23&ZD198	习近平总书记关于加强和改进党的民族工作的重要思想研究	重大项目	80	人文社会科学高等研究院
2	袁年兴	21&ZD213	新中国成立后各民族人口流动与深度交融的动力机制研究	重大项目（滚动资助）	40	法学与经济学院
3	管开明	23BSH031	江汉平原农业生物技术生态风险的衍生机理与防控机制研究	一般项目	20	马克思主义学院
4	李红松	23BGL090	高等教育培养成本分担比例测算方法及实证研究	一般项目	20	管理学院
5	王　芳	23BGL078	数据驱动下技术创新网络自动构建与动态演化机制和方法研究	一般项目	20	管理学院

续表

序号	负责人	项目编号	项目名称	资助类别	立项金额/万元	学院
6	张红娟	23BGL026	我国制造业数字化与绿色化协同发展机制与实现路径研究	一般项目	20	管理学院
7	任　远	23CMZ015	代际视角下珠三角各民族人口大流动、大融居的新特点调查研究	青年项目	20	人文社会科学高等研究院
8	万云青	2023-A-05-078-532	“中国故事”少儿读物插图及绘本创作人才培养	国家艺术基金项目	90	艺术与设计学院

2023年教育部社科基金项目立项一览表

序号	负责人	项目编号	项目名称	资助类别	立项金额/万元	学院
1	江　澜	23JDTCA077	儒道禅与中国传统绘画美学研究	教育部中华优秀传统文化专项课题（A类）重点项目	20	艺术与设计学院
2	方庆华	23JDTCA078	中国外语教育中的“文化自觉”研究	教育部中华优秀传统文化专项课题（A类）重点项目	20	外国语学院
3	李金云	23JHQ046	美国当代犹太小说的共同体叙事研究	教育部哲学社科一般项目（后期资助）	10	外国语学院
4	樊艳萍	23YJAZH027	基于集体传记的战略科学家素质特征及培育路径研究	教育部人文社科规划基金项目	10	外国语学院
5	熊昌娥	23YJAZH166	重大传染病疫情下医疗救治资源短缺风险的量化评价及应对策略研究	教育部人文社科规划基金项目	8	医学院
6	张　瑞	23JDSZ3179	大学生思想政治教育以美育人研究	教育部人文社科研究高校辅导员研究专项	2	资源与环境工程学院

2023年省级社科基金项目立项一览表

序号	负责人	项目编号	项目名称	资助类别	立项金额/万元	学院
1	刘伟毅	HBSKJJ2023148	美好环境与幸福生活共同缔造体制机制创新研究	省社科基金重点项目	10	城市建设学院
2	孙　伟	HBSKJJ2023152	湖北打造知名文化品牌研究	省社科基金重点项目	10	管理学院
3	黎精明	HBSKJJ2023133	以流域综合治理为基础推动四化同步发展的考核评估指标体系研究	省社科基金重点项目	10	管理学院
4	仵　霜	23ZD0231	教育数字化背景下高校网络意识形态工作路径研究	省社会科学基金项目（前期资助）	7	马克思主义学院
5	耿殿磊	23ZD0136	教育数字化转型背景下高校外语教师数字胜任力研究	省社会科学基金项目（前期资助）	5	外国语学院
6	刘东霞	23ZD0190	美国非裔文学中的中国书写研究	省社会科学基金项目（前期资助）	5	外国语学院
7	李丽媛	23ZD0173	乡土诗意景观意象营造研究	省社会科学基金项目（前期资助）	5	艺术与设计学院
8	袁心平	23ZD0244	基于乡村旅游养老视域下适老化环境创新设计研究	省社会科学基金项目（前期资助）	5	艺术与设计学院
9	潘雅茹	23ZD0207	基础设施融合赋能双循环协调发展：理论机制与经验证据	省社会科学基金项目（前期资助）	5	管理学院
10	代　军	23ZD0123	传统制造业企业数字化转型设置、驱动与多阶段进程研究	省社会科学基金项目（前期资助）	5	艺术与设计学院
11	黄　涛	23ZD0153	武汉打造世界级科技创新策源高地路径研究	省社会科学基金项目（前期资助）	10	法学与经济学院

续表

序号	负责人	项目编号	项目名称	资助类别	立项金额/万元	学院
12	黄天蔚	23ZD0154	湖北省国有企业科技创新制度环境、能力评价及创新效益研究	省社会科学基金项目（前期资助）	5	管理学院
13	王　沛	23ZD0218	荆楚文化符号在建筑中的传承与创新	省社会科学基金项目（前期资助）	5	城市建设学院
14	刘　琪	23ZD014	数字健康的价值排序及其伦理风险治理研究	省社会科学基金项目（青年理论家）	5	马克思主义学院
15	刘文波	23ZD015	新时代湖北省高校思想政治理论课教学质量的评价研究	省社会科学基金项目（青年理论家）	5	马克思主义学院
16	田舒柳	HBSKJJ20233249	积极老龄化背景下我国老年社会团体的培育路径研究	省社会科学基金项目（后期资助）	2	马克思主义学院
17	杨　柳	HBSKJJ20233302	不同交易平台中农户的农产品交易行为研究	省社会科学基金项目（后期资助）	2	法学与经济学院
18	张亚伟	HBSKJJ20233362	东汉简牍所见司法文书资料整理与研究	省社会科学基金项目（后期资助）	2	马克思主义学院
19	徐　虹	HBSKJJ20233416	长江国家文化公园背景下武汉滨江文化空间叙事策略研究	省社会科学基金项目（后期资助）	2	城市建设学院
20	张齐武	HBSKJJ20233468	完善政府回应群众政策期盼和关切研究——基于对湖北居民政策需求的跟踪调查	省社会科学基金项目（后期资助）	2	马克思主义学院
21	刘艺洁	2023KT15-01	科教人才优势支撑湖北建设全国构建新发展格局先行区战略研究	湖北省重大调研课题	5	艺术与设计学院

续表

序号	负责人	项目编号	项目名称	资助类别	立项金额/万元	学院
22	黄　涛	—	武汉科教优势转化为创新优势、发展优势研究	省教科规划重大招标（重点）项目		法学与经济学院
23	李金云	—	高校英语专业学生国际传播能力培养的现存问题与对策研究	省教科规划重大招标（重点）项目		外国语学院
24	张智勇	—	高校毕业生“慢就业”形成机制及其因应策略研究	省教科规划一般项目		法学与经济学院
25	李　胤	—	总体国家安全观视域下高校学生安全教育模式研究与实践	省教科规划一般项目		资源与环境工程学院
26	陈喜林	—	人工智能赋能思政课话语体系建构研究	省教科规划一般项目		马克思主义学院
27	晏　丹	ZXZD003	完善我国中医药科技伦理管理制度的探究	省重点人文基地开放课题		医学院
28	李　蒙	—	湖北县城城乡融合实施路径及对策研究——以随州为例	湖北省优秀青年社科人才专项	3. 33	管理学院

2023 年自科成果获奖情况一览表

序号	成果名称	主要完成人	奖励类别/等级
1	基于碳减排的渗透气化膜高效合成关键技术创新与集成工艺应用	周志辉、杨建华、吴红丹、李继定、范先媛、陈金勋、鲁金明、张春桃、雷　杨、张彩虹、陈跃飞、刘　红、龚香宜、邱小勇、陈东侠	湖北省科学技术进步奖一等奖
2	夹杂物功能化设计与精准控制关键技术及工业应用	黄　峰、刘　静、齐江华、彭志贤、吴晓琴、吴光辉、索　琪、邹　航、胡　骞、徐　光、张施琦、周学俊、卢献忠、唐　璇、戴明杰	湖北省科学技术进步奖一等奖

续表

序号	成果名称	主要完成人	奖励类别/等级
3	主动脉夹层精准防治体系创立的关键技术及应用	曾和松、晋　军、杨伟宪、薛　凌、朱建成、贾一挺、贺晓楠、马　翔、白永怿、姜　萌、张　静、张志辉、温尚煜、孙　阳、李宗哲、钱德慧、马弋力、肖　寒、高智春、潘文旭、袁建松、于　丹、张远恒、赵金河、王洪杰、贺行巍、张文君、代　磊、刘晓磊、钟晓丹、刘婉君、徐　昶、黄　芬、朱红玲、肖杰文、熊晓昉、王　华、潘云红、马　丽、崔明哲	湖北省科学技术进步奖一等奖
4	高效低耗活性焦制备及烟气净化技术装备与应用	邵　雁、胡　鑫、赵　波、向　浩、刘子豪、柯雪利、张　兵、何　炽、郝佳宇、赵庆文、夏　阳、罗海兵、熊　劲、李　飞、胡国峰	湖北省科学技术进步奖二等奖
5	大跨度工程用高强度易焊接抗震建筑结构钢制造技术及应用	童明伟、张莉芹、易　勋、黄大军、石宇颢、黄道昌、苏　亮、龚　汉、汪　晛、成　林、王明亮、饶水林、郭继亮、欧阳坤、吴　晖	湖北省科学技术进步奖二等奖
6	可视媒体分析、重建与虚实融合关键技术与应用	肖春霞、何发智、梁　超、陈　军、罗　飞、张　玲、胡胜红、王章野、陈敬佳、雷洪文、陈　磊、周　晖、邢　昊、占　娜、包义雄	湖北省科学技术进步奖二等奖
7	城市复杂地下交通枢纽立体网络化安全建造关键技术及应用	熊朝辉、周　兵、李文胜、周　彪、邱少辉、张　扬、曾铁梅、梁水斌、刘　丰、欧阳冬、王金峰、邢　琼、兰　娟、汪国良、郑　燕	湖北省科学技术进步奖二等奖
8	高山区大埋深磷矿床尾矿自胶凝非均匀充填及顶板风险管控关键技术	王其虎、黄兆云、刘　洋、周跐金、张　力、杨晓龙、杜浩然、余连三、关　炜、郭　辉、黎翰林、郑甫鹏、刘志伟、叶义成、罗斌玉	湖北省科学技术进步奖二等奖

续表

序号	成果名称	主要完成人	奖励类别/等级
9	乳腺癌个体化精准诊疗关键技术与临床应用	刘春萍、李　磊、逯　翀、宁　康、徐　戎、彭　娜、曹旭晨、陈恒余、刘文中、徐元兵、卿湘城、胡　进、江　明、尹兴杰、李润泽、赵　宇	湖北省科学技术进步奖二等奖
10	污染泥土多源固废协同胶凝强化关键技术及工程应用	陆海军、刘肖凡、蔡光华、徐　俊、曹　彬、方喜林、张　强、张海峰、臧　濛、罗齐鸣、贺杏华、汪为巍、李继祥、魏　娜、张　静	湖北省科学技术进步奖三等奖
11	含重金属危废低碳熔炼及高效资源化回收关键技术研发及应用	赵旭德、霍成立、杨国栋、姚瑞珍、杨文明、何占国、王　荀	湖北省科学技术进步奖三等奖
12	高速高精走心式数控复合机床研发及产业化	聂仁豪、宋　宝、郑世祺、卢少武、汪　军、郭艺璇、伏江涛、李　虎、黎永恒、周向东、毛秋林、胡梦玲、朱建华、周高旗、刘国庆	湖北省科学技术进步奖三等奖
13	商用车动力总成结构噪声控制关键技术及应用	胡　溧、谭征宇、王　博、王华伟、郭晓艳、王　佳、李剑平、闵运东、徐成辉、吴耀中	湖北省科学技术进步奖三等奖
14	大型高炉安全长寿自保护理论及关键技术研发应用	肖志新、张建良、郑华伟、焦克新、张正东、李　红、胡正刚、李峰光、宋　钊、陈绪亨、冯光祥、彭　浩、陈世锦、曾伟涛、林　巍	湖北省科学技术进步奖三等奖
15	低合金高强汽车板高品质低成本制造关键技术	潘利波、周文强、刘祥东、孙方义、刘　欢、黄　锋、葛　锐、谭　文、余　立、罗　军、李　源、李　军、黄全伟、王贻磊、李新斌	湖北省科学技术进步奖三等奖
16	超宽极薄带钢酸连轧产线高精稳定绿色生产关键技术研发及应用	马　红、李东江、黎友华、张战果、肖　涵、程灿军、黄亚军、曹七华、曾　伟、何　可、王文涛、张文奇、刘　鑫、丁　磊、陈瑞锋	湖北省科学技术进步奖三等奖

续表

序号	成果名称	主要完成人	奖励类别/等级
17	营养科技创新驱动的健康老龄化关键技术研发与应用	荣　爽、胡守章、陈　帅、刘　爽、陈梁凯、刘昌树、贺瑞坤、王　赛、岳中宝、李婷婷、刘夫国、赵立娜、丛　洋、胡姗姗、蔡小丽	湖北省科学技术进步奖三等奖
18	面向碳中和的高性能汽车白车身用钢开发与应用	汪水泽、毛新平、刘永前、钟　勇、范家春、孙　垒、严立新、胡宽辉、陈濛潇、俞　雁、梁　亮、杨庚蔚、刘义滔、胡　俊、熊维亮	冶金科学技术奖一等奖
19	高温工业轻量耐火材料制备及一体化设计关键技术与工业应用	黄　奥、付绿平、张美杰、顾华志、邓　勇、邓南阳、方斌祥、何　健、刁德胜、刘光平	中国产学研合作创新与促进奖产学研合作创新成果优秀奖
20	一种轻量刚玉—尖晶石浇注料及其制备方法	黄　奥、顾华志、付绿平、张美杰、李　楠	中国专利优秀奖
21	超高强钢制备过程残余应力控制关键技术及应用	丁文红、孙　力、严立新、梁　亮、臧中海、闫文青、龚红根、刘天武、刘怡私、潘　进	冶金科学技术奖二等奖
22	超高强钢残余应力调控关键技术及应用	丁文红、臧中海、王新东、梁　亮、孙　力、汪　净、刘天武、鲁小轩、丁洪元、龚红根、刘怡私、潘　进、田秀刚、张志强、彭　冲	中冶集团科学技术奖一等奖
23	面向盾构安全监测的高性能光纤传感技术及应用	胡仲春、马振珠、郭永兴、任如华、高锡平、韩　成	中国发明协会发明创业奖创新奖二等奖
24	焦炉加热过程精准管控与智能运维技术及应用	李公法、赵亚平、孔建益、蒋国璋、曹永成、赵颢云	中国发明协会发明创业奖创新奖二等奖
25	热轧高温粉尘协同控制关键技术与装备	赵　刚、赵玉潮、熊　雯、汪朝晖、袁　金、王祖武、张　华、胡茂林、向晓东、王志强	机械工业技术发明奖二等奖

续表

序号	成果名称	主要完成人	奖励类别/等级
26	高温烟尘深度净化关键技术与装备及其在热轧高品质清洁生产中的应用	赵　刚、熊　雯、汪朝晖、袁　金、胡茂林、赵玉潮、张广军、卢　艳、向晓东、郑祖嘉	中国产学研合作创新成果奖二等奖
27	激光增材制造在线监控系统理论与技术	朱锟鹏、傅盈西、严春阳、林　昕、段现银	机械工业科学技术奖三等奖
28	超敏感环境盾构近接施工微变形控制技术	丁　智、魏　纲、魏新江、林存刚、梁荣柱、王　涛、王　震、郭永兴、吴　勇、申文明	中国公路学会科学技术奖二等奖
29	基于遏制重特大事故的企业重大风险辨识评估技术与管控体系研究	王先华、徐　克、赵云胜、叶义成、姜　威、王　彪、夏水国、徐厚友、王其虎	中国职业安全健康协会科学技术奖二等奖
30	基于 BIM 和 GIS 的数字孪生钢厂建造与安全管控关键技术研究及应用	臧中海、吴启兵、杨　恒、王先华、秦林波、袁怀月、汪　畅、喻　青、高启洋、王维佳、韩　军、何　朋、王永志、宋晓亮、史　蕾	冶金科学技术奖一等奖
31	战略性钒资源全产业链利用关键技术与工程化应用	张一敏、刘　涛、薛楠楠、陈　超、郝文彬、包申旭、黄　晶、马　兰、袁益忠、蔡震雷、胡鹏程、刘　红、郑秋实、樊　涌、万　骞、任浏祎	中国有色金属工业科学技术奖一等奖
32	钢铁冶金固废生态资源化关键技术及在海绵城市中的应用	康凌晨、薛楠楠、倪　俊、黄云海、李富智	冶金科学技术奖三等奖
33	二次钒战略资源综合利用关键技术及工程化应用	马　兰、刘　涛、杨绍利、陈守均、薛楠楠、吴恩辉、孙　宁、杨勇攀、陈薛冰、王露瑶、李俊翰、陈昱键、侯　静、朱奎松、李　军、李　宏	中国有色金属工业科学技术奖一等奖
34	表面处理行业化学镀废水资源化与深度处理关键技术与应用	贺　框、陈元彩、石运刚、杜建伟、王　黎、卓　丽、余姝洁、蔡洪英、黄凯华、胡　宁、王清淼、胡小英、张明杨、任艳玲、李艳秋	中国表面工程协会科学技术奖二等奖

续表

序号	成果名称	主要完成人	奖励类别/等级
35	杏山铁矿低碳高效开采技术研究与应用	丁航行、黄佳强、任凤玉、张金华、李海英、赵继忠、曹建立、王利军、刘　洋、师宏伟、乔夏梁、王　勇、任思潼、张文东、韩志勇	中国金属学会冶金科学技术奖一等奖
36	800米级深水爆炸容器研制及可靠性评估技术	李琳娜、钟东望、司剑峰、陈　浩、何　理、李斌斌	中国工程爆破行业协会技术发明奖一等奖
37	独塔单索面预应力斜拉桥精准定向爆破拆除关键技术及应用	陈德志、罗　鹏、陈　晨、李本伟、黄小武、周祥磊、徐顺香、赵东波、王　威、钟东望、王洪刚、伍　岳、黄炳林、舒　震、徐华建	中国工程爆破行业协会科学技术进步奖特等奖
38	移动源排放测量与监管关键技术	许小伟、钱　枫、祝　能、王计广、冯　坦、陈　旭	中国发明协会发明创业奖创新奖二等奖
39	急性病毒性胃肠炎传播机制研究及预测预警模型建立与应用	程　静、占建波、刘宏图、李　静、李金松、靳　淼、方　斌	中国金属学会冶金医学奖一等奖
40	典型环境污染物多器官健康风险评估及损伤机制研究	李金泉、梅宇飞、杨　旭、曾　燕、陈明清	中国金属学会冶金医学奖二等奖
41	数据驱动的湖北省传染病救治能力评价及基地网络建设研究	陈　婷、许　辉、陈　诚、刘太一	中国金属学会冶金医学奖三等奖
42	空降兵踝关节肌肉骨骼损伤风险识别与控制技术开发	吴　磊、刘　涛、刁　波、陈振龙	中国金属学会冶金医学奖三等奖
43	面向智慧物流的供应链平台系统研发与应用	王　勇、邓旭东、芦　倩、周志刚、刘　清、陈沿伊、李诗珍、唐亚婷、刘志存、彭琨琨、鄢曹政	中国物流与采购联合会科技进步奖一等奖
44	中国制造创新能力提升问题研究	刘海兵、黄天蔚、杨　磊、王　旭、周杞贞	中国商业联合会科学技术进步奖三等奖

续表

序号	成果名称	主要完成人	奖励类别/等级
45	奥信三维智能露天台阶爆破软件	伍世虔（2）、刘　斌（6）、蒋　峥（9）	中国爆破行业协会科学技术进步奖二等奖
46	先进物联制造车间智能决策关键技术与应用	张　永、丁　珈、金骏阳	中国商业联合会科学技术奖一等奖

2023 年人文社科成果奖获奖情况一览表

序号	成果名称	主要完成人	奖励类别	等级	学院
1	关于西南民族地区防止规模性返贫的调查研究	贺海波、刘　升、袁　媛、贺雪峰、袁　野	国家民委社会科学研究成果奖（调研报告类）	二等奖	人文社会科学高等研究院
2	推动各族群众全方位嵌入的影响因素及多维路径研究报告——基于长三角城市群多层次抽样调查	袁年兴、姚梦迪、李晓阳、许宪隆、马　跃	国家民委社会科学研究成果奖（调研报告类）	二等奖	人文社会科学高等研究院
3	关于传统民族互嵌社区的形成机制及经验启示调查研究	任　远、袁年兴、许宪隆、肖　友、黄柏权	国家民委社会科学研究成果奖（调研报告类）	二等奖	人文社会科学高等研究院

2023 年度决策咨询类成果一览表

序号	成果名称	成果完成人	采纳级别	学院
1	深入实施人才强国战略 加快打造全国重要人才中心与创新高地研究	李永周	B1 级	管理学院
2	警惕以冗员多为理由解释医药领域腐败的舆情	李　曼	C 级	马克思主义学院
3	巴以热点追踪	曹　蓉	C 级	马克思主义学院
4	关于法学教育和法学理论研究的相关舆情	李　曼	C 级	马克思主义学院
5	湖北省应急志愿服务现状与对策调研报告	李　莉（文）	C 级	法学与经济学院

续表

序号	成果名称	成果完成人	采纳级别	学院
6	湖北省中小企业发展环境第三方评估	张彦英	B2 级	法学与经济学院
7	中长期全球疫情发展态势分析研判及对策建议	陈　婷	A 级	医学院
8	湖北科技创新情况调研报告	施耀斌	B2 级	学生工作处
9	湖北省建筑业发展指数报告（2022）	熊华平	B2 级	管理学院
10	关于我省编制管理使用情况的调研报告	施耀斌	B2 级	学生工作处
11	关于进一步加强湖北三线工业遗产活化利用的建议	翁春萌	B2 级	艺术与设计学院
12	武汉城市配送现状及网络体系构建研究	王　勇	C 级	管理学院
13	新时代新阶段我国意识形态领域主要风险挑战及防范应对	唐忠义	B1 级	马克思主义学院
14	我国意识形态治理能力建设的现实困境	张　英	B1 级	马克思主义学院
15	新产品争议性口碑内容的形成及影响研究报告	刘茂红	C 级	管理学院
16	利用湖北三线工业遗产提升青少年素养的相关建议	翁春萌	B2 级	艺术与设计学院
17	当前错误社会思潮评析及治理对策	唐忠义	C 级	马克思主义学院
18	当前意识形态领域风险研判	唐忠义	C 级	马克思主义学院
19	2023 舆情信息工作计划	唐忠义	C 级	马克思主义学院
20	湖南省浏阳市金融村官调查报告	施耀斌	A 级	学生工作处
21	建议加大力度推进艾滋病防治工作	顾潮江	B2 级	生命科学与健康学院
22	2022 年黄陂区民营经济发展调研报告	刘文波	C 级	马克思主义学院
23	武汉市民营企业外贸合规管理问题研究	刘文波	C 级	马克思主义学院
24	加入政府采购协议（GPA）对湖北省北斗产业的影响及应对研究	刘文波	C 级	马克思主义学院
25	2023 年意识形态总体形势与风险因素	唐忠义	C 级	马克思主义学院
26	高度警惕当前社会思想动态和思潮走向	唐忠义	C 级	马克思主义学院
27	保护百年建筑，留存历史记忆——关于保护湖北模范监狱建筑群的建议	张继才	B2 级	法学与经济学院
28	防止舆论恶意渲染大学生“就业压力”	李　曼	C 级	马克思主义学院
29	武汉小学生被车撞死身亡后其母坠亡中网络暴力的影响分析	王玉婷	C 级	马克思主义学院

续表

序号	成果名称	成果完成人	采纳级别	学院
30	关于近期我国经济领域的舆情分析	王玉婷	C 级	马克思主义学院
31	2023 年 1 月意识形态领域风险分析	张　英	C 级	马克思主义学院
32	高度重视“官德”问题	张　英	C 级	马克思主义学院
33	谨防高校思政课教师队伍负面舆情泛滥	张　英	C 级	马克思主义学院
34	第四季度湖北社科界涉高校舆情热点	张　英	B2 级	马克思主义学院
35	2—3 月教育领域舆情信息	胡雅琼	C 级	马克思主义学院
36	央媒评“孔乙己文学”被群嘲的意识形态风险	张　英	B2 级	马克思主义学院
37	当前我省高校师生思想动态调查	张　英	B2 级	马克思主义学院
38	2024 年舆情研判	胡雅琼	C 级	马克思主义学院
39	“天津助学金事件”持续发酵	焦　敏	C 级	马克思主义学院
40	2023 年意识形态领域风险研判	胡雅琼	C 级	马克思主义学院
41	警惕“孔乙己文学”背后的风险	胡雅琼	C 级	马克思主义学院
42	加强海外高层次人才思想引领的建议	胡雅琼	C 级	马克思主义学院
43	关于我省高校思想政治理论课教学效果的调研报告	唐忠义	B2 级	马克思主义学院
44	教育错配的舆情信息及对策研究	梅玉婕	C 级	马克思主义学院
45	近期社会领域舆情信息	王晓曦	C 级	马克思主义学院
46	关于贾康之文的争鸣与反思	唐忠义	B2 级	马克思主义学院
47	2023 年上半年湖北社科界意识形态领域主要风险挑战	唐忠义	B2 级	马克思主义学院
48	第三季度涉湖北高校舆情信息	王玉婷	C 级	马克思主义学院
49	引入第三方专业机构动态评价湖北省流域片区综合治理绩效的对策研究	黎精明	B2 级	管理学院
50	第三季度湖北社科界涉高校舆情热点	张　英	B2 级	马克思主义学院
51	老旧小区公共空间适老化改造策略研究	徐　虹	B2 级	城市建设学院
52	“高校院长微信工作群发色情图”事件分析	王晓曦	C 级	马克思主义学院
53	《关于促进民营经济发展壮大的意见》传递市场经济信心	王晓曦	C 级	马克思主义学院
54	关于近期中美对话与对抗的舆情	李　曼	C 级	马克思主义学院
55	高校意识形态工作短板和提升路径——基于对湖北 8 所高校的调研	唐忠义	B2 级	马克思主义学院

续表

序号	成果名称	成果完成人	采纳级别	学院
56	警惕西方“宪政”等错误观点引发的意识形态危机	王目坤	C 级	马克思主义学院
57	当前高校存在的意识形态风险分析及对策建议	陈喜林	C 级	马克思主义学院
58	深入实施人才强国战略 加快打造全国重要人才中心与创新高地研究	李永周	B2 级	管理学院
59	关于湖北加快构建大科普发展格局的建议	黄　涛（文）	C 级	法学与经济学院
60	推动武汉科教资源优势转化为创新发展优势的研究报告	黄　涛（文）	C 级	法学与经济学院
61	省属企业负责人经营业绩考核系数和绩效年薪调节系数分析研究	李永周	B2 级	管理学院
62	关于打造“中共湖北革命摇篮”文化品牌的建议	张继才	C 级	法学与经济学院
63	关于促进各民族交往交流交融的湖北经验和对策研究	袁年兴	C 级	人文社会科学高等研究院
64	武汉市社区基金发展主题调研报告	李　莉（文）	C 级	法学与经济学院
65	加快推进国家级吸引集聚人才平台建设的重点举措与支持保障研究	李永周	C 级	管理学院
66	试论民主协商推进社区治理的实践困境与优化建议	李　莉（文）	C 级	法学与经济学院
67	湖北社科界第二季度舆情热点	胡雅琼	B2 级	马克思主义学院
68	建设世界一流企业应从激发优秀企业家精神入手	刘海兵	B2 级	管理学院
69	关于发掘高校经济消费新热点的建议	石秀华	B1 级	法学与经济学院
70	发挥“加油”文化资源优势，打造“加油”文化融合品牌	张继才	B2 级	法学与经济学院
71	提升湖北产业基础高级化和产业链现代化水平研究	欧光军	C 级	管理学院
72	《鄂南传统聚落研究》	董　黎	C 级	管理学院

2023 年与学校签订合同的甲方所在地域分布（排名前 10 位）

排名	甲方所在地域	合同数/项	合同总金额/万元	合同金额总量占比/%
1	湖北省	461	15210. 650313	46. 18
2	广东省	55	2230. 161092	6. 77
3	江苏省	53	2066. 605827	6. 27
4	上海市	36	1866. 395	5. 67
5	浙江省	34	1580. 32	4. 8
6	北京市	47	1275. 4073	3. 87
7	湖南省	34	877. 92	2. 67
8	山西省	4	857. 105	2. 6
9	贵州省	2	469. 04	1. 42
10	海南省	1	320	0. 97
合计		727	26753. 604532	81. 22

2023 年与学校签订合同的湖北省内甲方所在地域分布

序号	城市	合同数/项	合同总金额/万元	合同金额省内占比/%
1	武汉市	368	10597. 426063	60. 67
2	荆门市	9	1545. 5	8. 85
3	黄石市	13	736. 1	4. 21
4	黄冈市	9	668. 754	3. 83
5	襄阳市	12	618. 25	3. 54
6	鄂州市	16	224. 534	1. 29
7	宜昌市	7	189. 2	1. 08
8	咸宁市	9	162	0. 93
9	仙桃市	4	106	0. 61
10	孝感市	4	91	0. 52
11	天门市	2	88. 85475	0. 51
12	十堰市	1	60	0. 34
13	恩施土家族苗族自治州	1	58. 2015	0. 33
14	荆州市	4	44. 83	0. 26
15	随州市	2	20	0. 11
合计		461	15210. 650313	100. 00

2023 年各学院技术合同签订情况

序号	学院	合同数/项					合同金额/万元				
		总计	技术转让	技术开发	技术服务	技术咨询	总计	技术转让	技术开发	技术服务	技术咨询
1	材料学部	182	18	102	59	3	8217. 13	114. 10	6691. 25	1392. 57	19. 22
2	城市建设学院	50	10	15	21	4	1841. 09	312. 00	901. 56	573. 53	54. 00
3	法学与经济学院	16	0	0	8	8	163. 10	0. 00	0. 00	96. 30	66. 80
4	管理学院	57	0	8	34	15	601. 48	0. 00	110. 98	386. 80	103. 70
5	国际学院	1	0	0	1	0	11. 96	0. 00	0. 00	11. 96	0. 00
6	化学与化工学院	47	12	26	8	1	1439. 25	123. 87	894. 67	320. 71	100
7	机械自动化学院	108	17	64	27	0	4490. 86	862. 50	3003. 74	624. 62	0. 00
8	计算机科学与技术学院	39	5	32	2	0	1570. 07	216. 8	1334. 27	19	0. 00
9	理学院	27	3	14	8	2	698. 93	34. 5	386. 33	242. 05	36. 05
10	马克思主义学院	15	0	0	12	3	115. 5	0	0	106. 5	9. 00
11	汽车与交通工程学院	36	7	20	8	1	1431. 12	256	1016. 92	138. 3	19. 90
12	生命科学与健康学院	8	0	4	3	1	528. 29	0	391	132. 29	5. 00
13	外国语学院	8	0	0	8	0	29. 2	0	0	29. 2	0. 00
14	信息科学与工程学院（人工智能学院）	84	14	57	12	1	3702. 77	560. 10	2874. 95	262. 73	5. 00

续表

序号	学院	合同数/项					合同金额/万元				
		总计	技术转让	技术开发	技术服务	技术咨询	总计	技术转让	技术开发	技术服务	技术咨询
15	医学部	25	0	2	23	0	534.89	0	300.95	233.94	0.00
16	艺术与设计学院	10	0	1	9	0	45.30	0	1	44.3	0.00
17	资源与环境工程学院	71	20	28	22	1	2314.82	397.1	1471.17	441.55	5.00
18	其他	14	0	7	3	4	9.69	0.00	0.00	3.69	0.00
合计		798	106	380	268	44	28096.36	2876.97	19714.79	5060.44	444.17

2015—2023 年各学院合同立项数统计表

（项）

序号	学院	2015 年	2016 年	2017 年	2018 年	2019 年	2020 年	2021 年	2022 年	2023 年
1	材料学部	70	68	87	102	95	121	144	177	182
2	城市建设学院	22	10	21	17	14	18	25	51	50
3	管理学院	14	14	31	28	41	35	29	41	57
4	化学与化工学院	13	13	7	16	17	15	41	30	47
5	机械自动化学院	19	14	21	23	45	65	70	88	108
6	计算机科学与技术学院	19	7	20	24	34	26	34	40	39
7	理学院	9	10	7	7	13	16	23	20	27
8	马克思主义学院	8	3	6	8	10	8	9	14	15
9	汽车与交通工程学院	5	5	4	6	33	15	29	37	36
10	外国语学院	1	3	2	2	20	1	13	14	8
11	法学与经济学院	7	6	10	8	9	12	16	20	16
12	信息科学与工程学院（人工智能学院）	11	10	18	32	31	39	54	63	84

续表

序号	学院	2015年	2016年	2017年	2018年	2019年	2020年	2021年	2022年	2023年
13	医学部	16	7	6	18	27	21	27	18	25
14	艺术与设计学院	5	2	3	3	6	6	16	16	10
15	资源与环境工程学院	31	20	36	38	43	42	63	74	71
16	生命科学与健康学院				1		1	3	3	8
17	体育学院				1					
18	国际学院							2	1	1
19	其他	1	2	2	3	4	8	5	9	14
合计		251	194	281	337	442	449	603	716	798

2015—2023年各学院横向立项金额统计表

（万元）

序号	学院	2015年	2016年	2017年	2018年	2019年	2020年	2021年	2022年	2023年
1	材料学部	1200.81	1153.43	3011.59	2859.45	3314.91	2570.4	5698.07	8424.67	8217.13
2	城市建设学院	213.55	81.9	178.8	245.5	388.97	209.95	680.52	2323.9	1841.09
3	管理学院	139.86	70.9	177.53	156.1	386.87	318.65	407.3	657.52	601.48
4	化学与化工学院	556.5	245	143	1653.68	4274.63	489.4	963.76	1258.54	1439.25
5	机械自动化学院	879.1	81.21	512.69	434.75	1408.88	2332.26	1942.89	3219.18	4490.86
6	计算机科学与技术学院	336.9	131.46	274.84	406.8	859.47	621.69	878.93	1061.08	1570.07
7	理学院	98.5	164	59.07	126.58	264.42	627.25	940.64	1426.25	698.93
8	马克思主义学院	80.2	23.82	63.52	108.7	135.72	180.95	74.23	605.68	115.5
9	汽车与交通工程学院	57.36	37	65.42	92.58	1896.08	1494.5	540	1584.63	1431.12

续表

序号	学院	2015 年	2016 年	2017 年	2018 年	2019 年	2020 年	2021 年	2022 年	2023 年
10	外国语学院	0. 4	4. 9	0. 7	3. 6	25. 8	2	23. 3	10. 52	29. 2
11	法学与经济学院	48. 8	59. 96	115. 28	62. 75	84	141. 5	105. 95	184. 02	163. 1
12	信息科学与工程学院（人工智能学院）	162. 82	119. 8	407. 11	882. 3	637	1286. 02	1521. 93	1834. 49	3702. 77
13	医学部	121. 7	32. 8	78. 8	161. 38	315. 48	412. 81	369. 84	440. 01	534. 89
14	艺术与设计学院	22. 3	40	7. 5	18	56	21. 7	91. 47	66. 65	45. 3
15	资源与环境工程学院	377. 79	167. 25	1747. 93	990. 46	1732. 99	1441. 19	1244. 38	3347. 61	2314. 82
16	生命科学与健康学院				2. 5		11	38. 58	136. 4	528. 29
17	体育学院				1. 5					
18	国际学院							43. 02	28. 38	11. 96
19	其他	0. 2	0. 6	15	63. 46	339. 59	30	270. 2	42	9. 69
合计		4296. 79	2414. 03	6858. 78	8270. 09	16120. 8	12191. 3	15834. 99	26651. 72	28096. 36

2015—2023 年各学院横向到账经费一览表 （万元）

序号	学院	2015 年	2016 年	2017 年	2018 年	2019 年	2020 年	2021 年	2022 年	2023 年
1	材料学部	857. 48	953. 79	1241. 37	1378. 8	1574. 28	1776. 27	2565. 06	4834. 32	4527. 8127
2	城市建设学院	98. 44	145. 54	164. 9	178. 82	205. 72	414. 5	482. 28	869. 73	1156. 9673
3	管理学院	134. 01	140. 49	285. 95	139. 56	222. 49	361. 96	402	473. 14	499. 42487
4	化学与化工学院	349. 65	501. 8	316. 13	939. 8	2035. 27	803. 66	664. 08	2101. 5	696. 0162

续表

序号	学院	2015 年	2016 年	2017 年	2018 年	2019 年	2020 年	2021 年	2022 年	2023 年
5	机械自动化学院	791. 67	588. 47	811. 04	494. 55	881. 09	1017. 14	2036. 75	1221. 98	3168. 7857
6	计算机科学与技术学院	343. 6	200. 23	283. 19	364. 84	292. 68	467. 66	597. 03	685. 46	1337. 9002
7	理学院	64	63. 5	129. 55	125. 67	104. 61	379. 78	287. 9	670. 51	522. 47
8	马克思主义学院	56. 2	48. 82	81. 42	101. 8	108. 34	105. 76	170. 38	216. 08	262. 42
9	汽车与交通工程学院	121. 07	99. 63	88. 92	82. 84	754. 74	363. 83	767. 11	856. 78	1799. 7652
10	外国语学院	0. 18	5. 23	2. 02	2. 76	13. 5	26. 09	30. 62	8. 12	30. 95
11	法学与经济学院	59. 3	82. 46	95. 5	95. 45	86. 03	146. 77	109. 7	123. 47	179. 05374
12	信息科学与工程学院（人工智能学院）	239. 5	337. 16	383. 14	615. 57	695. 18	928. 02	1466. 77	1080. 34	2985. 4452
13	医学院	102. 43	52. 78	93. 42	228. 74	181. 7	359. 45	383. 65	162. 93	187. 784
14	艺术与设计学院	54. 61	36. 3	14. 5	14. 25	97	23. 7	63. 63	67. 83	44. 95
15	资源与环境工程学院	538. 76	544. 98	432. 96	1065. 4	1063. 15	1354. 93	996. 99	1975. 7	2255. 8216
16	生命科学与健康学院				2. 5			29. 58	80	388. 916
17	国际学院							31. 01	32. 87	20. 4748
18	其他	0. 18	0. 6	142. 04	83. 7	89. 45	91. 68	63. 29	31. 6	37. 59
合计		3811. 1	3801. 8	4566. 1	5915	8405. 22	8621. 2	11147. 81	15492. 4	20519. 15

2023年横向项目总到账经费超100万元的项目负责人

排名	所在学院	项目负责人	到账总金额/万元	占到账总额的百分比/%
1	化学与化工学院	李轩科	690.64	2.88
2	材料与冶金学院，材料学部	周建安	662.25	2.76
3	汽车与交通工程学院	邓明星	502.4	2.09
4	汽车与交通工程学院	钱　枫	501.937	2.09
5	信息科学与工程学院（人工智能学院）	李维刚	490.6112	2.04
6	信息科学与工程学院（人工智能学院）	蔡　彬	451	1.88
7	机械自动化学院	古　乐	309.67	1.29
8	材料与冶金学院，材料学部	葛　锐	306.13866	1.28
9	材料与冶金学院，材料学部	张美杰	279.508	1.16
10	资源与环境工程学院	周志辉	274	1.14
11	计算机科学与技术学院	胡　静	273.8124	1.14
12	信息科学与工程学院（人工智能学院）	赵云涛	266.45735	1.11
13	资源与环境工程学院	陈铁军	240.97364	1
14	汽车与交通工程学院	宣领宽	239.5	1
15	机械自动化学院	党　章	225.8468	0.94
16	机械自动化学院	汪朝晖	224.2953	0.93
17	汽车与交通工程学院	祝　能	220.677742	0.92
18	城市建设学院	高佳佳	211.2355	0.88
19	汽车与交通工程学院	王　洁	208.35	0.87
20	汽车与交通工程学院	吴耀中	205.5	0.86
21	机械自动化学院	余　震	204.5	0.85
22	信息科学与工程学院（人工智能学院）	何　杰	204.4	0.85
23	资源与环境工程学院	杨国栋	203.0958	0.85
24	生命科学与健康学院	姚　凯	200	0.83
25	机械自动化学院	涂福泉	192.797238	0.8
26	城市建设学院	廖国胜	186.5	0.78
27	马克思主义学院	马平均	184.62	0.77
28	材料与冶金学院，理学院	王红鸿	173.315	0.72
29	信息科学与工程学院（人工智能学院）	王小毛	163	0.68

续表

排名	所在学院	项目负责人	到账总金额/万元	占到账总额的百分比/%
30	机械自动化学院	张泽琳	145	0.6
31	信息科学与工程学院（人工智能学院）	宁博文	143.2	0.6
32	计算机科学与技术学院	顾进广	142	0.59
33	机械自动化学院	但斌斌	136.136	0.57
34	汽车与交通工程学院	王华伟	133.115	0.55
35	机械自动化学院	王兴东	130.9277	0.55
36	资源与环境工程学院	张光权	127	0.53
37	信息科学与工程学院（人工智能学院）	程用志	126	0.52
38	机械自动化学院	易灿灿	124.56528	0.52
39	材料与冶金学院	樊希安	123.66	0.52
40	信息科学与工程学院（人工智能学院）	赵　敏	120.2	0.5
41	材料与冶金学院	刘　婷	119.5	0.5
42	计算机科学与技术学院	林云汉	119	0.5
43	材料与冶金学院，材料学部	李远兵	116.8	0.49
44	信息科学与工程学院（人工智能学院）	王　朋	116.03	0.48
45	化学与化工学院	卢振明	116	0.48
46	资源与环境工程学院	姚　团	115	0.48
47	资源与环境工程学院	王文杰	115	0.48
48	机械自动化学院	陈新元	114.486	0.48
49	机械自动化学院	赵　刚	113.2634	0.47
50	理学院，高性能钢铁材料及其应用省部共建协同创新中心	吴开明	112.8	0.47
51	计算机科学与技术学院	李　琳	110.2	0.46
52	机械自动化学院	段现银	109.524	0.46
53	材料与冶金学院，材料学部	王周福	108	0.45
54	化学与化工学院	王光华	106	0.44
55	计算机科学与技术学院	任正伟	102.485625	0.43
56	生命科学与健康学院	顾潮江	100.916	0.42
57	机械自动化学院	曾　飞	100	0.42

2023年武汉科技大学省级以上科研平台（机构）一览表（牵头单位）

序号	科研平台（机构）名称	类别	批准单位
1	耐火材料与冶金省部共建国家重点实验室	国家重点实验室	科技部
2	高温材料与炉衬技术国家地方联合工程研究中心	国家地方联合工程研究中心	发展和改革委员会
3	钢铁冶金与资源利用省部共建教育部重点实验室	教育部重点实验室	教育部
4	冶金装备及其控制省部共建教育部重点实验室	教育部重点实验室	教育部
5	×××教育部重点实验室	教育部（B类）重点实验室	教育部
6	冶金自动化与检测技术教育部工程研究中心	教育部工程研究中心	教育部
7	国家环境保护矿冶资源利用与污染控制重点实验室	生态环境部重点实验室	生态环境部
8	高性能钢铁材料及其应用省部共建协同创新中心	教育部协同创新中心	教育部
9	战略钒资源利用省部共建协同创新中心	教育部协同创新中心	教育部
10	钢铁工业耐火材料新技术国际合作联合实验室	国际合作联合实验室	教育部
11	武汉科技大学中华民族共同体研究院	国家民委中华民族共同体研究基地	国家民委
12	高温陶瓷与耐火材料湖北省重点实验室	湖北省重点实验室	教育厅、科技厅
13	机械传动与制造工程湖北省重点实验室	湖北省重点实验室	教育厅、科技厅
14	钢铁冶金新工艺湖北省重点实验室	湖北省重点实验室	教育厅、科技厅
15	煤转化与新型炭材料湖北省重点实验室	湖北省重点实验室	教育厅、科技厅
16	冶金矿产资源高效利用与造块湖北省重点实验室	湖北省重点实验室	教育厅、科技厅
17	冶金工业过程系统科学湖北省重点实验室	湖北省重点实验室	教育厅、科技厅
18	智能信息处理与实时工业系统湖北省重点实验室	湖北省重点实验室	教育厅、科技厅
19	职业危害识别与控制湖北省重点实验室	湖北省重点实验室	科技厅
20	湖北省中小企业研究中心	湖北省重点文科基地	教育厅
21	产业政策与管理研究中心	湖北省重点文科基地	教育厅

续表

序号	科研平台（机构）名称	类别	批准单位
22	湖北非营利组织研究中心	湖北省重点文科基地	教育厅
23	湖北意识形态建设研究院	湖北省新型智库	省委宣传部
24	高温材料与炉衬技术湖北省工程研究中心	湖北省工程研究中心	湖北省发改委
25	湖北省页岩钒资源高效清洁利用工程技术研究中心	湖北省工程技术研究中心	科技厅
26	湖北省冶金二次资源工程技术研究中心	湖北省工程技术研究中心	科技厅
27	湖北省工业安全工程技术研究中心	湖北省工程技术研究中心	科技厅
28	湖北省智能爆破工程技术研究中心	湖北省工程技术研究中心	科技厅
29	湖北省先进钢铁材料短流程制造工程技术研究中心	湖北省工程技术研究中心	科技厅
30	湖北省海洋工程材料及服役安全工程技术研究中心	湖北省工程技术研究中心	科技厅
31	先进钢铁材料及其制造工艺国际科技合作基地	湖北省国际合作基地	科技厅
32	耐火材料与冶金国际科技合作基地	湖北省国际合作基地	科技厅
33	钒铁资源高效利用国际科技合作基地	湖北省国际合作基地	科技厅
34	湖北省智能信息处理与网络优化国际科技合作基地	湖北省国际科技合作基地	科技厅
35	高性能钢铁材料及其应用湖北省协同创新中心	湖北省协同创新中心	教育厅
36	钒资源高效利用湖北省协同创新中心	湖北省协同创新中心	教育厅
37	先进钢铁材料中试研究基地	湖北省中试基地	科技厅
38	沥青基先进炭材料湖北省工程研究中心	湖北省工程研究中心	湖北省发改委
39	煤转化与先进炭材料湖北省中试基地	湖北省中试基地	科技厅
40	城市更新湖北省工程研究中心	湖北省工程研究中心	湖北省发改委
41	湖北省“×××”国防科技（军民融合）重点实验室	国防科技（军民融合）重点实验室	省委军民融合发展委员会办公室
42	新能源汽车先进底盘技术湖北省工程研究中心	湖北省工程研究中心	湖北省发改委

（撰稿：任　帅、姚冬冬、魏文静、胡　琳、徐光均、张　曦、余　奕、刘　冉、孙瑞峰、官德华、古文涛、陈喆君　审稿：佘春雨）

省部共建耐火材料与冶金国家重点实验室

【概况】省部共建耐火材料与冶金国家重点实验室（以下简称实验室）是以耐火材料与高温陶瓷省部共建国家重点实验室培育基地（2003年）、钢铁冶金及资源利用省部共建教育部重点实验室（2005年）为基础，于2013年12月由国家科技部和湖北省人民政府批准建设的。实验室主任是倪红卫教授，实验室学术委员会主任是中国科学院院士周国治教授。

实验室聚焦世界耐火材料与冶金学科前沿和国家重大需求以及湖北经济社会发展，围绕我国耐火材料和湖北钢铁及其下游优势产业中的共性基础理论与重大、关键技术问题，研制高温工业关键耐火材料与高性能钢铁材料，形成了耐火材料设计理论与制备技术、耐火材料高温服役行为及功能化、冶金过程理论与高性能钢铁材料和特色冶金资源高效利用研究方向，为湖北省和国家经济建设以及国防装备发展提供支撑。

实验室现有固定人员总数88人，其中研究人员81人，仪器设备等管理人员7人；国家级人才13人，国家级创新团队1个，省级创新群体/团队8个，省部级人才41人。实验室基本构建了耐火材料微结构设计与制备平台、耐火材料热模拟与计算平台、钢铁材料模拟与仿真平台、低值冶金资源高效利用平台，仪器设备总价值约1.61亿元，面积超10000m^2。

【科学研究】本年度新立各类纵向项目67项，其中国家自然科学基金22项（主持联合基金2项、面上项目11项、青年基金项目9项），首批中国—非洲伙伴研究所交流项目1项，中央军民融合发展专项1项，主持湖北省“JD”技术攻关工程项目课题/子课题4项，湖北省重点研发计划2项、湖北省自然科学基金项目10项（其中重点项目1项），纵向批准经费5631.5万元，纵向项目到账3149.25万元；新立项横向项目197项，其中单项合同金额1000万元1项（新型隔热储能材料的制备与产业化，1300万元，其中专利许可费用500万元），合同金额超500万元3项，超过200万元10项，超过100万元18项，横向合同总金额8508.46万元，横向项目到账4947.42万元。本年度科研经费合计到账8096.67万元。

年内，实验室发表学术论文451篇，

其中SCI刊源论文337篇（其中以实验室为第一单位发表论文415篇，含SCI源刊论文316篇）。年内出版教材专著5部，其中英文专著1部。年内授权国际发明专利4项，国家发明专利66项，实用新型专利4项。牵头制定并发布国家标准2项，发布行业标准3项，团体标准1项，地方标准1项。

年内，实验室获科技奖励10项，其中以实验室为第一单位获湖北省科学技术进步奖一等奖、二等奖各1项，获中国专利优秀奖1项，冶金科学技术奖二等奖1项，此外实验室参与并获湖北省科学技术进步奖三等奖2项，冶金科学技术奖一等奖1项，中国化工学会科学技术奖基础研究成果二等奖1项，工程热化学创新奖1项和中冶集团科学技术奖一等奖1项。

【队伍建设与人才培养】高层次人才的培养与引进方面，丁文红获首届“国家卓越工程师”称号，李亚伟获湖北省先进工作者，程常桂入选湖北省有突出贡献中青年专家，张华获“宝钢优秀教师奖”，霍开富获批国务院政府特殊津贴，张海军、马国军入选中国科协海智计划特聘专家，王炜获“第七届荆楚好老师”和楚天英才计划楚天名师；奥地利Volker Kahlenberg教授与南非Robert Cromarty教授2人获批科技部高端外国专家计划项目，奥地利因斯布鲁克大学Volker Kahlenberg教授——奥地利矿物学会主席和加拿大国立科学研究院孙书会教授获批世界著名科学家来鄂讲学计划，获批湖北省引进外国人才和智力项目1项（外国专家类）：危废铬渣矿相重构及其安全资源化制备功能材料。团队建设方面，李享成团队入选教育部创新团队，霍开富团队入选湖北省“楚天英才计划”科技创新团队项目。

后备队伍培育方面，刘昱入选中国科协第八届青年人才托举工程，邱耀获批湖北省百人计划青年百人，杨庚蔚获批湖北省青年拔尖人才和湖北省自然科学基金杰出青年基金。王大珩、朱颖丽等7人入选楚天英才计划“楚天学子”，黄奥获“工程热化学创新奖”，王强获美国陶瓷学会“Alfred W. Allen奖”。胡晓明、万晌亮分别荣获第二届全国博士后创新创业大赛银奖（二项），黄奥获批湖北省卓越博士后跟踪计划项目，余蕾、刘曼等4人获批全国第73、74届博士后面上基金项目，胡晓明、刘宇等5人获批湖北省博士后创新研究岗位资助。

学生培养方面，博士研究生陈哲荣获“中国大学生自强之星”，实验室获评2022年中国冶金教育学会优秀博士论文2篇、优秀硕士论文4篇。学生竞赛方面获中国国际大学生创新大赛（2023）国家级金奖1项、银奖1项；第十八届“挑战杯”全国大学生课外学术科技作品竞赛国家级三等奖1项、“揭榜挂帅”专项一等奖1项、黑科技专项一等奖1项。

【合作交流】实验室牢记服务地方经济发展的使命，增进服务地方经济和科技发展的能力，鼓励老师有针对性地解决地方行业技术难题，加强与湖北企事业单位的科技合作，本年度与湖北企事业单位签订合同74项，其中张美杰教授团队“新型隔热储能材料的制备与产业化”项目落地湖北荆门，合同额1300万元，其中专利许可转让费用500万元。

实验室主动与地市开展对口合作，签订对口合作协议，与7家企业签订产学研合作协议。本年度分别与旋力热能（湖北）有限公司、黄石新兴管业有限公司签订共建产学研基地的合作协议，分别与湖北天瓷电子材料有限公司、荆门中耐科技发展有限公司、湖北灵坦机电设备有限公司、宜昌利民管业科技股份有限公司签订校企联合创新中心合作协议，与长沙中瓷新材料科技有限公司签订战略合作框架协议。实验室本年度共派出43人从事科技成果转化工作：派出李杨参加江苏第十五批科技镇长团到江苏宿迁从事成果转化工作，派出万响亮、成日金、黄亮参加湖北第十二批博士团，派出李亚伟、顾华志等7人参加湖北省院士专家企业行活动，马妍、秦庆伟、刘升等32人次参与湖北省科技副总、江苏省科技副总等各类科技人员外派项目到相关企业担任从事科技服务和成果转化工作，完成科技成果转化2项。年内组织产学研合作洽谈会11场。

国际合作方面，实验室申报的“中国武汉科技大学—南非比勒陀利亚大学—尼日利亚圣约大学绿色低碳冶金领域伙伴研究所交流项目”入选首批中国—非洲伙伴研究所交流项目（全国仅10项，武汉科技大学是矿物、冶金、材料领域的唯一获批单位）。实验室牵头成立了中非低碳冶金研究中心、武汉科技大学—南非比勒陀利亚大学低碳冶金国际合作联合实验室，与澳大利亚新南威尔士大学、英国埃克塞特大学等4所国外高水平院所签订了合作协议。

为进一步加强实验室在国际和国内的科研影响力和国际地位，实验室本年度通过线上、线下、线上线下相结合的方式组织各类国际、国内、地区性学术会议14次。实验室主办了2023武汉耐火材料学术年会、2023中非创新合作与发展论坛暨湖北国际技术交流会“低碳功能材料新技术国际研讨会”、第六届国际耐火材料研究生论坛、第一届全国耐火材料研究生学术年会，2023年全国炼钢—连铸生产技术会和第十五届环太平洋陶瓷国际会（PACRIM15）暨第十三届先进陶瓷国际会议（CICC-13）——“先进耐火材料与传统陶瓷”分会，承办或协办了其他各类学术会议7场。

本年度实验室积极邀请开展学术交流活动，邀请行业专家来校讲学并进行学术交流，同时组织本院出国访学归国老师进行学术报告，年内组织学术报告37场。实验室接待联合国工业发展组织全球创新网络项目ESG与碳中和投资指导委员会主席罗响、教育部发展规划司司长刘昌亚等386人调研参观52次。李亚伟、刘静等受邀在国内外大型学术会议上作大会主旨报告26人次，分会场邀请报告88次；顾华志、马国军等外出讲学17次，组织科普活动1次。

【运行管理】实验室于2024年1月21日召开学术委员会会议，会议听取了实验室建设十年的工作报告，与会的学术委员会委员就实验室十年的建设工作报告进行了充分的讨论和质询，与会专家一致认为报告对实验室十年建设情况和存在的问题的分析恰当，下一步工作规划务实可行；实验室取得了一系列具有国际影响力的原创性、系统性成果，为支撑国家战略和国家创新体系建设以及湖北经济社会发展作出了贡献；实验室已经形成了年龄学缘结构和人才结构合理、研究方向匹配的学术研究梯队，为实验室发展提供了有力支撑；实验室坚持国际化建设，国际影响力得到提升，平台建设收效显著，平台硬件条件得到明显改善。建议实验室继续发挥耐火材料和冶金交叉领域的优势，积极谋划，在国家重点实验室重组中占据一席之地。学校要继续加大对实验室的经费、实验用房和政策支持，稳步推进高水平团队建设。同时会议审定并批准了2024—2025年开放课题，新立项开放课题20项。

本年度实验室通用检测类贵重仪器设备100%开放共享，在学校贵重仪器设备共享平台上公示设备编号、名称、原值、购置时间、主要技术指标、功能及应用范围、设备状况、使用收费标准、可开放预约使用时间段、联系人及联系电话等相关信息，设备管理员及时处理用户预约使用订单。贵重仪器设备运行稳定，无因管理不当造成仪器设备使用情况不达标情况，仪器设备无闲置。实验室年度固定资产盘点中，账卡物相符率不低于90%；仪器设备完好率不低于90%，固定资产标签完好率不低于95%。

同时实验室继续开展自制仪器设备的工作，年内完成了高温熔体界面反应真空实验炉、热模拟炉等设备的研制。本年度新增大型仪器设备价值926.86万元，实验室仪器设备总价值达到1.61亿元。

实验室积极开展安全教育、消防演练、危化品知识培训，开展安全日查、周查、突击抽查等检查工作。全年开展了消防培训、演练及危化品讲座和应急救生实训活动2次。

实验室高度重视基地的规范化和科学化管理，依托实验室建设的各级科研平台运行良好。依托实验室申报的教育部钢铁工业耐火材料新技术国际合作联合实验室和教育部B类重点实验室正式获批。联合中国航天三江，申报并获批了湖北省GF科技重点实验室，是省属高校唯一获批的GF类重点实验室。

实验室目前共资助自主研究课题28项，青年基金项目62项。实验室定期对各类资助项目进行了中期检查，各类项目执行情况良好，截至2023年年底，青年基金项目已结题50项。

【党建与思想政治工作】2023年，国重党总支始终坚持以政治建设为统领，聚焦立德树人根本任务，把方向管大局，持续推进学习贯彻习近平新时代中国特色社会主义思想主题教育。

坚持加强理论学习，不断提升思想认识和工作能力。通过举办专题读书班、领导干部集中自学、导学联学、集中研讨、辅导报告会等严格落实政治理论学习机制。自党总支5月成立以来，召开党总支会议5次，理论中心组集中学习4次。积极做好各党支部重组换届工作，严格落实“三会一课”“主题党日”等活动，进一步砥砺初心使命。

充分发挥政治核心作用，推动高水平学科发展格局形成。完善师德师风建设长效机制实施细则，培育了以“国家卓越工程师”丁文红、“湖北省先进工作者”李亚伟、“装备发展部和教育部联合创新团队”李享成教授团队等为代表的师德师风典范；明确师德“负面清单”，在人才引进、职称评审等中实行师德失范“一票否决”；在年终绩效分配、重大项目建设中把好“风险关”，在课堂教学、教材建设、项目资助、对外交流等方面做好廉政监督检查。

认真落实党风廉政建设责任制，不断强化党风廉政建设。高度重视党风廉政宣教月，召开警示教育大会，党总支负责人讲专题廉政党课，用身边事教育身边人，以作风建设推进反腐败斗争。积极部署，用心谋划，邀请校纪检专家讲学、签订师德师风承诺书、观看师德楷模纪录片，全方位推进师德师风建设。注重保密学习，常态化开展保密培训，组织全体党员参观武汉大学国家保密学院湖北省保密教育实训平台。

附录

2023 年省部共建耐火材料与冶金国家重点实验室获批标准情况一览表

序号	标准名称	标准编号	获批时间	标准类别
1	铁矿石　全铁及其他多元素含量的测定　波长色散 X 射线荧光光谱法（钴内标法）	GB/T 6370.87—2023	2020 年 8 月 6 日	国家标准
2	标准样品工作导则　第 5 部分：质量控制样品的内部研制	GB/T 15000.53/ ISO Guide80—2014	2020 年 8 月 6 日	国家标准
3	光谱化学分析中的校验和质量控制图的使用规则	YB/T 4997—2022	2022 年 9 月 30 日	行业标准
4	铬精矿	YB/T 4066—2023	2023 年 4 月 21 日	行业标准
5	耐火材料用铬精矿	YB/T 5265—2024	2023 年 4 月 21 日	行业标准
6	高锰钢制容器用焊接材料	T/CSTM 00836—2022	2023 年 1 月 21 日	团体标准
7	轧钢连续加热炉能效等级与测试规则	DB42/T 2049—2023	2023 年 6 月 27 日	地方标准

2023 年省部共建耐火材料与冶金国家重点实验室组织学术会议情况一览表

序号	会议名称	类型	会议日期	会议地点	参会人数
1	第九届全国有色金属结构材料制备/加工及应用技术交流会暨 2023 中国结构材料大会	承办	4 月 7—9 日	湖北武汉（线上线下）	500
2	第一届全国耐火材料研究生学术年会	主办	4 月 22 日	湖北武汉（线上）	200
3	2023 耐火材料助力钢铁工业碳中和峰会	协办	4 月 22 日	江苏宜兴	200
4	第十三届无机材料结构、性能及测试表征技术研讨会	承办	5 月 12—15 日	湖北武汉	330
5	第六届国际耐火材料研究生论坛	主办	5 月 22—24 日	湖北武汉（线上线下）	200

续表

序号	会议名称	类型	会议日期	会议地点	参会人数
6	2023 年全国炼钢-连铸生产技术会	主办	6 月 26—29 日	湖北武汉	200
7	2023 中非创新合作与发展论坛暨湖北国际技术交流会“低碳功能材料新技术国际研讨会”	主办	7 月 6 日	湖北武汉（线上线下）	200
8	第十二届全国腐蚀与防护大会	联合承办	7 月 19—21 日	湖北武汉	1250
9	2023 年中国电磁冶金与强磁场材料制备技术研讨会	协办	8 月 18—20 日	湖北武汉	120
10	2023 年低碳智能炼铁学术会暨《炼铁》编委会工作会	主办	10 月 11—13 日	湖北武汉	300
11	2023 武汉耐火材料学术年会	主办	10 月 14—16 日	湖北武汉	500
12	2023 国际产学研用合作会议（湖北）武汉科技大学“先进材料与绿色制造新技术”分论坛	承办	11 月 2 日	湖北武汉（线上线下）	400
13	2023 年度“博聚楚天·共话荆彩”湖北省博士后“‘51020’背景下的绿色冶金与先进材料”学术会议	承办	11 月 3 日	湖北武汉	50
14	第十五届环太平洋陶瓷国际会（PACRIM15）暨第十三届先进陶瓷国际会议（CICC-13）——“先进耐火材料与传统陶瓷”分会	主办	11 月 5—9 日	广东深圳	200

2023 年省部共建耐火材料与冶金国家重点实验室组织讲座情况一览表

序号	时　间	报告题目	报告人	报告人单位
1	3 月 22 日	从纳米火到微纳芯片发电技术	胡志宇　教授	上海交通大学
2	3 月 22 日	基于热电效应的多类信号功能传感器	吴振华　助理研究员	上海交通大学
3	3 月 24 日	铁电薄膜器件及其在电子信息领域的应用	龙　啸　博士	巴塞罗那自治大学
4	4 月 4 日	高压氢气环境管线钢氢脆研究最新进展	程玉峰　院士	加拿大卡尔加里大学
5	4 月 22 日	二维 MXene 材料制备与电化学储能	林紫锋　教授	四川大学
6	4 月 24 日	Refractories for continuous casting-modern challenges and solutions	Kirill Andreev　首席科学家	比利时维苏威流体控制研发中心

续表

序号	时　间	报告题目	报告人	报告人单位
7	4月24日	混合有限元-离散元（FDEM）基本原理、开发及应用	李　浩　高级咨询专家	Itasca Consulting Canada Inc.
8	4月26日	Research towards process development and optimization-Some examples to show research methodology	杜嗣琛　教授	瑞典皇家工学院
9	5月4日	熔融还原炼铁的过去、现在及将来（1）	邹宗树　教授	东北大学
10	5月4日	熔融还原炼铁的过去、现在及将来（2）	邵　磊　副教授	东北大学
11	5月9日	表面增强拉曼技术在农药残留检测上的应用	刘　威　副教授	浙江农林大学
12	5月15日	历久弥新的氢脆	乔利杰　教授	北京科技大学
13	5月19日	磷在熔融氯化物中的制备与回收	杨　肖　研究员	西湖大学
14	6月7日	汽车尾气道路遥感	黄御寒　研究员	澳大利亚悉尼科技大学
15	6月19日	扫描探针显微镜下的单分子特性	徐炳乾　教授	美国佐治亚大学
16	6月20日	化学“有限”，物理无边——浅谈现代结构陶瓷材料设计的新观念	张少伟　教授	英国埃克塞特大学
17	6月25日	标准化工作概况及标准制修订程序	陈炎明　教授级高工	湖北省标准化与质量研究院
18	6月25日	耐火材料绿色发展的标准引领	彭西高　教授级高工	中钢集团洛阳耐火材料研究院
19	7月5日	多官能化手性膦配体的设计及其精准进化	徐利文　教授	杭州师范大学
20	7月31日	1. Discrete element modelling of common refractory ceramics； 2. 莱奥本矿业大学介绍及留学项目	金胜利　教授	奥地利莱奥本矿业大学
21	8月21日	Understandings on structure of supercooled mold fluxes with Li_2O and its effects on melt crystallization behavior	Jung-Wook Cho　教授	韩国浦项科技大学

续表

序号	时　间	报告题目	报告人	报告人单位
22	9月4日	连铸浸入式水口中非金属夹杂物沉积堵塞现象的数值研究(Understanding nonmetallic inclusion behavior in SEN clogging-a modelling approach)	吴孟怀　教授	奥地利莱奥本大学
23	9月12日	固态离子传输、嵌脱过程及其应用	汤卫平　教授	上海交通大学
24	9月14日	聚焦解决问题的思维方式和方法论	刘自成　教授级高工	宝钢股份
25	9月28日	钙钛矿量子点发光显示的若干关键问题	曾海波　教授	南京理工大学
26	10月31日	Iron-ore sinter：crystallography meets metallurgy	Volker Kahlenberg　教授	因斯布鲁克大学
27	10月31日	Decarbonization and reducing the environmental impact in ferroalloy production	Robert Cromarty　教授	南非比勒陀利亚大学
28	11月3日	二维半导体中的非常规能量转移	胡泽华　研究员	南京大学
29	11月3日	二维半导体外延生长与器件应用	李涛涛　研究员	南京大学
30	11月16日	Applications for Eirich Intensive Mixers in the Refractory Industry	Ralf LOEBE　技术总监	德国古斯塔夫爱立许公司
31	11月16日	恪守科研规范与诚信 抵制学术腐败与不端——高校教师廉洁从教必修	史小艳　主任	武汉科技大学
32	11月20日	工业废水处理A-OHO工艺：总氮趋零和碳减排的博弈	韦朝海　教授	华南理工大学环境与能源学院
33	11月20日	退役锂离子动力电池回收技术瓶颈及材料修复技术进展	徐盛明　教授	清华大学核能与新能源技术研究院
34	11月29日	金属材料塑性变形晶体学原理与冷轧织构模拟计算	毛卫民　教授	北京科技大学
35	11月30日	危险化学品安全知识	余卫华　教授级高工	武汉钢铁有限公司技术中心
36	11月30日	传热强化理论与应用——从经验设计到主动优化	刘志春　教授	华中科技大学
37	12月6日	耐高温抗腐蚀镍钛轴承合金弹/硬化机制及应用研究	官　磊　教授	中国航发北京航空材料研究院

续表

序号	时　间	报告题目	报告人	报告人单位
38	12 月 14 日	基金项目申请交流——一点心得体会	曹少文　研究员	武汉理工大学
39	12 月 20 日	铝酸钙水泥矿物相与水化反应	郜剑英　技术总监	益瑞石铝酸盐公司

2023 年省部共建耐火材料与冶金国家重点实验室接待参观访问情况一览表

序号	时　间	内　容
1	2 月 10 日	首钢水城钢铁（集团）有限责任公司党委书记、董事长彭开玉一行 7 人来室参观并座谈
2	2 月 11 日	联合国工业发展组织全球创新网络项目 ESG 与碳中和投资指导委员会主席罗响在青山区政协主席杨新的陪同下调研学校并参观实验室
3	2 月 11 日	中冶建筑研究总院有限公司副总经理王海涛、钢铁工业环境保护国家重点实验室副主任彭犇、朱晓华等一行 6 人来室参观
4	2 月 18 日	荆门摩根凯龙 4 人来室参观
5	2 月 21 日	江西宏柏新材料股份有限公司董事长、总经理纪金树等 3 人来室参观
6	2 月 22 日	江苏东台市组织部钱枫、东台中磊节能科技发展有限公司总经理一行 2 人来室参观交流
7	3 月 1 日	黄石市科技局局长等一行 6 人来室参观
8	3 月 1 日	武汉市发改委一行 6 人来室参观
9	3 月 3 日	江苏省盐城市人民政府一行 6 人来室参观座谈
10	3 月 5 日	新疆众和股份有限公司 5 人来室参观交流
11	3 月 5 日	山东耐材集团鲁耐窑业有限公司副总经理蔡国庆、技术处处长秦建涛等 2 人来室参观交流
12	3 月 7 日	河南济源产城融合示范区工委组织部副部长等一行 7 人来室参观
13	3 月 8 日	浙江省政府研究室、教育厅高教处一行 4 人，湖北省政府咨询委员会、教育厅学位管理与研究生教育处一行 3 人来校调研并参观实验室
14	3 月 11 日	新疆众和股份有限公司 6 人来室参观交流
15	3 月 14 日	山东耐材集团鲁耐窑业有限公司常务副总经理、全国耐火材料标准化技术委员会委员史成龙等 2 人来室参观交流
16	3 月 16 日	摩根热陶瓷中国区总经理殷骏、上海榕融新材料有限公司技术总工等一行人 5 人来室参观

续表

序号	时间	内容
17	3月21日	上海交通大学胡志宇教授一行3人来室参观交流
18	3月21日	北京金隅通达罗华明总经理、李燕京副总经理及马淑龙技术总监一行来室参观访问
19	3月28日	山东爱客多热能科技有限公司董事长等一行7人来室交流并参观
20	3月29日	江苏省张家港市应急管理局陈国庆局长一行9人来室参观
21	4月6日	学校校友徐会之之子、原国家工商总局副局长、第十二届政协常委、港澳台侨委会副主任、第十二届民革中央副主席、徐会之研究会名誉会长刘凡等一行4人来校调研并参观实验室
22	4月7日	中国平煤神马能源化工集团有限责任公司3人来室参观座谈
23	4月12日	中国一冶集团有限公司党委书记、董事长陈阳一行8人来校调研并参观实验室
24	4月13日	湘阴县县委书记李镇江一行来校调研座谈并参观实验室
25	4月19日	西南科技大学一行5人来室参观
26	5月6日	宿迁市科技局副局长冷庆丰带领宿迁高新区科技人才局局长胡涛和宿迁高新区金属材料领域相关企业代表来校开展产学研交流对接活动并参观实验室
27	5月8日	湖北文理学院校长张彦铎、副校长汪云等一行6人来校交流并参观实验室
28	5月12日	燕山大学一行5人来室参观
29	5月15日	长江新材料有限公司8人来室参观交流
30	5月25日	主题教育省委第十五巡回指导组组长吕文艳、指导组成员王劭、张旻、杨峰鹤、姜保华一行5人来校调研指导并参观实验室
31	3月21日	长江新材料有限公司8人来室参观
32	6月20日	中国钢铁工业协会副秘书长，冶金工业出版社党委书记、社长苏长永等一行6人来校交流并参观实验室
33	6月20日	教育部发展规划司司长刘昌亚来校调研指导工作并参观实验室
34	7月12日	红安县政府一行10人来室参观
35	7月17日	湖北省委副书记诸葛宇杰一行5人来室调研参观
36	7月19日	香港理工大学副校长赵汝恒一行14人来室参观
37	7月24日	黄冈市科技局及11家企业负责人共14人来校交流并参观实验室
38	7月26日	加蓬矿业与地质部办公厅主任 Eric Damien Biyoghe Bi Ella 一行6人来室参观访问
39	8月14日	宝武新余钢铁公司一行4人来室交流参观
40	9月26日	天津 GMP 公司一行3人来访参观
41	9月26日	青山区质监局检验检测开放日活动一行20人来室参观
42	10月14日	菱镁行业协会常务副会长曹长坤等一行3人来室参观

续表

序号	时　间	内　容
43	10月18日	辽宁省锦州市太合区区委书记一行6人来室参观访问
44	11月2日	挪威埃肯公司硅材料研发部主管 Odd Skogerbo、耐材事业部技术专家彭红博士、中国耐材业务销售主管吴伟、销售经理王东升以及技术经理戴长浩来室参观访问
45	11月14日	澳大利亚迪肯大学副校长 Nick Birbilis 率代表团5人访问学校参观重点实验室
46	11月19日	参加学校庆祝办学125周年暨高质量发展咨询会的与会嘉宾约40人来室参观
47	11月24日	慈溪市市委常委、组织部部长施宇峰带领慈溪市政企代表团来校交流访问并参观实验室
48	11月24日	湖北省浠水县县委书记付宇一行15人来校访问并参观实验室
49	11月30日	俄罗斯 NLMK 公司一行7人来校访问并参观实验室
50	12月6日	省委组织部调研员1人来室参观
51	12月14日	博乐市委统战部副部长、工商联党组书记田晶带领博乐市工商联代表团及武汉市工商联一行15人来校访问并参观实验室
52	12月20日	武汉市科技局局长一行8人来室参观

2023年省部共建耐火材料与冶金国家重点实验室开放课题立项情况一览表

项目编号	课题名称	单　位	负责人	职称
G202301	振荡压力烧结高性能结构陶瓷的失效机制及强度预测	南京工程学院	王安哲	副教授
G202302	梯度折射率分布式光热转换叠层透明陶瓷及其构性关系研究	南京邮电大学	王祥夫	副教授
G202303	稀土钽酸盐高熵热障涂层设计、制备及性能研究	上海应用技术大学	江国健	教授
G202304	不锈钢渣在线改质及含铬尖晶石富集行为研究	苏州大学、沙钢钢铁学院	苏丽娟	实验师
G202305	熔融石英升温过程的相变动力学研究及有限元模拟	盐城工学院	张德丰	讲师
G202306	高熵零膨胀耐火氧化物材料设计合成与机制研究	郑州大学	史新伟	副教授
G202307	基于气敏传感器的氧化铈-碳化硅/氧化钛纳米结构制备与性能	西安建筑科技大学	贺格平	副教授
G202308	SnO_2@NiO/rGO 三元复合材料的制备及其气敏性能研究	中国地质大学（武汉）	沈　翔	教授

续表

项目编号	课题名称	单　位	负责人	职称
G202309	孔壁柔性纳米线编织氮化硅多孔陶瓷微结构设计及强韧化规律	北京科技大学	刘静静	副研究员
G202310	冶金熔渣结构多尺度表征及与电导率耦合关系研究	安徽工业大学	吴　婷	讲师

（撰稿：李静捷　审稿：顾华志）

高温材料与炉衬技术湖北省工程研究中心
高温材料与炉衬技术国家地方联合工程研究中心

【概况】 高温材料与炉衬技术国家地方联合工程研究中心（以下简称“中心”）是由武汉科技大学牵头，联合中冶南方工程技术有限公司、中国一冶集团有限公司和武钢耐火材料有限责任公司共同组建，在原“高温材料与炉衬技术湖北省工程研究中心”的基础上，于2016年11月由国家发改委批准建设的国家级工程研究中心，是省部共建耐火材料与冶金国家重点实验室及工业炉窑相关科学的成果转化和产业基地。

中心围绕高温材料的原料和用后耐火材料高效利用、高温复合（复相）材料及其低能耗制备技术、新型高强度高热阻保温隔热材料生产技术、窑炉结构设计技术等关键共性技术的研发、集成及相关产品生产和中试为目标，实现新材料和新技术的产业化，以满足湖北省和国家节能减排、高温窑炉安全高效运行和高温材料工业可持续发展的需求，实现材料、能源和环境的协调发展。中心还致力于开制修订热工装备的检测规程以及工程设计规范，培养热工装备节能降耗新技术方面的高水平人才，提供相关的工程技术咨询服务。

总人数85人，其中专职研发人员63人，校内共有固定人员33名，队伍年龄和知识结构合理，研发设备原值5826万元，研发场地面积2380平方米。

【科学研究】 年内，中心获批各类纵向项目8项，新增立项经费369万元，纵向总到账172.40万元；新承担各类横向项目35项，新增立项经费1192.16万元，横向总到账637.28万元；申请专利27件，授权发明专利14件；发表各类论文61篇，其中SCI论文51篇，SCI二区及以上论文36篇；出版专著1本；制定地方标准1个；李亚伟教授获湖北省先进工作者；樊希安教授获第五届中国先进技术转化应用大赛优胜奖。获批“钢铁工业耐火材料新技术教育部国际合作联合实验室”。

【队伍建设】中心按前期研究方向，结合现有研究人员的研究基础，形成5支研究团队，校内共有31名固定人员。分别为耐火材料技术团队（12人）、工业窑炉炉衬技术团队（5人）、新型余热梯度利用技术团队（4人）、热工模拟仿真与优化团队（7人）、高效清洁燃烧技术与新材料团队（5人）。

本年度，金胜利教授获批长江讲座教授。青年教师宋生强获批科技部首批中国—非洲伙伴研究所交流项目，项目名称“中国武汉科技大学—南非比勒陀利亚大学—尼日利亚圣约大学绿色低碳冶金领域伙伴研究所交流项目”。青年教师戴亚洁在“德国洪堡研究基金”资助下与德国国家科学与工程研究院院士 Christos G. Aneziris 教授开展高温陶瓷领域的相关合作研究。青年教师潘丽萍在 CSC 资助条件下前往德国弗莱贝格工业大学完成访学。青年教师王庆虎、徐小峰均获批 CSC 资助条件将于明年前往德国弗莱贝格工业大学访学。

【合作交流】中心坚持以“绿色发展、创新引领、合作共赢”为宗旨，严格遵循国家工程研究中心的管理办法，加大高温材料工程研究中心在国内外的交流合作，实现全方位开放。中心成员受邀学术报告次数26人次，参加线上线下国内外学术会议63人次。

4月22日，主办2023全国耐火材料研究生学术论坛，全国9所高校研究生作18场研究工作报告，线上参会专家、学者共计超过200人次。5月12—15日，承办第十三届无机材料结构、性能及测试表征技术研讨会，来自全国相关领域高校、科研院所、生产企业等150多家单位，330余名专家和学者参会。5月22—24日，主办第六届国际耐火材料研究生论坛，来自6个国家14所高校200余名专家学者线上参加了本届论坛。国外13名研究生，国内10名研究生作了23场学术报告。10月14日，主办2023武汉耐火材料学术年会，共举办了110场精彩纷呈的学术报告，来自各地的500余名专家、学者、企业家共同参加了会议。11月5—9日，协办第十五届环太平洋陶瓷国际会议暨第十三届先进陶瓷国际会议，李亚伟教授担任先进耐火材料与传统陶瓷专题分会（S24）的主召集人，分会有来自国内外18家单位，55位专家学者通过线上线下进行学术报告。

【运行管理】本年度，补充制定了各项运行机制与激励机制、运行经费管理办法、仪器设备使用管理办法等相关制度，具体为《高温材料与炉衬技术国家地方联合工程研究中心管理制度》《关于高温材料与炉衬技术国家地方联合工程研究中心运行经费管理办法》和《关于高温材料与炉衬技术国家地方联合工程研究中心仪器设备使用管理办法》。各项机制管理办法的完善，使得平台不断规范化，进而更有序地发展。

中心网站（http://htmlt.wust.edu.cn/）已正常运行五年，且已归纳学校站群统一管理，网站上传新闻皆为最新资料。中心微信公众号“高温炉衬技术国家工程中心”也已正常运行四年。公共平台使各项工作公开透明、开放运行，也进一步加大了中心对外的宣传力度。

附录

2023 年高温材料与炉衬技术国家地方联合工程研究中心新增纵向项目一览表

序号	项目名称	项目来源	起止时间	研究经费/万元	负责人
1	基于共晶结构的 $LaAlO_3$ 钙钛矿型高熵红外陶瓷及其辐射节能机制	国家自然科学基金面上项目	2024 年 1 月—2027 年 12 月	50	王庆虎
2	氢还原气氛下莫来石质耐火材料微结构演变与高温行为	国家自然科学基金面上项目	2024 年 1 月—2027 年 12 月	50	李远兵
3	高性能锆酸钡/锆酸钡基固溶体-氧化镁坩埚耐火材料微结构控制及抗镍基高温合金侵蚀机理研究	国家自然科学基金面上项目	2024 年 1 月—2027 年 12 月	51	李淑静
4	钢包底吹透气塞中费马螺旋渐变式气流通道设计及微胶囊抗热冲击机制	国家自然科学基金青年科学基金项目（C 类）	2024 年 1 月—2026 年 12 月	30	潘丽萍
5	中国武汉科技大学—南非比勒陀利亚大学—尼日利亚圣约大学绿色低碳冶金领域伙伴研究所交流项目	科技部	2024 年 1 月—2026 年 12 月	30	宋生强
6	超低碳/氮多孔介质燃烧用碳化硅多孔材料研发	湖北省重点研发计划项目	2023 年 3 月—2025 年 12 月	100	李亚伟
7	谷城县硅石在铸造系统高效利用的关键技术	湖北省科技创新人才计划	2023 年 5 月—2025 年 4 月	50	员文杰
8	$Pt-CeO_2$/石墨烯催化型微动力系统内碳氢燃料稳定燃烧机理及其协同优化研究	湖北省自然科学基金青年科学基金项目	2024 年 1 月—2026 年 12 月	8	左　威

2023 年高温材料与炉衬技术国家地方联合工程研究中心新增横向项目一览表

序号	项目名称	项目来源	起止时间	研究经费/万元	合同类型	负责人
1	流固-多相反应耦合计算方法研究	武汉铄彧技术服务有限公司	2023 年 12 月—2028 年 12 月	200	技术开发	贺　铸
2	光伏行业热场用关键隔热材料的制备与应用	众威能源科技（苏州）有限公司	2023 年 7 月—2034 年 12 月	200	技术开发	李远兵

续表

序号	项目名称	项目来源	起止时间	研究经费/万元	合同类型	负责人
3	碳酸钙的高值化利用技术创新	湖北联利非织造布技术创新中心有限公司	2023 年 8 月—2028 年 8 月	100	技术开发	王　恒
4	预研-全自动制粉智能控制系统的应用	张家港市科学技术局	2023 年 2 月—2023 年 10 月	96	技术服务	樊希安
5	旋力管参数优化及表面抗腐抗磨涂层工艺研发	旋力热能（湖北）有限公司	2023 年 11 月—2026 年 11 月	60	技术开发	戴方钦
6	固体废弃物制备发泡陶瓷关键技术开发	湖北垚美软瓷有限公司	2023 年 9 月—2025 年 8 月	50	技术开发	王　恒
7	加热炉用系列耐火材料高温热物理模拟及性能劣化规律研究	武汉钢铁有限公司	2023 年 7 月—2024 年 12 月	40.55772	技术开发	王庆虎
8	低导热六铝酸钙浇注料和预制件的微结构设计及其在加热炉水冷梁的应用研究	宝山钢铁股份有限公司	2023 年 4 月—2025 年 10 月	38.8013	技术开发	员文杰
9	高温工业用耐火材料高效节能、安全协同设计及应用-2023	泰州市姜堰区蒋垛镇人民政府	2023 年 11 月—2023 年 12 月	30	技术服务	李远兵
10	高性能石墨匣钵关键技术开发与产业化	长沙中瓷新材料技术有限公司	2023 年 11 月—2026 年 11 月	30	技术开发	王　恒
11	炼铁事业部无水炮泥检测	南京钢铁股份有限公司	2023 年 9 月—2024 年 8 月	30	技术服务	徐义彪
12	大直径纤维增韧抗弯 PHC 管桩关键技术研究	广州建筑产业研究院有限公司	2023 年 3 月—2024 年 5 月	27	技术开发	李远兵

续表

序号	项目名称	项目来源	起止时间	研究经费/万元	合同类型	负责人
13	非晶合金喷包的隔热与冷却技术开发	青岛云路先进材料技术股份有限公司	2023年9月—2024年8月	25	技术开发	戴方钦
14	光伏硅生长用高性能坩埚研发	上海康碳复合材料科技有限公司	2023年9月—2024年3月	23.344	技术开发	王庆虎
15	亚临界锅炉多种煤气掺烧比例与工艺参数协同优化模拟研究	武汉钢铁有限公司	2023年3月—2026年3月	22.68	技术开发	易正明
16	唇砖性能评价及团体标准研制	浙江荣星新材料科技有限公司	2023年6月—2024年12月	21	技术服务	尹玉成
17	氢基竖炉用耐火材料损伤机制研究及新材料开发	山东耐材集团鲁耐窑业有限公司	2023年3月—2025年3月	20	技术开发	廖　宁
18	中间包盖耐火材料损伤机制研究及新材料开发	武汉威林科技股份有限公司	2023年5月—2024年12月	20	技术开发	廖　宁
19	大型高炉长寿炭砖开发	中冶南方邯郸武彭炉衬新材料有限公司	2023年10月—2024年10月	20	技术开发	梁　雄
20	高炉喷补料高温损伤机制及新材料开发	大连科荫工程材料有限公司	2023年11月—2025年11月	20	技术开发	廖　宁
21	烟气SDS脱硫气体流场模拟研究	宝武水务科技有限公司	2023年5月—2023年12月	19.716	技术开发	贺　铸
22	高效利用硅石的关键技术研究	湖北安耐捷炉衬材料有限公司	2023年9月—2025年4月	15	技术开发	员文杰
23	煤干馏过程气体成分硫化合物检测	武汉钢铁有限公司	2023年5月—2023年12月	14.84	技术服务	许学成
24	铝酸钙水泥结合刚玉质和铝镁质浇注料专利转让	湖北安耐捷炉衬材料有限公司	2023年1月—2023年12月	10	技术转让	员文杰
25	气体燃料多孔介质燃烧器的开发	大连理工大学	2022年1月—2023年9月	10	技术开发	陈元元

续表

序号	项目名称	项目来源	起止时间	研究经费/万元	合同类型	负责人
26	氧化锆增韧氧化铝造粒粉的研究	湖北斯曼新材料股份有限公司	2023 年 7 月—2024 年 6 月	10	技术开发	员文杰
27	硅溶体与碳碳复合材料的界面行为研究	上海康碳复合材料科技有限公司	2023 年 5 月—2023 年 11 月	9.016	技术开发	王庆虎
28	一种玄武岩纤维及其制备方法	摩根凯龙（荆门）热陶瓷有限公司	2023 年 3 月—2023 年 3 月	6	技术转让	李远兵
29	一种鱼雷罐罐盖内衬及其制备方法	昆山思创耐火材料有限公司	2023 年 6 月—2023 年 12 月	5	技术转让	桑绍柏
30	耐火浇注料显微结构表征与热力学计算	埃肯国际贸易（上海）有限公司	2023 年 4 月—2023 年 7 月	5	技术服务	朱天彬
31	专利权转让（一种 SiC 晶须增强的刚玉透气耐火材料及其制备方法）	冷水江市博晟新材料有限公司	2023 年 8 月—2023 年 8 月	5	技术转让	鄢　文
32	不锈钢热物性参数测试	浙江久立特材科技股份有限公司	2022 年 10 月—2023 年 12 月	4.2	技术服务	尹玉成
33	耐火泥浆　第 9 部分：常温抗剪粘接强度试验方法国家标准制定	中钢集团洛阳耐火材料研究院有限公司	2023 年 7 月—2023 年 12 月	2	技术服务	尹玉成
34	钢材切割刀具分析测试研究	彤程化学（中国）有限公司	2023 年 8 月—2023 年 10 月	0.8	技术服务	徐义彪

2023 年高温材料与炉衬技术国家地方联合工程研究中心发表 SCI 二区以上论文一览表

序号	作　者	论文名称	发表刊物	发表时间	收录情况
1	Zuo Wei, Li Dexin, Li Qingqing*, Cheng Qianju, Zhou Kun, E Jiaqiang	Multi-objective optimization of multi-channel cold plate under intermittent pulsating flow by RSM and NSGA-Ⅱ for thermal management of electric vehicle lithium-ion battery pack	*Energy*	2023 年 11 月	SCI 一区

续表

序号	作　者	论文名称	发表刊物	发表时间	收录情况
2	Chen Zhijie, Zuo Wei*, Zhou Kun, Li Qingqing, Huang Yuhan, E Jiaqiang	Multi-objective optimization of proton exchange membrane fuel cells by RSM and NSGA-Ⅱ	*Energy Conversion and Management*	2023 年 2 月	SCI 一区
3	Chen Zhijie, Zuo Wei*, Zhou Kun, Li Qingqing, Huang Yuhan, E Jiaqiang	Multi-factor impact mechanism on the performance of high temperature proton exchange membrane fuel cell	*Energy*	2023 年 9 月	SCI 一区
4	Li Dexin, Zuo Wei*, Li Qingqing, Zhang Guangde, Zhou Kun, E Jiaqiang	Effects of pulsating flow on the performance of multi-channel cold plate for thermal management of lithium-ion battery pack	*Energy*	2023 年 6 月	SCI 一区
5	Zuo Wei*, Wang Zijie, E Jiaqiang*, Li Qingqing, Cheng Qianju, Wu Yinkun, Zhou Kun	Numerical investigations on the performance of a hydrogen-fueled micro planar combustor with tube outlet for thermophotovoltaic applications	*Energy*	2023 年 1 月	SCI 一区
6	Zuo Wei*, Li Dexin, E Jiaqiang*, Xia Yongfang, Li Qingqing, Quan Yifan, Zhang Guangde	Parametric study of cavity on the performance of a hydrogen-fueled micro planar combustor for thermophotovoltaic applications	*Energy*	2023 年 1 月	SCI 一区
7	Zuo Wei, Chen Zhijie, E Jiaqiang*, Li Qingqing, Zhang Guangde, Huang Yuhan	Effects of structure parameters of tube outlet on the performance of a hydrogen-fueled micro planar combustor for thermophotovoltaic applications	*Energy*	2023 年 3 月	SCI 一区
8	Wu Qi, Sang Shaobai, Wang Guangyang, Wang Qinghu, Huang Liang, Zhu Tianbin, Li Yawei	Enhanced near-and mid-infrared radiation property of $MgCr_2O_4$ by doping with Cu ions	*Ceramics International*	2023 年 2 月	SCI 一区
9	Wang Guangyang, Sang Shaobai, Wang Qinghu, Sun Yiran, Li Yawei	Infrared radiation property and enhancement mechanism of $MgCr_2O_4$ doped with NiO prepared at different temperature	*Ceramics International*	2023 年 10 月	SCI 一区

续表

序号	作者	论文名称	发表刊物	发表时间	收录情况
10	Sun Nanjie, Zhu Tianbin, Liang Xiong, Pan Liping, Li Yawei, Wang Heng, Xie Zhipeng, Sang Shaobai, Dai Jinning	Improved comprehensive mechanical properties of oscillatory pressure sintered WC-ZrO_2-Al_2O_3 ceramics with VC-Cr_3C_2 addition	*Ceramics International*	2023 年 4 月	SCI 一区
11	Sun Nanjie, Cheng Yong, Zhu Tianbin, Pan Liping, Liao Ning, Wang Heng, Li Yawei, Dai Jinning, Xie Zhipeng, Sang Shaobai	Mechanical properties of binderless tungsten carbide enhanced via the addition of ZrO_2-20 wt% Al_2O_3 composite powder and graphene nanosheets	*Ceramics International*	2023 年 7 月	SCI 一区
12	Zhu Tianbin, Guo Weijie, Zhang Jie, Sang Shaobai, Li Yawei, Xie Zhipeng, Liang Xiong, Wang Heng, Han Yao	Synergistic toughening effect of SiC whiskers and particles in ZrO_2-Al_2O_3-SiC ceramics	*Ceramics International*	2023 年 11 月	SCI 一区
13	Luo Zigui, Yang Zhenjia, Jiang Shangwei, Wu Wei, Li Guangqiang, Fan Xi'an	High-performance Fe-Si soft magnetic composites with controllable silicate/nano-Fe composite coating	*Journal of Materials Research and Technology*	2023 年 11 月	SCI 一区
14	Guo Weijie, Zhu Tianbin, Zhao Xu, Li Yawei, Chen Qilong, Xu Xiaofeng, Xu Yibiao, Dai Yajie, Yan Wen	Improved slag corrosion resistance of MgO-C refractories with calcium magnesium aluminate aggregate and silicon carbide	*Journal of the European Ceramic Society*	2024 年 1 月	SCI 一区
15	Bai Yu, Xu Yibiao*, Li Yawei, Yan Wen, Dai Yajie, Wang Qinghu	Role of Mg $(OH)_2$ in pore evolution and properties of lightweight brine magnesia aggregates	*Journal of the European Ceramic Society*	2023 年 2 月	SCI 一区
16	Shu Xinfei, Xu Yibiao*, Li Yawei, Yan Wen, Wang Qinghu, Liang Xiong	Preparation of closed-pore MgO-$MgFe_2O_4$ aggregates with low thermal conductivity and high mechanical properties	*Journal of the European Ceramic Society*	2023 年 6 月	SCI 一区

续表

序号	作　者	论文名称	发表刊物	发表时间	收录情况
17	Li Zhenzhen, Xu Yibiao*, Li Yawei, Zhu Tianbin, Pan Liping, Liang Xiong	Enhanced performance of free CaO impurity containing magnesia with Al_2O_3-TiO_2 composite powder	*Ceramics International*	2023 年 2 月	SCI 一区
18	Li Zhenzhen, Xu Yibiao*, Li Yawei, Yan Wen, Zhu Tianbin, Wang Qinghu	Performance enhancement of free CaO containing magnesia by in situ intergranular $CaAl_2O_4$ and $MgAl_2O_4$	*Ceramics International*	2023 年 8 月	SCI 一区
19	Liu Wenjing, Liao Ning, Nath Mithun, Li Yawei, Dai Yajie, Pan Liping	Effects of characteristic hydrates on the pore structure and fracture behavior of CAC bonded alumina-spinel castables	*Construction and Building Materials*	2023 年 5 月	SCI 一区
20	Li Yawei, Xu Suchen, Liao Ning, Nath Mithun, Chattejee Avishak, Tie Shengnian	The in-situ formation of Mg-Al hydrotalcite and its effect on the properties of MgO-bonded alumina castables	*Construction and Building Materials*	2023 年 9 月	SCI 一区
21	Liu Wenjing, Liao Ning, Nath Mithun, Li Yawei, Dai Yajie, Pan Liping	Assessment of fracture behavior of mono-carbonate (C_4AcH_{11}) bonded alumina-spinel castables by wedge splitting test	*Journal of the European Ceramic Society*	2023 年 11 月	SCI 一区
22	Pan Liping, Li Yawei, Tan Fangguan, Wang Qiang, Chen Yichen, Wang Qinghu, Zhu Tianbin, Liao Ning, Xu Yibiao	Influence of calcium hexaluminate gradation on interfacial microstructureand fracture behavior of cement-bonded alumina castables	*Ceramics International*	2023 年 1 月	SCI 一区
23	Wang Xueqing, Wang Qinghu, Huang Liang, Liang Xiong, Xu Yibiao, Li Yawei, Sang Shaobai, He Gang, Chen Yixiang, Li Yong, Li Jiangtao	Enhanced infrared radiation of $LaAlO_3$ ceramics via Co^{2+} doping	*Ceramics International*	2023 年 8 月	SCI 一区

续表

序号	作　者	论文名称	发表刊物	发表时间	收录情况
24	Wang Ke, Ding Cuijiao, Wang Qinghu, Luo Wei, Huang Liang, Xu Yibiao, Liang Xiong, Sang Shaobai, Pan Liping, Li Yawei, Zhang Haijun, Li Jiangtao	Novel Cu^{2+}-Fe^{3+} co-doped $LaAlO_3$ ceramic with high infrared radiation performance	*Journal of Alloys and Compounds*	2023 年 11 月	SCI 一区
25	Yuan Xinglai, Wang Qinghu, Luo Wei, Ding Cuijiao, Huang Liang, Xu Yibiao, Liang Xiong, Pan Liping, Sang Shaobai, Li Yawei, Zhang Haijun, Li Jiangtao	Effect of Ca^{2+}/Cr^{3+} doping ratio on the infrared radiation performance and Cr^{6+} formation in $LaAlO_3$ ceramics	*Journal of the European Ceramic Society*	2023 年 11 月	SCI 一区
26	Zhang Yuhang, Liang Xiong, Li Yawei, Pan Liping, Wang Qinghu, Sang Shaobai	In-situ formed SiC whisker strengthening of silicon carbide reticulated porous ceramics based on 3D printed lattices template	*Journal of the European Ceramic Society*	2023 年 8 月	SCI 一区
27	Liu Jingfei, Li Yuanbing, Yin Bo, Li Shujing, Chen Pan	Novel magnesium borate ceramic matrix composites with glass fiber reinforcement	*Ceramics International*	2022 年 11 月	SCI 一区
28	Wang Hailu, Li Yuanbing, Li Shujing, Yin Bo, He Xiaohong, Qiao Zhe, Xiang Kun	Damage mechanism and corrosion resistance improvement of corundum-mullite kiln furniture during calcining of Li-ion cathode materials	*Journal of the European Ceramic Society*	2023 年 4 月	SCI 一区
29	Qiao Zhe, Li Shujing, Li Yuanbing, Wu Qinye, Wei Zhipeng	Solid state synthesis of barium zirconate and its kinetic analysis	*Journal of Alloys and Compounds*	2023 年 4 月	SCI 二区
30	Yin Bo, Li Yuanbing, Wang Shun, Zheng Yifeng	Corrosion resistance of calcium hexaaluminate insulating firebrick for synthesising ternary lithium-ion battery cathode materials	*Journal of Alloys and Compounds*	2023 年 1 月	SCI 二区

续表

序号	作　者	论文名称	发表刊物	发表时间	收录情况
31	Chen Zhuo, Liao Mingjian, Hu Xiaoming, Ma Yan, Jiang Shangwei, Chen Xin, Zou Fuxiang, Fan Xi'an, He Zhu	Study on the performance of thermoelectric refrigerator under natural convection heat transfer condition	*Applied Thermal Engineering*	2023 年 7 月	SCI 二区
32	Sun Nanjie, Cheng Yong, Zhu Tianbin, Wang Heng, Pan Liping, Liao Ning, Li Yawei, Xie Zhipeng	Tribological properties and wear resistance mechanism of WC-ZrO_2-Al_2O_3 ceramics	*Journal of Alloys and Compounds*	2023 年 10 月	SCI 二区
33	Xu Yibiao*, Hu Zhao, Li Yawei, Yan Wen, Dai Yajie, Pan Liping	Performance improvement of free CaO containing magnesia with $ZrSiO_4$ addition	*Journal of Alloys and Compounds*	2023 年 2 月	SCI 二区
34	Pan Liping, Li Yawei, Tan Fangguan, Chen Yichen, Xu Yangfan, He Zhu, Li Baokuan	Numerical investigation on thermomechanical behavior of alumina-calcium hexaluminate refractories for purging plug	*Journal of Iron and Steel Research International*	2023 年 6 月	SCI 二区
35	Wang Heng, Zhang Fan, Zhu Tianbin, Wang Qinghu, Liang Xiong, Sang Shaobai, Li Yawei, Fu Zhengyi	Interfacial diffusion-limited vapor-liquid-solid mechanism for the growth of tadpole-shaped BN nanostructures	*Journal of the American Ceramic Society*	2023 年 8 月	SCI 二区
36	Guo Tenglong, Li Yuanbing, Li Shujing, Qiao Zhe, Liu Jingfei, Li Xiaoxiao	Synthesis and characterization of Celsian by solid-state reaction process from mullite	*Journal of the American Ceramic Society*	2023 年 9 月	SCI 二区

2023 年高温材料与炉衬技术国家地方联合工程研究中心授权发明专利一览表

序号	发明人	专利名称	专利号	授权日期
1	陈元元、许学成、李　斌、李本文、贺　铸	一种扩散式多孔介质燃烧器	201810466678.7	2023 年 11 月 3 日
2	鄢　文、陈茜琳、吴　晗、陈俊峰、魏耀武、韩兵强	一种 SiC 晶须增强的刚玉透气耐火材料及其制备方法	202110023671.X	2023 年 3 月 10 日

续表

序号	发明人	专利名称	专利号	授权日期
3	鄢　文、鄢俊杰、梁　雄、李亚伟、李　楠	氮化硅增强的多孔尖晶石-碳陶瓷过滤器及其制备方法	202110023635. 3	2023 年 3 月 28 日
4	鄢　文、王崇雯、吴　晗、王　强（材）、刘　昱、李光强	氮化硅晶须增强方镁石-尖晶石-碳过滤器及其制备方法	202110025245. X	2023 年 3 月 10 日
5	李淑静、向　坤、李远兵、王海路	一种莫来石质复合匣钵及其制备方法	202110790474. 0	2023 年 7 月 21 日
6	李淑静、王佳宁、李远兵、乔　哲	一种锆酸钡/氧化镁复合陶瓷材料及其制备方法	202111595094. 8	2023 年 1 月 17 日
7	陈　卓、樊希安、胡晓明、廖明建、罗自贵	一种分布式半导体制冷冰箱	202320183329. 0	2023 年 10 月 17 日
8	梁　雄、赵冬贤、李亚伟、潘丽萍、桑绍柏、王庆虎	多孔介质燃烧用堇青石-碳化硅网状多孔材料及制备方法	202210598091. 8	2023 年 3 月 24 日
9	梁　雄、李亚伟、张宇航、周康宁、潘丽萍、桑绍柏、王庆虎	高温多孔介质燃烧用刚玉-六铝酸钙多孔陶瓷及制备方法	202210599850. 2	2023 年 7 月 7 日
10	桑绍柏、孙义燃、王光阳、李亚伟、王庆虎、朱天彬、廖　宁	一种轻量高温红外辐射原件及其制备方法	202211542001. X	2023 年 11 月 17 日
11	桑绍柏、王光阳、孙义燃、李亚伟、王庆虎、朱天彬、廖　宁	一种基于粉煤灰的高温红外定向辐射元件及其制备方法	202210446177. 9	2023 年 5 月 16 日
12	桑绍柏、马宇洲、万卓夫、李亚伟、徐义彪、朱天彬	基于煤矸石的高强高微孔莫来石耐火材料及其制备方法	202210481752. 9	2023 年 7 月 18 日
13	桑绍柏、王光阳、孙义燃、李亚伟、王庆虎、朱天彬、廖　宁	基于铬化工渣的高发射率红外辐射涂料、涂层及其制备方法	202210495021. X	2023 年 4 月 25 日
14	李亚伟、梁　雄、廖梓昕、李俊峰	一种铝电解用低电阻率阳极炭块及其制备方法	202110735103. 2	2023 年 6 月 16 日

2023 年高温材料与炉衬技术国家地方联合工程研究中心制订标准一览表

序号	制订者	标准名称	标准号	级　别	时　间
1	戴方钦、郭　悦、靳世平、丁翠娇、柯江军、李运城、沈胜节、王杏芳、巫嘉谋、秦凤华、罗文辉、周　黎、雷远胜、曹炳雷、陈　莉、张　弘	轧钢连续加热炉能效等级与测试规则	DB42/T 2049—2023	地方标准	2023 年 6 月 27 日

2023 年高温材料与炉衬技术国家地方联合工程研究中心出版专著一览表

序号	作　者	著作名称	出版单位	书　号	著作类别
1	戴亚洁	*Process Zone in Refractory Ceramics*	Shaker Verlag	ISBN 978-3-8440-8976-9	专著

2023 年高温材料与炉衬技术国家地方联合工程研究中心获得荣誉一览表

序号	获奖名称	所有获奖人	授奖单位	获奖时间
1	湖北省先进工作者	李亚伟	湖北省总工会	2023 年 4 月
2	第五届中国先进技术转化应用大赛优胜奖	樊希安	国家工信部、科技部等	2023 年 2 月

2023 年高温材料与炉衬技术国家地方联合工程研究中心成果转化一览表

序号	项目名称	项目执行人	合作方式	转化基地	转换时间	产生费用/万元
1	铝酸钙水泥结合刚玉质和铝镁质浇注料专利转让	员文杰	技术转让	湖北安耐捷炉衬材料有限公司	2023 年 1 月 3 日—2023 年 12 月 31 日	10
2	一种玄武岩纤维及其制备方法	李远兵	技术转让	摩根凯龙（荆门）热陶瓷有限公司	2023 年 3 月 16 日—2023 年 3 月 31 日	6
3	一种鱼雷罐罐盖内衬及其制备方法	桑绍柏	技术转让	昆山思创耐火材料有限公司	2023 年 6 月 6 日—2023 年 12 月 30 日	5
4	专利权转让（一种 SiC 晶须增强的刚玉透气耐火材料及其制备方法）	鄢　文	技术转让	冷水江市博晟新材料有限公司	2023 年 8 月 14 日—2023 年 8 月 30 日	5

（撰稿：成　岚　审稿：廖　宁）

钢铁冶金及资源利用省部共建教育部重点实验室

（钢铁冶金新工艺湖北省重点实验室）

【概况】钢铁冶金及资源利用省部共建教育部重点实验室以武汉科技大学冶金工程、金属材料工程、材料成型与控制工程和矿物加工工程等学科和专业为依托建立起来的跨学科、跨院系的研究平台，于2005年被教育部批准建设。2009年教育部验收通过，2018年教育部对实验室评估的结果为良好。钢铁冶金新工艺湖北省重点实验室是在原武汉钢铁学院冶金系炼铁、炼钢、冶金物理化学和冶金炉热工实验室的基础上发展起来的，2004年12月钢铁冶金新工艺湖北省重点实验室被湖北省科技厅和教育厅批准立项建设。

实验室主任是21世纪百千万人才工程国家级人选、湖北省有突出贡献中青年专家李光强教授，实验室学术委员会主任是中国工程院外籍院士余艾冰教授。实验室以钢铁冶金及与冶金相关的资源利用为特色，开展纯净钢冶炼理论与工艺、高强钢的加工及焊接、冶金资源综合利用过程物理化学、冶金过程数学模拟及智能控制等基础和应用基础研究，积极服务湖北省及冶金行业，为湖北省钢铁行业科研实力的提升乃至我国钢铁工业的技术进步作出了贡献。实验室研究人员共38人，其中教授22人，副教授11人，楚天学者特聘教授1人，楚天学子6人。

【科学研究】2023年内，实验室获批国家自然科学基金项目13项（重点项目2项，重大项目1项（参与），面上项目10项），湖北省重点研发计划2项，湖北省自然科学基金项目4项，其他省部级项目11项，新立项横向项目79项。

2023年内，实验室发表论文300余篇，SCI收录论文269篇，论文质量得到稳步提升；授权国家发明专利77项；获得省部级及以上奖励11项。

【队伍建设】根据四个研究方向，结合现有人员的研究基础，重点加强对纯净钢冶炼理论与工艺、高强钢的加工及焊接、冶金资源综合利用过程物理化学、冶金过程数学模拟及智能控制研究等团队的建设，初步建立了一支由国内外专家组成的相对稳定的科研队伍。

丁文红2023年获“国家卓越工程师”称号，王大珩、王勇、田俊羽、朱颖丽、刘涛、李承志、李卓获得湖北省教育厅“楚天学子”。马妍、王玺堂、王周福、刘浩获隆中人才支持计划（中共襄阳市委人才工作领导小组办公室）。马国军、张海军获海智计划特聘专家。王炜获分别获得第七届“荆楚好老师”、楚天英才计划楚天名师。樊希安获第五届中国先进技术转化应用大赛优胜奖。付绿平和刘昱获中国科协青年人才托举工程。王周福、王玺堂、刘浩、马妍获河北省科技特派团（中共邯郸市委人才工作领导小组办公室）。邱耀获湖北省教育厅“湖北省青年百人”。任晓辉、王勇获得中共武汉市委办公厅“武汉英才优秀青年人才”。博士后黄奥共获“湖北省博士后卓越人才”和工程热化学创新奖。鄢文、王强获得 Alfred W. Allen 奖。杨庚蔚获“湖北省青年拔尖人才”。黄晶获青山“最美科技工作者”和“武汉楷模”称号。张华获宝钢优秀教师奖。程常桂、李亚伟分别获湖北省有突出贡献中青年专家和湖北省先进工作者。

【合作交流】实验室始终坚持以“开放、联合、流动、竞争”为宗旨，扩大实验室对国际、国内及省内的学术交流与合作，实现全方位开放；同时，加大投入，建立健全内部规章制度，努力建设成为本领域国家及地方公共研究平台。

实验室设立开放基金。2023 年资助 10 项开放基金，共资助经费 25 万元。重点资助钢中夹杂物控制技术、钢铁新材料、智能冶金和冶金二次资源利用等领域，鼓励非钢铁冶金专业的科技工作者申请，实现跨学科合作。经个人申请、同行专家评审、专家复审等程序，结合实验室运行经费情况，依据择优资助原则，对钟明、陈绪亨、秦绪锋、廖露海、廖露海珂等 10 位青年学者的申请项目给予资助。

推进实验室的国际化工作。本年度实验室邀请校内外专家作了 72 人次的学术报告，本年度实验室接待包括首钢水城钢铁（集团）有限责任公司党委书记、董事长彭开玉，钢铁工业环境保护国家重点实验室副主任彭犇，俄罗斯新利佩茨克钢铁公司副总裁伊琳娜等国内外专家、教授来校交流、参观共 58 人次，向高校同行、冶金企业展现实验室的最新研究成果与优秀青年人才。

【运行管理】经过建设，实验室已经构建了金属材料计算与仿真平台、钢铁材料热模拟实验平台、低值冶金资源高效利用平台。年内实验室共有单值 50 万元以上的专用科研仪器和单值 10 万元以上的通用科研仪器 45 台，在科学研究中发挥了良好的作用，设备使用完好率 99%，无管理不当造成仪器设备使用情况不达标情况，无仪器设备闲置情况；通用检测类贵重仪器设备开放共享状况良好。为科学研究、研究生培养、对外合作项目的开展发挥了良好的作用，同时通过开放使用，开展了宝武、涟钢、大冶特钢、湖北日盛科技等钢铁企业的物料成分、产品缺陷形成因与工艺分析、理论计算等工作，为冶金企业的工艺进步、高品质钢的生产、提升经济效益提供了技术支持。另外，实验室的仪器设备也为一些高校提供了测试和分析服务，提高了仪器设备使用效率，促进了高校之间的科研协作。

实验室向研究生、本科生开放，完成课内实验和课外创新实验及毕业论文任务。年内，实验室还积极创造条件，帮助研究生和本科生参加各种国内外科技创新大赛，获得多项奖励。其中博士研究生陈哲荣获“中国大学生自强之星”，实验室获评 2022 年中国冶金教育学会优秀博士论文 2 篇、优秀硕士论文 4 篇。学生竞赛方面获得中国国际大学生创新大赛（2023）国家级金奖 1 项、银奖 1 项；第十三届“挑战杯”中国大学生创业计划竞赛银奖1项；第十八届“挑战杯”全国大学生课外学术科技作品竞赛国家级三等奖1项、“揭榜挂帅”专项一等奖1项。

实验室加强完善运行管理，实验室主任、副主任及秘书定期/不定期开会研究工作：包括实验室运行情况分析及实验室学术交流活动的开展等，修订完善开放基金的管理制度，网站信息齐全，时常更新，及时发布学术报告通知、学术活动通讯报道等信息。

本年度实验室和学校召开了专题研讨会，研究了实验室下一步的发展重点，促进实验室各项工作的有序开展。同时实验室对高水平期刊认定、科技奖励政策和ESI论文引用的激励政策进行修改和制定，进行推动实验室各项管理与运行的规范化、科学化并围绕实验室总体定位和重点研究方向需要，实验室将优秀人才队伍的聚集和培养作为核心任务，优化完善队伍建设与人才培养相关机制和激励措施，在领军人才、学术骨干、青年人才的凝聚培养和高水平团队的建设方面取得成效，为实验室的发展提供了人才支撑。实验室平台建设成效显著，平台硬件条件得到了明显提升，实验室完善了交流合作机制和管理运行制度，积极普及材料和冶金科学知识，促进科研成果转化，提升了实验室国际国内学术地位和服务社会水平。实验室将继续加强高水平团队建设，引进和培养具有国际影响力的学术领军人物，提升原始创新和承担重大任务的能力。

（撰稿：陈月蓓　审稿：刘成松）

冶金装备及其控制省部共建教育部重点实验室

【概况】冶金装备及其控制省部共建教育部重点实验室源于1952年创建的原华中工学院冶金机械实验室，1960年整体划归原武汉钢铁学院冶金机械系。2008年批准立项建设教育部重点实验室，2010年10月，通过教育部组织的验收。2018年12月通过教育部组织的五年（2013年1月—2017年12月）评估考核，评估结果良好。实验室面积达到6500m^2，仪器设备总价值5500万元。经过几十年建设与发展，培养了刘玠和苏义脑2位中国工程院院士以及数十位大型钢铁企业领军人物，为我国钢铁工业及相关领域输送优秀人才近5万名。

实验室所依托的机械工程一级学科，是湖北省双一流建设学科，在全国第四轮和第五轮学科评估中均为B档（学科排名20%~30%），上海软科发布一流学科排名入选前20%（连续5年），工程学进入ESI全球前1%行列。

实验室面向“中国制造2025”、发展人工智能等国家重大产业政策和国家中部崛起的重大战略，瞄准国家钢铁、汽车等领域的重大需求，形成了冶金装备超常设计、机电液系统及其控制、绿色与智能制造、传感监测与智能系统4个主要研究方向，建成集人才、学科、科研为一体的综合创新基地，形成全国冶金装备及控制领域创新发展的引领阵地。

【科学研究】2023年实验室承担国家自然科学基金11项，其中面上项目6项，青年项目5项；承担湖北省重点研发计划项目4项，湖北省自然科学基金杰青项目1项，创新发展联合基金重点项目1项，湖北省自然科学基金面上项目2项，青年项目2项；承担武汉市重点研发计划项目1项，武汉市知识创新专项项目基础研究项目1项；承担湖北省“JD”技术攻关工程项目2项。2023年实验室立项科研经费总计6125.18万元，其中横向经费5234.18万元，纵向经费891万元，到账科研经费总计4597.23万元，其中横向到账3674.44万元，纵向到账922.79万元。获机械工业技术发明奖二等奖1项，获中国发明协会发明创业创新二等奖2项，获中国产学研合作创新成果奖二等奖1项，获中国公路学会科学技术奖二等奖1项，获机械工业科学技术奖三等奖1项。在国内外权威期刊上发表论文277篇，其中SCI收录140篇。授权国际发明专利1项，国内发明专利52项，出版专著2部，制定国家标准1项。

【队伍建设】实验室紧紧围绕研究方向，逐步形成了以高水平学术带头人为引领，中青年研究人员为主体的一支多学科交叉、年龄结构合理、具有较高学术水平的研究队伍。实验室现有固定人员62人。拥有国家教学名师、全国优秀教师、全国模范教师、全国五一劳动奖章各一人，“楚天学者”计划入选19人，教育部新世纪人才1人，宝钢教育基金优秀教师奖获得者4人，湖北省教学名师3人，湖北省名师工作室1个，湖北省有突出贡献中青年专家2人，湖北省杰青3人，湖北省“十佳”专业技术人才1人。教授29名，副教授22名。现有国家级团队1个，省级团队11个。

2023年引进国内优秀博士研究生2人，获批博士后基金项目2人；培养“楚天学子”2人。

【合作交流】实验室积极开展国内外学术交流，通过学术交流开拓视野，培养、锻炼青年学者，促进科研和教学，提高学术水平。2023年举办会议6场，其中国际会议2场，参加国际会议20余人次，国内会议40余人次；邀请讲学15次。通过广泛交流与合作，提高了实验室的学术水平，扩大了实验室在国内外的影响。

2023年，美国加州大学、休斯敦大学、宾夕法尼亚大学、英国利物浦大学、加拿大滑铁卢大学、清华大学、上海交通大学、华中科技大学、武汉大学、西安交通大学、中国科学院宁波材料所等高校的著名学者来实验室开展学术交流达20余人次。

2023年，举办、承办或协办“第七届数字孪生与智能制造服务学术会议”“2023（第三届）国际有色金属新材料大会”“第三届全国人工智能与机器人关键技术大会”“第四届全国人工智能与机器人关键技术大会”“绿色制造丛书宣讲活动暨双碳关键技术系列论坛”“中国机械工程学会物流工程分会起重机结构专业论坛”6场国际、国内高水平学术会议。

【运行管理】 实验室通过内部规章制度的建设，保障实验室平稳高效运转。充分发挥学术委员会的重要作用，保持实验室学术方向的特色，注重培养良好的科研氛围和学术风气，杜绝发生违反学术道德事件。

根据实验室建设管理办法和学校有关重点实验室管理文件，制定了实验室固定人员管理办法、流动人员管理办法、开放课题管理办法、科研成果管理办法、学术活动管理办法、大型仪器设备管理办法、办公室管理办法等一系列规章制度。实验室管理规范，严把安全关，2023年没有发生一起安全事故。

2023年，实验室召开了第三届学术委员会第四次会议，对实验室的建设和发展提出了中肯的建议。会议希望实验室以学校“双一流”学科建设为契机，紧紧围绕地方与行业经济发展需求，突出自身的优势与产业发展趋势，进一步凝练实验室特色与研究方向，不断提升实验室基础研究水平和国际影响力，创建人才成长的长效机制，增强承担国家重点、重大科技项目的能力，形成重大标志性成果。

（撰稿：郝志强　审稿：李公法）

冶金自动化与检测技术教育部工程研究中心

（湖北省智能信息处理与网络优化国际科技合作基地）

【概况】 2023年，中心圆满完成了各项工作任务。2023年度获批纵向项目19项，其中国家级项目7项，包括基金委联合重点项目子课题1项（课题经费70万元）、国家科工局基础产品创新科研项目子课题1项、省部级项目10项。本年度科研到账总经费3517.1万元，比去年增加120%；横向立项总额达到3574.97万元，创历史新高。

【科学研究】 获批国家自然科学基金6项、国家联合基金重点项目子课题1项、国家科工局基础产品创新科研项目子课题1项。本年度工程研究中心的主要技术攻关包括以下几个方面：

（1）宝钢1880热轧窜辊策略优化模型开发。目前宝钢1880热连轧机窜辊模型最大的缺点是不能区分不同计划类型，为了克服目前模型存在的缺点，该项目开发两套新的窜辊模型，主要开发内容如下：1）开发一套表格化窜动模型，针对不同类型的轧制计划，由工艺人员事先将窜辊方案填在表格中，在线应用时，操作工根据L3下发的数据，判断当前的轧制计划类型，人工在HMI画面上选择采用的窜辊方案；在轧制过程中，根据轧制块数的变化，模型读入预先存在表格中的该方案的窜辊量，作为 L2 的窜辊设定值。2）开发一套在线的完整计划优化窜辊模型，该模型部署在 L2 或者边缘服务器上（根据优化算法的实际负荷现场确定），装钢时根据轧制计划信息自动判定计划类型，再根据计划中所有带钢的信息，以及装钢预计算时获得的轧制力以及尺寸信息，站在整个轧制计划的角度建立一种工作辊窜动优化模型，充分发挥利用工作辊窜动均匀轧辊磨损的优势，从而达到分散轧辊热凸度，扩大带钢凸度控制范围以及减少带钢边部反翘缺陷的目的。该项目最终达到断面封锁率在现有基础上降低 10%，即断面封锁率不大于 0.16%。

（2）AOD 炉精炼智能管控系统研发。国内不锈钢炼钢厂对产品品质有不断提升的要求，对 AOD 炉性能、智能化、生产体验均有较高要求，需要进一步提升 AOD 生产控制的标准化、自动化、智能化。本项目为解决 AOD 精炼智能控制生产的问题，以冶金反应机理为基础，兼顾热力学和动力学反应效果，进行物料平衡和能量平衡计算，并结合大数据、机器视觉和深度学习等技术，开发了基于“机理+数据驱动”的 AOD 炉精炼智能管控系统。该系统能实现 AOD 精炼炉从兑钢到出钢工序之间的自动操作，包括上游粗钢水兑入 AOD 炉自动开始/结束，顶、侧枪吹气（枪位、流量、配比）自动调整，加料系统自动设定、称量与投料，自动测温、取样等，提供 AOD 精炼智能管控一体化生产解决方案。该项目推进了工序级智能制造在钢铁行业的应用，使用户切身体会到智能制造为企业创造的价值，为后续推进车间级智能制造打下基础。

（3）设备的智能诊断预警系统开发。为了实现设备的智能诊断，研发新型工业设备物联网传感器，采集与设备运行状态相关的数据；提出数据预处理技术，对数据进行去噪、缺失值插补、数据增强处理；为了提高设备诊断和趋势预测效果，开发了时域、频域、时频域的特征提取方法，进行特征提取和特征选择；运用深度学习和机器学习、数模融合等技术，开发高效的诊断预测技术。整个系统由边缘传感器、算法软件、软件平台 3 部分组成，边缘传感器采集工业设备的状态信息，通过 LoRa、WiFi、4G、NB-iot、以太网等多种无线或有线通信方式，接入软件平台，结合工厂的系统运行的大数据进行大数据清洗，大数据分析系统，通过 PHM 算法分析诊断，全面掌握设备的健康状态，预防设备故障，减少设备点检巡检的频次，实现设备预测性维护，可完美替代现有的设备在线诊断系统。

（4）桥梁主动预警系统研发。为了提高大桥桥区水上交通安全保障能力，加强对船舶偏航、超速等违规违法行为的检查，通过人工智能、物联网、大数据、云计算等新技术理念，开发桥梁主动防撞预警监控软件系统。基于电子江图实现桥区船舶动态监管及预警预控，增强大桥防撞监管能力的软件监控平台；开发高清智能摄像监控子系统，实现智能联动跟踪、视频增强功能，用于远程监控禁航区内船舶情况，并且能自动跟踪预警船舶、同时获取船舶信息；桥区的预警防护范围可通过现场的 AIS 小型基站对整个桥区范围全部覆盖，警戒区域可分为三级预警。当紧急报警区域范围内有高速船舶和偏航船舶时，则意味着来船很有可能要撞向桥墩，在进行跟踪录像留证的同时，启动相应的事故处理程序，如向海事部门报警、通知有关人员作好事故急救准备，最终实现关键设备和设施的保护。通过“AIS+”精准化和定制化服务，促进跨水桥梁、通航航道的水上交通安全监管能力，实现桥区水上智慧交通的技术水平。

【队伍建设】 本年度在工程研究中心技术攻关项目的带动下，许多青年教师得到了工程实践锻炼，依托中心平台提升了研发能力和学术素养，先后有2名青年教师晋升为教授，3名青年教师晋升为副教授。本年度工程研究中心共有246人答辩，其中博士研究4人，学术型硕士研究生70人，全日制专业型硕士研究生165人，非全日制专业型硕士研究生7人。中心获得湖北省外派科技人员5人次资助。

【合作交流】 2023年工程中心加强合作交流，举办2023年人工智能前沿论坛暨第七届智能信息处理与网络优化国际研讨会为推动校地、校企对接活动，促进产学研合作交流，工程研究中心教授赴扬州市江都经济开发区开展校企合作交流对接活动。扬州市江都区围绕发展“4+4”重点产业，区内工业企业众多，跟学院办学专业高度契合。通过本次校企交流活动，中心与企业精准地对接了技术需求，提高了技术研发和成果转化的效率，为下一步科学技术成果转让、校企联合人才培养、企业技术难点攻关等双赢合作模式奠定基础。中心教授在中共湖北省委人才工作领导小组办公室、湖北省人力资源和社会保障厅组织的2023年“院士专家企业行”中为武汉海默机器人有限公司开展技术服务。

2023年工程中心设置6项开放基金，针对中心相关的研究领域进行了资助。

中心面向信息科学与工程学院研究生、本科生开放，完成科技创新、学科竞赛和毕业论文等任务。

【运行管理】 工程研究中心在促进企业技术进步、探索校企合作方面，与多个企业合作开展冶金过程建模与优化控制、冶金装备故障诊断、工业生产在线监测与控制，智能感知与机器人，智能信息处理与网络优化等方面的技术研究及产品开发。

2023年12月28日，举行了第三届技术委员会第二次会议，来自中国空间技术研究院的吴宏鑫院士、中南大学的桂卫华院士、冶金自动化研究设计院的孙彦广教授等专家参加了此次会议。工程研究中心主任李维刚教授汇报了工程研究中心的基本情况、建设进展、工程化应用以及发展规划。

（撰稿：赵　敏、李维刚　审稿：刘振兴）

国家环境保护矿冶资源利用与污染控制重点实验室

【概况】2023 年，重点实验室圆满完成了各项工作任务，获得省部级科技奖励 4 项，其中牵头获批中国有色金属工业科学技术奖一等奖 1 项；主持承担国家级科研项目 4 项、省部级科研项目 2 项，其中国家重点研发计划项目 1 项、国家自然科学基金项目 3 项；以第一单位发表论文 84 篇，其中 SCI 收录论文 47 篇；申请国家发明专利 11 项，授权国家发明专利 12 项；重点实验室骨干获评“武汉楷模”及青山“最美科技工作者”称号、入选湖北省“楚天学者”及中国有色金属学会“循环经济科技创新青年优秀工作者”，重点实验室的科研实力和影响力稳步提升。

【科学研究】2023 年，重点实验室主持承担“十四五”国家重点研发计划“循环经济关键技术与装备”重点专项项目“有色冶炼渣多金属短程回收及产业链接利用技术（2023YFC3903900）”1 项；主持国家自然科学基金项目 3 项，其中面上项目 1 项，青年基金 2 项；主持承担省部级项目 2 项，其中湖北省自然科学基金青年项目 1 项、中国科协“翱翔之翼”大学生科技志愿服务项目 1 项；纵向经费到账 308.89 万元；新立项横向项目 21 项，横向经费到账 998.60 万元，总到账 1307.49 万元。

2023 年，以第一单位发表论文 84 篇，其中 SCI 收录论文 47 篇，论文质量得到稳步提升。申请国家发明专利 11 项，授权国家发明专利 12 项。

2023 年，重点实验室获得省部级科技奖励 4 项，其中牵头获批中国有色金属工业科学技术奖一等奖 1 项“战略性钒资源全产业链利用关键技术与工程化应用”。

【队伍建设】重点实验室高度重视学术队伍建设及人才培养工作，特别是高层次人才队伍建设和青年人才培育和引进。根据重点实验室 4 个平台、10 个研究方向，结合现有人员的研究基础，重点实验室重点加强对典型战略性矿产资源短流程清洁利用与源头污染防治、难处理冶金矿产资源高效利用等重点团队的建设，建立了一支由国内外专家组成相对稳定的科研队伍。

2023 年，重点实验室骨干黄晶教授获评“武汉楷模”及青山“最美科技工作者”称号；刘红博士、郑秋实博士入选湖北省“楚天学者”；樊涌教授入选中国有色金属学会“循环经济科技创新青年优秀工作者”。

【合作交流】2023 年，为推动我国战略钒资源利用集约化发展，重点实验室与湖北安陆市、海南美盛集团和湖北工建集团，建立武汉科技大学安陆钒产业研究院，共同打造中国“中部钒都”。

2023年，重点实验室组织召开了“2023武汉矿冶与材料绿色低碳发展学术大会”“中国有色金属学会第十四届学术年会——全国钒资源清洁利用前沿论坛”“2023年武汉科技大学化学科学与材料工程研讨会”“2023全国稀有金属技术交流会”“2023有色金属绿色冶金雁栖论坛（EMYQ）”“第五届中国有色金属资源循环与绿色发展大会”“第四届浮选理论工艺与装备技术交流会”“第十一届全国湿法冶金工程技术交流会”“战略性金属矿产资源绿色智慧采选技术与装备创新大会”“2023中国稀贵金属产业科技创新发展大会”“第六届全国低品位矿产资源高效利用新技术交流会”等学术会议并作特邀报告。

2023年，重点实验室根据“开放、流动、联合、竞争”的运行机制，设立开放基金。经过全国各地高校及科研机构的积极申请，重点实验室已受理开放基金课题申请22项，其中外校22项。重点实验室组织专家评审通过了7项开放基金课题立项。

重点实验室面向资源与环境工程学院研究生、本科生开放，完成科技创新和毕业论文等任务。

【运行管理】 重点实验室仪器设备完好率高于99%，已配备专职人员管理维护，基本构建了矿产资源高效清洁生产与源头控制技术，冶金与矿产行业烟气、废水污染防治与在线循环，矿冶大宗固废资源化利用与环境风险控制，矿冶行业污染物迁移转化规律与环境政策等技术创新平台。已建立健全重点实验室学术委员会章程、重点实验室主任会议议事规则和重点实验室管理办法等重点实验室规章制度，并按照相关制度运行管理好重点实验室日常工作。重点实验室网站运行良好、信息更新及时。

2023年，重点实验室已召开年度工作会议，对重点实验室的工作进展、下一步发展规划及进一步提升学术水平和科技创新能力等方面进行了积极探讨交流。

（撰稿：黄　晶　审稿：张一敏）

战略钒资源利用省部共建协同创新中心

（钒资源高效利用湖北省协同创新中心、湖北省页岩钒资源高效清洁利用工程技术研究中心、湖北省钒铁资源高效利用国际科技合作基地）

【概况】 2023年，中心圆满完成了各项工作任务，获得省部级科技奖励4项，其中牵头获批中国有色金属工业科学技术奖一等奖1项；主持承担国家级科研项目

4 项、省部级科研项目 2 项，其中国家重点研发计划项目 1 项、国家自然科学基金项目 3 项；以第一单位发表论文 84 篇，其中 SCI 收录论文 47 篇；申请国家发明专利 11 项，授权国家发明专利 12 项；中心骨干获评“武汉楷模”及青山“最美科技工作者”称号、入选湖北省“楚天学者”及中国有色金属学会“循环经济科技创新青年优秀工作者”，中心的科研实力和影响力稳步提升。

【科学研究】 2023 年，中心主持承担“十四五”国家重点研发计划“循环经济关键技术与装备”重点专项项目“有色冶炼渣多金属短程回收及产业链接利用技术（2023YFC3903900）”1 项；主持国家自然科学基金项目 3 项，其中面上项目 1 项，青年基金 2 项；主持承担省部级项目 2 项，其中湖北省自然科学基金青年项目 1 项、中国科协“翱翔之翼”大学生科技志愿服务项目 1 项；纵向经费到账 308.89 万元；新立项横向项目 21 项，横向经费到账 998.60 万元，总到账 1307.49 万元。

2023 年，以第一单位发表论文 84 篇，其中 SCI 收录论文 47 篇，论文质量得到稳步提升。申请国家发明专利 11 项，授权国家发明专利 12 项。

2023 年，中心获得省部级科技奖励 4 项，其中牵头获批中国有色金属工业科学技术奖一等奖 1 项“战略性钒资源全产业链利用关键技术与工程化应用”。

【队伍建设】 中心高度重视学术队伍建设及人才培养工作，特别是高层次人才队伍建设和青年人才培育和引进。根据中心 3 个平台、17 个研究方向，结合现有人员的研究基础，中心重点加强了页岩钒高效清洁利用、钒电新能源等重点团队的建设，建立了一支由国内外专家组成的相对稳定的科研队伍。

2023 年，中心骨干黄晶教授获评“武汉楷模”及青山“最美科技工作者”称号；刘红博士、郑秋实博士入选湖北省“楚天学者”；樊涌教授入选中国有色金属学会“循环经济科技创新青年优秀工作者”。

【合作交流】 2023 年，为推动我国战略钒资源利用集约化发展，中心与湖北安陆市、海南美盛集团和湖北工建集团，建立武汉科技大学安陆钒产业研究院，共同打造中国“中部钒都”。

2023 年，中心组织召开了“2023 武汉矿冶与材料绿色低碳发展学术大会”“中国有色金属学会第十四届学术年会——全国钒资源清洁利用前沿论坛”“2023 年武汉科技大学化学科学与材料工程研讨会”“2023 全国稀有金属技术交流会”“2023 有色金属绿色冶金雁栖论坛（EMYQ）”“第五届中国有色金属资源循环与绿色发展大会”“第四届浮选理论工艺与装备技术交流会”“第十一届全国湿法冶金工程技术交流会”“战略性金属矿产资源绿色智慧采选技术与装备创新大会”“2023 中国稀贵金属产业科技创新发展大会”“第六届全国低品位矿产资源高效利用新技术交流会”等学术会议并作特邀报告。

中心面向资源与环境工程学院研究生、本科生开放，完成科技创新和毕业论文等任务。

【运行管理】 中心仪器设备完好率高于 99%，已配备专职人员管理维护，全面构建了“页岩钒高效清洁制造与分离化学冶金”“钒产品多元化制造与精深加工”“全流程环境污染控制与绿色清洁循环利用”等技术创新平台。已建立健全中心学术委员会章程、中心主任会议议事规则和中心管理办法等中心规章制度，并按照相关制度运行管理好日常工作。中心网站运行良好、信息更新及时。

2023 年，中心召开了专家委员会会议，就中心的建设和发展，认真细致地找问题、寻对策，对中心研究方向的凝练、研究力量的充实与加强、人才培养和开放运行等方面发挥了重要的指导作用。

（撰稿：黄　晶　审稿：张一敏）

钢铁工业耐火材料新技术教育部国际合作联合实验室

【概况】“钢铁工业耐火材料新技术教育部国际合作联合实验室”于 2023 年 11 月被教育部批准立项建设。联合实验室以武汉科技大学为依托单位，联合奥地利莱奥本矿业大学、德国弗莱贝格工业大学等相关领域国外优势高校共同组建。

联合实验室面向国家“双碳”目标，聚焦全球钢铁工业碳中和技术，紧密围绕“耐火材料高通量设计与制备”“耐火材料智能制造”“耐火材料评价方法标准化”和“冶金固废与绿色制造”等基础理论和共性关键技术与工程化应用等开展国际联合研究。在引进 Christos G. Aneziris 院士、Victor C. Pandolfelli 院士、Harald Harmuth 教授等国际著名学者并构建“耐火材料+冶金、机械、信息、计算机、资环等”交叉团队的基础上，建立了一支由国内外专家组成的稳定科研队伍，其中外籍人员 17 人，其学科背景涵盖材料科学与工程、冶金工程、机械工程、信息工程、计算机工程和矿业工程等。

联合实验室加快耐火材料技术创新，形成具有国际影响力的原创性、前瞻性和系统性的研究成果，提高热工装备寿命和能源利用效率，为钢铁工业 2030 年减碳 30%、2050 年碳中和提供支撑。汇聚国际耐火材料领域一流创新人才，建立国际化人才培养机制，培养耐火材料领域国际复合型创新人才。到 2030 年，联合实验室成为国际耐火材料科学与技术领域具有重要影响的国际合作研究、学术交流和国际复合型创新人才培养中心。

（撰稿：成　岚　审稿：鄢　文）

机械传动与制造工程湖北省重点实验室

【概况】“十四五”期间，机械传动与制造工程湖北省重点实验室依托机械工程湖北省“国内一流学科”建设学科，面向国家中部崛起重大战略，瞄准湖北省钢铁、汽车等支柱产业重大需求，致力于智能制造、绿色制造基础理论和工程技术研究，在保持冶金行业特色的前提下，始终突出机械传动和制造工程技术在冶金装备制造业中的基础应用研究，坚持凝练基础科学问题，形成实验室的3个主要研究方向：“新型机械传动基础理论”“绿色制造技术”和“传感监测与智能制造”。在3个重点研究方向上着力开展科学研究，解决了先进制造工艺装备、仪器仪表及其关键零部件的绿色设计与智能制造等一批关键核心技术问题，为提高湖北省机械装备设计与制造水平、促进湖北省装备制造业绿色化和智能化，提供了新理论、新工艺、新技术和新装备。实验室致力于打造集科学研究、学科建设、人才培养为一体的创新发展引领阵地，力争在“十四五”期间建设成为机械传动设计与绿色智能制造工程领域的国内一流重点实验室，助推学校国内一流学科建设。

【队伍建设】2023年，实验室固定研究人员44人，流动人员6人，其中湖北省楚天学子6人，扬州市创新领军人才1名，湖北省杰青1人，湖北省有突出贡献专家1人。固定人员中高级职称39人，占比88.6%。40岁以下的中青年人员24人，占比54.5%，博士学位获得者占比84.1%。实验室研究人员担任专业学会理事长、副理事长2人次、理事8人次、委员5人次，IEEE会员1人，国际专业期刊专刊主编3人次。

2023年实验室引进国内外优秀青年博士教师3人，博士后出站青年教师3人。截至2023年12月，实验室建设国家和湖北省教学团队2个，“绿色制造与再制造技术”机械工业优秀创新团队1个，“钢铁制造系统绿色优化方法及其支持技术”湖北省高校优秀中青年科技创新团队1个，“废铅酸电池精细智能拆解与免冶炼清洁再制造技术装备”湖北省双创团队1个，“基于主动传感技术的冶金装备螺栓连接结构健康监测”“高速重载装备关键液压件间隙密封技术”和“冶金机械损伤动力学机理及早期故障诊断研究”湖北省科技创新群体3个。

【科学研究】2023年，实验室依托机械工程湖北省“国内一流学科”建设学科，面向国家中部崛起重大战略，瞄准湖北省钢铁、汽车等支柱产业重大需求，致力于智能制造、绿色制造基础理论和工程技术研究，在保持冶金行业特色的前提下，始终突出机械传动和制造工程技术在冶金装备制造业中的基础应用研究，坚持凝练基础科学问题，在“新型机械传动基础理论”“绿色制造技术”和“传感监测与智能制造”3个重点研究方向上着力开展科学研究，解决新型传动机构和机械基础件设计中面临的表面工程学、摩擦学基础理论难题，突破先进制造工艺装备、仪器仪表及其关键零部件绿色设计与智能制造的一批关键核心技术：

（1）新型机械传动基础理论。实验室聚焦机械基础理论体系，深入开展机构学、摩擦学、表面工程学、流体力学等基础理论研究，探索高性能机械基础件、复合材料结构件、磁悬浮等新型传动机构的超常设计方法及其机电液一体化控制技术。开展航天用纳米颗粒多相流泵送机理及其分散均匀性主动调控研究，以及轴承滚动体表面典型划伤扩展机理和涡轴发动机滑油中断条件下燃发转子轴承性能研究，开发铝合金多尺度裂纹同步抑制和异形异质构件一体化成形技术，重点突破大尺寸渣浆泵叶轮激光增材成形工艺和纳米容器表面改性技术，服务地方经济社会发展与新能源结构转型升级。

（2）绿色制造技术。坚持开展生态工业、绿色制造和再制造基础理论体系研究，重点突破面向高性能材料、高端装备制造和工业资源综合利用的节能工艺和环保技术，研制开发环境友好的清洁生产流程及其优化调度方法和成套技术装备。面向钢铁工业，开展高温烟尘深度净化和协同控制理论研究，开发热轧高品质清洁生产关键技术与焦炉加热过程精准管控与智能运维技术，实现钢铁工业绿色制造和高质量发展。重点突破基因进化导向下失效机械零件低碳激光再制造形性自适应调控机制和基于全视角表观特征选择聚焦的矿石自适应分选机制研究，开发电磁馈能隔振系统节能运行机制与协同优化控制技术和基于图像技术的废旧玻璃颜色识别智能筛选与分类关键技术。

（3）传感监测与智能制造。立足数字孪生、机器视觉、深度学习和精密测控前沿领域，研发基于智能传感器的信号分析处理技术、智能装备健康监测与协同控制技术。面向盾构安全监测需求，开发高性能光纤传感技术、激光增材制造在线监控系统理论与技术。面向钢铁工业智能化发展需求，开展大型焦炉智能砌筑机器人装备研制，以及智慧天车体感交互及其监测系统开发。重点开展非结构路面下胎-路接触行为研究，研制车辆行驶胎—路滚动阻力实时测量关键技术，应用于新能源公司光伏电站多功能检修电动车研制，取得突出应用成果。

2023年实验室取得的科研成果主要有：

（1）科技奖励：获机械工业技术发明奖二等奖1项，机械工业科学技术奖三等奖1项，中国产学研合作创新成果奖二等奖1项，中国发明协会发明创新奖二等奖2项。

（2）科研项目：实验室承担省部级以上纵向科研项目12项，其中国家自然科学基金项目4项，湖北省重点研发计划项目3项，湖北省“JD”技术攻关工程项目2项，湖北省自然科学基金杰青项目1项，面上和青年项目2项。承担企业合作横向科研项目74项。

（3）科研经费：科研经费总计2979.22

万元，其中纵向经费 543.00 万元，横向经费 2436.22 万元。国防项目经费 244.94 万元。

（4）论文专著：发表 C 级及以上论文 98 篇，其中 SCI 收录论文 41 篇。

（5）知识产权和标准：授权国家发明专利 21 项、实用新型 2 项，软件著作权 12 项。申请国际、国家发明专利 18 项，实用新型 4 项。

【合作交流】 实验室坚持开展实质性的高水平、高层次学术交流，努力促进科研水平再上新台阶，奋力拓展实验室合作渠道，扩大实验室影响力。2023 年实验室固定人员举办学术会议 2 次，邀请国内学者来实验室学术交流 10 人次，其中包括国内重点高校、合作企业的教授学者和科研人员。出席线上国际国内会议及学术交流 50 余人次，提高了实验室在国内外的知名度。

2023 年，实验室固定研究人员宣讲论文、与海外学者交流 10 余人次。实验室依托“中英低碳制造联盟”国际合作与交流平台，澳大利亚迪肯大学副校长 Nick Birbilis 教授一行来访实验室，形成长期合作关系，每年 1～2 次定期到实验室来访问讲学。通过广泛的学术交流与科研合作，促进了实验室学术水平和科研能力的提高，同时也扩大了实验室在国内外的影响。

实验室结合实验室的具体情况，出台了开放式基金管理细则，资助国内外高等院校、科研机构从事机械装备设计与制造研究的科研人员，积极开展原始性创新科学研究。通过吸引国内优秀科技人才，促进人才培养；重点资助具有前瞻性、交叉性的应用基础研究课题，用于市场前景好、具有一定研究基础、经济价值和推广价值高的新产品开发；为承担国家项目进行前期预研奠定基础，为企业技术进步提供理论指导。通过开放基金自主课题研究，拓宽了实验室的研究领域和学术交流范围，提高了实验室基础研究和应用基础研究水平，扩大了重点实验室在国内的知名度。

2023 年，实验室广泛征集相关领域研究人员及相关企业意见，由学术委员会评议讨论，共批准开放基金项目 6 项，资助金额共 15 万元。开放基金项目承担者全部是来自华中科技大学、兰州理工大学、昆明理工大学等国内知名院校的教师和科研人员。截至 2023 年 12 月底，开放基金项目新增结题 6 项，实验室作为署名单位发表 SCI 收录论文新增 24 篇。开放基金项目已成为实验室对外交流的重要窗口，获得了良好的社会评价，扩大了重点实验室的国内知名度。

【运行管理】 实验室设主任 1 名、副主任 2 名和专职秘书 1 名。实验室主任负责组织学术年会，研究、发布实验室开放课题指南，负责客座研究人员的管理，运行经费的使用管理，设备的更新、引进，以及协调各研究方向的合作，负责实验室用房调配，为科研以及办公提供良好的环境。实验室副主任和专职秘书，行政主任完成实验室的日常行政管理、会议组织、文件档案管理、仪器设备管理等。

2023 年，实验室充分利用绩效评估优秀获得的省厅后补助经费，以及依托单位提供的运行经费，共投入 172.8 万元用于实验室购置科研仪器设备，以及实验室日常运行、学术交流和开放基金项目研究。新增实验设备42台（套），包括高速驱动与传动部件综合测试平台、透明液压与PLC实验台、多动能转子实验台等大型仪器设备。新增高信噪比数据采集、群体机器人平台芯片及开发板套件、双轴闭环精密运动控制、DASP智能数据采集及分析系统、废旧电池拆解虚拟仿真实验软件等软件工具。实验室具有自主知识产权的设备研制能力逐步提升。

2023年底仪器设备和办公设备总值达5221.3万元。制定了《仪器设备管理制度》，对于所有10万元以上的设备均分配到专人管理，负责设备的保养以及对使用人的培训等。每个大型设备均有独立的设备档案，记录设备的状态以及使用情况。实验室确保设备完好率高于98%，以实现实验设备的共享和对外开放。目前实验室运行正常，设备完好，网站良好，信息更新及时。

2023年6月28日在武汉科技大学召开了机械传动与制造工程湖北省重点实验室学术委员会第四届第五次会议。学术委员会听取了重点实验室五年工作总结报告及各方向学术骨干的学术报告，经质询与交流，认为实验室目标定位准确，特色鲜明，运行管理规范，成效显著。实验室面向国家重大产业政策和国家中部崛起重大战略，瞄准钢铁、汽车、装备制造和国防工业领域重大需求，形成了新型机械传动基础理论、绿色与智能制造、传感监测与智能系统3个主要研究方向，建成集人才培养、学科建设、科学研究为一体的综合创新基地。学术委员会对实验室发展规划提出建设性意见如下：（1）加大高层次人才培养和引进力度，做好人才团队领军工程，打造高水平的创新研究团队；（2）进一步提升学科交叉研究力度，积极培育新兴研究方向；（3）加大资金投入，加大实验室建设力度，培育国家级研究平台。

湖北省科技厅最新公布2022年度湖北省基础研究平台绩效考核结果，机械传动与制造工程湖北省重点实验室获评“优秀”标杆。根据《湖北省重点实验室管理办法》和《湖北省重点实验室年度绩效考核实施办法》的有关要求，湖北省科技厅组织开展了此次全省重点实验室绩效考核，分为网评和会评两个阶段。据悉，全省176家实验室参加了此次绩效考核，88家实验室进入会议评审阶段，其中35家获评“优秀”标杆。此前，机械传动与制造工程湖北省重点实验室已连续四年在绩效考核中获评“优秀”。

（撰稿：林　昕　审稿：赵　刚）

冶金矿产资源高效利用与造块湖北省重点实验室

【概况】2023年，冶金矿产资源高效利用与造块湖北省重点实验室（湖北省工业安全工程技术研究中心）圆满完成了各项工作任务，获得省部级科技奖4项。主持承担国家级科研项目4项，省级以上科研项目6项，厅局级项目8项；以实验室为第一单位发表论文112篇，其中SCI论文46篇；授权专利15件，其中授权国际专利1项。

【科学研究】2023年，实验室获批国家自然科学基金4项（黄诗冰、胡南燕、刘洋、李京）；获得湖北省科技计划项目6项，中国博士后科学基金面上资助1项（杨永愿）、湖北省重点研发计划项目2项（赵波、张晓晴）、湖北省自然科学基金创新群体2项（韩军、姜学鹏）、中国科协“翱翔之翼”大学生科技志愿服务项目1项（范先媛）；获批获批厅局级科研项目8项：武汉市重点研发计划项目1项（胡南燕）、省高校哲学社会科学研究重大项目1项（张晓晴）、湖北省应急管理厅安全生产专项1项（卢颖）、武汉市知识创新专项项目曙光计划项目1项（姚伟），国家重点实验室开放基金1项（刘洋）、湖北省教育厅中青年项目1项（夏璐）、指导性项目2项（周先霖和张淑琴）；出版高水平科技著作2部（姚团、王其虎），编写教材1部（王勇）；实验室制定标准2项（T/CAMET 05005—20、DB42/T 2013—2023）2023年实验室到账经费1495.68万元，科研立项纵向科研项目15项，项目总合同额404万元；横向项目总合同额1193.17万元，合同金额超过100万项目4项（杨国栋×2、周志辉、黄诗冰）。

叶义成参与的“基于遏制重特大事故的企业重大风险辨识评估技术与管控体系研究”获得中国职业安全健康协会科学技术奖二等奖，秦林波参与的“基于BIM和GIS的数字孪生钢厂建造与安全管控关键技术研究及应用”获全国冶金科学技术奖一等奖，王清淼参与的“表面处理行业化学镀废水资源化与深度处理关键技术与应用”获中国表面工程协会科学技术奖二等奖，李海英参与的“杏山铁矿低碳高效开采技术研究与应用”获全国冶金科学技术奖一等奖。

【队伍建设】实验室高度重视学术队伍建设及人才培养工作，以培养中青年学术带头人及学术骨干为人才培养的重点，采取扶持的政策，让中青年教师唱主角，在老教师的传、帮、带下使中青年教师大胆地承担起科研任务，形成4个以学术带头人为核心的年龄结构合理、知识结构优化、学术带头人有较大影响的具有承担高水平大课题的综合能力和较强的发展后劲科研团队。

实验室通过创造条件，吸引国内外的优秀学者来实验室工作，努力提高实验室队伍素质。新进教师杨永愿入选武汉科技大学“香涛青年百人”；博士后基金2项（李京，杨永愿），特别资助（杨永愿）。实验室2023年培养硕士研究生132人；培养博士研究生10人；培养出站博士后：1人（张强）。

【合作交流】实验室强调对外开放和资源共享，实行“联合、开放、流动、竞争”的运行机制，建立访问学者制度、与国内外知名企业及研究单位成立联合，吸引国内外学者来实验室开展合作研究，设置了自主性实验、协作式实验、委托式实验等多元化实验模式，使研究人员在这些特色实验中开展基础、综合、目标、探索等不同目的的试验内容。2023年，邀请20名国内外著名专家学者、企业界工程技术人员及室内老师进行学术交流。组织16人次教师参加国内外学术会议。积极选拔推荐学术带头人在国内外学术组织中任职，12人担任全国性学术委员会理事和委员。

【运行管理】实验室加强运行管理，修订完善了开放基金的管理制度，加强了重点实验室的文化建设和条件建设，对实验室网站进行了进一步维护和建设，具体工作包括：优化已建成的独立主页网站排版、栏目设置，完善网站栏目、充实信息内容并及时更新，并对“研究队伍”中的学术带头人的内容进行了补充，设计了LOGO徽标；建立了有相对独立的展示厅、橱窗和展板。

（撰稿：张　青　审稿：韩　军）

煤转化与新型炭材料湖北省重点实验室

【概况】煤转化与新型炭材料湖北省重点实验室依托单位为武汉科技大学，2006年由湖北省科技厅和教育厅批准立项建设。主要研究方向是煤炭资源高效利用新工艺和新技术的开发，包括煤及其衍生物的定向转化、新型炭材料制备和煤转化过程中的环境友好技术开发。经过多年的发展，重点实验室在炼焦新技术、新型炭材料的基础研究与开发、焦化副产品深加工利用等方面在国内占据重要地位。

重点实验室依托化学工程与技术一级学科博士学位授权点、化学一级学科硕士点、化学工程与技术博士后科研流动站和湖北省重点学科，实验室设有煤综合利用研究所、新型炭材料研究所、化工环保研究所、应用化学研究所4个研究所和1个办公室。重点实验室依托化学工程与技术一级学科博士学位授权点、化学工程与技术博士后科研流动站和湖北省重点学科，设有煤综合利用研究所、新型炭材料研究所、化工环保研究所、应用化学研究所等4个研究所和1个办公室。现有固定研究人员65人，其中教授30人，副教授26人（包括高工1人），62人具有博士学位，博士研究生导师20人，构成了一支职称、年龄、学历结构较为合理的研究队伍。

实验室根据当前经济社会发展需求，加强学科交叉与融合，形成了煤转化与炼焦新技术、煤基新型炭材料、环境化学工程、精细化学品化学4个研究方向，在煤化工与新型炭材料方面的研究处于国内领先水平。实验室近年来承担了国家自然科学基金重点项目、科技部“863”项目和多项国家自然科学基金、湖北省自然科学基金、国家部委的科研项目，以及工业企业委托技术开发项目，年均科研总经费近2000万元，每年发表学术论文140余篇，其中SCI收录论文70余篇，授权发明专利20余项。近几年来，获国家科学技术进步奖二等奖1项，获湖北省科学技术进步奖一等奖和二等奖各1项，获湖北省教学成果奖一等奖和二等奖各1项，出版学术专著及教材10余部。

展望未来，煤转化与新型炭材料湖北省重点实验室将继续发扬“开拓、进取、务实、创新”的精神，以“双一流”建设为契机，着眼于解决煤转化和新型炭材料相关学科发展中的重大关键技术问题，积极开展学科交叉领域研究，与产业紧密衔接，把实验室建设成高科技成果转化的重要基地，为我国化学工业的发展作出更大的贡献。

【科学研究】2023年度煤转化与新型炭材料湖北省重点实验室紧密围绕煤转化与绿色炼焦技术、新型炭材料、环境化学工程、生物化工和应用化学等研究方面，在化工、化学、材料等领域及相关交叉学科持续开展有组织的科学研究，在发表有显示度的高水平论文、申报与获批知识产权、承担国家及地方科技项目、转化科技成果服务地方、开展与学术及行业企业交流、履行对外科普的社会责任等方面取得了一定的进展。

实验室积极申请各类科研项目和基金，不断加强团队协作和学术交流，推动了实验室在煤转化与新型炭材料领域的创新研究。获批横向、纵向项目75项，包括国家自然科学基金项目（2项）、湖北省自然科学基金项目（3项）、湖北省“JD”科技攻关项目、国防工程项目（2项），武汉市科技重大专项（1项），科技部重点研究计划子课题，合同金额3095万元，其中军工项目3项超200万元；新申请发明专利29项，授权专利16项，转让、许可专利17项，转让金额114万元。在*Advanced Energy Materials*、*Journal of Energy Chemistry*、*Journal of Power Sources*、*Applied Surface Science*、*Sensors and Actuators B：Chemical*、*Chemical Engineering Journal*等化工、化学、材料、能源等领域顶级期刊发表署名煤转化与新型炭材料湖北省重点实验室的科技论文78篇，SCI论文72篇，其中中科院最新分区一区论文19篇，占总论文的24.3%。

【队伍建设】队伍建设是实验室建设的根本保证，人才培养是实验室建设的重要任务，实验室高度重视学术队伍建设及人才培养工作，坚持把优秀中青年人才的引进和培养作为一项战略任务来抓。一方面，实验室依靠实验室自身力量，另一方面注重引进优秀青年人才，积极注入新鲜血液，特别是有国外工作背景的优秀人才。2023 年共引进国家杰青 2 人，国家青年千人 1 人，湖北省青年拔尖人才 1 人，武汉市青山区黄鹤英才 1 人，楚天学者 1 人。推荐优秀教师参加楚天学者评选，获批楚天学者计划 2 人，湖北省青年拔尖人才 1 人，楚天学子 4 人，黄鹤英才 3 人。

【合作交流】实验室积极开展对外学术交流活动，实验室邀请了多位专家来实验室为研究生和本科生讲学，拓宽了学生的学术视野，对实验室整体学术氛围的营造起到了重要作用。实验室认真组织并通力协助成员积极开展对外交流。依托重点实验室主办或参加大型学术会议 2 次；邀请国外知名学者来校作学术报告 1 次；组织学术讲座 6 次，并创建陶著讲堂（系列学术讲座）；签订产学研协议 4 项。年内实验室广泛征集相关领域研究人员及相关企业意见，由学术委员会讨论拟定了开放基金资助的项目内容，年内完成 2024 年度煤转化与新型炭材料湖北省重点实验室开放基金立项 6 项，校外立项数超过了 67%。

【运行管理】本年度实验室加强了运行管理，实验室主任、副主任定期/不定期开会研究工作。根据学科特点，制定了中长期科研工作发展目标（包括高水平人才和团队建设、研究方向及基地建设）；根据科研发展目标制定了具体的管理措施。进一步完善了大型仪器开放，运行、测试服务收费、效益评估考核及奖惩等管理办法；网站信息齐全，时常更新，及时发布学术报告通知、学术活动通讯报道等信息。

（撰稿：郭光辉　审稿：郑安民）

冶金工业过程系统科学湖北省重点实验室

【概况】实验室以促进系统科学与工程科学的发展宗旨，研究系统演化、转化、协同与控制的一般规律，系统间复杂关系的形成法则，结构和功能的关系，有序和无序状态的形成规律等，以及组织管理系统的规划、设计、制造、试验和使用的系统方法与系统技术；并密切结合湖北省和我国工业企业，尤其是冶金和材料、矿山开采、加工和制造行业中的复杂系统和复杂过程的理论与应用问题，开展理论与应用研究，力求为国家和地方经济建设和社会发展服务。实验室现已形成系统理论、复杂系统的建模与调控、钢铁材料结构组织系统与控制、智能爆破系统集成与控制等相对稳定且特色鲜明的研究方向。

【科学研究】依托系统科学一级博士点、5 个一级学科硕士点和湖北省重点学科，2023 年，本科研平台获批国家自然科学基金项目面上项目1项，青年项目2项，湖北自然科学基金面上项目1项，湖北省科技创新人才计划1项。省教育厅项目2项，武汉市知识创新专项项目曙光计划项目1项。新获横向项目14项；到账科研经费1387.18万元。发表科研论文92篇，其中SCI收录71篇，一区17篇，二区22篇，三区21篇。2篇论文入选湖北省百篇优秀学术论文（全校共3篇），影响因子20以上的论文4篇（全校共7篇），2篇论文发表在*Science*和*Nature*子刊上，吴开明和叶红雨入围全球前2%顶尖科学家榜单。申请发明专利4项，专利授权8项，获软件著作权8项。“800米级深海爆炸容器研制及可靠性评估技术”获中国爆破行业协会技术发明奖一等奖（武汉科技大学第一单位）。“独塔单索面预应力斜拉桥精准定向爆破拆除关键技术及应用”获中国爆破行业协会科学技术进步奖特等奖（参与）。

【队伍建设】 本实验室继续积极推进省级创新团队“强磁场作用下微纳结构贝氏体钢的组织与性能调控机制”和省级高等学校优秀中青年科技创新团队“海洋工程用钢组织与性能控制”的建设；获批楚天学子1人；新引进5名高级人才；博士后科研流动站进站2人，目前在站博士后有9人。

【合作交流】 实验室充分运用“开放、流动、联合、竞争”的运行机制，邀请美国、英国、俄罗斯、日本等多个国家以及国内从事同类研究的知名学者来实验室从事学术交流讲学，并派出研究人员到其他地区、国家访学；与武汉爆破有限公司建立省级研究生工作站；成功举办了“系统科学学科建设研讨会”和“冶金工业过程系统科学重点实验室学术委员会年会”。新增三个产学研联合创新中心，与武汉科尼智造装备有限公司、武汉飞信云科技有限公司、穆特科技（武汉）有限公司开展合作。中铁广州工程局集团有限公司委托重点实验室开展“内陆运河航道开挖精细设计及协同施工管理关键技术研究”，获批经费80万元。

【运行管理】 实验室制订了配套的制度和条例。公用仪器进行集中并统一管理，设立专人负责仪器的日常运作和维护。实验室实行学术委员会指导下的实验室主任负责制。学术委员会及开放基金工作开展有序。学术委员会制定实验室的发展方向、重大课题的立项等，实验室主任负责组织实施。实验室采用院、室合一的运行模式，充分发挥了实验室的作用和功能，实现了对内开放，充分发挥效用，满足和提升研究工作的目标。

（撰稿：王　辉　审稿：崔鸿飞）

智能信息处理与实时工业系统湖北省重点实验室

【概况】实验室结合武汉科技大学冶金工业的优势，以冶金工业系统为背景，充分利用计算机科学技术、智能信息处理、智能控制与理论的最新成果，以冶金过程为中心，通过建立基础数学模型，利用智能信息处理技术分析冶金过程中传感器、控制器、图像等多种信息源，优化生产决策与控制模型，为冶金过程的自动化生产和信息化建设奠定科技基础。

【科学研究】智能信息处理与实时工业系统湖北省重点实验室面向工业系统的信息化和智能化发展需求，聚焦计算机和人工智能领域的前沿科学问题和关键核心技术，重点实验室紧紧围绕智能计算与信息处理，智能优化与控制，基于机器视觉的工业应用，过程控制模型与仿真四个研究领域开展研究，本年度重点在智能优化与控制，机器视觉等研究领域取得显著成果。获得省级以上科研项目 33 项，企业委托科研项目 131 项，到账经费 5475 万元，发表学术论文 68 篇，其中 1 区 3 篇。出版学术专著 3 项、授权发明专利 26 项，申请发明专利 11 项，开放基金共资助 9 项，总经费 15 万元。

1. 承担任务

重点实验室各科研团队新增省级以上科研项目 33 项，国家自然科学基金 11 项，省重点研发等项目 8 项。2023 年度五项代表性新增重要科研任务如下所示。

项目名	负责人	项目来源	项目类型	立项金额/万元	开始时间	结束时间
面向边缘智能的联邦学习在线激励与公平优化研究 62372343	鲁剑锋	国家自然科学基金委员会	面上项目	50.00	2024 年 1 月 1 日	2027 年 12 月 31 日
面向长时安防监控的光照自适应行人重识别方法研究 62376201	徐　新	国家自然科学基金委员会	面上项目	58.80	2024 年 1 月 1 日	2027 年 12 月 31 日
大规模跨域图数据管理关键技术研究 62372342	庞　俊	国家自然科学基金委员会	面上项目	50.00	2024 年 1 月 1 日	2027 年 12 月 31 日
基于不确定性分析与知识推理的开放场景地表覆盖分类方法研究 42371374	张效康	国家自然科学基金委员会	面上项目	46.00	2024 年 1 月 1 日	2027 年 12 月 31 日
全流程一体化智能采收机器人 2023BBB011	闵华松	湖北省科技厅	湖北省重点研发计划项目	50.00	2023 年 1 月 1 日	2025 年 12 月 31 日

2. 研究工作水平

重点实验室主要有智能优化与控制，智能计算与信息处理，过程控制模型与仿真，基于机器视觉的工业应用四个研究领域，2023 年度每个领域代表性研究工作进展如下。

研究方向 1 智能优化与控制:Multipopulation-based differential evolution for large-scale many-objective optimization，*IEEE Transactions on Cybernetics*，中科院一区，影响因子 11.8。

张凯教授以第一作者身份在人工智能国际权威期刊 *IEEE Transactions on Cybernetics* 发表学术论文 Multipopulation-based differential evolution for large-scale many-objective optimization。许多来源于科学和工程领域的优化问题包含多个决策变量和目标函数，尽管近年来国内外学者已经提出许多有效的多目标优化进化算法，以找到收敛良好且分布良好的非支配最优解。然而，在解决大规模多目标优化问题（LSMaOPs）时，它们的可扩展性性能可能会急剧下降。当遇到超过 100 个决策变量的高维解空间时，其中一些算法可能会失去多样性并陷入局部最优，而其他算法可能会获得较差的收敛性能。

张凯教授提出了一种基于多种群的差分进化算法 LSMaODE，可以高效地解决大规模多目标优化问题。为了开发和探索指数决策空间，该算法将种群分为两组子种群，并使用不同的策略进行优化。首先，对 10% 的个体应用随机坐标下降技术，以独立地利用决策变量。这种子种群在决策空间中保持多样性，以避免过早收敛到局部最优。其次，剩余的 90% 的个体使用非支配导向的随机插值策略进行优化，该策略在三个非支配解之间随机插值个体。该策略可以引导种群快速收敛到非支配解，同时保持目标空间中的良好分布。最后，在决策和目标维度上的可扩展性方面，使用 LSMOP 测试套件对所提出的 LSMaODE 进行了评估。将其性能与五种最先进的大规模多目标进化算法进行了比较。实验结果表明，LSMaODE 提供了极具竞争力的性能。

研究方向 2 智能计算与信息处理：Incentivizing proportional fairness for multi-task allocation in crowdsensing，*IEEE Transactions on Mobile Computing*，CCF-A。

鲁剑锋教授以第一作者身份再次在中国计算机学会（CCF）推荐的 A 类国际期刊 *IEEE Transactions on Mobile Computing* 发表学术论文 Incentivizing proportional fairness for multi-task allocation in crowdsensing。该成果是继 2022 年鲁剑锋教授在 IEEE JSAC 发表计算机科学与技术学院首篇 CCF-A 类国际期刊论文后的又一项新的突破，成果率先将微观经济学领域中比例公平概念引入面向群智感知的激励机制设计中，并取得了创新性进展，为后续面向联邦学习的公平调度机制设计与优化研究奠定了坚实的理论基础，有力推进了智能物联网领域前沿性研究。

有效的激励机制在群智感知中用于激发策略用户的热情是必要且必需的，然而现有的纯粹以社会效用最大化为目标的多任务分配研究可能会导致分配不平衡的问题，从而损害社会公平。这促使本文首次将微观经济学中的比例公平概念引入一种全新的公平意识激励机制的设计中。具体地，首先将群智感知中的多任务分配交互建模为多请求者多工作者 Stackelberg 博弈模型，然后将公平意识的多任务分配问题转化为公平意识的激励机制设计问题。接下来，证明了该博弈模型存在一个唯一的 Stackelberg 均衡，并证明了通过谨慎提出的算法可以有效地计算出该均衡。由于现有的均衡往往非社会最优解，进一步设计了一个二次分配规则，以最大限度地提高社会效用和系统性能，同时以最小的成本实现比例公平。最后，使用合成数据集和真实世界数据集的大量实验表明，与现有技术相比，论文所提出的机制具有优越性。

研究方向 3 过程控制模型与仿真：Efficient robust principal component analysis via block krylov iteration and CUR decomposition，IEEE Conference on Computer Vision and Pattern Recognition（CVPR），CCF-A。

伍世虔教授在 2023 年计算机视觉和人工智能领域的国际顶级会议 IEEE Conference on Computer Vision and Pattern Recognition（CVPR）上发表了 Efficient robust principal component analysis via block krylov iteration and cur decomposition 的研究成果。

鲁棒主成分分析（RPCA）的本质是从含噪的数据中提取出隐藏在其背后的简单结构。由于该方法针对非高斯噪声或离群点严重的噪声具有优良的性能，在计算机视觉、信号处理、大数据分析等众多领域得到广泛应用。然而，作为一种优化方法，当处理的数据量（如视频序列）很大时，需要极大的计算资源和时间。针对上述问题，该论文提出一种基于分块 Krylov 迭代和 CUR 分解的 RPCA（eRPCA）算法。具体地，该算法采用 Krylov 迭代方法来近似特征值分解，采用 CUR 分解代替 SVD 更新低秩矩阵分量，实验结果表明：运行速度比传统方法提高了一个数量级，为 RPCA 的实际应用奠定了基础。

研究方向 4 基于机器视觉的工业应用：Informative classes matter：towards unsupervised domain adaptive nighttime semantic segmentation，ACM International Conference on Multimedia（MM）（ACM MM 2023），CCF-A。

徐新教授的论文 Informative classes matter：towards unsupervised domain adaptive nighttime semantic segmentation 被第 31 届 ACM 国际多媒体会议（ACM MM 2023）接收。该会议是计算机学科多媒体领域的权威国际会议，也是中国计算机学会（CCF）推荐的该领域唯一的 A 类国际学术会议。

无监督的域自适应夜间语义分割（UDA-NSS）旨在将从标记的日间域获得的鲁棒模型适应到未标记的夜间域。然而，当前的先进分割方法在域适应过程中忽略了不同语义类别的照明效应和类别差异，显示出不均匀的预测现象。一些类别在现有的 UDA-NSS 方法和监督学习对应方法之间存在很大的性能差距，而其他类别的性能差距则非常小，这是“难以适应”的类别完全被忽略和未充分探索的问题。为了实现“难以适应”的类别更充分地学习和促进 UDA-NSS 任务，提出了一种在线信息类别采样（OICS）策略，该策略可以通过信息专家混合模型，根据相应的频谱均值和类别频率，自适应地从目标夜间域中挖掘信息类别。此外，设计了一个基于信息性的跨域混合采样（InforMS）框架，该框架通过在跨域混合采样时赋予信息类别更高的采样概率，从而关注目标夜间域中的信息类别，并在 UDA-NSS 任务中取得更好的性能。因此，该方法在 3 个广泛使用的基准测试（例如，ACDC、Dark Zurich 和 Nighttime Driving）上，以较大幅度超过了最先进的 UDA-NSS 方法。值得注意的是，该方法在 ACDC-night-test 上达到了 65.1%的 mIoU 的最先进性能，在 ACDC-night-val 上达到了 55.4%的 mIoU。

【队伍建设】

1. 实验室队伍的总体情况，包括总人数，队伍结构，人才情况。

经过多年的建设和优化，实验室已拥有一支结构合理、规模稳定的高素质、专业化的科研队伍。其中固定科研人员占据主体，共有 73 人，其中教授 24 人，副教授 28 人，具有博士学位的教师 66 人。同时还有一定数量的管理服务人员，为实验室的高效运行提供了有力保障。

实验室的队伍结构呈现多元化的特点。在年龄层次上，既有经验丰富的资深科研人员，也有充满活力的中青年科技骨干。既保证了实验室在科研工作中既能够发挥经验丰富的优势，又能够注入新鲜血液，保持创新活力。在知识结构上，实验室队伍涵盖了计算机和人工智能学科的多个研究方向，有利于实验室在科研工作中开展交叉学科研究，拓宽研究视野，提高创新能力。

2. 本年度队伍建设、人才培养（包括研究生培养）与引进情况，特别是团队组织和凝聚、吸引、培养国内外优秀中青年人才的措施及取得的成绩。

2023 年来，重点实验室也提出了一些队伍建设的举措。首先是加强制度建设，制定完善的实验教学队伍管理制度，明确实验教学人员的工作职责和考核要求，确保队伍建设的规范化和制度化。其次是培养和引进高层次人才，通过制定教师进修制度和教师队伍国际交流轮换制度，提高教师团队中博士学位比例与高级职称比例，增强团队的科研能力和教学国际化水平。同时，积极引进具有博士学位或高级职称的教师，提高团队的整体素质。

重视科研工作和工程实践，鼓励教师参与科研工作和工程实践项目，将科研成果和工程实践经验反哺教学，提高教学质量。同时，依托学校的科研政策和管理制度，为教师提供科研经费、项目申报等方面的支持。实施人才引进计划：制定人才引进计划，明确引进人才的标准和条件，提供优厚的待遇和条件吸引优秀人才加入实验室。同时，加强与国内外高校、科研机构和企业之间的合作与交流，拓展人才引进渠道。

3. 简要介绍 1~2 名本年度培养或引进的优秀人才（以固定人员为主）。

金淑婷，博士研究生，厦门大学，计算机科学与技术，导师：刘向荣

（1）国家重点研发计划政府间专项，基于 DNA 自组装复合纳米孔技术的生物大分子检测（项目编号：2017YFE0130600，项目经费：45 万元，起止时间：2019—2021 年，在研，参与）。

（2）国家自然科学基金面上项目：基于网络表征学习的微生物数据计算分析方法及其体外仿真验证（项目编号：

62072384，项目经费 57 万元，起止时间：2021—2024 年，在研，参与）。

（3）之江实验室开放式课题，海量数据的 DNA 存储体系及系统（项目编号：2022RD0AB02，项目经费：50 万元，起止时间：2021—2023 年，在研，参与）。

曹书琴，博士研究生，武汉大学，计算机科学与技术，导师：吴黎兵

（1）国家自然科学基金重点研发计划：高置信的数据验证理论与技术（项目编号：2021YFB3101104，项目经费：473 万元，起止时间：2021 年 7 月—2024 年 6 月，在研，参与）。

（2）国家自然科学基金重点研发计划：低空智联网安全管控与服务关键技术（项目编号：2022YFB3104500，项目经费：420 万元，起止时间：2022 年 12 月—2025 年 11 月，在研，参与）。

（3）光明实验室开放合作研究课题：车辆智能网联系统的安全机制研究（项目编号：GML-KF-22-07，项目经费：10 万元，起止时间：2022 年 5 月—2024 年 5 月，在研，参与）。

【合作交流】实验室充分运用“开放、流动、联合、竞争”的运行机制，邀请澳大利亚迪肯大学等国内外从事同类研究的知名学者来实验室从事学术交流讲学，并派出研究人员到其他企业或地区国家访学。

实验室先后与 709 研究所、亚心建立产学研合作，与湖北公众继续建立省级研究生实践基地。实验室资助国内外高等院校、科研机构从事智能信息处理与实时工业系统研究的科研人员。2023 年实验室广泛征集相关领域研究人员及相关企业意见，由学术委员会讨论并决定继续支持实验室已立项开放基金项目，收到良好成效，有效扩大了实验室在国内学术界的影响力。

1. 概述本年度实验室国内外学术交流与合作的主要情况。

本年度，实验室邀请国内外专家举办学术讲座 17 场，包含 ACM China 走进武科大——人工智能与物联网高峰论坛。承办中国科学院文献情报中心的通用 AI 与数据智能前沿进展研讨会，以及第四届“数据智能与知识服务”研讨会等。邀请 IEEE 计算智能学会原主席，IEEE Fellow，IET Fellow，四川大学海外千人特聘教授，*IEEE Transactions Evolutionary Computation*，*IEEE Transactions on Cybernetics* 副主编美国俄克拉荷马州立大学 Gary Yen 教授来学院做“进化多目标优化与决策”的学术讲座。

2023 年度，IEEE 计算智能学会原主席，IEEE Fellow，IET Fellow，四川大学海外千人特聘教授，美国俄克拉荷马州立大学 Gary Yen 教授来学院参观了智能信息处理与实时工业系统湖北省重点实验室。实验室主任张凯向 Gary Yen 教授详细介绍了实验室的发展历史沿革，重点讲解了近年来实验室在四个主要研究方向上所取得重大科研成果，并就实验室未来发展规划和工作部署做了展望和汇报。随后 Gary Yen 教授参观了国家虚拟仿真中心、大数据与知识工程研究所等相关重点实验设备，肯定了实验室的研究成果和学术贡献。同各团队研究生进行了学术讲座和交流，回答了学生提出的问题并给予了指导和建议。

2023年11月，省科技厅吴骏副厅长来到实验室，对学校客座教授、欧洲科学院及荷兰皇家科学与人文院院士Frank Van Harmelen获得湖北省人民政府2020—2022年度省政府“编钟奖”表示热烈祝贺，充分肯定学校在科技人才引进、基地和实验室建设上的工作。吴骏向Frank Van Harmelen教授、伍世虔教授致以新年慰问。“编钟奖”是湖北省人民政府于1994年设立的，旨在表彰和奖励在湖北省经济建设和社会发展中作出突出贡献的外国专家的省级最高奖项。

2. 公众开放活动的目的意义，开放对象，活动内容，取得成效。

目的意义：重点实验室公众开放活动的核心目的是提高公众对科学研究的认知和理解，同时增强公众对实验室及其科研工作的信任和支持。通过开放活动，可以让公众了解实验室的科研设施、研究过程和成果，以及科学研究的重要性和复杂性。此外，这也是一种科普教育的机会，有助于提升公众的科学素养，激发他们对科学研究的兴趣和热情。

开放对象：重点实验室公众开放活动的开放对象主要是广大公众，包括学生、教师、科研人员、社区居民等。特别是那些对科学研究有兴趣，或是正在接受科学教育的人群，如大、中、小学学生，是他们参与这类活动的主要群体。

活动内容：重点实验室公众开放活动的内容主要包括以下几个方面。实验室参观，研究成果展示，科普讲座，互动体验。

取得成效：提高公众对科学研究的认知和理解，增强公众对科学研究的兴趣和热情，提高实验室的知名度和影响力，增强公众对实验室的信任和支持。提升公众的科学素养，为培养更多的科学人才打下基础。促进实验室与社会的互动交流，为实验室的科研工作创造更好的社会环境。

3. 实验室作为本领域公共研究平台的作用，大型仪器设备的开放与共享情况。

实验室作为省级科研平台是科研人员进行科学实验和研究的场所，同时也是推动学科发展、技术创新和人才培养的重要基地。实验室通过提供先进的仪器设备、完善的实验条件和专业的技术支持，为科研人员提供了良好的研究环境，促进了科研工作的顺利开展。为了充分发挥大型仪器设备的作用，许多实验室开始探索开放与共享的模式。

一方面，实验室通过建立完善的仪器设备管理制度和使用规范，确保仪器设备的正常运行和维护。同时，通过制定合理的收费标准和服务流程，为外部用户提供仪器设备的使用服务，实现仪器设备的开放共享。

另一方面，实验室还通过搭建仪器设备共享平台，将仪器设备的信息和使用情况进行公开，方便用户查询和预约使用。通过平台化管理，可以更好地协调仪器设备的使用需求，提高仪器设备的利用率和共享程度。

【运行管理】实验室通过内部规章制度的建设，保障实验室平稳高效运转。充分发挥学术委员会的重要作用，保持实验室学术方向的特色，注重培养良好的科研氛围和学术风气，杜绝违反学术道德的事件发生。根据实验室建设管理办法和学校有关重点实验室管理文件，制定了实验室固定人员管理办法、流动人员管理办法、开放课题管理办法、科研成果管理办法、学术活动管理办法、大型仪器设备管理办法、办公室管理办法等一系列规章制度。实验室管理规范，严把安全关。

2023年，实验室设主任、副主任和秘书各1名，实行主任负责制。实验室主任根据职责要求和任用条件，公开进行招聘。秘书协助副主任完成实验室的日常行政管理、会议组织、文件档案管理、仪器设备管理。实验室定期开展安全讲座，2023年未发生安全事故。每个大型设备均有独立的设备档案，记录设备的状态以及使用情况。实验室确保设备的完好率高于95%，以实现实验设备的共享和对外开放。依托单位在人、财、物条件方面的保障和支持如下所示。

类　别	2022年度	2023年度	增长数	增长比率
专职管理人员/个	5	6	1	0.2
专职技术人员/个	68	70	2	0.02
硕士研究生招生/个	151	165	6	0.04
博士研究生招生/个	4	6	2	0.5
单位配套运行费/万元	15	20	5	0.33
单位配套设备费/万元	100	258	158	1.58
实验室总面积/m^2	4000	4000	0	0
实验室总资产/万元	3200	3458	258	0.08

在武汉科技大学科学技术发展院的支持下，重点实验室设立开放基金鼓励与支持校内外科研人员学术合作与交流，开展创新性的研究工作。近几年，重点实验室开放基金的资金使用得到了有效的执行。资金主要用于支持实验室的科研项目、购买实验设备和材料、人员培训以及学术交流与合作等方面。此外，实验室建立了严格的资金管理制度，确保资金使用的透明度和规范性。资金使用过程中进行了审批和监督，确保资金使用符合相关政策和规定。2023年度，经过严格的评审，评出了重点项目1项、面上项目3项以及青年项目5项，并为这些项目拨付了共计15万元的开放基金。

项目名称	项目类型	研发经费/万元	承担单位	项目负责人
面向多任务约束多目标优化问题的进化算法研究	重点	4	武汉科技大学	许志伟
视觉质量与任务语义双驱动的图像增强	面上	2	哈尔滨工业大学	江　奎
基于类脑智能的红外目标检测与识别技术	面上	2	北京理工大学	赵晓彬

续表

项目名称	项目类型	研发经费/万元	承担单位	项目负责人
面向计算密集型移动应用的朵云服务提供方法研究	面上	2	武汉理工大学	李春林
基于图表征学习的药物发现算法研究	青年	1	武汉科技大学	金淑婷
分数阶忆阻神经网络智能控制及在信息处理中的应用	青年	1	武汉工程大学	丁芝侠
面向灵活性行人重识别的评价指标研究	青年	1	武汉科技大学	袁　鑫
基于机器视觉的番茄水肥亏缺和病虫害识别方法研究	青年	1	长江大学	张　磊
智能交通系统中交通流预测问题的关键技术分析及研究	青年	1	武汉科技大学	曹书琴

2023 年，实验室召开了学术委员会会议，对实验室运行情况、研究方向、平台建设、人才队伍建设、科研工作、学术交流工作进行了总结，并对下一步的工作进行了展望和规划。学术委员会专家建议，实验室应进一步提炼研究方向，积极参与国家重点、重大项目的指南编撰和申报，提高科研产出质量。以学校“双一流”学科建设为契机，不断提升实验室基础研究水平和国际影响力，创建人才成长的长效机制，强化研究特色，增强承担国家重点、重大科技项目的能力，形成重大标志性成果。校内依托学校高层次人才培养计划，积极做好人才引培工作，重点开展优青、杰青培育工作。以国家科技创新体系为导向，发挥高校在人才和科学研究方面的特点和优势，通过全方位合作，与企业这一科技创新的主体，共建产学研合作平台。

学术委员会一致认为，2023 年实验室目标定位准确，管理规范，成果显著。

（撰稿：许志伟　审稿：张　凯）

职业危害识别与控制湖北省重点实验室

【**概况**】2023 年，职业危害识别与控制湖北省重点实验室通过有效运行管理，在科学能力提升，师资队伍建设，学术交流等方面取得优异成绩。通过网报和现场答辩2022年成果，省科技厅绩效考核优秀，为历史首次。

【科学能力提升】2023年，获批纵向项目18项，其中国家自然科学基金3项；获批横向项目12项，其中金额大于200万元的2项。发表各类论文97篇，中科院SCI一区论20篇，一区论文占所有SCI论文比例为24.39%。其中在*Chemical Society Reviews*和*Nature Communications*上发表顶级论文各1篇。作为第一完成单位，获2023年度中国金属学会冶金医学奖一等奖和二等奖各1项、三等奖2项，湖北省科学技术进步奖三等奖1项；湖北省高等学校教学成果奖一等奖和三等奖各1项。年度开放基金立项29项，7成项目负责人来自校外。

【师资队伍建设】2023年，平台与武汉市职业病防治院合作建立创新团队，重点攻关新兴特色职业人群队列、职业现场监测和职业健康科普等工作。引进青年师资2名，均来自双一流高校国家杰青团队。2名青年博士破格晋升教授，其中1名入选省青年百人计划；另还有1名博士研究生入选省医学青年拔尖人才计划。

【学术交流】平台协助学校、医学部、公共卫生学院及校外机构，主办湖北-非洲公共卫生与健康专场论坛和第三届营养科技创新大会，签约CACA指南，受邀参加湖北省健康事业管理学术年会和第十四届亚洲营养大会，参加第十一届全国室内环境与健康大会、成立武汉科技大学大健康产业校友会。为迎接武汉科技大学办学125周年暨医学院建院65周年校庆，医学部举办系列学术交流活动，邀请并开展了湖北省卫健委刘家发主任作“健康中国背景下职业卫生发展方向”、北京生命研究所国家杰青曹鹏教授作“大脑启动防御反应的神经基础”、中国医学科学院阜外医院国家杰青王利教授作“人原代心肌细胞：从技术到应用”等多场精品讲座。

【运行管理】2023年，实验室运行良好，各类会议和考核工作稳步组织进行。平台为潜力骨干扩充研究场地，从各种渠道增添实验设备，在重点项目申报上积极指导，对竞争性课题评审择优推荐。实验室和医学分析测试中心大型仪器设备资源共享，使用和维护良好。

（撰稿：郭振中、朱长才　审稿：吴清明）

湖北省中小企业研究中心

【概况】湖北省中小企业研究中心围绕促进湖北中小企业又好又快发展的总体目标，紧扣湖北中小企业发展中的重大理论和现实问题开展科学研究，圆满完成了各项工作任务。在湖北省教育厅基地评估中获得“良好”。

【科学研究】 2023年中心横向项目立项9项，到账经费80.94万元。2023年中心纵向项目立项6项，到账经费17.4万元。2023年的研究成果中，署名有中心的共有24篇期刊论文，其中3篇B刊，19篇C刊。中心研究人员董登新教授和黄涛教授共在报刊文摘上发表13篇。2023年中心形成4份咨政服务报告，中心成果《湖北省中小企业发展环境第三方评估》被湖北省经济和信息化厅批示。

【队伍建设】 中心按照研究方向建立起了6个学术团队：中小企业投融资研究团队、中小企业发展战略研究团队、中小企业政策法规研究团队、中小企业劳动就业与社会保障团队、中小企业创业管理与培训研究团队和中小企业技术进步与创新发展研究团队等。中心主要依托1个二级学科博士学位授权点、1个一级学科硕士学位授权点、6个二级学科硕士学位授权点和3个专业硕士学位授权点，中心固定研究人员达37人次。

【运行管理】 中心在运行过程中，不断完善管理评审制度，从而促进中心规范化发展。一是继续完善科研管理制度，相继制定了《学术委员会章程》《组织领导机构管理办法》《科研项目管理办法》《科研奖励办法》等，重点加强科研进程中的事前、事中和事后考核。二是修订科研成果奖励标准，确定了自己的权威及核心期刊目录，使研究成果鉴定有了量化的标准和明确的依据。三是进一步完善细节和组织服务，规范基地项目两年一轮的申报、评审和结题工作。

中心召开了湖北省中小企业研究中心学术委员会会议，明确中心的工作重点及努力方向，积极开展与政府和企业之间的合作交流，充分发挥高校智库的作用。对中心的建设和发展，认真细致地找问题、寻对策，对中心研究方向的凝练、研究力量的充实与加强、人才培养和开放运行等方面发挥了重要的指导作用。

附录

2023年湖北省中小企业研究中心承担国家级、省部级及主要横向科研项目明细

序号	项目负责人	项目名称	项目类别	项目总到账经费/万元
1	张彦英	2023年湖北企业负担第三方评估	横向	39.9
2	张彦英	标准订单基础信息自动化生成系统	横向	0.24
3	闫明明	城乡环卫一体化项目运营创新研究	横向	20
4	周冶芳	建筑企业“营改增”后纳税筹划咨询服务	横向	9
5	王　哲	锂鑫自动化智能制造规划方案	横向	3
6	周　云	区块链+劳动人事管理实践基地建设（教育部产学研）	横向	0.5

续表

序号	项目负责人	项目名称	项目类别	项目总到账经费/万元
7	张彦英	员工差旅信息及费用管理系统	横向	0.3
8	王　哲	行政管理国家级一流本科专业教师数字素养提升探索（教育部产学研）	横向	2
9	胡荣芳	湖北省泽惠科技发展有限公司工作分析与岗位设计	横向	6
10	黄　涛	淬炼钢铁品格　矢志科技报国——科技领军人物引领学风建设的传承与传播	省部级项目	10
合计				90.94

2023年湖北省中小企业研究中心期刊论文发表数明细

序号	姓名	题　目	刊物名称及发表时间/期数	国内统一期刊号（ISSN/CN）	是否核心
1	潘雅茹	Research on the impact of digital infrastructure on the allocation efficiency of green resources in the service industry	*American Journal of Economics and Sociology*，2023年8月	ISSN 1536-7150	是（B类）
2	陈　春	The Effects of Fintech Development on Financing Constraints of Small and Medium-sized Enterprises—Evidence from China	*Managerial and Decision Economics*，2023（44）	ISSN 0143-6570	是（B类）
3	刘　岚	缔结国际友好城市能否促进内陆及非一线城市的对外贸易	《国际经贸探索》2023（11）	ISSN 1002-0594；CN 44-1302/F	是（B类）
4	潘雅茹	数字经济驱动实体经济质量提升的效应及机制分析	《江汉论坛》2023年8月	ISSN 1003-854X；CN 42-1018/C	是（C类）
5	潘雅茹	基础设施投资结构与经济高质量发展：效率与机制	《山东社会科学》2023年9月	ISSN 1003-4145；CN 37-1053/C	是（C类）
6	王　哲	中小型物流企业科技创新策略研究	《物流科技》2023，46（8）	ISSN 1002-3100	是（C类）
7	陈　春	金融科技对中小企业融资效率的影响研究	《科技与经济》2023，2（36）	ISSN 1003-7691	是（C类）

续表

序号	姓名	题　目	刊物名称及发表时间/期数	国内统一期刊号（ISSN/CN）	是否核心
8	陈　春	“碳中和”目标背景下产业结构升级对策研究——以武汉市为例	《生产力研究》2023（4）	ISSN 1004-2768	是（C类）
9	陈　春	科技创新效率与经济增长——以长江经济带为例	《生产力研究》2022（11）	ISSN 1004-2768	是（C类）
10	尹浩华	我国进口零售跨境电商的海关监管研究	《经营与管理》2023（6）	ISSN 1003-3475；CN 12-1034/F	是（C类）
11	尹浩华	某地自贸区发展现状及对策研究	《中外企业家》2023（31）	ISSN 1000-8772；CN 23-1025/F	是（C类）
12	徐仙明	基于 RCEP 背景下湖北中小企业数字化转型研究	《未来与发展》2023年12月	ISSN 1003-0166；CN 11-1627/G3	是（C类）
13	徐仙明	W市中小企业数字化转型研究	《中外企业家》2023年12月	ISSN 100D-8772；CN 23-1025/F	是（C类）
14	潘雅茹	数字普惠金融与经济高质量发展：理论机制、经验证据及政策选择	《西部经济管理论坛》2023年3月	ISSN 2095-1124；CN 51-1738/F	是（C类）
15	陈　春	数字经济对长江经济带制造业升级的影响分析	《中外企业家》2023年10月	ISSN 1000-8772	是（C类）
16	叶　蓓	Stock Governance and SME R&D Input	*Advances in Economics, Business and Management Research*, 44896	ISSN 2352-5428	
17	程　鹏	世界经济下行对我国钢材进出口贸易的影响	《中外企业家》2023（12）	ISSN 1000-8772；CN 23-1025/F	是（C类）
18	涂庆丰	基于全局熵值法的我国省域数字经济营商环境测度	《经营与管理》2023（12）	ISSN 1003-3475	是（C类）
19	叶　蓓	大股东股权质押与上市公司非效率投资	《生产力研究》2023（6）	CN 14-1145/F	是（C类）
20	张彦英	社会信任对企业数字化转型的影响研究	《北京经济管理职业学院学报》2023（4）	ISSN 2096-1286	是（C类）
21	张彦英	高收入人群个人所得税征管问题研究	《中外企业家》2023（6）	ISSN 1000-8772	是（C类）
22	张彦英	政府购买社区居家养老服务研究	《管理科学与研究》（2）	ISSN 2326-8689	是（C类）

续表

序号	姓名	题 目	刊物名称及发表时间/期数	国内统一期刊号（ISSN/CN）	是否核心
23	叶 蓓	大股东股权质押与公司资本配置效率	《经营与管理》2023（6）	CN 12-1034/F	是（C类）
24	涂庆丰	湖北省县（市）主导功能定位及新型城镇化对策	《当代经济》2023（6）	ISSN 1007-9378	

（撰稿：潘雅茹　审稿：张彦英）

湖北产业政策与管理研究中心

【概况】 湖北产业政策与管理研究中心是在原武汉科技大学产业政策与管理研究所的基础上，整合武汉科技大学校内外专家资源，跨经济、管理、社会三大学科门类组建的湖北省普通高校人文社会科学重点研究基地。研究中心以“关注湖北产业发展，服务湖北经济建设”为宗旨，针对湖北省区域经济和产业发展特征，从产业政策基础理论、产业组织、产业发展环境、技术创新与发展、工程项目开发等方面进行系统研究。

【研究方向】 围绕中心的总体定位，中心进一步凝练方向，凸显特色，主要开展4个研究方向的相关基础研究、应用研究和决策咨询工作。目标是打造湖北产业政策与管理研究全领域的高端人才集聚洼地和区域发展智库高地，成为省内一流、国内先进并具有一定国际知名度的学术研究和政策咨询中心。

研究方向一：科教创新与人才开发研究团队。

该团队以服务国家和湖北省科教创新为导向，密切关注科教创新的体制机制与发展态势，聚焦研究科教创新的政策框架与管理体制、产学研协同与科教创新优势的转化路径、科教创新人才培养与开发的实践模式、科教创新人才优势对接产业创新优势的耦合机理、科教创新服务地方发展的绩效评价等问题。力求为湖北省的科教创新、人才开发与高质量发展提供智力支持，促进湖北省将独特的科教、人才优势进一步转化为发展优势。

研究方向二：产业创新与高质量发展研究团队。

该团队以服务国家制造强国战略为导向，密切跟踪湖北战略性制造业高质量创新发展态势，围绕科技创新链与产业链脱节难题，深入解析科技与产业融合协同创新机理和运行机制，聚焦研究产业组织技术创新能力演化规律、颠覆性和突破性创新能力提升的技术创新体系、产业高质量创新实践模式、产业链现代化水平提升实践路径、区域产业高端化发展推进对策等问题。力求为湖北省科技强省、制造强省战略实现提供智力支持，促进湖北省将科技资源优势转化为产业发展优势。

研究方向三：资本运营与产业投资研究团队。

该团队以服务国家和湖北省产业发展战略为导向，密切跟踪现代产业（尤其是湖北省优先发展的十大重点产业）发展态势，聚焦研究相关产业的投资特点和时空分布规律、融资行为和融资结构优化、资本运营和风险管控、财权配置和财务治理、财政和金融支持等方面的问题，力求为促进长江经济带（尤其是湖北省）产业高质量发展提供财务和金融方面的高端智力支持。

研究方向四：工程建设与房地产研究团队。

该团队以服务国家和湖北省重大工程建设管理和房地产发展为导向，密切跟踪南水北调、三峡工程、武汉地铁等重大工程项目建设全过程和房地产行业发展态势，聚焦研究重大工程的全生命周期风险管理、信息化管理、社会责任和多元治理，住房和房地产市场平稳健康发展等方面的问题，实现工程管理理论研究与复杂工程建设实践的深度结合与高度统一，力求为促进长江经济带（尤其是湖北省）社会经济高质量发展提供复杂工程管理技术支持和复合型高级工程管理人才。

【科学研究】2023 年，研究中心圆满完成各项工作任务。

在科学研究方面，研究中心积极支持研究人员进行产业政策与管理理论前沿的基础研究，支持中心研究人员进行纵向课题的申报工作。中心成员获批国家级项目 2 项，获批省部级项目 3 项。到账经费 66.83 万元。

在服务地方，促进产学研合作方面，研究中心努力搭建企业与高校之间的沟通平台，研究人员积极参与解决企业实际问题，合作课题 17 项，到账金额 221 万元。

在科研论文/著作发表方面，中心研究人员公开发表论文 59 篇，其中发表在 A 级期刊论文数 7 篇，B 级期刊 7 篇，C 级期刊 36 篇，出版学术专著 2 部。

在科研获奖方面，研究中心人员获得各类奖项 8 项，其中，教学成果一等奖 1 项，教学成果二等奖 1 项，省社科三等奖 1 项，湖北发展研究奖三等奖 1 项。

【资政服务】2023 年，研究中心人员积极参与省市地方政府决策部门咨询和服务工作，获得省级批示 5 篇，市级批示 3 篇。

（撰稿：余　斌　审稿：李永周）

湖北非营利组织研究中心

【概况】2023 年，湖北非营利组织研究中心继续保持其作为湖北省重点人文社会科学研究基地的地位，充分发挥科研机构和地方智库的双重作用。中心围绕社会组织与社会治理，坚持“顶天立地”的研究思路，一方面深入理论研究，特别是本土经验的总结与开发，另一方面通过参与式研究和问题探讨，积极影响湖北省公共政策和社会体制改革，以及 NPO 的社会实践。中心为政府、社会组织及相关团体提供了决策研究、咨询服务、战略规划以及人才培训等多领域服务。2023 年，中心在科研奖励、项目承担、学术出版和社会服务等方面均取得了显著成就。

【科学研究】2023 年，中心获批各类科研项目共计 17 项，科研到账总经费达 276. 25 万元。其中，纵向项目 9 项，累计到账科研经费 72. 6 万元，包括国家社科基金重大项目 1 项；横向项目 8 项，到账经费 71. 25 万元。中心人员出版学术著作 3 部，发表论文 33 篇，其中 A 类论文 1 篇，C 类论文 32 篇，报刊文摘类达 5 篇。社会服务成果显著，成果获奖 5 项，咨政服务类 7 项，科研实力和影响力持续提升。

【队伍建设】中心高度重视学术队伍建设和人才培养，形成了 5 个研究方向，包括基金会研究、社区研究、组织理论研究、慈善研究、音乐治疗学等。2023 年，中心引进高层次人才 2 人，进一步强化了学术团队的建设。中心的研究人员结构合理，具有博士学位或硕士研究生学历的研究员 35 名，形成了一支具有高质量人才队伍和相对稳定的科研队伍。

【合作交流】2023 年，中心主办了多次国内外学术会议，包括菡萏花开校级公益创投大赛、湖北省公益慈善组织“楚才计划”培训和第二届湖北省公益慈善事业发展论坛等。通过这些活动，中心邀请了众多公益领域的专家进行交流学习，加强了与国内外同行的合作与交流，提升了中心的学术影响力。

【运行管理】中心严格遵循教育部与湖北省的相关文件，配合学校的制度文件，规范管理。中心的日常管理与服务开展全面评价，确保了基地建设团队以及基地建设办公室等组织机构、配备的管理人员的高效运转。

【总结】2023 年，湖北非营利组织研究中心在科学研究、队伍建设、合作交流和运行管理等方面均取得了丰硕成果。中心将继续秉承“顶天立地”的研究思路，为湖北省乃至全国的社会组织与社会治理研究贡献力量，为推动社会进步和公共政策的完善提供坚实的学术支撑。

（撰稿：韩　丽　审稿：李　莉）

湖北意识形态建设研究院

【概况】 湖北意识形态建设研究院成立于2018年5月，时任湖北省委宣传部副部长，现任湖北省人大教科文卫委员会副主任喻立平亲临成立大会揭牌、颁发聘书。研究院系中共湖北省委宣传部直接领导、武汉科技大学为建设主体的省级智库，挂靠武汉科技大学马克思主义学院。研究院是全国第一家以“意识形态”冠名的省级研究机构，也是湖北省第二批增设的唯一省级新型智库，为湖北省第11个新型智库。近年来，研究院坚持开放办院，立足湖北、面向全国，聚焦意识形态建设重大理论和实践问题，在加强理论研究的同时，积极为中央部委、省委、省政府和相关部门提供高质量、高水平决策咨询服务，百余篇咨询报告得到上级采纳和领导批示。

【科学研究】 2023年，湖北意识形态建设研究院在省委宣传部直接领导和武汉科技大学的大力支持下，继续聚焦意识形态领域重大理论和实践问题，取得了一批高质量、高水平的智库成果。2023年，研究院团队成员共获批20余项课题，公开发表学术论文10余篇，出版著作4部。决策咨询报告、成果采纳43篇，其中提交中宣部采纳2篇，省委宣传部采纳28篇，省社科联采纳9篇。主办全国性学术会议4场，举办学术讲座10余场。全年开展各类宣讲活动100余场，覆盖群体30000人次。研究院作为湖北省委宣传部意识形态研判联席单位，常态化参与舆情研判，每周报送舆情信息，不定期呈送咨询报告。

【队伍建设】 研究院由武汉大学资深教授梅荣政担任学术委员会主任，著名历史学家和意识形态理论家，中国社会科学院吴恩远研究员为湖北意识形态建设研究院首席顾问，唐忠义教授任院长，研究团队有校内校外专家、政府相关部门和校内专职研究人员共40余人，外聘兼职研究员60余人。研究院设置顾问委员会、学术委员会、专家委员会及行政办公机构。近年，研究院根据省委省政府需求，结合院内教师的学术积累，进一步细化、凝练研究方向，确定五大研究方向：一是意识形态基础理论研究，包括对马克思主义、西方马克思主义和中国特色意识形态理论的研究；二是意识形态建设研究，包括思想理论建设、阵地建设、体制机制和工作方法的研究；三是意识形态管理研究，包括意识形态工作责任制、相关条例的研究、意识形态治理体系的研究、风险防范及治理的研究；四是意识形态安全研究，包括高校领域、民族宗教领域、文艺领域和哲学社会科学领域的意识形态安全；五是网络意识形态安全，包括网络舆情研判和网络传播领域意识形态安全等。院内研究人员均承担了教学工作。在研究生培养方面，研究院结合挂靠单位硕士研究生培养工作，马克思主义理论和哲学专业研究生“约”“多”语义重复，二者删其一人次参与社会调查和文稿撰写，2023 年有 67 人顺利获得了硕士学位，多人进入国有大型企事业单位党政业务重要部门工作。

【合作交流】研究院继续发挥专业优势，深入基层，进行调研和宣讲活动。以唐忠义院长为首的武汉科技大学宣讲团队，深入省市机关、大型国企、高等学校和仙桃、蔡甸等地等，围绕学习贯彻习近平新时代中国特色社会主义思想主题教育，开展党的二十大精神宣讲和意识形态安全讲座等百余场次，线上线下参会听众超过 3 万人，授课效果得到省委宣传部、省委讲师团和所到单位的高度评价。本年度，研究院围绕重点议题，采取线上线下相结合的方式主办了 4 场大型学术会议和 10 余场专题学术讲座。成功主办第五届全国人民英雄研究论坛暨人民英雄与中国式现代化学术研讨会、“创新实践与科技现代化”学术论坛、第二届高质量党建工程研讨会暨首届高校马克思主义学院书记论坛、第八届君子文化论坛等学术研讨会。邀请喻立平、邓为、汪信砚、王雨辰、田卫平、陈文杰、孔小龙等专家、学者、主编作专题讲座，促进学术交流。

【运行管理】研究院聘请梅荣政（武大）教授担任学术委员会主任，文大稷教授任学术委员会副主任；唐忠义教授任院长，杨军教授、吴东华教授、郭明飞教授任副院长，刘勇教授任执行副院长。研究院设置顾问委员会、学术委员会、专家委员会及行政办公机构，下设意识形态基础理论研究中心、意识形态建设研究中心、意识形态管理研究中心、意识形态安全研究中心、网络意识形态安全中心。研究院重视图书资料建设发展，为下属研究所和所有研究人员配备电脑和书柜、文件柜等办公家具，投入 1 万余元购买意识形态研究相关资料和接入知网研学平台。经费使用严格按照设立机构和主管机构的各项规定进行集中管理，支出按照《武汉科技大学纵向科研项目经费管理办法》执行，均统一由研究院院长签批，武汉科技大学财务处进行票据审核后报销或支付。

（撰稿：焦　敏　审稿：唐忠义）

湖北省先进钢铁材料短流程制造工程技术研究中心

【概况】中心立足湖北钢铁产业，以先进钢铁材料短流程制造为导向，旨在解决短流程工艺条件下先进钢铁材料成型过程控制及模拟仿真、组织与性能调控、工程应用等突出问题，推动我国钢铁工业的转型升级及绿色制造。工程中心主任为杨庚蔚教授。拥有固定人员 30 人。其中，中国工程院院士 1 人，“国家卓越工程师” 1 人，楚天学子 3 人，湖北省杰青、湖北省青年拔尖人才 1 人。本中心现有设备总价值 1405.91 万元，2023 年累计服务机时数 10833 小时。

【科学研究】 2023 年，中心取得了丰硕的科研成果。获批国家自然科学基金青年项目 1 项，湖北省自然科学基金杰出青年项目 1 项、青年项目 1 项，博士后科学基金 1 项，横向项目 16 项，其中金额大于 500 万元的横向项目 1 项。目前，中心在研国家级研究项目 12 项，省部级 9 项，厅局级 1 项，横向项目 54 项，合计 76 项。在研项目获批总经费数为 3583.0662 万元，本年度到账经费 692.6974 万元。其中，纵向项目到账经费 296.39 万元，横向项目到账经费 396.3074 万元。本年度中心授权发明专利 6 项。

杨庚蔚教授“残余元素对薄板坯连铸连轧高强钢强塑化的作用机制”获批湖北省自然科学基金杰出青年基金，孟庆润高级工程师横向课题“低应力焊丝的熔化及熔滴过渡特征计算分析研究”获批经费 501.105 万元。

2023 年度，中心荣获省部级科技奖励三项。其中丁文红教授以第一获奖人获批冶金科学技术奖二等奖，中冶集团科学技术奖一等奖各 1 项。杨庚蔚教授作为参与人获批冶金科学技术奖一等奖 1 项。

【队伍建设】 中心高度重视学术队伍建设及人才培养工作。2023 年，丁文红教授获得我国工程师领域的最高荣誉——“国家卓越工程师”称号，这是湖北高校教师首次获得此项荣誉。杨庚蔚教授入选“湖北省青年拔尖人才”计划。田俊羽讲师获批“楚天学子”。“先进钢铁材料组织与性能调控技术研究”方向引进韩汝洋博士后 1 人。同时，工程中心 2023 年新增博士研究生 5 人，硕士研究生 33 人。

【合作交流】 中心积极开展对外合作交流，派出专家深入企事业单位进行讲学 5 人次；派出刘儒佳和吕万青前往钢铁研究总院进行联合培养；张资政和陈杰往上海交通大学进行联合培养。此外，中心研究人员经常深入企业开展实地调研，进行科研攻关，加快科研成果转化，实现产学研的有机结合。

【运行管理】 工程技术研究中心实行技术委员会与管理委员会领导下的主任负责制。年内，中心不断完善管理制度，积极促进中心规范化运行与发展。通过召开主任工作会议和项目组首席专家会议，完成了工程中心运行情况分析及工程中心学术交流活动的开展等。

（撰稿：许德明　审稿：杨庚蔚）

高性能工程结构研究院

【概况】研究院贯彻湖北省建设全国构建新发展格局先行区发展战略，瞄准湖北省内及“一带一路”沿线工程结构“高安全性能、高使用性能、高施工性能、高环保性能、高维护性能、高耐久性能、高抗灾性能”的需求，研究影响高性能工程结构发展面临的核心课题。在关注工程结构动力灾变及损伤机理、高性能和可再生工程结构材料特性的基础上，开发具有自主知识产权的高性能工程结构相关的损伤控制与评估、功能修复技术，构建适应可持续社会发展需要的高性能工程结构技术体系。

2023年，研究院牵头获省部级奖项1项，组织申报省部级奖项1项；引进香涛青年人才1人，申报产业教授1人；新增省部级课题6项，成果转化3项，发表A级学术论文29篇。

【平台建设】2023年，在学校领导和各职能部门领导的关心、支持和指导下，以高性能工程结构研究院为基础，申报低碳建材与先进结构湖北省重点实验室，已完成申报准备工作。

【科学研究】2023年，研究院新增纵向课题26项，其中省自然科学基金项目2项，企业牵头的重点研发计划项目1项、武汉市知识创新专项项目曙光计划项目1项、湖北省教育厅社会科学研究项目3项；到账经费149.94万元。新增横向课题26项，合同金额921.63万元，其中合同金额300万以上项目1项；到账经费569.69万元。成果转化3项，合同金额140万元。

2023年，由许成祥教授主持、杨婴教授、李成玉教授、朱红兵教授参加的“钢—混凝土组合结构地震损伤评价及性能提升关键技术”项目获湖北省科学技术进步奖三等奖，廖国胜副教授主持的“高性能膏状瓷砖背胶制备关键技术及应用”项目申报湖北省技术发明奖。

2023年，研究院发表学术论文81篇，其中A类论文28篇。

【队伍建设】2023年，研究院现有研究人员22人，其中教授10人，湖北省有突出贡献中青年专家1人，楚天学子2人。

2023年，推荐申报获批湖北省产业教授1人；推荐申报楚天学子2人，引进香涛青年百人计划引进人选1人；季斌入选2023年度斯坦福全球前2%顶尖科学家榜单；季斌破格晋升教授职称，彭胜晋升副教授职称；李成玉、唐红、季斌3位老师获批博士研究生指导教师资格。

2023年，研究院毕业研究生78人，招收博士研究生1人、硕士研究生89人。

【合作交流】2023年，作为CHINA

ROCK 2023 第二十次中国岩石力学与工程学术年会的承办单位之一，并主办了武汉科技大学分会场的学术会议。邀请同济大学、清华大学土木工程“双一流”学科高校知名学者 2 人作学术报告 2 次，武汉大学、湖南大学、南开大学、哈尔滨工业大学、重庆大学、中交二航院等 985、双一流建设高校及行业顶级专家作学术报告 9 次。派出 12 位老师参加国际国内学术会议，作大会报告 2 次，小组学术报告 7 次。

【运行管理】研究院采取院长负责制，由许成祥教授兼任研究院院长，朱红兵教授兼任研究院常务副院长，李成玉教授任研究院副院长。设置院长委员会、咨询委员会、实验平台管理委员会、科研成果推广委员会等机构发挥日常管理、学术咨询、科研平台建设、成果推广等职能。

2023 年，研究院召开工作会议 4 次，组织学术研讨 8 次，邀请专家学术报告 11 次，各项工作均有序正常开展。

（撰稿：李成玉　审稿：朱红兵）

海洋工程材料及服役安全湖北省工程技术中心

（先进钢铁材料湖北省中试研究基地）

【概况】2023 年，中心圆满完成了各项工作任务，到账总经费超过 1000 万元，发表论文 44 篇，授权国家发明专利 4 项，获得湖北省科学技术进步奖一等奖 1 项。

【科学研究】2023 中心纵向到账金额 174 万元；校企合作横向课题到账 866 万元，本年度到账总经费超过 1000 万元，人均到账经费超过 50 万元。中心主导申报并获得湖北省科学技术进步奖一等奖 1 项。获得授权发明专利 4 项。发表学术论文 44 篇，其中 SCI 收录 31 篇，中科院一区 16 篇。

【队伍建设】为了培养具有国际视野的人才，“中心”在重点领域支持派遣访问学者到该领域具有较高的研究水平进行访学，以期提高个人科研实力，拓展国际视野，并能够带动中心学术进展，活跃中心学术氛围，同时能够为中心和学校汲取先进的管理经验，开创国际合作新局面。“中心”人员邱耀入选湖北省青年百人计划，并派出至澳大利亚迪肯大学访学；彭志贤派出至日本国立材料研究所访学。

【合作交流】为了积极宣传中心工作，中心人员参加国内外学术交流 17 人次；刘静教授分别在第九届全国有色金属结构材料制备/加工及应用技术交流会和第二届中国腐蚀控制技术与产业发展论坛作大会特邀报告；黄峰教授分别在第十二届中国腐蚀与防护学会和第二届腐蚀控制技术与产业发展论坛作邀请报告。

【运行管理】本年度加强了运行管理，

中心主任、副主任定期/不定期开会研究工作：包括中心学术委员会会议的筹备，运行情况分析及学术交流活动的开展等。进一步完善大型仪器开放，运行、测试服务收费、效益评估考核及奖惩等管理办法。

（撰稿：胡　骞　审稿：黄　峰）

湖北省智能爆破工程技术研究中心

【概况】 湖北省智能爆破工程技术研究中心是由湖北省科技厅2019年2月12日下文批准认定的省级工程技术研究中心。研究中心主要依托武汉科技大学力学学科和安全科学与工程学科，注重新一代信息技术与爆破行业的深度融合，以解决国内急需为目标，以爆破作业数字化、智能化为导向，以承担并完成重大产业化项目为载体，结合湖北经济建设发展规划，与宝武钢铁集团公司、武汉爆破有限公司、湖北凯龙化工股份有限公司、湖北皓昇爆破工程有限公司等爆破器材生产及应用单位开展深度合作，引进及培养高素质专业技术人才。实现爆破器材应用和爆破作业数字化、智能化，延伸产业链、优化产业结构，推进爆破行业转型升级。实验室现已形成爆破安全智能管控技术研究、智能爆破数值计算研究、材料抗爆性能研究、工程应用技术研究四个相对稳定且特色鲜明的研究方向。

【科学研究】 2023年，中心新获批1项国家自然科学基金青年项目，在研湖北省重点研发计划项目1项，重点实验室开放基金2项。2023年，与企事业单位签订横向项目10余项，纵向课题经费到账73万元，横向课题经费到账185万元。2023年发表三大检索论文20余篇，其中SCI收录11篇，EI收录1篇，出版教材2部。2023年以第一完成单位获中国爆破行业协会技术发明奖一等奖1项，作为参与单位荣获科学技术进步特等奖1项。武汉科技大学智能爆破技术科普基地新获批1项科普项目，以“爆破科普”微信公众号为载体，积极开展智能爆破技术科普活动，促进了爆破知识的普及传播。

【队伍建设】 工程技术研究中心的技术团队由武汉科技大学理学院人员组成，固定人员38人。其中，中国工程院院士1人，具有正高级职称16人，副高级职称17人，中级职称4人，博士后2人。组成了一支知识层次、年龄结构合理，研究方向特色突出，高水平的创新团队。该工程中心十分注重优秀人才的引进。通过引进优秀的专业人员可以为中心注入新鲜血液，保障平台可持续健康发展。

【合作交流】 中心充分运用“开放、交流、联合、竞争”的运行机制，经常与知名高校、研究机构和企业合作交流。参加了工程爆破专业委员会学术交流会等行业内的科技交流，与葛洲坝集团易普力公司和中国中铁广州工程局等企业进行了项目论证和技术交流。中心的教师积极担任国内外重要期刊编委及行业协会任职。中心还鼓励老师出去参加各种学术交流活动，并定期组织老师和学生开展讨论班，积极开展智能爆破技术科普活动。

【运行管理】中心设立了学术委员会，成员由工程爆破相关领域专家组成。学术委员会主要负责中心的发展目标、研究任务、研究方向以及成果应用实施等方面的咨询。委员会名单具体如下表所示。研究中心设主任1人，副主任1人，秘书1人。主任全面负责中心的业务与行政工作，副主任协助主任工作。中心定期召开中心工作会议和项目组首席专家会议，定期召开安全检查会议；制定政策以稳定工程研究中心的固定技术队伍及促进科研人员的流动和技术的相互渗透，努力吸收和培养高层次技术研究人员，保持工程研究中心科研人员队伍合理结构；工程研究中心主任在学术委员会的指导下确定研究方向及审定研究项目，负责科研项目的组织管理，落实科研计划的实施和经费的管理使用。

（撰稿：李琳娜　审稿：钟东望）

湖北省冶金二次资源工程技术研究中心

【概况】2023年，工程中心圆满完成了各项工作任务，获得省部级以上科技奖励2项；2023年度纵向课题新立项17项，新立项横向项目33项，合同额突破2900万元，到账经费2287万元；授权国家发明专利4项。工程中心的科研实力和影响力逐步提升。

【科学研究】中心围绕冶金二次能源的高效回收、冶金固体废弃物的绿色增值、废旧金属的再生利用等绿色低碳冶金共性、关键技术，开展技术研发、产业化和人才培养。2023年获批国家级纵向科研项目5项（基金重点项目1项，面上项目2项和青年基金2项，科技部中非伙伴研究所交流项目1项，高端外国专家引进计划项目1项），湖北省国际合作、JD计划、省基金、武汉市重大专项等12项，发表科研论文86篇（SCI论文42篇），出版专著2本，授权国家发明专利4项；获得省部级及以上奖励2项，其中山西省科学技术进步奖一等奖1项、湖北省科学技术进步奖三等奖1项。

【队伍建设】工程中心高度重视学术队伍建设及人才培养工作，引进郑顶立、陈绪亨、胡晓明等青年教师，其中胡晓明博士申报并获得了中国博士后科学基金的项目支持。王炜获得荆楚好老师、楚天名师称号，马国军被评为中国科协海智计划特聘专家，胡晓明获得全国博后创新创业银奖。

【合作交流】 实验室始终坚持以“开放、联合、流动、竞争”为宗旨，扩大实验室对国际、国内及省内的学术交流与合作，实现全方位开放；同时，加大投入，建立健全内部规章制度，努力建设成为本领域国家及地方公共研究平台。2023 年度，中心协助承办了“第九届全国有色金属结构材料制备/加工及应用技术交流会暨 2023 中国结构材料大会”“2023 年全国炼钢—连铸生产技术会”“2023 国际产学研用合作会议（湖北）武汉科技大学‘先进材料与绿色制造新技术’分论坛”、2023 年度“博聚楚天·共话荆彩”湖北省博士后“‘51020’背景下的绿色冶金与先进材料”学术交流活动、“2023 年低碳智能炼铁学术会暨《炼铁》编委会工作会”以及“2023 年全国电磁冶金与强磁场材料制备技术研讨会”。同时，参加“2023 年（第二十四届）全国炼钢学术会议”“2023 年全国高炉炼铁学术年会”“2023 年中国钢铁年会”等国内学术会议并作特邀报告。本年度中心邀请韩国浦项科技大学 Jung-Wook Cho 教授、瑞典皇家工学院杜嗣琛教授等国内外专家作了 27 人次的学术报告。与宝武集团环境资源科技有限公司、湖北华鑫钢铁、新疆众和股份有限公司等企业开展冶金资源综合利用专题合作交流会，与宝钢、武钢、涟钢、新冶钢、山西建龙、晋南钢铁、阳春钢铁等钢铁企业开展技术服务，创造了良好的经济效益。

【运行管理】 本年度工程中心加强了运行管理，中心仪器设备完好率高于 98%，工程中心主任、副主任定期/不定期开会研究工作：包括工程中心技术委员会的筹备，工程中心运行情况分析及工程中心学术交流活动的开展等。

（撰稿：王　宝　审稿：马国军）

国际钢铁研究院

（高性能钢铁材料及其应用省部共建协同创新中心）

【概况】 国际钢铁研究院是为适应国内钢铁产业发展，立足我国，面向世界的技术发展趋势而建立的一个产、学、研三位一体的研发机构。研究院的研究领域为钢铁材料与钢铁工艺。以高层次研究生教育和高级应用型人才培养为根本，以钢铁制造领域的共性问题为研究对象，既重视基础性和前瞻性研究，又重视产品和产业开发与产品应用，推进产学研用结合，加快科技成果转化，服务于企业与行业的发展，建设成为钢铁材料与工艺技术的专门科教平台。

高性能钢铁材料及其应用省部共建协同创新中心以国家和湖北区域的钢铁—汽车—桥梁—船舶—海工—装备产业的重大需求为导向，以突破高品质钢铁材料的设计、制造、成形与应用性能为科技创新目标，组建了“先进短流程工艺与低成本高性能钢”“海洋工程用钢及其应用性能”等8个研究团队，高层次人才培养与聚集成效显著。

【基地建设】 2023年中心组织专家教授深入宝武集团、大冶特钢、武汉重工铸锻、广西北港新材料、南钢、湘钢、涟钢、衡阳钢管等钢铁相关企业开展了技术交流，与武汉、黄石、咸宁、日照、北海等钢铁企业开展技术合作，促进和推动了高性能钢铁材料的开发。

依托国际钢铁研究院建设的“海洋工程用钢及其应用性能学科创新引智基地（‘111基地’）”顺利通过教育部和科技部审核评估，进入下一轮建设周期。

2023年10月29—30日中心召开了2023年先进钢铁材料研讨会暨第十八届研究生学术论坛。

【科学研究】 积极推动学校与武汉重工铸锻有限责任公司签订全面战略合作框架协议。2023年学校作为共建单位，依托武汉重工铸锻有限责任公司获批省级工程中心（舰船先进材料研发与应用湖北省工程研究中心）1个。高强韧易焊接耐腐蚀浮式风电装备用钢的研发与应用获得“山东省冶金科技进步奖三等奖”（山东钢铁集团日照有限公司、武汉科技大学共同完成）。2023年申请了荷兰技术发明专利3项、中国技术发明专利22项；2023年授权中国技术发明专利8项，荷兰技术发明专利3项。

2023年获批纵向项目4项，包括国家重点研发计划青年科学家项目1项（赵天亮），国家自然科学基金青年基金项目1项（余锐）；湖北省自然科学基金联合基金1项（胡丞杨），湖北省“JD”技术攻关工程项目1项，总经费1018万元，年度到账经费346万元；获批企业横向项目4项，总经费863.8万元，年度到账经费256.8万元。

【人才引进与培养】 2023年国家重要人才计划入选者，特聘教授瓦西里·逸夫列门科已经签订合同到岗工作。1人获得自然科学研究系列副高职称（赵天亮）。

2023年招收国际博士留学生2人。2023年招收硕士研究生29人，目前全日制在籍硕士研究生共计83人、在校国际留学生4人。2023年毕业硕士研究生30人，其中3人继续攻读博士学位，即陈晓庆被东北大学冶金学院录取、宫鹏威被同济大学物理科学与工程学院录取、张晓琳被武汉大学物理科学与技术学院录取。

【国际交流与合作】 2023年接待了乌克兰、斯洛伐克、蒙古国、加蓬、俄罗斯等国家的专家学者来校进行学术交流和访问。与乌克兰普利阿佐夫斯基国立技术大学、斯洛伐克国家科学院材料研究所、加蓬共和国矿业与地质部签订了合作协议。

（撰稿：马青春　审稿：吴开明）

绿色制造与节能减排科技研究中心

【概况】武汉科技大学绿色制造与节能减排科技研究中心是2008年成立的直属二级科研机构，是国内首批成立的绿色制造专门研究机构之一。

绿色制造与节能减排科技研究中心旨在围绕国家节能减排战略目标，以绿色制造与节能减排技术为支撑，依托武汉科技大学耐火材料与高温陶瓷国家重点实验室培育基地、冶金装备及控制湖北省重点实验室、煤转化与新型炭材料湖北省重点实验室等实验室和科研机构，集中整合学校钢铁冶金、材料、机械、化工、控制、医学等学科优势学科力量，开展资源综合利用及新能源、材料研究与开发利用、环境控制管理、绿色制造理论及技术、卫生健康与公共安全等研究领域的人才培养、队伍建设、国家重大项目组织申报等工作。

2023年，绿色制造与节能减排科技研究中心研究院现有专职研究人员12人，教授（博导）4人，副高级职称6人，中级职称1人，在站博士后1人。其中，湖北省新世纪高层次人才工程第一、二层次人选/享受湖北省政府专家津贴1人，武汉市黄鹤英才计划1人。

绿色制造与节能减排科技研究中心依托机械自动化学院、化学与化工学院和资源与环境工程学院等，在绿色新材料制备与应用、绿色制造装备与工艺、冶金固废资源化利用、污染控制和减碳技术，拥有4支稳定的科研团队，其中湖北省高等学院优秀中青年科技创新团队1支，“十三五”机械工业优秀创新团队一个。

【党建与党风廉政建设】按照学校统一部署，积极交纳党费，按时组织开展集中学习，召开“三会一课”“支部主题党日”，组织生活会、民主评议党员等活动，各项活动记录完善规范，推进了“两学一做”学习教育常态化制度化，基层党组织建设和党建专项工作等落到实处。

绿色制造与节能减排科技研究中心坚持重大项目、重要事项决策程序规范，决策信息公开。与学校和领导班子签订了党风廉政建设责任书，主要负责人全年约谈班子成员和工作人员20人次；梳理本单位廉政风险点4项，并制定了相应的防控措施；严格执行公务接待、公务用车相关规定，全年无违纪违法等问题，为改进团队团结务实的工作作风，提高成员工作的积极性提供了保障。

【科研工作与人才引进培养】绿色制造与节能减排科技研究中心2023年度新立项国家自然科学基金面上项目1项；湖北省重大专项项目1项；湖北省重点研发计划项目2项；市重点研发计划1项；国

防部合作科研项目 1 项；教育部合作科研项目 1 项；企业合作项目 5 项；校友捐赠立项项目 2 项。

绿色制造与节能减排科技研究中心 2023 年度培养博士研究生 1 人、硕士研究生 10 余人。

附录

2023 年绿色制造与节能减排科技研究中心承担科研项目一览表

状态	序号	项目类别	项目名称	经费/万元	负责人
2023 年立项	1	国家自然科学基金面上项目	面向固有能效损失抑制的机电装备全工作域节能运维理	50	张　华
	2	湖北省重大专项项目	装备制造业能源/碳精益核算与绿色智慧综合管控关键技术研究	500	张　华
	3	湖北省重点研发计划	离散制造车间能耗_碳排放诊断与优化提升关键技	50	马　峰
	4	湖北省重点研发计划	超细硅粉添加剂制备关键技术研究	50	胡　雅
	5	襄阳市重点研发计划	数控加工中心能源状态监测系统研究与应用	20	马　峰
	6	国防部合作科研项目	某型装备复杂故障智能诊断技术研究	14.6	朱　硕
	7	教育部合作科研项目	复杂扰动下定制化制造车间低碳优化调度方法	5	朱　硕
	8	企业合作横向课题	巴斯夫现有半无机半有机无铬无取向电工钢绝缘涂料性能评估及优化其铁损耗和饱和磁感应性能	35	伍　林
	9	企业合作横向课题	重型车辆前伸梁绿色铸造成型工艺设计与低碳生产管控技术	40	朱　硕
	10	企业合作横向课题	挤压铸造工艺参数智能设计技术	40	江志刚
	11	企业合作横向课题	湖北省经济和信息化厅第四批科技副总	5	马　峰
	12	企业合作横向课题	江苏省科技厅科技副总	5	姜懿珊
	13	校友会捐赠项目	应用化学研发团队	20	伍　林
	14	校友会捐赠项目	智慧城市节能技术研发团队	10	姜懿珊

续表

状态	序号	项目类别	项目名称	经费/万元	负责人
在研	1	国家自然科学基金面上项目	基于多属性寿命定制的废旧机电产品智能再升级设计理论与方法研究	58	江志刚
	2	国家自然科学基金面上项目	面向任务空间的并联机构自动建模与尺度参数优化研究	56	邵　华
	3	国家自然科学基金	机械加工制造系统固有能效属性及其优化创建方法研究	60	张　华
	4	国家自然科学基金	基于再制造域空间的废旧机械装备多目标优化再设计理论与方法研究	62	江志刚
	5	国家自然科学基金	碳催化腐蚀制备有序硅微纳米结构中纳米碳的成膜行为及碳催化腐蚀机制研究	25	胡　雅
	6	国家自然科学基金	扰动环境下机械车间任务低碳配置机制多尺度解析与协同调控	25	朱　硕
	7	国家自然科学基金	多源离/在线能耗数据混合驱动的数控加工系统能效集成优化	60	鄢　威
	8	国家重点研发计划子课题	焊接工艺资源环境负荷数据采集与环境影响评价	17.8	张　华
	9	国家重点专项	有色冶金大气多污染物全过程控制耦合技术与示范	4.5	向晓东
	10	国家重点实验室开放课题	钢铁行业 PAHs 的排放特征及环境健康风险评价	10	姜懿珊
	11	湖北省重点研发计划	取向硅钢无铬绝缘涂层的制备及性能研究	50	伍　林
	12	湖北省重点研发计划项目	新型石墨烯水性金属防腐涂料的研究与开发	50	伍　林 胡　雅
	13	工信部绿色制造系统集成	高效固体运载火箭绿色设计平台建设	48	江志刚
	14	工信部绿色制造系统集成	基于全生命周期的工程机械绿色供应链平台建设与应用示范	50	江志刚
	15	国防预研项目	用于舰艇控制面板腐蚀抗指纹的石墨烯改性涂料开发	2	胡　雅
	16	省教育厅青年人才项目	机械制造系统多分辨率实体动态碳效率模型及其优化方法研究	2	朱　硕

续表

状态	序号	项目类别	项目名称	经费/万元	负责人
在研	17	博后科学基金	数据与规则驱动的再制造加工车间动态运行建模及优化	5	朱　硕
	18	重点实验室开放基金	功能煤基碳点制备及其光热协同催化降解染料废水中罗丹明 B 的研究	1	胡　雅
	19	大学生创新创业训练计划	超级电容器用石墨烯复合材料制备及电化学性能研究	0.8	胡　雅
	20	大学生创新创业训练计划	无铬耐蚀高磁感硅钢环保涂层的开发	0.8	伍　林
	21	化学与化工学院青年教师国自然项目孵化基金	非金属碳催化刻蚀制备 3D 硅微纳米阵列结构的研究	1.5	胡　雅
	22	横向课题	新型石墨烯水性防腐涂料开发	200	伍　林
	23	横向课题	加热烟高频电磁感应发热体用软磁合金材料开发	52.6	伍　林 胡　雅
	24	横向课题	石墨烯改性聚氨酯水性防腐涂料制备与应用	50	伍　林 胡　雅
	25	横向课题	新型硅钢水性无机绝缘涂料助剂的开发	10	伍　林
	26	横向课题	尾矿渣分析下的尾矿库资源化利用	10	姜懿珊 张　华 伍　林
	27	横向课题	自动化激光清洗装备集成控制系统开发	200	邵　华
	28	横向课题	新型取向硅钢绝缘涂层液的开发	78	伍　林
	29	横向课题	武科大-小太阳智能童车联合研发中心	10	江志刚
	30	横向课题	改性酚醛树脂制备石墨烯的实验室研究和中试装置设计	100	伍　林
	31	横向课题	新型取向硅钢绝缘涂层液的开发	78	伍　林
	32	横向课题	无铬钝化液水性树脂的开发	200	伍　林
	33	横向课题	新型石墨烯水性防腐涂料开发	200	伍　林
	34	横向课题	高能量密度硅碳复合锂电负极材料开发	78	胡　雅
	35	横向课题	提高煤可磨性技术	10	胡　雅

2023年绿色制造与节能减排科技研究中心发表论文一览表

序号	作　者	发表刊物/会议	期刊类型
1	Zhang M，Zhang H，Yan W，Jiang Z，Zhu S	*Sustainability*	SCI
2	Yan W，He X，Zhang H	*Energy Sci Eng.*	SCI
3	Feng Z，Ding X，Zhang H，Liu Y，Yan W，Jiang X	*Energies*	SCI
4	Yang Xiaoyu，Wu Lin，Zhang Baoguo，Li Jingwang，Shen Yifan，Liu Ying，Hu Ya	*In Nanoscale*	SCI
5	Wu Bin，Jiang Zhigang，Zhu Shuo，et al.	*Journal of Manufacturing Systems*	SCI
6	Jiang Zhigang，Zhang Qing，Zhu Shuo，et al.	*International Journal of Advanced Manufacturing Technology*	SCI
7	Ma Feng，Zhang Hua，Gong Qingshan，K. K. B. Hon	*Energy Sources，Part A：Recovery，Utilization，and Environmental Effects*	SCI
8	张　华，李曙光，鄢　威，江志刚，朱　硕，马　峰	《机械工程学报》	中文核心
9	林芷萱，江志刚，朱　硕，张　华，鄢　威	《计算机集成制造系统》	中文核心
10	潘志强，朱　硕，江志刚，等	《计算机集成制造系统》	中文核心
11	陈颜祥，江志刚，朱　硕，等	《计算机集成制造系统》	中文核心
12	江志刚，张俊辉，朱　硕，等	《机械工程学报》	中文核心
13	马　峰，黄顺虎，刘培基，张　华	《机械工程学报》	中文核心
14	姜懿珊，孙迎韬，张　干，罗春玲	《生态环境学报》	中文核心
15	王智慧，吴　雷，姜懿珊，等	《中国腐蚀与防护学报》	中文核心
16	曾　芸，马　峰，黄顺虎	《教研中文核心》	中文核心

2023年绿色制造与节能减排科技研究中心专利一览表

序号	名　称	发明人	类　别	申请号
1	A bacteriostatic and environment friendly medical adhesive and its preparation method	Wu Lin，Tong Kun，Liu Ying，Hu Ya，Hu Shi，Yang Xiaoyu，Zhou Yilai，Zhang Baoguo，Liao Zhiyuan，Chen Ao，Xu Chang，Xiang Linghui，Ruan Shicheng，Sun Jiageng	国际专利	—

续表

序号	名　称	发明人	类　别	申请号
2	A preparation method of insulating coating coated with oriented siliconsteel	Wu Lin, Liu Ying, Hu Ya, Hu Shi, Yang Yiaoyu, Zhou Yilai, Zhang Baoguo, Liao Zhiyuan, Chen Ao, Xu Chang, Xiang Linghui, Ruan Shicheng, Sun Jiageng	国际专利	—
3	An insulating coating for oriented silicon steel and its preparation method and application	Wu Lin, Liu Ying, Hu Ya, Hu Shi, Yang Xiaoyu, Zhang Baoguo, Xu Chang, Xiang Linghui, Ruan Shicheng, Sun Jiageng, Wang Yuan	国际专利	—
4	一种数控机床加工状态判别方法	江志刚，黄彬彬，鄢　威，张　华，朱　硕，马　峰	发明专利	ZL202110312568. 7
5	一种数控机床能耗与加工状态在线监测系统	黄彬彬，鄢　威，江志刚，张　华，马　峰，朱　硕，张绪美，鲁陈勋	发明专利	ZL202110312566. 8
6	一种数字孪生驱动的工件加工能耗预测装置	张美航，张　华，鄢　威，王瑞平，李曙光	发明专利	ZL202110476943. 1
7	一种兰炭助磨剂及其制备和使用方法	伍　林，杨小于，陈援朝，胡　雅		ZL202111362444. 6
8	一种基于超启发式算法的智能柔性作业车间主动调度方法	江志刚，朱　硕，等		CN202210253336. 3
9	一种基于场景匹配的动力电池梯级利用决策方法及系统	江志刚，朱　硕，等		ZL202210282965. 9
10	一种复杂工况下再制造车间多层级任务配置的扰动响应方法	江志刚，朱　硕，等		CN201911315506. 0
11	一种基于数控机床固有比能的工件标准能耗限额制定方法	马　峰，张　华，史梦成，等		ZL201910943650. 2
12	一种基于特征的数控机床固有能效预测方法	马　峰，张　华，瞿　华，等		ZL 201910942794. 6

续表

序号	名　称	发明人	类　别	申请号
13	一种基于改进组合权值——TOPSIS法的火箭舱段加工过程资源环境评价方法	马　峰，史梦成，岳小飞，等		ZL201910704699. 2
14	一种快速制备硅微纳米结构的方法	胡　雅，廖致远，伍　林，杨小于，张保国，刘　盈		202310520795. 8
15	一种二硫化钼/氧化镍复合超级电容器电极材料的制备方法	胡　雅，邢晶晶，伍　林，唐　铭，李景旺，申逸凡		202311149768. 0
16	一种深海渔业养殖风电平台	邵　华，等		202310909174. 9
17	一种用于海上浮式风电机组的单点系泊系统	邵　华，等		202321948791. 1

（撰稿：姜懿珊　审稿：张　华）

先进材料与纳米技术研究院

【概况】2023年度先进材料与纳米技术研究院（以下简称“研究院”）围绕双一流学科建设任务，发展壮大了先进新能源材料特色，推动产学研用高质量发展。组建了一支拥有教授13人，副教授9人，讲师、博士后及实验室教师12人的小规模创新型研究院。本年度，研究院完成了先进新能源材料与器件的中试车间的改造及设备引进，并以此为基础成功申报了武汉市先进储能电池材料与器件中试平台，面向武汉市及省内外科技人员提供新能源材料和储能器件等方面概念验证、产品试制、产学研联合攻关等小试、中试，为研究机构和企业提供规模化生产前的中间试验研究。先进储能电池材料与器件中试平台是一座开放式的集研发创新、中试服务、检验检测等多功能于一体的综合性、一站式中试平台，它为接下来承接校企合作发挥着至关重要的作用。除此以外，研究院还拓展了研究方向，吸纳了化学与化工学院周志辉教授团队、材料学部樊希安教授团队，他们分别在膜渗透技术、热电与磁电材料领域具有很好的研究和产业化基础。

【科学研究】本年度，研究院在科研成果方面取得成就如下：（1）申报并获批国家自然科学基金委项目2项，湖北省科技厅“黄鹤英才”创新团队新遴选项目1项，湖北省其他支持计划3项，博士后科学基金项目2项，其他省市级项目1项，累计经费190余万元。（2）横向项目6项，200万元以上合同3项，累计经费1201.58万元。（3）研究院累计申请国家发明专利11项，授权国家发明专利9项，实用新型专利1项。（4）标注了本科研平台的SCI论文发表44篇，其中SCI论文41篇，中文期刊3篇，其中影响因子10以上的16篇，影响因子5以上的16篇。

【队伍建设】本年度，研究院有在读研究生206人，其中博士研究生41人，硕士研究生165人，年毕业研究生49人。研究生总人数同比增长了26.38%，毕业生总人数同比增长一倍。据不完全统计，研究生毕业后大多去贝特瑞、ATL、蔚蓝电池、比亚迪、长江存储、小米等新能源和半导体行业就业。在学生培育中，由高标、霍开富等教授指导，徐一帆、田徐宛诗、杜鑫森等组成的学生团队，以作品《负极先锋——高性能锂电池硅碳负极材料领跑者》荣获中国国际大学生创新大赛（2023）全国总决赛金奖；由胡晓明博士后指导，周佳丽、陈格、杜毓艨等组成的团队，以作品《控温核芯——微型半导体制冷芯片国产替代》荣获中国国际大学生创新大赛（2023）全国总决赛银奖。同时，胡晓明博士后主持的5G光模块芯片项目斩获第二届全国博士后创新创业大赛银奖、第五届中国先进技术转化应用大赛优胜奖。人才引进方面，从华中科技大学引进了高层次人才李卓副教授，培养并获批“楚天学者”计划；从武汉理工大学麦立强院士团队引进优秀博士后刘宇，申报并获得了2023年度国家资助博士后研究人员计划B档；学校博士研究生毕业，获2022“强国青年创业者”提名的胡晓明博士后。这些教师的加入，丰富了研究院的新生代力量，未来将大力发展培养，争取更高的人才头衔，力争成为研究院的中流砥柱。

【合作交流】一直以来，研究院致力于推广高端材料论坛的宣传运营，甄选行业大咖，莅临学院指导交流，开展学术报告活动。同时，以开放、共享、包容的态度鼓励教师和研究生涉外交换学习，交流最新科研成果和科研心得。2023年度，研究院邀请了18位校外专家学者讲学，涵盖了电极材料、单分子识别及自然科学类期刊论文投稿等内容，目的在于提高研究生对本领域课题的认识深度与广度，从而更好地适应科研生涯，改变“无从着手”的迷茫现状，指引学生走一条目标清晰、方式方法明确的科研“心得”路。例如，清华大学的周光敏教授与徐盛明教授，就退役失效的锂离子电池修复技术进行了深入分析与交流；其他来宾如加拿大多伦多大学的贾强教授、*Wiley*期刊出版社的王立颖、沈孟线编辑等。此外，研究院的胡晓明博士、赵智勇副教授、郑洋教授等参加了第十四次中国热电材料及应用学术会议、中国化学会第十八届胶体与界面化学学术会议、2023能源与材料国际会议等不同层级的会议，学术交流是双向的，但是经验和学术领悟的增长却是无限的，研究院支持团队成员走出去，创造更大的空间。

【运行管理】研究院目前在平台运营管理中存在实验设备多，附件配置消耗速度及设备维修经费随使用年限逐渐增长的问题。面临项目有限预算和经费紧张的境况，研究院将化学分析类、粉体材料制备类、中试验证类的设备以收费的形式对外开放，建立了详细的项目流程管理方案，规范合同的签字审批和项目预算，保证各类仪器“老有所养”，延长使用寿命。其次，部分设备使用了危化品或刺激性气味的气体等，根据实验室建筑安全指南，安装了喷淋塔、尾气处理装置、通风橱等基础设施，避免有毒化学物质外泄影响其他公共场所的安全，还为室内操作化学实验的研究生提供了安全舒心的工作环境。

（撰稿：邹　格　审稿：霍开富）

视神经科学与干细胞工程研究院

【概况】武汉科技大学视神经科学与干细胞工程研究院是2019年成立的直属二级科研机构。研究院立足国家科技创新前沿，专注于视觉神经工作机制与神经疾病的创新研究，通过构建以神经科学为核心的创新团队，力求在神经系统作用机制和疾病治疗领域取得突破性进展。研究院在视网膜神经系统感光神经元和节神经元的保护性机制与再生、内源性视网膜神经干细胞的激活与神经元再生以及胚胎多能干细胞/诱导多能干细胞再生视网膜组织工程等领域开展深入研究，以期将其应用于临床治疗。在产学研一体化的宗旨下，研究院不仅注重科技创新，还积极推动医疗创新与企业创新，通过整合高校、医院、企业等多方资源，研究院构建了高效的生态链结构，实现了资源的优化配置和高效利用。展望未来，研究院将继续秉承创新精神，不断推动神经科学及相关交叉科学的发展，为我国在神经系统疾病治疗领域贡献更多智慧和力量。

【科学研究】在本年度中，研究院姚凯教授课题组研发的新型通用基因编辑工具攻克了神经性失明的世界难题。并且美国科学院院士、眼部疾病专家Palczewski教授对该项技术给予了高度评价，认为“该项技术具有重大的临床应用潜力，几乎适用于包括眼部疾病在内的所有已知人类遗传疾病”。该项成果发表在国际著名期刊《实验医学杂志》上，并获得了包括新华网、科技日报、光明日报等上百家媒体的宣传报道。此外，为促进团队发展，加强学术交流，研究院鼓励和支持研究人员参加学术研讨会及国际国内学术会议，并积极邀请各领域研究专家来研究院进行学术研讨，2023年，平台固定研究人员学术交流机会实现了全员覆盖，其中姚凯教授被邀请参加多项重量级学术会议作专题学术报告。

【队伍建设】研究院自主培养的博士研究生毕业生覃欢入选学校“香涛计划”并作为高层次人才引进学院。研究院在学科带头人姚凯教授的带领下已逐渐形成一支结构合理、充满活力的研究团队。目前学院固定人员共5人，其中“百人计划”1名，“楚天学子”1名，“香涛计划高层次人才”1名；研究院本年度培养毕业研究生3人，博士研究生1人，现培养生物学、生物医药工程领域的研究生共28名，其中博士研究生9名，硕士研究生19名。

【运行管理】 2023年，研究院的科研管理例会制度、安全通报制度、实验室行为规范例会制度已经逐渐成熟，本年度内，院内的仪器设备得到有效的利用，全年未发生任何安全事故。此外，为进一步加强学术交流，本年度初步形成了每月学术讲座制度，即研究院根据研究人员的课题需要每月邀请各领域专家学者来院进行学术研讨。

（撰稿：黎　萍　审稿：姚　凯）

绿色与智能煤化工工程技术研究中心

【概况】 绿色与智能煤化工工程技术研究中心主要研究方向是新型煤化工新工艺和绿色与智能新技术的开发，为武汉科技大学2018年1月批准立项建设。

依托化学工程与技术一级学科博士学位授权点、煤转化与新型炭材料湖北省重点实验室，辅以炼焦煤资源开发及综合利用国家重点实验室开展研究工作。

现有研究人员24人，其中教授11人，副教授7人（包括高工2人），40人具有博士学位，博士研究生导师15人，构成了一支职称、年龄、学历结构较为合理的研究队伍。

工程中心基地的总体定位：紧跟煤化工发展战略，瞄准国家煤炭能源重大课题：科技部制定煤炭清洁高效利用技术创新《行动计划2015—2050年》着力研发煤炭气化、甲烷化、液化、热解分质转化催化技术和装备，实现高碳低碳化清洁高效利用；瞄准国家“煤炭清洁高效利用和新型节能技术”重点专项；推动绿色与智能耦合，以源头控制的绿色工艺为主导，以精准操作的智能装备为保障，以全流程自主运转的高效洁净化，交叉学科，走出煤化工产能过剩与环境污染严重双重打压，能效与经济效益长期竞争乏力的困境，突破煤化工效能与环保瓶颈；“焦耐特色”的历史传承，打造科研、技术成果、直接转化工程技术研究平台，通过创新型平台培养新时代煤化工领军人才。巩固在行业中的社会地位。

研究方向：

1. 高碳煤低碳化中和利用的共性关键技术研究。

2. 煤化工过程能量流、物质流㶲效率及熵变的多维度梯级研究。

3. 大数据、云计算及人工智能在煤化工过程的融合应用。

4. 煤化工与过程及装备优化及超重力设备的研。

5. 煤化工流程模拟及过程装备计算机仿真优化设计。

6. 焦炉加热系统狭长受限空间弥散燃烧技术。

7. 煤基新能源与材料开发。

8. 绿色能源与储能技术。

【科学研究】 年内，中心主持承担的“干燥煤绿色化高效炼焦技术及应用示范——焦炉烟气外循环源头控制的分散燃烧方法技术研究”国家重点研发计划项目顺利结题。“基于焦化余热高效回收的能量流网络集成技术开发及应用”项目由中国金属学会组织殷瑞钰、袁晴棠、费维扬等院士、专家进行成果评价，一致认为达到国际先进水平。项目成果已在唐钢美锦公司成功应用，并正在山东、山西等地焦化企业中推广。

新获批湖北省技术创新专项重大项目、武汉市科技重大专项等纵向项目4项，新增纵向科研经费合计360万元；新增横向课题10项，横向科研经费788.10万元。合计在研科研项目40项，科研经费2198.38万元；以第一单位发表SCI论文30篇，中文核心期刊论文9篇；申请国家发明专利7项，授权3项。

【队伍建设】 队伍建设是工程中心的根本保证，人才培养是工程中心的重要任务，工程中心高度重视学术队伍建设及人才培养工作。工程中心已组建一支具有研究和工程智能化社会团队。

在学生培养质量方面，深化研究生培养制度改革，加强国际交流与合作研究，不断提高人才培养质量。2023年，基于工程中心平台培养的硕士研究生毕业13人，授予学位13人，研究生学位论文初次检测合格率、抽查、外审通过率100%。

【合作交流】 年内，工程中心积极开展对外学术交流活动，邀请了多位专家来工程中心为研究生和本科生讲学，拓宽了学生的学术视野，对工程中心整体学术氛围的营造起到了重要作用。

2023年应邀派出专家讲学17人次，参加“炼焦煤资源开发及综合利用国家重点实验室学术交流会”2人次，绿色煤气净化示范工程现场会6人次，绿色能源与储能技术研讨会9人次。

2023年邀请新兴铸管党委书记李晓东、中冶焦耐上海工程技术有限公司总经理韦亚东等来校学术交流4次；邀请原专家委员会主任委员温燕明教授、清华大学汤志刚教授、平煤集团国家重点实验室煤化工研究所所长周云辉教授、平煤集团焦化事业部部长张洪恩等作报告4场。

与应城新景程环保科技有限责任公司、湖北兴单科技有限公司签订合作协议，建立企业工作站，拟共同申报湖北省院士专家工作站。

【运行管理】 召开年度学术委员会会议2次，制度建设进一步完善。就中心的建设和发展，研究力量的充实与加强、人才培养和开放运行等方面进行认真总结和研究，确定2024年度工作计划：

（1）碳中和必然加速煤化工行业的发展步伐，煤不仅是能源燃料，而且是化工产品的原料，面临的是煤化工结构调整和技术升级。因此2022年尽快完成现代煤化工过程系列超重力装备的研制和应用，继续推广应用基于焦化余热高效回收的能量流网络集成技术，落实武汉科技大学一流学科建设重点突破任务目标，为申报省部级科学技术进步奖奠定基础。

（2）发表SCI论文10篇以上，年申请发明专利5件，国家及省级科研项目2项。

（3）组建一支基础研究、工艺技术创新与过程智能化、专属技术转化的社会团队，争取横向课题和经费，横向科研项目3项以上，巩固焦化专业的特色地位。

（4）积极开发并推广绿色能源与储能技术。

附录

2023年完成和新增的代表性纵向科研项目

项目名称	主持人	项目来源	执行时间	经费/万元
焦化关键工序能效评估与系统协同优化研究	方红明	武汉市科技重大专项	2023—2025年	100
超大口径热模离心球墨铸铁管制备的关键技术研发（揭榜制）	丁　玲（参与）	湖北省技术创新专项重大项目	2023—2025年	160
炼铁过程极致能效降碳关键技术研究	吴晓琴	武汉市重点研发计划项目	2023—2025年	50
钢铁窑炉节能降碳协同城市生活垃圾资源化处置	王世杰（参与）	湖北省自然科学基金项目创新群体	2023—2025年	50
仿酶催化再生处理焦化含酚废水的研究	李文兵	国家重点实验室开放基金	2022—2023年	30
木质素基金属配合物催化剂的构建及其催化二氧化碳转化研究	郭　立	省部级重点实验室开放基金	2022—2023年	1.5
高效CO_2捕集材料的设计及制备	陈佳玲	教育厅科学研究计划青年项目	2022—2023年	
褐煤弱键合结构反演及其可控解离的研究	郭　立（参与）	教育厅科学研究计划青年项目	2022—2023年	2
新型含铁分子筛催化剂的设计及NH_3-SCR催化机制研究	陈佳玲	国家自然科学基金	2020—2024年	24
真菌改性串联$NiMoP/Al_2O_3$多相催化促进木质素加氢解聚研究	郭　立	教育厅科学研究计划指导项目	2021—2023年	
湖北省市县科技创新服务经济社会发展若干重点问题研究	王　倩（参与）	湖北省技术创新专项软科学研究类重大项目	2021—2023年	20
氮掺杂沥青基层次孔炭纤维内嵌单位点镍催化剂的可控构筑及其原位加氢研究	方红明（参与）	国家自然科学基金	2020—2024年	
聚合物陶瓷界面态密度调控及高温服役性能	李文兵（参与）	湖北省自然科学基金创新群体项目	2020—2024年	50

2023 年完成和新增的代表性横向科研项目

项目名称	主持人	项目来源	执行时间	经费/万元
焦炉护炉铁件状态智慧测量与专家系统开发项目	王世杰	企业	2023—2025 年	252
河南中鸿集团煤化有限公司技改工程零星项目设计及技术服务	王晴东	企业	2023—2025 年	150
安阳钢铁股份有限公司焦化厂初脱硫系统优化改造项目	王晴东	企业	2023—2025 年	100
广西钢铁集团焦化浓氨水精制改造工程	王晴东	企业	2023—2024 年	14. 5
山西梗阳新能源有限公司 3#干熄焦焦炭烧损率测定及优化分析	王晴东	企业	2023—2024 年	18
6 万吨/日城市污水处理装置生产工艺优化	王晴东	企业	2023—2025 年	30
活性焦脱硫脱硝反应机理研究及反应器优化	罗　浩	企业	2023—2025 年	104
浙江华基环保科技有限公司与武汉科技大学校企战略合作协议	欧阳曙光	企业	2023—2025 年	50
低氧铜杆中非金属夹杂物控制的关键技术研究	丁　玲	企业	2023—2024 年	44. 6
焦化炼焦配煤技术服务合作协议	方红明	企业	2023—2024 年	25
7 米级捣固焦炉研发	欧阳曙光	济钢	2022—2027 年	70
7 米级顶装焦炉全流程工艺研发	欧阳曙光	济钢	2022—2027 年	210
SCR 催化剂失效机理及再生技术研究	陈佳玲	武汉钢铁有限公司	2022—2027 年	15. 04
配煤专家系统开发研究项目	王世杰	宁波钢铁	2022—2024 年	25
武汉钢铁有限公司钢轧区废水零排放中心工程节能评估技术服务	王世杰	武钢	2022—2027 年	4. 21
东西区焦炉烟气脱硫脱硝改造项目节能报告编制合同	王世杰	鄂钢	2022—2027 年	5. 83
焦炉煤气二级脱硫技改项目节能报告编制合同	王世杰	鄂钢	2022—2027 年	5. 83
特种材料相容性研究	郭　立	江汉大学	2022—2027 年	1. 24
焦炉法铁焦制备及高炉高效应用技术研究	欧阳曙光（参与）	中国宝武钢铁集团有限公司	2022—2024 年	150

续表

项目名称	主持人	项目来源	执行时间	经费/万元
淮钢新建4.9万焦炉煤气柜项目	王晴东	中冶焦耐上海工程技术有限公司	2021—2023年	90
《现代化工导论》课程思政教学体系建设	吴晓琴	教育部产学研	2021—2024年	9
新型硅钢水性无机绝缘涂料助剂的开发	丁玲（参与）		2021—2024年	10
基于工程教育认证下的煤化工专业实验教学的研究与探索	王世杰	教育部产学研	2021—2024年	5
混凝土抗冻性能增强研究	郭立		2021—2023年	150
焦化粗苯产品含氯分析及对策	王世杰		2021—2023年	51.6
韶钢新6m焦炉炼焦工艺参数优化研究	王世杰	韶钢	2020—2023年	72.6
煤焦油脱硫脱氮的研究	欧阳曙光		2021—2023年	39.45
炼焦过程装炉煤对成焦行为影响的实验检测分析	王世杰		2021—2023年	7.98

（撰稿：王晴东　审稿：王光华）

营养与健康研究院

【概况】2023年，本团队在已有科研方向的基础上，进一步加强与湖北省卫生健康委员会、湖北省及武汉市疾病预防控制中心等机构在项目申报、人才培养及平台建设方面的合作。致力于营养科技创新，参与国家营养相关政策和标准制定，为党和政府科学决策服务。牵头组织申报、实施或参与国家级重大、重点、国际合作等有影响力的科技项目，加强实验室管理并优化场地布局，建立了小动物代谢活动检测系统及动物行为学检测平台。深耕营养领域，以科学研究提供更多促进健康老龄化的科学证据。同时，聚焦“健康中国2030”中营养与健康指标，通过大数据深度挖掘，加快营养与健康证据产出，开发营养代餐等产品，牵头制定地方标准

2 项，促进科研成果转化为实际应用。加大团队组织人才建设和现有师资培养力度，1 名团队成员入选湖北省组织部青年拔尖人才，扩充团队研究规模和青年人才储备。加强学术交流合作，积极参与相关学术会议，扩大了学校的学术影响力，加强了学校与其他机构的合作关系。

【科研工作】目前研究院主持国家级、省部级及其他科研项目共 11 项。其中纵向项目 5 项，包括国家自然科学基金专项项目 1 项，面上项目 2 项，青年项目 1 项，省自然科学基金青年项目 1 项。2023 年研究院申报或参与申报国家自然科学基金项目、湖北省自然科学基金项目、湖北省卫生健康委员会联合基金项目、武汉科技大学科研基金等项目共 5 项，获批 2 项。

以“武汉科技大学”为第一单位发表科研论文十七篇，包括 *Diabetes Care*（IF = 17.15）、*BMC Medicine*（IF = 9.3）、*Research*（IF = 11）、*Food Function*（IF = 6.10）、《中华老年医学杂志》《卫生研究》等权威期刊。

参与修订了《营养流行病学》和《中国居民膳食参考摄入量（2023）》等学科重要学术专著。

附录

2023 年度营养与健康研究院承担的科研项目清单

序号	项目类型	项目名称	执行期	经费/万元	负责人
1	国家自然科学基金委员会青年基金	限时进食对非酒精性脂肪性肝病的改善作用及成纤维细胞生长因子 21 介导的机制研究	2023 年 1 月—2025 年 12 月	30	周　莉
2	国家自然科学基金委员会专项项目	膳食营养及基因调控网络在健康长寿中的作用和机制研究	2020 年 1 月—2023 年 12 月	95	荣　爽
3	国家自然科学基金委员会面上项目	LRRK2 与Ⅱ型 PAKs 的相互作用对神经元突起生长调节的影响	2020 年 1 月—2023 年 12 月	55	廖静伶
4	国家自然科学基金委员会面上项目	基于生物钟—SIRT1 调控通路研究限时进食对延长寿命的影响及其作用机制	2021 年 1 月—2024 年 12 月	55	荣　爽
5	中国营养学会营养科研基金项目	广场舞运动与健康队列研究	2020 年 8 月—2023 年 6 月	142	荣　爽
6	汤臣倍健营养科研基金	汤臣倍健（R）牛磺酸乳清蛋白粉对老年人改善记忆干预效果研究	2021 年 11 月—2023 年 1 月	80	荣　爽
7	中国营养学会	营养青年人才领导力提升支持计划资助协议	2020 年 12 月—2022 年 12 月	10	荣　爽

续表

序号	项目类型	项目名称	执行期	经费/万元	负责人
8	武汉科技大学科研启动经费	血浆硒水平与血脂水平的关联性研究	2020 年 9 月—2023 年 9 月	6	周　莉
9	湖北省卫健委青年项目	基于碳载单原子纳米酶的近红外荧光/磁共振双功能分子探针的构建及其癌症诊疗应用研究	2023 年 1 月—2024 年 12 月	4	蔡小丽
10	亚心总医院科研创新基金	限时进食通过调节 mTOR 介导的心肌细胞线粒体自噬改善衰老心功能衰退的作用机制，2022KYCX1—B14	2022 年 12 月—2024 年 12 月	5	王　婷
11	横向科研项目	呼吸道病原体核酸检测试剂盒（PCR-荧光探针法）临床试验	2022 年 6 月—2023 年 6 月	10	陈　丹

2023 年度营养与健康研究院学术论文、专著、标准等科研成果清单

序号	篇　名	作　者	发表刊物	年份
第一/通讯作者论文				
1	Meal skipping and shorter meal intervals are associated with increased risk of all-cause and cardiovascular disease mortality among U. S. adults	荣　爽	*Journal of the Academy of Nutrition and Dietetics*	2023
2	Zein-yeast carboxymethyl glucan particles formed by anti-solvent precipitation for encapsulating resveratrol	荣　爽	*International Journal of Biological Macromolecules*	2023
3	Frequency of adding salt at the table and risk of incident cardiovascular disease and all-cause mortality：a prospective cohort study	荣　爽	*BMC Medicine*	2023
4	Association between Vitamin B and Obesity in Middle-Aged and Older Chinese Adults	荣　爽	*Nutrients*	2023
5	Eating habit of adding salt to foods and incident sleep apnea：a prospective cohort study	荣　爽	*Respiratory Research*	2023
6	Association between Serum 25-Hydroxyvitamin D Concentrations and Respiratory Infection among United States Adults	荣　爽	*The Journal of Nutrition*	2023
7	Association of Serum Uric Acid With All-Cause and Cardiovascular Mortality in Diabetes	荣　爽	*Diabetes Care*	2023

续表

序号	篇　名	作　者	发表刊物	年份
第一/通讯作者论文				
8	Relationship between Whole-Blood Magnesium and Cognitive Performance among Chinese Adults	荣　爽	*Nutrients*	2023
9	Association of plant-based diet index with sleep quality in middle-aged and older adults: The Healthy Dance Study	荣　爽	*Sleep Health*	2023
10	Procyanidins extracted from the lotus seedpod ameliorate cognitive impairment through CREB-BDNF pathway mediated LTP in APP/PS1 transgenic mice	荣　爽	*Current Pharmaceutical Biotechnology*	2023
11	Protective effect of sesamol on cognitive impairment in APP/PS1 mice	荣　爽	*Acta Alimentaria*	2023
12	Plasma Extracellular Vesicle MicroRNA Analysis of Alzheimer's Disease Reveals Dysfunction of a Neural Correlation Network	荣　爽	*Research*	2023
13	The effect of grape seed procyanidins extract on cognitive function in elderly people with mild cognitive impairment: A randomized, double-blind, placebo-controlled clinical trial	荣　爽	*Heliyon*	2023
14	The relationship between mushroom consumption and cognitive performance among middle-aged and older adults: a cross-sectional study	荣　爽	*Food Funct*	2023
15	The Prevalence and Agreement of Sarcopenic Obesity Using Different Definitions and Its Association with Mild Cognitive Impairment	荣　爽	*J Alzheimers Dis*	2023
16	Dietary Diversity and Mild Cognitive Impairment in Middle-Aged and Older Chinese People: A Cross-Sectional Study	荣　爽	*J Alzheimers Dis reports*	2023
17	Plant-based diets, genetic predisposition and risk of non-alcoholic fatty liver disease	荣　爽	*BMC medicine*	2023
18	Cascaded Nanozyme with In Situ Enhanced Photothermal Capacity for Tumor-Specific and Self-Replenishing Cancer Therapy	蔡小丽	*Adv. Healthcare Mater.*	2023

续表

序号	篇　名	作　者	发表刊物	年份
第一/通讯作者论文				
19	Nie Q，Wang C，Zhou L. Association between Serum Selenium Levels and Lipids among People with and without Diabetes	周　莉	*Nutrients*	2023
20	Association of selenium profile with neutralizing antibody response to inactivated SARS-CoV-2 vaccination	周　莉	*J Trace Elem Med Biol*	2023
学术专著				
1	《中国居民膳食参考摄入量（2023）》（DRIs）	荣　爽（参与修订）		2023
2	《营养流行病学》	荣　爽（参与修订）		2023
标准				
1	湖北省养老机构营养供餐操作指南	荣　爽	湖北省卫生健康委员会	2021—2023
2	养老机构失能老人膳食指导与辅助进餐服务标准	荣　爽	湖北省卫生健康委员会	2021—2023

【师资队伍建设】目前研究院共有师资人员9人，包括特聘教授1人，教授3人，副教授2人，讲师3人，其中2022年度引进青年教师1人。其中，享受“国务院政府特殊津贴”者1人，“宝钢优秀教师奖”获得者1人，“霍英东青年教师奖”获得者1人，“湖北名师工作室”主持人1人。团队成员覆盖营养流行病学、营养与食品卫生学、医学统计学、预防医学、分子生物学、卫生检验与检疫等多学科背景。

【学术交流】

2023年度学术会议参与承办情况

序号	会议名称	承办单位	日　期	职　务
1	第十次全国毒理学大会	中国毒理学会主办，南方医科大学、珠海南医大生物医药公共服务平台有限公司承办	2023年4月	荣爽参会
2	分论坛第十四届亚洲营养大会	中国营养学会	2023年9月	荣爽参会

续表

序号	会议名称	承办单位	日　期	职　务
3	第三届北京协和医院肌肉衰减症营养与代谢管理新进展	主办：北京协和医院临床营养科 协办：北京协和会务有限责任公司；联合主办：中国营养学会肿瘤营养管理分会，北京健康管理协会营养管理专委会，北京营养师协会	2023年8月	荣爽参会
4	第25届达能营养学术会议	达能营养中心	2023年11月	荣爽作报告《广场舞和抗阻运动联合乳清蛋白对中国老年女性肌少症干预效果的随机对照研究》

【运行管理】实验室经过近3年的运行，各项规章制度管理逐渐完善，促进了成果较好地产出。把平台的工作（包括科研、成果转化、教学、实验室管理等）细化分配到各位团队成员负责制，充分调动每位成员的积极性及责任感。对平台现有团队实行考核，由团队负责人对全年科研成果、人才引进、服务社会等方面进行年终汇报。在此基础上，将进一步加大年终绩效分配和相关奖励的适度倾斜，激励产出。同时，在人才工作上筑巢引凤，给予青年科研人员成长空间，并支持其科研方向，使得平台更具活力，不断迈向新的阶段。

（撰稿：荣　爽　审稿：荣　爽）

新能源汽车先进底盘技术湖北省工程研究中心

【概况】2023年，围绕汽车行业“电动化、智能化、网联化及共享化”的发展新趋势，依据国家发布的“节能与新能源汽车技术路线图”“智能汽车创新发展战略”和“电动汽车智能底盘技术路线图”，湖北省印发的“关于加快建设全国构建新发展格局先行区的实施意见”“湖北省突破性发展新能源与智能网联汽车产业三年行动方案（2022—2024年）”等政策，面向湖北省“51020”与武汉市“965”现代产业体系，武汉科技大学与东风悦享科技有限公司联合申报并成功获批新能源汽车先进底盘技术湖北省工程研究中心。

工程研究中心以产学研用及科技成果转化为导向，建设集技术研究、工程应用、人才培养于一体的创新平台，形成新能源汽车底盘用钢、智能传感、结构设计及控制测试等方面强链条、多方位的先进技术，开展关键技术成果转化及产业应用，为湖北建设全国构建新发展格局先行区提供技术支撑。

【科学研究】 结合武汉科技大学及东风悦享科技有限公司的特色优势，工程研究中心围绕汽车底盘高性能钢制造及应用技术、新能源汽车智能传感器设计与制造技术、新能源汽车底盘新构型与线控系统设计技术、新能源汽车底盘集成控制及测试技术等方向展开研究。

2023 年度获批各类纵向项目 15 项，其中国家级项目 4 项，获批面上项目和青年项目各 1 项、海洋防务技术创新基金项目 2 项、湖北省自然科学基金 2 项；签订校企合作项目 32 项，军民融合项目 22 项，重大横向项目立项 2 个；专利许可/转让数量 8 项，合同金额 436 万元；本年度到账经费 3148 万元；申报并获批新能源汽车底盘先进技术湖北省工程研究中心、汽车智能传感器武汉市中试平台，申报 JC 动力装置减振降噪与智能测控技术研发湖北省国防科技（军民融合）创新团队；作为牵头单位获湖北省科学技术进步奖三等奖 1 项，中国发明协会发明创业奖创新奖二等奖 1 项；与东风悦享科技有限公司建立汽车线控底盘及智能化工程研究中心，与随州多家专用汽车企业合作，加入了随州专用汽车创新联盟；发表科研论文 85 篇，其中 SCI 收录论文 22 篇；举办 2023 智能交通与智慧物流国际论坛，参会人数 50 多人；举办学术讲座 12 次，形成了良好的学术氛围；外派胡溧、高恺、许小伟、钱枫四名老师担任科技副总，为地方企业和经济发展作出积极贡献。

【队伍建设】 工程研究中心现有研发及管理人员 59 人，其中具有博士学位人员 52 人，俄罗斯工程院外籍院士 1 人、教育部“新世纪优秀人才支持计划”1 人、湖北省突出贡献青年专家 2 人、楚天学者 5 人、泰山产业领军人才 1 人、武汉英才 2 人。

【组织机构】 工程研究中心由上级主管部门和依托单位武汉科技大学共同管理，主要负责中心主任的聘任、审议和批准财务预算决算等重大事项的决策。依托单位组织实施工程研究中心的总体规划和发展计划，并负责工程研究中心的建设和运行；中心技术委员会是中心的技术领导机构，由国内本领域科研院所和企业著名专家、学者担任，对工程研究中心的发展目标、任务、研究方向和技术动态提供咨询和建议，负责决定中心的科研方向、审定研究课题、监督经费使用、协调开放事宜、开展成果评价及实施成果转化；中心主任由依托单位推荐，报主管部门核准，每届任期 5 年，负责主持中心的日常工作、提出年度工作计划等；各研究方向负责人及中心其他工作人员由中心主任聘任；综合管理办公室负责中心公共事务、产学研用合作、成果转化与技术转移及相关事宜；共建单位协助进行建设和管理，提供产业化场地和平台，协助推广与应用工程研究中心有潜力的新技术和新产品。

【运行情况】 工程研究中心采用独立

非法人模式运行，挂靠武汉科技大学汽车与交通工程学院。工程研究中心在新能源汽车底盘用钢、车用智能传感器、底盘构型及线控系统设计、底盘集成控制及测试等方面积累了丰富的工程实践经验，对攻克行业关键共性技术、保障省级战略任务、推动技术成果应用和产业发展作出了突出贡献。

【资产情况】工程研究中心拥有电力测功机、四轮分布驱动测试平台、线控转向测试台架、气压制动测试台架、dSPACE硬件在环测试系统、64通道LMS数据采集与分析系统、电化学工作站等研发设备51台套，车路协同测试道路1条，设备原值3590.33万元，研发场地面积达到6594.93平方米。

（撰稿：许小伟　审稿：严运兵）

智能汽车工程研究院

【概况】2021年，依托交通运输工程一级学科和机械工程湖北省重点学科，智能汽车工程研究院以智能汽车基础关键技术为重点研究方向，以产学研合作及科技成果转化为纽带，建成“车—路—云”协同智慧技术，集人才培养、科学研究、应用于一体的涵盖机械、车辆、交通运输、计算机、信息等多学科的跨学科科研平台、跨学科研究团队，使该平台成为智能汽车的研究开发平台与人才培养基地，形成一系列不同应用场景的智能汽车研发技术及成果，打造“自动驾驶校园巡逻车”“自动驾驶道路工程车”“自动驾驶工业园区车”“智能驾驶物流配送车”“自动驾驶教学车”“自动驾驶大学生赛车”等科研、教学和学生科技创新的智能汽车开发和应用平台。

【科学研究】围绕智能汽车环境感知与控制技术、车路协同与交通大数据技术以及智能传感器与碳排放控制技术三个研究方向，智能汽车工程研究院开展了系列科研工作：

（1）积极组织纵向项目申报：本年度获批各类纵向项目15项，其中国家级项目4项。获批面上项目和青年项目各1项，获批海洋防务技术创新基金项目2项，获批湖北省自然科学基金2项。

（2）积极开展校企合作及军民融合项目：本年度签订校企合作项目32项，军民融合项目22项，重大横向项目（>200万元）立项2个；专利许可/转让数量8项，合同金额436万元；本年度到账经费2763万元，人均科研经费50.24万元（数据截至12月1日）。

（3）积极开展科研平台及一流学科建设：申报并获批新能源汽车底盘先进技术湖北省工程研究中心、汽车智能传感器武汉市中试平台，申报JC动力装置减振降噪与智能测控技术研发湖北省国防科技（军民融合）创新团队；参与学校“材料科学与工程”一流学科建设，获批揭榜挂帅项目2项；获中国发明协会发明创业奖创新奖二等奖1项。

（4）鼓励发表高水平论文：发表科研论文85篇，其中SCI收录论文22篇（截至12月1日）。

【队伍建设】智能汽车工程研究院现有研发及管理人员24人，其中具有博士学位人员22人，副教授及以上职称15人、楚天学者2人、泰山产业领军人才1人、武汉英才2人。自主培养了“楚天学子”1名、“武汉英才”2名，以及车路协同方面专业教师周权，柔性引进了国际知名高校或者企业学者3人，有效地优化了研究院的人才储备；围绕智能网联交通系统规划、智能网联环境下的交通协同管控、高精度时空位置信息的感知与服务、智能汽车环境感知与控制、车路协同与交通大数据和智能传感器与碳排放云控等技术，培养了硕士研究生56名，博士研究生5名。

【学术交流】积极开展国内外学术合作与交流，举办2023年智能交通与智慧物流国际论坛，参会人数50多人；举办学术讲座12次，形成了良好的学术氛围。

（1）4月17日，邀请美国内华达大学田宗忠教授为学院作关于“干线交通信号绿波协调方案质量评价方法”的学术讲座；

（2）4月17日，邀请美国佐治亚理工大学陆佳炜博士作了关于“Oint Ifreeway Traffic State and Queue Profile Estimation Using Heterogeneous Data Sources：Differentiable Programming Reformulation on A Layered Computational Graph”的学术讲座；

（3）5月11日，邀请英国卡迪夫大学刘滢博士作了关于“Smart Manufacturing Systems-The Way Forward：Some of My Thoughts”的学术讲座；

（4）7月27日，举办了2023年智能交通与智慧物流国际论坛，邀请了9名国内外知名专家开展了系列学术讲座；

（5）8月19日，邀请巴黎西岱大学郭孝峰教授作了关于“跨学科能源研究介绍及近期在流体和传热领域进展”的学术讲座；

（6）11月13日，邀请中国地质大学吴云龙教授为学院师生开展了国家自然科学基金申报经验分享与交流会。

（撰稿：许小伟　审稿：严运兵）

城市更新湖北省工程研究中心

【概况】城市更新是一种将城市中已经不适应现代化社会生活的片区作必要的、有计划的改建活动，旨在完善城市功能、优化产业结构、改善人居环境，推进土地、能源、资源的节约集约利用，促进社会和经济的可持续发展。实施城市更新行动，将城市更新上升为国家战略，是党的十九届五中全会作出的重要决策部署，是“十四五”规划和2035年远景目标纲要明确的重大工程项目，也是适应城市发展新形势、推动城市高质量发展的必然要求。《国务院关于印发2030年前碳达峰行动方案的通知》和《住房和城乡建设部关于在实施城市更新行动中防止大拆大建问题的通知》均明确要求在城市更新行动中必须执行从“拆改留”到“留改拆”的战略转变，以避免在大拆大建中造成的建材碳灭失，实现从源头上的减碳。从“拆改留”到“留改拆”的战略转变，意味着传统城市更新往绿色城市更新的转变，赋予了城市更新实现建筑领域“双碳”目标的重要使命。面对碳减排、精细化管理等城市发展的更高要求，新时代城市更新还需要用更加环保和精细、更加高效和长效的措施重焕新生，创新减碳手段，以效率提升与技术集成应用为主，控制城镇无序蔓延、优化城市功能结构、修复自然生态空间，处理好与城市和人之间的关系，改变过于依赖人为修复和经验判断的传统路径，谋求城市的持续发展。

2023年，工程研究中心牵头获省部级奖项2项，组织申报省部级奖项2项；引进香涛青年人才1人，毛前军、季斌、李冠男三位老师入选2023年度斯坦福全球前2%顶尖科学家榜单，申报产业教授岗位1个，推荐湖北省产业教授1人；新增国家级项目1项、省部级课题6项；授权专利及软件著作权12项，出版专著2部，成果转化9项，发表A级学术论文84篇。

【平台建设】2023年，在学校领导和各职能部门领导的关心、支持和指导下，以城市更新湖北省工程研究者中心和高性能工程结构研究院为基础，申报低碳建材与先进结构湖北省重点实验室、低碳建材与绿色建筑湖北省科学技术成果转化中试研究基地。

【科学研究】2023年，工程研究中心2023年组织申报国家自然科学基金项目20项，申报省级科研项目5项（参与企业牵头的重点研发计划项目1项、省基金面上项目4项）。立项1项国家自然科学基金面上项目、2项湖北省自然科学基金面上项目、1项湖北省自然科学基金青年项目、1项企业牵头的重点研发计划项目、1项武汉市知识创新专项项目曙光计划项目、4项湖北省教育厅社会科学研究项目、15项湖北省建设科技计划项目。获批各类纵向项目29项。获湖北省科学技术进步奖三等奖1项、湖北省自然科学奖1项，组织团队申请湖北省技术发明奖一等奖1项。

2023年，工程研究中心到账横向经费920.20万元，到账纵向经费189.54万元，合计项目到账经费总额为1109.74万元。立项横向项目44项（其中320万元项目1项），横向立项经费1405.0855万元；立项纵向项目29项，立项纵向经费105.2万元。合计新增立项纵横向项目73项，纵横向项目立项经费总额为1510.2855万元。成果转化9项，合同金额307万元。

2023年，工程研究中心授权专利及软件著作权12项，出版专著2部，发表学术论文179篇，其中A类论文84篇。

【队伍建设】2023年，工程研究中心现有研究人员42人，其中教授14人，湖北省有突出贡献中青年专家 1 人，楚天教授 4 人。

2023 年，推荐申报（获批）湖北省产业教授 1 人，推荐申报楚天学子 2 人、引进香涛青年百人计划引进人选 1 人，毛前军、季斌、李冠男 3 位老师入选 2023 年度斯坦福全球前 2% 顶尖科学家榜单，季斌破格晋升教授职称，高佳佳、彭胜晋升副教授职称，李成玉、唐红、季斌 3 位老师获批博士研究生指导教师资格。

2023 年，工程研究中心毕业研究生 153 人，招收博士研究生 2 人、硕士研究生 183 人。

【合作交流】 2023 年，作为 CHINA ROCK 2023 第二十次中国岩石力学与工程学术年会的承办单位之一，并主办了武汉科技大学分会场的学术会议。作为湖北省土木建筑学会暖通空调专业委员会主任委员单位，主办了湖北省暖通空调年会。邀请同济大学、清华大学土木工程“双一流”学科高校知名学者 2 人作学术报告 2 次，武汉大学、湖南大学、南开大学、哈尔滨工业大学、重庆大学、中交二航院等 985、双一流建设高校及行业顶级专家作学术报告 11 次。派出 15 位老师参加国际国内学术会议，作大会报告 3 次，小组学术报告 9 次。

2023 年，工程研究中心走访行业企业 8 家，与中建三局、湖北城建职业技术学院成立绿色智能品质建造产教融合共同体，与中铁大桥局、中建三局一公司、湖北交投建设集团签订产学研合作基地。

【运行管理】 工程研究中心中心采取主任负责制，由许成祥教授兼任中心主任，朱红兵教授兼任中心常务副主任，杨曌教授、李成玉教授任副主任，湖北省建筑科学研究设计院总工程师刘世清兼任副主任。同时设置主任委员会、学术委员会、实验平台管理委员会、科研成果推广委员会等机构发挥日常管理、学术咨询、科研平台建设、成果推广等职能。2023 年召开中心工作会议 3 次，组织学术研讨 11 次，邀请专家作学术报告 13 次，各项工作均有序正常开展。

（撰稿：李成玉　审稿：朱红兵）

机器人与智能系统研究院

【概况】 机器人与智能系统研究院以“面向机器人与智能系统、面向未来，开展前瞻性的基础理论与技术研究；面向产业、推进应用，开展工业机器人应用研究与技术集成开发；面向新型人才培养、鼓励创业，开展产学研用协同创新”为发展战略，攻克机器人及智能系统的设计方法、制造工艺、智能控制和应用系统集成等关键核心技术，进行新一代协作型工业机器人、巡检机器人、仿生机器人、智能移动机器人、服务机器人以及冶金行业智能装备等理论与应用研究，积极推动国产机器人及智能系统大规模示范应用，形成自主知识产权和技术标准，促进湖北省机器人及智能系统产业创新发展，进而提高装备制造业核心设备国产化水平，推动全省装备制造业的转型升级，提高流程行业智能化水平，为落实学科发展与科技服务提供理论与技术支撑。

【科学研究】2023年机器人与智能系统研究院积极参与国家重点研发计划项目“协作机器人一体化关节研发及集成验证”项目的申报，参与工信部高质量专项项目“机器人专用控制芯片”项目的申报；积极申请国家自然科学基金，获批国家自然科学基金3项（2项面上基金，1项青年基金）。研究院上下凝聚项目团队，群策群力，力推校企合作，促进成果转化，本年度实现成果转化到账经费657余万元，其中专利转化180万元。发表论文（SCI/EI/中文核心论文共计106篇，其中SCI论文28篇，EI期刊论文11篇，EI会议论文33篇）。授权发明专利12项，受理发明专利16项，软著12项。

【队伍建设与学生培养】研究院高度重视学术队伍建设及人才培养工作，特别是高层次人才队伍建设和青年人才培育和引进。结合现有人员的研究基础，研究院形成4个科研团队和1个创客中心。4个研究团队由责任教授牵头，结合青年学者的研究方向，组建了高质量人才队伍，建立了一支梯队力量充分、相对稳定的科研队伍。院长闵华松教授为湖北省优秀博士后，副院长伍世虔教授为楚天学者特聘教授、亚太人工智能学会聘为武汉分会主席。2023年度，引进优秀博士人才2名（郑超兵讲师、朱振华博士后）。同时，研究院也重视学生培养、以赛促建，2023年度由林云汉副教授和闵华松教授指导，鄢龙武、肖成钢等同学的项目“基于遥操作的电力挂摘机器人”在“挑战杯”全国大学生课外学术科技作品竞赛中荣获省赛特等奖和国赛三等奖。此外，研究院学生参加其他各类比赛获奖近40项。

【合作交流】

（1）研究院积极参加学术交流并担任国际期刊首席顾问、副主编、AAIA武汉分会主席。

1）闵华松教授受聘为国际期刊*Cobot*顾问委员会首席顾问；林云汉副教授受聘为国际期刊*Cobot*顾问委员会首席副顾问。

2）伍世虔教授受聘AAIA武汉分会主席；担任*Journal of Electronic Imaging*国际期刊副主编；参加2023年国际图像处理（ICIP 2023，吉隆坡）大会。

3）陈洋教授受国家留学基金委资助公派南洋理工大学访问学者；作为技术委员会成员，参加6th International Conference on Intelligent Autonomous Systems；作为分会主席，参加49th Annual Conference of the IEEE Industrial Electronics Society(IECON 2023)，Singapore，2023。

4）蒋林教授受邀在第三届全国人工智能与机器人关键技术大会作了《基于骨架关键点重规划的Voronoi路径规划》学术报告；受邀在第四届人工智能与机器人关键技术大会作了《基于语义尺寸链和骨架关键点重规划的移动机器人定位与导航》学术报告；受邀在第二届全国智能制造与机器视觉会议作了《基于语义信息和

骨架关键点重规划的移动机器人路径规划与导航》学术报告。

5）雷斌副教授受邀在第三届全国人工智能与机器人关键技术大会作了《群体机器人智能感知及控制》学术报告；受邀在第四届人工智能与机器人关键技术大会作了《基于深度学习和移动边缘计算的无人机实时目标检测和跟踪》学术报告。

6）梅岭老师作为武汉科技大学青年教师代表，公派参加“中非创新合作与发展论坛暨湖北国际技术交流会”驻华大使重要外宾接待工作，全程担任莱索托、加纳、摩洛哥等多国外交大使来武汉参加论坛的外语和技术交流接待工作，圆满完成任务，获得湖北省科技厅颁发的提名感谢信表彰；经中国图像图形学会青年工作委员会遴选，梅岭老师入选八名国内青年教师代表之一，在华中科技大学参加中国图像图形学会第三期“名家面对面”学术研究交流会，并作“视频监控群体分析的关键问题研究”大会口头报告。

7）张效康老师参加 The 3rd International Conference on Urban Informatics（ICUI 2023），香港，并作为 Global Smart Cities Summit（GSCS 2023）的会议主席。

8）郑超兵老师参加 IEEE 18th Int. Conf. Industrial Electronics and Applications（ICIEA），宁波，2023；参加 49th Annual Conference of the IEEE Industrial Electronics Society（IECON2023），Singapore，2023。

（2）研究院作为协办单位组织并承办亚太人工智能学会武汉分会 2023 年人工智能前沿论坛。

2023 年 11 月 11 日，亚太人工智能学会武汉分会 2023 年人工智能前沿论坛在武汉科技大学青山校区圆满举办。中国工程院院士、浙江大学谭建荣教授，俄罗斯工程院院士、汕头大学范衡教授，长江学者、国家杰青、火箭军工程大学胡昌华教授，长江学者、国家杰青、北京大学王龙教授，长江学者、国家杰青、上海交通大学杨小康教授，长江学者、电子科技大学朱策教授，长江学者、北京航空航天大学严亮教授，国家杰青、上海交通大学王贺升教授，国家杰青、华中科技大学张海涛教授，国家杰青、东南大学温广辉教授，国家杰青、武汉科技大学柴利教授，国家万人计划专家、浙江大学吴争光教授，国家万人计划专家、武汉大学李辉教授，国家万人计划专家、上海大学齐俊桐教授，昆士兰科技大学田玉楚教授等来自全球各地的 2 位院士、5 位长江学者、7 位国家杰青、3 位国家万人计划领军人才等 30 余位专家学者，以及武汉科技大学的师生代表共 200 余人参加了此次会议。

【运行管理】研究院在重视理论研究的同时，加强与企业的密切合作，全方位向科研成果落地方向发展；所有研究人员，包括老师和学生围绕科研项目组织和开展工作；平台通过设备共享和内部项目支持扶持新兴的研究方向，取得不错的成效。

（撰稿：林云汉　审稿：闵华松）

精密制造研究院

【概况】武汉科技大学精密制造研究院立足国际前沿，针对精密制造加工智能监控的技术瓶颈，充分利用力学、精密加工工艺、测控理论和人工智能等学科最新理论成果以及监控系统的大数据特点，构建精密制造过程监控的信息物理融合系统（Cyber-Physical System，CPS）理论与模型，研究高速精密加工动力学、在线监测、智能控制等信息—物理融合的共性技术基础，通过数据、软件、网络、平台等信息技术与人员、机器、物料、环境、供应链等制造要素的深度融合，构建一个信息空间与物理空间数据自动流动的闭环赋能体系，实现生产制造的自主协调、智能优化和持续创新。探索精密加工、增材制造工艺、设备状态和产品质量等多源数据的发生机理与加工状态的内在联系以及智能监控实现途径，突破刀具磨损的在线监测及精确估计、智能补偿，刀具状态估计与寿命预测，工件完整性检测，异构大数据深度学习与智能决策等关键算法理论，形成可显著提高精密加工、增材制造精度与效率的关键理论基础和实现技术，推动基于高端精密加工、增材制造的冶金装备关键零部件、汽车、舰船装备的国产化进程。

【科学研究】年内，研究院获批湖北省“JD”技术攻关工程项目1项。牵头承担企业合作横向项目12项。新立项到账科研经费总计40万元（不包括往年立项到账经费），横向项目共计390万元。

年内，研究院发表学术论文12篇，其中SCI刊源论文8篇，中科院一区论文4篇；中文核心论文4篇。申请发明专利、实用新型专利共计7项，其中发明专利5项，实用新型2项。

年内，研究院获得机械工业科技进步三等奖1项。

【队伍建设】研究院根据学科专业需要，科学设置岗位，建立双通道模式。实行分类管理，采用每三年为一个聘期的聘期考核方式；建立“基本任务+代表性成果”的绩效考核评价体系。

年内，研究院引进新加坡国立大学王书豪博士后，入选学校“香涛百人”，并获批中国博士后B/C档人才资助；张严博士后入选学校“香涛百人”。严旭果博士后顺利出站，并转成教师岗。程濛老师获得“武汉英才”青年人才资助。

研究院围绕学科布局，结合学科基础，加强交叉融合，整合优势资源，发挥个人智慧，实现学科人员全覆盖。依托“楚天学者”计划，建立科教创新团队发展计划，重点实施国家千人、长江学者、国家杰青等领军人物引智计划，青年千人、青年拔尖人才、青年长江学者和优秀青年基金获得者等杰出四青人才储备计划。

研究院按照“高起点、高要求、高投入”的原则，通过中青年“人才特区”的各项优惠政策，从国内外引进高水平青年人才，进一步改善师资队伍的学缘结构，促进优秀中青年人才脱颖而出。实施“学术骨干”人才工程，选派青年教师去国外著名大学做访问学者或短期交流学习，优化研究院的学术梯队。

【合作交流】研究院实行“开放、流动、联合、竞争”的运行机制，营造良好的科研条件，加强同国内高校、科研院所之间的科学研究合作与学术交流，创建合作激励机制，强化原创性的基础与应用研究。

研究院吸引国内优秀科技人才从事原始性创新科学研究，开展具有前瞻性、交叉性的应用基础研究课题研究。开展具有一定研究基础、经济价值和推广价值高的新产品开发。鼓励国际合作与学术交流，邀请一定数量的国外知名学者来研究院进行访问和学术交流，选派一定数量的优秀研究人员特别是优秀中青年科研人员出国从事合作研究或学术交流。

研究院积极开展国内外学术交流，通过学术交流开拓视野，培养、锻炼青年学者，促进科研和教学，提高学术水平。2023年研究院承办了2场国内会议，1场国际会议，邀请校外学者讲学10人次。教师们参加会议并作报告8场。研究院“增材制造与智能技术”团队在全国科普日期间举办了2场3D打印主题的科普活动，并得到武汉市科协的报道。

此外，研究院鼓励与支持研究生参加国内外学术交流，拓宽研究生的国际视野。研究生卢睿等人参加了2023（第三届）国际有色金属新材料大会，并参与增材制造分会的组织工作；研究生倪大慰同学参加了IFAC2023国际会议（自动化领域顶级会议），并作口头报告。

【运行管理】研究院“增材制造与智能技术”团队组织加入教育部全国增材制造行业产教融合共同体，成为理事单位。

研究院通过内部规章制度的建设，保障研究院平稳高效运转。充分发挥学术委员会的重要作用，保持研究院学术方向的特色，注重培养良好的科研氛围和学术风气，杜绝违反学术道德的事件发生。各研究方向学术带头人活跃在学科前沿，与国内同行一起推进我国精密制造技术的发展。

根据研究院建设管理办法和学校有关重点研究院管理的文件，制定了研究院固定人员管理办法、流动人员管理办法、开放课题管理办法、科研成果管理办法、学术活动管理办法、大型仪器设备管理办法、实验规则、办公室管理办法等一系列规章制度。研究院管理规范，严把安全关，没有发生一起安全事故。

研究院实行主任负责制，设1位科研秘书、3个研究方向负责人，由研究院主任、科研秘书、方向负责人及相关学术骨干组成委员会，研究院重大事项由委员会集体讨论决策，保障研究院平稳高效运行。

研究院的仪器设备由设备管理员统一管理，定期对仪器设备及变动情况进行核对，做到账物相符。对于大型、贵重仪器设备落实单机负责人，负责该设备的技术和使用管理，保证设备的正确使用和正常运行，提高设备完好率。

研究院大型仪器面向全省高校、科研机构开放。研究院对依托单位的学生开放，为优秀本科生课外科技活动提供了条件。研究院每年接待参观、考察50余人次，扩大了研究院的科技和社会影响力，有效提高了研究院公用平台的开放、共享程度和设备使用率。其中，研究院向增材制造工程微专业学生开放了3D打印设备，学生借助该平台完成了3D打印实验课程以及相关竞赛项目。

附录

2023年精密制造研究院举办的国际国内学术会议情况一览表

序号	会议名称	主办承办单位名称	召开时间	参加人数	类别
1	第七届数字孪生与智能制造服务学术会议	北京航空航天大学、北京理工大学、西北工业大学、郑州轻工业大学、华中科技大学、广东工业大学、东南大学、暨南大学、山东大学、武汉理工大学、上海大学、武汉科技大学	2023年7月28—30日	840	国内会议
2	绿色制造丛书宣讲活动暨双碳关键技术系列论坛	武汉科技大学	2023年5月27日 9:00—16:30	60	国内会议
3	2023（第三届）国际有色金属新材料大会	武汉科技大学、华中科技大学、上海交通大学、中国有色金属学会	2023年11月18—19日	600	国际会议

2023年精密制造研究院在国内国际学术会议上作报告情况一览表

序号	报告题目	报告人	职称	会议名称	报告类型	时间
1	机理驱动的数据模型及其在智能加工中的应用	朱锟鹏	教授	2023年中国机械工程学会工业大数据与智能系统分会学术年会暨第六届大数据驱动的智能制造学术会议	大会报告	2023年7月18日
2	激光粉末床熔融在线/原位监测与质量控制研究	朱锟鹏	教授	2023（第三届）国际有色金属新材料大会（ICNFM）	邀请报告	2023年11月18日

续表

序号	报告题目	报告人	职称	会议名称	报告类型	时间
3	Selective laser melting process monitoring: the physics-informed machine learning approach	朱锟鹏	教授	The 20th International Manufacturing Conference in China (IMCC 2023)	邀请报告	2023 年 11 月 24 日
4	面向航空航天精密装备的智能制造技术与系统	朱锟鹏	教授	2023 年中国科学院大型仪器区域中心“物质科学与先进制造领域”片区工作交流会	学术报告	2023 年 12 月 1 日
5	激光选区熔化增材制造熔池变化与飞溅行为研究	林　昕	教授	2022（第十四届）中国有色金属学会青年科技论坛	口头报告	2023 年 4 月 16—18 日
6	选择性激光熔化熔池蒸汽特征与质量控制	林　昕	教授	第七届全国增材制造青年科学家论坛	邀请报告	2023 年 4 月 21—23 日
7	基于图像语义分割与卷积的选区激光熔融成形过程羽流运动特征分析	林　昕	教授	稀土与稀有金属材料创新发展论坛	邀请报告	2023 年 11 月 3—5 日
8	选区激光熔化熔池、飞溅、蒸汽特征及工艺控制	林　昕	教授	第十八届全国青年材料科学技术研讨会	口头报告	2023 年 5 月 26—28 日

2023 年精密制造研究院举办科普活动情况一览表

序号	科普活动题目	举办人	职　称	举办地点	时间
1	3D 打印智造未来——“红色科普天天讲”活动进社区	林　昕	教授	青山区新沟桥街道科苑社区	2023 年 7 月 3 日
2	数字创新之旅：3D 打印的多元应用	程　濛	副教授	武汉科技大学	2023 年 9 月 22 日

2023 年精密制造研究院邀请国内外学者讲学情况一览表

序号	报告题目	报告人	职　称	单　位	时间
1	物理启发可解释网络及其在智能运维中的应用	严如强	教授	西安交通大学	2023 年 11 月 20 日 10:00—12:00
2	跨尺度拓扑优化设计方法及其在热学超材料中的应用	肖　蜜	教授	华中科技大学	2023 年 12 月 4 日 10:00—12:00

续表

序号	报告题目	报告人	职　称	单　位	时间
3	苛刻环境防护涂层损伤机理与延寿技术	蒲吉斌	研究员	中国科学院宁波材料技术与工程研究所	2023 年 11 月 22 日 10:00—12:00
4	激光冲击金属力学响应及其光电增强效应	胡耀武	教授	武汉大学	2023 年 11 月 16 日 10:00—12:00
5	Machine-learning-based RANS turbulence modeling framework	连复桑	教授	加拿大滑铁卢大学	2023 年 11 月 13 日 9:00—11:00
6	基于超表面的光参量解耦技术及多功能超构器件	郑国兴	教授	武汉大学	2023 年 11 月 9 日 9:00—11:00
7	基于深度模仿学习的机器人抓取与操作	李　淼	教授	武汉大学	2023 年 11 月 6 日 9:00—11:00
8	金属薄板柔性渐进成形技术：从基础研究到工业应用探索	陈　军	教授	上海交通大学	2023 年 10 月 20 日 9:00—11:00
9	Monitoring of Bolted Connection	欧阳华江	教授	英国利物浦大学	2023 年 12 月 14 日 9:00—11:00
10	生物传感器与脑机接口的前沿研究	Jan Van der Spiegel	教授	美国宾夕法尼亚大学	2023 年 12 月 7 日 9:00—11:00

2023 年度精密制造研究院获得科研奖励情况一览表

获奖名称	主要获奖人	完成单位	获奖等级
激光增材制造在线监控系统理论与技术	朱锟鹏、傅盈西、严春阳、林　昕、段现银	中国科学院合肥物质科学研究院、国防工业出版社、苏州工业园区新国大研究院、武汉科技大学、华中科技大学	机械工业科学技术奖三等奖

2023 年精密制造研究院立项纵向项目情况一览表

项目名称	项目来源	经费/万元	负责人
纳米容器表面改性	湖北省“JD”技术攻关工程项目	75	蔡召兵

2023 年精密制造研究院立项横向项目情况一览表

序号	项目名称	合作单位	金额/万元	负责人
1	新能源冶金车辆智慧运维 MES 系统开发	无锡巨力重工股份有限公司	陈新元	116
2	工业机器人铣削过程中的关节刚度辨识方法	武汉华晟智能装备有限公司	段现银	80
3	主动降温下井样机电路、温度场实时显示模块及制冷模块测试	中国石油集团工程技术研究院有限公司	陈新元	63
4	结晶器振动台实时动态监测系统开发	武汉钢铁有限公司	严旭果	43.9
5	自动闭环钻头导向工具导向部分配件加工合同	中国石油集团工程技术研究院有限公司	陈新元	39.12
6	企业标准研制能力提升与标准人才培育	武汉力地液压设备有限公司	陈新元	20
7	机器人增减材加工建模与仿真	武汉力顿自动化设备有限公司	段现银	12
8	耐高温高熵材料制备与性能测试研究	哈尔滨工业大学	蔡召兵	5
9	微铣削刀具磨损图像的稀疏编码双字典超分辨率方法研究	中国科学院合肥物质科学研究院	李　斯	3.795
10	基于激光/电弧/等离子与磁场复合增材修复技术的典型船用零件成形性能测试	武汉数字化设计与制造创新中心有限公司	段现银	3.424
11	基于激光/电弧/等离子与超声复合增材修复技术的典型船用零件成形性能测试	武汉数字化设计与制造创新中心有限公司	段现银	2.62
12	"基于刀具受力变形的多轴数控加工刀轴矢量优化方法"发明专利转让	泸州翰飞航天科技发展有限责任公司	段现银	1.5

2023 年精密制造研究院申请知识产权情况一览表

序号	成果名称	发明人	申请号	类别
1	一种基于三维扫描和大数据的虚拟试衣系统及方法	段现银	202310440129.3	发明专利
2	一种多功能骑踏式下肢康复机器人	林　昕	202310509318.1	发明专利
3	一种电磁阀	陈新元	202311380318.2	发明专利
4	一种增材制造件支撑智能去除系统及方法	段现银	202311624548.9	发明专利
5	一种下肢康复机器人	林　昕	202322432427.6	实用新型
6	一种多工位带材智能化在线测宽设备	段现银	202320398909.1	实用新型
7	耐高温氧化的双相高熵合金及其制备方	蔡召兵	202310434336.8	发明专利

2023 年精密制造研究院发表学术论文情况一览表

序号	论文题目	作者	发表刊物	期刊类型
1	Physics-informed deep learning for tool wear monitoring	朱锟鹏	*IEEE Transactions on Industrial Informatics*	SCI
2	Physics-informed Gaussian process for tool wear prediction	朱锟鹏	*ISA Transactions*	SCI
3	Gaussian process classification of melt pool motion for laser powder bed fusion process monitoring	朱锟鹏	*Mechanical Systems and Signal Processing*	SCI
4	Physics-Guided Deep Learning Method for Tool Condition Monitoring in Smart Machining System	朱锟鹏	*IEEE/ASME Transactions on Mechatronics*	SCI
5	Physics-informed hidden markov model for tool wear monitoring	朱锟鹏	*Journal of Manufacturing Systems*	SCI
6	Collaborative control for in-situ monitoring molten pool of Selective Laser Melting	林　昕	*Front. Mech. Eng*	SCI
7	Microstructure and tribological performance of ultra-high speed laser-cladded AlCrCoFeNi2. 1-xTiB2 (x = 0, 0.5, 1.0, 1.5 and 2.0 wt%) high-entropy alloy coatings	蔡召兵	*Materials Today Communications*	SCI
8	Comparative study on microstructure and tribological property of VCN, VCN-Al, and VCN/Al films	蔡召兵	*Journal of Materials Engineering and Performance*	SCI
9	激光熔覆 NbMoTaWV 难熔高熵合金涂层的高温氧化行为	蔡召兵	《材料导报》	EI
10	激光熔覆 MoNbTaVW 难熔高熵合金涂层微动磨损性能研究	蔡召兵	《材料导报》	EI
11	采用 HHT 与 CNN 的刀具磨损状态监测	段现银	《组合机床与自动化加工技术》	EI
12	大轴径比工件辊锻过程宽展变形研究	赵三星	《锻压技术》	北大核心

（撰写：林　昕　审核：朱锟鹏）

材料基因组联合研究中心（高性能计算中心）

【概况】2023 年，高性能计算中心安全平稳运行一年；高性能计算中心二期建设稳步推进之中；目前整个高性能计算中心投资接近 1000 万元。

【科学研究】据不完全统计，2023 年，以该中心为研究支撑平台申请的国家自然科学基金项目 7 项；致谢中心的论文超 70 篇，其中中科院大一区论文达到 15 篇。

【队伍建设】15 个学院，共计 200 余位教师开设计算账户，相比 2022 年增加 50 人。

【合作交流】建立了武汉科技大学高性能计算中心交流群，进行技术以及必要的学术交流。2023 年，举办了“机器学习在钢铁冶金全流程智能制造中的应用研讨会”。

【运行管理】根据计算需求，安装相应的软件：定期进行软硬件检查；根据计算需求，进行资源调配；根据收费管理标准，进行了 2022 年资费整理与征收。

（撰稿：成　林　审稿：涂　伟）

师资队伍建设与人事工作

【概况】 学校坚持实施人才强校战略，牢固树立人才优先发展的理念，不断优化师资队伍结构，积极探索推进岗位聘用改革、职称评审优化、绩效工资激励，不断深化人事制度综合改革，进一步激发师资队伍活力和创新力，为学校“双一流”建设提供坚强的智力支持和人才保障。

截至2023年12月31日，学校在职职工总数为2704人，其中专任教师1681人，教辅人员157人，行政人员324人，工勤人员178人。专任教师队伍中具有博士学位的1155人，占68.71%。

【师资队伍建设】 人事处根据学校事业发展需要，加大人才引进和人才培养力度，同时严把需求关、审核关、程序关，及时有效地完成了教师引进计划和教师培育等各项工作。引进专任教师60人（含高层次人才24人，已到岗16人），其中具有海外学习经历的12人。完成了129位在聘高层次人才年度及聘期考核、42位新教师聘期考核工作。30人获批国家公派留学、教育部国内访学、在职读博等师资培养项目。

【职称工作】 根据学校《关于开展2023年度学校职称申报评审工作的通知》精神，学校于2023年6月28日正式启动了职称申报工作，于2023年10月10日完成2023年职称评审工作，评审情况良好。2023年全校共有192人申报高、中、初级职称。经过基层单位对申报人材料的审查和公示、相关职能部门复核、校外同行专家评审，外审送出65人，195份外审材料。有116人通过初审，最终有97人通过2023年职称评审，2人学校推荐评审。

【岗聘工作】 完成教师（专职辅导员、临床）、其他专业技术人员、工勤技能人员岗位聘用。印发《武汉科技大学2023年教师（专职辅导员、临床）、其他专业技术人员、工勤技能人员岗位聘用工作方案》（武科大人发〔2023〕13号），完善相关人员的岗位选聘条件和考核条件，分级聘用480位教师（专职辅导员、临床）、其他专业技术人员，184位工勤技能人员，7位非事业编制其他专业技术人员。

【博士后管理工作】 不断加强博士后流动站建设，做好博士后服务管理。目前在站博士后83人，6人获批国家自然科学基金青年项目，7人获批中国博士后科学基金面上资助项目，11人湖北省博士后创新研究岗位，24人认定在汉高水平科技创新团队在站博士后生活补贴。出站博士后中16人获批国家自然科学基金项目（其中面上项目10项），1人入选湖北省博士后卓越人才跟踪培养计划，4人入选湖北省博士后优秀人才跟踪支持计划。在第二届全国博士后创新创业大赛获 2 项银奖，获奖数位居省属高校第一。承办 2023 年度“博聚楚天 · 共话荆彩”湖北省博士后“‘51020’背景下的绿色冶金与先进材料”学术交流活动和中国冶金教育学会博士后工作研究分会 2023 年工作会议。根据国家和省市关于博士后文件精神，结合学校实际情况，修订《武汉科技大学“博士后创新人才培养计划”实施办法》。

【绩效工作改革】根据《武汉科技大学绩效工资改革实施办法》，调整全校人员绩效工资结构、绩效工资标准，并完成 2022 年绩效工资核算。

【劳资工作】完成退休“中人”待遇申领及学校代发退休待遇催收工作。在继“中人”2022 年 12 月正式上线运行后，完成共 108 名 2023 年退休“中人”待遇申领工作，并于 12 月完成 2024 年退休“中人”退休待遇预审工作。继“中人”退休待遇社会化发放后，积极推进 2019 年 2 月—2022 年 12 月退休“中人”代发退休待遇追缴工作，共收回金额约 1777 万元。

完成全校职工工资发放、调整及统计报表报送工作。每月按时完成并根据 2022 年年度考核结果，完成全校 2600 余名教职工 2023 年薪级晋升调整及补发。并完成 2023 年高等教育学校（机构）统计调查、2022 年度事业单位人事管理统计、2023 年高校教职工薪酬数据调查统计、非营利性服务业工资总额统计等报表统计报送工作。

【人事档案专审】2023 年完成干部人事档案专项审核工作。根据干部人事档案专项审核要求，完成 1100 余名中级及以下职称和正科级及以下职务人员的档案审核签字和档案信息数字化，并对第一批近 1300 份干部人事档案完成复核校准。同时，根据干部人事档案提升年工作要求，积极推进干部人事档案材料查补和在职学习经历认证，初步完成材料查补和在职学历认证，并完善干部人事档案相关制度。

【养老保险工作】完成养老保险缴费基数调整及参保人员变更工作。2023 年 12 月完成 2500 余名在职人员 2024 年度机关事业养老保险缴费工资基数统计、申报核定工作。约 450 名人员新增参保、续保、转移新增，以及约 200 名人员减员，包括数据统计梳理、网申系统申报、支撑材料送审等工作。

【师德师风建设】教师思政和师德师风建设工作机制进一步完善。制定出台《武汉科技大学 2023 年教师思政工作要点》，组织召开 2023 年师德师风建设专题会议，开展师德师风专项整治工作，组织全校教师完成教育部“师德集中学习”专题教育。举行教师节座谈会、新入职教师欢迎会，开展第五期“启航班”新入职教师岗前培训和 2023 年度师德师风建设主题月活动，在学校人事处网站设置“武汉科技大学师德师风监督举报平台”，进一步完善师德监督机制。

优秀教师个人和集体不断涌现。李轩科、霍开富教授入选 2023 年享受政府特殊津贴人员名单，张华教授荣获 2023 年度宝钢优秀教师奖，程常桂教授获评湖北省有突出贡献中青年专家，曾燕教授获评享受省政府专项津贴专家，王炜教授获评“楚天英才计划”楚天名师，王炜教授获评 2023“荆楚好老师”，材料学部获评 2023 年“教育工作先进集体”。材料学部梁亮、信息科学与工程学院丁炜、资源与环境工程学院吴启兵获批“湖北产业教授”。同时，完成校内教龄满三十年在职教师的表彰工作。

【高层次人才工作】坚持人才是第一资源，以灵活有效的方式不断深入人才强校战略。实施了《武汉科技大学柔性引进高层次人才暂行办法》；拟订了《武汉科技大学“香涛学者特岗计划”实施办法（试行）》，待学校审议通过后实施。学校2023年新增“万人计划”领军人才1人；1人当选俄罗斯工程院外籍院士；全时引进国家“杰青”1名；全职引进国家级青年人才1人；新聘任教育部“长江学者奖励计划”讲席学者1人；围绕一流学科建设任务，靶向引进2个国家杰青团队，有序推进学科交叉研究院筹建、大型仪器平台搭建、学科创新团队组建工作。首批引进成员21人中已有7人全职到岗，其他成员正在陆续办理引进手续中。经学校推荐申报，1人获批教育部“长江学者奖励计划”讲席学者项目，2人入选国家博士后海外引才专项（回国从事博士后研究的海外博士项目），6人入选省“百人计划”，3人入选省“青年拔尖人才培养计划”，1人入选省“医学青年拔尖人才培养计划”，21人入选“楚天学者计划”，12人入选“武汉英才（优秀青年人才）”。国家“111计划”引智基地经科技部验收合格获批持续资助，获批1个湖北省外国专家项目、2个国家外国专家项目。获批到账国家、省市各类人才经费2166万元。推荐27人参加人社厅组织的“院士专家企业行”活动。落实“我为人才办实事”，以务实的举措做好人才管理及服务工作。

附录

2023年武汉科技大学新增教职工人员名单（79人）

胡晓明	王　恒	徐小峰	刘　宇（材）	李铁翀	叶显伟	陈绪亨	李　卓
韩汝洋	夏锦萱	刘　显	邓方茜	秦悠然	易阳帆	万筱雯	陈　玲
夏景阳	叶　莉	刘唐康	刘国亮	刘志强（化）	李江江	段　博	秦　川
姜　珂	吴景程	吴夏莲	张海禄	邓黎丹	王　杏	成丽新	王书豪
许志伟	方钟明	曹书琴	金淑婷	袁　鑫	陈　蔚	黄良益	何　畅
崔鸿飞	李文晶	张亚伟	田舒柳	谭　荧	王聪聪	罗志辉	覃　欢
周景慧	赵娜娜	卢　成	朱明璇	张效康	王瑶为	邓李欣	陈　云
刘　达	常红娟	方　玉	赵梦霄	阁　静	陈　霞（医）	张　旭（艺）	潘　甜
Simon John Carter	杨永愿	刘　盈	於昊天	赵　勇	王露瑶	张良迪	姜　楠
王元泽	佘永禛	邓　思	徐子詠	刘　裕	刘　尧	祝　婷	

2023年武汉科技大学减少教职工人员名单（132人）

杨宁雪	韩朝军	郑春华	王东亮	聂永芬	胡永平	朱　文	李云梅
周　峰	杨　芳（化）	余胜春	吕建林	兰　飞	高全杰	彭惠青	邓东芳
袁　琼	刘兴涛	张　舸	付　荣	周幼庆	曾　俊（管）	刘　刚	徐清云
王　斌	刘惠康	何　鎏	刘淑芳	陈若男	熊祖钊	戴方钦	赵月建
张世华	陈　琦	谭　兵	杨　松	胡少华	梁红云	王燕华	刘长生
李　玫	许　斌	李亚宁	傅　建	向　琼	宋　慧	梁柏华	陈　林
王　艳	徐晓艳	张旭邦	田　野	余学斌	黄枝姣	杜夏葵	李柯诺
安　然	张思龙	邓　欢	王一洋	孙姣娥	胡　钢	符　宁	喻先祥
何建华	张晓平	王　红	徐武斌	张　雨	蔡曼菲	韩　磊	万中华
王忠平	王利民	刘志刚（后）	侯守江	彭　军	瞿秋红	张继才	梁文懂
唐　军	许金池	贾　真	王景存	何　欢	陶　红（国）	李光强	盛克庆
朱秋娟	李　青	吴银侠	张良迪	陈　涛（管）	周洪喜	柳传清	陈玉霞
刘忠胜	钟东望	黄　青	李立新	石秀华	王　瞳	姜　楠	胡雅琼
孟庆润	肖自觉	周太钢	张永红	邹晓顺	乔　榕	赵彤莹	杨金堂
孙君恒	张永忠	阳冬梅	邹　宁	冯小钰	张　强（资）	孙铭骏	王海波（保）
游映玖	朱　雷	薛　梅	孙少学	刘雯林	张晓龙	龚正良	余　东
李玉姣	梁绍湘	彭灵芝	徐子詠				

2023 年获国家公派留学高级研究学者、访问学者、博士后项目人员名单（8 人）

序号	单位	姓名	学位	从事专业	职称	申请高校属地	申请类别
1	材料与冶金学院	方　庆	博士	冶金工程	副教授	澳大利亚	访问学者
2	材料与冶金学院	郭　靖	博士	材料化学	博士后	美国	访问学者
3	化学与化工学院	邹　涛	博士	高分子化学与物理	教授	美国	访问学者
4	理学院	丁咏梅	博士	系统科学/统计学	副教授	美国	访问学者
5	汽车与交通工程学院	王道斌	博士	交通工程	副教授	美国	访问学者
6	信息科学与工程学院	陈　洋	博士	自动化	教授	新加坡	访问学者
7	信息科学与工程学院	黎　良	博士	控制科学与工程	副教授	法国	访问学者
8	汽车与交通工程学院	李浩然	博士	车辆工程	讲师	日本	博士后

2023 年获国家留学基金委地方合作出国研修项目人员名单（5 人）

序号	单位	姓名	学位	从事专业	职称	申请高校属地	申请类别
1	材料与冶金学院	左　威	博士	动力工程及工程热物理	副教授	澳大利亚	访问学者
2	信息科学与工程学院	杨艳华	博士	控制科学与工程	副教授	新加坡	访问学者
3	医学院	陈雨珊	博士	医学	副教授	美国	访问学者
4	计算机科学与技术学院	贺娟娟	博士	控制科学与工程	副教授	加拿大	访问学者
5	计算机科学与技术学院	林云汉	博士	计算机科学与技术	副教授	英国	访问学者

2023 年获湖北省教育厅高校青年教师出国研修项目人员名单（2 人）

序号	单位	姓名	学位	从事专业	职称	申请高校属地	申请类别
1	外国语学院	程　宏	硕士	英语语言文学	讲师	美国	访问学者
2	管理学院	朱新玲	博士	经济学	副教授	加拿大	访问学者

2023 年第二届全国博士后创新创业大赛（2 人）

序号	学院	姓名	一级学科	组别	奖项
1	材料学部	胡晓明	冶金工程	创业赛	铜奖
2	材料学部	万响亮	冶金工程	揭榜领题赛	银奖

2023 年获中国博士后科学基金面上资助人员名单（7 人）

序号	所在学院	姓名	一级学科
1	材料学部	余　蕾	冶金工程
2	材料学部	刘　曼	冶金工程
3	信息科学与工程学院	熊　军	机械工程
4	机械自动化学院	江　都	控制科学与工程
5	材料学部	胡晓明	冶金工程
6	资源与环境工程学院	杨永愿	矿业工程
7	理学院	陈　翔	系统科学

2023 年入选国家博士后资助计划人员名单（5 人）

序号	所在学院	姓名	一级学科	资助等级
1	材料学部	刘　宇	材料学科与工程	国资计划 B 档
2	化学与化工学院	刘唐康	冶金工程	国资计划 C 档
3	化学与化工学院	秦　川	冶金工程	国资计划 C 档
4	机械自动化学院	王书豪	机械工程	国资计划 C 档
5	信息科学与工程学院	成丽新	控制科学与工程	国资计划 C 档

2023 年入选湖北省博士后卓越人才跟踪培养计划人员名单（1 人）

所在学院	姓名	一级学科
材料学部	黄　奥	冶金工程

2023 年入选湖北省博士后优秀人才跟踪支持计划人员名单（4 人）

序号	所在学院	姓名	一级学科
1	材料学部	曹玉龙	冶金工程
2	机械自动化学院	陈　晨	机械工程
3	机械自动化学院	张　磊	机械工程
4	生命科学与健康学院	祝海川	化学工程与技术

2023 年湖北省博士后创新研究岗位（11 人）

序号	学院	姓名	一级学科
1	材料学部	陈光辉	冶金工程
2	材料学部	胡晓明	冶金工程
3	材料学部	刘　曼	冶金工程
4	材料学部	余　蕾	冶金工程
5	信息科学与工程学院	成丽新	控制科学与工程
6	信息科学与工程学院	江　都	控制科学与工程
7	化学与化工学院	刘唐康	化学工程与技术
8	材料学部	刘　宇	材料科学与工程
9	资源与环境工程学院	杨永愿	矿业工程
10	理学院	余　锐	系统科学
11	机械自动化学院	张　宇	机械工程

2023 年教育部“中西部高等学校青年骨干教师国内访问学者项目”录取名单（2 人）

序号	姓名	所在单位	接受学校	接受专业	访问时间	备　注
1	刘　翱	管理学院	武汉大学	管理科学与工程	2023 年 9 月—2024 年 6 月	骨干项目
2	许　娜	生命科学与健康学院	重庆大学	生物医学工程	2023 年 9 月—2024 年 6 月	骨干项目

2023 年各类高层次人才一览表（49 人）

序号	姓名	入选项目	备　注
1	马　腾	“WR 计划”领军人才	组织任命
2	郑安民	青年科学基金项目（A 类）	引进
3	陆珺霞	国家级青年人才计划（QR）	引进
4	SHENGLI JIN	国家重大引才计划（CJJX）	
5	任晓辉	国家引才计划（HW 博士后）	

续表

序号	姓名	入选项目	备　注
6	杨永愿	国家引才计划（HW 博士后）	
7	邱　耀	湖北省重大人才计划（BR）	
8	张效康	湖北省重大人才计划（BR）	
9	陈　瑶	湖北省重大人才计划（BR）	
10	倪志拓	湖北省重大人才计划（BR）	
11	徐　雪	湖北省重大人才计划（BR）	
12	涂镇波	湖北省重大人才计划（BR）	
13	刘志强	楚天英才计划·青年拔尖人才	
14	王　蕾	楚天英才计划·青年拔尖人才	
15	杨庚蔚	楚天英才计划·青年拔尖人才	
16	陈　婷	楚天英才计划·医疗卫生人才	
17	王大珩	“楚天英才计划”楚天学者	
18	王　勇（材）	“楚天英才计划”楚天学者	
19	王瑶为	“楚天英才计划”楚天学者	
20	田俊羽	“楚天英才计划”楚天学者	
21	朱颖丽	“楚天英才计划”楚天学者	
22	刘　红（资）	“楚天英才计划”楚天学者	
23	刘　涛（材）	“楚天英才计划”楚天学者	
24	严　迪	“楚天英才计划”楚天学者	
25	李　奇	“楚天英才计划”楚天学者	
26	李　卓	“楚天英才计划”楚天学者	
27	李承志	“楚天英才计划”楚天学者	
28	陈永婷	“楚天英才计划”楚天学者	
29	陈宝通	“楚天英才计划”楚天学者	
30	陈　晨（机）	“楚天英才计划”楚天学者	
31	周玉凤	“楚天英才计划”楚天学者	
32	郑贵娟	“楚天英才计划”楚天学者	

续表

序号	姓名	入选项目	备　注
33	郑秋实	“楚天英才计划”楚天学者	
34	胡　棉	“楚天英才计划”楚天学者	
35	袁　锐	“楚天英才计划”楚天学者	
36	徐丹丹	“楚天英才计划”楚天学者	
37	熊　丽	“楚天英才计划”楚天学者	
38	干　路	武汉英才（优秀青年人才）	
39	王　勇	武汉英才（优秀青年人才）	
40	任晓辉	武汉英才（优秀青年人才）	
41	祝　能	武汉英才（优秀青年人才）	
42	万　鹏	武汉英才（优秀青年人才）	
43	刘海兵	武汉英才（优秀青年人才）	
44	程　濛	武汉英才（优秀青年人才）	
45	安　然	武汉英才（优秀青年人才）	
46	叶　青	武汉英才（优秀青年人才）	
47	李保六	武汉英才（优秀青年人才）	
48	吴耀中	武汉英才（优秀青年人才）	
49	郭建光	武汉英才（优秀青年人才）	

（撰稿：龚　园、邓映辉、杨长发、叶祖洋、牛　健、洪守胜、余淑芬、毛春燕、王　敏、童　浩、岳　哲、彭晓峰、赵　磊　审稿：邹清华）

国际交流合作和港澳台工作

2023年，国际处围绕学校党政工作要点，以深化体制改革为重点，以推进一流学科建设为目标，提升学校整体国际化水平，以坚持新发展理念稳步推进各项工作。

【项目管理体制改革】 修订《武汉科技大学中外合作办学项目管理办法》和制定《合作办学项目经费管理办法建议方案》，全面实施中外合作办学项目管理体制改革，充分发挥学院办学主体作用和职能部门服务管理作用，项目所在专业学院负责项目的实施和具体办学工作，各职能部门按照各自职责进行归口管理，稳步推动合作办学高质量内涵式发展。

【国际合作新突破】 积极落实“双一流”建设相关要求，与世界百强香港理工大学（QS：65位）在人才培养和科研基地方面建立合作关系，2023年11月16日在东湖国际会议中心举办的第二十三届华侨华人创业发展洽谈会的开幕式上，武汉科技大学与香港理工大学正式签署战略合作框架协议，双方在人才联合培养、科研合作及成果转化方面展开深入合作。

获批武汉科技大学历史上第一个教育部国际合作联合实验室：“钢铁工业耐火材料新技术国际合作联合实验室”，系联合奥地利莱奥本矿业大学、德国弗莱贝格工业大学等相关领域国外高水平大学共同组建；获批科技部首批“中非伙伴关系研究所交流项目”，揭牌“中非低碳冶金研究中心”，联合南非比勒陀利亚大学、尼日利亚圣约大学、埃及艾因沙姆斯大学为核心参与合作单位。

首次获批湖北省政府对外友谊最高奖项：编钟奖，欧洲科学院院士、荷兰阿姆斯特丹自由大学 Frank van Harmelen 教授。

积极对接国（境）外高水平教育资源，组织校领导徐雁冰、倪红卫、孙国胜和盛建龙赴国外合作高校友好访问。其中党委书记徐雁冰赴西班牙马德里康普顿斯大学、塞浦路斯中央兰开夏大学访问，与西班牙马德里康普顿斯大学签署校际的全面合作协议，并在人才培养和合作办学方面进行深入探讨；校长倪红卫随教育厅高校访问团赴英国和法国访问雷丁大学、伦敦大学学院、英国文化交流协会和法国凯致商学院、巴黎西岱大学等高校，并与法国凯致商学院签署双方合作协议；党委副书记孙国胜赴澳大利亚代表学校参加“武汉科技大学澳大利亚校友会”成立仪式和前往迪肯大学、昆士兰大学友好访问；党委副书记盛建龙赴德国出席在弗莱贝格举办的武汉科技大学与弗莱贝格工业大学合作20周年学术庆典和赴奥地利莱奥本矿业大学续签两校合作协议。

2023年全年接待国（境）外政要和大学校长代表团及校方代表来访40余人次，其中有来自德国萨克森州副州长访问团、西班牙马德里康普顿斯大学校长访问团、香港理工大学校长访问团、澳大利亚迪肯大学校长访问团、美国内华达大学拉斯维加斯分校校长访问团等；签署各类型合作协议共21项，打造全球性合作伙伴关系。

全年举办多场高水平国际会议：承办教育部“2023国际产学研用合作会议（湖北）·武汉科技大学‘先进材料与绿色制造新技术’分论坛”；承办“中非创新合作与发展论坛”的非洲公共卫生与健康专场、低碳功能材料新技术国际研讨会两次分论坛。

【国际化工作高质量发展】 首次举办中非青年创新创业大赛“大健康和现代农业”领域，赛事共组织项目63项，比赛评选出5项晋级到决赛环节；科技部中非创新合作中心授牌武汉科技大学建设首批“中非创新创业示范基地”。

组织申报并获批科技部国外人才研究中心设立的“外专书屋”，系湖北省首批获批单位。

申报国家留学基金委地方合作项目地方创新子项目4项；国家留学基金委2022年国家建设高水平大学公派研究生项目获批3人；“‘双碳’背景下材料科学与工程创新型人才国际合作培养项目”2023年追加合作机构3所，共12名师生获得派出资格。

选派学生100名参加“武科大名校留学计划”的暑期国际学术交流项目及海外知名高校学位衔接项目，分别赴英国牛津大学、剑桥大学、伯明翰城市大学；澳大利亚迪肯大学和香港地区进行学生交流交换；举办“武科大名校留学计划”2场系列宣讲活动，累计到场400人次。

【加强外事队伍建设】 加强理论学习，提升履职能力。坚持做好因公出访与外事来访接待、外籍教师和专家的管理、外事宣传等常规工作。深入学院调研，了解各学科的优势特点和面临的困难，做到一院一拉手，有针对性地指导学院开展国际交流工作。继续扩大学生国际交流志愿服务队，着力培养一支具有国际视野、具备较强综合能力的志愿者队伍，并积极承担校内外事活动和任务。大力推进信息化建设，“武科大国际交流与合作”公众号运营良好，共发布推文22篇。

（撰稿：王　翔　审稿：肖巧玲）

国（境）内交流与合作

【概况】2023年，校友工作与社会合作处围绕学校中心工作，以学校125周年校庆为契机，以信息为基础，情感为纽带，活动为载体，进一步培育校友文化，增强母校情怀，加强校友会建设，广泛拓展资源，推进社会合作，壮大基金规模，为学校“双一流”建设贡献力量。

【年度工作】积极办好校庆校友系列活动。科学制定125周年校庆方案，精心策划校庆校友系列活动。召开了武汉科技大学第三届校友会负责人年会暨校友企业高交会，活动吸引了300余人，近百家企业参加，63万人次线上观看直播，现场达成7项重要签约，签约金额超2000万元。结合学校各项大型活动，邀请校友返校共庆125周年，200余名校友返校参加了“沁湖有约·第三届校园马拉松”“沁湖鱼宴”等活动。精心组织了125周年校庆“校友杯”体育嘉年华活动，近300名校友返校参加羽毛球赛、足球赛。积极邀请校友返校开展“值年返校”活动，全年20余个班级500余名校友返校聚会。组织邀请社会企业、校友企业代表参加学校高质量发展咨询会，30家企业现场与学校集中签订实训基地合作协议、校企合作协议、社会捐赠协议。

进一步完善校友组织建设。一是规范校友组织建设，召开了武汉科技大学第二次会员代表大会暨第二届理事会换届大会，选举产生新一届负责人及理事会成员；走访了深圳、苏州、南京、新疆、内蒙古、湖南、贵州、北京、上海、惠州、无锡等地校友及校友分会，指导了地方校友会建设。二是扩大校友组织规模，逐步推进校友组织地域覆盖面，成立了澳大利亚校友会、大健康产业校友会、武汉校友企业家联盟。三是激发校友组织活力，制作校友会迎新宣传视频，指导南京、杭州、深圳等地校友会开展迎新活动，为校友分会注入新生力量。鼓励指导各校友分会开展形式多样的活动凝聚校友人气，如武汉校友会定期组织校友企业走访、组建篮球队，生态环境产业校友会组织苏州、惠州会议等等活动，激发了校友分会的活力。

进一步扩大资金筹措规模。一是稳步提升基金规模，基金会实际到账资金6440.57万元，受赠股权2000万元。二是加强基金会内部建设，充分发挥基金会理事会、秘书处职能，严格执行基金工作议事制度，对《武汉科技大学教育发展基金会捐赠项目管理办法》《武汉科技大学教育发展基金会项目支出管理实施细则》等制度文件向基金会理事会提出了修改意见，进一步规范基金会的内部管理。

进一步汇聚社会资源。积极挖掘整合

校友资源，与深圳华创、苏州瀚能等企业签订合作共建协议，并积极推进项目落地，“瀚能·武科大先进技术研究院”项目在孝感落地，总投资6.4亿元。举办了首届校友企业专场招聘会，吸引了187家校友企业及重点企业，提供就业岗位13000余个。积极寻求校地战略互动，与新疆博州、湖北浠水、十堰等地方政府签订战略合作协议，协同开展人才培养、成果转化和技术攻关等实际行动，助力学校“双一流”建设。

进一步创新宣传手段。全面完善校友信息数据库，协同档案馆查询学校办学历史，建立专业、年级、班级专业发展脉络，更新核查25万余条校友基础信息，完善了校友基础数据库。着力开发构建“校友信息网络交互平台”，更新改版了官方网站、教育发展基金会公众号，上线“武科大校友汇”微信小程序，为学校教学科研单位、校友企业、地方政府提供展示平台、招商平台及供需信息发布平台。通过小程序上线“校友卡”，为校友返校提供便利，发布“雨滴沁湖”“景观提档升级”“青山校区运动场建设”等线上小额捐赠项目，进一步扩充筹资手段、宣传慈善文化。

【与深圳华创建筑装饰股份有限公司签订全面战略合作协议】3月25—26日，以“互联互通互享 合作共创未来”为主题的武汉科技大学第三届校友会负责人年会暨首届校友企业高交会在深圳召开。学校党委书记徐雁冰、党委副书记孙国胜出席会议，学校相关领导及各校友分会负责人、校友企业家代表等300余人参加活动。会上，学校与校友企业深圳华创建筑装饰股份有限公司签订全面战略合作协议。

【与新疆博尔塔拉蒙古自治州人民政府签订州校合作协议】7月25日，学校与新疆博尔塔拉蒙古自治州人民政府在新疆博乐举行州校合作签约仪式。校党委书记徐雁冰，博州党委副书记、州长巴音克西致辞。校长倪红卫与博州州长巴音克西为“武科大——博州科技创新创业中心”揭牌。校党委副书记孙国胜与博州党委常委、副州长阿尔特签订州校合作框架协议。霍开富教授与新疆西域赛湖服饰科技有限公司签署技术服务合同。合作仪式由博州党委副书记、湖北省援疆工作前方指挥部党组书记、总指挥方向荣主持。学校相关职能部门、学部负责人，博州政府有关单位负责同志，湖北援疆工作前方指挥部相关领导，博乐市相关负责人等参加活动。

【与湖北联投签订校企合作框架协议】9月12日，学校与湖北联投举行校企合作框架协议签署仪式。校党委书记徐雁冰，湖北联投党委书记、董事长刘俊刚出席签约仪式并座谈交流。校长倪红卫、湖北联投总经理刘光辉代表双方签署协议。校党委副书记孙国胜，党委常委、副校长沈季伟，党政办公室、发展规划与学科建设处、科学技术发展院、财务处、校友工作与社会合作处、资产经营有限公司等相关负责人；湖北联投党委委员、副总经理汪继明、邹朝富，新城集团、湖北工建、清能集团、城市运营、自然资源公司等单位相关负责人参加活动。

【与中国电信湖北分公司签订校企合作框架协议】10月17日，学校与湖北电信签署校企合作框架协议。湖北电信党委委员、副总经理，武汉电信总经理张海鹰、校党委副书记孙国胜出席签约仪式并座谈交流。校友工作与社会合作处处长王文涛主持会议。湖北电信政企信息服务事业群总经理李强、公众公司总经理周慧中、政企教育行业事业部总经理吴晓斌，武汉电信副总经理覃兵，武汉电信校园客户服务部总经理吴峰、副总经理周强，学校党政办公室、研究生院、科学技术发展院、校友工作与社会合作处、网络信息中心、计算机科学与技术学院负责人参加会议。

【与浠水县人民政府签订战略合作协议】11月24日，学校与湖北省浠水县人民政府签订校地合作战略框架协议。校党委书记徐雁冰，校长倪红卫；浠水县委书记付宇，县委常委、常务副县长尹小军出席签约仪式并讲话。副校长马腾与尹小军签订校地合作框架协议。仪式由校党委副书记孙国胜主持。校党委常委胡剑，浠水县领导周祖胜、杨嘉国、张明波、汪湘云、徐敏及县政府党组成员虞功亮等出席签约仪式。学校相关职能部门、学部负责人、浠水籍师生代表，浠水政府有关单位负责同志等参加签约仪式。

【与十堰市人民政府签订战略合作框架协议】12月12日，学校与十堰市战略合作框架协议签约仪式在十堰市世纪百强会议中心举行，学校党委书记徐雁冰，校长倪红卫，党委副书记孙国胜，党委常委、副校长马腾，十堰市委书记黄剑雄，市长王永辉等出席协议签约仪式。学校党政办公室、科学技术发展院、校友工作与社会合作处、资源与环境工程学院、管理学院、湖北省中小企业研究中心相关负责人，十堰市人大、组织部、宣传部、科技局、人社局、经信局、郧阳区委区政府、张湾区委区政府相关负责人参加签约。

（撰稿：刘昱佳、缪小军　审稿：王文涛）

办学条件与保障

校务管理

【概况】学校校务管理主要由党政办公室、黄家湖校区综合办公室、洪山校区综合办公室承担。党政办公室是学校党委和行政的综合协调办事机构，全面负责学校事业发展的日常运行、管理、组织与协调，主要职责是综合协调、督办督查、公文处理、外联接待、信访维稳、信息管理、机要保密、依法治校和其他事务与服务工作。政策法规研究室和保密办公室挂靠党政办公室。

2023 年，党政办公室坚持以习近平新时代中国特色社会主义思想为指导，以习近平总书记关于办公厅工作的重要讲话和重要指示批示精神为统领，紧紧围绕学校中心工作，在学校高质量发展进程中勇担重任，砥砺奋进，圆满地完成了年度各项工作任务。

【落实全面从严治党主体责任】制定了《中共武汉科技大学委员会 2023 年全面从严治党主体责任清单》等文件，不断健全主体责任常态化压力传导机制。2023 年 3 月 20 日、12 月 15 日召开党委常委会专题研究全面从严治党工作，扎实开展政治生态分析研判，建立健全问责追责机制。扎实开展主题教育，党委常委会专题学习 10 次，审议专项整治有关内容 8 次，全校开展专题学习 13 次，覆盖 2200 人次。校院两级领导班子成员确定调研课题 242 项，形成调研清单 123 项，领办民生项目 204 项，制定规范性文件 53 个，有力推进主题教育取得实效。每季度末向上级提交《中共武汉科技大学委员会关于巡视有关问题整改进展情况的报告》，持续推进巡视集中整改。制定了《武汉科技大学 2023 年党政工作要点》《武汉科技大学 2023 年重点改革任务及分工方案》，建立重点改革任务进展情况月报制度，确保学校年度各项工作落实落细。围绕湖北省高质量发展综合绩效考核指标目标，逐条对照落实，高质量完成有关考核，各单位提交典型案例 19 份。

【综合管理】落实省属高校高质量发展综合绩效考核专项整改任务。研究制定整改措施，积极推进整改落实，完成整改任务，取得了良好成效。本科生参与法治宣传教育活动达 90%以上，《湖北教育简报》《湖北新闻联播》等多次刊发和报道学校主题教育典型经验做法。按照 2023

年度考核工作方案，对标考核细则中的相关指标，实事求是、全面细致做好工作总结和数据填报，争取本部门负责的考核指标位列省属高校前两位。

持续加强青山校区、黄家湖校区并重的“双中心”的行政管理与服务模式。实行校领导班子例会两校区交替召开制度。2023 年，共召开班子例会 19 次，其中青山校区 10 次，黄家湖校区 9 次。实行校领导黄家湖校区带班制度，每周二至周四至少有一名校领导在黄家湖校区办公。2023 年，校领导在黄家湖带班 113 人次。学校主要领导和联系黄家湖校区各学院（部门）的校领导积极深入黄家湖校区，主动到相关单位开展工作调研和师生座谈会，全年，校领导在黄家湖校区开展调研、召开会议、参加活动共计 109 次。

持续完善 OA 办公系统，简化、优化办事程序，做到审批流程高效、程序规范，印章使用安全。主动深入各单位收集 OA 系统运行中存在的问题及优化建议，进一步完善用印审批、议题发起、外出管理、书记校长信箱等功能，着力解决 OA 系统使用中存在的“不会用、不好用、用不好”的问题。将用印审批、来访登记、信息咨询等业务工作由主楼 17 楼调整至主楼 1 楼，方便师生办理相关业务。立足学校发展实际，分别从重点工作提示、用印审批流程、党委常委会会议及校长办公会议议事规则、信访工作重要事项、合同签报工作等 5 个方面梳理形成了《校务综合业务工作规范指引》。根据上级工作要求，建立了总值班制度、修订了公务接待相关文件，有效推动了办公室系统业务工作制度化、科学化、规范化。举办了办公室系统业务工作培训会，向各单位传达了上级关于信息报送和公文处理的工作要求，解读了学校重点工作规范指引，邀请省政府办公厅领导开展“公文写作规范与处理技巧”专题辅导，扎实推动了上级及学校决策部署的贯彻落实，有效提高了相关工作人员业务水平。

【值班管理】 建立学校总值班制度，不断健全值班工作体系、明确工作规范、强化督促检查，确保学校有序运转、信息畅通，高效应对各类突发事件，维护校园安全稳定。制定了《武汉科技大学总值班工作管理办法（试行）》（武科大党发〔2023〕14 号）。在青山校区学术交流中心单独配置总值班室，严格按照上级要求，在国家法定节假日、特殊时期、敏感时间节点和上级单位要求值班的时间段开展 24 小时带班值班。全年校领导带班 162 人次，安排科级及以上干部在总值班室值班 58 人次。党政办公室在 2023 年所有法定节假日、周末及寒暑假均安排专人到岗值班值守，全年累计值班值守 227 人次。

【外部联络】 加强与上级单位、辖区政府和相关单位的沟通联络，争取良好的外部环境和政策支持。先后完成了省委副书记诸葛宇杰、教育部发展规划司司长刘昌亚、省教育厅厅长周静、副厅长周启红、省委军民融合办副主任袁善谋等上级领导，中国一冶、湖北联投、湖北电信等企业的来访调研交流的接待工作；先后与香港理工大学、武汉理工大学、博尔塔拉蒙古自治州、十堰市、浠水县、湖北联投、湖北电信等签订合作协议。加强与辖区教育部门对接，做好教师子女的义务教育阶段的入学工作。完成小学录取 46 人，小升初 43 人。

【信息公开】高质量编辑出版《武汉科技大学年鉴（2022）》，完成《湖北教育年鉴》《青山年鉴》武汉科技大学部分的撰稿工作。做好信息公开工作，做好信息公开网维护工作。完成学校信息公开网 2022—2023 学年度的信息公开内容更新工作，并将年度信息公开报告及时上传网站和报送省教育厅。2023 年 6 月 28—30 日在湖北民族大学完成省教育评估院的信息公开监测工作，信息公开监测成绩位居省属高校前列。省教育厅 9 月信息公开情况抽查，学校情况被评定为：无缺少的项目、内容，更新情况好。

【信访维稳】以落实《信访工作条例》和信访工作责任制为抓手，推动做好源头防范、矛盾纠纷化解、风险应急处置，做好重点时期的维稳工作，维护校园安全稳定。大力弘扬“四下基层”作风，校领导班子自觉践行信访接待下基层，广泛听取师生员工对学校工作的建议意见和利益诉求，持续开展校领导接待日 22 次。截至 2023 年 11 月 30 日，信访办公室共办理信访事项 199 件。其中：教职工信访事项 27 件、学生信访事项 131 件、校外人员信访事项 41 件。全年，未发生上级行政机关交办的复查信访件，未发生超期未处理信访件。根据信访工作法律法规和有关政策，结合学校实际修订了《武汉科技大学信访工作实施细则》，共分为六章四十一条。

【法制建设】深度拓展法务服务，共建和谐校园。一是构建法治文化“大宣教”格局。系统构建“一主两翼多点支撑”的校园法治文化格局，依托沁湖校园文化打造学校法治文化品牌，引领学校法治工作。二是建立法律援助体系。建立“法治机构—法律援助工作站—法律顾问”三位一体法律服务和援助体系，2023 年为 10 余名师生提供法律援助。三是组织全民普法教育。组织学生参加教育部“学宪法讲宪法”活动，本年度两万余名学生完成线上学习，一名学生参加全国总决赛获国家三等奖。

健全合同管理制度，加强各类合同（协议）的合法性审查。严格落实《武汉科技大学合同管理规定》，坚持“闭环式”合同管理工作，按照“统一指导、归口管理、各负其责”原则，不断完善合同管理流程。坚持建好用好法务管理 OA 系统，实现合同管理信息化。本年度合同签报共 16 大类 857 件，同比增长 30.8%，均由法治机构进行合法性审查。

【保密工作】着力强化保密工作体系，加强保密风险排查防控。健全完善保密工作体系，全面提高师生保密意识和常识，推动保密检查规范化、常态化，防范化解保密安全风险。推动保密归口管理落实见效，完善强化保密工作体系。协调组织相关部门根据业务工作职责，积极将保密管理要求融入业务工作管理。丰富保密宣传教育形式，不断增强全体师生的安全保密意识，提升保密知识技能水平，筑牢新时代维护党和国家秘密安全的人民防线。通过涉密单位自查和专家检查等方式，全面排查保密工作中存在的弱项环节和风险隐患，并组织整改到位。10 月 17—24 日，省委机要和保密局来校开展进驻式保密检查，对学校保密工作给予高度肯定。

【黄家湖校区综合管理】黄家湖校区

综合管理工作由黄家湖校区综合办公室负责。2023 年，黄家湖校区综合办公室重点完成以下工作：

严格落实“乙类乙管”下黄家湖校区疫情防控各项举措，确保师生健康安全。配合社区完成校区 230 余名 65 岁以上重点人群的摸排工作，加强疫苗接种宣传；会同校医院、学工、研工等单位，协助省区市疾控部门到校进行 XBB 变异株病例的流调及处置工作，结合校区工作实际，向学校疫情指挥部提出工作建议 10 条，最大限度保障师生健康。

围绕学校中心工作，做好黄家湖校区综合管理、综合协调和服务师生工作。坚持每周校园巡查，定期走访校区学院和相关职能部门，做好校区协调、服务与管理工作，共向校内相关部门提出工作建议 60 余条，推进相关问题有效解决，及时关注和解决师生诉求，协调学生、教师、家属反映各类问题 50 余件；加强与属地街道、社区的沟通联系，协调做好校园和周边环境治理。

积极加强与属地政府的沟通联系，争取政府部门支持。与黄家湖社区党总支签订党建共建协议，参与青菱街道党工委“大工委”党建项目 10 项，邀请洪山区政府、区人大，大学之城建设服务办公室、科经局、建设局等单位到校调研，争取科技成果转化、创新创业扶持政策和学校周边硬件设施建设，争取洪山区高校院所科研团队和成果转化人员奖励 36 余万元、校企合作产学研平台补贴 10 万元，争取区文体局、社区与学校共建大学生一站式社区，接受捐赠图书 500 余册，体育健身器材 6（台）套。

扎实做好通勤车管理服务工作，保障正常教学工作秩序。进一步加强通勤车安全服务管理，坚持每月组织通勤车司机开展交通法规等业务知识学习，定期组织通勤车司机体检，强化司机安全责任意识和服务意识；进一步加强通勤车队信息化建设，通过车队管家系统，做好车辆调度、监控等工作，为师生提供车辆实时信息；进一步提高通勤服务质量，满足师生交通需求。坚持通勤车辆到维修技术好、服务信誉好的定点厂家维修，规范做好车辆维修与保养，确保车况良好。科学合理安排校车班次和线路，2023 年车辆安全行驶 13 万余千米，安排 5400 余台次，其中为学生实习实践、教学考试、党建活动等提供服务 399 台次；义务为学生跨校区搬迁、运动会、地铁站摆渡等服务 800 余台次，为师生教学、出行提供便利服务。

扎实做好党员下沉黄家湖社区联络工作。黄家湖综合办党员干部积极响应号召，认真开展下基层活动，主动联系师生，及时发现问题解决问题。作为党员下沉社区联络单位，积极推进党员下沉社区工作常态化、制度化，4 名下沉党员获评青菱街道季度“下沉之星”。

坚持推动校区开展“美丽科大 共同缔造”活动，提升改善黄家湖校区环境，创建生态优美的校园。充分发挥校领导黄家湖校区带班制、校领导接待日，黄家湖校区工作协调会、师生座谈会、家属区居民座谈会等各类工作制度和载体的作用，畅通师生诉求表达渠道，有效激发黄家湖校区师生积极性，让更多师生自愿参与到“共谋共建共管共评共享”的“五共”实践；以公益劳动、志愿服务、党员下沉、劳动教育、美化校园等项目化形式统筹活动开展共同缔造活动，定期开展清洁家园、美化校园活动20余场，打造宜居宜学的美好生活环境。

不断完善黄家湖校区师生服务中心建设，配合学校党政办公室持续深化青山校区、黄家湖校区“双中心”行政管理与服务模式；配合党政办公室做好校领导黄家湖校区值班带班、校领导接待日、校领导班子例会等服务工作；围绕方便师生原则大力打造线上+线下“一站式”校园服务，探索师生服务“线上大厅”与“线下大厅”的无缝衔接，不断优化美化师生服务中心环境，制作、成列政务一体机“服务导引书”，以宣传折页、视频、PPT等形式全方位展示服务事项，让服务更直观；推进师生服务中心网站完善工作，根据毕业生离校办理手续实际，拓展“延时服务”，加强师生服务中心团队的岗位培训，提升服务质量。

协助党政办公室开展校区校务管理，做好上级单位及外单位来校区访问、检查等接待工作。全年共接待西班牙马德里康普顿斯大学校长、湖北省纪委副书记、省监委副主任艾军、团省委书记周森锋等来校访问座谈，做好崇实会堂及图书馆二楼会议室的设备维护和日常服务工作，协助相关单位举办“沁湖时光 校长有约”“沁湖鱼宴”等大型活动，参与组织教师资格证考试、国家公务员考试等各类大型活动30余场。

【洪山校区综合管理】2023年洪山校区综合办公室按照“协调、管理、服务”的工作方针，坚持以教学为中心的服务方向，努力营造良好的教学、科研和生活环境，确保校区各项工作正常运转。

【推进学校重点改革任务落实落地】认真落实学校关于洪山校区校园资源优化利用的决策部署，落实责任领导的指示精神，多次召开专门工作推进会；先后接待湖北体育职院、湖北联投、香港理工等单位代表的来校考察；及时上报工作方案，各项工作按学校《专题会议决定事项通知》依次推进。

【树立总体安全观，防范各类风险】一是协助辖区政府做好学校职工因不了解医保政策违规聚集上访的解释工作、处理退休职工对工资发放不满引发网络舆情等；二是调解邻里纠纷，仅到84栋徐某家上门协调因房屋漏水引起的纠纷就达十多次，防范化解各类风险；三是继续推进解决上海、河北廊坊等地校友军转干部身份认定等办学遗留问题；四是配合公安部门做好校内通信电缆被交割刑事案件的调查、摩托车在校内行驶产生交通事故的法律纠纷处理等工作；五是做好敏感时间节点的值班值守；六是协调处理租户纠集人员和车辆扬言封堵校门事件；七是协调校内倒伏树木的清理。

【协调工作】主动作为，定期召开协调会议，做好协调工作。及时关注和解决师生诉求，积极做好管理、服务工作。依法依规做好34栋住户在校园内种菜等的信访工作、协助做好校区快递点的选址腾退搬迁工作。协调某电影制片单位在校区的制景、拍摄及恢复工作，在多功能厅铺设地板800平方米、安装窗帘17幅；协调湖北广电、武汉移动等九家单位在校区的线下服务工作；协调校区垃圾房还建工作；继续协调地铁11号线在校区内施工。

【加强通勤车管理】合理安排通勤车

运行班次，定期召开安全例会，组织学习《中华人民共和国道路交通安全法》等法律法规，各类台账齐全，做好聘用司机管理服务工作。

【其他工作】 做好汽车 7506 班、给排水 9103 班等近十个班级校友重聚母校接待工作；支持学校京剧社开展活动等。

（撰稿：张　迪、邹　勇、王　滔　审稿：傅江浩、赵　凯、佘　杰）

发展规划

【概况】 发展战略和学科建设的统筹规划和协同管理工作，从体制机制上推动发展规划与学科建设、改革创新、资源配置和重点专项有机结合，促进学校高质量发展。发展规划紧紧围绕学校中心工作，推动“十四五”发展规划各项任务完成落实，进一步完善目标管理责任制工作，积极推进学校各项改革任务，提高高等教育研究质量，参与学校决策咨询，大学评价效果居省属高校前列，扩大了学校的知名度和影响力。

【规划战略执行】 围绕“十四五”教育事业规划，科学制定年度目标，高标准推进战略规划执行；紧密对接省属高校高质量考核方案，修订《目标管理责任制实施办法》，构建促进高质量发展关键目标达成为导向，以绩效整体评价为核心的综合考评体系，突出结果运用，强化主动作为，以高质量考核推进高质量发展，学校办学实力进一步提升，位居校友排行榜 84 位，省属高校高质量考核指标全面突破，“十四五”规划发展核心指标提前实现突破。

【高质量发展考核】 对接省属高校高质量发展综合绩效考核方案，总结以往目标管理责任考核经验，出台《武汉科技大学目标管理责任制实施办法》（武科大发〔2023〕4 号）；抓好核心工作目标设计，目标任务制定科学合理，各职能部门重点任务指标全面突破，干事创业积极性进一步提升，重点改革任务顺利推进，以高质量考核促进学校高质量发展。专项整改工作符合省考核办、省教育厅要求，工作成效明显，2023 年省属高校高质量发展综合绩效考核位列省属高校首位。

【改革发展创新】 为充分利用好省财政预算资金，根据《武汉科技大学“双一流”建设项目管理暂行办法》规定，统筹开展 2024 年项目库建设工作，完成职能部门项目子库建设工作。从发展统筹角度，将资产处置、校区筹建和债务化解一体化考虑，充分挖掘学校洪山校区资产价值，创新资产盘活方式，为未来学校百年发展拓展办学空间。就洪山校区资产处置、债务化解及新校区建设形成完整可行方案，与湖北联投签订战略合作协议，为新校区建设实施提供保障；争取到武汉市经开区、鄂州市梁子湖区等地方政府支持，为确保新校区选址落地提供谋划空间；方案实施路径得到省自然资源厅、省教育厅、省财政厅支持，为学校发展问题的统筹解决增强了可行性。

【咨询决策服务】根据学校工作部署，积极谋划改革方案，为领导决策提供参考。完成省部共建高校发展情况调研、学科专业布局调整调研、老年病医院业务直管问题研究、后勤集团改革问题研究、创收收入分配管理、沁湖体育馆有效利用、都市环保股权转让、湖北联投战略合作，协助推进汽车与交通工程学院湖北省工程研究中心获批等，组织完成24期信息参考编制等高等教育工作。

【课题申报与管理】组织申报全国教育科学规划课题，推荐上报规划课题2项；组织申报中国高等教育学会课题，推荐上报规划课题3项；组织申报省级教育科学规划课题，获批立项5项，其中重点项目2项。同时加强课题过程管理及做好课题结题管理工作，审核国家规划课题开题报告1项，办理省规划课题结题4项、国家规划课题结题1项。

【高教研究】编制出版《高教研究》内刊2期，发表教师教研论文和省教育规划课题研究成果共11篇（共计6万余字），并通过湖北省新闻出版广电局年度审核。

【发展研究】利用大学评价促进学校综合实力提升，充分研究分析社会主要大学评价的指标体系，与学校“十四五”规划核心指标、一流学科建设指标、省属高校高质量发展指标对比融合，结合学校实际提出发展目标、产出成果、增长数据，提升学校在大学评价中的社会地位。学校在全国排名持续提升，2023年学校在艾瑞深校友会中国大学排行榜位列84位；在“软科”中国大学排行榜位列111位；在武书连中国大学排行榜位列132位，均居省属高校首位。

附录

2023年度武汉科技大学获批省部级教育科学规划项目一览表

序号	负责人	单　位	项目编号	项目名称	项目类别
1	黄　涛	法学与经济学院	2023GA029	武汉科教优势转化为创新优势、发展优势研究	重点课题
2	李金云	外国语学院	2023GA030	高校英语专业学生国际传播能力培养的现存问题与对策研究	重点课题
3	张智勇	法学与经济学院	2023GB009	高校毕业生“慢就业”形成机制及其因应策略研究	一般课题
4	李　胤	党政办公室	2023GB010	总体国家安全观视域下高校学生安全教育模式研究与实践	一般课题
5	陈喜林	马克思主义学院	2023GB011	人工智能赋能思政课话语体系建构研究	一般课题

（撰稿：林超群、王海波、梁　婷　审稿：陈志刚）

财务运行

【概况】学校实行“统一领导，分级管理，集中核算”的财务管理体制。财务处是学校的一级财务机构，在分管校领导的直接领导下开展工作。财务处负有贯彻执行国家财经法律法规、执行上级主管部门文件精神、执行学校党委和行政决定的职责，统一管理学校各项财经工作。2023年，财务处时时紧跟学校的各项工作要点，坚持以“双一流”建设为核心，走内涵发展、协调发展的办学道路，在党建，经费保障、监管、高效运行等方面做出了卓有成效的工作。财务处继续以提高管理服务水平，促教育事业发展为工作目标，积极发挥财务处在依法筹资办学、规范财务收支、保全国有资产、确保资金到位、维护合法权益等方面的重要作用。

【总体财务情况】2023年总收入182508.40万元，其中财政拨款收入122526.62万元，占总收入的67.13%；事业收入45278.93万元，占总收入的24.81%；其他收入14430.36万元，占总收入的7.91%。在财政拨款收入中，包括了一般公共预算财政拨款收入121348.56万元，政府性基金预算财政拨款收入1178.06万元；在事业收入中，教育事业收入30000万元，其他教育事业收入535.57万元，科研事业收入14743.36万元。2023年总支出182235.91万元，包括事业支出167315.50万元，占比91.81%；其他支出15710.91万元，占比8.62%。在事业支出中，主要包括教育支出149517.81万元，占比89.36%；科研支出9100.47万元，占比5.44%。2023年12月31日，学校净资产总额344064.48万元，比2022年增加27534.3万元。增加主要原因是学校为双一流学科建设，大力加强专用设备等资产投入。

【财务管理】圆满完成财务预算、核算、决算、绩效等日常财务管理工作。围绕财务会计管理、预算的制定与执行以及决算的组织、编报和公开，展开了具体工作：推进制度建设的“废、改、立”，不断制定和完善学校财务管理规章制度，严格执行各项财务制度。完善内控体系：认真贯彻省厅文件精神，严肃财经纪律：加强财政资金预算管理，建设适应学校“十四五”规划发展的财务收支预算、核算体系，提高预算执行力及资金整体使用效益，切实防范财务风险；精心组织决算工作，保证财务数据的真实和完整；拓展办学经费来源，积极寻求财政资金支持，坚持开源节流，加大办学资金筹措力度。认真做好网上预、决算公开，同时在学校教职工代表大会上，向教职工汇报2022年的预算资金情况与决算资金的执行情况。

以“全心全意为师生服务”为主线，

深入推进财务人员对口服务学院工作机制和全天候财务答疑等服务方式。强化预算管理与控制，强化预算的全面性、权威性与严肃性，同时在预算的科学性、实效性上下功夫，充分发挥预算在资源配置中的主导作用。学校根据“量入为出，收支平衡，统筹兼顾，保证重点”的原则编制年度财务预算。将学校各项事业活动所发生的财务收支全部纳入预算管理的范围，力争做到“无预算，不行政”，同时将预算执行的责任明确分解到校内各部门、各单位，并按照省级文件要求协同有关部门建立预算调整的流程与办法。高质量地完成2022年度决算工作。同时按照省里要求，及时将2023年预算、2022年以决算编制情况在学校门户网站公开，接受群众监督，实现了学校财务数据的公开、严格执行各项财务制度，完善内控体透明。

学校推进财务处制度建设，优化财务报销管理办法及流程。学校制定了《武汉科技大学学生缴费管理办法》《武汉科技大学不可预见费管理办法》，对原有的财务报销管理制度和流程进行了全面梳理和优化，在提高工作效率，降低财务风险，建立长效约束机制。

学校加强信息化建设工作，提升服务师生能力。进一步完善财务处信息化建设。完成与科发院系统的对接，实现科研项目上账与结题电子化；启用会计凭证影像化系统，对报销的原始单据进行扫描形成电子档案，方便广大师生查阅已报销的原始单据；推行天财财务管理平台—京东“金采云平台”业财融合并。

学校“双一流”建设项目接受省教育厅、省财政厅重点绩效评价，现场核查工作圆满完成，受到第三方评价机构对“双一流建设”学科建设补助自筹资金的高度认可，给予学校增量奖补4733万元；顺利通过湖北省财政厅会计处对省级行政单位内部控制报告和会计基础工作规范化建设现场核查。

学校加大对内对外沟通力度，积极筹措办学资金，提高学校信用度，建立优良的校银合作平台，努力降低资金成本，建立科学、合理的资金储备方案，保障学校各项工作的顺利开展。2023年学校财政拨款项目追加46560.76万元，各类经费拨款在省属同类高校中排名第一；本年度财政补助资金收入14亿元。加大“校银合作”建设，保障“校银合作”2.15亿元合作协议的执行，完成工商银行第一年剩余10%合作资金1100万元到账，完成中国银行首年176万元到账。促进各项收入及时到位，保证学校基本运转和财务安全。

（撰稿：喻　盼　审稿：魏　东）

审计工作

【概况】学校审计处是依据国家有关法律、法规政策及学校规章制度，对学校各部门、所属单位及主要负责人相关履职情况进行审计监督和评价的行政职能部门，是学校独立设置行使内部审计职能的内部审计机构。审计处现设有处长 1 人，副处长 1 人，审计人员 4 人。其中具有高级会计师职称 2 人（1 人同时持有一级注册造价师、国际注册内部审计师等资质证书），高级工程师职称 1 人（同时持有一级注册造价师资质证书），会计师 2 人，工程师 1 人。2023 年，在学校党委和校长的领导下，审计处着力于开拓创新、高效履职，深刻领悟“两个确立”的决定性意义，牢固增强“四个意识”、坚定“四个自信”、做到“两个维护”，在认真开展主题教育的同时，严格贯彻落实党和国家的方针政策及上级部门对审计工作的要求，认真执行中央及湖北省有关文件精神，结合学校党政工作要点，不断提高内部审计监督与服务水平。突出重点，真抓实干，扎实开展校内审计及内部控制规范工作，成效显著。

【经济责任审计】根据学校单位工作安排，受学校党委组织部委托，共完成了 5 名正处级干部离任经济责任审计工作，其中整改完成 4 人；启动对校内 12 个部门正处级干部离任经济责任审计。

【科研经费审计】受相关科研项目负责人委托，完成了 2023 年纵向科研项目中国家社会科学基金、军工项目经费及横向科研经费的审计签报工作 6 项，涉及金额 137.6 万元。

【校领导经济责任审计】根据学校安排，牵头组织校内各单位配合省委审计委员会、省审计厅开展的对学校主要领导干部任期经济责任审计问题整改工作，该项工作耗时长、任务重、涉及面广、情况复杂，在学校各部门的大力配合支持下，已按要求完成两次整改报告。

【基建及维修工程结算审计】2023 年，共承接学校基建工程新建、维修改造项目的竣工结算审计 105 项，完成 95 项。涉及送审金额 40812.97 万元，其中，审结 2238.71 万元，审减金额 315.2 万元，审结工程的综合审计减率达 15.96%，比上年增长 2.06%。全年工程项目审计完成率为 90.47%。

在审项目 10 项，送审金额 38574.26 万元［其中青山校区学生宿舍送审金额为 19142.31 万元，中西部二期基础能力建设工程（基础教学与化工资源实验楼）17619.25 万元］。

【工程量清单及招标控制价编制审核】2023 年，完成学校新建及维修改造项目的工程量清单及招标控制价编制工作 7 项，涉及金额达1152.21万元，从源头较好地控制了工程造价成本。

【工程类合同审计及其他审计】2023年，审计处全年共累计完成学校工程类经济合同审计工作7项，合同涉及金额1415.55万元，修改并提出审计意见和建议数44条，有效地控制和降低了学校在经济合同上的风险。

【全过程跟踪审计】在实施工程项目审计过程中，从创新开展工程量清单及招标控制价编制开始到结算审计，加强对工程项目全过程跟踪审计，是工程项目审计至关重要的一环，直接关系到审计质量。2023年，完成对12项工程项目实施全过程跟踪审计，涉及投资金额22473.4万元，共召开现场跟踪审计例会11次。

【参与政府审计】一是牵头完成教育厅日元贷款项目专项审计迎审工作；二是牵头完成省人社厅关于“三医联动”专项审计整改工作；三是及时完成省财政厅内控报告填报工作。

【素质提升及安全责任】审计处坚持注重对国家法律法规、审计政策学习，坚持理论联系实际、学以致用的务实的态度去学习法律知识提高自己的法律素质，进一步增强审计人员的法律意识、提升专业素养。2023年，全处共参加专业继续教育培训5人次。同时，继续强化安全保密意识，积极配合学校有关部门做好学校审计所涉及的保密工作，认真培训学习、自我检查各涉密环节，模范地遵守国家和学校保密工作有关法规，全年无泄密事件发生；全年无人参与非法活动，无政治案件、群体事件和安全责任事故发生。审计档案工作按要求全部整理归档完成。

【获得荣誉】2023年，审计处何光敏同志被评为“2020—2022全国内部审计先进个人”，系学校继荣获“2017—2019全国内部审计先进集体”之后又一次获得国家级内部审计先进的荣誉。

（撰稿：雷　莹、付　荣、王淑华、张　玲、陈一颖　审稿：何光敏）

校园建设

【概况】2023年，校园建设处根据学校“十四五”事业发展规划，按照年初制定的任务、目标和要求，坚持工程建设和疫情防控“双统筹、双落实”的原则，树牢安全意识、责任意识和品质意识，施工过程中精心组织、强化监督、严格管理，努力做好学校基本建设工作，为学校“双一流”建设增砖添瓦。

【基本建设】围绕学校“十四五”事业发展规划和学校中心工作，依法依规开展校园基本建设工作，高效完成基本建设任务。

沁湖体育馆完美竣工交付。沁湖体育馆是学校“十四五”开局的重点建设项目，承载着3万余名师生多年来的期盼与厚望。该项目建筑面积2.5万平方米，从2018年10月意向捐赠，到2023年9月竣工使用，风雨兼程，历时五载。喜逢学校125周年校庆，沁湖体育馆在黄家湖畔似鲲鹏展翅，御风以翔，展示所有武科大人“铮铮铁骨”的钢铁品质，再续武汉科技大学百年钢铁情缘。

人工智能工程实践与创新中心项目稳步推进。该项目已获批发改委《可研批复》，取得《建设项目选址意见书》和《建设用地规划许可证》，满足工程总承包招标（EPC）所有前置条件，正在履行招标流程。预计2024年5月开工建设。

教育部国防重点实验室项目进入招标阶段。该项目已取得《建设用地规划许可证》和《工程规划许可证》，满足工程总承包招标（EPC）所有前置条件。地质勘察已完工；监理已完成招标；正在履行工程总承包招标流程。预计2024年3月开工建设。

积极做好黄家湖研究生公寓储备项目前期工作。该项目经教育厅和发改委组织的专家进校评估审查，已完成项目所有必要性、可行性和财务状况审查，12月获批立项批复，并同步积极主动争取项目专项建设资金。

圆满完成青山校区运动场和西院环境综合整治等23项大型维修改造项目。青山校区室外运动场项目于2023年8月完工交付，总占地面积6600平方米，含一块7人制人工草地足球场、3块半预制硅PU标准篮球场和环绕篮球场的200米塑胶跑道。项目的建成，较大程度上缓解了青山校区运动场地不足的问题，保障了体育教学的开展，满足了广大师生日常体育锻炼需求；青山校区西院环境综合整治项目于2023年9月全面完工，改造道路合计47条，约2.1万平方米。同时，新增一块标准网红篮球场和43个停车位。改造完工后，西院环境面貌焕然一新。

完成了临床技能培训中心基础设施改造、磁共振与分子科学交叉研究院实验室改造、冶金特色文献馆建设、黄家湖教一楼地下停车场改造等较大改造项目；同时完成马院科研用房改造项目、沁湖体育馆接待室、医学分析测试中心项目、新能源材料与储能研发中心厂房改造项目、公共卫生学院改造项目、计算机贯通实验室改造项目，黄家湖校区北园餐厅一楼消防工程二期等14个项目，有效改善学校教学和科研基础设施条件。

【民生工程】 将民生工程列为重中之重，积极解决师生“急难愁盼”问题。积极协助青山和黄家湖社区完成加装电梯相关工作。青山校区老住宅4个单元完成了前期招标和规划方案报审工作，预计明年3月进场施工；黄家湖校区周转房9个单元加装电梯已办理相关手续，进入施工阶段。

协调区建设局完成青山校区人行天桥建设项目。该项目2023年11月3日竣工。人行天桥开放后，师生通行旅大街可实现人车分流，有效缓解道路拥堵，大大提高了过街的安全性和通行效率，也为沿路增加一道亮丽的风景线。

完成黄家湖校区周转房供水改造项目。该项目改造完工后有效提高了家属区居民的用水质量，周转房及单身公寓共1400余户2000多名居民用水问题得到切实改善。

完成黄家湖校区中心配电房改造项目。该项目对黄家湖校区中心配电房原有配电柜进行设备更换升级，从内部到外部进行了全面改造，于8月20日保质保量完成34台智能高压配电柜的安装工作，顺利完成验收并交付使用。

【总规调整工作】青山校区和黄家湖校区总规调整获批。根据学校“十四五”教育事业发展需求，编制青山校区和黄家湖校区总体规划的调规方案。其中，青山校区新增规划建筑面积11.6万平方米，黄家湖校区新增规划建筑面积15.9万平方米，已于2023年9月5日获市自规局批复，有效保障学校未来几年办学空间拓展的顶层设计。

【不动产权证】黄家湖校区一二期不动产权证办理取得突破。不动产权证书是确认学校资产和保护国有资产权益的重要法定凭证。经过不懈努力该项目已纳入洪山区历史遗留问题专项；前期所有技术服务基本完成；正在积极申请人防异地建设费以及违建罚款约4300万元减免事宜。

（撰稿：熊　欣　审稿：杨　魁）

资产与实验室管理

【概况】2023年，国有资产与实验室管理处坚持以习近平新时代中国特色社会主义思想为指导，全面贯彻党的二十大精神，牢牢把握“坚持和加强党的全面领导”“坚持中国特色社会主义道路”“坚持以人民为中心的发展思想”“坚持深化改革开放”“坚持发扬斗争精神”的重大原则，埋头苦干、担当作为。在校党委领导下，紧密围绕学校“十四五”规划和“双一流”建设奋斗目标，带领全体教职员工统一思想，提高认识，做好学校国有资产与实验室管理工作，为学校教育、教学和科研工作提供坚实的物质保障和优质的公共服务。

【资产管理】2023年，国资处完成了2024年新增资产配置计划收集、审核和上报工作。2023年国资处上报2024年资产配置计划总额为5829.08万元，其中通用办公设备及家具金额合计1070.5万元；除此外其他新增资产配置计划金额合计4758.58万元，其中图书档案类金额为346万元，家具类金额为291.817万元，设备类金额为3508.599万元，车辆金额为36万元，软件类无形资产576.164万元。

资产日常管理方面，贯彻落实国有资产管理制度。做好资产入账、调剂、报废处置和上报备案等工作，盘活国有资产，提高国有资产使用效益。2023年度，共新增设备、家具入账 6467 台件，金额 12469.07 万元。完成设备家具校内调剂共 229 台件。

资产处置方面，2023 共计报废处置（含捐赠）设备家具 8827 台件，原价值 2488.13 万元，处置残值共计 61.7 万元。2023 年共处置下账公务用车 4 辆，并完成剩余 5 辆公务用车的处置流程，处置收益共计 7.4 万元。

按照省教育厅要求，组织相关学院完成日元贷款项目的审计及经责审计整改、日贷项目的审计整改工作。

努力推进信息化建设，将廉保金退款、质保金退款、资产配置计划增补申请三项工作由线下改为线上审批，极大地提升了师生员工的办事效率。

完成竹苑路（雄楚大道—洪达巷）项目涉武汉科技大学房屋拆除资产处置相关事宜。完成青山校区、黄家湖校区 9 部老旧电梯更换工作。持续推进全校资产盘点工作。完成教育部 2022 年度、2023 年度实验室信息统计上报工作。

进一步制定和完善国有资产管理制度。制定《武汉科技大学无形资产管理办法（试行）》。规范公用房出租出借管理，完成三个校区 130 户门面租金评估工作。加强和规范公用房出租出借管理，做好租赁合同上报备案工作。

【公用房管理】完成青山、黄家湖公房调整任务，涉及 6 个学院，5 个职能部门，1 个直属单位，调整面积达 3000 余平方米。

【贵重仪器设备管理】学校现有 10 万以上教学科研仪器设备 1117 台（套），总价值约 4.97 亿元，其中：适合开放共享的 03 类（仪器仪表类）625 台（套），总价值约 2.93 亿元。50 万元以上教学科研仪器设备 187 台（套），总价值 2.92 亿元，其中适合开放共享的 03 类（仪器仪表类）128 台（套），总价值约 1.82 亿元。

为充分发挥贵重仪器设备使用效益，学校采取了系列措施。对全校 2023 年拟购置的贵重仪器设备进行可行性论证、进口设备论证和单一来源采购论证。2023 年全校开展 4 次集中论证和 2 场自行论证，涉及 18 个单位，335 个项目，其中有 240 个贵重采购论证，157 个进口采购论证，35 个单一采购论证。统计并汇总了学校目前存在大仪共享收费的大型仪器设备，共涉及 4 个单位，49 台大型仪器设备，11221 条大型仪器设备共享数据。

【实验室管理】2023 年组织实验室安全检查 20 余次，其中国资处组织开展专项检查 3 次，配合省教育厅、省公安厅、武汉市公安局青山分局、红卫路派出所、应急管理部门等部门检查。截至目前，共发出整改通知 31 个，涉及 9 个单位的实验室，发现并消除隐患 90 余个，已整改完成。

安全培训方面，全年组织安全培训活动 1 万人次。本学年组织开展实验室安全相关的培训共 13 场，其中包括参加全国高博展、实验室安全管理培训、大仪共享培训、危化品全生命周期管理培训、实验室安全用气专题培训和实验室安全准入考试培训。

危化品管理方面，完成学校管控类危化品采购的审批、备案工作，在湖北省危险化学品管理系统备案 73 次，易制爆危化品集中采购 16 种药品，共计 101.185 千克。在青山公安分局禁毒大队集中备案易制毒危化品 58 次，涉及材料、化工、资环等七个学院和单位、8 种易制毒危化品，共计 332.1 升、1.5 千克。2023 年新建成 3 个院级危化品暂存间，目前化学与化工学院、分析测试中心、生命科学与健康学院、城市建设学院、资源与环境工程学院危化品暂存间已投入使用。

危废处置方面，完成校内实验室危险废弃物收储工作 17 次，转运实验室危险废弃物 3 次，共计 20.991 吨。

完成实验室危险废弃物暂存间应急预案制订工作。

组织 2020 年自制仪器立项项目验收工作。

建成实验室安全用气智能化改造示范平台 1 个。

【设备采购】 2023 年，国资处共组织商务谈判 136 批次（其中通过腾讯会议进行商务谈判 2 次）；报签采购合同 168 笔，外贸合同 41 笔，合同金额共计人民币 18215.84959 万元（其中进口设备美元 947.8296 万元，欧元 21.8912 万元，折合人民币 7294.951 万元）；办理免税函 13 份。为学校教学、科研工作顺利开展提供完善的支撑。

【库房管理】 完成劳保仓库管理工作，包括职工、学生实习劳保用品发放和学生图板、丁字尺的发放等，新生劳保用品发放组织和协调工作。2023 年劳保用品购买及入库十余个品种，共计 35320 元，发放劳保用品 34212 元。组织发放图板丁字尺 101 班次 2563 人次，安全帽 98 班次 3633 人次；组织和协调新生购买劳保用品。

附录

2023 年武汉科技大学仪器设备情况一览表

类别	编号	计算机数/台			固定资产总值/万元				
		计	教学用计算机		计	教学、科研仪器设备资产		信息化设备资产	
			计	平板电脑		计	当年新增	计	软件
学校产权	01	11589	6814	15	109644.24	84033.68	12700.93	15354.41	2766.69

2023 年武汉科技大学大型科研仪器概况一览表

10 万元以上教学科研仪器设备				50 万元以上教学科研仪器设备			
总计		03 类		总计		03 类	
台（套）数	总价值/万元	台（套）数	总价值/万元	台（套）数	总价值/万元	台（套）数	总价值/万元
1117	49717.60	625	29250.30	187	29230.38	128	18150.11

（撰稿：金振宇　审稿：丁胜斋）

采购与招标

【概况】2023年，采购与招标管理办公室严格贯彻执行《中华人民共和国政府采购法》《中华人民共和国招标投标法》以及湖北省有关采购与招标投标法律、法规，主动适应高校采购招标新形势、新要求，不断完善校内采购招标规章制度，优化升级招标管理系统，切实加强采购招标流程管理，重点推进学校“双一流”建设项目采购工作，积极沟通协调，勇于攻坚克难，在工作上取得了显著成绩。

【采购与招标工作】共计完成采购招标项目641项，完成预算金额3.65亿元采购招标任务（详见附表）。其中工程类采购金额为5876.8万元，货物、服务类采购金额为30658.43万元，采购项目数量和金额均创历史新高。完成“双一流”建设采购项目78个，预算金额19895万元，为学校“双一流”建设工作提供了有力支持和可靠保障。其中高效完成材料科学与工程“一流学科”建设相关设备采购任务，涉及材料学部、省部共建耐火材料与冶金国家重点实验室、高性能钢铁材料及其应用省部共建协同创新中心等14个教学科研单位，采购项目62项，执行完成采购预算11413.04万元，为实施一流学科建设攻坚行动提供坚实保障，为学校争取“双一流”建设资金打下坚实基础；完成化学与化工学院高端人才引进“杰青团队”采购项目就达15个，预算金额达8304.1万元，为学院新引进的两个“杰青团队”项目采购工作提供了坚实保障，受到学院和“杰青团队”一致好评。

超额完成国家“832平台”采购贫困地区农副产品预留份额，采购总金额达96.42万元，其中：食堂食材采购金额为5.52万元，工会采购金额为90.9万元。

【规范化管理工作】

1. 持续推进采购与招标信息化建设，高效快捷服务用户。新增“快速采购”功能模块，实现20万元以下单一来源采购项目线上全流程审批与评审工作，有效规范了该类项目的采购行为；积极推动大型电商平台（京东商城）引入工作，进一步规范办公用品采购行为；积极谋划采购与招标管理系统升级改造工作，计划增设采购需求管理、大数据分析与决策、评价管理等功能，进一步完善服务功能。

2. 严格执行法律法规和政策文件，规范开展采购活动。依据《武汉科技大学采购与招标管理办法》《武汉科技大学分散采购管理办法（试行）》，起草制定《武汉科技大学网上竞价采购实施细则》，进一步规范3万~20万元网上竞价采购项目；严格执行《武汉科技大学招标代理机构管理暂行办法》，规范管理在库的10家招标代理机构；根据《政府采购需求管理办法》等文件精神，起草制定校内采购需求管理工作方案；深入学习《政府采购需求管理办法》《关于进一步加大政府采购支持中小企业力度的通知》《政府采购框架协议采购方式管理暂行办法》等文件精神，积极做好政策宣传工作，严格执行相关规定。

3. 认真做好其他行政管理工作。一是完成合同备案共计271项，累计合同金额达32986.1万元，其中政府采购预算执行合同备案总额占下达指标比例90.3%，居省属高校前列。收集、整理档案资料共1485件；二是完成固定资产清查共154件，完成2024年新增资产配置预算申报工作，完成9件固定资产报废工作；三是持续完善保密工作机制，严格将保密工作要求融入业务工作并落实到位；四是配合对离任领导干部的经济及目标管理责任审计工作；五是完成工程建设领域招投标工作专项检查工作。

附表

采购招标情况		工程类				货物、服务类			
		政府采购及进省平台		非政府采购		政府采购		非政府采购	
项目/项	金额/万元	项目/项	金额/万元	项目/项	金额/万元	项目/项	金额/万元	项目/项	金额/万元
641	36535.24	16	5811	5	65.8	136	27687.83	484	2970.6

（撰稿：汪德伟、邱红阳　审稿：马志清）

后勤管理与保障

【**概况**】2023年，后勤保障部坚持以习近平新时代中国特色社会主义思想为指导，深入学习贯彻党的二十大精神，坚决落实校党委和行政的重要决策部署，以开展主题教育为动力，聚焦聚力“改革深化年”，全力保稳定、促改革、提服务、惠师生、防风险，着力提升后勤“三服务”“三育人”水平，实现后勤管理服务内涵式发展，为师生提供高效快捷优质的后勤服务，助力学校“双一流”建设和发展。

后勤保障部现有员工807人，其中校编员工96人，合同员工711人。内设13个二级部门：党政办公室、人力资源办公室、综合监督办公室、财务核算组、工程维修办公室、资产管理办公室6个职能科室；餐饮服务中心、青山校区物业服务中心、黄家湖校区物业服务中心、商贸服务中心、产业发展中心、幼教中心、洪山校区后勤服务中心7个实体部门。

【党建廉政工作】后勤保障部党委下设8个党支部，现有党员131名，其中校编员工党员69人、合同制员工党员62人。全年培养入党积极分子7人，发展对象3人。做好了2023年党员党费标准核算与收缴工作，按时向校党委组织部上缴党费，台账记录清晰。

2023年，后勤保障部党委认真组织开展学习贯彻习近平新时代中国特色社会主义思想主题教育，牢牢把握"学思想、强党性、重实践、建新功"的总要求，召开动员部署会，同步覆盖8个党支部，及时将习近平总书记关于主题教育的重要讲话精神传达到每一个支部、每一名党员。主要负责人认真履行第一责任人职责，6次调研指导主题教育工作，带头讲授专题党课，其他领导班子成员调研指导主题教育工作14次。不断巩固拓展党史学习教育成果，严格落实"三会一课""支部主题党日"等制度，全年共组织开展党委理论学习中心组（扩大）学习会议7次，党委理论学习中心组学习会议5次。各党支部定期组织党员学习交流，全年各党支部累计组织主题党日活动96次、支委会100次、支部党课18次。

后勤保障部党委以推进全面从严治党为重点，深入学习习近平总书记关于全面从严治党重要论述，全面贯彻落实党的二十大、二十届中央纪委二次全会精神，把开展宣教月活动作为正风肃纪、全面从严治党的重要任务，不断推进后勤全面从严治党向纵深发展，持续营造风清气正、干事创业的良好政治生态。坚持与二级部门签订《党风廉政建设责任制任务书》制度，进一步深化廉政风险防控，梳理廉政风险点64处，严格履行监督职责，强化对后勤服务质量、工作标准、行为规范等方面的规范和监督，以工作标准化的实效持续推动后勤服务质量稳步提升。落实"清廉武科大"建设总体要求，持续深化清廉后勤建设，打造后勤廉洁文化品牌，不断推动后勤廉洁文化建设向纵深发展。

【人力资源管理】推进人事制度改革，制定并实施《后勤保障部岗位核定及聘用管理办法（试行）》方案，在业务范围不断增加的情况下，人员规模继续调减，截至12月31日，员工807人，较年初岗位核定827人少了20人。招标引入第三方劳务派遣公司，逐步将员工转入劳务派遣公司，成功解决原后勤女职工退休难的问题。全年共有125名员工与第三方劳务派遣公司签订合同，并成功为18名女职工解决了退休问题。制定《后勤保障部目标考核实施办法》，以服务为导向，根据不同岗位和工作业绩，实行分类考核并进行绩效奖励。加大对员工岗位的培训力度，与劳动就业保障部门积极沟通，争取各类政策性补贴共计9.7万元。

【服务保障工作】后勤保障部始终坚持师生为本、服务至上，以师生满意为目标，秉承"服务到位、保障及时、措施有力、监管有效"的工作理念，不断创新工作方法，不断提升服务质量和服务水平，建立与学校事业发展和"双一流"建设相适应的后勤保障服务体系。

加强后勤服务标准化精细化信息化建设。参考社会行业服务标准，结合学校实际，科学制定后勤服务标准，持续完善后勤治理体系，优化服务流程，细化服务标准，修订制定了121个文件（制度），其中出台学校文件1个，后保部内部制度120个，涉及采购招标、零星维修、水电管理、门面管理、质量监控等多方面，编印了《后勤保障部制度汇编》。

餐饮服务中心立足服务，助推餐饮高质量发展。2023年，餐饮服务中心持续稳步推进“五心餐饮”建设，实施安全放心餐饮安心年。在校园完全放开的情况下，餐饮服务中心大胆改革，深入探索，结合学校实际，对窗口经营品种、服务、模式进行大幅调整，创建适应校园需求的新模式，进一步提升餐饮核心竞争力，实现全年产值超8000万元，满意度逾85%，就餐率稳居武汉高校前列。

物业服务中心持续推进生态园林式校园建设，营造具有文化底蕴、生态宜人、景观优美的校园环境，力争做到“春有花，夏有荫，秋有香，冬有绿”。为打造廉园、逸夫楼、杏坛广场等区域四季常绿的景观效果，绿化部分别在春季（3—5月）补播暖季型草坪，秋季（9—10月）播种冷季型草坪，并做好重点地段草坪的日常养护工作。对百花园、公租房、阳光坡、教六楼等区域播种波斯菊、百日草、紫茉莉花卉等，确保了校园环境优美。在主干道及银杏树池较为空旷的地段，栽种太阳花2万余株、鸢尾8000余株；在百花园打造的“华创月季园”，得到了师生的一致好评。全年对道路沿线绿地树木、绿篱及草坪进行了8次全面修剪，修剪绿篱3.5万平方米、草坪20万平方米，维护天然草坪24万平方米，生产各类花卉10余万余盆。因地制宜打造小景点、微景观，建设绿色校园，为师生营造舒适的学习和生活环境。

商贸服务中心积极探索新的服务模式，合理规划校内商业网点，优化资源配置，合理调配人员，以较低的成本投入运营，为师生提供了便捷且具有特色的服务。开展了各类商品外场保障服务，精心组织策划了20周年店庆、毕业季、开学迎新、校庆等关键时间点的活动，活动让利金额15万余元，发放各类礼品8万余元，回馈广大师生。升级改造北园便利店，更新店内设施、增加了商品种类、优化店内布局。改造后，便利店的日进店人数由800人次提升至1900人次，日营业额增加35%，师生的体验感和满意度增强。在“毕业季”聚焦毕业生的需求，开展毕业季专属服务，为毕业生提供了一个难忘的告别仪式，同时也增加了商贸服务中心的知名度和美誉度。在秋季开学之际，针对新生、老生、研究生、搬迁生等不同阶段的入校工作，增加店外优惠服务、加强售后服务，因地制宜地做好了保障服务工作。

加强黄家湖校区幼儿园建设。2023年，为达到洪山区教育局办园标准，后勤保障部加大对黄家湖幼儿园的建设力度，改善办学条件，通过调研学习市内外多所幼儿园的教学教研、卫生保健、环创和园务管理等，对原班级、洗漱间、多功能室等进行改造升级、添置幼儿设施设备、幼儿用品、书籍等，经洪山区教育局、卫生保健、消防安全等部门检查评定，各项均达到合格园标准，12 月成功获批“武汉科技大学黄家湖幼儿园”办园许可。

【后勤改革工作】 2023 年，后勤保障部以《武汉科技大学后勤改革实施方案》为纲，紧密围绕学校党政工作要点，遵循“强化管理、保障安全、堵住漏洞、提升质量、降低成本、增加效益”的指导思想，稳步推进后勤改革，为全校师生提供更优质的服务。

推进家属区物业管理社会化改革。为贯彻落实市、区、学校部署要求，以红色物业为契机，着力提升东院家属区社会治理现代化水平，补齐物业服务管理短板，打造舒适宜居人居环境，提升教职工获得感、幸福感和安全感，拟定了《武汉科技大学教职工家属区物业管理规定（试行）》（讨论稿），统筹考虑三校区家属区物业服务模式改革，将青山校区东院家属区作为改革试点。加强与属地街道、社区的沟通，积极引入红色物业，成功推动科大社区与福赛德物业公司签订 6 个月的免费物业服务合同，该公司已在 9 月入驻东院家属区，物业服务得到多数居民的认可。2023 年 12 月，学校与福赛德物业公司正式签订了科大馨苑物业服务合同，由福赛德物业公司负责科大馨苑的物业管理。

推进校内商业门面管理模式改革。清理原后勤集团内部管理的门面，按照业务范围，实施归口管理，将 13 个门面统一划归到产业发展中心管理。规范招租管理，对所有门面均实行公开招租，100 平方米以上的在省级平台进行，100 平方米以下的在学校进行，所有中标价均高于国资评估价。2023 年招租门面 69 个，合同共溢价 79.4 万元（2023 年按上级政策减免一个月租金折算后溢价 75.2 万元）。

推进校内零星维修工作改革。修订了《武汉科技大学零星维修工程管理办法》，规范工程管理，提高维修质效。2023 年总立项 173 项，立项金额 1434.3 万元，除学院自筹项目资金未到位不实施项目外，已全部完成，完成金额 1400 余万元，为教学科研正常运行提供了有力保障。承接了人和公寓 3 栋学生宿舍楼的物业管理，暑假期间对人和公寓进行了维修翻新，确保了 9 月 2065 名搬迁学生顺利入住。相比工程定额概算，节约经费 80 余万元。承接了沁湖体育馆周边 9000 余平方米草坪的种植养护，对周边环境绿化美化。相比工程定额概算，节约经费 20 余万元。

推进能源管理工作改革。出台《武汉科技大学水电管办法（试行）》《武汉科技大学节约用水管理办法（试行）》等文件，建设水电节能监管平台，提高水电管理和服务效率。利用校报、广播、网络、宣传标牌等媒体载体全方位多层次开展节水教育活动。完善节水建设，更换老旧供水管网，更新和维护节水器具，定期开展管道探测和维护。聘请第三方专业公司进行检修堵漏，成功堵漏 31 处，杜绝“跑冒滴漏”现象，降低供水管网漏损量。完善计量设施，升级二级计量远程水表，搭建节水管理平台，实现对学校各单元用水量的实时监测和数据统计，推动节水管理科学化、精细化、智能化。科学利用非常规用水，以沁湖为缓冲天然雨水池，雨水回用量超过 5 万吨/年。协调完成青山东院家属区二次供水改造工程，将家属区的水电全部社会化，减少学校的水电额外支出。

2023年12月，省水利厅、省发改委、省教育厅、省经信厅、省机关事务局发文（鄂水利函〔2023〕929号），武汉科技大学获批节水型高校。

加强采购招标（招商招租）管理。修订了《后勤保障部采购与招标管理实施细则》，制定了《后勤保障部低值易耗品管理办法》，从制度上进一步规范。加强与学校采购招标办等部门的沟通，参照政府、学校关于采购的相关要求、程序，制定后保部组织的供货商招商、门面招租等的规章制度和流程。抓好过程管理，严格按照采购招标要求，实施集中采购和零星采购备案。对三校区物业五金水暖、卫生劳保用品、绿化用品等实行统一采购，降低成本31.5万元。加强合同的规范管理，所有对外合同均按照学校要求的程序进行，以学校名义签合同。全年合同报签310份，网上竞价20项，零星采购备案44项，竞争性磋商1项，后勤自主挂网招租招商11项。

加强公房（门面）管理。严格按照学校文件和校长办公会议决议，做好了青山校区科大馨苑公租房496套的续租工作。开展了青山校区培训楼腾退工作，已经腾退收回147间。开展了洪山校区门面清退、公房清理工作，清退48家合同到期门面和5家住户；洪山校区汽修厂、黄家湖校区驾校等十几年的承租户，均已清退，收回公房31套。对学校三校区的816套公租房、782套周转房进行了全面摸排、清理，做到台账清晰，管理规范。

推进“智慧后勤”平台建设。将大数据化、信息化和智能化技术充分应用于后勤保障服务各环节，提高信息化背景下后勤工作的管理效率和活力。对内办公采用“钉钉”系统，用印申请、报告审批、外出报备、新闻审核、培训报备、人力资源管理与合同管理等多项功能已经启用，提高了办公效率。对外建立后勤智慧报修系统，为师生提供方便快捷的线上报修服务；餐饮上线外卖配送系统；能源管理已经基本完成远程水表升级改造、实时监控，后期如果条件允许还将上线可视化智能管理平台，全面实现后勤保障服务智慧化。

【品牌文化建设】秉承“共建美丽校园，共享建设成果”理念，以125周年校庆为契机，会同相关部门成功举办了第九届沁湖鱼宴活动，持续擦亮武汉科技大学名片，不断增强沁湖文化的引领力、渗透力、影响力，被中央电视台、央广网、人民网、中国青年报等主流媒体广泛报道，特别是中央电视台新闻周刊节目对沁湖鱼宴进行长达近6分钟的重点报道，沁湖鱼宴作为学校文化建设的一道亮丽风景“火”出了圈。

（撰稿：刘　勇　审稿：黎　伟）

安全稳定工作

【概况】2023年，学校安全稳定工作坚持以习近平新时代中国特色社会主义思想和党的二十大精神为指导，紧紧围绕学校年度党政工作要点和平安建设工作要点，深入贯彻习近平法治思想，认真履行安全工作责任，不断深化校园安全防控体系建设，扎实做好防风险、保安全、护稳定、促发展各项工作，牢牢守住校园安全稳定底线，为学校完成年度目标任务、推进双一流学科建设提供有力的安全保障。

【平安建设】2023年，学校成立分管校领导任组长，16个职能部门负责人任成员的平安建设工作领导小组，出台《2023年武汉科技大学平安建设工作要点》。书记、校长先后多次听取安全稳定工作专题汇报，党委常委会专题研究部署安全稳定工作2次，进入校长办公会议题4次，召开安全工作会议4次。年初，学校与31个二级单位签订了《平安建设目标管理责任书》，将年终对二级单位平安校园建设考核分值提升至25分，进一步压紧压实安全稳定工作责任。1月，学校被省教育厅、中共湖北省委平安办命名为“2021—2022年度省级示范平安学校”；被省公安厅授予“2022年平安校园建设工作突出集体”，杨建国、杨阳两名同志被表彰为“2022年平安校园建设工作成绩突出个人”。3月，学校被评为“全省平安建设优胜单位”，这是学校连续第10年获此荣誉。

【党建工作】保卫部（处）党支部紧紧围绕“学思想、强党性、重实践、建新功”的总要求，深入开展学习贯彻习近平新时代中国特色社会主义思想主题教育，专题学习贯彻习近平新时代中国特色社会主义思想主题教育重要讲话精神和重要指示批示精神。支部党员领导干部结合工作实际，围绕师生急难愁盼问题，确定调研课题4个，深入进行调研；积极领办调研问题、民生问题4个，全部整改到位。坚持贯彻执行《中国共产党普通高等学校基层组织工作条例》和民主集中制、“三重一大”事项集体决策等制度，严格落实“三会一课”、组织生活会、谈心谈话等党内政治生活制度，做到党内组织生活有载体、有质量。全年召开支委会12次，开展主题党日活动9次，民主生活会、组织生活会各2次，4名处级党员领导干部讲党课5次，收缴并向机关党委上缴党费8622元。积极做好党员发展工作，4名同志向党组织提交入党申请书，培育3名同志为入党积极分子。处级干部在年度内主动约谈工作人员20余人次，对存在的问题早提醒、早告诫、早纠正，党员干部纪律观念和宗旨意识进一步增强。支部有正式党员24人，1人获评学校优秀党务工作者。

【政治安全】全面贯彻落实总体国家安全观。4月，开展“4·15”全民国家安全教育日活动；5月，调整学校国家安全人民防线建设领导小组，建立由学校党政办公室主任、保卫部部长担任人民防线建设双联络员的联络机制，并向省国安厅报备。9月，举办国家网络安全宣传周校园日活动，进一步筑牢师生国家安全防线。扎实抓好“六四”等敏感节点和两会等重要保障期的维稳工作，认真开展安全稳定隐患排查，及时掌握矛盾焦点，进行工作部署。全年发展信息员99人，现有信息员179人，信息员提供信息材料170余份，向公安、国安部门上报重要信息36份，未出现错报、迟报、漏报、瞒报情况。审查备案学生组织、社团活动204项，政治审查35人，新增国家工作人员（副高、副处以上）报备181人、撤销报备262人，未发生因排查调处工作不到位而造成的非正常上访和群体性事件。严厉打击非法传教活动，及时清理校园内非法传教宣传册、印刷品。在校园内张贴、发放“崇尚科学、反对邪教”等安全宣传单2400余张（份），联合辖区派出所和社区定期对6名原“法轮功”（均为离退休教职工）邪教人员进行回访和宗教政策宣讲，无异常状况。强化重点人员管控，建立并适时更新少数民族学生数据库和在校留学生信息台账，学生未参与地下讲经活动；联合驻校民警、社区、居委会对重点上访人员、精神障碍人员、重点关注“两劳”人员进行管控，人员情况稳定。新增专用防暴装备11套，开展暴恐音视频专项清查2次、反恐防暴应急演练4次，有力提升反恐防暴应急处突能力。

【安全教育】3月，保卫处联合武汉市公安局洪山区分局反诈中心、武汉市公安局洪山分局青菱街派出所和学校艺术与设计学院举办“反诈同心·防诈同行”防范电信网络诈骗漫展。5月，举办“5·12”防灾减灾宣传周活动。6月，参加武汉市2023年禁毒宣传月“绿动江城·护航青春”高校行活动，学生创作的参赛作品《解读》和《梦之殇》分别获得优秀剧本二等奖和三等奖，指导老师刘承武获得优秀指导老师奖，学校被授予武汉市禁毒志愿者优秀组织单位和优秀创作团队奖。9月，正式将研究生新生纳入培训体系，完成9000余名新生线上安全知识学习考核和线下安全教育培训，考试通过率99.6%，实现新生安全教育全覆盖。全年，联合辖区公安机关开展“反电诈”培训讲座22场，实现学院安全培训全覆盖；开展防范网络电信诈骗问卷调查2次，参与学生16974人；举办“反诈宣传进寝室”活动，组织校园安全志愿者深入学生宿舍发放防范电信网络诈骗宣传资料8000余份，收集反电诈问卷调查5691人次；安装室外反诈宣传机2台，循环播放反电诈视频和校园警情通报，进一步提升师生员工的安全防范意识和安全应对能力。

【治安防控】3月，完成第四轮保安服务外包招标，聘用保安队员141人，配齐专用安保装备器材，组织安全能力培训5次，校园见警率、保安队员形象和服务水平大幅提升。12月，制定出台《武汉科技大学重大治安和刑事类突发事件应急处置预案》《武汉科技大学防范和应对处置恐怖袭击事件专项预案》，进一步健全完善应急预案体系；召开武汉科技大学安防风险研判及应对管理平台建设项目专家论证会，完成项目调研论证。在学校三号门、二号门及人和公寓安装美团外卖柜14个，很好杜绝师生外卖被错拿丢失。全年共发案130起，其中电信网络诈骗案111起，涉案金额高达286万余元；协调公安机关破案9起，其他案件正在全力侦破之中。调阅查看监控录像405人次，利用监控系统查获丢失外卖21起，化解矛盾纠纷7起，为师生办理危化品报审150批次，及时妥善处置学生非正常死亡事件1起、学生心源性猝死事件2起，未引发不良社会舆情及大规模群体性事件。

【消防管理】贯彻“防消结合，以防为主”消防工作方针。4—5月，开展“校园安全检查月”和“安全生产月”活动。5月，根据《湖北省普通高等学校安全事故隐患排查指引（暂行）的通知》要求，全面开展校园专项治理和重大事故隐患排查整治，累计排查整改隐患问题54项，未发现重大事故隐患。9月，顺利通过省公安厅关于平安校园建设风险隐患排查整治专项行动交互督导检查。10月，完成青山区消防救援大队和洪山区消防救援大队双随机检查通报校园专项隐患问题整改，并通过消防救援部门验收。11月，开展“消防安全宣传教育月”活动。全年，排查整治安全隐患165项，开展消防技能培训30场，参加师生3000余人，实现消防培训学院全覆盖。举办疏散逃生演练7场，参加师生1500余人，进一步提升火灾应急处置能力。及时清理教六楼、综合楼地下室、学生宿舍等场所占用、堵塞消防通道杂物，保证“生命通道”畅通。保卫处联合学生工作处、研究生工作部、后勤保障部等部门开展学生宿舍消防安全检查，查处学生宿舍违规使用电器等物品61件，及时下发整改通知，督导相关单位整改。做好消防设施维修保养，新购干粉灭火器120瓶、二氧化碳灭火器190瓶，维修干粉灭火器4247瓶、二氧化碳灭火器188瓶、消防标志灯143具、消防应急灯58具，更换室外消火栓9个、室内消火栓1个，维修室内消火栓50个，门、框、玻璃75个。保卫处人员全年发现、扑灭初起火险3起，校园未发生重大火灾事故。

【秩序治理】坚持校地共建、校警联动，联合开展学校及周边环境秩序综合整治。5月，根据武汉市发展和改革委员会文件要求，调整校内外来车辆停车收费标准。8月，结合校园环境改造，在交警部门指导下，对校园交通线和标识进行重新合理规划和设置，拆除废旧减速带，新装减速带255米，对已损坏的交通指示牌全部进行维修和更换。9月，开展学校周边环境综合整治“百日行动”，学校上报的2个校园周边环境问题由武汉市公安局负责整治，成效明显。全年开展校园交通秩序整治行动2次，张贴机动车违停提示单1020余份，对多次违停车辆车主进行电话告诫，修补损坏围墙35处，清理广告280余处，驱赶抓捕流浪猫狗76条，校园环境秩序良好，未发生重大交通事故。

【师生服务】始终坚持全心全意为人民服务的宗旨，及时回应师生关切，竭尽所能做好师生员工各项服务保障工作。5月，联合市交管局开展“流动车管所”进校服务师生活动，让师生员工不出校门就能够轻松办理车驾管业务。全年保障毕业典礼、考试等大型安全保卫任务150余次，投入安保力量1100余人次。办理二代身份证46人次，新生户口迁入256人，毕业生户口迁移672人，完成2023届毕业学生户口迁移证的打印、归类和发放工作，数据准确，登记存档及时。接待师生查看监控录像436人次，应急救助师生160余起，受到广大师生一致好评。化学与化工学院2022级学生吴钰炅为感谢保卫人员及时救助，专门为保卫处赠送“贴心安保、忠诚卫士”锦旗。真正做到服务不缺位、矛盾不上交、平安不出事，进一步提升师生员工的满意度、安全感、幸福感。

（撰稿：黄世军　审稿：杨建国）

信息化建设

【概况】网络信息中心主要职能包括校园网建设与管理、网络安全与信息化建设、多媒体设备、校园一卡通运行维护管理、高性能计算平台管理等，具体负责网络基础设施建设运维、信息化公共平台建设、业务系统建设和数据资产管理、网络与信息安全等工作，为学校教学、科研、管理与服务提供信息技术保障，内设五个部门：办公室、网络部、信息系统部、一卡通部和多媒体部，现有18名工作人员。

本年度，中心围绕“十四五”信息化事业发展规划建设目标及学校党政工作要点，在构建全方位多层次信息安全保障体系、加快信息数据共享机制梳理、推动“信息多跑路，师生少跑腿”网上办事大厅优化建设、落实学校“一张表”平台应用等方面作出了突出成绩。

【智慧校园建设】中心2023年全面调研教育数字化标杆高校，统筹学校教育数字化具体工作任务，开展了学校教育数字化落地建设的指导思想、工作目标、实施路径及保障措施等顶层设计，正在逐步落实《湖北省教育数字化战略行动计划（2023—2025年）》工作部署。

中心坚持深化“一张表”建设。一是扩大“一张表”平台应用范围。一张表应用延伸至硕士研究生导师遴选、博士研究生导师遴选、高性能计算平台成果奖励认定、思政示范课程教师培训情况统计等场景，为教师减负效果显著，也为未来领导驾驶舱大数据建设奠定坚实基础。二是坚持以“一张表”工程为抓手，牵引学校数据治理向前行。以数据为基础，推出教师核心业务数据看板，为校领导、职能部门提供数据服务，为领导决策提供权威数据支持。

中心持续推进网上办事范围不断扩大。进一步优化网上办事大厅现有流程；加大促活工作力度，协调督促部门积极使用网上办事流程，造福师生；2023年新增和优化办事流程 17 项，网上办事大厅服务人次为 46422，较 2022 年增长 150%，办理次数达 58646，较 2022 年增长 63%。

中心不断提升移动应用服务能力。上线武汉科技大学企业微信移动服务平台，实现校园移动服务载体由 APP 向企业微信转型，将学校 APP 应用全部移植到学校企业微信，并新建贴近师生用户需求的各类微应用，如通用问卷系统、校园网盘等。

中心配合相关部门，以信息化技术促进学风建设。一是开发课堂点名应用。建设基于学生地理位置与动态二维码相结合点名方式的课堂点名系统，大幅提升教师主动点名效率，提供辅导员实时监控学生到课率渠道，促进学风建设。二是开发实现课程群自动建立功能。与教务系统课表对接，实现师生课程群的自动建立，使师生传道授业解惑渠道更加便利，促进学风建设。

中心配合相关部门，支持学校网站全新改版。全新建设和迁移了 100 多个网站至新站群平台，解决了以前各网站格式不统一，美观度不足等问题，保障了网站访问的安全性、稳定性的流畅度。

【网络建设】中心努力提高校园网出口质量，扩容校园网出口带宽，2023 年校园网出口带宽扩容 500 M。中心还提升了校区互联链路的健壮性，新建中国移动校区互联链路，实施校区互联波分技术改造，提高了校区互联带宽。中心在本科、研究生招生，全国研究生入学统一考试，大学英语四级、六级考试，全国计算机等级考试，各类项目申报与评审等学校各类大型活动的网络、监控等保障工作中，确保了学校网络、监控得正常、平稳和有序。

中心顺利完成了沁湖体育馆信息化建设项目，包括弱电机房、有线和无线网络覆盖，安防监控等，还完成了一站式学生社区、黄家湖校区教一楼、爆破中心、教五楼、青山校区教四楼等部分区域的光纤网络建设工作。

中心顺利完成了学生宿舍“一张网”三期建设。三期建设包括黄家湖校区北 11～15，青山校区学 2、学 3、学 6、学 8、学 9 等宿舍楼，实现了“以生为本、不排他以避免垄断、给予学生充分选择权、让运营商形成充分竞争局面”的建设目标。同时坚持以学生宿舍全网光纤改造为契机，优化学校主干光纤路由线路，清理学生宿舍区废旧光纤，优化网络策略配置，协调三家运营商提升网络质量。

中心在 2023 年 4 月实现了校园 WiFi 网络无感认证。师生用户至此无需在 AP 切换时重新登录认证即可连接校园 WiFi，极大提升用户 WiFi 上网体验，受到广大师生用户肯定。

【网络安全】在网络安全方面，中心强化制度建设。出台了《武汉科技大学网络安全监测预警与通报制度实施细则》《武汉科技大学信息资产安全管理办法》等网络安全制度。中心还健全了网络安全保障体系，开展安全监测、专项检查、渗透测试、隐患整改、应急演练、应急处置、宣传教育培训等全环节的网络安全管理工作，提高了信息系统安全防护能力。

中心始终强化网络安全工作，夯实网络安全防护根基。5 月实施了《武汉科技大学网络安全设备采购项目》，购置了数据中心防火墙、虚拟化安全管理系统防护软件、日志审计系统软件、态势感知系统、网络资产管理系统和 WEB 应用防火墙，采购了网络中心防火墙和数据库审计系统维保服务。9 月实施了《武汉科技大学网络安全服务采购项目》，引进专业安全服务团队，提高了学校防范内外网络安全风险能力。2023 年对 11 个重要信息系统进行网络安全等级保护二级备案工作，包括：网站群系统、办公自动化系统、本科教学综合管理系统、科研管理系统、财务综合办公平台、研究生管理信息系统、人力资源管理服务平台、资产综合管理系统、智慧校园平台（门户、认证、数据中心、一张表、网办大厅）、学生工作管理系统和教学虚拟仿真系统。

中心持续开展网络安全隐患排查，落实网络安全防护措施。2023 年共组织全校网络与信息系统弱口令检测和整改 2 次；主动发现和处置多起校内网络安全事件；组织了校内电子屏专项安全隐患清理整治工作 2 次；进行了 1 次互联网高危暴露面检查、1 次内部高危漏洞渗透检查，发出《武科大网信—整改通知》共 74 条。

2023 年涂伟同志获得“全省网信工作先进个人”荣誉称号。

【多媒体建设】 中心不断提高多媒体服务质量。持续开展黄家湖智慧教室使用的培训工作；通过学生勤工助学方式，设立工作日夜间及双休日多媒体服务岗，解决黄家湖校区工作日夜间和双休日白天多媒体教室没有工作人员响应问题。

2023 年中心改造了青山校区标准化考场。解决青山校区标准化考场运行 10 年而产生的设备老化问题、录像导出效率极低问题，以及满足省考试院关于校平台与省平台互联互通的要求。

【校园一卡通管理】 中心顺利完成各项卡务工作。配合本科生院、研究生院完成了 2023 级本科生和研究生共 9865 张（其中，研究生 3520 张）校园卡的制卡和写卡工作；中心进一步提升一卡通前台服务质量，制卡、补卡业务规范、高效。通过优化服务、科学管理，一卡通系统运行稳定正常，账目清晰，每月提供详实准确的财务报表，为学校财务的规范运行提供有力保障。中心还完成了青山校区人和公寓学生宿舍的电控系统一卡通建设，学生使用校园 APP 就能网上查询、充值和自动送电，解决了学生排队缴费问题。

【高性能计算平台】 中心在 2023 年 4 月完成了高性能计算平台管理系统升级建设，实现了高性能计算平台统计分析、调度、计费等功能的可视化管理。中心在 2023 年底前完成了第二期高性能计算平台项目前期工作，包含高性能计算集群服务器系统，AI 计算集群系统、大数据存储系统三大部分。其中 GPU 单精度算力达到 5000 TFLOPS（FP32），CPU 算力达到 300 TFLOPS（FP64）。

目前高性能计算平台运行稳定，有 259 位教师在平台开户，主要集中在理学院、机械自动化学院、化学与化工学院、信息科学与工程学院、资源与环境工程学院、医学院等，已经使用 744T 存储空间，高峰时段则需排队计算，高性能计算平台已越来越受到师生欢迎。据不完全统计，2023 年度依托高性能计算平台获得产出、向高性能计算平台致谢的 A 类论文有 71 篇，其中 A1 类 9 篇，A2 类 35 篇，A3 类 27 篇。

（撰稿：涂　伟　审稿：袁　靖）

分析测试中心

【概况】2023 年，分析测试中心坚持以习近平新时代中国特色社会主义思想为指导，深入学习贯彻党的二十大精神，结合党史学习教育，学党史、悟思想、办实事、开新局的总要求，在校党委领导下，紧密围绕学校“十四五”规划和“双一流”建设奋斗目标，带领全体教职员工统一思想，提高认识，始终将提升服务能力、提高测试水平、注重人才培养作为中心的服务宗旨，扎实开展各项工作，较好地完成了 2023 年目标责任制规定的各项工作任务。现总结如下：

【中心设备开放运行情况】截至 2023 年 11 月 30 日，中心完成检测样品数 14575 个，完成机时数 18814 小时，服务对象 3335 人次，其中校外 20 人次。为校内材料与冶金学院、机械自动化学院、化学与化工学院、资源与环境工程学院、汽车与交通工程学院、信息科学与工程学院、理学院的 186 个课题组提供了测试服务，同时还为华中科技大学、武汉理工大学、中国地质大学（武汉）、湖北大学、上海大学、广东工业大学、长飞（武汉）光系统股份有限公司、天津浩锐世纪科技有限公司、河南省锅炉压力容器检验技术科技有限公司等高校及企业提供了测试服务。中心累计接待了中国兵器集团第 52 研究所，蒙古国、乌克兰、俄罗斯、斯洛伐克等国参观团，三峡大学等多家单位参观考察。据不完全统计，共 104 篇高水平论文使用了中心测试结果。

【成功入选湖北省科技创新券服务机构库】湖北省科技创新券是省科技厅、财政厅旨在强化科技资源共享服务，促进科技型企业创新发展，推动科技强省建设的一项重要举措。旨在强化科技资源共享服务，促进科技型企业创新发展，推动科技强省建设。2023 年，经过全体成员的共同努力，武汉科技大学分析测试中心成功入选湖北省科技创新券服务机构库，不但有利于提高中心知名度，同时可以得到财政资金扶持，为中心大型仪器设备共享扩容奠定了基础。

【优化大型仪器设备预约管理系统】一是优化预约管理系统，精准把控各设备预约使用情况；二是针对不同设备使用程度不同等情况，采取与测试方签订合同，打包服务等方式，多渠道提高设备利用效率。

【完善制度建设和队伍建设】组织架构方面，按照 CMA 认证要求，根据测试功能分区，成立微观、物性和化学三个分测小组，设组长一人，进一步完善质量管理体系，强化了质量保障机制。

制度建设方面，成立分析测试中心技术委员会，规范了中心重要工作的决策流程。建立了日常采购、维修，申请报备，及重大事项经由技术委员会讨论审批制度，明确了相关管理职责及权限，规范了采买、维修及入库出库程序，做到了所有事项均有据可查，有法可规。

队伍建设方面，针对中心技术人员与设备使用率之间的结构性问题，推进技术人员的AB岗制度，力求做到“一岗多人，一人多岗”的柔性化人机管理与工作模式，适应学校对科研测试服务的需求。根据实际推行情况来看，取得了初步的效果。技术人员提升了自身的业务水平。

【实验室安全】 持续不断完善实验室安全体系建设。一是根据实验室存放仪器设备及存储化学品数量、条件及危险等级等，对实验室进行分类分级管理，明确实验室等级，悬挂信息牌，提醒出入实验室的老师、学生提高安全意识。二是同实验室安全责任人签订责任状，并采取定期和不定期检查的方式，开展实验室安全自查工作，发现问题及时整改，确保安全责任意识入脑入心。

【人才培养】 校内师生培训。采取厂商培训，专家讲座，老师培训等多种手段，搭建立体化培训模式，在满足科研测试服务基础需求的同时，助力交互式研究生实践能力的培养。

全年共开展线上大型测试技术系列讲座5次，线下集中培训2次，累计培训师生538人次。实验教师一对一、一对多分散培训，全年累计达152人次。

中心实验教师自身能力培养和提升。在日常工作中，一是注重同校内相关领域老师交流互动，积累经验；二是走出校门，赴恩施、丽江、长春、上海等地，广泛同业界同行进行交流学习；三是通过在线课程、技术讲座、学术年会等不同方式不断提升测试水平和服务能力。

2023年，中心各位老师积极探索和研发新的测试方法，并同时开展相关课题研究等。截至目前，王贞、李媛媛和张国宏老师3项发明专利进入实质审查阶段，张国宏老师1篇教改论文在《实验室科学》上发表，田永胜、王飞舟老师各1项研究课题分获学校实验室研究项目立项和研究生教育教学改革研究项目质量工程立项。另外，王贞老师的作品《繁花似锦》，在第九届湖北省电子显微摄影大赛暨武汉大学第二届“捷欧路杯”显微摄影大赛中荣获“优秀奖”。

（撰稿：史　洁　审稿：王志刚）

图书情报工作

【概况】 2023年，图书馆本着“读者第一，服务育人”的宗旨，紧紧围绕“提升服务能力，强化资源保障”的目标，扎实推进环境改造、资源建设、学科服务、阅读推广等工作，圆满完成了各项任务，取得显著成效。申报获批世界知识产权组织“技术与创新支持中心（TISC）筹建机构”，成为湖北省高校首家获批单位。在湖北省图工委先进集体评选中荣获2023年度高校图书馆特色创新奖，在第五届湖北省高校图书馆“馆员风采”大赛中荣获最佳组织奖和素养展示三等奖，组织学生在首届“湖北省知识产权青年说”知识竞赛中荣获一等奖，荣获学校2023年度目标管理责任制创新奖。

【资源建设】不断优化文献资源配置，切实保障教学科研工作。全年入藏中外文新书47622册，发订新书37678条，完成各类捐书及科研经费采购书籍2245册入库；续订SD等16个中外文数据库，恢复续订Wiley和IEL数据库，新增“红色讲堂”等5个数据库；与国家冶金图书馆签订战略合作协议，实现馆藏资源共建共享。为收集整理冶金方面的文献资源和历史资料，打造具有学校办学特色的馆藏体系，继张之洞文献馆之后，又建设了冶金特色文献馆，并在校庆期间开馆；为全面展示、系统收藏学校师生的学术成果，启动“沁湖文库”征集活动，共征集700余册教材和专著，并进行展览。

【学科服务】持续强化学科服务，全力支撑学科发展与科研成果转化。聚焦技术创新和科技成果转移转化，深入开展专利情报分析、知识产权培训等工作，为学校知识产权创造、运用和保护提供服务。全年为学校优势学科和重点科研团队提供专利分析报告9份，提供定题信息服务30余次，检索国内外文献8000余篇，完成ESI学科综合分析等科技情报12份，以及各类科研数据统计与分析报告21份；开展信息素养培训82场，累计参与10000余人次；制作信息素养微课程视频10个，播放量超过4.7万次；完成“信息检索”课程教学任务，本科生和研究生共计3200余人选修；在获批“国家知识产权信息公共服务网点”后，经图书馆积极申报，国家知识产权局和世界知识产权组织专家审核，成为湖北省高校首家入选“技术与创新支持中心（TISC）筹建机构”的单位。在由省知识产权局、省教育厅、省人社厅和团省委共同主办的2023年首届“湖北省知识产权青年说”知识竞赛中，学校代表队与武汉大学、武汉理工大学、华中师范大学等队伍同台竞技，以第一名的优异成绩荣获一等奖，图书馆学科服务部副主任姚纽蒙荣获“优秀指导老师”称号。

【阅读推广】深入开展阅读推广活动，着力打造书香校园。全年开展“阅享新时代，书香伴成长”“阅读红色经典凝聚奋进力量”等阅读推广活动10余项，推出“红色耀中华——近代红色出版物历史”文献展、“德高望重 功勋卓著——杰出校友郑位三”事迹展，联合科大社区赴新洲开展“关爱留守儿童，护苗绿书签”活动。

【读者服务】狠抓落实读者服务，进一步改善师生服务体验感。全年为读者借还图书60055册次；各类研修空间预约8000余次，共计6.3万余人次使用；青山馆路演厅全年承接重要活动300余场；完成新生入馆教育，培训新生6400余人次；为学校职称评定、奖学金评定、专业评估、人才引进、科研项目申报等工作出具检索报告4003份，检索论文5000余篇，并逐一定级。

【信息化建设】稳步推进信息化建设，

全面提升信息化水平。完成纸电一体化分析统计平台和资源揭示系统建设，完善图书馆门户网站，提高信息资源精准服务能力；完成科大图书精灵小程序开发，为数字化转型提供支持；维护网站、业务系统和所有数据库的稳定，保障图书馆资源服务的正常运行。

【环境改造】 积极改善馆舍环境，努力提升服务品质。协调相关部门，兼顾开馆和施工安全，抢抓暑假空窗期，认真做好工程质量监督和施工安全巡视，顺利完成黄家湖馆空调整体改造工程；完成黄家湖馆一楼大厅玻璃穹顶维修、电梯和开水器更换；对黄家湖馆功能布局进行调整，建成思政阅览室和期刊阅览室；更新黄家湖馆各类索引指示牌；对青山馆强电井房和黄家湖馆电池房安全隐患进行整改。

（撰稿：周　霆、刘奇扉、任　炜、金小祥、吴　菁、李珊珊、曹艺潇、曲智斌　审稿：汤　红、陈东方）

学报工作

【概况】 2023 年，学报编辑部圆满完成各项工作，出版《武汉科技大学学报》和《武汉科技大学学报（社会科学版）》各 6 期，共载文 146 篇，其中自然科学论文 63 篇，社会科学论文 83 篇。2023 年 12 月《武汉科技大学学报》第四次连续入选北大中文核心期刊。在全国综合理工农医类核心期刊的排名由上一届的第 100 位提高到第 73 位。2023 年 11 月，在中国科协公布的《高质量期刊分级目录汇总》中，《武汉科技大学学报》入选冶金工程技术领域高质量期刊目录，在 T3 类期刊中名列第一。2023 年 3 月，《武汉科技大学学报（社会科学版）》入选 2022 年度中国人文社会科学期刊 AMI 核心期刊，创刊 25 年来首次跻身中国三大中文核心期刊体系。2023 年 5 月，《武汉科技大学学报（社会科学版）》被国家哲学社会科学文献中心评为综合性人文科学最受欢迎期刊。在 2023 年 5 月公布的全国综合性人文社会科学期刊关注度指数排行榜中，《武汉科技大学学报（社会科学版）》位列第 14。2023 年 9 月，《武汉科技大学学报（社会科学版）》被全国高等学校文科学报研究会评为“全国质量进步社科期刊”。《武汉科技大学学报（社会科学版）》2023 年度论文被权威媒体转载 5 篇，其中《新华文摘》转载 1 篇，《中国社会科学文摘》全文转载 1 篇。2023 年 5 月，开通“武汉科技大学学报”微信公众号，并开通中国知网“网络首发”功能。2023 年 9 月，成立《武汉科技大学学报》首届青年编委会（名单见附件），期刊的学术影响力和国际影响力得到进一步提升。2023 年

11月，学报编辑部精心组织校庆专栏《历史的记忆》；学报编辑谢晓丽老师主编了《力行力新——武汉科技大学校园人物故事》一书，代表学报编辑部向校庆献礼。

【学报影响因子】根据《中国学术期刊影响因子年报（自然科学与工程技术2023版）》《武汉科技大学学报》复合影响因子由2022年的1.153提高到1.200，在“工程技术综合”类期刊中排64位，期刊综合影响因子为0.741，创办刊以来历史新高。根据《中国学术期刊影响因子年报（人文社会科学2023版）》《武汉科技大学学报（社会科学版）》复合影响因子由2022年的1.033提高到1.331，综合影响因子由2022年的0.385提高到0.575，在全国人文社会科学类期刊的排名较2022年上升4名。

【学报论文分析】2023年《武汉科技大学学报》基金论文比率为98.41%，2023年《武汉科技大学学报（社会科学版）》正高职作者论文占79.5%，博士研究生导师论文占74.7%，基金项目论文占93%。

附件

《武汉科技大学学报》首届青年编委名单（按姓氏笔画排列）

姓　名	工作单位
王　蕾	武汉科技大学
卢　艳	武汉科技大学
刘　凯	武汉理工大学
刘晓明	东北大学
刘孟凯	武汉科技大学
仲奇凡	中南大学
朱航宇	武汉科技大学
朱天彬	武汉科技大学
陈　真	华南理工大学
杜　冰	燕山大学
何利华	中南大学
何金珊	北京科技大学
李晨晓	华北理工大学
李诚予	武汉科技大学
宋笑影	武汉科技大学
周俊汝	武汉科技大学
祝　能	武汉科技大学

续表

姓　名	工作单位
聂凯波	太原理工大学
陶明辉	中国地质大学
唐　珏	东北大学
秦林波	武汉科技大学
袁　清	武汉科技大学
崔鸿飞	中国科学院
黄诗冰	武汉科技大学
彭　祥	武汉工程大学
程用志	武汉科技大学
雷　杨	武汉科技大学
廖宜顺	武汉科技大学
颜鲁春	北京科技大学
戴　维	华中科技大学

特邀青年编委

姓　名	工作单位
刘　畅	美国国家可再生能源实验室（NREL）
阙再青	芬兰国家技术中心（VTT）

（撰稿：张惠芳　审稿：冯育强）

产业管理

【概况】 2023年度资产经营有限公司有事业编制职工8人，有全资企业1家：武汉科技大学后勤服务有限公司；参股企业8家：中冶南方都市环保工程技术股份有限公司、武汉科大自控系统有限公司、武汉科大拓江高新技术有限公司、湖北赛格瑞能源科技有限公司、湖南武科立达格拉菲新材料有限公司、武汉武科伺服机电设备有限公司、汉口银行股份有限公司、湖北灏科炭材料科技有限公司。

截至 2023 年 12 月 31 日，资产经营有限公司资产总额 7351.46 万元（其中货币资金 412.18 万元，长期股权投资 6792.75 万元），负债 196.44 万元，净资产 7155.02 万元，投资收益 234.08 万元，净利润 227.48 万元。

【党建工作】 资产经营有限公司党总支下设 2 个党支部，共有正式党员 9 人。支部贯彻落实党的二十大精神，坚定拥护“两个确立”、坚决做到“两个维护”：

（1）深入开展学习贯彻习近平新时代中国特色社会主义思想主题教育，推动公司持续高质量发展的内生力量。已完成整改资产公司班子成员领办 4 件民生实事，领导班子及个人检视问题 13 个，阶段性完成整改高质量发展重难点问题 1 个。

（2）结合公司党风廉政建设，利用宣传栏精心制作了“学习贯彻习近平新时代中国特色社会主义思想主题教育”及“诚信廉洁 规范管理 依法经营”两期主题墙报；充分发挥纪检工作的监督、监管作用，严格落实党纪法规学习每月一主题制度；组织开展理论中心组学习 9 次，领导班子成员讲党课 9 次，党纪法规主题学习 1 次，酒驾醉驾专项教育 1 次，支部主题党日活动 11 次，组织党员干部下沉基层办实事 20 余人次。

【投资与股权管理】 加强对全资、参股企业的监督管理。要求武汉科技大学后勤服务有限公司及时变更法人、建立健全现代企业制度和法人治理结构、规范和完善财务及其他管理制度。参加了中冶南方都市环保工程技术股份有限公司、武汉科大自控系统有限公司、湖北灏科炭材料科技有限公司股东大会，加强对所出资企业管理，切实维护了学校权益。

根据股东大会决议，资产经营有限公司收到武汉科大自控系统有限公司 2022 年度分红 51 万元，收到中冶南方都市环保工程技术股份有限公司 2022 年度分红 115 万元。

【产业发展】 全力支持学校科技成果转化工作。积极走访调研材料学部、资源与环境工程学院、生命科学与健康学院、绿色制造工程研究院、煤转化与先进炭材料中试研究基地等，积极推动科技成果转移转化工作。配合科发院共同筹划“武科大概念验证中心”建设方案，努力推动学校高新技术成果的转化及科技企业孵化。

加强武汉科大众创空间建设与管理。深入贯彻落实国家双创以及创新驱动发展战略，紧紧围绕科技成果转移转化和创新创业人才培养，汇聚政府和市场等各方面优质资源，联合创新创业学院以武汉科技大学资产经营有限公司为运营主体申报湖北省人力资源与社会保障厅“湖北省大学生创业孵化示范基地”，争取主管部门支持。进一步营造良好的创新创业氛围，不断增强服务地方经济社会发展的能力，为地方经济与学校高质量发展贡献公司力量。

【校属企业体制改革】 持续推进学校所属企业体制改革工作。一是成立了由学校职能部门、企业主管部门和第三方服务机构组成的企业注销清算组 3 家；聘请会计事务所对 3 家经责审计点名企业重点开展审计问题整改。二是积极推进脱钩剥离类企业的股权处置工作，组织召开校企改革拟脱钩剥离企业股权转让预招商事宜洽谈会5次；对所持武汉科大拓江高新技术有限公司、中冶南方都市环保工程技术股份有限公司2家企业股权，委托湖北华中文化产权交易所公开披露并预招商；签署《武汉科技大学——湖北省工业建筑集团有限公司股权转让意向书》；送达《关于启动转让我公司持有中冶南方都市环保工程技术股份有限公司股权的函》等。三是联系湖北省教育投资有限公司，向上级主管部门汇报，寻求该股权划转到学校资产经营有限公司集中统一管理的可行方案。

（撰稿：黄燕飞、段昌伟　审稿：卢绍伟、吴少利）

档案工作

【概况】2023年，档案馆认真学习贯彻习近平新时代中国特色社会主义思想，聚焦工作实际，围绕中心、服务大局，突出重点，抓好落实，做好各项工作，工作成效显著。

学校立档部门55个，二级单位兼职档案人员60名，形成有序的档案管理网络。档案馆拥有专项经费使用权。档案馆的日常业务工作已纳入专职档案人员的岗位责任制，作为每年工作绩效考核的重要内容。档案工作纳入学校整体规划、年度计划和考核体系。本年度，档案馆完成并向湖北省档案局提交《武汉科技大学“十四五”档案事业发展规划实施情况中期自评报告》。

【档案收集、培训与宣传】2023年，收集整理各类综合档案7321卷、共计9569件。2023年6月邀请湖北省档案局专家作“以规范化为抓手 推动全省机关档案工作提档升级”的专题培训讲座，培训人员100人，促进了学校档案规范化管理水平提高。开展6月9日国际档案日宣传活动。以“奋进新征程 兰台谱新篇”为主题，组织学校专兼职档案员收看“同饮一江水，共护两座桥”的直播活动。

【档案查询利用服务】优化档案服务利用系统。2023年档案馆启动线上档案服务预约系统，通过开通微信公众号、网上预约和接收邮件服务等方式，已线上线下服务师生3774人次，利用档案7628卷（件），更高效快捷地为师生校友服务；认证1552人次，核对中英文成绩及文凭327人次。截至2023年11月，“学生档案去向查询系统”网页浏览量为5621人次，点击查询量3228人次，点击查询有效数据2445次。

【人事与学生档案工作】完成干部人事档案专项审核和2024年度社保档案审核。配合学校组织部、人事处完成“干部档案提升年”工作。完成干部人事档案数字化设备采购计划，开展数字化扫描工作。完成人事库房密集架修理工作。完成毕业生档案转递工作。完成了学校 9244 名本硕博毕业生档案材料收集、清点、整理、装袋及转递工作。完成 2023 年学校新生档案归档入库工作。

【信息化建设】加快信息化建设，提升综合档案系统的使用效率，完成学校 58 个立档部门 70%线上著录。完成数字化扫描干部人事档案 138 卷、行政文件 240 件和教学档案 1930 卷。加强综合档案数字化技术服务工作。加强档案信息化工作力度，进一步完善数字化项目数据挂接，完成教学档案中成绩、毕业卡、录取名册 2000—2020 年的数字化扫描项目与档案综合系统挂接；促进与其他二级单位数据对接，充实档案管理平台，OA 系统对接实现线上办公，推进综合档案数字化二期工作开展，完成综合档案数字化招标工作。

【校史馆工作】根据学校 125 周年校庆工作部署，完成校史馆更新改造工程。进行展厅布展设计、展柜增加和维护、沙盘模型增加建筑和景观、展馆设施（含灯具）更换维护及线路维修、多媒体设备更换维护、增加有声导览系统、校史展示系统升级和数据迁移等六个方面的维护和更新。校史馆全年接待来访人员与校友 8672 人次。

（撰稿：万　青、李　祎、徐启俊　审稿：张明丽）

湖北省高校网络舆情分析研究中心

【概况】2023 年，湖北省高校网络舆情分析研究中心切实加强全省高校网络舆情工作，着力推进涉稳舆情工作体系建设，为领导科学决策提供重要参考，为实现全省高校安全稳定发挥重要作用。

【筑牢高校网络舆情安全屏障】全年通过雨虹平台向教育部报送涉稳舆情单条信息 2892 条，向教育部报送《舆情月报》4 期、《舆情季报》3 期，《舆情专报》978 篇，《专项内参》22 篇，其中《AI 假新闻的表现特征及风险分析》等 2 篇舆情专报被教育部采用。中心全年在雨虹平台得分为 76307.5 分，在教育部 53 所机制单位中排名第一，为维护全国高校安全稳定发挥了重要作用。

【提升高校涉稳舆情工作水平】全面监测预警，及时发现高校涉稳舆情。2023 年以来，采用 7×24 小时人工值守与机器结合的监测方式，实行文本信息和视频信息双轨值班制度；组建境外监测小组，及时了解敏感信息，实现全平台全类型全覆盖。全年监测时长 8184 小时，定向监测重点账号 256 个，浏览信息 2 千万余条，第一时间向省教育厅上报 2596 条重大涉稳舆情信息，有效维护全省高校安全稳定局面。成功组织接待教育部思政司、省纪委厅、省教育厅等上级部门的检查调研工作，获得上述部门的高度评价。

科学分析研判，专业研判舆情发展态势。全年向省教育厅报送日报341期、周报48期。2023年毕业季，湖北省高校舆情多点散发，总体呈热度低、燃点高的趋势，湖北省高校网络舆情分析研究中心及时盘点毕业季涉校舆情，形成专报报送省教育厅，供主管部门参考决策。

推动机制建设，形成三级联动工作体系。2023年5月，研发集舆情派发、监督反馈、指导处置、舆论引导等多项功能为一体的全省高校舆情工作平台“景行大数据”正式投入使用；6月，承办召开全省高校涉稳舆情机制研讨班，向全省高校舆情干部明确涉稳舆情工作原则、方式及操作规程，实现线上线下一体联动。截至2023年12月，湖北省高校网络舆情分析研究中心通过景行大数据平台报送各类高校重大涉稳舆情信息769条，信息即时签收处置率达90%。依托“景行大数据”，已实现由省教育厅指导，中心主抓，省内各高校共同参与的涉稳舆情三级联动工作体系。

推进理论研究，提升涉稳舆情研究水平。湖北省高校网络舆情分析研究中心聚焦规划省级人文社科基地工作，统筹各方资源，积极申报国家级、省部级课题8项，成功获批省重大调研项目1项并结项，省社科基金重大项目1项，省商务厅项目1项，编制《湖北省高校突发事件处置指引》等规范文件，为舆情工作高质量发展提供有力支撑，为处置应对高校突发网络舆情事件提供重要理论参考。

（撰稿：李猛刚　审稿：仵　霜）

附属天佑医院

【概况】武汉科技大学附属天佑医院组建于1983年，前身是武汉铁路中心医院，是一所集医疗、教学、科研、预防为一体的公立三级甲等综合医院。“天佑”二字源自“中国铁路之父”詹天佑。医院是国家爱婴医院、国际红十字急救和武汉市120急救的指定医院、武昌区结核病防治定点医院；是武汉市医保（含职工、居民、大学生、生育）、湖北省本级医保、全国异地就医、商业保险等的定点医疗机构。武汉科技大学附属天佑医院毗邻武昌火车站东广场，坐落于武汉市武昌区涂家岭9号，医院占地面积53504平方米，编制床位1000张，实际开放床位810张，重症医学床位16张。医院在职在岗职工1127人，含卫生专业技术人员986人，其中医师369人，护士501人；具有正高级职称37人、副高级职称86人、中级职称

305人、初级职称594人。

医院充分发挥“同济天佑医院医联体”平台优势。2023年华中科技大学同济医学院附属同济医院共派驻6名兼职专科主任来医院任职，并组织同济知名专家来医院坐诊、查房、手术共486次。通过同济医院持续全方位支持，医院的医疗技术和管理水平明显提升，各项业务指标显著提高。

2023年年底医院固定资产净值90008.91万元，其中医疗设备净值13311.90万元，乙类医用设备1台；全年医院总收入75684.81万元，其中医疗收入48286.26万元，比上年增长11.65%。

【机构设置】医院加入的医联体有同济天佑医院医联体，牵头的医联体有武汉市洪山区洪山街社区卫生服务中心、武锅医院、武汉楚都医院（医养结合机构）、武汉理工大学校医院、湖北省狮子山强制隔离戒毒所、湖北省女子强制隔离戒毒所，对口支援与扶贫协作的单位有保康县人民医院。

【医疗工作】全年门急诊诊次436917人次，其中专家门诊61190人次；出院29900人次，床位使用率82.5%，床位周转36.9次，平均住院日8.15天；住院手术4697人，9956人次，四级手术同比增长11.45%，三、四级手术占比79.24%；开展临床路径涉及15个科室，83个病种；全年红细胞用量2596 U，比上年增长11.6%；血浆用量195200毫升，比上年增长28.4%；冷沉淀用量939.75 U，比上年增长54.8%；血小板201治疗量，较上年减少14.6%；预约挂号占门诊总人次的35.46%；本地医保门诊273608人次、次均费用349.19元，医保出院22621人次、次均费用10356.95元；异地医保出院3763人次、次均费用13584.90元；DRG组数为694；CMI值为1.07。

建立健全医疗质量与安全管理体系。落实依法执业，加强医疗技术准入管理，重点加强对限制类技术、内镜和介入技术的监管安全管理。强化预检分诊，优化急诊就诊和绿色通道流程。落实手术分级管理制度，强化手术分级和医生授权动态管理，科学制订手术方案。落实手术安全核查制度，强化围手术期管理。加强单病种质量管理，遵循临床诊疗指南、临床技术操作规范、行业标准和临床路径等有关要求开展诊疗工作。建立医院医疗风险安全预警平台，完善医疗安全预警系统建设，强化医疗纠纷防范与处理，定期开展医疗质量与安全督查、落实纠纷病例点评和不良事件分析。落实传染病聚集性疫情风险监测研判会商机制，开展全院院感知识培训考核，医院感染率各项指标均控制在全国低位水平。成立门急诊质量管理委员会，2023年2月，增设便民门诊，共接诊患者3万余人次。加强同济知名专家门诊宣传推介。强化门诊志愿服务，参与门诊志愿服务人数700余人，其中党员志愿者近40人，志愿服务时长超4000小时。开展老年友善服务，惠及千余人，被授予武汉科技大学“雷锋社团”荣誉称号。加大“323健康问题”筛查力度，开展“323”健康科普讲座及门诊健康知识讲堂等健康宣教40余场；拍摄四期“323”健康科普小视频。定期开展社区健康咨询活动40场，接受居民咨询近1500人次。

学科建设成效显著。2023年，医院老

年医学科获批湖北省临床重点（建设）专科；医院通过国家胸痛中心（标准版）认证；成为中国创伤救治联盟创伤救治中心建设单位；获“中国心身医学整合诊疗中心”；获批中国康复医学会科普教育基地，成为全国三十六家基地之一。通过推进胸痛中心、卒中中心和创伤中心建设，组建多学科医疗救治团队，建立神经疾病诊疗中心和多学科协作机制，开展多学科专病治疗小组 MDT，提高了急危重症患者救治率和存活率。

审批新技术、新业务 39 项。开展腹腔镜保留脾脏胰体尾切除术（LSPDP）、机器人辅助脑立体定向颅内血肿穿刺引流术、腹膜外腹腔镜前列腺根治切除术（ELRP）、单侧双通道脊柱内镜技术（UBE）等多项院内首例手术，实现医院多科专业领域的突破。

强化合理用药管理。药占比呈逐年下降，达到 26.2%，其中门诊药占比 36.29%、住院药占比 20.33%。开展抗菌药物点评与周通报制度，门诊抗菌药物处方比例 12.55%，急诊抗菌药物处方比例 24.88%，住院患者抗菌药物使用率 43.41%，抗菌药物使用强度 DDD 值下降到 35.24。医院基药配备品种数和使用金额占比持续上升，报量准确率和完成率均处于全省前列，多次受到省医保局通报表扬。国家重点监控药物品种数量和用量逐渐压缩，合理用药水平进一步提升。

坚持履行公立医院社会责任。按要求完成各项政府指令性任务，选派 1 名妇产科医生执行第 28 批援阿尔及利亚医疗任务，1 名麻醉科医生执行第九批援疆任务，6 名专家赴保康县人民医院进行驻点帮扶。完成湖北省两会、武汉马拉松、武昌古城半程马拉松、百瑞景微马、铁路局老干部健康管理、公务员考试、武昌火车站等国家、省、市各级医疗卫生保障任务。医院与周边社区基层医疗卫生服务机构及企事业单位共签署医疗合作协议 20 余份，2023 年 7 月医院被纳入湖北省公费医疗定点医疗机构目录。推动“走出去”战略，部署“健康服务进社区”计划，全年深入辖区 69 个社区开展健康宣讲、咨询、急救培训及专家义诊活动共计 93 场，持续推进优质医疗资源下沉。

【护理工作】成立护理管理委员会，下设 4 个护理专业发展委员会，定期召开护理质量与安全管理委员会。2023 年 5 月在湖北省质量控制中心举办的优质护理质量改善项目评选中，医院“基于医联体的 4C 延续性护理提高脑卒中患者的依从性”项目荣获优秀奖。召开不良事件分析警示教育培训 3 次，对典型案例进行剖析讲解，完成临床上报 161 件不良事件的讨论分析及改进。加强责任制护理管理，开展“护患沟通 10 分钟、心情温度计”等活动，规范入院及出院健康教育标准，设计“出院流程问答板”“住院患者检查检验温馨提示”等宣教内容。

2023 年住院患者满意度 98.3%，比上年提升 1.2%；出院病人随访 24205 人次，随访率由 56%提高到 100%；完成互联网+护理服务 452 例次；落实患者分级照护，分级护理合格率由 69%提高到 85%。结合医院的发展战略开展全院护理人员及骨干人才培训，教学培训覆盖率达 100%；加强护理信息化建设，建设“智慧病房”；发展“互联网+护理”服务，推出包含慢性管理、康复护理、母婴护理、基础护理等多项居家护理服务项目；开展安宁疗护和老年患者友善护理服务。

全年护理人员分层培训方案共组织线上培训13项，参与培训总人次约5200人；线下培训理论和操作共17场，参与培训总人次约2000人，护理培训覆盖率100%；组织新护士岗前培训27项，培训合格率不低于95%。组织护理骨干7人参加国家及省级专科护士培训，10人赴同济医院进修，1人赴武汉市精神卫生中心进修。

组织137名研究生、本科、专科护理实习生的临床实习、见习工作，对2021级护理专业研究生临床实践进行中期考核，组织2022级护理研究生与临床导师沟通座谈会。承担中建三局中心医院护士进修4人次，对口帮扶的鄂州卫生院进修1人次。成立护理教研室，进一步规范教学管理，提升教学质量。

【科研工作】全年发表论文232篇，其中SCI 32篇、中文核心9篇、科技核心32篇、获得发明专利1项、实用新型专利2项；发表著作11部。完成2项实用新型专利转化。申报国家自然科学基金2项、省自然科学基金项目2项、武汉市科技局知识创新专项项目1项、中华护理学会科研课题项目1项、省第二届生命健康科技创新创业大赛1项、省重点实验室联合基金项目9项；获批省自然科学基金项目1项、武汉市知识创新专项曙光计划项目1项、中华护理学会科研课题项目1项、武汉科技大学教学研究项目1项；完成省卫健委联合基金项目结题3项、省教育厅科学研究计划项目4项；国家级继教项目立项5项、省级继教项目立项14项，创医院继教工作新高。

通过国家医疗器械临床试验机构备案现场检查，取得内分泌、血液、眼科3个专业国家医疗器械临床试验机构资质。获批湖北省阿尔茨海默病临床医学研究中心。

【医学教育】承担武汉科技大学医学部本科生、研究生及留学生的理论教学、见习、实习等教学任务。共有教师229人，其中教授9人，副教授20人。本年度录取硕士研究生47人。本年度选派13人到院外进行进修学习。

2023年接收本校本科生、留学生、研究生、规培生和外校实习生共计507人，讲授63门理论课；组织完成本科生和留学生新晋教师科室、教研室及院级三级试讲；成功承办武汉科技大学医学部首届临床教师课堂教学竞赛，医院两位教师分别荣获一等奖和二等奖；获得校级教学研究项目1项。举办研究生思想政治座谈会、研究生廉洁教育第一课、开展研究生家访等工作；11名研究生获得校级“优秀研究生”称号，2名获得“优秀研究生标兵”称号、3名获得“优秀研究生干部”称号。

2023年全科国培基地共招录21名学员，比上年增长25%；邀请院内外专家来院进行住培督导检查工作13次；对洪山社区卫生服务中心全科医学实践基地调研指导5次；组织参加省级住培师资培训32场次、国家级住培师资培训3场次；完成医院住培师资和学员360°评价，评选出住培优秀指导医师17名、优秀教秘3名、优秀责任导师3名、优秀住培学员6名；

完成医院内、外科专业国培基地申报。

本年度脱产学习人数 17 人，其中派往同济医院进修 3 人。

【人才队伍建设】完成 94 名临床医技科室正副主任、护士长的聘期考核与重新选聘，新提拔临床医技科主任（牵头副主任）11 人、副主任 8 人、护士长 9 人。引进高层次人才 8 名；正式启动 2023 年院内人才分层培养与管理候选人选拔，共 82 人申报；进一步引培高学历人才，目前医院博士学位、硕士学位职工达 282 人；推选 2 人参与湖北省“楚天英才计划”医疗卫生人才项目和医学青年拔尖人才培养计划。邀请同济专家来院进行管理干部专题培训 2 场。医院“中人”养老保险工作顺利推进，590 人入口审核全部通过。

【信息化建设】“智慧医院”信息化建设项目二期总投资金额 4600 万元。实现医院内部信息系统互联互通、实时监管；建立诊疗信息数据库，为医疗质量控制、医疗技术管理、诊疗行为规范、合理用药评估、服务流程优化、服务效率提升、医疗资源管理等提供大数据支撑，并获得国家医疗健康信息互联互通标准化成熟度等级评审四级甲等，取得互联网医院牌照。推进医院内部信息系统集成整合，推动医院电子病历系统和居民电子健康档案系统数据共享，建立全院统一的临床知识库，发挥智能化临床诊疗决策支持功能，高质量完成省卫健委全民健康平台数据采集上报工作，支撑医院三甲数据评审顺利完成。严格落实《中华人民共和国网络安全法》，医院核心信息系统安全保护等级达到 3 级，荣获全国“第四届卫生健康行业网络安全技能大赛”二等奖。

【基本建设】2023 年 7 月，医院新建的集门急诊、住院、医技、科研、教学等功能为一体的综合大楼正式投入使用，该建设项目获得“湖北省建筑结构优质工程”“武汉市建筑结构优质工程”“湖北省建筑工程安全文明施工现场”等奖项。该大楼配备楼宇自动系统、杂交手术室、物联网等先进系统，极大提升了医院医疗服务的舒适化、智慧化、数字化、节能化水平，拥有 3.0T 磁共振、超高端 CT、3D 腹腔镜、血管造影机、乳腺机、四维/三维彩超等先进诊疗手术设备。医院全面提升环境，落实医院病媒生物防制、健康宣传、厕所环境整洁、无烟医院建设等各项重点任务。完成水果湖分院房屋设施启用前的维修工作；完成对新增幸福路 120 急救站房屋装修的竣工验收。

【党务工作】充分发挥医院党委领导作用，将党建工作列入医院《章程》，完善“三重一大”制度建设，完成修订《党委会议事和决策规则》。严格落实党委理论学习中心组学习等制度及“第一议题”制度，党委中心组理论学习 12 次。严格落实“一岗双责”，持续推进《天佑医院领导干部联系基层工作制度》，院领导班子成员每人联系至少 1 个临床科室，1 个党支部，1 名专家（或高层次人才），1 名青年骨干医师或教师，1 名党外人士，1 个学生组织（班级或寝室），1 名学生。

巩固拓展主题教育成果。召开读书班集中研讨会 1 次，调研成果交流会 1 次，主题教育专题民主生活会 1 次。持续推进党员干部“一下三民”，领导班子成员下基层 40 次，共完成实事 15 项，接收结对帮扶的鄂城区 5 家基层卫生院 6 名医务人员来院进修。

狠抓基层党建工作落实。按照“支部建在科室”的要求，对基层党组织架构进行调整，深化“双带头人”“双培养”“双引领”工作机制，实现“双带头人”100%全覆盖，推进基层党支部“标准+示范”建设，医技党总支第三支部获批学校第三批校级“对标争先”培育创建单位中“双带头人”教师党支部书记工作室。完成各层各类培训，开展省卫健委、武汉科技大学、医院党建培训7次，院领导班子成员讲党课11次，邀请省卫健委、武汉科技大学、同济医院相关领导授课，共计130余人参加学习。召开庆祝中国共产党成立102周年暨“七一”表彰大会等系列建党活动，推出和表彰26名优秀党员、11名优秀党务工作者和11个先进基层党组织。创新开展“党员先锋义诊行”活动6次，设立党员“门诊志愿服务岗”，打造“健康小屋”进社区开诊，多次受到省、市领导的视察指导。

推进清廉文化建设。建立医院医德医风考评工作方案和实施管理办法，注重医德医风考核结果与绩效、晋升等挂钩。加强医德医风宣传指导，开展《医疗机构工作人员廉洁从业九项准则》和不合理医疗检查及用药突出问题专项治理工作内容的专题学习；组织签订承诺书和相关知识测试；开展18项医疗核心制度培训、医疗纠纷法律培训。落实医院“九项准则”自查自纠工作，并开展督导检查“回头看”4次。组织全院科室部门负责人签订党风廉政责任书，开展专题党课、警示教育片、参观警示教育基地等多种形式的党风廉政教育。医院清廉文化作品获全省卫生健康系统清廉文化建设主题征文活动获1个二等奖，2个优秀奖。组织“美好共缔造 清廉我先行”读书活动，共征集稿件36篇，获得武汉科技大学“树清廉家风 创清廉家庭”廉洁文化作品征集活动三等奖，有2人获优秀个人奖。建立健全行风管理制度和体系，落实《关于医疗卫生领域不正之风整治工作的实施方案》，开展医药领域腐败问题集中整治，聚焦重点领域持续自查自纠，在全院开展廉政风险点排查，梳理小微权力清单，健全完善常态化、长效化风险防控机制。

聚焦医院民生保障和文化建设。落实职工各项福利待遇，开展多种形式慰问，逐步提高离退休老同志年终福利，对80岁以上老人进行春节慰问；为全院职工办理福利保障保险；开展夏送清凉、冬送温暖活动；为女职工购买安康险；定期为职工进行体检。充分发挥群团组织的效能，关注弱势群体，设立院内大病互助基金，积极构建帮困救助体系。推进文化娱乐活动常态化发展，组建书法、合唱、太极、羽毛球、篮球等兴趣班和乒乓球、羽毛球、篮球协会，参加武汉科技大学乒乓球、羽毛球团体赛分获冠军、季军佳绩。首次组队参加武汉市卫生健康系统举办的第三届“健康杯”太极拳比赛并获三等奖。成功举办医院秋季趣味运动会暨第一届“天佑杯”乒羽比赛。举办全院各临床科室应急预案演练技能比武。组织开展春节联欢会、国际劳动妇女节系列活动、“庆六一·我爱天佑”主题绘画、清廉文化主题征文、诗文朗诵、读书会及各类主题摄影作品征集活动。关心关爱青年职工，召开“五四表彰暨青年职工座谈会”；

打造青“young”大讲堂；搭建优质、高效的交友平台，分批次组织“致青春·花样年华”“幸福天佑”等线上、线下交友联谊活动，满足职工不断增长的精神文化需求。

强化医院品牌声誉。2023年，医院传播指数排行创新高，跃升至湖北省公立医院传播指数榜单第2名。在各级各类媒体图文宣传报道350余篇，录制“二十大学习进行时”6期，拍摄“主播进科室”22期，拍摄各类科室专家访谈10余期，官方微信推文80余篇，在新浪微博、丁香园月均发表200条，总阅读量超过300万人次。3名专家进入湖北省科普专家库“湖北省卫健委科普专家库”，“健康湖北”选登医院报送作品4篇，省政府门户网站选登医院科普作品2篇。康复科获批“中国康复医学会科普教育基地”，成为全国36家基地之一。医院援阿尔及利亚的妇产科李洪玲医生的事迹、神经外科、关节骨科、心血管内科等科普新闻受到人民日报、中国新闻网、湖北日报、湖北发布等30多个国家、省级媒体转载，全网阅读量累计超200W+，创造十余个10W+。连续3年举办“医院年度科普大赛”，口腔科贺燕、中西医结合科邓苗科普大赛作品分别获得省级科普二等奖和区级一等奖项。

刘拴荣获湖北五一劳动奖章；姜萍、李兰兰、刘建华、潘云红、闫萌5人被授予湖北省“优秀共产党员”称号，胡玲、左伶俐被授予湖北省“优秀党务工作者”称号，内科党总支第一支部、门诊党总支第三支部被授予湖北省“先进基层党支部”称号。李洪玲获得“2023魅力医生”荣誉称号。响应政府号召，组织开展应急献血活动，全院职工累计献血20200毫升。

（撰稿：刘　聪　审稿：许　辉）

附属老年病医院

【概况】2023年，是武汉科技大学附属老年病医院（武汉科技大学附属洪山中心医院）三级医院建设工作的开局之年，也是纵深推进“十四五”规划建设目标任务的关键之年，医院不断加强人才队伍与学科建设，出色地完成了各项指标和任务。武汉科技大学附属老年病医院（武汉科技大学附属洪山中心医院）积极改革创新发展，以一体化管理为基础，以资源下沉共享为核心，以完善配套支持政策为重点，以构建“1级+2级+3级”网格化医疗服务城市紧密型医疗集团新模式为着力点，致力于建设医疗、预防、保健、教学及科研于一体的大学直属附属三级公立医院（编制床位500张），医院下辖两个二级医院（编制床位399张）、两个社区卫生服务中心（编制床位100张）、两个120急救站、10个社区卫生服务站和院外门诊部，总编制床位999张，总建筑面积为7.4万平方米。建成下辖的青菱街社区卫生服务中心是国家级基层卫生人员能力提升培训基地、湖北省唯一的国家级优秀全科住培基地，曾获得全国“基层防控先锋团队”荣誉称号，是湖北省唯一获此殊荣的高校附属医疗机构。医院配置了3.0T MRI、1.5T MRI、双源CT、64层车载CT、血管造影机（DSA）、四维彩超、百级、千级层流手术室等高达3.7亿元的目前最先进的设施设备。医院现有职工821名，其中武汉市“黄鹤英才计划”/享受政府专家津贴专家1名、教授/主任医师26名、硕士研究生导师15名、副高职称以上人员108名、博士研究生9名、硕士研究生126名；担任国家、省、市专业委员会主任、副主任、常委、委员人员39名。

【党建与思想政治工作】 医院共有党委委员7名，党支部9个，党员120名，全年发展党员16人，按期转正5人。

2023年，医院坚持以习近平新时代中国特色社会主义思想为指导，深入学习贯彻党的二十大精神，扎实开展主题教育。全年开展集中学习5次，完成调研报告7个，在调研中梳理问题9个，提出对策措施12条；领导班子成员领办民生实事项目1项，医院党委推动解决高质量发展重难点问题1项；召开民主生活会1次，拟定整改措施9条，真正做到边学边查边整改。同时，医院坚持将学习贯彻党的二十大精神、习近平新时代中国特色社会主义思想等作为党委会“第一议题”、中心组学习“第一内容”、主题党日“第一任务”。全年召开党委会议20余次，研究党建工作10余次；开展党委理论学习中心组学习12次，并坚持一学一报；开展主题党日活动12次，处级党员领导干部讲党课6次，支部书记讲党课10余次。制定并完善积分制试点党支部发展特色评估细化指标，每个月有侧重性地对各支部进行考核。

2023年5月，医院以护士节、医师节为依托，开展2023“扬清风正气 做清廉医者”优秀医护人员评选活动，共评选清廉医护60余人，通过表彰大会充分展示典型个人立足岗位、敬业奉献、担当实干、善作善成的先进事迹，形成向“清廉有为”先进典型学习看齐的良好氛围。2023年10月，根据工作实际，调整党组织设置，选举产生新一届党支部委员会。扎实推进“一下三民”实践活动，与仙桃市市长埫口镇中心卫生院开展医共体对口帮扶；扎实开展医药领域腐败问题集中整治、不合理医疗检查及用药突出问题专项治理、医保领域打击欺诈骗保专项整治行动；开展党风廉政宣教月活动，通过专题党课、警示教育片等多种形式开展党风廉政教育；打造医院四清廉政品牌，与新聘任干部廉政谈话，与药品、耗材供应商签订《廉洁购销承诺书》；对重点岗位人员实行交流轮岗。医院将党建工作与其他各项工作紧密结合，在以学铸魂、以学增智、以学正风、以学促干上取得实效，在“两优一先”评选中荣获“先进基层党组织”“优秀党务工作者”“优秀共产党员”等称号。

【医疗工作】 2023年1月，附属老年病医院正式投入运营，通过了湖北省三级医院评定验收，更好地为学校师生员工及周边居民提供优质医疗保障服务。全年医院门诊量67.7万人次以上，出院患者约1.6万人次。优化便民门诊服务，简化报销流程，提升了患者满意度。门慢特项目有序发展，适应了新的DRG付费模式，并顺利签约医保协议。

医院积极构建紧密型医疗集团，完善分级诊疗体系，使医疗资源供需更加匹配，就医格局更加合理。先后引进3T核磁共振、1.5T核磁共振、DSA血管造影机，建造高压氧舱等先进设备，进一步提升综合医疗服务质量与服务水平。根据武汉市120网络急救站建设指南中“平均应急反应时间不超过10分钟”的要求，新增建设武汉急救中心青菱急救站、武汉急救中心马湖急救站。同时，进一步完善社区卫生服务机构网点布局，巩固城市社区15分钟健康服务圈，设立洪山街马湖社区卫生服务站。

【公卫、家医工作】2023年积极配合学校开展体检业务与公费医疗服务，组建家庭医生团队进行网格化管理，推动落实慢病管理与健康教育，完成校内教职工体检1039人次、女职工体检430人次、高知体检458次、离退休体检35人次、新生体检6285人次、毕业生体检1722人次、研究生体检1755人次、征兵体检2428余人次、预防性体检13622人次。新生入学期间，为学校师生新建新生档案6000份，档案维护6000份，慢病管理1002余人次，65岁以上老年人免费体检740余人次。对外完成各类医疗服务100余次、协助学校完成各项大型活动50余次。举办院内各类医疗业务讲座及培训近70场，参加学习人员3776余人次。开展科普讲座进校内活动20余次，院外讲座培训约7场，参加学习人员1550余人次。

【教学与科研】2023年，医院公开发表论文23篇，其中中文核心收录4篇，SCI收录12篇。在提升科研水平的同时，为培养教学文化与提升教学质量，加强制度建设与教学管理，医院先后接收住培学员141人次，承接基层卫生人才骨干医师培训任务334人次。此外，医院积极承办国家级、省级、市级学术会议和技术展示推广运用学术讲座，2023年8—12月先后承办了2023湖北省基层卫生人才岗位练兵竞赛、第三届中华全科医学发展论坛、武汉医师协会全科医师分会2023年医师学术年会、湖北省医养融合优秀案例评审等，进一步提升了医院承办大型活动项目的能力，为三甲医院评审工作奠定了基础。

【信息化建设】通过医疗信息管理平台搭建，集成了患者的医疗信息、缴费信息、报销信息等，确保患者在不同医疗机构之间的检查结果可以实时传输和共享，同时可以与医保系统、商业保险系统等进行对接，实现就医费用一站式结算，简化患者的支付流程。通过医疗信息系统与电子发票系统的对接，患者可以在线获取电子发票，无需到医疗机构开具纸质发票。建立统一的电子病历和电子档案标准体系，完善电子病历及电子档案信息系统，实现信息的数字化存储、传输、管理和利用，确保系统的稳定性和安全性，保障信息的隐私和保密性，不同医疗机构之间的信息可以相互兼容和共享。此外，医院在2023年取得了医院管理信息系统三级等保，同时通过了国家四级电子病历系统应用评审。

【人才引进与培养】为提高临床医疗技术水平，医院积极贯彻落实“人才强院”战略，不断加大人才引进力度，持续狠抓人才队伍建设，扩增人才数量、盘活人才存量，优化人才结构，提升人才内涵，激发人才潜力，为医院高质量发展提供坚实的人才支撑。积极对标“三甲医院”标准，重点加强学科带头人、高层次人才选拔培养，建立结构合理的人才梯队。2023 年新进职工 240 余名，其中从“三甲医院”引进主任医师、医学博士、硕士/副主任医师人员 12 名（科主任/副主任 7 名），引进专业技术人才 10 名，医院医疗人才队伍进一步优化提升。

【所获荣誉】2023 年，武汉科技大学附属老年病医院全体职工积极参加各级各项技能竞赛及活动评比，共取得了 20 项荣誉奖项，其中获得国家级荣誉 4 项、省级荣誉 5 项、市级荣誉 1 项、区级荣誉 7 项、校级荣誉 3 项，综合实力得到高度认可，品牌影响力和知名度进一步提升。

1. 国家级荣誉 4 项

党委书记谭伟荣获 2023 年度吴阶平全科医生奖；吴瑞、黄招兰、袁琪在 2021—2022 年度全国家医岗位练兵暨风采展示活动决赛中荣获优秀奖；武汉科技大学附属老年病医院（武汉市洪山区青菱街社区卫生服务中心）综合内科被推荐为 2023 年全国巾帼文明岗；洪山区青菱街社区卫生服务中心获批高级认知障碍诊疗中心及认知障碍防治中心（含社区记忆门诊）。

2. 省级荣誉 5 项

药剂科在 2023 年“湖北工匠杯”技能大赛——全省药师职业技能竞赛武汉赛区选拔赛中荣获团体和个人三等奖；武汉科技大学附属老年病医院代表武汉市洪山区在 2023 年湖北省基层卫生人才岗位练兵竞赛中荣获团体一等奖；郑小利荣获 2023 年湖北省基层卫生人才岗位练兵竞赛医生组个人奖一等奖；高阳同志荣获 2023 年湖北省基层卫生人才岗位练兵竞赛公共卫生组个人奖二等奖；吴瑞同志荣获 2023 年湖北省基层卫生人才岗位练兵竞赛护理组个人奖二等奖。

3. 市级荣誉 1 项

武汉市洪山区青菱街社区卫生服务中心被评为武汉市健康示范单位。

4. 区级荣誉 7 项

刘毅峰同志荣获 2022 年度“感动洪山”十大人物；刘毅峰、胡菁同志被评为敬业奉献类 2022 年度“洪山好人”；武汉市洪山区青菱街社区卫生服务中心（武汉科技大学医院）被评为武汉市洪山区药品不良反应报告先进单位；张红亮、夏诗瑶、黄姣姣、柯爽获洪山区 2023 年度“优秀护士”荣誉称号；杨慧同志获洪山区 2023 年度“优秀护理管理者”荣誉称号；武汉市洪山区青菱街社区卫生服务中心被评为洪山区妇幼健康职业技能竞赛优秀组织奖；胡姗姗、张阔、郝顺心、谢志明被评为洪山区 2023 年度“最美医师”。

5. 校级荣誉 3 项

中共武汉科技大学附属老年病医院委

员会获2023年“先进基层党组织”荣誉称号；附属老年病医院（第二临床学院）综合外科团队被评为学雷锋活动先进集体；中共武汉科技大学附属老年病医院委员会荣获“树清廉家风 创清廉家庭”廉洁文化作品征集活动三等奖。

（撰稿：屈品均　审稿：谭　伟、易文龙）

材料学部

【概况】2023年，学校材料科学与工程学科被确定为湖北省属高校一流学科重点建设学科，为统筹推进一流学科建设，学校建立举校机制，整合跨学科、跨学部资源成立材料学部，于2023年5月31日举行了挂牌仪式。

材料学部为学部制教学科研单位，下设材料科学与工程学部、冶金与能源学部两个教学科研单位。学部设有教学和行政、党务和学工两个综合管理办公室；设有无机非金属材料工程系、冶金工程系、金属材料工程系、材料成型及控制工程系、能源与动力工程系和材料化学系6个系和相应的6个专业教学实验室的基本教学单位，拥有材料科学与工程和冶金工程2个一级学科博士学位授权点和硕士学位授权点，材料与化工专业硕士学位授权点；设有材料科学与工程和冶金工程2个博士后科研流动站；学部内设学术委员会、学位委员会、学科建设工作委员会和教学指导委员会4个学术机构。

学部所在学科点建有省部共建耐火材料与冶金国家重点实验室、高温材料与炉衬技术国家地方联合工程研究中心、教育部B类重点实验室、钢铁冶金及资源利用省部共建教育部重点实验室、钢铁工业耐火材料新技术教育部国际合作联合实验室、湖北省中小企业共性技术冶金材料研发推广中心、高温材料与炉衬技术湖北省工程研究中心、湖北省冶金二次资源工程技术研究中心、湖北省先进钢铁材料中试研究基地、武汉市耐火材料与高温陶瓷工程技术研究中心、武汉市钢铁冶金工程技术研究中心、湖北省耐火材料产品质量监督检验站等科研与测试机构，设有材料学湖北省实验教学示范中心先进材料与纳米技术研究院、高温磁电材料研究所和冶金过程虚拟仿真中心等。

截至2023年年底，学部有教职工235人（含在站博士后22人），其中专任教师162人，专任教师中教授65人（其中二级教授9人，三级教授25人），副高职称的教师人数有75人；专任教师中具有博士学位的156人，占到专任教师比例96.30%；专任教师中青年教师（45岁及以下的教师）有102人，占到所有教师人数的62.96%。

2023年，学部共招收学生952人，其

中本科生561人，研究生391人（直博生2人，硕博连读50人，申请—考核制博士研究生12人，博士留学生3人、硕士留学生7人；全日制硕士研究生325人）；截至2023年年底，学部共有在校生3312人，其中本科生2179人，全日制硕士研究生883人（含留学生16人），博士研究生250人（含留学生11人）。

2023年，在学校党委和行政的正确领导及各职能部门的关心和支持下，根据学校2023年党政工作要点和学部各项任务，学部全体师生齐心协力，顺利地完成了年度各项工作。学部牵头荣获2022年度国家级教学成果奖二等奖，科研到账总经费达8000多万元，再创新高，获批教育部国际合作联合实验室——“钢铁工业耐火材料新技术国际合作联合实验室”，是湖北省属高校唯一的国际合作联合实验室，荣获中国国际大学生创新大赛（2023）国家级金奖1项、银奖1项，丁文红教授获“国家卓越工程师”称号，金胜利教授获批国家人才计划项目，张华教授获批2023年宝钢优秀教师奖，李亚伟教授荣获2023年湖北省先进工作者；王炜教授获评2023年“荆楚好老师”和楚天名师称号，胡晓明、万响亮分别荣获第二届全国博士后创新创业大赛银奖。

【党建与思想政治工作】 领导班子认真落实全面从严治党主体责任，根据学校党政工作要点和党建工作责任清单，结合本单位实际，制定落实主体责任的年度任务安排，明确责任分工和完成时限。高度重视领导班子建设，把党建与中心工作结合起来，班子团结合作、积极向上、干事创业，在重大事项决定上始终坚持决策的科学化、民主化、规范化。

学部党委理论学习中心组全年开展理论学习12次，制定《领导干部联系基层工作制度》，认真落实领导班子成员联系高层次人才、青年教师、党外知识分子、系（部）党支部以及学生班级等制度，结合“下基层察民情解民忧暖民心”活动，定期向学部教职工通报工作和听取工作建议，积极解决师生困难。领导班子成员按规定及时上报个人有关事项材料，在个人有关事项核查过程中无受到诫勉以上组织处理。

学部获评“湖北省教育工作先进集体”，学部党委通过湖北省“全省高校党建工作标杆院系”验收并参评“全国党建标杆院系”创建单位，无机非金属材料工程研究生第五党支部入选全省高校“研究生样板党支部”创建名单并参评全国高校“研究生样板党支部”。赵世周入选全省高校“研究生党员标兵”创建名单。学部党委获评校级“先进基层党组织”，3个党支部获评校级“先进基层党支部”，《党建赋能“五线谱”，奏响就业新乐章》案例入选省级就业创业典型案例。

党风廉政建设主体责任、监督责任贯通协同，党风廉政建设与其他工作同部署、同推进、同落实。严格党内政治生活，不折不扣执行各项规定，贯彻民主集中制，落实意识形态工作责任制。年度内开展全面从严治党、党风廉政建设专题研究工作会议4次，党委书记讲廉政党课2次，纪委书记进行党纪法规宣讲1次，参加学校监督执纪专题培训、认真开展本单位纪检干部培训。学部积极组织教工参加学校“树廉洁家风 创清廉家庭”为主题的廉洁文化作品征集活动，获优秀集体一等奖。

2023年5月，“学习强国”平台刊发介绍学部党支部党建工作经验稿件《“钢铁侠”是怎样炼成的》。2023年10月《中国青年报》以《“熔炉八炼”炼出钢铁品质 武科大材料学部创新开展入学教育》为题，专题报道学部结合专业特色和办学历史，开展“红色钢铁熔炉引领”入学教育活动。2023年7月湖北日报先后17次专题报道学部“赤诚铸志”暑期社会实践团队在嘉鱼县开展“希望家园”暑期公益活动事迹。2023年8月湖北日报微信公众号刊发学部教师、荆楚好老师樊希安教授事迹《突破了！他为光芯片装“空调”》。2023年4月《支部加油站》（湖北党员生活杂志社主管微信公众号）刊发学部研究生无材第五党支部主题党日活动简报《缅怀革命先烈，争做时代青年》。2023年4月湖北高校思政网刊发学部研究生无材五支部积极参与“第二届材料与冶金学部耐火材料研究生论坛”，服务“一流学科”重大活动，发挥党支部战斗堡垒作用。

【工会工作与教代会工作】学部分工会、教代会充分发挥参政议政及桥梁纽带作用，线上、线下的方式组织全体教职工和工会委员大会就其他专技岗位聘任、年度（聘期）考核办法、年终绩效分配方案等进行讨论、提出修改意见；组织教职工参加学校运动会、参加学校教代会和湖北省教职工创新创业大赛等活动，开展教职工慰问和各类福利发放等工作；李静捷获批学校学雷锋标兵，李亚伟教授荣获2023年湖北省先进工作者，黄峰老师家庭获批武汉市最美家庭表彰，组织教职工开展了春游和年终联谊等活动。

【教学工作】学部以第一完成单位主持的教学成果“‘铸钢魂深交融重挑战强协同’冶金类新工科人才培养体系探索与实践”荣获2022年度国家级教学成果奖二等奖。申报校级教学成果奖7项，获得校级一等奖1项，校级三等奖2项，黄峰主持的“‘大思政引领、产学研联动、学教赛互促’新型金属材料人才培养体系探索与实践”获校级一等奖，刘升主持的“先进材料成型领域战略创新人才培养模式的探索与实践”获校级三等奖，林莉主持的“新工科背景下跨校区大学生创新能力提升模式探究”获校级三等奖。

完成储能科学与工程新专业申报，教育部初评同意率100%；材料成型及控制工程、金属材料工程2个省级一流本科专业通过中期检查；能源与动力工程专业获工程教育认证受理。

“耐火材料工艺学”（魏耀武）、“材料科学基础”（贾涓）2门课程获批国家级一流本科课程。“工业炉窑热工及构造”（陈元元）、“材料成型设备”（周家林）、“耐火材料导热系数测试虚拟仿真实验”（李亦韦）、“耐火浇注料制备与性能表征虚拟仿真实验”（夏忠锋）等4门课程申报并获批省级一流本科课程。“耐火材料工艺学”（朱天彬）、“表面与界面化学”（姜婷婷）获批学校课程思政示范课程。“无机材料物理性能”（丁军）获批校级线上线下混合式一流本科课程，“材料合成与制备”（赵雷）获批校级线下一流本科课程，“材料研究方法（一）”（宋述鹏、卢志红）、“材料腐蚀与防腐”（黄峰）、“耐火材料工艺学”（魏耀武）、“材料物理导论”（李睿智）4门课程在全国性平台上线。“耐火材料工艺学”（魏耀武）获批学校知识图谱课程立项，“材料科学基础”（何漩）获批学校在线课程（SPOC）立项。

学部正式出版《耐火材料生产机械设备》（赵惠忠主编）《无机材料科学基础》（韩兵强主编）教材2部；薛正良主编的《钢铁冶金概论》、赵惠忠主编的《耐火材料生产机械设备》入选“冶金专业教材和工具书经典传承国际传播工程”第一批立项教材；顾华志主编的《耐火材料学》、朱航宇主编的《冶金传输原理》获得学校修订规划教材立项；刘静、宋述鹏主编的《电子显微分析》获批学校新形态教材立项。

倪红卫主持的第二批教育部新工科项目“面向‘一带一路’材料与冶金国际化人才培养模式研究与实践”通过教育部验收，被评为优秀。李薇馨主持“以研发素质为导向的‘材料合成与制备’课程教学改革”获批省级教研项目，刘成松主持的“面向‘双碳’时代的低碳冶金人才培养体系研究”获批校级重点教研项目，陈平安主持的“科研项目驱动的‘无机材料物理性能’课程复合型教学改革研究”、曹玉龙主持的“电渣冶金混合式教学模式的探索与实践”、胡海江主持的“大类招生新形势下先进材料成型创新工程人才培养模式的探索与实践”等获批校级一般教研项目，姜婷婷主持的“材料类专业课程群中课程思政建设的探索与实践”获批校级课程思政研究与实践专项，吴腾主持的“基于多层次项目教学培养拔尖创新人才的探索与实践”获批校级创新人才培养专项。在《中国冶金教育》等期刊发表教研论文13篇。

学部朱天彬获得湖北省第三届教师教学创新大赛二等奖，张施琦、丁军、陈晓琳分别获得学校首届板书设计竞赛一等奖、二等奖、三等奖，吴传栋获得学校第四届教师教学创新大赛一等奖，陈辉、张战获得学校第四届教师教学创新大赛三等奖，曹玉龙、程朝阳获得学校第四届课程思政教学设计大赛二等奖。

学部16人获得学校2022—2023学年教学优秀奖，其中贾涓、魏耀武获得一等奖，宋生强、高运明、韩兵强、刘成松、李薇馨获得二等奖，吴腾、张翔、程朝阳、王景然、甘晓龙、王洪红、姜婷婷、万响亮、李阳获得三等奖。

学部低碳冶金产业学部通过建设方案，已与湖北省低碳冶金产业链多家链主和链创单位达成共建意向，拟定于2024年上半年挂牌。

学部申请并获批大学生创新创业项目33项，其中国家级3项、省级12项、校级18项（明细见附录）。

【科学研究】 学部新立项各类纵向项目67项，其中国家自然科学基金22项（主持联合基金2项、面上项目11项、青年基金项目9项），首批中国—非洲伙伴研究所交流项目1项，中央军民融合发展专项1项，主持湖北省“JD”技术攻关工程项目课题/子课题4项，湖北省重点研发计划2项、湖北省自然科学基金项目10项（其中重点项目1项），纵向批准经费5631.5万元，纵向项目到账3149.25万元。新立项横向项目197项，其中单项合同金额1000万元1项（新型隔热储能材料的制备与产业化，1300万元，其中专利许可费用500万元），合同金额超500万元3项，超过200万元10项，超过100万元18项，横向合同总金额8508.46万元，横向项目到账4947.42万元。本年度科研经费合计到账8096.67万元。

学部发表学术论文451篇，其中SCI源刊论文337篇（其中以第一单位发表论文415篇，含SCI源刊论文316篇）。年内出版教材专著5部，其中英文专著1部。年内授权国际发明专利4项，国家发明专利66项，实用新型专利4项。牵头制定并发布国家标准2项，发布行业标准3项，团体标准1项，地方标准1项。

学部获得科技奖励10项，其中以第一单位获得湖北省科学技术进步奖一等奖、二等奖各1项，获得中国专利优秀奖1项，冶金科学技术奖二等奖1项，此外参与并获得湖北省科学技术进步奖三等奖2项，冶金科学技术奖一等奖1项，中国化工学会科学技术奖基础研究成果奖二等奖1项，工程热化学创新奖1项和中冶集团科学技术奖一等奖1项。

学部牢记服务地方经济发展的使命，增进服务地方经济和科技发展的能力，加强与湖北企事业单位的科技合作，本年度与湖北企事业单位签订合同74项。同时，学部主动与地市开展对口合作，签订对口合作协议，与7家企业签订产学研合作协议。本年度分别与旋力热能（湖北）有限公司、黄石新兴管业有限公司签订共建产学研基地的合作协议，分别与湖北天瓷电子材料有限公司、荆门中耐科技发展有限公司、湖北灵坦机电设备有限公司、宜昌利民管业科技股份有限公司签订校企联合创新中心合作协议，与长沙中瓷新材料科技有限公司签订战略合作框架协议。本年度共派出43人从事科技成果转化工作：派出李杨参加江苏第十五批科技镇长团到江苏宿迁从事成果转化工作，派出万响亮、成日金、黄亮参加湖北第十二批博士团，派出李亚伟、顾华志等7人参加湖北省院士专家企业行活动，马妍、秦庆伟、刘升等32人次参与湖北省科技副总、江苏省科技副总等各类科技人员外派项目到相关企业担任从事科技服务和成果转化工作，完成科技成果转化2项。年内组织产学研合作洽谈会11场。

国际合作方面，学部申报的“中国武汉科技大学—南非比勒陀利亚大学—尼日利亚圣约大学绿色低碳冶金领域伙伴研究所交流项目”入选首批中国—非洲伙伴研究所交流项目（全国仅10项，学校是矿物、冶金、材料领域的唯一获批单位）。学部牵头成立了中非低碳冶金研究中心、武汉科技大学—南非比勒陀利亚大学低碳冶金国际合作联合学部，与澳大利亚新南威尔士大学、英国埃克塞特大学等4所国外高水平院所签订了合作协议。

为进一步加强学部在国际和国内的科研影响力和国际地位，学部本年度通过线上、线下、线上线下相结合的方式组织各类国际、国内、地区性学术会议14次。学部主办了2023武汉耐火材料学术年会、2023中非创新合作与发展论坛暨湖北国际技术交流会“低碳功能材料新技术国际研讨会”、第六届国际耐火材料研究生论坛、第一届全国耐火材料研究生学术年会，2023年全国炼钢—连铸生产技术会和第十五届环太平洋陶瓷国际会（PACRIM15）暨第十三届先进陶瓷国际会议（CICC-13）——“先进耐火材料与传统陶瓷”分会，承办或协办了其他各类学术会议7场。

学部积极邀请开展学术交流活动，邀请行业专家来校讲学并进行学术交流，同时组织学院出国访学归国老师进行学术报告，年内组织学术报告37场。学部接待联合国工业发展组织全球创新网络项目ESG与碳中和投资指导委员会主席罗响、教育部发展规划司司长刘昌亚等386人调研参观52次。李亚伟、刘静等受邀在国内外大型学术会议上作大会主旨报告26人次，分会场邀请报告88次；顾华志、马国军等外出讲学17次，组织科普活动1次。

【学科专业建设】学部完成了材料科学与工程学科建设规划和材料学部一流学科建设设备购置方案制定工作。国家级科研平台取得新突破，获批教育部国际合作联合实验室——“钢铁工业耐火材料新技术国际合作联合实验室”，是湖北省属高校唯一的国际合作联合实验室。创办了*High Temperature Materials*英文期刊。召开了专题会议，研究了学科ESI排名进一步提升办法；材料科学、工程学学科ESI位居全球前0.25%，学部作出重要贡献。材料科学与工程、能源科学与工程、纳米科学与技术入选2023软科世界一流学科。完成了材料与化工专业学位博士点、能源与动力专业学位硕士点申报材料撰写。完成了材料与化工专业学位硕士点专项核验材料。

完成了材料科学与工程、冶金工程学术型学位研究生、材料与化工全日制（非全日制）专业学位研究生及留学研究生培养方案的修订工作。《无机材料热力学》获批全国工程教指委工程类专业学位研究生在线课程（全校唯一），获批学校研究生教育教学改革研究项目3项、研究生教材建设项目3项、研究生在线课程项目1项。获批研究生精品示范课程4门，程朝阳获得学校第三届“课程思政”教学设计大赛研究生组二等奖。

学部学位委员会完成了12位博导、7位硕导遴选工作，完成2024年度51名博导、172名硕导导师资格审核工作，按时开展了4次学位评定分委员会工作，开展导师培训2次。2023年，学部新聘任兼职硕导23人，新增研究生实践基地5个。作为主要学科，支撑获批了湖北省卓越工程师学部，与中冶武勘工程技术有限公司、中冶南方工程技术有限公司、大冶特殊钢有限公司卓越工程师培养协议，选派了15名专业硕士研究生开展卓越工程师培养。

学部共授予学位318人，其中，博士研究生54人，全日制学术型硕士研究生117人，全日制专业学位硕士研究生142人，非全日制专业学位硕士研究生5人。荣获中国冶金教育学会优秀博士学位论文2篇、优秀硕士学位论文4篇。获得校级优秀博士学位论文8篇、优秀硕士学位论文10篇。12人入选学校2022年优秀博士学位论文培育资助项目。2023届硕士研究生一次性就业率为98%，博士研究生一次性就业率为100%。

学部按照公正、公开、透明的原则，完成了2023年度研究生学业奖学金、国家奖学金、铌钢奖学金、濮耐奖学金以及优秀研究生和研究生干部等的评选工作。26 人获得 2023 届优秀毕业研究生，1 名研究生获校长奖章。

学部执行主任顾华志教授和楚天学子宋生强副教授对分别 2023 级新生进行了新生入学和“科研诚信与学术道德”教育。加强校园文化活动的宣传力度，组织了武汉科技大学研究生学术论坛材料学部分论坛、第二届材料与冶金学部耐火材料研究生论坛等校园文化活动共计 10 余次。2023 年，获批学校创新创业基金 7 项（重点项目 1 项、一等资助 1 项、二等资助 5 项），新申报学校创新创业基金 8 项。主办了第六届国际耐火材料研究生论坛、2023 中非创新合作与发展论坛暨湖北国际技术交流会“低碳功能材料新技术国际研讨会”、第一届全国耐火材料研究生学术论坛。承办了 2023 教育部国际产学研用合作会议“先进材料与绿色制造新技术”分论坛。与澳大利亚新南威尔士大学、英国埃克塞特大学等 4 所国外高水平院所签订了合作协议。通过国家留学基金委创新型人才国际合作培养项目，选派 12 名师生出国访学。

学部举行了武汉科技大学材料学部优秀大学生暑期学术夏令营活动，夏令营成员共有 115 名，其中外校学生 6 名。2023 级共招收研究生 391 人，其中，直博生 2 人、硕博连读 50 人、申请—考核制博士研究生 12 人、博士留学生 3 人、硕士留学生 7 人、全日制硕士研究生 325 人（含推免生 20 人）。

【学生工作】 学部领导积极支持并关心学生工作，学部党政联席会经常开展学生工作研究，全年召开学生工作专题会议不少于 12 次，学部领导积极担任本科生班主任，学部大力推动实施学生工作品牌项目——大学生“精淬计划”。围绕大学生理想信念、爱国主义教育等主题开展系列思想政治教育活动，举办“学习、生活、未来——结合材料科学与工程专业”“为明天做该做的事”、新生入学教育等主题活动 10 余次、大学生素质教育主题报告 4 次。认真做好新生军训，2023 级新生军训荣获精神风貌优秀奖。

在学风建设上，学部成立学风建设领导小组，多次召开专题会议讨论研究学风建设举措，积极组织专业教师、班主任在课余时间对学生进行学业规划和专业指导 10 余次。2022—2023 学年，学部获评“优良学风学部”，2023 年考研录取率达 47%，本科毕业生初次就业率达 97.5%。

在学生工作队伍建设上，学部积极组织学工干部参加各类业务培训 6 人次。在学工干部满意度评价中，学生工作效果好，辅导员、班主任工作满意度高。辅导员“两个深入”效果突出。每名辅导员每月深入学生课堂、宿舍不少于 12 余次。积极组织学部全体辅导员参加学校辅导员相关比赛和活动，其中 1 人（郭家麒）获武汉科技大学第八届辅导员素质能力大赛一等奖。此外，学部辅导员还积极参与学生工作科研活动，彭小波、郭家麒、胡文峰、赵亚宾各发表论文 1 篇。

在心理健康教育上，全体辅导员、班主任积极参与各类培训活动，出勤率高于 90%，认真开展心理普查，学生心理普查率和访谈筛查率达 100%，及时更新“心理预警”数据库，密切关注心理预警学生，危机干预体系健全，处理危机事件及时有效，跟踪档案记录齐全、规范。建成达标心理健康教育工作站，并有相应的工作制度，心理健康教育队伍建设规范。

在创新创业与就业指导上，学部结合专业特点，通过多种形式开展就业教育、指导和服务工作，全年举办专场招聘会20余场，建立健全就业育人支持体系，积极引导毕业生参军入伍、西部计划、三支一扶等。积极拓展就业市场，学部班子成员积极拓展就业市场，新增优秀企业8家，访企拓岗工作成效显著。注重就业工作理论研究，学部《党建赋能“五线谱”，奏响就业新乐章》案例入选省级就业创业典型案例。

在团组织思想引导方面，学部团委深入学习习近平总书记系列重要讲话精神，围绕党的二十大和共青团十九大精神开展系列学习。开展特色团组织生活竞赛、团支书演讲比赛、“时事案例分析大赛”等帮助团员青年展现自身理论学习成效；组织各团支部开展10余次专题组织生活会，记录规范、完整；深化团员意识教育，推进大学生政治理论学习研究会工作，按期举办“二级团校”，本年度新发展团员25人；督学促学青年大学习近20期、开展学社衔接1次、推优3次、收缴团费2次。2023年，学部团委获2023年度“全国钢铁行业五四红旗团委”、校级“五四红旗团委”称号。陈哲荣获“中国大学生自强之星”和湖北省“大学生自强之星”，徐一帆、张浩获2023年度“校长奖章”。

在团委、学生会工作上，学部学生会组织文化艺术体育活动，在科技文化艺术节及社团文化艺术节中成绩突出，主办“新生杯”辩论赛、篮球赛、“博学杯”百科知识大赛、英语风采大赛、寝室设计大赛等10余项文体活动，承办“话剧之夜”小品话剧大赛、简历设计大赛；积极参与五月的花海合唱比赛、“今夜有戏”相声小品短剧大赛；学部科协积极开展日常工作，举行各类学术科技讲座，开展各类科普讲解活动，以竞赛为导向，积极组织学生参加以“挑战杯”竞赛为龙头的各类学科竞赛，激发师生的创新创业热情，提升各项竞赛的参与度、扩大学生的受益面。学部学生会在全校评比中获评“优秀学生会标兵”“优秀研究生会”等荣誉称号。

在志愿服务上，学部“蒲公英校园+”志愿服务队坚持“立足学校、结合实际、走进社区、服务社会”的理念，结合特色优势，推进志愿服务活动常态化。与青菱社区、黄家湖社区等展开合作，开展“绿冶仙踪”社区清洁、“蒲”写希望科普助教、“青丝暖巢”助老爱老等多项活动，承担多项总队志愿活动2023年学部青年志愿服务队在全校评比中获评“优秀青年志愿服务队标兵”荣誉称号。

在社会实践上，学部组织学生切实开展了2023年暑期社会实践活动，学部“赤诚铸志”暑期实践团队在赴咸宁嘉鱼的实践活动中发表校外新闻96篇，校内新闻25篇，其中中央级6篇，湖北日报24篇。学部学生在校“三下乡”“返家乡”社会实践调研论文评比中获一等奖1名，三等奖11名。“蒲写希望”志愿活动入选国家级“七彩假期”志愿服务示范活动。

在科研竞赛上学部获得省级及以上科技竞赛奖励共计194项，其中A1类8项，中国国际大学生创新大赛（2023）斩获国家级金奖1项、银奖1项；“挑战杯”中国大学生创业计划竞赛国家级二等奖1项、“挑战杯”课外学术科技作品竞赛国家级三等奖1项；A2类12项，包括节能减排大赛国家级三等奖1项、“挑战杯”揭榜挂帅专项赛国家级一等奖1项、黑科技专项赛国家级一等奖1项；B1类20项。校级大学生创新创业训练计划项目2023年立项33项，结题30项。

【队伍建设】 学部结合学校下达年度教师引进计划和学部一流学科建设工作需要，明确学科急需人才的目标和层次，多管齐下延揽和吸引海内外高层次优秀人才。以强化师德师风提高教师职业和学术道德水平为抓手，培育和稳定中青年骨干教师，依托教师岗位聘用和聘期考核激发教师活力，推进教师工程化和国际化工程，鼓励教师到企业、国内外进修、访学，搭建学科交流平台，促进跨学科、跨行业、跨国际交流和团队建设，丰富教师学科知识、拓宽国际性学科视野、提升专业发展空间等方面加强师资队伍的建设。

学部重视师德、师风工作，利用专题讲座、网站、微信、参观和支部生活等形式开展教职工的师德师风和学术道德教育，每学期开展一次教育活动，在学部考核文件中规定师德师风为一票否定的指标。开展了师德师风和教师诚信道德专题讲座，引导，教师爱岗敬业、廉洁从教。丁文红教授获“国家卓越工程师”称号，张华获评2023年宝钢优秀教师奖，李亚伟教授荣获2023年湖北省先进工作者，王炜教授获评2023年“荆楚好老师”和楚天名师称号。

学部坚持拟进教师必须先进博士后流动站，学部引进师资4人（不含新进博士后）：王恒、李卓、田俊羽、郑顶立。组织教职工参加各类型公派出国申报选拔工作：方庆、郭靖、徐小峰获批国家公派出国，左威获批地方公派出国；院士专家企业行：宋述鹏、戴方钦、马妍、潘应君、曹玉龙、顾华志、尹玉成和刘昱等；做好高层次人才的申报和引进工作：金胜利获批国家级人才计划项目，邱耀获批湖北省百人计划项目，王大珩、王勇、田俊羽、朱颖丽、刘涛、李卓、李承志获批楚天英才计划的楚天学者，霍开富团队获批楚天英才计划的团队项目，杨庚蔚获批湖北省青年拔尖人才，梁亮获批湖北省产业教授。霍开富获批国贴，程常桂获批省突。张海军、马国军入选中国科协海智计划特聘专家。奥地利 Volker Kahlenberg 教授与南非 Robert Cromarty 教授2人获批科技部高端外国专家计划项目；奥地利因斯布鲁克大学 Volker Kahlenberg 教授——奥地利矿物学会主席和加拿大国立科学研究院孙书会教授获批世界著名科学家来鄂讲学计划；获批湖北省引进外国人才和智力项目1项（外国专家类）：危废铬渣矿相重构及其安全资源化制备功能材料。刘昱获批2022年中国科协第八届“青年人才托举工程”项目，付绿平获批2023年中国科协第九届“青年人才托举工程”项目。

学部招收博士后12人：徐小峰、韩汝阳、胡晓明、刘宇、随钦钦、陈绪亨、李轶翀、陈定、胡海江、田俊羽、许德明和陈俊峰；出站博士后12人：张雨、冯小钰、宋生强、甘晓龙、罗琼、付绿平、雷文、韩磊、邱敬慧、田俊羽、郑顶立和蔡蔓菲；胡晓明、万响亮分别荣获第二届全国博士后创新创业大赛银奖（二项），刘宇获批国家博士后B档资助，黄奥获批湖北省卓越博士后跟踪计划项目，余蕾、刘曼、胡晓明和陈俊峰获批全国第73届、第74届博士后面上基金项目，余蕾、刘曼、胡晓明、刘宇、陈光辉获批湖北省博士后创新研究岗位资助，与湖北亿纬动能、河北郭亮、大冶有色、日照钢铁新建博士后科研创新实践基地4个。带领学部博士后全程参与学校主办的“博聚楚天 共话荆彩”2023年湖北省博士后学术交流会筹备、会务和接待工作。

学部积极培养全英语教学师资，拥有全英语教学师资36个，分别是马妍、廖宁、陈尧、付绿平、张海军、员文杰、黄奥、Harmuth、Mithun、李光强、马国军、黄亮、余俊、鄢文、桑绍柏、宋生强、金胜利、常庆明、金焱、周锟、潘丽萍、贺铸、黄仲、雷文、王强、张施琦、魏耀武、丁军、尹玉成、朱天彬、陈俊峰、刘浩、干路、VolKerKahlenberg、Ernst Gamsjaeger 和 Wu Menghuai；全英语课程11门，分别为“材料热机械应力模拟”“材料制备技术”“材料热力学”“材料测试与表征”“材料连续腐蚀”“钢铁冶金新技术”“计算材料学”“Applied Mineralogy”“Numerical Metallurgy”“Building Materials”“Refractories in the Iron and Steel Industry”。

【实验室建设】学部实验室制度健全，职责明确，责任制层层落实，一名副院长分管该项工作，重视实验室队伍建设，每周学部党政联席会都有安全工作议题。加强宣传、监督落实规章制度的执行，检查基础设施改造和建设，开展不间断的教育培训，继续推行准入制度；按月开展消防、安全检查、互查、学生和新进教职工安全教育培训、考试落实到位；开展消防安全、危化品等培训和演练，提高师生安全意识，增强师生实验室事故的预防和处置能力。

继续推进开展科研团队实验室学生安全准入培训和考核，清理学部楼道、通道和实验室内堆积的杂物，减少实验安全隐患。

完成学部、国重185间实验室分类分级工作，制定新的实验室信息牌、安全规程等；完成了学部危化品暂存点的建设，制定《材料学部危险化学品暂存点安全管理暂行办法》。

附录

2023年立项大学生创新创业训练计划

序号	项目级别	项目名称	项目类型	负责人	指导教师
1	国家级	高温功能复合材料的制备及其性能研究	创新训练项目	夏玉婷	陈平安、李享成
2	国家级	金属材料磨损失效云端数据平台	创业训练项目	郭建隆	刘　升
3	国家级	相分离法提纯有色金属及其结构设计	创新训练项目	刘泽锐	李建平、高　标

续表

序号	项目级别	项目名称	项目类型	负责人	指导教师
4	省级	从“实验室”走向“生产线”——工业级节能减排多孔介质燃烧器	创新训练项目	张钰松	许学成、陈元元
5	省级	“氢”装上阵——基于计算与机制双驱动的氢能用管线钢研发	创新训练项目	张慧琛	张施琦
6	省级	基于图像识别的火焰模式检测技术	创新训练项目	胡　羿	李明杰、吕　伟
7	省级	超 1000mm 料层烧结极致能效减碳评估模型的开发	创新训练项目	高　远	周进东、熊　玮
8	省级	Cr_2AlC 直接结合氧化铬耐火材料的制备及其在水煤浆气化炉中侵蚀行为与 Cr^{6+} 形成机制研究	创新训练项目	邓梦洁	陈俊峰
9	省级	薄板坯连铸连轧热轧板制备高强塑 Q&P 钢组织调控机理研究	创新训练项目	张梦岚	许德明
10	省级	高强钢过冷奥氏体变形流变应力模型	创新训练项目	李群芳	胡海江
11	省级	中间包异钢种连浇钢液混合及多相流行为优化研究	创新训练项目	邹　铭	方　庆
12	省级	红外屏蔽甘蔗渣纤维素气凝胶常压干燥制备及力学、热学性能	创新训练项目	王　爽	段红娟、张海军
13	省级	基于高温机器视觉技术的耐火材料蚀损行为研究	创新训练项目	彭　辉	黄　奥
14	省级	自动驾驶卫士-Micro-TEC 国产替代	创新训练项目	周佳丽	樊希安
15	省级	低成本轻量型奥氏体不锈钢强塑性机理研究	创新训练项目	张致烽	陈光辉
16	校级	磷石膏耦合铁鳞低温制备 SO_2 并同步固定 CO_2 的研究	创新训练项目	陈婷婷	李　杨
17	校级	低成本低碳超高强贝氏体钢新型热处理工艺研究	创新训练项目	余可多	周明星
18	校级	低碳短时热轧 Q&P 钢的组织性能研究	创新训练项目	张　昊	吴　腾
19	校级	TA1 钛板冷变形过程中的组织性能演变规律研究	创新训练项目	董　璐	戴明杰
20	校级	生物质能源与油页岩共热解特性研究	创新训练项目	张钰然	潘卢伟
21	校级	特高压环氧树脂性能影响关键因素研究	创新训练项目	李文文	陈晓琳

续表

序号	项目级别	项目名称	项目类型	负责人	指导教师
22	校级	高端装备用复相高强钢组织调控与疲劳磨损机理研究	创新训练项目	吴圳楠	宋新莉
23	校级	稀土镧对 0. 15SiCp/ZA36. 5 复合材料的磨损性能的影响研究	创新训练项目	彭　田	刘　升
24	校级	渗硼—等温淬火一体化新工艺制备高耐磨、耐腐蚀贝氏体基渗硼模具钢基础研究	创新训练项目	左　洋	刘　曼
25	校级	太阳能光伏面板表面积灰特性研究	创新训练项目	邹雨萌	刘雪晴
26	校级	汽车用低碳热轧双相钢的强韧化机理研究	创新训练项目	何　畅	吴　腾
27	校级	跨校区背景下“双向孵化”实践育人探索	创新训练项目	尹子英	赵亚宾、胡　适
28	校级	一种节能环保的自破碎“夹生”高效造渣脱磷剂	创新训练项目	侯广亮	刘　昱
29	校级	互联网+公益——教育兴农网络支教	创新训练项目	陈　琳	彭小波
30	校级	健康在线	创新训练项目	陈宇康	熊　玮
31	校级	弥散强化的高稳定硅负极材料设计	创新训练项目	田徐宛诗	高　标
32	校级	从“波涛汹涌”到“波澜不惊”——一种高效高频电磁噪声抑制器	创新训练项目	饶羽彤	李享成、朱颖丽
33	校级	高温多孔介质燃烧用碳化硅多孔材料长寿化研究	创新训练项目	董佳怡	梁　雄

2023 年材料学部内设教学机构负责人名单

机构名称	主任	支部书记	副主任	实验室主任
无机非金属材料工程系	韩兵强	马　妍	刘　浩、鄢　文	尹玉成
冶金工程系	朱航宇	王　宝	刘成松、曹玉龙	余　岳
金属材料工程系	黄　峰	胡　骞	张施琦、吴传栋	戴明杰
材料成型及控制工程系	杨庚蔚	袁　清	胡海江、叶传龙	刘　升
能源与动力工程系	易正明	潘卢伟	陈元元、郭　悦	李明杰
材料化学系	陈　辉	何　漩	姜婷婷、李薇馨	方　伟

2023 年材料学部内设学术机构负责人名单

机构名称	主　任	委　员
学术委员会	顾华志	邓承继、王周福、李享成、黄　峰、张　华、贺　铸、周　锟、张海军、甘章华、李亚伟、王　炜、马国军、樊希安、丁文红、周盈科、黄　奥、赵　雷、潘应君、王红鸿、程常桂
学科建设工作委员会	顾华志	刘晓云、张　华、付绿平、杨庚蔚、王周福、朱航宇、陈　辉、易正明、黄　峰、吴开明、韩兵强
学位委员会	顾华志	张　华、马国军、韩兵强、朱航宇、赵　雷、李建立、刘　浩、易正明、高　标、黄　峰、潘成刚、吴开明、张海军、贾　涓、杨庚蔚、贺　铸、周盈科、吴志方、付绿平、张施琦
教学指导委员会	顾华志	刘晓云、张　华、王周福、付绿平、杨庚蔚、韩兵强、朱航宇、黄　峰、胡海江、易正明、陈　辉

（撰稿：张　华、付绿平、杨庚蔚、林　莉、蒋　静　审稿：刘晓云、顾华志）

城市建设学院

【概况】学院设有城乡规划、建筑学、土木工程、给排水科学与工程、建筑环境与能源应用工程 5 个本科专业。其中，建筑环境与能源应用工程专业为省级品牌专业，给排水科学与工程专业为湖北省战略性新兴（支柱）产业人才培养计划试点专业，土木工程专业为校级品牌专业。建筑环境与能源应用工程专业、给排水科学与工程专业、土木工程专业分别通过全国高等学校专业评估（认证）。土木工程专业和建筑环境与能源应用工程入选国家级一流本科专业建设点，给排水科学与工程专业入选省级一流本科专业建设点。拥有岩土与地下工程二级学科博士学位授权点；土木工程一级学科硕士学位授权点，涵盖岩土工程、结构工程、市政工程、建筑环境与能源工程、防灾减灾工程及防护工程、桥梁与隧道工程等 8 个二级学科；建筑学一级学科硕士学位授权点，涵盖建筑历史与理论、建筑设计及其理论、城市规划与设计（含风景园林规划与设计）、建筑技术科学4个二级学科；土木水利硕士专业学位授权点。拥有城市更新湖北省工程研究中心、湖北省校企共建智能节能玻璃幕墙研发中心、湖北省校企共建研发中心（中铁大桥局第七工程有限公司技术中心）等省级研究机构，武汉科技大学高性能工程结构研究院等校级重点研究机构。拥有省级重点实验教学示范中心：城乡建设与环境发展实验教学示范中心；省级实验教学示范中心：建筑设备实验教学示范中心。拥有大型反力墙、结构动静态加载系统、龙卷风及下击雷暴流风洞、扫描电镜、地源热泵等大型实验设备设施，设备总价值约15796万元，实验室总面积10320平方米。

2023年，学院下设城乡规划系、建筑学系、土木工程系、给排水科学与工程系、建筑环境与能源应用工程系和岩土与地下工程研究所、结构工程与防灾减灾研究所、市政工程与水环境研究所、暖通空调与新能源研究所、道路桥梁与轨道交通研究所、建筑与城乡规划研究所11个教学科研机构。学院在校本科生1721人、硕士研究生482人、博士研究生4人；有专任教师98人，其中教授17人，副教授45人；拥有博士学位教师54人；博士研究生导师11人，硕士研究生导师62人；湖北省人才引进计划入选者4人；赴国外访问学者22人。

【党建与思想政治工作】学院党委认真履行全面从严治党主体责任，全面把握“学思想、强党性、重实践、建新功”的总要求，扎实开展学习贯彻习近平新时代中国特色社会主义思想主题教育，取得切实成效，党建引领带动作用进一步增强。严肃党内政治生活，严格执行学院党委会、党政联席会制度和“三重一大”决策制度，全年共召开党委会22次、党政联席会25次，开展党委理论学习中心组学习11次。深入开展党风廉政教育，推动“清廉学院”建设，扎实开展政治生态分析研判，认真履职尽责。

精心组织党员教育活动。组织师生党员、积极分子赴河南大别山干部学院、湖北鄂州峒山社区、湖北红安等地开展集中教育培训；赴中共五大会址、辛亥革命纪念馆、中国建筑科技馆、中铁十一局企业展览馆等红色场馆及爱国主义教育基地，赓续红色精神增强发展信心。

积极开展党建创新研究，获批省教育厅哲学社会科学研究专项任务项目1项，获批学校基层党建实践创新项目2项，吸收1名青年教师入党，研究生暖通党支部形成了“砼学领航强思想，共同缔造助低碳”的支部文化，获评学校先进基层党支部，入选第三批校级“对标争先”党建工作样板支部。

全年发展专任教师1人，学生党员121人，按期转正102人。组织支部书记参加网络教育培训，组织学生支部书记开展线下业务培训1期。党员名册清晰、准确、完整，党员组织关系明晰，党员组织关系转接及时，回执率100%。按时足额交纳党费43335.8元，合理使用党费87862元。按时转出毕业生党员226人（1人申请保留1年），转出教工党员8人，接收新生党员57人、教工党员5人。全年无党员违法违纪记录。

【教学工作】 建筑环境与能源应用工程专业通过专业评估（认证）复评；土木工程专业通过工程教育认证中期审核，并提交了省级、校级一流本科专业阶段性检查报告；给排水科学与工程专业完成了省级一流专业项目库验收工作；“智能建造”微专业开班教学；提交了“智能建造”专业设置的预备案材料。

获批省级教改项目 3 项（本科 2 项，研究生 1 项），获批校级教改项目 13 项、教育部协同育人项目 2 项；全国性课程平台上线网络课程 1 门；获校级教学成果奖 3 项（一等奖、二等奖、三等奖各 1 项）；首届板书设计作品竞赛二等奖、三等奖各 1 人；教学创新大赛三等奖 1 人；发表教学研究论文 11 篇，其中 C 类 1 篇；出版教材 2 部。

全年完成理论课 239 门，实验课 8 门，实践课 117 门；完成 14046 总学时，其中讲课学时 8554 学时，实验学时 380 学时，上机学时 68 学时，课外实践 5044 学时。

完成 2019 级、2020 级两个年级 14 名土木工程专业留学生的教学及实习任务；2019 级土木工程专业 8 名留学生顺利毕业（2017 级毕业 24 人，2018 级毕业 12 人）。

【科研工作】 获批国家自科基金面上 1 项、省级科研项目 7 项、厅局级科研项目 19 项，新增横向项目 44 项。新增专利许可转让 9 项（合同金额 307 万元，到账 184.6 万元）。科研到账经费 1347.88 万元（增长 39%）。

承办 CHINA ROCK 2023 第二十次中国岩石力学与工程学术年会（武汉科技大学卫星会场）等学术会议 2 次。

授权专利及软件著作权 12 项，出版专著 2 部。牵头获湖北省科技奖 2 项（许成祥、毛前军）、参与行业学会一等奖 1 项，新申请湖北省技术发明奖 1 项、科学技术进步奖 2 项；公开发表学术论文 226 篇（期刊论文 198 篇、会议论文 28 篇，其中中科院一区 22 篇、二区 22 篇，中文 A3 以上 6 篇）。

【学科建设】 研究并落实第五轮学科评估后整改提高措施，统筹学科布局及“十四五”学科专业建设发展规划；高标准严要求申报土木工程一级学科博士点；高质量完成土木水利类专硕的专项核验工作；主动参与双一流学科和“大数据与省域治理”学科群建设。土木水利专硕入选首批湖北省卓越工程师校企联合培养项目。对比 2022 年，土木工程、建筑学学科发展进步率分别为 11.32%、31.21%。土木工程学科入选 2023 软科世界一流学科。3 位教师入选 2023 年度“全球前 2% 顶尖科学家榜单”。

全年招收博士研究生 2 人，硕士研究生 181 人；毕业博士研究生 2 人、硕士研究生 157 人。毕业博士研究生发表 A 类论文 14 篇（A 级论文 7.0 篇/生）；硕士研究生发表 A 类论文 44 篇、B 类论文 29 篇（A 级论文 0.293 篇/生，B 级论文 0.193 篇/生）；省级学位论文抽检合格率 100%；研究生就业率 99.36%。荣获中国研究生创新实践系列大赛全国一等奖 1 项、全国三等奖 3 项，全国优秀组织奖 1 项。

获批省级研究生教改项目 1 项、校级

质量工程 7 项、课程思政示范课程 1 项；获校级研究生教学成果二等奖 1 项；出版研究生教材 1 部。

【学团工作】本科生毕业率 97.61 %，较去年提高 1.42%；就业率 98.5 %，较去年提高 2.98%；考研录取率 28.96%，较去年下降 4.29%；优良学风班数量 16 个，比去年增加 2 个。学生获省部级以上科技创新比赛奖励 160 余项，其中《老有所“适”：老旧小区公共空间适老化评价与优化路径研究——基于武汉市 136 个老旧小区调研》获第十八届“挑战杯”全国大学生课外学术科技作品竞赛主体赛特等奖，创造学校本赛事历史最好成绩。

学院团委获评全国钢铁行业“五四红旗团委”、学校“五四红旗团委”；暑期社会实践团队获评团中央“乡村振兴笃行计划全国示范性团队”称号、2023 年湖北省暑期“三下乡”社会实践优秀团队；学生会获评校级优秀学生会和研究生会。涌现出“全国大学生自强之星”阿勒哈尔·吐热斯别克、“宝钢优秀学生特等奖”马浩然、湖北省第九届“长江学子”大学生基层就业人物朱李娟、“省学联驻会执行主席”陈贤展冲，“校长奖章获得者”余哲，“十大魅力学子”周沐晨、姜睿等一大批优秀学生典型。

【队伍建设】新增教师 1 人，获批待报到教师 2 人，青年百人引进 1 人，退休教师 3 人，申报特殊津贴 1 人。首期期满考核 3 人；在职出国攻读博士学位 1 人。申报 CT 计划楚天学子 4 人，楚天学子考核合格 3 人。申报青年拔尖人才 1 人、申报霍英东基金—青年科学奖 1 人，产业教授岗位 1 个，产业教授 1 人。获批院士专家型 2 人，晋升教授 1 人，副教授 3 人。

完成年度职称评审、年度考核、档案整改工作。

【实验室建设】保障实验平稳运行，开设实验项目数 124 个，覆盖专业数 12 个，年服务学生 3675 人，年平均 6142 人时数，服务校内多个学院。逐步改善实验室条件，新增设备、资产总值逐年提升。设备采购 167.57 万元，设备维修 12.87 万元，实验耗材 14.31 万元，总计 195.24 万元。

改善实验室条件，新增设备 86 台套，资产总值 137 万余元，改造科研实验室 2 间，新建危化品存储室 1 间，校友捐建实验室 1 间（洁净实验室），完成工程结构实验室的电增容工作。有计划地分期分批对故障仪器进行更新，投入维修经费 20 余万维护龙卷风模拟装置、万能试验机等重点实验设备。完成结构实验室外围清理及改造工作。全年无安全事故发生。

【校友工作】学院校友工作组织机构健全，设立学院校友会办公室，安排专职人员从事校友工作，加强与校友沟通与联络；学院建有校友信息库和知名校友库，及时报送知名校友信息；做好秩年班级校友联系和接待工作，及时报道校友返校活动信息；选配毕业班联系人，建立毕业班级通讯录；做好知名校友走访，加强与知名校友的合作，引导做好共建项目。全年募集教育发展基金会资金 30 万元，校友捐建实验室 1 间（洁净实验室）。

附录

2023年城市建设学院内设教学机构负责人名单

机构名称	主　任	支部书记	副主任
土木工程系	龚建伍	刘华琛	刘华琛
建筑环境与能源应用工程系	张春枝	张春枝	陈　敏
建筑学系	周百灵	周百灵	吴　韬
城市规划系	刘伟毅	周百灵	邵　俊
给水排水工程系	樊　杰	樊　杰	季　斌
土木工程实验中心	梅军鹏		
建筑环境与能源应用实验中心	陈　俭		
给排水科学与工程实验中心	宋宏娇		
建筑与规划实验中心	屈万英		

2023年城市建设学院内设科研机构负责人名单

机构名称	负责人
岩土与地下工程研究所	龚建伍（兼）
结构工程与防灾减灾研究所	李成玉
市政工程与水环境研究所	汪　恂
暖通空调与新能源研究所	李冠男
建筑与城乡规划研究所	徐　虹
道路桥梁与轨道交通研究所	金清平

2023年城市建设学院内设学术机构负责人名单

机构名称	主　任	委　员
学术委员会	许成祥	许成祥、朱红兵、汪　恂、李成玉、金清平、龚建伍、李冠男
学位委员会	许成祥	许成祥、朱红兵、杨　曌、汪　恂、金清平、徐　虹、龚建伍、廖宜顺、李冠男
教学指导委员会	杨　曌	杨　曌、许成祥、杨长发、姜天华、李成玉、刘伟毅、张春枝、樊　杰、周百灵、屈万英、宋宏娇、陈　俭

（撰稿：崔　毅　审稿：徐　斌、许成祥）

法学与经济学院

【概况】学院现有专任教师71人，其中教授14人，副教授37人，博士研究生导师9人，硕士研究生导师44人；湖北省教学名师1人，湖北名师1人，宝钢教育基金优秀教师2人，湖北省“五一劳动奖章”获得者2人，享受国务院和湖北省人民政府特殊津贴专家1人，省部级有突出贡献的中青年专家1人。

学院现有公共安全工程与管理二级学科博士点；公共管理、应用经济学等2个一级学科硕士点；马克思主义法学学术型二级学科硕士点；公共管理（MPA）、社会工作（MSW）、国际商务（MIB）和法律硕士（JM）4个硕士专业学位类别，设有法学、社会工作、国际经济与贸易、投资学、行政管理等5个本科专业。

年内，袁年兴教授获得国家社科基金重大项目滚动资助，又一次实现了学校在该项目零的突破。以人文社会科学高等研究为依托单位申报的国家民委中华民族共同体研究基地已获批且正式挂牌成立，创建了学校首个国家级文科平台。

学院党委获得校级“先进基层党组织”，社工教师党支部通过学校党建工作样板党支部验收，许白昊班学生党支部通过校级、省级推荐，正参评教育部全国党建工作样板支部。学院以科学文化为引领、专业文化为基础，推进固“本”工程，优良学风班比例达到75%，获评“学风单项奖”。学院学生获省级及以上学科竞赛奖励10余项，学院获“五四红旗团委”称号。

【党建与思想政治工作】2023年，法学与经济学院深入学习贯彻落实党的二十大精神，扎实开展学习贯彻习近平新时代中国特色社会主义思想主题教育，切实把主题教育成果转化为推动工作的强大动力。学院共有党员363人，其中教职工党员64人，学生党员299人，下设1个学生党总支，16个党支部，其中教工党支部5个，学生党支部11个。

强化领导班子建设。2023年召开党委会19次，中心组学习12次。举办第二届红色文化节，成立第三期“许白昊班”，相关成果在学校“清廉武科大建设示范点”活动展中展出，获得湖北日报等媒体报道。

加强基层党组织建设。选优配强党支部书记，教师党支部书记“双带头人”比例达到100%。深入实施“对标争先”建设计划，加强新时代高校党建示范创建和质量创优，在学校党建工作微信公众号上推送典型经验2篇。学社工教师党支部、许白昊班学生党支部入选学校“三级三型”积分制改革试点党支部。社工教师党支部通过学校第二批样板党支部培育创建单位验收，许白昊班学生党支部立项创建学校第三批样板党支部。许白昊班学生党支部通过校级、省级推荐，参评教育部全国党建工作样板支部。学院党委获得学校“先进基层党组织”，社工教师党支部、许白昊班学生党支部获得学校“先进基层党支部”，黎校瑜、姚梦迪获得学校“优秀共产党员”，胡诗绮、程松亮获得学校“优秀党务工作者”。

积极开展入党积极分子、发展对象和预备党员培训。按照党校要求高质量开展积极分子培训班 2 期、培训 268 人，发展对象培训班 2 期、培训 100 人，组织 106 名预备党员参加学校预备党员培训班。全年完成党员发展指标 100 人，发展程序规范、材料齐全。投资系教师何珊珊 2023 年 12 月按期转正。

扎实推进统战工作。建立健全抵御渗透和防范校园传教工作机制，建立了领导班子成员联系教研室、联系民族学生制度。新增认定周翠彬、周云 2 名老师为无党派人士。公派陈春老师赴美国访学，选派丁莹、周翠彬分别到教育部、蔡甸区法院挂职。在央媒报纸、客户端、“学习强国”主平台上发表与党建、思政、统战工作相关的理论文章 8 篇。院长袁年兴教授在《中国民族报》发表《“民族交往交流交融”的方法论意蕴》，获得“学习强国”转载。

加强党风廉政建设。全年召开专题研究党风廉政建设工作会议 4 次，学院党委书记讲授廉政党课 4 次，开展谈心谈话 20 余次；以“许白昊班”为依托传承清廉基因，讲好科大清廉故事，组建许白昊讲解队，为中共汉阳区委直属机关工委等讲解廉园。湖北日报《同龄人当宣讲人 红色校史动人心——武科大“许白昊”宣讲队传承“碧血忠魂”基因血脉》进行报道，获“学习强国”转载。

持续抓紧抓好宣传思想文化工作。学院党委 2 次专题研究宣传思想文化工作，组织教职工理论学习集体辅导报告 5 次。积极挖掘和培养先进典型，李莉教授荣获湖北省第三届“最美社科人”，袁年兴教授当选中国西南民族研究学会（全国一级学会）副会长，何金入选“党的二十大精神”湖北青年宣讲团。学院在省级及以上媒体发稿 45 篇，在校园网主页发稿 13 篇，在学校新闻网发稿 152 篇，向学校微信、抖音、央视频等新媒体投稿 5 篇。

【教学工作】学院在教学管理中，以常规落实为重点，以提高教学质量为中心，以培养合格学生为目标，规范教学过程，保证了全年教学工作的正常开展和运行。

加强制度建设，提升教学管理服务效能。学院制定了《教育教学目标管理责任制》《2023 年优秀本科毕业生免试攻读硕士学位研究生工作实施细则》《2023 年拔尖人才培育计划选拔工作》和《2023 年法学类本科生专业分流实施方案》。

加强教育教学改革项目和一流课程，积极孵化教学标志性项目和成果。再次立项建设了 6 个特色突出、优势明显的教改项目，申报了两项教学成果奖，孵化了“政治学原理”省级一流课程，申报了 4 门思政示范课。

加强师资队伍建设，积极提升学院教师教学水平和育人能力，学院有 13 人次获得各类教学大赛一等奖、二等奖、三等奖，居全校获奖等级和名次第一。为深入贯彻党的二十大精神，学习贯彻习近平总书记关于教育的重要论述，落实立德树人根本任务，助力学院教育教学改革，推动信息技术与本科教学融合创新发展，引导学院教师潜心教书育人，打造教学改革的风向标，提升学院教师教学水平和育人能力，学院积极组织教师参加全国各类教师教学大赛，孵化了5个教师团队参加教师教学创新大赛奖，2个教师进入省赛获得了省级教师教学创新大赛二等奖和三等奖，3个教师团队获得校级教学创新大赛奖。学院5名教师获得板书作品设计竞赛奖，1名教师获得“课程思政”教学设计大赛。学院还组织教师参加公派出国留学项目，已派出1名教师到国外交流学习。

学院成立了“党的二十大精神融入教材”课题组。对“十二五”国家级规划教材《创业学》进行了修订，第四版12月底出版发行。此外，学院还资助了3本教材的立项和修订。

【科研工作】2023年度科研经费达329.88万元，其中横向经费已到账179.05万元，纵向经费已到账150.83万元，且还有部分经费正在上账中。

袁年兴教授获得国家社科基金重大项目滚动资助，又一次实现了学校在该项目零的突破；获得2023年湖北省社科基金前期资助项目立项2项：黄涛、潘雅茹；获得2023年省教育厅哲学社会科学研究项目7项：张明丽、贺尊、阮冬燕、闫明明、王伟、赵丰华、赵凡；获批横向课题10余项；黄涛教授获得2023年中国科协学风传承项目1项。

学院2023年再次获批1项国家社科基金重大项目及1项青年社科基金项目；以人文社会科学高等研究为依托单位申报的国家民委中华民族共同体研究基地已获批且挂牌成立，实现学校在国家级文科平台零的突破。

科技论文方面共发表131篇，其中2023年发表高水平论文13篇，其中A类期刊3篇（郭晓虹、袁年兴、王哲），B类期刊10篇（李晓桃、郑月明、潘雅茹、陈春、姚梦迪、余子鹏、问清泓、刘岚、郑雨晨、任远）。

专利著作方面，出版学术著作6部：潘雅茹，《基础设施投资对中国经济高质量发展的影响及作用机制研究》，中国社会科学出版社；袁年兴，《元身份的政治寓意与中国共同体建设的历史逻辑》，社会科学文献出版社；张继才，《百年粮道街》，湖北人民出版社；阮冬燕，《改革开放以来我国小农户生猪散养变迁研究》，广西师范大学出版社；李技文，《西南少数民族生态知识的现代利用与美丽乡村建设研究》，民族出版社；李莉，《武汉公益慈善事业发展报告（2022）》，湖北人民出版社。

获得省级以上奖励5项：袁年兴、许宪隆、姚梦迪、李晓阳、马跃，国家民委：《推动各族群众全方位嵌入的影响因素及多维路径研究报告——基于长三角城市群多层次抽样调查》，2023年社会科学研究成果奖（调研报告类）三等奖，2023年5月；贺海波、刘升、袁媛、贺雪峰、袁野，国家民委：《关于西南民族地区防止规模性返贫的调查研究》，2023年社会科学研究成果奖（调研报告类）二等奖，2023年5月；任远、袁年兴、许宪隆、黄柏权、肖友，国家民委：《关于传统民族互嵌社区的形成机制及经验启示调查研究》，2023年社会科学研究成果奖（调研报告类）三等奖，2023年5月；肖友，中国人类学民族学研究会：《构建民族互嵌式社会结构的社会空间特征——长三角民族特色餐饮业空间分布的 POI 数据》，2023 年年会优秀论文奖，全国性一级学会，2023 年 9 月 17 日；任远，中国人类学民族学研究会：《超大城市少数民族人口的空间分布规律——基于深圳市六普、七普数据的比较分析》，2023 年年会优秀论文奖，全国性一级学会，2023 年 9 月 17 日。

决策咨询：被各级政府采纳决策咨询报告数 12 项（张继才 3 项，李莉 3 项，黄涛 2 项，袁年兴、石秀华、张彦英、周翠彬各 1 项）。

承办全省学术会议 4 次。2023 年 10 月 10—19 日成功召开“迎接 125 周年校庆系列学术活动人文社科教师科研能力提升计划”期刊论文写作专题培训班；2023 年 11 月 18 日成功召开“高校创新创业教育可持续发展研讨会暨湖北省创业研究会 2023 年年会”；2023 年 12 月 8 日法学与经济学院湖北非营利组织研究中心举行 2023 年湖北公益慈善发展第二届论坛暨湖北非营利组织研究中心年会；2023 年 12 月 9 日成功召开湖北省行政管理学会 2023 年会暨“数字政府与公共服务”研讨会。

邀请国内知名学者作学术报告 26 次。

【学科专业建设】 围绕学科整体发展和学院综合科研能力及人才培养质量的全面提升，全年共邀请国内专家举办学术讲座 20 余场，成功举办学术会议 4 次。

公共管理学、应用经济学、社会工作、公共管理（MPA）、国际商务均完成了编制“学位授权点基本状态信息表”“学位带头人及骨干自查情况记录表”“学位授权点对照基本条件自查情况记录表”及《学位授权点》年度总结报告。应用经济学、国际商务专业完成了 2023 年学位授权点专项核验评估申报工作。

研究生招生宣传、自命题、复试、录取工作平稳有序，保证招生录取工作安全零事故。学院共录取研究生 264 人，其中博士研究生 2 人，学术型研究生 30 人，专业型研究生 223 人，录取推荐免试研究生 9 人。研究生就业率达到 95%以上。

学院审议通过学硕指导教师 40 名，专业学位指导教师 70 名。

2023 年 4 月开展了 2021 级学术型硕士研究生开题，9 月专业型硕士研究生开题；5 月开展了学术型硕士研究生中期考核；2023 年 5 月 2020 级硕士研究生毕业答辩。学生评教参与率大于 98%，很好地做到了课程教学、督导评教及教学检查等工作。教学安排、教学效果、成绩管理、听课制度、教学大纲、日历检查情况、按规定开课、调停课等符合规范。各个专业均完成了教学大纲修订工作，将课程思政融入研究生课程教学。

组织教师完成了所有教学改革研究、课程建设、专业学位课程案例库建设、教材建设等教学质量工程项目的申报工作，获省级研究生案例大赛二等奖、三等奖各 1 项，校级重点项目 1 项，一般项目 1 项；积极申报课程思政教学设计竞赛与课程思政示范课程大赛，其中闫明明老师进入课程思政教学设计竞赛决赛。

积极组织学生参加各科学科和科技竞赛，获 C 类国家级一等奖 2 项，B1 类国家级三等奖 2 项，省级二等奖 1 项、三等奖 2 项。

研究生科研成果稳步提升，在 A2 期刊上发表学术论文 1 篇，B 类论文 3 篇，决策咨询 1 篇；研究生主持或参与的科研项目获国家民委社会科学研究成果二等奖

1项、三等奖1项。20名研究生参加学术会议并在会上作报告。

新建3个校级实践（实习）基地。

【学团工作】2023年，在学校学工部、校团委和学院党委的领导下，学院学团工作以理想信念教育为核心，围绕红色文化持续加强思想引领，提升育人水平，服务学生成长成才。

思想政治教育工作实效性持续提升。学院获2022—2023年度“五四红旗团委”；张小英同学获得湖北省2022年度“大学生自强之星”“百生讲坛”省级优秀主讲人，占洁同学获2023年度“百生讲坛”省级优秀主讲人。

以创建优良学风学院和优良学风班为抓手，培育了良好学风。学院优良学风班比例为75%，荣获优良学风单项奖。

课外科技竞赛活动成果亮眼。学院获得湖北省第十四届“挑战杯”大学生课外学术科技作品竞赛一等奖，第一届湖北省公共管理研究生案例大赛二等奖1项、三等奖1项，第十一届全国高校模拟集体协商（谈判）大赛二等奖2项，第二届“寻是杯”华中地区大学生公共管理决策对抗大赛特等奖，第八届全国学生“学宪法 讲宪法”活动三等奖，获得2023年全国大学生英语竞赛国家级奖励80项，其中特等奖2项。

学院社会实践、学生会工作及青年志愿者工作成绩突出。许白昊班（“爱之星”支教团）入选团中央“防治结核，志愿有我”宣讲示范团队、团中央“两弹一星”精神宣讲示范团队”国家语委“推普助力乡村振兴”示范团队、湖北省关爱农村留守儿童“七彩假期”项目团队。学院学生会获评“优秀学院学生会”，学院青年志愿者服务队获评“特色青年志愿服务组织”。

【队伍建设】制定了师资队伍建设发展规划，采取相关激励措施，人才队伍总体稳定，凝聚力强。强化师德师风引领作用，学院定期召开全院教职工大会，开展师德师风教育，强化教师职业道德修养。积极组织选拔推荐优秀教职工参加各类评比；教职工请、销假制度严谨；组织选拔推荐优秀教职工参加各类评比。推积极发挥“教授治学”的作用，学院重大决策、重大发展思路充分尊重教授的意见。

学院袁年兴教授申报国家级人才项目，进入答辩环节。李莉教授荣获湖北省第三届“最美社科人”荣誉称号，陈春老师经公派赴美国进行学者访问，丁莹老师赴教育部挂职，周翠彬老师到蔡甸区法院挂职。袁年兴教授当选全国一级学会中国西南民族研究学会副会长。2023年学院根据学校指标引进万筱雯、陈玲共计2位青年教师，目前已投入教学及科研工作中。

【实验室建设】法学与经济学院实验教学中心为湖北省省级实验教学示范中心，以学科为支撑，通过实验教学与管理信息化平台和先进实验教学运行机制，实现了实验内容、时间、空间、对象等多角度、全方位的开放，以及资源的共享和优化。

中心共有实践教学模拟平台13套，开设实验教学课程12门。2023年依托新建的公共管理实验教学平台，组织学生参加“寻是杯”大学生公共管理方案设计与决策对抗大赛，获得全国特等奖。2023年，进一步升级整合实验教学软硬件资源；完善实验教学示范中心的实验教学体系、课程设计以及实验室管理规章制度，完善相关宣传展板内容。中心主编实验教材《办公自动化高级实务教程》一部。完成设备与固定资产的清查工作。进一步完善并修订《法学与经济学院实验室安全分级管理制度》《法学与经济学院实验室安全应急预案》《法学与经济学院消防安全工作组织体系》，明确各实验室安全责任人，并做好每日实验室安全检查日志和手册。同时配合本科生院完成实验课程预约系统的基础数据收集填报工作，完成实验课程进系统规范化管理工作，组织开展实验室安全教育宣传工作。

【普通话测试站相关工作】 2023 年，测试站共完成测试量 4614 人次，其中教职工考生 164 人，学生考生 4450 人，共计 18 场次，测试人数名列省内高校测试站前列；全年共完成考前培训 4450 人，共计 17 场次。

积极举办特色语言文字活动，建设良好的校园语言环境。以“推普宣传周”活动为契机，通过学校网站、语言文字工作网站、“武科大普通话”公众平台，加大普通话宣传、培训力度，组织推普周活动；成功举办了第二届“声韵科大·经典之声”普通话大赛，首次组织推荐优秀选手参加全国普通话大赛；以暑期社会实践为载体，在鄂州、应城开展推普助力乡村振兴社会实践活动，入选教育部语用司全国推普助力乡村振兴社会实践团队，相关工作被中国教育电视台推普助力乡村振兴专栏报道。

“武科大普通话”微信公众号共推送与测试工作和语言文字宣传工作相关的推文 34 篇，公众号关注量 20852 人。

附录

2023 年法学与经济学院内设教学机构负责人名单

序号	机构名称	负责人姓名	责任教授
1	法律系	梁东新	戴中祥
2	国际经贸系	张　翼	张智勇
3	行政管理系	石秀华、周　云	丁　宇
4	投资系	周冶芳	贺　尊
5	社会工作系	冯晓平、肖　竹	李　莉
6	经济管理实验教学中心（文法）	贺　尊	

2023 年法学与经济学院内设学术机构负责人名单

机构名称	主　任	委　员
学术委员会	袁年兴	张继才、丁　宇、石秀华、李　莉、黄　涛、张智勇、贺　尊、周冶芳、叶　蓓、余子鹏、戴中祥、问清泓
学位委员会	袁年兴	张继才、丁　宇、石秀华、李　莉、黄　涛、张智勇、贺　尊、周冶芳、叶　蓓、余子鹏、戴中祥、问清泓
教学指导委员会	袁年兴	张继才、张智勇、戴中祥、丁　宇、李　莉、贺　尊

2023 年法学与经济学院内设学术平台负责人名单

序号	机构名称	负责人姓名
1	湖北省中小企业研究中心	张彦英
2	湖北非营利组织研究中心	李　莉
3	中国县域经济与发展研究中心	潘　峰
4	法律诊所	梁东新
5	知识产权研究所	梁东新
6	劳动经济研究所	张智勇
7	创新创业研究所	贺　尊
8	金融证券研究所	董登新
9	基金会研究所	李　莉

（撰稿：李　莉、刘　英、贺　尊、赵厚成、何　金、彭桂珍、汪　露、王小玲、杜逸涵　审稿：袁年兴、杨　彦）

管理学院

【党建与思想政治工作】2023 年，学院党委获评校级“先进基层党组织”荣誉称号；会计与财务管理系教工党支部、营销管理系教工党支部、本科生第一党支部获评校级“先进基层党组织”荣誉称号；党员教师方青、吕权获评校级“优秀党务工作者”荣誉称号；党员教师熊华平、向纯洁、彭琨琨，党员学生闫昌昊获评校级“优秀共产党员”荣誉称号；学院党委通过首批全省高校基层党建示范创建单位验收，学院党委获批申报全国高校党建工作标杆院系，学院会计与财务管理系教工党支部获批申报全国高校党建工作样板党支部；黎精明同志入选省教育系统“学习二十大师生进基层”巡讲成员。在党建理论研究方面成果丰硕，学院党委副书记毛晓丹研究课题“新时期高校党委加强对高层次人才政治引领和政治吸纳工作的研究”获湖北省党建研究会课题立项，其与辅导员谭武全撰写的《新时代基层党组织先进典型选树机制研究》发表在《学校党建与思想教育》杂志；学院教师王云丽获2023年湖北省高校统战理论和工作实践创新成果二等奖。在学生培养方面榜样突出，2023年，学院研究生闫昌昊获评“全国钢铁行业优秀共青团员”。3个团支部获评校级“红旗团支部”、9个团支部获评校级“先进团支部”。

持续强化理论武装。2023年，学院党委持续深化主题教育成果，自全院上下深入开展学习贯彻习近平新时代中国特色社会主义思想及党的二十大精神的学习研讨活动，重点围绕学习习近平总书记关于湖北工作重要讲话和重要指示批示精神、习近平总书记关于全面从严治党的重要论述精神，组建主题教育学习小组50余个，开展专题研讨50余次，现场研学10余场，跟进学习习近平总书记最新重要讲话和文章，通过持续深化“思想引领、学习在先”机制，在全院内部进一步统一思想，凝聚共识，强化担当。

持续完善协同育人机制。4月，学院党委在“一站式”学生社区挂牌党员服务站，组建“学生党员红色宣讲团”，常态化开展主题党日学习和党风廉政教育宣讲活动，不断完善协同育人机制，努力打造“学生在哪里，哪里就有党的工作、党的教育”工作格局，全年度共开展了党委会、理论学习中心组会专题学习研讨30余场；依托校内外红色资源开展党史学习教育4场；开展党风廉政建设、新发展党员培训、毕业生党员教育专题活动各1场；全年教育活动涉及师生党员达600余人次，覆盖率达100%，充分发挥了党建思想引领作用。

落实全面从严治党主体责任。党委书记认真履行第一责任人责任，管好班子、带好队伍，全力抓好学院党风廉政建设工作，结合工作实际，开展集体廉政谈话1次，为党员干部上党课2次，开展谈心谈话30人次；班子成员认真贯彻落实“一岗双责”，坚持业务工作和党风廉政建设工作共抓共管，班子成员结合分管领域工作，聚焦解决学院高质量发展问题和师生反映的急难愁盼和民生实事突出问题，深入支部、企业、教研室、课堂、宿舍开展实地调研走访，认真听取各方面意见建议，结合深化“下基层、察民情、解民忧、暖民心”实践活动，贯彻为师生做好事、办实事的宗旨，全年共建立了民生实事项目5项、调查研究项目5项、解决学院高质量发展问题2项、调查研究整改5项。各项调研问题学院党委书记亲自抓、带头改，持续将“当下改”与“长久立”相结合，所有调研问题均已完成整改。

充分发挥基层党组织政治功能。加大对支部书记的指导监督力度，规范党内谈心谈话制度，学院党委成员分别联系指导各教工支部，及时了解和掌握各系、室、中心党支部工作信息及各方面情况，切实提升院党委重要决策和重大工作推进的质量与效率；规范“三会一课”制度落实，健全规范基层党支部建设考评体系，明确考核主体，细化考核指标，规范考核程序，坚持以学铸魂入脑入心、调查研究落实落细、促进发展善作善成、检视整改见行见效，进一步发挥党支部政治功能，夯实学院党建工作基础。

牢牢把握意识形态工作主动权。2023年，学院党委高度重视意识形态工作，制定实施了《管理学院两微一端平台管理办法》《管理学院意识形态工作责任制实施办法》等院级制度文件，规范学院官方微博、微信、QQ等新媒体账号的运营，定期开展意识形态排查；开展了意识形态工作专题会议研究2场，坚决抵御宗教渗透，重点做好对信教学生的日常管理和转化教育，不断强化对学生组织、学生社团的意识形态教育，积极开展学生党员与新疆少数民族学生“一对一”结对帮扶工作，2023年学院师生未出现意识形态领域事件。

持续巩固清廉学院建设成果。围绕立德树人根本任务，突出全员全方位全过程师德养成，持续把思想政治教育、职业道德教育、心理健康教育、法律法规教育、学术诚信教育等融入师德师风建设活动和教师培养、培训、管理全过程，坚持把师德师风学习教育作为开展学院警示教育、优秀教师培养、学科带头人培育等各类人才培养教育的重点工作；2023年，学院召开全体教职工警示教育及廉政谈话2场，师德师风专题培训2场，并通过各系部会议，日常加强师德师风警示教育和理论学习，学院教职工现已签署《武汉科技大学师德师风建设承诺书》覆盖率达100%。此外，充分运用廉政党课、廉政谈话、观看警示教育片、参观校内廉洁教育基地、纪法知识测试、纪法知识专题讲座等廉洁烙印平台广泛开展廉教活动，2023年，学院党委获评校纪委“树清廉家风 创清廉家庭”文章、摄影作品、短视频活动“优秀集体”二等奖，4名教师获评“优秀个人”荣誉称号。

促进党建与中心工作“一融双高”。2023年，学院党委紧密围绕建设“一流大学”中心任务，着力围绕中心抓党建、抓好党建促业务的思维导向，充分发挥经管专业特色优势，先后调研了兄弟院校、走访了相关企业，进一步完善科研目标分解机制、大科研组织机制、大成果储备机制、科研对外交流合作机制等问题，不断提升学院科研工作的科学化、制度化、组织化，从而调动全员科研积极性，形成全院师生员工强大的科研合力，努力实现高质量发展目标。

【工会与教代会工作】2023年，学院工会在本年度初就针对学院的中心工作拟定了全面的工作计划，并制定了详细的实施计划，通过周密的规划保证了各项工作的顺利开展。同时，针对工会工作中的难点积极展开研讨。全年学院工会努力解决教职工的实际困难，慰问生病住院及家庭变故的教职工25人次，切实开展各类线上活动，丰富了教工的业余文化生活，提高了学院的凝聚力；2024年年初召开了学院第六届一次教职工暨工会会员大会，同时召开教职工暨工会会员代表大会，就学院工会年度工作进行总结并对与会代表提出的各类意见与建议以提案的方式进行汇总，审议并通过了学院绩效分配方案和科研奖励办法，形成学院各项制度文件，为2024年度学院发展指明方向。

【教学工作】组织完成了2023级本科培养方案的修订完善工作。专业建设富有成效。加强工商管理、市场营销、信息管理与信息系统3个国家级一流本科专业点的建设，顺利完成了这3个国家级一流本科专业点项目库的建设验收工作；完成了物流管理省级一流本科专业建设点项目库的申报工作，并按计划稳步推进相关建设；深入推进财务管理、会计学校级一流本科专业点的建设。认真组织各专业搞好教育教学工作，学生思想稳定，专业转出率为4.42%，无被预警专业。

完成了专业责任教授团队年度考核工作，信息管理与信息系统专业考核结果为“优秀”，财务管理、市场营销专业考核结果为“良好”，工商管理、人力资源管理、会计学、工程管理、物流管理、物业管理6个专业考核结果为“合格”。加强课程建设，“运筹学”获评国家级线下一流本科课程，“管理信息系统”获评国家级线上线下混合式一流本科课程，“商业计划”获批省级社会实践一流本科课程；申报认定校级一流本科课程2门，申报校级知识图谱课程2门、一流本科国际化课程1门、SPOC课程2门、课程思政示范课2门；“管理学”“税法”“微观经济学”“工程管理”4门课程在国家级平台新增上线。主编出版《证券投资学》《物流管理概论》《系统工程》3部教材，副主编出版《服务营销：ABCDE时代的理论与实践》《计算机应用基础》《跨境电子商务案例分析》等教材3部。《管理学》《微观经济学》《宏观经济学》《组织行为学》《广告学》《经济法》选用马克思主义理论研究和建设工程教材。

学院教学工作计划完成效果好，整体教学工作运转正常，未出现重大教学事故，按时完成了学校下达的教学任务。全年完成工作量讲课20518学时、实验781学时、实践18740学时，共计40039学时。本年度本科生毕业669人，延长学习年限26人。毕业生升学人数156人，总升学率23.32%。加强预警生工作，预警率0.42%，转化率为68%。

合理安排实验教学，及时提交实验课程安排表，保障实验开出率达100%，使设计性综合性实验课程比例达到88%。认真抓好2023届本科毕业论文各环节工作，2023届本科毕业论文获校级一等奖8项、二等奖14项、三等奖47项。

年内院系领导均完成了听课任务，教授副教授为本科生授课比例达到100%。

获批省级教学研究项目1项，获批校级教研项目7项，其中校级重点项目2项，校级一般项目4项，校级课程思政研究与实践专项1项。公开发表教研教改论文11篇，其中，中文核心期刊论文5篇，EI检索收录2篇。张志清参与获国家级教学成果奖二等奖1项，黎精明教授获省级教学成果奖一等奖1项，张志清、童泽平主持获省级教学成果奖二等奖各1项，张志清参与获省级教学成果奖二等奖1项。获批校级教学成果奖3项，其中一等奖、二等奖、三等奖各1项。2023年度教育部产学合作协同育人项目年度到账经费25万元。

积极组织教师参加教学比赛。在学校首届板书设计作品竞赛中，黎精明教授荣获校级一等奖、任亮老师荣获校级三等奖；高质量主办了学院第四届教师教学创新大赛暨第四届课程思政教学设计大赛，黄天蔚、刘勇老师获新文科组一等奖，王勇老师获二等奖，任亮老师获基础课程组一等奖，姜琳老师获课程思政组一等奖，白露珍和苏顺华老师获二等奖；在学校第四届教师教学创新设计大赛暨课程思政教学设计大赛中，黄天蔚、刘勇老师获二等奖，姜琳、任亮、王勇老师获三等奖。

王勇、吴世军获得 2022—2023 年度教学优秀奖一等奖，张瑞军、潘丹、李红松获得二等奖，徐文平、邵琼、熊军、陆芬、艾学轶获得三等奖。

2023 年学院成功举办了第十七届中美暨第四届中国—美国—比利时—巴西四国大学生国际联合实习。学院与荆州城发、武汉誉城、宝武共享、索元数据等企业达成了产教合作战略框架协议或合作意向。

学院积极组织学生参加武汉科技大学 2023 年“互联网+”大学生创新创业大赛，获校级金奖 7 项、银奖 14 项、铜奖 17 项、优秀奖 21 项；省赛中获金奖 1 项、铜奖 2 项。在全国大学生电子商务“创新、创意及创业”挑战赛、“挑战杯”中国大学生创业计划竞赛、全国大学生市场调查与分析大赛、全国高校商业精英挑战赛、全国大学生市场调查与分析大赛等重要赛事中，获国家级和省级竞赛奖励 427 人次，其中，获国家级 A2 类赛事奖励 1 项、国家级 B1 类赛事奖励 10 项。2023 年大学生创新创业训练计划项目立项 24 项，推荐省级 8 项，校级 16 项。2023 年学院举办学科竞赛讲座 7 次，举办创业讲座 4 次。

2023 年度学院深入组织开展本科专业办学论证与调研，召开了本科专业结构优化与动态调整专家论证咨询会，为推进学院本科专业高质量发展凝聚了共识，明确了方向。工程管理专业通过了住建部的复评申请，迎评工作顺利推进。

【科研工作】2023 年学院申报国家社科基金项目 18 项（含后期资助项目 1 项），国家自然科学基金项目 10 项，教育部人文社科项目 9 项，教育部重大项目 1 项，以子课题参加国家社科基金重大招标项目 2 项，文化和旅游部部级社科研究项目 3 项，湖北省社科基金重点课题暨省新型智库课题 6 项，湖北省社科基金重点课题暨“湖北 BDT 产业”专项课题 3 项，湖北省软科学项目 5 项，省重大调研课题 2 项，湖北省自科基金项目 4 项，湖北省社科基金一般项目 5 项，湖北省高等学校哲学社会科学研究重大项目（省社科基金前期资助项目）6 项，省教育厅哲学社会科学研究项目 12 项，武汉市知识创新专项项目 1 项，武汉市社科基金 3 项，省科协 2023 年湖北省青年科技人才晨光托举工程 3 项，省科协科技创新智库研究课题项目 3 项，湖北省科协重点学术活动项目 1 项，武汉市科协科技工作者状况调查站点。

获批国家社科基金一般项目 3 项，国家社科重大招标课题子课题 1 项，省社科重点基金项目 3 项，省高校哲学社会科学研究重大项目（省社科基金前期资助项目）4 项，“湖北省优秀青年社科人才”专项调研课题 1 项，省自科基金青年项目 1 项，武汉市社科基金后期资助项目 2 项，武汉市知识创新专项项目 1 项，教育厅哲学社会科学研究项目 9 项，湖北省科协科技创新智库研究课题 1 项，中国城市规划协会项目 1 项，国家重点实验室开放基金

1项，武汉科技大学“十四五”湖北省优势特色学科（群）项目3项。

本年度学院纵向项目立项经费148万元，横向项目立项经费584万元。实际到账总经费647万元，其中纵向到账经费148万元，横向到账经费499万元。

2023年学院教师公开发表科研论文156篇，其中A1级论文2篇，A2级论文3篇，A3级论文13篇，B级论文14篇，C级论文85篇。出版专著5部、编著2部，其中A类2部、B类3部、C类2部。

联合清华大学创办《创新管理学报》，出版学术集刊《创新管理学报》第1期。

王勇的成果获2023年度中国物流与采购联合会科技进步奖一等奖；刘海兵的成果获全国商业联合会科技进步奖三等奖；刘孟凯的成果获湖北省高等学校人文社会科学研究优秀成果奖（2019—2021年度）。

被各级政府采纳决策咨询报告数10项，其中B2级5项、C级5项。

积极与地市对口合作，建立产学研合作基地1个，本年度外派人员李蒙、张洪、陈国平、王勇、刘海兵5位老师从事科技成果转化工作，帮助企业解决具体问题。推进省外产学研合作基地建设。先后签订了三峡智控科技有限公司、荆州城市建设工程集团公司等企业的战略合作协议。

湖北科教创新与人才开发研究院申请认定类基地，湖北物流与供应链发展研究中心申请培育类基地。

承办了第五届创新与知识管理国际会议（iKM2023）。协办了智能交通与物流工程学科建设与创新高峰论坛（2023）（暨第11届湖北地区机械与物流工程研究生学术论坛）。邀请国内外知名学者在学院内作学术报告19次。

【研究生教育与学科建设】学院以学科建设为龙头，将管理科学与工程一级学科博士点申报工作列为重点，以学科专业周期性评估和专项评估工作为抓手，深入推进博士点申报工作。成立武汉科技大学管理科学与工程研究院，刘海兵教授任院长（兼）。

积极查找问题，总结办学经验与特色，不断完善评估报告，顺利通过会计专业硕士点的专项评估工作。

学院以2020—2025年学位授权点周期性合格评估为研究生教育管理的重要工作，组织专班，全面统筹，协同推进，认真准备和实施管理科学与工程、工商管理2个一级学科授权点，工商管理（MBA）、工程管理（MEM）2个硕士专业学位授权点的合格评估工作，确保在本轮学位点周期性合格评估中交出圆满答卷。

研究生招生复试工作圆满完成。学院共录取研究生447人。其中博士研究生2人，学术型硕士研究生65人，物流工程与管理领域工程管理硕士研究生136人，会计硕士研究生111人，工商管理硕士研究生103人，工程管理硕士研究生30人。

导师队伍建设持续加强。学院审议通过学术型硕士研究生指导教师46名，专业学位指导教师64名。聘任校外兼职硕士研究生导师12人。

研究生教学管理规范有序。认真履行研究生二级管理相应职责，严格按照教学计划开课，本年度共开设研究生课程141门。组织完成2021级硕士研究生、博士研究生的集中开题及中期考核工作。圆满完成了333名硕士研究生的学位论文答辩工作，申报校级优秀硕士学位论文9篇。

研究生教育教学改革创新持续深化。学院申报研究生质量工程项目6项。新增武汉科技大学附属老年病医院实习实践基地等6个院级研究生基地。2023年度学院有8篇案例入选中国管理案例共享中心案例库，其中1篇入选第十四届“全国百篇优秀管理案例”，实现学校在该项评选中零的突破。有2篇教学案例获得2022年会计硕士专业学位优秀教学案例奖。

研究生培养成效稳步提升。2020级研究生发表B级及以上论文11篇，C级以上论文比例达到100%。学院有1名研究生获评全国钢铁行业优秀共青团员（标兵），荣获中国研究生企业管理创新大赛全国二等奖2项、全国三等奖3项，中国研究生工程案例大赛全国三等奖1项。

【学生工作】2023年，学院深入学习贯彻党的二十大精神和习近平总书记关于高校思想政治工作的重要论述精神，持续加强和改进学生思想政治教育工作。

切实加强学风建设，努力营造良好氛围。2023年，学院35个班级获评“优良学风班”，较去年增长52.17%。学院升学人数为151人，升学率为22.81%。2022届本科毕业生就业率96.98%，协议就业率71.9%，协议就业率全校排名第一。

着力做好科技育人，不断提升学生科技创新能力。积极承办学生竞赛工作，并组织学生参加各种学科竞赛，2023年学院承办武汉科技大学2023年“互联网+”大学生创新创业大赛，获校级金奖3项、银奖2项、铜奖15项、优秀奖12项；2023年学院承办武汉科技大学大学生职业规划大赛，获得校级二等奖2项，省级银奖1项；获正大杯第十三届全国大学生市场调查与分析大赛国家级三等奖1项、省级一等奖3项、省级二等奖5项、省级三等奖4项；获“学创杯”全国大学生创业综合模拟大赛省级一等奖2项、省级二等奖8项、省级三等奖4项；获全国大学生英语竞赛国家级二等奖7项、三等奖6项。学院在各类竞赛中累计获得百余项省级、国家级奖项。学院团委获得校“五四红旗团委”荣誉称号，学院获得2023年武汉科技大学大学生志愿者暑期“三下乡”社会实践活动“优秀团队”“优秀组织单位”和“省级优秀团队”称号。

认真落实学生思想政治工作。坚持抓好主题教育，2023年学院先后组织开展各类主题教育活动10余次，全年开展大学生素质教育主题报告3次。继续推进以“党建标杆工程”为特色和品牌的主题教育系列活动。各党支部、团支部围绕“争先进·做标兵”主题先后开展主题党日活动11场、特色团日活动80余场。创建“一站式”学生社区党员服务站，创新实施“知行讲堂”“师生党员面对面”等活动10余场。切实做好党员发展和培养工作，切实保证党员发展的质量，切实发挥学生党员在学生群体中的先锋模范作用；不断完善学生党总支、党支部建设，将专职学工干部分配到各学生支部指导支部开展工作。

注重学生工作干部的队伍建设。组织学生工作专职干部参加北森生涯第159期全球职业生涯规划师双证培训班、高校辅导员名师工作室高端论坛、辅导员谈心谈话技术与心理危机解决策略培训班等各类培训20余场次。注重加强对学生工作中专兼职干部队伍的日常管理，严格落实“两个深入”。2023年，学院学工干部1人获评校级“优秀党务工作者”、1人获评校级“学雷锋标兵”、1人获评校级“三八红旗手”，学院学工干部参编教材3部、发表期刊论文5篇，主持或参与厅局级项目3项。获评校级“辅导员工作室”1项。认真深入落实辅导员“两个深入”工作，保障辅导员深入学生生活，了解学生各方需求。进一步强化班主任队伍建设，低年级班主任平均每两周召开一次班会并深入学生一次，高年级平均每四周召开一次班会并深入学生一次；坚持班主任例会制度，量化班级管理模式，推进班级管理实效化；建立突出班级考研率、就业率、预警率等重要指标的班主任考核奖励机制，激发班主任在班级工作中的积极性。

认真做好心理健康教育工作。以学院心理健康教育工作站为依托，推进学生心理健康教育工作制度化、常态化，构建“尽心”“稳心”“用心”“暖心”“同心”——“五心工程”心理健康工作体系，构建“学院—班级—宿舍”三级心理健康教育工作网络。认真做好心理预警学生关注和管理工作，常态化开展谈心谈话，定期更新“心理一二级”预警数据。2023年，学院完成个体心理咨询200余人次，累计开展团体心理辅导4次，素拓活动6次，各班每学期开展心理主题班会不少于2次，100%完成学校大学生心理健康教育中心开展新生心理普查。2023年，学院无重大心理危机事件发生，学院获评二级学院心理健康教育示范工作站。

切实做好奖、助、补、贷的评审与发放工作。年内累计完成校优秀学生奖学金、国家奖学金、辉玲奖学金、国家助学金、国家励志奖学金、贫困生认定、精准扶贫、生源地贷款确认和评审等工作，完成困难生认定869人，国家助学金发放834人，国家励志奖学金发放124人，“辉玲奖学金”发放36人。

持续开拓创新，团学工作成绩突出。学院在武汉科技大学第七届沁湖诗会中荣获二等奖，在学校运动会获得女子总分第一、团体总分第三、组织贡献奖、精神文明奖等多个奖项，学院团委连续多年获评校“五四红旗团委”，3个团支部获评校“红旗团支部”，9个团支部获评校“先进团支部”，25人获评校“模范共青团干部”、112人获评校“优秀共青团员”，1人获评中国“大学生自强之星”，1人当选共青团湖北省第十五次代表大会代表，1人当选省学联驻会主席，在湖北省大学生运动会中共4人荣获100米、200米、400米、800米、4×100米接力五枚金牌，以及三级跳，女子铁饼等多项奖项。

【队伍建设】引进优秀博士研究生夏景阳、叶莉、彭巧玉3人。

刘海兵教授入选2022年“武汉英才”计划优秀青年人才项目；陈国平、刘海兵、王勇3人入选2023年“院士专家企业行”活动专家。

朱新玲副教授获批湖北省教育厅2024年高校青年教师出国研修项目；李蒙教授按期完成国家公派出国留学项目。刘翱副教授获批“2023年中西部高等学校青年骨干教师国内访问学者计划”，张宏娟、黄天蔚、潘丹参加“高等学校青年教师一般国内访问学者计划”。

推荐张洪教授申报全国“最美教师”候选人，推荐刘海兵教授申报2023年国家青年拔尖人才，推荐彭琨琨副教授申报2023年国家青年人才项目（自然科学、工程技术）；推荐刘海兵教授、张洪教授申报教育部“长江学者奖励计划”青年学者项目；推荐黎精明教授申报享受政府特殊津贴人员，欧光军教授申报享受省政府专项津贴专家；推荐邓旭东教授申报2023年度全国教书育人楷模候选人、宝钢优秀教师奖；推荐黎精明教授申报2023年湖北省先进个人；推荐张志清教授申报2023年度楚天英才计划楚天名师候选人；推荐刘海兵教授申报霍英东教育基金会高等院校青年科学奖、孙伟副教授申报教育教学奖；推荐潘丹参评湖北省高端会计人才选拔培养。

张洪晋升为教授，黄天蔚晋升为副教授，李颖俐认定为讲师，苏穆清晋升为实验师。

完成学校对高层次人才湖北省“楚天学者计划”特聘教授黎继子、楚天学子彭琨琨、刘海兵的年度考核工作。

聘任王军、申俊杰、宋杰为校兼职教授。聘任陈劲、王先甲、鲁耀斌、张紫琼、王应明为学院学科顾问。

【实验室建设】2023年，经济管理实验教学中心在学校、学院领导的指导和各系的配合下，圆满完成了各项实验教学、设备购置与维护等工作。

圆满完成本度实验教学工作量。2023年度共完成91门上机、实验和课程设计课程，共计实验项目159个，全年实验人次数达69718人次数，完成实验教学学时10余万人机时。继续加强实验教学保障建设，先后组织数字营销、商务数据分析等实验教学培训，培训人次达50余人次。

积极参与高等学校国家级实验教学示范中心联席会经济与管理学科组、湖北省高校经济管理实验教学示范中心联席会组织的各类研讨会，交流实验教学经验和最新动态。2023年6月2—3日，杨中华参加了湖北省高等学校经济管理实验教学示范中心联席会主任会议，同期，张瑞军教授参加了2023年创新创业教育与经管实践教学研讨会。同时，由刘俊武老师带队组织学生参加了2023年“学创杯”全国大学生创业综合模拟大赛湖北省选拔赛，获得“优秀组织奖”荣誉称号。

圆满完成学校下达的实验中心科研任务。2023年度实验中心完成企业委托开发项目1项，实际到账经费8万元；实验中心工作人员成功获批校级教学研究项目1项。

完成实验教师岗位聘任和职称评聘工作。实验室实验教师中在岗位聘任中，获聘六级岗位1人、七级岗位1人、八级岗位2人、十级岗位1人，苏穆清老师在职称评聘中评“实验师”职称。

加强实验室安全工作，进一步完善实验室安全工作体系。贯彻落实学校有关实验室安全文件精神，建立相应的组织架构，制定并执行学院专业实验室和研究室安全责任人制度，在软硬件设备、消防、用电等方面加强了管理。强化责任意识，推行学院“二级二查”的实验室安全检查制度，即学院组织每月一次安全自查、实验室每日进行二次安全巡查。

加强与外界的交流与合作。组织专兼

职实验教师10余人次，先后参加了“用友杯”企业ERP大赛、“学创杯”企业经营模拟大赛、全国工商企业管理技能大赛、全国高等院校企业竞争模拟大赛、蓝桥杯程序设计大赛、商务数据分析大赛等竞赛，并取得优异的成绩。

附录

2023年管理学院内设教学科研机构负责人名单

机构名称	主任（所长）	支部书记	副主任（副所长）
工商管理系	吴世军	郭朝晖	金　琦、陈　刚、熊　军
电商与物流管理系	马云峰	王雅娟	王鑫鑫
会计与财务管理系	代　军	潘雅琼	潘　丹
信息管理系	严亚兰	张瑞军	向纯洁
工程管理系	熊华平	刘孟凯	王　旭

机构名称	主任（所长）	副主任（副所长）
武汉科技大学MBA教育中心	周　勇	孙　伟
武汉科技大学MEM教育中心	熊华平	刘孟凯
武汉科技大学MPAcc教育中心	黎精明	代　军
经济管理省级实验教学示范中心	杨中华	盛　阳
产业政策与管理研究中心	李永周	欧光军
服务科学与工程研究中心	陈国平	马云峰、王　勇
管理科学与工程研究院	刘海兵（兼）	黎继子
企业经营管理研究所	邓旭东	马云峰、刘　翱
人力资源开发与管理研究所	周　勇	张　敏
数字经济研究所	王鑫鑫	
建设工程管理研究所	刘孟凯	
青年英才发展中心	伍学云（兼）、刘海兵（兼）	丰　芹
国际化教育办公室	刘　勇	张　敏
学报编辑中心	黄天蔚	王　旭、张　凌

2023年管理学院内设学术机构负责人名单

机构名称	主　任	委　员
学术委员会	刘海兵	黎精明、张　洪、熊华平、李永周、陈国平、黎继子、马云峰、欧光军、刘孟凯、张　凌
学位评定分委员会	刘海兵	童泽平、黎精明、熊华平、陈国平、黎继子、李永周、严亚兰、周　勇、马云峰、张　洪、刘孟凯、代　军
教学指导委员会	刘海兵	黎精明、张　洪、熊华平、严亚兰、吴世军、杨中华、郭朝晖、潘雅琼、王雅娟、刘孟凯、刘　勇、黄天蔚

（撰稿：童泽平、黎精明、张　洪、崔　涛、杨中华、丰　芹、张三新、薛知奇、卢文博　审稿：伍学云、刘海兵）

化学与化工学院

【概况】 学院下设化工工艺系、化学工程系、生物工程系和化学系四个系，现有“化学工程与工艺”“生物工程”和“应用化学”三个本科专业。其中“化学工程与工艺”为国家级特色专业、卓越工程师培养计划专业、国家级一流本科专业建设点，“生物工程”为湖北省一流专业、湖北省战略性新兴产业人才培养计划专业。

学院现有化学工程与技术一级学科博士点（涵盖化学工程、化学工艺、应用化学、生物化工、工业催化等5个二级学科点）、化学工程与技术一级学科硕士点、化学一级学科硕士点、化学工程和生物工程领域2个工程硕士点、化学工程与技术博士后科研流动站，化学工程与技术学科是湖北省重点建设的优势特色学科和重点学科，在全国第四轮学科评估中进入B档。2020年5月，化学学科进入全球前1%行列。

学院建有煤转化与新型炭材料湖北省重点实验室、国家级工程实践教育中心、基础化学省级实验教学示范中心、中国宝武—武汉科技大学炭材料联合工程研究中心等教学与科研机构。学院主要研究领域包括材料磁共振、生物磁共振、煤炭转化、新型炭材料、精细化学品化学、化工环保、生物医药、生物技术等，在核磁共振、生物医药与新型炭材料等领域的研究处于国内领先水平。并与宝武集团、中国石化、中国烟草等企业建立了密切的合作关系。

截至2023年年底，学院有教职工130人（含返聘教师、博士后等）；其中教授36人，副教授35人、高级实验师3人。学院现有国家人才计划获得者4人、省级人才计划获得者30人；湖北省有突出贡献中青年专家2人、享受省政府特殊津贴专家3人。教师中现有博士研究生导师18人，硕士研究生导师75人，具有博士学位的老师近100人。

【党建与思想政治工作】一是强化政治引领作用。学院党委共设立1个学生党总支，4个教职工党支部，9个学生党支部（其中本科生党支部5个，研究生党支部4个），共有教工党员79名，学生党员225名。2023年学院分党校组织3个层次党校培训446人，全年党员培训743人次，发展预备党员70人，教师“双带头人”党支部书记比例达到100%，扎实开展政治生态分析研判，建立问题清单，逐项落实整改。二是加强理论学习深度广度。深入学习贯彻习近平新时代中国特色社会主义思想和党的二十大精神，开展中心组学习12次，扎实开展主题教育，举办主题教育读书班为期7天，组织宣讲4场。全年二级中心组学习12次，党委书记讲授廉政党课2次，领导班子成员导学联学6次，以“化雨春风、廉润化工”为主题开展党建品牌建设工作。三是不断开拓管党治党新局面。在学院党委统一领导下学科建设、人才引进、学生工作等均取得突破性成绩，主题教育中共发现7项涉及学院发展问题，2项涉及民生热点问题，全部都整改完毕。加强师生自媒体管理，全年总计发稿量313篇，其中武科大新闻网145篇，“先锋在线”100篇，国家级媒体上稿7篇，省级媒体上稿25篇，市级媒体上稿36篇。其中，学院党员学生王右军捐献造血干细胞的相关事迹，在湖北日报等主流媒体报道，彰显榜样力量。

【工会、教代会与校友会工作】加强民主管理和民主监督。2023年12月21日，召开化学与化工学院第四届一次教职工暨工会会员代表大会，听取并审议了学院工作报告、工会教代会工作报告、学院“学科建设”指标及标准的说明、煤转化与新型炭材料湖北省重点实验室平台仪器使用收费管理办法的说明以及学院绩效分配方案的说明，选举了新一届工会委员会委员；组织代表参加武汉科技大学工会会员暨教职工代表大会，并提交提案2项；学院严格落实“三重一大”，院务公开有制度、有落实：凡涉及学院发展规划、资源分配、职称评审以及教学、科研、学科建设、学生工作等各方面的重大问题、重要事项必须经过党委会、党政联席会及其他相关委员会充分讨论，及时将干部调整、人才推荐、评先评优、职称评定等涉及教职工切身利益的工作进行公开，自觉接受教职工的监督；维护教职工合法权益，关心关爱教职工，及时看望、慰问生病、生小孩的教职工。

加强和谐校园建设，因地制宜开展工会活动：举办了师生联谊活动、“永生花法式礼帽制作”活动、科研实验室消防安全技能比赛活动等；积极参加学校组织的活动：在校工会开展的学雷锋活动中，范宝安老师被评为“学雷锋标兵”；在“读好书、强素质”送书暨征文活动中，向校工会提交论文2篇；组织参加学校第十五届“兴校杯”乒乓球赛和第八届“荣校杯”羽毛球赛，其中乒乓球赛获得亚军；在第六十一届运动会中获得男子团体第二名、男女总分团体第三名的成绩。

加强校友联络，定期不定期走访校友共10余次，获得校友企业苏州协宏泰节能科技有限公司捐赠100万元；在庆祝武汉科技大学办学125周年期间，举办了化学与化工学院校友联谊、学术交流等系列庆祝活动；选配毕业班联系人，建立毕业班级通讯录。

【教学工作】全年教学工作整体运行正常，无教学事故。完成了132门课程教学任务，其中公共基础课24门，专业课108门，实验课37门，共完成教学工作量30456.84学时。学院聘请吕早生教授担任学院教学督导。对生物工程、化学工艺和应用化学3个专业培养计划进行了修订，无预警专业。在专业质量工程方面，生物工程通过工程教育认证，应用化学专业拟申报工程教育认证。化学工程与工艺教学团队获批全国石油和化工教育优秀教学团队。在课程建设方面，学院开设双语教学课程3门，新增线上课程2门，线上线下课程1门，获批知识图谱课程1门。教材建设规划方面，规划建设教材10部，拟出版教材2部。教学竞赛方面，武汉科技大学首届板书设计作品竞赛一等奖和二等奖各1项。教育教学改革方面，获省级教改项目1项，校级教改项目4项，教育部产学协同育人项目3项，发表教改论文3篇。教学成效方面，获批校级教学成果奖3等奖1项，推荐教学优秀5人，其中一等奖1人，二等奖3人，三等奖1人。

【科研工作】化学与化工学院2023年度获批国家自然科学基金联合基金重点项目1项、国家自然科学基金青年/面上共3项，湖北省“JD”技术攻关工程项目（首次），湖北省“著名科学家来鄂讲学项目”（首次），国防工程项目2项、武汉市科技重大专项1项，湖北省科技厅自然科学基金面上项目1项、青年基金2项，教育厅科研项目3项，武汉市知识创新专项1项；获批湖北省楚天学者计划2人次，湖北省青年拔尖人才计划1人，国家博士后资助计划2人（C档）；获中国冶金科技进步奖一等奖1项（参与）。

学院高度重视校企合作及科研平台建设，其中与武汉科林化工联合共建“加氢精制催化技术湖北省工程研究中心”，与济钢国际工程公司共建“绿色智能焦化联合研究院”，与浙江华基环保共建“环境友好材料工程研究院”；首次获批国家自然科学基金委员会与瑞典科研与教育国际合作基金会合作交流项目1项；首次成功完成世界著名科学家来鄂讲学计划项目（丹麦科学院院士、Rafiqul Gani）；获批湖北省科普教育基地（2023—2026年）；完成煤转化与新型炭材料湖北省重点实验室开放基金立项10项。

学院发表的高质量学术论文有效支撑了学校化学、工程学、材料、环境等学科进入全球ESI前1%指标。发表SCI、EI论文106篇，其中中科院一区TOP论文25篇（较2022年同比增长33.8%）。多项科研工作发表在 *Nature Communications*，*Journal of the American Chemical Society*（封面）等化学、化工、材料领域顶级期刊。

本年度签订企业合同金额合计3095万元，其中军工企事业单位项目3项，单笔最高达 267 万元。其中合同额单笔 100 万元以上的项目 7 项，200 万元以上的项目 4 项。本年度已到账经费共 1800 万元。本年度转让及许可专利 17 项，专利转让或授权使用金额 114 万元。本年度主办化学工程与材料化学全国论坛（邀请院士、杰青、长江在内的国际知名学者 40 余名）、化学化工全国博士后论坛等在内的大型学术交流会议 5 次，外派人员从事科研成果转化工作 9 人次；获校友企业捐赠 100 万元。

【学科专业建设】2023 年度化学与化工学院全职引进青年科学基金项目（A 类）获得者 2 名进行学科团队建设（全校唯一），入选校“双一流”建设支撑团队；化学工程入选 2023 年软科世界一流学科，顺利完成教育部化学一级学科硕士学位点校核工作并启动博士学位点申报工作，协助材料与化工工程博士点申报并启动化学一级学科博士学位点申报；首次设立化学化工“陶著讲坛”并持续邀请国内外知名专家来校进行学术交流。

博士 A 级论文生均数 2.4，研究生 A 级、B 级及以上论文数比上年度增长率高于 10%，在校研究生以第一作者（或导师第一学生第二）在 A 类期刊发表高水平学术论文 80 篇；所有学位论文检测复制比均低于 30%，研究生院送审合格率达到 100%；获校级优秀博士学位论文数 1 篇，获校级优秀硕士学位论文数 4 篇，获批优秀博士学位论文培育项目 2 项；新进博士研究生导师 4 名；研究生数学建模竞赛国家二等奖 1 项，“挑战杯”大学生课外学术作品省赛三等奖 1 项，申请创新创业项目 4 项，获批 2 项，结题 2 项。积极选派研究生赴国内外开展学术交流并作口头报告 25 人次，获批校级研究生教学质量工程项目 1 项。

加大研究生招生宣传的力度，巩固原生源，开发新阵地，不断提高生源数量和质量。全日制硕士研究生录取优质生源比例增幅达到 8%，其中全日制硕士研究生第一志愿优质生源比例达到 70%，博士研究生全脱产录取比例达到 92%，博士研究生优质生源录取比例达到 100%；招收硕士留学生 2 名，博士留学生 1 名；研究生就业率达到 98.6%。积极选派研究生申请赴海外开展国际学术交流，1 名在读博士研究生获批国家留学基金委资助赴加拿大知名大学进行联合培养。

【学生工作】坚持效果导向，突出传承创新。一是打通新媒体宣传路径，保障上传下达。整合各类宣传资源，开设化学与化工学院微信公众号，发挥信息传递、宣传报道和舆情引导的重要作用。累计关注 2000 余人，发布推文 282 条，其中原创推文 154 条，推文篇总浏览量 67105 次。二是长期爱心接力，志愿实践多元创新。“种太阳”爱心基金 18 年助力寒门学子，麟洁 & 蓝丝带自闭关怀；“四点半”进社区丰富课外知识，支教进大王中学缓解中考压力；义教进黄盖弥补乡村素质教育缺口，品味油纸青砖历史遗韵；趣味实验献礼建校 125 周年，结合专业特色，漂流 & 废水瓶演绎公益环保新姿态，水质调研把关农村经济命脉。学生志愿服务受到人民网、学习强国、湖北日报等多家媒体专题报道。

坚持重点导向，完善制度体系。一是维护日常安全稳定，做到细节到位。积极建立学生—辅导员—家长—任课老师体系，针对各重点帮扶对象，多管齐下，联防联控；利用主题班会、消防演练等途径，强化安全意识。二是修订奖学金、助学金和评优体系，做到制度到位。多次在师生中广泛征集意见，健全优秀奖学金评定细则和评优办法，并规范评定程序；严格落实国家奖助学金制度，做到公开、公平、公正。三是完善心理健康教育工作机制，做到预防到位。以学院心理工作站为依托，圆满完成第32届、第33届心理健康教育月工作，制定心理咨询工作手册，公示墙，设置线上心理咨询QQ，组织心理班会40余场，开办“化雨春风合唱班、化雨春风舞蹈班”特色活动，及时进行心理危机的防范和干预，学院通过2023年心理示范工作站复核，继续获批心理示范工作站。四是大力开展职业生涯规划教育，进行个案咨询和团体咨询，建设化雨春风职业生涯工作室，工作室被评为达标工作室。五是在学生中开展劳动教育，使学生树立正确的劳动观和劳动态度，养成热爱劳动的习惯，学院获评“劳动教育先进学院”称号。

坚持问题导向，实施精准施策。一是多措并举，全面推动高质量就业。通过校企走访拓展就业市场，搭建就业桥梁，建立大学生就业实习实训基地4个，新拓展岗位资源50多个，获批教育部学生司就业育人项目3个；召开面向系主任、班主任就业工作部署会、推进会3场，开展考研就业动员及朋辈引导帮扶活动3次，组织学生参加就业形势、职业规划、能力提升等报告10场，开展基层就业宣讲2场，提高学生高质量就业；不断完善、更新、补充用人单位信息库，目前学院招聘工作交流群扩容到上百家用人单位，企业HR 170余人。组织毕业生参加校内外各类招聘会10余场，接待企业开展线上线下招聘会近百场。本科毕业生一次性就业率达到98.2%。二是狠抓严控，全面加强学风建设。依托班主任微课堂平台，开展学习经验交流会、科研竞赛面对面、师生座谈会系列活动，2023年度获优良学风学院，学籍预警转化率100%，考研录取率46.04%。三是绝不放松，全面保障学生健康。建立学生流动台账，周日晚点名，严格请销假制度，定期开展寝室卫生大扫除，用实际行动将学生安全放在第一位。

坚持职业导向，推进队伍建设。一是坚持遵规守矩，提升辅导员纪律意识。严格贯彻学校“两个深入”制度，执行“四心”服务理念，全年人均深入课堂、宿舍100余次，谈心谈话200人次，关注“四困”学生100余人。二是坚持实践锻炼，提升辅导员担当意识。辅导员全面参与专业认证、党史学习教育等重点工作，辅导员李庆昉、林军作为青年讲师团开展党课宣讲。三是坚持学习交流，提升辅导员专业能力。组织参加各类职业培训，辅导员陈彦珺、李庆昉、易早月参加北森（GCDF&BCF）培训，并拿到职业证书；辅导员林军、李艾强参加东方明见心理大学生心理危机评估与自杀干预实务工作坊；辅导员易早月“‘一站式’学生社区模式下班主任流动课堂育人实践路径研究”获得湖北省社科项目（高校学生工作品牌）立项。

【**队伍建设**】2023年学院通过引进高水平教师和科研人员，以及组建建制化的研究团队，加强了学院的人才储备和研究实力。全职引进“青年科学基金项目（A类）”获得者2人（郑安民、杨俊），国家“青年千人计划”获得者1人（陆珺霞），获批/引进省青年拔尖人才1人（刘志强），楚天学者计划3人（刘国亮、陈永婷、徐丹丹），武汉青山英才计划1人（吴景程）；以团队形式引进青年教师7人、博士后4人；并与武汉科技大学核磁共振与分子科学交叉研究院共建研究平台顺利推进。

2023年全院5人通过专业技术职称评审，其中卢振明、刘国亮和刘志强晋升为教授，陈永婷晋升为副教授，桂阳转评为实验师。

【实验室建设】完成了教四楼五楼核磁共振与分子科学交叉研究院实验室改造工程及家具设备的采购等工作，总投入8000多万元。在后勤保障部的支持下，完成了黄家湖教二楼化学实验示范中心水、电整体维修改造及青山校区部分教学实验室的零星维修工作，保证了教学、科研实验的顺利进行。调整了实验室安全领导小组和工作小组成员，签订了学院、教师、学生实验室安全三方责任书；加强对实验室安全工作的管理力度，按照国资处有关要求，完成了全院实验室安全分类分级管理，重新更换了实验室门牌并上墙；完成了黄家湖化学实验示范中心危化品库房建设。

附录

2023年化学与化工学院内设教学机构负责人名单

机构名称	系主任	支部书记	实验室主任	副主任
化工工艺系	张　江	王晴东	方红明	吴　魁、罗　浩、朱　辉
化学系	赵智勇	彭　娜	高晓芳	李艳军、张雄志、张　琴
化学工程系	徐继坤（兼）	范宝安	崔正威	刘芯妍
生物工程系	陈　俊		周　卫	龚志伟、王晓强

2023年化学与化工学院内设学术机构负责人名单

委员会名称	主　任	委　员
学术委员会	郑安民	杨　俊、董志军、吴晓琴、李轩科、曾丹林、杨忠华、张春桃、陈红祥、丛　野、鲁礼林
学位评定委员会	郑安民	杨　俊、董志军、吴晓琴、李轩科、曾丹林、杨忠华、张春桃、陈红祥、丛　野、鲁礼林
学科建设委员会	李轩科	董志军、颜家保、吴晓琴、曾丹林、杨忠华、张春桃、李艳军、欧阳曙光、左振宇、李文兵
学科责任教授委员会	李轩科	董志军、陈荣生、范宝安、曾丹林、杨忠华、张春桃、陈红祥、丛　野、鲁礼林、梁　峰、刘思敏、袁观明

续表

委员会名称	主　任	委　员
教学指导委员会	吴晓琴	颜家保、董志军、欧阳曙光、张春桃、杨忠华、陈红祥、程正载、李文兵、丛　野、梁文懂、毛　磊、刘建中、邱江华、周　瑜
实验教学指导委员会	吴晓琴	颜家保、罗志文、欧阳曙光、张春桃、杨忠华、陈红祥、方红明、高晓芳、崔正威、周　卫、周　瑜、唐　艳、蔡　群、曾　艳、范宝安、李文兵

（撰稿：吴晓琴、罗志文、余　婷、雷　杨、徐继坤、陈俊明、陈彦珺　审稿：刘抗强、郑安民）

计算机科学与技术学院

【概况】学院是湖北省专业综合改革试点单位，现有计算机科学与技术、软件工程、网络工程和信息安全4个本科专业；计算机科学与技术、软件工程2个专业被认定为首批国家级一流专业建设点，信息安全、网络工程2个专业被认定为省级一流本科专业建设点，计算机科学与技术专业是国家特色专业，获批“国家卓越工程师”培养计划，软件工程专业获批湖北省战略性新兴（支柱）产业人才培养计划和湖北省“荆楚卓越人才”协同育人计划。拥有计算机科学与技术和软件工程2个一级学科硕士学位授权点，模式识别与人工智能二级博士学位授权点；与英国伯明翰城市大学合作举办网络工程专业本科教育项目，与荷兰阿姆斯特丹自由大学合作举办计算机科学与技术专业研究生教育项目；建有“国家级计算机实验教学示范中心”“冶金工业过程国家虚拟仿真实验教学中心”和“智能信息处理与实时工业系统湖北省重点实验室”等国家级、省级教学科研平台。与中国科学技术信息研究所牵头、科学技术文献出版社、东南大学共建“富媒体数字出版内容组织与知识服务”国家广播电视总局重点实验室；联合华为、奇安信、软通动力、超星雅儿等知名企业共建“工业智能与数字孪生信创产业学院”。

学院下设计算机科学系、计算机技术系、软件工程系、网络工程系、信息安全系等5个教学机构；设有校级重点科研平台“大数据科学与工程研究院”和“智能机器人研究所”“计算机软件研究开发中心”2个校级一般科研平台；拥有总价值达3299万元的教学科研实验设备和总面积达6206平方米的实验室。在校本科生2500人、硕士研究生481人、博士研究生23人；有专任教师88人，其中博士研究生导师10人、教授26人、副教授40人，69人拥有博士学位，高级职称教师比例达到了75%，具有硕士学位、博士学位的比例达到97%。

【党建与思想政治工作】学院党委按照上级党组织的部署，结合学院的实际，扎实开展学习贯彻习近平新时代中国特色社会主义思想主题教育。通过组织领导干部读书班、主题党课、导学联学、实地研学等活动推进习近平新时代中国特色社会主义思想学习进支部、进系室、进班级，切实提升学习效果；以开展主题教育调查研究为契机，聚焦学科建设、人才培养、产教融合等中心工作，重点解决了“毕业生就业难”等6项民生问题；继续开展党风廉政建设宣传教育月、“党员干部下沉社区”志愿活动、“一个党员一面旗帜”“百生讲坛”、党员宣誓大会、党员考评等主题教育实践活动。

学院党委定期召开民主生活会，开展批评与自我批评，全年组织开展政治理论及业务学习达10次，组织全体院职工开展杜绝酒驾醉驾警示教育、赴保康县尧治河开展实地研学、集中观看《黄大年》《李保国》等师德经典片、学习违反教师职业行为典型案例及有关文件精神、签署师德师风建设承诺书。深化拓展党风廉政建设工作，促进清廉学院建设。

学院各党支部按照主题教育的要求，认真组织学习；顺利完成了毕业生党组织关系转接工作；党员信息管理实现网络化、系统化，党费收缴程序规范；全年举办入党积极分子培训班、发展对象培训班、预备党员培训班共6次，共计培训学员604人次；全年发展学生党员118名，少数民族党员5名。转正教工党员1名，学生党员95名。

学院党委不断强化组织建设，大力营造“对标争先”氛围，计算机科学系教工党支部通过校级样板党支部建设验收；继续开展“研究生党支部与新生本科班级结对共建机制的构建”活动；党建融合科研，创建VR党建工作室，打造沉浸式党史学习教育平台；田萍芳同志被评为校级“优秀党委工作者”“三八红旗手”，刘广胜同志被评为校级“优秀共产党员”。

【教学工作】学院教学工作整体运行状态良好，无任何教学事故发生，计算机科学与技术专业通过专业认证。在教学检查中获得好评，教学质量和效果有了进一步提升。

张晓龙老师参与获批国家级教学成果奖二等奖。

“离散数学”获批湖北省线上线下混合式一流课程建设立项。1门在线课程在全国平台上线：“数字逻辑与数字系统”。“软件工程”获批知识图谱课程立项；“计算机组成原理”获批课程思政示范课立项和校级线上线下混合式一流课程。新增修订教材立项2项，新形态教材立项2项。新增教研项目立项5项，其中1项获批省级立项。获批3项校级教学成果奖，其中一等奖1项，二等奖1项，三等奖1项。发表教学研究论文4篇，其中2篇核心期刊论文。6名教师获得2022—2023年度教学优秀奖。

共有3个高教司产学合作协同育人项目获批立项："面向工程教育专业认证的'离散数学'课程教学""网络空间安全"战略背景下网络工程创新创业""2023—2024年度中部区域联盟"。

学院与多家IT企业合作，开展实习实训工作。实验开出率100%，设计性综合性实验课程比例达到95.45%。获批大学生创新创业计划项目国家级5项，省级12项。

转专业转出学生数0人，转入40人；本科生预警率1.26%，预警生转化率54.55%。

【科研工作】学院获得了10项国家级、省部级和厅级纵向科研项目的批准，其中国家自然科学基金面上项目3项、青年科学基金项目（C类）2项、湖北省自然科学基金面上项目2项。横向经费进账1548.97万元，纵向经费进账428.26万元。发表学术论文157篇，其中A级、B级高水平期刊40篇；共有11项发明专利和实用新型专利获得授权，成果转化到账金额达到190万元。

【学科专业建设与研究生培养】针对第五轮学科评估和专业学位水平评估结果，学院积极与相关高校进行全面对标分析，提交分析报告。按照合格评估工作要求填报了《学位授课点基本状态信息表》，并编发布合格评估的《学位授课点建设年度报告》。完成2023级研究生培养方案修订工作。新增4名研究生导师和9名校外导师。积极邀请国内外知名专家学者，举办20余场学科建设研讨会、线上线下报告会和学术讲座。录取160名全日制研究生，毕业研究生172名，研究生就业率达到100%。学位论文抽检合格率100%，推荐10篇校级优秀硕士论文。

【学生工作】学院以学生为根本，积极推进育人特色创新项目，创建"一院一特色"，培育学生思政品牌，继续推行"C++学生成长浸润工程"，围绕学生的全面成长成才，促进学生综合素质多层次、全方位地提升，实现学生全面发展与个性发展的协调统一。"C++学生成长沁润工程"学生工作特色品牌于2023年6月被中国教育报报道。

学院继续深入开展"一名党员一面旗帜"特色党建活动，组织党员联系新生班级开展志愿服务时长达200小时，学生党员同上一堂精品党课4次，学生党支部开展主题党日活动36次，持续完善云上廉园VR党建项目。

学院依托心理辅导工作站开展学生心理健康教育工作，每月定期上报"一级"和"二级"心理预警学生情况；辅导员全年与"三困生"开展谈心谈话500余次，访谈记录齐全、规范。学院以2022级、2023级学生为主体，开展了2期心理健康教育月活动，举办"心聆听，心守护"朋辈心理技能系列培训5次，心理团体辅导10余场，形成了一定的学院品牌特色。本年度"E心向阳"心理健康工作站顺利通过学校达标评审。

学院支持学工干部参加职业能力提升的比赛和培训，每学期召开2次专题会议讨论专职辅导员队伍建设、考核和发展，组织方钟明参加2023年湖北省高校新入职教师岗前培训和学校2023年新入职教师岗前培训；组织曾宪森参加学校教师信息化教学能力提升培训会；组织全体辅导员参加红十字救护员（初级）培训和心理健康教育教师培训；选派孙莉娟、向钦勇参加2023年高校思想政治工作队伍综合素能提升研修班；选派龚晗、向钦勇、刘广胜、徐浩伦参加北森生涯规划师双证培训；选派刘广胜参加高校辅导员名师工作室高端论坛和湖北省高校就业创业指导人员专题培训班；石其坤老师获武汉科技大学第二届辅导员育人故事分享会二等奖。

学工队伍老师积极参与学生工作科研活动，徐浩伦的文章被EI国际会议录用；刘广胜承担教育部高校学生司供需对接就业育人项目1项；徐浩伦和方钟明分别获批湖北省教育厅哲学社会科学研究专项任务项目（高校学生工作品牌）。

学院就业育人支持体系完善，全力做好毕业生的就业指导工作。以毕业生为重点，开展应征入伍就业宣讲1场，最终2人顺利进入部队；加强就业指导服务，“Hello World生涯工作室”获评学校示范工作室；积极拓展就业市场，学院领导班子带队前往多家企业访企拓岗，签署校企合作人才培养协议。2023届毕业生就业率96.68%，邱雅文、李子涵同学分别推免至清华大学和北京大学，熊博成同学成功考研上岸北京大学。

学院高度重视共青团工作，强化对学生会的指导和培训，按时召开学生代表大会、研究生代表大会；积极参与学生社团指导，7个挂靠学生社团全年未发生重大风险事件；举办了寝室设计大赛、科大印象、IT嘉年华等形式多样的校园文化活动50余场；共承办2场校级团学活动：“武汉科技大学PS设计大赛”“武汉科技大学PPT设计大赛”；扎实开展青年大学习，全年青年大学生参学率达50%以上；以培养学生骨干为基础，举办了“二级团校”培训班；规范地做好团支部“推优”工作，扎实开展主题教育并进行智慧团建系统录入，支部达标率100%。

学院重视并积极鼓励学生参与学科竞赛，学生获省部级以上竞赛奖励319项，其中林云汉老师指导学生获2023年第十四届“挑战杯”大学生课外学术科技作品竞赛国家级主体赛三等奖，李红斌和余志兵老师指导学生获2023年中国大学生工程实践与创新能力大赛总决赛金奖2项。

学院积极组织学生参与社会实践、学生会和青年志愿者工作。2023年组织672名学生共107支团队奔赴祖国大地开展社会实践，参与“三下乡”社会实践人数为34.28%；组织了3支校级团队分别赴保康县、通山县以及武昌区开展了累计69天的暑期社会实践活动。“计日程功”暑期社会实践团队获2023年武汉科技大学大学生志愿者暑期社会实践优秀团队，辅导员郑晓旭获评2023年武汉科技大学暑期社会实践“先进工作者”，吴晨同学等20人获评2023年武汉科技大学暑期社会实践“先进个人”，肖聪同学等15人撰写的调研报告获评2023年武汉科技大学暑期社会实践“优秀调研报告”，团队获评2023年湖北省暑期社会实践优秀团队。学院团委积极推荐先进典型，博士研究生袁鑫获2023年“湖北青年五四奖章”。

【队伍建设】 精准引进高水平人才，优化师资队伍结构，完成5名优秀博士研究生和1位高层次人才的招聘工作；持续加强科研人才队伍建设，常态化举行“前沿论坛”；以校庆125周年为契机，举办CCF、ACM China走进高校学术交流活动，举办各种讲座论坛20余场。健全科研团队机制建设，组织各种形式的导师培训。

【行政管理、工会、教代会工作及校友工作】 严格执行财务管理政策，专项经费当年执行率100%；建立了学院内部议事决策制度并严格执行，年度内部审计无重大问题；完成学院固定资产盘点，账卡物相符率高于90%；积极参加网络安全和信息化管理培训会议，认真履行网络安全主体责任，全年无发生网络安全事件；归档材料全面、规范和及时。

发挥工会妇委会群团组织作用，关心关爱教职工，凝心聚力促发展。选树先进典型，搭建助力职工成长成才平台，张凯老师被推选为学校2023年“湖北十佳师德标兵”“湖北师德先进个人”候选人，推荐贺娟娟老师参加学校首届优秀女性科技人才访谈活动，田萍芳、何利君（学生）被评为学校2021—2022年度三八红旗手；组织教职工秋游团建、运动会、工会征文、妇委会廉政作品征集等活动，开展瑜伽、八段锦培训，慰问结婚、生育和生病职工。

积极开展普法宣传和教育，领导班子成员及教职工积极参加法治学习；建立健全消防安全工作责任机制，确保消防安全管理措施落实到位，开展消防安全知识讲座和消防演练，增强师生消防安全意识，提高自我保护能力。

严格执行学校公有住房管理，开展节水节电宣传工作，未出现超定额用水用电。强化校友工作。完善制度，加强信息管理与服务，积极拓展校友联络与社会工作，校友和社会捐助超500万元。

【实验室建设】 学院成立了实验室安全工作领导小组，学院书记担任组长，行政副院长分管安全工作，各教研室、实验室负责人作为主要成员。完善实验室安全责任体系，实验室主任作为本单位安全工作的第一责任人，分管院长作为直接领导责任人。贯彻落实《武汉科技大学实验室安全年活动方案》文件精神，按照学校实验室安全年活动工作要求，制定本单位实验室安全制度，全面排查实验室安全隐患，开展实验室安全知识培训，完成评优评先、年度考核结果等工作。

“智能信息处理与实时工业系统湖北省重点实验室”建设成果和运营管理良好，被湖北省科技厅评定为“良好”。计算机国家级实验教学示范中心面向全校17个学院66个专业，开设基础实验课5门，专业实验课30门，完成实践教学共计25万人·时。全年组织承办计算机等级考试89场，服务考生7345人·次；软考30场，服务考生1020人·次。暑假期间完成教三楼厕所改造、办公室门整体翻新维修、负一楼本科创新基地改造、2~3楼吊顶更换，新建30303软件工程信创实验室，服务教学及科研效果显著。

附录

2023年计算机科学与技术学院内设教学机构负责人名单

机构名称	主　任	支部书记	副主任
计算机科学与技术系	王晓峰	李文杰	黄　莉
软件工程系	刘茂福	袁　嵩	王　磊、王　晓
网络工程系	李　鹏	张波涛	胡　静
信息安全系	李　涛	李　涛	李　琳
计算机技术系	李顺新	田萍芳	欧阳琳
实验室	刘　星	熊　莹	徐芳芳

2023年计算机科学与技术学院内设学术机构负责人名单

机构名称	主　任	委　员
学位委员会	张　凯	龚　晗、胡　威、张　鸿、袁　嵩、李　涛、李顺新
教学指导委员会	张　凯	朱子奇、刘　俊、王　玲、蔡　路、刘　星、李顺新、刘茂福、王晓峰、李　鹏、李　涛
学术委员会	张　凯	李　鹏、顾进广、陈　黎、徐　新、李　波、张晓龙、刘　俊、鲁剑锋

（撰稿：孙莉娟、张　燕、夏平丹、刘　星、李　艳、刘广胜、郭伟钰　审稿：钟　磊、张　凯）

机械自动化学院

【学院概况】机械自动化学院拥有机械工程国家级特色专业，设有机械工程、机械电子工程、工业工程、测控技术与仪器4个本科专业，以及机械工程（国家卓越工程师教育培养计划）试点班、机械电子工程（湖北省战略性新兴（支柱）产业人才培养计划）试点班、机械类（拔尖创新人才培养计划）试点班、工业工程（精益班）等特色班级。

学院拥有1个博士后科研流动站（机械工程），1个一级学科博士点（机械工程），2个一级学科硕士点（机械工程、仪器科学与技术），2个二级学科博士点（工业工程、测试计量技术及仪器）和1个二级学科硕士点（工业工程），2个专业学位硕士学位授权领域（机械工程、工业工程）。

截至2023年年底，学院有教职工174人，国家教学名师1人，全国优秀教师1人，教育部跨世纪优秀人才3人，“楚天学者”24人（2023年新增5人），教授45人，副教授57人，副研究馆员1人，高级工程师2人，高级实验师4人，享受政府特殊津贴者9人，宝钢教育基金优秀教师奖4人，湖北省教学名师3人，湖北省有突出贡献中青年专家2人，湖北省青年基金获得者3人。

【党建与思想政治工作】2023年，学院党委以习近平新时代中国特色社会主义思想和党的二十大精神为指导，深入贯彻新时代党的建设总要求，全面落实党委主体责任。学院领导班子组织领导到位，核心作用突出，机制运行顺畅。学院党委组织结构清晰，下设1个学生党总支，8个教工党支部和14个学生党支部。

扎实开展主题教育。学院党委深入学习贯彻习近平新时代中国特色社会主义思想和党的二十大精神，推动习近平新时代中国特色社会主义思想入脑入心，把学思想作为强党性、重实践、建新功的根本前提。学院领导班子身先士卒，带动支部书记、系主任深化学习，举行学习贯彻党的二十大精神宣讲33次；组织专题报告4次，邀请校党委副书记盛建龙同志作辅导报告；开展主题教育民主生活会，深入查摆领导班子突出问题，认真剖析问题根源，提出有针对性、具体的整改措施。坚持问题导向，推动主题教育整治，学院党委列出调查研究清单6项，推动高质量发展重难点问题项目清单2项，党委班子成员领办民生实事项目清单7项，在平台设备购置、实验室条件改善、停车位场地建设等方面切实解决了师生急难愁盼问题，有效提升了师生幸福感、获得感、安全感。

加强理论武装。学院党委坚持“思想引领学习在先”机制，坚持理论学习中心组学习制度，严格落实“三会一课”“第一议题”等组织制度。学院各党支部依托“三会一课”、主题党日活动等组织党员开展理论学习。组织专题读书班，通过自主学习、集中研讨、导学联学、实地研学等形式，持续推动学习贯彻党的创新理论，确保取得学习实效。全年开展党委理论学习中心组学习11次，开展法规制度宣讲5次，学习党纪法规20条，组织开展专题培训、法规知识竞赛、纪法专题讲解等形式多样的学习活动。

严格意识形态工作责任制落实。学院落实意识形态工作责任制要求，党委会专题研究部署意识形态工作2次，每月按规定开展意识形态排查，规范课堂教学，对讲座、报告会和研讨会等严格审核。出台《关于加强学院网站和微信公众号建设和管理工作的通知》，明确专人管理学院网站和官微，加强师生自媒体管理，及时维护更新。全年在省级及以上主流媒体发稿22篇，新闻网发稿171篇，校园网主页发稿13篇。

夯实党组织建设。机械工学研究生第一党支部入选全省高校“研究生样板党支部”创建单位。机械电子工程教工党支部通过首批全省高校基层党建示范创建工作验收。工业工程与制造工程系教工党支部、机械电子工程系教工党支部通过第二批校级党建工作样板支部培育创建单位验收。机械电子工程系教工党支部 、机械工学研究生第一党支部荣获校级“先进基层党组织”荣誉称号。组织党支部开展特色联学活动，2个教工党支部赴洪湖瞿家湾和英山长征精神体验园开展主题教育；3个党建工作典型案例在全国高校思政网展示。

加强党风廉政建设。学院党委把党风廉政建设与分管业务工作同谋划、同部署、同落实。凡涉及“三重一大”决策，都按党委会和党政联席会议事规则集体研究决策。全年召开党委会19次，党政联席会17次，党员大会2次。依托清廉学院建设，先后召开警示教育大会，观看警示教育片，开展纪法理论学习、廉政谈话、廉政党课、“清廉之旅”、纪法知识测试等。全年学院党委会专题研究党风廉政建设2次，开展书记讲党风廉政党课2次。学院紧扣家国情怀、新时代使命担当，制作短视频《长征》《抗战名将张自忠》，以传承“荷花品格 梅花精神”，树廉洁新风为主题在新媒体平台推送6个精美短视频，阅读量达到数千人。学生创作的廉政H5作品《修身正心当以廉，洁净心行映清明》登上湖北省纪委、监委官方平台。学院领导班子成员集中学规8次，开展法规制度宣讲5次，组织开展专题培训、法规知识竞赛、纪法专题讲解等形式多样的学规活动，推动干部把遵规守纪内化为思想自觉和行动自觉。

做好分党校工作。学院高度重视党员教育与管理，全年发展学生党员126人，共组织入党积极分子、发展对象和预备党员培训6次，共培训入党积极分子376人，发展对象131人，预备党员129人。全年举办不同层级、类别培训9场，覆盖学员973人。举办集体备课2次、精品课程展示2次。目前常态化开展教学的教师有4人，1人获学校党校教师教学竞赛三等奖。

抓好民主和统战工作。党员领导干部带头学习统战知识，及时更新民主党派人士信息，台账清晰；带头联系党外人士，每位领导干部联系1名党外人士开展交心谈心。重视民族团结工作，全方位抵御渗透和防范校园传教，工作机制健全，每学期开展一次自查。工青妇组织设置完备，制度完善，学院分工会、妇委会积极参加学校活动，举办了女教职工插花、乒乓球赛等教职工活动，丰富职工文化生活。本年度共推荐认定1名教师为无党派人士，推荐2名教师为青山区第五届归侨侨眷代表大会委员。

【教学工作】学院成立培养方案领导小组和审核小组，修订和推进人才培养工作。修订2023级本科学分制培养方案，包括机械类、机械工程专业、机械电子工程专业、智能制造工程专业、测控技术与仪器专业、工业工程专业、机械工程专业“卓越工程师”、机械电子工程专业“战略性新兴（支柱）产业计划”、工业工程专业“精益计划”、中国武汉科技大学与澳大利亚迪肯大学合作举办机械工程专业本科教育项目、香涛计划机械类强基班、增材制造微专业等。

建设好“机械工程专业”“工业工程专业”和“机械电子工程专业”3个国家一流本科专业等。建设好“智能制造工程”新专业。积极筹备机械电子工程专业和测控技术与仪器专业工程认证申报工作；精心组织工业工程校内工程认证并撰写提交申请报告。段伟教授团队（教授组）参加高校教师教学创新大赛院级比赛，获校教师教学创新大赛二等奖。在首届教师板书比赛中，学院教师肖明获二等奖。

年内新增3门省级一流课程：“机械设计综合实验”“精密机械设计”和“新能源汽车动力电池拆解工艺优化虚拟仿真实践”。申报在线课程（SPOC）“财务与成本管理”。申报3门校级一流本科课程：“液压可靠性与故障诊断”“制造业信息化工程学”和“流力力学”。申报3门知识图谱课程建设：“传感器技术”“机械原理”和“机械工程测试技术”。“机械设计基础”已申报课程思政示范课。

年内主编出版教材《液压与气压传动》（ISBN 978-7-5629-6408-7）。获批教育部产学合作协同育人项目2项，累计到账金额2万元。申报校级教学研究项目5项：面向教育“新基建”的“工程热力学”课程体系改革与教材建设创新实践（刘昌明）、新时代背景下机械工程专业知识图谱构建及其实践研究（李贵）、科教融合赋能“现代设计方法”课程改革的本科生创新能力培养模式研究（袁锐）、数据驱动——材料促发产品创新设计能力培养模式研究（阮金华）和新工科背景下案例兴趣驱动的机械制造课程学习模式改革与实践（肖明）。其中，前两项校级教研项目已申报省级教研项目。年内公开发表教研论文8篇。学生预警率为0.67%，预警转化率为80%。学院学评教参评课程门次优秀率达到20%；学院学生学评教参评率95%以上。

【科研工作】2023年，学院承担国家自然科学基金11项，其中面上项目6项，青年项目5项；承担湖北省重点研发计划项目4项，湖北省自然科学基金项目1项，创新发展联合基金重点项目1项，面上项目2项，青年项目2项；承担湖北省“JD”技术攻关工程项目2项；承担武汉市重点研发计划项目1项，武汉市知识创新专项项目基础研究项目1项。

2023年，学院立项科研经费总计6125.18万元，其中横向经费5234.18万元，纵向经费891万元，到账科研经费总计4597.23万元，其中横向到账3674.44万元，纵向到账922.79万元。获机械工业科技奖技术发明奖二等奖1项，获中国发明协会发明创业奖创新奖二等奖2项，获中国产学研合作创新成果奖二等奖1项，获中国公路学会科学技术奖二等奖1项，获机械工业科学技术奖三等奖1项。在国内外权威期刊上发表论文277篇，其中SCI收录140篇。授权专利81项，其中国际发明专利1项，国内发明专利52项，实用新型专利5项，软件著作权23项。申请国家专利35项，其中发明专利28项。制定国家标准1项，出版专著2部。

学院担任中国机械工程学会流体传动及控制分会、中国人工智能学会各类专业委员会、中国机械工程学会机构学专业委员会、湖北省机械工程学会、湖北省机械设计与传动学会、湖北省机械制造专业委员会、湖北省流体传动与控制学会、湖北省金属学会冶金设备学术委员会、中英低碳制造联盟、中国有色金属工业协会再生金属分会等协会理事长、常务副理事长、委员 40 余人次，担任《机械工程学报》《中国机械工程》《计算机集成制造系统》等期刊编委 10 余人次。

2023 年，学院举办与承办“绿色制造丛书宣讲活动暨双碳关键技术系列论坛”“第三届全国人工智能与机器人关键技术大会”“第四届全国人工智能与机器人关键技术大会”“第七届数字孪生与智能制造服务学术会议”“中国机械工程学会物流工程分会起重机结构专业论坛”“2023（第三届）国际有色金属新材料大会”6 场国际、国内高水平学术会议。邀请国内外知名学者作报告 15 场。参加国际会议、访学 10 余人次。

【学科专业建设】学院成立专门工作领导小组，研究推进学校高原学科“机械工程”一流学科建设，与武汉理工大学、广东工业大学及东北大学开展对标省内外高校学科建设调研工作，邀请校内外专家开展学科建设规划论证工作。机械工程学科 2023 年进入软科世界一流学科榜单，位列中国最好学科排名前 30%。

成立机械工程一级学科博士点 2020—2025 年周期合格评估工作领导小组并制订学位点合格评估工作方案；认真组织开展仪器科学与技术一级学科硕士点和机械专业学位硕士点核验专项评估工作，根据学位点建设年度问题清单和对应整改措施，积极整改落实，已经提交核验专项评估工作的全部材料。

按要求参与“人工智能与智慧冶金”学科群和“公共卫生与健康”学科群工作，组织专家论证，完成学科群绩效评价，严格执行学科建设经费预算，100%完成绩效任务；按期按要求协助提交各类学科群申报材料，学院 4 项项目作为学科群揭榜挂帅项目，获批学科群经费近 40 万元。

根据省教育厅和学校关于申报下一轮博士点的工作要求，认真完成机械专业学位博士点简况表和申请专业学位授权点要素情况表，尤其是进一步整合学校资源和凝练研究方向，在冶金机械设计与装备、故障诊断与智能运维、绿色制造与再制造、机器视觉与工业机器人、车路协同及智能传感等研究方向达成共识，后期进一步完善材料撰写工作。

为提升学科建设成效，进一步整合学校资源，突出标志性成果产出。学院组织古乐教授（超高温材料与功能部件）、朱锟鹏教授（3D 打印及智能制造技术）、王蕾教授（激光熔覆增材制造）申报学校材料学科交叉创新团队工作，获批经费约 300 万元。

2023 年 9 月 7 日，派出 17 位新老导师及研究生管理工作人员参加研究生院举行的导师培训会。2023 年学院新增加硕士生导师 9 名，新增兼职硕士生导师 35 人，新申报博士生导师 3 人。

2023 年硕士研究生考试报考人数 1466 人，上线总人数为 265 人，录取硕士研究生 273 人（含推免生 16 人）。录取本校应届本科生 59 人。2023 年博士研究生总共录取 34 人（其中直博生 2 人，硕博连读 16 人，申请-考核制 16 人），博士研究生全脱产录取比例达到 97%，非定向录取比例逐年提高，2024 级博士全脱产录取比例预计将达到 100%。

2023 年共有 34 份学位论文因预审专家建议二次评审或评审结果位于系里靠后 10%而进入二次预审，目前已实现学院研究生硕士学位论文预评审全覆盖，极大提高了学位论文送外审质量。对于博士生，严格落实《博士研究生学位论文预答辩制度》；2023 年共送出申请硕士学位论文 593 份（24 人次未通过初审，含留学生），申请博士学位论文 65 份（3 人次未通过初审），初审通过率分别为 96%和 95.4%。

推选刘颖等 11 位博士生申报 2023 年学校优秀博士学位论文培育项目资助。2023 年学院积极申报各类研究生质量管理工程，获批校级核心课程 1 项，教改项目 3 项（含 1 项推荐省级）。

2023 年，学院与三丰智能集团股份有限公司、湖北卓迪旭电气科技有限公司、湖北三环锻压设备有限公司建立了研究生实习实践基地。目前学院共有省级研究生实习实践基地 3 个，校级基地 11 个，院级基地 5 个。

2023 年度研究生参与国内外学术交流 67 人次，会上口头报告 23 人次。博士研究生发表 A 级论文 20 余篇，发表 A 级论文生均数达到 0.3；硕士生发表 A 级论文 34 篇，B 级论文 27 篇，发表 A 级论文生均数达到 0.05，B 级论文生均数达到 0.04，A 级、B 级及以上论文数相比 2022 年度略有增长。

按照学校和研究生院的要求，课堂教学环节和日常教学运行管理到位，教学安排合理，教学大纲、教学日历规范，按规定开课，坚持听课制度和调停课登记制度，按要求录入成绩，学院建立了专门的教学档案存放区间（教一楼 434），教学档案整理规范，及时跟进学院研究生教育管理的问题，自查过程中对学院研究生培养存在的问题进行了积极整改，学生评教率除留学生外达到了 100%。

根据《武汉科技大学研究生学籍管理实施细则》（武科大研〔2017〕23 号）文件精神，对超过学制或学习年限的研究生进行学籍清查工作，经过导师意见、学院分学位委员会意见和学院党政联席会意见，2023 年度清理超过最长学习年限（双证）研究生学籍 17 人，博士 13 人，硕士 4 人；超过学制但未超过最长学习年限 48 人，博士 33 人，硕士 15 人。截至 12 月，55 人申请延期，7 人正在办理休退学，其他 3 人。

【学生工作】 以落实党的二十大精神和开展主题教育为契机，开展“卓越匠心”培育工程，精心组织系列活动。全年共组织理想信念、爱国主义、成长成才主题教育 10 余次，举办了 4 场大学生素质教育主题报告会。每位辅导员完成谈心谈话工作 200 人次以上，获第 32 届心理健康教育月活动三等奖，第 33 届心理健康教育月活动二等奖。学院团委连续十三年获评校级“五四红旗团委”，机械电子工程（产业计划）2101 团支部荣获“全国钢铁行业五四红旗团支部”称号，获“五月的花海”合唱比赛三等奖，获 2023 年劳动教育月特色学院。学风建设卓有成效。2023 年，学院获评“优良学风学院”，29个班级获评“优良学风班”，占全院班级比例46.03%。

全体学工干部参加全国高校辅导员提升政治能力培训班，参加2023年暑期教师研修暨师德集中学习教育，参加武汉科技大学第二期“百炼成钢”辅导员职业能力培训，参加新思路·新探索：第二届大学生心理健康教育课程建设论坛，参加心理健康教育教师培训，参加“积极心理健康系列培训第一期——学校辅导员和班主任专题在线工作坊”培训，参加武汉科技大学2023年辅导员“熔炉暖心”暑期家访活动。2023级辅导员王勋参加北森生涯GCDF培训；2020级辅导员章健宇参加高校国防教育与国家安全教育融合发展研修班；2022级辅导员李巍峰参加2023年湖北省高校新任辅导员适岗履职能力培训班；学办主任吴意参加年轻干部学习贯彻党的二十大精神暨履职能力提升培训班，参加领航计划丨大学生心理健康教育课程教师专项培训。

2020级辅导员章健宇在2022年度“百生讲坛”学习宣传贯彻习近平新时代中国特色社会主义思想活动之“省级优秀微团课讲师”遴选中被评为铜牌微团课讲师，获学生工作问题解决能力竞赛校级二等奖，获武汉科技大学第八届辅导员素质能力大赛三等奖；2022级辅导员李巍峰获校级暑期社会实践先进工作者；邓小龙获武汉科技大学第八届辅导员素质能力大赛三等奖；学办主任吴意获武汉科技大学第三十二届心理健康教育优秀工作者，获武汉科技大学第三十三届心理健康教育优秀工作者；李玉飞获2021—2022学年度教学优秀奖三等奖，获长三角科学道德和学风建设论坛征稿活动学术论文类。

完成“洪腾液压奖助学金”和“冶机77”校友奖学金发放共计7.9万元，学工干部获批2023年度高等学校哲学社会科学研究专项任务项目1项，发表1篇思政类学术论文，发表2篇学生工作相关的优质网络文化作品。学生在“挑战杯”大学生课外学术科技作品竞赛（获主体赛全国三等奖，获“揭榜挂帅”专项赛二等奖，“黑科技”展示活动获卫星级）、中国国际“互联网+”大学生创新创业大赛（获全国铜奖）、全国大学生节能减排社会实践与科技竞赛（获二等奖）等国际国内赛事中荣获省级以上奖励500余项。

学院积极指导学院大学生科协分会工作，鼓励学生参加各级科技竞赛，2023年度获省级国家级科技创新比赛奖励420项，在“挑战杯”大学生课外学术科技作品竞赛中，获主体赛全国三等奖1项，“揭榜挂帅”专项赛二等奖1项，“黑科技”展示活动卫星级1项。学院与机器人协会、3D协会等学生社团紧密合作，举办了以“全国三维数字化创新设计大赛”为主题的科创咖啡、“互联网+”培训讲座、“全国大学生机械创新设计大赛”动员讲座、科协杯等活动，顺利承办了CAD大赛、机器人大赛、3D大赛和成图大赛4项校级赛事。

积极组织学生参加各类校级文体类活动。围绕“理想信念、品格修养、专业素养、综合能力”4个横向，开展青年宣讲、榜样选树、科创讲座、就业指导、志愿服务等活动，营造创先争优良好氛围。学院积极组织开展时事案例分析大赛、特色团组织生活竞赛、团支书演讲比赛等6项特色活动；举办机械杯足球赛、篮球赛、排球赛、羽毛球赛等 7 大体育赛事，促进广大学生远离手机，走出宿舍，参与锻炼，强身健体；举办辩论赛、十佳歌手等文化艺术赛事。获得省市级及以上文体赛事奖励超 20 项。

学院团委连续十三年获评校级“五四红旗团委”；机械电子工程（产业计划）2101 团支部荣获“全国钢铁行业五四红旗团支部”称号；学院青年志愿者服务队获湖北省青年志愿服务“社区计划”竞赛三等奖。

【队伍建设】2023 年，积极向学校职能部门选拔推荐优秀教职工。积极向学校推荐宝钢优秀教师奖 1 人（侯宇），推荐国务院政府特殊津贴候选人 1 人（周兴林），推荐最美教师 1 人（侯宇），推荐霍英东奖候选人 2 人（张利平、陈新元），推荐申报国家高层次人才特殊支持计划教学名师 1 人（曾良才），推荐申报湖北省名师工作室 1 人（侯宇），推荐“院士专家企业行”专家成员 2 人（赵刚、徐增丙）。

2023 年，积极向学校各级人事部门及学术委员会推荐优秀博士毕业生 10 余人进博士后流动站。完成年度师资引进计划，年内新引进教师 1 人（王书豪）。博后转教师 4 人（严旭果、徐曼曼、袁锐、熊丽）。

2023 年，申报楚天学子人才项目 9 人（陈宝通、熊丽、陈晨、袁锐、严迪、张磊、张子凯、王书豪、郭万富），获批 5 人（陈宝通、熊丽、陈晨、袁锐、严迪）。推荐博士后卓越人才跟踪培养计划 1 人（卢艳），推荐科技部领军人才计划 1 人（吕勇）。正式签订楚天学子合同 3 人（张严、段伟、程濛），签订楚天学子聘任展期合同 6 人（蔡召兵、丁喆、段现银、黄千稳、李梓响、张坡），申报国家青年拔尖人才项目 1 人（卢艳），获批湖北省青年拔尖人才 1 人（王蕾）。

学院拥有全英语教学师资 31 人（赵刚、赵强、刘昌明、王涛、汪朝晖、许仁波、蒋林、李公法、魏国前、周敏、唐秋华、赵三星、肖涵、赵慧、李颖、张利平、付婷、阮金华、向峰、丁旭、卢艳、王念先、钱新博、陶波、江志刚、鲁光涛、蒋俊、汤勃、丁旭、朱学彪、郭宇飞）。

【实验室建设】学院成立实验室安全工作领导小组，院长担任组长，副院长分管安全工作，完善实验室安全责任体系，实验室主任作为本单位安全工作的第一责任人，分管院长作为直接领导责任人。

贯彻落实《武汉科技大学实验室安全年活动方案》文件精神，按照学校实验室安全年活动工作要求，制定本单位实验室安全制度，全面排查实验室安全隐患，开展实验室安全知识培训，加强实验室安全硬件防护设施建设，建立健全实验室队伍管理工作机制，依据实验教师队伍的年龄、职称、学历结构做好年度进人计划，做好实验室队伍培训组织工作，依据实验室人员工作完成情况、评优评先、年度考核结果等，奖勤罚懒，制订合理的实验技术人员津贴发放方案。

附录

2023 年机械自动化学院内设教学机构负责人名单

系部（中心）名称	主　任	支部书记	副主任
机械工程系	肖　涵	阮金华	余　震
机械电子工程系	王念先	钱新博	许仁波、雷　斌
机械工学系	邹光明	刘怀广、肖　立	李　贵、杜　辉、郑飞龙、龚彩云
工业工程与制造工程系	周　敏	向　峰	段现银、张旭刚
测控技术与仪器系	王　涛	郭　媛	杨　丹、陶　波
国家机械实验教学示范中心	党　章	卢云丹	
国际交流与合作部	李梓响		郭宇飞

2023 年机械自动化学院内设学术机构“学术委员会”名单

职　务	人　员
主任委员	曾良才
副主任委员	汪朝晖
委员（按姓氏笔画排序）	王兴东、王志刚、王　涛、王　蕾、江志刚、李公法、陈新元、唐秋华、熊禾根
秘书	郭永兴

2023 年机械自动化学院内设学术机构“学位评定分委员会”名单

职　务	人　员
主席	曾良才
副主席	汪朝晖
委员（按姓氏笔画排序）	王兴东、但斌斌、李公法、肖　涵、陈新元、周　敏、夏绪辉、邹光明、傅连东、熊禾根、魏国前
秘书	朱文琼

（撰稿：朱文琼、邓小龙、郝志强、周　艳、喻育军　审稿：汪朝晖、余淑均、瞿孝平、向　峰、王兴东、王　蕾、蒋左兵）

理学院

【概况】学院现设有数学与统计系、应用物理系、工程力学系、系统科学部。有信息与计算科学、统计学、材料物理、工程力学4个本科专业，信息与计算科学、材料物理2个专业为国家一流本科专业；材料物理为湖北省战略性新兴（支柱）产业人才培养计划试点专业。

学院拥有数学、物理学、统计学、力学、系统科学5个一级学科硕士点，其中，数学为湖北省重点培育学科；拥有系统科学、爆炸动力学及其应用、磁性物理与材料3个博士点，其中，系统科学为一级学科博士点。设有系统科学博士后流动站。学院建有冶金工业过程系统科学湖北省重点实验室、湖北省智能爆破工程技术研究中心，建有物理、力学2个湖北省实验教学示范中心，与中铁广州局集团有限公司共建有爆破技术研究中心，与保利久联控股集团有限公司共建有研究生工作站。学院拥有楚天学者设岗学科4个，湖北省名师工作室1个，湖北省教学团队1个，省级精品课程3门，省级精品资源共享课2门，省级视频公开课1门。“线性代数”为湖北省首届精品在线开放课程，并入选全国地方性高校UOOC联盟首届“UOOC · Star”课程。“十三五”期间，出版专著与教材10余部，承担国家级、省级教学研究项目多项，获省级以上教学成果奖1项。

学院现有教职工151人，专任教师135人，其中教授24人，副教授71人，讲师42人，研究生导师56人，博士生导师17人，具有博士和硕士学位的教师达95%；拥有俄罗斯工程院外籍院士1人，国家级突出贡献专家1人，省部级突出贡献专家2人，享受国务院政府津贴2人，省政府津贴2人，宝钢教育基金优秀教师7人，湖北名师2人，省优秀教师4人，全国冶金系统教育年度杰出人物2人，省师德先进个人1人。在省级以上各类学会中任副理事长、常务理事等职务有10余人。

2023年，学院在读学生总数为1606人，其中本科生1269人，硕士研究生300人，博士研究生37人。

【党建与思想政治工作】2023年，在学校党委、行政的领导下，理学院党委领导班子认真落实全面从严治党主体责任，根据学校党政工作要点和党建工作责任清单，认真抓好学院有关工作落实。领导班子坚持民主集中制，严格执行学院党委会、党政联席会制度和“三重一大”决策制度，相关记录规范。

认真开展领导班子民主生活会、党支部组织生活会和民主评议党员、党组织书记抓党建述职评议考核等工作；党支部

“三会一课”“支部主题党日”开展规范。按时完成学校党委中心组规定的学习任务，学院理论学习中心组全年组织集体学习 11 次。

学院共举办主题教育专题读书班 8 次，党委书记讲专题党课 1 次。在专题民主生活会中对照实施方案明确的 6 个方面重点查摆内容，领导班子制订 4 项整改措施，班子成员形成 6 份整改清单。

学院领导班子高度重视统战工作，积极配合学校统战部开展活动，建立学院民主党派和无党派民主人士、群众等台账管理；在日常的生活、工作中，学院领导加强与党外人士的交流座谈，了解他们的思想动态；学院马奔、陈桂娟、王难烂老师是无党派人士。

党组织架构清晰、班子配备整齐；“双带头人”党支部书记比例达到 100%，全年发展党员 70 人，完成党员发展指标，发展程序规范、材料齐全。

学院党建各项基础工作规范，台账记载清晰。学院现共有党员 356 名，教工党员 109 名，学生党员 247 名，党员名册清晰、准确、完整；党员组织关系明晰，党员组织关系在线转接及时，改签率为 0；本年按时缴纳党费 53992. 4 元，并按要求合理使用党费，台账记载规范。

理学院分党校全年组织开展了入党积极分子、发展对象、预备党员共 6 期培训工作，累计培训 329 人，其中入党积极分子 175 人，发展对象 66 人，预备党员 88 人。分党校教师集体备课 2 次；实质性开展“一党校一品牌一特色”工作，积极开展书法展、红色文化展演等活动。

及时总结师德先进典型，在学校新闻网上刊发蒋君老师最美家庭、王玉华老师的师德师风事迹典型。在师生中开展民族团结教育，抵御渗透和防范校园传教。认真开展师生思想状况调查以及信教排查，全院师生中无信教情况。

积极组织开展了党风廉政建设宣传教育月系列活动，落实党纪法规学习每月一主题的要求，党委书记讲廉政党课 2 次。开展了违规吃喝问题专项整治活动，教育引导党员干部和教师职工切实增强纪法意识，坚决杜绝违规吃喝和其他违纪违法行为。

全年专题研究部署意识形态工作 2 次；坚持意识形态月度排查报告制度；认真执行报告会、研讨会、讲座论坛报备制度；规范师生网络言行，加强师生自媒体管理；明确专人管理学院网站，及时维护更新。认真开展政治生态分析研判，按时提交年度政治生态报告。认真落实全面从严治党主体责任和监督责任，本单位未出现党员、领导干部因作风问题、违纪违法行为受处理处分的情况。

在省级及以上媒体发稿 14 篇；在校园网主页发稿 28 篇；在新闻网发稿 193 篇。

学院党委获得“先进基层党组织”称号，数学与统计教工党支部通过校级样板党支部验收。辅导员杜海洋在第三届党校教师教学竞赛中荣获一等奖。

【教学工作】2023 年，学院学科竞赛创 4 项历史最好成绩：获全国大学生数学建模获国家一等奖 1 项，二等奖 5 项；获第十四届大学生数学竞赛全国决赛一等奖、二等奖、三等奖各 1 项；获全国大学生物理实验竞赛国家一等奖 2 项；全国研究生数学建模竞赛获国家二等奖5项，三等奖10项，获奖队伍创历史新高。新增“光电信息科学与工程”专业，招生40人；积极筹备向教育部申报设立中外合作办学（马德里康普顿斯大学项目）。获省级教学成果奖二等奖1项，校级教学成果奖1项。获批省部级教研项目1项，校级教研项目5项。新增2个本科生实践基地。学院获全国高等学校物理基础课程青年教师讲课比赛湖北省初赛二等奖1项；获武汉科技大学第三届教师教学创新大赛二等奖3项；获武汉科技大学首届板书设计作品竞赛一等奖3项，二等奖3项。获批国家级线下一流课程1门，省级一流课程3门，校级课程思政示范课1项，在国家平台新上线课程3项。教师发表教研论文10篇。出版教材2部，入选科学出版社规划教材2部。获批大学生创新创业训练项目国家级4项，省级5项，校级11项。高压科学与技术研究中心获湖北省物理学会年度优秀成果奖。

1月14日，学校以线上形式举办了第三届“课程思政”教学设计大赛，学院教师韩芳、邢远秀荣获本科组一等奖，侯廷平荣获研究生组一等奖。

2月16日，2023武汉几何论坛开幕式在青山校区碧园会堂召开，中国科学院院士田刚、张伟平等近20位国内几何领域的专家参加此次开幕式，研讨前沿问题，探索学科突破。开幕式由理学院院长丁义明主持。

3月15日，学院党委书记刘泽喜、院长丁义明一行8人访问了中国宝钢股份旗下宝信软件全资子公司武汉港迪电气有限公司，公司党支部书记、副总经理郑俊平，副总工程师庞珽，配电及工程事业部研发部经理朱晶等公司领导热情接待并全程陪同参观交流。

5月29日，为了庆祝“建校125周年”，展现教师教学风采，学院于学院6楼22614会议室举办了理学院第一届“板书设计大赛”。院长丁义明、院党委书记刘泽喜、副院长何理及各系主任出席本次大赛并担任评委，副院长何理主持本次板书设计大赛。

7月4日，学院党委书记刘泽喜、院长丁义明一行访问武汉常恒科技有限公司，与公司董事长曾凡龙等商讨共建研究院事宜。

7月12日，学院6位老师参加学校首届板书设计作品竞赛活动，学院教师在此次大赛中取得了优异成绩。李新、蒋君、谢凤繁获一等奖，刘春梅、丁咏梅、胡卫华获二等奖。

7月9日，第八届“飞梦达杯”湖北省大学生物理实验创新设计竞赛在武汉科技大学举办。本次竞赛由湖北省教育厅、湖北省高等学校实验物理教学研究会与湖北省高等学校物理实验教学示范中心联席会主办，武汉科技大学承办，理学院与创新创业学院协办。

11月28日，学院在11109举办第四届教师教学创新大赛暨第四届课程思政教学设计大赛选拔赛。学院领导班子成员、各系部主任及教师代表出席本次活动，湖北名师李德宜教授为本次大赛评委组组长，大赛由副院长张传洲主持。

12月14日，理学院工程力学系韩芳副教授的课程思政案例入选第三届“全国高等学校力学类专业优秀课程思政案例展示活动”优秀课程思政案例。

【科研工作】成功举办“中国数学年会几何分会”“第八届湖北省大学生物理实验竞赛”，协办“中国数学会2022年学术年会”。科研项目数和到账经费创历史新高。首次获批湖北省JD计划、湖北省科技人才服务企业项目、武汉东湖高新区“揭榜挂帅”项目。

科研论文质量大幅提升，2篇论文入选湖北省百篇优秀学术论文（全校共3篇），影响因子20以上的论文4篇（全校共7篇），一区论文突破15篇，2篇论文发表在*Science*和*Nature*子刊上，吴开明和叶红雨入围全球前2%顶尖科学家榜单。获中国爆破行业协会技术发明奖一等奖1项；中国爆破行业协会科技进步奖特等奖1项（参与）。李汉林团队加入STAR实验国际合作组。

11月29日，2023年第九届全国大学生物理实验（创新）竞赛评选结果揭晓，由学校物理实验中心指导的学生团队再创佳绩，荣获一等奖2项，三等奖2项，优秀组织奖。学校学子首次在该赛事中获得一等奖2项，物理实验中心连续3年获得优秀组织奖。

学校系统科学智能爆破系统集成与控制团队以武汉科技大学为第一完成单位、李琳娜教授为第一完成人荣获“技术发明奖一等奖”，钟东望教授带领的工程爆破团队作为参与单位荣获“科技进步奖特等奖”。

【学科专业建设】系统科学一级学科博士点与力学以及学科硕士点均全票通过学位点专项核验检查。获批研究生校级质量工程项目1项，核心课程1项，“矩阵分析”“数值分析”获评研究生精品示范课程。获第二十届全国研究生数学建模竞赛国家二等奖5项，三等奖10项，1人获评第二十届中国研究生数学建模竞赛“先进个人”荣誉称号。建立校企联合研究生实习实践基地3个。

数学、统计学、物理学和力学均完成编制《学位授权点基本状态信息表》、《学位带头人及骨干自查情况记录表》、《学位授权点对照基本条件自查情况记录表》、《学位授权点》年度总结报告、《“十四五”一级学科建设方案》。完成数学、统计学和物理学3个《学位点授权点》合格评估材料填报，信息与计算科学、物理学一流本科专业建设阶段性检查等工作。开展系统科学一级博士点，系统科学、数学、物理学、力学、统计学一级硕士学位点全日制（非全日制）学术学位研究生、硕博连读研究生、本硕连读研究生培养方案的制订及修订工作。完成申请系统科学博士学位学术成果基本要求备案表和申请系统科学、数学、物理学、统计学、力学硕士学位学术成果基本要求备案表，并就数学申请一级博士点进行调研和情况汇报。物理学申请一级学科博士点进行了材料整理和申报。组织申报校内外教改项目1项，教材建设立项1项，核心课程1项，申报武汉科技大学研究生课程思政示范课程1门。2023年4月，开展2021级硕士研究生、博士研究生开题；2023年5月，开展2021级博士研究生、硕士研究生中期考核；2023年5月，2020级硕士研究生毕业答辩。学生评教参与率大于98%，很好地做到了课程教学、督导评教及教学检查等工作。教学安排、教学效果、成绩管理、听课制度、教学大纲、日历检查情况、按规定开课、调停课等符合规范。各个专业均完成了教学大纲修订工作，将课程思政融入研究生课程教学。积极组织研究生参加数学建模（60 项）、统计建模、数据挖掘等科技竞赛，鼓励科技创新和国际学术交流，研究生获得湖北省工业与应用数学学会优秀论文奖二等奖、三等奖各 1 人次，其中，全国研究生数学建模竞赛成绩全院获国家二等奖 5 项，三等奖 10 项，参加国内外学术交流超过 38 人次。学位论文检测合格率 100%，优秀博士学位论文培育 1 项，优秀硕士学位论文培育 4 项。研究生招生宣传、自命题、复试、录取工作平稳有序，保证招生录取工作安全零事故，共完成硕士研究生 111 人，博士研究生 12 人，硕士留学生 6 人录取入校学习，研究生就业率达到 98. 7%，毕业研究生违约率为 0。

3 月 2 日，为响应武汉科技大学创建“双一流”目标对学科发展和人才培养的战略需要，学院于 22511 学术报告厅举行“理学院系统科学部”成立仪式。武汉大学教授王先甲、军需勤务和军队信息管理专家苏喜生、院领导班子以及系统科学部的全体老师出席仪式。

6 月 7—9 日，由武汉大学刘正猷教授和华中科技大学陆培祥教授组成的评估专家组对学院材料物理专业进行了专业评估（认证）。学院领导班子成员、应用物理系领导、老师配合各位专家，以严谨求实的工作态度接受专业评估现场考察。

6 月 14 日，物理学一级学科博士点申报专题报告会在学院 6 楼会议室召开。武汉大学刘正猷教授、华中科技大学陆培祥教授、理学院全体领导班子成员及应用物理系骨干教师代表参加了会议。

6 月 26 日，学院在学院 6 楼 22614 会议室成功召开 2023 年学科发展研讨会，学院领导班子、各系部负责人与部分教师代表参加此次研讨会。研讨会由副院长何理主持。

10 月 20 日，2023 年理学院学科发展战略研讨会顺利召开。武汉大学王先甲教授、空军预警学院肖兵教授和学校发展规划与学科建设处、校报编辑部、高性能钢铁材料及其应用省部共建协同创新中心等部门领导，以及学院领导班子成员、各系部支部书记、系主任和教师代表参加了此次研讨会。学院党委书记刘泽喜主持会议。

11 月 6 日，理学院力学学科建设、专项核验工作评估暨爆炸冲击动力学发展研讨会在学院 6 楼 22614 会议室顺利召开。武汉理工大学翟鹏程教授，华中科技大学王琳教授、刘大彪教授，武汉大学楚锡华教授、张作启教授，湖北工业大学周金枝教授，三峡大学叶永教授，部分学院领导和力学系教师代表参加了此次会议。学院副院长何理主持会议。

【人才工作】全年共引进教师 6 人，高层次人才 2 人。聘请特聘教授 1 人。吴开明获得湖北省教育工作先进个人，余先育获批湖北省产业教授。1 人签约湖北省楚天学子项目，另有 1 人已公示推荐上报湖北省。1 人获批国家留学基金委项目。

获批3个副教授、1个讲师、1个实验师。

【实验室建设】 学院实验室制度健全，成立实验室安全工作领导小组，统一领导学院实验室安全管理工作，各系、实验室、办公室确认安全责任人，明确职责，责任制层层落实。学院每次党政联席会都有安全工作议题，学院班子成员重要节点带队检查各系实验室、办公室；建章立制，出台了《理学院实验室安全领导责任制》《实验室安全管理制度》《实验室应急预案》《研究生工作室管理办法》《拟进实验室教职人员及外来学习人员管理办法》，制作实验室紧急情况应急手册，对设备仪器进行操作规程的上墙、实验内容简介上墙、实验室工作人员基本行为规范上墙、实验室安全应急预案上墙、实验室安全制度上墙、实验室铭牌上墙等规范管理工作。

严格管理大型仪器设备、钢气瓶、危险化学品，定期清理、检查，发现问题及时整改；给安全隐患大的实验室配备灭火器，给所有实验室配备灭火毯，给有危险化学品的实验室配备气体探测器、危险品试剂存放柜、试剂柜监控器等，物防设备到位。做好实验室队伍培训工作，要求各实验室加强日常检查、巡查，把隐患消除在萌芽状态。

【学生工作】 2023年，学院继续狠抓学风，深化落实《理学院优良学风建设年》执行办法，学风优良，预警率为0，预警转化率为100%，优良学风班为12个，优良学风班比例达46.15%，2023届毕业生考研录取率达34.05%，就业率为95.22%。

将“六个服务”作为抓手稳步推进学团各项工作的落实，开展考研经验介绍会、就业一对一帮扶、优良学风建设活动、宿舍温暖工程、科创咖啡活动、社会实践等一系列活动，提升学生创新创造能力和学院整体文化氛围。

学院依托各系、知行学研会积极组织学生参加各类课外学术科技类的学科竞赛，积极为学生科研创造条件，设立科学技术协会理学院分会，2023年武汉科技大学大学生科技创新基金结题项目6项，获全国大学生数学建模竞赛二等奖2项；美国大学生数学建模竞赛奖项M奖1项，H奖2项，S奖4项；全国大学生物理实验竞赛国赛二等奖1项，省赛一等奖1项，二等奖1项，三等奖7项；全国周培源大学生力学竞赛国赛三等奖1项，优秀奖1项，省赛一等奖1项，三等奖1项；积极参加“互联网+”等赛事，在“互联网+”大学生创新创业大赛中获国家级铜奖1项。

为了培养具有综合能力的高素质人才，学院积极组织学生参与学校多项文体、社科类比赛，屡获佳绩：获武汉科技大学第五十九届运动会个人第一名1项，个人及团体前八名共16项；1人获武汉科技大学第十五届“博学杯”百科知识大赛一等奖；学院参与“三下乡”社会实践人数926人，达到学生总数的80%，集中组队3支，线上与线下一并开展为期56天的支教与红色传承社会实践活动。“鲤跃潜江”团队获得省级优秀实践团队称号；学院重视学生干部培养工作，理学院研究生会获2022—2023年度优秀研究生会，理学院团学青科传获特色学生会组织。

学院设立了二级心理工作站，累计接待学生200余人，全年无重大危机事件发生。协办校心理委员技能大赛活动，邀请校内外专家作科普讲座，组织举办户外联谊活动5场；开展男女生心理健康专题课各1次；组织学生参加第二十届心理情景剧大赛。

学院设立了职业生涯规划咨询室工作站，累计接待学生300余人次，通过线上、线下解决学生职业规划问题100余件。

学院重视一站式社区建设及劳动教育工作，在北苑一站式社区设置了“理院师说”党员教师服务站，聘请了9位“学业导师”为学生开展公益讲座；学院劳动教育品牌抖音话题曝光突破10万人次，学院获武汉科技大学2023年“劳动教育先进学院。”

关爱“学困生”，建立了学籍异动、心理危机、经济困难学生一生一档卡，对异动学生情况及时密切掌握，学习上有监督，生活上有关心，成绩上有起色；为突发疾病、临时困难学生提供补贴，为患肌无力疾病学生提供生活物资及专人陪护；为考研学生提供考研文具用品；全院领导、老师访企拓岗，为毕业生拓宽就业渠道。

附录

2023年理学院内设教学机构负责人名单

机构名称	主　任	支部书记	副主任
数学与统计系	刘云冰	蒋　君	张　青、何晓霞
应用物理系	李　钰	李汉林	王登京、成　林
工程力学系	蔡路军	陈　浩	曾国伟、陈桂娟
系统科学部	涂俐兰	徐树立	李琳娜、王文波

2023年理学院内设学术机构负责人名单

机构名称	主　任	委　员
学术委员会	丁义明	王玉华、张传洲、蔡路军、刘云冰、涂俐兰、李　钰、吴开明、钟冬望、段卫东、邹　都
学位委员会	丁义明	何　理、李宇奇、王玉华、蔡路军、刘云冰、李　钰、涂俐兰
教学指导委员会	丁义明	刘泽喜、李宇奇、张传洲、涂俐兰、蔡路军、刘云冰、李　钰、陈桂娟
职称评审小组	丁义明	刘泽喜、宋华丽、蔡路军、涂俐兰、李　钰、刘云冰、吴开明、钟冬望、段卫东

2023 年冶金工业过程系统科学湖北省重点实验室名单

职　务	人　员
主　任	丁义明
副主任	侯廷平、崔鸿飞

（撰稿：李宇奇、宋华丽、何　理、王玉华、张传洲、杨德明、朱　镇　审稿：刘泽喜、丁义明）

马克思主义学院

【概况】2023 年，马克思主义学院坚持以习近平新时代中国特色社会主义思想为指导，继续深入学习贯彻落实党的二十大精神，坚持全面从严治党，强化思想政治引领，深化基层治理体系和治理能力建设，以扎实有效的党建工作引领推动马克思主义学院事业高质量发展。对标新时代马克思主义学院建设标准、高校思想政治理论课建设标准和学校“双一流”建设新要求，努力建设全校引领性学院和全省示范性马院。

学院现有教职工 69 人，其中专任教师 64 人，包括教授 14 人、副教授 24 人、讲师 26 人，承担全校本科生、硕士研究生、博士研究生约 1/10 教学工作量。拥有马克思主义理论本科专业，马克思主义理论（马克思主义基本原理、马克思主义中国化研究、思想政治教育、中国近现代史基本问题研究、党的建设 5 个二级学科招生）、哲学（马克思主义哲学、科学技术哲学、伦理学、中国哲学等二级学科招生）两个一级学科硕士点，拥有马克思主义基本原理、马克思主义中国化研究、马克思主义发展史、思想政治教育、中国近现代史基本问题、党的建设、马克思主义哲学、科学技术哲学、伦理学、中国哲学等二级学科硕士点和 MPA（公共管理硕士）专业学位点，共建公共安全工程与管理二级学科博士点、马克思主义法学等二级学科硕士点。

学院狠抓教学夯实发展基础，狠抓科研增强发展实力，狠抓人才增强发展后劲，狠抓服务提升发展空间。年度教学秩序稳定，教学质量提升；科研工作取得新突破，到账经费创新高；教师培训全覆盖，人才培养显成效；理论宣讲点多面广，社会影响力进一步提升。

湖北意识形态建设研究院成为省级社科领域意识形态联席会议单位和舆情研究基地，继续在全省乃至全国意识形态安全工作中发挥重要作用，以院长唐忠义领衔的研究团队大力开展专题研究和咨政服务，获得省部级以上采纳成果39项，智库作用更加突出。省级重点马克思主义学院、省级智库受到同行瞩目和社会的重视，学院影响力、美誉度进一步提升。

【党建与思想政治工作】深入贯彻落实全国、全省组织工作会议精神，落实学院决策制度安排，全年召开党委委员会12次，党政联席会28次，确保了重要事项决策的科学化、民主化和规范化；学院党委高度重视党支部书记选配工作，教工“双带头人”党支部书记比例达到100%，常态化开展支部书记例会、支部主题党日活动；不断加强样板支部培育力度，马克思主义理论系教工党支部成功获批省级“双带头人”教工党支部书记工作室，成功获批省级党建工作样板支部。

以学习贯彻党的二十大精神为主线，扎实推进学习贯彻习近平新时代中国特色社会主义思想主题教育工作，及时跟进学习党的最新政治理论成果，坚持落实“六学”制度，即党委会“第一议题”学习、党委理论学习中心组学习、领导干部带头学习、读书班学习、百马宣讲队专题学习、基层党支部“三会一课”学习；全年共开展党委理论学习中心组学习10次，主题教育读书班期间组织集中学习7次、分散学习8次、专题研学交流4次；2023年湖北省“学习强国”推广工作成绩突出，学院被评为湖北省“学习强国”推广运用先进单位，中国近现代史系教师王美君被评为湖北省“学习强国”学习达人；学院党委书记讲授专题党课3次，其他班子成员到所在支部讲授专题党课6次，支部书记讲授专题党课14次；开展调查研究项目7项，积极推动理论学习和调查研究向基层延伸，将理论学习和调查研究成果转化为建好建强新时代马克思主义学院的强大动力。

坚持用新时代党的创新理论铸魂育人，与仙桃市龙华山街道共建的湖北省理论热点面对面实践基地、与蔡甸区奓山街道共建的武汉市理论热点面对面实践基地建设工作取得显著成效，获得湖北省委讲师团和武汉市委讲师团的高度评价，在“学习强国”湖北学习平台发表了《从“新”出发，让党的理论宣讲“活起来”》一文；精心组织“行走的思政课”“场馆里的思政课”“沁湖思政说”“薇薇说法”网络思政课等系列专题活动。

宣传思想和意识形态工作成绩突出。学院网站、公众号、视频号等平台由专人负责运营，运营效果好，公众号“武科大马院”运营进步明显，每月排名稳居全省高校马院前5名，视频号专栏“沁湖思政说”“薇薇说法”共发布原创视频15期，点击量过10万人次；向学校微信、抖音、央视频、B站等新媒体投稿采用21篇，在省级及以上主流媒体发稿32篇，全年在学校新闻网等栏目发稿142篇；严格落实意识形态工作责任制，加强院内课堂教学、报告会、研讨会、讲座、论坛、网络及涉外意识形态等管理工作，严格执行报备审批制度，及时开展意识形态风险研判。

严格落实党风廉政建设主体责任，建设清廉马院，打造“清科廉马 四风同育”品牌，大力加强“塑造清明党风、打造清廉政风、培育清正教风、浸润清廉文化”四大建设；坚持党纪法规学习每月一主题，强化“党史、纪律与廉政知识”学习，全年组织开展主题学习10次；在全校“形势与政策”课中设计“廉政教育专题”，扩大廉洁警示教育覆盖面；积极推进“三全育人”和“ 五个思政”工作。

【教学工作】全面推进“大思政课”建设，坚持以习近平新时代中国特色社会主义思想为指导，聚焦立德树人根本任务，推动用党的创新理论铸魂育人，充分发挥思想政治理论课的主阵地作用，抓住教师队伍“主力军”、课程建设“主战场”、课堂教学“主渠道”，建设学生真爱、受益、难忘的思想政治理论课，不断增强针对性，提高有效性，实现入脑入心。

多措并举提升教师的业务能力和教学水平。学院以讲课比赛为抓手，常态化集体备课为依托，积极组织教师开展教学交流与研讨活动。深入学习宣传研究阐释习近平新时代中国特色社会主义思想，持续开展学习贯彻习近平新时代中国特色社会主义思想研修轮训。依托“全国高校思政课教师网络集体备课平台”和全国高校思政课教师“周末理论大讲堂”，重点开展马克思主义经典著作导读、习近平新时代中国特色社会主义思想的研学。

持续推进“一流”思政课程建设。申报2门国家级一流课程（思想道德与法治、舞蹈与健康），新增2门省级一流本科课程（舞蹈与健康、伦理与礼仪）。省级按期结题项目3项，傅江浩课题“具有冶金特色地方高校课程思政全方位生态构建研究”，郑琼梅课题“新时代党史教育深度融入高校‘概论’课教学研究”，李敏课题“思政‘概论’课问题式教学法的研究与实践”。校级教学成果奖一等奖1项（地方高校“大思政课”协同育人体系构建与实践）、三等奖1项（高校“概论”课“一体两翼三协同”立体教学模式探索）。

积极开展教学研究，新增教育部产学研合作协同育人项目立项4项（新工科背景下基于大工程观的大学生安全文化素养培育模式构建、“婚姻家庭法”在线课程建设、增强思政课混合式教学实效性师资培训、习近平总书记系列重要讲话精神进思想政治理论课有效机制研究）。获批校级教学改革课题4项。举办湖北省大中小学思政课一体化共同体建设研讨会，来自武汉、仙桃等10家单位的思政教育工作领域专家、教育研究者和一线教师代表，共同谋划大中小学思政课一体化共同体建设工作，共同探索和建立大中小学思政课共享体制，深化思政课教学改革。中国教育电视台、武汉教育电视台、人民网、长江网等进行了相关报道：2023年5月袁芳老师参加第五届全国高校混合式教学设计创新大赛并获得全国一等奖；2023年3月第三届湖北省高校教师教学创新大赛中，袁芳老师、王玉婷老师获得省级二等奖；2023年6月孙蕊芳老师参加学校首届板书设计作品竞赛活动并获得三等奖。

【科研工作】科学研究取得新的突破。2023年，管开明老师获批国家社科基金一般项目“江汉平原农业生物技术生态风险的衍生机理与防控机制研究”1项。同时，学院老师获批省部级和教育厅课题35项，创历史新高。管开明老师、陈喜林老师入选湖北省高等学校马克思主义中青年理论家培育计划（第九批）。科研项目经费取得较大突破，2023年学院到账经费达359万元，其中纵向项目经费179.1万元。科研服务成效显著。2023年，学院加强对湖北省意识形态研究院（省级）、马克思主义研究中心和党建工程研究院等7个校级科研平台的考核，强化科研平台产出。党建工程研究院马平均教授主持完成大型项目“‘复兴之路’学研基地策划、设计、研究、建设”（经费500万元）的主体工程。学院贯彻落实《马克思主义学院高水平科研项目和成果培育计划》《马克思主义学院研究生毕业标准》等制度，鼓励支持学院教师和研究生积极开展科学研究，加强科研人才队伍建设，夯实学科基础，提高科研水平和创新能力。

【学科建设】学科评估工作进展顺利。哲学一级学科硕士学位授权点顺利通过核验评估，且以专家组16成员全票通过。积极筹备2025年马克思主义理论一级学科硕士学位授权点的合格评估工作。积极开展学术交流。学院成功举办第五届全国“人民英雄研究论坛”暨“人民英雄与中国式现代化”学术研讨会、“创新实践与科技现代化”学术论坛、第二届“高质量党建工程研讨会”暨“首届高校马克思主义学院书记论坛”、第八届“君子文化论坛”等学术研讨会。全国几十所高校、研究机构专家学者到会研讨。连续五届“人民英雄研究论坛”的成功举办，逐渐形成了学院在人民英雄研究方面的品牌效应。唐忠义、刘文波、孙君恒、刘勇、张荆红、张勇等在全国各大学术会议上作专题报告。研究生积极参加各种学术会议和交流。

【研究生教育】研究生培养质量大幅提升。2023年学院录取78位研究生，100%为第一志愿报考、第一志愿录取。2024年学院马克思主义理论、哲学、MPA专业招生共有600余人报考。学院提高了全日制研究生第一志愿考录比，提升了优质生源比例，高质量完成招生计划。学院进一步加强研究生培养全过程的监控，精心组织研究生开题、中期考核、预答辩、答辩等工作，2023年6月研究生学位论文盲审合格率达到97%。积极培育优秀学位论文，严格按照学校条件推荐优秀硕士论文。研究生奖助学金评选公开透明，学生对评奖办法、过程和结果满意。

【学团工作】研究生培养教育管理模块化，确定导师责任制，形成学院—导师—辅导员一体化管理网络；掌握研究生助管、助教等岗位的需求状况和岗位要求，及时发布信息并组织动员研究生参与实践锻炼；积极开展就业指导，引导、帮助学生就业，学院2023届毕业生就业率98.53%。学院团委扎实开展青年大学习，全年平均参学率达到100%；智慧团建系统学社衔接、升学衔接、主题教育、对标定级、团支部专题组织生活会等完成率均达到100%；学院暑期社会实践团队赴武科大—仙桃市“理论热点面对面实践基地”龙华山街道开展了为期一周、主题为“以‘共同缔造’激活乡村振兴内生动力”的社会实践和调研活动，赴武科大—蔡甸区“理论热点面对面实践基地”奓山街道开展了为期一个月、主题为“‘七彩假期’公益课堂”的志愿服务活动，获优秀论文1篇，先进工作者1人，先进团队1个；研究生会工作多人获校级表彰；本年度大学生创新创业训练计划立项3项，上一年度项目结业率100%。

【队伍建设】做好学院师资队伍建设，注重对年轻教师的传帮带。2023年学院引进人才4人（谭荧、张亚伟、李文晶、田舒柳），学院积极推进团队建设，发挥教学团队功能，改革排课制度，激励教师多上课、上好课。学院以职称评聘促人才培养，全年新晋教授1人（张齐武），副教授3人（焦敏、袁芳、康丹）。学院积极鼓励教师进修学习，2023年张荆红老师、张晶老师出国学习交流。

学院注重多渠道强化教师培训，提升水平能力。举办思政课教师教学能力提升专题培训，推荐8位老师参加省教育厅主办的习近平新时代中国特色社会主义思想专题培训，推荐10名教师参加省委党校举办的形势与政策课程集体备课。邀请湖北省人大教科文卫委员会副主任喻立平、上合（上海）经济发展集团战略企划部主任孔小龙、湖北省社会科学院副院长邓为、中南财经政法大学哲学院院长王雨辰、中共天津市委党校副教授陈文杰、安徽省社科院文学研究所原所长钱念孙、武汉大学人文社会科学资深教授汪信砚等专家学者作专题讲座或学术报告。

【社会服务】社会服务参与度高。2023年学院决策咨询报告43篇，其中湖北意识形态建设研究院（省级智库）提交决策咨询报告39篇（中宣部2篇，省委宣传部28篇，省社科联9篇），参与省社科意识形态联席会议机制工作，报送意识形态安全信息；积极开展校友联络、服务工作，获社会捐赠50万元；“百马”宣讲团影响力不断扩大，组建“学习贯彻习近平新时代中国特色社会主义思想主题教育”宣讲团、“流域综合治理和共同缔造”宣讲团以及“习近平文化思想”宣讲团，面向湖北省、武汉市、仙桃市各机关单位、企业、社区、乡镇以及学校各二级党组织开展各类宣讲、调研和志愿服务活动，全年开展各类宣讲活动100余场，覆盖群体30000人次。

【工会工作】积极选树三八红旗手标兵（马克思主义理论系郑琼梅老师）；积极组织和动员教职工参加学校田径运动会、羽毛球赛，迎新年环湖健康行活动，羽毛球赛取得第三名的历史最好成绩；积极动员组织教职工参加寻找“最美家庭”活动，开展清廉文化活动以及读书征文活动，王玉婷老师家庭获“孝老爱亲、教子有方”最美家庭；在“树清廉家风、创清廉家庭”文章、摄影作品、视频征集活动中优秀集体二等奖，郑琼梅、孙蕊芳、王常文、王晓曦老师获评优秀个人；学院工会常年开展舞蹈和唱歌活动，编排舞蹈《灯火里的中国》参加学校举办的“庆校庆、迎新生”文艺晚会。

附录

2023 年马克思主义学院内设教学机构负责人名单

系部设置	哲学系	主任：管开明　副主任：刘　琪
	马克思主义理论系	主任：李　琨 副主任：王晓曦（兼）、张齐武（兼）
	思想政治教育系	主任：陈　君
	中国近现代史系	主任：李　曼
	习近平新时代中国特色社会主义思想系	主任：李　琨　副主任：黄　兰
	MPA 教研部	主任：张齐武
	形势与政策教研部	主任：王玉婷
	研究生思政教研部	主任：王晓曦　副主任：管开明
党支部	哲学党支部	书记：严　炜
	马克思主义理论党支部	书记：郑琼梅
	中国近现代史党支部	书记：王常文
	思政政治教育党支部	书记：陈喜林
	学生党支部（团委）	书记：郭海沙（兼）

2023 年马克思主义学院内设学术机构负责人名单

机构名称	主　任	委　员
学术/学位委员会	刘文波	唐忠义、刘　勇、张荆红、罗天强、张　英、严　炜、王晓曦、张　勇、王玉婷、张　晶
教学指导委员会	主　任：刘文波 副主任：刘　勇	管开明、李　琨、陈　君、李　曼、王玉婷、王晓曦、张齐武、黄　兰、刘　琪

（撰稿：郭海沙、刘　勇、张荆红、刘凯开　审稿：唐忠义、刘文波）

汽车与交通工程学院

【学院概况】 汽车与交通工程学院拥有车辆工程二级学科博士学位授权点；交通运输工程一级学科、车辆工程二级学科硕士学位授权点，其中车辆工程学科为湖北省重点学科；机械（车辆工程）、交通运输2个专业硕士学位类别。现有车辆工程、交通工程、物流工程3个本科专业。车辆工程专业入选首批湖北省战略性新兴（支柱）产业人才培养计划；车辆工程、物流工程专业获批国家级一流本科专业建设点；车辆工程、交通工程专业通过国家工程教育认证。学院建有1个实体创新基地、2个省级科研平台（新能源汽车先进底盘技术湖北省工程研究中心、机械传动与制造工程湖北省重点实验室），建有2个市级科研平台（汽车转向系统及智能化武汉市校企联合创新中心、汽车智能传感器中试平台）、2个校级科研平台（智能汽车工程研究院、动力装置技术研究中心）、7个大学生创新工作室。

2023年，学院有教工72人，学院有在校本科生1330人，博士研究生、硕士研究生403人，下设3个系，即汽车工程系、交通工程系、运输与物流工程系；3个实验中心，即汽车工程实验中心、交通工程实验中心、运输与物流工程实验中心。拥有总价值2708余万元的教学科研实验设备和总面积达4931平方米的各类研究实验室。

【党建与思想政治工作】 学院党委坚持以习近平新时代中国特色社会主义思想为指导，以政治建设为统领，以提升基层组织力为核心，大力加强党建和思想政治工作，努力构建大党建工作格局。2023年，聚焦主题教育，积极践行“党建+”融合发展，构建党建与学院事业发展深度融合的工作机制，着力推进学院高质量发展。

聚焦主责主业，落实党委主体责任。坚持全面从严治党，营造良好教书育人环境；强化班子建设，提高履职能力水平；充分运用第一种形态，加强和推进党风廉政建设；实行意识形态工作报告责任制，支部书记为第一责任人，实行按支部月报制。持续开展“E路廉行”清廉建设特色品牌，扎实推进清廉学院建设。组织参加“树清廉家风、创清廉家庭”征文、摄影作品、短视频活动，学院党委荣获优秀集体一等奖。

理论学习常态化、制度化。以中心组学习为先导，抓好示范引领，辐射系部。采用自学加研讨、制作PPT、理论研讨、现场参观等方式，开展二级中心组理论学习，努力让理论学习入脑、入心。定期开展党委书记讲党课、警示教育、主题教育等集中教育活动，统一思想，提高认识，提升教师思想觉悟。

深入开展学习贯彻习近平新时代中国特色社会主义思想主题教育，全面把握主题教育总体要求，突出组织领导，精准目标任务，强化过程推进，落实难题破解；依托主题教育读书班、专题报告会等，扎实推进理论学习入脑、入心；深入开展调查研究，推进转化运用和督查回访，领导班子及其成员积极回应改革发展稳定存在的深层次问题；党委推动高质量发展问题清单2项，列出调查研究清单6项并形成调研报告6篇，领办完成民生问题10件。申报获批省级科研平台，破解困扰学院发展多年的难题。

基层党建扎实推进。严格落实“三会一课”制度，每月主题党日开展时间明确化、固定化。定期召开支部书记例会，强化支部书记的培训，提升支部书记的工作水平，强化将党建工作融入学院事业发展的意识。交通工程系党支部、研究生第二党支部荣获校级“先进基层党组织”称号，汽车工程系党支部作为学校第二批样板党支部培育单位通过验收。2022级研究生党员郭锐琦同学入选全省高校“研究生标兵”创建名单，学院党委成为第三批校级党建工作标杆院系培育创建单位。

扎实做好党员发展工作，做好入党积极分子、发展对象、预备党员、党员的培训，重视在高知群体和青年教师中发展党员，提升党员发展质量。全年发展学生党员95名。

【队伍建设】学院现有专任教师53名，其中博士生导师5人，教授8人，副教授29人，高级职称教师比例达到69.81%，44人拥有博士学位，具有博士研究生学位的比例达到83.02%。2023年，学院晋升正高级实验师1人，副教授4人，引进博士1人，柔性引进高层次人才（外籍）2人。学院根据学科专业定位规划，加强对35岁以下青年教师的引进和培养，积极构筑学历、年龄、职称、科研方向等结构合理的科研团队，加强人才的培养建设。积极组织教师参加国内外访学与学位提升，2023年，学院有2位老师拿到国家基金委公派出国留学资格，“院士专家企业行”活动学院派3位专家服务企业。

【教学工作】2023年，完成2023级车辆工程（战略性新兴产业计划）、车辆工程、交通工程、物流工程4个本科专业学分制培养方案的修订工作；完成车辆工程、交通工程2个专业的工程教育认证年度报备材料提交；完成车辆工程国家一流专业建设、物流工程省级一流专业建设点阶段性检查；完成智能车辆工程新专业申报；完成2023年度教学研究项目申报，获批校级重点教研项目1项，校级一般教研项目2项，创新人才培养专项1项；物流工程教研组获批省级教学基层组织，平台上线课程1门，公开发表教研论文15篇，申请获得教育部产学合作协同育人项目6项；通过在线课程（SPOC）立项1门，新增新形态教材立项建设2部，课程思政示范课程1门，线下一流本科课程认定1门；获学校第四届教师教学创新大赛暨第四届课程思政教学设计大赛比赛三等奖1项；完成2023级车辆工程本科产业班人才选拔、2022级机械类（汽车）专业分流、2021级拔尖人才选拔、2020级拔尖人才中期考核、2020级研究生推免等工作。2023年招收硕士研究生148人，学院审议通过学术型硕士研究生导师34人，专业型硕士研究生导师47人。增补2024年博士研究生导师2人，学术型硕士研究生导师6人，专业型硕士研究生导师5人，专业型硕士研究生校外实践率达到100%，全面强化专业型硕士研究生实践教学环节。交通运输工程一级学科学位点及交通运输专业学位点经过3年的建设，取得初步成效，首次通过教育部学位点核验。

【科研工作】2023年度，年度获批各类纵向项目15项，其中国家级项目4项，获批面上项目和青年项目各1项，海洋防务技术创新基金项目2项，湖北省自然科学基金2项；签订校企合作项目32项，军民融合项目22项，重大横向项目（超过200万元）立项2个；专利许可/转让数量8项，合同金额436万元；本年度到账经费3148万元；与东风悦享科技有限公司联合申报并获批新能源汽车底盘先进技术湖北省工程研究中心；获批汽车智能传感器武汉市中试平台，申报JC动力装置减振降噪与智能测控技术研发湖北省国防科技（军民融合）创新团队；作为牵头单位获湖北省科技进步奖三等奖1项，中国发明协会发明创业奖创新奖二等奖1项；与随州多家专用汽车企业合作，加入了随州专用汽车创新联盟；发表科研论文85篇，其中SCI收录论文22篇；举办2023智能交通与智慧物流国际论坛，参会人数50多人；举办学术讲座12次，形成了良好的学术氛围；外派胡溧、高恺、许小伟、钱枫4名老师担任科技副总，为地方企业和经济发展做出积极贡献。

【学科专业建设】2023年，重点建设车辆工程博士点及交通运输工程一级学科，交通运输学科入围学校湖北省卓越工程师培养计划序列；打造汽车底盘结构与轻量化、智能底盘设计与动力学控制、汽车智能传感器设计与应用、载运工具智能化与车路云协同、智能网联交通系统与控制等学术方向及团队；学院首次主办2023智能交通与智慧物流国际论坛，协办车辆工程学科委员会2023年年会，提升了学院及专业的影响力；参与学校“材料科学与工程”一流学科建设，获批揭榜挂帅项目2项。

【学生工作】坚持思想引领，着力提升新时代大学生综合竞争力。依托主题教育、一站式学生社区，通过“强国菁英工程”“青培计划训练营”“入党前答辩制度”“党员发展质量提升工程”等学院思政教育特色工作，激励学生争做新时代好青年。大力推进学风建设，优良学风班数量较上一年度增长10%；扎实落实劳动教育，荣获校级“劳动教育先进学院”；强化就业指导，筹建二级学院职业生涯咨询工作室并通过“达标工作站”验收，本科生就业率达到97.59%，研究生就业率达到98.09%；探索创业发展，学院本科生蔡庚鑫注册武科智航科技（武汉）有限公司，注册资本达600万元；本科生胡天鑫荣获2023年武汉科技大学“沁湖创客”大学生创新创业典型。

以重大赛事为依托，强化赛事组织力，着力提升大学生创新意识和创新能力。全年共获得省级及以上学科和科技竞赛奖励90余项。A1类赛事取得突破，第十八届“挑战杯”中国大学生课外学术科技作品竞赛获得国家一等奖；第九届中国国际“互联网+”大学生创新创业大赛获得国家铜奖。赤骥车队首次在全国巴哈大赛中荣获一等奖和最佳团队年度宣传单项奖，并在全国电动方程式和无人方程式大赛中，分别获得二等奖和三等奖的优异成绩。

学团特色活动蓬勃开展，基层组织活力增强。学院学生会获得校级特色学院学生会称号；学院青年志愿者服务队获得校级特色青年志愿服务组织的称号；心理情景剧大赛获校级一等奖；“五月的花海”合唱比赛获校级优秀奖；在学校第六十届运动会中获得学生男子团体第6名。

【工会与教代会工作】学院分工会教代会积极参与学院各项重大事宜，广泛收集教职工的意见和建议，为学院和学校建设、发展建言献策。学院分工会加强与上级部门的沟通，协调解决涉及教职工切身利益的问题，帮助教师解决工作和生活中的难题，2023年慰问教职工10余人次，为困难职工申报补助3人次。学院开展运动会选拔训练、篮球、乒乓球、羽毛球、环湖徒步、健身、毽球等形式多样的文体活动，丰富教职工的课余生活。学院教工团结协作、勇于拼搏，获得2023年校运动会教工男女团体总分全校第4名，教工女子团体总分全校第3名。2023年年底，学院召开第三届教职工暨工会会员代表大会第一次会议。

【实验室建设】2023年，学院共投入429万元进行实验室建设。学院高度重视实验室建设，成立了实验室安全工作领导小组，院党委书记、院长担任组长，分管安全工作的副院长为副组长，各实验室为组员，明确各种安全责任，构建完整的实验室安全责任体系；各实验室按照上级文件精神，制定本单位实验室安全制度，全面排查实验室安全隐患，开展实验室安全知识培训，加强实验室安全硬件防护设施建设，确保实验室安全。

附录

汽车与交通工程学院内设教学机构负责人名单

机构名称	主　任	支部书记	副主任
汽车工程系	龚京风	王　峰	王　超、刘华明、王　博
运输与物流工程系	梁晓磊	孟　芳	李　俊、邓　超
交通工程系	柳祖鹏	何雅琴	邓小康、吕悦晶
汽车与交通工程实验实训中心	游向荣	支部建在各系	孙太龙

汽车与交通工程学院内设学术机构负责人名单

机构名称	主　任	副主任、委员及秘书
学术委员会（9人）	严运兵	副主任：许小伟 委　员：胡　溧、应保胜、吕悦晶、陈玲娟、柳祖鹏、张绪美、游向荣 秘　书：曾璟飞

续表

机构名称	主　任	副主任、委员及秘书
学位评定分委员会（9人）	严运兵	副主任：胡　溧 委　员：李建军、许小伟、张绪美、柳祖鹏、梁晓磊、龚京风、邓小康 秘　书：蒋开胜
教学指导委员会（9人）	严运兵	副主任：张绪美 委　员：胡　溧、李　俊、何雅琴、吕悦晶、王　超、刘华明、游向荣 秘　书：邵冬明

（撰稿：邹刚强、熊田田、胡　溧、许小伟、张绪美、曾璟飞　审稿：李建军、严运兵）

生命科学与健康学院

【概况】生命科学与健康学院现设有生物学系和生物医学工程系，省级双创示范基地生物医药创新平台、校级科研基地生物医学研究院和视神经科学与干细胞工程研究院，科研平台干细胞研究中心、肿瘤细胞治疗研究中心、省级生物医药创新创业平台，拥有总价值达3500余万元的科研、教学实验仪器、设备和总面积达6000余平方米的研究实验基地，主要从事基因转录与调控、肿瘤发病机制和靶向治疗、干细胞和再生医学、重大疾病基因分子诊断、生物制药与临床药效、生物材料与组织工程、药物成瘾等领域的研究工作，其中血液肿瘤靶向治疗的研究处于国内领先水平。学院共有教职工47人，其中博士生导师7人，教授7人，副教授12人。

学院设有生物技术本科专业，拥有生物学一级学科硕士学位授权点、生物与医药工程领域专业硕士学位授权点、生物医药工程二级博士学位授权点（自主设置）。现有在校全日制博士研究生32名，硕士研究生163名，本科生195名。

【党建与思想政治工作】学院现有教工党支部1个，学生党支部2个，党员108人，预备党员24人，发展党员18人。教工党支部获校级先进基层党组织荣誉称号，2人获校级优秀党务工作者、优秀共产党员荣誉，并获批校级“双带头人”书记工作室培育创建。

学院党委始终坚持党的全面领导，扎实推进领导班子建设，持续开展政治建设，贯彻民主集中制，严格执行“三重一大”事项集体决策，严格执行学院党委会、党政联席会议议事规则。全面开展学习贯彻习近平新时代中国特色社会主义思想主题教育，全年中心组集体学习20次，组织全体教职工理论学习2次，处级领导干部讲党课共11次，完成了5份调研报告；开展“中华民族一家亲，同心共筑中国梦”主题教育实践活动，向学校推荐无党派人士5人，推荐湖北欧美同学会（湖北留学人员联合会）理事2人。学院组织全体党员赴武昌农民运动讲习所、毛主席故居和武汉天子山爱国主义教育基地等红色基地进行主题学习，在学校党建工作公众号推送典型经验2篇。

加强党风廉政建设，落实全面从严治党主体责任，制定责任清单，强化“四责协同”，开展廉政风险点排查，按时进行政治生态分析研判，用足用好“第一种形态”。重点推进“生清廉行 科育英才”清廉学院建设，党委书记讲廉政党课3次，约谈其他班子成员10余人次。纪委书记开展谈心谈话25人次。

注重宣传与思想建设，执行报告会、研讨会、讲座论坛报备制度，每月进行意识形态风险排查工作。年内在省级及以上重要媒体发稿12篇，校园网主页和新闻网要闻发稿18篇，新闻网发稿共85篇，先锋在线发稿共57篇，微信公众号发推文113篇。进一步凝练学院办院理念、办学特色，创建院徽等文化元素。

【教学工作】2023年，学院圆满地完成了学校下达的所有教学任务，整体教学工作运转正常，未出现教学事故。全年完成工作量讲课学时1419学时、实验1294学时、实践1222学时，共计3935学时。实验开出率100%，设计性综合性实验课程比例27.27%。年内院系领导均完成了听课任务，教授、副教授为本科生授课比例达到100%。

学院成立培养方案领导小组和审核小组，对照《普通高等学校本科专业类教学质量国家标准》和专业认证（评估）标准，组织完成了2023级本科生物技术专业培养方案的修订完善工作，同时重新制订了所有课程教学大纲。认真组织生物技术专业的专业教育，学生思想稳定，专业转出率4.4%，无被预警专业。本年度本科生毕业44人，应届毕业生大学英语四级总分425分及以上者88.64%，保研率9%，考研录取率为52.27%。

学院获校级教学成果奖三等奖1项；获批校级线下一流课程1门；获批校级本科课程思政示范课程1门；全国性在线课程平台上线课程1门；获批在线课程立项1项；推荐3名教师参加第四届教师教学创新大赛暨第四届课程思政教学设计大赛校赛，获教师教学创新大赛校级一等奖1名、课程思政教学设计大赛校级三等奖2名；获批省级教学研究项目1项，校级重点教改项目1项，校级一般教改项目3项；教师公开发表教研论文4篇；校级教学优秀奖一等奖1名、校级教学优秀奖二等奖1名。

【科研工作】科研到账总经费704.19万元。组织申报了21项国家自然科学基金，其中获批4项（3项国家自然科学基金面上项目，1项国家自然科学基金青年项目），组织申报了7项湖北省科技厅自然科学项目，其中获批2项重点研发计划，1项面上项目和1项青年项目，1项联合基金；组织申报了1项目湖北省教育厅青年项目和2项湖北省教育厅指导项目并获批；组织申报了1项国家自然科学基金重大研究项目培育项目和1项医学部的专项项目。以武汉科技大学为第一单位发表33篇SCI论文文章（A1类文章4篇，A2类文章13篇）。授权发明专利5件。

邀请德国汉诺威大学的王栋教授、清华大学的程功教授、武汉大学的杜海宁教授、深圳大学的苏庆宁教授、中国科学院长春应用化学研究所的宋万通教授、西安交通大学的成一龙教授、中国基本建设优化研究会生命科学与医疗产业工作委员会秘书长张琼光、武汉致众生物的曾致辉、国药集团子公司人力资源负责人王敏进行了10次学术讲座。

【学科专业建设与研究生教育】完成并通过生物与医药专业学位授权点专项核验。重庆黔江武陵山生物医药联合研究院正式挂牌，成立武汉科技大学武汉血液中心研究生联合培养基地。参与学校湖北省卓越工程师联培项目，学院2家联培单位入选学校湖北省卓越工程师学院的理事单位。完成生物学、生物与医药硕士培养方案修订，获批1项研究生培养质量工程项目。

研究生科研成果稳步增长，2023年研究生发表SCI论文46篇，申请发明专利3件，授权发明专利8件。顺利完成招生工作，生物医药工程博士研究生招生7名、生物学学术型硕士研究生招生50名、生物与医药专业硕士研究生招生21名。2023年8名生物医药工程博士研究生毕业，27名生物学硕士研究生毕业，12名生物与医药专业硕士研究生毕业。学院严抓科学道德与学术规范，所有学位论文检测复制比初检合格率达到100%。生物学、生物与医药专业的研究生就业情况很好，就业率达100%。2名同学的硕士学位论文被评为校级优秀学位论文。

【学生工作】学院始终以坚守安全稳定工作底色，保持学风建设本色，擦亮创新创业工作特色为工作理念，通过立规矩，定制度，抓平时，用真情，推动学院学生安全稳定工作牢而不破。依托学院本科生导师制，实施3个“1+1+1”学风建设计划，重点推进无手机课堂、朋辈帮扶试点计划等活动深化学风建设，学院优良学风班比率达60%，升学出国率达52.27%，位居全校前列；建立以生命科学竞赛为引领，以“挑战杯”“互联网+”大赛为驱动，多学科赛事协同互进的科研育人格局，积极引导本科生走进实验室，走进社会，参与科研课题，参加学科竞赛，2023年学院累计获省级及以上学科竞赛奖励22项，学院人均国奖获奖率位列全校前列，学院育人成效不断显现，生物技术专业2001团支部获全国钢铁行业“五四红旗团支部”；涌现出“沁湖创客”创业典型卓情、“沁湖创客”创新典型毛昌霞、“十大魅力学子”提名奖王运丹等学生典型。学院重点组织3支社会实践团队于2023年暑期前往全国各地开展社会实践，学院“生生不息”本科生2支暑期社会实践团分别赴武汉市洪山区老桥社区、长征社区开展“聚力共同缔造 助力乡村振兴”社会实践活动；学院研究生暑期社会实践团赴河南商丘、重庆黔江调研生态农业、基层医药建设和乡村振兴成效，在深入基层调研社情民情的基础上，调研基层产业发展现状、厚植爱国主义情怀，用所学所能助力乡村振兴。

【队伍建设】积极开展人才引进和培养工作。引进“香涛青年百人”高层次人才1人；师资引进博士研究生1人，柔性引进特聘教授1人；职称评审资格审查合格：副教授1人。李钰策、邱文秀、许娜、徐承晨、廖兴华和孙钒组建生物医用材料交叉创新团队，为学校的一流学科“材料科学与工程学科”的建设贡献生命科学与健康学院力量。陈奥作为香江学者以公派访问学者的身份在香港大学延期访学，王娟作为澳门青年学者以公派访问学者的身份在澳门科技大学访学。刘宇借调到中国科学技术交流中心工作。许娜入选中西部高等学校青年骨干教师国内访问学者，孙钒教授入选“院士专家企业行”。

重视师德建设和“三育人”工作。开展丰富多彩的师德师风专题活动：师德师风警示教育培训会、“党员教师家校协同行动”、学术道德规范培训、师德师风典型人物专访等。高层次人才培养工作方面，申报入选俄罗斯工程院外籍院士1名，积极推荐申报“海外优青”1名，推荐申报国家部委人才项目3名，推荐申报湖北省“百人计划”项目2名、湖北省“楚天学者”计划6名。

【工会、妇委会与校友工作】按时召开生命科学与健康学院第一届第四次教职工暨工会会员代表大会；成立第一届生命科学与健康学院妇委会。赵沙沙同志获得武汉科技大学“三八红旗手”、武汉科技大学“树清廉家风 创清廉家庭”优秀个人等荣誉。

加强院级校友会管理，积极开展募捐工作。北京领新博瑞生物科技有限公司捐赠人民币80万元、邓庆根捐赠人民币10万元，用于支持生命科学与健康学院科研项目、平台建设、学科建设和学术交流，促进学院教育事业高质量发展。

附录

2023年生命科学与健康学院机构设置

管理机构	党务办公室
	团委办公室
	行政办公室
	教学办公室
	学工办公室
	国际交流与合作办公室
	院分工会
	院妇委会

续表

教学机构	生物学系
	生物医学工程系
科研机构	生物医学研究院
	视神经科学与干细胞工程研究院
组织机构	学术委员会
	学科建设工作委员会
	学位评定分委员会
	教学指导委员会

2023 年生命科学与健康学院内设教学机构负责人名单

机构名称	**主　任**	**副主任**
生物学系	徐　瑶	徐承晨
生物医学工程系	许　娜	王　琼

2023 年生命科学与健康学院内设学术机构负责人名单

机构名称	**主　任**	**副主任**	**委　员**
学术委员会	刘剑锋		张同存、邓文生、姚　凯、周经姣、顾潮江、孙　钒、周　俊、廖兴华
学科建设工作委员会	刘剑锋		张同存、邓文生、顾潮江、周　俊、姚　凯、廖兴华、徐　瑶、许　娜
学位评定分委员会	刘剑锋	王　婧、张同存	邓文生、顾潮江、周　俊、姚　凯、周经姣、罗　刚
教学指导委员会	刘剑锋		张同存、邓文生、顾潮江、周　俊

2023 年生命科学与健康学院获批国家自然科学基金情况一览表

序号	**项目名称**	**项目类别**	**起止年限**	**项目负责人**
1	剪接因子 BCAS2 在造血细胞发育以及血液肿瘤发生发展中的作用机制研究	国家自然科学基金面上项目	2024 年 1 月 1 日—2027 年 12 月 31 日	于珊珊

续表

序号	项目名称	项目类别	起止年限	项目负责人
2	精氨酸甲基转移酶 CARM1 通过增强非组蛋白质底物 TRIM47 精氨酸甲基化抑制结直肠癌转移的机制研究	国家自然科学基金面上项目	2024 年 1 月 1 日—2027 年 12 月 31 日	胡　嘉
3	固有免疫程序化激活仿生纳米调节器的构建及其在抗肿瘤治疗中的应用	国家自然科学基金面上项目	2024 年 1 月 1 日—2027 年 12 月 31 日	邱文秀
4	B-myb 调控细胞周期维持胚胎干细胞特性的机制研究	国家自然科学基金青年项目	2024 年 1 月 1 日—2026 年 12 月 31 日	王聪聪

2023 年生命科学与健康学院获批省部级基金情况一览表

序号	项目名称	项目类别	起止年限	项目负责人
1	肺癌精准诊断与细胞免疫治疗的关键技术体系构建	湖北省技术创新计划重点研发专项（社会发展领域）	2024—2026 年	孙　钒
2	核素示踪在体构建 CAR-T 实体肿瘤治疗中关键技术的研发	湖北省技术创新计划重点研发专项（社会发展领域）	2024—2026 年	顾潮江
3	构建模板化纳米递送系统用于广谱克服肿瘤耐药	湖北省自然科学基金面上项目	2024—2026 年	邱文秀
4	组蛋白乙酰转移酶 HBO1 的表达与 EBV 阳性鼻咽癌发展的关联性研究	湖北省自然科学基金青年项目	2024—2026 年	刘　宇
5	基于笼形蛋白的碎米荠硒肽递送载体的构建及其调节糖尿病视网膜病变氧化应激作用的机制研究	湖北省联合基金	2024—2026 年	徐承晨

2023 年生命科学与健康学院学科竞赛成果一览表

序号	项目获奖团队	竞赛名称	指导教师	项目类别	获奖级别	获奖种类
1	抗癌先锋 antaios——白血病与霍奇金淋巴瘤的 CAR-T 细胞药物研发及产业化	第十三届挑战杯中国大学生创业计划竞赛	祝海川、刘　帅、李　显	A1	国家级	银奖
2	护胃甲胄——靶向 METTL3 抑制胃癌发生发展的机制研究	湖北省第十四届挑战杯·中国银行大学生课外学术科技作品竞赛	廖兴华、刘　帅、李　显	A1	省级	一等奖
3	溶瘤利箭 CARTO-基于 CAR-T 负载溶瘤病毒的脑癌治疗产品	第九届中国国际互联网+大学生创新创业大赛湖北省复赛	许　娜、王　婧、周　俊、张同存	A1	省级	三等奖
4	“愈见” YCAR2-霍奇金淋巴瘤的双靶点 CAR-T 治疗产品	第九届中国国际互联网+大学生创新创业大赛湖北省复赛	廖兴华、张同存、罗　刚、李宇奇	A1	省级	三等奖
5	抗癌先锋——全球首个基于 CD99 靶点治疗白血病的 CAR-T 细胞产品	第九届中国国际互联网+大学生创新创业大赛湖北省复赛	祝海川、周　俊、王　婧、张会利、张同存	A1	省级	三等奖
6	MRPL9/GGCT 相互作用激活 MAPK 通路促进 PTC 细胞增殖和迁移	CULSC 第八届全国大学生生命科学竞赛（创新创业类）	廖兴华	B1	国家级	二等奖
7	MIR99AHG 通过 miR-136-5p/USP4/ACE2 轴抑制肺纤维化中 EMT	CULSC 第八届全国大学生生命科学竞赛（创新创业类）	廖兴华	B1	国家级	二等奖
8	居安思“胃”——胃癌靶向治疗新方向	CULSC 第八届全国大学生生命科学竞赛（创新创业类）	廖兴华	B1	国家级	二等奖

续表

序号	项目获奖团队	竞赛名称	指导教师	项目类别	获奖级别	获奖种类
9	METTL3 对 DEK mRNA 的 3′UTR 区位点进行 m6A 修饰来促进胃癌细胞增殖迁移机制的研究	CULSC 第八届全国大学生生命科学竞赛（创新创业类）	廖兴华	B1	国家级	二等奖
10	解密 TPTEP1 抑制 GC 细胞迁移和侵袭的机制	CULSC 第八届全国大学生生命科学竞赛（创新创业类）	廖兴华	B1	国家级	二等奖
11	MRTF-A 调控 PAX7 介导的肌肉再生及其机制研究	CULSC 第八届全国大学生生命科学竞赛（创新创业类）	徐　瑶、顾力行	B1	国家级	二等奖
12	肝佑试样——一种新型肝癌早期检测产品	CULSC 第八届全国大学生生命科学竞赛（创新创业类）	廖兴华	B1	国家级	三等奖
13	罗汉果苷 He 调控心肌细胞凋亡对糖尿病心肌病的影响	CULSC 第八届全国大学生生命科学竞赛（创新创业类）	廖兴华	B1	国家级	三等奖
14	CAR-T“双引擎”——双靶点精准治疗霍奇金淋巴瘤	CULSC 第八届全国大学生生命科学竞赛（创新创业类）	廖兴华	B1	国家级	三等奖
15	联合用药物在制备抗肿瘤药物中的用途	CULSC 第八届全国大学生生命科学竞赛（创新创业类）	赵沙沙	B1	国家级	三等奖
16	培养源泉——一种针对 Car-T 细胞的改良 RPMI1640 培养基	CULSC 第八届全国大学生生命科学竞赛（创新创业类）	廖兴华	B1	国家级	三等奖

续表

序号	项目获奖团队	竞赛名称	指导教师	项目类别	获奖级别	获奖种类
17		全国大学生英语竞赛	张子璇	B2	国家级	一等奖
18		全国大学生英语竞赛	陈　晓	B2	国家级	二等奖
19		全国大学生英语竞赛	胡　莹	B2	国家级	二等奖
20		全国大学生英语竞赛	王　芊	B2	国家级	三等奖
21		全国大学生数学竞赛	彭尹兵	B2	省级	三等奖
22	愈艾先锋-CAR-外泌体疗法功能性治愈艾滋病领航者	第二届中非青年创新创业大赛	顾潮江、王媛媛、李　显、肖巧玲	B2	国家级	最佳创意奖

（撰稿：昌森栋、杜　庆、刘小丽、李　显、许　娜、徐红薇　审稿：王　婧、刘剑锋、罗　刚、周　俊、廖兴华）

体育学院

【概况】体育学院全面负责体育教育专业本科人才培养、全校公共体育课教学、课余学生体育活动与竞赛、高水平运动队建设、学生体质健康促进与管理、体育科学研究、研究生教育（社会体育教育与管理方向）以及对外体育文化交流等工作。学院下设行政办公室、教学办公室、公共体育教学教研室、体育教育系、学生体质健康监测研究室、工会办公室、科研及群体竞赛办公室。学院现办有一个体育教育专业，在校学生135人。截至2023年12月31日，学院有教职工61人，其中党委书记1人，行政院长1人，专任教师54人，教学秘书1人，学生辅导员1人，党委秘书1人，实验员1人，体育器材管理人员1人；专任教师中教授5人，副教授29人，讲师18人，助教2人，硕士生导师4人，具有博士和硕士学位教师占教师总数的73%。学院是湖北省教育学会体育专业委员会和湖北省体育理论学会副理事长单位；篮球、田径和足球是教育部批准建设的高水平运动队项目。

【党建与思想政治工作】2023年，学院进一步加强领导班子建设，认真落实全面从严治党主体责任，严格执行学院党委会会议、党政联席会制度和“三重一大”决策制度，相关记录规范详实。学院加强对党委会、党政联席会等议事制度的建设，按照要求对相关记录规范工作进行了认真整改落实。党组织架构清晰、班子配备整齐；教师党支部“双带头人”党支部书记比例达到100%，开展2次教职工党员集中培训；加强学生党建工作研究，每学期1次；完成党员发展指标，发展程序规范、材料齐全，重视在高知群体、青年教师和少数民族中发展党员。

领导班子成员政治站位高，“四个意识”强，认真贯彻落实党的教育方针和重大决策部署，推动各项事业发展。学院领导干部认真调查研究，依据武汉科技大学“十四五”事业发展规划及体育学院“十四五”事业发展规划，制订了体育学院2023年度目标管理责任制任务书。领导班子成员积极参加学校组织的各种会议，严格执行请销假制度，按照要求，学院认真开展好领导班子民主生活会、基层党支部组织生活会和民主评议党员、党组织书记抓党建述职评议考核等工作。

学院党支部按要求开展好“三会一课”“支部主题党日”等活动，处级党员干部、支部书记按照要求讲党课，扎实开展党建工作“赋能强基”三级联创。处级党员干部、支部书记按照要求讲党课22次。党组织架构清晰，班子配备整齐，按期换届。

学院落实相关年度组织工作要点。扎实开展“下沉社区，党员在行动”活动，将“下沉”工作常规化、制度化，基层党组织战斗堡垒作用和共产党员先锋模范作用发挥突出。本年度学院党委集中组织教师党员“下沉社区”2次；教师党员个人“下沉社区”200余人次。

学院不断加强党的全面领导，坚持“两个确立”，做到“两个维护”，主动查找偏差，及时发现解决问题。制订党风廉政建设工作年度计划、目标和实施方案；开展责任分解，制订责任清单；落实党风廉政建设主体责任，规定工作任务；签订党风廉政建设责任书；召开党风廉政建设工作专题研究会议；党委书记约谈其他班子成员，共计4次。

学院开展党风廉政宣传教育，学院组织党员干部集中观看廉政教育纪录片3次；网络学习2次；自学答题1次。学院组织全体党员集中学习党纪、国法相关文件。党组织书记讲廉政党课2次，党委副书记作纪法报告一次。深化运用“第一种形态”进行约谈提醒、批评教育、责令检查等工作。党委书记班子成员谈心谈话4人次，相关记录完备。学院党委根据“清廉武科大”建设工作要求，党委书记开展廉政集体谈话并组织党员干部参观“廉园”学习，培育建设有进展、有实效。

学院注重内外宣传工作，积极参与“人人都是宣传员”活动，有负责新闻宣传工作的领导（刘俊洁）和宣传员（平洋）；学院的网站运营正常，避免出现负面舆情；向学校微信、抖音、央视频等新媒体投稿20余篇；在中国教育电视台、央视频、中国新闻网、极目新闻、湖北日报、荆楚网等至少6家省级及以上主流媒体发稿20余篇。

【教学工作】在教学改革与建设方面，根据学校“十四五”规划及年度分解目标管理责任制指标体系，结合体育学院实际，制订了2023年度本科生教育的目标管理责任制任务书，并认真组织实施。成立体育教育专业本科人才培养方案领导小组和修订小组，按计划修订并提交培养方案，2023级体教专业培养方案修订质量和工作进度符合学校要求；培养方案调整未超过1次；专业建设有规划；无专业预警；加强体育教育专业责任教授团队建设，并按照团队建设计划，进一步加强师资队伍建设、课程建设、教学方法改革以及团队教师科研能力的培养。积极组织教师参与学校第三届“课程思政”教学设计大赛和第十三届青年教师教学竞赛，姚婕老师在第三届“课程思政”教学设计大赛获三等奖。本年度获批省级一流课程1门、校级一流课程一门；新增一门《大学生体育与健康课程》教材立项；公开出版教材3部，其中主编2部，参编1部；新增省级教研项目2项，校级教研项目1项；公开发表教学研究论文5篇，其中B类1篇，C类3篇，普刊1篇。

教学运行方面，按照学校要求，均衡、合理安排学校下达的教学任务，及时完成课程安排录入及教学任务安排书的提交工作；严格执行学校调停课制度，按照学校规定及《体育学课程教学大纲》的考试内容、考试方法及评分标准组织学生考试，督促教师在规定时间内完成补考与缓考工作，按时提交学生成绩。本年度学院5名教授、29名副教授教学工作量饱满，为本科生授课比例达100%。教学进程安排表、学生成绩分析表、学生体育成绩、考试试卷等课程档案与试卷档案归档及时、规范、齐全。体育教育专业学生学籍预警率不超过1%。

在质量监控与评估方面，学院4位主要领导、3位教研室主任及1名体育教育系主任按时完成全年6次听课任务及网上提交工作。本年度学院教学工作整体运行正常，无教学事故发生。学院按时、高质量完成教学状态数据的填报工作，并积极组织教师参加校内外体育技能、裁判法、教学方法、创新创业教育等各类教育教学培训，本年度学院共开展14次教研活动，积极组织教师参加校内外体育技能、裁判法、教学方法、创新创业教育等各类教育教学培训，本年度学院参加教育教学培训的教师13人、32人次。在创新创业教育方面，积极组织学生申报各级“大创计划”项目，完成学校要求推荐申报项目指标数；已申报项目结题率达到80%。积极举办创业讲座；积极开展“专创融合”课程建设。

【科研工作】制订2023年度体育学院科研工作计划；申报国家社科基金项目1项、湖北省社科基金（包括教育厅人文社科项目）和其他省部级课题2项。发表A级论文1篇、B级论文7篇、C级论文6篇，出版著作2部。建设“武汉科技大学学生体质健康研究室”，并以此为平台开展体育科学研究；本年度邀请国内知名学者作学术报告6次：先后邀请河南大学教授周珂博士，郑州大学刘纯献教授，高等教育出版社文科事业部范峰社长，湖北工业大学代永胜教授，武汉体育学院教授彭小伟博士，原湖北省体育局重竞技中心主任马剑平教授分别来体育学院作“为梦想插上翅膀——谈大学生学术素养的提升”“践行课程思政 体育充值人生”“湖北工业大学高水平运动队及体育学科的理解与思考”“体育专业学生创新思维与能力的培养”“备战训练与管理”的学术报告。在服务地方上，与湖北企事业单位签订合同数8项。

【学科建设与研究生教育】根据学院“十四五”学科建设总体规划，以办体育教育专业为重点，制订了2023年度体育学院学科建设工作计划。按照教务处开办新专业要求和教育部体育专业国家标准，组成培养方案修订小组，进一步完善与修订学院体育教育专业本科培养方案。加强以盛克庆教授为负责人的体育教育专业责任教授团队建设与“体育与健康”团队建设，体育教育专业责任教授团队年度考核合格。学院按时高质量完成2023年度“社会体育教育与管理”硕士研究生招生目录的修订、招生、复试及在读研究生的教育与管理工作，安排在读研究生参与学校课余体育活动和竞赛的组织及管理。1名研究生毕业论文顺利开题，2名2019级研究生顺利毕业并成功就业。

【群众体育活动】武汉科学大学有着广泛的群众体育活动基础。为开展好群众体育工作，2023年学院重点加强建章立制工作，研究制订《武汉科技大学学生体质健康促进与体育竞技水平提高工作实施方案》《武汉科技大学阳光组体育运动队建设管理办法（试行）》。学院制订了全校学生课余群体工作计划，继续执行体育教师下学院、下社团辅导体育的工作制度，与校团委合作，支持和指导各学生单项体育协会开展活动和代表武汉科技大学参加省内外各体育项目竞赛。

第一，坚持两手抓、两促进，2023年高水平运动队和阳光组运动队竞技水平实现新突破，共获第一名14项、第二名8项、第三名8项。其中，阳光组男篮在第25届湖北省大学生二级篮球联赛中荣获冠军，女子高水平篮球代表队在一级联赛中获得亚军；在2023年湖北省青少年校园足球联赛（大学组），学院男子高水平组足球队获得季军；田径、武术、啦啦操、柔力球、橄榄球等项目全面开花，都取得优异成绩。在人民日报、中国教育电视台、中国教育在线、央视频、楚天交通广播、武汉教育电视台等主流媒体、学校官网和学院微信群进行了宣传报道，有效提高了学校声誉。

第二，开展校园体育文化建设。启动学生课外“环湖健康跑”活动；组织125周年校庆体育系列活动，如沁湖有约·第三届校园马拉松赛、第六十一届体育运动会、女篮邀请赛、“校友杯”体育嘉年华等；另外，还开展了“学院杯”系列体育竞赛（9 项）。举办的体育赛事和活动受到央视频、中国教育电视台、中国教育在线、湖北日报、长江云、校园网等校内外多家媒体的关注和报道。在社会服务上，学院有 8 名教师参与 9 次全国、湖北省、武汉市武术、篮球、啦啦操、毽球等项目的体育竞赛裁判工作，有 1 名教师担任校教职工太极拳健身指导工作，有 15 名教师下学院和学生社团担任体育指导工作，成效显著。

【师资和行政管理工作】根据体育学院“十四五”师资队伍建设规划，制订 2023 年度师资队伍建设工作目标，强化师德、师风教育，利用学院大会和教研活动开展师德师风教育活动 2 次。积极做好优秀教师的推荐选拔工作，9 名教师获校年度综合优秀奖。根据学校文件精神，完成 54 名教师、4 名专职干部、1 名辅导员、1 名教学秘书及 1 名工勤人员 2023 年度的考核工作。按学校要求及时上报人事处各类材料。严格执行教职工请假、销假制度，按时向人事处上报本单位考勤。加强学生《国家学生体质健康标准》测试实验室的建设，学院体质健康实验室队伍由学院教学院长负责，3 名教师具体负责实验室日常工作，该实验室制度健全、职责明确。鼓励、支持青年教师积极申报国家公派出国留学进修，以及到国内有影响力的体育院校进修、访学。本年度 1 名老师（高威）申请出国访学。组织教师参加校内外体育技能、裁判法、教学方法、创新创业教育等各类教育教学培训，全年有 270 余人次（包括学院教研活动）参加教育教学培训各类培训，参与率达 100%。

【高水平运动队及本科生招生情况】武汉科技大学田径、篮球和足球是教育部批准招收高水平运动队建设的项目。根据教育部普通高等学校特殊类型学生招生工作文件精神，在校招生工作委员会领导下，2023 年学校高水平运动队共招收 6 名运动员，其中田径运动员 1 名（一级 1 名），女子篮球运动员 5 名（一级 4 名、二级 1 名）。2023 年，学院体育教育专业招收 30 名本科生。

【学团工作】体育学院学团工作在学院党委的正确领导下，紧紧围绕学院中心工作，积极开展各类活动，努力营造健康向上的校园文化氛围。全员学生共计 135 人，高水平运动队队员共计 15 人，上一年度推优成为入党积极分子、发展对象共计 27 人，推优成为团员共计 7 人，2 人参军入伍，2019 级第一届毕业生就业率达 96.56%，1 人保研至中国地质大学，1 人考研至武汉理工大学。学生竞赛成绩有新的提高，1 人获全国大英赛第 3 名。此外，学团成员积极举办、承办、协办多场体育赛事，包括校运会、校园马拉松、沁湖杯篮球赛、足球赛等；组织全员学生参学各类学术、人文素质拓展讲座 10 余场；学团成员积极组织、参与志愿服务活动，学生人均工时数排名位居前列。

【运动队竞赛情况】2023 年武汉科技大学高水平女子篮球队、田径队（包括高水平组及阳光组）、阳光组（篮球队、武术队、啦啦操队、橄榄球队等）竞赛和成绩见附录。

附录

2023 年武汉科技大学高水平女子篮球队比赛及成绩一览表

比赛名称	组　别	成　绩	时间地点	主办方
第 25 届中国大学生篮球联赛（湖北赛区）	女子乙组五人制	第二名	2023 年 2 月 湖北省武汉市	湖北省大学生体育协会
第 25 届中国大学生篮球联赛（西南赛区）	女子乙组五人制	第四名	2023 年 3 月 陕西省西安市	中国大学生体育协会
第 25 届中国大学生篮球联赛（全国赛区）	女子乙组五人制	十六强	2023 年 5 月 湖北省武汉市	中国大学生体育协会
湖北省第十六届运动会（篮球）比赛——大学生组	女子乙组五人制	第二名	2023 年 9 月 湖北省武汉市	湖北省人民政府

2023 年武汉科技大学高水平男子足球队比赛及成绩一览表

比赛名称	组　别	成　绩	时间地点	主办方
2023 年湖北省青少年足球联赛（大学组）	男子乙组五人制	第三名	2023 年 11 月 湖北省武汉市	湖北省大学生体育协会

2023 年武汉科技大学田径队（包括高水平组和阳光组）比赛及成绩一览表

比赛名称	项　目	参赛队员	名　次	时间地点	主办方
中华人民共和国第一届学生运动会	女子乙组 4×400 米接力	黄诗瑶	三	2023 年 11 月 广西南宁市	
	女子乙组 4×400 米接力	黄诗瑶	四		
第 21 届全国大学生田径锦标赛	女子丁组 400 米	黄诗瑶	三	2023 年 8 月 安徽省合肥市	中国大学生体育协会
	女子丁组三级跳远	田　楠	三		
	女子甲组 200 米	叶雨荷	七		
2023 年湖北省普通高等学校田径运动会	女子甲组 100 米	叶雨荷	一	2023 年 10 月 湖北省武汉市	湖北省大学生体育协会
	女子甲组 400 米	郭玉玲	一		
	女子甲组 800 米	郭玉玲	一		
	女子甲组 4×100 米	叶雨荷、宦东玮、郭玉玲、苏佩瑶	一		

续表

比赛名称	项　目	参赛队员	名　次	时间地点	主办方
2023 年湖北省普通高等学校田径运动会	男子甲组跳远	陈　印	二	2023 年 10 月 湖北省武汉市	湖北省大学生体育协会
	男子乙组 100 米	庞　超	一		
	男子乙组 200 米	庞　超	二		
	男子乙组 1500 米	尹柯砚	三		
	女子丁组三级跳远	田　楠	二		
	男子丁组三级跳远	谢佳宏	二		
	团体总分		七		

2023 年武汉科技大学篮球队（阳光组）比赛成绩一览表

比赛名称	组　别	名　次	时间地点	主办方
第 25 届湖北省大学生篮球联赛	甲组男子五人制篮球比赛	一	2023 年 2 月 湖北省武汉市	湖北省大学生体育协会
第 25 届中国大学生篮球二级联赛南区赛	甲组男子五人制篮球比赛	五	2023 年 4 月 湖北省武汉市	中国大学生体育协会

2023 年武汉科技大学武术队（高水平组、阳光组）比赛成绩一览表

比赛名称	组　别	名　次	时间地点	主办方
湖北省第十六届运动会（武术）比赛（大学生组）	女子甲组对练	一	2022 年 4 月 湖北省宜昌市	湖北省教育厅
	女子甲组枪+剑	三		
	男子乙组对练	五		
	男子乙组集体项目	五		

2023 年武汉科技大学橄榄球队（阳光组）比赛成绩一览表

比赛名称	组　别	名　次	时间地点	主办方
2023 年湖北省高校第一届橄榄球锦标赛	乙组混合组	二	2023 年 12 月 湖北省武汉市	湖北省教育厅
	乙组男子组	五		

2023 年武汉科技大学广播操队比赛成绩一览表

比赛名称	组　别	名　次	时间地点	主办方
2023 年湖北省广播体操锦标赛	大学组小集体	特等奖	2023 年 12 月 湖北省黄冈市	湖北省社会体育管理中心

2022 年武汉科技大学啦啦操队（阳光组）比赛成绩一览表

比赛名称	组　别	名　次	时间地点	主办方
2022—2023 年全国啦啦操联赛（武汉站）	公开青年丙组—街舞规定动作—4 级	一	2023 年 5 月 湖北省武汉市	国家体育总局体操运动管理中心、中国蹦床与技巧协会

2023 年武汉科技大学柔力球队（包括高水平组和阳光组）比赛成绩一览表

比赛名称	项　目	参赛队员	名　次	时间地点	主办方
2023 年湖北省柔力球锦标赛	集体规定套路	王　彤、娜扎开提、明佳蕾、李语涵、黄凯淇、杨佳雯、王慧婷、谭名杰	一等奖	湖北省荆门市	湖北省体育局社会体育管理中心
	集体规定套路	丁嘉慧、邵银鑫、李静如、董克鑫、江南豫、朱　珠、张田柯、辜心玉、蓝运肖、潘　宇、倧智扬、魏泉峰	二等奖		
第二届湖北省柔力球校园视频大赛	集体规定套路	王　彤、娜扎开提、明佳蕾、李语涵、黄凯淇、杨佳雯、王慧婷、谭名杰、丁嘉慧、邵银鑫、李静如、董克鑫、江南豫、朱　珠、张田柯、辜心玉、蓝运肖、潘　宇、倧智扬、魏泉峰	一等奖	湖北省武汉市	湖北省体育局社会体育管理中心
2023 年中国柔力球公开赛	集体规定套路	王　彤、李语涵、王慧婷、潘　宇、蓝运肖、江南豫、李静如、王　晶	三等奖	江西省婺源县	国家体育总局社会体育指导中心

续表

比赛名称	项　目	参赛队员	名　次	时间地点	主办方
2023 年湖北省柔力球锦标赛	女子单打	武汉科技大学体育学院（2队）陶紫	第二名	湖北省荆门市	湖北省体育局社会体育管理中心
	女子单打	武汉科技大学体育学院（2队）尹笑妍	第三名		
	女子单打	武汉科技大学体育学院（2队）兰玉萍	第四名		
	混合双打	武汉科技大学体育学院（3队）简傲/田春花	第一名		
	混合双打	武汉科技大学体育学院（3队）张玉恒/范思润	第二名		
	混合双打	武汉科技大学体育学院（3队）高海隆/向婷	第三名		
	混合双打	武汉科技大学体育学院（3队）庄冠博/尹笑妍	第四名		
	男子单打	杨常曜	第一名		
	男子单打	田子奇	第二名		
	男子单打	孙　俊	第三名		
	男子单打	张鸿彬	第四名		
	男子单打	王经纬	第五名		
	男子单打	张　斌	第六名		

2023 年体育学院内设教学机构负责人名单

机构名称	主　任
体育教育系	黄显涛
公共体育部第一教研室	鲁松涛
公共体育部第二教研室	姚　婕
公共体育部第三教研室	王家力

2023 年体育学院内设学术机构负责人名单

机构名称	主　任	委　员
教学指导委员会	刘俊洁	王路遥、韩振勇、李　伟、黄显涛、鲁松涛、姚　婕、王家力、卢云飞
学术委员会	刘俊洁	王路遥、韩振勇、刘占锋、姜长勇、杜　辉、黄显涛
学科建设委员会	刘俊洁	王路遥、韩振勇、黄显涛、刘占锋、鲁松涛、姚　婕

（撰稿：卢云飞　审稿：刘俊洁）

外国语学院

【概况】外国语学院拥有英语、德语、翻译 3 个本科专业和外国语言文学一级学科硕士学位授权点、翻译硕士专业学位授权点，“外国语言文学”为湖北省重点培育学科，英语专业为国家级一流本科专业建设点，英语系为湖北省高校优秀基层教学组织。学院设有英语系、德语系、翻译系、大学英语一部、大学英语二部、研究生公共外语部、MTI 教育中心 7 个教学单位，英语语言学习中心和外语电化教学中心 2 个教学服务单位，建有翻译研究所、外语教育研究所、外国语言研究所、外国文化研究所、外国文学研究所、区域国别研究中心 6 个研究机构。

学院现有在校本科生 684 人，研究生 209 人。学院现有教职工人数 141 人，其中专任教师 126 人（教授 8 人，副教授 53 人）。“外国语言文学”为湖北省“楚天学者”设岗学科，聘有“楚天学者”讲座教授 2 位，校聘特聘教授 1 位。学院除承担本院本科、硕士研究生的培养任务外，还承担全校本科、硕士研究生和博士研究生等各层次学生的公共外语教学任务以及教师培训任务。学院课程体系多元化，除英语、德语外，还开设了法语、日语等小语种课程。

学院建有同声传译实验室、笔译实验室、翻译实习实训室、商务英语实训室等专业实验室和 10 余间多媒体语音室。学院英语语言学习中心是“湖北省英语语言学习示范中心”，该中心拥有机位约 500 座，建有数字化语言实验室、网络视听实验室、学生自主学习室，可以满足全校学生的英语自主学习需要。

按照学校党政工作的总体部署，学院秉承“中外贯通，德业兼修”的院训，贯彻“教学立院、科研强院”的方针，在党建工作、教育教学、科学研究、学科建设、人才培养以及对外交流等方面都取得了显著成绩，2023年年终目标责任制考核，学院学团工作获得优秀，党建与思想政治工作获得良好。

【党建与思想政治工作】 学院党委坚持多形式持续深入学习贯彻习近平新时代中国特色社会主义思想和党的二十大精神，坚持强化党建工作统筹谋划，把党的领导落实到办学治院全过程各方面，确保党的教育方针和党中央决策部署得到贯彻落实，努力以高质量党建引领学院高质量发展。

坚持党建引领，坚定正确政治方向。学院党委充分发挥政治核心作用，严格履行全面从严治党主体责任，坚持贯彻民主集中制，严格执行“三重一大”事项集体决策，学院党委书记认真履行“第一责任人”职责，领导班子成员切实履行“一岗双责”，形成上下贯通、层层负责的责任链条和一级抓一级、层层抓落实的工作格局；领导班子成员经常性深入系部和师生中开展调查研究，认真落实领导班子成员联系高层次人才、青年教师、党外知识分子、系（部）党支部、学生班级等联系制度，定期向全院教职工通报工作和听取工作建议，积极解决教职工困难，及时回应师生的现实关切；加强对统一战线工作的集中统一领导，认真开展民族团结进步创建工作。

坚持思想铸魂，凝聚强大发展合力。学院党委坚持用党的创新理论武装头脑指导实践，扎实开展学习贯彻习近平新时代中国特色社会主义思想主题教育工作，认真开展党的二十大精神、省第十二次党代会精神的学习、宣讲、培训和研究阐释工作，组织师生党员走访八七会议会址纪念馆、红三军团建军纪念馆等红色场馆，开展了“情景党课”等一系列符合师生特点的宣传教育活动；坚持学用结合，持续推进党史学习教育常态化长效化，邀请校党委常委、纪委书记窦先萍以“聚焦科教兴国使命 践行高校时代担当”为题讲授专题思政课，并及时反馈学习宣讲情况；领导班子进一步完善“思想引领 学习在先”机制，党委理论学习中心组按要求开展学习活动，“一学一报”、每半年按时报送总结材料。

坚持组织创优，提升战斗堡垒作用。学院党委持续开展党支部规范化、标准化建设，建立健全党支部书记例会等制度，指导党支部规范开展“三会一课”“支部主题党日”等工作，英语系、翻译系党支部获批为学校第三批党建工作样板支部创建单位，英语系、翻译系党支部和研究生第一党支部被评为校级“先进基层党支部”；选优配强党支部书记，深化教师党支部书记“双带头人”培育工程，教师党支部“双带头人”书记比例达到100%，组织教职工党员前往大冶市龙凤山爱国主义教育基地开展集中培训；从严从实抓好党员队伍建设，认真做好党员发展和转正工作，全年发展党员70人，甘小亚、王国栋获评校级“优秀共产党员”，付治强、陈佳媚获评校级“优秀党务工作者”；本年度在学校党建工作微信公众号上推送学院党建典型经验2篇。

坚持清廉护航，深化全面从严治党。学院党委坚定不移推进党风廉政建设和反腐败斗争，制订了学院党风廉政建设年度工作计划和《外国语学院全面从严治党主体责任清单》《外国语学院领导班子党风廉政建设责任分解表》，强化“四责协同”，健全统一协调、各负其责的管党治党责任格局；落实深化纠“四风”工作任务，严格时间节点强化纪律要求，选树、宣传先进典型，发挥示范引领作用，落实加强对“一把手”和领导班子监督要求，各类监督向“一把手”聚焦，推动依规依法履职用权、担当作为、廉洁自律；坚持一体推进不敢腐、不能腐、不想腐，落实党纪法规学习教育活动要求，党委书记讲授廉政党课2次；深入查找廉政风险点，梳理小微权力清单，完善《外国语学院领导班子党风廉政建设责任分解表》《外国语学院腐败风险点识别、防控措施一览表》等制度文件，防范措施实施到位、落实有成效；深化运用监督执纪“第一种形态”进行约谈提醒、批评教育、责令检查等，让“红红脸、出出汗”成为常态，本年度党委书记、纪委书记分别与班子成员、下级“一把手”开展廉政谈话50余人次；扎实推进清廉建设，深入开展党风廉政宣传教育，以“清风习语”系列活动为主线，深入开展“观廉史”“宣廉美”“创廉意”“爱廉说”等形式多样的学院特色品牌活动，推动“清廉学院”示范点建设。

坚持宣传引导，提升服务管理效能。学院党委认真落实意识形态工作责任制相关要求，研究制订了《外国语学院党委落实意识形态工作责任制清单》等，坚持意识形态月度排查报告制度，认真执行报告会、研讨会、讲座论坛报备制度，校园横幅（标语）悬挂、电子屏审核报批制度，加强课堂教学、报告会、研讨会、讲座、论坛、教材、论文、网络和接受境外基金资助以及涉外意识形态等方面的管理工作；高度重视网络舆情意识形态工作，加强师生自媒体管理，明确专人管理学院网站，及时维护更新信息，保证网站安全运行；持续推动学院宣传工作提质增效，全年在省级及以上主流媒体发稿20篇，在校园网院系动态发稿160余篇，在校园网主页、新闻网要闻发稿20篇。

【教学工作】学院重视教职工思想政治和师德师风建设工作，党员教师带头承担繁重和艰苦的工作任务，积极组织开展教学竞赛、讲座培训等活动，强化教师职业道德修养和教育教学能力。在2023年第八届全国高等院校英语教师教学基本功大赛中，余思思获得全国二等奖，张丽获全国三等奖，鲁霞获省级三等奖；在2023年全国高等学校外语微课优秀作品征集与交流活动中，王丹妮获全国三等奖，余思思、刘菁菲分别获省级二等奖，吴斯书、吕鸣、肖燕分别获省级三等奖；在2023年高等学校（本科）外语课程思政优秀教学案例征集与交流活动中，黄莹获省级二等奖。

学院坚持深化教育教学改革，着力提升本科教育水平。积极申报课程建设，获评省级一流在线课程1门（“大学英语（二）”，负责人：陈涛）；获评校级一流线下课程1门（“美国文学史及作品选读”，负责人：陈尧）；获评校级课程思政示范课程1门（“美国文学史及作品选读”，负责人：陈尧）；新增立项校级网络在线课程（SPOC）建设项目1门（“英语流行语及时尚文化”，负责人：甘小亚）。新增省级教学研究项目1项（“国际传播能力提升导向的高校英语专业课程教学改革研究”，负责人：李金云)；新增教育部产学合作协同育人项目3项(“经典影视作品的新媒体视听译制传播实践”，负责人：李金云；“《习近平谈治国理政》三进工作外语教师培训”，负责人：耿殿磊；“一流本科专业建设背景下英语专业教师科研素养发展及其影响因素研究”，负责人：龙在波)；获批校级教学研究项目5项。主编出版教材1部(《新编研究生英语听说教程》，陈尧、宋红波主编，清华大学出版社)，新增校级立项建设教材1部（《莎士比亚戏剧欣赏教程》，卢秋平主编)，公开发表教学研究论文35篇，公开发表C类以上期刊教学研究论文14篇。2023届毕业生共有18篇本科毕业论文获校级优秀论文，其中一等奖论文2篇，二等奖论文3篇，三等奖论文13篇。

在教师教学能力建设方面，积极组织教师参加校内外各类教育教学培训，如教育部高等教育司组织的《理解当代中国》系列教材任课教师培训、上海外语教育出版社2023年暑期全国高校外语教师发展论坛、外语教学与研究出版社2023年全国高等学校外语学科中青年骨干教师高级研修班、清华大学出版社2023年大学外语教学设计与研究暑期研讨会，全年教师参加培训累计超过200人次。

学院高度重视教学改革与建设，成立培养方案领导小组和审核小组，并按照学校统一的安排，顺利完成了2022级外国语言文学类（包含英语和翻译专业）专业的专业分流工作；在专业责任教授团队的年度考核工作中，英语专业为良好，翻译专业为合格，德语专业为基本合格；学院本科教学工作年度考核为合格。

在大学生创新创业教育方面，组织申报国家级、省级“大创计划”项目，完成推荐申报项目指标数，并获批校级项目8项，省级项目8项，国家级项目1项。

在学生学科竞赛方面，积极组织学生参加各类学科和科技竞赛工作，并获得了多个省级及以上奖项。在全国大学生英语竞赛中，获特等奖9项，一等奖44项。学校特等奖人数在全省高校中排名第二，仅次于武汉大学，获特等奖人数创学校历史新高。在“外研社·国才杯”“理解当代中国”全国大学生外语能力大赛中，获国赛金奖、铜奖各1项，获省级金奖、银奖、铜奖共11项；在“外教社杯”全国跨文化能力竞赛中，获全国奖10项（其中特等奖1项，一等奖1项，二等奖4项，三等奖4项)。

【科研工作】学院全年主办了4次学术会议。2023年11月30日举办“国家社科中华学术外译申报专题研讨会”，邀请了中南民族大学外国语学院副院长、湖北省翻译协会理事李敏杰教授和武汉科技大学外国语学院副院长、湖北省翻译工作者协会理事李金云教授作了2场主旨发言。12月6日举办“区域国别研究高层论坛暨武汉科技大学区域国别研究中心成立大会”，邀请了国务院区域国别学学科评议组成员、武汉大学王战教授，中国社会科学院许文鸿教授作了2场主旨发言。12月16日举办“外国语言文学学科建设高层论坛”，邀请了《当代外国文学》主编、国务院学科评议组成员、南京大学杨金才教授，《外语教学理论与实践》执行主编、华东师范大学外国语学院梁超群教授，

《解放军外国语学院学报》主编、国防科技大学陈勇教授，中国英汉语比较研究会二语习得研究专业委员会会长、华中科技大学徐锦芬教授，全国大学外语教学指导委员会副主任委员、教育部全国翻译专业学位研究生教育指导委员会委员、对外经济贸易大学向明友教授，《中国翻译》杂志主编、全国翻译专业学位研究生教育指导委员会委员、中国翻译研究院秘书长杨平教授，中国英汉语比较研究会认知语言学专业委员会秘书长兼副会长、南京师范大学张辉教授7位国内知名专家作了7场主旨报告和6场分论坛。2024年1月6日举办“外国语言文学科研项目申报专题研讨会”，邀请了曾成功立项国家社科基金、教育部人文社科研究项目的李金云教授、方庆华副教授、章木林教授作主旨发言。

学院高度重视科研平台建设，新成立了区域国别研究中心。6个校级科研平台运行顺利。国内外知名专家举办学术讲座10次：南开大学张文忠教授（“国家一流专业建设与评估”）、华译翻译公司总经理刘振营（“翻译行业现状与MTI职业规划及就业前景分析”）、澳门大学周楠副教授（“量化研究方法在外语教育研究中的应用”）、江汉大学李卫东教授（“中国式现代化道路的内涵特质与世界意义”）、电子科技大学胡杰辉教授（“课程思政视角下的外语教学研究”）、Simone Andreev专家（“德语地区旅游与文化”）、武汉科技大学龙在波副教授（“外语教育类论文的选题与设计”）、上海对外经贸大学蔡雨阳教授（“岛脊曲线理论：中国传统智慧与现代语言教育心理学研究的接口”）、华中农业大学覃江华教授（“救国与建国：陈望道的知识翻译”）、湖南师范大学曾艳钰教授（“新文科背景下英语一流专业内涵建设”）。2023年学院到账经费83.15万元。获批立项3项教育部人文社科研究项目（方庆华，中国外语教育中的“文化自觉”研究，教育部社科司中华优秀传统文化专项课题（A类）重点项目；李金云，美国当代犹太小说的共同体叙事研究，教育部哲学社会科学研究后期资助项目；樊艳萍，基于集体传记的战略科学家素质特征及其培养路径研究，教育部人文社科研究规划基金项目），2项湖北省高等学校哲学社会科学研究重大项目（耿殿磊，教育数字化转型背景下高校外语教师数字胜任力研究；刘东霞，美国非裔文学中的中国书写研究），6项省教育厅哲学社会科学研究一般项目，1项湖北省教育科学规划课题重点项目。发表A级、B级论文8篇，其中A级论文4篇，B级论文4篇。出版学术著作6部，其中1部专著（黄晶《文学伦理学批评视域下的约翰高尔斯华绥戏剧研究》）；5部译著（宋红波、耿殿磊《相约星期二未完的人生课》、符李桃《全情投入人生最重要的事》《间接思考的艺术复杂问题解决法》、吴万伟《哲学的价值一种多元文化的对话》《大西洋的跨越进步时代的社会政治》）；获湖北省翻译工作者协会翻译成果奖6项，其中二等奖1项，三等奖5项。

【学科专业建设】根据学校相关职能部门的部署和学院的规划，严格按照相关要求，完成了招生、教学、实习等各个环节的工作，全面提高了研究生的培养质量。完成2023级研究生的招生工作，共录取74位研究生；完成2021级67名研究生的开题；完成2020级60位研究生的毕业答辩及授予学位工作。举办15场研究生学术沙龙。立项研究生教研项目3项，教材1项，案例库1项，在线课程1项。研究生科技创新表现卓越，研究生在国才杯“理解当代中国”全国大学生外语能力大赛（B类）中荣获全国金奖1名，铜奖1名；全国口译大赛交传口译一等奖1名；上电杯全国科技翻译大赛二等奖1名；全国科技翻译大赛二等奖1名；全国“时珍杯”中医翻译大赛二等奖1名；沪江杯全国科技翻译大赛三等奖2名。此外，在全国大学生英语竞赛等B类赛事中取得奖励56项，在湖北省翻译大赛等C类赛事中获得奖励10项。

【学生工作】坚持以立德树人为根本任务，始终牢记为党育人、为国育才的初心使命，坚持固本培元、守正创新，创新打造“梦载星河”“E立方”等系列特色学生思政工作品牌，推动教育管理服务提质增效，提升学生工作科学化水平，打造实干创新型学生工作团队，为学院高质量发展贡献学工力量。

紧抓学风建设，提高育人质感。学院重视学风建设案例研究，形成有制度、有队伍、有措施、有学科和专业特点的典型案例，全年累计开展新生专业导学、学业规划讲座、考研经验交流、保研沙龙分享会、学业困难学生对接帮扶、学业特困学生家校联动帮扶等学风建设系列活动6项；2023年，学院共有13个班级被评为“优良学风班”，占全院参评班级比例的86.7%，位居全校第一，优良学风班在学院班级中占比较前一年增长6.7%，学院第17次获评“优良学风学院”；重视学生宿舍文化和网格化管理建设，加强学生星级文明宿舍建设，营造温馨的住宿环境、向上的学风氛围以及良好的宿舍文化，积极构建四级网格管理体系，在宿舍检查中合格宿舍数量高于80%；加强大学生创新创业训练计划项目的规范化管理，按规定完成校级大学生创新创业训练计划项目立项、中期检查和结题工作，本年度校级大学生创新创业训练计划项目结题率达到100%。

抓实队伍建设，提升育人实效。学院学生工作举措在校内外产生良好影响，学院的工作案例《武汉科技大学外国语学院探索构建外语类学生生涯教育体系》获得中国教育在线报道；积极组织学工干部参与各类竞赛培训，辅导员姜超获得学校第三届课程思政教学设计大赛二等奖、第三届党校教师教学竞赛二等奖、第八届辅导员素质能力大赛三等奖，辅导员程腾飞获得学校第八届辅导员素质能力大赛二等奖，并获评省级暑期“三下乡”“返家乡”社会实践活动先进个人和校级暑期“三下乡”“返家乡”社会实践活动先进工作者，辅导员王云鹤获得学校第二届辅导员育人故事分享会三等奖，辅导员姜超、程腾飞获评校级心理健康教育优秀工作者；学院学生工作教师积极参与科研活动，本年度学院学生工作教师发表论文1篇，获批省教育厅哲学社会科学专项任务项目1项，在“高校辅导员在线”微信公众号上发表优质网络文章2篇。

强化日常管理，传递育人温度。学院心理健康教育工作站特色优势明显、运行情况较好，通过“校级心理健康教育示范站”复评考核，学院教师参与各类心理健康教育培训活动出勤率达100%，学生心理普查率和访谈筛查率达100%，轻咨询工作完成规定任务，心理预警学生跟踪干预效果良好；学院教师积极参加学校心理健康课程储备教师线上、线下学习培训，3位教师承担了“大学生心理健康教育”教学工作；积极组织和参与学校第三十二届和第三十三届心理健康教育月活动，并分别获评优秀组织单位三等奖、一等奖，1名学生获评第六届“全国百佳心理委员”提名奖并成功当选第六届全国百佳心理委员论坛副主席。学院将就业工作纳入学院发展总体规划，列入年度党政工作要点，积极开拓就业市场，有针对性地开展多种形式的就业服务指导，学院本科毕业生8月就业率为97.65%，年终就业率为97.66%，研究生毕业生年终就业率为98.36%，均位居全校前列；注重就业工作理论研究，积极申报并获批2023年度高等学校哲学社会科学研究专项任务项目（高校毕业生就业创业）1项，学院E立方生涯发展工作室连续两年获评为学校二级学院职业生涯咨询示范工作室，辅导员姜超、王云鹤撰写的生涯咨询案例获评湖北省优秀生涯咨询案例；积极培育选树促就业典型，1名学生获得湖北省首届大学生职业生涯规划短视频大赛一等奖，2名学生分别获得学校首届全国大学生职业规划大赛校赛总决赛二等奖、三等奖，学院获得学校首届全国大学生职业规划大赛校赛优秀组织奖。

丰富校园文化，增强育人具象。学院立足自身特点，充分发挥各类学生组织及学生党支部的堡垒作用，全年组织开展学生理想信念教育、爱国主义教育、革命传统教育、成才导航教育、生命感恩教育等主题活动20次，并从专业能力培养、学生工作技能提升、职业素养锻造、就业前景探索等方面精心选题，组织开展大学生素质教育主题报告10次；结合“05后”学生特点，认真做好新生入学教育及军训工作，获评校级“先进连队”荣誉称号；组织3支校级暑期社会实践团队，在学校对口帮扶的十堰市郧西县、襄阳市保康县、武汉市新洲区等地分别开展了为期20天左右的实践活动，3个项目入选湖北2023年“圆梦工程”助力乡村学校少年宫“七彩假期”志愿服务项目，学院获评校级“优秀组织单位”，1支团队获评校级“优秀团队”，1支团队获评省级优秀团队；学院团委持续深化团员意识教育，扎实开展青年大学习，全年平均参学率超过75%，智慧团建系统学社衔接、升学衔接、主题教育、对标定级、团支部专题组织生活会等完成率均达到100%，团员注册志愿者达到100%；有序推动共青团工作实现新发展，学院团委先后获评学校“特色工作先进团委”“2023年度湖北省大学生社区实践计划优秀工作单位”，1名学生获评湖北省第九届“长江学子”大学生就业创业人物、2022年度“百生讲坛”省级“金牌主讲人”、2021—2022年度“全国钢铁行业优秀共青团员”等荣誉称号，1名学生获评2023年度“百生讲坛”省级“银牌主讲人”，1名学生入湖北省“青马工程”培训班。

【队伍建设】强化师德师风引领作用，学院每学期召开全院教职工大会，开展师德师风教育活动，提升教师职业道德修养。学院教师在“树清廉家风创清廉家庭”廉洁文化作品征集活动中获得二等奖，在第八届全国高等院校英语教师教学基本功大赛、全国高等学校外语微课优秀作品征集与交流活动、高等学校（本科）外语课程思政优秀教学案例征集与交流活动等教学竞赛中获国家级奖 3 项、省级奖 8 项。

学院鼓励教师参加教师培训 200 人次，邀请专家来校讲座，指导教师课题申报，帮助教师修改学术论文，提高教师教学科研水平。续聘楚天学者讲座教授 2 人，校级特聘教授 1 人。1 名教师成功获批国家公派出国留学。积极引进高水平人才，考察面试博士研究生 11 人。

附录

2023 年外国语学院内设教学机构负责人名单

<table>
<tr><th>机构名称</th><th>主　任</th><th>支部书记</th><th>副主任</th></tr>
<tr><td>大学英语一部</td><td>杨　锐</td><td>杨　锐</td><td>陈　涛</td></tr>
<tr><td>大学英语二部</td><td>吕　鸣</td><td>吕　鸣</td><td>余　晋</td></tr>
<tr><td>英语系</td><td>龙在波</td><td rowspan="2">付治强</td><td>付治强、王　杨</td></tr>
<tr><td>翻译系</td><td>朱明炬</td><td></td></tr>
<tr><td>MTI 教育中心</td><td></td><td></td><td>姚　刚（主持工作）</td></tr>
<tr><td>德语系</td><td>向　开</td><td rowspan="2">章木林</td><td>吴文明</td></tr>
<tr><td>研究生公共外语部</td><td>章木林</td><td>肖　燕</td></tr>
<tr><td>英语语言学习中心/省级教学示范中心</td><td>陈　尧</td><td></td><td>肖业建</td></tr>
</table>

2023 年外国语学院内设学术机构负责人名单

机构名称	主　任	委　员
学术委员会	宋红波	朱明炬、李金云、吴万伟、宋红波、张　淳、陈　尧、耿殿磊、康有金、章木林
学位委员会	宋红波	龙在波、朱明炬、向　开、李金云、宋红波、陈　尧、胡晶晶、姚　刚
教学指导委员会	宋红波	龙在波、吕　鸣、朱明炬、向　开、苏芳勇、李金云、杨　锐、宋红波、陈　尧、姚　刚、章木林

（撰稿：胡晶晶、陈　尧、李金云、殷中山、肖　文　审稿：苏芳勇、宋红波）

信息科学与工程学院（人工智能学院）

【概况】信息科学与工程学院（人工智能学院）下设自动化、电子信息工程、电气工程及其自动化、通信工程、电子科学与技术、机器人工程6个本科专业，现有“控制科学与工程”一级学科博士学位授权点；“控制科学与工程”“信息与通信工程”及“电气工程”3个一级学科硕士学位授权点，以及“电子信息”硕士专业学位点。现有教育部冶金自动化与检测技术工程研究中心、教育部互联网+中国制造2025产教融合基地、湖北省智能信息处理与网络优化国际科技合作基地、湖北省电工电子实验教学示范中心、机器人与智能系统研究院、人工智能与信息融合研究院等教学和科研平台。自动化、电子信息工程、电气工程及其自动化专业获批国家级一流本科专业建设点，通信工程专业获批省级一流本科专业建设点，教育部“卓越工程师人才培养计划”、湖北省“战略性新兴（支柱）产业人才培养计划”、湖北省“荆楚卓越人才协同育人计划项目”、湖北省第四批“试点学院改革项目”、校级“香涛计划”、校级“拔尖人才培育计划”、教育部“中外合作办学项目”等构建了多样化人才培养模式。

学院现有本科生2811人，硕士博士研究生808人，下设自动化系、电子信息工程系、电气工程系、微电子工程系、电工电子基础课部和专业综合实验中心，以及学院办公室、科研办公室、教务办公室、学生工作办公室等机构。学院现有教职员工145人，其中教授30人，正高级实验师1人，副教授及副高职称教师55人。拥有双聘院士2人，青年科学基金项目（A类）获得者1人，“楚天学者”特聘教授4人，“楚天学者”讲座讲授5人，“楚天学子”22人，湖北省青年百人创新人才计划2人。学院有全国高校黄大年式教师团队1个，全国五一劳动奖章获得者1人，全国优秀教师2人，国务院政府特殊津贴获得者2人，教育部新世纪人才资助计划获得者1人，国家级教学团队1个，爱思唯尔中国高被引学者4人，香江学者1人，湖北省十大优秀博士后1人，湖北省名师工作室负责人1人，湖北省先进工作者1人，湖北省楚天园丁奖获得者1人，湖北省优秀中青年创新团队带头人2人，湖北省“高端人才引领培养计划”第二层次1人，省级教学名师1人，省级教学团队1个，省级优秀基层教学组织3个。

【党建与思想政治工作】2023年，学院党委设有1个学生党总支，7个教工党支部，教工党员105人；12个学生党支部（其中研究生党支部6个，本科生党支部6个），学生党员406人。学院党组织架构清晰，班子配备整齐，按期换届；“双带头人”党支部书记比例达到100%，多次开展党员集中培训。学院党委加强领导班子和干部队伍建设，开展基层组织建设夯实工程。学院党委于2023年3月9日召开中共武汉科技大学信息科学与工程学院委员会、纪律检查委员会换届选举大会。2023年6月，学院各系部、各教工党支部完成换届工作。

2023年，学院党委深入开展学习贯彻习近平新时代中国特色社会主义思想主题教育，深入开展理论学习与实践。认真落实党风廉政建设主体责任，开展政治生态分析研判工作，营造风清气正的学院整体氛围。加强清廉学院建设，打造品牌项目。开展党风廉政建设宣教月系列活动，2023年7月6日，学院党委书记刘运显主持召开2023年信息科学与工程学院警示教育大会，并面向全院教职工主讲题为“大力弘扬清廉守正、担当实干之风”的廉政党课。持续做好节假日纠“四风”树新风工作。多次开展专项警示教育学习及案例通报，强化廉洁烙印工程。

学院党委持续深化“对标争先”工作。自动化教工党支部完成湖北省首批样板支部建设验收工作，申报教育部第四批党建样板支部。电气工程教工党支部完成校级第二批样板支部建设验收工作。电信教工党支部完成校级第三批样板支部建设申报工作。

学院党委围绕“立德树人”开展宣传与思想文化工作；开展课程思政建设。重视意识形态领域工作，做好风险排查。开展党员发展、培养教育工作，全年开展6次党校培训班；做好党校教师的培养工作；开展“一党校一品牌”特色工作。全年发展党员113人。

学院基础工作规范，台账记账清晰。全年按时完成党费的收缴工作共48169.2元；完成2023届毕业生党员264人的党组织关系转接工作。推进党员下沉社区工作常态化制度化。加强统一战线工作，充分注重对民主党派、无党派人士的思想政治引领与作用发挥。2023年学院推荐3人参加无党派人士认定。学院领导重视校友工作，院级组织机构健全，加强校友联络，建有校友信息库和知名校友库，定期走访校友并加强校友合作。及时选配毕业班联系人，建立毕业班级通讯录，积极完成校友会安排的各项工作。学院全力抓好校友与对外合作工作，召开校友人工智能论坛与校友创新创业大讲堂。本年度社会捐赠到账共计730万元。

【本科教学工作】学院坚持“学生中心、产出导向、持续改进”教育理念，深化人才培养模式和教学方法改革。制订好“自动化”专业2023级“卓越计划”班、“电子信息工程”2023级产业计划班、荆楚卓越计划班以及自动化大类招生培养方案（包括自动化、电子信息工程、电气工程及其自动化、通信工程、电子科学与技术和机器人工程6个专业；学生第1~2学期课程完全一致，第3学期进行专业分流）。电气工程及其自动化专业通过专业认证自评报告，电子信息工程专业认证2024年迎接专家进校。

学院联合武汉钢铁有限公司、中冶南方工程技术有限公司、武汉烽火技术服务有限公司、武汉光庭信息技术股份有限公司和北京华晟经世信息技术有限公司5家公司申报国家级现代产业学院。积极开展校级以上教学团队（基层教学组织）建设，“电气工程及其自动化”教研室获批省级优秀基层教学组织。积极开展课程建设，完善慕课、微课、优课等网络课程平台，完善双语、研讨性课程等课程平台；“电机拖动基础”“通信原理”“机器人技术导论”获批省级一流本科课程，“电机拖动基础”申报国家级一流本科课程。获批省级教学研究项目1项，校级教学研究项目4项。在教学成果奖方面，学院获1项国家级教学成果奖，3项省级教学成果奖，1项校级成果一等奖，1项校级成果二等奖。

实施教师教学能力提升计划，打造包含教学竞赛、职业能力培训、教学研究能力提升等内容的教师育人能力培养体系。学院获第三届全国高校电子信息大类实验教学案例设计大赛国家级一等奖1项，第二届全国高校电气类专业青年教师实践教学创新大赛国家级二等奖1项，第二届高校电气电子工程创新大赛国家级三等奖1项，第三届湖北省高校教师教学创新大赛省级三等奖1项。

学院共有755名学生完成了本科毕业设计（论文），其中获校级优秀本科毕业设计（论文）76篇。同时，学院做好本科毕业设计（论文）的查重工作，合格率达到100%。按时完成毕业及学位资格审查；审核流程规范细致，相关支撑材料齐全。按时完成2022级自动化大类专业分流工作；分流过程规范细致。

【科研工作】加强基础和应用基础研究，2023年申报国家自然科学基金项目31项，获批国家自然科学基金6项；获批国家联合基金重点项目子课题1项、国家科工局基础产品创新科研项目子课题1项。获批3项湖北省自然科学基金。科研到账总经费3902.91万元；横向立项总额达到3574.97万元。全年发表A类以上SCI论文73篇（其中A1论文18篇，A2论文30篇，A3论文25篇）。在人工智能、机器人等前沿领域取得突破性研究成果，在包括*IEEE Transactions on Automatic Control*, *IEEE Transactions on Image Processing*等行业顶级期刊发表长文。

促进技术成果开发与应用，全年签订横向合同87项，科技成果转让合同14项，横向到账总经费3879万元。重大横向项目（超过200万元）立项4项；蔡彬老师单个横向到账302万元，何杰老师单个横向到账180万元。授权发明专利14项，受理发明专利6项。

深化与区域、企业的合作，赴扬州市开展校企对接活动；与湖北金远科技签订产学研合作协议；积极开展国际化科研及学术交流工作，主办2023年人工智能前沿论坛暨第七届智能信息处理与网络优化国际研讨会，协办2023年第九届电气工程、控制和机器人技术国际会议。

加强冶金自动化与检测技术教育部工程研究中心内涵建设，本年度顺利完成工程中心5年一次的评估工作。与湖北神电汽车电机有限公司联合申报并获批2023年荆州市企校联合创新中心。

【学科建设】完成了信息与通信工程、电气工程、电子信息学位点的专项评估工作。3个学位点都已通过专项评估。

做好学位点后续建设工作。科学制订《学科建设任务书》，并开展学位点建设专题研讨系列活动。围绕学位点专项评估反馈意见，有针对性地规划学位点后续建设方向，补强短板。

完成湖北省“十四五”特色学科群年度总结工作。围绕“人工智能与智慧冶金”，对当年科学研究、人才培养等方面进行了详细总结，并规划了学科群下一年度发展方向。

做好了控制科学与工程博士点的合格评估的筹备工作。

【研究生培养】获批校级教育教学改革研究项目3项（含校级重点推荐省级1项），校级专业学位研究生课程案例库立项2项。申报省级教学成果奖1项，申报武汉科技大学“课程思政”示范课程1门。参与课程思政教学设计大赛1人。2023年博士研究生发表A类期刊论文生均数2篇；硕士研究生发表A类期刊论文生均数0.17篇，B类期刊论文生均数0.20篇。2023年学院推荐了校级优秀博士学位论文2篇，优秀硕士学位论文11篇，冶金教育学会优秀硕士学位论文2篇，“优秀博士学位论文培育计划”2人。我院研究生参加国际国内学术会议并作报告28人次。研究生积极参加全国各类学科竞赛，获得国家级奖项4项和省级奖项40余项的好成绩。

严格规范研究生考试招生工作，层层压实责任，牢牢守住研究生招生工作纪律红线。制作研究生招生宣传视频，以生动形象的方式展现学院的独特魅力。2023年招生录取硕士研究生225人，考录比7.06∶1，其中优质生源比例达到70%；录取博士研究生16人，全脱产比例达到94%，其中硕博连读5人，直博生1人；硕士学位留学生4人。

进一步加强各类研究生学位论文的规范管理，提高学位论文检测合格率。2023年学院有247人答辩，其中博士研究生4人，学术型硕士研究生71人，全日制专业型硕士研究生164人，非全日制专业型硕士研究生8人，学位论文查重合格率达100%。

博士研究生、硕士研究生新生报到率达100%。2023年研究生就业率达98.3%。完成研究生国家奖学金12人、学业奖学金692人的评定；组织研究生参加学科竞赛获得省级及以上奖项37项，其中国家级奖项4项，承办的研究生电子设计大赛初赛被评为优秀组织奖；组织研究生申请创新基金项目29项，往年基金项目结题率100%；组织研究生开展文体活动7次，举行学术道德教育2次，开展了心理健康月和消防安全月活动。

【学生工作】2023年，学院针对学生开展理想信念教育、爱国主义教育、思想道德教育、成才教育等主题活动10次，其中大学生素质教育主题报告举办3次。组织低年级全员参加2次“心理健康活动月”活动，每位辅导员各完成“轻咨询”10余次，武汉科技大学心理健康达标工作站审批合格。

毕业生考研录取率达29.22%，就业率97.02%。共有26个班级被评为优良学风班，比例为40.26%。加强辅导员队伍建设，开展20余次学生工作交流会，2023年共有9人次参加辅导员专题培训。重视班主任队伍建设和考风考纪，严格执行《信息科学与工程学院学风考风规章制度》。

10余名教职工参加学校的招生工作，共接收新生604人。开设就业指导课，开展就业交流会，成立就业互助小组，武汉科技大学职业生涯规划与就业指导达标工作站审批合格。

学院团委在运动会中获得“最美方阵”称号，积极组织学生参加暑期社会实践活动，共组织院级团队1支，校级团队3支，社会实践时间长达20天，2022级辅导员潘鑫老师获校级“三下乡”暑期社会实践先进工作者称号，团队参加大学生暑期“三下乡”“返家乡”社会实践活动获国家级“优秀团队”荣誉、校级“优秀组织单位”荣誉，学生获省级“先进个人”称号。

学院团委组织学生参加各类竞赛，编撰《学生学科与科技竞赛工作手册》，建立了Robomaster崇实战队、电子设计大赛设计基地、人工智能与机器视觉技术研究基地、电磁材料与器件研究基地四大科创平台；本科生首次参加A2类《全国大学生工程实践与创新能力大赛》获国家级奖项突破；各类课外科技竞赛共获国家级以上奖励121项，省级以上奖励290余项。

【队伍建设】学院坚持“人才强院”战略，立足现实、着眼长远、统筹规划，通过系部调研上报，汇总统筹的方法，制订了学院年度师资队伍建设规划和年度工作计划。注重加强人文关怀，通过举办集体生日会、座谈等多种形式加强师德师风教育，提高队伍凝聚力。

学院高定位开展人才引进工作，王瑶为、郑超兵、郑皖宁、朱振华、余昶5名博士研究生入职新教师，其中王瑶为按校青年百人计划引进；同时，学院积极参与各级人才申报工作，胡棉、王瑶为、周玉凤博士研究生获批楚天学子，张效康博士研究生获批湖北省百人创新计划，中冶南方副总经理丁炜获批武汉科技大学湖北省产业教授，吴谨老师获批湖北省名师工作室负责人。程用志、常晓恒、曹永岩老师入选全球前2%顶尖科学家“终身科学影响力”榜单，程用志、常晓恒、张永、罗辉、陈浮老师入选“2023年度科学影响力”榜单。

张效康、王瑶为、王一飞晋升副教授，何杰转评副教授，胡修兵转评实验师。

积极组织教师参加公派出国留学，陈洋教授到新加坡南洋理工大学出国交流；4位老师参与企业挂职，助力校企融合。成丽新博士研究生进入控制科学与工程科研流动站，目前在站人数7人；积极组织中国博士后科学基金申报，获批国家博士后二等资助2人，获批湖北省博士后创新研究岗位2人。

【实验室建设】2023年，加强实验教学仪器设备管理和实验人员管理，统筹安排，保障了学院实验教学工作平稳推进，完成了实验教学任务；按学校要求，提报了2024年资产配置计划，并完成了部分老旧资产的报废工作；全面排查实验室安全隐患，开展实验室安全知识培训，加强实验室安全硬件防护设施建设，确保了全年无安全责任事故发生。2023年完成了电气工程专业和通信工程专业实验室部分设备采购。

附录

2023 年信息科学与工程学院内设教学机构负责人名单

机构名称	主　任	支部书记	副主任
自动化系	陈　洋	黄卫华	严保康、苏　茜、刘青松
电子信息工程系	朱　磊	杨　君	邓慧萍、但　峰、向　森
电气工程系	柴　琳	蔡　彬	张良力、陈绪轩、何　杰
微电子工程系	张　涛	程用志	陈　晨、罗　辉
电工电子基础课部	廖宇峰	周钰杰	武达亮、尚　涛
专业综合实验中心	徐望明	邱奕敏	孟志华、周红军

2023 年信息科学与工程学院内设学术机构负责人名单

机构名称	主　任	委　员
学术委员会	伍世虔	刘　劲、刘　斌、刘振兴、李维刚、闵华松、宋笑影、吴　谨、张　永
学位委员会	刘振兴	陈　洋、陈　曦、陈绪轩、程　磊、刘　斌、卢少武、马娅婕、闵华松、吴　谨、张　涛
教学指导委员会	刘振兴	吴　谨、程　磊、陈建良、刘　劲、柴　琳、张　涛　柳利军、徐望明

（撰稿：吴　谨、朱　斌、陈　凯、陈　曦、靳莉莉　审稿：刘运显、刘振兴）

艺术与设计学院

【概况】学院现设有工业设计、环境设计、视觉传达设计、绘画与公共艺术 4 个系，有工业设计、产品设计、环境设计、视觉传达设计、公共艺术、绘画 6 个本科专业，拥有自主设置目录外二级学科工业设计博士学位授权点、设计学一级学科硕士学位授权点、艺术管理学术硕士学位及设计专业硕士学位授权点，学院现有教职工 62 人，其中专任教师 49 人，教授、副教授 35 人；教师队伍中，40 岁以下教师 100%具有硕士学位或者博士学位，有省政府突出贡献专家、省政府咨询专家、校级教学名师、模范教师 10 余人。在校普通本科生、研究生共 1300 余人。

学院拥有独立教学大楼（逸夫楼）及 2400 多平方米的专业美术馆，建有 2 个校级重点科研平台（新农村建设研究中心、艺术与科学研究中心），1 个校级一般科研平台（产品创意与文化研究中心）。实验教学示范中心开设 3D 打印、模型、图形、陶艺、摄影、计算机辅助设计、玻璃艺术、手工艺术、古建筑测绘等 14 个实践分场，获批“湖北省战略性新兴（支柱）产业人才培养计划”人才培养实施项目，建有校内外教学实习实训基地 20 余个。

学院行政管理机构设有学院办公室、教务办公室、学生工作办公室和分工会；教学机构设有工业设计系、环境设计系、视觉传达设计系、绘画与公共艺术系和综合实验室。成立有学院学术委员会、教学指导委员会、学位评定委员会。

【党建与思想政治工作】学院现有党员 261 人，其中教职工党员 43 人，学生党员 198 人，学生党员占学生比例 15.01%。党支部 9 个，其中教工党支部 3 个，学生党支部 6 个。2023 年发展党员 70 人，其中学生党员 69 人，教职工党员 1 人。

凝心铸魂，在学深悟透上下功夫。学院党委深入学习贯彻习近平新时代中国特色社会主义思想，坚持以党的二十大精神为指引，认真开展主题教育，始终锚定 5 项具体目标，着力解决 6 个方面突出问题，把理论学习、调查研究、推动发展、检视整改、建章立制贯穿始终、一体推进。主题教育期间，学院建立党委理论学习中心组、理论学习大讲堂、党支部专题研讨、团支部学习小组和党员自学的“五学联动”机制，联系校领导、班子成员、教工党员、辅导员分层次有重点开展符合师生特点的宣传教育活动。切实实现理论学习有所获、调查研究有所得、推动发展有所成、检视整改有所措、建章立制有所为、组织领导有所依的教育成效。同时，学院党委坚持牢牢把握党的创新理论精髓要义，坚持紧密结合学院学科专业特色，实现学习多层次、全覆盖，进一步把全院师生的思想和行动统一到党中央决策部署上来，统一到学校高质量发展上来。

砥砺奋进，在实干担当上高要求。学院党委贯彻执行《中国共产党普通高等学校基层组织工作条例》，严肃党内政治生活，切实推进基层党组织规范化、标准化建设。认真组织开展领导班子民主生活会、基层党支部组织生活会、民主评议党员和党支部书记述职评议考核。领导班子、各支部书记（支委）按要求上党课，建立健全党支部书记例会制度，梳理印发《支部工作手册记录本相关要求规范》《发展党员工作规范手册》《基层党建工作标准流程图》，规范“三会一课”“支部主题党日”等活动的日常管理。修订《艺术与设计学院党政联席会议议事规则》，严格落实“三重一大”集体决策制度，凡属重大决策、重要人事任免、重大项目安排和大额度资金的使用，均由领导班子集体作出决定，会议记录规范。切实加强党支部书记选配工作，教工支部“双带头人”党支部书记比例达到100%，严格按照组织要求落实党员组织关系排查和转接工作，加强与流动党员联系，持续推进流动党员转接。全面落实意识形态工作责任制，对意识形态风险开展专项排查，开展文明创建活动，不断完善讲座、论坛、报告会等意识形态风险控制制度。2023年学院党委获评校级先进基层党组织。

奋楫争先，在融合发展上作表率。聚焦课程思政，立足专业特色，落实“各门课程都有育人功能，所有教师都负有育人职责”的工作思路，挖掘各门课程所蕴含的思想政治教育元素，充分发挥专业课程的思想政治教育功能，使各类专业课与思想政治教育同向同行，形成协同效应，实现全员全过程全方位育人。以打造“共美计划”品牌为核心，坚持立德树人根本任务，着力发挥学科专业特色，发挥样板支部建设的示范引领作用，将红色艺术党建融入科学研究、课堂教学、校园文化、日常教育和社会实践中，全面推进“五个融入”工程，创新打造党建工作“一院一品牌”。全面加强师德师风建设，面向全体教师开展道德讲坛、师德师风专场讲座，注重发挥教师党支部和先进模范教师引领作用。坚持以高质量党建引领学院事业高质量发展，在校友会2023年中国大学设计学学科排名中，设计学学科排名进入全国排名前40%，人才培养质量稳步提升，艺术类高考录取分数线位居省属高校第一名；办学影响力不断扩大，举办了20余场高水平艺术展览和学术论坛。

廉洁奉公，在管党治党上动真格。学院坚持和加强党的全面领导，坚持“两个确立”，做到“两个维护”。领导班子召开全面从严治党、党风廉政建设专题研究工作会议4次，党委书记讲廉政党课2次，主动查找偏差，及时发现解决问题，不折不扣执行各项规定，贯彻民主集中制，落实意识形态工作责任制。学院致力于构建风险防控体系，通过统一思想认识，构建廉政风险防控体系之“基”；通过落实主体责任，构建廉政风险防控体系之“要”；通过突出工作重点，构建廉政风险防控体系之“本”。学院持续开展“党风廉政建设宣传教育月”活动，始终以“共美计划”品牌为核心，结合专业特色，开展“设计+廉政”探索，以专业工作室为依托，开展师生清廉设计、主题廉洁文化作品展等，扎实推进“清廉武科大”建设。

【教学工作】学院领导高度重视教学质量，整体教学工作运转正常。实验、实习课程教学安排合理，实习按计划进行，实习动员认真规范，实习报告内容齐全，批改规范，及时归档；本科毕业设计（论文）查重的重复率未高于30%，毕业设计（论文）选题无重题，毕业设计指导教师指导的学生数未超过8名，未存在学术不端行为；按时完成学校下达的教学任务，课程教学安排合理，课程安排录入和教学任务安排书及时提交；学院教学管理人员及时处理学生网上办事大厅或本科教学管理系统中审核事项，学院分管领导未缺席教学工作会议；全年调停课次数占总授课学时的比例小于2‰；按照学校要求组织好各类考试，监考安排合理，考风考纪良好；教授、副教授为本科生授课比例达到100%；教学材料归档工作及时准确，按时提交学生成绩，各类教学资料整理规范、归档齐全；学院转专业、专业分流方案合理，相关支撑材料齐全；按学校要求按时完成毕业及学位资格审查，审核流程规范相关支撑材料齐全；毕业审核数据准确详实，毕业证按时发放；2021 级拔尖人才培养，2020 级本科生推免工作遵循公平、公正、公开原则，顺利完成。学院院级督导聘任到位，院领导听课达 100%，学院对教评后 10%教师进行过帮扶，成效明显；学院教学状态数据的申报工作按时完成，学院学评教参评课程门次优秀率不低于 20%，学院学评教参评率 95%以上；组织开展教师教学基础工作、专业教师教学交流与研讨活动、教师参加校内外各类教育教学培训等 10 余次。

教研成果方面：学院高度重视本科教学改革与建设，完成工业设计省级本科一流专业建设中期检查，完成环境设计国家级本科一流专业建设阶段性任务；各责任教授团队负责人对 2023 级人才培养方案进行了修订，培养方案执行情况良好，同时修订了相关课程教学大纲，执行情况良好；获国家教学成果奖二等奖 1 项，湖北省教学成果奖二等奖 1 项；获批湖北省级一流本科课程 2 门；获批教育部产学合作协同育人项目 2 项；获批校级重点教学研究项目（推荐省级）1 项，校级教学研究项目 2 项；公开发表 C 类教学研究论文 3 篇；出版教材 2 部；2 门在线课程平台上线。

国际交流方面：中意公共艺术项目进展顺利。2023 年首届学生计划招生 80 人，实际录取 80 人，实际报到 79 人，1 人因故放弃入学资格。中意合作项目配套建设，包括专业教室、智慧教室均已按计划完成。2023 年 6 月 10 日，泰国东方大学艺术学院院长 SakesanTonyApiromy（塞尚）一行来校访问交流，副院长 BunchooBunlikhitsiri（本初）、中国驻泰国大使馆原文化参赞秦裕森和泰中文化交流中心主任金晶陪同来访。武汉科技大学副校长吕勇会见塞尚院长一行，艺术与设计学院院长管家庆，副院长袁心平、胡康，国际交流合作处副处长杨习参加座谈交流。学院与泰国东方大学签署合作备忘录（MOU）。8 月 31 日下午，韩国国民大学技术设计专门研究院副院长 Pan Young-Hwan 教授（潘荣焕）一行来学院交流访问，随行人员有教授 Chang Wan-Sok（张完硕）、助理教授 Yoo Chae-Moon（刘彩文）。学院院长管家庆教授会见潘荣焕副院长一行，艺术与设计学院副院长袁心平、绘画与公共艺术系主任高超、视觉传达系主任王伟、学院教师许洪超参加座谈交流。

【科研工作】学院 2023 年度完成各类科研经费进账 140.75 万元，超额完成学校下达的 63 万元目标责任。

积极申报纵向科研项目，项目申报材料符合规范要求，学院共申报国家社科基金艺术学项目 7 项，国家艺术基金人培项目 3 项，国家艺术基金美术创作个人项目 7 项，教育部人文社科 5 项，湖北省社科基金 5 项，武汉市社科基金 5 项，湖北省委重大调研课题 1 项，省级人文重点平台开放课题 1 项，科普项目 1 项。获批国家艺术基金项目 1 项，教育部社科司中华优秀传统文化专项课题（A 类）项目 1 项，湖北省社科基金项目（前期资助）4 项，湖北省重大调研项目 1 项，各类省部级纵向项目 3 项，武汉市社科基金项目 1 项，省级人文重点平台开放课题1项。同时，学院加强了项目结题管理，按学校规定办理结题（验收）手续或办理延期申请手续。2023年学院发表C类及以上科技论文（作品）论文50篇，教师获批授权各类专利7项，出版著作1部，各类决策咨询获领导批示3项。

积极与地方企业开展横向科研合作，积极发挥校级科研平台“艺术与科学研究中心”“新农村建设研究中心”“产品创意与文化研究中心”产学研功能，有计划外派专业技术人员从事科技成果转化工作，并促成成果转化。

注重学术交流，2023年主办“2023陶瓷艺术设计教育院长论坛”学术会议1场，规模200人。举办《管家庆釉彩画艺术》新书首发式活动3场。举办学术讲座10场。举办科普活动2场。向教育厅申报高校人文社科研究基地1项。“武汉科技大学高温陶瓷艺术科普基地”获批武汉市科普基地。

【学科专业建设】根据学院目标管理责任制任务书，结合学院“十四五”规划及《艺术与设计学院“十四五”学科建设专项规划》，制订了学院年度学科建设计划书，积极支持学校建设“双一流”。“校友会2023中国大学设计学学科排名”首次正式发布，武汉科技大学艺术与设计学院“设计学”学科排名进入全国排名前40%，位列全国高校第68位。环境设计专业负责人获得国家级教学成果奖二等奖（合作）；获省一流课程1门，1门申报国家一流课程，在教研项目、教材建设等方面均取得一定成果。工业设计专业完成建设点的中期考核工作，进一步对标对表，已补齐部分短板，包括课程建设、教材建设、教学研究项目、教学成果奖等。

规范并及时填报合格评估《学位授权点基本状态信息表》。对合格评估工作中艺术设计专硕学位点所发现的问题和不足，参照《学位授权审核申请基本条件（试行）》标准制订了《学位授权点建设举措及计划》，及时进行整改和建设，以保障专项评估工作顺利完成。按照《学位授权点专项评估工作方案》要求，开展专项评估材料预填报相关工作，规范准确填报评估材料，高质量完成专项评估各项准备工作。

学院加强导师队伍的建设与管理，严格按照文件和规范遴选导师并开展导师培训，及时发布导师信息。完成了2024级硕士导师遴选和培训工作。共遴选2024级研究生导师62人次，其中艺术管理4人，设计学23人，艺术设计31人，美术4人。

日常教学运行正常，教学管理有序，教学各环节管理严格，档案资料齐全；学校相关会议活动出勤率100%。组织修订了2023级全日制设计领域专业型硕士研究生、设计学学术型硕士研究生的培养方案，并邀请专家进行了会审，召开了专家论证会。组织完成了2021级硕士研究生的中期考核工作；组织完成了2022级硕士研究生开题工作；组织完成了各研究方向研究生实习实践基地的续签与新增工作。

学院在研究生院的领导下，研究生招生考试工作平稳有序，对研究生招生宣传、自命题、复试、录取等工作安全零事故，按照要求抽调专人参与学校考务、试卷整理等专项工作。学院100%完成年度研究生招生计划，原计划招收64人，其中全日制研究生60人，非全日制研究生4人；实际录取74人，其中学术型硕士研究生10人，专业型硕士研究生60人，非全日制研究生4人，一本类院校的生源质量进一步提高。2023年自主设置工业设计全日制博士研究生录取1人。同时，2024年研究生生源质量得到持续提升，目前已招收推免研究生19名，其中拔尖人才6名，在学校排名前列。

【学生工作】2023年，充分汲取新时代“枫桥经验”的丰富营养，在学院推行“小事不出班、大事不出院、矛盾不上移”的工作思路，把深化“枫桥经验”作为深化团学工作的重要载体，形成积极向上、和谐友好的氛围。

持续推进学风建设，全年共有12个班被评为校优良学风班，学院被评为优良学风学院单项奖。持续推进“共美计划”，强化思想引领主业和服务学生成长成才。首次派出两支本科生暑期社会实践团队分赴十堰郧西、孝感孝南开展实践活动；学院“艺启未来”生涯咨询工作室、心理健康教育工作站均通过验收并获评学校示范工作室/站；学院团委获评2023年度湖北省大学生社区实践计划优秀工作单位，学院青队入选2023“中国历代绘画大系”全国大学生志愿宣讲团，“共美计划”品牌影响力持续提升。

2023届本科毕业生就业率达到98.8%，较2022年稳步增长。2023届研究生毕业生就业率达到98.08%，达到学校考核要求。

学院注重学生工作专兼职队伍建设，在工作实践中注重将学院特色与学生工作队伍建设相结合，着力于美育教育与思想政治教育协同发展实践。2023年1月，组织辅导员参加武汉科技大学第二期“百炼成钢”辅导员职业能力培训；2023年7月，组织辅导员参加湖北省教育厅举办的谈心谈话技术与心理危机解决策略培训；2023年7月，组织辅导员参加教育部举办的全国高校辅导员提升政治能力培训。2023年，学院辅导员刘邦获评学校“心理健康教育优秀工作者”“优秀党务工作者”；邹龙获评武汉科技大学“学雷锋标兵”、武汉科技大学第八届辅导员素质能力大赛二等奖；赵亚龄获武汉科技大学第八届辅导员素质能力大赛三等奖、武汉科技大学暑期社会实践先进个人、湖北省高校新任辅导员适岗履职能力培训班优秀学员。

学院积极组织学生参加科技竞赛，持续强化OBE理念引导，推进创新创业工作，全年有1000余人次参加大学生课外科技活动，获省级以上奖项600余项，获国家级以上奖项130余项。学院斩获全国大学生广告艺术大赛国赛奖8项，获奖质量和数量均创历史最高；在首届“美丽中国”创新设计大赛中获9项国奖和优秀组织单位；大创项目校级、省级、国家级结题率均100%；有3名学生荣获“沁湖创客”大学生创新创业典型。

学院重视内外宣传工作，全年积极向学校网站、微信、抖音等新媒体投稿，在省级及以上媒体发稿13篇，在校园网主页发稿12篇，在新闻网发稿89篇，向学校官微、B站等新媒体投稿2篇，新生关注学校官微率100%。

【队伍建设】认真落实学院师资队伍“十四五”建设规划，有年度师资队伍建设规划目标；加强师德、师风建设，注重师德典型，积极开展专题师德师风教育活动，全年无师德失范行为；完成年度优秀教师的推荐选拔工作。重视新进教师基本教学能力的培养，按规定安排新进教师进行助课；加强教师的送出培养与交流，鼓励教师提高学历层次，参加各类型的课程进修和短期培训，参与率不低于95%，年度内学院举办学术活动12场。

高度重视高层次人才队伍建设，积极营造良好的人才发展环境，工作有措施；积极组织开展高层次人才引进、推荐选拔工作，工作有成效，高层次人才考核等级均为合格及以上，未出现全职高层次人才流失现象。制订年度教师引进计划，积极落实教师引进，强化精准引才。

积极拓展和推进学院国际化工作。为确保中意公共艺术专业合作办学项目的有效实施，学院单独印刷了招生宣传册，加大宣传力度。湖北日报网以“武汉科技大学首个文科类中外合作办学专业开始招生”进行了宣传报道，同时，学校校报、自媒体等也进行了同步的宣传和报道。2023年首届学生计划招生80人，招生分数线为600.4分，录取80人。中意合作项目配套建设，包括专业教室、智慧教室均已按进度计划完成。教学与管理方面有序运行，学院专门成立了中意合作项目的责任教授团队，同时设置了B岗，招聘1名工作人员专项负责项目的日常联络与运行。

积极开设全英语教学课程，将双语教学课程授课教师、拥有国外学习访学经历的教师以及具备良好英语水平的中青年教师作为全英语教学师资的中坚力量，全英语教学师资达到教师总数的10%；学院重视全英语教学工作，加强学科团队、教学团队建设，以进一步提高全英语教学师资力量。

学院充分发挥工会、教代会在学院民主决策、民主监督、民主管理方面的重要作用，有效促进全院教职工增强政治意识，提高政治站位，进一步凝聚发展共同体。全年共选出4名教职工代表，为学校建设建言献策；组织学院教代会、工会委员会换届，选举出21名教职工代表，按时召开职工代表大会；凡是学院涉及教职工切身利益的事项，均通过职工大会或职工代表大会审议；大力推进院务公开，凡是需要公开的事项一律在规定的范围公开，接受群众监督。

【实验室建设】学院设有面向全部专业的造型艺术综合实验室，现有3名实验人员，实验室队伍建设职责明确。学院重视实验室队伍管理与技能提高，专职实验技术人员坐班率100%；学院高度重视实验室安全工作，学院安全工作责任施行逐级落实，本年度严格按学校要求对所有学生（本科生、研究生）实施实验室准入制度，加强了假期实验室准入工作，严格按照《假期进入办公室、工作室、实验室安全告知书》《假期进入实验室申请备案表》等规范性文档履行报批手续，全年无任何安全事故发生。

虚拟仿真实验室一期建设已完成，后续将在毕业设计、国家一流课程等方面发挥重要作用；工业设计工程实验室已完成前期工作，年底建设完成。

学院严格遵守和执行学校相关管理制度，国有资产管理有序，办公用房符合规定。资产清查核查率高于95%，仪器设备完好率高于95%。贵重仪器设备管理得当，无闲置仪器。按规定指标用电。部门分管负责人和部门档案员配备到位，各类材料按照归档范围按时移交档案馆，完成部门归档。重大事项、重要工作及时归档，归档内容齐全完整。按照归档要求、手续，办理毕业生、新生档案移交。

【校友工作】学院高度重视校友工作，于2017年11月20日成立武汉科技大学艺术与设计学院武汉校友会，组织机构健全。积极加强校友联络，完善校友信息。新生入学举办知名校友讲座，选配毕业班联系人，建立毕业班级通讯录；做好知名校友走访，加强与知名校友的合作。为进一步丰富在线教学模式，提升学生学习兴趣，充分发挥优秀校友的影响力，工业设计、艺术设计系积极联系企业优秀校友参加“武科大工设校友云课堂”“‘开放设计’课程校友云课堂”进行线上课堂交流，邀请优秀校友参与到线上教学的新颖学习方式，极大地提升了学生们的学习热情。同学们在课堂上认真听讲、积极互动，就专业前景、专业知识、招聘面试、专业技能证考试等问题纷纷向学长们提问，也都得到了校友的一一回复。通过线上课堂交流，同学们对即将从事的专业有了更加全面而深刻的认识，进一步明确了努力的方向。校友走进课堂这一创新教学形式不仅让优秀毕业生充分发挥其楷模作用，激励同学奋进。学院建立健全就业育人支持体系，大力推进毕业留鄂留汉就业，加强与在汉校友企业的对接，定期组织学生参观校友企业、强化专业教育。

附录

2023年艺术与设计学院党委（党总支、党支部）委员名单

党组织名称	书　记	副书记	纪检委员	组织委员	宣传委员	其他委员
艺术与设计学院党委	黎宇宁	孔令浩	周　薇 李　菁	—	—	—
艺术与设计学院工业设计系教工党支部	王采莲	—	曹亚丽	艾险峰	曾　力	—
艺术与设计学院美术系教工党支部	裴　磊	—	周　薇	秘云腾	杨　涛	—
艺术与设计学院艺术设计系教工党支部	翁雯霞	—	李　菁	罗　斌	李丽媛	—
艺术与设计学院学生党总支	孔令浩	—	江　锋	邹　龙	刘　邦	王　月
艺术与设计学院研究生第一党支部	李栋洋	—	李鹏宇	李自龙	薛政冕	—

续表

党组织名称	书　记	副书记	纪检委员	组织委员	宣传委员	其他委员
艺术与设计学院研究生第二党支部	杨时雨	—	徐美娜	付云豪	鄢汉臣	—
艺术与设计学院研究生第三党支部	周　露	—	裴林茹	孔泽众	孙雨歆	—
艺术与设计学院本科生第一党支部	黄安琪	—	郝祖青	杨雅琪	姚佳琪	—
艺术与设计学院本科生第二党支部	陈宣宇	—	赵　玉	陈瑞璟	罗静懿	—
艺术与设计学院本科生第三党支部	江　锋	封荣美	田昌权	覃梓阳	石乙杰	—

2023 年武汉科技大学艺术与设计学院武汉校友会第一届校友会代表成员名单

校友会职位	姓　名	工作单位及职务
会　长	吴　双	武汉大麦空间建筑有限公司　CEO 千山素集（武汉）科技绿化有限公司　CEO
常务副会长	程良柳	武汉良古文化传播有限公司　总经理
副会长	杨道成	一米居建筑装饰设计工程有限公司　总经理
	潘　乐	武汉亿童文教股份有限公司　运营总监
秘书长	潘　乐	武汉亿童文教股份有限公司　运营总监
副秘书长	毕元玲	武汉科技大学继续教育学院　团委书记

2023 年沁湖美术馆机构负责人名单

管理机构	负责人
名誉馆长	管家庆
馆长	高　超
执行副馆长	江　澜
副馆长	周　薇、裴　磊
工作人员	工作人员

2023 年艺术与设计学院内设教学机构负责人名单

机构名称	主　任	副主任	支部书记
工业设计系	彭　红	艾险峰	王采莲
环境设计系	李一霏	翁雯霞	翁雯霞
视觉传达设计系	王　伟	张　姝	
绘画与公共艺术系	高　超	周　薇	裴　磊
实验室	刘志强	—	—

2023 年艺术与设计学院内设学术机构负责人名单

机构名称	主　任	副主任	委　员	秘　书
学术委员会	管家庆	徐武斌	黎宇宁、袁心平、胡　康、彭　红、聂　虹、江　澜、李一霏	张　建
学位委员会	管家庆	—	黎宇宁、袁心平、孔令浩、胡　康、彭　红、高　超、李一霏、王　伟	王　月
教学指导委员会	胡　康	—	管家庆、袁心平、彭　红、高　超、李一霏、王　伟	方想秀

（撰稿：刘　邦　审稿：黎宇宁、管家庆）

医学部

【概况】武汉科技大学医学部现有临床医学、预防医学、护理学、药学和卫生检验与检疫 5 个本科专业；拥有公共卫生与预防医学、基础医学、生物学 3 个一级学科硕士学位授权点和临床医学、护理学、药学 3 个专业学位硕士授权点，有生物医药工程、职业危害识别与控制 2 个博士学位招生方向；建有 1 个国家级一流本科专业，2 个省级一流本科专业，2 个湖北省名师工作室，拥有省级及以上高层次人才 10 余人，建有护理、药学、公共卫生与预防医学、卫生检验与检疫等人才培养基地 30 余家，与湖北省疾控中心共建公共卫生与预防医学人才培养基地；建有

“职业危害识别与控制湖北省重点实验室”和8个校级科研平台，近5年获批国家级和省部级科研项目百余项，获湖北省科技进步奖7项，湖北省教学成果奖6项。医学专业现有在校本科生、研究生和留学生共2000余人，13家附属医院。

【党建与思想政治工作】2023年，学部党委坚持用习近平新时代中国特色社会主义思想凝心铸魂，认真贯彻落实党的二十大精神，扎实开展学习贯彻习近平新时代中国特色社会主义思想主题教育，深入贯彻落实新时代党的建设总要求和新时代党的组织路线，坚持落实党中央、省委、学校有关重要会议精神和重要工作部署，不断促进学部各项工作更上新台阶。

学部现有教职工党员95人，学生党员522人，学生党员占学生比例14.39%。党支部23个，其中教工党支部5个，学生党支部18个。

全年发展党员106人，其中高层次人才青年教师党员2人，学生党员104人。

（1）聚焦凝心铸魂，扎实开展学习贯彻习近平新时代中国特色社会主义思想主题教育。紧紧围绕“学思想、强党性、重实践、建新功”的总要求，坚持将理论学习、调查研究、推动发展、检视整改贯穿始终。主题教育期间，邀请专家作辅导报告1次，党委书记讲专题党课1次，其他班子成员到联系院系讲专题党课9场，与江岸区科协开展“践行党的二十大，科普点亮美好生活”联学共建活动，领导班子成员先后27次深入课堂、实验室、本科生研究生培养基地开展调查研究，精选9个针对性强的调研专题，形成专题调研报告9篇，调研成果转化率达100%，领办民生实事项目9项，高质量完成民主生活会，党委书记履行督导工作职责，完成6家单位主题教育督导任务。

（2）聚焦组织建设，严格履行基层党建责任。坚持贯彻落实全国、全省组织工作会议精神和《中国共产党普通高等学校基层组织工作条例》，认真履行第一责任职责，严格落实党委会和党政联席会议制度，带头执行民主集中制、“三重一大”集体决策制度，充分调动党支部书记的积极性，发挥党支部的战斗堡垒作用，加强党组织凝聚力。全年共发展2名高层次人才青年教师党员，公共卫生学院教师党支部书记工作室入选省高校“双带头人”教师党支部书记工作室培育创建名单，公共卫生学院教师党支部创建校级党建工作样板支部通过验收，并参与申报全国样板支部，打造了以“白联队功能党支部”为特色的“一站式”社区工作品牌，白联队获中国性病艾滋病防治协会2023年高校防艾基金项目资助。

（3）聚焦融合发展，促推党建与业务双提升。坚持用好联学联建“推进器”，练好管党治党“基本功”，抓好办学治院“主战场”，将党的年度建设目标与医学教育创新发展行动方案紧密结合，积极推动党建工作与事业发展深度融合。2023年，组织武汉科技大学办学125周年暨医学院建院65周年学术系列讲座，先后组织17场学术活动，邀请26名国内知名专家到医学部讲座，完成省级重点实验室申报，推动博士点申报，获省级教学成果奖2项；获“中国金属学会冶金医学奖”一等奖1项，1门课程在国家级平台上线，获批省级教研项目3项，主编教材2部，参编出版教材6部，4名教师获省级人才称号，产出高质量SCI论文119篇，其中影响因子大于10分的12篇，临床技能中心建设项目完成基础设施改造和网络弱电2个模块，成立“武汉科技大学大健康产业校友会”，完成校友数据收集，社会捐赠资金到账710万元。

（4）聚焦根本任务，领航时代新人培育。结合医学教育特点和办学实际，推动教工党支部与学生党支部“结对子”，通过理论学习、社会实践、文体活动、专业交流、谈心谈话等，畅通了师生交流渠道，搭建师生互动平台，密切师生联系，增强教育教学和人才培养实效，实现师生共同进步和发展。2023年，开展了3场学生主题教育，临床2004班荣获全国钢铁行业五四红旗团支部，2022级临床学生徐晗宁获“全国百佳心理委员”称号，首届职业生涯规划大赛获一等奖1人，二等奖1人，三等奖1人，优秀指导教师奖2人，学生竞赛获国家级奖项106项，其中A类赛事国家级奖项1项，B类赛事国家级奖项12项。2023届本科生就业率为97.42%，留鄂率达到90%以上，为全校最高。

（5）聚焦廉政建设，推进全面从严治党。深入贯彻落实习近平总书记关于全面从严治党、党风廉政建设和反腐败工作重要论述。严格落实党风廉政建设“两个责任”和“一岗双责”要求，完成2022年度政治生态研判反馈问题整改和2023年全面从严治党中期检查反馈问题整改，加强对2023年政治生态分析研讨，制订问题清单，制订2023年廉政风险防控清单，实施责任清单、履职清单、风险清单、考核清单“四张清单”工作机制，明确班子成员责任分工，在落实医学教育创新发展行动上形成责任具体、环环相扣的“责任链”。加强党风廉政警示教育，组织全体教师收看《激浊扬清》警示教育片，党委书记开展廉政党课2次，纪委书记开展纪法知识学习警示教育，筑牢教职工思想防线。扎实推进清廉学院建设，以打造一个以“廉”为主线，以“纪”为主题的廉政文化长廊为发力点，用活用好各种学习资源，综合运用“听”“看”“讲”等教育方法，让廉洁教育鲜活起来，支部书记讲廉政党课23次，班团累计开展廉洁文化活动达64次。

【工会与教代会工作】2023年，学院分工会、教代会充分发挥参政议政和桥梁纽带作用，在涉及教职工切身利益的年终分配等办法讨论中广泛征求教职工意见和建议，为学院和学校发展出谋献策。工会及妇委会工作。2023年召开2次工会、教职工（代表）大会，讨论学院建设发展和涉及教职工切身利益的重大项目和重要事项，重视教代会提案工作，院务公开有制度、有落实；关心关爱教职工，开展帮扶活动，为教职工办实事解难事；坚持典型引领，开展师德师风活动；组织职工环湖走活动，增强教职工身体素质；组织职工完成校工会征文活动，学院积极支持院妇委会分会开展工作，关心女职工，组织三八妇女节相关活动。

成立医学院校友分会，加强分会管理，2023年院领导到西藏等地看望校友，募集社会捐赠710万元，超额完成学院年度任务。

【教学工作】2023年，学院成立培养方案修订领导小组和审核小组，按学校要求完成2023级所有本科专业人才培养方案修订工作；获武汉科技大学2023年度教学优秀奖一等奖1人，二等奖3人，三等奖8人。

积极组织教师参加学校第四届教师教学创新大赛暨第四届课程思政教学设计大赛，获教师教学创新大赛特等奖1名，一等奖1名，二等奖1名，课程思政教学设计大赛一等奖1名。

获“中国金属学会冶金医学奖”1项（一等奖）；获校级教学成果奖二等奖2项，三等奖1项；新增省级一流本科课程2门，申报省级一流本科课程4门；6门课程参评国家一流本科课程认定；1门课程在国家级平台上线；获批省级教研项目3项，校级教研项目6项；教学竞赛获奖3项（二等奖）；获批在线课程立项建设项目1项，思政示范课1门，线下一流本科课程1门，国际化课程1门；新增“医学创新拔尖人才香涛班”1个；开设微专业2个；发表教研论文11篇，其中SCI论文3篇；主编教材2部，参编出版教材6部；学生竞赛获国家级奖项106项；新增非直属附属医院2家，教学实践基地1家；在第二届中非青年创新创业大赛中荣获最佳创意奖和优秀奖各1项。

【科研工作】2023年，获批国家级自然科学基金3项，湖北省自然科学基金6项。产出高质量SCI论文119篇，其中影响因子大于10分的12篇。以第一完成单位申报省科技进步奖项1项，参与5项。授权专利5项，审查中专利5项。脑科学先进技术研究院筹建“脑衰老与数智健康湖北省重点实验室”在湖北省科技厅立项，等待验收认证。脑科学先进技术研究院联合天佑医院申报“阿尔茨海默病临床医学研究中心”已获批。职业危害识别与控制湖北省重点实验室考核良好，组织17场学术活动，邀请26名国内知名专家到医学部讲座，促进团队学术交流。

【研究生培养】2023年，“公共卫生与健康”湖北省“十四五”优势特色学科群专项项目获批12项，单项经费4万~8万元。获批“湖北省大健康产业数据库建设研究项目”1项；获批2022年全国医药学研究生在线课程建设类重点项目1项，教学研究一般课题1项（医专业学位委〔2023〕4号文）；获批校级研究生质量工程项目6项。基础医学学术型硕士研究生、药学专业型硕士研究生、护理学专业型硕士研究生的专项核验工作顺利通过。完成了公共卫生与预防医学、生物学、临床医学学位点的年度考核报告。持续推进公共卫生与预防医学一级学科博士点申报材料申报工作。研究生教育方面，2023年招收统招研究生467人，生物医药工程博士研究生6人，另有4名资源与环境工程学院博士研究生，2023年研究生报名人数达2750人，全校排名第1。

【学生工作】部党政领导班子一直将学生工作作为学院工作的重要一环，高度重视并不断加强工作力度。每学期的定期研讨学生工作专题会议，不仅深入剖析学生工作的现状，还积极探讨未来发展的方向。党政联席会议更是成为解决学生工作中各种问题和困难的平台，确保各项学生工作得到及时有效的推进。学部党委书记、院长及领导班子成员时常与学生亲密接触，不仅参加各类学生活动，还与学生面对面交流，了解他们的需求和困惑，为他们提供有针对性的指导和帮助。同时，学院还积极探索育人特色创新项目，通过创新思想政治教育方式，培育学生的综合素质和创新能力，打造具有学院特色的育人品牌。这些举措不仅体现了学部党政领导班子对学生工作的重视和关心，也为学生提供了更加优质的学习和生活环境，为医学部的可持续发展奠定了坚实的基础。学部深入开展理想信念教育、爱国主义教育以及革命传统教育等一系列主题活动，累计举办达 15 次以上。邀请校内外专家为本部学生开展多场素质教育讲座，涉及大学生就业创业、大学生学习压力调整以及法治校园建设等多方面。学部继承过去良好传统，依托关键时间节点精心组织了如“一二九”爱国长跑、“医师节”和“护士节”等丰富多彩的教育活动，营造了浓厚的文化氛围。2023 年共确定入党积极分子 475 人，发展学生党员 104 人。目前，学部共有学生党员 522 人，入党积极分子 1117 人。未来将继续加强党建工作，不断提升党员队伍的整体素质，为培养更多优秀的人才、推动学部事业的蓬勃发展贡献力量。

学部申报 2022—2023 年度大学生创新创业项目共 26 项，申报国家级、省级大学生创新创业项目 15 项。2023 年获得 CULSC 第八届全国大学生生命科学竞赛（创新创业类）国家级奖 6 项，第九届“全国大学生基础医学创新研究暨实验设计论坛”国家级奖 9 项，创历史最好成绩。获得武汉科技大学“科协杯”一等奖。获得第十八届“挑战杯”全国大学生课外学术科技作品国家三等奖 1 项；大学生英语竞赛国家级特等奖 1 项，国家级一等奖 10 项，国家级二等奖 29 项，国家级三等奖 55 项；第九届中国国际“互联网+”大学生创新创业大赛校级金奖 1 项；2023 年舜宇杯·武汉科技大学首届全国大学生职业规划大赛校赛一等奖 1 项，二等奖 1 项。在武汉科技大学第六十一届学生体育运动会中获男女团体总分第 2 名，学部获体育道德风尚奖。

学工干部积极参与学生工作科研活动，柯昌雄老师于 2023 年 11 月以第一作者在《智慧东方》期刊发表《对大学生网络思政教育的思考研究》论文 1 篇；孟莎老师于 2023 年在《智慧东方》期刊发表《组织育人视域下高校体育精神的培养研究——以武汉科技大学医学部为例》论文 1 篇；刘泽宽老师于 2023 年 12 月在《探索科学》期刊发表《新时代劳动教育对医学生就业的价值及实践路径优化》，于 2024 年 3 月在《科普天地》期刊发表《新媒体视域下高校网络思想政治教育学生队伍建设探析》，共计论文 2 篇；章扬老师于 2023 年 6 月以第一作者在《大学》期刊发表《基于终身发展视角的生命教育实践逻辑研究》论文 1 篇。

医学部获得武汉科技大学 2023 年“优良学风学院”。临床医学 2002 班、临床医学 2005 班等 34 个班级获得了“优良学风班级”称号。

【队伍建设】 2023 年共引进师资 5 人（常红娟、方玉、陈霞、阁静、余雯绮），专职辅导员 1 人（赵梦霄）；徐雪、涂镇波入选湖北省“青年百人”；校聘“青年百人”4 人；陈婷入选湖北省医学青年拔尖人才；职称评聘公平公正，2 人破格晋升教授；柔性引进校级“特聘教授”1人。

【实验室建设】2023年，学院进一步加大教学科研实验室建设力度，进一步完善实验室管理工作，加强实验室管理，组建检查工作小组，每学期对各实验中心（室）的仪器设备状态、完好率进行抽查打分，检查结果与各单位年终绩效考核挂钩。学院仪器设备账、物、卡相符率达99%；仪器设备完好率达95%以上。贵重仪器设备有专人实行预约管理，专人培训指导操作，使用状况良好。贵重仪器设备运转正常，利用率高，技术档案齐全，使用记录真实、完整。重点实验室充分利用校园“一卡通”，设置有门禁系统，实验室长期对研究生和本科生开放。实验动物中心在全校范围内接受实验动物的使用申请。

附录

2023年医学部内设教学机构负责人名单

机构名称	主　任	支部书记	副主任
基础医学院	晏　丹	刘晓柳	王育斌、徐　雪、王小梅
药学系	王　婷	闵真立	王　君、邹　瑜
护理系	史崇清	李　勤	张迎红、常红娟
临床医学系	卢莉莉		路　兰、李　华
预防医学系	陈　丹	张连生	周　婷、陈　婷
卫生检验与检疫系	梅　勇	熊昌娥	赵　琴、李诚予

2023年医学部内设学术机构负责人名单

机构名称	主　任	委　员
学术委员会	吴清明	刘剑锋、王　强、张　玲、曾　燕、荣　爽、王　婷、史崇清、卢莉莉、梅　勇、晏　丹、王剑明、谭　伟
学位委员会	吴清明	张　玲、王　强、晏　丹、刘剑锋、曾　燕、荣　爽、徐　雪、陈　婷、李诚予、常红娟、邹　瑜、李　华、李俊华、谭　伟
教学指导委员会	吴清明	王　强、舒大凡、张　玲、王小梅、王育斌、周　婷、赵　琴、张迎红、王　君、路　兰、杨曦亮、赵瑾如、李俊华、谭　伟

（撰稿：王　强、张　玲、周小丽、舒大凡、曾　燕、荣　爽、付文婧　审稿：吴清明、白　冰）

资源与环境工程学院

【概况】2023年，学院坚持以习近平新时代中国特色社会主义思想为指引，以“育一流人才，出一流成果，建一流学院，做一流贡献”为宗旨，牢牢把握立德树人根本任务，力求实现基础理论、关键技术、创新实践、人才培养整体突破，立足于学科专业特点，不断开创学院高质量发展新局面。

学院涵盖矿业工程、安全科学与工程、环境科学与工程、地理学4个一级学科。拥有矿业工程、安全科学与工程2个一级学科博士点，矿冶环境工程二级学科博士点。建有矿业工程、安全科学与工程2个博士后流动站；拥有矿业工程、安全科学与工程、环境科学与工程3个一级学科硕士点，岩土工程二级学科硕士点，以及矿业工程、安全工程、环境工程3个工程硕士授权领域。矿业工程学科入选湖北省“双一流”国内一流学科建设，学院学科设置具有明显交叉优势。在特色钒资源高效提取与深加工、矿物深加工及精细加工、深部地下金属矿山开采及灾害防控、矿山安全与灾害防治、矿冶过程工艺减排及资源再生利用、工业烟气污染控制、矿冶生态环境修复理论与技术、矿冶废水处理与资源化等方面的理论研究与工程应用具有鲜明特色。

学院有教职工108人，其中专任教师88人，教授44人，副教授33人，博士研究生导师23人。教师中有9人享受政府特殊津贴或被评为湖北省有突出贡献的中青年专家。学院开设有矿物加工工程（国家特色专业）、采矿工程、安全工程、环境工程、地理信息科学5个本科专业以及矿物加工工程（国家卓越工程师教育培养计划）试点班。其中，矿业工程（2017年通过国家工程教育专业认证）、安全科学与工程为湖北省重点（特色）学科。矿物加工工程、采矿工程、安全科学与工程和环境工程为湖北省“楚天学者计划”特聘教授设岗学科。

学院拥有“国家环境保护矿冶资源利用与污染控制重点实验室”“湖北省钒资源高效清洁利用国际科技合作基地”“冶金矿产资源高效利用与造块湖北省重点实验室”“湖北省页岩钒资源高效清洁利用工程技术研究中心”“湖北省工业安全工程技术研究中心”“环境污染绿色控制与修复技术研究中心”等科研机构。学院现有本科生1331人，硕士研究生、博士研究生582人。国际交流合作方面，学院与美国、英国、德国、澳大利亚、挪威、墨西哥、日本等国家和港澳台地区相关院校建立了密切的学术交流与合作关系，并定期选派教师、优秀学生交流深造。

【党建与思想政治工作】2023年，学

院党委始终围绕坚持和加强党的全面领导，持续推进“全国党建工作标杆院系”创建工作，不断擦亮“绿水青山，蓝天筑梦”特色党建品牌，严格做到“五个到位”，不断提高党建科学化水平。

提高站位，学习先行，提升主题教育成效。2023年，学院党委扎实开展学习贯彻习近平新时代中国特色社会主义思想主题教育。4月21日，在“一站式”学生社区举行党员工作站成立大会暨主题教育启动仪式，4月26日举办主题教育专题读书班开班仪式。主题教育期间学院党委共开展集中学习4次，观看警示教育片1次，举办理论宣讲报告会10余场，班子成员联系支部讲党课各1次，集中学习时间均超过48个小时。把“我为群众办实事”贯穿主题教育全过程，解决调研问题7个，民生问题7个，推动改革发展重难点问题1个。组织全体党员教职工赴大悟金岭开展红色革命实践教学。全年共召开党委理论学习中心组专题学习12次，与武汉科技大学社区开展党建共建，申报“情暖夕阳、扶老助困”党员下沉社区服务项目，获批青山区红卫路街道组织的社区公益创投大赛“十佳项目”。

强基固本，深化落实，增强基层组织功能。学院党委持续以支部书记“双带头人”工程为抓手，继续大力实施基层支部“对标争先”工程、支部书记“头雁工程”、支部委员“育穗工程”、支部党员“先锋工程”，研究生第二党支部和环境科学与工程系教工党支部顺利完成第二批校级党建工作样板支部结项验收。规范党员培训发展和教育管理，全年开展积极分子、发展对象、预备党员3个层次培训班共6场，共培训203名入党积极分子，85名发展对象，121名预备党员。全年发展学生党员90人，高层次人才党员1人。

全面从严治党，压实责任，打造特色清廉学院。党委书记全年与班子成员、中层干部谈心谈话28次，党委副书记、纪委书记谈话21次。深入开展党风廉政建设宣教月、师德师风建设主题月活动，全体教职工签订《武汉科技大学师德师风建设承诺书》，组织“师德师风座谈会”2场。积极推进“绿水青山，蓝天筑梦”廉政文化品牌工程，营造清廉政治生态环境。领导班子自觉贯彻落实《领导干部报告个人有关事项规定》。坚持问题导向，强化整改落实，聚焦教育整顿工作、“法规制度执行年”、违规吃喝问题专项整治等问题，及时整改并确保清零见底。

价值引导，多措并举，形成良好政治生态。学院党委全年召开政治生态研判和意识形态工作专题会议3次，制定学院《党员领导干部联系党支部制度》《学院“双带头人”选配、选拔和激励保障机制》《关于支部书记述职和民主评议党员工作实施细则》等10多项制度。完成并整改2022年度学院政治生态分析研判发现的针对跨校区办学服务保障力度有待提升等8项问题，形成并提交整改报告1份。深入开展2023年全面从严治党中期检查问题整改，对标反馈问题清单，逐一销号，实现全部整改。全年发表党建与思政论文4篇，申报校级党建课题2项，在省级及以上主流媒体发稿21篇，校级媒体发稿112篇。

【教学工作】2023年，学院结合国家一流专业建设要求，对矿物加工工程、采矿工程、安全工程 3 个国家一流本科专业，和环境工程省级一流本科专业进行了查漏补缺，进一步加强了各专业课程团队建设和专业内涵式发展。矿物加工工程专业顺利完成了全校首个第二轮国家工程教育专业认证工作，并获批了湖北省优秀基层教学组织；采矿工程专业通过了国家工程教育专业认证的中期考核，安全科学与工程系和矿物加工工程系获教学团队考核优秀；梅丹老师主讲的“安全管理”课程获批国家一流课程，周仙霖等主讲的“造块学 1：烧结理论与工艺”获批湖北省一流课程，柯丽华“技术经济与投资分析”和卢颖“安全系统工程”2 门课程在全国平台运行。

积极开展教学研究工作，发表教研论文 5 篇：李雯静《实验室安全隐患管理事件本体模型构建及应用》、胡南燕 *Decision-making and optimization model for fire emergency replacements in colleges based on BWM and VIKOR under interval 2-tuple linguistic* 2 和《基于 ISM 与 N-K 模型的高校火灾多因素耦合风险分析与解耦管控》、秦林波《地方高校化学类实验室“六位一体”安全管理标准化体系构建与实践》、祝淑芳《多维度开放实验提高矿物加工专业本科生创新能力》；王洁主持的“基于虚拟仿真实验教学项目的安全工程实验体系建设与实践”获省级教研项目立项 1 项。梅丹负责团队荣获校级教学成果奖二等奖，柯丽华负责团队荣获校级教学成果奖三等奖。

加强对学生创新能力培养，柯丽华等指导的“矿是奇材——尾矿制备新材料赋能矿区乡村振兴”项目和胡斌等指导的“边坡‘诊疗’大师——边坡灾变早期识别、预警与动态调控服务先行者”分别获得第九届中国国际“互联网+”大学生创新创业大赛全国银奖 1 项、铜奖 1 项；韩军、秦林波两位老师指导学生分别荣获第十六届全国大学生节能减排社会实践与科技竞赛三等奖 2 项。

组织教师积极参加教学教育类培训和竞赛。张晓晴荣获第五届全国高校安全科学与工程青年教师教学大赛二等奖；教师积极参加武汉科技大学组织的各类教师教学竞赛活动：张洪杰获第三届高校教师教学创新大赛一等奖；钱功明、张淑琴和赵波获第三届“课程思政”教学设计大赛三等奖；王钰和杨福获武汉科技大学首届板书设计作品竞赛活动三等奖。

【科研工作】2023 年，学院科研经费到账总额 3143 万元，其中横向科研经费到账 2351 万元，纵向科研经费到账 792 万元。

学院组织申报国家自然科学基金项目 43 项，国家重点研发计划项目 1 项，省级科研项目 7 项；获批国家重点研发计划项目课题 1 项（薛楠楠），国家重点研发计划项目子课题 1 项（刘红），国家自然科学基金面上项目 2 项（黄诗冰、樊涌），国家自然科学基金青年项目 5 项（胡南燕、刘洋、胡宁、战川、李京），中国博士后科学基金面上资助 1 项（杨永愿）；湖北省重点研发计划项目 2 项（赵波、张晓晴），湖北省自然科学基金创新群体 2 项（韩军、姜学鹏），中国科协“翱翔之翼”大学生科技志愿服务项目 1 项（范先媛），湖北省自然科学基金青年项目 1 项（刘红），武汉市重点研发计划项目 1

项（胡南燕），省高校哲学社会科学研究重大项目1项（张晓晴），湖北省应急管理厅安全生产专项1项（卢颖），武汉市知识创新专项项目曙光计划项目1项（姚伟），国家重点实验室开放基金1项（刘洋），湖北省教育厅中青年项目1项（夏璐），指导性项目2项（周先霖和张淑琴）。

学院获省部级科技奖励8项，主持获得湖北省科技进步奖一等奖1项（周志辉），湖北省科技进步奖二等奖1项（王其虎）；参与获得全国冶金科学技术奖一等奖2项（秦林波、李海英），全国冶金科学技术奖三等奖1项（薛楠楠），中国职业安全健康协会科学技术奖二等奖1项（王其虎），中国有色金属工业科学技术奖一等奖1项（刘涛），中国表面工程协会科学技术奖二等奖1项（王黎）。

2023年，学院合计发表论文214篇，其中SCI论文118篇：安全系24篇，SCI论文17篇；环境37篇，SCI论文21篇；矿加系63篇，SCI论文39篇；资源系论文86篇，SCI论文41篇。授权专利32项，其中国际专利1项（胡斌），发明专利30项，实用新型专利1项。出版高水平科技著作3部：王其虎《非煤矿山企业重大风险辨识评估与分级管控》，化学工业出版社；姚团《膨胀型浆体注浆加固力学作用机理》，冶金工业出版社；王勇《消防安全实验》，冶金工业出版社。

完成制定省地方标准2件，姜学鹏《城市道路隧道防排烟设计规程》，王勇《城市轨道交通单洞双线隧道火灾烟气控制系统技术规范》。学院教师完成决策咨询2件，施耀斌决策参考《挣钱顾家两头不误 不出村口一样致富——十堰市郧阳区调研报告》获时任湖北省委书记应勇同志圈批，《为什么“梁子湖”不如“阳澄湖”——关于加快我省河蟹产业发展得调研报告》获应勇、王忠林等批示。

学院积极组织师生参加科普教育活动，定期对外单位开放学院的地质陈列馆、安全科普基地、水污染治理科普基地等场所，所举办的各类科普活动得到教育部高度肯定。2023年“学习强国”、湖北高校思政网报道学院科普基地举办的VR实践科普安全教育活动，获批中国科协宣传文化部2023年度“翱翔之翼”大学生科技志愿服务项目。这种结合学院工业安全性质的科普活动，特色鲜明，寓教于乐，更好地发挥了科普教育基地在服务大众方面的教育作用。

2023年，学院承办了学术会议4次，第三届全国循环经济与减污降碳学术大会暨新能源绿色发展高峰论坛，武汉矿冶与材料绿色低碳发展学术大会，2023年第三期湖北省博士后学术交流，第四届浮选理论、工艺与装备技术交流会。学院师生参加学术会议合计32人次，其中安全科学与工程系5人次，矿物加工工程系16人次，环境科学与工程系2人次，资源工程系9人次。邀请中钢集团武汉安全环保研究院有限公司杨来怡高级工程师、中国科学院力学研究所高福平教授、昆明理工大学吴顺川教授、中冶南方武钢设计院有限公司刘鹏高级工程师等20余名国内外知名学者作学术报告。

【学科建设与研究生教育】学院科学制定并执行学科建设规划，按照年度目标任务扎实推进学科建设工作；学位点建设工作中，成立学院学位点评估工作领导小组，高质量开展学位点评估工作，按要求编制并发布博士一级学科矿业工程、安全科学与工程合格评估《学位授权点建设年度报告》；完成2023年专项评估（2019年获批），学院环境科学与工程硕士一级学科、资源与环境硕士专业学位点按要求完成专项评估材料填报及提交。

2023年，学院硕士研究生招生151人，新招博士研究生26人，新招硕士留学生4人。毕业全日制硕士研究生148人（留学生1人）、非全日制硕士研究生毕业7人，博士研究生毕业9人。研究生发表A级论文72篇，其中A2以上32篇，毕业研究生就业率98.68%。推荐优秀博士论文培育计划4人，完成上一年度获批优硕资助5人中期考察工作及2023年优硕培育资助遴选；申报校级优秀博士学位论文5篇，获批4篇；申报校级优秀硕士学位论文12篇，均获批。积极推进研究生培养质量提升工程，申报研究生教改项目2项，研究生教材项目2项，获批教改、教材项目各1项；申报并获批课程思政示范课程1项。严格执行文件要求并按要求完成导师2024年度招生资格审查，审查材料齐全并要求备案，78人通过学院导师2024年度招生资格审查，已按时上报通过招生资格审查导师名单并在学校网站及时更新发布导师招生信息，在学院内部开展了导师专项培训。完成博导遴选8人。2023年研究生评奖评优评先工作稳定开展。评定国家奖学金10人，学业奖学金519人，助教、助管26人次。研究生获“校长奖章”荣誉1人，获某部队“四有士兵”称号2人，其他评优评先81人次。研究生创新创业工作持续突破，研究生获A1类学科竞赛国赛铜奖2项（突破），省赛金奖1项；A2类学科竞赛二等奖1项（突破）；B2类学科竞赛二等奖4项。新增研究生创业企业2家。研究生创新创业基金立项6项，上一年度结项率100%。研究生社会实践项目成果卓著，牵头“三下乡”暑期社会实践校级团队1支，参与省级示范团队1支，协助校外单位调查研究实践团队1支。相应的调查研究报告获国务院直属机构部级副职领导批示1件，湖北省委领导批示1件。研究生获硕/博士研究生国际合作研究项目赴奥地利莱奥本矿业大学1人，参与国内各类学术会议交流25人次，其中5人次作会议报告，3人获会议报告二等奖。

【学团工作】2023年，学院学生工作始终坚持政治标准、创新工作思路，牢牢把握立德树人根本任务，与学校、学院的中心工作和发展大局相结合。紧扣“大资源、大环境”的学科专业特点，秉承武汉科技大学“沉静好学 知行合一”的优良学风，扎实推进“一站式”学生社区建设，创建学院育人特色思政品牌“美矿育新”学工之家；坚持悉心管理育人，强化学团建设外保障；坚持创新实践育人，贯穿学团建设全过程，深入推进学院学团建设走上新台阶。

创新思路，共促思政品牌建设。在“一站式”学生社区，创建了育人特色思政品牌“美矿育新”学工之家，建立了“五大工作站”，全年组织开展“一站式”社区“专家有约”“资环小圃”“梦计划”等特色品牌活动30余场。获评校级宿舍文化育人阵地建设先进单位、劳动教育先进学院、军训工作先进连队等，思政工作案例被全国高校思政网平台多次报道；学院复评校级生涯示范工作室，获评校级心理示范工作站，获评校级辅导员工作室，其中申报项目获评省教育科学规划专项资助重点课题，生涯咨询案例获评湖北省优秀生涯咨询案例。学院坚持思想铸魂育人、悉心管理育人和创新实践育人，持续紧抓第一课堂，不断强化第二课堂，成风化人凝心聚力，不断开创学风建设新局面。本学年，学院考研录取率继续保持良好态势，达到 39.07%；优良学风班比例为 28.13%，较去年增长超过一倍，学院学风建设荣获“优良学风建设单项奖”。

凝聚合力，夯实招生与就业工作。积极配合学校开展招生和就业工作，学院选派秦贝尔、黄洋等优秀学生干部积极参与线上直播招生宣传工作，辅导员袁文杰带领学生志愿者参与学校网上录取工作，顺利完成 2023 级网上和线下迎新以及新生入学报到工作。本年度新招本科生 351 人，19 级毕业本科生 343 人。学院聘任张光权副教授等 10 名教师为 2023 级新生班主任。积极拓展就业市场，党委书记曹伟、党委副书记张瑞前往宜昌市科力生集团开展学生就业交流。党委副书记张瑞前往中国安能集团第三工程局有限公司开展毕业生就业市场拓展，毕业生辅导员袁文杰暑期赴浙江海宁参加校企合作对接活动并前往浙江恒逸集团有限公司、正泰新能科技有限公司开展就业市场交流。2023 年，学院学生张灿阳成功应征入伍；本科生陈律旨入选西部计划，来疆志愿服务。开展就业创业教育指导，积极服务学生创业实践和就业咨询。毕业年级各班级由主要学生干部担任就业信息员，畅通就业信息，各班级班主任和主要团干联系就业困难学生实现精准帮扶促进困难学生就业。截至 2023 年 12 月 10 日，本科毕业生年度就业率达到 97.67%。

锐意进取、集智聚力，加强共青团“三力一度”建设。坚持思想铸魂育人、精细管理育人、创新实践育人、素质发展育人，紧紧围绕青年学生成长成才为主线，逐步形成与专业特色相结合、与学生特点相适应的共青团工作布局。各团支部认真开展团组织生活，智慧团建系统学社衔接、升学衔接、主题教育、对标定级、团支部专题组织生活会等完成率均达到 100%。深化团员意识教育，扎实开展青年大学习工作，坚强占据网络思政阵地，微信公众号开设理论学习专栏，获得较好反响。开展了校史校情知识竞赛、微党课竞赛、特色团组织生活竞赛、团支书演讲比赛等团员教育活动。按期举办青年马克思主义者培养工程“二级团校”，培训学员 73 人；2023 年吸纳新发展团员 24 名，197 名团员通过推优成为入党积极分子。继续推行学生干部培训、环保创意大赛、安全创意大赛、寝室艺术文化节等活动 23 项。荣获武汉科技大学“五四红旗团委”荣誉称号，学院学生会和青年志愿者服务队，在同一年度内评比荣获“优秀学院学生会”“特色青年志愿者服务队”称号。

社会服务方面，依托学院的中小学生安全科普基地、青菱湖“河湖长制”等特色资源，开展志愿服务性工作项目 19 项。青年志愿者服务队走进国家级绿色矿山实地踏勘，走进湖北宜昌夷陵区多个社区村镇开展“长江大保护”宣讲，走进“微流域治理”的三峡奇潭景区，扎根基层和乡镇开展志愿服务。学院成立的“山水梦行”长江流域宜昌段综合治理调研暑期实践队荣获湖北省2023年“三下乡”示范团队、优秀团队。申报“大学生社区实践计划”高校服务社区项目3个，进入青山区东兴社区以及洪山区城市花园等社区开展志愿服务，积极发挥团学组织社会服务效能。采矿2020团支部陈敦熙获全国钢铁行业优秀共青团员荣誉称号以及“沁湖创客”大学生创新创业典型；邹冰雪获湖北省2023年“三下乡”社会实践先进个人荣誉称号。

积极开展科技创新活动，本年度学院学生获国家及省部级科技创新获奖实现新突破，累计共81项，包括中国国际“互联网+”大学生创新创业大赛国赛银奖1项（突破），铜奖1项，省赛铜奖1项；“挑战杯”中国大学生创业计划竞赛国赛铜奖1项；2023年湖北省第十四届“挑战杯——中国银行”大学生课外学术科技作品竞赛一等奖1项，三等奖1项；全国大学生节能减排社会实践与科技竞赛国赛二等奖1项，三等奖1项；全国大学生数学建模竞赛省赛一等奖1项，二等奖2项，三等奖1项；全国高等学校采矿工程专业学生实践作品大赛国家级一等奖1项，二等奖2项，三等奖2项；全国高等学校矿物加工工程专业学生实践作品大赛国家级二等奖1项；全国高校安全科学与工程大学生实践与创新作品大赛国家级一等奖1项，二等奖1项，三等奖1项；SuperMap杯高校GIS大赛国家级一等奖1项等各类获奖共81项；组织学生开展“青年红色筑梦之旅”活动9项。

学院团委着力强化“资源环境”特色文化建设，以“团学骨干引领计划”积极凝聚青年团员力量，素质文化教育迈上新台阶。第二课堂成绩瞩目，组织下沉“一站式”学生社区开展劳动教育活动；学生在十佳歌手比赛中取得第五名；学院成功举办学院新年晚会，获得师生热烈反响。学院合唱团在“五月的花海”合唱比赛中荣获二等奖；学生在学院杯羽毛球赛中获得季军，在“寝室设计大赛”校赛中荣获三等奖，积极参加“沁湖鱼宴”荣获“捕鱼王”称号，在第61届运动会上也有突出表现。

学院学工干部始终对学生工作保持热情，具有强烈的责任意识。本学年学工干部本年度以第一作者发表学术论文3篇；党委副书记张瑞主持2023年度教育部人文社会科学研究专项任务项目（高校辅导员研究）1项；张瑞、洪运志各参编教材1部；陈哲荣获武汉科技大学第二届辅导员育人故事分享会三等奖、第三届党校教师教学竞赛二等奖和武汉科技大学十佳辅导员荣誉称号。

【队伍建设】2023年，黄晶教授获得“武汉楷模”和青山区“最美科技工作者”荣誉；引进培育高层次人才，刘红、郑秋实入选“楚天学子”计划；继续院士申报工作；吴启兵成功申报并获批“湖北省产业教授”。

学院安全科学与工程博士后流动站，新进站博士后4人。博士后杨永愿获批“中国博士后科学基金第74批面上资助”；博士后李京获批“国家自然科学基金青年科学基金项目（C类）”。

2023年，学院有8名教师通过专业技

术职称评审，其中周志辉、蔡震雷晋升为教授，王清淼、胡鹏程、吴思、叶青、曹品强晋升为副教授，尹东转评为实验师。

学院积极创造条件做好公派出国留学、国内访学、企业挂职与学位提升，提升教师的学术水平和素质。陈铁军、任大军成功入选院士专家企业行项目。选派程爱平至武钢中冶工业技术服务有限公司，姜学鹏至湖北及安盾消防科技有限公司挂职服务企业，派遣秦林波至湖北省科技厅锻炼，韩军教授团队与湖北徐风环保科技有限公司成立韩军教授工作站，推动科技成果转化。

【实验室建设】2023 年，学院成立了实验室安全工作领导小组，贵重仪器设备由专职实验技术人员管理，设立贵重实验设备社会共享平台，提高实验设备使用效率，对外服务费用于设备正常运行与维护。专职实验技术人员长期保障实验室环境卫生，危化危险品实行双人双锁管理。

学院重视实验室队伍建设，实验室安全责任到人，职责明确，由行政副院长分管该项工作。实验室教师 7 人，全部具有硕士及以上学位，其中副高职称 3 人。

2023 年，学院建成危化品暂存间，并制定危化品暂存间管理办法，指定专人进行管理，实现了全院危化品的统一存储，提升了危化品管理的规范化和智能化水平。在校内率先建成气罐安全使用试点，实现了气瓶间和实验室的安全监测和远程监控，大大提高使用气瓶实验室的安全系数。加强对师生的实验室安全行为准则教育，严格执行实验室安全准入制度。实验室安全领导小组每周均对实验室进行安全检查，无异常情况发生。

附录

2023 年资源与环境工程学院内设教学机构负责人名单

机构名称	主　任	支部书记	副主任
矿物加工工程系	钱功明	张　明	叶　青
资源工程系	张光权	柯丽华	刘艳中、程爱平
安全科学与工程系	王　勇	梅　丹	王　洁
环境科学与工程系	龚香宜	张淑琴	吴红丹

2023 年资源与环境工程学院内设学术机构负责人名单

机构名称	主　任	委　员
学术委员会	刘　涛	张一敏、韩　军、黄诗冰、黄　晶、柯丽华、钱功明、王　勇、龚香宜、陈　勇、任大军

续表

机构名称	主　任	委　员
学位委员会	刘　涛	张一敏、韩　军、黄诗冰、黄　晶、柯丽华、钱功明、王　勇、龚香宜、陈　勇、任大军
教学指导委员会	刘　涛	韩　军、黄诗冰、黄　晶、张　瑞、张光权、王　勇、龚香宜、钱功明

（撰稿：黄诗冰、韩　军、张　瑞、黄　晶、郑淑芳　审稿：张一敏、刘　涛、曹　伟）

2023年度十大新闻

1. 深入开展学习贯彻习近平新时代中国特色社会主义思想主题教育

作为全省主题教育第一批开展单位，4月14日下午，学校在青山校区碧园会堂召开学习贯彻习近平新时代中国特色社会主义思想主题教育动员大会。

自主题教育开展以来，学校紧扣学习贯彻习近平新时代中国特色社会主义思想主题教育主线，认真贯彻落实党中央、省委决策部署，牢牢把握“学思想、强党性、重实践、建新功”总要求，把开展主题教育作为一项重大政治任务，坚持一体推进理论学习、调查研究、推动发展、检视整改，深学、细研、真查、实改，高标准高质量推动主题教育，通过集中学习、专题报告、视频教学、交流研讨等多种形式，确保学校处级以上领导干部学习全覆盖，把习近平新时代中国特色社会主义思想转化为坚定理想、锤炼党性和指导实践、推动工作的强大力量，在以学铸魂、以学增智、以学正风、以学促干方面取得实实在在的成效。

2. 材料科学与工程学科被确定为湖北省属高校一流学科重点建设学科

学校材料科学与工程学科被确定为湖北省属高校一流学科重点建设学科，与湖北省教育厅签订建设责任书。2月17—18日，学校召开一流学科建设推进会，组建战略咨询专家委员会，成立一流学科建设工作领导小组，学校相关职能部门分管校领导、部门负责人分别签订一流学科建设目标责任书。

4月19日上午，学校召开一流学科建设专家咨询会，聘请中国工程院院士干勇为学校一流学科建设战略咨询专家委员会主任。

4月23日，湖北省属高校一流学科建设工作推进会在武汉科技大学举行。学校作为重点建设高校代表发言，并与武汉理工大学签订部属高校对口支持省属高校一流学科建设协议。

5月31日，学校成立材料学部，优化国家重点实验室的管理体制，成立材料学部与国重协调领导小组，建立举校机制，整合跨学科、跨学院资源，汇聚力量统筹推进一流学科建设。

6月2日，学校印发《武汉科技大学一流学科建设目标任务考核激励暂行办法》，实施重点建设任务“揭榜挂帅”，29个研究团队揭榜169项任务。

9月5日，学校召开一流学科建设领导小组会议，听取人才引进、重大成果培育进展情况，审议武汉理工大学对口支持武汉科技大学工作清单、一流学科建设仪器设备购置计划。

11月7日，全省高等教育综合改革暨省属高校一流学科建设推进会召开，学校作为重点建设高校，围绕服务区域经济发展以及一流学科建设作典型发言。

12月7日，2023年度省属高校“双一流”建设资金第二批到账，学校全年获得建设资金金额在全省排名首位。

3. 学校在全国排名持续提升，在三大排行榜排名均位列湖北省属高校第一

2023年，学校在艾瑞深校友会中国大学排名、武书连中国大学排名、软科中国大学排名均位列湖北省属高校第一。

4月6日，艾瑞深校友会网发布《2023校友会中国大学排名》，学校位列全国高校第84位，位居湖北省属高校第一，较去年名次提升1位。此项榜单中，2020年学校排名第100，成为首个入围全国百强的湖北省属高校，2021年位列89名，2022年位列85名，2023年位列84名，连续4年排名提升，连续4年位列湖北省属高校首位。

5月30日、6月15日，武书连中国大学排行榜、软科2023中国大学排名发布，学校皆位居湖北省属高校第一。

5月，艾瑞深校友会网发布2023中国大学一流专业排名（研究型），学校位列全国研究型高校第85名，位居湖北省属高校首位，较去年提升7位，共有56个专业上榜。其中，1个七星级专业，2个六星级专业，10个五星级专业，15个四星级专业，28个三星级专业。

4. 6个学科进入ESI全球排名前1%，11个学科进入2023软科世界一流学科排名，上榜学科数均居湖北省属高校首位

9月，学校继材料科学、工程学、化学、临床医学、计算机科学之后，新增“环境/生态学”学科进入ESI全球排名前1%，以6个学科入围ESI全球前1%，在湖北省属高校位居首位。

10月，软科发布2023“软科世界一流学科排名”。学校新增仪器科学、土木工程、生物工程、矿业工程、临床医学5个学科进入榜单，共有机械工程、仪器科学、计算机科学与工程、土木工程、化学工程、材料科学与工程、纳米科学与技术、能源科学与工程、生物工程、矿业工程、临床医学11个学科入选，上榜数量位居湖北省属高校第一。近五年，学校入选软科世界一流学科的数量每年递增，始终保持湖北省属高校上榜学科数量最多、综合排名最靠前。

5. 作为第一完成单位获高等教育（本科）国家级教学成果奖二等奖，湖北省属高校唯一

7月24日，教育部发布关于批准2022年国家级教学成果奖获奖项目的决定。学校主持完成的“‘铸钢魂 深交融 重挑战 强协同’冶金类新工科人才培养体系探索与实践”和学校作为第二参与单位申报的“面向海洋与制造强国战略的创新型设计人才培养模式改革与实践”获高等教育（本科）国家级教学成果奖二等奖。学

校是湖北省属高校作为第一完成单位的唯一获奖学校。

6月，学校新增“光电信息科学与工程”本科专业招生、“公共艺术（中外合作办学）”专业招生。其中，与意大利福贾美术学院合作举办公共艺术专业本科教育项目，是学校首次获批艺术类专业中外合作办学项目。

5月，由全国高校质量保障机构联盟（CIAQ）举办的首届全国高校教学督导工作优秀案例交流会暨教学督导员能力发展论坛在南昌举行。学校获首届全国高校教学督导工作案例一等奖。

12月，学校众创空间3家在孵企业——武汉集智浩睿技术转移有限公司、武汉市赟巨科技有限公司和武汉武科伺服机电设备有限公司获批国家高新技术企业。

6. 获高等学校科学研究优秀成果奖（科学技术）二等奖，湖北省属高校唯一

7月，教育部公布获高等学校科学研究优秀成果奖（科学技术）名单，由学校材料学部黄奥教授团队牵头的项目“高温工业轻量耐火材料制备及一体化设计关键技术与工业应用”获科学技术进步奖二等奖，是唯一获奖的湖北省属高校。

12月，2023年度中国爆破行业协会科学技术奖评审结果揭晓，学校系统科学智能爆破系统集成与控制团队以武汉科技大学为第一完成单位，李琳娜教授为第一完成人获“技术发明一等奖”，钟东望教授带领的工程爆破团队作为参与单位获“科技进步特等奖”。

2月，2022年度中国有色金属工业科学技术奖获奖名单公布，学校资源与环境工程学院张一敏教授团队的“战略性钒资源全产业链利用关键技术与工程化应用”获一等奖。

1月，材料学部先进短流程工艺与低成本高性能钢团队参与国家自然科学基金重大项目“变革性低碳钢铁制造流程理论与技术”获批立项。该项目立项实现了学校在国家自然科学基金重大项目上的突破。

1月，高性能钢铁材料及其应用省部共建协同创新中心海洋工程用钢及应用性能研究团队获批国家重点研发计划可再生能源技术专项“20兆瓦级海上新型风力发电实现机理及关键技术”。该项目由湖南大学牵头，学校俄罗斯工程院外籍院士吴开明教授为项目负责人。

12月，法学与经济学院袁年兴教授团队获批2023年度国家社科基金重大项目立项，以及学校首个国家级文科平台。10月，经全国哲学社会科学工作办公室批准，袁年兴教授主持的国家社会科学基金重大项目“新中国成立后各民族人口流动与深度交融的动力机制研究”通过2023年中期评估，并获得滚动资助研究经费40万元，项目总经费达到100万元。这是学校首次获得国家社科基金重大项目滚动资助。

12月，教育部公布2024年度高校思想政治工作质量提升综合改革与精品建设项目遴选结果，学校“红色钢铁熔炉工程——高校基于校本资源推进‘三全育人’的探索和实践”和“跨理论模式下网络依赖团体辅导的设计与实施”入选。两

项目均为湖北省属本科高校唯一入选课题，实现学校该项目零的突破。

6月，国家民族事务委员会公布2022年度全国民族工作优秀调研报告奖，学校获批二等奖1项，三等奖2项。

7. 获批首个国际合作联合实验室，湖北省属高校第一

11月，教育部公布2023年度国际合作联合实验室立项建设名单，“钢铁工业耐火材料新技术国际合作联合实验室”获批建设。该实验室以学校为依托单位，联合奥地利莱奥本矿业大学、德国弗莱贝格工业大学等相关领域国外优势高校共同组建。这是学校获得的第一个教育部国际合作联合实验室，也是湖北省属高校首个。

12月，科技部公布首批中国—非洲伙伴研究所交流项目名单。“中国武汉科技大学—南非比勒陀利亚大学—尼日利亚圣约大学绿色低碳冶金领域伙伴研究所交流项目”获批立项，学校是矿物、冶金、材料领域的唯一获批单位。在2023国际产学研用合作会议（江西会区）开幕式上，学校与南非比勒陀利亚大学共建“低碳冶金国际合作联合实验室”揭牌。

12月，学校举行澳大利亚校友会成立大会，这是学校在海外成立的第一个校友会组织。

11月，第二十三届华侨华人创业发展洽谈会在东湖国际会议中心开幕。开幕式上，学校与香港理工大学正式签署战略合作框架协议。

10月，学校国际交流合作处主办第二届中非青年创新创业大赛。本次大赛以“科技创新助力中非伙伴合作可持续发展”为主题，旨在激发中非青年创新创业活力，拓宽创新创业合作空间，培育打造国家级的中非青年创新创业合作平台。

8. 获“挑战杯”全国特等奖、中国国际大学生创新大赛金奖，创造学校在此两项赛事历史最好成绩

10月，第十八届“挑战杯”全国大学生课外学术科技作品竞赛落下帷幕，学校获主体赛特等奖1项，一等奖1项，三等奖4项；“揭榜挂帅”专项赛一等奖1项，二等奖1项；“黑科技”展示活动恒星级1项，卫星级1项，是学校首次获得特等奖和一等奖，创造学校本赛事历史最好成绩。

12月，中国国际大学生创新大赛（2023）全国总决赛落下帷幕，学校获金奖1项，银奖2项，铜奖4项，实现了学校在该赛事国家级金奖零的突破，创历史最好成绩。

9. 举办系列活动庆祝办学125周年

2023年是学校办学125周年，精心组织开展了“人文校庆、学术校庆、情怀校庆、合作校庆”系列活动。

11月21日，学校125周年校庆日，举行第九届沁湖鱼宴，万余名师生和校友共赴这场冬日盛宴，共同庆祝学校办学125周年。

11月19日，学校在青山校区举行庆祝办学125周年暨高质量发展咨询会，总结学校办学成绩，共祝学校125周年华诞，共谋学校发展大计。

11月15日，学校冶金特色文献馆开馆。该馆由2003届校友、武汉中盛基础

工程有限责任公司董事长张光勇，以及湖南华菱湘潭钢铁有限公司校友捐建，是图书馆继张之洞文献馆后的第二个特色馆。

11 月 7 日，学校校友、我党老一辈革命家郑位三故居陈列布展，在湖北省红安县七里坪镇马鞍山村郑位三故居开馆。该展由学校城市建设学院刘伟毅教授团队设计布展，图文并茂地展示郑位三的生平事迹。

11 月 4 日，“校友杯”足球、羽毛球比赛在黄家湖校区举行。来自全国各地的 200 余名校友参与这场体育嘉年华。校友们在赛场上赛出风格、赛出友谊、赛出佳绩，在校园内迎校庆、叙情谊、忆青春、展未来。

10 月 24 日，学校举办 2023 校友企业专场招聘会。本次招聘会以 125 周年校庆为契机，以“校友助成长 就业赢未来”为主题，吸引了 187 家校友企业及重点企业前来揽才，提供就业岗位 13000 余个。

10. 武汉科技大学湖北省卓越工程师学院揭牌成立

7 月，武汉科技大学湖北省卓越工程师学院成立大会在青山校区碧园会堂举行。学校是首批湖北省卓越工程师学院试点建设高校之一。现已在录取的 2023 级研究生中择优选拔 41 人进入卓越工程师学院培养。

2023 年，依托“双碳”背景下材料科学与工程创新型人才国际合作培养项目，选派 11 名优秀博士赴境外高水平大学联合培养。

2023 年，研究生作为项目负责人参加学术科技竞赛共获得省级以上奖励 578 项，较 2022 年增加 64. 20%。其中，在中国国际大学生创新大赛获国家级银奖 1 项，铜奖 3 项；在第十八届“挑战杯”大学生课外学术科技作品竞赛主赛道获国家级三等奖 3 项，揭榜挂帅国家级一等奖 1 项，黑科技专项卫星级 1 项；在中国研究生创新实践系列大赛获国家级一等奖 2 项，二等奖 14 项，三等奖 22 项，优秀组织单位奖 5 项。

5 月，中国研究生创新实践系列大赛十周年总结大会在上海召开。会上，发布了中国研究生培养单位贡献力 TOP100 排行榜，学校位列第 90 名。

2023年度十大人物

1. 丁文红教授获评“国家卓越工程师”

她是材料学部教授。12月，她获评“国家卓越工程师”，是湖北高校唯一入选者。

她先后获国家科学技术进步奖二等奖1项、国家优秀工程设计银奖1项、国家专利优秀奖2项，省部级科学技术进步奖一等奖3项、省部级技术发明奖二等奖1项，省部级科学技术进步奖二等奖4项、三等奖2项，冶金行业优秀工程设计奖8项；先后获国务院政府特殊津贴专家、湖北省现代服务业领军人才、湖北省创新人才、中国钢铁工业优秀科技工作者；以第一发明人获授权中国发明专利57项，发表论文58篇。

2. 张同存教授当选俄罗斯工程院外籍院士

他是生命科学与健康学院教授。7月，他当选俄罗斯工程院外籍院士，是湖北高校本年度唯一入选者，也是学校第二位俄罗斯工程院外籍院士。

他带领团队攻克CAR-T细胞研发的关键核心技术，实现了具有自主知识产权CAR-T细胞药物的研发与转化，获得一系列重大科技成果；建成覆盖全国多省区市的多中心临床研究与应用网络，成功救治800多例癌症患者。

3. 李享成教授团队获批装备发展部和教育部联合创新团队

他们是材料学部的科研团队。该团队获批立项“装备预研教育部联合基金（2023—2024年）”创新团队，是学校在教育部科研计划中创新团队类别零的突破，也是湖北省属高校首次并唯一获批立项教育部的“创新团队”。

该团队成员全部拥有省部级人才称号，主要研究磁电功能材料与技术。2023年，该团队还获批国家国防科工局基础科研重点项目、中央军委融合发展重点项目、区域重大工程课题等，年度立项经费超过2200万元，并牵头获批湖北省首批“国防科技类重点实验室”；在教书育人方面，指导学生获挑战杯国家级三等奖、湖北省创新创业大赛二等奖等。

4. 袁年兴教授获国家社科基金重大项目滚动资助

他是法学与经济学院教授。10月，他主持的国家社会科学基金重大项目“新中国成立后各民族人口流动与深度交融的动力机制研究”顺利通过2023年中期评估，并获得滚动资助研究经费。这是学校首次获得国家社科基金重大项目滚动资助。其团队还获批2023年度国家社科基金重大项目立项，以及学校首个国家级文科平台。

5. 张华教授获宝钢优秀教师奖

他是材料学部教授。11月，2023年度宝钢教育奖颁奖，他荣获本年度“宝钢优秀教师奖”。

从教20余年，他先后于2013年、2018年获湖北省教学成果奖一等奖，2022年获湖北省教学成果奖特等奖，2023年获国家级教学成果奖二等奖，主持教育部、湖北省教研项目2项，发表教研论文10余篇；主持国家自然科学基金面上项目、国家重点研发计划子课题、湖北省教育厅重点研究计划和企业合作项目20余项，发表学术论文100余篇，SCI收录60余篇，授权发明专利10余项，获省部级科技奖励3项。

6. 谭伟教授获吴阶平全科医生奖

他是附属老年病医院教授。9月，他获吴阶平全科医生奖，是湖北省唯一获奖者。吴阶平医学基金会设立“吴阶平全科医生奖”，每年评选一次，本年度全国共有10名全科医生获奖。

7. 刘昱副教授、付绿平教授入选中国科协青年人才托举工程

他们是材料学部教师。今年，他们分别入选中国科协第八届、第九届“青年人才托举工程”。

刘昱，冶金工程系副教授，以第一/通讯发表SCI论文36篇，主持国家自然科学基金青年项目、湖北省自然科学基金面上项目、中国博士后科学基金和湖北省博士后创新研究岗位资助项目等国家和省部级课题5项。

付绿平，无机非金属材料工程系教授，在材料领域国际著名期刊发表了70余篇论文，授权美国发明专利2项、中国发明专利40余项；先后获欧洲耐火材料研究中心古斯塔夫-爱立许奖章、教育部高等学校科学研究优秀成果奖（科学技术）二等奖、中国产学研合作促进会产学研合作创新成果奖优秀奖。

8. 孟佳老师获首届全国高校毕业生基层就业卓越奖

她是毕业生就业指导中心教师。7月，她获得首届“全国高校毕业生基层就业卓越奖”，是湖北省属本科高校唯一获奖教师。

她深耕基层就业工作11年，服务毕业生近7万人，1.2万余名学生投身基层，涌现出“全国最美大学生”“全国向上向善好青年”闻健等基层典型；讲授就业指导课11年，获第二届湖北省高校就业指导课程教学大赛优秀奖；每年组织招聘会1000余场，服务招聘企业2500余家。

9. “挑战杯”全国大学生课外学术科技作品竞赛特等奖获奖团队、中国国际大学生创新大赛国赛金奖获奖团队

他们是城市建设学院团队和材料学部团队。

城市建设学院团队的作品“老有所‘适’：老旧小区公共空间适老化评价与优

化路径研究——基于武汉市136个老旧小区调研”，获得第十八届“挑战杯”全国大学生课外学术科技作品竞赛主体赛特等奖，为学校历史首次。团队指导老师是徐虹、杨长发、郝斐然，团队成员是余欣灿、鄢玥琳、江晓宇、黎子铭、成琛、汤茗栋、周佳敏、段小妍。

材料学部团队的作品《负极先锋——高性能锂电池硅碳负极材料领跑者》获得中国国际大学生创新大赛国赛金奖，为学校历史首次。团队指导老师是高标、霍开富、张彦英、胡文峰、李建平、张会利，团队成员是徐一帆、田徐宛诗、杜鑫森、尹子英、耿文潇、韦奕麒、刘泽锐、马雨馨、程柯杨、安卓尔。

10. 马浩然获宝钢优秀学生特等奖

他是城市建设学院土木工程专业2020级本科生。11月，他获得宝钢优秀学生特等奖。该奖项每年在全国大学生中仅评选25名，其中本科生15名。

他连续三年综合测评专业第一，40余门课程取得了满绩点的成绩，并多次获得国家奖学金等各类奖学金；获全国大学生英语竞赛一等奖、全国大学生先进成图技术与产品信息建模创新大赛二等奖等多个奖项；以第一作者发表SCI论文1篇，收录EI会议论文1篇。

武汉科技大学2023年大事记

一月

1月4日，学校在青山校区主楼1610会议室举行2022年党委理论学习中心组第一次学习。深刻领悟习近平总书记对党史学习教育总结会议作出的重要指示，全面学习中央及省委经济工作、人大工作会议精神、中央全面深化改革委员会第二十三次会议精神。党委书记徐雁冰主持学习并讲话，要求全校上下深入学习贯彻习近平总书记重要讲话、重要指示精神和省委工作部署，坚持“两个确立”，做到“两个维护”，切实推进学校第三次党代会确定的各项任务落实，实现新一年学校各项工作良好开局。全体校领导，学校党政办公室、党委组织部、党委宣传部、校工会、科学技术发展院、教务处、财务处等单位负责同志参加了本次学习。

1月4日，校党委常委、纪委书记窦先萍在腾讯会议以《立德树人强根本，砥砺奋斗谱新章》为题，为外国语学院师生作党的二十大精神宣讲报告。外国语学院领导班子成员、各系部主任与支部书记、全体行政教辅人员、学生党员代表参加宣讲会，学院党委书记苏芳勇主持会议。

1月5日，校党委书记徐雁冰、校长倪红卫、副校长何小明、党委常委刘时新一行现场调研附属同济天佑医院。医院全体院领导、职能部门负责人参加了会议。会议由天佑医院党委书记戚筠主持。

1月5日，学校在黄家湖校区举办第二期“百炼成钢”辅导员职业能力培训班，校党委副书记孙国胜、党委学生工作部部长许立桥、校团委书记刘晓云、党委学生工作部副部长鞠磊、党委研究生工作部副部长杨云出席仪式。各学院党委副书记及全体辅导员参加培训。仪式由党委学生工作部副部长卢绍伟主持。

1月6日，共青团武汉科技大学第四届委员会第四次全体（扩大）会议在学校青山校区钢铁楼1014召开。校党委副书记孙国胜、校团委副书记王媛媛、刘帅、张晶、刘昌明、叶显伟、陈锦涛、李艾东，校团委委员，各学院团委（团工委）书记参加本次会议。会议由校团委书记潘丽莎主持。

1月6日，中国共产党武汉科技大学第三届委员会第三次全体（扩大）会议暨重点工作部署会在青山校区18楼报告厅举行。出席全会的有校党委委员26人，校纪委委员以及有关方面负责同志列席会议。全会听取了党委书记徐雁冰代表党委常委会所作的工作报告，审议通过了《武汉科技大学章程修正案》和《武汉科技大学绩效工资实施办法（试行）》。校长倪红卫传达了上级有关会议精神，党委副书记盛建龙、党委常委刘时新分别就有关文件进行了说明。

1月8日，校纪委、监察专员办公室举行学习宣传贯彻党的二十大精神专题培训暨二级纪检组织负责人年终述职考核会议。校党委常委、纪委书记、监察专员窦先萍作专题辅导报告，全体二级纪委书记（纪检委员）和专职纪检监察干部参加培训，校纪委副书记韩洪波主持会议。

1月13日，学校在青山校区18楼报告厅举行开展违规吃喝问题专项整治工作部署会议。校党委常委、纪委书记、监察专员窦先萍主持会议并讲话，机关党委书记、党校副校长兼组织部副部长郑娟，校纪委副书记韩洪波，二级党组织书记，及全体专职纪检监察干部参加会议。

1月16日，湖北省总工会一级巡视员刘晓林、省教科文卫工会主席胡东红、副主席李学初等一行4人，到学校附属天佑医院看望慰问困难职工、先模人物及坚守一线的职工群体，同时为2022年“湖北医德楷模”获得者刘拴颁发了荣誉证书。学校党委副书记、工会主席盛建龙，工会常务副主席张国华，工会副主席王玲及天佑医院领导班子成员陪同慰问。

1月17日，省直机关相关领导一行来校慰问科技工作者，向学校全体科技工作者送来新春祝福。校党委书记徐雁冰、党委副书记盛建龙陪同慰问。校党政办公室主任傅江浩参加慰问活动。

1月20日，春节来临之际，校党委副书记孙国胜代表学校深入一线，逐一走访青山校区、洪山校区、黄家湖校区、附属天佑医院，看望慰问了各校区后勤保障部、保卫处除夕春节值班人员及天佑医院、校医院一线医护人员，向他们送去新春祝福和慰问金。

二月

2月7日，博州工信局党组书记、副局长，自治州重大产业领导小组办公室常务副主任叶家强率博州招商团一行来校访问洽谈，围绕积极开展校地合作、产学研等议题交流，深入推进学校与博州开展交流合作。副校长马腾出席座谈会并主持。

2月8日，学校党委常委会召开2022年度民主生活会。会议以“全面贯彻习近平新时代中国特色社会主义思想，深入贯彻落实习近平总书记关于湖北工作的重要讲话和指示批示精神，深刻领悟‘两个确立’的决定性意义，增强‘四个意识’、坚定‘四个自信’、做到‘两个维护’，团结带领党员干部群众以奋发有为的精神推动党的二十大作出的重大决策部署在学校落地见效”为主题，联系学校党委工作，联系个人岗位和工作实际，深入查摆问题，进行党性分析，严肃认真开展批评和自我批评。校党委书记徐雁冰主持会议并作总结讲话。省委第十六督导组负责同志到会指导并进行点评。学校党政办公室、纪委、党委组织部等部门主要负责同志列席会议。

2月10日，首钢水城钢铁（集团）有限责任公司党委书记、董事长彭开玉一行来校座谈，围绕开展科技创新、产教融合、人才培养等议题交流，推进校企开展全方位、多领域合作。校长倪红卫在青山校区主楼1610会议室会见来宾。副校长马腾陪同会见并主持会议。

2月10日，学校在青山校区主楼1610

会议室举行2023年党委理论学习中心组（扩大）第一次学习，党委书记徐雁冰主持会议并讲话，全体党委常委参加学习。党政办公室、纪委、监察专员办公室、党委宣传部、后勤保障部、附属老年病医院等部门负责同志列席学习会议。

2月11日，联合国工业发展组织全球创新网络项目ESG与碳中和投资指导委员会主席罗响在青山区政协主席杨新的陪同下调研学校。学校副校长马腾接待了罗响一行，陪同参观了省部共建耐火材料与冶金国家重点实验室和先进材料与纳米技术研究院，并进行了会谈交流。

2月11日，中冶建筑研究总院有限公司副总经理王海涛一行来校进行合作交流。校长倪红卫在青山校区主楼1610会议室会见来宾。副校长马腾陪同会见并主持会议。

2月17—18日，学校一流学科建设推进会在青山校区碧园会堂召开。会议深入贯彻落实党的二十大精神和习近平总书记关于“双一流”建设的重要指示批示精神，落实省委省政府部署要求，围绕一流学科建设突破“找目标、找差距、找路径、找状态”，希望群策群力、全力以赴，推进学科建设水平整体提升，率先实现省属高校国内一流学科建设突破。党委书记徐雁冰出席活动并发表讲话。

2月18日，学校在青山校区碧园会堂召开春季开学工作部署会。全体校领导，全校副处级及以上领导干部，具有硕士、博士学位授予权的一级学科负责人参加会议。校党委书记徐雁冰主持会议并讲话。

2月20日，新学期开学伊始，校长倪红卫、副校长沈季伟带队到建设中的学校沁湖体育馆建设项目施工现场调研检查工作。

2月21日，第一届湖北省博士后创新创业大赛在省广播电视台落下帷幕，学校材料与冶金学院高标教授参赛团队荣获湖北省博士后创新创业大赛铜奖，学校荣获优秀组织奖。校党委副书记盛建龙受邀出席决赛。

2月22日，学校在青山校区主楼1610会议室召开2023年文明校园创建工作会议。校党委副书记孙国胜出席会议并讲话。各相关职能部门、学院负责人参加会议。

2月24日，学校妇委会在青山校区主楼1610会议室召开工作会议。校妇委会委员、分会主任近40人参加会议，校党委常委、副校长马腾出席会议并讲话。会议由校妇委会常务副主任陆勇主持。

2月24日，党委书记徐雁冰调研学校“一站式”学生社区建设工作，先后实地走访了黄家湖校区南、北苑“一站式”学生社区，并与学工部负责人、入驻社区辅导员以及学生发展支持中心学生干部交流。

2月28日，机关党委在青山校区主楼18楼会议室召开2022年度党支部书记抓基层党建工作述职评议会。学校党委常委、党委组织部部长刘时新出席会议，机关党委各支部书记、党员代表参加会议。会议由机关党委书记郑娟主持。

三月

3月2日，校党委书记徐雁冰以《做新发展阶段社会治理创新的生力军》为题，为法学与经济学院社会工作专业师生讲授开学第一课。法学与经济学院党委书记张继才主持。

3月7日，学校2021—2022学年度学风建设表彰暨2022—2023学年度学风建设工作会在黄家湖校区沁湖礼堂举行。校党委书记徐雁冰，党委副书记孙国胜，党委常委、副校长吕勇出席会议。大会由党委学生工作部部长许立桥主持。

3月8日，学校在青山校区主楼18楼报告厅举行2023年“三八”国际妇女节纪念暨表彰大会。校党委书记徐雁冰，党委副书记孙国胜、盛建龙，纪委书记窦先萍，党委常委刘时新，学校相关职能部门负责人，妇委会委员、分会主任以及受表彰个人等出席会议。窦先萍主持会议并讲话。

3月8日，校党委副书记孙国胜在青山校区主楼18楼报告厅主持召开二级单位安全责任人会议。各二级单位安全责任人、保卫处有关工作人员参加会议。

3月10日，学校党校在青山校区主楼1610会议室召开2023年工作会议。校党委常委、党委组织部部长刘时新出席会议并讲话。各分党校负责人、工作人员参加会议。会议由党校副校长郑娟主持。

3月10日，中共武汉科技大学第三届纪律检查委员会第三次全体会议在青山校区18楼报告厅举行。校党委常委、校党委委员、校纪委委员、党群部门负责人、二级党组织书记和专职纪检监察干部参加会议。校党委书记徐雁冰讲话，校党委常委、纪委书记、监察专员窦先萍主持会议。

3月10日，学校二级单位“一把手”述责述廉会议在青山校区主楼18楼报告厅召开。全体在校校领导、校党委委员、校纪委委员、党群部门负责人、二级党组织书记出席会议。会议由校党委书记徐雁冰主持。

3月13日，校党委书记徐雁冰、校长倪红卫等全体在校校领导与近50名师生代表一同参加了一年一度的植树节活动。

3月14日，“湖北百校联动”高校毕业生供需见面会暨“江城六校”2023届毕业生联合招聘会启动仪式在学校黄家湖校区沁湖礼堂举行。湖北省教育厅党组成员、副厅长周启红出席活动并讲话。校党委书记徐雁冰、党委副书记孙国胜，湖北大学、湖北工业大学、武汉工程大学、武汉纺织大学、武汉轻工大学等高校分管就业工作的校领导，湖北省高等学校毕业生就业指导服务中心主任尹云波、副主任张丽萍，各校就业部门负责人和来自全国各地的企业代表参加活动。湖北省教育厅高校学生处处长姜永生主持仪式。

3月14日，学校“一站式”学生社区启用仪式在黄家湖校区南园“一站式”学生社区广场举行。校党委副书记孙国胜，黄家湖社区党支部书记马丽君，学校相关职能部门领导受邀出席。党委学生工作部部长许立桥主持仪式。

3月14日，学校于图书馆一楼路演厅举办“洪腾液压”奖助学金颁奖仪式。江阴市洪腾机械有限公司董事长薛洪权，校党委副书记盛建龙、党委学生工作部副部长卢绍伟、研究生院招生办公室主任秦茂林、机械自动化学院院长曾良才、机械自动化学院副院长蒋佐斌以及机械电子工程系的老师出席仪式。仪式由原机械自动化学院党委副书记李婵娟主持。

3月15日，湖北第二师范学院党委副书记胡兴一行7人来校调研交流人事及政策法规工作。校党委副书记盛建龙出席并主持座谈会。人事处、政策法规研究室负责人及相关工作人员参加调研座谈。

3月16日，学校青年马克思主义者培养工程第八期英才领航班、第十五期科大英才学校开班仪式暨第六期英才领航班结业典礼在崇实会堂举行。校党委副书记孙国胜，党委常委、组织部部长刘时新，党委学生工作部部长许立桥，马克思主义学院党委书记唐忠义，校团委副书记李宇奇出席仪式。仪式由校团委书记刘晓云主持。

3月17日，重庆黔江武陵山生物医药联合研究院揭牌暨推动生物医药产业发展战略合作备忘录签约仪式举行，校长倪红卫，重庆市黔江区党委书记徐江、区长周恩海，重庆市药品监督管理局党委书记陈忠于，生命科学与健康学院院长张同存等出席仪式。

3月18日，为深入推进学校创新创业工作，进一步提升学校学生创业团队的创新创业能力，学校第九届“互联网+”大赛专项训练营第一期培训在黄家湖校区11A417报告厅举行。学校副校长吕勇、创新创业学院执行院长张会利、各学院党委副书记，以及参加“沁湖杯”创新创业大赛路演的26支创业团队的指导教师和负责人参加活动。活动由创新创业学院副院长冯育强主持。

3月18—19日，学校在青山校区主楼18楼报告厅举办年轻干部学习贯彻党的二十大精神暨履职能力提升培训班。校党委书记徐雁冰、校长倪红卫为参训的74名学员授课。党委常委、组织部部长刘时新出席并主持。

受住房和城乡建设部高等教育建筑环境与能源应用工程专业评估委员会派遣，以中国建筑西南设计研究院戎向阳教授级高工为组长，大连理工大学端木琳教授、中国铁路设计集团朱建章教授级高工、同济大学张旭教授为成员的考查组，3月13—15日对学校建筑环境与能源应用工程专业进行了入校考查。3月13日，专业评估现场考察见面会在黄家湖校区图书馆二楼会议室召开。专家组全体成员，校长倪红卫、副校长吕勇出席见面会。学生工作处、本科生院、香涛学院、人事处、财务处、国有资产与实验室管理处、城市建设学院主要负责人、建筑环境与能源应用工程专业的教师代表参加了见面会。会议第一阶段由吕勇主持。

3月20日，学校在青山校区主楼1610会议室举行2023年党委理论学习中心组（扩大）第二次学习。党委书记徐雁冰主持学习会议并讲话，全体在校党委常委参加学习。党政办公室、党委组织部、党委宣传部、科学技术发展院等部门负责同志列席会议。

3月21日，学校在青山校区主楼18楼会议室召开新学期科技工作布置会，回顾了2022年科技工作整体情况，强化了有组织科研理念，部署了2023年科技体制机制重点改革任务。校长倪红卫出席会议并讲话，会议由科学技术发展院院长夏绪辉主持。

3月21日，本科教学工作会议在青山校区碧园会堂召开，全面谋划学校2023年本科教学工作思路，着力构建本科教育高质量发展新格局，全面推进一流本科建设，为2025年审核评估打下坚实基础。校长倪红卫出席会议并讲话，会议由副校长吕勇主持。

3月22日，汕头大学校长郝志峰来学校交流访问。校党委书记徐雁冰在黄家湖校区图书馆会见来宾，副校长吕勇陪同会见。

3月25日，湖北省科技创新大会在武汉举行，学校共有16项科研成果获奖，其中一等奖2项、二等奖6项、三等奖8项，获奖数居湖北省属高校前列。校长倪红卫、材料与冶金学院王周福教授出席奖励大会，接受湖北省政府颁奖。

3月25—26日，以“互联互通互享 合作共创未来”为主题的武汉科技大学第三届校友会负责人年会暨首届校友企业高交会在深圳召开。学校党委书记徐雁冰、党委副书记孙国胜出席会议，学校相关领导及各校友分会负责人、校友企业家代表等300余人参加活动。本次会议同步线上直播，观看视频直播、图文直播超63万人次。

3月26日，学校举行国家社科基金重大项目“中华文化认同与中华民族共同体建设研究”开题论证会。副校长马腾、中共湖北省委宣传部理论处负责人李琼出席会议，论证会开幕式由科学技术发展院副院长潘婧主持。

3月26日，学校年轻干部学习贯彻党的二十大精神暨履职能力提升培训班圆满结业。73名学员参加结业典礼，校党委常委、组织部部长刘时新出席结业典礼并讲话，结业典礼由党校副校长郑娟主持。

3月28日，青海省政协党组成员、副主席田奎，省政协常委、社会和法制委员会主任卫新华等一行来校调研座谈，了解学校毕业生就业、大学生创新创业工作等情况。湖北省政协常委、社会和法制委员会副主任吕小武，学校党委书记徐雁冰、党委副书记孙国胜、副校长吕勇等参加调研。

3月30日，中信-CBMM付俊岩铌钢研究生奖学金颁奖仪式于材料与冶金学院6560报告厅举行。中信金属股份有限公司副总经理、总工程师郭爱民，高级技术经理张永青、罗毅，学校副校长吕勇、党委研究生工作部部长冒颖、研究生院院长程常桂、国际钢铁研究院院长吴开明、研究生院副院长刘斌、材料与冶金学院副院长付绿平出席颁奖仪式。仪式由党委研究生工作部副部长杨云主持，材料与冶金学院和协同中心导师和研究生代表参加仪式。

3月30日，武汉体育学院党委副书记，副校长张飙一行来校，对“一站式”学生社区建设工作进行交流学习。校党委常委、副校长沈季伟，学生工作处处长许立桥及相关部门负责同志陪同走访参观。

3月31日，学校全面从严治党暨“清廉武科大”建设工作推进会议在青山校区主楼18楼报告厅召开。校党委常委、纪委书记、监察专员窦先萍主持会议，各二级党组织书记、“清廉武科大”建设领导小组成员单位负责人、专职纪检监察干部参加会议。

四月

4月2日，学校第十四届“挑战杯”大学生课外学术科技作品竞赛暨“沁湖杯”学生科创作品展在黄家湖校区沁湖礼堂开幕。团省委副书记林桢栋，学校党委常委、副校长吕勇，相关职能部门负责人出席开幕式，仪式由校团委书记刘晓云主持。

4月6日，学校校友徐会之之子、原国家工商总局副局长、第十二届政协常委、港澳台侨委会副主任、第十二届民革中央副主席、徐会之研究会名誉会长刘凡一行来校调研。学校党委书记徐雁冰、党委副书记孙国胜等参加调研。

4月6—7日，学校党委常委、组织部部长刘时新一行前往郧西县上津镇石庙村开展乡村振兴定点帮扶调研，慰问驻村工作队队员，捐赠儿童书籍，并参加郧西县定点帮扶工作协调会。郧西县人大副主任哈荣霞、上津镇党委书记王才上、副镇长兼石庙村党支部书记庹文章、学校机关党委书记兼党委组织部副部长郑娟、学校驻村工作队队长杨永彬等参加调研活动。

4月7—9日，第九届全国有色金属结构材料制备/加工及应用技术交流会暨2023中国结构材料大会在武汉召开。中国科学院院士葛昌纯院士、中国有色金属学会理事长贾明星、学校校长倪红卫出席会议。开幕式由大会执行主席、材料与冶金学院刘静教授主持。全国130余所高校、科研院所和企事业单位的500余位专家、学者和学生注册参会，5000余人在线观看。

4月10日，学校在青山校区主楼1610会议室举行2023年党委理论学习中心组（扩大）第三次学习。党委书记徐雁冰主持学习会议并讲话，全体在校党委常委参加学习。党政办公室、党委宣传部、政策法规研究室、离退休党工委、法学与经济学院负责人列席会议。

4月12日，中国一冶集团有限公司党委书记、董事长陈阳一行来校调研座谈。校党委书记徐雁冰、校长倪红卫、副校长沈季伟出席活动。

4月13日，湘阴县县委书记李镇江一行来校调研座谈，围绕湘阴县与学校的科技创新合作展开交流。学校党委副书记盛建龙在青山校区主楼1610会议室会见来宾，学校科学技术发展院院长夏绪辉主持座谈会。

4月13日，加拿大白求恩医学发展协会副秘书长Amy XU、湖北省对外科技交流中心主任明波来校访问洽谈。学校副校长吕勇，国际交流合作处处长肖巧玲，医学部执行副主任戚筠，医学院副院长王强，校医院总会计师、附属老年病医院总会计师黄燕飞，国际交流合作处副处长杨习出席座谈会。

4月14日，学校在青山校区碧园会堂召开学习贯彻习近平新时代中国特色社会主义思想主题教育动员大会。校党委书记徐雁冰主持会议并作动员讲话。省委第十五巡回指导组组长吕文艳作指导讲话。指导组副组长潘年松，指导组成员王劭、张旻、杨峰鹤、姜保华出席会议。校长倪红卫等全体在校校领导，全体中层干部、“两代表一委员”、师生党支部书记和党员代表参加动员大会。

4月17日，学校在青山校区主楼1610会议室举行2023年党委理论学习中心组（扩大）第四次学习。党委书记徐雁冰主持学习会议并讲话，全体在校党委常委参加学习。党群部门以及发展规划与学科建设处、本科生院、科学技术发展院主要负责人列席会议。

4月18日，学校计算机科学与技术学院联合华为技术有限公司、奇安信科技集团股份有限公司、软通动力信息技术（集团）股份有限公司3家信创领域头部企业共同建设“工业智能与数字孪生信创产业学院”，签约揭牌仪式在黄家湖校区沁湖礼堂举行。华为技术有限公司、奇安信科技集团股份有限公司、软通动力信息技术（集团）股份有限公司3家合作企业代表，校长倪红卫，副校长吕勇，学校相关职能部门负责人和计算机科学与技术学院负责人参加了此次签约揭牌仪式。吕勇主持仪式。

4月19日，学校召开一流学科建设专家咨询会。中国工程院院士干勇、校党委书记徐雁冰、校长倪红卫、副校长吕勇出席活动。

4月19日，武汉市“理论热点面对面实践基地”授牌活动在蔡甸区奓山街道举行。作为武汉市首批“理论热点面对面实践基地”示范点，学校与奓山街道结对共建，围绕“1+4”，即突出理论宣讲及培训，发挥院校优势创造性地开展智力服务、调查研究、惠民活动、服务新时代文明实践中心等工作，推动理论宣讲深入基层，让党的“好声音”传播到群众心坎上。校党委副书记盛建龙出席活动并发表讲话。

4月19日，学校在青山校区1610会议室举办武汉科技大学第五期统一战线“沁湖·同心讲坛”。湖北省社会主义学院一级巡视员、研究员严炳洲应邀作“矢志守正笃行 致力双岗创优”专题报告。民进武汉科技大学总支主委邓旭东，农工党武汉科技大学支部主委李炜巍，致公党武汉科技大学支部主委曾燕，青山区政协委员石秀华、涂庆丰以及学校各民主党派骨干成员代表、无党派人士代表、统战团体代表和党委统战部工作人员参加活动。报告会由校党委常委、副校长沈季伟主持。

4月21日，湖北省教育厅以线上线下相结合的会议形式召开了普通高校本科教育教学审核评估启动会暨培训会。党委书记徐雁冰，校长倪红卫，党委副书记孙国胜、盛建龙等校领导参加了线上视频直播学习，副校长吕勇带队，本科生院、学生工作处主要负责人参加了线下启动会暨培训会，全校相关职能部门、20个教学单位的主要负责人、学科（专业）负责人、系主任、骨干教师和已申报全国审核评估专家的教师共300余人同步进行了线上学习。

4月22日，“中国式现代化背景下乡村振兴之‘鄂南传统聚落研究’”学术研讨会在学校召开。省农业农村党组书记、厅长蒋星华，省文联党组书记、常务副主席张士军特邀出席。校党委书记徐雁冰致欢迎辞，100多名专家、教授、学者及青年师生参加活动，副校长马腾主持开幕式。

4月23日，武汉科技大学第八届辅导员素质能力大赛暨第二届辅导员育人故事分享会决赛在黄家湖校区沁湖礼堂举行。校党委副书记孙国胜出席比赛，华中师范大学党委学生工作部副部长、思政处处长李刁，湖北大学党委学生工作部部长甘珣，中南民族大学党委学生工作部副部长方明，校党委学生工作部部长许立桥，校团委书记刘晓云担任评委，各学院党委副书记，全体专职辅导员到场观摩。

4月23日，湖北省属高校一流学科建设工作推进会在学校举行，副省长邵新宇出席并讲话。会议由省政府副秘书长周勇主持。会上，学校作为重点建设高校代表发言，由校党委书记徐雁冰介绍本校一流学科建设推进情况及下一步工作打算。他表示，武汉科技大学一定会继续围绕“大学者、大平台、大成果”，加快落实高层次人才引进落地，稳步推进全国重点实验室组建工作，充分发挥材料学部统筹作用，早日实现一流学科建设目标。学校校长倪红卫代表学校与武汉理工大学签订部属高校对口支持省属高校一流学科建设协议。

4月24日，学校学习贯彻习近平新时代中国特色社会主义思想主题教育读书班开班式暨学校中心组（扩大）第5次集体学习在青山校区碧园会堂举行。校党委书记徐雁冰主持开班仪式并讲话，校长倪红卫等全体在校校领导出席了开班式。

4月25日，党委常委、副校长沈季伟在黄家湖校区师生服务中心会议室主持召开了学校安全生产专题工作会。黄家湖校区综合办公室、校园建设处、后勤保障部、资产经营有限公司负责人参加了会议。

4月26日，学校召开学习贯彻习近平新时代中国特色社会主义思想主题教育工作推进会。校党委书记、校主题教育领导小组组长徐雁冰主持会议并讲话。校长倪红卫等全体在校校领导、主题教育领导小组成员、二级党组织书记参加会议。

4月27日，学校武汉校友企业家联盟在武汉西高电器会议厅召开成立大会。学校校长、校友总会会长倪红卫，党委副书记孙国胜，武汉校友会会长、武汉西高电器有限公司董事长周雄，学校相关职能部门负责人以及武汉企业家校友代表等近百人共同参会。大会由孙国胜主持。

4月28日，第十五届汽车文化节开幕式暨上汽通用凯迪拉克开言堂“未来 不止所见”专家论坛在黄家湖校区沁湖礼堂举行。校党委常委、纪委书记窦先萍，清华大学教授陈全世，上汽通用武汉分公司产品工程部高级经理石峰，汽车与交通工程学院党委书记李建军、院长严运兵出席开幕式。汽车与交通工程学院党委副书记郝春艳主持开幕式。

五月

5月4日，学校学习贯彻习近平新时代中国特色社会主义思想主题教育读书班暨思政课教师专场辅导报告在黄家湖校区教四楼41101报告厅举行。校党委副书记孙国胜，校党委常委、副校长吕勇，学校部分中层干部，马克思主义学院全体师生参加了报告会，报告会由马克思主义学院党委书记唐忠义主持。

5月5日，安徽工程大学副校长费为银一行来学校访问交流。学校党委常委、副校长马腾，研究生院副院长刘斌，理学院领导班子成员及系统科学部部分教师参加交流会。本次会议在教二楼六楼会议室召开，由理学院院长丁义明主持。

5月5日，读书班结班式暨主题交流在青山校区主楼1610会议室举行。校党委书记、校主题教育领导小组组长徐雁冰主持会议并讲话。省委主题教育第十五巡回指导组副组长潘年松及指导组成员杨峰鹤莅临指导。校长倪红卫等全体在校校领导、主题教育领导小组成员、主题教育督导小组组长参加会议。

5月8日，武汉工程大学副校长朱青林一行访问学校，围绕一流学科建设、研究生人才培养、财务制度建设等工作开展调研交流。学校党委副书记盛建龙出席并主持座谈会。

5月8日，湖北文理学院校长张彦铎、副校长汪云等一行来校交流，商谈深化合作事宜。校长倪红卫、副校长吕勇出席座谈会。吕勇主持会议。

5月11日，机关党委在青山校区主楼18楼报告厅举行学习贯彻习近平新时代中国特色社会主义思想主题教育专题读书班开班式暨第一次辅导报告会。校党委常委、组织部部长刘时新，机关党委全体处级领导干部、党员代表参加会议。湖北省委宣讲团成员、湖北意识形态建设研究院院长、马克思主义学院党委书记唐忠义教授作专题辅导报告。会议由机关党委书记郑娟主持。

5月12日，湖北经济学院党委常委许传华一行访问学校，围绕一流学科建设、研究生人才培养、人事制度改革等工作交流。副校长马腾出席会议并主持。

5月13—14日，学校党委组织部、宣传部、学生工作部、校团委组织125名入党积极分子赴红安县，联合红安县委党校、团红安县委开展学习贯彻习近平新时代中国特色社会主义思想主题教育。这是学校连续第40年，组织师生赴红安接受革命传统教育。学校党委副书记孙国胜，原党委副书记杨杰，学校机关党委书记、党校副校长、组织部副部长郑娟，党委宣传部常务副部长李晓敏，党委学生工作部部长许立桥，校团委书记刘晓云等出席活动。

5月15日，海南美盛集团有限公司董事长陈农，美盛集团董事总经理、湖北美盛矿业有限公司董事长林栋一行访问学校，并向学校捐资2000万元人民币，以支持学校一流学科建设。学校党委书记徐雁冰、校长倪红卫、副校长马腾、校学术委员会主任张一敏、海南美盛集团有限公司执行董事曾冶出席了活动。捐赠仪式在青山校区主楼1610会议室举行，由马腾主持。

5月12—15日，“第十三届无机材料结构、性能及测试表征技术研讨会”（简称“TEIM学术年会”）在武汉召开，会议由中国硅酸盐学会测试技术分会、中国国检测试控股集团股份有限公司科学技术协会主办，武汉科技大学、武汉理工大学、景德镇陶瓷大学等单位承办。大会开幕式上，学校副校长马腾致辞，代表武汉科技大学向研讨会的顺利召开表示热烈祝贺，感谢各位专家学者来武汉传经送宝。

5月16日，长江大学党委副书记敖廷华一行访问学校，围绕机关事业单位养老保险参保工作和人才队伍建设等工作交流。副校长吕勇出席会议并讲话。

5月16日，学校校园安全工作会议暨“校园安全月”活动启动仪式在青山校区主楼18楼报告厅召开，校党委副书记孙国胜主持会议并讲话。各二级单位安全责任人、保卫处有关人员参加会议。

5月17日，三峡大学党委常委、党委宣传部部长张锐一行访问学校，围绕校庆筹备和主题教育学习等工作交流。党委副书记孙国胜出席会议并讲话。

5月17日，武汉市科技局一级调研员、成果转化处处长程乐学一行来校就科技成果转化、中试基地相关工作进行调研。校长倪红卫、科学技术发展院院长夏绪辉、副院长余春雨以及相关中试基地负责人参加会议。程乐学表示武汉科技大学科技成果转化中试平台工作特色鲜明，成效显著；将按照武汉市相关文件精神及要求，共同推进和支持学校的科技成果转化和“中试平台”等相关工作。调研座谈会由科学技术发展院副院长李琛主持。

5月17日，2022—2023学年第二学期本科期中教学检查反馈会在青山校区主楼18楼报告厅召开。校长倪红卫、副校长吕勇、各学院教学副院长、全体教学督导和相关职能部门负责人参加了会议。会议由本科生院执行院长丁宇主持。

5月18日，校长倪红卫、副校长吕勇等一行拜访湖北省政府港澳办公室章笑梅主任。

5月19日，全省高校毕业生等青年就业创业工作电视电话会议在汉召开。校长倪红卫作为全省本科院校唯一代表，在主会场介绍学校毕业生就业创业工作经验。学校构建的毕业生工作“四维发力”体系，受到省委领导的高度肯定。

5月20日，2023年武汉科技大学化学科学与材料工程研讨会在学校青山校区碧园会堂召开，大会由化学与化工学院、资源与环境工程学院共同承办。学校党委书记徐雁冰、校长倪红卫、副校长马腾，湖北省科技厅副厅长杜耘，国内外百余名知名院士专家学者出席开幕式。开幕式由马腾主持。

5月20日，2023年第16届全国三维数字化创新设计大赛（简称“3D大赛”）华中四省赛区启动会暨2023年全国三维数字化创新设计大赛数字科技文化节在学校青山校区举行。全国3D大赛组委会领导成员，学校各级领导，湖北、湖南、河南、江西赛区组委会代表、专家委员会代表以及骨干指导教师，武汉软件工程职业学院领导老师和企业负责人出席会议。会议由学校机械自动化学院副院长王兴东主持。学校党委常委、副校长吕勇出席活动并作会议致辞。

5月24日，学校党委副书记孙国胜带队走访舜宇集团有限公司。舜宇集团副总裁董克武、余姚市人社局副局长金利明、优秀校友代表、浙江舜宇光学总经理助理李庆喜、学校毕业生就业指导中心主任鞠磊等出席活动。

5月25日，副校长马腾一行12人前往中国地质大学（武汉）开展“调研学习”主题教育活动，中国地质大学副校长李建威接待。

5月25日，学校在青山校区主楼1610会议室举行2023年党委理论学习中心组（扩大）第六次学习。党委副书记、校长倪红卫主持学习会议并讲话，全体在校党委常委参加学习。主题教育省委第十五巡回指导组组长、省政协常务委员、省政协农业和农村委员会主任吕文艳，指导组成员王劭、张旻、杨峰鹤、姜保华，党政办公室、纪委、监察专员办公室、党委组织部、党委宣传部、党委统战部、党委研究生工作部负责人列席会议。

5月25日，校党委书记徐雁冰在青山校区主楼18楼报告厅以从习近平总书记考察高校的重要讲话和重要指示批示精神中汲取砥砺前行的强大力量为题，讲授主题教育专题党课。省委第十五巡回指导组组长吕文艳、成员张旻莅会指导，全体校领导，机关职能部门、直（附）属单位中层正职，二级党组织书记、副书记，学生党员代表参会。校党委副书记孙国胜主持。

5月25日，主题教育省委第十五巡回指导组组长吕文艳，指导组成员王劭、张旻、杨峰鹤、姜保华一行来校调研指导主题教育开展情况，校党委书记徐雁冰，党委副书记、校长倪红卫等党委班子成员、相关部门负责人参加调研活动。

5月27日，“绿色制造丛书”宣讲活动“绿色制造丛书宣讲活动暨双碳关键技术系列论坛—激光再制造关键技术及装备”在我校青山校区碧园会堂开幕。中国机械工程学会副秘书长陈超志、《机械工程学报》常务副主编王淑芹、湖北省机械工程学会监事长陈万诚、学校副校长马腾等出席会议。科学技术发展院院长夏绪辉主持论坛开幕式。

5月30日，学校2023年劳动教育先进单位评选答辩暨总结表彰大会在黄家湖校区沁湖礼堂举行。校党委副书记孙国胜、党委学生工作部部长许立桥、校团委书记刘晓云、黄家湖校区综合办公室副主任赵凯、学校相关职能部门领导及各学院党委副书记出席会议。

5月30日，学校于南园一站式社区举行学生社区团工委揭牌仪式暨新设立功能型团组织负责人座谈会。学校党委副书记孙国胜、党委学生工作部部长许立桥、校团委书记刘晓云、校团委副书记向方新、试点工作责任单位团委副书记、新设立功能型团组织负责人代表参加活动。校团委副书记李宇奇主持活动。

5月30日，乌克兰普利阿佐夫斯基国立技术大学校长哈季诺娃·奥莲娜教授、斯洛伐克科学院材料研究所所长赫维兹多斯·帕沃尔教授一行来校访问。校长倪红卫、副校长吕勇出席座谈会。

5月31日，学校在青山校区举行材料学部成立仪式。校党委书记徐雁冰、校长倪红卫为材料学部揭牌。党委副书记盛建龙，副校长马腾，党委常委、组织部部长刘时新出席仪式。马腾主持。

5月31日，学校党委常委、副校长吕勇一行8人前往湖北工业大学开展学习调研，湖北工业大学党委常委、副校长龚发云接待。

六月

6月2日，学校学习贯彻习近平新时代中国特色社会主义思想主题教育专项工作推进会在青山区主楼18楼报告厅召开，就学校调查研究、下基层工作进行专门部署。党委书记徐雁冰出席会议并讲话，党委副书记盛建龙，纪委书记窦先萍，党委常委、组织部部长刘时新，主题教育领导小组成员，二级党组织书记参加会议，会议由孙国胜主持。

6月2日，学校在黄家湖校区沁湖礼堂举办“沁湖创客”创新创业典型表彰暨第九届中国国际“互联网+”大学生创新创业大赛校赛金奖排位赛。校党委副书记盛建龙、武汉岱家山科创城招商引智中心总经理助理邓根福、武汉岱家山瞪羚企业加速器有限公司总经理助理周顺喜、校团委书记刘晓云、党委学生工作部部长许立桥、党委研究生工作部部长冒颖、本科生院教务管理办公室主任袁龙、创新创业学院执行院长张会利、创新创业学院副院长李金泉等出席了活动。

6月2日，学校博士点申报专题研讨会在青山校区材料学部6306会议室召开。校长倪红卫、副校长马腾出席本次会议，研究生院相关负责人、学位点建设相关专家及相关潜力博士点申报小组成员参加会议。

6月2日，西班牙马德里康普顿斯大学国际部部长胡安·卡洛斯等一行来校访问。校党委书记徐雁冰会见来宾。校长倪红卫、副校长吕勇与来宾座谈。

6月5日，校党委书记徐雁冰、校长倪红卫分别深入国家重点实验室和城市建设学院走访调研，现场发现问题、现场研究问题、现场解决问题。副校长马腾，党委常委、组织部部长刘时新，党政办公室、本科生院、研究生院、发展规划与学科建设处、科学技术发展院、人事处等部门主要负责人随行调研，国家重点实验室和城市建设学院领导班子、教师代表参加调研。

6月6日，湖北省科协正厅长级干部陈兴荣一行来校座谈交流，校长倪红卫在青山校区18楼南京厅会见了来宾，副校长马腾参与会见。

6月7日，徐州市委常委、统战部部长毕于瑞一行来校调研校地合作、校企合作事宜，副校长马腾出席座谈会。

6月7日，副校长马腾深入学校青山校区分析测试中心进行调研走访，并在武钢楼301同分析测试中心全体教职工进行了调研访谈。

6月7日，学校党委副书记孙国胜一行3人赴宣恩县看望在此志愿服务的研究生支教团学生。县委副书记、县委政法委书记郭玉锋接待。

6月7日，学校党委副书记孙国胜一行5人赴湖北民族大学交流调研预科生教育管理工作，湖北民族大学党委常委、纪委书记张宏磊接待。

6月7—9日，专业评估专家组一行4人对学校市场营销、材料物理两个专业进行专业评估现场考察。这是学校开展的第三轮校内评估工作。

6月8日，专业评估专家见面会在黄家湖校区管理学院会议室召开。副校长吕勇出席见面会。学生工作处、人事处、本科生院、管理学院、理学院负责人，市场营销、材料物理2个专业全体教师参加了见面会。

6月8日，学校党委常委、副校长马腾到汽车与交通工程学院调研指导工作，研究生院院长程常桂、副院长刘斌、科发院副院长毛前军陪同调研，汽车与交通工程学院党政领导班子成员、系书记、主任、教授代表、高层次人才和青年教师代表参加了调研座谈。

6月10日，泰国东方大学艺术学院院长SakesanTonyApiromy（塞尚）一行来校访问交流，副院长BunchooBunlikhitsiri（本初）、中国驻泰国大使馆原文化参赞秦裕森和泰中文化交流中心主任金晶陪同来访。学校副校长吕勇会见塞尚院长一行，艺术与设计学院院长管家庆，副院长袁心平、胡康，国际交流合作处副处长杨习参加座谈交流。

6月12日，学校在青山校区主楼1610会议室举行2023年党委理论学习中心组（扩大）第七次学习。党委书记徐雁冰主持学习会议并讲话。全体党委常委参加学习。党政办公室、党委组织部、党委宣传部、党委统战部、党委学生工作部、党委研究生工作部、本科生院、科学技术发展院负责人列席会议。

6月15日，湖北省大中小学思政课一体化共同体建设工作推进会在学校黄家湖校区41101报告厅举行。来自武汉、仙桃等地的思政教育工作领域专家、教育研究者和一线教师代表，共同谋划大中小学思政课一体化共同体建设工作。启动仪式由学校党委副书记孙国胜主持。

6月15日，学校党委常委、副校长马腾到法学与经济学院、管理学院调研指导工作，学院党政领导班子成员、教授代表、高层次人才参加调研座谈。科学技术发展院副院长白喻、潘婧，研究生院副院长刘斌陪同调研。

6月15日，国家艺术基金2023年度人才培养项目“‘中国故事’少儿读物插图及绘本创作人才培养”开班仪式在学校沁湖美术馆举行。倪红卫致欢迎辞，向长期给予学校支持的领导和专家表示衷心感谢，向各位学员表示热烈欢迎。

6月16日，团省委书记周森锋围绕“践行共同缔造理念深化团建创新”来校调研，对学校试点工作给予肯定，勉励学校团学组织运用好共同缔造理念和方法，加快推进团建创新，切实履行好为党育人根本任务，努力在学校加快实现“率先突破、走在前列”奋斗目标中做先锋、当闯将。校党委副书记孙国胜陪同调研。

6月18日，学校在黄家湖校区南园体育场隆重举行2023年毕业典礼暨学位授予仪式。校党委书记徐雁冰、校长倪红卫等全体校领导出席活动。校党委副书记孙国胜主持毕业典礼。教师、校友及毕业生家长代表齐聚现场，共同见证8000多名学子的毕业时刻。

6月18日，第二十八期“沁湖时光 校长有约”在学校生命科学与健康学院举行。校长倪红卫与10位2023年校长奖章获得者以及21位提名者共聚一堂。活动由党委学生工作部部长许立桥主持。

6月18日，“青春续航”2023届毕业生文艺晚会在学校沁湖礼堂上演。校党委书记徐雁冰、校长倪红卫为毕业生送上毕业寄语。校长倪红卫，校党委副书记孙国胜，副校长吕勇、马腾等出席晚会。

6月19日，学校在碧园会堂召开2023年本科招生宣传动员暨培训会，学校党委常委、副校长吕勇出席并讲话，各学院分管本科招生宣传工作负责人、各学院招生联络员、各宣传大区负责人以及150余名招生宣传员参加。本科生院执行院长丁宇主持会议。

6月20日，学校召开档案工作暨业务培训会议。党委常委、组织部部长刘时新出席会议并讲话。湖北省委办公厅档案行政管理处二级调研员袁作军作专题培训。全校专兼职档案员参加会议。校档案馆馆长张明丽主持。

6月20日，校党委副书记盛建龙带队赴中国地质大学（武汉）调研，重点就高层次人才引育、人事制度改革等开展深入交流。

6月20日，中国钢铁工业协会副秘书长，冶金工业出版社党委书记、社长苏长永一行来校交流，商谈深化合作事宜。校长倪红卫、副校长吕勇出席座谈会，吕勇主持会议。双方围绕全面深化校社战略合作进行座谈交流，签署战略合作协议并捐赠图书。

6月20日，校长倪红卫、副校长吕勇等一行6人赴武钢三中走访交流，并举行“优质生源基地”签约授牌仪式。武钢三中党委书记张文献、校长程爱林、副校长林中卉出席会议。

6月21日，学校2023年教代会提案工作推进会在青山校区图书馆216会议室召开，校党委副书记、工会主席、教代会主任盛建龙，校工会副主席、副主任李敏、王玲、汪国栋，教代会提案工作小组组长万青以及13个提案承办单位负责人参加会议。会议由李敏主持。

6月21日，澳大利亚迪肯大学副校长John Molony，协理副校长沈伟等一行4人来校访问，学校副校长吕勇会见来宾，双方就拓展双边合作展开友好交流。

6月21日，学校党委主题教育调研成果交流会在青山校区主楼1610会议室召开。省委第十五巡回指导组副组长潘年松、成员杨峰鹤到会指导，全体校领导、主题教育领导小组成员、主题教育办公室和各工作组负责同志参会。校党委书记徐雁冰主持会议并讲话。

6月25日，美国内华达大学拉斯维加斯分校常务副校长克里斯托弗·劳伦斯·希维等一行来校访问。校长倪红卫、副校长吕勇会见来宾。

6月26日，校党委书记徐雁冰，党委副书记盛建龙，副校长沈季伟、吕勇分赴孝感、天门、新洲等地的优质生源基地，开展本科招生宣传工作并慰问学校招生宣传员。

6月27日，按照省教育厅的统一部署，三峡大学党委常委张成一行来校检查实验室安全工作，校党委常委、副书记盛建龙主持会议。

6月27日，学校召开2023年职称申报评审工作部署会，党委副书记盛建龙出席会议并讲话，各有专技岗位二级单位主要负责人，各职能部门负责人及相关工作人员等80多人参加了本次会议。会议由人事处处长邹清华主持。

6月21日，长江日报第四届“校长喊你来武汉上大学”高招直播活动走进学校。校长倪红卫教授接受长江日报专访时表示，武科大“生化环材”是保障专业，“钢少硅多”也能建设好专业，武汉是活力之城、创新之城、梦想之城，来武汉总能找到适合你上的大学。

6月28日，机械传动与制造工程湖北省重点实验室第四届学术委员会第五次会议在学校青山校区机械自动化学院教一楼415会议室召开。重点实验室学术委员会主任、青年科学基金项目（A类）获得者、华中科技大学机械科学与工程学院熊蔡华教授，学术委员会副主任、中国科学院合肥物质科学研究院朱锟鹏教授，学校副校长马腾教授等出席会议。

6月28日，学校在青山校区主楼1610会议室召开2023年党风廉政建设宣传教育月活动工作布置会。校党委常委、纪委书记、监察专员窦先萍主持会议并讲话。

6月28日，学校在青山校区碧园会堂举行庆祝中国共产党成立102周年“两优一先”表彰大会暨“光荣在党50年”纪念章颁发仪式。校党委书记徐雁冰，校党委副书记、校长倪红卫等全体校领导出席大会。校党委副书记盛建龙主持。

6月29日，学校2023年大学生志愿服务西部计划出征仪式于学校100207室顺利举行。本次仪式由党委副书记孙国胜、党委学生工作部部长许立桥、党委研究生工作部副部长杨云、校友工作与社会合作处副处长刘昱佳、校团委副书记向方新和宋笑影为24名西部计划志愿者送行。活动由校团委书记刘晓云主持。

6月29日，学校在沁湖礼堂隆重举行2023年大学生志愿者暑期“三下乡”“返家乡”社会实践活动出征仪式。旨在全面贯彻落实党的二十大精神和共青团十九大精神，引导和帮助学校学生在与现实相结合的“大思政课”中“受教育、长才干、作贡献”。学校党委副书记孙国胜，机关党委书记、党校副校长兼党委组织部副部长郑娟，党委学生工作部部长许立桥，党委宣传部副部长饶红亮，党委研究生工作部副部长杨云，创新创业学院副院长汪汝武，校团委副书记向方新和宋笑影，2023年暑期社会实践指导教师，各学院党委副书记、分团委书记以及暑期社会实践校级重点团队学生代表出席了本次仪式。校团委书记刘晓云主持召开了本次活动。

6月26—29日，由中国金属学会主办，宝钢股份武钢有限公司和武汉科技大学共同主办的2023年“全国炼钢-连铸生产技术会”在武汉举办。中国金属学会专家委员会顾问李文秀、武汉钢铁有限公司副总经理宋泽啟分别致开幕词。学校校长倪红卫受邀作《新形势下武科大炼钢-连铸新技术研究及产业化》的大会报告。

6月30日，学校医学学科创新发展推进会在黄家湖校区召开。校党委书记徐雁冰、校长倪红卫出席会议并讲话。党委副书记孙国胜，副校长吕勇、马腾，党委常委、组织部部长刘时新出席会议。孙国胜主持。

七月

7月1—2日，第十五届“兴校杯”乒乓球和第八届“荣校杯”羽毛球教职工比赛在青山校区体育馆举行。校党委副书记、工会主席盛建龙出席颁奖仪式，校工会副主席李敏主持。

7月4日，青山区委常委、统战部部长蔡瑾一行来校调研。学校党委常委、副校长沈季伟出席座谈会。

7月4日，学校在青山校区主楼1610会议室举行党委理论学习中心组（扩大）第八次学习。党委书记徐雁冰主持学习会议并讲话。全体党委常委参加学习。党政办公室、纪委、监察专员办公室、党委组织部、党委宣传部、校团委负责人列席会议。

7月4日，学校在青山校区主楼18楼报告厅举行领导干部警示教育大会。校党委书记徐雁冰出席并讲廉政党课。他强调，要深入学习贯彻党的二十大精神和习近平总书记关于加强党的纪律建设重要论述，坚定不移全面从严治党，深入开展党风廉政教育，深化“清廉武科大”建设，持续营造风清气正、干事创业的良好政治生态，为实现一流学科建设率先突破提供坚强纪律保障。

7月4日，学校举行第十一届教学督导聘任仪式。校长倪红卫、副校长吕勇出席会议。会议由本科生院副院长、香涛学院院长（兼）张志清主持。

7月5日，校妇委会在青山校区主楼1610会议室召开工作会议。校党委常委、纪委书记窦先萍出席会议并讲话，校妇委会委员、分会主任参加会议。会议由校妇委会常务副主任陆勇主持。

7月5日，本科生院、香涛学院、创新创业学院在沁湖礼堂联合召开2023年暑期“小学期”试点启动仪式。参加仪式的有党委常委、副校长吕勇，创新创业学院副院长汪汝武，医学部党委副书记舒大凡，理学院副院长张传洲，生命科学与健康学院姚凯教授，依托学院年级辅导员及香涛学院全体学生。仪式由本科生院副院长、香涛学院院长（兼）张志清主持。

7月5日，中国共产党武汉科技大学第三届委员会第四次全体（扩大）会议在青山校区主楼18楼报告厅召开。大会听取了2023年上半年党委常委会工作报告、一流学科建设工作推进情况汇报，审议通过了《武汉科技大学关于推进有组织科研的实施意见》《武汉科技大学教职工退休和返聘工作管理办法》。大会由党委常委会主持。校党委书记徐雁冰报告工作并讲话，校党委副书记、校长倪红卫出席。校党委副书记孙国胜、盛建龙，校党委常委窦先萍、沈季伟、吕勇、马腾、刘时新及全体校党委委员出席，校纪委委员及有关方面负责同志列席会议。

7月6日，学校在青山校区主楼1610会议室召开学习贯彻习近平新时代中国特色社会主义思想主题教育工作推进会。党委副书记孙国胜，纪委书记窦先萍，党委常委、组织部部长刘时新，主题教育领导小组成员，二级党组织书记、督导小组组长参会，孙国胜主持会议并讲话。

7月6日，校党委副书记盛建龙带队赴三峡大学调研，重点就人事制度改革、财务预算管理等工作开展深入交流。

7月6日，2023中非创新合作与发展论坛暨湖北国际技术交流会在武汉举行。其间，学校与湖北省对外科技交流中心联合举办了2023年湖北—非洲公共卫生与健康专场、低碳功能材料新技术国际研讨会两个专场活动。在低碳功能材料新技术国际研讨会上，湖北省科技厅一级巡视员葛琳、校长倪红卫、副校长马腾出席并讲话。材料学部副主任付绿平主持。

7月7日，学校在青山校区主楼18楼报告厅举行学习贯彻习近平新时代中国特色社会主义思想主题教育基层党组织书记培训班。党委常委、组织部部长刘时新出席开班仪式并作动员讲话，全校各二级党组织书记、教工党支部书记参加培训。机关党委书记、党校副校长兼党委组织部副部长郑娟主持。

7月7日，湖北省教育厅副厅长周启红一行来校调研，了解学校在高等教育综合改革中的经验举措、工作中存在的困难和问题以及下一步改革意见和建议。校党委书记徐雁冰、副校长马腾出席调研座谈会。

7月7日，武汉科技大学湖北省卓越工程师学院成立大会在青山校区碧园会堂举行。学校是首批湖北省卓越工程师学院试点建设高校之一。湖北省委组织部副部长王炜，湖北省教育厅副厅长周启红，湖北省经信厅二级巡视员郑岳嘉，武汉理工大学副校长刘春江，武汉市青山区委常委、组织部部长何慧超，学校党委书记徐雁冰，校长倪红卫，副校长吕勇、马腾出席大会。校党委副书记孙国胜主持。

7月8日，医学部在第二临床学院报告厅召开医学学科创新发展工作落实会，党委副书记兼医教协同工作领导小组组长孙国胜出席会议并讲话，会议分别由医学部党委书记白冰，医学部主任、医学院院长吴清明主持。

7月11日，校纪委、监察专员办公室、妇委会、校工会、机关党委等部门联合开展2023年干部家属廉政座谈会。校党委常委、纪委书记、监察专员窦先萍参加座谈，纪委副书记韩洪波主持会议，18名干部家属参加活动。

7月11日，学校在青山校区主楼1610会议室召开师德师风建设专题会议，学习传达教育部、省教育工委有关会议精神，部署师德集中学习教育等工作。校党委书记徐雁冰出席会议并讲话。校党委副书记盛建龙主持会议。

7月12日，校纪委、监察专员办公室组织开展2023年新任中层干部集体廉政谈话暨年轻干部纪法教育短训班，时间为期1天。校党委常委、纪委书记、监察专员窦先萍以《正心明道 纪法护航 聚力谱写学校高质量发展新篇章》为题，开展集体廉政谈话、纪法教育报告。

7月13日，学校党委副书记孙国胜一行6人前往随州，在随州市委1楼市委政法委会议室进行校地战略合作交流，交流会由随州市人民政府党组成员刘军伟主持。

7月14日，学校党委副书记孙国胜，党委常委、副校长吕勇等一行11人赴湖南钢铁集团，开展考察调研交流活动。湖南钢铁集团党委副书记、副董事长、总经理李建宇校友出席会议，党委委员、副总经理谢究圆主持会议。

7月14日，德国萨克森州副州长兼区域发展部部长托马斯·施密特一行走进学校，回顾双方合作成果，探讨合作新机遇。校长倪红卫对萨克森州代表团一行来访表示欢迎，并从学校基本情况、中德高校国际交流合作成果、优势特色学科建设与深化创新合作等方面作了介绍。学校副校长吕勇出席活动。

7月16日，蒙古国家科学研究院研究员库兰·巴亚尕兰、蒙古国中国历史文化研究协会会长巴特尔夫一行来访学校，副校长马腾在钢铁楼401会议室会见了来宾。

7月17日，学校校友座谈会在宜化矿业公司会议室顺利举行。校党委副书记孙国胜，湖北省安全生产专家组首席专家、资源与环境工程学院原院长叶义成，校团委书记刘晓云，校团委副书记向方新，资源与环境工程学院党委副书记张瑞，学校校友杨世荣、陆周、杜浩然、谢亚峰、许浩杰出席本次会议。会议由资源与环境工程学院党委书记曹伟主持。

7月17日，湖北省2023年暑期“三下乡”示范团队、学校“山水梦行”实践团队师生在夷陵区宜化矿业有限公司开展校企合作座谈会，会议由湖北宜化集团矿业有限责任公司党委副书记尹峻嶙主持。学校党委副书记孙国胜，共青团湖北省委学校部副部长胡志勇，共青团宜昌市委副书记刘欣怡，湖北宜化集团矿业有限责任公司董事长、总经理瞿定军，湖北省安全生产专家组首席专家、资源与环境工程学院原院长叶义成，安陆市人民政府副市长、资源与环境工程学院党委书记曹伟，学校团委书记刘晓云，学校团委副书记向方新，学校资源与环境工程学院党委副书记张瑞出席本次会议，学校“山水梦行”暑期社会实践团队部分师生参加会议。

7 月 18 日，学校党委副书记孙国胜一行赴夷陵区小溪塔街道峡江社区看望慰问正在开展暑期“三下乡”社会实践活动的“山水梦行”实践团成员，夷陵区政府区长李双兵参与慰问并交流。

7 月 19 日，湖北省金属学会第八届第四次理事会在学校顺利召开。会议由学会副理事长刘静主持。学校党委常委、副校长马腾致辞，热烈欢迎来自武钢有限、中冶南方、鄂钢、大冶特殊钢、大冶有色、中钢武汉安环院、武汉理工大学等会员单位的领导、理事以及代表。

7 月 19 日，香港理工大学副校长赵汝恒一行访问学校，进一步深化合作关系，推动创新技术研究院建设。校党委书记徐雁冰，副校长吕勇、马腾在主楼 18 楼会议室与赵汝恒一行举行座谈交流，湖北省人民政府港澳事务办公室副主任陈汉华陪同访问，学校相关部门负责人参加了会谈。

7 月 20 日，洪山区区长严中兴一行来校调研交流科技成果转化情况。副校长吕勇及相关职能部门负责人参加了调研。调研交流会在黄家湖校区进行，由吕勇主持。

7 月 22 日，校纪委书记窦先萍、副校长吕勇等一行来到学校本科招生网上录取现场，检查指导招生录取工作，询问了解学校 2023 年招生录取情况，看望慰问录取现场的工作人员。

7 月 25 日，新疆博尔塔拉蒙古自治州人民政府与学校在新疆博乐举行州校合作签约仪式。州校双方将进一步深化在科学研究、成果转化、医疗卫生等领域的合作成效。

7 月 27 日，加蓬矿业与地质部办公厅主任 Eric Damien Biyoghe Bi Ella 一行访问学校。副校长吕勇在青山校区主楼 1610 会议室会见来宾。

7 月 27 日，学校在教九楼 520 会议室举办了以“智能交通与智慧物流的创新与发展”为主题的国际学术研讨会。本次论坛邀请了来自英国布莱顿大学、华中科技大学、武汉理工大学、东风悦享科技公司、武汉集电科技有限公司、湖北智集科技企业孵化有限公司、宋巍工作室等高校和知名企业的数十名专家学者，围绕“智能、创新、再制造”等研究领域进行广泛交流。校党委常委、纪委书记窦先萍在会议作开幕致辞，汽车与交通工程学院全体院领导、各系教师代表及 60 余名研究生参加了本次论坛。

7 月 28 日，学校倪红卫校长通过视频方式与西班牙马德里康普顿斯大学校长华金·戈亚契·戈尼（Joaquín Goyache Goñi）举行线上正式交流会，推动双方合作举办中外合作办学机构。

八月

8 月 1 日，校长倪红卫、副校长沈季伟等一行深入校内重点工程施工现场，走访慰问酷暑期间仍坚守一线岗位的施工队伍和基建后勤保障人员。

8 月 3 日，学校召开主题教育整改整

治工作推进会，就整改整治工作进行专门部署。校党委书记、校主题教育领导小组组长徐雁冰主持会议并讲话。全体在校校领导、主题教育领导小组成员、整改整治责任部门负责同志参加会议。

8月2—4日，湖北省人大代表、校长倪红卫赴十堰市调研，考察乡村振兴工作，走访重点汽车零部件生产企业。

8月19日，由中国金属学会电磁冶金与强磁场材料科学分会与东北大学主办，武汉科技大学承办的2023年中国电磁冶金与强磁场材料制备技术研讨会在武汉举行。马腾向参会的各位来宾表示诚挚欢迎，介绍了学校及冶金学科的发展情况，同时也对此次研讨会给予了高度评价。马腾表示，期待与众专家学者群策群力，共同围绕冶金与材料加工制造的核心问题展开深入交流和研讨，进一步推进学科交叉，推动产业协同创新，为新时代我国电磁冶金与强磁场材料行业的发展、科技的创新作出贡献。

8月21日，学校在青山校区主楼1610会议室举行主题教育民主生活会前集中学习暨党委理论学习中心组（扩大）第九次学习。党委书记徐雁冰主持学习会议并讲话。省委宣传部理论处副处长易凌云、一级主任科员罗轶，省教育厅思政处四级调研员王立彬现场巡听旁听。全体党委常委参加学习。

8月23日，学校党委领导班子召开学习贯彻习近平新时代中国特色社会主义思想主题教育专题民主生活会。省委第十五巡回指导组组长吕文艳、副组长潘年松一行到会指导。党委书记徐雁冰主持会议，校党委常委全体同志参加会议，主题教育领导小组办公室、工作组主要负责同志列席会议。

8月31日，洪山区人大常委会副主任何线一行来到学校黄家湖校区进行调研座谈。副校长沈季伟主持会议。

九月

9月1日，学校2023年秋季学期工作部署会在青山校区碧园会堂召开。全体在校校领导、全体副处级及以上领导干部、民主党派负责人、各学院系主任参加会议，进一步统一思想认识，分析研判形势，聚焦高质量发展主题，围绕一流学科建设重点任务，谋划推动学校事业高质量发展。

9月4日，2023年秋季学期开学第一天。校党委书记徐雁冰、校长倪红卫等全体校领导深入教学一线，检查新学期教学情况，实地走访黄家湖校区各教学楼，巡课、看课、查课，指导新学期第一天教学情况，就教师到岗情况、学生上课出勤情况、师生课堂精神面貌、课堂秩序、教学设施和后勤服务保障等情况进行了全面认真的检查。

9月7日，在第39个教师节即将来临之际，学校庆祝教师节座谈会暨新教师欢迎会在青山校区主楼18楼会议室举行。校领导徐雁冰、倪红卫、盛建龙、窦先萍、刘时新以及相关职能部门负责人、青年教师代表、新入职教师等百余名教师齐聚一堂，围绕“躬耕教坛，强国有我”主题，共话教书育人感悟，共谋学校改革发展事业。会议由校长倪红卫主持。

9月11日，学校在青山校区主楼1610会议室举行党委理论学习中心组（扩大）

第十次学习。党委书记徐雁冰主持学习会议并讲话，党委副书记、校长倪红卫和全体党委常委参加学习。

9月12日，学校与湖北联投举行校企合作框架协议签署仪式。湖北联投党委书记、董事长刘俊刚，校党委书记徐雁冰出席签约仪式并座谈交流。湖北联投总经理刘光辉、校长倪红卫代表双方签署协议。

9月13—14日，学校迎来了6300余名本科新生。一张张朝气蓬勃的青春面庞，一个个怀揣梦想的有志青年，即将以“武科大人”的身份，开启新的人生篇章。校党委书记徐雁冰、校长倪红卫、校党委副书记孙国胜、副校长沈季伟等校领导来到院系迎新点、学生公寓、学生食堂、一站式学生社区检查指导迎新工作，迎接看望前来报到的2023级新生，慰问参加迎新工作的师生员工。

9月14日，学校在黄家湖校区沁湖礼堂举行研究生新生开学典礼。校领导徐雁冰、倪红卫、孙国胜、窦先萍、沈季伟、吕勇、刘时新、胡剑，各学院、部门主要负责人，导师代表、辅导员老师，3500余名研究生新生参加典礼。副校长吕勇主持。

9月14日，学校举办“师生面对面”迎新学习分享会。校党委书记徐雁冰和资源与环境工程学院张一敏教授、材料学部王炜教授、医学部副主任刘剑峰教授、资源与环境工程学院党委副书记张瑞老师等与16名2023级新生代表、4名优秀在校学生党员代表座谈，开展“习近平总书记与大学生在一起”学习分享活动，勉励大家厚植家国情怀，打好学业基础，培养对科学的好奇心，保持奋斗者的姿态，做一个成就自己照亮别人的追光人。

9月14日，黄家湖畔，秋风和煦，天朗气清，“沁湖时光 校长有约”如期而至，“武科大是什么样的大学?”“对大学生活有哪些期许?”围绕这一主题，校长倪红卫与16组2023级新生家庭代表共同交流探讨，在百年历史中找寻武科大人奋斗足迹，在未来期许中践行武科大人的使命与担当。

9月14日，学校召开学习贯彻习近平新时代中国特色社会主义思想主题教育总结大会。校党委书记徐雁冰主持会议并作主题教育总结报告。全体校领导、全校中层副职以上干部、学校主题教育督导组成员、“两代表一委员”、教师党支部书记代表参加会议。

9月15日，2023年湖北省国家网络安全宣传周“青少年日”暨青年学习会在学校沁湖美术馆举办。共青团湖北省委副书记陈立、学校党委副书记孙国胜、湖北省公安厅团委书记李浩、学校团委书记刘晓云、共青团湖北省委宣传部副部长邢鑫、保卫处副处长舒国谋、计算机科学与技术学院党委副书记蔡路出席活动。学校学生代表、湖北省公安厅基层青年民警代表和青年网友约120人参加活动。

9月14日，省教育厅高教处处长崔锋、副处长吴勃、一级主任科员周婷一行莅临学校调研指导产业学院、数字化建设、创新创业等工作。党委常委、副校长吕勇，党政办公室主任傅江浩，本科生院执行院长丁宇，创新创业学院执行院长张会利等陪同调研并参加座谈会。

9月20日，学校创新创业基地江岸岱家山科创城揭牌成立。校党委常委胡剑与江岸区人民政府副区长胡彦全为武汉科技大学创新创业基地江岸岱家山科创城揭牌。胡剑与武汉岱家山兴城实业发展有限公司党总支书记严明签订合作协议。双方将在创新创业比赛、实习实训、创新创业项目孵化、科技成果转化等方面开展系列合作。

9月21日，学校在黄家湖校区创新创业学院召开2023年全国大学生英语竞赛表彰会。校党委常委胡剑，外国语学院院长宋红波、副院长陈尧，创新创业学院副院长李金泉等出席会议，创新创业学院副院长汪汝武主持。

9月22日，学校党校在青山校区主楼1610会议室召开2023—2024学年第一学期工作会议，党委常委、组织部部长刘时新出席会议并讲话，各分党校副校长、工作人员参加会议，会议由党校副校长郑娟主持。

9月26日，学校平安建设工作推进会在青山校区主楼1610会议室召开，校党委副书记孙国胜主持会议并讲话。学校平安建设工作领导小组成员单位负责人、保卫处有关人员参加会议。

9月28日，校党委书记徐雁冰，校党委常委、组织部部长刘时新以普通党员身份，参加了党委组织部统战部党支部学习贯彻习近平新时代中国特色社会主义思想主题教育专题组织生活会暨9月主题党日活动。

9月28日，黄家湖校区南园操场红旗飘扬，军歌嘹亮，喊声震天。学校2023年本科新生开学典礼暨军训总结表彰大会在这里隆重举行。校党委书记徐雁冰，校长倪红卫，党委副书记孙国胜、盛建龙，党委常委、纪委书记窦先萍，副校长沈季伟、马腾，党委常委刘时新、胡剑以及学校各职能部门、各学院领导在主席台就座。孙国胜主持大会。

9月18—25日，校党委副书记盛建龙率团访问德国、奥地利。其间，参加了在弗莱贝格举办的武汉科技大学与弗莱贝格工业大学合作20周年学术庆典，并拜会了中国驻维也纳大使馆。

9月18—25日，校党委书记徐雁冰率团赴西班牙、塞浦路斯访问交流。

十月

10月8日，学校召开教育事业统计和高等教育质量监测国家数据平台工作布置会。党委常委、副校长吕勇出席会议并讲话。会议由本科生院执行院长丁宇主持。

10月9日，武汉市市场监督局（知识产权局）二级巡视员陈保国、知识产权促进处副处长沈世旻等领导来校调研，就国家知识产权试点高校建设、学校专利管理和专利技术转化等事宜进。

10月10日，教育部思想政治工作司处长庞谦、湖北省教育厅综合治理处处长吴险峰一行赴湖北省高校网络舆情分析研究中心进行调研。校党委副书记孙国胜陪同调研并参加座谈会。

10月12日，以“发挥高等教育龙头作用 夯实强国建设人才之基”为主题的人民网2023大学校长论坛在辽宁沈阳举行，学校校长倪红卫出席圆桌论坛并发言。

10月14日，由武汉科技大学主办，中共尧治河村委员会承办，校党建工程研究中心和冶金高校马院钢铁思政联盟协办的第二届高质量党建工程研讨会暨首届高校马克思主义学院书记论坛在尧治河村开幕。省党建研究会副会长、省纪委监委派驻省委组织部纪检监察组原组长、一级巡视员刘刚，武汉科技大学党委常委、纪委书记窦先萍，人民网湖北负责人荣先明，中共保康县委书记冯云波，全国人大代表、尧治河村党委书记孙开林出席会议。学校马克思主义学院党委书记唐忠义主持开幕式。

10月14日，学校在黄家湖校区南园操场举办2023年“庆校庆、迎新生”文艺晚会，校党委副书记孙国胜、副校长马腾、党委常委胡剑及学校各职能部门负责人出席晚会。

10月14日，由学校和中国硅酸盐学会耐火材料分会联合主办的“2023武汉耐火材料学术年会”正式开幕。会议以“创新引领 绿色发展”为主题，紧紧围绕耐火材料及其相关学科领域的发展前沿，近日共举办了110场精彩纷呈的学术报告。学校副校长马腾代表学校致欢迎词。

10月16日，2023年宁夏冶金企业经营管理人才素质提升工程培训班在材料学部开班。宁夏回族自治区工业和信息化厅原材料处副处长王军、宁夏冶金行业协会秘书长马爱庆，学校党委常委、副校长马腾，材料学部党委书记潘丽莎、副主任张华及培训相关负责人，各公司的管理人员近60人参加了开班仪式，由张华主持。

10月17日，学校与湖北电信签署校企合作框架协议。中国电信股份有限公司湖北分公司党委委员、副总经理，中国电信股份有限公司武汉分公司总经理张海鹰；校党委副书记孙国胜出席签约仪式并座谈交流。校友工作与社会合作处处长王文涛主持会议。

10月18日，学校召开2023年全面从严治党暨清廉学校建设工作调度会，深入学习习近平总书记重要讲话精神及重要会议精神。校党委常委、纪委书记、监察专员窦先萍主持会议并讲话，二级党组织书记，全体专职纪检监察干部参加了会议。

10月17—18日，校党委常委、副校长沈季伟和党委常委、组织部部长刘时新一行前往郧西县开展乡村振兴定点帮扶调研，代表学校向石庙村捐赠2万元专项帮扶资金，并慰问驻村工作队员。郧西县委常委、纪委书记雷震，副县长陈耀、邱建峰，上津镇党委书记王才上，副镇长庹文章，计算机科学与技术学院党委书记钟磊，本科招生办公室主任朱明，艺术与设计学院党委副书记孔令浩，驻村工作队队长杨云等参加活动。

10月19日，中国冶金科工集团有限公司在学校崇实会堂开展2024届毕业生秋季校园宣讲会暨招聘会，学校党委副书记孙国胜主持本次宣讲会，中冶集团党委组织部员工发展处处长陈方、中冶旗下24家参会单位代表和学校相关专业应届毕业生共计100余人参加了本次宣讲会。

10月19日，学校于北园体育馆开展2023鄂州招才引智校园日活动。学校党委常委、副校长马腾，中共鄂州市委常委、组织部部长朱其敏出席活动。56家用人单位提供683个优质岗位，涵盖机械制造、化学材料、医疗卫生等多个专业。

10月10—19日，由学校科学技术发展院和人文社会科学高等研究院主办，法学与经济学院承办的人文社科青年教师学术期刊论文写作专题培训班成功举办，全校各文科学院 40 岁及以下共 60 余名青年教师参加。10 月 19 日，培训班举行结业仪式。副校长马腾出席并讲话。

10 月 20 日，学校党委常委胡剑在黄家湖校区综合办公室主任赵凯的陪同下到工程训练中心调研指导工作，并在 407 会议室召开了调研工作会，与中心领导班子成员就中心实训教学、日常管理和发展规划等问题展开座谈。

10 月 20 日，由离退休党工委、离退休工作处主办的 2023 年“情暖桑榆 魅力重阳”重阳节集体祝寿暨文艺汇演活动在青山校区碧园会堂举行，600 余名离退休教职工欢聚一堂，以集体祝寿、载歌载舞的方式共庆佳节。学校党委书记徐雁冰、副校长沈季伟出席活动，部分退休老领导和学校相关职能部门负责人参加了活动。庆典仪式由离退休党工委书记彭红斌主持。

10 月 20 日，岱家山科创城黄家湖孵化基地揭牌仪式暨 2023 年大学生科技作品实物展在学校黄家湖校区创新创业学院举行。武汉岱家山兴城实业发展有限公司党总支书记严明与校党委常委胡剑为岱家山科创城黄家湖孵化基地揭牌。学校党委常委胡剑出席活动并发表讲话。

10 月 21—22 日，第四届“数据智能与知识服务”研讨会成功在学校举办。本次研讨会由学校教授顾进广、东南大学教授漆桂林、中国科学院文献情报中心副主任张智雄担任大会主席。研讨会开幕式由顾进广教授主持。学校党委常委胡剑、中国科学院武汉文献情报中心党委书记刘清、中国科学院文献情报中心副主任张智雄分别致开幕词。张智雄在致辞中肯定了此次研讨会的专业性和前瞻性，并介绍了学校在数据智能与知识服务方向开展的卓有成效的探索，并预祝会议圆满成功。

10 月 24 日，学校 2023 年大学生志愿者暑假“三下乡”“返家乡”社会实践活动优秀团队评审会暨总结表彰大会在崇实会堂召开。

10 月 26 日，学校第十届研究生科技文化节开幕式暨第七期研究生骨干培训班开班仪式在黄家湖校区沁湖礼堂顺利举行。校党委常委胡剑，研究生院院长程常桂，创新创业学院副院长汪汝武，党委学生工作部副部长龚晗，党委研究生工作部副部长毛宝胜，校团委副书记向方新，法学与经济学院教授戴中祥，各培养单位领导、研究生辅导员以及武汉大学、华中科技大学、中南财经政法大学等兄弟高校研究生会代表出席本次活动。大会由党委研究生工作部部长冒颖主持。

10 月 26 日，湖北省纪委副书记、省监委副主任艾军带队来校调研，与学校党委书记徐雁冰开展“一把手”谈话。省纪委监委第八监督检查室主任刘阳，学校纪委书记、监察专员窦先萍参与调研。

10 月 27 日，学校在青山校区主楼 1610 会议室举行党委理论学习中心组（扩大）第十一次学习。党委书记徐雁冰主持学习会议并讲话。党委副书记、校长倪红卫和全体党委常委参加学习。

10 月 30 日，学校在主楼 1710 室举行 2023 年青年教师研究生辅导员聘任仪式，党委常委、副校长马腾出席仪式。

十一月

11 月 1 日，重庆文理学院党委常委、副院长李天福一行来校交流。学校党委常委、副校长马腾，本科生院执行院长丁宇，创新创业学院执行院长张会利等参会交流。座谈会在图书馆1号会议室举行，丁宇主持。

11月2日，湖南大学党委副书记、纪委书记曹升元一行来校调研交流纪检监察巡察工作。学校党委常委、纪委书记窦先萍，党委常委、副校长吕勇，学校纪委、监察专员办公室工作人员参会交流。座谈会在黄家湖校区图书馆1号会议室举行，窦先萍主持。

11月2日，"校领导与学生面对面"系列互动之"红色钢铁熔炉""一站式"学生社区综合治理创新系列活动，在南园一站式学生社区106室举行。校党委常委胡剑、创新创业学院执行院长张会利、党委学生工作部副部长龚晗、材料学部党委副书记林莉、资环学院党委副书记张瑞、第九届中国国际"互联网+"大学生创新创业大赛学生代表团队参加活动。学工处副处长卢绍伟主持。

11月2日，2023国际产学研用合作会议（湖北）武汉科技大学"先进材料与绿色制造新技术"分论坛在学校碧园会堂举办。湖北省教育厅副厅长周启红，学校校长倪红卫、副校长马腾、国际交流合作处处长肖巧玲、材料学部执行主任顾华志等出席会议。会议开幕式由马腾主持。

11月3日，2023年度"博聚楚天·共话荆彩"湖北省博士后"'51020'背景下的绿色冶金与先进材料"学术交流活动在学校青山校区碧园会堂召开，活动由湖北省人社厅主办，武汉科技大学、中国冶金教育学会博士后工作研究分会承办。中国冶金教育学会副会长兼秘书长王正华，学校党委常委、副校长马腾，党委常委胡剑，湖北省人社厅机关处长段红琴，50余名知名专家学者出席开幕式。开幕式由胡剑主持。

11月3日，西班牙马德里康普顿斯大学校长华金·戈亚契·戈尼（Joaquín Goyache Goñi）等一行来校交流访问，实地调研学校黄家湖校区，推动双方进一步深化交流与合作。

11月4日，"校友杯"足球、羽毛球比赛在黄家湖校区隆重举行。校党委副书记孙国胜、副校长吕勇、相关职能部门负责人以及来自全国各地的200余名校友共同参与这场体育嘉年华。校友工作与社会合作处处长王文涛主持开闭幕式。

11月7日，学校校友、我党老一辈革命家郑位三故居陈列布展，在湖北省红安县七里坪镇马鞍山村郑位三故居开馆。校党委副书记孙国胜、红安县委书记刘堂军出席开馆仪式。学校领导和师生，红安县各级领导和相关部门负责人、当地村民近百人参加活动。

11月6—7日，中国工程教育专业认证委员会专家组对学校矿物加工工程专业进行了现场考察。专家组组长由江西理工大学罗仙平教授担任，成员包括安徽理工大学朱金波教授，中国矿业联合会秘书长陶明炬，由长春理工大学石广丰教授担任秘书。专家组全体成员、校长倪红卫、副校长马腾出席见面会。

11月8日，学校联合青山区人民政府共同举行学校青山校区新建人行天桥通行剪彩仪式。校党委常委、副校长沈季伟，青山区委常委、副区长杨海牛共同为新建人行天桥通行剪彩。校园建设处处长杨魁主持。

11 月 8 日，学校 2023 年消防安全宣传教育月活动启动仪式暨校园安全工作会议在青山校区主楼 18 楼报告厅举行。校党委副书记孙国胜主持会议并讲话，学校二级单位安全工作负责人、保卫处相关人员参加会议。

11 月 8 日，江西理工大学党委书记杨斌，党委常委、副校长董冰岩，党委常委、组织部部长刘志刚一行来校调研交流。校党委书记徐雁冰，校长倪红卫，副校长马腾，党委常委、组织部部长刘时新先后会见来宾，座谈会在青山校区主楼 1610 会议室召开。会议由马腾主持。

11 月 9 日，“校领导与学生面对面”系列活动之“我与我的‘挑战杯’”座谈会在南园一站式学生社区 106 室举行，第十八届挑战杯主体赛特等奖、一等奖师生团队与学校领导面对面交流准备过程、答辩经历与成长经验。校长倪红卫、校党委副书记孙国胜、校党委常委胡剑参加座谈，校团委书记刘晓云主持会议。

11 月 10 日，第五届创新与知识管理国际会议（iKM2023）在武汉市东湖宾馆开幕。会议由清华大学技术创新研究中心发起，学校管理学院、同方知网数字出版技术股份有限公司共同承办。会议聚焦“数智时代的创新与知识管理”的主题，共邀请 20 余位海内外专家学者、实践者，共话共谋创新与知识管理的未来。学校管理学院执行院长刘海兵教授主持开幕式。校长倪红卫，大会主席、清华大学技术创新研究中心主任陈劲，同方知网副总经理、主任编辑张宏伟在开幕式上致辞。

11 月 11 日，学校在青山校区举办 2023 年人工智能前沿论坛暨第七届智能信息处理与网络优化国际研讨会。中国工程院院士谭建荣、火箭军工程大学胡昌华教授、北京大学王龙教授、昆士兰科技大学田玉楚教授等来自全球各地的 20 余位专家学者，学校副校长马腾，人工智能学院领导和师生代表百余人参加会议。人工智能学院党委书记刘运显主持会议。

11 月 11 日，第八届君子文化论坛在学校青山校区碧园会堂召开，主题为“君子文化的知与行”。来自全国高校、科研院所、君子文化研究机构的专家学者和学校师生 300 余人齐聚一堂，共话君子文化传承与创新。校长倪红卫，光明日报社原副总编辑李春林，著名作家周大新，中央党校教授、中国实学研究会会长王杰出席开幕式并致辞。校党委常委胡剑主持开幕式。

11 月 13 日，武汉科技大学 2022—2023 学年本科教学质量报告编制工作会在青山校区主楼 1710 会议室召开。党委常委、副校长吕勇出席会议。本科生院执行院长丁宇主持会议。

11 月 14 日，学校首届优秀女性科技人才访谈在黄家湖校区崇实会堂举行，以“巾帼心向党 科技她力量”为主题，讲述优秀女性科技工作者们勇攀科技高峰的鲜活故事。学校党委常委、纪委书记窦先萍，洪山区妇联党组书记、主席赵莎，副主席肖玉萍出席访谈活动。活动由学校妇委会常务副主任陆勇主持。

11 月 14 日，澳大利亚迪肯大学副校长 Nick Birbilis 率代表团访问学校，校长倪红卫会见代表团一行并座谈。校党委副书记孙国胜参加会议。

11 月 15 日，“抱朴众-力地液压”奖助学金捐赠揭牌仪式在武汉力地液压设备有限公司举行。武汉力地液压设备有限公司董事长朱明礼，学校党委副书记盛建龙，机械自动化学院党委书记余淑均、党委副书记瞿孝平，机械电子工程系党支部书记钱新博、教授陈新元、副教授张坡参加捐赠揭牌仪式。仪式由武汉力地液压设备有限公司副总经理张昌忠主持。

11 月 15 日，学校冶金特色文献馆开馆仪式在黄家湖校区图书馆隆重举行。冶金工业信息标准研究院党委书记、院长张龙强，冶金工业信息标准研究院信息所所长王晓虎，武汉中盛基础工程有限公司总经理刘成，校长倪红卫、副校长沈季伟等出席仪式。党委常委胡剑主持仪式。

11 月 16 日，第二十三届华侨华人创业发展洽谈会在东湖国际会议中心开幕。开幕式上，学校副校长马腾与香港理工大学副校长赵汝恒代表两校正式签署战略合作框架协议。

11 月 16 日，学校于黄家湖校区沁湖礼堂举行 2022—2023 学年度学风建设表彰大会，校长倪红卫、党委副书记孙国胜、校团委书记刘晓云、本科生院副处长袁龙出席会议，党委学生工作部部长许立桥主持。

11 月 18 日，武汉科技大学大健康产业校友会成立大会在学校黄家湖校区召开。校长倪红卫出席会议。校友工作与社会合作处处长王文涛、武汉光谷致众科技股份有限公司董事长曾建辉、北京珍意医美医院院长袁中影、深圳校友会执行会长杨亚平、重庆校友会会长介国斌、全国大健康产业相关领域的校友、医学部领导和教师代表共 30 余人参加了此次会议。会议由医学部党委书记白冰主持。

11 月 19 日，学校教育发展基金会第二届理事会在青山校区主楼 18 楼报告厅召开。校党委副书记、教育发展基金会理事长孙国胜出席并主持会议，学校相关职能部门领导、武汉西高电器董事长周雄等 10 余位理事出席会议。

11 月 19 日，学校在青山校区隆重举行庆祝办学 125 周年暨高质量发展咨询会。校党委书记徐雁冰、校长倪红卫等校领导班子成员，全国行业学会咨询专家、合作单位咨询专家、校友咨询专家、校内咨询专家和各地校友会代表、企事业单位领导以及学校全体副处级及以上领导干部、师生代表等 400 余人相聚一堂，总结学校办学成绩，共祝学校 125 周年华诞，共谋学校发展大计。

11 月 19 日，学校校友会第二次会员代表大会暨理事会换届大会在青山校区主楼 18 楼报告厅隆重召开。校长倪红卫、校党委副书记孙国胜、武汉西高电器有限公司董事长周雄、浙江开创环保科技股份有限公司董事谢胜、惟精环境科技有限公司董事长曲鹏、武汉致众科技有限公司董事长曾建辉、上海东昌西泰克现代物流管理有限公司总经理徐卫华、深圳蓝生脑科医院医学部顾问杨亚平及各学院校友分会代表、学校相关职能部门领导参加了此次大会，会议由孙国胜主持。

11 月 21 日，湖北省心理健康教育示范中心揭牌仪式暨心理健康中心教育座谈会在学校“一站式”学生社区实践基地心理健康教育中心举行。学校党委副书记孙国胜、党委学生工作部副部长及心理健康教育中心主任卢绍伟、党委学生工作部副部长龚晗、心理健康教育中心学生代表以及各学院心理委员代表等参与活动。心理健康中心老师胡文燕主持揭牌仪式与座谈会。

11 月 17 日，“校领导与学生面对面”系列活动之“对话国奖，拾‘机’而上”朋辈分享会在北园一站式学生社区 103 室举行。校党委副书记盛建龙、黄家湖校区综合办公室主任赵凯、学生工作处副处长龚晗、机械自动化学院党委副书记瞿孝平以及机械自动化学院 2022 级国奖获得者、2023 级学生代表参加活动。

11 月 24 日，武汉科技大学第三届党校教师教学竞赛决赛在青山校区主楼智慧教室举行。校党委常委、组织部部长刘时新出席开幕式并致辞。各分党校负责人、专兼职党校教师观摩了比赛。

11 月 24 日，在考研冲刺的最后阶段，为了表达学校对考研学子的关心和慰问，帮助学生缓解备考压力，鼓励学生以更加积极平和的心态迎接考试，外国语学院联合党委学生工作部在南园“一站式”学生社区 106 室开展“研途有你，‘E’路花开”活动。武汉科技大学党委常委、纪委书记窦先萍，外国语学院党委书记苏芳勇，外国语学院院长宋红波及外国语学院毕业生代表参加，活动由外国语学院党委副书记胡晶晶主持。

11 月 28 日，学校办公室系统业务工作培训会在青山校区 0212 教室举行。学校党委副书记盛建龙出席并讲话，省政府办公厅秘书六处处长李建镇作专题辅导。会议由党政办公室主任傅江浩主持。

11 月 30 日，“校领导与学生面对面”系列活动之‘中华民族一家亲 同心共筑中国梦’座谈会在南园一站式学生社区 106 室举行，来自汉族、维吾尔族、哈萨克族、蒙古族、苗族、土家族、布依族、彝族的各民族代表分享民族风情文化和对民族团结的理解。校党委常委、副校长沈季伟、党委统战部常务副部长杨启梅、党委统战部副部长杜瑞瑞参加座谈。党委学生工作部副部长龚晗主持会议。

11 月 30 日，俄罗斯新利佩茨克钢铁公司副总裁伊琳娜一行来校开展合作交流活动。副校长马腾、国际钢铁研究院常务副院长吴开明、科学技术发展院副院长董志军、国际交流合作处副处长杨习、材料学部副主任张华、钢铁冶金及资源利用省部共建教育部重点实验室主任王炜及相关专业老师等参加。交流会在钢铁楼 1014 会议室举行，会议由材料学部执行主任顾华志主持。

11 月 30 日，黔西南州委书记陈昌旭一行来校调研交流。校党委书记徐雁冰会见代表团一行并座谈。校党委副书记孙国胜参加会议。

十二月

12 月 6 日，在墨尔本雅拉河南岸的锦江酒楼，学校举行澳大利亚校友会成立大会。校党委副书记孙国胜出席活动并致辞。

12 月 6 日，外国语学院在学术报告厅举办了“区域国别研究高层论坛暨武汉科技大学区域国别研究中心成立大会”。校党委常委、纪委书记窦先萍，国务院学位委员会区域国别学学科评议组成员王战教授，中国社科院“一带一路”研究中心副秘书长许文鸿教授，武汉科技大学区域国别研究中心主任陈尧副教授等出席。开幕式、主旨发言和闭幕式分别由外国语学院院长宋红波教授、康有金教授、耿殿磊教授、余晋副教授主持。

12 月 7 日，校党委副书记盛建龙以《深入实施科教兴国战略 培养堪当大任的时代新人》为题，为理学院师生讲授专题思政课。

12 月 7 日，党委常委、副校长沈季伟在黄家湖校区教五楼 51208 报告厅为城市建设学院师生讲授专题思政课。

12 月 7 日，学校党委常委、纪委书记窦先萍在黄家湖校区教四楼 42305 报告厅，为外国语学院师生讲授了主题为“聚焦科教兴国使命，践行高校时代担当”的专题思政课。外国语学院领导班子成员、各党支部书记及委员、师生党员代表参加本次学习。外国语学院党委书记苏芳勇主持。

12 月 6—10 日，学校党委副书记孙国胜应邀率团赴澳大利亚访问交流。其间，赴迪肯大学就进一步深化两校在师生交换、科研平台建设等方面的合作交换意见，赴昆士兰大学“宝钢—澳大利亚联合研发中心”洽谈合作，还参加了武汉科技大学澳洲校友会成立大会。

12 月 11 日，由国家艺术基金资助的“中国故事”少儿读物插图及绘本创作人才培养项目在沁湖美术馆隆重举行。校长倪红卫，校党委常委、纪委书记窦先萍，中央美术学院教授吕中元，学校相关职能部门负责人，各学院师生代表参加开幕式。

12 月 11—12 日，学校党委书记徐雁冰、校长倪红卫带队到十堰市调研并与当地政府签订战略合作协议，党委副书记孙国胜，党委常委、副校长马腾陪同，十堰市委书记黄剑雄、市长王永辉等出席协议签约仪式并讲话。

12 月 14 日，黄家湖校区教六楼医学部党员活动室，校党委副书记孙国胜以《不忘初心，奋发有为　为科教兴国战略贡献医学力量》为题，为医学部师生讲授了一堂生动的专题思政课。学部领导班子成员，教师党支部书记、支委以及学生入党积极分子代表等 60 余人参加。思政课由医学部党委书记白冰主持。

12 月 14 日，博乐市委统战部副部长、工商联党组书记田晶带领博乐市工商联代表团来校交流访问。党委常委胡剑出席相关活动。

12 月 14 日，为深入学习贯彻党的二十大“加快建设教育强国”和习近平总书记关于教育数字化的重要讲话精神，落实《湖北省教育数字化战略行动计划(2023—2025 年)》工作部署，校党委常委胡剑率队带领学校 11 个部门，赴武汉理工大学调研教育数字化工作，武汉理工大学校党委副书记孟芳兵出席活动。

12 月 14 日，2023 年舜宇杯·武汉科技大学首届全国大学生职业规划大赛校赛总决赛在黄家湖校区沁湖礼堂举行。校党委副书记孙国胜出席活动并致开幕词。

12 月 16 日，外国语学院于黄家湖校区教四楼 42305 报告厅举办外国语言文学学科建设高层论坛。党委常委、纪委书记窦先萍出席并致开幕词。外国语学院教师以及硕士研究生百余人参加会议。论坛开幕式由外国语学院院长宋红波教授主持。

12月19日，校妇委会在黄家湖校区图书馆2号会议室召开专题会议，传达学习中国妇女十三大、习近平同全国妇联新一届领导班子成员集体谈话精神、湖北省妇女十三大和武汉市妇女十四大会议精神。会议由学校党委常委、纪委书记窦先萍主持，校妇委会委员、妇委会分会主任30余人参加会议。

12月19日，机械自动化学院与江阴市洪腾机械有限公司共同举办的产学研合作和奖助学金捐赠仪式在洪腾机械有限公司会议室举行。校党委副书记孙国胜，公司所在地党委行政负责同志，洪腾机械有限公司董事长薛洪权，机械自动化学院党委书记余淑均，校友工作与社会合作处副处长刘昱佳，机械自动化学院党委副书记瞿孝平以及信息科学与工程学院、机械自动化学院教师代表参加了此次仪式。仪式由薛洪权主持。

12月20日，全国政协委员、九三学社中央委员、湖北省委副主委徐礼华一行到学校就九三学社基层组织建设开展调研。党委常委、副校长沈季伟会见徐礼华一行，党委统战部常务副部长杨启梅参加座谈，会议由九三学社武汉科技大学支社副主委李维刚主持。

12月21日，“第十届沁湖鱼宴冬至放鱼”活动在学校黄家湖校区举行。整个放鱼活动中，计划在沁湖放流鱼苗6000余尾，品种主要为青鱼、草鱼、白鲢、花鲢及武昌鱼，共计10000余斤。学校党委常委胡剑出席仪式。

12月21日，2023年湖北省暖通空调制冷及热能动力学术年会在武汉中南花园酒店举行。会议主题是“创新引领、绿色低碳”，来自全省暖通空调及相关领域的工程技术人员、高校教师、研究生以及企业代表近500人参加此次盛会。党委常委、副校长马腾出席会议并致辞。

12月21—23日，校长倪红卫带队赴宁波慈溪市调研，开展校地合作深度对接，走访重点研究院所和制造企业。党委副书记孙国胜陪同参加调研活动。

12月25日，学校在青山校区主楼1610会议室举行党委理论学习中心组（扩大）第十三次学习。党委书记徐雁冰主持学习会议并讲话。党委副书记、校长倪红卫和全体党委常委参加学习。

12月26日，“校领导与学生面对面”系列活动之“创赛传承领学风，集智聚力共成长”在北园一站式学生社区103室举行。校党委常委、副校长马腾，党委学生工作部副部长龚晗，资源与环境工程学院的中国国际大学生创新大赛（2023）国奖团队代表参与活动，资源与环境工程学院党委副书记张瑞主持活动。

12月26日，学校本科教育教学审核评估动员会在青山校区碧园会堂举行，全面部署新一轮本科教育教学审核评估相关工作。会议邀请武汉理工大学原副校长张安富教授、湖北省教育科学研究院（湖北省教育评估院）研究员李友玉主任作专题报告。校党委书记徐雁冰、校长倪红卫等全体校领导出席会议。会议由副校长吕勇主持。

12月27日，2022—2023学年研究生学风建设表彰大会暨2024年研究生元旦晚会在黄家湖校区沁湖礼堂举行。副校长马腾、党委研究生工作部部长冒颖、研究生院院长程常桂、黄家湖综合办公室主任赵凯、党委学生工作部副部长龚晗、研究生院副院长冯涛、研究生院研招办主任秦茂林、校团委副书记向方新，学校相关职能部门负责人、各学院领导、辅导员以及研究生先进集体和个人代表出席活动。研究生学风建设表彰大会由党委研究生工作部副部长毛宝胜主持。

12 月 27 日，“中信-CBMM 付俊岩铌钢”研究生奖学金颁奖仪式暨奖学金设立十周年学术报告会在学校青山校区钢铁楼 1004 报告厅举行。中信金属股份有限公司副总经理、总工程师郭爱民，公司高级技术经理张永青、罗毅，校长倪红卫，副校长马腾，研究生院院长程常桂，材料学部党委书记刘晓云，国际钢铁研究院常务副院长吴开明，材料学部副主任杨庚蔚，教授徐光、宋新莉出席仪式。党委研究生工作部部长冒颖主持仪式。

12 月 28 日，学校冶金自动化与检测技术教育部工程研究中心（以下简称“工程研究中心”）技术委员会会议在武汉科技大学青山校区（线上+线下）召开。副校长马腾，中国科学院院士、技术委员会主任吴宏鑫，中国工程院院士桂卫华等技术委员会成员，科发院负责人以及工程研究中心有关人员参加会议。会议由吴宏鑫院士主持。

12 月 28 日，学校第五届教职工暨工会会员代表大会第二次会议在青山校区碧园会堂召开。全体校领导，近 200 名教代会工代会代表、列席代表、特邀代表凝心聚力，共商学校高质量发展大计。

12 月 28 日，中国共产党武汉科技大学第三届委员会第五次全体（扩大）会议在青山校区碧园会堂召开。全会深入学习了省委十二届五次全会精神，听取和审议了党委常委会工作报告，审议并通过了《中共武汉科技大学委员会关于学习贯彻落实习近平文化思想 推进校园文化提能增效行动的实施意见》《武汉科技大学编制管理办法（试行）》《武汉科技大学“香涛学者特岗计划”实施办法（试行）》。大会由党委常委会主持。校党委书记徐雁冰报告工作并讲话，校党委副书记、校长倪红卫出席。校党委副书记孙国胜、盛建龙，校党委常委窦先萍、沈季伟、马腾、刘时新、胡剑及全体校党委委员出席，校纪委委员及有关方面负责同志列席会议。

12 月 29 日，副校长马腾来学院讲述“新时代科教兴国与人才强国的战略联动解析”专题思政课。学院党政领导班子成员，各系教工党支部书记、支委，学生党支部书记、党员骨干共计 60 余人参加。活动由资源与环境工程学院党委书记曹伟主持。

12 月 29 日，学校“2024 年迎新年教职工环湖健康行”活动在黄家湖校区举行。党委副书记、校工会主席盛建龙出席本次活动。

各级党代表、人大代表、政协委员

党代表	
湖北省第十二次党代会代表、中国共产党湖北省第十二届委员会委员	徐雁冰
湖北省第十二次党代会代表	张　瑞
人大代表	
武汉市第十五届人大代表、湖北省第十四届人大代表	倪红卫
武汉市青山区第十六届人大代表	李远兵（常委）、孙　芳、田胜兰、涂　伟
政协委员	
湖北省第十三届政协委员	冯育强
武汉市第十四届政协委员	刘　斌、卢振明
武汉市青山区第十一届政协委员	陈国平（常委）、吴晓琴、孙泰屹、邵俊华、石秀华、涂庆丰、马娅婕
武汉市洪山区第十届政协委员	李炜巍

（党委组织部、党委统战部　提供）

2023 年各类高层次人才入选名单

序号	姓　名	入选计划	学科/岗位
1	马　腾	“WR 计划”领军人才	组织任命
2	郑安民	国家杰青	引进
3	陆珺霞	国家级青年人才计划（QR）	引进
4	SHENGLI JIN	国家重大引才计划（CJJX）	
5	任晓辉	国家引才计划（HW 博士后）	
6	杨永愿	国家引才计划（HW 博士后）	
7	邱　耀	湖北省重大人才计划（BR）	
8	张效康	湖北省重大人才计划（BR）	
9	陈　瑶	湖北省重大人才计划（BR）	
10	倪志拓	湖北省重大人才计划（BR）	
11	徐　雪	湖北省重大人才计划（BR）	
12	涂镇波	湖北省重大人才计划（BR）	
13	刘志强	楚天英才计划·青年拔尖人才	
14	王　蕾	楚天英才计划·青年拔尖人才	
15	杨庚蔚	楚天英才计划·青年拔尖人才	
16	陈　婷	楚天英才计划·医疗卫生人才	
17	王大珩	“楚天英才计划”楚天学者	
18	王　勇（材）	“楚天英才计划”楚天学者	
19	王瑶为	“楚天英才计划”楚天学者	
20	田俊羽	“楚天英才计划”楚天学者	
21	朱颖丽	“楚天英才计划”楚天学者	
22	刘　红（资）	“楚天英才计划”楚天学者	
23	刘　涛（材）	“楚天英才计划”楚天学者	

续表

序号	姓　名	入选计划	学科/岗位
24	严　迪	“楚天英才计划”楚天学者	
25	李　奇	“楚天英才计划”楚天学者	
26	李　卓	“楚天英才计划”楚天学者	
27	李承志	“楚天英才计划”楚天学者	
28	陈永婷	“楚天英才计划”楚天学者	
29	陈宝通	“楚天英才计划”楚天学者	
30	陈　晨（机）	“楚天英才计划”楚天学者	
31	周玉凤	“楚天英才计划”楚天学者	
32	郑贵娟	“楚天英才计划”楚天学者	
33	郑秋实	“楚天英才计划”楚天学者	
34	胡　棉	“楚天英才计划”楚天学者	
35	袁　锐	“楚天英才计划”楚天学者	
36	徐丹丹	“楚天英才计划”楚天学者	
37	熊　丽	“楚天英才计划”楚天学者	
38	干　路	武汉英才（优秀青年人才）	
39	王　勇	武汉英才（优秀青年人才）	
40	任晓辉	武汉英才（优秀青年人才）	
41	祝　能	武汉英才（优秀青年人才）	
42	万　鹏	武汉英才（优秀青年人才）	
43	刘海兵	武汉英才（优秀青年人才）	
44	程　濛	武汉英才（优秀青年人才）	
45	安　然	武汉英才（优秀青年人才）	
46	叶　青	武汉英才（优秀青年人才）	
47	李保六	武汉英才（优秀青年人才）	
48	吴耀中	武汉英才（优秀青年人才）	
49	郭建光	武汉英才（优秀青年人才）	

（人才工作办公室　提供）

博士生导师名单

（具备 2023 年招收博士生资格）

单 位	姓 名
材料学部（45 人）	刘 静、李亚伟、顾华志、张海军、赵 雷、王周福、李远兵、魏耀武、邓承继、桑绍柏、鄢 文、李亨成、霍开富、朱剑豪、周盈科、高 标、常 帅、黄 峰、卢志红、毛新平、徐 光、丁文红、王红鸿、吴开明、谢尔盖、韩兵强、黄 奥、张美杰、员文杰、甘章华、潘应君、倪红卫、李光强、薛正良、程常桂、马国军、樊希安、王 炜、周建安、张 华、李建立、朱航宇、刘成松、戴方钦、贺 铸
城市建设学院（2 人）	许成祥、龚建伍
管理学院（6 人）	李永周、严亚兰、李 蒙、陈国平、黎精明、欧光军
化学与化工学院（10 人）	颜家保、李轩科、鲁礼林、刘思敏、杨忠华、张春桃、伍 林、丛 野、袁观明、董志军
机械自动化学院（24 人）	杨金堂、吕 勇、李公法、曾良才、高全杰、汪朝晖、熊禾根、蒋 林、卢 艳、朱建阳、傅连东、但斌斌、王念先、张 华、唐秋华、江志刚、周 敏、周兴林、朱锟鹏、古 乐、王 蕾、王 涛、郭永兴、夏绪辉
计算机科学与技术学院（8 人）	张晓龙、张 鸿、张 凯、李 波、刘茂福、顾进广、徐 新、陈 黎
理学院（11 人）	冯育强、王先甲、丁义明、李德宜、涂俐兰、陈贵词、王文波、谢先启、钟冬望、王玉华、成 林
汽车与交通工程学院（2 人）	严运兵、许小伟
生命科学与健康学院（5 人）	张同存、邓文生、姚 凯、顾潮江、周经姣
法学与经济学院（3 人）	袁年兴、问清泓、丁 宇
信息科学与工程学院（11 人）	刘振兴、闵华松、刘 斌、柴 利、伍世虔、常晓恒、刘 劲、张 永、吴 谨、李维刚、陈 洋
医学部（3 人）	曾 燕、张 玲、王剑明
艺术与设计学院（1 人）	管家庆

续表

单　位	姓　名
资源与环境工程学院（18人）	张一敏、刘　涛、陈铁军、樊　涌、盛建龙、叶义成、胡　斌、王文杰、王　黎、任大军、冯　涛、李会泉、陈　勇、韩　军、姜学鹏、毛前军、杨月欣、荣　爽

（研究生院　提供）

2023年武汉科技大学“光荣在党50年”纪念章颁发名单

程玉保	祝洪喜	陶新学	张启明	李元兰
蒋永安	黄昌武	罗振坤	夏玉勤	孙汉蓉
张　玲	杨世祥	徐书鹏	陈金海	孙红兵
桂国强	陈文洲	黎振宇	寻秩猷	王茂玉
陈济光	黄秀芬	刘玉香	吕惜光	杨康雄

（党委组织部　提供）

2023年武汉科技大学优秀共产党员、优秀党务工作者、先进基层党组织名单

荣誉名称	获奖单位或个人
先进基层党委	材料学部党委、管理学院党委、理学院党委、法学与经济学院党委、艺术与设计学院党委、附属老年病医院党委

续表

荣誉名称	获奖单位或个人
先进基层党支部	材料学部党委： 无机非金属材料工程研究生第三党支部、无机非金属材料工程教工党支部、金属材料工程教工党支部
	城市建设学院党委： 建筑环境与能源应用工程系教工党支部、研究生（暖通方向）党支部
	管理学院党委： 本科生第一党支部、会计与财务管理系教工党支部、营销管理系教工党支部
	国际学院党委： 教工党支部
	化学与化工学院党委： 化工工艺系教工党支部、化学工艺研究生党支部
	机械自动化学院党委： 机械工学研究生第一党支部、机械电子工程系教工党支部
	计算机科学与技术学院党委： 2021 级研究生党支部、计算机科学系教工党支部
	理学院党委： 研究生第一党支部、数学与统计系教工党支部
	马克思主义学院党委： 马克思主义理论系教工党支部
	汽车与交通工程学院党委： 交通工程系党支部、研究生第二党支部
	生命科学与健康学院党委： 教工党支部
	体育学院党委： 第二党支部
	外国语学院党委： 研究生第一党支部、英语系翻译系党支部
	法学与经济学院党委： 社工教工党支部、许白昊班党支部
	信息科学与工程学院党委： 电信教工党支部、研究生第四党支部

续表

<table>
<tr><th>荣誉名称</th><th>获奖单位或个人</th></tr>
<tr><td rowspan="9">先进基层党支部</td><td>医学部党委：
药学系教工党支部、临床试点本科生党支部</td></tr>
<tr><td>艺术与设计学院党委：
本科生第三党支部</td></tr>
<tr><td>资源与环境工程学院党委：
矿物加工工程系教工党支部、研究生第一党支部</td></tr>
<tr><td>后勤保障部党委：
黄家湖校区物业服务中心党支部</td></tr>
<tr><td>机关党委：
人事处（党委教师工作部）、人才办党支部、本科生院党支部、纪委、监察专员办公室党支部</td></tr>
<tr><td>图书馆党总支：
资源建设部党支部</td></tr>
<tr><td>附属老年病医院党委：
综合内科、综合外科、血液净化科党支部</td></tr>
<tr><td>附属天佑医院党委：
门诊党总支第六党支部、外科党总支第一党支部、医技党总支第四党支部</td></tr>
<tr><td>离退休党工委：
离退休洪山校区退休第六党支部、离退休校产退休党支部</td></tr>
<tr><td rowspan="6">优秀共产党员</td><td>材料学部党委：
李　杨、陈晓琳、陈　辉、徐一帆、彭小波</td></tr>
<tr><td>省部共建耐火材料与冶金国家重点实验室党总支：
高　标</td></tr>
<tr><td>城市建设学院党委：
吴　勇、徐　虹、潘　超</td></tr>
<tr><td>管理学院党委：
向纯洁、闫昌昊、彭琨琨、熊华平</td></tr>
<tr><td>国际学院党委：
陆　晨</td></tr>
<tr><td>化学与化工学院党委：
张　江、熊仁毅</td></tr>
</table>

续表

荣誉名称	获奖单位或个人
优秀共产党员	机械自动化学院党委： 阮金华、李　贵、张利平、黄志兴
	计算机科学与技术学院党委： 刘广胜、刘海江
	理学院党委： 李　新、韩　芳
	马克思主义学院党委： 别梓雯
	汽车与交通工程学院党委： 汤　文、游向荣
	生命科学与健康学院党委： 许　娜
	体育学院党委： 卢云飞
	外国语学院党委： 王国栋、甘小亚
	法学与经济学院党委： 姚梦迪、黎校瑜
	信息科学与工程学院党委： 何　杰、吴　宇、周钰杰、崔亚岚
	医学部党委： 王　婷、付文婧、陈　浩、高　翼
	艺术与设计学院党委： 王采莲
	资源与环境工程学院党委： 黄良慧、梅　丹、薛楠楠
	后勤保障部党委： 汪　沅
	机关党委： 叶　欣、朱　磊、彭　睿

续表

荣誉名称	获奖单位或个人
优秀共产党员	继续教育学院党委： 万　朝
	图书馆党总支： 刘　晶
	附属老年病医院党委： 陈　芳
	资产经营有限公司党总支： 陶遵权
	附属天佑医院党委： 刘　磊、张艳华、陈　琼、罗利琼、赵云飞
	离退休党工委： 刘宽能、夏翠云
优秀党务工作者	材料学部党委： 马　妍、邵鲁凌
	城市建设学院党委： 刘华琛、黄　荡
	管理学院党委： 方　青、吕　权
	国际学院党委： 张建伟
	化学与化工学院党委： 毛宝胜、范宝安
	机械自动化学院党委： 夏　娟、郭　媛
	计算机科学与技术学院党委： 田萍芳、孙莉娟
	理学院党委： 余　婷、徐树立
	马克思主义学院党委： 郭海沙

续表

荣誉名称	获奖单位或个人
优秀党务工作者	汽车与交通工程学院党委： 王　峰、熊田田
	生命科学与健康学院党委： 罗　刚
	体育学院党委： 刘俊洁
	外国语学院党委： 付治强、陈佳媚
	法学与经济学院党委： 胡诗绮、程松亮
	信息科学与工程学院党委： 陈　凯、蔡　彬
	医学部党委： 白　冰、刘晓柳
	艺术与设计学院党委： 刘　邦
	资源与环境工程学院党委： 叶　苗、柯丽华
	后勤保障部党委： 陶　刚、熊　敏
	机关党委： 古文涛、张　曦、周　勇、郑永松、饶红亮、秦茂林、黄世军、彭晓峰
	继续教育学院党委： 毕元玲
	图书馆党总支： 曹艺潇
	附属老年病医院党委： 许玉清、周全魁
	资产经营有限公司党总支： 双文庭

续表

荣誉名称	获奖单位或个人
优秀党务工作者	附属天佑医院党委： 乔林茹、尚桂莲、谢　靖
	离退休党工委： 曲玉琴

（党委组织部　提供）

2023 年各类荣誉获奖名单

序　号	人员（单位）	获奖名称
1	李轩科	享受政府特殊津贴人员
2	霍开富	享受政府特殊津贴人员
3	张　华 （材）	宝钢优秀教师奖
4	王　炜	“楚天英才计划”楚天名师
5	程常桂	湖北省有突出贡献中青年专家
6	曾　燕	享受省政府专项津贴专家
7	王　炜	2023“荆楚好老师”
8	梁　亮	“湖北产业教授”
9	丁　炜	“湖北产业教授”
10	吴启兵	“湖北产业教授”
11	材料学部	湖北省教育工作先进集体
12	刘冬华	“教龄 30 年”荣誉证书
13	魏桃员	“教龄 30 年”荣誉证书
14	汪　恂	“教龄 30 年”荣誉证书
15	郑立新	“教龄 30 年”荣誉证书
16	周传辉	“教龄 30 年”荣誉证书

续表

序 号	人员（单位）	获奖名称
17	张云川	“教龄 30 年”荣誉证书
18	邵 琼	“教龄 30 年”荣誉证书
19	田笑丰	“教龄 30 年”荣誉证书
20	熊 莉	“教龄 30 年”荣誉证书
21	吴友军	“教龄 30 年”荣誉证书
22	陶晓蓉	“教龄 30 年”荣誉证书
23	郭良斌	“教龄 30 年”荣誉证书
24	田萍芳	“教龄 30 年”荣誉证书
25	卢建华	“教龄 30 年”荣誉证书
26	王朝辉	“教龄 30 年”荣誉证书
27	吉德三	“教龄 30 年”荣誉证书
28	李 钰	“教龄 30 年”荣誉证书
29	张 淳	“教龄 30 年”荣誉证书
30	黄西林	“教龄 30 年”荣誉证书
31	张 霞	“教龄 30 年”荣誉证书
32	田 芳	“教龄 30 年”荣誉证书
33	王 倩	“教龄 30 年”荣誉证书
34	梁东新	“教龄 30 年”荣誉证书
35	张 涛	“教龄 30 年”荣誉证书
36	刘 斌	“教龄 30 年”荣誉证书
37	徐顺香	“教龄 30 年”荣誉证书
38	张惠灵	“教龄 30 年”荣誉证书
39	陈旺生	“教龄 30 年”荣誉证书

（人事处 提供）

2023年学校部分文件目录

序号	文件编号	文件材料题名
1	武科大办发〔2023〕1号	关于印发《武汉科技大学实验室安全分类分级管理办法》的通知
2	武科大办发〔2023〕3号	关于印发《武汉科技大学2023年春季学期疫情防控和平安校园建设重点工作方案》的通知
3	武科大办发〔2023〕8号	关于印发《武汉科技大学创建“全国健康学校”的实施方案》的通知
4	武科大办发〔2023〕9号	关于印发《武汉科技大学无形资产管理办法（试行）》的通知
5	武科大办发〔2023〕10号	关于印发《武汉科技大学依法治校示范校创建工作实施方案》的通知
6	武科大办发〔2023〕14号	关于印发《2023年武汉科技大学平安建设工作要点》的通知
7	武科大办发〔2023〕15号	关于印发《武汉科技大学关于开展“三医联动”专项审计整改工作的方案》的通知
8	武科大办发〔2023〕17号	关于印发《武汉科技大学信息资产安全管理办法》和《武汉科技大学网络安全监测预警与通报制度实施细则》的通知
9	武科大党发〔2023〕8号	关于印发《武汉科技大学2023年重点改革任务及分工方案》的通知
10	武科大党发〔2023〕12号	关于印发《中共武汉科技大学委员会2023年全面从严治党、党风廉政建设和反腐败工作要点》的通知
11	武科大党发〔2023〕13号	关于印发《2023年“清廉武科大”建设行动措施》的通知
12	武科大党发〔2023〕15号	中共武汉科技大学委员会印发《关于在全校深入开展学习贯彻习近平新时代中国特色社会主义思想主题教育的具体实施方案》的通知

续表

序号	文件编号	文件材料题名
13	武科大党发〔2023〕16号	关于印发《武汉科技大学关于领导干部插手干预重大事项记录、报告和责任追究的实施办法（试行）》的通知
14	武科大党发〔2023〕17号	关于印发《关于在全校大兴调查研究的实施方案》的通知
15	武科大党发〔2023〕21号	关于印发《武汉科技大学关于深化纠治“四风”工作的实施方案》的通知
16	武科大党发〔2023〕28号	关于印发《武汉科技大学“三级三型”党支部积分制试点改革方案》的通知
17	武科大党发〔2023〕31号	关于印发《武汉科技大学落实省纪委监委2023年度“一校一策”推动解决突出问题工作方案》的通知
18	武科大教发〔2023〕12号	关于印发《武汉科技大学学生学科和科技竞赛管理办法（修订）》的通知
19	武科大教发〔2023〕13号	关于印发《武汉科技大学“创新创业学分”认定办法（修订）》的通知
20	武科大教发〔2023〕32号	关于印发《武汉科技大学微专业管理办法》的通知
21	武科大教发〔2023〕33号	关于印发《武汉科技大学教学事故认定与处理办法》的通知
22	武科大教发〔2023〕34号	关于印发《武汉科技大学新入职教师本科课堂教学准入制度实施办法》的通知
23	武科大教发〔2023〕49号	关于印发《武汉科技大学普通本科“香涛计划”管理办法》的通知
24	武科大教发〔2023〕50号	关于印发《武汉科技大学专业认证（评估）管理办法（试行）》的通知
25	武科大教发〔2023〕51号	关于印发《武汉科技大学学生教学信息员管理办法》的通知
26	武科大教发〔2023〕52号	关于印发《武汉科技大学本科课堂教学质量学生评价制度》的通知
27	武科大教发〔2023〕53号	关于印发《武汉科技大学本科教学过程质量监控与评价管理办法（试行）》的通知
28	武科大教发〔2023〕72号	关于印发《武汉科技大学教室使用管理办法》的通知
29	武科大教发〔2023〕73号	关于印发《武汉科技大学普通本科实验教学管理办法》的通知
30	武科大教发〔2023〕74号	关于印发《武汉科技大学普通本科实习工作管理办法》的通知
31	武科大外发〔2023〕1号	关于印发《武汉科技大学中外合作办学项目管理办法》的通知

续表

序号	文件编号	文件材料题名
32	武科大研发〔2023〕73 号	关于印发《武汉科技大学博士硕士学位论文抽检实施办法》的通知
33	武科大研发〔2023〕81 号	关于印发《武汉科技大学“拔尖人才培育计划”实施办法》的通知

武汉科技大学实验室安全分类分级管理办法

（武科大办发〔2023〕1号）

第一章　总　则

第一条　为加强实验室安全管理，提高实验室安全管理工作的有效性和针对性，推进实验室危险源辨识、风险评价、防范和控制等工作开展，进一步降低实验室安全风险，根据《武汉科技大学实验室安全管理办法》（武科大办〔2015〕52号），结合学校实际情况，制定本办法。

第二条　本办法中所称危险源是指可能导致人员伤害或疾病、物质财产损失、工作环境破坏或这些情况组合的根源或状态因素。危险源辨识指识别危险源的存在并确定其特性的过程。风险评价指对危险源导致的风险进行评价，对现有控制措施的充分性加以考虑以及对风险是否可接受予以确定的过程。

第三条　本办法适用全校所有实验室（包括教学实验室、科研实验室及公共平台等）。实验室以“房间”为单位按照所涉及的危险源及安全风险程度进行实验场所安全分类和风险等级的认定。

第二章　管理职责

第四条　学校实验室安全工作委员会负责指导开展实验室安全分类分级工作。

第五条　国有资产与实验室管理处负责组织开展全校实验室分类分级认定工作，对各级各类实验室实施分类指导，有针对性地实施差异化管理。

第六条　各院系负责审核确认本单位的实验室的危险源类别和风险等级，对不同危险等级实验室制定相应的管理措施，并将确定结果报国有资产与实验室管理处备案。

第七条　各实验室负责人负责对所属实验室进行危险源类别和风险等级的评估与认定，并将认定结果报所在单位审核确认。

第八条　实验室安全分类分级实行动态管理，实验场所的危险源使用及存放情况发生改变时，应重新进行安全风险等级认定，并经所在单位确认，报国有资产与实验室管理处备案。

第三章　实验室分类管理

第九条　实验场所涉及的危险源特性是实验室安全分类的主要依据。根据学校教学科研特点，将全校实验室分为化学类、生物类、辐射类、机电类、其他类5种类别。

（一）化学类实验室

化学类实验室包括从事有机化学、高分子化学、无机化学、分析化学、物理化学、生物化学、化学工程、环境科学与工程、材料科学与工程、药学等较多涉及化学试剂、化学反应的实验室。这类实验中的危险源分为3类，一类是易燃、易爆、有毒化学品（含实验气体）可能带来的化学性危险源，第二类是设备设施缺陷和防护缺陷所带来的物理性危险源；第三类是特殊设备设施，如高压气体钢瓶、液氮储存罐、高压反应釜、高压灭菌锅、水热反应釜等压力容器设备，高低温设备（含超低温冰箱、烘箱、马弗炉、管式炉、油浴锅、电炉等）。

实验室从事的实验研究中涉及的风险性大的因素，应明示于实验室信息牌上，起到警示作用。

（二）生物类实验室

生物类实验室包括从事基因工程、微生物学等生物和医学专业中较多涉及病毒、细菌、真菌等微生物研究和动物研究的实验室。这类实验室中细菌、病毒、真菌、寄生虫、动物寄生微生物等为主要的危险源，这些危险源的释放、扩散可能引起实验室内和外部环境空气、水、物体表面的污染或人体感染，即可对实验室人员、内外部环境造成危害。

实验室从事的实验研究中涉及的风险性大的因素，应明示于实验室信息牌上，起到警示作用。

（三）辐射类实验室

辐射类实验室包括物理、化学、核能、生物、机械、材料、电子、工程学和医学等专业方向中涉及放射性同位素、射线装置与核材料的实验室。这类实验中的危险源主要是放射性同位素、射线装置与核材料产生的电离辐射，可能对人体造成内外照射伤害，也可能对环境产生放射性污染；存放或使用核材料的实验室还存在核安全风险。实验室从事的实验研究中涉及的风险性大的因素，应明示于实验室信息牌上，起到警示作用。

（四）机电类实验室

机电类实验室包括机械设计与制造、过程装备与控制、化工机械、材料物理、应用物理、电气工程、光电工程、人工智能等专业方向中较多涉及传动、带压、高压电、激光等设备的实验室，以及各专业设立的机房等。这类实验室的主要危险包括机械设备与工具引起的绞、碾、碰、割、戳、切等伤害，焊接灼伤，电路短路，人员触电，激光伤害等因素，应明示于实验室信息牌上，起到警示作用。

（五）其他类实验室

不涉及上述危险源的实验场所均归属为其他类实验室。其他类实验室主要包括人文社科类、体育类专业相关的实验室或实训室。主要危险源为用电设备引发的用电安全风险，管理重点是用电安全。实验室从事的实验研究中涉及的风险性大的因素，应明示于实验室信息牌上，起到警示作用。

第四章　实验室分级管理

第十条　在实验室分类管理的前提下，学校重点对化学类、生物医学类、辐射类、机电类实验室实行分级管理。

根据实验室使用或存放危险源的危险程度进行安全风险分级，分为一级（高危险等级）、二级（较高危险等级）、三级（中危险等级）、四级（一般危险等级）4个等级。

第十一条　安全风险等级评价指标主要包括：危险化学品，放射性物品、压力容器，起重机械，机械加工类高速设备、回转机械、激光设备等，大功率充放电装置，高压、强磁设备等，冷热设备（冰箱、烘箱、马弗炉等）等。

第十二条　安全风险等级认定

（一）一级安全风险实验室

（1）涉及危险化学品仓库，危险化学品临时集中存储点；剧毒化学品及其废弃物；第一类易制毒化学品及其废弃物；产生剧毒中间品或产品的实验；爆炸品（含民用爆炸品）的实验室。

（2）涉及生物和医疗废弃物存放点、生物安全二级实验室（BSL2），动物生物安全二级实验室（ABSL2），转基因动植物实验的实验室。

（3）涉及放射源或非密封放射性物质，Ⅰ类，Ⅱ类射线装置。

（4）涉及按照《瓶装气体分类》（GB 16163）标准中明确的剧毒气体、易分解或聚合的可燃气体、可燃性气体（甲类）、自燃气体钢瓶的使用及存储；如乙炔、天然气、煤气、氢气、一氧化氮、二氧化氮等。

（5）不带防护罩的机械类，加工类高速设备。

（6）高电压高电流设备（高电压指电压不小于 1000 伏，高电流指电流不小于 100 安）。

（7）涉及马弗炉，电阻炉等大功率加热设备（单台功率不小于 20 千瓦或单间实验室加热设备总功率不小于 100 千瓦）。

（二）二级安全风险实验室

（1）涉及第二类、第三类易制毒化学品及其废弃物；易制爆化学品及其废弃物；麻醉品和精神药品及其废弃物；一般危化品及其废弃物；农药及其废弃物。

（2）涉及生物安全一级实验室（BSL1 级实验室）；动物生物安全一级实验室（ABSL1 实验室）。

（3）涉及Ⅲ类射线装置，激光、强磁。

（4）涉及《瓶装气体分类》（GB 16163）标准中明确的有毒气体、可燃气体（乙类）、强氧化性气体、腐蚀性气体钢瓶，如一氧化碳、氨气、二氧化硫、氯气、氧气等。

（5）全自动高压灭菌器、大型反应釜等压力容器。

（6）叉车铲车类特种设备；行车。

（7）带防护罩的机械加工类高速设备、机床、水刀、电锯、超高速离心机。

（三）三级安全风险实验室

（1）涉及一般化学品及其废弃物。

（2）涉及普通生物制剂。

（3）涉及《瓶装气体分类》（GB 16163）标准中明确的不燃气体、助燃气体、无毒气体、无腐蚀性气体钢瓶，如二氧化碳、氮气、氩气、空气等。

（4）小型反应釜等简单压力容器。

（5）全天候不断电设备和不间断电源；大功率充电、放电装置；大型仪器设备。

（6）烘箱、油浴锅、电热套、电热板、电炉、电热枪、电烙铁、电吹风等加热设备；-40~4℃冰箱，冷库。

（四）四级安全风险实验室

未列入以上 3 类的实验室（教学科研实验室以及工作室），为四级安全风险实验室

第十三条　各院系依据本办法第十二条要求，对所属实验室进行评价、分级，评价和分级结果须及时报国有资产与实验室管理处备案，其中一级和二级安全风险实验室由国有资产与实验室管理处组织审核确认。

第十四条　实验室安全风险分级管理要求：

学校和院系在实验室风险评价的基础上进行日常安全管理，包括但不限于以下要求：

（一）一级安全风险实验室

（1）在实验室门口张贴一级危险级别警示、实验室安全信息牌，实验室内配备相关的安全设施；

（2）实验室必须自行进行危险源辨识，并对不同的危险源制定防范措施和应急预案，各院系安全工作小组负责指导完善实验室相关安全管理制度，制度上墙，并报国有资产与实验室管理处备案；

（3）实验室必须制订符合本实验室特点的安全培训内容和计划，并指定专人每学期对相关人员进行安全教育；

（4）实验室必须每周进行安全自查，并认真填写自查记录；

（5）各院系至少每两周对实验室进行一次检查；

（6）学校管理部门每学期至少进行一次检查。

（二）二级安全风险实验室

（1）在实验室门口张贴二级危险级别警示、实验室安全信息牌，实验室内配备相关的安全设施；

（2）实验室必须自行进行危险源辨识，院系安全工作小组负责指导完善实验室相关安全管理制度，制度上墙；

（3）实验室必须制订安全培训内容和计划，定期（每学期）对相关人员进行安全教育；

（4）实验室应每周进行安全自查，并认真填写记录；

（5）院系至少每月对实验室进行一次检查；

（6）学校管理部门每学期至少进行一次检查。

（三）三级安全风险实验室

（1）在实验室外张贴三级危险级别警示、实验室安全信息牌；

（2）实验室应对危险源进行辨识，院系安全工作小组统一制定实验室相关安全管理制度，制度上墙；

（3）实验室必须定期（每学期）对相关人员进行安全教育；

（4）实验室应每周进行安全自查，并认真填写记录；

（5）院系至少每月对实验室进行一次检查；

（6）学校管理部门每学期至少进行一次检查。

（四）四级安全风险实验室

（1）在实验室外张贴实验室安全信息牌；

（2）实验室应对危险源进行辨识，院系安全工作小组统一制定实验室相关安全管理制度，制度上墙；

（3）实验室必须定期（每学期）对相关人员进行安全教育；

（4）实验室应每周进行安全自查，并认真填写记录；

（5）院系至少每月对实验室进行一次

检查；

（6）学校管理部门每学期至少进行一次检查。

第十五条　当实验室的相关仪器设备、使用的实验用原物料等关键因素发生改变时，实验室应当重新进行危险源辨识和安全风险评价，院系及时修正分类分级结果，并报国有资产与实验室管理处备案并审核确认。

第五章　附　则

第十六条　本办法未尽事宜，按国家有关法律、标准执行。

第十七条　本办法自发布之日起施行，由国有资产与实验室管理处负责解释。

武汉科技大学2023年春季学期疫情防控和平安校园建设重点工作方案

（武科大办发〔2023〕3号）

为认真贯彻落实党中央、国务院和国家卫健委、教育部、省委省政府、省教育厅有关通知精神，统筹做好新型冠状病毒感染防控和平安校园建设工作，切实保障全校师生员工生命安全和身体健康，确保春季学期校园安全稳定，根据上级有关工作要求，结合学校实际，特制定本方案。

一、严格落实防控工作要求

一是推动健康驿站建设。按照《普通高等学校健康驿站建设管理指引（试行）》要求，加快建设健康驿站，确保健康驿站床位数、校内诊疗点、医务人员配备、药品等医疗物资储备、转运诊疗绿色通道、转运车辆等关键核心指标全面达标。完善健康驿站运行管理机制，扎实做好健康管理和服务保障工作。（责任领导：孙国胜；牵头责任单位：附属老年病医院（第二临床学院）；协同单位：附属天佑医院（第一临床学院）、公共卫生学院、生命科学与健康学院）

二是做好师生健康监测。全面摸排师生新型冠状病毒感染情况，科学制定有效应对措施。组织开展返校前后健康监测，开学返校前一周，组织师生每日开展健康自测并向学校报备。出现发热、干咳、乏力、咽痛等症状时，应进行抗原或核酸检测，结果异常的，延迟返校。返校后第一周重点开展健康监测，倡导减少聚集，加强自我健康管理，出现症状要及时报告，确诊后及时转入学校健康驿站、附属天佑医院及相关医院进行分级分类救治。（责任领导：孙国胜、盛建龙、吕勇、马腾；牵头责任单位：人事处、学生工作处、研究生院、继续教育学院、国际学院；协同单位：各二级单位）

二、切实做好校园安全保障

一是筑牢校园安全防线。认真开展“凌晨清查行动”，坚决维护校园政治安全，着力完善校园治安防控体系，切实加强各类安全宣传教育，深入推进平安校园“七防工程”建设。开学前重点围绕校舍、消防、食品卫生、水电气设施、实验室危化品等重点领域，组织一次安全隐患大排查、大整治，列出风险清单，主动防范化解，消除安全隐患，做到“全覆盖、无遗漏、无死角”。（责任领导：孙国胜、盛建龙、沈季伟；牵头责任单位：黄家湖校区综合办公室、洪山校区综合办公室、保卫处、国有资产与实验室管理处、后勤保障部；协同单位：各二级单位）

二是加强服务保障能力。充足储备医疗物资、防疫物资和生活物资，建立稳定保供渠道，通过实物储备和协议（合同）储备相结合的方式，保证应急情况下足用适用。严格落实校园内公共区域卫生管理制度和消毒制度，加强学校食堂、图书馆、体育馆等公共场所管理，开学前对重点公共区域进行集中消杀。（责任领导：孙国胜、盛建龙、沈季伟；牵头责任单位：附属老年病医院（第二临床学院）、附属洪山中心医院、国有资产与实验室管理处、后勤保障部；协同单位：附属天佑医院（第一临床学院）、图书馆、体育学院）

三、科学合理安排教育教学

一是积极开展开学教育。返校后第一周安排开学教育，上好开学疫情形势评价第一课，集中开展思政大讲堂，深入阐释防疫政策，有效宣传抗疫成果，大力弘扬伟大抗疫精神，营造健康向上、生动活泼的校园氛围，增强学生战胜疫情的信心和勇气。（责任领导：孙国胜、吕勇、马腾；牵头责任单位：学生工作处、研究生院、继续教育学院、国际学院；协同单位：各学院）

二是适时调整教学模式。根据防控形势，认真制订春季学期教学安排，统筹学校各类教育教学资源，继续完善“完全线下”“线下+线上”“完全线上”3种教学模式。没有疫情时开展正常的线下教学活动。发生疫情时，及时采取减少人际接触、实施线上教学、调整教学安排等措施。疫情解除后，及时恢复正常教育教学，合理安排实验、实习、考试、就业服务等，提供充分的条件保障。（责任领导：吕勇、马腾；牵头责任单位：本科生院、研究生院、继续教育学院、国际学院、网络信息中心；协同单位：各学院）

四、健全完善应急处置机制

一是开展应急处置演练。根据《武汉科技大学突发公共事件应急预案》完善各类突发事件专项应急预案。依据方案开展突发事件应急处置演练，确保相关人员熟悉应急处置工作流程，提升突发事件应急处置实操水平。（责任领导：全体校领导；牵头责任单位：党政办公室；协同单位：各二级单位）

二是提升舆情处置能力。持续落实“接诉即办”要求，切实解决师生“急难愁盼”问题，强化关心关爱。加强舆情监测和研判，妥善处置各类舆情，做好舆论引导，努力营造开学良好氛围。（责任领导：孙国胜；牵头责任单位：党委宣传部、湖北省高校网络舆情分析研究中心；协同单位：各二级单位）

武汉科技大学创建“全国健康学校”的实施方案

（武科大办发〔2023〕8号）

为贯彻落实《中国教育现代化2035》《国务院关于实施健康中国行动的意见》（国发〔2019〕13号）等文件精神，教育部决定实施全国健康学校建设计划，武汉科技大学列入首批全国健康学校建设单位。为确保创建工作取得成效，推动学校被认定为全国健康学校，特制定本实施方案。

一、指导思想

以习近平新时代中国特色社会主义思想为指导，全面贯彻党的教育方针，落实立德树人根本任务，践行“健康第一”教育理念，主动适应健康中国建设关于以人民健康为中心、把健康融入所有政策的基本要求，将健康素养培养融入人才培养全过程，将健康促进贯穿教育教学、管理服务全过程，将健康教育渗透学生学习实践生活诸环节，推进健康教育更加注重面向人人、服务全面发展、奠基终身健康、做到知行合一、实现共建共享，以健康促进为主线改进学校治理体系，深化学校教育改革，不断提升学校健康管理水平，提升学生综合素质、健康素养和健康水平。

二、工作目标

力争学校在创建周期内建设成为首批全国健康学校，使学校健康教育体系和卫生健康服务体系更加高效，学校卫生健康工作规范化、制度化、信息化和现代化水平明显提升，学生身心健康水平和健康素养明显提高。

三、组织领导

1. 医教协同工作领导小组统筹健康学校的创建工作，负责全校创建工作的全面领导、组织实施与监管督查。

2. 成立健康学校创建工作专班，由分管医疗卫生工作的校领导任专班组长，由医教协同工作领导小组副组长任专班副组长，由党政办公室、发展规划与学科建设处、党委学生工作部、党委宣传部、人事处、团委、本科生院、研究生院、国际学院、体育学院、后勤保障部、保卫处、医学部、附属天佑医院、附属老年病医院负责人任组员，负责制定实施学生健康促进行动计划和健康学校建设实施方案，编制发布学生健康促进年度报告等相关工作。

3. 成立健康学校创建工作专家小组，由医学部、体育学院、附属天佑医院、附属老年病医院推荐相关专家组成，负责对创建工作进行专业指导。

四、实施步骤

1. 遴选申报（2022 年 4 月—2023 年 3 月）

学校已于 2022 年 4 月按照《全国健康学校建设基本条件》组织各相关部门、学院完成申报材料撰写与上报，通过省教育厅和教育部审核批准，今年 4 月被列入首批创建学校名单。

2. 自主创建（2022 年 4 月—2024 年 7 月）

根据建设标准，明确目标、任务与分工，积极推进各项创建工作，确保建设进度和质量。

3. 验收检查（2024 年 8 月—2024 年 12 月）

根据上级要求，开展内部检查，并迎接上级组织的专项验收及复核。

五、任务与分工

1. 更新教育理念。通过组织学习、多渠道宣传等形式，更新教师教育理念、提升学生健康意识，将“健康第一”的教育理念融入学生人才培养全过程。（党委宣传部、党委学生工作部、团委、本科生院、研究生院、国际学院、体育学院）

2. 加强统筹谋划。以促进学生健康为主线，将促进学生健康任务，融入学校发展规划；将促进学生健康水平纳入学院和学系年度工作目标；将德智体美劳全面发展作为衡量人才培养质量的重要标准写入人才培养方案。（发展规划与学科建设处、本科生院、研究生院、国际学院、体育学院）

3. 完善教育体系。合理增加心理健康课、体育素质课和健康保健课等课程；组织健康专家定期进行健康知识宣讲；举办以健康教育为主题的知识竞赛和技能竞赛；组织评选健康学生、健康标兵等，将健康教育融入专业课、实践课以及课外活动中。（党委学生工作部、医学部、团委、本科生院、研究生院、国际学院、体育学院）

4. 加强队伍建设。积极推进健康教育师资队伍建设，积极打造健康教育的一流教学团队、课程、教材建设，开展健康教育精品活动。（人事处、本科生院、研究生院、国际学院、体育学院）

5. 强化教育改革。鼓励教师探索以健康教育为主题的教育教学改革，开展健康促进专项研究；鼓励创新学生健康促进模式，形成“人人促健康，师生享健康”的健康促进格局。（医学部、本科生院、研究生院、国际学院、体育学院）

6. 加强健康监测。建立学生健康素养评价机制和健康监测预警机制，定期开展学生体质健康测试和心理健康测评。全面开展学生常见病、传染病、慢性病行为危险因素及健康影响因素监测、预防与干预评价。建立学生健康数据库和电子档案，不断提升校园健康管理信息化水平和服务能力。（体育学院、党委学生工作部、附属老年病医院、本科生院、研究生院、国际学院）

7. 营造健康环境。大力开展爱国卫生运动，常态化开展教学设备、校园环境、公共设施、生活服务场所的卫生检查，营造卫生、清洁、安全、优美的学习生活环境。按标准配备 AED（自动体外除颤器）等急救设备设施，面向师生普及急救知识技能。进一步完善“校园疾病防控体系”和“突发公共卫生事件应急机制”，为师生健康提供保障。（医学部、保卫处、后勤保障部、团委）

六、工作要求

1. 提高认识。要加强对健康中国新发展理念的学习和领会，牢固树立“健康第一”的教育理念，不断提高对创建“健康学校”重要性的认识。

2. 完善制度。组织制定《健康学校建设实施方案》《学生健康促进计划》《师生健康行为规范》等管理制度，切实保证创建工作有效推进。

3. 保障经费。进一步加大对健康教育的投入，不断完善健康教育条件和校园健康环境，加强健康教育信息化建设，构建完善的健康服务体系。

武汉科技大学无形资产管理办法（试行）

（武科大办发〔2023〕9号）

第一章　总　则

第一条　为规范和加强学校无形资产管理，维护学校合法权益，提高无形资产的使用效益，根据《事业单位国有资产管理暂行办法》《高等学校知识产权保护管理规定》等有关规定，结合学校工作实际，制定本办法。

第二条　本办法适用于学校所属各部门、以学校名义设立的具有法人资格或独立核算的各种机构。

第三条　学校无形资产是指学校所拥有的、不具有实物形态而能为学校直接或间接创造价值的资产，包括专利权、商标权、著作权、专有技术（非专利技术）权、土地使用权、校誉和其他财产权利等。学校冠名权视同校誉纳入无形资产管理范畴。

第二章　无形资产管理体制、机构及职责

第四条　学校对无形资产实行统一领导、归口管理、分级负责、责任到人的管理体制。

第五条　学校无形资产管理工作在学校国有资产管理委员会的领导下，实行校、院（部、处、馆、所、室、中心、医院、公司等）二级管理体制。国有资产与实验室管理处（以下简称“国资处”）为学校无形资产管理职能部门，对全校无形资产实施统一监督管理，其职责是：

（一）根据国家法律法规及上级部门相关规定，会同归口管理部门制定学校无形资产管理办法，建立健全无形资产管理制度体系；

（二）贯彻并监督学校各单位执行无形资产法律法规和学校规章制度；

（三）按照无形资产管理要求，组织无形资产清产盘点和相关信息的统计报送，负责无形资产明细账的登记、协调并监督无形资产的使用、评估、处置等事项；

（四）根据无形资产管理信息化要求，加强无形资产信息化建设与管理；

（五）负责对各部门的无形资产管理进行指导、协调和监督检查工作，组织对无形资产管理法律法规及相关制度的宣传培训工作。

第六条　学校无形资产实行归口管理，相关职能部门为归口管理部门。

（一）党政办公室负责校誉的管理；

（二）科学技术发展院负责知识产权的计价及管理，包括专利权和技术秘密、商标权、著作权、专有技术（非专利技

术）权、商业秘密等；

（三）本科生院、研究生院、国际学院、继续教育学院负责相应层次及类型以学校名义办学的管理；

（四）党委宣传部负责学校规范标志及其组合变化构成的视觉识别系统知识产权的使用、管理、监督；

（五）资产经营有限公司负责经学校委托授权的校名校誉、科技成果等无形资产的经营性开发及使用管理；

（六）网络信息中心负责中英文网络域名、通用网址、无线网址等网络域名的管理；

（七）校园建设处负责土地使用权的管理；

（八）财务处按照国家会计制度的要求，负责学校无形资产的会计账务管理。

第七条　各归口管理部门的主要职责是：

（一）根据学校无形资产管理制度，制定归口管理无形资产实施细则；

（二）负责登记归口管理的无形资产明细账；

（三）负责无形资产的清查盘点、审核、汇总与统计等工作；

（四）根据使用部门提出的申请组织无形资产技术鉴定，规范办理无形资产的使用和处置等报批手续；

（五）协助做好无形资产的收益管理；

（六）检查、监督、指导使用部门无形资产管理工作；

（七）负责协调处理无形资产权属纠纷、侵权纠纷等法律事项；

（八）负责无形资产相关资料的归档与保管工作。

第八条　学校无形资产管理坚持以“谁使用谁管理，谁使用谁负责”为原则，学校各二级管理单位负责组织实施本单位的无形资产日常管理工作。各二级管理单位的职责是：

（一）执行学校无形资产管理规章制度，制定本单位无形资产管理的实施细则，加强规范管理，提高使用效益；

（二）建立并登记无形资产使用台账，负责本单位无形资产的使用和处置等日常管理工作，对拟处置的无形资产提交处置申请文件；

（三）每年年终对本单位无形资产进行清查盘点，接受归口管理部门的监督检查；

（四）负责对本单位无形资产具体使用人的指导与监督，确保正确使用和处置学校的无形资产；

（五）做好无形资产信息资料的收集、整理和归档工作，确保信息资料的准确、完整、规范。

第三章　资产形成与取得

第九条　学校无形资产依据国家法律法规或者合同约定，通过购置、委托开发、自行研究开发、接受捐赠和无偿调拨（划转）等方式取得。

第十条　外购无形资产要符合学校事业发展规划，归口管理部门应进行必要的论证，严格审批程序，避免重复购置。

第十一条　自行研究开发形成的无形资产应按规定及时申请并办理注册登记手续，明晰产权关系，确定由此形成的无形资产权属。学校与外单位或个人共同研究开发形成的无形资产，应在研究前与合作方签订合同，明确成果归属，并按合同执行。

第十二条　学校接受各级政府、企事业单位、社会团体和个人捐赠的无形资产，由归口管理部门代表学校进行接收，并及时办理产权变更登记等事宜。

第十三条　上级部门无偿调拨（划转）给学校的无形资产，由归口管理部门负责办理无偿调拨（划转）手续和产权变更登记等事宜。

第十四条　符合财务制度规定条件的学校无形资产，由财务处登记入账。按财务会计制度核算的无形资产应当满足政府会计准则及行政事业单位有关财务会计规定相关要求。

第四章　资产使用

第十五条　各单位及个人不得利用学校无形资产为个人谋利，侵害学校权益。凡以营利为目的使用学校无形资产，须经有关部门批准；重大事项按“三重一大”程序报批。非营利目的使用学校无形资产，须经有关部门审批备案。

第十六条　拟使用学校无形资产的校内单位或个人，须向无形资产归口管理部门提交申请文件。授权外单位使用的，须签署书面合同。

第十七条　学校校名、校誉及其他商标权的使用，应遵循有偿使用原则。校内外任何机构或个人，未经学校书面授权许可，不得擅自在任何商品、任何场所以任何方式使用学校的校名、校誉及其他商标权，否则即构成侵权行为，将承担相应的法律责任。

第十八条　学校教职工、离退休人员调离学校，不得私自带走学校的科技成果、技术资料等。学校科技人员的兼职活动若与学校权益有利害关系，须经学校审批。

第五章　资产处置

第十九条　无形资产处置是指对学校无形资产进行产权转让或者注销的行为。处置方式包括：报废报损、出售、出让、转让、无偿调拨（划转）、对外捐赠和置换等。

第二十条　无形资产因达到规定的使用年限或保护期限、被其他新技术替代、不再受法律保护等原因自然失效的，不再作为无形资产管理。

第二十一条　无形资产处置应按照《武汉科技大学国有资产处置管理办法（试行）》（武科大办发〔2022〕6号）和上级主管部门相关文件规定的权限履行审批手续。无形资产处置应按照平等合理、公开公正、依法合规原则进行，防止国有资产流失。

第二十二条　学校出让、转让和置换无形资产，归口管理部门应委托专业评估机构进行评估，并按规定及时办理备案手续。

第二十三条　无形资产处置需要经上级主管部门认可的产权交易所公开挂牌交易的，应按上级主管部门相关文件规定办理交易。

第二十四条　无形资产处置由使用单位（或个人）向归口管理部门提出申请，归口管理部门组织实施，报国资处审批备案。无形资产处置后归口管理部门应及时将材料提交财务处进行账务处理。

第二十五条　无形资产处置收入必须纳入学校统一核算、统一管理。涉及科技成果转化的无形资产处置收入，按照《武汉科技大学科技成果转移转化管理实施细则（试行）》（武科大科〔2017〕21号）等有关规定执行；除科技成果转化之外的无形资产处置收入，按照规定上缴国库，实行“收支两条线”管理，任何单位和个人不得截留挪用。

第六章　监督检查

第二十六条　无形资产监督应当坚持内部监督与外部监督相结合，事前监督与事中监督、事后监督相结合，日常监督与专项检查相结合的原则。

第二十七条　学校相关单位应当各司其职，建立健全科学合理的无形资产监督管理责任制，将无形资产监督管理责任落实到单位和个人，依法维护无形资产的安全完整，提高无形资产使用效益。

第二十八条　学校无形资产未经批准，不得用于对外合作，不得交由校外单位和个人使用。无形资产归口管理部门对未经批准擅自使用学校无形资产的单位和个人，应当及时制止侵权行为，追讨侵权收益，必要时可通过法律途径维护学校合法权益。

第二十九条　学校所属单位及其负责人和直接责任人在无形资产配置、使用及处置工作中违反法律法规和学校规定的，应责令其限期整改，并按国家及学校相关规定追究其责任；构成犯罪的，应移交司法机关依法处理。

第七章　附　则

第三十条　本办法由国资处负责解释。未尽事项，按照国家、湖北省国有资产管理的有关规定执行。

第三十一条　本办法自发布之日起施行。

武汉科技大学依法治校示范校创建工作实施方案

（武科大办发〔2023〕10号）

根据《湖北省教育厅办公室关于开展湖北省依法治校示范校创建工作的通知》（鄂教政法办函〔2023〕4号）要求，省教育厅将于2023年7月至2024年3月开展中央全面依法治国工作会议后的首次依法治校示范校创建活动。为扎实做好、深入推进依法治校示范校创建工作，结合学校实际，制定本实施方案。

一、指导思想

以“学习贯彻习近平新时代中国特色社会主义思想主题教育”活动为牵引，深研细悟习近平总书记关于教育的重要论述和习近平法治思想的核心要义及工作要求，坚持守正创新，强化示范引领，切实把依法治校作为学校治理的基本理念和基本方式，融入、贯穿学校工作全过程和各方面，不断提升学校治理能力和治理水平现代化，依法保障学校“双一流”建设战略目标。

二、总体目标

紧密围绕创建工作整体目标，不断提升学校法治工作规范化、科学化水平，具体达到以下目标：依法治校理念更加强化，以章程为统领的制度体系科学完备；治理结构更趋优化，学校决策管理科学、民主、规范；法律风险防控更有力度，学校及师生合法权益得到有效维护；法治文化建设更富特色，师生法治观念、法律素质显著提高；组织保障更为坚实，依法治校工作格局明确，法治和育人环境良好。

三、领导机构

学校依法治校（普法）领导小组统一安排、部署依法治校示范校创建工作。

领导小组成员和相关责任单位根据《武汉科技大学创建依法治校示范校考评项目清单及任务分解方案》（参见附件1）负责相关工作任务的推进落实。政策法规研究室作为领导小组办公室，负责具体工作的组织、协调和实施开展。

四、重点任务

（一）强化组织保障，着力健全领导和工作推动机制

1. 加强组织领导。党政主要负责人履行推进法治工作第一责任人的职责，每年度定期召开法治专项工作会议，亲自部署、协调、推进依法治校工作。学校党委常委会会议、校长办公会议定期研究法治工作。党委理论学习中心组定期安排法治

学习活动，专题学习习近平法治思想、教育法等与依法办学相关的内容。把法治工作纳入学校发展规划和年度工作计划，将依法治校情况作为年度工作的专门内容，向教职工代表大会进行报告。

2. 健全保障机制。加强法治工作队伍专业化建设，提升法治工作能力水平，配齐配足工作人员。建立校内各单位法治工作联络员制度，完善法律顾问制度，由学校相关专家或外聘执业律师组成法律顾问队伍。加强经费保障，根据需要安排法治工作专项经费。

3. 完善考核机制。学校和各级领导班子及主要负责人带头依法办事，在年度考核述职中对法治学习、依法决策、依法履职等情况进行专门报告。将法治观念和法治素养纳入干部考核内容，把遵守法律、依法办事作为考察干部的重要依据。加强对学校各部门的法治工作考核，研究制定考核标准和办法，考核结果纳入部门综合考核指标。

（二）致力良法善治，积极推动规章制度体系建设

1. 全面贯彻落实《武汉科技大学章程》。《武汉科技大学章程》是学校治理体系的根基和根本制度，全校上下要全面贯彻落实。坚持开展学校章程的宣传教育活动，在学校网站显著位置公布章程，将章程纳入教职工入职、学生入学培训内容。积极主动利用章程的修订完善推进制度创新，学校办学管理的各主要领域都有完备的制度规定，制度规定或重大工作举措未违反学校章程、政策和上位法的相关规定。

2. 严格规范制度文件的审查、清理与公开机制。制定规范性文件管理办法，规范性文件起草、审查、发布程序健全。对规范性文件定期清理并开展“废改立释”工作。有关学生管理规定、处分办法等及时向上级主管部门备案。编制发布现行有效文件清单，规章制度汇编层次清晰、分类科学。建立校内规范性文件发布机制，设有规范性文件信息化发布平台，师生可以便捷查询。

（三）优化治理结构，深入推进科学民主依法决策

1. 筑牢夯实科学民主决策体系。坚持党委领导下的校长负责制，党委全委会、党委常委会和校长办公会议等议事规程健全，议事范围明确。重大决策经过专家论证、风险评估、合法性审查、师生参与等程序。学校治理体系清晰，校、院两级职权关系有制度规则予以明确。院、系等基层单位自主管理的职责权限明确，决策机制健全。学校内设机构和职能处室有权责清单。建立法治机构负责人参加（列席）学校决策会议的工作机制，法治工作机构及其负责人参与学校决策会议并有独立发表法律意见的权利。

2. 不断健全学术自由保障机制。坚持完善以学术委员会为核心的学术治理体系，按照《高等学校学术委员会规程》制定和完善学术委员会章程和议事规则。学校及院系学术委员会在学术事项上能够发挥决策、审议、评定和咨询等职权。完善学术争议和学术不端行为的处理机制。

3. 稳步加强民主管理与监督机制。加强校院两级工会（教代会）、共青团、学生会（研究生会）等组织建设。完善教职工代表大会制度，涉及教职工切身利益的

事项依法经教职工代表大会讨论通过。健全学生代表大会制度，有学校领导与学生对话听取学生意见的机制。健全信息公开机制，有部门工作人员负责学校的信息公开工作，学校信息依法及时公开。

（四）聚焦风险防控，有效保障学校和师生合法权益

1. 依法组织和实施办学活动。完善招生管理制度，进一步加强转专业、学生推免、考试违纪处理等工作程序规范化建设，依法依规开展非学历教育和培训活动。完善科研管理制度，加强科技成果转化、知识产权等领域风险防范和纠纷化解机制。进一步健全资产经营与处置、国际交流合作、校园基建、人事管理、财务管理等重点领域管理制度，确保所涉法律关系清晰，权利义务明确。

2. 构建法律风险防控体系。完善和修订合同管理办法，进一步明确和规范各单位在合同管理和纠纷处理方面的权责。健全师生人身伤害事故纠纷的预防、处置和风险分担机制。制定学校人身伤害事件处理预案，发生师生人身伤害事故，第一时间启动预案进行处置。有健全的安全事故处理机制，可以有效调处纠纷。推动校方责任险、学校安全综合险、意外事故伤害险等保险制度。定期梳理法律风险清单（包括涉外法律风险）及处置办法。

3. 完善师生合法权益救济机制。对教职工、学生进行处理处分前应当履行合法性审查，做到处理处分程序完备，及时送达书面决定，决定书格式内容规范，载明救济渠道并及时归档。制定并公布师生申诉的规则与程序，充分发挥教师申诉委员会、学生申诉委员会作用，正视师生的正当利益诉求。探索建立听证制度，涉及师生重大利益的处理处分或申诉，经申请可以举行听证。

（五）加强法治教育，营造浓厚校园法治文化氛围

1. 深入开展以宪法教育为核心的法治教育。制定学校普法规划，把学习宣传宪法摆在普法工作首要位置。每年国家宪法日组织宪法学习宣传活动，组织学生参加教育部“学宪法、讲宪法”活动，本科生参与率达 90% 以上。通过多种形式、途径，将宪法教育与学生日常培养过程相结合。建立领导干部、教师学法制度，保证每年一定学时的培训，学习习近平法治思想、宪法、民法典等。

2. 大力推进校园法治文化建设。将法治文化融入校园文化建设，弘扬社会主义法治理念。坚持“谁主管、谁普法”的原则，形成普法宣传和职能部门业务职责相结合的普法责任制。建设沁湖法治文化长廊、沁湖法治专栏，开展沁湖普法、咨询援助等活动，形成沁湖法治文化“大宣教”格局，法治文化建设有特色、有品牌、有专题、有成效。

五、工作步骤

（一）筹备启动阶段（2023 年 6 月至 7 月）

制定印发工作方案，根据《武汉科技大学创建依法治校示范校考评项目清单及任务分解方案》，明确各单位任务分工，全面启动创建工作。

（二）全面自评阶段（2023 年 8 月至 9 月）

各责任单位根据任务分工，对照创建工作考评指标体系和分解任务进行全面自评分析，填写《武汉科技大学创建依法治校示范校考评项目自评情况汇总表》（参见附件2），于2023年9月30日前报政策法规研究室。

（三）校内评审和完善改进阶段（2023年10月至11月）

政策法规研究室会同相关部门组成评审工作组，结合创建工作考评指标体系和全面自评情况，对各责任单位任务推进落实情况进行评议，提出改进建议。各责任单位对照工作组评审建议，对于未完成的指标任务逐项完善。

（四）成效总结阶段（2023年12月）

各责任单位在前期工作开展的基础上，及时总结凝练，形成《武汉科技大学创建依法治校示范校考评项目总结报告》（参见附件3），并对照分解任务提供支撑材料，于12月15日前报政策法规研究室。

六、工作要求

（一）提高站位统筹谋划

开展依法治校示范校创建工作是强化学校法治建设、推动依法治校的重要保障，各单位要高度重视，提高认识，将其作为本单位重要任务统筹规划。各单位任务落实情况将作为年终目标责任制考核参考指标。

（二）对标对表狠抓推进

各责任单位要对照分解任务，制定切实可行的实施方案，明确责任人，制订时间表，按照学校统一部署和要求，认真梳理工作成效，及时整理支撑材料，查漏补缺，提质增效。

（三）协同联动形成合力

各单位要坚持以评促建、以评促改、评建结合、重在建设的原则，加强协作配合，形成工作合力，确保各项工作任务如期高质完成。

（四）总结凝练注重实效

各单位要以创建依法治校示范校工作为抓手，凝练依法治校的特色和亮点，把创建工作转化为推动本单位法治建设和学校高质量发展的实际成效。

附件：1. 武汉科技大学创建依法治校示范校考评项目清单及任务分解方案。

2. 武汉科技大学创建依法治校示范校考评项目自评情况汇总表（示例样表）。

3. 武汉科技大学创建依法治校示范校考评项目总结报告（范例）。

附件 1

武汉科技大学创建依法治校示范校考评项目清单及任务分解方案

一级指标	二级指标		三级指标（评分点）	责任单位	参与单位
1. 领导和工作推动机制（18分）	1.1	党政主要负责人履行推进法治工作第一责任人职责（6分）	1.1.1　每年度党政主要负责人主持召开法治专项工作会议，亲自部署、协调、推动法治工作（2分）	党政办公室	政策法规研究室
			1.1.2　党委常委会或全委会、校长办公会议年度至少研究1次法治工作并形成会议纪要（2分）	党政办公室	政策法规研究室
			1.1.3　党委理论学习中心组每年至少安排1次学习活动，专题学习习近平法治思想和宪法、民法典、教育法以及与学校管理相关法治知识（2分）	党委宣传部	
	1.2	把法治工作纳入学校整体规划（4分）	1.2.1　制定学校加强法治工作推进依法治校整体工作方案或者落实《教育部关于进一步加强高等学校法治工作的意见》的实施办法（2分）	政策法规研究室	
			1.2.2　法治工作纳入学校中长期规划和年度计划（2分）	党政办公室、发展规划与学科建设处	
	1.3	校领导分管法治工作（2分）	1.3.1　学校法治工作有专门的领导分管（1分）	党政办公室	
			1.3.2　分管领导参加过专门法治培训，熟悉、了解法治工作的目标要求（1分）	党政办公室	政策法规研究室
	1.4	领导干部法治考评（4分）	1.4.1　领导班子及主要负责人在年度考核述职中对法治学习、依法决策、依法履职等情况进行专门报告（2分）	党委组织部、人事处	
			1.4.2　将法治观念和法治素养纳入干部考核内容（1分）	党委组织部	

续表

一级指标	二级指标		三级指标（评分点）	责任单位	参与单位
1. 领导和工作推动机制(18分)	1.4	领导干部法治考评（4分）	1.4.3 考察、任用干部过程中对其遵守法律、依法办事的情况有考核（1分）	党委组织部	
	1.5	加强对部门的法治工作考核（1分）	法治工作考核作为部门综合考核指标之一，有标准和办法（1分）	党政办公室	
	1.6	建立学校法治工作报告制度（1分）	法治工作情况作为学校年度工作的专项内容，向教职工代表大会进行报告，并报送主管部门（1分）	党政办公室	校工会
2. 规章制度建设(15分)	2.1	推进学校章程的学习宣传（3分）	2.1.1 在学校网站显著位置公布章程（0.5分）	党委宣传部	
			2.1.2 在校内开展过章程宣传活动，教职工入职培训、学生入学教育包含有章程内容（1.5分）	党委宣传部	党委教师工作部、学生工作部（处）、党委研究生工作部
			2.1.3 学校有解释章程的程序（1分）	党政办公室	
	2.2	利用章程修订完善推进制度创新（2分）	2.2.1 学校新出台的管理制度或重大工作举措未违反章程的相关规定（1分）	党政办公室	发展规划处与学科建设处、政策法规研究室
			2.2.2 学校章程中有结合实际体现学校特点、特色的创新性规定，引领、支持学校制度创新（1分）	党政办公室	发展规划处与学科建设处
	2.3	形成以章程为核心的学校规章制度体系（5分）	2.3.1 学校规章制度运行高效、章程发挥核心作用，章程中的原则规定有具体规定落实（1分）	党政办公室	发展规划处与学科建设处
			2.3.2 学校办学管理的各主要领域，都有完备的制度规定（1分）	党政办公室	各相关部门

续表

一级指标	二级指标		三级指标（评分点）	责任单位	参与单位
	2.3	形成以章程为核心的学校规章制度体系（5分）	2.3.3 编制发布现行有效文件清单。学校规章制度汇编层次清晰，分类科学（2分）	党政办公室	政策法规研究室
			2.3.4 学生管理规定、处分办法等按规定向主管部门备案，与法律法规规章及学校章程规定不冲突（1分）	学生工作部（处）、本科生院、党委研究生工作部、继续教育学院、国际学院	
2. 规章制度建设(15分)	2.4	健全校内规范性文件管理机制（3分）	2.4.1 已制定规范性文件管理办法，起草、审查、发布程序健全（1分）	党政办公室	政策法规研究室
			2.4.2 规范性文件合法性审查的范围和办法明确，做到应审查尽审查（1分）	党政办公室	政策法规研究室
			2.4.3 及时对规范性文件定期清理，并进行废改立释（1分）	党政办公室	各相关部门
	2.5	推动校内规范性文件管理信息化和公开化（2分）	2.5.1 建立校内规范性文件公开发布机制（1分）	党政办公室	
			2.5.2 设有规范性文件信息化管理平台，师生可以便捷查询（1分）	党政办公室	
3. 内部治理结构(17分)	3.1	落实重大决策程序要求（4分）	3.1.1 学校党委常委会或全委会、校长办公会、校务会议（民办学校决策机构会议）等议事规程健全，议事范围明确（1分）	党政办公室	
			3.1.2 重大决策经过专家论证、风险评估、合法性审查、师生参与等程序（1分）	党政办公室	校工会、校团委、政策法规研究室
			3.1.3 涉及学校社会参与、对外合作等方面的重大事项，在决策前征询理事会等决策咨询机构的意见或者建议（1分）	校友工作与社会合作处	

续表

一级指标	二级指标		三级指标（评分点）	责任单位	参与单位
3. 内部治理结构(17分)	3.1	落实重大决策程序要求（4分）	3.1.4 涉及师生利益的重大决策，有听取师生意见、师生参与决策会议的机制（1分）	党政办公室	校工会、校团委、政策法规研究室
	3.2	校院治理体系（4分）	3.2.1 学校治理体系清晰，校、院两级职权关系有制度规则予以明确（1分）	党政办公室	
			3.2.2 院、系等基层单位自主管理的职责权限明确，决策机制健全（2分）	党政办公室	党委组织部
			3.2.3 学校内设机构、职能处室职责明确或者有权责清单（1分）	党委组织部	
	3.3	法治工作机构及其负责人参与学校决策（3分）	3.3.1 建立法治机构负责人参加（列席）学校决策会议的工作机制（1分）	党政办公室	政策法规研究室
			3.3.2 法治机构负责人在决策会议上有独立发表法律意见的权利（1分）	党政办公室	政策法规研究室
			3.3.3 法治机构或者其负责人意见记入文件起草说明或者决策会议纪要、会议记录（1分）	党政办公室	政策法规研究室
	3.4	健全学术规范和学术委员会运行机制（3分）	3.4.1 按照《高等学校学术委员会规程》组建学术委员会，并制定章程和议事规则（1分）	校学术委员会办公室	
			3.4.2 校学术委员会及院系学术委员会在学术事项上能够发挥决策、审议、评定和咨询等职权（1分）	校学术委员会办公室	
			3.4.3 建立学术争议和学术不端处理机制（1分）	校学术委员会办公室	
	3.5	健全民主参与机制（2分）	3.5.1 依法完善建立教职工代表大会制度，定期召开会议，职权清晰。涉及教职工切身利益的事项依法经教职工代表大会讨论通过（1分）	校工会	

续表

一级指标	二级指标		三级指标（评分点）	责任单位	参与单位
3. 内部治理结构(17分)	3.5	健全民主参与机制（2分）	3.5.2　健全学生代表大会制度，有学校领导与学生对话听取学生意见的机制（1分）	学生工作部（处）、校团委、党委研究生工作部	
	3.6	健全信息公开机制（1分）	有部门和工作人员负责学校的信息公开工作，学校信息依法公开（1分）	党政办公室	
4. 法律风险防控(8分)	4.1	健全合同管理制度，加强对外签署合同的审查（3分）	4.1.1　制定合同管理办法，明确合同管理的主管部门和审核程序（1分）	政策法规研究室	
			4.1.2　合同管理实现分层分类，重大合同由法治工作机构进行合法性审查（1分）	政策法规研究室	
			4.1.3　建立学校合同管理信息化平台（1分）	政策法规研究室	
	4.2	梳理法律风险清单并明确处置办法(3分)	4.2.1　在资产经营与处置、国际交流合作、校园基建、科研管理、人事管理、财务管理等重点领域，依据法律法规和章程健全管理制度，所涉法律关系清晰，权利义务明确（2分）	政策法规研究室	重点领域相关单位
			4.2.2　编制学校法律风险清单（包括涉外法律风险）及处置办法（1分）	政策法规研究室	各相关单位、国际交流合作处
	4.3	健全师生人身伤害事故纠纷的预防、处置和风险分担机制（2分）	4.3.1　制定学校人身伤害事件处理预案，发生师生人身伤害事故，第一时间启动预案，进行处置（1分）	保卫处	学生工作部（处）、党委研究生工作部
			4.3.2　有健全的安全事故处理机制，可以有效调处纠纷（1分）	保卫处	学校各单位

续表

一级指标	二级指标		三级指标（评分点）	责任单位	参与单位
5. 师生法治教育（7分）	5.1	把学习宣传宪法摆在普法工作的首要位置（2分）	5.1.1 每年国家宪法日组织宪法学习宣传活动，组织参加学宪法、讲宪法活动（1分）	政策法规研究室	党委宣传部、学生工作部（处）、校团委、法学与经济学院
			5.1.2 通过多种形式、途径将宪法教育与学生日常培养过程相结合（1分）	政策法规研究室	学生工作部（处）、校团委、本科生院、党委研究生工作部
	5.2	制定学校普法规划（1分）	制定学校普法规划，推进国家普法规划和教育系统普法规划贯彻实施（1分）	政策法规研究室	
	5.3	开展法治文化建设（2分）	校园法治文化建设有特色、有品牌、有专题、有成效（2分）	党委宣传部	政策法规研究室、法学与经济学院
	5.4	建立领导干部、教师学法制度（2分）	领导干部、教师学法形成制度，保证每年有一定学时的培训（2分）	党委组织部、人事处	
6. 师生权益保护（8分）	6.1	对师生的处理、处分做到程序正当（4分）	6.1.1 对教师、学生作出重大处理、处分前，履行合法性审查程序（2分）	纪委、人事处、学生工作部（处）、本科生院、研究生院	政策法规研究室
			6.1.2 对教师、学生的处理、处分程序完备，有书面决定，及时送达，决定书格式内容规范，载明救济渠道，事后归档（2分）	纪委、人事处、学生工作部（处）、本科生院、研究生院	政策法规研究室

续表

一级指标	二级指标		三级指标（评分点）	责任单位	参与单位
6. 师生权益保护（8分）	6.2	建立健全师生校内权益救济制度（4分）	6.2.1 建立教师申诉处理委员会或者其他方式的教师权益保护救济机制（1分）	校工会	人事处
			6.2.2 按规定建立学生申诉处理委员会（1分）	学生工作部（处）、党委研究生工作部、继续教育学院	
			6.2.3 制定并公布教师、学生申诉的规则与程序（1分）	校工会、学生工作部（处）、党委研究生工作部、继续教育学院	
			6.2.4 建立听证工作机制，涉及师生重大利益的处理、处分或申诉，经申请，可以举行听证（1分）	校工会、学生工作部（处）、党委研究生工作部、继续教育学院	
7. 法治工作机构和队伍建设（11分）	7.1	有机构负责法治工作（2分）	有机构负责法治工作（2分）	政策法规研究室	
	7.2	法治工作机构适应学校规模和管理需求，配齐配足工作人员（4分）	法治工作机构有专职工作人员（2~3名1分，3名以上每超过1名加0.5分，最高4分）	政策法规研究室	党委组织部
	7.3	法治工作机构负责人、工作人员具备履职能力（2分）	7.3.1 法治工作机构负责人具备法学专业背景或法律实务工作经验（1分）	政策法规研究室	

续表

一级指标	二级指标		三级指标（评分点）	责任单位	参与单位
7. 法治工作机构和队伍建设（11分）	7.3	法治工作机构负责人、工作人员具备履职能力（2分）	7.3.2 对专职法治工作人员有提升专业能力、安排专业培训、取得法律职业资格的鼓励支持措施（1分）	政策法规研究室	
	7.4	建立法律顾问制度（1分）	学校法律顾问制度健全，由法治工作机构人员、学校相关专家、外聘执业律师等组成法律顾问队伍，在学校决策中提供法律意见（1分）	政策法规研究室	
	7.5	建立法治工作联络员制度（1分）	学校各院系职能部门设有法治工作联络员，在学校法治工作机构指导下开展工作（1分）	政策法规研究室	
	7.6	加强法治工作机构条件保障（1分）	学校根据需要安排法治工作专项经费，保障法治工作机构的工作条件、办公经费（1分）	财务处	
8. 法治工作成效（16分）	8.1	学校治理体系和治理能力现代化水平显著提升，领导干部带头遵纪守法，依法管理水平逐步提高（5分）	8.1.1 近2年学校领导干部在履行职务过程中没有因违法犯罪被追究刑事责任（1分）	纪委、党委组织部	
			8.1.2 近2年学校没有发生重大决策失误被追究和问责的情况（1分）	党政办公室	
			8.1.3 近2年没有发生因管理制度不健全、办学活动不规范等而发生社会影响恶劣和重大舆情的事件（1分）	党政办公室、本科生院、研究生院、国际学院	党委宣传部
			8.1.4 近2年内没有发生因安全事故纠纷处置不当引起的重大负面舆情（1分）	党委宣传部	保卫处与相关单位
			8.1.5 近2年学校各级部门、院系未发现因违法决策、违法管理，被有关部门通报、约谈或被新闻媒体曝光的事件或群体事件（1分）	党委宣传部	

续表

一级指标	二级指标		三级指标（评分点）	责任单位	参与单位
8. 法治工作成效（16分）	8.2	法治工作业务水平显著提升，保障学校各项事业有序发展（5分）	8.2.1　近2年招生章程、招生规则等合法、健全，未发生因招生规则不规范、不合法产生舆情或者群体事件，或出现招生违规行为被主管部门通报、处理或处罚情况（2分）	本科生院、研究生院、继续教育学院、国际学院	
			8.2.2　近2年学校没有因知识产权等资产保护不力发生资产重大流失或者损失情况（1分）	国有资产与实验室管理处	科学技术发展院
			8.2.3　近2年学校没有因合同管理不规范或因合同审查存在明显漏洞导致违约或败诉赔偿（1分）	政策法规研究室	
			8.2.4　近2年学校没有因教职工聘用合同管理不善或合同中有明显侵害教职工合法权益的条款而产生人事、劳动纠纷，导致败诉或者主管部门追责的情况（1分）	人事处、后勤保障部、校医院	各相关单位
	8.3	教师、学生法律意识较强（4分）	8.3.1　近2年教师、学生无贩毒、吸毒等涉毒违法犯罪和其他重大刑事犯罪行为（1分）	党政办公室、保卫处	学生工作部（处）、党委研究生工作部、人事处
			8.3.2　近2年师生无加入邪教情况，校园无宗教传教情况（1分）	党委统战部、保卫处	学生工作部（处）、党委研究生工作部、党委教师工作部、继续教育学院
			8.3.3　当年没有因教师在履责过程中的违法违规行为以及学生违法违规导致的重大舆情事件（2分）	党委宣传部	学生工作部（处）、党委研究生工作部、党委教师工作部

续表

一级指标	二级指标		三级指标（评分点）	责任单位	参与单位
8. 法治工作成效（16分）	8.4	校内申诉渠道畅通，及时、有效处理教职工和学生的申诉（2分）	8.4.1 近2年内实际处理教职工申诉案件，校内机制发挥作用，解决率不低于80%（1分）	校工会	
			8.4.2 近2年学生申诉案件校内申诉委员会处理后，解决率不低于80%（1分）	学生工作部（处）、党委研究生工作部	

附件2

武汉科技大学创建依法治校示范校考评项目自评情况汇总表（示例样表）

责任单位：____________ 负责人（签字）：____________

一级指标	二级指标		三级指标（评分点）	责任单位	自评得分	已完成工作	支撑材料清单	待完成工作	完善措施
4. 法律风险防控(8分)	4.1	健全合同管理制度，加强对外签署合同的审查(3分)	4.1.1 制定合同管理办法，明确合同管理的主管部门和审核程序（1分）	政策法规研究室	1分	修订《武汉科技大学合同管理规定》，修订内容合法合规，业务主管部门和审核程序规范明确	《武汉科技大学合同管理规定》武科大办〔2023〕××号		
			4.1.2 合同管理实现分层分类，重大合同由法治工作机构进行合法性审查（1分）	政策法规研究室	1分	本年度学校形成合同（协议）共××大类，××件，均逐件进行合法性审查	1. 2023年合同签报台账； 2. ……		
			4.1.3 建立学校合同管理信息化平台（1分）	政策法规研究室	0分			建设合同管理信息化平台	2023年11月，完成法务和合同管理OA系统建设，实现合同管理信息化

附件 3

武汉科技大学创建依法治校示范校考评项目总结报告（范例）

指标：5.1.1（每年国家宪法日组织宪法学习宣传活动，组织参加学宪法、讲宪法活动）

责任单位：政策法规研究室

一、分解任务完成情况

制定《武汉科技大学“宪法宣传周”活动工作方案》，开展专题报告会、“宪法晨读”“国旗下的讲话”等系列活动。联合学生工作部（处）、校团委等多部门组织学生参加“学宪法 讲宪法”活动，16742 人完成学习考试，平均分 85.81 分，大幅超过去年同期水平……

二、自评分数

××分

三、支撑材料清单

1.《武汉科技大学 2022 年“宪法宣传周”活动工作方案》；

2. 专题报告会新闻；

3. ……

指标：5.1.2（……）

责任单位：政策法规研究室

一、分解任务完成情况

……

二、自评分数

××分

三、支撑材料清单

（注：总结报告限 500 字以内，要求语言凝练，分析客观，措施明确，成效明显。）

2023年武汉科技大学平安建设工作要点

（武科大办发〔2023〕14号）

2023年，学校平安建设工作坚持以习近平新时代中国特色社会主义思想和党的二十大精神为指导，深入贯彻习近平法治思想，深刻领悟“两个确立”的决定性意义，增强“四个意识”、坚定“四个自信”、做到“两个维护”，全力履行好平安建设责任，深化校园安全防控体系建设，扎实做好防风险、保安全、护稳定、促发展各项工作，努力实现不发生重大涉政敏感案件、不发生规模性聚访滋事和重大群体性事件、不发生重大暴力恐怖事件、不发生群死群伤重大公共安全事件和个人极端案（事）件、不发生重大涉鄂涉校涉稳舆情炒作事件的“五个不发生”工作目标，确保国家安全、校园安定、师生安宁，建设更高水平的“平安武科大”，以新安全格局保障学校“双一流”学科建设在省内实现率先突破。

一、严格落实平安建设领导责任制。按照管行业必须管平安稳定、管业务必须管平安稳定、管生产经营必须管平安稳定的工作要求，学校党政主要负责人是平安建设第一责任人，将平安建设与业务工作同谋划、同部署、同推进、同考核。及时调整充实由学校党政主要负责人任组长的平安建设工作领导小组及办事机构成员，落实组织经费保障；平安建设工作领导小组办公室（设在保卫处）认真制定平安建设年度工作目标及措施，逐级签订平安建设目标管理责任书，将工作责任分解落实到部门、院系、年级和岗位。

二、坚决维护国家政治安全和意识形态安全。坚持总体国家安全观，坚持政治安全、人民安全、国家利益至上有机统一。深入开展“4·15”全民国家安全教育日活动，加强国家安全宣传教育，增强国家安全意识，坚决维护国家政权安全、制度安全、意识形态安全。做好涉敏感地区学生、留学生、临时来校外籍人员的管理工作，及时更新完善工作台账；加强敏感节点、重点时期信息收集和重点人员的掌控，确保政治稳定；预防和处置国内外敌对势力、非法宗教势力、民族分裂势力对学校的渗透、煽动和破坏活动，制定具体防范措施，组织反恐防暴应急演练和暴恐音视频专项清查行动，提高应急处突能力；深入开展反邪教专项斗争，坚决遏制校园非法传教，加强反邪教宣传警示教育活动；认真开展“凌晨清查行动”，坚决维护校园政治安全。强化意识形态阵地建设，今年至少两次专题研究意识形态工作，依法依规加强讲坛、论坛、社团、课堂和微信、微博、微视频、客户端以及报刊、出版物、广播电视、宣传栏窗、网站等管理，坚持校外报告人准入制度。严格校园网络安全管理，做好涉校舆情信息监测、分析研判与应急处置。

三、着力防范公共安全风险。牢固树立“全周期管理”意识，健全落实公共安全责任制，贯彻“预防为主，防消结合”工作方针，完善公共安全风险滚动排查、监测预警、应急处置机制。开展小规模、多频次、全覆盖的消防安全培训和应急演练活动，增强师生员工的消防安全意识和处置初起火灾的能力水平。定期对校内重点单位、重要场所、重点部位进行防火检查，做好检查记录，及时消除火灾隐患，确保校园防火安全。修订和完善学校突发公共事件应急预案。举办“校园安全检查月”和“安全生产月”“消防安全宣传月”等安全主题教育月活动，定期组织开展突发事件应急演练。

四、大力加强校园治安防控。坚持“谁主管，谁负责”的工作原则，认真落实学校安全监管责任和主体责任。加强学校安全风险管控和隐患排查治理，扎实开展食品安全、消防安全、实验室安全、危化品安全、防溺水安全和道路交通安全等专项检查，防范和遏制各类安全事故。做好学校公共区域、人员密集场所的治安防范，严厉打击校园电信网络诈骗案、盗窃案、扒窃案等违法犯罪活动，减少发案率，切实维护师生员工的生命财产安全。加强校园内部安全防控网建设（暂定），完善人防、物防、技防和协防措施，全面排查整治安全隐患，提高预测预警预防各类风险能力，建设和谐平安校园。

五、加强矛盾纠纷排查化解。严格执行矛盾纠纷定期排查化解例会制度，严格执行重大决策和重大事项社会稳定风险评估机制。学习运用新时代“枫桥经验”，畅通社情民意反映渠道，坚持自治法治德治相结合，努力把矛盾纠纷化解在基层、化解在萌芽状态；拓展矛盾纠纷多元预防、化解机制建设，落实涉稳问题“谁主管、谁负责”和归口处理机制；切实履行对本单位本部门矛盾纠纷的排查化解责任，努力实现矛盾纠纷化解在内部，做到服务不缺位、矛盾不上交、平安不出事。

六、扎实有效推进平安创建。坚持夯实平安建设基础，推动资源、服务、平台下沉，坚持党建引领，加快构建“纵向到底、横向到边、共建共治共享”的校园治理体系。深入开展平安院系、平安楼栋、平安宿舍等平安创建活动，积极争创“全省平安建设优秀单位”和“省级示范平安校园”，促进各项安全管理措施落实，严防发生师生员工违法犯罪案（事）件、重大治安灾害事故、重大安全和失泄密事件。深入推进平安校园“七防工程”建设，加快校园技防系统与公安机关视频监控系统联网工作。落实“属地管理”原则，积极参与所在地党委、政府组织开展的平安建设工作，完善“校地共建”长效机制。

七、严格落实领导岗位责任。全面落实“一岗双责”要求，规范责任内容、考评方式、奖惩制度，形成权责明晰、奖惩分明的平安建设责任体系。发挥部门优势，落实平安建设责任，对工作不落实、出现重大问题的部门严格实施责任督导和追究。各单位要高度重视重要信息报送工作，对可能引发炒作或重大舆情的热点、敏感、突发事件以及大规模聚集活动等，要按要求、依程序，30分钟内及时向学校主要业务职能部门报告，并同时向学校党政办公室报送信息，做到“快报事实、慎报原因、续报结果”，切实压紧压实工作责任。

武汉科技大学关于开展“三医联动”专项审计整改工作的方案

（武科大办发〔2023〕15号）

根据湖北省人力资源和社会保障厅关于开展“三医联动”专项审计整改工作的通知精神，按照中央审计委员会关于“三医联动”专项审计指出存在的问题及整改要求，结合我校附属医疗机构实际情况，制定本方案。

一、组织领导

为加强自查整改工作领导，学校成立以党政主要领导为组长，有关分管校领导为副组长、两家直属附属医院及学校相关部门主要负责人为成员的“三医联动”审计整改工作领导小组，全面负责自查整改工作的组织、协调、指导和督办落实。领导小组构成如下：

组　长：徐雁冰、倪红卫

副组长：孙国胜、盛建龙、刘时新

成　员（按姓氏笔画排序）：

王剑明、许　辉、何光敏、

邹清华、郑　娟、易文龙、

傅江浩、谭　伟

二、问题导向

本次审计整改坚持问题导向，有的放矢。校内各直属附属医院要对照人事薪酬制度改革要求，重点排查是否存在医院内部分配不合理，医务人员薪酬与处方量、检查化验等挂钩，医院负责人薪酬发放不规范、不合理，医院编内外人员薪酬差距过大等问题，针对各种存在的问题引以为戒，举一反三，全面开展自查整改。

问题主要表现形式如下：

1. 内部分配不合理，医院没有建立薪酬分配制度或执行制度不严谨，分配制度未广泛征求职工意见，未进行有效公开，未按正常程序向上级主管部门报备等，人员收入差距异常、不平衡，职工反映强烈；

2. 开药与绩效薪酬直接挂钩，从科室人员开具的处方中计提一定比例纳入绩效；

3. 开检查与绩效薪酬直接挂钩，将病理、超声、CT等检查项目部分收入作为薪酬绩效；

4. 设定绩效考核经济指标与绩效薪酬变相挂钩，在绩效考核中设立医药费、检查费等指标，将费用折算成工作量；

5. 负责人薪酬未纳入或未完全纳入医院薪酬分配范畴，发放依据不充分，发放形式不规范；

6. 医院薪酬分配制度涵盖不全、不明，编内外医务人员收入差距过大。

三、整改目的

1. 加强医院人事制度改革。各医院要加强人才队伍建设，优化医院内部机构设置，科学设置各类岗位，完善绩效考核，优化考核指标体系，重点考核医院质量、运营效率、持续发展、满意度评价等，将考核结果与岗位聘用、职称评审、薪酬绩效挂钩。

2. 推进医院职称制度改革。认真落实《关于深化卫生专业技术人员职称制度改革的指导意见》，坚持问题导向破“四唯”，突出实践立“新标”，注重医德医风考核，突出评价业绩水平和实际贡献，实行成果代表作制度，建立完善多维度评价体系。

3. 深化医院薪酬制度改革。各医院要深刻认识公立医院的公益属性，确定合理的薪酬水平，积极探索科学合理的水平确定和动态调整机制，规范分配程序，充分体现医、护、技、药、管等岗位差异，兼顾不同科室之间的平衡，合理拉开收入差距，统筹考虑编内外医务人员薪酬待遇，建立健全医院主要负责人薪酬分配激励约束机制，使其薪酬水平与其他负责人、医院职工薪酬水平之间保持合理关系。

四、整改要求

1. 提高思想认识。认真领会健康中国战略和国家医药卫生体制改革决策精神，防止片面以经济效益为导向，偏离改革方向。

2. 加强政策研究。深入、准确理解薪酬制度改革等政策，全面、透彻领会医改文件精神，高度重视医院绩效工资工作。

3. 坚持科学引导。健全医院内部绩效考核机制，科学量化工作量，有效反映医务人员技术劳务价值。

4. 规范内部管理。建立科学完善的内部分配制度，内部分配制度的形成要广泛征求职工意见，并予以公开，及时向上级主管部门报备。

各医院要提高站位，精心组织，确保自查整改工作走深走实；加强沟通，注重协调，及时发现和解决自查整改工作中的新情况、新问题；正确引导，及时反馈，密切关注社会舆情和各方关切。

自查整改情况报告于2023年11月30日前报送学校审计处。

武汉科技大学信息资产安全管理办法

（武科大办发〔2023〕17号）

第一章 总 则

第一条 为加强学校信息资产管理，梳理网络信息资产，摸清数据家底，形成资产台账，保障信息资产安全，防止信息资产损毁、误用和非授权访问，确保信息资产的保密性、完整性和可用性，特制定本规定。

第二条 本规定适用于学校所有信息资产的安全管理活动，无论信息资产所承载业务是面向全校性的还是面向局部范围的。

第二章 信息资产分类、登记、安全管理责任

第三条 学校信息资产分为4类：硬件资产、软件资产、数据资产、文档资产，具体内容如下：

（一）硬件资产：指与业务相关的IT物理设备，包括服务器、存储设备、网络设备、传输设备、安全设备、专用设备（门禁、一卡通、安防监控等）、机房设备（机柜、动力、空调、消防、环境控制等）、终端设备、办公设备等。

（二）软件资产：指各种系统软件、中间件、应用软件和工具软件，包括操作系统、数据库应用程序、网络软件、业务系统程序等，这些软件资产负责处理、存储或传输各类信息。

（三）数据资产：指存储于基础数据库、业务数据库及其他各信息系统中的业务数据。

（四）文档资产：指各种IT管理文档和技术文档的电子版和纸质版材料，涵盖技术、业务、运维、管理4个方面，具体包括且不限于：方案、图纸、说明、字典、配置信息（流程、策略、参数、授权等）、运行数据（环境、业务、用户、角色等）、报告（测试、检测、运行等）、手册、代码、程序、记录（日志、审计、变更等）、报表、制度文件等。

第四条 信息资产归属单位负责其名下信息资产的安全管理，应指定明确的信息资产安全管理责任人，做到“责任落实到人”。

第五条 信息资产安全管理责任人负责信息资产的识别、分类、统计和实施相应的安全管理保护措施。

第六条 信息资产台账由资产归属单位负责统一建立。信息资产台账建立要完整、准确，每项资产应包含资产归属单位、资产名称、国有资产编号、所处位置、资产价值、资产安全管理责任人、配置参数、运行环境、运行参数及对应技术

文档目录等信息。

第七条　未建立台账、台账要素不全或发生变更后未及时更新台账的信息资产，禁止上架运行或接入学校网络系统。信息资产归属部门应每年开展资产清查，并对资产保管和使用环境进行评估。

第八条　网络信息中心负责全校所有信息资产的综合认定和台账建立。对信息资产归属有争议的，由网络信息中心召集相关二级单位联合确定。

第三章　信息资产价值赋值

第九条　学校信息资产价值由资产归属单位确定，主要依据资产保密性、完整性和可用性的安全属性，结合承载业务的重要性，进行综合主观赋值。保密性指信息泄露后造成的影响程度，完整性指未经授权的修改或破坏造成的影响程度，可用性指系统、业务中断运行造成的影响程度。

第十条　学校信息资产的价值分为1至5个等级，等级越大，资产的价值越高。资产的价值等级如下：

（一）L5级（很高）：安全属性遭到破坏后，对所承载业务造成非常严重的损失；

（二）L4级（高）：安全属性遭到破坏后，对所承载业务造成比较严重的损失；

（三）L3级（中等）：安全属性遭到破坏后，对所承载业务造成中等程度的损失；

（四）L2级（低）：安全属性遭到破坏后，对所承载业务造成较低的损失；

（五）L1级（很低）：安全属性遭到破坏后，对所承载业务造成很小的损失，甚至忽略不计。

第四章　硬件资产安全管理

第十一条　硬件设备的选址应采取控制措施以减小潜在物理威胁造成的风险，如：偷窃、火灾、水患、温度、湿度、尘埃、振动、化学影响、电源干扰、通信干扰及电磁辐射等。

第十二条　新增硬件需经过必要的安装、配置、性能调优和试运行后，方可进入信息资产台账，硬件资产发生下架、配置变更等变化时，应及时更新资产台账，否则禁止上架运行或接入学校网络系统。

第十三条　信息资产安全管理责任人须对信息资产的性能和运行状况进行日常监控和维护。

第十四条　机房设备按照《数据中心设计规范》（GB 50174—2017）规定进行保护。

第十五条　保持硬件资产完整性和可用性的相关要求：

（一）只有已经授权的人员才可以对硬件进行操作、维修和服务；

（二）使用和维护人员应依照硬件使用规范或操作手册要求使用和操作硬件，不得擅自拆装设备及更换硬件部件；

（三）使用人员不得自行变更硬件使用用途、放置地点；

（四）硬件资产在重用、维修之前，应做好数据、配置、软件系统及其授权的备份工作，在报废之前应确保以上信息被完全移除。

第五章　软件资产安全管理

第十六条　信息软件资产的上线：

（一）采购软件资产时，应要求软件供应商提供源代码，供学校在必要的时候进行源代码审查。

（二）软件需在学校信息化云平台上运行的，由软件资产归属单位向网络信息中心申请测试环境。其他软件由软件资产归属单位自行提供测试环境，测试环境用于软件的安装、部署和初始化。

（三）在搭建测试环境之前，软件资产归属单位应将端口号等网络安全配置需求向网络信息中心提交报审；对不合理和不符合学校网络安全架构需求的，软件资产归属单位应责成软件供应商进行优化开发。

（四）软件投入使用前必须经过全方位系统测试，包括功能测试、性能测试、安全测试等；在测试完成并经问题修复和安全整改后，软件资产归属单位应对软件进行全面审查，软件经审查通过后方可进入试运行阶段，试运行期一般不少于1个月。

（五）软件应根据需要及时进行补丁更新，并启用必要的安全设置、策略或配备必要的安全程序。

（六）禁止在软件所在服务器上安装其他无关软件。

（七）有贮存软件介质的，软件介质应妥善保存并登记入册。

第十七条　信息软件资产的运行：

（一）必须定期检查软件的运行状况，定期调阅软件运行日志记录，保证软件的稳定运行。

（二）在学校可能提供集中备份的情况下，各软件资产归属单位仍须自行进行数据和软件日志的定期备份，以确保数据和日志的安全性。

（三）禁止在软件所在服务器上进行试验性质的软件调试，必须在其他可进行试验的服务器上调试，调试通过并确认可行后，再在生产环境中进行正式配置。

（四）对重大软件设置、升级和运行环境的变更，应先制定变更操作方案、回退方案和回退失败后的应急措施，并经讨论确认可行后，再执行变更操作；变更操作时应做好详细的操作记录；对会影响到全局的变更操作应提前发布公告。

（五）一般情况下，不允许人员进入机房对软件及其运行环境实施操作，确有必要的，应经软件资产归属单位和软件运行环境所在单位双方同意。

第十八条　软件系统管理账户持有人员离职或发生岗位变动时，信息资产归属单位须回收其管理账号，或依据其新岗位相应调整软件管理权限。

第十九条　禁止在软件所在服务器上利用服务器大带宽进行与工作无关的下载，以及利用服务器算力进行挖矿等活动。

第六章　文档资产安全管理

第二十条　硬件系统正式投入使用前，供应商应向学校提交硬件系统相关资料和配置，包括但不限于：项目设计方案、项目施工方案、设计图纸、施工图纸、综合布线系统平面布置图、拓扑结构图、配线架端口信息、网络地址分配信息、设备配置文档、设备授权文档、设备口令、接口文档、项目变更说明、测试报告（含乙方自测与甲乙双方联测）、产品用户（操作）手册、产品维护手册、培训资料等。

涉及管网建设的，还应移交详细标注所有管道管径、走向等信息的管道资源建设图。

涉及线缆建设的，还应移交详细标注所敷设线缆根数、芯数，所使用管道、路由、交接位置及交接箱内分配信息等在内的线缆资源建设图。

第二十一条　硬件系统投入运行后，各资产归属单位应高度重视并做好硬件文档的动态归档工作，硬件系统发生任何变更、升级或调整后，尤其是在设备运行配置、运行参数、授权、接口等信息发生变更后，应及时更新文档，以提高硬件的完整性和可用性。

第二十二条　软件系统正式投入使用前，供应商应向学校提交各类软件文档，包括但不限于：系统设计说明书（含定制部分）、数据库设计文档及数据字典、数据交换说明书、系统对接及接口规格说明书（接口名、调用方式、接口输入/输出参数以及各参数的数据类型）、需求变更说明书、安装部署手册、详细运行环境信息、权限配置手册、系统实施文档、功能测试用例、测试报告（含单元测试、集成测试、性能测试等，如有要求还需提供压力测试报告）、安全检测报告、系统试运行报告、备份与恢复手册、后台管理与维护手册、用户使用手册、培训资料、开发源代码及最终版本的安装文件等。

第二十三条　软件系统投入使用后，要做好软件系统的二次开发、功能变更、配置和参数变化、数据迁移、系统对接、系统发布等环节的文档更新工作，保证每次、每环节变动都有记录，可回溯。

第二十四条　各单位应加强软件系统日志管理，确保系统安全稳定运行：

（一）定期备份日志，以便在系统出现故障时快速恢复；

（二）定期清理过期日志，防止日志文件过大而发生系统故障；

（三）定期分析日志，以及时发现并解决问题；

（四）使用日志监控工具监控日志，以及时采取解决措施。

第七章　附　则

第二十五条　数据资产安全管理办法另行制定，暂按《武汉科技大学数据管理办法》（武科大办〔2019〕11号）执行。

第二十六条　本文件自印发之日起施行，由网络信息中心负责解释。

武汉科技大学网络安全监测预警与通报制度实施细则

第一条 依据上级各项落实网络安全工作责任制文件及《武汉科技大学网络安全事件应急预案》(武科大办发〔2022〕18号)相关要求，结合我校实际，制定本细则。

第二条 实施网络安全监测预警与信息通报制度是网络安全事件预防工作的重要部分。加强网络安全监测预警建设，实施安全隐患定期排查，健全网络安全监测预警和通报机制，及时发现并修复安全隐患和威胁，避免网络安全事件的发生。

第三条 网络安全监测信息包括网络安全事件监测信息和网络安全隐患监测信息。对网络安全事件监测信息的研判、预警，以及已发生的网络安全事件的应急处置工作，按《武汉科技大学网络安全事件应急预案》(武科大办发〔2022〕18号)规定执行；对网络安全隐患监测信息的通报、处置和整改，按本细则规定执行。

第四条 网络信息中心负责网络安全监测及网络安全监测信息的汇集、调查、通报和督促整改工作，为学校各单位提供技术支撑；学校各单位负责本单位所管理、运维、使用的各类校内联网软硬件系统、终端及校内外网络应用安全隐患的自查、整改、复查及情况报告等，有接受学校对网络安全监测信息进行深入调查的义务。

第五条 网络安全隐患监测信息主要来源有：

(一)教育部、教育厅、网信部门、公安部门等上级有关部门的通报；

(二)国内外安全组织发布的网络安全威胁信息；

(三)学校网络信息中心通过网络安全扫描、网络安全检查及调查所发现的技术安全隐患和管理安全隐患；

(四)学校各单位自行发现的安全隐患。

第六条 网络安全隐患的等级划分：

(一)安全隐患等级根据上级部门、国内外安全组织或相关安全软件的明确定义和标准确定；

(二)没有明确等级定义的，由学校网络信息中心综合访问路径、利用复杂程度和影响程度3方面要素，经评估后确定安全隐患等级，学校自定义等级划分为3个等级，从低至高依次为低危、中危、高危。

第七条 学校建设网络安全隐患通报与整改网上流程，由网络信息中心根据登记备案信息，向隐患责任单位发出《网络安全隐患整改通知》，紧急情况下可先电话通报再进行网上通报。

通报信息包括隐患详情、整改建议及整改时限。通报对象包括单位主要领导及网信管理员。

各单位自行检测到本单位存在网络安全隐患时，应及时向学校网络信息中心报告，做到早发现、早报告、早控制、早解决，避免事态扩大导致发生网络安全事件。

第八条　网络安全隐患整改时限一般为3天。各隐患责任单位需对网络安全隐患按照时限要求进行整改，对有厂商和安全机构公开发布修复方案的，应严格按照公开方案开展整改，单位完成隐患整改后，通过网络安全隐患通报与整改网上流程进行回复，网络信息中心对整改结果进行检查，确认是否确已完成整改。

网络信息中心对未按期完成整改或对通报不予理会、响应的，采取停止网络连接措施，再次向责任单位发出整改通知。特殊时期禁止网站、信息系统和联网终端带病运行，一律先停止网络连接，隐患责任单位如有评审等工作需要，要求继续运行的，应提出申请，由网络信息中心会同相关部门研究决定是否开放网络连接。

第九条　网络信息中心对学校全网运行安全状态进行实时监测和定期扫描，实施安全隐患定期排查，加大网络安全隐患分析的人员投入力度，做到第一时间发现问题；加强防火墙配置能力、日志分析能力、态势感知处理能力及安全防护联动处置建设，按网络安全行业规范架构配备设备；加强信息资产管理建设，提高网络安全监测预警通报自动化效率。

网络信息中心应向校内及时发布最新网络安全威胁信息和解决方案，加强与相关学会、机构的合作，建立网络安全漏洞和威胁共享机制。

各单位要加强对本单位的常规网络安全隐患监测，对发生的隐患及时进行处置和报送。

各隐患责任单位要做到查清隐患发生原因，采取有效措施，杜绝类似隐患再次发生。

第十条　为保障联络通畅，各单位网络安全分管负责人、网信管理员、系统管理员及其联络方式发生变更的，应及时向网络信息中心报备。

第十一条　发现各级党组织或党政领导班子对本细则落实不严、措施不力，导致发生网络安全事件的，根据造成的后果，按照各级各类相关规定进行责任追究。

第十二条　本文件自印发之日起施行，由学校网络安全和信息化领导小组办公室负责解释。

武汉科技大学2023年重点改革任务及分工方案

（武科大党发〔2023〕8号）

为深入贯彻落实学校第三次党代会决策部署和2023年春季开学工作部署会要求，巩固2022年20项重点改革任务成果，持续深化改革，助力一流学科建设，推动高质量发展，根据学校工作实际，确定2023年10项重点改革任务。

一、实施一流学科建设攻坚行动

责任领导：全体校领导

牵头单位：一流学科建设工作专班（发展规划与学科建设处）

主要任务：（1）编制材料科学与工程一流学科建设规划和年度目标任务，建立协调推进机制；（2）制定一流学科高层次师资队伍引育办法；（3）制定省部级以上科研平台建设规划、国家级科技成果奖励培育规划；（4）制定一流学科建设专项资金管理办法；（5）出台“三级三型”党支部积分制试点改革方案。

二、实施人才自主培养质量行动计划

责任领导：吕　勇、马　腾

牵头单位：本科生院、研究生院、发展规划与学科建设处

主要任务：（1）推进香涛学院人才培养模式改革，试点小学期育人模式；（2）出台提升研究生生源质量的具体措施、研究生创新能力提升激励办法；（3）推进学科专业布局优化调整。

三、加快推进有组织科研工作

责任领导：马　腾

牵头单位：科学技术发展院

主要任务：（1）出台学校有组织科研的实施办法；（2）遴选2023年重点支持的科研项目和团队，组建科研项目申报论证咨询专家组；（3）出台学校科技成果转化和技术转移基地实体化运行管理办法。

四、积极推进国家重点实验室调整重组

责任领导：马　腾、刘时新

牵头单位：科学技术发展院、省部共建耐火材料与冶金国家重点实验室、党委组织部

主要任务：（1）出台省部共建耐火材料与冶金国家重点实验室重组方案；（2）以共建单位形式参与其他1~2个国家重点实验室的共建重组；（3）推进学校省部共建国家重点实验室组织架构体系调整。

五、全力支持直属附属医院高质量发展

责任领导：孙国胜、盛建龙、刘时新

牵头单位：党委组织部、人事处、附属老年病医院、附属天佑医院

主要任务：（1）加强直属附属医院党的建设，规范重大事项请示报告落实机制；（2）出台附属医院备案制事业编制管理办法和支持附属医院高层次人才引进办法。

六、持续深化校园民生领域改革

责任领导：盛建龙、沈季伟

牵头单位：校工会、后勤保障部

主要任务：（1）构建教职工大病医疗互助长效机制，建立大病医疗互助金，出台管理办法；（2）推进青山校区家属区物业管理社会化改革。

七、深化人事制度综合改革

责任领导：盛建龙

牵头单位：人事处

主要任务：（1）出台人员编制管理办法，核定各类人员编制，完善编外用工制度；（2）出台人员公开招聘管理办法、校内人员流动管理办法，完善延聘、返聘管理办法；（3）出台专职科研人员引进办法；（4）出台柔性引进人才管理规定、外聘人员教师荣誉职务管理办法；（5）出台青年教师培养机制改革办法。

八、优化高质量发展综合绩效考核体系

责任领导：盛建龙、吕　勇

牵头单位：发展规划与学科建设处、本科生院、研究生院、科学技术发展院、继续教育学院、国际交流合作处、财务处

主要任务：（1）修订目标责任制考核管理办法，优化完善教学、科研绩效奖励政策；（2）出台继续教育和国际教育管理体制机制改革办法；（3）实施非全日制教育成本核算，出台继续教育、国际教育等创收绩效分配办法。

九、积极推进洪山校区资源综合利用

责任领导：孙国胜

牵头单位：发展规划与学科建设处、洪山校区综合办公室

主要任务：出台洪山校区资源整体综合利用方案。

十、加强年轻干部培养教育

责任领导：窦先萍、刘时新

牵头单位：党委组织部、纪委、监察专员办公室

主要任务：（1）落实青年教师校内挂职锻炼管理办法；（2）出台年轻干部特别是专业技术干部培养选聘办法；（3）出台加强年轻干部纪法教育措施。

附件：武汉科技大学2023年重点改革任务分工方案。

附件

武汉科技大学2023年重点改革任务分工方案

改革任务	任务清单	责任领导	牵头单位
1. 实施一流学科建设攻坚行动	(1) 编制材料科学与工程一流学科建设规划和年度目标任务，建立协调推进机制	全体校领导	一流学科建设工作专班（发展规划与学科建设处）
	(2) 制定一流学科高层次师资队伍引育办法		
	(3) 制定省部级以上科研平台建设规划、国家级科技成果奖励培育规划		
	(4) 制定一流学科建设专项资金管理办法		
	(5) 出台“三级三型”党支部积分制试点改革方案		
2. 实施人才自主培养质量行动计划	(6) 推进香涛学院人才培养模式改革，试点小学期育人模式	吕　勇	本科生院
	(7) 出台提升研究生生源质量的具体措施、研究生创新能力提升激励办法	马　腾	研究生院
	(8) 推进学科专业布局优化调整	吕　勇 马　腾	发展规划与学科建设处、本科生院、研究生院
3. 加快推进有组织科研工作	(9) 出台学校有组织科研的实施办法	马　腾	科学技术发展院
	(10) 遴选2023年重点支持的科研项目和团队，组建科研项目申报论证咨询专家组		
	(11) 出台学校科技成果转化和技术转移基地实体化运行管理办法		
4. 积极推进国家重点实验室调整重组	(12) 出台省部共建耐火材料与冶金国家重点实验室重组方案	马　腾	科学技术发展院、省部共建耐火材料与冶金国家重点实验室
	(13) 以共建单位形式参与其他1~2个国家重点实验室的共建重组		
	(14) 推进学校省部共建国家重点实验室组织架构体系调整	刘时新	党委组织部

续表

改革任务	任务清单	责任领导	牵头单位
5. 全力支持直属附属医院高质量发展	(15) 加强直属附属医院党的建设，规范重大事项请示报告落实机制	孙国胜 刘时新	党委组织部、附属老年病医院、附属天佑医院
	(16) 出台附属医院备案制事业编制管理办法和支持附属医院高层次人才引进办法	盛建龙	人事处、附属老年病医院、附属天佑医院
6. 持续深化校园民生领域改革	(17) 构建教职工大病医疗互助长效机制，建立大病医疗互助金，出台管理办法	盛建龙	校工会
	(18) 推进青山校区家属区物业管理社会化改革	沈季伟	后勤保障部
7. 深化人事制度综合改革	(19) 出台人员编制管理办法，核定各类人员编制，完善编外用工制度	盛建龙	人事处
	(20) 出台人员公开招聘管理办法、校内人员流动管理办法，完善延聘、返聘管理办法		
	(21) 出台专职科研人员引进办法		
	(22) 出台柔性引进人才管理规定、外聘人员教师荣誉职务管理办法		
	(23) 出台青年教师培养机制改革办法		
8. 优化高质量发展综合绩效考核体系	(24) 修订目标责任制考核管理办法，优化完善教学、科研绩效奖励政策	盛建龙	发展规划与学科建设处、本科生院、研究生院、科学技术发展院
	(25) 出台继续教育和国际教育管理体制机制改革办法	吕　勇	继续教育学院、国际交流合作处
	(26) 实施非全日制教育成本核算，出台继续教育、国际教育等创收绩效分配办法	盛建龙	财务处
9. 积极推进洪山校区资源综合利用	(27) 出台洪山校区资源整体综合利用方案	孙国胜	发展规划与学科建设处、洪山校区综合办公室

续表

改革任务	任务清单	责任领导	牵头单位
10. 加强年轻干部培养教育	（28）落实青年教师校内挂职锻炼管理办法	刘时新	党委组织部
	（29）出台年轻干部特别是专业技术干部培养选聘办法		
	（30）出台加强年轻干部纪法教育措施	窦先萍	纪委、监察专员办公室

中共武汉科技大学委员会 2023年全面从严治党、党风廉政建设和反腐败工作要点

（武科大党发〔2023〕12号）

2023年学校全面从严治党、党风廉政建设和反腐败工作的总体要求是：坚持以习近平新时代中国特色社会主义思想为指导，深入学习贯彻党的二十大精神，认真贯彻落实习近平总书记关于教育的重要论述，落实二十届中央纪委二次全会、省第十二次党代会、省纪委十二届二次全会精神，坚定拥护“两个确立”，增强“四个意识”、坚定“四个自信”、做到“两个维护”，全面贯彻党的教育方针，落实立德树人根本任务，坚定不移推进全面从严治党，围绕中心、服务大局，推动健全全面从严治党体系，为学校加快实现“率先突破、走在前列”目标任务提供坚强保障。

一、坚持加强党的政治建设，涵养良好政治生态

1. 坚决做到“两个维护”。深刻领悟“两个确立”的决定性意义，坚定不移把“两个确立”转化为坚决做到“两个维护”的思想自觉、政治自觉、行动自觉，坚决贯彻执行党中央决策部署和省委工作要求，始终在政治立场、政治方向、政治原则、政治道路上同党中央保持高度一致。严明政治纪律政治规矩，坚决查处“七个有之”“两面人”。强化政治自觉，增强政治能力，及时纠正政治偏差，落实重大事项请示报告制度。［责任单位：党政办公室、党委组织部、党委宣传部、纪委、各分党委（党总支）］

2. 深化理论武装。完善思想引领、学习在先机制，强化将习近平新时代中国特色社会主义思想作为党委会“第一议题”、理论学习中心组“第一内容”、党支部主题党日“第一任务”，持之以恒用党的创新理论凝心铸魂。深入开展学习宣传贯彻党的二十大精神，推进党的二十大精神进教材、进课堂、进头脑。扎实开展学习贯彻习近平新时代中国特色社会主义思想主题教育，落实党的创新理论学习教育计划，分层分类开展专题学习培训。常态化长效化开展党史学习教育。［责任单位：党委宣传部、党政办公室、党委组织部、各分党委（党总支）］

3. 强化党的全面领导。推进党的领导落实到学校教育事业发展全过程各方面各环节，不断提高党委把方向、谋大局、定

政策、促改革能力。坚持和完善党委领导下的校长负责制，健全集体领导、党政分工合作、协调运行的工作机制。推动党的主张和重大决策转化为学校政策制度和师生共识，确保党的理论和路线方针政策在学校贯彻落实。[责任单位：党政办公室、党群职能部门、各分党委（党总支）]

4. 推进政治监督具体化精准化常态化。聚焦党的二十大关于教育科技人才等重大战略部署，以“贯彻落实党的二十大精神、促一流学科建设”专项政治监督为牵引，督促各级党组织将学习党的二十大精神转化为推动内涵式发展的思路举措、行动自觉。强化监督加强党对高校的全面领导、坚持社会主义办学方向、落实立德树人根本任务、贯彻民主集中制、执行“三重一大”事项集体决策制度情况。深化巡视整改监督，跟进经济责任审计问题整改。以“三看”为落点，健全台账管理、专项监督、联合检查、调研督办等机制措施。扎实开展政治生态分析研判，完善常态化查找问题工作机制，充分发挥分析研判的预警、修复、纠偏和综合政治监督作用。[责任单位：纪委、监察专员办公室、党政办公室、审计处、政治生态分析研判联席会议成员单位、各分党委（党总支）]

二、坚持严的措施，推动管党治党政治责任落地落实

5. 完善全面从严治党责任体系。压实党委主体责任、书记第一责任人责任、领导班子其他成员“一岗双责”、职能部门监管职责，发挥纪委专责监督作用。完善责任清单、报告工作、问题反馈、约谈提醒、调研督办、检查考核等制度机制，强化健全统一协调、各负其责的管党治党责任格局。对失职失责，开展“一案双查”，严肃依规依纪追责问责。[责任单位：纪委、党政办公室、各分党委（党总支）]

6. 严格党内政治生活。严格执行《关于新形势下党内政治生活的若干准则》，规范民主生活会、组织生活会，严肃认真开展批评和自我批评。强化党支部主题党日活动，落实“三会一课”，把学习和遵守党章作为基础性经常性工作来抓。开展党员重温入党誓词、瞻仰红色遗址等活动，通过政治仪式教育提高党内政治生活质量。[责任单位：党委组织部、纪委、各分党委（党总支）]

7. 从严管理监督干部。完善干部考核评价体系，健全完善领导干部选拔任用程序，严格职级绩效晋升、组织员队伍建设和年轻专业技术干部培养选拔工作。分层次、分类别、多形式开展干部教育培训。加强干部管理和经常性监督，把从严管理干部落实到干部管理全过程，强化考核结果运用。[责任单位：党委组织部、各分党委（党总支）]

8. 严格落实意识形态工作责任制。落实“谁主管、谁负责，谁建设、谁负责”原则，党组织主要负责人是本单位意识形态工作的第一责任人，强化推进任务落实、责任到位。修制定宣传文化阵地管理办法和“自媒体”使用管理办法，持续抓好意识形态阵地建设和管控，加强网络意识形态工作。[责任单位：党委宣传部、各分党委（党总支）]

9. 加强党对统战、群团等工作的领导。加强党对统战工作的全面领导，发挥

统战工作领导小组和民族宗教工作领导小组的作用，推动完善大统战工作格局，夯实统战工作基层基础。坚决抵御宗教渗透，防范校园传教。切实加强对学术组织、共青团、工会、教代会、妇委会、学生会等工作的领导。（责任单位：党委统战部、校学术委员会办公室、团委、工会、妇委会）

三、坚持严的基调正风肃纪，推进作风纪律建设

10. 持之以恒纠治“四风”。制定年度深化纠“四风”工作方案，深入开展违规吃喝问题专项整治，党性党风党纪一起抓，“风、腐”一体纠治，打好对顽瘴痼疾攻坚战。坚决查处享乐主义、奢靡之风及其隐形变异问题。把纠治形式主义、官僚主义作为整治重点，严肃查处贯彻党中央决策部署只表态不落实；对待工作、履行职责不担当不作为乱作为、消极应付、相互推诿；漠视师生诉求、加重基层负担等问题。严格重要节点强化纪律作风要求，曝光典型案例，持续开展网络服务质量测评，强化服务质量和作风问题反馈及问题整改的督促检查。督促部门、单位修制定制度，完善长效机制，对普遍发生、反复出现问题开展专项治理。[责任单位：纪委、监察专员办公室、党政办公室、机关党委、各分党委（党总支）]

11. 全面加强纪律建设。推进纪律教育常态长效化，把党章党规党纪、法律法规教育融入党员干部教育培训、党组织日常活动，督促各级“一把手”带头讲纪律教育课、廉政党课，持续开展党风廉政建设宣传教育月活动，分层分类开展纪法教育、廉政教育、警示教育，充分发挥用身边事教育身边人的功效。出台具体措施，做好年轻干部纪法教育。严格纪法执行，让铁纪“长牙”、发威，加强对遵循党章党规党纪执行情况的监督检查。做好处分决定宣布和执行工作，督促典型案例发案单位党组织召开专题民主生活会、警示教育大会。规范审慎回复廉政意见，严把政治关、廉洁关。[责任单位：纪委、监察专员办公室、各分党委（党总支）]

12. 大力弘扬新风正气。坚持纠“四风”与树新风并举，弘扬革命传统，牢记“三个务必”、涵养浩然正气，树立干事创业、团结奋斗的新风正气。积极选树、宣传师德标兵、育人楷模、优秀导师等先进典型，发挥示范引领作用。坚持“三个区分开来”，落实“严肃精准问责二十一条”，规范进行“容错纠错”，依规实施澄清正名，坚持严管厚爱结合、激励约束并重。加强“下基层察民情解民忧暖民心”实践活动的作风监督。（责任单位：党委教师工作部、党委宣传部、研究生院、工会、纪委、监察专员办公室）

13. 强化履职尽责日常监督。深入贯彻落实学校第三次党代会精神和2023年一流学科建设推进会、春季开学工作部署会精神，围绕学校确定的人才培养、学科建设、科技创新、人才队伍等年度十大重大改革任务，围绕解决师生“急难愁盼”问题，以及加快推进青山校区运动场、沁湖体育馆等重点“民生工程”建设，通过监督检查、走访座谈、约谈提醒、明察暗访、参加民主生活会、提出纪检监察建议等方式，推动党组织、党员干部落实任务、履职尽责。（责任单位：纪委、监察

专员办公室、党委组织部、有关责任单位、部门）

四、坚持“三不腐”同时、同向、综合发力，坚决打赢反腐败斗争攻坚战持久战

14. 深化系统治理。以零容忍态度反腐惩恶，在不敢腐上持续加压，把查处不收敛不收手、胆大妄为者作为重中之重，重点关注风腐交织、侵害师生利益以及隐形变异、翻新升级的腐败问题，严肃查处“以学谋私”“以医谋私”问题。在不能腐上深化拓展，推动单位、部门加强制度废改立，加强对权力运行监督和制约等制度执行情况的监督检查，紧盯重点领域加强监督检查，强化重大事项全过程监督。开展工程建设领域招投标专项监督，制订学校领导干部插手干预重大事项记录、报告和责任追究制度，巩固拓展小微权力清单。精准规范运用监督执纪“四种形态”，用好用足“第一种形态”。在不想腐上巩固提升，持续进行理想信念、党性教育，扎实开展廉洁廉政、警示教育。深化以案为鉴，深入剖析案件产生根源，深挖案件背后的责任作风、制度机制、教育管理监督等问题，做细做实以案促改促治工作，提升“查处一案、警示一片、治理一域”的综合效应。［责任单位：纪委、监察专员办公室、党委组织部、审计处、财务处、各分党委（党总支）］

15. 深化清廉建设。制定 2023 年“清廉武科大”建设行动措施，突出嵌入学校内涵发展、办学治校，融入一体推进“三不腐”、加强纪律建设、弘扬新风正气，深化“清廉武科大”示范点创建。坚持教育、制度、监督一体发力，进一步发挥清廉建设示范点带动作用，廉洁文化品牌辐射影响作用，把“清廉武科大”建设成效体现在优化政治生态、提高学校治理水平上。［责任单位：纪委、监察专员办公室、机关党委、党委研究生工作部、党委学生工作部、工会、妇委会、团委、各分党委（党总支）］

五、推动完善监督体系，强化对权力运行的监督制约

16. 加强对“一把手”和领导班子监督。强化对“一把手”和领导班子监督“1+2”制度、“一把手”述责述廉规定执行情况的监督检查。督促领导干部做到“四个管好”、摆正“三个关系”。充分运用信访分析、谈心谈话、廉政审核、述责述廉、巡视审计、个人有关事项报告等方面成果，促进规范用权、廉洁用权。［责任单位：纪委、监察专员办公室、各分党委（党总支）］

17. 推动监督监管体系有效运转。发挥党内监督主导作用，促进各类监督有机衔接，完善大监督体系。落实党内监督联席会议、业务监管联席会议制度，坚持全面从严治党中期检查，强化“廉情”信息对接、线索移送、考核考察等相互协调，协同联动。建立纪委与审计协调联动机制，进一步发挥审计监督作用。（责任单位：纪委、监察专员办公室、审计处、有关单位、部门）

六、深化纪检监察体制改革，锻造堪当重任的纪检监察铁军

18. 巩固拓展纪检监察体制改革成果。

全面落实省纪委监委直接领导机制，贯彻重要情况请示报告制度、重要问题线索一体化办理机制。落实“法规制度执行年”活动，开展纪法知识测试和法规制度执行情况自查，严格按照法定权限、规则、程序开展工作。加强案件质量评查、管控，强化办案安全责任，加强“走读式”谈话安全管理。（责任单位：纪委、监察专员办公室）

19. 锻造高素质纪检监察干部队伍。加强政治建设，开展“百炼铸魂”微论坛，促进党建与业务高度融合，推进“学习贯彻二十大，争做‘四个表率’监察官”实践活动。强化能力建设，运用“深学习、实调研、抓落实”工作方法，每周开展纪法研学，补短板弱项，提升工作能力、斗争本领。勇于自我革命，严实结合开展纪检监察系统干部队伍教育整顿，勇于检视、整改，严格管理监督，完善内控机制，坚决防止以案谋私、跑风漏气等“灯下黑”现象。（责任单位：纪委、监察专员办公室、各二级纪检组织）

2023年"清廉武科大"建设行动措施

(武科大党发〔2023〕13号)

为深入推进《中共武汉科技大学委员会关于推进"清廉武科大"建设的实施方案》(武科大党发〔2021〕25号),以"塑造清明党风、打造崇清政风、建设清净校风、培育清正教风、营造清新学风、浸润清廉文化""六大"建设为抓手,开展清廉机关、清廉学院、清廉医院、清廉班级、清廉家庭等阵地建设,突出嵌入学校内涵发展、办学治校,深化全员崇清尚廉,制定2023年"清廉武科大"建设行动措施。

一、以政治建设为统领,塑造清明党风

(一)坚决做到"两个维护"。聚焦坚持"两个确立"、做到"两个维护",始终在政治立场、政治方向、政治原则、政治道路上同党中央保持高度一致。坚决贯彻执行党中央决策部署和省委工作要求,落实学校《关于服务湖北建设全国构建新发展格局先行区 全面贯彻落实高等教育强省建设意见的行动方案》。严明政治纪律政治规矩,坚决查处"七个有之""两面人",强化政治自觉,增强政治能力,及时纠正政治偏差,落实重大事项请示报告制度。[责任单位:党政办公室、党委组织部、党委宣传部、纪委、监察专员办公室、各分党委(党总支)]

(二)以党的创新理论凝心铸魂。扎实开展学习贯彻习近平新时代中国特色社会主义思想主题教育。将学习贯彻党的二十大精神,习近平总书记关于教育的重要论述、重要讲话、重要指示批示精神,习近平总书记关于全面从严治党、党风廉政建设的重要论述等作为党委会"第一议题"、理论学习中心组"第一内容"、党支部主题党日"第一任务",坚持学思用贯通、知信行统一,把党的创新理论转化为坚定理想、锤炼党性和指导实践、推动工作的强大力量。[责任单位:党委宣传部、党政办公室、党委组织部、各分党委(党总支)]

(三)坚决落实管党治党政治责任。深化"四责协同",压实党委主体责任、书记第一责任人责任、领导班子成员"一岗双责"、强化纪委专责监督作用,推动领导班子成员加强对分管领域和联系单位的检查指导,强化校、院、系三级联动。每半年召开1次党委常委会专题研究学校全面从严治党工作,解决清廉学校建设瓶颈和短板,提出加强和改进的措施。巩固深化高校巡视整改成果,提升党的领导和党的建设方面问题整改成效,持之以恒构建务实管用的全面从严治党制度体系。

[责任单位：党政办公室、纪委、监察专员办公室、党委组织部、各分党委（党总支）]

（四）着力提升思想政治教育工作质量。深入推动习近平新时代中国特色社会主义思想“三进”工作，持续抓好“三全育人”综合改革，丰富社会主义核心价值观、中华传统文化、“四史”学习和爱国主义教育形式，强化体育、美育和劳动教育。全面落实意识形态工作责任制，完善周报告、月研判、年报告机制，严格讲座、论坛、报告会等审批管理，严格执行校内新媒体管理制度、校外报告人准入制度。探索加强师生个人自媒体引导的有效办法，提升网络意识形态治理能力。依托湖北省高校舆情中心，加强分析研判涉稳舆情情况。[责任单位：党委宣传部、党委研究生工作部、党委学生工作部、纪委、监察专员办公室、各分党委（党总支）]

二、一体推进“三不腐”，打造崇清政风

（五）坚持有案必查和严肃执纪问责，强化不敢腐的惩治威慑。深化高校纪检监察体制改革，校党委支持和保障校纪委、监察专员办公室履行职责，全面落实学校关于提高一体推进“三不腐”能力和水平的实施措施，严格信访调查、线索核实和案件查办，严肃查处“以学谋私”“以医谋私”问题。深化以案为鉴，做细做实以案促改促治工作，提升“查处一案、警示一片、治理一域”的综合效应。（责任单位：党政办公室、纪委、监察专员办公室）

（六）加强权力运行的规范、监督和制约，建立不能腐的制度机制。不断完善以章程为核心的现代大学制度，保障权力在制度轨道上运行。把清廉要求融入干部选拔、教育、培养、管理、监督等全过程。加强对“一把手”和领导班子监督，强化对年轻干部经常性教育提醒，精准有效用好“四种形态”，督促领导干部做到“四个管好”、摆正“三个关系”，综合发挥惩治震慑、惩戒挽救、教育警醒的功效。突出招生考试、招标采购、经费管理、基建后勤、科技创新、实验室安全、合作办学、附属医院等重点领域，持续抓好廉政风险排查防控，进一步巩固拓展“小微权力”清单。[责任单位：各职能部门、纪委、监察专员办公室、各分党委（党总支）]

（七）扎实开展廉洁教育和纪律教育，提升不想腐的思想自觉。对党员干部明方向、立规矩、正风气、强免疫，激励担当作为。深入开展第24个党风廉政建设“宣教月”活动，大力推进廉洁文化进部门、进教研室、进宿舍，分层分类开展纪法教育、廉洁教育、警示教育，领导干部特别是“一把手”带头讲纪律教育课、廉政教育课。建立健全日常廉洁教育和重要节点提醒机制，通过集体学习、党规党纪测试、廉政谈话、专题组织生活会等多种形式把纪律要求刻印在党员干部心上。[责任单位：纪委、监察专员办公室、党委组织部、党委宣传部、党委教师工作部、党委学生工作部、党委研究生工作部、各分党委（党总支）]

三、以优化完善治理体系为抓手，建设清净校风

（八）提升治理能力水平。完善党委领导下的校长负责制，落实“三重一大”事项集体决策制度，加强教职工民主参与学校管理，拓展专家治学的渠道和载体。落实好干部标准，重视领导班子优化配备，增强整体功能，稳步推进学院行政领导班子换届调整，加强对“双肩挑”和年轻专业技术干部选拔培养，锻造推动事业高质量发展的坚强领导集体。深化青山校区、黄家湖校区“双中心”行政管理与服务模式。加强“一站式”学生社区建设，强化构筑学生党建阵地，推动育人力量和资源下沉学生中间，不断提升教育、服务、管理学生的工作质量。［责任单位：党政办公室、党委组织部、党委学生工作部、校学术委员会、工会、各分党委（党总支）］

（九）推动作风建设常态长效。制定实施2023年度深化纠“四风”工作方案，抓好违规吃喝问题专项整治，着力发现和查处享乐主义、奢靡之风背后的利益交换、请托办事问题。把纠治形式主义官僚主义、为基层减负作为作风建设的重点，严肃查处贯彻党中央决策部署只表态不落实；对待工作、履行职责不担当不作为乱作为、消极应付、相互推诿；漠视师生诉求、加重基层负担等问题。持续深化“下基层、察民情、解民忧、暖民心”实践活动，以优良党风引领学风教风、师德师风、医德医风，共同缔造美好教育。［责任单位：纪委、监察专员办公室、各分党委（党总支）］

（十）不断优化校园服务。深入实施“美丽科大 共同缔造”，统筹推进青山校区运动场建设、沁湖体育馆建设等重点“民生工程”，进一步提高后勤服务保障能力，加快推进家属区物业管理服务模式改革，平稳推进公费医疗改革政策。抓好关爱帮扶，加强贫困家庭学生资助、残疾学生帮扶，强化毕业生就业创业服务，深化学生心理健康教育及援助。持续开展机关、直属单位网络服务质量测评，加强对责任单位整改反馈问题的督促检查。（责任单位：党政办公室、校园建设处、后勤保障部、附属老年病医院、附属洪山中心医院、党委研究生工作部、党委学生工作部、纪委、监察专员办公室）

（十一）加强清廉建设协同联动。深化党委统一领导、党政齐抓共管、职能部门密切协同、师生全员参与的清廉学校建设长效机制。清廉建设牵头单位强化联动，各部门、学院协调配合，推进资源互补和共享，鼓励多单位联合举行清廉建设活动、创建清廉建设品牌。推进清廉学院、清廉班级与清廉家庭共建，通过“我给爸妈写一封廉洁信”等活动，推进家校共育、好家风与好校风相促进。推进清廉机关和清廉家庭共建，通过“我们家的廉洁故事”征文、家风家训家教视频征集、组织学习《习近平走进百姓家》等家风家教家庭教育文集等活动，强化领导干部带头建设好家风，使培育好家风与干部廉洁从政相得益彰。［责任单位：纪委、监察专员办公室、党委学生工作部、校工会、校妇委会、机关党委、各分党委（党总支）］

（十二）营造良好政治生态和育人环

境。严肃党内政治生活，严格执行“三会一课”制度，坚持谈心谈话制度，做好民主评议党员工作，着力增强党内政治生活的政治性、时代性、原则性、战斗性。增强基层党组织政治功能，强化政治建设和廉洁纪律要求，不断提升基层党支部教育、监督、管理党员和组织、宣传、凝聚、服务师生的能力。落实学校政治生态分析研判实施细则，强化学校党委分析研判自评和省委联席会议协调联动，细化全面、精准、深刻查找问题的措施，建立并动态更新问题台账资料，有机衔接民主生活会、“一把手”述责述廉，加强自查问题和上级反馈问题整改，强化研判结果运用，持续营造风清气正的政治生态和育人环境。［责任单位：纪委、监察专员办公室、党政办公室、党委组织部、党委宣传部、各分党委（党总支）］

四、夯实师德师风建设基础，大力培育清正教风

（十三）以师德师风建设为首要任务加强教师队伍建设。把师德师风作为教师准入、绩效考核、评审推荐、评优评奖、职务晋升、岗位聘用、导师遴选等工作的首要依据。组织“启航班”新进教职工岗前培训，开展师德师风建设月和科研诚信教育月活动，将清廉教育的内容有机融入各项培训和活动，引导教师把清廉的要求落实到教书育人、学术研究、社会服务的全过程。强化教师思想政治与师德师风建设，着力打造师德师风建设特色品牌。充分发挥教学督导、学生评教等作用，严格落实师德“一票否决制”。进一步完善学校师德师风考核办法，加强考核结果的运用。［责任单位：党委教师工作部、科学技术发展院、研究生院、本科生院、各分党委（党总支）］

（十四）着力培养和选树先进教师典型。实施把骨干教师培养成党员、党员培养成骨干教师的“双培养”工程。依托党支部搭建校、院领导与教师定期交流平台，从职业规划、激励评价、人文关怀等方面促进教师成长发展。结合享受国务院政府特殊津贴专家、宝钢优秀教师奖、“湖北名师工作室”主持人、“寻访荆楚好老师”“湖北好人”“武汉楷模”等先进申报，选树师德标兵、育人楷模、优秀导师等先进典型。实施辅导员育英工程，进一步遴选培育优秀辅导员代表争创“最美高校辅导员”。［责任单位：党委教师工作部、党委宣传部、党委组织部、党委学生工作部、各分党委（党总支）］

（十五）加强师德失范负面通报和警示教育。对师德失范问题零容忍，重视违反师德师风的信访举报，对师德失范的教师、党员干部依规依纪依法严肃处理，加强典型案例的通报曝光，以身边事教育身边人，充分发挥警示教育作用。［责任单位：党委教师工作部、党委组织部、纪委、监察专员办公室、各分党委（党总支）］

五、严格学生教育管理，持续营造清新学风

（十六）加强和深化学风建设。推进辅导员、班主任和学生干部“三支队伍”清廉有为建设，有力助推学生教育管理和

学风建设。以清廉学院和清廉班级建设为目标，重点抓好宿舍和课堂两大学风建设阵地。清廉建设融入“一站式”学生社区和“师生服务中心”日常运行，拓展“互联网+”服务，增强学生的归属感。用制度文化涵养清廉习惯，加强学业预警制度的落实，建立健全考试试卷和毕业设计（论文）抽检和课程论文“查重”制度，严肃处理考试作弊和论文抄袭行为。［责任单位：党委学生工作部、党委研究生工作部、纪委、监察专员办公室、各分党委（党总支）］

（十七）推进廉洁教育融入学生第一、第二课堂。强化思政课建设专题研究，打造“廉政思政、艺术思政、行走思政、网络思政”等大思政体系。将清廉教育融入思想道德教育、文化知识教育、社会实践教育各个环节，推进廉洁教育融入课程思政示范课程培育、“课程思政”教学设计大赛、“课程思政”优秀案例。利用美术、音乐、话剧等艺术载体，发挥学科专业优势，将廉洁教育融入校园文化节、社团活动节等活动平台。创作以校史、优秀校友典型事迹为背景的原创节目，推进《许白昊》话剧等清廉文化艺术精品创作和展演，活跃清廉有为主题校园文化活动。继续用好《一堂行走三十八年的思政课》——赴红安接受革命文化教育，进一步用好廉园、美术馆、红色长廊、清廉之旅等校内清廉教育阵地。［责任单位：党委宣传部、本科生院、马克思主义学院、党委学生工作部、党委研究生工作部、团委、各分党委（党总支）］

六、以新时代廉洁文化建设为导向，引领浸润清朗校园

（十八）持续打造和深化清廉学校文化品牌。指导、激励学院、医院、机关等单位打造一批特色清廉学校文化品牌，将廉洁文化建设嵌入单位文化和制度文化，融入单位治理。推动校园道路、建筑命名融入钢铁文化、廉洁文化内涵，因地制宜打造廉洁人文景观，进一步擦亮“沁湖文化”品牌，推动沁湖 IP 视觉系统打造，用廉洁文化充盈沁湖文化圈，充分发挥环境育人作用。［责任单位：党委宣传部、各分党委（党总支）］

（十九）推动清廉建设示范点创建。按照一定的比例和标准，筛选一批有基础、有特色、有代表性的清廉建设示范单位，发挥示范点辐射带动作用，促进“清廉武科大”建设纵深推进。清廉建设示范单位及时总结提炼清廉建设做法成效，上报实践案例总结，充分交流推广有效经验。［责任单位：纪委、监察专员办公室、各分党委（党总支）］

（二十）推动廉洁文化研究、清廉建设调研和案例总结。动员党员干部开展廉洁廉政文化研究，申报校内外党建、意识形态、师德师风等研究项目。激励师生开展清廉建设调研，提炼形成具有学校特色的廉洁教育工作案例，通过干中研、研中干，将研究成果转化为解决问题、改进提升工作质效的实招硬招。［责任单位：纪委、监察专员办公室、党委宣传部、党委组织部、党委教师工作部、各分党委（党总支）］

关于在全校深入开展学习贯彻习近平新时代中国特色社会主义思想主题教育的具体实施方案

（武科大党发〔2023〕15号）

根据《中共中央关于在全党深入开展学习贯彻习近平新时代中国特色社会主义思想主题教育的意见》（中发〔2023〕6号）、《中共湖北省委印发〈关于在全省深入开展学习贯彻习近平新时代中国特色社会主义思想主题教育的实施方案〉的通知》（鄂发〔2023〕6号）和教育工委《关于在全省高校深入开展学习贯彻习近平新时代中国特色社会主义思想主题教育的指导方案》（鄂教工委〔2023〕6号）要求，按照党中央统一部署和省委具体安排，从2023年4月份开始，以处级以上领导干部为重点，突出思政课教师、辅导员两个群体，在全校深入开展学习贯彻习近平新时代中国特色社会主义思想主题教育（以下简称“主题教育”），现制定如下实施方案。

一、全面把握总体要求

习近平新时代中国特色社会主义思想是全党全国各族人民为实现中华民族伟大复兴而奋斗的行动指南，必须长期坚持并不断发展。党的十八大以来，在习近平总书记掌舵领航下，在习近平新时代中国特色社会主义思想科学指引下，学校坚持和加强党的全面领导，召开第三次党代会，确定实施“三步走”战略，科学编制“十四五”发展规划，以党的政治建设为统领，锚定“一主两翼三新”的学科发展思路，以一流学科建设突破为重点，努力实现“率先突破 走在前列”奋斗目标。新时代新征程推动学校高质量发展，全校各级党组织和广大党员干部必须坚持不懈用习近平新时代中国特色社会主义思想凝心铸魂，更加深刻领悟“两个确立”的决定性意义，更加自觉增强“四个意识”、坚定“四个自信”、做到“两个维护”。

开展这次主题教育，总要求是“学思想、强党性、重实践、建新功”。

学思想，就是要全面系统掌握习近平新时代中国特色社会主义思想的科学体系、核心要义、实践要求，把握好这一重要思想的世界观和方法论，坚持好、运用好贯穿其中的立场观点方法，不断增进对党的创新理论的政治认同、思想认同、理论认同、情感认同。

强党性，就是要自觉用习近平新时代中国特色社会主义思想改造主观世界，坚持和加强党对高校工作的全面领导，弘扬伟大建党精神，牢记“三个务必”，坚守为党育人、为国育才的初心使命，坚定理想信念，提升思想境界，加强党性锻炼，始终保持共产党人的政治本色。

重实践，就是要自觉用习近平新时代中国特色社会主义思想改造客观世界，坚持立德树人根本任务，推动高等教育内涵式发展，解决各种矛盾问题，防范化解办学治校中重大风险，积极探索推进高等教育事业高质量发展的武科大实践。

建新功，就是要从习近平新时代中国特色社会主义思想中汲取奋发进取的智慧和力量，凝心聚力促发展，驰而不息抓落实，立足岗位作贡献，推动学校一流学科建设率先突破，培养担当民族复兴大任的时代新人，为湖北建设全国构建新发展格局先行区作出新的武科大贡献。

二、精准聚焦目标任务

开展这次主题教育，根本任务是坚持学思用贯通、知信行统一，把习近平新时代中国特色社会主义思想转化为坚定理想、锤炼党性和指导实践、推动工作的强大力量，使全校各级党组织和广大党员、干部始终保持统一的思想、坚定的意志、协调的行动、强大的战斗力，努力在以学铸魂、以学增智、以学正风、以学促干方面取得实实在在成效。具体达到以下目标：

1. 凝心铸魂筑牢根本。全面、系统、深入学习习近平新时代中国特色社会主义思想，完整准确掌握“十个明确”“十四个坚持”“十三个方面成就”主要内容，全面把握包括“六个必须坚持”在内的世界观、方法论和立场观点方法，深刻理解蕴含其中的道理学理哲理，切实做到真学真懂真信真用，筑牢信仰之基、补足精神之钙、把稳思想之舵。

2. 锤炼品格强化忠诚。深刻领悟“两个确立”的决定性意义，更加自觉把“两个维护”作为最高政治原则和根本政治规矩，不断提高政治判断力、政治领悟力、政治执行力，始终忠诚核心、拥戴核心、维护核心、捍卫核心。善于把握政治大局，严肃党内政治生活，加强政治历练，始终忠诚于党、忠诚于人民、忠诚于马克思主义，真心爱党、时刻忧党、坚定护党、全力兴党。

3. 实干担当促进发展。坚决担负起省委、省政府赋予学校在一流学科建设中“率先突破”的历史使命，认真落实习近平总书记关于教育的重要论述，胸怀“国之大者”、心系“省之要事”、牢记“校之大计”，牢固树立正确的权力观、政绩观、事业观，增强推动高质量发展本领、服务群众本领、防范化解风险本领，加强斗争精神和斗争本领养成，以“时时放心不下”的责任感、积极担当作为的精气神，充分发挥学校作为科学研究主力军、创新驱动策源地、人才培养主阵地的重要作用，以新气象新作为推动学校高质量发展取得新成效。

4. 践行宗旨为民造福。坚持人民至上，走好新时代党的群众路线，把为师生办实事作为重要内容，以师生满意不满意作为根本评判标准，紧紧抓住师生最关心最直接最现实的利益问题，把惠民生、暖民心、顺民意的工作做到师生心坎上，不断增强师生的获得感、幸福感、安全感，让学校建设成果更多更公平惠及全体师生，共同缔造美好生活。

5. 廉洁奉公树立新风。坚持以党性立身做事，增强纪律意识、规矩意识，践行“三严三实”，严格落实中央八项规定及其实施细则精神，持续纠治“四风”，把纠治形式主义、官僚主义摆在更加突出位置，做到公正用权、依法用权、为民用权、廉洁用权，推动形成清清爽爽的同志关系、规规矩矩的上下级关系。深化拓展“清廉武科大”建设，把全面从严治党落实到治校、治教、治学全过程、各环节，以优良的党风引领校风教风学风，持续营造风清气正的政治生态和良好育人环境。

三、着力解决突出问题

开展这次主题教育，必须坚持问题导向，着力查找并解决以下6个方面的突出问题：

1. 理论学习方面，主要是学风不纯不正，学习不走心不深入不系统，走形式、装样子；学用脱节，理论联系实际的意识不足、能力不足，用党的创新理论武装头脑、指导实践、解决问题存在差距和不足。

2. 政治素质方面，主要是从政治高度看待问题不够，政治判断力、政治领悟力、政治执行力不强，信仰信念淡化，思想滑坡、精神缺钙，贯彻落实党中央决策部署和习近平总书记重要指示批示精神有令不行、有禁不止，做选择、搞变通、打折扣、不到位，不顾大局、搞单位保护主义。

3. 能力本领方面，主要是新发展理念树得不够牢，推动学校高质量发展、做好师生群众工作、应对风险挑战的本领不够强，缺乏及时发现和解决自身存在问题的意识和能力。

4. 担当作为方面，主要是干事创业精气神不足，缺乏担责意识，缺乏斗争精神，遇事明哲保身，“躺平”不作为，不敢动真碰硬，不敢攻坚克难，存在思维惯性和路径依赖，瞻前顾后、畏首畏尾，上推下卸、推拖躲绕，只想做显绩、不愿做潜绩，奉行利己主义，新官不理旧账。

5. 工作作风方面，主要是宗旨意识和师生感情淡漠，脱离师生、脱离实际，调查研究不经常、不深入，对迅速变化的客观实际和师生冷暖了解不深、感知不真；落实党中央决策部署和省委要求简单化、搞层层加码、“一刀切”，照抄照搬、上下一般粗，表态快、调门高、行动慢、落实差，报喜不报忧，弄虚作假、搞花架子，搞形式主义、官僚主义，存在特权思想和特权行为。

6. 廉洁自律方面，主要是纪法意识淡薄，对党规党纪不上心、不了解、不掌握，运用法治思维和法治方式开展工作的意识不强，顶风违纪现象仍有发生，享乐主义、奢靡之风不时抬头，隐形变异行为潜滋暗长，利用权力和影响力谋私贪腐，违规吃喝、说情干预，存在损害师生利益的腐败问题等。

四、严格落实工作安排

根据省委工作安排，学校作为第一批开展主题教育的单位，从2023年4月开始到8月基本结束。主题教育不划阶段、不分环节，把理论学习、调查研究、推动发展、检视整改等贯通起来，有机融合、一体推进。

（一）扎实抓好理论学习。大力弘扬

马克思主义学风，坚持全面系统、及时跟进，坚持多思多想、学深悟透，坚持知行合一、学以致用，坚持联系实际、立足岗位，在深学细照笃行中夯实坚定拥护“两个确立”、坚决做到“两个维护”的思想根基。

1. 原原本本学。认真研读党的二十大报告和党章，学习《习近平著作选读》《习近平新时代中国特色社会主义思想专题摘编》等。深入学习习近平总书记关于高等教育的重要论述和关于湖北工作的重要讲话指示批示精神，深入学习贯彻习近平总书记考察高校重要讲话精神和给师生重要回信精神，跟进学习习近平总书记最新重要讲话和文章。认真学习中国式现代化理论，围绕统筹推进“五位一体”总体布局和协调推进“四个全面”战略布局，有侧重地进行研读。

2. 集中研讨学。学校党委和各二级党组织要加强集中学习，组织举办读书班，时间不少于一周。党委理论学习中心组重点围绕学习贯彻党的二十大精神和习近平总书记在全国高校思想政治工作会议、全国教育大会、学校思想政治理论课教师座谈会的重要讲话精神等，列出若干专题，开展专题研讨。集中研讨会上，党组织书记要带头发言，班子成员要报告个人通读中央、省委规定篇目进展情况，交流运用党的创新理论解决实际问题的具体案例和体会，提出改进工作的思路措施。要通过党委理论学习中心组、党支部“三会一课”、主题党日等方式，组织党员、干部至少开展1次全面从严治党、推进党的自我革命、党规党纪等方面专题集中学习，要通过观看警示教育片、参观廉政教育基地、以案说法等多种方式，教育引导党员、干部知敬畏、存戒惧、守底线。党员领导干部要制订自学计划，抓好个人自学。

3. 专题培训学。立足学校事业高质量发展需要，充分发挥校院两级党校主阵地作用，分期分批对党员干部进行系统培训，重点面向中层干部、党务干部、党支部书记、思政课教师、辅导员等群体开展专题培训，采取专题研学、座谈交流、实践教学等方式，推动习近平新时代中国特色社会主义思想、党的二十大精神、习近平总书记关于湖北工作、教育工作的重要讲话和重要指示批示精神入脑入心、见行见效。

4. 讲好专题党课。学校各级党员领导干部要紧扣主题教育要求，联系学校改革发展和各单位实际，联系党员干部思想、工作和作风实际，讲1次专题党课。学校党委书记和二级党组织书记分别要面向全校中层干部和本单位干部职工讲；学校党委班子其他成员要到分管联系单位讲；二级党组织领导班子其他成员要到所在的支部讲。党课要突出政治性，紧紧围绕学深悟透做实习近平新时代中国特色社会主义思想，重点讲学习体会，讲思想感悟，讲学习收获；要突出针对性，讲运用党的创新理论指导实践、推动工作的思路举措，使讲党课的过程成为统一思想的过程，成为深化认识的过程，成为推进改革发展稳定工作的过程。不能以工作部署代替讲党课、把党课变成业务课。

5. 落实“第一议题”制度。深化拓展“思想引领、学习在先”机制，各级党组织召开党委（党总支）会议、开展党支部主题党日时，落实“第一议题”制度，要及时传达学习习近平总书记最新重要讲话和文章；研究重点工作、重要事项时，学习习近平总书记有关重要论述；作出重大决策、重大安排时，学习习近平总书记重要指示批示精神，全面对标对表，及时校准偏差，一丝不苟贯彻落实习近平新时代中国特色社会主义思想。要全面建立传达学习、调查研究、督促检查“三项机制”，制定党委理论学习中心组年度计划，坚持“一学一报”。

6. 开展宣传宣讲。党支部依托“三会一课”、主题党日等，通过交流研讨、宣传阐释、案例教学、线上培训等方式组织党员学习，深刻领悟习近平新时代中国特色社会主义思想的真理力量和实践伟力。要结合党史学习教育常态化，就近就便用好湖北红色资源、党性教育基地等，用活校史馆、党史文化长廊、廉园、校友名人园等深入发掘学校建立、发展、改革等历史进程中形成的红色育人资源，用好“学习强国”“三微一端”等平台，增强主题教育的吸引力和感染力。注重抓好高层次人才党员、青年教师党员、离退休职工党员和流动党员的学习。发挥师生宣讲团（队）作用，构建“三团多队齐共鸣，七进七讲深融合”宣讲体系，坚持面向基层，形式多样、鲜活生动开展习近平新时代中国特色社会主义思想和党的二十大精神宣传宣讲。发挥思想政治理论课（形势政策课）、党（团）校等主渠道和主阵地作用，推进习近平新时代中国特色社会主义思想和党的二十大精神进教材、进课堂、进师生头脑。

（二）认真开展调查研究。校院两级领导班子和领导干部要按照党中央关于大兴调查研究的决策部署和省委工作安排，将运用党的创新理论与研究新情况、解决新问题相结合，将推动事业发展专题调研与解决急难愁盼问题调研相结合，将有组织调研和自主调研相结合，深入到学生和教职工中去，听真话、察实情，切实促进广大党员、干部转变工作作风、密切联系群众、提高履职本领、增强责任担当。

1. 深入开展调研。要围绕省委确定的12个方面的调研内容，大兴调查研究之风，有针对性地研究确定若干调研课题。领导班子成员每人牵头1个项目课题，开展调研，形成高质量调研成果。校党委领导班子成员重点围绕学校改革发展中的重大问题、束缚学校发展的瓶颈问题、多年不好解决的难点问题和师生员工关注的热点问题等“四大类”问题和2023年学校重点改革任务确定调研主题，制定调研工作方案，深入基层一线师生，解决现实问题、现实困难，破解发展瓶颈，推动学校高质量发展。二级党组织领导班子成员结合分管工作和岗位职责，围绕重点工作推进和难点问题突破，制定调研方案，深入师生学习工作生活一线开展调研。调研结束后，领导班子结合专题研讨、理论学习中心组学习等，交流调研情况，研究分析问题症结、提出政策措施，把调研成果转化为解决问题、改进工作的实招硬招。

2. 注重解决问题。对调研中反映和发现的问题认真梳理，形成问题清单、责任清单、任务清单，明确解决措施、责任主体和时限要求，着力推动解决。二级党组织要组织党员、干部采取走访调研等方式，广泛听取师生意见，帮助解决实际困难，扎实推动各项工作部署落地生效。在主题教育期间对调研对象和解决问题等事项至少进行1次回访，注意发现和解决新的问题。要加强工作协调和衔接，对表现在基层、根子在上面的问题，对涉及多个部门和单位的问题，上下协同发力，一体推进解决。

3. 改进调研方式。多采取“四不两直”方式，根据调研的项目课题和内容，综合运用座谈访谈、随机走访、问卷调查、专家调查、抽样调查、统计分析等方式，以及互联网、大数据等现代技术，开展调查研究。多到困难多、师生意见集中、工作打不开局面的单位调研，哪些方面问题突出就聚焦哪些方面调研，问题出在哪个环节就重点在哪个环节调研。坚持深入基层一线、深入教学科研一线，深入师生员工一线，深入开展“高校访企拓岗专项行动”，依托“一站式”学生社区，加强与学生、教师、企业、校友、学生家长等方面的联系，在课堂、食堂、宿舍、班级、社团、活动、网络等阵地中“面对面”征求师生意见，提高调研的科学性和实效性。

（三）破解难题推动发展。牢牢把握党中央关于立足新发展阶段、贯彻新发展理念、构建新发展格局的重要要求，紧紧围绕湖北加快建设全国构建新发展格局先行区的目标任务，以强化理论学习指导发展实践，以深化调查研究推动解决发展难题，把学习和调研落实到完成党的二十大、省第十二次党代会、学校第三次党代会和“十四五”规划部署的各项工作任务中去，奋力实现学校“双一流”建设突破。

1. 立足实际谋发展。紧紧围绕学校中心任务，统筹实施人才培养质量提升工程、学科建设一流引领工程、师资队伍建设创新强校工程、科研服务跨越升级工程、国际合作开放融合工程、治理体系与治理能力现代化建设工程六大工程，有效发挥学校各级党组织的政治功能和组织功能。校院两级领导班子和领导干部要认真贯彻落实党中央关于推动高质量发展的部署和省委要求，根据自身职责，结合理论学习和调查研究，围绕学校“十四五”发展规划、一流学科建设方案、10项重点改革任务清单等，加强工作统筹谋划，厘清发展思路，形成相关制度和办法，明确发展路径和工作举措，积极融入国家科技创新体系，加强产学研合作，引育高水平师资队伍，推进“双一流”建设提质增效，努力办好人民满意的教育。

2. 改革创新破难题。落实党的二十大关于教育、科技、人才一体发展战略部署，全力融入湖北大局。各级领导班子和领导干部要聚焦一流学科建设、人才自主培养质量、有组织的科研工作、国家重点实验室调整重组、高层次人才引育、校园民生领域改革、人事制度综合改革、高质量发展综合绩效考核、大学生毕业就业、平安校园建设等方面工作中存在的重难点问题，集中攻坚，促进各项政策要求落实落地。要加快冲刺“国家一流学科”建设步伐，加大对揭榜学科领军人才引育、重大平台建设等项目的支持力度，推动学科特区政策落实，推动揭榜学科建设取得突破性进展，带动关联学科提质进位。要找准找实服务保障推动高质量发展的切入点，着力查找分析干部队伍中存在影响和制约高质量发展的问题，加强教育整顿。要围绕“三高地两基地”和三大都市圈建设，优化学校专业布局，强化产学研协同创新，培养拔尖创新人才，提高科技创新和服务水平，常态化服务基层、服务企业、服务乡村振兴，为服务湖北构建全国新发展格局先行区贡献武科大智慧和力量。主题教育期间，校院两级领导班子至少解决1个事关本单位高质量发展的重点难点问题。

3. 服务师生办实事。深化党员干部“下基层察民情解民忧暖民心”实践活动，用好“三进三联”工作机制，落实领导干部联系基层制度，完善“我为师生办实事”长效机制，对师生普遍关切的问题及时开题作答、释疑解惑、回应诉求。聚焦绩效考核、人事管理、后勤服务等改善民生领域的改革，从师生最关心、最期待的问题入手，不断推出一系列新改革举措，瞄准促进学校发展，在发展中增进师生获得感幸福感。主题教育期间，校院两级领导班子成员着力解决1~2件事关师生切身利益的民生实事。广泛开展党员志愿服务，深化党员干部常态化下沉社区，激励党员在服务群众、奉献社会中发挥作用。

4. 凝心聚力促发展。把主题教育同树立正确用人导向结合起来，以正确用人导向引领干事创业导向。各级党组织要围绕中心任务和日常工作，激励党员、干部立足岗位担当作为、干事创业，全力以赴做好强信心、促发展、防风险、惠民生各项工作，全面提升管党治校、破解重点任务、为民服务水平。要开展担当作为先进典型宣传，形成学先进、争先进的良好风尚，凝聚共促高质量发展的强大合力。

（四）着力抓好检视整改。坚持分类整改和集中整治相结合，深入查摆不足，抓好突出问题的整改整治。

1. 对标对表开展党性分析。学校各级领导班子对标对表习近平新时代中国特色社会主义思想，针对完整准确全面贯彻新发展理念，加快构建新发展格局，着力推动高质量发展等战略部署落实情况，党中央和省委提出的重点任务、重点举措、重要政策、重要要求贯彻情况，结合本单位职责担当情况，系统梳理调研发现的问题、推动发展中的问题、群众反映强烈的问题，巡视、审计监督、政治生态分析研判发现的问题，列出问题清单。党员、干部从政治、思想、能力、作风、纪律等方面进行党性分析，找准问题症结，着力从思想根源上解决问题。主题教育结束前，学校各级领导班子召开专题民主生活会，基层党组织召开专题组织生活会，党员、干部特别是领导干部要坚持“三个摆进去”，咬耳扯袖、红脸出汗，主动接受政治体检，打扫政治灰尘，严肃认真开展批评和自我批评。

2. 精准施策抓好问题整改。坚持边学习、边对照、边检视、边整改，从一开始就改起来，一项一项制定整改措施，即知即改、应改尽改。领导班子和领导干部落实本单位和个人整改任务，对调研中反映和发现的问题，逐一梳理形成问题整改清单，逐一列出解决措施、责任单位、责任人和完成时限。对短期能够解决的，即知即改、立行立改；对一时难以解决、需要持续推进的，明确目标，紧盯不放，一抓到底，做到不打折扣、不做表面文章，问题不解决不松劲、解决不彻底不放手。

3. 聚焦重点抓好专项整治。要围绕落实党委领导下的校长负责制、意识形态工作责任制、全面从严治党主体责任和基层党组织建设、教师队伍建设、学生社团工作等重点领域、关键环节开展治理，紧盯思想政治教育一体化建设、学校家庭社会协同育人等问题，深化专项整治，制定专项整治方案，采取台账式管理、项目化推进的方式。专项整治方案及落实情况，要以适当方式向党员师生通报。

（五）巩固成果建章立制。坚持“当下改”与“长久立”相结合，对反复出现的问题，注重从制度上找原因，做好完善机制、建章立制的工作，防止问题反弹。对主题教育中学习贯彻习近平新时代中国特色社会主义思想的好做法好经验，及时以制度形式固定下来。同时，建立巩固深化主题教育成果的长效机制，健全学习贯彻党的创新理论的制度机制，确保常态长效。

五、切实加强组织领导

1. 坚持以上率下，压实领导责任。校党委全面落实主体责任，切实加强领导，成立学习贯彻习近平新时代中国特色社会主义思想主题教育领导小组，校党委主要负责同志任组长，亲自谋划、靠前指挥、督促指导；党委班子成员要认真履行“一岗双责”，加强对分管领域、分管部门、联系二级党组织开展主题教育的指导督促。领导小组下设办公室，负责日常工作。发挥领导小组成员单位职能作用，形成齐抓共管的合力，做到思想上高度重视，工作上责任落实，组织上保障到位，确保主题教育的各项要求落到实处。各二级党组织要制定具体工作方案，明确各项工作安排，二级党组织书记要切实履行第一责任人职责，加强对本单位主题教育的领导。主题教育开展情况将作为领导班子和领导干部年度考核、党组织书记抓党建述职评议考核的重要内容。

2. 强化督促检查，务求工作实效。学校成立校内督导小组，采取随机抽查、下沉走访等方式，加强对各二级党组织开展主题教育的督促检查。要坚决反对形式主义，不搞作秀式、盆景式和蜻蜓点水式调研，不对写读书笔记、心得体会等提出硬性要求等。采取述学、问卷调查、实地查看、随机走访等方式，把过程评价与总结评估结合起来，通过领导班子全面自评、学校研判分析，评估主题教育效果。对开展主题教育消极对待、敷衍应付、搞形式主义的要严肃批评，对走形变样、问题严重的按照规定追究责任。

3. 注重统筹兼顾，加强宣传引导。把开展主题教育同贯彻落实党中央决策部署和省委工作要求结合起来，与推动学校中心工作结合起来，做到两手抓、两促进，推动党员、干部将焕发出来的学习、工作热情转化为攻坚克难、干事创业的强大动力。要注重运用新媒体，言论评论、典型宣传等多种形式，深入宣传习近平总书记关于主题教育的重要讲话和重要指示批示精神，反映主题教育进展成效，及时选树宣传先进典型，正面引导网上舆论，为主题教育营造良好氛围。

附件：学习贯彻习近平新时代中国特色社会主义思想主题教育领导小组和工作机构。

附件

学习贯彻习近平新时代中国特色社会主义思想主题教育领导小组和工作机构

一、领导小组成员名单

组　　长：徐雁冰　党委书记
第一副组长：倪红卫　党委副书记、校长
副 组 长：孙国胜　党委副书记
　　　　　盛建龙　党委副书记
　　　　　窦先萍　党委常委、纪委书记
　　　　　刘时新　党委常委、组织部部长
成　　员：傅江浩　党政办公室主任
　　　　　韩洪波　纪委副书记
　　　　　郑　娟　机关党委书记、党校副校长、组织部副部长
　　　　　李晓敏　党委宣传部常务副部长
　　　　　许立桥　党委学生工作部（处）部（处）长、武装部部长
　　　　　陈志刚　发展规划与学科建设处处长
　　　　　丁　宇　本科生院执行院长
　　　　　冒　颖　党委研究生工作部部长
　　　　　邹清华　人事处处长（党委教师工作部部长）、人才工作办公室主任
　　　　　唐忠义　马克思主义学院党委书记

二、工作机构

领导小组下设办公室，根据学校主题教育领导小组工作安排，负责统筹协调主题教育日常工作。

办公室设在党委组织部，刘时新同志兼任办公室主任，郑娟、郑永松、瞿孝平、王媛媛、张连华任办公室副主任。

根据工作需要，办公室下设5个工作小组，按照职责分工开展工作。

（一）综合组

组　长：傅江浩

成　员：李　胤、郑永松

负责组织筹备主题教育相关会议，做

好上级来校督导检查的会务接待、组织保障等；做好主题教育建章立制工作等；起草学校重要文稿；完成领导小组交办的其他工作。

（二）组织组

组　长：郑　娟

成　员：杨福俊、刘　洋

负责与省委巡回指导组联系沟通，及时了解掌握上级指示精神，做好信息的上传下达；制定主题教育工作方案，起草相关汇报材料和工作总结、报告等；组织主题教育期间专题培训等；完成领导小组交办的其他工作。

（三）宣传组

组　长：李晓敏

成　员：饶红亮、瞿孝平

负责制定主题教育读书班工作方案，负责组织校院两级党委理论学习中心组开展主题教育学习研讨和读书班；负责主题教育宣传工作的策划、组织、协调和落实；及时发布主题教育的进展情况、重要动态；注重运用新媒体，言论评论、典型宣传等多种形式开展宣传报道，营造主题教育良好氛围等；完成领导小组交办的其他工作。

（四）调研组

组　长：陈志刚

成　员：吴少利、王媛媛

负责制定主题教育调查研究工作方案，贯彻落实党中央决策部署和省委工作安排，围绕学校改革发展中的重大问题、束缚学校发展的瓶颈问题、多年不好解决的难点问题和师生员工关注的热点问题，研究确定若干调研主题；落实校院两级党委领导班子和领导干部调研的项目主题和内容，组织开展调查研究，及时跟进掌握调研进度和情况，形成高质量调研成果等；完成领导小组交办的其他工作。

（五）督导组

组　长：韩洪波

成　员：周　红、张连华

督导各二级党组织开展主题教育；负责主题教育专项整治工作；完成领导小组交办的其他工作。

武汉科技大学关于领导干部插手干预重大事项记录、报告和责任追究的实施办法（试行）

（武科大党发〔2023〕16号）

第一条　为了防止学校领导干部插手干预重大事项，从严从实加强领导干部管理监督，促进领导干部廉洁从政、廉洁用权，推动全面从严治党向纵深发展，根据《中国共产党廉洁自律准则》《中国共产党党内监督条例》《中国共产党纪律处分条例》《中共中央关于加强对“一把手”和领导班子监督的意见》（中发〔2021〕10号）和《湖北省领导干部插手干预重大事项记录、报告和责任追究办法（试行）》（鄂办发〔2023〕1号）等精神，结合学校实际，制定本实施办法。

第二条　本办法所称领导干部，是指学校中层及以上领导干部，已退休和已退出现职、尚未办理退休手续的人员适用本办法。

第三条　本办法所称重大事项，包括：

（一）干部选拔任用、考核评价、“两代表一委员”人选推荐、人员招聘招录、招生考试、职称评定、技能评价、薪酬核定、奖励表彰等；

（二）公共财政资金分配、物资采购、大额资金管理使用、补助补贴、校银合作、经济纠纷等；

（三）国有集体资产管理处置、资源开发管理利用、工程建设、项目投资、招标投标等；

（四）执纪执法、巡视、统计、审计活动等；

（五）其他涉及公权力行使、需要监督的重要事项。

第四条　领导干部应当自觉遵守党章党规党纪、宪法法律法规以及各项工作要求，禁止违反法定职责、权限插手干预重大事项。

第五条　领导干部利用职权或者职务上的影响插手干预重大事项，有下列情形之一，应当记录、报告：

（一）本人或者授意、纵容、默许亲属、身边工作人员、特定关系人通过打招呼、请托说情等方式，干扰影响重大事项正常实施；

（二）超越职权擅自决定重大事项，违规代替下级作出决定；

（三）故意设置阻碍或者以威胁、利诱等方式，干扰影响重大事项正常实施；

（四）以听汇报、开会、发文等形式，超越职权提出倾向性意见或者具体要求，干扰影响重大事项正常实施；

（五）安排或者要求重大事项承办人员私下接触、会见相关利害关系人；

（六）超越职权打听或者索要应当保

密的信息；

（七）其他插手干预行为。

第六条　领导干部依规依纪依法履行职责的以下行为，不纳入记录、报告范围：

（一）在主管、分管或者联系工作范围内，部署工作、了解情况、提出意见等；

（二）在主管、分管或者联系工作范围内，因履行职责需要，向其他部门单位协调、了解有关事项情况的；

（三）在主管、分管或者联系工作范围内，对反映与本职工作相关的情况和问题，要求核查和反馈情况的；

（四）在主管、分管或者联系工作范围内，为解决有关当事人合法诉求办理有关事项的；

（五）在主管、分管或者联系工作范围内，收到群众信访反映、舆情信息后，按照规定程序作出处置的；

（六）党代表、人大代表、政协委员、特约监察员通过正常渠道反映问题、提出意见建议的；

（七）其他依规依纪依法履行职责的行为。

第七条　对领导干部插手干预重大事项的，相关当事人应当予以拒绝，并及时、全面、客观做好记录，填写《领导干部插手干预重大事项记录表》（见附件），记录内容应当包括：插手干预人及相关当事人的姓名、单位、职务、联系方式，插手干预重大事项的时间、地点、方式、内容及办理情况，插手干预人系领导干部亲属、身边工作人员、特定关系人的，应当备注说明相关情况。

第八条　插手干预行为发生后，相关当事人应当在 15 个工作日内，将《领导干部插手干预重大事项记录表》密封后直接寄送省纪委监委党风政风监督室或者省委组织部干部监督处。

第九条　收到省纪委监委、省委组织部移送反映学校领导干部插手干预重大事项的情况，由学校纪委、监察专员办公室、党委组织部按有关规定及时处置，涉嫌违纪、职务违法、职务犯罪问题的，按照问题线索管理的有关规定进行筛选、处置；移送的其他情况，在政治生态分析研判、监督检查等工作中作为情况掌握。

第十条　如实报告领导干部插手干预重大事项的行为，受法律、纪律和组织保护。严格实行领导干部插手干预重大事项记录、报告保密制度，严禁擅自扩大知悉范围，任何人不得向他人泄露记录报告信息。

第十一条　违反本办法，有下列情形之一，依规依纪依法追究责任：

（一）领导干部插手干预重大事项的，依规依纪追究相关人员责任；存在滥用职权、利益输送等职务违法、职务犯罪问题的，依法追究法律责任。

（二）领导干部插手干预重大事项应当记录、报告，但相关当事人不记录、不报告或者不及时、不如实记录、报告的，视情节轻重，予以批评教育、责令检查、诫勉谈话直至党纪处分、政务处分或处分。

（三）领导干部指使、授意、强迫不记录、不报告的，依规依纪追究该领导干部责任；造成不良影响的，依规依纪从重或者加重处分。

（四）对打击报复记录、报告人，利用记录、报告制度诬陷他人，因故意或者过失造成泄密的，依纪依法查处；构成犯罪的，依法追究刑事责任。

第十二条　学校党委、二级党组织加强对本办法在本单位贯彻执行的组织领导、督办检查。各级党组织“一把手”述责述廉时应当说明是否插手干预重大事项。

第十三条　学校纪委协助学校党委落实本办法，加强监督检查，建立定期分析制度，加强提醒督办和监督检查，对问题突出的单位、部门强化有针对性整改，有关情况纳入政治生态分析研判内容。学校党委组织部加强对党员干部的教育管理监督，推动本办法贯彻落实。

第十四条　领导干部插手干预司法活动的，按照党中央和省委有关规定处置。

第十五条　本办法由学校党委负责解释，具体解释工作由党政办公室商纪委、监察专员办公室、党委组织部承担。

第十六条　本办法自发布之日起施行。

附件：领导干部插手干预重大事项记录表。

附件

领导干部插手干预重大事项记录表

填报时间：

领导干部情况	姓　名		单　位	
	职　务		联系方式	
插手干预重大事项情况	时　间		地　点	
	方　式			
	内　容			
办理情况				
填报人情况	姓　名		单　位	
	职　务		联系方式	
备注	（插手干预人系领导干部亲属、身边工作人员、特定关系人的，在此备注栏说明）			

关于在全校大兴调查研究的实施方案

（武科大党发〔2023〕17号）

为深入学习贯彻习近平新时代中国特色社会主义思想，全面贯彻落实党的二十大和省第十二次党代会精神，落实落细学校第三次党代会工作部署，把调查研究作为在全校开展的主题教育的重要内容，根据《中共中央办公厅印发〈关于在全党大兴调查研究的工作方案〉的通知》（中办发〔2023〕9号）和《中共湖北省委办公厅印发〈关于在全省大兴调查研究的实施方案〉的通知》（鄂办发〔2023〕6号）精神，结合学校实际，制定本实施方案。

一、明确总体要求

调查研究是我们党的传家宝，是做好工作的基本功。党的十八大以来，以习近平同志为核心的党中央高度重视调查研究工作，习近平总书记对调查研究作出系列重要论述，为我们大兴调查研究、做好各项工作提供了根本遵循。党的二十大擘画了以中国式现代化全面推进中华民族伟大复兴的宏伟蓝图，省第十二次党代会提出了建设全面构建新发展格局先行区的目标任务，学校第三次党代会确立了“率先突破、走在前列”的奋斗目标。当前，我国发展面临新的战略机遇、新的战略任务、新的战略阶段、新的战略要求、新的战略环境。世界百年未有之大变局加速演进，不确定、难预料因素增多，国内改革发展稳定面临不少深层次矛盾躲不开、绕不过，各种风险挑战、困难问题比以往更加严峻复杂。学校人才培养理念有待进一步更新，学科发展不平衡不充分的矛盾依然存在，杰出代表性高层次人才瓶颈更加凸显，科技创新标志性重大成果产出不足，办学资源紧张的状况未得到根本性改善，校园民生还有不少欠账，省属高校排头兵地位有待进一步巩固，一流学科建设突破任务还很艰巨，防范化解各类风险挑战等还有不少短板，迫切需要通过调查研究把握事物的本质和规律，找到破解难题的办法和路径。

在全校大兴调查研究，要坚持以习近平新时代中国特色社会主义思想为指导，深刻领悟“两个确立”的决定性意义，坚决做到“两个维护”，全面贯彻落实党的二十大精神，紧紧围绕党的教育方针和立德树人根本任务的贯彻执行，坚持党的群众路线、坚持实事求是、坚持问题导向、坚持攻坚克难、坚持系统观念，推动广大党员、干部特别是领导干部带头深入调查研究，不断深化对党的创新理论的认识和把握，善于运用党的创新理论研究新情况、解决新问题、总结新经验、探索新规律，全力推进“率先突破、走在前列”奋斗目标，为湖北建设全国构建新发展格局先行区提供人才支撑、智力支撑、创新支撑，为全面建设社会主义现代化国家、全面推进中华民族伟大复兴贡献力量。

二、突出调研重点

在全校大兴调查研究，要紧紧围绕全面贯彻落实党的二十大精神、服务国家地方经济社会和行业发展需求、推动学校高质量发展，始终奔着问题去、盯着问题改，实行问题大梳理、难题大排查，着力打通贯彻执行中的堵点淤点难点。要立足职能职责，围绕做好事关全局的战略性调研、破解复杂难题的对策性调研、新时代新情况的前瞻性调研、重大工作项目的跟踪性调研、典型案例的解剖式调研、推动落实的督查式调研，突出重点、直击要害，结合实际确定调研内容。主要是 12 个方面：

1. 贯彻落实党中央决策部署和习近平总书记对教育工作和湖北工作重要指示批示精神，特别是贯彻落实习近平总书记关于高等教育、人才培养、科技创新的重要讲话和指示批示精神中的主要情况和重点问题。

2. 立足新发展阶段、贯彻新发展理念、构建新发展格局 、推动高质量发展，建设全国构建新发展格局先行区、探索中国式现代化的湖北实践、推进学校“率先突破、走在前列”奋斗目标中的重大问题，坚持人才引领驱动，推进高水平科技自立自强，服务打造“三高地两基地”、建设三大都市圈和推进乡村振兴中的主要情况和重点问题。

3. 统筹发展和安全，贯彻落实总体国家安全观，坚持人民至上、生命至上的理念，确保食品卫生、消防、实验室、生产、建设施工等安全，防范化解财务风险中的主要情况和重点问题。

4. 全面深化改革开放中的重大问题，推进学校重点改革任务，扩大开放办学格局，推进高水平校地校企合作和国际交流合作中的主要情况和重点问题。

5. 全面依法治校中的重大问题，坚持党委领导下的校长负责制，突出师生员工主体地位，完善以章程为核心的现代大学规章制度体系，推进依法治校、教授治学、民主管理，推进学校治理体系和治理能力现代化中的主要情况和重点问题。

6. 意识形态领域面临的挑战，推进文化自信自强、建设社会主义文化强国和新闻舆论引导、网络综合治理，打造“沁湖文化”特色校园文化品牌中的主要情况和重点问题。

7. 增进民生福祉中的重大问题，帮扶家庭经济困难师生员工，持续提升师生员工获得感、幸福感、安全感中的主要情况和重点问题。

8. 师生员工最关心最直接最现实的利益问题，特别是就业、医疗、养老、工资待遇等师生员工急难愁盼的具体问题；改善师生员工学习、工作和生活环境，深入实施“美丽科大 共同缔造”，落实学校民生工程中的难点问题。

9. 牢固树立和践行绿水青山就是金山银山理念方面的差距和不足，推进节能减排，建设绿色校园，统筹抓好资源节约型、环境友好型校园建设中的主要情况和重点问题。

10. 维护校园稳定中的重大问题，防灾减灾救灾和重大突发公共事件处置保障短板，做好新形势下信访工作，建设更高水平的平安校园中的主要情况和重点问题。

11. 全面从严治党中的重大问题，坚持和完善党的全面领导，增强党组织政治功能和组织功能，推进党建引领基层治理体制机制创新，提振党员干部干事创业、担当作为的精气神，提高应对“黑天鹅”“灰犀牛”事件和防范化解风险能力，推进“清廉武科大”建设，力戒形式主义、官僚主义，破除特权思想和特权行为中的主要情况和重点问题。

12. 本部门本单位长期未解决的老大难问题。

三、把握方法步骤

以处级以上领导班子成员为重点，各级领导干部带头，覆盖全体党员、干部。分为6个步骤。

（一）提高思想认识。坚持集中学习和个人自学相结合，通过理论学习中心组学习、读书班等，开展专题学习；广大党员干部要依托“三会一课”、主题党日等开展学习，深入学习领会习近平总书记关于调查研究的重要论述、关于教育工作和湖北工作的重要讲话和指示批示精神，掌握大兴调查研究的重要意义、方式方法和工作要求，增强做好调查研究的思想自觉、政治自觉、行动自觉。

（二）研究制定方案。围绕调研内容，结合工作实际，采取群众出题、干部领题等，拓宽征求意见渠道，广泛听取党员干部群众、专家学者等意见建议，明确调研的项目课题，研究制定调查研究的具体方案。

（三）深入开展调研。处级以上领导班子成员每人牵头1个课题开展调研，同时，针对相关领域或工作中最突出的难点问题进行专项调研。要根据调研的项目课题和内容，综合运用座谈访谈、随机走访、问卷调查等方式和信息化手段开展调查研究。要深入课堂、实验室、系部、班级、宿舍、食堂等，通过开展蹲点调研等，问计于师生员工、问计于实践。要转换角色、走进师生员工，了解师生员工的烦心事操心事揪心事，发现和查找工作中的差距不足。要结合典型案例，分析问题、剖析原因，举一反三采取改进措施。要加强督查调研，检查工作是否真正落实、问题是否真正解决。广大党员、干部要立足岗位职责，采取走访调研等多种方式，广泛听取师生员工意见，真正帮助师生员工解决实际困难，扎实推动各项工作部署落地见效，在调查研究中站稳群众立场、提升能力本领、解决实际问题。

（四）深化分析研究。全面梳理汇总调研情况，进行深入分析、充分论证和科学决策，形成高质量调研成果。领导班子采取专题研讨会、理论学习中心组学习等交流调研情况，研究对策措施，形成解决问题、促进工作的思路办法和政策举措，确保每个问题都有务实管用的破解之策。

（五）着力解决问题。对调研中反映和发现的问题逐一梳理，形成问题清单、责任清单、任务清单，明确解决措施、责任主体和时限要求。对短期能够解决的，立行立改、马上就办。对一时解决不了、需要持续推进的，明确目标，紧盯不放，一抓到底。

（六）加强督查回访。建立调研成果转化运用清单，加强对调研课题完成情况、问题解决情况的督查督办和跟踪问效，注重把调研成果转化为决策部署，转化为解决问题的措施办法。领导干部要定期对调研对象和解决问题等事项进行回访，注意发现和解决新的问题。

四、强化组织实施

（一）加强组织领导。要把大兴调查研究摆在突出位置。党委主要负责同志负总责，亲自主持制定方案，作出专门部署，抓好调查研究的推进落实；班子其他成员各负其责，抓好分管领域和分管单位的调查研究工作。相关职能部门结合职能职责，做好统筹协调、督促指导、成果转化等工作。领导干部要投入更多的时间和精力，带头开展调查研究，改进调研方法，以上率下、作出示范。

（二）严明纪律作风。调查研究要严格执行中央八项规定及其实施细则精神，轻车从简，厉行节约，不搞层层陪同。要采取“四不两直”方式，多到困难多、师生员工意见集中、工作打不开局面的领域和单位开展调研。要注重解决实际问题，力戒形式主义、官僚主义。纪检监察机关要跟进监督，对违反作风建设要求和廉洁自律规定的，依规依纪严肃问责。

（三）注重统筹兼顾。要加强调研统筹，调研前充分听取被调研单位意见，分期分批有序安排，避免扎堆调研、多头调研、重复调研，不增加基层负担。加强工作协作，对表现在基层、根子在上面的问题，对涉及多个部门单位的问题，上下协同、整体推动解决。统筹当前和长远，既立足当下解决一批事关师生员工切身利益的问题，又形成一批打基础利全局管长远的重要制度成果。

（四）建立长效机制。注重发现总结调查研究的有效做法和成功经验，完善调查研究的长效机制，使调查研究成为党员、干部的经常性工作。要坚持日常调研和集中调研相结合，制订和落实好年度调查研究计划，形成常态化推进机制。加强干部调查研究能力建设，开展调查研究情况要作为领导班子民主生活会对照检查内容，作为领导班子成员述职述廉内容。

（五）营造浓厚氛围。加强正面宣传和舆论引导，充分利用主流媒体和新兴媒体，采取跟踪报道、典型宣传、评论阐释、开设专栏、成果展示等形式和手段，大力宣传大兴调查研究的重要意义、具体举措和实际成效，凝聚起大兴调查研究的共识和力量。

武汉科技大学关于深化纠治“四风”工作的实施方案

（武科大党发〔2023〕21号）

为贯彻落实《中共中央政治局贯彻落实中央八项规定实施细则》、中央纪委《关于贯彻党的二十大部署要求锲而不舍落实中央八项规定精神深化纠治“四风”工作的意见》《湖北省贯彻〈中共中央政治局贯彻落实中央八项规定实施细则〉精神实施办法》和省纪委《关于深化纠治“四风”工作的实施意见》等文件精神，深化纠治学校“四风”工作，制定如下实施方案。

一、坚持严的基调，强化监督执纪问责

（一）一以贯之保持永远在路上的定力。深刻认识“风腐一体”的演变规律，反腐败斗争取得压倒性胜利并全面巩固，但形势依然严峻复杂，决定了正风肃纪反腐一刻不能停、半步不能松。坚持严字当头和问题导向，坚决整治师生身边不正之风和腐败问题，聚焦基建工程、科研经费、招生招考、后勤管理、校办企业、附属医院等关键环节、重点岗位的腐败问题专项整治，用心用情用力解决好师生“急难愁盼”问题。坚持“风腐”一体查办，严肃查处“四风”背后的利益交换、请托办事、搞“小圈子”等问题，深化不敢腐、不能腐、不想腐一体推进。

（二）坚持问题导向深入整治违规吃喝和酒驾醉驾问题。摒弃“高校特殊论”“专家特殊论”，重点整治公款吃喝、在隐蔽场所吃喝、同级相互吃请搞“小圈子”、吃下级吃乙方吃家长搞利益勾兑等违规吃喝问题，持续纠治违规收送礼品礼金等问题。2023年6月底之前完成违规吃喝专项整治，对酒驾醉驾线索处置完毕，严查其背后的违规吃喝等“四风”问题，对顶风违纪行为从严快查快办，加大通报曝光力度。

（三）重点纠治形式主义、官僚主义。结合主题教育，以学正风，把纠治形式主义、官僚主义摆在更加突出位置，坚持廉洁奉公树立新风，以优良党风引领校风教风学风。重点整治以下问题：一是纠治落实党中央决策部署和省委要求简单化、搞层层加码、“一刀切”，照抄照搬、上下一般粗，表态快、调门高、行动慢、落实差，报喜不报忧，弄虚作假、搞花架子，搞形式等问题；二是纠治不担当不作为，缺乏担责意识和斗争精神，遇事明哲保身，不敢攻坚克难，只想做显绩、不愿做潜绩，奉行利己主义，新官不理旧账等问题；三是纠治漠视师生群众利益，调查研究不经常、不深入，对迅速变化的客观实际和师生冷暖了解不深、感知不真等

问题。

（四）持续加强师德师风问题整治。重点整治师德师风以下问题：党组织组织领导不到位、制度建设有缺失、制度修订不及时；教师入口把关不严格、日常监督不到位；教师言行不正、学术不端、徇私舞弊；师德失范问题惩处不严，调查处理宽松软、追责问责不到位、通报警示不及时等问题。

（五）加强医疗领域行风整治。对学校两家直属附属医院重点整治以下方面：是否存在违反临床诊疗指南、临床路径的重复检查、过度检查问题；分解收费项目、无收费目录套用其他收费目录收取费用的检查问题；未经患者签署知情同意书进行的特殊检查问题；抗菌药物、抗肿瘤药物、辅助用药等国家（省）重点监控药品的不合理使用问题；处方（医嘱）中用药适应证不适宜、用法用量不适宜（给药途径、单次用量、日剂量、给药频率）以及重复用药等不合理用药问题。

二、坚持抓在经常，健全纠“四风”工作机制

（六）抓住“关键少数”压实责任。强化对“一把手”和领导班子监督“1+2”制度文件的贯彻执行，督促“一把手”和领导班子成员以身作则、以上率下，管好亲属子女和身边工作人员，以优良党风政风引领作风家风，引领学风教风、师德师风、医德医风。将纠治“四风”情况纳入校纪委书记与学校领导班子成员和下级“一把手”谈话内容，纳入二级单位“一把手”在校党委常委会扩大会议上述责述廉的内容。

（七）加强日常监督检查。深化“下察解暖”，扎实推进机关部门作风建设，继续做好机关直属单位服务质量网络测评。经常性开展“四风”问题明察暗访和专项抽查，定期会同相关部门开展基层减负等情况联合检查，及时查纠问题、分析研判和总结改进。畅通“信、访、网、电”四位一体的“四风”问题信访举报渠道，落实有关“四风”问题转交办和重点信访件核查审查工作。

（八）紧盯节点强化提醒监督和通报曝光。紧盯元旦、春节、五一、端午、中秋、国庆等重要节点，打好“教育警醒、监督检查、问责通报”组合拳。坚持节前校纪委向各部门发送文件通知，对全校党员干部发送廉政短信；节中开展随机检查、暗访督查、廉情共享、联动执纪；节后对发现的问题线索迅速调查处置、追责问责、通报曝光。加强案例警示教育，用身边事教育身边人，用“案中人”唤醒“局中人”，让党员干部牢记蜕化变质往往始于吃喝玩乐，筑牢作风建设思想防线。

三、坚持长效常治，着力推动完善治理

（九）完善作风建设制度机制。督促职能部门加强本领域行风纠治，纪委加强对职能部门履行监管责任的“再监督”，加强对制度落实情况的监督检查，健全作风建设长效机制。针对新发现的问题加强制度“立改废释”和政策指导，堵塞漏洞，健全制度，完善机制。把纠治“四风”工作纳入“清廉武科大”建设一体部署、一体检查、一体考核。

（十）结合师生强烈反映的问题开展

专项治理。针对师生群众普遍、强烈反映、日常监督发现的反复性顽固性问题，组织开展专项治理。对普遍性问题，由纪委、监察专员办公室主抓，相关部门单位协同配合，党内监督与其他各项监督贯通联动。对师德师风、医德医风问题，由组织人事部门、教师工作部、附属医院等部门单位开展作风问题专项治理。

（十一）大力弘扬新风正气。坚持党性党风党纪一起抓，思想建设、作风建设、纪律建设贯通起来，惩治震慑、制度约束、提高觉悟一体发力，纠树并举、破立同进、扶正祛邪。强化党的创新理论武装和党性锤炼，教育全校党员干部牢记“三个务必”，传承优秀校友廉洁基因和钢铁品质的红色基因，不断砥砺清廉有为品质，深化“清廉武科大”建设，营造风清气正的育人环境和正气充盈的政治生态。

武汉科技大学“三级三型”党支部积分制试点改革方案

（武科大党发〔2023〕28号）

为深入学习贯彻党的二十大精神，加强党对学校的全面领导，落实立德树人根本任务，持续推进基层党支部规范化标准化建设，根据《中国共产党支部工作条例（试行）》《中国共产党普通高等学校基层组织工作条例》等有关文件精神，结合学校实际，制定本方案。

一、目标任务

以习近平新时代中国特色社会主义思想为指导，坚持把党支部建设放在更加突出的位置，积极探索党支部在支部设置、组织生活、管理服务、工作制度、阵地建设、党建与业务融合等方面的新路径、新方法，加强党支部标准化、规范化建设，不断提高党支部建设质量。通过党支部积分制试点探索，党支部政治功能和组织功能进一步增强，教育管理监督党员和组织宣传凝聚服务师生更加有力，成为促进教学科研管理服务等中心工作的坚强战斗堡垒。

二、基本原则

（一）坚持分类指导。结合学校支部类型实际，根据教师、学生、管理服务人员等党支部的特点，对照各自指导性考核指标体系，有侧重地加强建设。

（二）坚持问题导向。在推进党支部积分制试点过程中，着力解决党支部政治功能弱化、党内政治生活不经常、开展师生思想政治工作薄弱、党员意识淡化、先锋模范作用不突出、党务业务融合度不够等问题，有针对性地提出解决办法，综合施策、精准发力。

（三）坚持服务中心。坚持4个有利于，即有利于增强支部的政治功能和组织功能、有利于推动学校改革事业发展、有利于提高人才培养质量、有利于营造良好的政治生态。

三、主要任务

聚焦学校教师、学生、管理服务3种类型党支部的规范化建设，按照基础性指标和发展性指标，分3级设置具体考核指标体系。基础性指标从5个方面设置，发展性指标根据不同类别党支部由各试点单位细化。各试点单位根据积分制考核指标指南，结合工作开展情况，进一步完善、量化指标体系，形成“三级三型”党支部积分制考核体系。

（一）基础性指标。主要聚焦党支部设置标准化、组织生活正常化、管理服务精细化、工作制度体系化、阵地建设规范化等方面落实完成情况。

（二）发展性指标。主要聚焦找准党支部党建和教学科研管理服务等工作融合的结合点、发力点，充分发挥党建工作的引领和保障作用，促进各项事业高质量发展。

四、工作步骤

学校结合“样板支部”培育创建等工作，每个教学院（部）推荐1个教师党支部和1个学生党支部，机关党委、后勤保障部、图书馆各推荐1个教职工党支部进行试点，周期为1年。

（一）启动部署（2023年7月）

召开试点工作部署会，开始试点工作，建立组织协调工作机制。各试点单位于7月10日前将试点党支部报党委组织部。

（二）工作实施（2023年7月—2023年12月）

各试点单位要发挥示范作用，细化积分指标，提出具体考评标准，精心凝炼品牌。实施过程中要及时向党委组织部反馈实施的情况、问题、成效、经验和建议等，并于11月底提交阶段性总结。

（三）结果运用（2023年12月—2024年2月）

将实施情况运用到2023年度党支部考核中，采取支部自评、述职考评和组织考评相结合的方式，检验考核指标运用情况。

（四）试点总结（2024年3月—2024年5月）

各试点单位总结做法和经验，对积分制考核指标提出细化标准，最终形成学校3类党支部积分制考核量化指标体系。

五、工作要求

（一）提高思想认识。各试点单位要深刻把握党支部规范化、标准化建设的要求，持续强化党支部的政治属性和政治功能，增强党支部积分制试点改革的自觉性，主动谋划，勇于探索，在指导性考核指标基础上提出细化量化指标，积极实践。

（二）压实工作责任。各试点单位要切实履行主体责任，定期进行研究，以推进党支部积分制试点改革为载体，推进党支部建设全面进步全面过硬。相关情况将作为党建工作考评的重要依据。

（三）加强支部培训。组织好对支部书记、支部委员以及后备人员的履职能力培训，做好日常培训和专题培训，组织学习支部建设的考核指标体系的相关建设重点，做实支部考评工作。

（四）务求实际效果。各试点单位要遵循实事求是的原则，找准定位、发挥优势、创新方法、抓实载体，完善党支部积分制试点改革的制度机制，把改革的成果体现到推动事业高质量发展的实际成效上来。

附件：1. 教师党支部建设指导性考核指标体系。

2. 学生党支部建设指导性考核指标体系。

3. 管理服务类党支部建设指导性考核指标体系。

附件 1

教师党支部建设指导性考核指标体系

党支部名称：　　　　　　　　　　　　　　　　　　　　自评总得分：

一级指标	二级指标	三级指标	分值	计分办法	得分
支部设置标准化	组织设置合理	1. 基本设置形式：①凡有正式教师党员 3 人以上的单位，均应建立党支部。正式党员不足 3 人的，可与业务相近的教学科研单位或部门联合成立党支部。②党支部人数一般控制在 50 人以内。③党员人数较多的党支部，根据党员数量、分布情况、工作需要，合理划分党小组，每个党小组不得少于 3 名党员，其中至少要有 1 名正式党员	4	①②③达标计 4 分，一项不合格扣 2 分，扣完为止	
	班子选优配齐	2. 支部委员会职数及配备：①党支部设委员一般 3~5 人，其中书记 1 人，必要时可增设副书记 1 人；党员不足 7 人的不设支部委员会，设书记 1 人，必要时增设副书记 1 人。②合理配备书记、组织委员、宣传委员、纪律检查委员等。③设支部委员会的党支部设纪律检查委员；不设支部委员会的支部，应指定专人负责纪检工作	2	①达标计 1 分，否则计 0 分。 ②③达标计 1 分，一项不合格扣 0.5 分	
		3. 书记选配：大力推进教师党支部书记党建带头人、学术带头人“双带头人”工程，教师党支部书记由“双带头人”担任	5	已经实现“双带头人”的计 5 分，正在按“双带头人”培育计划推进的，计 3 分，否则，计 0 分	
	换届按期正常	4. 支部委员会任期和换届：①教师党支部委员会和不设支部委员会的支部书记、副书记，每届任期 3 年。②任期将满或其他原因需要换届的党支部应提前向上级党组织书面报送换届请示，按规定流程换届。③党支部书记、副书记、委员出缺应及时补选	3	①②③达标计 3 分，一项不合格扣 1 分	

续表

一级指标	二级指标	三级指标	分值	计分办法	得分
组织生活正常化	认真落实“三会一课”制度	5. “三会一课”纪实管理：①“三会一课”不能与业务会议合并召开，更不能用其他会议代替。每月至少召开1次支部委员会、设立党小组的召开1次党小组会（不设党小组的不考核此项内容），每季度至少召开1次支部党员大会。每季度至少组织1次党课。支部书记每年至少为支部党员讲1次党课，邀请校院两级党员领导干部每年到支部至少讲1次党课。②落实“三会一课”纪实管理，建立健全工作台账，及时规范填写《党支部工作手册》，做到记录准确、真实、完整	10	①②达标计10分，“三会一课”次数少一次扣2分，记录不规范一次扣1分	
	开好组织生活会	6. 组织生活会：①根据上级党组织确定的主题，每年至少举行1次组织生活会，根据需要随时召开专题组织生活会。②会前广泛听取意见、深入谈心交心。③会上认真查摆问题、深刻剖析根源、明确整改方向。④会后逐一列出整改落实的问题清单和整改措施。⑤党员领导干部认真执行双重组织生活制度，以普通党员身份参加所在支部组织生活会	5	①达标计2分；否则计0分。 ②③④达标计2分，一项不合格扣1分，扣完为止。 ⑤达标计1分，否则计0分；如果党支部没有校、院党员领导干部的，此项不评估，直接计1分	
	做好民主评议党员	7. 党员民主评议：①结合组织生活会，每年开展1次民主评议党员工作，按个人自评、党员互评、民主测评、组织评定等程序，督促党员联系个人实际进行党性分析，确定评议等次。②在确定评议等次基础上，进行推荐表彰或者依规稳妥处置不合格党员	3	①按规范程序开展民主评议党员的，计2分；开展了民主评议党员，但程序不够严谨的，计1分；未开展民主评议党员，计0分。 ②达标计1分，否则计0分	

续表

一级指标	二级指标	三级指标	分值	计分办法	得分
组织生活正常化	常态进行谈心谈话	8. 谈心谈话：①党支部应当经常开展谈心谈话。党支部委员之间、党支部委员和党员之间、党员和党员之间，每年谈心谈话一般不少于 1 次。②对困难党员、受到处分处置、师生反映不良的党员，党支部书记应当及时谈话。③支部书记每年至少向上一级党组织书记汇报思想 1 次	5	①②③达标计 5 分，一项不合格扣 2 分，扣完为止	
	全面推行主题党日活动	9. 主题党日：①每月相对固定一天作为主题党日，组织党员集中学习、过组织生活、进行民主议事和志愿服务等，外出党员可以通过 QQ、微信或视频等方式参加。②主题党日开展前，党支部要按学校要求认真研究主题和内容，开展后抓好议定事项组织落实，并做好记录。③党支部将活动开展情况每半年向上一级党组织报备 1 次	3	①②③达标计 3 分，一项不合格扣 1 分	
	创新活动方式	10. 活动方式：运用校内外红色资源、实践教育基地等，创新组织生活形式，丰富组织生活内容，逐步打造特色品牌	2	有相关新闻报道的一次计 1 分	
管理服务精细化	提高发展党员质量	11. 重视党员发展：注重在优秀青年教师、归国留学人员、学科带头人中发展党员	2	达标计 2 分。支部所在单位均为党员或无成熟发展对象，此项不评估，直接计 2 分	
		12. 规范发展程序：①严格遵守发展党员 5 阶段 25 步骤要求，坚持标准，严格把关。严格落实推荐、政审、公示、票决等制度，发展党员标准严格、培养严格、程序严格。②党员发展资料健全完备，档案管理规范	2	①②全部达标计 2 分，程序不规范或标准不严的计 0 分。支部当年无发展党员，此项不评估，直接计2 分	

续表

一级指标	二级指标	三级指标	分值	计分办法	得分
管理服务精细化	强化教育培训	13. 党员教育：①组织党员认真学习马克思列宁主义、毛泽东思想、邓小平理论、“三个代表”重要思想、科学发展观、习近平新时代中国特色社会主义思想，推进“两学一做”学习教育常态化制度化，学习党的路线方针政策和决议，学习党的基本知识、学习科学、文化、法律和业务知识。②定期组织党员开展政治理论学习，用好“学习强国”等学习平台	5	①②全部达标计5分，一项不合格扣3分，扣完为止	
		14. 党员培训：①支部党员参加集中学习培训，根据实际情况确定，每年一般不少于32学时。②党支部书记和支部委员参加集中学习培训每年不少于56学时，至少参加1次集中培训	6	①②达标计6分，一项不合格扣3分	
	加强组织关系管理	15. 台账管理：①党员基本信息、组织关系隶属、交纳党费、参加组织生活、外出流动登记等清楚、严格、规范。②加强对出国（境）党员的管理工作，信息台账健全完备，更新及时，做到底数清、情况明	4	①②达标计4分，一项不合格扣2分	
	严格党费收缴	16. 党费缴纳管理：①党支部及时核定党员交纳党费具体数额。②党员每月自觉按时足额交纳党费。③党支部每年公布1次党费收缴情况	3	①②③全部达标计3分，一项不合格扣1分	
	激励关怀	17. 关怀激励：①党支部建立帮扶台账，经常联系帮扶老党员、生活困难党员和流动党员。②根据上级党组织部署，党支部认真做好评先评优推荐工作	4	①②达标计4分，一项不合格扣2分	

续表

一级指标	二级指标	三级指标	分值	计分办法	得分
管理服务精细化	切实发挥作用	18. 立足岗位作贡献：①认真学习贯彻上级党组织的有关决策部署，坚持社会主义办学方向，思想政治工作贯穿教育教学全过程。将思想政治要求纳入教师日常管理，坚持学术研究无禁区、课堂讲授有纪律。②积极发挥党员教师表率作用，以良好的师德师风，促进教风校风。专任教师岗位党员在教书育人、推进学科发展、加强师德师风建设等方面发挥先锋模范作用。③开展党员下沉社区志愿服务活动，每年每人不少于20个小时	12	①②③全部达标计12分，一项不合格扣4分	
工作制度体系化	制度建设与实施	19. 各项制度：①组织生活。认真落实“三会一课”、民主评议党员、组织生活会制度、党风廉政责任建设等。②政治把关。发挥党支部在教师入职、考核、评优、晋升等方面的政治把关。③联系服务师生。党支部主动联系师生，征集意见，帮助解决工作学习生活中的实际困难和问题。④请示报告。凡属党支部重要工作、重大事件、重要事项、重要活动以及其他应当请示报告的情况，必须事前向上级党组织和有关负责人请示报告。⑤经费使用。严格执行上级制定的党费和党建工作经费使用、管理有关制度，组织党员开展党组织活动	10	①②③④⑤达到要求的，每一项计2分；执行相关制度不落实的，一项不合格扣2分	
阵地建设规范化	活动阵地	20. 基本设施：依托学院（部）固有党员活动场所开展支部活动。要求党员活动室制度上墙，配备资料橱（或书柜）和报刊架，购置并定期更新报刊、党建杂志和相关书籍	4	达标计4分，不合格扣4分	
	日常管理	21. 档案管理：①党员名册、入党积极分子名册、发展对象名册、党费收缴簿（简称“三册一簿”）等基本资料齐备。②《党支部工作手册》、工作计划、工作总结、党课讲稿等资料记录详实规范	6	①②全部达标计6分，一项不合格扣3分	

续表

一级指标	二级指标	三级指标	分值	计分办法	得分
发展特色评估	加分项	①在党建方面的成果。②在教学方面的成果。③在科研方面的成果。④在育人成效方面的成果。⑤在公益服务方面的成果	20	各试点学院（部）根据学院（部）、学科实际进行设置细化指标	

注：1. 评分以工作台账、原始资料为依据，不能提供充分有效依据的，视为没有开展该项工作，每个项目分值扣完为止。台账以已有材料、会议记录等为支撑备查，由学院党委把关，不再另行整理台账，避免增加基层负担。

2. 评级的标准为：得分 100 分（含）以上的，评为“标兵党支部”；得分 90 分（含）至 100 分之间，评为“优秀党支部”；得分 75 分（含）至 90 分之间，评为“合格支部”；得分 75 分以下，评为“不合格支部”。

3. 党支部有以下情况之一的直接认定为不合格：（1）本年度因党支部教育管理不到位导致支部党员不遵守政治纪律造成严重后果及影响的，以及党员因违法违纪受到警告以上处分的；（2）违反《中国共产党发展党员工作细则》等规定发展党员，造成严重后果及影响的；（3）工作台账等资料存在造假现象并经查实的。

附件 2

学生党支部建设指导性考核指标体系

党支部名称：　　　　　　　　　　　　　　　　自评总得分：

一级指标	二级指标	三级指标	分值	计分办法	得分
支部设置标准化	组织设置合理	1. 基本设置形式：①正式党员人数达到 3 人以上的学生班级，可以按班级设置党支部；不足 3 人的，可与学科专业相近的班级或年级联合成立党支部。②党支部人数一般控制在 50 人以内。③党员人数较多的党支部，根据党员数量、分布情况、工作需要，合理划分党小组，每个党小组不得少于 3 名党员，其中至少要有 1 名正式党员	4	①②③达标计 4 分，一项不合格扣 2 分，扣完为止	

续表

一级指标	二级指标	三级指标	分值	计分办法	得分
支部设置标准化	班子选优配齐	2. 支部委员会职数及配备：①党员超过7人的，设置党的支部委员会委员，职数一般3~5人，不超过党员半数。党员不足7人的，配备1名书记，必要时配备1名副书记。②合理配备书记、组织委员、宣传委员、纪律检查委员等	2	①②达标计2分，一项不合格扣1分	
		3. 书记选配：按照守信念、重品行、有本领、敢担当、讲奉献的要求，注意从优秀辅导员、骨干教师、优秀大学生党员中选拔学生党支部书记。本科生党支部书记一般由优秀政治辅导员、骨干党员教师、高年级优秀学生党员担任，研究生党支部书记可由优秀研究生党员担任	5	达标计5分，否则计0分	
	换届按期正常	4. 支部委员会任期和换届：①学生党支部委员会和不设支部委员会的支部书记、副书记，每届任期3年。②任期将满或其他原因需要换届的党支部应提前向上级党组织书面报送换届请示，按规定流程换届。③党支部书记、副书记、委员出缺应及时补选	3	①②③达标计3分，一项不合格扣1分。 因学生毕业，支部拆分等原因，按规定流程换届，第①项直接计1分	
组织生活正常化	认真落实“三会一课”制度	5. “三会一课”纪实管理：①“三会一课”必须单独召开，结合学生特点，突出政治学习和教育，突出党性锻炼，坚决防止表面化、形式化、娱乐化、庸俗化。每月至少召开1次支部委员会、设立党小组的召开1次党小组会（不设党小组的不考核此项内容），每季度至少召开1次支部党员大会。每季度至少组织1次党课。支部书记每年至少为支部党员讲1次党课。②落实“三会一课”纪实管理，建立健全工作台账，及时规范填写《党支部工作手册》，做到记录准确、真实、完整	10	①②达标计10分，“三会一课”次数少一次扣2分，记录不规范一次扣1分	

续表

一级指标	二级指标	三级指标	分值	计分办法	得分
组织生活正常化	开好组织生活会	6. 组织生活会：①根据上级党组织确定的主题，每年至少举行1次组织生活会，根据需要随时召开专题组织生活会。②会前广泛听取意见、深入谈心交心。③会上认真查摆问题、深刻剖析根源、明确整改方向。④会后逐一列出整改落实的问题清单和整改措施	5	①达标计2分；否则计0分。 ②③④达标计3分，一项不合格扣1分	
	做好民主评议党员	7. 党员民主评议：①结合组织生活会，每年开展1次民主评议党员工作，按个人自评、党员互评、民主测评、组织评定等程序，督促党员联系个人实际进行党性分析，确定评议等次。②在确定评议等次基础上，进行推荐表彰或者依规稳妥处置不合格党员	3	①按规范程序开展民主评议党员的，计2分；开展了民主评议党员，但程序不够严谨的，计1分；未开展民主评议党员，计0分。 ②达标计1分，否则计0分	
	常态进行谈心谈话	8. 谈心谈话：①党支部应当经常开展谈心谈话。党支部委员之间、党支部委员和党员之间、党员和党员之间，每年谈心谈话一般不少于1次。②对困难党员、受到处分处置、师生反映不良的党员，党支部书记应当及时谈话。③支部书记每年至少向上一级党组织书记汇报思想1次	5	①②③达标计5分，一项不合格扣2分，扣完为止	
	全面推行主题党日活动	9. 主题党日：①每月相对固定一天作为主题党日，组织党员集中学习、过组织生活、进行民主议事和志愿服务等，外出党员可以通过QQ、微信或视频等方式参加。②主题党日开展前，党支部要按学校要求认真研究主题和内容，开展后抓好议定事项组织落实，并做好记录。③党支部将活动开展情况每半年向上一级党组织报备1次	3	①②③达标计3分，一项不合格扣1分	
	创新活动方式	10. 活动方式：运用校内外红色资源、实践教育基地等，创新组织生活形式，丰富组织生活内容，逐步打造特色品牌	2	有相关新闻报道的一次计1分	

续表

一级指标	二级指标	三级指标	分值	计分办法	得分
管理服务精细化	提高发展党员质量	11. 重视党员发展：强化发展质量，严把发展关口，严格政治审查，确保政治合格。坚持入党自愿原则和个别吸收原则，成熟一个，发展一个，禁止突击发展。将“推荐优秀团员作为入党积极分子人选”作为重要渠道	2	达标计2分	
		12. 规范党员发展程序：①严格遵守发展党员5阶段25步骤要求，坚持标准，严格把关。严格落实推荐、政审、公示、票决等制度，发展党员标准严格、培养严格、程序严格。②党员发展资料健全完备，档案管理规范	5	①②全部达标计5分，程序不规范或标准不严的计0分	
	强化教育培训	13. 党员教育：①组织学生党员认真学习马克思列宁主义、毛泽东思想、邓小平理论、“三个代表”重要思想、科学发展观、习近平新时代中国特色社会主义思想，推进“两学一做”学习教育常态化制度化，学习党的路线方针政策和决议，学习党的基本知识、学习科学、文化、法律和业务知识。确保外出实习、毕业班求职学生党员等正常接受教育。②定期组织学生党员开展政治理论学习，用好“学习强国”等学习平台	5	①②全部达标计4分，一项不合格扣3分，扣完为止	
		14. 党员培训：①支部党员参加集中学习培训，根据实际情况确定，每年一般不少于32学时。②党支部书记和支部委员参加集中学习培训每年不少于56学时，至少参加1次集中培训	6	①②达标计6分，一项不合格扣3分	
	加强组织关系管理	15. 台账管理：①党员基本信息、组织关系隶属、交纳党费、参加组织生活、外出流动登记等清楚、严格、规范。②加强对出国（境）党员的管理工作，信息台账健全完备，更新及时，做到底数清、情况明	4	①②达标计4分，一项不合格扣2分	

续表

一级指标	二级指标	三级指标	分值	计分办法	得分
管理服务精细化	严格党费收缴	16. 党费缴纳管理：①学生党员每月自觉按时足额交纳党费。②党支部每年公布 1 次党费收缴情况	2	①②全部达标计 2 分，一项不合格扣 1 分	
	激励关怀	17. 关怀激励：①党支部建立帮扶台账，经常联系帮扶生活困难党员和流动党员。②根据上级党组织部署，党支部认真做好评先评优推荐工作	4	①②达标计 4 分，一项不合格扣 2 分	
	充分发挥先锋模范作用	18. 开展活动：组织大学生党员广泛参加社会实践、志愿服务、社会调查等活动。围绕学生党员思想、学习和生活实际，以坚定理想信念、加强党性修养、塑造人格品性为重点，建立“党员服务岗”“学习示范岗”等，依托学生学习互助、学生创新创业等活动，分享学习经验，促进学业进步；依托学校和学院志愿服务品牌项目，开展支教、社区服务、法律援助等志愿服务活动；依托社会实践项目，深入基层开展社会调查和课题研究等活动，认识和体验世情、国情、民情，为推动经济社会发展建言献策	6	每年组织开展了社会实践、志愿服务、社会调查等活动，且活动有记录的，计 6 分；没开展的，计 0 分	
		19. 发挥作用：①严格遵守党章与党纪党规，带头遵守国家法律和校纪校规，做遵纪守法的标杆。②带头践行社会主义核心价值观，做“勤学、修德、明辨、笃实”的表率。③带头落实“四个合格”目标要求，做党的路线方针政策的宣传者，做朋辈帮扶、互助友爱的践行者，做就业创业、志愿服务国家需要的争先者，做钻研科学知识、勇攀科学高峰的探索者。④研究生党员在学术研究、恪守学术道德中的模范带头作用发挥充分，毕业生党员在创新创业中的导向和示范作用突出	6	①②③④全部达标，计 6 分。①或④有因违纪违规、学术不端受到处分的，计 0 分；②或③有一项不合格扣 2 分。无研究生党员、毕业生党员的此项不评估，直接达标	

续表

一级指标	二级指标	三级指标	分值	计分办法	得分
工作制度体系化	制度建设与实施	20. 各项制度：①组织生活。认真落实“三会一课”、民主评议党员、组织生活会制度、党风廉政责任建设等。②联系服务同学。党支部主动联系同学，征集意见，帮助解决学习生活中的实际困难和问题。③请示报告。凡属党支部重要工作、重大事件、重要事项、重要活动以及其他应当请示报告的情况，必须事前向上级党组织和有关负责人请示报告。④经费使用。严格执行上级制定的党费和党建工作经费使用、管理有关制度，组织党员开展党组织活动	8	①②③④达到要求的，每一项计2分；执行相关制度不落实的，一项不合格扣2分	
阵地建设规范化	活动阵地	21. 基本设施：依托学院固有党员活动场所开展支部活动，一般借用教室和各学院（部）团委（总支）、学生会办公室作为党支部活动场所，发挥“一室多用”的整体综合效能。要求党员活动室制度上墙，配备资料橱（或书柜）和报刊架，购置并定期更新报刊、党建杂志和相关书籍	4	达标计4分，一项不合格扣4分	
	日常管理	22. 档案管理：①党员名册、入党积极分子名册、发展对象名册、党费收缴簿（简称“三册一簿”）等基本资料齐备。②《党支部工作手册》、工作计划、工作总结、党课讲稿等资料记录详实规范	6	①②全部达标计6分，一项不合格扣3分	
发展特色评估	加分项	①在党建方面的成果。②在第二课堂和创新创业方面的成果。③在典型培育方面的成果。④在社会公益服务方面的情况。⑤在学术方面的成果	20	各试点学院（部）根据学院（部）、学科实际进行设置细化指标	

注：1. 评分以工作台账、原始资料为依据，不能提供充分有效依据的，视为没有开展该项工作，每个项目分值扣完为止。台账以已有材料、会议记录等为支撑备查，由学院党委把关，不再另行整理台账，避免增加基层负担。

2. 评级的标准为：得分100分（含）以上的，评为“标兵党支部”；得分90分（含）至100分之间，评为“优秀党支部”；得分75分（含）至90分之间，评为“合格支部”；得分75分以下，评为“不合格支部”。

3. 党支部有以下情况之一的直接认定为不合格：（1）本年度因党支部教育管理不到位导致支部党员不遵守政治纪律造成严重后果及影响的，以及党员因违法违纪受到警告以上处分的；（2）违反《中国共产党发展党员工作细则》等规定发展党员，造成严重后果及影响的；（3）工作台账等资料存在造假现象并经查实的。

附件 3

管理服务类党支部建设指导性考核指标体系

党支部名称：　　　　　　　　　　　　　　　　　　　　自评总得分：

一级指标	二级指标	三级指标	分值	计分办法	得分
支部设置标准化	组织设置合理	1. 基本设置形式：①凡有正式教职工党员 3 人以上的单位，均应建立党支部。正式党员不足 3 人的，可与业务相近的管理服务单位或部门联合成立党支部。②党支部人数一般控制在 50 人以内。③党员人数较多的党支部，根据党员数量、分布情况、工作需要，合理划分党小组，每个党小组不得少于 3 名党员，其中至少要有 1 名正式党员	4	①②③达标计 4 分，一项不合格扣 2 分，扣完为止	
	班子选优配齐	2. 支部委员会职数及配备：①党支部设委员一般 3~5 人，其中书记 1 人，必要时可增设副书记 1 人；党员不足 7 人的不设支部委员会，设书记 1 人，必要时增设副书记 1 人。②合理配备书记、组织委员、宣传委员、纪律检查委员等。③设支部委员会的党支部设纪律检查委员；不设支部委员会的支部，应指定专人负责纪检工作	2	①达标计 1 分，否则计 0 分。 ②③达标计 1 分，一项不合格扣 0.5 分	
		3. 书记选配：学校机关职能部门和独立科研机构党支部书记一般由单位负责人（非党员负责人除外）担任党支部书记；成立党委（党总支）的直（附）单位选拔党性意识强、乐于奉献的优秀党员担任党支部书记	5	达标计 5 分，否则计 0 分	

续表

一级指标	二级指标	三级指标	分值	计分办法	得分
支部设置标准化	换届按期正常	4. 支部委员会任期和换届：①教职工党支部委员会和不设支部委员会的支部书记、副书记，每届任期3年。②任期将满或其他原因需要换届的党支部应提前向上级党组织书面报送换届请示，按规定流程换届。③党支部书记、副书记、委员出缺应及时补选	3	①②③达标计3分，一项不合格扣1分	
组织生活正常化	认真落实“三会一课”制度	5. “三会一课”纪实管理：①“三会一课”不能与业务会议合并召开，更不能用其他会议代替。每月至少召开1次支部委员会、设立党小组的召开1次党小组会（不设党小组的不考核此项内容），每季度至少召开1次支部党员大会。每季度至少组织1次党课。支部书记每年至少为支部党员讲1次党课，邀请校级、本单位两级党员领导干部每年到支部至少讲1次党课。②落实“三会一课”纪实管理，建立健全工作台账，及时规范填写《党支部工作手册》，做到记录准确、真实、完整	10	①②达标计10分，“三会一课”次数少一次扣2分，记录不规范一次扣1分	
	开好组织生活会	6. 组织生活会：①根据上级党组织确定的主题，每年至少举行1次组织生活会，根据需要随时召开专题组织生活会。②会前广泛听取意见、深入谈心交心。③会上认真查摆问题、深刻剖析根源、明确整改方向。④会后逐一列出整改落实的问题清单和整改措施。⑤党员领导干部认真执行双重组织生活制度，以普通党员身份参加所在支部组织生活会	5	①达标计2分；否则计0分。 ②③④达标计2分，一项不合格扣1分，扣完为止。 ⑤达标计1分，否则计0分；如果党支部没有校、院党员领导干部的，此项不评估，直接计1分	
	做好民主评议党员	7. 党员民主评议：①结合组织生活会，每年开展1次民主评议党员工作，按个人自评、党员互评、民主测评、组织评定等程序，督促党员联系个人实际进行党性分析，确定评议等次。②在确定评议等次基础上，进行推荐表彰或者依规稳妥处置不合格党员	3	①按规范程序开展民主评议党员的，计2分；开展了民主评议党员，但程序不够严谨的，计1分；未开展民主评议党员，计0分。 ②达标计1分，否则计0分	

续表

一级指标	二级指标	三级指标	分值	计分办法	得分
组织生活正常化	常态进行谈心谈话	8. 谈心谈话：①党支部应当经常开展谈心谈话。党支部委员之间、党支部委员和党员之间、党员和党员之间，每年谈心谈话一般不少于1次。②对困难党员、受到处分处置、师生反映不良的党员，党支部书记应当及时谈话。③支部书记每年至少向上一级党组织书记汇报思想1次	5	①②③达标计5分，一项不合格扣2分，扣完为止	
	全面推行主题党日活动	9. 主题党日：①每月相对固定一天作为主题党日，组织党员集中学习、过组织生活、进行民主议事和志愿服务等，外出党员可以通过QQ、微信或视频等方式参加。②主题党日开展前，党支部要按学校要求认真研究主题和内容，开展后抓好议定事项组织落实，并做好记录。③党支部将活动开展情况每半年向上一级党组织报备1次	3	①②③达标计3分，一项不合格扣1分	
	创新活动方式	10. 活动方式：运用校内外红色资源、实践教育基地等，创新组织生活形式，丰富组织生活内容，逐步打造特色品牌	2	有相关新闻报道的一次计1分	
管理服务精细化	提高发展党员质量	11. 重视党员发展：重视在新进优秀教职工、优秀青年等中发展党员	2	达标计2分。支部所在单位均为党员或无成熟发展对象，此项不评估，直接计2分	
		12. 规范发展程序：①严格遵守发展党员5阶段25步骤要求，坚持标准，严格把关。严格落实推荐、政审、公示、票决等制度，发展党员标准严格、培养严格、程序严格。②党员发展资料健全完备，档案管理规范	2	①②全部达标计2分，程序不规范或标准不严的计0分。支部当年无发展党员，此项不评估，直接计2分	

续表

一级指标	二级指标	三级指标	分值	计分办法	得分
管理服务精细化	强化教育培训	13. 党员教育：①组织党员认真学习马克思列宁主义、毛泽东思想、邓小平理论、“三个代表”重要思想、科学发展观、习近平新时代中国特色社会主义思想，推进“两学一做”学习教育常态化制度化，学习党的路线方针政策和决议，学习党的基本知识、学习科学、文化、法律和业务知识。②定期组织党员开展政治理论学习，用好“学习强国”等学习平台	5	①②全部达标计5分，一项不合格扣3分，扣完为止	
		14. 党员培训：①支部党员参加集中学习培训，根据实际情况确定，每年一般不少于32学时。②党支部书记和支部委员参加集中学习培训每年不少于56学时，至少参加1次集中培训	6	①②达标计6分，一项不合格扣3分	
	加强组织关系管理	15. 台账管理：①党员基本信息、组织关系隶属、交纳党费、参加组织生活、外出流动登记等清楚、严格、规范。②加强对出国（境）党员的管理工作，信息台账健全完备，更新及时，做到底数清、情况明	4	①②达标计4分，一项不合格扣2分	
	严格党费收缴	16. 党费缴纳管理：①党支部及时核定党员交纳党费具体数额。②党员每月自觉按时足额交纳党费。③党支部每年公布1次党费收缴情况	3	①②③全部达标计3分，一项不合格扣1分	
	激励关怀	17. 关怀激励：①党支部建立帮扶台账，经常联系帮扶老党员、生活困难党员和流动党员。②根据上级党组织部署，党支部认真做好评先评优推荐工作	4	①②达标计4分，一项不合格扣2分	

续表

一级指标	二级指标	三级指标	分值	计分办法	得分
管理服务精细化	切实发挥作用	18. 立足岗位做贡献：①认真学习贯彻上级党组织的有关决策部署，坚持社会主义办学方向，将“三全育人”的要求落到实处。将思想政治要求纳入教职工日常管理。②机关和党政管理部门党员在转变工作作风、改进管理服务工作、提升素质能力等发挥先锋模范作用；后勤服务、图书馆等直（附）属单位党员在提高业务技能、提供优质服务等方面发挥先锋模范作用。③开展党员下沉社区志愿服务活动，每年每人不少于 20 个小时	12	①②③全部达标计 12 分，一项不合格扣 4 分	
工作制度体系化	制度建设与实施	19. 各项制度：①组织生活。认真落实“三会一课”、民主评议党员、组织生活会制度、党风廉政责任建设等。②政治把关。发挥党支部在教职工考核、评优、晋升等方面的政治把关。③联系服务师生。党支部主动联系师生，征集意见，帮助解决工作生活中的实际困难和问题。④请示报告。凡属党支部重要工作、重大事件、重要事项、重要活动以及其他应当请示报告的情况，必须事前向上级党组织和有关负责人请示报告。⑤经费使用。严格执行上级制定的党费和党建工作经费使用、管理有关制度，组织党员开展党组织活动	10	①②③④⑤达到要求的，每一项计 2 分；执行相关制度不落实的，一项不合格扣 2 分	

续表

一级指标	二级指标	三级指标	分值	计分办法	得分
阵地建设规范化	活动阵地	20. 基本设施：依托本单位固有党员活动场所开展支部活动。要求党员活动室制度上墙，配备资料橱（或书柜）和报刊架，购置并定期更新报刊、党建杂志和相关书籍	4	达标计 4 分，不合格扣 4 分	
	日常管理	21. 档案管理：①党员名册、入党积极分子名册、发展对象名册、党费收缴簿（简称“三册一簿”）等基本资料齐备。②《党支部工作手册》、工作计划、工作总结、党课讲稿等资料记录详实规范	6	①②全部达标计 6 分，一项不合格扣 3 分	
发展特色评估	加分项	①在党建方面的成果。②在改善民生方面的成果。③在服务师生方面的成果。④在公益服务活动方面的情况	20	各试点单位结合实际进行设置细化指标	

注：1. 评分以工作台账、原始资料为依据，不能提供充分有效依据的，视为没有开展该项工作，每个项目分值扣完为止。台账以已有材料、会议记录等为支撑备查，由分党委（党总支）把关，不再另行整理台账，避免增加基层负担。

2. 评级的标准为：得分 100 分（含）以上的，评为“标兵党支部”；得分 90 分（含）至 100 分之间，评为“优秀党支部”；得分 75 分（含）至 90 分之间，评为“合格支部”；得分 75 分以下，评为“不合格支部”。

3. 党支部有以下情况之一的直接认定为不合格：（1）本年度因党支部教育管理不到位导致支部党员不遵守政治纪律造成严重后果及影响的，以及党员因违法违纪受到警告以上处分的；（2）违反《中国共产党发展党员工作细则》等规定发展党员，造成严重后果及影响的；（3）工作台账等资料存在造假现象并经查实的。

武汉科技大学落实省纪委监委2023年度“一校一策”推动解决突出问题工作方案

（武科大党发〔2023〕31号）

为深入贯彻二十届中央纪委二次全会、湖北省纪委十二届二次全会精神，落实省纪委监委《关于2023年度“一校一策”推动解决省属高校突出问题的方案》有关安排部署，推进解决制约学校事业高质量发展的突出问题，制定本工作方案。

一、总体要求

坚持以习近平新时代中国特色社会主义思想为指导，深入贯彻落实党的二十大精神和中央纪委、省纪委二次全会部署，以省纪委“一校一策”政治监督为引领和契机，着力解决制约学校事业高质量发展的突出问题，全力推进学校一流学科建设和改革发展各项任务，同步加强学校纪委、监察专员办公室自身建设，持续推进学校纪检监察工作高质量发展。

二、目标任务

1. 实施一流学科建设攻坚行动，助推学校高质量发展。

2. 深入推进附属医院医疗器械、药品等重点领域、关键环节权力运行监督制约。

3. 着力提升纪检监察干部纪法“双施双守”能力水平。

三、工作步骤

1. 确定重点任务（2023年6月—8月）。根据上级部署安排，学校研究后报省纪委审核同意，明确“一校一策”重点任务3项。其中，涉及学校办学治校重点任务1项，涉及附属医院问题1项，涉及纪委、监察专员办公室补强自身短板弱项问题1项。

2. 建立任务台账（2023年8月）。学校对2023年度3项重点任务进行梳理汇总，分别建立“一校一策”推动解决省属高校突出问题重点任务台账、“一校一策”补强省属高校纪检监察机构自身建设短板重点任务台账（附件1、附件2）。

3. 制定落实方案（2023年9月上旬）。结合学校实际，研究制定“一校一策”重点任务工作方案，形成任务清单、责任清单、成效清单，以“三个清单”保障“一校一策”落地见效（附件3）。

4. 推进工作落实（2023年9月上旬—12月下旬）。学校各责任单位压实责任、细化举措、精准施策、扎实推进，于10月15日将工作阶段性进展报纪委、监察专员办公室。学校于10月20日将整体进展情况报省纪委监委第八监督检查室。

5. 开展总结评估（2024年1月—2月）。各责任单位于2023年12月30日前报送任务完成情况报告。学校就推动解决改革发展突出问题，强化纪委、监察专员办公室自身建设情况分别进行总结，形成书面报告报省纪委监委第八监督检查室。

四、工作要求

1. 强化责任落实。重点任务各责任单位要认真落实主体责任，加强统筹谋划，采取有力有效措施，推进解决制约学校事业高质量发展的突出问题。纪委、监察专员办公室认真落实监督责任，将落实“一校一策”重点任务作为强化政治监督的重要载体，作为加强自身建设的重要抓手，周密安排工作、强化过程管理，对各责任单位推进落实情况加强督办。

2. 坚持问题导向。坚持系统思维，深挖问题根源，找准症结、精准发力、全力推动，确保问题真改、真治、真见效，强化举一反三和体制机制建设，力戒整改治理中的形式主义，防止走过场、不深入。

3. 统筹推进工作。把落实“一校一策”重点任务与主题教育、纪检监察干部教育整顿及日常监督执纪执法工作结合起来，深化总结“一校一策”方法和经验，持续推动学校管党治校体系的强化和优化，以自我革命的精神持续提升学校纪检监察工作水平和干部履职能力。

附件：1. 省纪委监委2023年度“一校一策”推动解决学校突出问题重点任务（推进解决学校突出问题）。

2. 省纪委监委2023年度“一校一策”推动解决学校突出问题重点任务（补强学校纪检机构自身短板）。

3. 武汉科技大学党委落实“一校一策”重点任务“三个清单”。

附件 1

省纪委监委 2023 年度“一校一策”推动解决学校突出问题重点任务（推进解决学校突出问题）

序号	重点任务	目标及措施
1	实施一流学科建设攻坚行动，助推学校高质量发展	工作目标：落实省委省政府省属高校一流学科突破行动工作部署，加强一流学科建设组织领导，着力在管理体制优化、高层次人才引育、有组织科研、重大科研成果产出和学科平台体系构建、激励制度创新等方面取得实效。 拟采取措施：1. 理顺管理机制。推动组织机构调整，统筹跨学校、跨学院、跨平台的资源整合问题，组建成立材料学部，理顺国家重点实验室管理体制，实现资源整合。2. 强化高层次人才引育。争取自主培养或引进的全职高端人才取得新突破，建成一支结构合理、综合素质高、创新能力强的高水平学科师资队伍。3. 推进有组织科研。立足服务地方经济社会发展，加强战略布局和重点突破，实施新学科融合渗透，促进材料学科原始创新能力和集成创新能力提升。4. 推进重大科研成果产出和学科平台体系构建。全面梳理科研获奖情况，实施国奖突破的重大成果培育，力争新增国家科技奖。构建高水平学科平台研究体系，加强平台内涵建设。5. 创新一流学科建设激励制度。以目标为导向，以学者为中心，以成果为标准，以绩效为抓手，创新一流学科发展机制，为一流学科建设目标任务实现提供制度保障
2	深入推进附属医院医疗器械、药品等重点领域、关键环节权力运行监督制约	工作目标：聚焦廉洁风险防控和规范管理，推进医疗器械、药品等重点领域、关键环节权力运行监督制约取得实效。 拟采取措施：1. 强化清廉医院建设，营造廉洁氛围。利用红色资源、警示教育基地、廉政作品展等开展廉洁文化教育活动，推进清廉医院和“一院一品”特色清廉文化品牌建设。2. 开展专项检查，强化日常监督。定期和不定期开展重点领域的专项检查工作，组织开展 2023 年不合理医疗检查及用药突出问题专项治理工作，针对标外采购、违价采购，严禁“带金销售”、接受企业回扣等典型问题，加强招标采购环节的监督管理，查找问题、制订清单，确保整改到位。3. 扎牢制度笼子，建立常态化监管机制。一是定期开展对医疗器械、药品招标采购等领域的法律法规、规章制度的专题学习，强化院领导班子、重点领域关键环节党员干部法治思维和纪法观念。二是梳理医院现有规章制度，查找问题与不足，制定《重点监控药品临床应用管理规定》《药品用量动态监测及超常量预警管理办法》等规章制度。三是更新《医院廉政风险防控清单》，健全完善常态化、长效化风险防控机制，扎牢“不能腐”的制度笼子

附件 2

省纪委监委2023年度“一校一策”推动解决学校突出问题重点任务（补强学校纪检机构自身短板）

重点任务	目标及措施
着力提升纪检监察干部纪法“双施双守”能力水平	工作目标：着力提升线索处置、审查调查的准确研判、精准处置能力。 拟采取措施：1. 加强学习，定期开展“百炼铸魂”微论坛、“齐学共讲”微讲坛，以讲促学、以讲督学，不断提高纪检监察干部的思想政治素质和执纪执法业务能力水平。2. 强化制度约束，加强制度建设，对照上级最新文件规定，结合工作实际，拟制定《武汉科技大学纪委、监察专员办公室线索处置、审查调查集体研判工作办法》《武汉科技大学纪委、监察专员办公室线索处置、审查调查取证工作规范》《武汉科技大学纪委、监察专员办公室线索处置、审查调查档案管理工作办法》及《线索处置、审查调查卷宗材料整理规范》，修订《立案审查调查工作办法》等多个文件制度、工作规范。3. 强化实战锻炼和培训提升。在线索处置和审查调查实战阶段，持续实施新老干部“一帮一”“以老带新”；积极选送干部到省纪委监委借调锻炼；主动向上级纪委监委争取，增加参加各类纪法培训、年轻干部培训机会，强化年轻纪检监察干部培养力度

附件 3

武汉科技大学党委落实“一校一策”重点任务“三个清单”

填表单位：　　　　　　　　　　　　填表人及联系方式：

<table>
<tr><th rowspan="2">序号</th><th colspan="2">任务清单</th><th colspan="3">责任清单</th><th colspan="4">成效清单</th></tr>
<tr><th>具体任务</th><th>落实措施</th><th>牵头校领导</th><th>责任单位</th><th>完成时限</th><th>目标</th><th>第一阶段</th><th>第二阶段</th><th>第三阶段</th></tr>
<tr><td rowspan="5">1</td><td rowspan="5">实施一流学科建设攻坚行动，助推学校高质量发展</td><td>1. 理顺管理机制。推动组织机构调整，统筹跨学校、跨学院、跨平台的资源整合问题，组建成立材料学部，理顺国家重点实验室管理体制，实现资源整合</td><td rowspan="5">盛建龙
马　腾</td><td>党委组织部</td><td>2023 年 12月30日</td><td rowspan="5">落实省委省政府省属高校一流学科突破行动工作部署，加强一流学科建设组织领导，着力在管理体制优化、高层次人才引育、有组织科研、重大科研成果产出和学科平台体系构建、激励制度创新等方面取得实效</td><td></td><td></td><td></td></tr>
<tr><td>2. 强化高层次人才引育。争取自主培养或引进的全职高端人才取得新突破，建成一支结构合理、综合素质高、创新能力强的高水平学科师资队伍</td><td>人事处</td><td>2023 年 12月30日</td><td></td><td></td><td></td></tr>
<tr><td>3. 推进有组织科研。立足服务地方经济社会发展，加强战略布局和重点突破，实施新学科融合渗透，促进材料学科原始创新能力和集成创新能力提升</td><td>科学技术发展院</td><td>2023 年 12月30日</td><td></td><td></td><td></td></tr>
<tr><td>4. 推进重大科研成果产出和学科平台体系构建。全面梳理科研获奖情况，实施国奖突破的重大成果培育，力争新增国家科技奖。构建高水平学科平台研究体系，加强平台内涵建设</td><td>科学技术发展院</td><td>2023 年 12月30日</td><td></td><td></td><td></td></tr>
<tr><td>5. 创新一流学科建设激励制度。以目标为导向，以学者为中心，以成果为标准，以绩效为抓手，创新一流学科发展机制，为一流学科建设目标任务实现提供制度保障</td><td>发展规划与学科建设处</td><td>2023 年 12月30日</td><td></td><td></td><td></td></tr>
</table>

续表

序号	任务清单		责任清单			成效清单			
	具体任务	落实措施	牵头校领导	责任单位	完成时限	目标	第一阶段	第二阶段	第三阶段
2	深入推进附属医院医疗器械、药品等重点领域、关键环节权力运行监督制约	1. 强化清廉医院建设，营造廉洁氛围。利用红色资源、警示教育基地、廉政作品展等开展廉洁文化教育活动，推进清廉医院和“一院一品”特色清廉文化品牌建设	孙国胜 窦先萍	附属天佑医院、附属老年病医院	2023年12月30日	聚焦廉洁风险防控和规范管理，推进医疗器械、药品等重点领域、关键环节权力运行监督制约取得实效			
		2. 开展专项检查，强化日常监督。定期和不定期开展重点领域的专项检查工作，组织开展2023年不合理医疗检查及用药突出问题专项治理工作，针对标外采购、违价采购，严禁“带金销售”、接受企业回扣等典型问题，加强招标采购环节的监督管理，查找问题、制订清单，确保整改到位		附属天佑医院、附属老年病医院、纪委、监察专员办公室	2023年12月30日				
		3. 扎牢制度笼子，建立常态化监管机制。一是定期开展对医疗器械、药品招标采购等领域的法律法规、规章制度的专题学习，强化院领导班子、重点领域关键环节党员干部法治思维和纪法观念。二是梳理医院现有规章制度，查找问题与不足，制定《重点监控药品临床应用管理规定》《药品用量动态监测及超常量预警管理办法》等规章制度。三是更新《医院廉政风险防控清单》，健全完善常态化、长效化风险防控机制，扎牢“不能腐”的制度笼子		附属天佑医院、附属老年病医院	2023年12月30日				

续表

序号	任务清单		责任清单			成效清单			
	具体任务	落实措施	牵头校领导	责任单位	完成时限	目标	第一阶段	第二阶段	第三阶段
3	着力提升纪检监察干部纪法“双施双守”能力水平	1. 加强学习，定期开展“百炼铸魂”微论坛、“齐学共讲”微讲坛，以讲促学、以讲督学，不断提高纪检监察干部的思想政治素质和执纪执法业务能力水平	窦先萍	纪委、监察专员办公室	2023 年 12月30日	着力提升线索处置、审查调查的准确研判、精准处置能力			
		2. 强化制度约束，加强制度建设，对照上级最新文件规定，结合工作实际，拟制定《武汉科技大学纪委、监察专员办公室线索处置、审查调查集体研判工作办法》《武汉科技大学纪委、监察专员办公室线索处置、审查调查取证工作规范》《武汉科技大学纪委、监察专员办公室线索处置、审查调查档案管理工作办法》及《线索处置、审查调查卷宗材料整理规范》，修订《审查调查工作办法》等多个文件制度、工作规范		纪委、监察专员办公室	2023 年 12月30日				
		3. 强化实战锻炼和培训提升。在线索处置和审查调查实战阶段，持续实施新老干部“一帮一”“以老带新”；积极选送干部到省纪委监委借调锻炼；主动向上级纪委监委争取，增加参加各类纪法培训、年轻干部培训机会，强化年轻纪检监察干部培养力度		纪委、监察专员办公室	2023 年 12月15日				

武汉科技大学学生学科和科技竞赛管理办法（修订）

（武科大教发〔2023〕12号）

第一章　总　则

第一条　学生（包括本科生和研究生，下同）学科和科技竞赛（以下简称“竞赛”）对于推动人才培养模式与实践教学改革，激励学生主动学习、拓展知识面，营造创新创业教育的良好氛围，培养学生的创新精神、协作精神、实践能力和创新创业能力，全面提高人才培养质量具有重要作用。为了鼓励全校学生和教师积极参加各级各类竞赛，使学校竞赛活动组织管理工作规范化、科学化、制度化，结合学校实际，特制定本办法。

第二条　本办法所指的竞赛包括教育部、共青团中央和湖北省教育厅等部门以及其他相关机构组织的各级各类竞赛。

第二章　竞赛分类

第三条　为规范管理，根据竞赛所涉及的学科专业、规模、在国内外的影响力、举办历史等情况，将竞赛分为六大类：

A类：中国高等教育学会认定的重要学科竞赛，分为A1和A2两个档次。A1类为教育部和共青团中央牵头主办的综合性竞赛；A2类为教育部主办的基础性综合类竞赛。

B类：分为B1和B2两个档次。B1类包括未纳入A类的中国高等教育学会认定的重要学科竞赛和有重大影响的国际竞赛；B2类包括未纳入A类和B1类，但为教育部和国家其他有关政府部门、专业教学指导委员会、全国一级学会等主办的、有重要影响力的国际或全国性竞赛。

C类：全国非一级学会（协会）等主办的竞赛。

D类：由省级行政部门、省级行业（企业）、学会（协会）等主办的最高级别为跨省级或省级的竞赛。

E类：由市区级行政部门、市区级行业（企业）、学会（协会）等主办的最高级别为市区级的竞赛；学校有关部门和学院主办的全校性竞赛。

F类：由学院主办的最高级别为院级的竞赛。

分类主要以竞赛项目是否纳入中国高等教育学会认定的学科竞赛目录为依据。其中，A类、B1类是指已纳入中国高等教育学会认定的学科竞赛目录的项目；B2类、C类、D类、E类、F类是指未纳入中国高等教育学会认定的学科竞赛目录的项目。

竞赛项目分类目录见附件《武汉科技大学学生学科和科技竞赛项目分类一览表》(E类和F类竞赛项目不列入)。每年上半年根据上一年的实际竞赛情况参照竞赛分类标准对附表中的项目进行调整。

第四条　学校重点资助学生参加A类、B类竞赛项目和学校举办的重要竞赛，鼓励学院积极支持和资助学生参加各级各类竞赛活动、举办全校性竞赛活动。

第三章　组织管理

第五条　竞赛由创新创业学院、团委和研究生院统一组织和协调管理，各学院和有关部门负责相关竞赛的组织与实施。

第六条　创新创业学院、团委和研究生院负责编制年度竞赛专项经费预算，组织竞赛的总结与交流，做好竞赛成果资料的归档管理工作。

第七条　各教学单位要结合专业学科建设，积极举办和组织学生参加竞赛，以竞赛为契机，加强学生创新基地建设，形成“一院一基地、一院一赛事”的特色，培养学生创新精神、创新能力和实践动手能力。

第八条　鼓励各学院多渠道筹措竞赛经费，如校友捐赠、企业赞助等，为举办和组织学生参加各级各类竞赛提供经费支持。

第九条　各教学单位应加强经费使用管理，严格按照预算和学校财务管理制度使用竞赛专项经费。使用范围包括培训费、评审费、耗材费、差旅费、参赛报名费等。

第四章　绩效计算与奖励

第十条　按照《武汉科技大学关于进一步提升人才培养质量 推进一流本科建设的意见》和《武汉科技大学校院两级管理体制实施办法（试行）》等学校有关规定，对学院和相关教学单位计算并发放奖励绩效，对获奖项目指导教师在职称晋升和考核中给予政策倾斜，对获奖学生给予相应奖励。

第十一条　根据《武汉科技大学“创新创业学分”认定办法》和《武汉科技大学“第二课堂学分”评定和管理办法》相关规定，对参加竞赛的学生，认定相应的“创新创业学分”或“第二课堂学分”。

第五章　附　则

第十二条　本办法自发布之日起施行，原《武汉科技大学学生学科和科技竞赛管理办法》(武科大教发〔2021〕39号）自行废止。

第十三条　本办法由创新创业学院、团委和研究生院负责解释。

附件：武汉科技大学学生学科和科技竞赛项目分类一览表（2023年更新）。

附件

武汉科技大学学生学科和科技竞赛项目分类一览表（2023年更新）

序号	类别	项目名称	主办单位
1	A1类	中国国际“互联网+”大学生创新创业大赛	教育部、共青团中央等
2	A1类	“挑战杯”全国大学生课外学术科技作品竞赛	共青团中央、教育部等
3	A1类	“挑战杯”中国大学生创业计划竞赛	共青团中央、教育部等
4	A2类	“挑战杯”全国大学生课外学术科技作品竞赛（专项赛）	共青团中央、教育部等
5	A2类	“挑战杯”中国大学生创业计划竞赛（专项赛）	共青团中央、教育部等
6	A2类	全国大学生数学建模竞赛	教育部
7	A2类	全国大学生工程实践与创新能力大赛	教育部
8	A2类	全国大学生电子设计竞赛	教育部
9	A2类	全国大学生机械创新设计大赛	教育部
10	A2类	全国大学生结构设计竞赛	教育部
11	A2类	全国大学生智能汽车竞赛	教育部
12	A2类	全国大学生节能减排社会实践与科技竞赛	教育部
13	A2类	中国大学生医学技术技能大赛	教育部
14	A2类	全国大学生广告艺术大赛	教育部
15	A2类	全国大学生电子商务“创新、创意及创业”挑战赛	教育部
16	A2类	全国大学生物流设计大赛	教育部
17	A2类	全国大学生交通科技大赛	教育部
18	B1类	ACM-ICPC国际大学生程序设计竞赛	美国计算机协会
19	B1类	外研社全国大学生英语系列赛-英语演讲、英语辩论、英语写作、英语阅读	教育部高等学校大学外语教学指导委员会
20	B1类	全国大学生创新创业训练计划年会展示	教育部
21	B1类	全国大学生机器人大赛-RoboMaster、RoboCon	共青团中央、全国学联等
22	B1类	“西门子杯”中国智能制造挑战赛	教育部高等学校自动化类专业教学指导委员会等
23	B1类	全国大学生化工设计竞赛	教育部高等学校化工类专业教学指导委员会等
24	B1类	全国大学生先进成图技术与产品信息建模创新大赛	中国图学学会技术专业委员会等

续表

序号	类别	项目名称	主办单位
25	B1 类	中国大学生计算机设计大赛	教育部高等学校计算机类专业教学指导委员会等
26	B1 类	全国大学生市场调查与分析大赛	教育部高等学校统计学类专业教学指导委员会等
27	B1 类	中国大学生服务外包创新创业大赛	教育部、商务部等
28	B1 类	两岸新锐设计竞赛“华灿奖”	中国高等教育学会、中华中山文化交流协会等
29	B1 类	中国高校计算机大赛-大数据挑战赛、团体程序设计天梯赛、移动应用创新赛、网络技术挑战赛、人工智能创意赛	教育部高等学校计算机类专业教学指导委员会、教育部高等学校软件工程专业教学指导委员会
30	B1 类	中国机器人大赛暨 RoboCup 机器人世界杯中国赛	RoboCup 中国组委会、中国自动化学会、教育部高等学校自动化类专业教学指导委员会
31	B1 类	全国大学生信息安全竞赛	教育部高等学校网络空间安全专业教学指导委员会
32	B1 类	全国周培源大学生力学竞赛	教育部高等学校力学基础课程教学指导分委员会
33	B1 类	中国大学生机械工程创新创意大赛	中国机械工程学会
34	B1 类	蓝桥杯全国软件和信息技术专业人才大赛	工业和信息化部人才交流中心等
35	B1 类	全国大学生金相技能大赛	教育部高等学校材料类专业教学指导委员会
36	B1 类	“中国软件杯”大学生软件设计大赛	工业和信息化部、教育部等
37	B1 类	全国大学生光电设计竞赛	中国光学学会、教育部高等学校光电信息科学与工程专业教学指导分委员会

续表

序号	类别	项目名称	主办单位
38	B1 类	未来设计师·全国高校数字艺术设计大赛	工业和信息化部人才交流中心
39	B1 类	中美青年创客大赛	教育部
40	B1 类	全国大学生地质技能竞赛	中国地质学会、教育部高等学校地质学专业教学指导委员会
41	B1 类	米兰设计–中国高校设计学科师生优秀作品展	中国高等教育学会、中国教育国际交流协会
42	B1 类	全国大学生集成电路创新创业大赛	工业和信息化部人才交流中心
43	B1 类	中国机器人及人工智能大赛	中国人工智能学会
44	B1 类	全国高校商业精英挑战赛–品牌策划竞赛、会展专业创新创业实践竞赛、国际贸易竞赛、创新创业竞赛、会计与商业管理案例竞赛（2023 年新增）	中国国际贸易促进委员会等
45	B1 类	中国好创意暨全国数字艺术设计竞赛	全国高等院校计算机基础教育研究会
46	B1 类	全国三维数字化创新设计大赛	全国三维数字化创新设计大赛组委会
47	B1 类	“学创杯”全国大学生创业综合模拟大赛	高等学校国家级实验教学示范中心联席会经济与管理学科组
48	B1 类	“大唐杯”全国大学生新一代信息通信技术大赛（原“大唐杯”全国大学生移动通信 5G 技术大赛）	工业和信息化部人才交流中心
49	B1 类	全国大学生物理实验竞赛	教育部高等学校大学物理课程教学指导委员会
50	B1 类	全国高校 BIM 毕业设计创新大赛	信息技术新工科产学研联盟
51	B1 类	睿抗机器人开发者大赛（RAICOM）（原 RoboCom 机器人开发者大赛）	工业和信息化部人才交流中心
52	B1 类	全国大学生生命科学竞赛（CULSC）-生命科学竞赛、生命科学创新创业大赛	教育部高等学校大学生物学课程教学指导委员会
53	B1 类	华为 ICT 大赛	华为生态大学
54	B1 类	全国大学生嵌入式芯片与系统设计大赛	中国电子学会

续表

序号	类别	项目名称	主办单位
55	B1 类	中国高校智能机器人创意大赛	中国高校智能机器人创意大赛组委会
56	B1 类	“21 世纪杯”全国英语演讲比赛（2023 年新增）	“21 世纪杯”全国英语演讲比赛组委会
57	B1 类	iCAN 大学生创新创业大赛（2023 年新增）	中国信息协会
58	B1 类	“工行杯”全国大学生金融科技创新大赛（2023 年新增）	中国工商银行股份有限公司
59	B1 类	中华经典诵写讲大赛（2023 年新增）	教育部、国家语言文字工作委员会
60	B1 类	“外教社杯”全国高校学生跨文化能力大赛（2023 年新增）	中国教育国际交流协会
61	B1 类	百度之星·程序设计大赛（2023 年新增）	百度公司
62	B1 类	全国大学生工业设计大赛（2023 年新增）	全国工业设计一流专业建设协同创新平台
63	B1 类	全国大学生水利创新设计大赛（2023 年新增）	中国水利教育协会、高等学校水利类专业教学指导委员会
64	B1 类	全国大学生化工实验大赛（2023 年新增）	中国化工教育协会
65	B1 类	全国大学生化学实验创新设计大赛（2023 年新增）	中国化学会、教育部高等学校国家级实验教学示范中心联席会
66	B1 类	全国大学生计算机系统能力大赛（2023 年新增）	全国高等学校计算机教育研究会
67	B1 类	全国大学生花园设计建造竞赛（2023 年新增）	中国风景园林学会风景园林规划设计分会
68	B1 类	全国大学生物联网设计竞赛（2023 年新增）	教育部高等学校计算机类专业教学指导委员会
69	B1 类	全国大学生信息安全与对抗技术竞赛（2023 年新增）	教育部高等学校兵器类专业教学指导委员会
70	B1 类	全国大学生测绘学科创新创业智能大赛（2023 年新增）	全国高等学校测绘类专业竞赛联盟

续表

序号	类别	项目名称	主办单位
71	B1 类	全国大学生统计建模大赛（2023 年新增）	中国统计教育学会、教育部高等学校统计学类专业教学指导委员会
72	B1 类	全国大学生能源经济学术创意大赛（2023 年新增）	中国优选法统筹法与经济数学研究会
73	B1 类	全国大学生基础医学创新研究暨实验设计论坛（大赛）（2023 年新增）	高等学校国家级实验教学示范中心联席会
74	B1 类	全国大学生数字媒体科技作品及创意竞赛（2023 年新增）	中国人工智能学会
75	B1 类	全国本科院校税收风险管控案例大赛（2023 年新增）	中国高等教育学会高等财经教育分会
76	B1 类	全国企业竞争模拟大赛（2023 年新增）	中国管理现代化研究会决策模拟专业委员会
77	B1 类	全国高等院校数智化企业经营沙盘大赛（2023 年新增）	中国商业联合会
78	B1 类	全国数字建筑创新应用大赛（2023 年新增）	中国建设教育协会
79	B1 类	全球校园人工智能算法精英大赛（2023 年新增）	江苏省人工智能学会、华为终端云服务
80	B1 类	国际大学生智能农业装备创新大赛（2023 年新增）	教育部农业工程类专业教学指导委员会、中国农业机械学会
81	B1 类	“科云杯”全国大学生财会职业能力大赛（2023 年新增）	中国企业财务管理协会财经教育专业委员会
82	B1 类	全国大学生数学竞赛（决赛）	中国数学会
83	B1 类	全国大学生艺术展演	教育部
84	B1 类	红点设计大奖赛	德国红点奖组委会
85	B1 类	中国研究生智慧城市技术与创意设计大赛	中国学位与研究生教育学会等
86	B1 类	中国研究生未来飞行器创新大赛	中国学位与研究生教育学会等
87	B1 类	中国研究生数学建模竞赛	中国学位与研究生教育学会等
88	B1 类	中国研究生电子设计竞赛	中国学位与研究生教育学会等

续表

序号	类别	项目名称	主办单位
89	B1 类	中国研究生创“芯”大赛	中国学位与研究生教育学会等
90	B1 类	中国研究生人工智能创新大赛	中国学位与研究生教育学会等
91	B1 类	中国研究生机器人创新设计大赛	中国学位与研究生教育学会等
92	B1 类	中国研究生能源装备创新设计大赛	中国学位与研究生教育学会等
93	B1 类	中国研究生公共管理案例大赛	中国学位与研究生教育学会等
94	B1 类	中国研究生乡村振兴科技强农+创新大赛	中国学位与研究生教育学会等
95	B1 类	中国研究生网络安全创新大赛（2023 年新增）	中国学位与研究生教育学会等
96	B1 类	中国研究生“双碳”创新与创意大赛（2023 年新增）	中国学位与研究生教育学会等
97	B1 类	中国研究生金融科技创新大赛（2023 年新增）	中国学位与研究生教育学会等
98	B1 类	中国研究生“美丽中国”创新设计大赛	中国学位与研究生教育学会等
99	B1 类	中国研究生工程管理案例大赛	中国学位与研究生教育学会等
100	B1 类	中国研究生企业管理创新大赛	中国学位与研究生教育学会等
101	B2 类	全国大学生软件创新大赛	教育部
102	B2 类	全国大学生可持续建筑设计竞赛	教育部
103	B2 类	全国高校学生 DV 作品大赛	教育部
104	B2 类	全国大学生金融精英挑战赛	共青团中央、全国学联秘书部
105	B2 类	全国高等学校采矿工程专业学生实践作品大赛	教育部高等学校矿业类专业教学指导委员会
106	B2 类	全国高等学校矿物加工工程专业学生实践作品大赛	教育部高等学校矿业类专业教学指导委员会

续表

序号	类别	项目名称	主办单位
107	B2 类	全国大学生英语竞赛	教育部高等学校大学外语教学指导委员会
108	B2 类	全国大学生“西门子杯”工业自动化挑战赛	教育部高等学校自动化专业教学指导委员会
109	B2 类	中国制冷空调行业大学生科技竞赛	中国制冷空调工业协会、教育部高等学校能源动力类专业教学指导委员会
110	B2 类	全国“互联网+化学反应工程”课模设计大赛	教育部高等学校化工类专业教学指导委员会
111	B2 类	中国服务机器人大赛	中国自动化学会、教育部高等学校自动化类专业教学指导委员会
112	B2 类	全国大学生冶金科技竞赛	教育部高等学校材料类专业教学指导委员会
113	B2 类	全国高校无机非金属材料基础知识大赛	教育部高等学校材料类专业教学指导委员会
114	B2 类	全国大学生生物医学工程创新设计竞赛	教育部高等学校生物医学工程类专业教学指导委员会
115	B2 类	全国医药院校药学/中药学专业大学生实验技能竞赛	教育部高等学校药学类专业教学指导委员会
116	B2 类	中国工程机器人大赛暨国际公开赛	教育部高等学校创新方法教学指导分委员会
117	B2 类	中国大学生智能设计竞赛	教育部高等学校计算机类专业教学指导委员会
118	B2 类	全国工业工程应用案例大赛	全国工程硕士专业学位教育指导委员会等
119	B2 类	全国青少年科技创意大赛	中国科学技术协会
120	B2 类	世界网络炼钢挑战赛	国际钢铁协会
121	B2 类	全国模拟炼钢-轧钢大赛	中国金属学会
122	B2 类	美国国际大学生数学建模竞赛	美国国家科学基金会等
123	B2 类	ACM-ICPC 区域赛	美国计算机协会

续表

序号	类别	项目名称	主办单位
124	B2 类	FIRA 机器人世界杯	FIRA 机器人世界杯国际组委会
125	B2 类	国际大学生建筑设计竞赛	国际建筑师协会
126	B2 类	全国大学生数学竞赛	中国数学会
127	B2 类	中国大学生方程式系列赛事	中国汽车工程学会
128	B2 类	全国大学生结构设计信息技术大赛	中国土木工程学会教育工作委员会
129	B2 类	全国海洋智能装备创新大赛	教育部高等学校自动化专业教学指导委员会
130	B2 类	MathorCup 高校数学建模挑战赛	中国优选法统筹法与经济数学研究会
131	B2 类	全国大学生机械产品数字化设计大赛	高等学校国家级实验教学示范中心联席会
132	B2 类	SuperMap 杯高校 GIS 大赛	中国地理学会
133	B2 类	“深水杯”全国大学生给排水科技创新大赛	教育部高等学校给排水科学与工程专业教学指导委员会
134	B2 类	全国钢铁材料扫描电镜图像竞赛	中国金属学会
135	B2 类	“华政杯”全国法律翻译大赛	全国翻译专业学位研究生教育指导委员会
136	B2 类	全国工艺美术作品展	中国美术家协会
137	B2 类	全国高校大学生讲思政课公开课展示	教育部高等学校思想政治理论课教学指导委员会
138	B2 类	“我心中的思政课”全国高校大学生微电影展示	教育部高等学校思想政治理论课教学指导委员会
139	B2 类	高校电力电子应用设计大赛	中国电源学会
140	B2 类	数字中国创新大赛	数字中国建设峰会组委会
141	B2 类	全国大学生化学创新实验设计竞赛	中国化学会
142	B2 类	全国大学生岩土工程竞赛	教育部高等学校土木工程专业教学指导分委员会
143	B2 类	中国大学生 Chem-E-Car 竞赛	中国化工学会

续表

序号	类别	项目名称	主办单位
144	B2类	全国大学生标准化奥林匹克竞赛	中国标准化协会
145	B2类	新时代健康科普作品征集大赛	中宣部、国家卫生健康委
146	B2类	全国学生“学宪法 讲宪法”活动	教育部
147	B2类	全国青年科普创新实验暨作品大赛	中国科学技术协会
148	B2类	全国大学生商科综合能力大赛	中国创造学会
149	B2类	全国管理案例精英赛	全国工商管理专业学位研究生教育指导委员会
150	B2类	高校电气电子工程创新大赛	中国电工技术学会
151	B2类	“三菱电机杯”全国大学生电气与自动化大赛	中国自动化学会
152	B2类	全国大学生化工安全设计大赛	中国化工学会
153	B2类	全国高校化工大学生短视频大赛	中国化工学会
154	B2类	韩素音国际翻译大赛	中国翻译协会、中国翻译研究院
155	B2类	“CATTI杯”全国翻译大赛	全国翻译专业学位研究生教育指导委员会等
156	B2类	全国口译大赛	中国翻译协会
157	B2类	IF设计奖	德国汉诺威工业设计论坛
158	B2类	中国人居环境设计学年奖	教育部高等学校设计学类专业教学指导委员会
159	B2类	UIA-霍普杯国际大学生建筑设计竞赛	国际建筑师协会（UIA）
160	B2类	全国美术作品展	中华人民共和国文化部、中国文学艺术界联合会等
161	B2类	“光威杯”中国复合材料大学生科技创新竞赛（2023年新增）	中国复合材料学会等
162	B2类	全国大学生国土空间规划设计竞赛（2023年新增）	自然资源部人力资源开发中心
163	B2类	冶金青年创新创意大赛（2023年新增）	中国金属学会
164	B2类	“创青春”中国青年创新创业大赛（2023年新增）	共青团中央、人力资源和社会保障部等
165	B2类	“创青春”中国青年碳中和创新创业大赛（2023年新增）	中国青年创业就业基金会等

续表

序号	类别	项目名称	主办单位
166	B2 类	国际遗传工程机器设计竞赛（IGEM）（2023 年新增）	美国麻省理工学院（MIT）
167	B2 类	合成生物学竞赛·创新赛（2023 年新增）	中国生物工程学会合成生物学分会
168	B2 类	全国高校安全科学与工程大学生实践与创新作品大赛（2023 年新增）	教育部安全科学与工程类专业教学指导委员会等
169	B2 类	全国高校智能交通创新与创业大赛（2023 年新增）	中国自动化学会
170	B2 类	中国计算机应用技术大赛-金山办公杯 WPS 办公软件能力大赛（2023 年新增）	中国计算机学会
171	B2 类	中国青年志愿服务项目大赛（2023 年新增）	共青团中央、中央文明办等
172	B2 类	中国青年志愿服务公益创业赛（2023 年新增）	共青团中央、中央文明办等
173	B2 类	全国大学生职业生涯规划大赛（2023 年新增）	教育部
174	C 类	“税友衡信杯”全国税务技能大赛	中国商业会计学会
175	C 类	全国高校大学生材料综合技能大赛	中国体视学学会金相与显微分会
176	C 类	全国高校大学生金相大赛	中国体视学学会金相与显微分会
177	C 类	蓝桥杯软件创业大赛	工业和信息化部人才交流中心等
178	C 类	全国机器人锦标赛暨国际仿人机器人奥林匹克大赛	中国人工智能学会机器人足球工作委员会
179	C 类	全国大学生人力资源管理知识技能竞赛	中国人力资源开发研究会大学生知识技能竞赛理事会
180	C 类	全国高等学校外贸单证岗位（电子化）技能大赛	中国国际贸易学会
181	C 类	中国大学生程序设计竞赛	中国大学生程序设计竞赛协会
182	C 类	“泰迪杯”全国数据挖掘挑战赛	全国大学生数学建模竞赛组织委员会

续表

序号	类别	项目名称	主办单位
183	C类	高等院校企业竞争模拟大赛	高等学校国家级实验教学示范中心联席会经济与管理学科组
184	C类	中国高校计算机大赛微信小程序应用开发赛	全国高等学校计算机教育研究会
185	C类	国际大学生工程力学竞赛（亚洲赛区）	国际工程力学委员会
186	C类	HRU大学生人力资源职业技能大赛	中国劳动学会
187	C类	全国高校计算机能力挑战赛	全国高等学校计算机教育研究会
188	C类	MDV中央空调设计应用大赛	中国建筑学会暖通空调分会
189	C类	“长风学霸赛之传奇大战”竞赛	全国交通运输职业教育教学指导委员会
190	C类	“物产中大杯”全国供应链管理职业技能竞赛	中国工业经济联合会、中国就业培训技术指导中心
191	C类	全国物流仿真设计大赛	中国物流生产力促进中心
192	C类	全国高等院校“晨曦杯”BIM技术应用创新大赛	中国建设教育协会
193	C类	全国大学生智能技术应用大赛	全国高等院校计算机基础教育研究会
194	C类	全国大学生国防军工文化创意大赛	国家国防科技工业局中国和平利用军工技术协会
195	C类	“福斯特杯”全国大学生财税创新大赛总决赛	中国商业会计学会
196	C类	“精英杯”企业经营分析与决策技能大赛	中国管理现代化研究会决策模拟专业委员会
197	C类	“绿色建筑设计”技能大赛	中国建设教育协会
198	C类	全国高等院校数智人力大赛	中国高等教育学会高等财经教育分会
199	C类	全国应用型本科会计技能竞赛	中国商业会计学会
200	C类	全国高校商业精英挑战赛“云泽杯”营销模拟决策竞赛	中国国际商会商业行业商会
201	C类	全国工商企业管理技能大赛	中国管理现代化研究会决策模拟专业委员会

续表

序号	类别	项目名称	主办单位
202	C 类	海尔磁悬浮杯绿色设计与节能运营大赛	暖通空调产业技术创新联盟
203	C 类	全国高等院校人力资源决策模拟大赛	中国管理现代化研究会决策模拟专业委员会
204	C 类	高等学校物理演示教学仪器评比大赛	全国高等学校物理演示实验教学研究会
205	C 类	全国高等院校“斯维尔杯”BIM-CIM 创新大赛	中国建设教育协会
206	C 类	全国高校新能源汽车大数据创新创业大赛	新能源汽车国家大数据联盟
207	C 类	全国管理决策模拟大赛	虚拟仿真实验教学创新联盟经济管理类专业工作组
208	C 类	全国失效分析大奖赛	中国体视学学会金相与显微分析分会
209	C 类	全国应用型人才综合技能大赛	高校毕业生就业协会
210	C 类	亚太地区大学生数学建模大赛	亚太地区大学生数学建模竞赛组织委员会
211	C 类	全国大学生算法设计与编程挑战赛	中国大学生程序设计竞赛协会
212	C 类	中国梦·农文旅创意设计大赛	中国勘察设计协会民营设计企业分会
213	C 类	东方创意之星设计大赛	工业和信息化部国际经济技术合作中心
214	C 类	新加坡金沙艺术设计大赛	新加坡国家艺术理事会视觉艺术部
215	C 类	全国平面设计大展	中国设计师协会
216	C 类	中华文化国际翻译大赛	中国先秦史学会国学双语研究会
217	C 类	中国大学生高分子材料创新创业大赛	中国石油和化学工业联合会
218	C 类	全国图书馆杯全民英语口语风采展示活动	中国图书馆学会阅读推广委员会

续表

序号	类别	项目名称	主办单位
219	C类	“外教社·词达人杯”全国大学生英语词汇能力大赛	全国高等学校大学外语教学研究会
220	C类	“讯飞杯”全国高校英语口语大赛	科大讯飞股份有限公司
221	C类	全国大学生IT技术大赛	全国高等院校计算机基础教育研究会
222	C类	青年之声“潍坊杯”VR制作大赛	中国青年报社
223	C类	全国大学生算法设计和编程挑战赛	中国未来研究会大数据与数学模型专业委员会
224	C类	未来之光-未来网络科技创新大赛	未来网络发展大会组委会
225	C类	全国网络空间安全技术大赛	中国兵工学会信息安全与对抗专业委员会
226	C类	“太湖杯”物联网安全攻防大赛	国家高端装备与智能智造软件检测中心
227	C类	“红明谷杯”数据安全大赛	数字中国建设峰会组委会
228	C类	“新华三杯”全国大学生数字技术大赛	全国高等院校计算机基础教育研究会
229	C类	国际供应链建模设计大赛	中国交通运输协会、全国交通运输职业教育教学指导委员会
230	C类	全国供应链大赛	中国物流与采购联合会
231	C类	全国大学生物业经营管理模拟大赛	中国职业经理人协会物业经理人分会
232	C类	中国MPAcc案例大赛	中国MPAcc学生案例大赛组委会
233	C类	全国数字经济时代下会计与财务案例大赛	上海市工程管理学会技术创新专业委员会
234	C类	全国大学生电化学测量技术	中国化工教育协会
235	C类	全国高校模拟集体协商（谈判）大赛	中国人力资源开发研究会劳动关系分会
236	C类	全国学术词汇竞赛	中国学术英语教学研究会、上海高校大学英语指导委员会

续表

序号	类别	项目名称	主办单位
237	C 类	全国大学生英语翻译大赛（NETCCS）	国际英语外语教师协会、中国英语外语教师协会
238	C 类	中国包装创意设计大赛	中国包装联合会
239	C 类	中国当代陶瓷艺术大展	中国美术家协会
240	C 类	中国油画展	中华人民共和国文化部艺术司、中国美术家协会
241	C 类	全国花鸟画工笔画作品展	中国美术家协会、浙江省文学艺术界联合会
242	C 类	中国民族美术双年展	中国美术家协会
243	C 类	全国水粉画展	中国美术家协会
244	C 类	第七届中国创新挑战赛（聊城）高端装备制造产业赛（2023 年新增）	聊城市人民政府
245	C 类	全国高等院校大学生乡村规划方案竞赛（2023 年新增）	中国城市规划学会乡村规划与建设学术委员会
246	C 类	全国大学生物流仿真设计大赛（2023 年新增）	中国物流生产力促进中心
247	C 类	全国大学生化妆品创新大赛（2023 年新增）	中国日用化工协会
248	D 类	湖北省大学生信息技术创新大赛	湖北省教育厅
249	D 类	湖北省普通高校大学生化学实验技能竞赛	湖北省教育厅
250	D 类	湖北大学生新闻传播教育创新实践技能竞赛	湖北省教育厅
251	D 类	湖北省大学生生物实验技能竞赛	湖北省教育厅
252	D 类	湖北省“我梦见——楚天创客”大赛	湖北省教育基金会
253	D 类	湖北省“楚慧杯”网络空间安全实践能力竞赛	湖北省委网信办、湖北省教育厅
254	D 类	湖北省大学生“精创教育杯”人力资源管理技能挑战赛	湖北省人力资源学会
255	D 类	湖北省工业工程应用与创新大赛	湖北省机械工程学会工业工程专业委员会
256	D 类	湖北省翻译大赛	湖北省翻译工作者协会
257	D 类	“哲寻杯”华中地区大学生公共管理方案设计与决策对抗大赛	湖北省行政管理学会
258	D 类	华中地区大学生数学建模邀请赛	湖北工业与应用数学学会
259	D 类	“天琥杯”湖北省青年视觉设计大赛	湖北日报新媒体集团等
260	D 类	湖北省大学生营销策划挑战赛	湖北省市场营销学会等

续表

序号	类别	项目名称	主办单位
261	D类	湖北省人力资源管理方案设计与实训技能大赛	湖北省人力资源学会等
262	D类	湖北省 MPAcc 学生案例大赛	湖北省会计硕士专业学位联盟
263	D类	湖北省大学生化学（化工）学术创新成果报告会	湖北省化学化工学会
264	D类	湖北省“创未来”杯大学生体育产业创新创业大赛	湖北省普通高等学校体育教学指导委员会
265	D类	湖北省残疾人辅助器具创新设计大赛	湖北省残疾人联合会、湖北省教育厅等
266	D类	“湖北工匠杯”技能大赛—湖北省人力资源管理职业技能大赛	湖北省职业技能鉴定指导中心
267	D类	“学院空间”青年美术作品展	湖北省教育厅
268	D类	湖北省大学生文化创意设计大赛	湖北省教育厅
269	D类	湖北省大学生物理实验创新设计竞赛（2023 年新增）	湖北省教育厅
270	D类	湖北省大学生医学虚拟仿真实验技能大赛（2023 年新增）	湖北省医学会
271	D类	湖北省大学生求职大赛（2023 年新增）	湖北省教育厅
272	D类	湖北省大学生职业生涯规划短视频大赛（2023 年新增）	湖北省教育厅

注：每年上半年根据上一年的实际竞赛情况参照竞赛分类标准对附表中的项目进行调整。

武汉科技大学“创新创业学分”认定办法（修订）

（武科大教发〔2023〕13号）

第一章　总　则

第一条　为了培养和提高学生的创新精神、创业意识和创新创业能力，倡导和鼓励学生个性发展，提高人才培养质量，结合我校学分制改革实际，特制定本办法。

第二条　创新创业学分是指全日制普通本科生在校期间参加各类创新活动、创业训练和实践取得的成果，或参加学术活动和创新创业培训，经认定后给予相应的学分。

第二章　认定类别

第三条　创新创业学分的认定范围包括科研成果、科研训练、学科与科技竞赛、技能证书、创业实践和创新创业培训等。

（一）科研成果：包括学生获得的国家级、省级科技成果奖，在公开出版的学术期刊上发表的论文以及被省级及以上学术会议收录的论文，在报纸、杂志上发表的作品等；专利、软件著作权等知识产权。

（二）科研训练：指参加各级大学生创新创业训练计划项目等。

（三）学科与科技竞赛：指由政府部门、行业权威机构和学校组织的各级各类学科与科技竞赛。

（四）技能证书：指计算机等级证书和经职业技能考核获得的各类资格证书。

（五）创业实践和创新创业培训：指学生自主创业，依法注册公司等实践活动，参加各类学术讲座、创新创业讲座和培训等。

第三章　认定标准

第四条　创新创业学分认定标准

（一）科研成果类

包括学生获得的国家级、省级科研成果奖，公开发表的学术论文、文学作品、美术及艺术设计作品，获得的专利、软件著作权、集成电路布图设计权等。

国家级科技成果奖创新创业学分认定标准

等级	学分值			
	负责人	排名 2~3	排名 4~5	排名 6~10
一等奖	30 分	15 分	9 分	3 分
二等奖	20 分	10 分	6 分	2 分
三等奖	16 分	8 分	4.5 分	1.5 分

科研成果类创新创业学分认定标准（非国家级科技成果奖）

项目	等级		学分值		
			负责人（第一作者）	排名 2~3	排名 4~5
科技成果奖	省级	一等奖	15 分	7.5 分	4.5 分
		二等奖	10 分	5 分	3 分
		三等奖	8 分	4 分	2 分
学术论文	T 类期刊		50 分	25 分	15 分
	A 类期刊		20 分	10 分	6 分
	B 类期刊		10 分	5 分	3 分
	C 类期刊		5 分	2.5 分	1.5 分
	国际学术会议论文集（未被收录）		3 分	1.5 分	1 分
	国内公开出版的普通期刊		2 分	1 分	0.5 分
	省级及以上学术会议论文		1 分	0.5 分	0 分
文学作品、美术及艺术设计作品	C 类期刊		5 分	2.5 分	1.5 分
	国内公开出版的普通期刊		2 分	1 分	0.5 分
知识产权	发明专利		10 分	5 分	3 分
	实用新型、外观设计专利		3 分	1.5 分	1 分
	软件著作权		3 分	1.5 分	1 分
	集成电路布图设计权		2 分	1 分	0.5 分
说明：期刊分级以《武汉科技大学学术期刊分级规定》为准。					

（二）科研训练类

包括科学研究项目、创新创业训练计划项目等。

国家级科研项目创新创业学分认定标准

项目内容	学分值			
	负责人	排名 2~3	排名 4~5	排名 6~10
完成立项申报、实验研究、结题等全过程且项目结题通过验收	20 分	10 分	6 分	2 分

科研训练类创新创业学分认定标准（非国家级科研项目）

类别	项目内容及等级	学分值		
		负责人	排名 2~3	排名 4~5
科研项目	（省级）完成立项申报、实验研究、结题等全过程且项目结题通过验收	10 分	5 分	3 分
	（校级）完成立项申报、实验研究、结题等全过程且项目结题通过验收	5 分	2.5 分	1.5 分
创新创业训练计划项目	（国家级）完成立项申报、实验研究、结题等全过程且项目结题通过验收	8 分	4 分	2 分
	（省级）完成立项申报、实验研究、结题等全过程且项目结题通过验收	5 分	2.5 分	1.5 分
	（校级）完成立项申报、实验研究、结题等全过程且项目结题通过验收	3 分	1.5 分	1 分

（三）学科与科技竞赛类

学科与科技竞赛分类以《武汉科技大学学生学科和科技竞赛管理办法》为准。

学科与科技竞赛类创新创业学分认定标准

类别	项目内容及等级		学分值		
			排名第 1	排名 2~3	排名 4~5
A 类竞赛	国家级	一等奖	20 分	10 分	6 分
		二等奖	15 分	7.5 分	4.5 分
		三等奖	10 分	5 分	3 分
	省级	一等奖	10 分	5 分	3 分
		二等奖	8 分	4 分	2 分
		三等奖	7 分	3.5 分	2 分
	校级	一等奖	6 分	3 分	1.5 分
		二等奖	5 分	2.5 分	1.5 分
		三等奖	4 分	2 分	1 分
		参与但未获奖	1 分	0.5 分	0 分
B1 类竞赛	国家级	一等奖	12 分	6 分	3.5 分
		二等奖	10 分	5 分	3 分
		三等奖	8 分	4 分	2 分
	省级	一等奖	8 分	4 分	2 分
		二等奖	7 分	3.5 分	2 分
		三等奖	5 分	2.5 分	1.5 分
	校级	一等奖	4 分	2 分	1 分
		二等奖	3 分	1.5 分	1 分
		三等奖	2 分	1 分	0.5 分
		参与但未获奖	1 分	0.5 分	0 分
B2 类竞赛	国家级	一等奖	10 分	5 分	3 分
		二等奖	8 分	4 分	2 分
		三等奖	6 分	3 分	1.5 分
	省级	一等奖	6 分	3 分	1.5 分
		二等奖	5 分	2.5 分	1.5 分
		三等奖	4 分	2 分	1 分

续表

类别	项目内容及等级		学分值		
			排名第 1	排名 2~3	排名 4~5
B2 类竞赛	校级	一等奖	4 分	2 分	1 分
		二等奖	3 分	1.5 分	1 分
		三等奖	2 分	1 分	0.5 分
		参与但未获奖	1 分	0.5 分	0 分
C 类、D 类竞赛	国家级	一等奖	6 分	3 分	1.5 分
		二等奖	5 分	2.5 分	1.5 分
		三等奖	4 分	2 分	1 分
	省级	一等奖	4 分	2 分	1 分
		二等奖	3 分	1.5 分	1 分
		三等奖	2 分	1 分	0.5 分
	校级	一等奖	2 分	1 分	0.5 分
		二等奖	1.5 分	0.5 分	0 分
		三等奖	1 分	0.5 分	0 分
		参与但未获奖	0.5 分	0 分	0 分
说明：参与但未获奖认定学分不包括高等数学竞赛、大学英语竞赛等考试类校级初赛；不同项目校级竞赛参与但未获奖认定学分累计不超过 2 分。					

（四）技能证书类

技能证书类创新创业学分认定标准

类别	项目内容及等级		学分值
技能证书	计算机类	全国计算机等级考试四级考试（非计算机专业）	3 分
		全国计算机等级考试四级考试（计算机专业）	1 分
		全国计算机等级考试三级考试（非计算机专业）	2 分
		全国计算机等级考试二级考试（非计算机专业）	1 分
	国家执业资格考试	获国家执业资格证书	5 分
	国家职业资格考试	获高级证书及以上	3 分
		获中级证书及以下	1 分
	普通话水平测试	二级乙等及以上	1 分
参考：中华人民共和国劳动和社会保障部制定的《职业资格证书制度基本概念》。			

（五）创业实践和创新创业培训类

创业实践和创新创业培训类创新创业学分认定标准

类别	标准	学分值	认定标准及部门
创业实践	创办企业并取得营业执照并入驻学校创业基地	1分	创新创业学院
创新创业培训	参加学术讲座和创新创业沙龙、讲座	0.2分/次	提交不少于800字的活动心得总结，由学院进行认定
	参加专项创业培训并获得人社部门颁发的培训合格证书	3分	创新创业学院
	参加短期创新创业实训班并获得结业证书	1分	创新创业学院
创业项目资助	获得省、市创业项目资助	1分	创新创业学院
说明：参加学校及学院组织的学术报告、创新创业沙龙、讲座等，每次记0.2学分，累计最多不超过1学分。			

第五条　学生在校期间同一项目只记最高创新创业学分分值，得分不得累加；集体项目与个人项目有重复的，以最高分计，不重复计算；每位学生不同项目的学分之和记为其最终的创新创业学分（不做四舍五入，保留小数点后一位数字，以0.5为界限，0.1～0.4记分值为0，0.5～0.9记分值为0.5）。

第四章　认定程序

第六条　学生每个学期期末在学校创新创业管理系统中申请认定“创新创业学分”，并提交相关支撑材料。

第七条　各学院负责本学院创新创业学分的初审。

第八条　创新创业学院负责对学生提交的学分申请材料进行复审。经认定后的创新创业学分，由创新创业学院录入教务管理系统。

第九条　创新创业学院定期对创新创业学分认定工作进行专项检查，对弄虚作假者，取消相应创新创业学分，并对相关责任人根据学校有关规定给予处理。

第十条　以下情况不能取得创新创业学分：

（一）第一作者单位非武汉科技大学的作品、成果或奖励项目。

（二）非大学在读期间完成的作品、获得的成果或奖励。

（三）证明材料不全的。

第五章　附　则

第十一条　本办法自发布之日起开始实施，原《武汉科技大学“创新创业学分”认定办法》（武科大教发〔2020〕48号）同时废止。

第十二条　本办法由创新创业学院负责解释。

武汉科技大学微专业管理办法

（武科大教发〔2023〕32号）

第一章　总　则

第一条　为主动适应新技术、新产业、新业态、新模式发展需求，满足经济社会发展对跨学科专业人才的需要，充分发挥学校专业特色与办学优势，加快推进新工科、新医科和新文科建设，促进不同学科间交叉融合，培养具有较强适应能力和竞争能力的复合型和卓越应用型人才，鼓励学有余力的学生在学习本专业课程的同时，根据兴趣自主修读微专业课程，特制定本办法。

第二条　微专业是指围绕某个特定专业领域、研究方向或者核心素养，提炼开设一组核心课程，通过灵活、系统的培养，使学生具备相应的专业素养和专业能力。微专业不受本科专业目录限制，可依托某个主体专业进行设计，也可以根据需要自主设计，旨在提高学生知识结构的深度和广度，提升与社会需求和个人发挥的匹配度。

第三条　微专业建设应紧紧围绕立德树人根本任务，坚持以学生为中心，遵循高等教育教学规律和人才成长规律，符合学校本科人才培养定位，要突出专业设置的前沿性和创新性。

第四条　微专业是新时代创新本科教育的重要赋能工具，是学校本科教学工作的重要组成部分。学校鼓励围绕微专业进行积极的探索与实践，鼓励跨学科、跨学院、跨专业设计微专业，并以设立教学研究专项等形式组织开展微专业相关教学研究。微专业专项以培养方案和新课程开发为主要产出形式，资助经费主要用于微专业项目设计调研、课程开发、教师培训等。

第五条　除遵照本办法执行外，微专业管理还应遵循学校本科教学工作的相关管理规定。

第二章　课程设置与教学组织

第六条　微专业基于现有专业或特定行业、领域，围绕核心概念和技能构建课程体系，通常开设6~8门课程，每门课程原则上不超过3学分，总学分不低于15学分。

第七条　为鼓励学生修读微专业，主修专业和微专业均开设的课程，学生可只修读高学分课程，该课程获得的学分可在主修专业和微专业间互认，互认学分原则上不超过6学分。

第八条　微专业课程面向全校学生开放，鼓励相关学院和专业开发符合学科前沿的新课，并将微专业课程纳入任选课程进行管理。

第九条　微专业主要面向学有余力的学生，一般在第二学期至第四学期提出修读申请。

第十条　微专业采取灵活的教学方式，可插入主修专业课堂，也可单独编班授课。学生数达到 15 人以上的，原则上单独编班。鼓励采用线上、线上线下混合式教学模式进行教学，通过智慧平台或直播等方式解决跨校区修课问题。

第十一条　微专业的教学管理由校院共同负责。本科生院（香涛学院）作为全校微专业工作推进的责任单位，主要负责微专业项目整体规划、培养方案审定、教学质量监控、教学工作量计算、微专业证书发放等，各相关学院主要负责微专业设置方案论证、人才培养方案制定与修订、安排任课教师、组织课程考核、成绩统计与录入以及教学档案管理等。

第三章　结业要求和证书发放

第十二条　微专业修读课程作为兴趣课程进行管理，在成绩单中单独排放，且不纳入主修专业学分绩点及评奖评优等计算范围。

第十三条　达到微专业结业要求者，由学校发放微专业结业证书，但微专业不具有学士学位授予资格。

第十四条　为鼓励学生修读辅修专业（学位），修读辅修专业但未达到辅修专业证书颁发规定学分者，如其获得学分达到微专业证书授予标准，可以申请授予相应专业的微专业证书。

第十五条　为提升微专业课程开出效率，赋予学生更多自主性，可通过设置微专业类打通部分课程，学生可报名微专业类进行修读，根据最终修读课程颁发相应专业的微专业证书。

第四章　收费管理

第十六条　根据学生所选课程按学分收费，收费标准按照学校有关文件执行。

第五章　附　则

第十七条　本办法自发布之日起施行，原《武汉科技大学微专业管理办法（试行）》（武科大教发〔2021〕27 号）同时废止。

第十八条　本办法由本科生院负责解释。

武汉科技大学教学事故认定与处理办法

（武科大教发〔2023〕33 号）

第一章　总　则

第一条　根据教育部《关于加快建设高水平本科教育全面提高人才培养能力的意见》（教高〔2018〕2 号）和《关于深化本科教育教学改革全面提高人才培养质量的意见》（教高〔2019〕6 号）等文件精神，为进一步加强和完善教学质量保障体系，保证教学及教学管理工作的科学性、规范性和严肃性，维护正常的教学秩序，预防教学工作中各种事故的发生，并使各类教学事故能得到及时、有效、妥善的处理，特制定本办法。

第二条　由于任课教师、教学辅助人员、教学管理人员以及为教学服务的各部门工作人员的直接或间接责任，导致正常教学秩序、教学进程和教学质量等受到不良影响的事件，均属于教学事故。根据教学及管理的工作性质和特点，将教学事故分为教学类事故、教学管理类事故、教学保障类事故；根据事故发生的情节和后果，将教学事故分为重大教学事故、较大教学事故和一般教学事故（附件 1）。

第二章　教学事故的认定

第三条　重大教学事故

凡发生下列情况，均属于重大教学事故。

（一）教学类

1. 有关人员在课堂教学、实验、实习实践以及教学管理等教学活动中出现违反法律规定、违背党的方针政策、违背教师职业道德规范和行为准则、违反学校规章制度等方面的言论或行为，在学生中造成恶劣影响或直接影响教学活动的正常进行。

2. 教学过程中辱骂或体罚学生，使学生身心受到严重伤害。

3. 任课教师未经本科生院批准，一学期内随意调课达 2 次及以上；迟到、中途擅自离岗、提前下课 20 分钟以上（因不可避免的原因除外）。

4. 任课教师未经本科生院批准，擅自停课、缺课，影响教学秩序和教学进程。

5. 任课教师擅自舍弃教学大纲（或教学进程安排）规定的课程教学内容达 1/4 及以上。

6. 任课教师及其他有关人员考前泄露试题或试题答案。

7. 考卷出题人未认真审题，导致试题存在严重错误，造成考试延误、中断或失效。

8. 主（监）考人员未能严格执行有关的考试规定而造成考场秩序混乱，严重影响考试结果的有效性。

9. 阅卷教师不按评分标准阅卷，擅自提高或压低学生考试成绩10分及以上。

10. 阅卷教师或主讲教师擅自将课程成绩给予未参加课程学习（或考试）的学生。

11. 在教学活动中因指导教师的责任造成学生受到严重伤害，或造成财产损失5万元及以上。

（二）教学管理类

1. 故意出具与事实不符的学籍、学历、学位、成绩等各类证书、证明，或擅自更改学生成绩。

2. 未按工作要求审核毕业资格和学位授予资格，造成审核结论错误。

3. 在学生学籍信息变更工作中，擅自通过学生不可变更的申请或弄虚作假、错误变更学生学籍信息。

4. 教学管理部门丢失学生原始成绩（因不可避免的原因除外）。

5. 对本单位所发生的重大教学事故隐瞒不报，造成严重后果。

（三）教学保障类

1. 因人为原因造成停电、停水，导致上课、实验、实习等教学活动中断，一学期达3次及以上，而相关责任人未能及时派人修理，影响教学进程。

2. 在教学活动进行过程中学生突发疾病或受伤，学校附属老年病医院（第二临床学院）、武汉科技大学医院在接到通知后医护人员未能及时组织抢救、治疗或转送校外医院，造成严重后果。

3. 试卷印刷出现严重错误或泄密等，造成考试延误、中断或失效。

除第三条规定的情形外，其他在教学活动中违反学校教学管理的有关规定、影响教学正常秩序、对教学活动造成重大不利影响的情形，经学校教学事故认定与处理领导小组（以下简称“领导小组”）认定并报校长办公会议审查决定，可以被认定为重大教学事故。

第四条　较大教学事故

凡发生下列情况，均属于较大教学事故。

（一）教学类

1. 任课教师未经本科生院批准，随意调课1次，或迟到、中途擅自离岗、提前下课超过10分钟但未满20分钟（因不可避免的原因除外）。

2. 任课教师擅自舍弃教学大纲（或教学进程安排）规定的课程教学内容达1/10及以上。

3. 未经本科生院批准，任课教师擅自请人代课或代他人上课。

4. 任课教师不按要求布置作业或练习，或从不批改作业。

5. 主（监）考人员迟到、中途擅自离岗、早退超过10分钟但未满20分钟，影响考试的正常进行。

6. 主（监）考人员不负责任，未认真履行监考职责，存在中途随意离开考场或做与考试工作无关的事情等情形，持续或者累计时间达10分钟以上，导致考场混乱；或监考过程中，发现学生作弊而不及时纠正、处理、上报；或考试结束时，主（监）考人员漏收学生试卷、答题册（卡）等资料。

7. 阅卷教师在阅卷结束后遗失学生试卷、答题册（卡）或学生考试成绩；或主讲教师无特殊原因超过规定的时间15天及以上未登录成绩；或由于试卷评阅、登分错误，导致需要对10%及以上的学生成绩进行修改。

8. 在指导学生毕业设计（论文）过程中，由于指导教师工作不负责任，导致学生不能按时完成规定的毕业设计（论文）任务；或毕业设计（论文）质量低劣，造成严重影响。

9. 在教学活动中，因教师擅离岗位或指导失误造成学生受到比较严重伤害而需要送医院就医，或造成财产损失1万元及以上。

10. 教师上课时间使用手机接打电话或收发信息。

（二）教学管理类

1. 学生提出购书申请，开课学院相关责任人未按教材征订要求报送教材征订计划；或相关责任人未按学院报送的教材征订计划及时采购，导致开课一周后仍缺供教材20%及以上，影响学生正常学习和正常教学秩序。

2. 关于放假或全校性教学调度通知内容不当或未能及时下发，造成教学秩序混乱。

3. 因工作疏忽，导致出具与事实不符的学籍、学历、学位、成绩等各类证书、证明。

4. 因工作疏忽，造成学生学籍信息录入或变更错误。

5. 未按工作节点完成毕业资格和学位授予审核，影响相关工作整体进程。

6. 因工作疏忽，造成毕业证书或学位证书遗失或误发。

7. 硕士研究生推免和转专业工作中，审核信息不严，造成审核结果错误。

8. 未按工作节点完成硕士研究生推免和转专业工作，影响相关工作整体进程。

9. 学院未按学校下达的教学任务安排或未及时安排任课教师，导致课程不能按计划开出，影响正常的教学秩序。

10. 未经本科生院同意，学院擅自变更教学任务确定的主讲教师或擅自同意教师调停课。

11. 学院、各单位未按学校要求安排主（监）考教师；或安排主（监）考教师但未通知到位、未确认监考老师收到监考安排；或未认真落实考试巡视工作制度，未及时发现主（监）考教师缺席、迟到、早退；或对师生员工反映的或巡视发现的各类影响考试正常秩序情况未及时采取有效的补救措施，影响考试的正常秩序。

12. 由于工作不负责任，在课程安排和考试安排中漏排班级、课程，影响课堂教学或考试的正常秩序。

13. 对本单位所发生的较大教学事故隐瞒不报；在调查、处理教学事故中存在弄虚作假等情况。

（三）教学保障类

1. 按计划应完成的维修或建设项目未及时完成，又未能提前向使用部门说明，影响正常教学秩序。

2. 因人为原因造成停电、停水，导致上课、实验、实习等教学活动中断，一学期达2次，而相关责任人未能及时派人修理，影响教学进程。

3. 在教学活动进行过程中，师生突发疾病或受伤，学校附属老年病医院（第二临床学院）、武汉科技大学医院在接到通知后医护人员未能及时组织抢救、治疗或转送校外医院，造成较严重后果。

4. 管理人员未能按时打开教室，影响正常上课、考试或紧急疏散学生。

5. 试卷印刷错误影响考试正常进行。

除第四条规定的情形外，其他在教学活动中违反学校教学管理的有关规定、影响教学正常秩序、对教学活动造成较大不利影响的情形，经学校领导小组审议并报校长办公会议审查决定，可以被认定为较大教学事故。

第五条　一般教学事故

凡发生下列情况，均属于一般教学事故。

（一）教学类

1. 任课教师上课衣冠不整，有悖于师德师风。

2. 任课教师迟到、中途擅自离开、提前下课（因不可避免的原因除外）超过5分钟但未满10分钟；或迟到、中途擅自离开、提前下课不足5分钟，但一学期累计达3次以上者（含3次）。

3. 主（监）考人员擅自将自己的监考安排委托别人；或迟到、早退或中途擅自离场超过5分钟但未满10分钟（因不可避免的原因除外）。

4. 主（监）考人员未认真履行监考职责，不按学校要求管理考场，导致考场纪律松懈。

5. 阅卷教师或主讲教师无特殊原因超过规定的时间7天及以上未登录成绩；或由于试卷评阅、登分错误，导致需要对5%及以上的学生成绩进行修改。

6. 在教学活动中，因教师擅离岗位或指导失误造成学生受伤；或造成财产损失0.5万元及以上。

（二）教学管理类

1. 因安排不当造成考试或课程冲突，影响正常上课或考试。

2. 对本单位所发生的一般教学事故隐瞒不报，造成不良影响。

（三）教学保障类

1. 教室内黑板损坏1/2及以上或灯管损坏1/3及以上；桌、椅损坏报修后2个工作日内未修复，或连续5个工作日未能巡视发现，影响正常教学活动或学习效果。

2. 教学楼上课铃或下课铃不响；响铃时间正负误差超过1分钟；上课期间，教学区铃声或广播乱响，房屋维修或绿化等施工噪声，影响教学活动的正常进行。

3. 教师休息室未按规定时间开门；教师休息室无饮用水供应。

4. 教室、教师休息室或其他教学活动场所卫生状况很差，应进行打扫但未能按规定清扫。

5. 教学楼内无粉笔、黑板擦等必备物品供应，影响正常教学。

6. 因人为原因造成停电、停水，导致上课、实验、实习等教学活动中断，一学期达1次，而相关责任人未能及时派人修理，影响教学进程。

7. 每学期开学前，未能调试好多媒体设备的课堂累计达2个及以上，或多媒体设备损坏、老化不能正常使用，报修后5个工作日内未修复。

除第五条规定的情形外，其他在教学活动中违反学校教学管理的有关规定、影响教学正常秩序、对教学活动造成一定不良影响的情形，经学校领导小组审议确认，可以被认定为一般教学事故。

第三章　教学事故的认定程序

第六条　学校成立校教学事故认定与

处理领导小组，负责较大和重大教学事故的处理和认定。该小组由分管教学工作的校领导，本科生院、党政办公室（政策法规研究室）、人事处、学生工作处、校工会等职能部门负责人及教学督导、教师代表组成。

领导小组办公室设在本科生院，教学质量管理办公室负责人任办公室主任，行使日常职能。

第七条　各学院（部门）应成立以主要领导为组长的教学事故认定与处理小组，负责本学院（部门）教学事故的认定和处理，提出初步处理意见。

第八条　学校坚持教学事故“举报必查、查实必究”原则，设立教学事故举报信箱（jxzlb@ wust. edu. cn）。凡我校教职员工、教学管理部门工作人员、学生，均有举报教学事故、维护正常的教学秩序、杜绝教学事故发生的义务和责任。

本科生院负责接收相关信息，对教学事故初步核实后，及时通知相关学院（部门）并发放《武汉科技大学教学事故调查表》（附件2）。

其中，由教学督导、校院领导、教学管理人员等人员在巡视、检查现场发现的相关教学事故，依照“事实清楚、证据确凿、定性准确、手续完备”原则，需快速、准确固定证据，对事故原因进行核查后，如实填写《武汉科技大学教学事故现场认定登记表》（附件3），记录事故详细情况，留存相关支撑材料，交本科生院会同事故责任人所在单位进一步调查、核定。

第九条　发生教学事故的学院（部门）教学事故认定与处理小组，对事故情况进行详细调查、核实，收集有关材料，提出初步处理意见，填写《武汉科技大学教学事故调查表》（附件2），于7个工作日内反馈至本科生院。

对教学事故的调查，应由2名以上工作人员进行。调查人员与被调查人有利害关系的应当回避。接受调查的单位和个人应如实提供情况，调查过程中，当事人有权进行充分陈述和申辩。

其中，《武汉科技大学教学事故调查表》（附件2）中所在单位拟处理意见应明确列出直接责任人，不得以学院或部门集体代替。

第十条　本科生院组织对教学事故进一步调查核实，并将相关情况会同责任人所在学院或部门提出的初步处理意见，报领导小组讨论。

教学事故责任人或其所在学院（部门）应主动报告事故，积极承担责任并及时采取有效弥补措施挽回损失，使影响减少到最低。对教学秩序造成的影响较小，事故责任人三年内有一次考核为优秀并且之前没有教学事故记录的，可酌情考虑降低责任等级、降低处罚力度或免予处理。

学院（部门）自行发现教学事故并按本规定处理、上报者，可酌情考虑不计入学院（部门）的年终目标责任制考核扣分项。

教学事故责任人或者其所在学院（部门）故意隐瞒教学事故事实、弄虚作假或故意拖延不报或打击、报复事故发现人、举报人的，一经查实将视情况加重处罚。

第十一条　领导小组根据规定、依据事实，参考事故责任人所在学院（部门）意见，形成处理意见。其中，一般教学事故经本科生院院务会核定后，向领导小组会议报备或提请审议。较大教学事故和重大教学事故，经领导小组审议后，报校长办公会议研究决定。

第十二条　教学事故处理结果认定完毕后，由本科生院向事故责任人下发《武汉科技大学教学事故处理通知书》(附件4)。

教学事故责任人若对教学事故的认定结果有异议，可在接到教学事故通知书之日起10日内，向学校教职工申诉处理委员会提出书面申诉。相关部门负责组织复议，切实维护当事人的合法权益。申诉期间不停止对处理决定的执行。逾期视为无异议。

第四章　教学事故的处理

第十三条　一般教学事故的处理

(一) 由教学事故责任人所在部门负责人对责任人签发教学事故通知书，报本科生院备案，并在本单位通报批评。

(二) 取消事故责任人当年评优、评先资格。

第十四条　较大教学事故的处理

(一) 由学校签发附有处理意见的文件，并在全校通报。

(二) 对事故责任人扣发1个月的基础性绩效和责任奖励绩效工资。

(三) 取消事故责任人一年内申报高一级职务、职称的资格及当年评优、评先资格。

第十五条　重大教学事故的处理

(一) 由学校签发附有处理意见的文件，并在全校通报。

(二) 扣发事故责任人6个月的基础性绩效和责任奖励绩效工资。

(三) 取消事故责任人两年内申报高一级职务、职称的资格及当年和下一年评优、评先资格。

(四) 给予事故责任人警告及以上处分。

(五) 对于造成严重后果，情节严重，责任人认识较差的，实行缓聘或调离岗位或解聘。

第十六条　教学事故处理结果，将作为相关责任人年终考核、工资调整、职务晋升、职称评定以及聘任等的依据。

第十七条　同一教学事故责任人两年内发生3次及以上教学事故，应予以加重处罚；情节严重者，实行缓聘或调离岗位或解聘。

第十八条　外聘人员按照聘用管理合同相关条款处理。

第五章　附　则

第十九条　本办法自发布之日起施行。原《武汉科技大学教学事故认定与处理办法》(武科大教发〔2020〕1号) 自行废止。

第二十条　本办法由本科生院负责解释。

附件：1. 武汉科技大学教学事故分级分类汇总表。

2. 武汉科技大学教学事故调查表。

3. 武汉科技大学教学事故现场认定登记表。

4. 武汉科技大学教学事故通知书。

附件 1

武汉科技大学教学事故分级分类汇总表

序号	A 教学类	级别
A1	有关人员在课堂教学、实验、实习实践以及教学管理等教学活动中出现违反法律规定、违背党的方针政策、违背教师职业道德规范和行为准则、违反学校规章制度等方面的言论或行为，在学生中造成恶劣影响或直接影响教学活动的正常进行	重大
A2	教学过程中辱骂或体罚学生，使学生身心受到严重伤害	重大
A3	任课教师未经本科生院批准，一学期内随意调课达 2 次及以上；迟到、提前下课 20 分钟以上（因不可避免的原因除外）	重大
A4	任课教师未经本科生院批准，擅自停课、缺课，影响教学秩序和教学进程	重大
A5	任课教师擅自舍弃教学大纲（或教学进程安排）规定的课程教学内容达 1/4 及以上	重大
A6	任课教师及其他有关人员考前泄露试题或试题答案	重大
A7	考卷出题人未认真审题，导致试题存在严重错误，造成考试延误、中断或失效	重大
A8	主（监）考人员未能严格执行有关的考试规定而造成考场秩序混乱，影响考试结果的有效性	重大
A9	阅卷教师不按评分标准阅卷，擅自提高或压低学生考试成绩 10 分及以上	重大
A10	阅卷教师或主讲教师擅自将课程成绩给予未参加课程学习（或考试）的学生	重大
A11	在教学活动中因指导教师的责任造成学生受到严重伤害，或造成财产损失 5 万元及以上	重大
A12	任课教师未经本科生院批准，随意调课 1 次；迟到、中途擅自离岗、提前下课超过 10 分钟但未满 20 分钟（因不可避免的原因除外）	较大
A13	任课教师擅自舍弃教学大纲（或教学进程安排）规定的课程教学内容达 1/10 及以上	较大
A14	未经本科生院批准，任课教师擅自请人代课或代他人上课	较大
A15	任课教师不按要求布置作业或练习，或从不批改作业	较大
A16	主（监）考人员迟到、中途擅自离岗、早退超过 10 分钟但未满 20 分钟，影响考试的正常进行，造成重大影响	较大
A17	主（监）考人员不负责任，未认真履行监考职责，存在中途随意离开考场或做与考试工作无关的事情等情形，持续或者累计时间达 10 分钟以上，导致考场混乱；或监考过程中，发现学生作弊而不及时纠正、处理、上报；或考试结束时，主（监）考人员漏收学生试卷、答题册（卡）等资料	较大
A18	阅卷教师在阅卷结束后遗失学生试卷及学生考试成绩；主讲教师无特殊原因超过规定的时间 15 天及以上未登录成绩；由于试卷评阅、登分错误，导致需要对 10%及以上的学生成绩进行修改	较大

续表

序号	A 教学类	级别
A19	在指导学生毕业设计（论文）过程中，由于指导教师对工作不负责任，导致学生不能按时完成规定的毕业设计（论文）任务，或毕业设计（论文）质量低劣，造成严重影响	较大
A20	在教学活动中，因教师擅离岗位或指导失误造成学生受到比较严重伤害而需要送医院就医，或造成财产损失1万元及以上	较大
A21	教师上课时间使用手机接、打电话或收发信息	较大
A22	任课教师上课衣冠不整，有悖于师德师风	一般
A23	迟到、提前下课超过5分钟但未满10分钟	一般
A24	主（监）考人员未按规定时间监考，迟到、早退或中途擅自离场超过5分钟但未满10分钟	一般
A25	主（监）考人员不负责任，未认真履行监考职责，不按学校要求管理考场，导致考场纪律松懈	一般
A26	阅卷教师或主讲教师无特殊原因超过规定的时间7天及以上未登录成绩；由于试卷评阅、登分错误，导致需要对5%及以上的学生成绩进行修改	一般
A27	在教学活动中因教师擅离岗位或指导失误造成学生受伤，或造成财产损失0.5万元及以上	一般
序号	**B 教学管理类**	**级别**
B1	故意出具与事实不符的学籍、学历、学位、成绩等各类证书、证明，或擅自更改学生成绩	重大
B2	未按工作要求审核毕业资格和学位授予资格，造成审核结论错误	重大
B3	在学生学籍信息变更工作中，擅自通过学生不可变更的申请或弄虚作假错误变更学生学籍信息	重大
B4	教学管理部门丢失学生原始成绩（因不可避免的原因除外）	重大
B5	对本单位所发生的重大教学事故隐瞒不报，造成严重后果	重大
B6	学生提出购书申请，开课学院相关责任人未按教材征订要求报送教材征订计划；相关责任人未按学院报送的教材征订计划及时采购，导致开课一周后仍缺供教材20%及以上，影响学生正常学习和正常教学秩序	较大
B7	关于放假或全校性教学调度通知内容不当或未能及时下发，造成教学秩序混乱	较大
B8	因工作疏忽，导致出具与事实不符的学籍、学历、学位、成绩等各类证书、证明	较大
B9	因工作疏忽，造成学生学籍信息录入或变更错误	较大
B10	未按工作节点完成毕业资格和学位授予审核，影响相关工作整体进程	较大
B11	因工作疏忽，造成毕业证书或学位证书遗失或误发	较大

续表

序号	B 教学管理类	级别
B12	硕士研究生推免和转专业工作中，审核信息不严，造成审核结果错误	较大
B13	未按工作节点完成硕士研究生推免和转专业工作，影响相关工作整体进程	较大
B14	学院未按学校下达的教学任务安排或未及时安排任课教师，导致课程不能按计划开出，影响正常的教学秩序	较大
B15	未经本科生院同意，学院擅自变更教学任务确定的主讲教师、擅自同意教师调停课	较大
B16	学院未按学校要求安排主（监）考教师；安排主（监）考教师但未通知到位；未确认监考老师收到监考安排；未认真落实考试巡视工作制度；未及时发现主（监）考教师缺席、迟到、早退；对发现的各类影响考试正常秩序情况未及时采取快速、有效的补救措施	较大
B17	由于工作不负责任，在课程安排和考试安排中漏排班级、课程，影响课堂教学或考试的正常秩序	较大
B18	对本单位所发生的较大教学事故隐瞒不报；在调查、处理教学事故中存在弄虚作假等情况	较大
B19	因安排不当造成考试或课程冲突，影响正常教学或考试	一般
B20	对本单位所发生的一般教学事故隐瞒不报，造成不良影响	一般
序号	C 教学保障类	级别
C1	因人为原因造成停电、停水，导致上课、实验、实习等教学活动中断，一学期达 3 次及以上，而相关责任人未能及时派人修理，影响教学进程	重大
C2	在教学活动进行过程中学生突发疾病或受伤，学校附属老年病医院（第二临床学院）、武汉科技大学医院在接到通知后医护人员未能及时组织抢救、治疗或转送校外医院，造成严重后果	重大
C3	试卷印刷出现严重错误或泄密等，造成考试延误、中断或失效	重大
C4	按计划应完成的维修或建设项目未及时完成，又未能提前向使用部门说明，影响正常教学秩序	较大
C5	因人为原因造成停电、停水，导致上课、实验、实习等教学活动中断，一学期达 2 次，而相关责任人未能及时派人修理，影响教学进程	较大
C6	在教学活动进行过程中，师生突发疾病或受伤，学校附属老年病医院（第二临床学院）、武汉科技大学医院在接到通知后医护人员未能及时组织抢救、治疗或转送校外医院，造成较严重后果	较大
C7	管理人员未能按时打开教室，影响正常上课、考试或紧急疏散学生	较大
C8	试卷印刷错误影响考试正常进行	较大
C9	教室内黑板损坏 1/2 及以上或灯管损坏 1/3 及以上；桌、椅损坏报修后 2 个工作日内未修复，或连续 5 个工作日未能巡视发现，影响正常教学活动或学习效果	一般

续表

序号	C 教学保障类	级别
C10	教学楼上课铃或下课铃不响；响铃时间正负误差超过 1 分钟；上课期间，教学区铃声或广播乱响；房屋维修或绿化等施工噪声，影响教学活动的正常进行	一般
C11	教师休息室未按规定时间开门；教师休息室无饮用水供应	一般
C12	教室、教师休息室或其他教学活动场所卫生状况很差，应进行打扫但未能按规定清扫	一般
C13	教学楼内无粉笔、黑板擦等必备物品供应，影响正常教学	一般
C14	因人为原因造成停电、停水，导致上课、实验、实习等教学活动中断，一学期达 1 次，而相关责任人未能及时派人修理，影响教学进程	一般
C15	每学期开学前，未能调试好多媒体设备的课堂累计达 2 个及以上；多媒体设备损坏、老化不能正常使用，报修后 5 个工作日内未修复	一般
凡违反学校教学管理制度规定但未列入附件 1 的其他各类教学事故，比照以上规定执行。 附件 1 的表述为文件内容的简写，若与文件不一致的，以文件为准		

附件 2

武汉科技大学教学事故调查表

<table>
<tr><td>责任人
姓名</td><td></td><td>工号</td><td></td><td>所属
单位</td><td></td></tr>
<tr><td>教学事故情况</td><td colspan="5">负责人签名：　　　　单位公章
年　月　日</td></tr>
<tr><td>所在单位
调查详情</td><td colspan="5"></td></tr>
<tr><td>责任人
情况说明</td><td colspan="5">（可提供相关材料附后）
责任人签名：　　　　年　月　日</td></tr>
<tr><td>所在单位拟
处理意见</td><td colspan="5">负责人签名：　　　　单位公章
年　月　日</td></tr>
<tr><td>本科生院
审核意见</td><td colspan="5">依据教学事故的现场认定情况，经过责任人所在单位的调查、核实，由本科生院院务会讨论决定，拟同意/不同意所在单位的处理意见，初步认定为重大/较大/一般教学事故。
建议/不建议上报学校教学事故认定与处理领导小组审议。
负责人：　　　　单位公章
年　月　日</td></tr>
</table>

附件 3

武汉科技大学教学事故现场认定登记表

<table>
<tr><td>责任人</td><td></td><td>责任人所在单位</td><td></td></tr>
<tr><td>发生地点</td><td></td><td>发生时间段
（精准到分钟）</td><td></td></tr>
<tr><td>课程名称</td><td></td><td>学生班级</td><td></td></tr>
<tr><td>教学事故
详细情况描述</td><td colspan="3">（请明确记载发现时间、地点、涉事人员及学生班级、具体行为等客观情况）

学生代表 1 学号、签名____________
学生代表 2 学号、签名____________</td></tr>
<tr><td>检查人员
初步意见</td><td colspan="3">检查人员签名：　　　　年　月　日</td></tr>
<tr><td>责任人
情况说明</td><td colspan="3">（可提供相关材料附后）

责任人签名：　　　　年　月　日</td></tr>
<tr><td>责任人所在
单位调查及
初步处理意见</td><td colspan="3">负责人：　　　　单位公章
年　月　日</td></tr>
<tr><td>本科生院
审核意见</td><td colspan="3">依据教学事故的现场认定情况，结合责任人所在单位的调查、核实，经本科生院院务会讨论决定，拟同意/不同意所在单位的处理意见，初步认定为重大/较大/一般教学事故。
建议/不建议上报学校教学事故认定与处理领导小组审议。

负责人：　　　　单位公章
年　月　日</td></tr>
</table>

附件 4

武汉科技大学教学事故通知书

<table>
<tr><td>责任人
姓名</td><td></td><td>工号</td><td></td><td>所在单位</td><td></td></tr>
<tr><td>教学事故类别</td><td colspan="2">A. 教学类/B. 教学管理类/
C. 教学保障类</td><td>教学事故
级别</td><td colspan="2">重大/较大/一般
教学事故</td></tr>
<tr><td>教学事故
简要描述</td><td colspan="5"></td></tr>
<tr><td>学校处理
意见</td><td colspan="5">根据《武汉科技大学教学事故认定与处理办法》（武科大教发〔2023〕32 号），经调查、核实，该教学事故符合第 A/B/C 类第____款情况。经学校教学事故认定与处理领导小组审核，并报校长办公会议批准，认定该教学事故为重大/较大/一般教学事故。
为严肃教育教学工作，保障正常的教育教学秩序，决定处理如下：
1.
2.
3.
负责人签字：________ 单位公章
年 月 日</td></tr>
<tr><td colspan="3">教学事故责任人签收：____________
联系电话：____________
年 月 日</td><td colspan="3">责任人所在单位签收：____________
单位公章
年 月 日</td></tr>
</table>

说明：1. 本表一式四份，一份由教学事故责任人签收，一份由教学事故责任人所在单位留存，一份由人事处留存，一份由本科生院留存。

2. 若教学事故责任人对事故的认定与处理有异议，可在接到本通知书后 10 日内向学校教职工申诉处理委员会提出书面申诉。

3. 申诉期间不停止对处理决定的执行。逾期视为无异议。

武汉科技大学新入职教师本科课堂教学准入制度实施办法

（武科大教发〔2023〕34号）

第一章 总 则

第一条 为有效提升教师教学能力，提高学校教育教学水平，保证人才培养质量，对新入职教师实行本科课堂教学准入制度，即需完成助课、培训、授课考察等过程考核并取得“武汉科技大学本科课堂教学主讲教师资格证书”后，方能独立承担本科课堂教学任务。

第二条 本办法中新入职教师包括：

（一）新毕业到教学岗位或教学科研岗位的教师（不含师资博士后）；

（二）新调入或转岗到教学岗位或教学科研岗位，被聘为副教授以下岗位（讲师、助教）的教师。

第三条 新入职教师需完成一定学时的教学培训、一门课程完整的助课以及授课考察，合格后方能获得主讲教师资格证书。

第二章 教学培训

第四条 新入职教师需参加由本科生院组织的教学讲座、教学研讨及教学观摩等培训活动，每次培训活动原则上以2学时计。

第五条 新入职教师应参加不少于10学时的教学培训。教学培训分必修和选修两类。必修内容包括教学基本规范、教育教学理念与方法、多媒体教室及智慧教室使用、教学信息化工具使用、教学设计、PPT制作等。选修则是针对教育教学中需要了解和重视的问题进行的培训，可由学院组织或个人独立完成。

第六条 新入职教师除参加本科生院组织的讲座、示范课、沙龙、微格演练等各类培训和活动获得学时外，参加学院（部）举办的培训、全国高校教师网络培训中心等平台举办的培训，经本科生院认定后均可计入培训总学时。

第三章 助课工作

第七条 学院（部）应为每位新入职教师指派一名教学指导教师，原则上应为所助课程的主讲教师。

第八条 学院（部）应安排新入职教师承担一门本科课程的助课任务，原则上应为新教师拟讲授的课程。

第九条 助课工作主要职责包括：

（一）熟悉教学大纲、课程教学进程安排、教材及各个教学环节；

（二）全程随堂听课；

（三）协助主讲教师完成课程辅导、

答疑、批改作业、指导实验等工作；

（四）协助组织课程考试，参与试卷评阅；

（五）完成主讲教师安排的其他教学工作。

第十条　助课期间，在指导教师的指导下，新入职教师需试讲4学时的课程内容（包括习题课、教学研讨、答疑等多种形式）。

第十一条　新入职教师试讲期间，指导教师应随堂听课并给予指导。新教师试讲学时计入主讲教师的讲课学时。

第十二条　助课结束后，学院（部）综合指导教师意见，给出助课是否合格的结论。助课合格后，可进入授课考察，不合格者需继续助课。

第四章　授课考察

第十三条　本科生院负责组织专家对助课合格的新入职教师进行授课考察。专家组对新入职教师的授课给出具体指导意见，并做出授课考察是否合格的结论。

第五章　资格认定

第十四条　教学培训合格、助课合格、授课考察合格并已获得教师资格证的新入职教师，学校颁发“本科课堂教学主讲教师资格证书”。

第六章　附　则

第十五条　本办法自发布之日起施行，原《武汉科技大学新入职教师本科课堂教学准入制度实施办法》（武科大教〔2018〕31号）同时废止。如与上级主管部门最新规定有冲突，则按上级主管部门最新规定执行。

第十六条　本办法由本科生院负责解释。

武汉科技大学普通本科“香涛计划”管理办法

（武科大教发〔2023〕49号）

第一章　总　则

第一条　为全面贯彻全国教育大会精神，不断深化教育教学改革，完善多样化人才培养模式，促进我校本科教育教学改革和人才培养工作，强化拔尖创新人才培养，继续实施“香涛计划”。

第二条　本阶段“香涛计划”称为“香涛计划”2.0，推出的试点班称为“香涛计划强基班”。“香涛计划”2.0属横跨不同学院、专业的全校性人才培养试点项目，主要开展强化学科基础的创新型人才培养模式改革，通过引导学生自主学习和研究性学习，促进学生个性化发展，培养宽口径、厚基础、科技创新能力强的高素质拔尖创新人才。

第二章　学制与培养模式

第三条　香涛计划强基班实行弹性学制，基本学制为四年（医学类为五年），学生可在三至六年内完成学业。

第四条　香涛计划强基班按照大类进行培养，如材料类、机械类、信息类、数学类、医学类、经管类等，每个类别须在学生选拔办法中规定可选择专业，每年进行选拔前可根据学校学科专业布局和培养过程反馈进行适当优化调整，并在选拔通知中予以公布。

第五条　香涛计划强基班以两阶段培养为主要形式。第一阶段以通识教育和基础教育为主，重在培养学生的人文素养、科学精神和学科基础，第二阶段按照学生自主选择的专业进行专业学习和个性化培养。鼓励各专业类基于专业特点进行特色化示范性探索。

第六条　香涛计划强基班采用香涛学院与专业学院协同管理模式，实行导师制和小班化教学，探索书院制、小学期等人才培养新模式。

第三章　管理模式

第七条　香涛计划强基班学生实行香涛学院和依托学院双隶属制，进行协同管理。

第八条　香涛学院作为全校性育人模式探索和推进的主要责任单位，负责香涛计划总体性规划和设计，制定相关管理办法和细则。负责香涛计划强基班的教学管理；负责学生选拔规则的制定与实施；协调校内相关职能部门，统筹学生奖学金评定、推优、推免、党员发展等资源，进行资源的合理分配；与相关专业学院协调，组建各专业类责任教授团队；选聘和管理学业导师、兴趣导师、班主任和教学督导等；协同专业学院组织新生入学教育、学术创新、课外科技和专业实践等活动；负责学生劳动教育、学生自主管理委员会的组建与管理、兴趣类活动组织等。

第九条　各专业类学生选定导师或专业后，学生主体所在学院作为相应专业类的依托学院，除教学方面职能外，主要负责学生思想政治教育、家庭经济困难学生认定、奖（助）学金评审、优良学风班评选、优秀毕业生评选、团组织建设与管理、学生党建、学生安全稳定、心理健康教育、社会实践、志愿者服务、生涯发展教育与就业指导、违纪处理等日常管理工作。

第十条　其他相关专业学院负责选派和推荐优秀的授课教师和导师承担教学和学生指导任务，负责协调实验室等资源供香涛计划强基班学生使用。

第四章　学生选拔

第十一条　香涛计划强基班学生选拔应突破传统的人才评价方式，旨在选拔有志向、有兴趣、有天赋、有担当、有情怀的学生进行专门培养，要求学生综合素质优秀或基础学科拔尖，具有强烈的专业兴趣、科研志向和吃苦耐劳精神。

第十二条　香涛计划强基班学生从被我校录取的普通全日制本科新生中择优选拔。高考成绩优异的学生或相关学科领域具有突出才能和表现的学生均可报名，但应符合所在类别的选考科目等要求。

第十三条　香涛计划强基班按照学生自愿申请、学校公开选拔的方式进行。遴选工作按照“坚持标准，突出专长，择优录取，宁缺毋滥”的原则进行，确保选拔公平、公正、公开。

第十四条　遴选程序

（一）个人申请。新生入学后，符合申报条件的学生须提出书面申请，并提供相应证明材料交香涛学院进行审核。

（二）资格审核。香涛学院负责对学生报名资格进行审核，并根据选拔通知要求确定进入复试名单。

（三）考核选拔。获得复试资格的学生，参加由所申请专业类教授团队组织的考核，主要考查学生的知识结构、逻辑思维、表达能力、英语水平以及个性品质等，重点考查学生是否具有所申请学科的培养潜质，根据考核结果确定拟选拔学生名单。

（四）结果公示。拟选拔的学生名单在全校进行公示，公示无异议后，相关学生编入香涛计划强基班学习。

第十五条　在一年级学习期间，如发现有在相关学科表现优异、特长突出的学生，可由本人申请、两名及以上本学科教授联名推荐，经专业类教授团队考察确认符合该学科培养要求的，经公示无异议后，可吸收到香涛计划强基班进行学习。

第五章　培养管理

第十六条　香涛计划强基班实施个性化人才培养。第一阶段培养方案由香涛学院协同相关学院组织专家进行论证和制定，鼓励各专业类增加第二阶段共性课程并预置到第一阶段培养方案中。学生在第一阶段结束前，根据学习兴趣和特长，在本专业类内自主选择专业。专业确定后，在学业导师指导下自主确定第二阶段培养方案。第二阶段培养方案原则上须包含不低于80%选定专业的核心课程，其他课程在学业导师指导下由学生自主确定。第二阶段课程不受开出单位限制，学生可在全校范围内择优选择进行修读。学生达到所选专业学校规定的最低学分要求即可申请毕业。非两阶段培养的专业类，学生可根据课程修读情况及未来发展需要自主选择注册专业。

第十七条　制定培养方案要依托学科优势，充分利用优质教学资源，充分尊重学生兴趣爱好，突出学生创新精神和创新能力培养，促进学生个性化发展。鼓励各学院和导师团队针对香涛计划强基班学生开设更多具有创新性、高阶性和挑战度的课程。

第十八条　除常规性教学方式外，鼓励围绕香涛计划强基班进行创新性探索。学生毕业实习可以申请在专业实验室进行，需提交合理可行的实验计划，如实验报告通过导师及专业教授团队考核，则根据实验报告质量认定其毕业实习成绩。学生如有发表与撰写毕业设计（论文）相关的C类及以上学术论文，可根据其毕业设计（论文）质量及所发表学术论文情况综合评定其毕业设计（论文）成绩。

第十九条　学生自第二阶段进入专业学习后，按照个性化培养方案选课学习，其行政班级保持不变，毕业资格审查工作由香涛学院负责。

第二十条　香涛计划强基班实行淘汰与退出机制。除执行学校本科生学籍管理规定外，凡出现以下情况之一者，应退出香涛计划强基班转到普通班继续完成学业：

（一）被学校学籍预警的；

（二）因各种原因受记过及以上处分的；

（三）因身体状况不能坚持在香涛计划强基班继续学习的；

（四）自愿申请退出的；

（五）在专业分流之前，每学期组织一次综合评价，综合评价排名后10%的学生需参加答辩考核，所在专业类教授委员会认为不适合继续在香涛计划强基班学习的。

退出香涛计划强基班的学生可申请转入所在专业类可分流专业（类）普通班学习，按照普通班专业培养方案要求完成学业。

第二十一条　香涛计划强基班实施小班化教学，鼓励教师采取引导式、启发式、探究式和讨论式等教学方法，激发学生的学习积极性，促进学习效果。

第二十二条　通过不同专业（类）学生同班学习，跨学科（专业）学生混住、申报项目、参加科技竞赛、组织学术研讨等举措，促进不同学科（专业）学生间交流，培养学生跨学科思维能力。

第六章　导师的选择与职责

第二十三条　香涛计划强基班实行全程导师制，选拔到香涛计划强基班学习后，即可按双向选择的原则，由学生自主选择学业导师。在专业分流时，可根据学生与导师双方意愿，申请更换一次导师。

第二十四条　学业导师由各依托学院和相关专业学院指派，需是各相关学科指导水平高的学术型导师。学业导师的主要任务是，将学生纳入自己的科研团队，指导学生结合个人兴趣爱好和教师研究方向制定个性化培养方案，指导学生修读课程、开展科研训练与创新实践，指导学生规划职业生涯等。

第二十五条　为强化学生的综合素质培养，需不断创新劳动教育内容、手段和形式，并聘请若干音乐、书法、绘画、体育、创新创业等方面的兴趣导师对香涛计划强基班学生进行指导，定期不定期组织兴趣类活动，以培养德智体美劳全面发展的优秀人才。

第七章　保障体系

第二十六条　为强化香涛计划强基班人才培养质量，在学校已有质量保障体系基础上，成立各专业类教授委员会，主要负责指导本专业类培养方案制定、学生选拔、导师与任课教师选聘、学生专业能力考核与评价等工作。

第二十七条　为保障香涛计划强基班培养质量，要选聘教学思想先进、教学质量高、责任心强的优秀基础课和专业课教师任教，实行差异化课时津贴制度，可根据需要选聘部分校外优秀教师承担教学任务。

第二十八条　保障香涛计划强基班教学专项经费投入，确保香涛计划强基班理论教学、实验教学、实习实训、科研训练和创新实践的正常运行。专项经费主要用于图书资料的购买、实习基地的建设、学生科研训练、教材建设、教学改革及学生专项训练等。专项经费的使用按照学校财务管理有关规定执行。

第二十九条　学校在大学生创新创业项目立项、硕士研究生推免、奖学金评定及其他评奖评优等方面，予以适当倾斜。

第三十条　为鼓励各单位积极参与到学校人才培养模式改革中，学生培养成果可多方认定，即专业建设及学生参加科技竞赛等取得的成绩，学校可从整体上进行总结，导师所在学院、依托学院以及其他相关专业学院可作为本院的成绩进行总结和使用。如存在绩效奖励或其他需要分解的项目，由香涛学院和相关学院协商解决。

第八章　附　则

第三十一条　本办法自发布之日起实施，原《武汉科技大学“香涛计划”试点班管理办法》（武科大教发〔2021〕41号）同时废止。

第三十二条　本办法由本科生院负责解释。

武汉科技大学专业认证（评估）管理办法（试行）

（武科大教发〔2023〕50号）

第一章 总 则

第一条 专业认证（评估）（以下简称“专业认证”）是提高学校专业教育质量的重要抓手。为有效推进专业认证工作，着力深化专业内涵建设，全面提高专业建设水平，不断提升人才培养质量，结合学校实际，制定本办法。

第二条 专业认证坚持“以评促建、以评促管、评建结合、重在建设”的指导方针，落实“学生中心、产出导向、持续改进”的教育理念，以建设“一流本科、一流专业”为目标，落实立德树人的根本任务，明确各专业建设的标准和基本要求，推动专业教育建设与改革，提升专业核心竞争力。

第三条 本办法所称专业认证，是指我校本科专业参加由第三方评估机构开展的专业认证，包括国际专业认证和国内专业认证。国际专业认证是指由国际上普遍认可权威的认证机构所开展的专业认证。国内专业认证是指国家认可的第三方评估机构所开展的各类专业认证。

第四条 专业参与认证需经学校审核，并列入学校专业认证工作计划。

第五条 专业认证分首次认证和复评认证。首次认证是指专业第一次参与认证；复评认证是指通过认证专业在有效期满后，参与下一轮认证。

第六条 专业认证的流程主要包括申请、自评自建、提交自评报告、专家组线上或线下（现场）考查和持续改进。

第二章 组织与管理

第七条 专业认证工作实行校院两级管理。学校专业认证工作办公室设在本科生院。

第八条 本科生院负责制定学校专业认证工作计划，组织安排全校专业认证工作，负责认证申报材料的校内评审，配合学院完成专业认证的建设、准备与协调，实施校内专业评估认证等工作。

第九条 学院（部）是专业认证的主体。学院（部）应成立由院长（主任）、书记为组长的专业认证工作领导小组，负责统筹全学院（部）的专业认证工作，具体包括制定学院（部）专业认证计划和工作方案，组织认证专业开展的自评自建，保障对认证专业的建设和投入，审核认证专业提交的相关材料，组织安排专家线上或线下（现场）考查，及时处理认证专业建设过程中出现的问题等工作。

第十条　各专业是专业认证的核心。认证专业负责开展专业的建设与改革，修订和完善面向产出的人才培养方案、课程大纲等教学档案材料，按教学需要实施课程教学，撰写并提交认证申报材料，及时反馈认证中出现的问题。

第十一条　学校相关职能部门和学院（部）应全力支持和配合专业认证工作。相关职能部门应积极主动为认证专业建设提供支持与服务；承担认证专业教学任务的学院（部）应及时完成相关建设和准备工作。

第十二条　认证专业所在学院（部）应加强学院（部）教学质量保障体系建设，明确专业认证“底线”要求，建立和完善培养目标合理性评价、培养目标达成情况定期分析、毕业要求达成情况评价、课程体系合理性评价、课程目标达成情况评价等机制。

第十三条　认证专业应全员参与认证工作，认真研究专业认证的标准和程序，制订切实可行的建设和改进计划，扎实开展自评自查自建，积极与各专业认证委员会联系，认真撰写并提交相关材料。

第十四条　通过认证的专业应按要求建立持续改进的长效机制，保障认证要求能够在日常教学工作中得到落实。在认证有效期内，专业应提前至少一年开展下一轮认证的建设与准备工作，并及时申请参加下一轮认证。本科生院每年将组织校内外认证专家抽查部分专业，检查和指导专业建设的持续改进工作。

第三章　政策支持

第十五条　学校鼓励具备认证条件的专业参加专业认证，对申请认证专业在专业建设、课程建设、实验室建设等方面给予重点支持，优先保证建设需求。

第十六条　学校对认证专业给予专项经费支持和奖励绩效。首次申请认证专业和复评专业的相关专业建设项目列入学校当年建设项目库予以优先支持，其经费主要用于实验室建设、维修改造、调研考察、项目评审等方面。对认证受理专业、正式通过专业以及配合协助完成专业认证的学院年终给予奖励绩效。

第十七条　在认证有效期内的专业，学校开展一次检查工作，主要检查各专业按照认证标准实施教学情况和专业持续改进的效果。经检查合格的专业，当年年终给予奖励绩效 5 万~15 万元。

第四章　附　则

第十八条　本办法自印发之日起实施，由本科生院、财务处负责解释。

武汉科技大学学生教学信息员管理办法

（武科大教发〔2023〕51 号）

第一章 总 则

第一条 为加强教学工作的信息反馈，完善学校教学质量监控体系，及时掌握教学运行动态、收集教学管理信息以及学生对教学工作的意见和建议，改进教学工作，提高教学质量，特制定本办法。

第二条 武汉科技大学学生教学信息员（以下简称“信息员”）是由本科生院聘任的自愿参与学校教学管理的学生，是学校和学生进行联系的桥梁和纽带之一。信息员队伍日常管理和业务管理隶属于本科生院。

第二章 机构设置

第三条 信息员实行学校和学院（部）两级管理模式。本科生院统筹全校信息员的聘任、管理和考核，成立学生教学信息员工作委员会（以下简称“学信委”），委员会办公室设在本科生院。学信委设主任 1 名，负责全面工作；副主任 2~4 名，各部部长及委员若干，协助主任处理委员会日常工作。

各学院（部）设立学生教学信息员工作部，负责本院信息员的全面工作，可根据专业、班级及学生数量等实际情况设副部长 1~2 名，协助部长处理日常工作。

第四条 学信委的主要职责：聘任、管理和考核全校学生教学信息员工作站，开展信息员招聘、培训、评奖、评优等日常活动，组织全体信息员开展本科教学各种信息的收集、反馈，包括课程设置、教学改革、课堂教学、实践教学、学风建设、考风建设、教师教学态度与水平、学生学习情况等教学过程各环节内容，并积极参与各项教学管理工作及实践活动，及时向管理部门反映相关意见和建议，经常开展教学情况调研活动，发布教学状况信息；完成本科生院和学院（部）交办的其他任务。

第三章 信息员的聘任条件

第五条 信息员必须为武汉科技大学全日制在校本科生，思想素质良好，学习成绩优良，任学生干部者优先考虑。

第六条 富有主人翁精神，愿意参与学校的教学管理工作；善于联系老师和同学，敢于代表同学反映意见，并能提出合理化建议。

第七条 工作认真负责，实事求是，办事公正。有较强的观察、分析、综合和信息处理能力；有一定的组织协调能力和较强的语言表达能力。

第四章 信息员的工作职责

第八条 信息员主要履行以下职责：

1. 填报“教学信息反馈表”，每学期至少四次，及时反馈教学信息和信息员工作情况。遇有特殊情况，信息员可直接向本科生院、学院（部）反映。

2. 主动加强与教学管理部门、任课教师的沟通，客观、公正、广泛地收集教学和教学管理信息并进行整理。

3. 及时反映学生对任课教师教学态度、内容、方法、手段、水平和教学过程各环节（备课、课堂教学、实验教学、作业批改、课外辅导、实践环节、课程设计、考试、教材使用等）的意见和建议。

4. 及时反映学生对教学管理方面（包括但不限于教学管理制度的制定与实施、培养方案的制定与执行、专业课程的设置、教学活动的组织安排、教学质量的监控等）的意见和建议；及时向同学传达学校、学院（部）有关教学方面的规章、制度和通知等。

5. 及时反映学生的学风状况，包括出勤情况、教师授课、课堂秩序、课外自习、课外作业、考风考纪、实验实习实践等方面。

6. 及时反映学生对教学条件保障方面（包括但不限于教材、教学场所、教学设备、图书资料等）的意见和建议。

7. 对教学活动中的突发问题（如教师私自调停课、无故缺课或迟到、早退，教学设备出现故障等），尽快向本科生院汇报，以便及时处理。

此外，信息员需参加本科生院、学信委及学院（部）组织的会议、培训及各种活动，协助本科生院组织网上评教、问卷调查、学生座谈会等与教学质量管理相关的工作。

第五章 聘任方法和待遇

第九条 凡我校在籍本科非毕业班学生均可报名。各学院（部）信息员工作部根据学生的日常表现择优选拔和推荐，原则上在非毕业年级的每个年级、每个本科专业选聘一定数量的信息员，具体数量由本科生院据实核定。

第十条 信息员每学年选聘一次，并发放聘书。任期届满，自动解聘。根据信息员工作中的表现，本科生院和学院（部）有权提出更换。信息员中途退出必须先向本科生院提出申请。学校将根据信息员的工作情况，按学期发放一定酬金。

第十一条 对于信息员的正常工作，全校各单位及全体师生应积极予以支持和配合，不得以任何借口进行阻挠。本科生院、学信委和各工作部应对提供教学信息的学生负保密责任。

第六章 考核和奖励

第十二条 本科生院会同校团委根据信息员反馈教学信息的数量、质量及工作表现等情况，于每学年聘期结束时对信息员进行考核，评出“武汉科技大学优秀学生教学信息员工作部”“武汉科技大学优秀学生教学信息员干部”“武汉科技大学优秀学生教学信息员标兵”“武汉科技大学优秀学生教学信息员”，给予表彰并颁发证书。其中，优秀学生教学信息员工作部一般为4~6个，优秀学生教学信息员干部、优秀学生教学信息员标兵一般比例为信息员总数的5%，优秀学生教学信息员一般比例为信息员总数的10%。

本科生院负责将信息员的聘任、日常工作表现、考核结果等信息及时反馈到党委学生工作部、校团委及各学院（部），作为信息员参加各类评奖评优、第二课堂学分认定和奖学金评定等活动的依据。

第七章 附 则

第十三条 本制度自公布之日起施行，原《武汉科技大学学生教学信息员管理办法》（武科大教〔2018〕79号）同时废止。

第十四条 本制度由本科生院、校团委负责解释。

武汉科技大学本科课堂教学质量学生评价制度

（武科大教发〔2023〕52 号）

本科课堂教学质量学生评价（以下简称“学生评教”）是学校教学质量管理与监控的重要抓手。为进一步健全和完善学校本科教学质量保障体系，充分发挥学生在教师课堂教学质量评价中的主体作用，更加科学有效地开展学生评教工作，根据中共中央、国务院印发的《深化新时代教育评价改革总体方案》和教育部《关于深化本科教育教学改革全面提高人才培养质量的意见》（教高〔2019〕6 号）文件精神，结合我校实际，特制定本制度。

第一章　指导思想和目的

第一条　以习近平新时代中国特色社会主义思想为指导，贯彻落实“学生中心、产出导向、持续改进”的教育理念，坚持立德树人的总要求，强化课程思政属性，建立健全高质量评价体系。

第二条　课堂教学质量评价是学校教学质量保障体系的重要环节，通过学生对课程教学情况的反馈，帮助教师发现教学短板和不足，实现对教师教学的评价，促进教学工作的持续改进，切实提升教学质量。

第二章　学生评教的主体及对象

第三条　评教主体：全体全日制普通本科生。

第四条　评教对象：每学期为全日制普通本科生开设课程（含理论课、体育课）的授课教师及课程教学情况。

第三章　评教指标

第五条　评教指标围绕思想价值观、学习目标、学习方法、学习内容、学习管理、学习效果等方面，其具体内容和权重见附表。

附表　武汉科技大学课堂教学评价指标

指标点	权重
1. 老师遵守党的教育方针，立德树人、为人师表，使我的思想、行为、价值观得到了正确的引导	16
2. 老师让我们明确了课程学习（思政）的目标，使我对课程学习的要求很清楚	12
3. 老师精心组织授课内容，重难点讲解清晰，能够引导我思考并激发我的学习兴趣	18

续表

指标点	权重
4. 老师教学手段丰富，课堂气氛活跃，经常会有讨论和课后作业，我学习这门课程必须全力以赴，对我学习提出了挑战	20
5. 老师对我们讨论、作业、实践活动等都进行评价，并作为课程考核成绩的一部分，我觉得课程考核方法合理	16
6. 通过学习这门课程，我掌握了应学会的知识并能应用，让我受益匪浅	18
合计	100

第六条　评价选项分五级，分别为：很好（95 分）、好（85 分）、较好（75 分）、较差（60 分）、很差（20 分）。

第七条　学生对每项指标评价完以后，可以根据课程教学情况，提出评价意见，例如“该教师的教学特色和亮点、你对该教师讲授本课程的意见和建议”等。

第四章　评教组织

第八条　学生评教由学校统一安排，由各学院（部）负责组织实施。

第九条　每学期开展期中和期末两次评价。期中评价一般在第 7~9 周开展，主要评价前 10 周（含第 10 周）结束的课程；期末评价一般在第 15~17 周开展，主要评价第 10 周以后结束的课程。每次评教时系统开放时间约为 10 天。

第五章　评教数据的收集与统计

第十条　学生评教结束后，本科生院将会对学生评教数据进行如下处理：剔除学生参评率低于 50%的课程，去掉每门课程中学生评教分数最高的 10%和最低的 10%，处理完毕后，按照“每门课程一位教师一个分数”的原则，形成全校学生评教结果。

第六章　评教结果的运用

第十一条　本科生院会对全校评教结果进行分析，并将学生评教结果及分析发给学院（部）。教师可在评价结果公布后，在学校信息门户中的“教学系统”—“教学考评”—“评价结果查询”中查看评教分数及学生建议明细等内容。

第十二条　本科生院会根据上一学期评价结果，将全校排名处于后 10%的课程及任课教师名单、个人分析表等信息反馈给相关学院（部）及教学督导，请其跟踪听课，进行重点帮扶指导，协助教师提高教学质量。

第十三条　评教结果为衡量教师教学质量的重要依据之一，用于教师年终考核、教学奖评审、职务职称晋升等活动中。

第十四条　学院（部）学生评教参评课程门次优秀率和学生评教参评率纳入学院（部）年终目标管理责任制考核指标。

第七章　附　则

第十五条　本制度自发布之日起执行，原《武汉科技大学学生评教制度》（武科大教〔2018〕81 号）同时废止。

第十六条　本制度由本科生院负责解释。

武汉科技大学本科教学过程质量监控与评价管理办法（试行）

（武科大教发〔2023〕53号）

第一章　总　则

第一条　为了进一步深化学校本科教育教学改革，促进本科教育内涵式发展，健全我校本科教学相关质量标准和监控机制，不断提升人才培养质量，根据中共中央、国务院《深化新时代教育评价改革总体方案》《关于深化新时代教育督导体制机制改革的意见》《普通高等学校本科教育教学审核评估实施方案（2021—2025年）》及《教育部关于加快建设高水平本科教育全面提高人才培养能力的意见》（教高〔2018〕2号）等文件精神，按照《普通高等学校本科专业类教学质量国家标准》（以下简称"国标"）及专业认证（评估）标准的相关要求，特制定本办法。

第二条　本办法指导思想是：全面贯彻党的教育方针，落实立德树人根本任务，遵循教育教学规律，坚持"以学生发展为中心、产出导向、持续改进"的教育理念，继续加强"四方监控"体系建设，构建分级管理、部门联动、全员参与的教学过程质量监控与评价机制。

第二章　目标与原则

第三条　工作目标

建立规范化教学质量监控与评价机制，形成全校本科教学计划制订、执行、检查、提升的闭环管理，优化教学资源配置，满足教育教学质量稳步提升的需求，提高教学管理和服务水平，提升教师教学能力和学生学业水平，保障与提升人才培养质量。

第四条　基本原则

（一）坚持科学性、客观性、公正性原则。评价标准要符合教育教学规律、符合时代要求、符合客观实际，以事实和数据为依据，做到过程科学、规范，结论客观、公正，整改建议具有可操作性、可执行性。

（二）坚持全员、全程、全方位原则。质量监控与评价需要每位教师、学生和管理人员全员参与，开展形成性评价，加强过程管理，强化各教学环节的监控和评价，做到及时发现、及时反馈、及时改进。

（三）坚持分类指导、综合评价原则。根据教学评价的不同对象科学制订评价指标体系、选择评价主体和评价方式方法。

第三章　组织架构

第五条　学校建立校院两级质量监控

与评价组织体系。各学院（部）负责本院本科教学质量监控与评价工作，可根据需要，设置系（教研室）一级的教学质量监控与评价组织。

第六条 校级教学质量监控与评价工作由本科生院负责。通过组织教育教学督导、管理人员、教师和学生参与，形成全员参与、“四方监控”的教学质量监控与评价体系。

（一）本科生院负责全校教学质量监控与评价工作的组织与协调。组织开展各类教学评估及认证工作，协调收集上报教学相关数据，督促指导各学院（部）开展本单位教学质量监控与评价工作，做好教学质量信息的汇总、分析、反馈等工作。

（二）教育教学督导是教学质量监控与评价的重要力量。工作重点是定期和适时开展听（看）课、巡考、教学检查、毕业设计（论文）检查等教学检查和调研，广泛收集教学过程中的信息资料，提出督导意见等。

（三）管理人员包括学校领导、学院（部）及各职能部门领导。工作重点是开展听（看）课、教学检查，同时根据本部门工作职责，协同制订评价指标体系、采集相关数据信息，协同做好质量监控与评价工作。

（四）教师包括专业责任教授团队负责人、系（教研室）负责人、同行专家。工作重点是开展听（看）课、教学检查，做好专业各教学环节目标达成机制制订与评价，审核教学形成性评价过程，协同做好院系、专业质量监控与评价工作。

（五）学生主要是指全体在校生（含学生教学信息员），重点工作是评价课堂教学过程及其效果，及时收集和反馈学习过程中相关信息，包括教学环节安排、教师授课、学风、教学保障情况等。

第四章 质量监控与评价内容

第七条 质量监控与评价主要分为常态化教学质量监控和以专业为主体面向产出的质量评价及持续改进。各负责部门、学院（部）根据实际情况开展质量监控与督查。

（一）常规化教学质量监控主要包括各教学环节质量标准制定、检查、反馈、改进等。

（二）以专业为主体面向产出的质量评价及持续改进主要是指按照专业质量标准及认证要求，由学院（部）或专业制定的面向产出的评价机制，用于满足“毕业要求达成的主线、学习产出评价的底线”要求，实现专业内部教学质量监控与持续改进。

第八条 主要教学环节质量标准及监控：

（一）教师课堂教学准入

根据《武汉科技大学新入职教师本科课堂教学准入制度实施办法》文件要求，对新入职教师实施准入管理，获得准入证书方能走上讲台。

质量监控人为学校人事处与教师教学发展中心、学院（部）分管教学副院长和系主任或专业责任教授团队负责人等。

（二）培养方案的制定与修订

根据国标、专业认证标准和《武汉科技大学关于修订本科专业人才培养方案的原则意见》等文件精神，开展本科专业人才培养方案的修订。

质量监控人为专业责任教授团队负责人、学院（部）分管教学副院长、学院（部）教学指导委员会和学校本科生院等。

（三）课程教学大纲的编制

根据《武汉科技大学本科课程教学大纲编制规范》文件精神，按照各专业毕业要求支撑情况，制订课程教学大纲。

质量监控人为系主任、专业责任教授团队负责人、学院（部）分管教学副院长和本科生院等。

（四）课程教学进度计划执行

严格按照课程教学进程安排执行开课计划；要调停课时，严格执行《武汉科技大学调停课的管理规定》。

质量监控人为学院（部）分管教学副院长和本科生院等。

（五）教材选定

根据《武汉科技大学教材建设与选用管理办法》文件精神，选用符合国家政策及教学大纲要求的教材。

质量监控人为专业责任教授团队负责人或系主任、学院（部）分管教学副院长和本科生院等。

（六）课堂教学

根据《武汉科技大学本科各主要教学环节质量标准》开展课堂教学。

质量监控人为主讲教师、专业责任教授团队负责人或系主任、学院（部）分管教学副院长、本科生院等。

（七）课程考试

根据《武汉科技大学本科各主要教学环节质量标准》《武汉科大学课程考核管理办法》实施课程考核。

质量监控人为专业责任教授团队负责人或系主任、学院（部）分管教学副院长、本科生院等。

（八）实践教学

根据《武汉科技大学本科各主要教学环节质量标准》《关于进一步加强实践教学工作、提高实践教学质量的意见》《武汉科技大学普通本科实验教学管理办法》《武汉科技大学实习工作管理办法》等文件精神，按照要求开展实践教学。

质量监控人为实践指导教师、专业责任教授团队负责人或系主任、学院（部）分管教学副院长、本科生院等。

（九）课程设计

根据《武汉科技大学本科各主要教学环节质量标准》开展课程设计。

质量监控人为设计指导教师、专业责任教授团队负责人或系主任、学院（部）分管教学副院长、本科生院等。

（十）毕业设计（论文）

根据《武汉科技大学各科主要教学环节质量标准》《武汉科技大学本科毕业设计（论文）工作管理办法》《武汉科技大学本科毕业设计（论文）基本规范》开展毕业设计（论文）。

质量监控人为指导教师、专业责任教授团队负责人或系主任、学院（部）分管教学副院长、本科生院等。

第九条　学院（部）应根据《国标》和专业认证标准，结合学院（部）及专业实际，制定以专业为主体面向产出的质量评价及持续改进机制，至少包括：人才培养目标合理性评价、课程体系合理性评价、人才培养目标达成情况定期分析、毕业要求达成情况评价和课程目标达成情况评价五大机制。各评价过程须有相关利益方参与。

（一）人才培养目标合理性评价

培养目标合理性评价考量培养目标与学校定位、专业具备的资源条件、社会需求和利益相关者的期望等内外需求和条件的符合度。评价结果用于培养目标的修订，并以此为基础修订人才培养方案。

（二）课程体系合理性评价

课程体系合理性评价是考量课程体系设置是否能支撑毕业要求的达成，即每门课程教学目标、课程教学内容和教学安排等能否实现其在课程体系中的作用，并能够支撑毕业要求能力的实现。

（三）人才培养目标达成情况定期分析

人才培养目标达成情况定期分析是考量毕业后 5 年左右学生的能力的达成情况，通过对用人单位和学生自身的专业和职业成就调查结果，评价培养成效与培养目标的吻合情况。该评价结果是修订毕业要求的重要依据。

（四）毕业要求达成情况评价

毕业要求达成情况评价是考量学生在毕业时具备的知识、能力和素质，可采取成绩分析法、形成性考核法、行为观察法、口头测试法、问卷调查法、个别访谈或召开座谈会等方法进行评价，了解学生能力达成情况，找出差距，促进改进。

（五）课程目标达成情况评价

课程目标达成情况评价是考量学生完成每一门课程学习后达成课程目标的情况，是面向产出的质量评价的基础。课程负责人在课程考核结束后，依据教学大纲和考核结果，对课程目标达成情况进行分析与评价，提出持续改进方案。

第五章　监控与评价方式方法

第十条　质量监控与评价坚持“以学生为中心”的理念，注重“评学”成果，即关注学生的学习状态和学习成效，以学生学习产出为监控与评价重点。

第十一条　建立常态化的内部教学质量保障机制。通过各种渠道和方式广泛收集教学信息，建立教学基本状态数据常态监测，并开展各类评估认证，及时了解本科教学运行状态，加强评估结果应用和持续改进，保障本科教学质量。信息采集主要方式包括：听（看）课；开学初、期中、期末教学检查和巡查；日常教育教学督导；专项教学检查；课堂教学评估；学生信息员反馈；访谈、座谈会等。

第十二条　建立学生跟踪评价机制。评价主体包括在校生、校友、用人单位、行业协会等办学利益相关方。评价对象包括学生学习状态、学习成效、知识、能力和素质考查等，也可以是影响人才培养质量的各环节、各要素。学生跟踪评价由学院（部）或专业根据各类评价需求组织开展。

第六章　结果反馈与应用

第十三条　加强人才培养质量持续改进，采取科学合理的方式将监控与评价结果及时反馈，并加强对结果的分析和应用，持续改进人才培养过程中存在的问题，确保人才培养质量稳步提升。

第十四条　建立规范的教学质量监控与评价信息发布和反馈程序，信息反馈主要方式有：现场及时交流，会议交流；递交书面信息反馈函；信息通报（如《教学质量简报》）；定期发布质量报告（如《本科教学基本状态数据分析报告》《本科教学质量报告》）等。

第十五条　评价结果作为学院（部）年终目标责任制考核，以及教师评奖、评优、职称评定等重要依据。

第十六条　评价结果作为遴选“一流课程”和“一流专业”等工作的重要依据。

第十七条　教育教学督导和教学检查过程中发现的不良现象，将根据《武汉科技大学教学事故认定与处理办法》予以处理。

第七章　附　则

第十八条　本实施办法自印发之日起施行，原《武汉科技大学本科教学过程质量监控与评价管理办法（试行)》（武科大教发〔2021〕48号）同时废止。

第十九条　本办法由本科生院负责解释。

武汉科技大学教室使用管理办法

（武科大教发〔2023〕72号）

教室是进行教学活动的重要场所，为有效利用教室资源，加强教室管理，确保正常的教学秩序，根据我校实际情况，特制定本办法。

第一条　全校教室（指学校公用教室，下同）由本科生院统一调配使用，其他单位和个人无权调度。未经本科生院批准，任何单位和个人不得擅自使用教室。凡因擅自使用教室而影响教学的，将按《武汉科技大学教学事故认定及处理办法》的有关规定追究有关人员的责任。

第二条　使用范围

（一）凡属学校正常教学计划内的本科教学和研究生教学，均可使用全校教室进行教学活动。

（二）教室使用应优先保证课内教学。在不影响正常教学秩序的前提下，校内各单位组织开展的会议、讲座、学生社团活动等非教学活动，按学校规定程序完成报批后，可以借用教室。

（三）除学校统一安排的活动外，借用教室的单位不得利用教室进行与教学活动、学生集体活动无关的活动。在教学楼内一律不得举办娱乐活动或放电影、录像等可能影响其他教室上课或自习的活动，不得以任何名义借用教室进行任何形式的营利活动，未经批准不得转借给校外人员，尽量控制并严格审批非教学活动借用多媒体设备。已借用的教室，如遇教学活动，应以学校教学活动为主，必要时暂停借用。

（四）教室开放时间上午7:00至晚上22:00（经批准设立的通宵教室除外）。星期六、星期日和节假日教室照常开放。非教学活动借用教室原则上借用时间段：中午12:00—13:50或晚上18:00—21:30。

（五）校内各单位组织开展的会议、讲座、学生社团活动等需要借用教室时，只能利用中午、晚上或双休日进行，且需至少提前一周办理手续。

第三条　申请使用程序

（一）属于课程教学活动使用教室的，由本科生院统一调度安排。由调课教师通过本科教学综合管理系统提交调、停课方案，经审核批准后使用教室。

（二）校内各单位组织开展的非教学活动，由各单位负责老师登录本科教学综合管理系统提交教室借用申请，经审核批准后，凭打印的教室使用通知单到教学楼管理部门借用教室。

（三）教务管理办公室每周一至周五工作时间办理教室借用手续，每学期第16周起原则上停止借用教室。

第四条　教室使用者应遵守以下

规定：

（一）教室主要用于课堂教学和学生自习，各单位应严格按照本科生院统筹编排并正式公布的各学期课程表使用教室。师生上课要严格遵守学校公布的作息时间，不得随意提前上课或延迟下课，影响教室的正常使用。如有特殊情况需要更改课表，必须事先提出申请，按有关规定办理手续后方可调换教室上课。

（二）全校师生员工应自觉维护教室的文明环境。严禁在教室及其周围打闹或大声喧哗，不得穿背心或低胸吊带上衣、超短裤（裙）、拖鞋进入教室，严禁赤脚、赤膊进入教室。不得使用任何物品抢占座位。

（三）凡进入教室的人员，都应服从教室管理人员的管理。应自觉保持教室清洁，不得在教室内抽烟、吐痰，不得携带食品、饮料进入教室，不得在桌椅、墙壁上乱写乱画，教室内不得张贴标语、广告、宣传画、横额、横幅等。

（四）使用教室时要爱护室内设备，不准乱拆乱卸。一般情况下不得擅自挪动教室内的活动桌椅，如确需挪动，应向教学楼管理部门报告，同意后方可搬动，使用完毕后应立即将桌椅还原，不得影响后续教学活动的正常进行。对损坏教室设施者，除按有关规章赔偿外，还应视情节轻重给予必要的纪律处分。

（五）使用多媒体教室时，还应遵守：

1. 学校多媒体教室统一为刷教工一卡通开柜。首次上课前，教师必须提前到相应的多媒体教室刷卡开柜，如有问题及时联系网络信息中心处理。

2. 无论是正常教学还是非教学活动，首次使用多媒体教室者必须提前到相应的多媒体教室，熟悉设备的操作规程、使用方法及注意事项，并试运行所用教学应用软件。

3. 使用多媒体设备时，除手指及学校配备的触摸笔外，勿使用其他硬物触碰、触摸一体机屏幕表面，勿在电动幕布上写画；使用者不得利用多媒体教室内的仪器设备进行娱乐；不得擅自改动仪器设备的连接线和移动、拆卸任何仪器设备；不得擅自在计算机上安装、卸载操作系统以及设置、修改系统的运行命令，勿使用带病毒的应用软件及文档；使用者所拟考试试题、研究成果等信息不得存留在计算机中，避免泄密或造成损失。

4. 使用完多媒体设备后，必须按流程关闭所有多媒体设备，并将设备放回原处，锁好控制柜，不得耽误后续使用者正常使用多媒体设备。不得将多媒体设备及线材私自带出教室，不得人为破坏多媒体设备，以免影响后续使用者的教学，对于故意带出、破坏设备及线材者，将按有关规定追究责任。

5. 使用多媒体教室过程中，如遇到疑难问题，请及时与网络信息中心联系。

第五条　后勤保障部负责全校教室的日常维护、清洁卫生，以及室内设备设施（不含多媒体设备）的维修与管理，主要任务有：

（一）负责按规定的作息时间开放教室，并妥善保管教室钥匙。

（二）负责教室课桌椅、黑板、电源、电灯、电扇、窗帘等室内设备设施（不含多媒体设备）的日常维护和管理，在每学期末集中清查设备设施，为开学做好准备。

（三）上课前检查粉笔、板擦是否齐全，桌椅、门窗、照明、电源插座、黑板、讲台、电扇等室内设备是否完好，并及时报修或补充。

（四）每天对教室进行清扫，无尘擦拭讲台、多媒体控制台和桌椅，每周拖地1次。爱护室内设备，发现问题及时向管理人员报告。

（五）对于自习上座率未达到60%以上的教室，管理人员有义务规劝学生集中学习，以免资源浪费。

（六）教室实行开放式管理，课间和自习时间均不锁门，配合保卫部门加强教学楼和多媒体教室的重点巡查，防火防盗。

第六条　网络信息中心负责全校公用多媒体教室的多媒体设备（含软件系统）的日常管理与维护，主要任务有：

（一）及时为教师使用多媒体教学手段提供技术支持和帮助，排除常见的运行故障。对不能立即排除的故障，按以下程序处理：

1. 网络信息中心应迅速通知本科生院教务管理办公室作出相应教室调整。

2. 教务管理办公室安排好教室的调换后，应及时通知任课教师和学生所在学院教务办公室及教学楼管理部门。任课教师和学生分别由所在学院教务办公室负责通知。教学楼管理室值班人员由后勤保障部教学楼管理部门负责通知。

3. 教学楼管理室值班人员接到通知后，应做好相关工作。

4. 网络信息中心应及时通知设备厂家尽快维修。设备经维修可正常使用后，及时向教务管理办公室反馈。

（二）定期检查、维护教室的多媒体设备，在每学期末集中清查多媒体设备，为开学做好准备；定期更新、维护教学软件，升级杀毒软件，查杀计算机病毒。

（三）保管好各种设备的使用说明书、安装软件、保修证书，建立仪器、设备技术档案。

（四）负责多媒体设备相关配件的供给，保证正常教学需要。

第七条　本办法自印发之日起施行，原《武汉科技大学教室使用管理办法》（武科大教〔2018〕49号）废止。

第八条　本办法由本科生院负责解释。

武汉科技大学普通本科实验教学管理办法

（武科大教发〔2023〕73号）

第一条　实验教学是高等学校人才培养的重要教学环节，是本科教学的重要组成部分，是培养学生理论联系实际、提高学生实践能力和创新能力的重要环节，在创新性人才培养中起着不可替代的作用。根据《教育部等部门关于进一步加强高校实践育人工作的若干意见》（教思政〔2012〕1号）、《关于深化本科教育教学改革全面提高人才培养质量的意见》（教高〔2019〕6号），为了进一步加强实验教学管理，提高实验教学质量，特制定本管理办法。

第二条　实验教学是学生探索科学实验方法和进行基本技能训练的重要教学环节，其目的是使学生加深对所学理论知识的理解，掌握专业实验技能，提高实践动手能力，培养学生创新精神和独立分析问题、解决问题的能力。

第三条　实验教学实行校、院两级管理体制。学校统筹规划与协调，学院（部）具体组织与实施。

（一）本科生院负责全校本科实验教学的统筹协调与管理，制定相关管理制度，下达实验教学任务并督促落实，组织安排实验教学大纲的制订（修订）工作。

（二）各学院（部）负责本学院（部）实验教学的具体实施与管理。负责制定本学院（部）实验教学管理的实施细则，组织制订（修订）本学院（部）各专业课程实验教学大纲，编写实验教材、实验指导书，审核实验项目、实验内容等。开展实验教学改革与经验交流，组织安排实验教学（包括落实实验教学计划、安排实验指导教师、组织学生选课、评定与提交学生实验成绩等），实施过程管理与质量监控。

第四条　各学院（部）根据专业培养方案具体要求，制订符合人才培养目标的实验教学大纲、按规定的学时学分设计实验项目、确定实验教学内容、合理设置实验教学进程、科学评定学生实验教学成绩。实验教学要以实践能力培养为主线，改造传统的实验教学内容和实验技术方法，拓展前沿技术与新技术，密切与科研、工程、社会实际相结合。

（一）实验教学大纲。实验教学大纲的内容一般为：实验教学目的和要求、主要仪器设备、实验项目名称和学时分配、实验课考核方式、实验指导书及主要参考书。

实验教学大纲的设计在全面、系统培养学生的基础实验知识、基本技能和基本实验方法的基础上，充分拓展设计型和综合型实验，有设计型和综合型实验的课程应占总实验课程数的80%以上。单独开设的实验课程，应编写课程教学大纲。实验教学大纲具体要求按照《武汉科技大学本科课程教学大纲编制规范》（武科大教发〔2020〕44号）执行。

（二）实验教学项目。实验教学项目是承载实验教学内容的基本单元，可分为认知性实验、验证性实验、综合性实验和设计性实验等类型。

1. 认知性实验：由教师操作、说明原理和介绍方法，学生仔细观察、验证理论，或学生按要求动手拆装、调试实验装置或上机操作，掌握基本原理和方法。

2. 验证性实验：学生通过实验操作，加深对基本理论、基本知识的理解，掌握基本的实验知识、实验方法、实验技能和实验数据处理。

3. 综合性实验：是多个有机联系的实验对象，在相同条件下组合的静态、动态同步实验，实验内容可以是学科内一门或多门课程教学内容的综合，也可以是跨学科的综合。学生运用多学科知识和内容，结合教师的科研项目，初步掌握科学思维方式和科学研究方法，学会撰写可研报告和有关论证报告。

4. 设计性实验：是学生根据给定的实验目的、实验要求等，独立完成从查阅资料、拟定实验方案、选择或自行设计、制作仪器设备，并自主实现的提高性实验。设计性实验可以是较复杂系统的分析与设计。

（三）实验教材。实验教材是开展实验教学的必备条件，还包括自主编制的实验指导书。

1. 所有实验教学都应有实验教材或实验指导书，原则上无实验教材或实验指导书的项目不得开出实验。

2. 实验教材或实验指导书应尽可能结合我校学科实际与特色选用国家级重点教材或国（境）外优秀教材；也可在教研室研讨的基础上，组织实验教学经验丰富的教师和实验人员编写，由所在学院（部）审定后使用。

实验指导书具体要求见附件。

第五条　实验教学计划是落实实验教学大纲的具体安排，是实验室编制实验仪器设备和低值易耗品采购申报计划的基础，同时也是计算实验教学工作量的重要依据。实验教学应依据课程教学大纲的规定，由实验室组织落实实验教学计划安排，开设相关实验教学项目，提交实验教学相关表格。

第六条　实验教学过程管理包括以下环节：

（一）实验课的准备

1. 实验室工作人员必须根据实验教学安排，提前检查实验设备、实验耗材配置情况，做好实验前的各项准备工作。

2. 实验指导教师和实验技术人员必须认真研究教学大纲，落实实验指导书内容，认真备课，进行预试。每次实验前要认真检查实验仪器、设备及材料的准备情况并做好记录，熟悉实验必需的各种仪器设备、软件及操作规程。

3. 实验指导教师要认真准备实验教学教案，明确实验目的，突出重点、难点。首次指导实验的教师和实验技术人员应进行试做试讲，合格后方能上岗。

4. 新开设的实验课或实验内容及方法变动，指导教师要进行预做并做好记录。

5. 为保证学生顺利完成实验并取得预期效果，指导教师应严格要求学生课前做好实验预习，并在上课时检查预习报告。

（二）实验课的授课指导

1. 课程主讲教师为本课程实验教学的负责人，应统筹做好实验教学的安排并积极参加实验教学指导工作。各学院（部）应安排一定比例的教授、副教授从事实验教学指导工作，构成专兼职结合，年龄、学历、职称结构合理的实验教学队伍；新进硕士前两年、博士第一年必须进入实验室参与本科生的实验教学工作。

2. 指导教师应严格要求学生遵守实验室的各项规章制度，并在开始实验前宣讲实验守则等有关规章制度、注意事项和安全知识。对不遵守规章制度、违反操作规程或不服从指导的学生，实验指导教师有权令其停止实验，对造成事故者，应按学校有关规定处理。

3. 实验教学组织安排应科学合理，注重学生动手能力的培养。基础课实验、上机实验原则上 1 人/组，专业课和集中综合性实验环节视专业要求而定。为了确保实验教学的质量，每名教师所指导的学生人数原则上实验不超过 15 人、上机不超过 30 人。

4. 实验指导教师应耐心指导、巡视、检查学生操作，及时发现并解决问题，启发学生仔细观察，认真分析，在实验过程中应加强对学生操作基本技能和技巧的培养和训练，尽量让学生独立完成操作、数据处理和实验结果分析。实验指导教师和实验技术人员在实验过程中无特殊原因不得离开实验岗位，不得做与实验教学无关的事情。

5. 实验课学生不得无故缺课，因事、因病须事先向指导教师请假，并按计划参加补做。

（三）实验报告的批改及成绩评定

1. 学生应按照《武汉科技大学本科实验报告规范》撰写并提交实验报告；教师应认真批改实验报告，对不符合要求的实验报告应退回学生重做。

2. 实验指导教师综合考虑学生的预习、操作、报告等环节，对学生实验进行成绩评定。学生因故未完成规定实验项目的应当补做，合格后方能评定成绩。擅自缺课 3 次的学生，不予评定成绩。实验成绩按课程大纲规定的比例计入课程总成绩。实验教学成绩按《武汉科技大学普通本科学生学籍管理规定》（武科大教〔2017〕41 号）文件规定，可采用百分制或等级制。

（四）实验记录工作

每次实验课，学生应在《武汉科技大学实验教学日志》上登记签字。实验指导教师应及时在《武汉科技大学实验教学日志》做好有关记录并签字。如有仪器损坏，指导教师应查明原因、做好登记并及时通知相关人员进行维修。

第七条　学院（部）和本科生院共同负责实验教学质量管理。

1. 各学院（部）应加强对实验教学的过程管理，定期组织实验教学检查，不符合要求的，限期整改。

2. 学院（部）应建立实验项目随机抽查评估制度。系（教研室或实验室）应积极开展实验教学研究活动，总结经验，及时发现实验教学过程中存在的问题，有针对性地采取改进措施，不断提高实验教学质量。

3. 本科生院结合期中教学检查安排实

验教学专项检查，了解实验教学中存在的问题，收集师生对实验教学的意见和建议，对各学院（部）实验教学工作的实施、过程管理与资料归档情况进行抽查，检查结果纳入年度目标责任考核。

第八条　为规范实验教学管理，应做好实验教学资料的归档工作。实验教学档案包括：

（一）实验教学大纲、实验课表、实验教学计划进程表、实验教学日志及其他实验教学过程资料。

（二）实验考试试题和参考答案（考核形式为考试的实验课程必备）。学生实验考核成绩。

（三）主要仪器设备的使用、维护保养、修理记录等。

第九条　本办法自公布之日起施行，原《武汉科技大学普通本科实验教学管理办法》（武科大教〔2017〕67号）同时废止。由本科生院负责解释。

附件：实验指导书具体要求。

附件

实验指导书具体要求

1. 自编的实验指导书以课程为单位编写成册。

2. 自编的实验指导书实验项日数必须满足实验教学大纲要求应开的实验项目数。

3. 自编的实验指导书内容必须满足教学大纲所要求的基本内容，在满足基本内容的情况下，各专业可根据自身的专业特点，增加其他相关的内容。

4. 自编实验指导书的规格为 A4 纸。

实验指导书基本要求参考格式

目录页

实验一（宋体四号） ·· 1

实验二 ·· 3

实验三 ·· 7

实验四 ·· 11

……

注释（宋体五号） ·· 25

主要参考文献（宋体五号） ·· 26

内容页

实验一　×××××××（黑体三号）

一、实验目的（宋体四号，加黑）

正文（宋体五号）

二、实验内容（宋体四号，加黑）以此类推

三、实验仪器、设备及材料

四、实验原理

五、实验步骤

六、实验报告要求

七、实验注意事项

八、思考题

武汉科技大学普通本科实习工作管理办法

（武科大教发〔2023〕74号）

实习是本科人才培养教学环节的重要组成部分，是实现专业培养目标的重要阶段。为强化理论与实践相结合，培养学生创新精神、工程意识和实践动手能力，进一步加强实习教学工作管理，不断提高实习质量，特制定本办法。

第一章　目的和要求

第一条　实习是为了让学生接触实际，了解社会，增强事业心、责任感；巩固所学理论知识，学习行业、企业生产技术和管理知识，培养实际工作能力和专业技能。

（一）了解实习单位的基本情况，增强对相关专业、学科背景的感性认识；

（二）初步了解所学专业在经济建设和社会发展中的地位、作用和趋势；

（三）巩固、深化所学理论知识，培养分析和解决实际问题的初步能力；

（四）熟悉企事业单位的工作程序、运行模式和管理方式等，培养组织和管理的初步能力；

（五）培养热爱专业、热爱劳动的品德，爱岗敬业的工作态度和求真务实的工作作风，以及良好的职业道德。

第二章　实习计划和实习大纲

第二条　由专业责任教授团队根据人才培养方案编写实习大纲、制订专业实习计划，报院系审批。

第三条　在实习过程中，如需更改实习计划，须书面说明更改原因，经学院（部）主管教学院长签字同意后，报本科生院备案。

第四条　本科生院汇总各学院（部）实习计划，及时报送相关实习单位和有关部门，以便实习工作有序进行。

第五条　各专业应根据本专业实习大纲，认真组织安排实习工作。实习开始前，各专业应安排指导教师提前深入实习单位，了解情况，熟悉环境，会同实习单位有关人员拟定切实可行的实施计划；做好实习学生的动员工作和安全教育工作，制订详细的实习流程和进度安排。

实习大纲的编写要求见附件1。

第三章　实习基地（场所）建设与管理

第六条　实习教学地点的选择，应在满足教学要求的前提下，遵循就地就近、相对稳定、节约经费的原则。

第七条　实习基地是指具有一定规模并相对稳定的能够接纳学生实习、保证完成实习任务的重要场所。实习基地可分为校内实习基地和校外实习基地。各学院（部）应重视实习基地建设，加强校企合作，做好协同育人工作，认真做好实习基地建设的规划与管理。

第八条　各专业应积极创造条件，拓展资源，建立校企合作、校地合作的校内实习实训基地。

第九条　各专业应根据人才培养方案要求及本单位专业发展规模，制定实习基地建设规划，建设相对稳定、能满足实习教学要求的校外实习实训基地。

第十条　院级校外实习基地由院系与实习单位充分协商和沟通的基础上，签订合作协议书，报本科生院备案。校级校外实习基地由院（部）系与实习单位充分协商，拟定校级合作协议，向本科生院提出申请，经政策法规办公室审核后，报校领导批准，并签订合作协议书。

第四章　实习方式与类型

第十一条　实习按集中和分散两种方式进行。

集中方式是由实习指导教师带队，在指定的单位或区域进行实习。主要适用于认识实习、生产实习、专业实习及金工实习。

分散方式是学生分散到自行联系的或者指导教师推荐的实习单位里，接受所在单位指导教师的安排和指导进行实习，学校指导教师起协调联络作用。

第十二条　实习类型可分为认识实习、生产实习、毕业实习及金工实习。

认识实习是指学生通过实地考察，获得相关专业的感性知识，为学习专业课打下良好基础的实践教学环节。

生产实习是指学生通过参与生产实践，学习生产和管理的实际知识和技能，并把所学过的理论知识应用于实践的教学环节。

毕业实习是指学生在学完全部课程之后到实习现场参与一定实际工作，通过综合运用全部专业知识及有关基础知识解决专业技术问题，获取独立工作能力，进一步掌握专业技术的实践教学环节。可围绕毕业设计（或毕业论文）进行毕业实习，以便在实践中获得有关资料，为进行毕业设计或撰写毕业论文做好准备。

金工实习主要使学生接触生产实际，了解机械制造一般过程，进行实践技能训练，培养动手能力。

第十三条　实习可以根据专业特点和实习场所实际，采取多种形式进行。既可以以班级为单位集中安排，也可以将班级分为若干小组（每组人数不宜太少）分散进行。考虑到目前学生外出实习难于动手的实际，还可以采取校内外相结合进行实习的尝试。经学院（部）批准也可以允许部分学生自行联系实习单位实习。无论采用何种形式实习，都要满足大纲要求，保证实习质量。对于分散进行实习和自行联系实习单位的，学院（部）、教研室尤其要加强组织领导，制定切实可行的管理办法，严格实习要求，决不能放任自流。

第五章　组织领导

第十四条　实习工作在分管校领导的统一领导下进行，本科生院负责统筹协调、各学院（部）实施。

（一）本科生院职责

1. 制定有关实习工作的管理办法。

2. 审核各学院（部）制订的年度实习计划，协助各学院（部）联系实习单位。

3. 编制年度实习经费预算，监督实习经费的使用。

4. 加强对实习工作的过程管理和质量监控。

5. 协调处理实习工作中的有关问题。

6. 制定实习考核与成绩评定办法，督促各学院（部）做好实习成绩评定与管理工作。

（二）学院（部）职责

1. 组织各专业根据人才培养方案和实习教学的实际条件制订实习大纲和实习计划。

2. 指导各专业做好实习基地的建设，落实实习场所。

3. 组织指导各专业根据实习大纲和实习计划，安排部署实习工作，制定实习工作细则。

4. 检查各专业的实习准备工作和实习计划执行情况。

5. 根据学院（部）实际情况，制定本学院（部）实习教学管理、实习考核与成绩评定的实施细则。

6. 加强实习过程管理与质量监控。组织实习经验交流，做好实习工作总结。

（三）系（教研室）工作职责

1. 负责编写实习大纲和实习指导书。

2. 制订并填报专业实习计划。

3. 联系并确定实习场所，确定实习指导教师，做好实习动员，组织并落实现场实习工作。

4. 加强实习过程管理与质量监控。组织实习经验交流，做好实习工作总结。

5. 组织并完成对学生的实习考核和成绩评定。

6. 做好实习教学档案的归档工作。

第六章　指导教师管理

第十五条　实习指导教师必须由教学经验丰富，对生产实际较为熟悉，工作责任心强，有一定组织和管理能力的讲师以上教师担任。严禁聘用在读研究生充任实习指导教师。对于初次承担指导实习任务的教师，教研室应指定专人进行帮助。为了保证实习指导质量，刚毕业留校任教的本科生、研究生不能单独指导学生实习。指导教师的人数原则上可按 1：（15～20）的比例配备。各专业可以根据实习具体要求聘请企业工程师以上职称技术人员担任实习指导教师。

第十六条　系（教研室）必须提前一个学期安排落实指导教师。指导教师一经确定，不得随意更换。因特殊原因需要更换的，须经系（教研室）申报，主管教学院长签字同意后更换并报本科生院备案。

第十七条　指导教师的职责主要包括：

1. 实习前深入实习单位了解和熟悉情况，会同实习单位有关人员根据实际情况制定具体的实习方案。

2. 按实习大纲和实习计划的要求，做好对学生实习工作的指导，督促学生遵守组织纪律和安全规程、检查学生完成实习的情况，与实习单位配合及时解决实习中的问题。

3. 指导教师要以身作则，言传身教，全面关心学生的思想、学习、生活、健康和安全。

4. 指导学生撰写实习报告，完成学生实习考核和成绩评定工作。

5. 实习结束后做好实习工作总结，并报所在学院（部）。

第十八条　学生在实习期间违反纪律或犯有其他错误时，指导教师应及时给予批评教育，对情节严重、影响极坏者，指导教师应及时进行妥善处理，并报学院（部）及本科生院备案。

第七章　学生管理

第十九条　学生应在实习指导教师的指导下，按实习大纲、实习计划的要求和规定，严肃认真地完成实习任务，做好实习记录，完成实习手册。

第二十条　学生应遵守实习单位的各项规章制度、操作规程和安全生产的规定，按时参加实习，不无故缺席、迟到或早退。严格履行请假制度，未经指导教师同意，不得擅自离开实习岗位。

第二十一条　学生应尊重工人、技术人员的劳动，虚心学习，主动协助实习单位做一些力所能及的工作（帮助开展技术革新，参加公益劳动等）。

第八章　考核与成绩评定

第二十二条　学生必须按实习大纲要求和实习计划完成实习任务，完成并提交实习手册。（可参考武汉科技大学实习手册推荐格式）指导教师可根据具体情况，选取合适方式对学生进行考核。考核内容包括：思想政治表现、劳动态度、组织纪律、任务完成情况及实习记录、实习报告等。实习报告的书写应结合理论知识与现场实际，总结实习过程中的体会和感受等。重点突出，层次分明，语言流畅，结构合理。

第二十三条　实习综合成绩由实习工作成绩和实习报告成绩两部分组成。所占比例由各专业根据实习情况统一制订。成绩评定标准按《武汉科技大学普通本科学生学籍管理规定》（武科大教〔2017〕41 号）文件规定来记载。具体评定标准见附件 2。

第二十四条　各专业可结合本专业特点，制定实施细则，并报所在学院（部）批准，并报本科生院备案。

第二十五条　实习期间因故请假（或无故缺席）时间超过全部实习时间三分之一者，实习成绩按不及格处理。

第九章　实习经费管理

第二十六条　实习经费实行“统一预算，按学院（部）分配，超支不补、节约留用”的使用办法。分配给各学院（部）的实习经费，由学院（部）统筹安排使用。实习经费按财务有关规定开支。其使用范围和开支办法按《武汉科技大学实习经费管理办法》有关规定执行。

第十章　附　则

第二十七条　本规定自印发之日起施行。原《武汉科技大学普通本科实习工作管理办法》（武科大教〔2017〕68 号）同时废止。

第二十八条　本办法由本科生院负责解释。

附件：1. 实习大纲格式。

2. 实习成绩评定标准。

附件1

实习大纲格式

《××××》专业　　实习大纲

课程编码：　　　　　　　　　　　　课程性质：

实习学时：　　　　　　　　　　　　学分：

一、实习教学目标（宋体四号，加黑）

正文（宋体小四）

教学目标与毕业要求指标点对应矩阵

毕业要求指标点	教学目标			
	1	2	3	4

二、实习教学内容

1.

2.

三、实习方式和时间安排

1. 实习方式

1.1　准备阶段

1.1.1　总动员

1.1.2　授课

1.1.3　实习主要内容

1.1.4　实习整理与总结

2. 时间安排

实习时间安排表

序号	时间	实习内容	实习方式

四、实习报告

实习报告具体要求参见实习手册，各学院（部）可根据自己专业特色，制定具体要求。

五、实习考核与成绩评定

1. 实习考核
2. 成绩评定

附件 2

实习成绩评定标准

具体评分标准如下：

$100>x\geqslant 90$：能很好地完成实习任务，达到实习大纲中规定的全部要求，实习报告能对实习内容进行全面、系统总结，并能运用学过的理论对某些问题加以分析。在考核时能比较圆满地回答问题，并有某些独到见解。实习态度端正，实习中无违纪行为。

$90>x\geqslant 80$：能较好地完成实习任务，达到实习大纲中规定的全部要求，实习报告能对实习内容进行比较全面、系统的总结。考核时能比较圆满地回答问题。实习态度端正，实习中无违纪行为。

$80>x\geqslant 70$：达到实习大纲中规定的主要要求，实习报告能对实习内容进行比较全面的总结，在考核时能正确地回答主要问题，实习态度端正，实习中无违纪行为。

$70>x\geqslant 60$：实习态度比较端正，完成了实习的主要任务，达到实习大纲中规定的基本要求，能够完成实习报告，内容基本正确，但不够完整、系统，考核中能回答主要问题。实习中虽有一般违纪行为但能深刻认识，及时改正。

$x<60$：凡具备下列情况之一者，均以不及格论。

1. 未达到实习大纲规定的基本要求，实习报告马虎潦草，或内容有明显错误；考核时不能回答主要问题或有原则性错误。

2. 未参加实习的时间超过全部实习时间三分之一者。

3. 实习中有违纪行为，且教育不改者，或有严重违纪行为者。

若采取等级制记录实习综合成绩，对应等级见下表。

考核成绩（百分制）	课程绩点	考核成绩（等级制）	课程绩点
90～100	4.0	A	4.0
85～89	3.7	A−	3.7
82～84	3.3	B+	3.3
78～81	3.0	B	3.0
75～77	2.7	B−	2.7
72～74	2.3	C+	2.3
68～71	2.0	C	2.0
64～67	1.5	C−	1.5
60～63	1.0	D	1.0
60 以下	0	F	0

武汉科技大学中外合作办学项目管理办法

（武科大外发〔2023〕1号）

为进一步提升学校国际化人才培养能力和教育教学管理水平，充分发挥学院办学主体作用和职能部门服务管理作用，提高人才培养质量，根据《中华人民共和国中外合作办学条例》和《中华人民共和国中外合作办学条例实施办法》，结合我校实际情况，特制定本办法。

第一章　总　则

第一条　本办法所称“中外合作办学项目”是指学校经教育部批准，与外国教育机构以不设立教育机构的方式，在学科、专业、课程等方面，合作开展的以中国公民为主要招生对象的教育教学活动。中外合作办学机构及其他国际合作项目管理办法另行制定。

第二条　学校开展中外合作办学的宗旨和目标是引进国外优质教育资源，借鉴国外先进办学经验，调整优化学科、专业结构以及人才培养模式，增加教育的多样性和选择性，促进教育改革，努力培养能够进行跨文化交流、善于解决问题、具备较强的专业实践能力、能够参与国际事务与国际竞争的国际化人才。

第三条　学校鼓励专业学院，与学术水平和教育教学质量得到普遍认可的外国教育机构开展中外合作办学项目。

第四条　中外合作办学项目学生（以下简称“项目学生”）在国内学习阶段，应根据我校人才培养方案或中外双方商定的联合培养方案的要求修读课程并获得规定的学分，我校负责学生的管理工作；在国外学习阶段，应按合作学校人才培养方案的要求修读课程并获得规定的学分，合作学校负责学生的管理工作。

第五条　中外合作办学项目必须遵守中国法律法规和我校的有关规定，按照“以我为主，为我所用”的原则，促进学校的学科建设和人才培养。

第二章　项目申报

第六条　由专业学院向国际交流合作处提出申请，国际交流合作处负责协助相关专业学院与外国教育机构沟通洽谈，建立合作关系。达成初步意向后报学校主管领导批准，由国际交流合作处牵头，与相关专业学院、本科生院、研究生院、财务处等部门集体研究，确定合作项目名称、合作层次、合作专业（或课程）、合作形式、招生人数、培养计划、双方责任、经费管理办法、合作期限以及争议解决办法等合作办学内容。

第七条　项目合作申报方案报经学校主管领导同意后，提交校长办公会议研究。

第八条　校长办公会议审议通过后，由国际交流合作处牵头，协调组织相关部门、专业学院向湖北省教育厅和教育部申报。

第三章　项目实施与管理

第九条　国际交流合作处是学校中外合作办学项目的归口管理部门，具体职责如下：

1. 负责中外合作办学项目的综合协调、政策指导和发展规划制定；

2. 负责与上级管理部门的沟通联络，组织和审核教育部中外合作办学项目学生注册工作、年度报告工作、评估工作、延期和变更工作；

3. 负责与中外合作办学项目外国教育机构的校际联络，财务手续的沟通协调，项目合作协议续签，项目外籍教师和外籍管理人员的管理和相关来华手续办理；

4. 负责中外合作办学项目师资出国培训和学生国际交流的管理。

第十条　项目所在专业学院负责中外合作办学项目的实施，具体工作如下：

1. 负责中外合作办学项目的教育教学、学生管理等具体办学工作；

2. 负责落实教育部中外合作办学项目学生注册工作、年度报告工作、评估工作、延期和变更工作；

3. 负责与中外合作办学项目外国教育机构的日常联络，落实项目合作协议续签，项目外籍教师和外籍管理人员在我校授课期间的接待、教学等具体服务和管理工作，组织项目师资出国培训和学生国际交流工作，协助项目学生出国及学生国外学籍注册与管理工作，办理向项目外国教育机构支付成本补偿费等财务手续；

4. 协同本科生院、研究生院做好中外合作办学项目的招生工作，与项目外国教育机构共同制定和修订人才培养方案，审核外方教学大纲和教材，并向本科生院、研究生院报备。

第十一条　本科生院、研究生院负责中外合作办学项目招生、教学管理和质量监控、学生学籍管理、出国学生学分认定、毕业及学位证书颁发等工作。

第十二条　学生工作处、研究生院负责统筹中外合作办学项目学生日常教育管理、奖助学金评定、学生宿舍安排等学生工作。

第十三条　财务处负责全校中外合作办学项目收费及财务管理工作，设置项目专项账户，专款专用，统一办理收支业务。每年根据项目实施的需要，将学院项目日常运行经费和学校项目发展经费纳入预算，用于中外合作办学项目直接相关的项目开发、外教管理以及校际合作相关业务出访及运行管理等。

第十四条　发展规划与学科建设处、人事处、本科生院、研究生院、财务处等部门负责统筹协调中外合作办学项目绩效改革和管理等相关保障工作，充分调动学院办学积极性，充分发挥职能部门指导、服务和监管作用，确保项目平稳运行。

第十五条　后勤保障部负责住房维修和维护等后勤保障服务工作，国际交流合作处负责中外合作办学项目外籍教师和外籍管理人员在我校授课期间的住房安排，专业学院负责使用期间的日常管理工作。

第十六条　专业建设、实验室建设、

师生出国培训交流等工作由学院协同相关职能部门根据需要进行立项建设和归口管理。

第四章　其　他

第十七条　学校是对外签署合作协议、开展国际交流与合作活动和举办中外合作办学的主体，校长或被授权人，对外行使协议签字权。

第十八条　未经学校授权，任何部门或个人均不得以学校名义，与外国教育机构签订中外办学项目协议并进行招生活动。

第五章　附　则

第十九条　本办法未尽事宜，依照《中华人民共和国中外合作办学条例》《中华人民共和国中外合作办学条例实施办法》等相关法律法规执行。

第二十条　本办法自发布之日起施行，由国际交流合作处负责解释。

第二十一条　香港特别行政区、澳门特别行政区和台湾地区的教育机构与我校合作办学的，参照本办法的规定执行。

武汉科技大学博士、硕士学位论文抽检实施办法

（武科大研发〔2023〕73号）

第一条　为进一步加强我校研究生学位论文质量监控，逐步完善研究生培养的约束和监督体系，营造全方位关注研究生培养质量的良好氛围，切实提高学位授予质量，根据《国务院学位委员会 教育部关于印发〈博士硕士学位论文抽检办法〉的通知》（学位〔2014〕5号）、《湖北省硕士学位论文抽检实施办法》（鄂学位〔2014〕12号）精神，结合学校实际，制定本办法。

第二条　本办法所指学位论文抽检包括由国务院学位委员会（以下简称“国家级”）、湖北省学位委员会（以下简称“省级”）、校学位评定委员会（以下简称“校级”）组织的博士、硕士学位论文抽检。

第三条　国家级和省级学位论文抽检工作的开展根据上级行政管理部门具体下发的文件执行，校级学位论文抽检工作在校学位评定委员会指导下由研究生院组织实施。

第四条　校级学位论文抽检每年开展一次，范围为学校上一学年度授予的博士学位、硕士学位论文（不含涉密论文）。硕士学位论文抽检比例不低于5%、博士学位论文抽检比例不低于10%。抽检名单采取“随机产生与重点跟踪”相结合的方式确定。重点抽检对象为：

1. 在上一轮国家、湖北省及学校学位论文的抽检中，出现“存在问题学位论文”的导师指导的学位论文；

2. 同一学年学位授予中指导硕士学位论文超过6篇或者博士学位论文超过4篇的导师所指导的学位论文；

3. 新专业、新导师的第一批授予学位的硕士学位论文；

4. 论文盲审时专家初审评议结论曾有“不同意答辩”或“修改后重新送审”的学位论文；

5. 学位论文答辩后论文检测复制比初检测结果大于20%的学位论文；

6. 其他根据工作需要确定抽检的学位论文等。

第五条　校级学位论文抽检包括通讯评议和复评两个阶段。研究生院采取“双盲”方式（即学位申请人和学位论文评阅人的信息保密）。每篇学位论文送3位同行专家进行评议，专家按照评议指标逐项评议，给出“合格”“不合格”的评价，并对“不合格”的论文写出评议意见。3位专家中有2位及以上专家评议意见为“不合格”，视为“存在问题学位论文”；

3 位专家中有 1 位专家评议意见为“不合格”的学位论文，将再送 2 位同行专家进行复评，如复评专家中有 1 位及以上评议意见为“不合格”，视为“存在问题学位论文”（以下简称“问题论文”）。

第六条　对在校级抽检中被认定为“问题论文”且对专家评议意见有异议的，可由指导教师提出申诉，报所在学位评定分委员会审议确定是否同意开展复议，同意复议的由学校组织校内、外专家复审，提交校学位评定委员会审定。1 个月内未提出异议的按照“问题论文”处理。

第七条　博士学位、硕士学位论文的抽检结果将作为研究生培养单位教育资源配置及年终考核、学位点评估、培养质量评估、招生指标分配及导师招生资格审核等方面的重要依据。抽检结果将汇总报送校学位评定委员会和主管校领导，并在校内通报。

第八条　“问题论文”的处理：

（一）论文作者

学校以书面形式将“问题论文”的相关信息通报作者本人及其所在单位。“问题论文”的作者须在规定时间内（博士 6 个月、硕士 3 个月），在导师的指导下完成对学位论文的补充完善。修订后的学位论文经学位评定分委员会审议通过后，按相关流程重新进行归档。若作者在规定的时间内未进行修改，由校学位评定委员会审议是否撤销其已授予的学位。

（二）指导教师

对于国家级、省级、校级确定的“问题论文”，其指导教师将被重点关注。国家级“问题论文”指导教师的重点关注期为 3 年；省级“问题论文”指导教师的重点关注期为 2 年；校级“问题论文”指导教师的重点关注期为 1 年。出现多篇“问题论文”时，重点关注期根据级别累加。

1. 国家级、省级的“问题论文”重点关注期间，该导师的研究生招生资格和学位评定（分）委员会委员资格暂停，指导的博士学位、硕士学位论文全部纳入校级抽检；有 1 篇国家级或省级“问题论文”的指导教师，研究生招生资格暂停期满申请恢复时，须经校学位评定委员会审议；有 2 篇国家级或省级“问题论文”的指导教师，取消导师招生资格和学位评定（分）委员会委员资格，不再恢复。

2. 校级“问题论文”重点关注期间，该导师指导的研究生学位论文需按期整改，逾期不整改，该导师研究生招生资格和学位评定（分）委员会委员资格暂停。连续 3 年有校级“问题论文”的指导教师，取消导师招生资格和学位评定（分）委员会委员资格，不再恢复。

（三）研究生培养单位

学校将重点跟踪国家级、省级、校级“问题论文”所属培养单位的学位论文，酌情扣减所属培养单位研究生招生指标，并对“问题论文”进行全校范围的通报。出现“问题论文”的培养单位，取消当年研究生教育年终考核评优资格。学校约谈“问题论文”学位授权点及其所属培养单位相关领导，责令提交整改方案限期整改。经整改仍无法保证学位授予质量的，由校学位评定委员会审议撤销该学位授权点。

第九条　对专家提出存在学术不端和

作假行为的学位论文，经复查属实，将依据《武汉科技大学预防与处理学术不端行为实施细则（暂行）》（武科大科〔2017〕4号）进行处理。

第十条　各学院应制定研究生培养质量保障措施，加强过程监控，加大评审力度，做到质量监控关口前移。

第十一条　本办法自公布之日起施行，由校学位评定委员会办公室负责解释。

武汉科技大学“拔尖人才培育计划”实施办法

（武科大研发〔2023〕81号）

为贯彻湖北省《关于开展教育综合改革试点的通知》精神，深入推进我校教育综合改革，进一步创新我校人才培养模式，推进高层次创新人才培养，提高人才培养质量，特制定本办法。

一、培养模式

为进一步拓展我校多样化人才培养模式，加强拔尖创新人才培养，推进本科教育和研究生教育的有效衔接和交叉融合，实施“3+1+2”本硕贯通式“拔尖人才培育计划”：即学生完成两学年的通识教育和学科基础学习后，经个人申请和学校选拔进入本计划。进入本计划的学生实施学业导师制，通过学生与导师的双向选择确定学业导师，并同时进入导师的教学科研团队。为保证“拔尖人才培育计划”的培养质量，对入选本计划的学生实行中期考核。考核合格者则确认获得研究生推免资格，并在本科第四学年实行本科—研究生交互式学习。学生可在导师的指导下选修研究生相关课程，其中所修的与本科培养方案相关的课程的学分及学分绩点，可认定为本科专业选修课学分。研究生阶段，本科第四学年修读并合格的研究生课程予以免修。如达到学校毕业及学位授予条件，可在取得硕士学籍两年后申请毕业（学位）论文答辩。

二、选拔条件

（一）坚持四项基本原则，拥护党的领导，具有高尚的爱国主义情操和集体主义精神，社会主义信念坚定，社会责任感强，遵纪守法，品行端正，诚实守信，无学术不端行为，在校期间未受过任何处分。

（二）在校期间本专业所有课程考核成绩必须合格，且平均学分绩点在3.0及以上；全国大学英语四级考试成绩达到或超过450分；有较强创新能力和科研潜质。

（三）身体和心理健康。

（四）具备下列情况之一者，在同等条件下可优先推荐：

1. 在省级及以上的大学生各类学科与科技竞赛中获奖者；

2. 具有研究潜质和创新能力，在中文核心及以上级别期刊上公开发表期刊论文，或获得专利授权者，或获得软件著作权者。

三、选拔程序

（一）学校成立“拔尖人才培育计划”工作领导小组，学院成立“拔尖人才培育计划”考核小组。

（二）学院根据学校公布的“拔尖人

才培育计划”工作方案制定本学院的实施细则，并向学生公布。

（三）学生本人提出申请，填写《武汉科技大学“拔尖人才培育计划”申请表》并交所在学院，同时提交获奖证书等有关材料原件和复印件。

（四）学院对申请人进行综合考核，并将考核结果上报本科生院审核。

（五）本科生院将通过复审的学生名单报学校“拔尖人才培育计划”工作领导小组审定，并将结果进行公示。如无异议，则确定其为“拔尖人才培育计划”学生。

四、中期考核

（一）考核时间

本科第三学年（五年制本科第四学年）的第二学期末。

（二）考核内容及方式

考核内容包括英语水平考试、思想政治表现及学科综合能力考核；由学院负责组织，并制定相应的实施细则报本科生院备案。

（三）考核合格者，进入“拔尖人才培育计划”第二阶段，并由相关学院制定个性化的培养方案进行重点培养，考核未通过者，仍按本科生培养有关规定执行。

五、有关措施

（一）入选“拔尖人才培育计划”的学生，根据当年确定的层次及其身份参与奖助学金的评定，享受相应的国家助学金。

（二）对于成绩优异的学生，可优先选拔为硕博连读研究生。

（三）因违规违纪受到警告及以上处分者，或未完成培养方案中相关培养环节的，则取消其参与“拔尖人才培育计划”的资格。

（四）获得研究生推免资格后，由于个人原因中途退出本计划的，本科阶段修读的研究生课程不予认定为本科选修课学分，需重新修读完本科选修课并取得相应学分后，方可本科毕业。

六、本办法自 2025 级研究生开始执行，2024 级、2023 级研究生按《武汉科技大学“拔尖人才培育计划”实施办法》（武科大研发〔2022〕63 号）执行。

七、本办法由本科生院、研究生院负责解释。

在学校党委三届三次全会暨重点工作部署会上的讲话材料

党委书记　徐雁冰

（2023 年 1 月 6 日）

同志们：

这次大会的主题是深入学习贯彻党的二十大精神，认真落实省委十二届三次全会暨省委经济工作会议部署，紧紧围绕“双一流”建设重点任务，研究推动学校发展改革事项，部署学校当前重点工作。

同志们，一年来，特别是学校三届二次全会以来，党委常委会坚持以习近平新时代中国特色社会主义思想为指导，坚决贯彻落实党中央重大决策部署和省委省政府工作要求，学习宣传贯彻党的二十大精神，围绕“率先突破、走在前列”使命任务，系统推进重点改革任务，统筹好新冠疫情防控与学校事业发展相关工作，打造风清气正的政治生态，有力推动学校各项事业发展。

一是进一步完善深入学习习近平总书记重要讲话和指示批示精神机制，把学习习近平总书记重要讲话和指示批示精神作为党委常委会会议的第一议题，作为党委理论学习中心组学习的首要内容。党委常委会共安排 24 次会议、32 个议题，党委理论学习中心组举行 13 次集体学习，把学习习近平新时代中国特色社会主义思想与学习贯彻党的二十大精神结合起来，与落实省第十二次党代会决策部署结合起来，全面加强党对学校的领导，全面落实立德树人根本任务，深刻领悟“两个确立”的决定性意义，增强“四个意识”、坚定“四个自信”、做到“两个维护”。

二是始终牢记“率先突破、走在前列”的使命任务，统筹质量与规模，统筹重点与全面，统筹发展与安全，统筹服务与合作，实现学校人才培养、科学研究、文化传承创新、服务社会和条件保障等各方面高质量发展。学校在各大排行榜中实现位次前移；新增 1 个学科进入 ESI 全球排名前 1%，8 个学科进入 2022 软科世界一流学科排名，上榜学科数居湖北省属高校首位；新增国家级青年人才项目1项，实现了学校在该项目上零的突破；2位教授蝉联全国教师教学创新大赛一等奖，6个专业获批国家级一流本科专业建设点，23个项目获湖北省第九届教学成果奖，获奖数量位居湖北省属高校第一；成功入选国家第三批“国家国防科工局与地方人民政府共建地方高校”，实现湖北省“局省共建高校”零的突破；一批自科、社科重大项目实现突破，一批省级科研平台相继建立，一批重大工程项目相继建成投入使用；首次获批文科专业中外合作办学项目、留学基金委创新项目；学生获省级及以上学科及课外科技竞赛奖励再创历史新高，2022届本科生就业率达96.81%，位列湖北省高校前三名。

三是不断深化综合改革，紧紧围绕布局结构、学科专业、教学科研、人事人才、服务保障、队伍建设、民生福祉等现实问题，蹄疾步稳，尽力而为，量力而行，破解难题、激发活力，全面推进治理体系与治理能力现代化。学校党委常委会审议通过了学科专业动态调整、校园服务管理“双中心”运行等20项重点改革任务及分工方案，吹响了学校全面推进综合改革的号角。统筹推进一流学科建设、自主院士培养、高层次人才引进、机构改革等工作，先后出台17项工作方案和制度，明确改革的时间表、路线图，成立了医学部、公共卫生学院，组建了本科生院、后勤保障部、校友工作与社会合作处，优化了机构设置及职能划分。坚持开源与节流相结合，通过争取财政支持、推进银校合作、推进土地征求、强化社会合作、加强预算管理等办法，实现年度收支总体平衡。

四是坚持政治生态、育人生态、文化生态、干事生态、安全生态建设一体推进，把分析研判、治理管控、激励约束工作抓细抓实，确保全面从严治党和清廉校园建设取得实效。坚决落实新时代党的建设总要求，扛牢管党治党政治责任，修订常委会议事规则。研究制定巡视反馈意见整改方案，主动扛实扛牢整改责任，加强巡视整改和成果运用。制定年轻专业技术干部选拔工作方案，大力选拔德才兼备、忠诚干净担当的优秀干部。牢牢把握意识形态主导权，认真落实意识形态工作责任制。坚定不移走好新时代党的群众路线，深化开展党员干部下基层、察民情、解民忧、暖民心实践活动。制定加强对“一把手”和领导班子监督的实施措施，突出加强对“一把手”和领导班子的监督，促进“一把手”和领导班子成员落实管党治党责任。打造线下线上并行“清廉之旅”，深化“清廉武科大”建设。1个学院党委获批全国党建工作标杆院系，4个基层党组织入选首批全省高校基层党建示范创建单位。校纪委、监察专员办公室荣获“全省纪检监察系统先进集体”称号，宣传部获全省宣传思想工作先进集体，舆情中心获2022年度全国高校网络舆情工作机制十佳单位。

以上报告的是下半年以来党委常委会的主要工作。这些工作的推进和成绩的取得，根本在于以习近平同志为核心的党中央坚强领导，根本在于习近平新时代中国特色社会主义思想科学指引，是全校各级党组织和广大干部师生团结奋斗、努力拼搏的结果。各位党委委员和同志们在各自岗位上胸怀大局、担当尽责，对党委常委会的工作给予了大力支持。我代表党委常委会，向同志们表示衷心感谢！我们也清醒认识到，一流学科建设、战略人才引进、重大平台建设等还存在不少差距，请同志们对党委常委会的工作提出意见和建议，我们将努力改进，把各项工作做得更好。

在学校“一流学科” 建设推进会上的讲话

党委书记　徐雁冰

（2023 年 2 月 18 日）

同志们，一流学科建设是贯彻党的二十大精神的“国之大者”，是落实省第十二次党代会精神的“省之要事”。这次学校“一流学科”建设推进会，围绕世界一流学科建设主题，专门拿出一天半天的时间，大家或谈认识，或谈打算，或谈建议，真正做到了头脑风暴，集思广益。我们正式成立领导小组，组建了工作专班，组建了战略咨询委员会和校内专家组，签订了目标责任书。省教育厅领导专门致辞，提出了要求。各位咨询专家欣然接受邀请，部分专家代表视频致辞，王焰新院士出席作专题报告。领导和专家们的肯定与期许，是对我们极大的鼓舞和鞭策。会议开得很扎实，既务虚，也务实，很有成效。如何把会议成果转化为推进新一轮一流学科建设的具体行动，是一刻也不能耽误的重大任务。从国家层面讲，是“两个一百年”交汇时期的国运之争的核心战略；从湖北省讲，是建设“先行区”打造“战略支点”的强省之争的支持战；从学校讲，是赓续百年血脉，实现率先突破校运之争的攻坚战略。下面，我受大家讲的启发，结合会议主题，就一些重大问题谈几点意见，供同志们参考。

一、关于历史使命和责任担当

一直以来，省委省政府把武科大作为省属龙头高校来建设和支持，社会各界把武科大作为省属高校排头兵来看待。省第十二次党代会，湖北大学、武汉科技大学党委书记都是省委委员，十四届省人民代表大会，两校校长都是人大代表。我们省属高教圈笑称“湖老大”“武老二”。老大老二可不好当，大得有大的样子，大也得有大的责任。特别是这次省里新一轮“双一流”建设，把武汉科技大学排在“第一”，我们成了“武老大”，责任更是重于泰山。省教育厅与我们签订了责任书，我们担负着湖北省属高校率先突破的历史使命。目前，全国地方高校无“双一流”建设学科的省区市，只有山东、湖北、重庆和甘肃。而传统高教大省的京沪苏鄂陕五省，也只有湖北省没有省属高校进入“双一流”。加快省属高校“双一流”建设列入了今年省委常委会工作要点，进入了省政府工作报告，省委、省政府和全省人民寄予厚望。我们武汉科技大学应当揭这个榜，挂这个帅，担这个责，不负重托，不辱使命。

二、关于比较优势和现实困难

这次湖北省让我们武汉科技大学打头阵，刚好与学校第三次党代会确定的“率先突破、走在前列”的奋斗目标是一致的，与王忠林省长去年初考察调研时代表省委省政府提出的要求也是一致的。总体来讲，我们是有比较优势的。第一，办学历史悠久，今年125周年，办本科教育、硕士研究生教育、博士研究生教育，都是省属较早的。第二，学科特色鲜明。作为新中国成立最早的钢铁学院之一，“大冶金”是我们突出特色，相关五个学科进入B类，二个进入C+，综合实力还是较强的。加之有理学、计算机、管工等基础性学科支撑与融合。第三，科技成果比较丰硕。新一轮“双一流”建设，更注重重大科技成果。我校2007年以来，有19项国家科技奖，特别是作为牵头单位获得过一等奖和二等奖，省属高校只有我们和武汉纺织大学。当然困难也是客观存在的，首先，缺战略科学家，目前还是“三无”（院士、杰青、长江学者）；其次，冲刺自然科学技术奖二等奖，技术发明奖、科学技术进步奖或科学研究优秀成果奖（人文社会科学）一等奖，难度很大；最后，在世界顶刊发表多篇论文，也不容易。我们的“双一流”建设，没有政策性机遇，只有拼实力一条路。对于这些，我们要心中有数，始终保持清醒头脑。

三、关于战略部署和战术安排

毛主席说，战略上要藐视敌人，战术上要重视敌人。这对于今天我们推进一流学科建设也具有重要指导意义。省里既然把省属高校一流学科建设作为重大战略来部署，我们武汉科技大学既然确立了“率先突破”的战略目标，那我们的战略部署就是，要揭榜赛马！亮剑出征！对所有高校都保持平视的态度，敢于同台竞争。第一，从已进入“双一流”高校的147所看，也有一些政策性安排的，也有一些机遇性上位的，与他们比，我们在许多方面并不差。我们差在是一颗长在大树底下的草，阳光少点，土壤贫瘠点，机会少点。第二，从正在冲刺的高校来看，我们也有我们的优势，我们并不怕。各省陆续公布了“双一流”重点建设高校名单，有几十所，我初步分析了一下，如果我们没希望，其他高校也不一定有多大把握。第三，“双一流”没有一个统一标准，已经进入或积极创造条件进入的高校，都是建设高校，都在向着世界一流学科迈进，可以说大家都在路上，都有希望。当然，从战术上讲，我们必须高度重视，向标兵看齐，向追兵学习。首先，紧紧围绕学科评估指标，一个资源一个资源争取，一个项目一个项目努力，一个短板一个短板补齐。在省里能够争第一，不能争第二，在国家能够入选不能失去机会。其次，紧紧围绕与省里签订的责任书，认真按年度分解，与学校有关部门、二级学院和团队签订目标责任书，加强督办，狠抓落实。最后，突出战略性人才引育和国家科技奖冲刺两大重点。

四、关于建设过程和目标达成

我理解，“一流学科”建设，重在建设过程。在一定意义上讲，过程比结果更重要。我们要通过力争使一个学科进入世界一流学科建设行列这个过程，带动和提升学校整体学科建设水平，全面提高人才培养质量，全面提升科技创新能力，全面增强文化传承功能，更好地服务国家和地方经济社会发展。因此，我们必须明确：第一，一流学科建设是全校的大事。每位领导、每个部门、每个二级学院、每个师生员工，都是建设主体。我们都要积极支持，全面参与“一流学科”建设，不能只当旁观者，当看客，当评论家。第二，既要高峰，也要高原。学科建设有自身规律，高原越高，高峰越耸；同样，高峰越耸立，高原越有势。我们要毕其功于一役，把材料科学与工程建成高峰。同时，高峰也要牵引和反哺其他学科，建成高原。要通过艰苦努力，使每个学科在省属高校走在前列或有一席之地。特别是“大冶金、大健康、大数据”，都要有新进步，新工科、新医科、新文科都要有博士点新突破。第三，不断把建设成果转化为人才培养成果。一个大学，最终靠培养的人才质量说话，最终靠广大考生及家长的口碑来评价，最终靠对经济社会发展的贡献度来衡量。一定要牢记，不是为了建设而建设，不被当下的一些评价指挥棒所左右，保持定力。至于最终建设结果我们要不要呢？那还是得要，还是得追求目标达成。我们签了责任书，必须尊重这个游戏规则。我们得给自己定个通过努力可以实现的目标。首先，力争按现行规则，进入国家世界一流学科建设行列，这是最好结果；其次，每年考核保持在第一，足额拿回建设经费，在中期调整中不被降为培育学科；最后，通过此轮建设，学科水平整体实力全面提升。

五、关于年度计划和工作举措

上面，我们通过阐述分析使命担当、优势困难、战略战术、过程定位等，就是要让大家进一步明确责任、统一思想、把握方法、实现目标。三年建设期，今年是关键。这次务虚会，也是动员会、推进会。会后，要迅速行动起来，全面冲刺。第一，制订好年度计划。对标责任书，今年重点做好材料科学与工程学科创新体系建设、战略性人才引育、国家科技成果奖教学成果奖申报三件大事。全力优化学科组织形式，全力实现自有院士、杰青、长江学者突破，全力实现科技成果奖教学成果奖突破。第二，建立好组织领导咨询机构。领导小组、工作专班、战略咨询委员会、专家委员会成立后，要尽快投入工作，确保高效运转。第三，抓紧签订目标责任书。围绕今年三件大事，与有关领导、部门、学院、团队签订具体责任书条款，倒排时间，确保完成或实现最好结果。这次几个主要部门签了，下去后，有关部门和团队也得签。第四，明确资金支持办法。推行揭榜制、赛马制，建立目标考核，完善奖惩制度，确保资金使用效益。第五，做好统筹协调工作。在推进一流学科建设同时，弹好钢琴，支持各部门、各学院落实好年度目标任务，加快学校全面发展、高质量发展。

同志们，新一轮一流学科建设如逆水行舟，不进则退。新时代高等教育发展，如爬坡上坎，异常艰辛。让我们坚持以习近平新时代中国特色社会主义思想为指导，全面贯彻党的教育方针，在省委省政府坚强领导下，抢抓机遇，只争朝夕，努力实现“率先突破”的奋斗目标！

在中国共产党武汉科技大学第三届委员会第四次全体（扩大）会议上的讲话

党委书记　徐雁冰

（2023 年 7 月 5 日）

同志们：

在全党深入开展学习贯彻习近平新时代中国特色社会主义思想主题教育之际，我们召开中国共产党武汉科技大学第三届委员会第四次全体（扩大）会议，总结上半年党委常委会工作情况，围绕一流学科建设重点任务和加强有组织科研，研究推动学校发展改革事项，部署学校当前重点工作，持续推动学习贯彻党的二十大精神不断走向深入。

本次会议的主题是：深入学习贯彻党的二十大精神，扎实开展学习贯彻习近平新时代中国特色社会主义思想主题教育，统筹推进一流学科建设和有组织科研，锚定“率先突破、走在前列”奋斗目标，为湖北加快建设全国构建新发展格局先行区，为实现高水平科技自立自强，建设教育强省、教育强国，作出武汉科技大学贡献。

受党委常委会委托，我向大家报告 2023 年上半年党委常委会工作。学校三届三次全会以来，党委常委会深入学习宣传贯彻党的二十大精神，坚决贯彻落实党中央重大决策部署和省委省政府工作要求，认真开展学习贯彻习近平新时代中国特色社会主义思想主题教育，牢固树立一流学科首位突破意识，持续深化重点改革任务，着力改善校园民生，扎实推进全面从严治党，学校党的建设与改革发展取得了新进展新成效。

一是不断深化对党的理论创新的规律性认识，坚持学思想强党性，扎实有力推进主题教育取得实效，形成推动事业发展的新动力。

精心制定主题教育具体实施方案，建立领学、研学、自学“三学联动”机制，确保理论学习“全覆盖”。大兴调查研究之风，校领导带头深入基层学院、一站式学生社区、学生公寓开展调研 41 次，全校共确定调研选题 242 个，围绕“牢记‘国之大者’，奋力‘率先突破’，多措并举推进‘双一流’建设”正面典型案例，校领导班子成员深入思考、分析研判，分别以一流学科建设突破的对策研究、构建有组织科研工作体系、加强高素质人才引育等事关学校事业发展全局的突出问题，制定了调查研究方案和计划安排，形成了数据详实、对策具体的调研报告。

认真学习“千万工程”和“浦江经验”，扎实推进“一下三民”工作，全校共形成问题清单241项，民生实事项目131项，建立每周调度、对账销号制度，抓实问题清单整改和民生实事项目办理。省委主题教育简报3次刊发、湖北新闻联播等主流媒体5次报道学校主题教育典型经验做法。学校党委分别在全省学习贯彻习近平新时代中国特色社会主义思想主题教育调研座谈会和全省主题教育工作推进会上作典型交流发言。

二是全面加强党的领导，牢牢掌握意识形态工作领导权主动权，健全全面从严治党体系，营造干事创业的新风尚。

坚持把学习习近平总书记重要讲话和指示批示精神作为党委常委会会议“第一议题”，作为党委理论学习中心组学习首要内容，上半年，党委常委会共安排会议12次、学习议题24个，党委理论学习中心组开展集体学习8次。

加强师生思想政治教育，构建“三团三队齐共鸣，七进七讲深融合”宣讲体系，共宣讲党的创新理论105场，覆盖6000人。认真落实意识形态工作责任制，抓好敏感时期和关键节点稳定工作，加强对社团、新媒体等阵地管控。学校获评“2022年度全省平安建设优胜单位”，党委宣传部获评“全省宣传思想工作先进集体”。

聚焦重点强化政治监督，持续深化政治生态分析研判，及时、准确、全面掌握政治生态状况，充分发挥预警、修复、纠偏作用。突出效果深化纪法教育，开展党纪法规学习教育、酒驾醉驾问题专题学习教育，一月一主题纪法学习覆盖全校387个党支部；深入开展违规吃喝问题专项整治，从严查处违规吃喝问题线索11个，给予4类党纪处分6人，警告1人。纪委、监察专员办公室被评为“2022年度工作考核优秀单位”。

完善师德师风考核机制，开展职称申报师德师风专项测评，加强师德师风警示教育，确保守住“底线”，坚决不越“红线”。6人获评湖北名师、湖北省先进工作者等荣誉称号和省有突出贡献中青年专家、省政府专项津贴专家。

压紧压实管党治党政治责任，召开全面从严治党工作会议，制定全面从严治党主体责任清单、党委抓党建工作考评项目责任清单、全面从严治党、党风廉政建设和反腐败工作要点，推进清廉建设示范点建设和廉洁文化品牌辐射影响作用，不断夯实“四责协同”机制。扎实做好巡视审计“后半篇”文章，推进巡视整改成果转化，以风清气正的政治生态助力学校高质量发展。

三是始终牢记“国之大者”“省之要事”“校之大计”，坚定树立首位意识，以超常规魄力和速度，取得一流学科建设的新成效。

2月17日，省教育厅厅长周静出席学校一流学科建设推进会，要求学校抓住机遇，牢固树立首位意识，实现省属高校一流学科建设的首位突破。学校成立一流学科建设领导小组、一流学科建设工作专班和由30位院士组成的一流学科建设战略咨询专家委员会，共同领导、科学擘画一流学科发展方向，定期研究重点突破任务工作，扎实推进一流学科建设。

成立材料学部和基础交叉学科研究中

心，理顺省部共建耐火材料与冶金国家重点实验室管理体制，形成跨学科、跨学院、跨部门资源共享机制。建立“以目标定任务、以任务配资源、以绩效给奖补”的资源配置机制。制定《材料科学与工程学科一流学科建设规划》，梳理一流学科重点建设任务 54 项，分层分类推进一流学科建设任务；制定《一流学科建设目标任务考核激励暂行办法》，开展一流学科建设“揭榜挂帅”项目张揭榜工作，共有 34 个学科团队揭榜 179 项重点建设任务。

学校跑出了一流学科建设的加速度。人才汇聚取得新突破，“万人计划”领军人才实现零的突破；与核磁共振领域两位“国家杰青”签订“杰青”团队引进协议，首批引进团队成员 18 人；1 人入选“青年人才托举工程”。标志成果取得新成绩，学校积极培育、大力争取，成功荣获国家教学成果奖二等奖 2 项（1 项为第二完成单位），是省属高校唯一获奖成果，为学校近 12 年来首次获奖；教育部 B 类国防重点实验室立项建设全面启动，争取到上级一流学科建设专项拨款 1 亿元。

4 月 23 日，省属高校一流学科建设工作推进会在我校举行，学校作为重点建设高校代表发言，副省长邵新宇肯定学校在推动一流学科建设工作方面行动快、举措实、亮点多、氛围浓。

四是持续深化重点领域和关键环节改革，全面提高人才自主培养质量，不断在发展中保障和改善民生，推动学校事业发展迈出新步伐。

制定 2023 年重点改革任务，围绕一流学科建设、学科专业布局优化、重点科研项目团队遴选、人事人才制度改革、服务保障水平提升、干部队伍建设等现实问题，持续深化 10 个方面 30 项重点改革。

改革香涛学院管理模式，组建“工业智能与数字孪生信创产业学院”等 4 个现代产业学院，申报并获批湖北省卓越工程师学院，着力培养适应和引领现代产业发展的高素质人才。

全面提升招生宣传质量和成效，校领导带队赴高中挂牌“优质生源基地”和开展招生宣传，组织省内外高中生来校研学，学校社会影响力美誉度不断提升。落实就业工作“一把手”工程，实现就业率高位稳定、就业质量逐年提升，2023 届毕业生毕业去向落实率 74.27%，好于去年同期水平。学校分别在教育部就业工作专项调研座谈会和全省高校毕业生等青年就业创业工作会上作典型交流发言。

重组医学部，积极推进基础医学教育和临床医学教育一体化发展。在高层次人才引进、体制机制创新等方面大力支持直属附属医院建设，天佑医院、老年病医院实现医疗服务收入快速增长。建成“一站式”学生社区，党建和思想政治工作系统化、精细化水平不断增强。修订公费医疗管理办法，教职工医疗保障水平稳步提升；在实现年度财政收支平衡的基础上，积极争取上级政策支持和项目支持，切实增加了教职工收入；青山运动场建设、图书馆空调安装、教室空调安装等民生工程有序推进，下学期可正常投入使用。

学校在 2022 年度省属高校高质量发展综合绩效考核中位列前茅。新增省级优秀基层教学组织 4 个，18 门课程被认定为省级一流本科课程。1 人获“湖北青年五四奖章”，是学校学生首次获此荣誉；获

“挑战杯”全国赛银奖2项、铜奖2项，1个团支部被团中央授予“全国五四红旗团支部”荣誉称号。

以上报告的是今年上半年以来党委常委会的主要工作。这些工作的推进和成绩的取得，归功于党的全面领导，归功于党创新理论的科学指引，归功于新时代党的组织路线，归功于全面从严治党，是全校各级党组织和广大干部师生团结奋斗、真抓实干的结果。各位党委委员、纪委委员和领导干部在各自岗位上起而行之、勇担重任，对党委常委会的工作给予了大力支持。我代表党委常委会，向同志们表示衷心感谢！

当前，学校改革发展任务还很重，我们的工作离省委省政府的要求和广大师生的期待还有不小差距，在大学者、大平台、大成果等方面还存有短板，请同志们对党委常委会的工作提出意见和建议，我们将踔厉奋发、勇毅前行，把各项工作做得更好。

在2023年秋季学期工作部署会上的讲话

校长　倪红卫

（2023年9月1日）

老师们、同志们：

我代表学校总结上半年工作，部署下半年重点工作。

第一部分：2023年上半年工作总结

今年以来，学校坚持以学习贯彻习近平新时代中国特色社会主义思想主题教育为引领，围绕一流学科建设重点任务，抓谋划、抓布局、抓改革、抓落实，推进学校事业高质量发展取得了新成绩。

我们铸忠诚、正风纪，党建思政工作质量不断增强。深入开展主题教育，着力加强党的政治建设。不断深化对党的理论创新的规律性认识，坚持学思想、强党性、重实践、建新功，把推动发展作为主题教育的落脚点，以推动高质量发展的新成效检验主题教育成果。校院两级领导班子成员确定调研课题242项，形成调研清单123项，领办民生项目204项，扎实有力推进主题教育取得实效。《湖北教育简报》《省委主题教育简报》6次刊发、《湖北新闻联播》等媒体多次报道学校主题教育典型经验做法，学校党委分别在中央指导组来省主题教育调研座谈会、全省主题教育工作推进会和整改整治工作推进会上作典型交流发言。深入推进“清廉学校”建设，着力营造风清气正的政治生态。召开领导干部警示教育大会，大力推进“清廉示范点建设”和特色廉洁文化品牌建设；深入开展违规吃喝问题专项整治，积极做好巡视审计“后半篇”文章，扎实开展纪检监察干部队伍教育整顿，持续深化政治生态分析研判，工作成效显著。积极选树基层党建先进典型，着力提升基层党组织政治功能和组织力。深入实施基层党建“对标争先计划”，4个党支部和2名研究生党员入选全省高校党建“双创”培育创建名单，入选数位列省属高校第一；2个项目获全省党建研究课题立项。全面加强师生思想政治教育，持续营造良好育人环境。建成“一站式”学生社区，学校被确定为全省践行共同缔造理念推动团建创新十所试点高校之一；构建“三团三队齐共鸣，七进七讲深融合”宣讲体系，共宣讲党的创新理论100余场，获评“全省宣传思想工作先进集体”。扎实做好统战群团等工作，为学校高质量发展凝心聚力。建立武汉科技大学统战智库，推荐供需对接机制党外专家6人、专家库成员48人；健全离退休教职工服务工作体系，充分发挥老党员、老同志作用；附属老年病医院综合内科获评全国巾帼文明岗。1个团支部获评全国五四红旗团支部，1人获评湖北省先进工作者，1人获评全国大学生年度人物，1人作为唯一学生代表获评湖北青年五四奖章，2人获评中国大学生自强之星。

我们强基础、固根本，人才自主培养质量持续提升。以社会需求为导向，优化人才培养体系。依托优势学科和专业集群，紧密对接湖北省“51020”产业布局，强化学科交叉，布局建设4个现代产业学院，新增2个本科招生专业，开发多个微专业项目，获批国家一流本科课程8门；持续提升教学质量，凝练教学特色，获高等教育（本科）国家级教学成果奖二等奖2项，是湖北省属高校作为第一完成单位的唯一获奖学校；获省教师教学创新大赛二等奖3项、三等奖2项，湖北高校优秀基层教学组织3个，首届全国高校教学督导工作案例一等奖1项；2个专业通过教育部工程教育专业认证，5个专业认证申请审核通过；制定《推进同等学力人员申请硕士学位工作高质量发展的实施办法》，积极服务社会需求。以联合项目为依托，培养拔尖创新人才。与武汉钢铁集团有限公司等24家省内龙头企业联合开展卓越工程师培养，获省级卓越工程师校企联合培养项目2项，获批湖北省卓越工程师学院，为首批4所高校试点单位之一；联合随州等地方政府、企业、科研院所共建研究生创新创业基地、实习实践基地和联合培养基地，3人获批国家留学基金委公派留学项目。以创新能力为核心，探索素质教育新途径。获“挑战杯”创业计划竞赛全国银奖2项、“挑战杯”课外学术科技作品竞赛省赛特等奖4项等多项奖项；获“互联网+”创新创业大赛省赛金奖9项、银奖1项、铜奖10项，金奖数量位列省属高校第一、全省高校第三，创历史最好成绩；在全国大学生英语竞赛中获全国特等奖9项，数量在全省高校中排列第二，创学校历史新高；在全国大学生数学竞赛决赛中获一等奖，创学校历史最好成绩。以招生宣传精准实效为重点，多措并举吸引优质生源报考。学校省属高校生源质量领先地位进一步巩固。在湖北省，普通艺术类设置的2个院校专业组投档线继续位居湖北省属高校第一；在物理类，我校10个院校专业组中，有8个在湖北省属高校相同选考科目、同类型专业组中位居第一，其中，600分以上353人，最高组02组投档线596分以上901人，590分以上1567人，占招生计划比例达40.57%。今年，我校共招收硕士研究生3307人、博士研究生197人。招收硕士优质生源1610人，较2022年持续增加。以高质量充分就业为目标，提高精细化指导服务水平。截至8月31日，本科毕业生毕业去向落实率为90.38%，升学出国率为31.32%；研究生毕业生就业率为97.31%。学校在教育部就业工作专项调研座谈会和全省高校毕业生等青年就业创业工作会上作典型交流发言。

我们抓机遇、推改革，创新发展能力活力有效激发。加快推进一流学科建设，加速学科交叉集成，促进学科整体上水平。围绕“大冶金、大健康、大数据”，聚焦人工智能与智慧冶金等领域，开展“十四五”湖北省优势特色学科（群）校级立项48项；成立一流学科建设领导小组、一流学科建设工作专班和由30位院士组成的一流学科建设战略咨询专家委员会，研究制定一流学科建设规划；实施重点突破任务揭榜挂帅，出台《一流学科建设目标任务考核激励暂行办法》，建立一流学科建设项目库；成立材料学部，理顺省部共建耐火材料与冶金国家重点实验室管理体制，形成跨学科、跨学院、跨部门资源共享机制。持续深化人事管理改革，精准有效引才聚才，打造高素质教师队伍。探索“一事一议”成建制引进国家级领军人才团队，与2位“国家杰青”签订“杰青”团队引进协议，有序推进学科交叉研究院筹建、大型仪器平台搭建、学科创新团队组建工作；制定柔性引进高层次人才办法，全时引进国家杰青1人；1人当选俄罗斯工程院外籍院士，1人入选青年人才托举工程，获批湖北省外国专家项目1项，获批国家公派留学等师资培养项目30余人；多人获省有突出贡献中青年专家、享受政府专项津贴专家等荣誉奖项。积极融入国家区域战略，强化有组织的科研，提升自主创新能力。研究制定《关于推进有组织科研的实施意见》，获评全省国防科技工业突出贡献单位，分析测试中心入选湖北省科技创新券服务机构库；获批中央军委装备发展部“慧眼行动”重点项目、国防科工局海洋防务创新基金、中央军民融合发展专项等纵向项目多项；获国家自然科学基金项目64项，数量位列湖北省属高校第一；获高等学校科学研究优秀成果奖（科学技术）二等奖，是唯一获奖的省属高校；获冶金科学技术奖一等奖3项、二等奖1项，国家民委社会科学研究成果奖（调研报告类）3项，中国专利奖优秀奖1项；《武汉科技大学学报（社会科学版）》入选中国人文社会科学核心期刊。

我们扩开放、促融合，校地校企国际合作更为深入。积极争取政府和社会力量支持，统筹各方资源助推学校高质量发展。召开第三届校友会负责人年会暨首届校友企业高交会，2022年9月—2023年8月，共收到捐款92笔，超过5000万元；与新疆博州等地方政府及企业开展产学研对接交流，共建企校联合创新中心等校企科研平台16个；签订横向技术合同400余项，合同金额超过1.7亿元，横向项目经费到账超过1.5亿元；外派科技人员109人次，其中湖北省科技副总23人，是派出人数最多的省属高校，学校在湖北省专业人才智汇基层活动座谈会上作典型交流发言；专利转化72项，金额1100万元。深入推进高水平教育对外开放，提升国际合作和教育水平。制定中外合作办学项目管理办法，积极推进管理模式改革；与湖北省对外科技交流中心签署中非创业创新基地合作协议，获批教育部“春晖计划”合作科研项目5项；主办和承办低碳功能材料新技术国际研讨会等多场国际学术会议，派遣30余名师生通过多种项目出国（境）进行学术访问交流，组织5个学生团组参加暑期国际学术交流活动。

我们重治理、提效能，校园环境更加稳定和谐有序。不断创新体制机制，持续深化医教协同。重组医学部，积极推进基础医学教育和临床医学教育一体化发展；

在高层次人才引进、体制机制创新等方面大力支持直属附属医院建设，附属天佑医院、附属老年病医院实现医疗服务收入快速增长，学校入选首批全国健康学校建设单位。规范财政资产管理，优化内部控制体系。积极争取上级政策和项目支持，争取财政补助资金近9.1亿元（含1亿元“双一流”资金）；持续推进学校所属企业体制改革，加强资产和实验室安全管理，制定无形资产管理办法和实验室安全分级分类管理办法；完成采购项目200余项，工程项目竣工结算审计43项，综合审减率超过18%。聚焦师生关心关切，加强公共服务体系建设。拓展“一张表”应用范围，实现校园WiFi网络无感认证，完成黄家湖校区“一张网”建设，改造升级青山校区标准化考场；图书馆空调改造完成，档案服务利用系统有效优化；制定教职工重大疾病医疗互助金管理办法，修订公费医疗管理办法，教职工医疗保障水平稳步提升。提升后勤保障服务效能，改善办学支撑条件。深化后勤人事制度改革，规范公用房和门面管理，精细化做好服务保障；教一楼地下停车场、图书馆冶金文献馆、青山校区室外运动场、人和学生公寓等建设和维修改造项目顺利完成，学校面貌焕然一新。树牢底线思维，切实维护校园安全稳定。加强与属地政府的沟通联系，持续强化保密、信访和校园治安防控，有效监测预警涉稳舆情，获评全省平安建设优胜单位、湖北省示范平安学校。

同志们，惟其艰难，方显勇毅；惟其磨砺，始得玉成。在座的各位是学校事业发展的中坚力量，这些成绩的取得，离不开在座各位的拼搏奉献，更离不开学校所有职能部门和学院的共同奋斗，离不开学校全体师生员工的辛勤努力。借此机会，我代表学校向全体教职员工的辛勤付出表示衷心感谢！

在看到成绩的同时，我们也要清醒认识到，“前有标兵、后有追兵”，学校发展仍面临不少困难和挑战：一流学科突破任务还很艰巨，高端领军人才引进还不够，青年拔尖人才储备还不足，高水平的科技成果培育以及转化还要持续攻坚，服务管理还不够精细，民生领域还存在短板弱项。对于这些问题，我们要立足本职工作，深入思考“一流学科建设我们能做什么？我们该做什么？我们要怎么做?”要围绕学校高质量发展，多思考破解难题的新思路、新模式，多拿出加快发展步伐的新方法、新举措。

第二部分：2023年下半年重点工作安排

同志们，奋力实现一流学科建设率先突破是省委省政府赋予武汉科技大学的使命责任，上半年，学校围绕一流学科建设，抢抓机遇、凝心聚力、改革攻坚，各项事业发展取得了显著成绩。下半年，要充分发挥一流学科建设对推动学校高质量发展的牵引性作用，重点围绕制约发展突出问题和体制机制，深化人才培养、科学研究、师资队伍、社会服务、开放办学等方面的改革创新，确保各方面工作持续提升，进一步夯实一流学科建设基础。下半年要做好以下重点工作。

一、持续强化有组织的科研，增强服务国家战略能力

（一）积极对接创新发展需求，不断

构建一流学科生态体系。围绕第三次党代会确立的“一主两翼三新”学科发展布局，学校通过“十四五”湖北省优势特色学科（群）项目培育工作，加速学科交叉集成，促进学科整体上水平。要进一步准确界定“一主两翼”学科内涵，实化“三新”建设内容，构建对接产业需求的大冶金、大数据、大健康融合共建的学科专业体系；进一步夯实学科建设基础，开展基础应用研究创新，形成具有实操性的建设方案；进一步丰富完善大健康学科体系内涵，统筹医学、生物学、化学的学科资源和医院资源，高质量规划医学学科发展方向和路径。要树立全局观、大局观和全校一盘棋的思想，切实做好新增学位点申报，精准学科定位，突出竞争特色，力争实现工学门类专业学位博士点，公共卫生与预防医学、管理科学与工程、土木工程学术学位博士点的突破。

（二）完善创新人才引育机制，不断强化建设发展人才支撑。目前，学校拥有俄罗斯工程院外籍院士 2 人，国家重要人才计划入选者 23 人，国家及湖北省新世纪百千万人才入选者 30 人，湖北省人才引进计划入选者 291 人，但有力支撑一流学科建设还有不小差距。要进一步用足用好国家和省内各项人才政策，完善高层次人才引进、培育、使用、激励体制机制。突出“高精尖”需求导向，提升引才聚才精准性，加大对一流学科建设急需人才和优秀青年学术骨干的引育工作；加强战略科技人才、领军人才、院士培育和青年拔尖人才培养支持计划实施力度；积极做好应用研究和技术开发类科技人才评价改革专项试点工作，做好人才管理和服务，实现人才工作提质增效。要深化对创新团队发展和建设的规律性认识。面向国家战略和社会需求、聚焦亟待解决的关键技术问题，完善创新团队建设制度体系，发挥校院两级管理作用，优化团队管理、约束、激励机制，改进团队考核评价方式，推进创新团队建设，建真团队、真建团队。

（三）加强科研平台建设管理，不断提升科技创新平台能级。目前，学校拥有国家级科研平台 4 个，省部级科研平台 34 个，校级重点科研平台 26 个，但平台运行还存在薄弱环节，高效协同的创新组织体系尚未形成，创新发展合力还不强。要牢固树立“建强建优”理念，推动科研平台建设由数量向质量转变。抢抓国家实验室科技体制改革机遇，做好共建钢铁工业环境保护全国重点实验室和省部共建耐火材料与冶金国家重点实验室优化重组准备；强化平台建设考核，重点提升平台项目承接、成果产出、高水平论文发表、科研转化能力；推进科技成果转化和技术转移基地实体化运行，深入推进产学研平台建设，做好国家知识产权试点高校和教育部高等学校科技成果转化和技术转移基地验收；加强人文社会科学高等研究院建设，启动“武器装备科研生产备案”（军工第三证）的扩项和推进武器装备承制单位资格证（军工第四证）的申请工作；大力推进“低碳建材与先进结构”“老年认知障碍”湖北省重点实验室和湖北省工程研究中心的申报工作。要积极做好湖北省科学技术奖励申报和国家科技奖培育工作。

（四）持续深化对外交流合作，不断增进协同创新发展成效。近年来，学校通过加强校地校企合作，实现了单笔技术转让合同金额创湖北高校院所最高纪录、横向科研经费到账金额逐年增加、服务经济社会发展反响良好的效果。要深入推进校地、校企合作，实现人才培养、社会服务和产业发展同频共振。加快推进与湖北十堰、新疆博州、宝武集团等地方政府和重点企业建立全面战略合作关系，全方位对接企业需求和服务经济社会发展。要积极推进与世界高水平大学、科研机构联合建立实质性伙伴关系，深化国际学术交流，加速国际化能力建设。加强与香港理工大学、西班牙马德里康普顿斯大学的沟通联系，密切跟踪国际合作联合实验室申报工作，积极参加教育部国际产学研用合作会议，高质量办好“先进材料与绿色制造新技术”等国际学术会议。要广泛凝聚校友力量，共谋合作发展。通过加强校友组织建设，持续开展校友品牌活动，全方位打造校友宣传平台，助力学校、校友共同发展。

二、持续深化教育教学改革，提升人才自主培养质量

（一）聚焦教育教学审核评估，着力提升本科生教育质量。本科教育教学评估是对学校本科教育教学工作的全面考核和整体评价。要加深对政策的再认识，做好审核评估调研、方案优化、机构组建、宣传动员、培训等相关准备工作，切实增强紧迫感、责任感和使命感。要深化人才培养模式和教学方法改革。加大现代产业学院建设力度，强化与企业的深度合作；加快传统优势专业升级改造，完善香涛学院培养体系和管理模式，继续推进“传统专业+”“微专业”赋能的复合人才培养模式；做好省级教学成果奖培育工作，及早谋划国家级教学成果奖申报；继续推进一流本科专业项目库建设，做好新增本科专业申报和2023年省级、国家级一流本科课程申报。要加强创新创业教育，加快推进创新创业基地建设，精心组织做好数学建模、“互联网+”“挑战杯”国赛，力争实现新突破。不断改善实训教学条件，深化实训教学研究与改革，着力提升实训教学质量。

（二）聚焦卓越工程师培养，全面提升研究生培养质量。培养大批卓越工程师是“加快建设国家战略人才力量”的重要内容，学校作为首批湖北省卓越工程师学院试点建设高校，肩负着树标杆、作示范的使命与责任。要高质量推进湖北省卓越工程师学院建设，进一步明确学院建设定位、把握建设重点、做好组织实施，以企业需求为导向，以科研合作攻关为基础，以产教融合为牵引，形成全链条衔接、全过程协同、全方位融入的校企联合培养模式。要加强卓越工程师学院建设体系重构，创新课程、完善培养方案、优化评价机制、改革管理模式，加快有组织的卓越工程师自主培养质量保障体系建设。要进一步实施研究生教学质量工程项目，着力提升研究生创新能力，加强学位论文质量监控，推进省级研究生工作站的申报，持续探索本—硕—博贯通的研究生培养模式。

（三）聚焦“三全育人”提质创新，不断提升思想政治教育质量。近年来，学校充分利用红色校史文化资源和传统，构建起了较完备的课程思政育人体系。要持续围绕“五个思政”建设要求，构建一体化建设高质量思想政治工作体系。积极创建“大思政”工作品牌，深化教师思想政

治教育和师德师风建设，不断提升思政骨干队伍能力和水平，组织开展好“课程思政”教学设计大赛、新进教师岗前培训、师德师风建设主题月等活动。要增强思想政治教育和困难帮扶工作的针对性、时效性和亲和力，提升育人实效。全力做好困难学生的帮扶工作，扎实推进湖北省大中小学思政课一体化共同体建设，持续打造“一站式”学生社区育人生态圈。要全面落实意识形态工作责任制，持续抓好意识形态阵地建设和管控，发挥湖北省高校网络舆情分析研究中心监测预警作用，切实加强意识形态领域风险研判和应对处置，持续提高学报办刊质量，稳步提升学报影响力。

三、持续转化主题教育成果，提高治理服务能力水平

（一）深入推动问题整改整治。问题整改整治是主题教育、干部队伍教育的关键环节和重要内容，是评价主题教育成果成效的重要参考。要牢固树立责任意识，弘扬求真务实之风，进一步提升思想认识，从严从实抓好省委巡视、经济责任审计、专项审计、主题教育专项整治、综合绩效考核、政治生态分析研判等反馈问题的整改整治，扎实推进整改措施办法，做到作风更硬、责任更明确，在规定时限完成整改。要把整改整治工作与学校中心工作结合起来，把好的做法总结出来、固定下来、推广开来，转化为能落地、真管用的规章制度或意见措施，以整改整治促进学校事业高质量发展。

（二）持续推进民生实事项目。树牢造福师生的政绩观，运用“千万工程”和“浦江经验”，扎实推进“一下三民”工作，抓实民生实事项目办理。要加强校园基本建设。抓紧做好沁湖体育馆、家属区电梯、学生宿舍人行天桥等建设项目；加快推进春华餐厅改造、公共教室空调加装、校史馆更新等项目；统筹推进“十四五”教育强国工程、教育部国防重点实验室项目等“基础能力提升工程”。要积极打造绿色智慧校园。深化一张表平台应用建设，提升移动应用服务能力，健全网上办事大厅流程，加强档案信息化工作力度，不断提升师生信息化使用体验。要着力提升服务保障效能。进一步提升后勤服务质量，稳步推进家属区物业改革，强化校内住房的出租整顿及使用管理；做好教职工健康检查和“健康驿站”建设管理工作，建立健全优质医疗服务体系；进一步提升图书馆硬件环境和服务质量，激发师生阅读热情。

（三）不断规范内部控制管理。治理体系和治理能力现代化是新时代中国大学推进内涵式发展、提升综合竞争力的内在需求。要强化学校目标责任制管理考核。对标对表湖北省高质量发展综合绩效考核指标要求，以高质量考核促进学校高质量发展。要深入推进依法治校。加快推进学校第三次党代会以来确立的50项改革举措落实落地，相关规章制度的执行落实；积极做好“湖北省依法治校示范校”创建工作，完成学校议事协调机构的优化调整，理顺办事流程并形成指导性规范。要加强精细化内部管理。坚持开源节流，积极筹措资金，完善财务制度，强化财务监督，保证财务安全；持续提升采购与招标工作效率和服务质量，做好资产入账、调

剂、报废处置和上报备案等工作，盘活国有资产；稳步推进脱钩剥离类型企业的股权处置，切实加强对参、控股企业的监督管理；规范开展各类合作办学，严控各类风险；完善物联网大型仪器管理系统，加强科研基础设施和科研仪器开放共享。

四、持续优化学校政治生态，筑牢改革发展坚实基础

（一）扎实推进全面从严治党工作。党的二十大对坚定不移全面从严治党、深入推进新时代党的建设新的伟大工程作出了战略部署，要一刻不停深入推进全面从严治党，以有力政治保障，涵养学校风清气正的政治生态。要抓好党建示范创建和质量创优。扎实推进党员发展、教育管理和基层党组织建设，严肃规范党内政治生活，完善党建工作考核机制，深入开展“三级三型”党支部积分制试点改革，持续深化实施“对标争先”计划，实现党建工作整体提质增效，努力在全国高校党建示范创建和质量创优工作中实现新突破。要锻造政治过硬的高素质干部队伍。积极做好年轻干部培养教育和选拔任用，通过实施干部考核评价，激发干事创业活力。要扎实推进党风廉政建设走深走实。完善监督体系，深化政治生态分析研判和“清廉武科大”建设，大力推进“一校一策”，着力推动解决突出问题。

（二）扎实做好校园文化培育工作。校园文化建设是学校个性魅力和办学特色的重要体现，是学校培养适应时代要求的高素质人才的内在要求。要持续做好125周年校庆相关工作，按照“学校统筹，部门（学院）为主，师生校友广泛参与”的工作思路，深入开展“人文校庆、学术校庆、情怀校庆、合作校庆”系列活动。要积极开展“文明校园”“健康校园”建设。全力做好“省级文明校园”现场考核，扎实推进“创建全国文明校园先进学校”申报工作；广泛开展形式多样的健康教育活动，促进师生体质健康水平提升。要加大“美丽科大 共同缔造”活动实施力度，持续打造“沁湖文化”品牌，激发师生员工内在动力。

（三）扎实做好民主管理监督工作。民主管理与民主监督是促进学校各项决策民主化、管理科学化、建设规范化的有效措施。要积极做好教代会工代会提案的审查立案、布置承办和督办反馈，组织召开五届二次教代会工代会。要支持鼓励党外知识分子、广大师生员工围绕“十四五”规划和学校一流学科建设建言献策。要进一步健全信息公开工作体系，丰富信息公开方式，切实保障社会公众和广大师生员工的知情权、参与权和监督权。要持续完善信访工作体制机制，全面压实信访工作责任，坚持把信访工作作为了解民情、集中民智、维护民利、凝聚民心的重要工作。

（四）扎实做好秋季开学相关工作。开学即冲刺，奋斗正当时。开学工作千头万绪，既有常规工作的延续，也有新目标、新举措的酝酿，大家要充分认识做好开学工作的重要性，切实做到认识到位、行动迅速。要注重全面总结、科学谋划工作。各单位要全面总结梳理上半年各方面取得的成绩和存在的不足，科学谋划下半年各项工作，理清发展思路，明确发展目标，细化任务分工，以“拼抢实”的作风，跑出加速度，干出新成绩。要强化底

线思维，增强风险意识。以“时时放心不下”的责任感，紧盯重点领域，加强对民族宗教安全、消防安全、生产安全、实验室安全等的风险评估和隐患排查整治，不断提升突发事件应急处置能力。要强化统筹部署，做好迎新工作。学生工作处、研究生院要提前谋划、统筹安排，各职能部门、各学院要精心准备、创新方式，用心用情做好各项迎新准备工作，确保新生报到工作有序、顺利开展；要强化教育引导，深入开展以心理健康、校园安全等为主题的新生入学教育，上好开学第一课。

老师们、同志们，下半年工作任务很重，我们要及时凝神聚力，以最快的速度进入工作状态，以更加饱满的干事激情、更加昂扬的拼搏斗志、更加务实的工作作风，抢抓机遇、迎接挑战、精准发力、攻坚克难，牢固树立首位意识，奋力推进一流学科建设率先突破，为湖北加快建设全国构建新发展格局先行区作出新的更大贡献。

谢谢大家。

赓续历史血脉　谱写当代华章
为建设特色鲜明的一流大学接续奋斗

——在庆祝办学125周年暨高质量发展咨询会上的汇报材料

校长　倪红卫

（2023年11月19日）

各位嘉宾、各位校友，老师们，同学们：

大家好！学校2018年召开办学120周年纪念大会以来，在省委省政府的正确领导下，在社会各界的关心支持下，在全体武科大人的共同努力下，各方面工作取得突出成绩。

一、坚持思想引领，高品质打造党建品牌

学校以党的政治建设为统领，推动党建和思想政治工作质量持续提升。

一是以政治建设为重点，在用新思想铸魂育人上下功夫。着力打造“沁湖文化”，构建“大思政”一体化育人格局。二是以全面从严治党为保障，在优化政治生态上下功夫。将“清廉武科大”建设融入办学治校全过程。三是以组织建设为支撑，在提升组织功能建设上下功夫。深入实施党组织“对标争先”建设计划，推动党建工作“赋能强基”。四是以事业发展为核心，在全面深化改革上下功夫。召开第三次党代会，科学擘画发展蓝图，系统推进A类学科选拔培育等30项重点改革任务。

省委领导多次来校调研，省委主要领导赞誉学校勇攀科技高峰取得的丰硕成果；学校党委荣获全省党建工作示范单位，连续三年获评全国高校网络舆情工作机制十佳单位，全国五四红旗团委等多项荣誉。

二、坚持立德树人，高质量培育时代新人

学校牢记为党育人、为国育才使命，持续深化教育教学改革和内涵建设，全面提高人才自主培养质量。

一是以社会需求为导向，优化人才培养体系。组建本科生院，成立香涛学院、现代产业学院等，构建“四层次、多样化”人才培养体系。二是以联合项目为依托，培养拔尖创新人才。创新拔尖人才培育计划、卓越人才计划、学士直攻博等多样化人才培养模式，实施“卓越工程师校企联合培养项目”。三是以创新能力为核

心，探索素质教育新途径。成立创新创业学院，实施“一院一基地”“一专业一赛事”。

获批国家级一流本科专业建设点28个，国家级一流课程16门，国家级教学成果奖二等奖2项；本科生多个专业组投档线稳居湖北省属高校第一。获首批湖北省卓越工程师学院试点建设高校，在读研究生突破1万人，是2018年的1.9倍。在全国“挑战杯”系列赛事等全国综合性权威竞赛中，获奖等次和数量均创历史最好成绩；学校在2022年全国普通高校学科竞赛评估结果中排名第47位。

三、坚持协同发展，高标准构建学科生态

学校聚焦“钢铁主体、焦耐特色”，着力构建相互支撑、交叉融合、协同发展的学科生态。

一是不断丰富学科建设内涵，统筹学科协调发展。科学构建学科评估体系，扎实开展学科评估、合格评估、专业学位水平评估。二是稳步推进学科优化调整，加速学科交叉集成。成立人工智能学院、公共卫生学院、人文社会科学高等研究院等，组建医学部、材料学部，建设“基—交—新”创新团队和多学科交叉创新平台。三是加快推进一流学科建设，促进学科整体上水平。出台支持优势特色学科建设系列措施，加快培育建设一批高水平、有特色的学科。

学校B档以上学科数、软科世界一流学科数、进入ESI全球排名前1%学科数，均位居湖北省属高校首位。学校在艾瑞深校友会2023中国大学一流专业排名中位列第85位，居湖北省属高校第一。

四、坚持“四个面向”，高能级促进成果产出

学校瞄准前沿、交叉汇聚、发挥优势、聚焦突破，开展有组织科技创新，推动基础研究和关键核心技术突破。

一是以激发创新活力为重点，深化科研体制机制改革。制定科研项目及成果分类分级认定办法，推进成果处置权、收益分配权和成果转化方式改革，出台推进有组织科研的实施意见，“建制化、体系化”推进科技创新。二是以加强战略科技力量建设为重点，推动科研前瞻性谋划布局。实施六大重点科研工程，新建超算中心等基础研究平台，培育承接大项目、解决关键技术的科研团队。三是以知识产权培育和成果转化为重点，加强高质量科研成果培育产出。积极构建科学研究、专利管理、成果转化、企业孵化、产业化全链条服务体系。

新增获批2个教育部省部共建协同创新中心，11个其他省部级平台。率先实现湖北省属高校主持国家重点研发计划项目零的突破；2022年科研经费到账较2017年翻番。获国家科学技术进步奖二等奖1项、全国高等学校人文社科优秀成果奖二等奖1项，实现人文社科国家级奖项零的突破。选派200余人次参加科技副总等项目，校地校企产学研平台覆盖省内除神农架林区以外的所有市州，实现50%以上的科技成果在省内落地转化。

五、坚持人才强校，高水平打造师资队伍

学校坚持以深化新时代教育评价改革为引领，人才引育突出“高精尖缺”导向，人才规模、结构和质量明显提升。

一是不断完善人事制度，激发教师队伍活力。完善分类分型评价机制，实施绩效工资改革，激励优劳优酬。二是精准有效引才聚才，打造人才集聚高地。实施“香涛学者人才引进计划”，设立青年百人引才专项，成立交叉研究院，成建制引进高水平人才团队。三是用心用情育才留才，营造“人尽其才”好生态。建立重点人才团队评价特区，打造国家战略人才成长梯队。

获批全国高校黄大年式教师团队 1 个，荣获全国五一劳动奖章 1 人、全国模范教师 1 人。国家高层次人才计划实现零的突破。新增俄罗斯工程院外籍院士 2 人，引育国家高层次人才 7 人，省级高层次人才 170 余人，柔性聘任世界顶级科学家近 50 人。入选科技部创新人才培养示范基地和国家“111 计划”。

六、坚持开放办学，高格局推进合作交流

学校积极拓展合作交流渠道，着力打造校友、行业、社会、学校发展共同体。

一是引进国外优质教育资源，持续深化国际交流与合作。深入推进中外合作办学项目，加快构建全方位、高层次、有重点的国际合作网络。二是充分发挥人才科研优势，深入推进校地校企合作。持续推进“一院一市一基地”，与中国宝武等多个重点企业建立全面战略合作关系。三是凝聚广大校友力量，积极推动校友与学校合作共赢。成立校友工作与社会合作处，召开校友企业高交会，成立武汉校友企业家联盟，积极打造地域性、行业化、网格状的校友组织布局。

获批教育部 5 个中外合作办学项目，与 20 余个国家和地区的 60 余所高水平大学、科研院所建立了稳定的学术交流和合作关系。有来自 30 多个国家的在籍留学生 300 余人，实现了留学生学历教育的从无到有。共建国家地方联合工程研究中心等各类产学研合作平台 60 余个。开展“值年返校”系列活动，累计 7000 余名校友值年返校聚会。

七、坚持师生为本，高水准完善服务保障

学校坚持以师生为中心的发展思想，统筹各项资源配置和建设，让师生共享事业发展成果。

一是以促进可持续健康发展为目标，努力加强财经资源保障。盘活存量，做大增量，多举措提高办学经费保障水平。二是以满足教学科研生活需要为目标，努力改善校园基本条件。扎实推进基础设施重点项目，持续深化后勤管理体制改革，成立后勤保障部，提升服务效率和水平。三是以解决师生急难愁盼问题为目标，努力办好重点民生实事。把师生生命安全和身体健康摆在首位，全力夺取疫情防控与事业发展双胜利。

学校年总收入稳步增长，年均增长率

4.39%。新建及维修改造基础教学与化工资源实验楼等教学科研类项目10项、青山校区学生公寓等民生改善类项目43项。修订公费医疗管理办法，制定教职工重大疾病医疗互助金管理办法，提升医疗保障服务能力。学校被评为湖北省示范平安学校、平安校园建设成绩突出集体。

学校办学成绩的取得，离不开全校师生的共同努力，也离不开广大校友、社会各界和在座各位的鼎力相助。借此机会，我代表学校向长期以来关心支持学校发展的各位嘉宾、各位校友表示衷心感谢！

未来五年，是学校抢抓机遇，加快一流大学建设的关键时期。学校将勇当省属高校高质量发展排头兵，为实现省属高校一流学科建设率先突破接续奋斗。

八、未来五年发展思路

2021年，学校第三次党代会确立了“五个一流”愿景的战略目标：培养一流创新人才，建成一流学科和学科方向，造就一流教学科研队伍，产出一流学术成果，提供一流社会服务。

为了实现这一目标，学校计划实施“三步走”战略：

第一步：到2025年，人才培养质量、科学研究水平与社会服务能力全面提升，省属高校领跑优势持续保持，全国高校百强地位进一步稳固，国内一流大学建设取得重大进展。

第二步：到2035年，学校整体水平全面提升，国内一流大学基本建成，部分学科跻身世界一流，国际影响力和知名度显著增强，由国内一流大学向特色鲜明的世界高水平大学迈进。

第三步：到21世纪中叶，形成世界一流的优势特色学科矩阵，具备较强的国际影响力和知名度，特色鲜明的世界高水平大学基本建成，朝着世界一流大学迈进。

今后五年，学校发展的主要思路是：牢固确立“一个总体发展路径”，广泛凝聚“四种共识”，重点实施“五项改革”，统筹推进“六大工程”。

牢固确立“一个总体发展路径”：强基础、上层次、显特色、求突破。一是强基固本，深深扎根荆楚大地，全力服务区域经济社会发展，以贡献求支持，整合办学资源，筑牢事业发展根基。二是争先进位，紧随教育强国、教育强省建设步伐，争取迈进国家“双一流”建设行列，借势促进办学实力跃升。三是以特促变，传承、发扬冶金传统，崇实去浮，进一步凝练特色，精准发力，彰显发展优势。四是改革攻坚，善于抓主要矛盾，解决重点难点问题，以点带面，实现发展总体目标。

广泛凝聚“四种共识”：一是特色化发展，围绕一主（大冶金）、两翼（大健康和大数据）、三新（新工科、新医科、新文科），构建适应产业链的学科专业闭环体系，形成独特的办学理念和风格，办出特色和水平。二是差异化发展，立足学校发展定位，克服同质化倾向，走好差异化发展的道路，做到“人无我有、人有我优、人优我特”。三是非均衡发展，学校、学院两级要以效益优先，突出优势，科学合理分配办学资源，形成重点学科重点支持、重点方向重点培育的非均衡发展策略。四是超常规发展，通过实施重大改革、打破学科专业壁垒、设立人才特区等方式，在已有基础上打破常规，实现跨越式发展。

重点实施“五项改革”：以发展质量为导向的学科专业调整改革、与培养能力相适应的人才培养结构改革、以激发内生动力为原则的全员岗位聘用制度改革、与贡献度相匹配的人事薪酬激励制度改革、以提质增量为目标的科研产出评价机制改革。

统筹推进“六大工程”：人才培养质量提升工程、学科建设一流引领工程、师资队伍建设创新强校工程、科研服务跨越升级工程、国际合作开放融合工程、治理体系与治理能力现代化建设工程。

九、一流学科建设规划

2022 年 12 月，我校材料科学与工程学科被确定为湖北省属高校一流学科重点建设学科，并在四个重点建设学科中排名首位。学校锁定建设目标，明确建设路径，制订工作计划，出台了《材料科学与工程一流学科建设规划（2023—2025)》。

（一）建设目标

到 2025 年，材料科学与工程学科进入国家“双一流”建设学科，世界 ESI 学科排名前 1‰，在教育部第六轮学科水平评估中力争进入前 10%高校行列。

具体来讲，就是要实现“四个突破”“两个打造”“两个提升”：实现国家级高层次人才引育新突破、实现国家级科研平台建设新突破、实现牵头单位国家科技奖新突破、实现牵头单位国防科技奖的突破；打造一批国家重大重点科研项目、打造科技成果转化示范工程；提升拔尖创新人才培养能力、提升学科国际国内学术影响力。

（二）建设路径

学校基于材料学科发展基础、优势特色，聚焦高温高耐候性材料研究，围绕国家发展战略、湖北省先行区建设发展定位，聚焦六大优势方向，强力推进有组织创新。

绿色功能型耐火材料方向，囊括了全国科学大会以来耐火材料领域 7 项国家奖，其中第一单位 5 项。下一步，将围绕高温工业“双碳”战略，开展耐火材料低碳化、长寿化、功能化、轻量化等研究，引领国际耐火材料发展方向。

先进钢铁材料方向，科技成果已应用于北极亚马尔天然气工程、国家首台套漂浮式风电装备、港珠澳大桥、沪通高速铁路大桥等国家重大工程。下一步，将瞄准国家高品质钢铁材料需求，重点突破钢铁材料的绿色化、强韧化、长寿化、服役安全的协同提升，实现高端钢铁材料国产化与批量应用的自主创新。

战略钒基新材料方向，获国家科技奖励 4 项，其中牵头 3 项；牵头承担国家重点研发计划 3 项。下一步，将围绕战略钒资源高效清洁利用关键技术，实现钒资源全产业链利用及制备技术突破，推动钒系材料行业高质量跨越发展。

热管理用先进碳基材料方向，研究成果已列装国家强国工程。下一步，将围绕超高温大热流环境的快速导热、储热和散热问题，推进中间相沥青及其碳纤维制备装备研发，推进其在航空航天、电子器件、国防武器关键装备等领域的应用。

高温磁电功能材料方向，研究成果已在多个型号导弹驱逐舰、飞行器等国家重大工程列装。下一步，将围绕军事隐身、陶瓷防护等需求，攻克高温磁电功能材料一体化制备、电磁干扰抑制、传感芯片精度数量级提升等技术瓶颈问题，为高超音速飞行器、关键设备电磁兼容、传感芯片等提供关键技术支撑。

先进能源材料与器件方向，研发的新型大容量电极材料，以 1.5 亿元成果转化金额，创造了湖北高校院所单笔技术转让交易的最高纪录。下一步，将着力解决动力电池电极材料规模化制备难、储能机理不明晰、储能性能不足等瓶颈问题，为湖北汽车、新材料、新能源等优势产业提供有力支撑。

（三）工作计划

一年来，学校围绕建设规划，聚焦核心要素，在大学者引育、大平台创建、大成果产出方面取得了一定的成绩，得到了省委省政府的肯定，但对标对表“双一流”目标，还存在一定差距。下一步，学校将倒排工期，挂图作战，加强领导，全力推进。

一是抓实教育教学，育一流人才。构建培养钢铁品质的思政工作体系，实施“新材料+”人才培养模式，开设“数字材料与冶金”等微专业，增设学科交叉类和前沿类课程，着力培养拔尖创新人才。

二是抓牢人才引育，建一流队伍。围绕一流学科建设六大优势方向加强队伍建设，以学科带头人为核心，大力加强团队建设，推进人才链、产业链、创新链深度融合，全链条构筑一流学科建设创新人才新高地。

三是抓紧平台建设，创一流水平。高水平建设基础研究平台、专业特色平台，加快核磁共振波谱仪、球差电镜、三维原子探针等国内外先进设备购置和先进材料核磁共振平台、精细表征平台搭建进度，使科研平台成为学科水平提升的主阵地、主战场。

四是抓好成果产出，争一流业绩。做好国家级重大重点科研项目和国家科技奖的申报组织工作，落实推进有组织科研的实施意见，加强科技成果和冲击顶尖期刊论文培育。

各位嘉宾、各位校友，老师们，同学们，百舸争流，奋楫者先；千帆竞发，勇进者胜。学校将坚守育人育才初心，勇担领跑突破使命，力争早日建成特色鲜明的一流大学！

谢谢大家！

聚势提升　奋发作为
为推进学校高质量发展再建新功

——在第五届教代会工代会第二次会议上的报告

（2023 年 12 月 28 日）

倪红卫

各位代表、同志们：

现在，我代表学校向大会报告工作，请予以审议。

过去一年，学校深入学习贯彻党的二十大和二十届二中全会精神，落实立德树人根本任务，以一流学科建设为核心推动高质量发展，朝着“率先突破、走在前列”奋斗目标不断迈进，各方面工作取得突出成绩，开创了事业发展新局面。

一年来，我们强基础、固根本，人才自主培养质量持续提升。一是突出交叉融合，着力培养高素质复合型人才。紧密对接湖北省“51020”产业布局，实施专业结构优化与动态调整；加强微专业赋能的“传统专业+”“小学期”人才培养模式改革，推进教学改革与研究，以高水平成果促进人才培养质量提高。二是突出多方协同，着力造就拔尖创新人才。深化产学研协同创新，实施卓越工程师校企联合培养项目，以创建“项目制”培养模式开展研究生培养；建立学位点建设水平“红黄绿”清单，强化学位点建设与动态调整。三是突出实践育人，着力优化创新创业生态环境。修订创新创业计划项目管理办法、学分认定办法、绩效核算实施细则等文件，举办“科技之光青年讲堂”等系列活动，激励师生积极投身创新创业。

全年，获批国家一流本科课程 8 门，3 个专业通过专业评估（认证），1 个专业通过专家组进校考查；获全国混合式教学设计创新大赛一等奖 2 项，首届全国高校教学督导工作案例一等奖 1 项；获高等教育（本科）国家级教学成果奖二等奖 2 项，是湖北省属高校作为第一完成单位的唯一获奖学校；获批湖北省卓越工程师学院，为首批 4 所高校试点单位之一；入围中国研究生培养单位贡献力 TOP 榜单 100 强，位列第 90 位；本科生多个专业组投档线稳居湖北省属高校第一，研究生优质生源稳步提升，在读研究生突破 1 万人，获评全国高校毕业生基层就业卓越奖；在“挑战杯”、中国国际大学生创新大赛等全国综合性权威竞赛中获奖等次和数量均创历史最好成绩，学校获批省级创新创业学院，在最新发布的全国普通高校学科竞赛评估结果中排名第 47 位。

一年来，我们抓机遇、推改革，创新发展能力活力有效激发。一是加快推进一流学科建设，加速学科交叉集成，促进学科整体上水平。瞄准一流学科建设目标，科学制定一流学科建设规划；出台支持优势特色学科建设若干措施，开展“十四五”湖北省优势特色学科（群）立项建设，构建一流学科引领、优势特色学科分层分类发展的学科生态体系。二是持续深化人事制度改革，精准有效引才聚才，打造高素质教师队伍。出台柔性引进高层次人才办法等一系列文件，规范人员补充和非事业编制人员管理，完善教职工退休和返聘工作，改革编制管理机制，提高人力资源管理效能。开展其他专技等系列新一轮岗位聘用，激发广大教职工活力。健全青年教师和博士后培养机制，造就一批生力军。三是积极融入国家区域战略，强化有组织的科研，提升自主创新能力。出台关于推进有组织科研的实施意见，修订科研项目及成果分类分级认定办法，整合校内科研资源，提档升级科技创新平台体系，加强基础研究和关键技术攻关。

全年，ESI 全球排名前 1%学科稳中有升达到 6 个，论文总数、总被引数、国际位次均位列湖北省属高校首位；材料科学与工程等 11 个学科入选软科世界一流学科，学校在校友会、软科和武书连中国大学排行榜中均位居湖北省属高校第一；新增俄罗斯工程院外籍院士、长江讲席学者、省“百人计划”、省“青年拔尖人才培养计划”、省“楚天学者计划”等多人；获“国家工程师奖”、宝钢优秀教师奖、荆楚好老师、楚天名师等多项；获批国家级科研项目 88 项，连续三年获批国家社科基金重大项目，首次获批国家社科基金重大项目滚动资助；获高等学校科学研究优秀成果奖、冶金科学技术奖等多项；获批国家民委“武汉科技大学中华民族共同体研究院”、湖北省国防科技（军民融合）重点实验室，获评全省“国防科技工业突出贡献单位”；学报社会科学版首次入选中国人文社会科学核心期刊，学报自然科学版再次入选北大中文核心期刊。

一年来，我们扩开放、促融合，校地校企国际合作更为深入。一是积极争取政府和社会力量支持，统筹各方资源助推学校高质量发展。成立武汉校友企业家联盟、大健康产业校友会，举办庆祝办学 125 周年暨高质量发展咨询会，以“校友圈”撬动“产业群”；积极寻求校地校企战略互动，强化产学研与科技合作，进一步完善科技成果转化体系。二是深入推进高水平教育对外开放，提升国际合作和教育水平。制定中外合作办学项目管理办法，签署中非网络合作伙伴协议，与马德里康普顿斯大学等境外高校积极开展互访，扩展全球性合作伙伴关系；主办和承办低碳功能材料新技术国际研讨会、中非青年创新创业大赛等多场国际学术会议和赛事，派遣 300 余名师生出国（境）进行学术访问交流。

全年，学校基金会到账资金超过 6000 万元，受赠股权 2000 万元；共建产学研平台 24 个，外派科技人员 120 余人次；横向科研到账经费 2.35 亿元，与 2022 年相比增长 40.7%；专利转化 170 余项，金额 3000 余万元；与香港理工大学等世界高水平大学签订战略合作协议；获批科技部首批“中国—非洲伙伴研究所交流项目”

"中非青年创新创业示范基地"，揭牌"中非低碳冶金研究中心"；首次获批湖北省政府对外友谊最高奖项"编钟奖"。

一年来，我们重治理、提效能，校园环境更加稳定和谐有序。一是不断创新体制机制，持续深化医教协同。重组医学部，支持附属医院人才队伍建设，积极推进基础医学教育和临床医学教育一体发展。二是规范财政资产管理，优化内部控制体系。坚持依法治校，实施预算立项管理，持续推进学校所属企业体制改革，制定无形资产管理办法和实验室安全分级分类管理办法，不断完善采购、审计等内控制度。三是聚焦师生关心关切，加强公共服务体系建设。推行教职工重大疾病医疗互助金制度，修订公费医疗管理办法，改革继续教育管理体制机制，加快学校数字转型和智能升级，不断完善学科齐全、特色鲜明的文献信息资源体系和档案服务体系。四是提升后勤保障服务效能，改善办学支撑条件。深化后勤人事制度改革，规范公用房和门面管理；积极建设教学科研支撑体系完备、各项基础设施齐全的校园环境，为教学科研生活提供更优质的保障服务。五是树牢底线思维，切实维护校园安全稳定。加强与属地政府的沟通联系，持续强化保密、信访和校园治安防控，有效监测预警涉稳舆情，切实维护学校政治安全与意识形态安全。

全年，制定修订规范性文件 80 余项；完成采购项目 500 余项，完成工程项目竣工结算审计近 100 项，综合审减率近 16%；附属天佑医院综合楼、附属老年病医院医学转化楼投入使用，学校入选首批全国健康学校建设单位；完成"一张网"工程三年建设规划，实现校园 WiFi 网络无感认证；黄家湖校区沁湖体育馆、冶金特色文献馆、校史馆、图书馆空调改造，以及青山校区西院环境综合改造、室外运动场、武汉科技大学人行天桥等建设和维修改造项目顺利完成；学校获评湖北省高等学校实验室工作先进单位、全省平安建设优胜单位、湖北省示范平安学校，1 人获评全国内部审计先进个人。

回首一年，我们深感成绩的取得来之不易。学校发展取得的显著成就、发生的深刻变化，根本在于习近平总书记掌舵领航，在于习近平新时代中国特色社会主义思想科学指引。全校师生员工更加深刻领悟"两个确立"的决定性意义，衷心拥护"两个确立"、忠诚践行"两个维护"。这些成绩的取得，靠的是省委省政府的正确领导、大力支持，离不开全校师生员工的破难攻坚和奋勇争先，得益于：深入开展主题教育，进一步增强了党组织的战斗力和凝聚力；积极选树基层党建先进典型，进一步发挥了示范带动作用；全面加强思想政治教育，进一步优化了良好的育人环境；扎实做好统战群团工作，进一步凝聚了各方智慧和力量；持续推进"清廉学校"建设，进一步营造了风清气正的政治生态。在此，我代表学校，向在座的各位同志、老师和全校师生员工致以崇高的敬意和衷心的感谢！

2022 年 12 月，学校材料科学与工程学科被确定为湖北省属高校一流学科重点建设学科，并在全省四个重点建设学科中排名首位。率先实现省属高校一流学科突破，是湖北省委省政府赋予武汉科技大学光荣而艰巨的任务。学校锁定建设目标，明确建设路径，制订工作计划，出台材料科学与工程一流学科建设规划，蹄疾步稳推动一流学科建设开好局起好步。4 月 23 日，省属高校一流学科建设工作推进会在我校举行，学校作为重点建设高校代表发言，副省长邵新宇肯定学校在推动一流学科建设工作方面行动快、举措实、亮点多、氛围浓。

今天，借此机会，向各位代表汇报一年来学校一流学科建设工作开展情况。

一是强化组织领导，体制改革取得新跨越。学校成立一流学科建设领导小组，科学擘画一流学科发展方向。成立一流学科建设工作专班，具体负责一流学科建设工作推动。成立由 30 位院士组成的一流学科建设战略咨询专家委员会，为学科方向特色凝练把脉定向。成立材料学部，理顺省部共建耐火材料与冶金国家重点实验室管理体制，实施学部特区制度，建立举校支持机制。

二是优化资源配置，机制创新取得新成效。以一流学科建设规划为蓝图，聚焦大学者、大平台、大成果，建立“以目标定任务、以任务配资源、以绩效给奖补”的资源配置机制。开展一流学科建设任务分类，梳理一流学科重点建设任务 54 项，制定一流学科建设目标任务考核激励办法，开展一流学科建设“揭榜挂帅”项目张揭榜工作，共有 34 个学科团队揭榜 179 项重点建设任务。制定一流学科建设专项资金管理办法，确保专款专用，科学、有序、高效使用。充分借智借力，与武汉理工大学签订对口支持协议并建立议事协调机制。

三是精准引才育才，人才汇聚取得新突破。开展“一流学科标杆人才引进”攻坚行动，建立标杆人才信息库，探索“整团队成建制”引才机制。开展“系统育才”攻坚行动，强化对战略科技人才、领军人才、青年拔尖人才和创新团队的重点支持。新增包含 3 名国家“杰青”、1 名国家海外重大人才工程入选者在内的国家级人才 9 人，1 个团队获批教育部创新团队。

四是优化平台能级，平台构建取得新进展。强化国家级、省部级科技创新平台建设，抢抓国家实验室科技体制改革机遇，积极推进与龙头企业、科研院所共建全国重点实验室，有序推进学科交叉研究院筹建、大型仪器平台搭建、学科创新团队组建工作，重点提升平台项目承接、成果产出、高水平论文发表、科研转化能力，打造一流科研平台。获批教育部 B 类重点实验室、教育部国际合作联合实验室各 1 个，均为省属高校零的突破。

五是整合优势资源，标志成果取得新成绩。打破学科、学院壁垒，跨学科组建协同创新团队，积极培育国家科学技术奖和国家教学成果奖，以大成果产出彰显一流学科建设水平。获批中央军民融合重点项目 1 项，国家自然科学基金联合基金重点项目 3 项；作为牵头单位获国家教学成果奖二等奖 1 项；获省部级科技成果奖一等奖 2 项，二等奖 5 项。

各位代表、同志们，2024 年是学校抢抓机遇、改革发展，加快推进一流学科建设的关键一年，要提前谋划、突出重点、精心部署明年工作。希望各位代表围绕重点任务，结合所在单位工作实际，积极建言献策，推动科学谋划 2024 年工作计划，为学校事业发展凝心聚力。

一是以迎接本科教育教学审核评估工作为重点，着力完善更高水平的育人体系。认真落实学校审核评估动员会的部署要求，完善专业建设和课程建设等一流质量标准，建立健全教学质量监控、反馈与改进的闭环机制。探索多元化人才培养路径，全面推进小学期育人模式，加大香涛学院和专业学院协同力度，加强大学生创新创业基地内涵建设。健全拔尖创新人才培养体系，推进湖北省卓越工程师学院建设，推动重点行业企业全方位参与人才培养，着力提升知识创新和实践创新能力。

二是以博士学位授权点新增工作为重点，着力构建更高质量、更加均衡的学科生态体系。坚持精准定位，靶向发力，力争博士学位授权点申报工作取得新突破。加快推进一流学科建设规划落实落地，重点开展显著性成绩突破工程，力争材料学科进入 ESI 全球排名前 1‰。深入推进学科专业优化调整，建立基础学科与优势特色应用学科融合发展机制，促进学科深层次交叉，成立交叉学科研究院，制定人文社科繁荣发展五年规划，构建充满活力的学科生态。

三是以推进国家重点实验室重组和国家科学技术奖培育为重点，着力服务国家重大战略与地方经济社会发展需求。优化科研管理服务体系，积极探索交叉融合、协同创新的组织新体制，打造有组织科研的高水平研究团队。全力推进国家重点实验室重组和教育部重点实验室建设，持续优化整合现有平台，强化平台建设考核，突出建设实效。积极与地方政府、大型骨干企业共建创新和成果转化平台，促进教育链、人才链与产业链、创新链有效衔接，全面深化合作、协同攻关。

四是以推进中外合作办学机构申报为重点，着力打造更宽领域的对外交流合作新格局。加快推进与马德里康普顿斯大学共同申报合作办学机构，以及与香港理工大学实施联培博士项目和建设合作科研中心，不断拓展合作伙伴关系。推进中非低碳冶金研究中心稳步运行，大力开展高水平国际科研合作。鼓励学者积极参与有国际影响力的学术活动，着力提升学术话语权。加大师生海外研修和访学的支持力度，持续提升国际化人才培养与师资队伍国际化水平。

五是以持续推进破五唯评价改革为重点，着力激发教师队伍内生动力。健全以创新能力、质量、实效、贡献为导向的人才评价机制，完善激发人才潜能和支持人才成长的制度体系。不断提高博士后培养质量，稳步加强专职科研队伍建设，构建适应科研任务需求的用人体系。完善青年教师成长支持激励措施，着力培养优秀青年学术骨干。深化“以才引才、以才育才、以才聚才”工作机制，推进实施“香涛学者特岗计划”，不拘一格柔性引才，精准引进学校发展急需的高层次紧缺人才。

六是以实施学校教育数字化战略工程为重点，着力强化高质量教育的信息化支撑体系。按照“一步设计、分年安排、逐步推进”的原则，遵循补短板、强弱项的基本方向，加快制定学校教育数字化建设实施方案，积极推动学校教育数字转型、融合创新。强化网络基础设施建设，建设教室录播系统以及无感知、伴随式教学数据采集系统，加强信息化公共服务系统的运维。强化数据治理，完善校级数据交换体系，促进全校业务、数据共享融合。推进网上办事大厅二期建设，不断完善师生服务中心和移动校园应用。

七是以推进校园文化提能增效行动为重点，着力培养担当民族复兴大任的时代新人。持续挖掘学校办学历史中的红色文化元素，精心打造“红色钢铁熔炉”工程育人精品。持续推进“钢铁文化”和“沁湖文化”品牌建设，加大沁湖文化品牌标识推广使用力度，培育更多校园文化特色品牌项目。强化清廉文化特色阵地建设，持续开展特色清廉文化系列活动，讲好武汉科技大学“清廉故事”。加强校园文化设施建设，发挥校园场馆育人作用。加强对中国特色社会主义理论体系的宣传阐释，办好各类校园文化和学术交流活动，不断凝练和彰显学校文化内涵。

八是以推进教学科研基础设施提升建设为重点，着力改善学校高质量发展的保障条件。实施资源拓展工程，拓宽办学资源筹措渠道，建立健全目标导向、责任导向和成本导向的资源配置机制。稳步推进人工智能工程实践与创新中心项目建设，高标准完成教育部B类重点实验室项目建设。实施青山校区学二、学八和学九学生公寓改造项目，推进春华餐厅改造工程，持续推进家属区电梯加装工程，提升师生员工获得感、幸福感、安全感。实施餐饮自营服务能力提升工程，探索二级单位水电使用定额管理，整合维修资源，提高维修效率。逐步实施家属区物业社会化管理，补齐物业服务管理短板，提升治理现代化水平，改善人居环境。

各位代表、同志们，百舸争流，奋楫者先；千帆竞发，勇进者胜。学校发展蓝图已经绘就，我们要进一步凝聚共识、团结奋进，坚定信心、勇毅前行，以“拼抢实”的作风和姿态，奋力推进学校高质量发展，力争早日建成特色鲜明的一流大学，为湖北加快建设全国构建新发展格局先行区、建成中部地区崛起重要战略支点，为以中国式现代化全面推进强国建设、民族复兴伟业作出新的更大贡献！

谢谢大家！

博士毕业生

材料学部							
材料科学与工程专业							
张　帆	刘　冬	费俊杰	郎丰军	刘正龙	李昇昊	董　博	王周头
程　鹏	李少飞	罗纬地	张　东	魏智睿	张庆枭	夏求林	周疆豪
李炳蓉	李铁翀	韩汝洋	李昆鹏	陈海舰	李　钊	梅士雄	王　杏
余宏伟	周松波	管可可	张　浩	马九宏	张心保	高　洋	冯金地
梁　炫	尹朝朝	王瑞霞					
材料学专业							
刘学新	向　前	欧阳页先					
冶金工程专业							
陈子宏	王　怡	谭　憧	曾　强	甘文良	张金帅	王伟胜	陈绪亨
劳一桂	袁　成						
钢铁冶金专业							
饶江平							
冶金热能工程专业							
陆　浩	廖明建	伍　洋	贾舒渊				
城市建设学院							
岩土与地下工程专业							
刘　显							
管理学院							
企业安全科学与管理专业							
刘亮燕							

续表

化学与化工学院							
化学工程与技术专业							
李瑞玲	丁 鑫	朱文君	赵诗佳	李海梅	刘 盈	倪嘉琪	赵 嵘
杨俊丽	宋晓芳	袁紫亮	申东阳	马金金	徐 成	严 靖	杨 海
关云锋	隋秉霖	赵 媛					
机械自动化学院							
机械工程专业							
陈君文	马毓博	蒙 凯	胡 腾	成丽新	周文斌	张启项	肖 帆
范益伟	邹凌云	邢世雄	刘胜利	郭文婷	史双元	邓少华	宋 巍
杨 勇							
工业工程专业							
何 明	冯艳华	艾险峰					
工程测控技术及仪器专业							
关佳希	赵昊裔						
理学院							
系统科学专业							
韩 晶	周 勇	郭天姣	柴 浪	魏 菲			
磁性物理与材料专业							
李建新							
爆炸动力学及其应用专业							
涂圣武							
信息科学与工程学院							
控制科学与工程专业							
黄伟逸	叶 青	袁 鑫	陈景召	戴家浩	姚 政		
控制理论与控制工程专业							
廖雪超							
医学部							
生物医药工程专业							
岳超雄	李婷婷	李本超	满永宏				

续表

资源与环境工程学院							
矿业工程专业							
王露瑶	魏二剑	潘　东	马利遥	张　真	胡艺博		
矿冶环境工程专业							
张若冰	望兆博						
安全科学与工程专业							
单威威	聂　鑫						
生命科学与健康学院							
生物医药工程专业							
张慧敏	张子健	张　程	胡　浩	赵晨辰	刘　辉	于琪英	覃　欢

（研究生院　提供）

硕士毕业生

材料学部							
材料科学与工程，学术学位							
刘兆丰	王诗话	何　琼	陈　灏	陈思雨	龚　丽	王润生	潘子钦
夏　雯	马开江	谢亚飞	王　琪	李真真	程亚苹	陈鑫铭	杨　睿
邓佳果	董浩然	冯　磊	王佳敏	景文强	常佳琦	刘勇政	朱康峰
赵　新	李焱祺	朱宇轩	肖　杨	邬园园	幸　报	朱方迪	左　夺
易　念	汪雪玲	罗修恩	张苗苗	丁　兴	何有洪	汤道麟	李　洲
韩　理	姚万凯	赵　康	沈逸平	霍少华	叶成梁	温立冬	李世伟
文麒云	王凯丰	史张李	汪涵敏	张邵奇	罗　斌	杨绍文	杨一凡
张　晨	刘菁非	邝昌柳	杨雨菲	张　鑫	唐　虎	赵　杰	许　可
常　秀	王祖恒	朱　旭	廖清林	王昕煜	李立倍	彭　会	甘凌霄
甘存强	陈　浩	万卓夫	涂自强	周莹涛	殷锦华	赵基成	孙子恒

续表

材料科学与工程，学术学位							
房成洁	彭 蕾	周 毅	李子岩	吕自豪	鲁越辉	章 阳	肖文涛
李忠慧	薛天雨	杨 浩	胡 昂	胡富昇	乔慧敏		
材料科学与工程，留学生							
MONGA ILUNGA EMMANUEL							
冶金工程，学术学位							
吕文龙	刘钧钰	陈晓庆	韩 娟	李 斌	梁震江	易礼伟	井润东
倪 澳	李德新	常雨微	张 恒	张文文	冯 雨	袁强阳	师利晨
晏 颖	尹天骅	张 权	吴志豪	吴国良	谭 旭		
材料工程，专业学位							
王勇进	庄继朋	周玉骏	王东升	李悦影	徐 超		
材料与化工，专业学位							
闫卓宇	宋绍辉	谢天赋	程艳俏	马宇洲	赵全涛	陈佳港	康惠柄
张丹丹	曾 彪	李 军	彭宇凡	罗 哲	凌 雨	李 逵	朱圣远
张诗雨	李书成	陈 攀	王佳宁	钱 臻	李靖琦	林 庄	许 杰
杨 行	柯 凯	李嘉威	马 燕	吴帅兵	王进建	张惠荣	刘 鹏
胡明峰	杨光美	何沁雨	雷永久	刘嘉璐	冯 好	刘江傲	黄京宇
吴一楠	毕江元	虎涛涛	秦 涛	陈浩兵	杨千秋	胡 燈	孟佳泽
张晓琳	周 婷	陈密达	周 顺	鄢文泽	李 可	赵 鹏	王 旭
吴 涛	姚 辉	李梦超	段俊文	刘杨妮	陈 韬	惠旭杰	周世龙
冯金婷	袁家相	李德虹	佘永年	李治桥	李 阳	王恭一	向 坤
李庆凯	吴宪忠	赫连勃勃	邓孝兵	唐少鹏	郭子华	马英建	娄文静
陈腾升	王咸军	邵 坤	张锡林	秦川江	汪成成	徐 勇	党怡晨
韩 露	陈开天	宋 青	刘子奇	杨鹏鹏	解晓晨	胡闯开	赵红硕
陈星宇	田富成	熊 泉	孙书爽	王 尹	宫鹏威	黄 忍	蔡伟杰
门超奇	李斯博	赵立辉	卢茂勇	曹轩铭	尤文豪	冯逸飞	王 浩
熊 峰	尹 康	丁景楠	唐 瑞	陈逸维	邓子荣	李均禹	汪 康
乔恩涛	王 成	李嘉维	董 乐	王官正	裴 薇	吴宽宽	陈 卓
袁 泉	彭越芳	周 强	商少伟	庹康安	王 珂	刘修毅	王 敏
徐 斌	郭 林	王家燕	魏成实	丁伟江			

续表

城市建设学院							
设计学，学术学位							
陈 卓	李奕岑	刘琦瑶					
土木工程，学术学位							
姚宗杰	张 显	杨草原	熊 洲	张丹丹	倪梦杰	陈东哲	王璐晗
吴雨蓓	胡鑫磊	高作能	罗 丽	王 凡	朱元媛	高明朗	周 典
陈 煜	刘 洲	柏入宁	胡姜帅	黄云浩	李 畅	唐雨欣	范明娜
刘艳玲	宋金彪	杨根吉	蒋宇涛				
建筑与土木工程，专业学位							
侯 迁	王义龙	虞晓涛					
土木水利，专业学位							
张天潇	李启旭	管建成	胡雅雯	李 代	张洁林	陈凯莉	鲁 珊
李 凡	周星宇	王志帆	曹 燕	周至阳	黄雨欣	冯 川	许偌豪
王旭辉	陈迎雪	孙帆樯	易伟清	邵 斌	于亚刚	吴亚豪	马 稳
李若阳	何香香	肖美星	郭 强	邵剑锋	申士昊	胡思达	刘世宇
吴永康	蔡雯君	周心茹	付青石	艾 东	董建刚	胡艳平	孙明星
李雪和	吴颜驹	冯友程	王 鹏	潘 超	张 康	邓钦震	刘秋秋
夏 婕	汤汉腾	杨彦子	胡宇成	潘剑锋	刘 宇	张娟婷	张睿霞
马祖旭	杨逸东	陈海洲	钟奕岚	徐 亮	黄嘉欣	徐涵辉	李 豪
邓清晨	陈潘红	师 琦	王智鑫	王 悦	汪勋文	陈经毅	周 龙
刘品红	金伟良	胡浩楠	向吉朝	黄舜禹	朱乐萌	张先伟	吴 爽
龚晓俊	董子明	朱矩可	李 帆	郑镁杰	詹 焕	冯绍玮	熊嘉豪
周兰兰	汪军璇	齐 特	司嫣瑶	舒佳林	刘运蝶	王君煜	张旭杰
龚家富	姚 润	申 遥	龚奇奇	马 欢	李南星	何 岩	尤靖楠
庄约翰	王梦淇	李义通	裴明晓	刘 帆	马延港	李琳琳	程雪原
王金玺	彭梦蜜	董 崇	董运棋	张 超	张 诚	王巍巍	任志强
艺术设计，专业学位							
马艺函	丁 瑞	黄 婧	陈静娴				
法学与经济学院							
公共管理，学术学位							
陈高麟	张 佩	熊 哲	甘 珍	吴 琼	李艾东	何臻依	朱烁怡

续表

公共管理，学术学位							
张佳楠	吴盼盼	杨　蕾	刘　琪	谭欣欣	彭　宇	江迎迎	赵　丹
罗芷莹	叶利琴	李雪迎	陈　艳	陈　博	陈爱萍	张文龙	曾　楠
董　翔	丁关东	李　旺	赵恒钰				
经济统计学，学术学位							
冷　悦	顾亨达	詹敬彬	王艺伟				
马克思主义法学，学术学位							
蒯晓铭	张　莹	郑媚云	詹　妍	梅乐寒	周　吉		
应用经济学，学术学位							
肖博文	王　凤	刘德钰	赵相通	陈　勇	高天骄	孙　悦	吕　琴
公共管理，专业学位							
刘晓阳	何艳芬	李　骋	翁钦鸿	冷　珊	邢帼英	李秀娟	陈　丽
洪鹏翔	黎海波	徐　佳	刘　爽	王晓萌	严殷婧	梁又凡	胡慧红
王雨菲	黄乙轩	叶　圣	潘小燕	吴　卉	黄　超	郑　杰	宋　佳
孙习力	周芬芬	王路路	梁　易	林大森	朱丽君	龚　超	黄　茜
周璐雯	范　琛	徐玲玲	郭何心雨	夏王霞	洪尉力	胡　柳	徐佩力
杜佳梁	何政豪	王　畅	裘　索	陈洛瑶	刘伊容	何虹玫	吴俊杰
叶梦绮	董刘文	沈　超	吴　昊	吴小红	吴丽玉	程晓微	樊宜雯
符依祎	梅笑雪	涂超越	周春燕	孙　璨	林　颖	吴　峰	詹婷婷
丁浏凯	朱建夏	柯倩倩	邓　媛				
国际商务，专业学位							
郑裕榕	阮　航	喻征兵	李梦晴	袁秋艳	刘　旺	孟林平	张梦晓
高　宇	李汝佳	胡益鑫	徐慧琴	余　伟	罗　萍	金梦婷	杨　森
夏思懿	孙若楠	谢　尊	王云龙	雷　鹏	郑志煌	宋紫薇	杨昌伟
梅澳裕	郑霄霖	隋贤斌	王兆媛	魏　静	胡　熹	张　雨	韦泽毅
社会工作，专业学位							
王　禹	王婷丽	邵　凤	程为明	杨翔宇	支运福	郑梦思	彭丽华
张　爽	祝金帆	苏怡然	涂　杰	祝　莹	黄　晶	冯春娟	冯振东
邹浩莹	李若彧	陈力铭	陈　谋	张秀娟	刘　美	万　郑	郑苏瑞
郑韩雪	卢兰峰	刘雨嫣	黄慧婕	王长青	洪　慧	余荣幸	牛　苗
史巧玲	王文英	李欣滢	柯明心	邓典典	史新月	孙宁宁	肖静怡

续表

社会工作，专业学位							
韩艳君	徐 曦	刘澳非	高 爽	刘明哲	高晓晗	武 洲	林 齐
靳 敏	黄 选	吴 霞	张静雯	严 娜	杨尉钰	周明明	陈 格
甄虹峻	王朝兴	朱滟琳	张 然	刘 川	王 念	牛宇杭	娄成森
唐欣萌	王 霞	刘 恋	李晴鸣	向 益	熊六松	刘慧云	刘雅琳
张玉霖	郭丹丹	史明政	叶 莹	孟雨欣	林洁雨	王 露	雷梦宁
沈铃涓	刘志远	袁诗琪	李陈伊	陈英芝	高思琪	戴 平	陈闪闪
郭丰铭	宁婉颖	许倩雯	彭 睿	杨倩倩	楼仰天	陈虎娇	李京津
毛 沙	刘海艳	魏凯玥	韩豪杰	孙研研	饶洪瑞	陈 攀	苗 倩
杨 帅	姬海坤	李 皓					
管理学院							
工商管理，学术学位							
杨 栋	刘佩佩	曹泰舸	邓玉芳	王燕玲	刘 孟	万芷寒	曾若兰
张婧妤	刘新年	邵泽鹏	钱梦雨	吕 点	王诗馨	杨诗琴	杨雪娇
邵思瑾	王 纯	贵 元	林婉琴	马金金	涂智慧	张博程	宁莹珂
林芳佳	余雪钰	石 琴	黄金城	胡丽萍			
管理科学与工程，学术学位							
李世力	柳芙蓉	田子然	张 燕	武照亮	陶思雨	汪会丽	王卫来
辛思雨	王维娜	丁 祺	李诗佳	黎 婷	张 洋	张海波	王怡君
吴春来	李般若	胡 蝶	袁卓娜	向诗琪	许 颖	周 怡	叶显伟
李巧娜	魏 纤	朱晨薇	白 雪	郭 征	彭 昭	申玉龙	晏阿彩
胡 志							
工程管理，专业学位							
梅 杰	黄 锐	杨 帆	王 丹	梅加昕	黄开智	范素琴	朱孔辉
盛 铮	汪 瑞	李 欣	李 阳	秦 立	邵际彪	周 旋	陈国庆
肖勇超	尹业鹏	南立广	叶朝阳	李育博	罗东文	杨 泽	贾 飞
孔 兵	刘旭东	罗 坤	杨世冲	刘许朝			
工商管理，专业学位							
郑 琦	范 琳	王晓艳	邱洪伟	李鹏博	饶保重	王敬峰	陈小钊
刘外交	祁 璟	吴国翼	苏俊峰	胡早红	周自宇	李 婷	韩东旭
朱艳萍	赵丹妮	严梦娇	闫红伟	方 雪	徐海波	许 鹏	李思琦

续表

工商管理，专业学位							
李　伟	于春龙	赵　珂	史晓楠	陈雪飞	宋晓彤	安　懿	汪佳佳
刘祉轩	庄锟锐	王彦文	黄伦伦	刘钰媛	瞿楚林	李童话	何婉清
向茹煜	张　博	李　菲	朱铭驰	李宝琦	刘钰祺	邓　莎	张　亮
郑　志	孙家珍	于佳鑫	程晓龙	张　新	阳立倍	严　岩	杜以曼
薄子骏	姜　玥	杨　乐	郑浩鹏	勇　远	陈雨平	董一骁	张家波
海　歌	闵爱华	范玥昕	刘晓富	冀战峰	王　清	李敏超	汪朝烨
胡　可	董洛丹	孙永刚	侯　刚	张　弛	蒋和寰	吕　津	曹晓峰
马维玲							
工商管理，留学生							
OWUSU BOAKYE DAVID		ANNANG JONATHAN ADJA		KPOSSI KWAMI EPHREM		KUSI PHILIP NANA	
TAMATEY ANDREW NANOR		CHOWDHURY RIPA AL ASMA					
会计，专业学位							
吴丽芳	杨　婷	许逸农	张萌林	王彬宇	刘　沛	戴小兰	纪馨怡
蒯梓旭	代梦婷	王　坤	彭师琪	杨　爽	陈诗雨	颜绮倩	张鑫敏
韩道灵	金明利	邹晓伟	翟　瑞	罗　茜	胡　旭	鄂世娇	王慧妍
毛艳婷	苏　智	梁姗姗	余志盼	张　珍	曹建辉	龚如玉	彭诺兰
柳　椰	邓宇琪	彭　丹	翟晨辉	杜俊杰	邓　颖	朱　妍	王雪梅
陈仙儒	周　婕	冯雪宜	张秋子	江彤瑶	万华玲	刘　瑱	梁晓冉
陈自强	严　畅	赵李磊	罗子豪	余云翔	曾琦琪	张良春	王凌琦
何　怡	田向育聪	高杨舒	陈书平	宋梦媛	刘子璇	柴子琦	陈　洁
张　涵	贾梦梦	颜云翀	吴耀灵	吴　天	熊文欣	夏　婷	张雨薇
王　丹	张羽佳	罗锦波	曾乔波	焦璇璇	杨习澜	张晨曦	袁康杨
卞　博	吴书琴	王　燕	高茜雯	全　燕	郑佳佳	陈　鹏	黄松真
肖雨馨	黄琳洁	李海华	张万莉	胡诗婕	王　迎	乐玉霞	葛羿晖
李子怡	娄　栖	冯怡莹	刘　贝	卢铮毅	古庆雯	支国静	罗雨萱
马瑞娜	李奕琛	吴敏君	陈梓菁	周星宏	杜欣欣	周涵悦	王　帆
罗影倩	李　立	廖　涛	易韵笛				

续表

物流工程与管理，专业学位							
董雪勤	车路涛	冯　青	向　婷	肖晓钰	李　炜	关明珂	杨习杰
李鸥扬	聂炎炎	夏连超	欧阳晓东	张钰婉	张　媛	韩　啸	魏小蝶
曹　卓	彭　琼	严晓慧	韩慧瑜	张雨轩	杨　麒	李文凯	高秀娟
周龙泉	未　来	刘亦郑	孔宇丽	吴建敏	余沛霖	吕婉琪	徐　曼
聂丞彬	孙　响	周　佳	许济韬	徐烨昕			
项目管理，专业学位							
章为党	杭成刚						
化学与化工学院							
化学，学术学位							
赵　思	魏　迪	牛倚风	吴伟杰	严　婷	王亚洋	陈碧莲	邱丽竹
付依迪	乐轶凡	叶玉源	邹志成	丁俊辉	张成兰	赵　漫	何天赐
刘酾醾	马子琦	周　伟	黄晶晶	杜袆婧	王璐瑶	罗　杰	卢雅俊
刘明秀	黄灵聪	万　前	金　斗				
化学工程与技术，学术学位							
徐玉超	沈梦娜	杜晓雨	周灵悦	董建蓉	赵哲鹏	杨晓艳	强玉文
蔺小伟	邓　澄	仝世杰	何志勇	刘　畅	王子贤	陈　凯	张珺璐
刘　洋	杨富婷	程　新	李　卓	倪　勇	屈　亮	吴卫蔚	彭琳琳
刘发创	龙必江	王　欢	王　颖	余朝阳	王林枫	刘　栩	翟港港
吕鑫海	金　川						
材料与化工，专业学位							
蒋梦琪	高雄飞	王振邦	蔡拴普	周　照	赵祖伊	瞿立凯	张天玥
李　峰	阳　尧	陈　奡	张从风	郭本伟	陈　宇	李　拓	车沛霖
黄凌霄	张　磊	杭　翔	周义来	彭　超	程文栋	陈　培	刘海涛
廖致远	谢　琳	耿兆怡	李列翔	朱仕林	闻丽芝	朱安楠	陈　珍
谢　群	葛　典	江贺鑫	姬佳兴	张宏旺	胡欣月	江　敏	孟　娟
龚明珠							
机械自动化学院							
机械工程，学术学位							
屈朋举	王长顺	李忠智	刘臻哲	张孝迪	黄李琦	蔡明鑫	张　万
毛锦进	韦俊伟	赵梓辰	沈岸超	陈志强	徐煜昌	魏斯佳	左建朋

续表

机械工程，学术学位							
代　奥	苏杰庆	刘洪成	杨　磊	孙　睿	龙　涛	袁　兵	窦健强
黄松勇	丁勇辉	张　林	张泽权	蒋怡蔚	汪　辉	刘怡来	左文昊
石灿玉	张　磊	蒋　晗	李　欢	王　超	张俊辉	彭　磊	樊洲鹏
王　整	蒋麒麟	徐　松	马树峰	李浩男	任豪豪	王动动	文陈杨
尹先雄	陈新波	蒋永鑫	饶　琪	李　锋	陈　环	朱炜杰	林芷萱
李　邦	高　阳	张艾滨	陈泉淦	胡祖江	蔡志鑫	阁泰梓	吴　雄
李　壁	徐承赢	熊满满	张宏昱				
机械工程，留学生							
FONKOUA FOFOU RAOUL		SISOMPHONE CHANTHAVILAI		YANGVANGTOU NENG			
仪器科学与技术，学术学位							
向　明	欧阳万棋	王舒娣	蒋　伦	李青锋	刘　冰	胡　涛	周路路
杨　慧	余　伟	徐志成	胡　鹏	张馨怡	刘　洋	刘双辉	
工业工程与管理，专业学位							
高　橙	喻春龙	张翰庭	刘　毅	黄静文	李海茹	毛佳伟	兰迎迎
向　艳	李国锋	王　怀	马　莹	刘　宁	强　鑫	范　杰	陈　洁
朱潘蕾	赖冬梅	马　良	洪　楠	周哲浩	付炜然	魏庆魁	侯霞飞
李　标	尚明鹏	李鸿菲	王佳璇	朱　胜	荀凌霄	黄世旸	许　辉
贺子琛	张悦琳	陈　宇	马铎文				
机械，专业学位							
李　特	张　庆	李　港	陈　明	汪　杰	吴　旭	鲁陈勋	管　赛
黄　鹏	王俊士	刘　凯	陈启锐	张锦涛	丁卫兵	王　英	刘焕钊
欧宏日	李诏年	张宏发	冯延冬	葛萍萍	梁仁杰	彭　博	曾文豪
彭　毅	赵　刚	陈　超	王诗虎	徐　彪	杨　立	张松亭	金胜昔
王天瑞	冯佳丽	范双才	白　列	张海宾	鲁　炅	闫梦煜	李世泽
陈　帅	苏文哲	汪　卓	刘　乐	王海兰	冯栋辉	李扬帆	黄　檀
杨　力	郑　乐	张振军	张　航	苏子豪	杨佳舒	谌云飞	王海均
胡　鑫	谌　豪	高玉鼎	代　超	张　豪	吴承偿	朱发强	秦　桢
沈　凡	熊　娟	杜　遵	柳　雅	汪智力	颜家威	史康景	郭　妍
胡　军	周　粤	余乘风	曾凡航	胡　谦	辛建树	赵　虎	代书桥

续表

机械，专业学位							
肖再南	杜　涛	刘　庆	陈雅如	董　渊	刘志豪	唐鑫雨	徐清平
赵晨晨	陈　肯	王　伟	杨　旭	董　璐	白李浩	徐启炎	方　军
殷屺男	赵泽宇	李鹏飞	彭定亮	董兵兵	吕　生	盛明辉	赖天舒
汪智求	许　成	董浩哲	周家源	江厚清	李阿虎	赵玉凯	石　理
李　威	冯梓彬	刘　培	吴俊良	唐　青	周雨晨	蔡建银	武　壮
崔志伟	程　管	施　毅	何鑫鑫	皇甫小峰	谢梦琦	林继彬	余永康
李曙光	孟　飞	苏　冲	张兆威	王俊杰	胡　柯	康　特	仝泽兴
杨　文	戎雪飞	夏未来	邵宇轩	徐　珲			
机械工程，专业学位							
赵　良	郑　帅	闫　肃	陈高木	鲁乐乐	曾　凯	王静宇	陈振民
黄中友	李毅轩	王强平	谭卫锋				
项目管理，专业学位							
王　鹏							
机械工程，同等学力							
张宏亮	张少华						
计算机科学与技术学院							
计算机科学与技术，学术学位							
王璐璐	左云瑞	贺　琳	郭彩彩	都原源	党月梅	胡锋鸣	周珂杰
候　进	徐　柳	刘嘉麒	张　炫	王戴文	毛　竹	闵启浪	陈俊韬
刘　琦	许　典	范子蒙	董志翔	王勤玉	车亮召	徐朝阳	施　琦
阚东东							
软件工程，学术学位							
汪俊佶	陆泽新	徐　浩	宋成坤	刘昱萱	谢同磊	丁　孟	李宗昊
刘　畅	邓梦娇	石露露	王　昊	马亚文	何英豪	叶　彪	夏明浩
王　阳	严友成	于雯勃	段衡宇	雷存兴	李　凡	王　维	陶晶露
杨　博	陈星宏	李晓航	刘大位				
网络信息安全，学术学位							
陈钟凯	胡立志						
电子信息，专业学位							
郭万涛	王　强	蔡宇航	焦　佼	宋　浩	冯　勇	申利华	白光明

续表

电子信息，专业学位							
朱利安	袁　凯	李浩元	唐淑敏	黄汉琴	魏晓波	周天翼	王　坤
徐仕成	许和伟						
计算机技术，专业学位							
李福成	张文尉	张　硕	高鸣翔	吴　桐	刘凯波	徐　增	申子彬
马　昆	程　迪	王宇昕	尹　梅	刘志远	余海健	李　鑫	魏小玉
李雪婷	徐　娇	祝　扬	陶思婷	韩　钰	曹秋实	田开心	张　迪
秦源源	曹　振	刘小琪	张　航	舒　森	毛灯锋	刘午阳	陈　哲
陈质君	王　逍	杨　拓	李晓娟	万　琪	邵　容	郭安杰	董国霖
贾慧娟	郑丽丽	孙棘山	黄　相	彭哲喆	杨雨晨	靖　涓	汪奇锋
张　轩	杨千帆	邱慧敏	李书星	王家虎	杨梓航	方　舟	陈　彪
逯　港	田文斌	侯嘉浩					
软件工程，专业学位							
李孙科	陈　诚	郑　帅	胡文浩	孙　阳	黄飞虎	陈　烨	徐章彪
刘哲峰	万　恒	巴伦敦	谭伊健	易　洋	陈仁举	程轶群	方舒言
熊可欣	王　康	武正浩	许佳华	赵思宇	张　威	夏　旭	刘初阳
王　鹏	刘　洵	杨　倩	何青山	徐　帅	赵子康	柯博文	陈德宇
乔梦晴	朱安东	陈学颢	陈美君	章呈瑞	范志超	王　凯	
理学院							
力学，学术学位							
吕刘飞	陈天驰	邵　滨	谢礼宏	范　威	李　力	吴　拓	刘　磊
杨志龙							
数学，学术学位							
朱自坤	潘　前	陶佳兰	张丽娜	何陈程	刘　文	段　炼	邹　峰
何　畅	喻　蕾	杨枝叶	晋慧慧	王超越	文修涵		
统计学，学术学位							
王义巍	张梓涵	徐红阳	顾　君	翟晨晨	王宇豪	聂　娜	刘易和
周倩倩	郭　恋	张佩佩	赵姣姣	魏茳越	杨宁静	沈　晗	杨　晨
魏　来	周　璇	许小迪	张雨泽	陈文松	刘思嘉	刘钰鑫	周晓丹
马峥莹							

续表

物理学，学术学位							
王鹏程	张书畅	张玮璐	李　威	张　勇	刘方奇	许　浩	蒲开放
党新志	吴　双	陈晓素					
系统科学，学术学位							
徐艳丽	汤梦瑶	瞿文钰	常　培	周叶曼	李玉莲	叶远航	张婷婷
尹隆腾	王　旗	姜　楠	郭一飞	刘　青	朱洋洋	汪亚兰	
系统科学，留学生							
MWILA FRED		KWIZERA BRUCE		WILSON EDGAR EDOMU			
马克思主义学院							
科学技术哲学，学术学位							
薛惊天							
马克思主义理论，学术学位							
李思倩	向　鑫	孟涯蕾	刘静宁	邓丽君	李聪颖	李　婷	刘晓宁
杜　娟	王秀成	肖晓敏	宋明珠	李梦圆	寇梦瑶	王　凡	周文珺
李志颖	谭聪聪	居思霁					
哲学，学术学位							
关殷颖	胡国帅	刘　瑾	胡芹芹	易宗念	陈怡静		
公共管理，专业学位							
谢颖仪	梁颖敏	郭震威	罗　军	陈柏麟	方既青	肖玉芸	徐　纤
王波文	向　彤	李　楠	袁智斌	邱　拓	卢阳卿	温　通	江嘉诚
吴洁华	区文颖	梁　健	石聪聪	廖秋林	汪　庆	寇　薇	许启超
陈欢欢	梁巍漪	杨雨晴	吴淑思	尹慧灵	彭慧明	刘梦思	米　翔
张　骊	张　悦	柯佩霞	刘　杰	罗敏仪	张翠玉	庄德才	卢惠贞
郑大庆							
汽车与交通工程学院							
车辆工程，学术学位							
徐　壮	吴晨曦	易　齐	刘恩龙	吴水业	程书瑾	郑弘毅	夏旎阳
张鼎成	田良宇	李　坤	万　威	陈天雨			
交通运输工程，学术学位							
张东美	孔嫣兰	赵成花	黄　凯	赵雅洁	罗小玉	胡夏萍	赵怡静
刘如愿	黄镓法						

续表

车辆工程，专业学位							
刘懿萱	张　璐	杨治赢					
机械，专业学位							
景　辉	杨展搏	肖　喆	杨阳阳	郑洛甲	郑文利	江祖毅	周　鑫
朱怀明	顾红历	官　雨	张松林	裴植炫	王彬庆	邱金浩	王卫松
胡培帅	张瑞锋	李小波	陈　云	付海亮	崔金融	赵铭扬	唐瑞东
周永健	刘梦奇	储文彬	熊豪杰	陈书郅	贺满川	文帅群	张　鲲
朱　帅	朱茂强	王　超	王石磊	袁嘉泽	胡远生	赵英凯	杨小虎
王自强	李青涛	徐匡迪					
交通运输，专业学位							
杜攀攀	邱宝磊	谢晓峰	赵文超	马　宽	王茹珍	卢　冰	文　香
温　想	贾安琪	蒋红旭	陈　晨	黄　辉	刘　港	旷　强	代天浩
王罗昊	李　睿	潘向磊	严伟政	贺阳奕	喻　骁	季　超	马少陈
肖　笛	张孟镝	勾　进	雷晓虎	袁文哲	李小贝	邓　卓	谢明杰
胡　钦	孟林秀	黄乐源	毕紫辉				
生命科学与健康学院							
生物学，学术学位							
付丹丹	支文倩	万　涛	冯书语	吕启航	姜浩然	杨　文	刘习宇
田高辉	王俊燕	周　浩	闵　航	吴耀钦	张彩云	崔烨挺	王静静
何亚伦	黄紫成	赵胜男	谢婷雨	张　悦	任安琪	张智婕	雷玉双
夏祥畅	李乐威	刘汗峰					
生物与医药，专业学位							
孙晓萌	柯双敖	程　全	宗启贝	代雨婷	杨江涛	胡　容	刘雁萍
武琦放	宋姝隽	田　昊	杨岩岩				
外国语学院							
外国语言文学，学术学位							
秦慧琳	李　斌	熊万颖	梁军健	刘紫薇	陈　璐	马丹丹	高梦珣
关　曦	周　芳	刘　丽	王妙妙	刘锦莹			
英语笔译，专业学位							
张梓箫	周雨晴	尹　飞	李　杨	余小倩	曹广华	穆慧敏	马　乐
刘红霞	谈华玲	金　鸣	徐　慧	李卫红	张　亭	代海涛	余玥希

续表

英语笔译，专业学位							
贺礼信	黄闰润	章　悦	李馥言	徐珊珊	吴　璇	贾骏傑	曹小丹
杜　宁	焦冶璇	杨紫琴	田晶晶	周可吟	黄智婕	孙　婉	张　婉
饶小玲	张淑柳	侯语涵	廖婵娟	陈美欣	孙永正	余亚萍	谷绪薇
刘晨阳	朱　莎	王盼英	董瑞琪	李书杰	周展林	黄树海	赵婷婷
杜为渐							
信息科学与工程学院/人工智能学院							
电气工程，学术学位							
李世龙	徐钦禹	侯　翔	汤　浩	童剑峰	沈浩然	白厚彬	方宇辰
控制科学与工程，学术学位							
郭昱琛	陈　怡	谢子涵	方智慧	隗美函	刘明新	胡　林	黄　龙
高　政	刘宇涵	陆翔宇	郝伟光	蒋　正	钱　康	李宝明	李文卓
季文康	谢　孟	高英南	张盛慧	钟嘉亮	林一夫	夏臻康	夏　丹
谭　晓	王奕澍	付　昊	刘　猛	赵　静	李　广	陈　婷	郭　璐
翟光耀	陈世杰	陈　丽	王佳君	钟　正	刘　晨	王　溢	陈美敏
控制科学与工程，留学生							
BEAVOGUI M'BEMBA							
信息与通信工程，学术学位							
胡紫珊	田　振	向周倩	胡锦天	高　鹏	陈婉儿	吴小奔	盛志超
徐欣宜	尹文琪	王彩艳	张洪基	吴雅儒	朱文鹏	王泽宇	叶　健
丁　健	伍　科	饶玲汝	马贝贝	李应鑫	魏伦胜		
电子信息，专业学位							
杨佳佳	张迎豪	刘　淳	左红敏	谢　冉	程　灿	陈　昊	汪鑫欣
陈广源	谢万琪	叶壮武	汪　鉴	梅世杰	王起霞	吴　菲	蔡咏祥
于子豪	樊茜萌	胡阳城	楚　颖	陈翰阳	王文浩	张　冲	唐　聪
董一帆	刘天源	张峰凡	李志仁	张　智	廖晶晶	刘　馨	王　冉
胡云龙	叶子豪	秦　汉	孙　矿	赵毅恒	孔德智	董金洋	江　宇
曾庆学	严启刚	王　琨	李东涛	郑林弘	高　霞	乔亚茹	李　洁
郭　翔	康新宇	罗浩杰	余　豪	张思洁	习晓苗	陈师聪	陶雅洁
全　亮	靖泽坤	黄文华	杨　科	田立凡	戴　源	李梓远	易　振
刘泽颖	康慧婷	刘　欣	熊　辉	杨　磊	阎翔鑫	李　尤	边　琳

续表

电子信息，专业学位							
杨成卓	闵一博	范少鹏	刘宇飞	鲁子玉	孙佳华	王　奥	杨继荣
郭　熙	葛美争	喻贞楷	曾少华	于雨晨	方自杰	孙长明	史炜航
刘　洋	郭启航	马德进	蔡　雄	阳　震	罗宇轩	李　赢	袁世鑫
李娜娜	邹百威	李　军	李显赫	杜嘉韬	王　琦	蔡远松	秦　潇
陈　盟	王应锋	刘佳琪	徐国辉	谢　浩	陈宇杰	彭　程	马晓飞
程　文	章　艺	郁梦辉	陈新节	刘广超	宋立夫	王永旺	赵帅通
秦　浩	王文林	占志兴	王金秀	张望成	李江南	何旭敏	王　熠
胡田雨	朱乔韦	杨紫含	郭欣宜				
电子与通信工程，专业学位							
万志勤							
控制工程，专业学位							
郭世超	徐万伦	张羽晗	李斯雨	董镇林	常　贺	王名赫	翁超泽
闫　广	汪玉凤	顾允迪	陈　俊	路鹏程	童丰硕	徐　博	
人工智能，专业学位							
邓明喜	张　贝	甘　镭	齐佳祥	胡佳明	李小恋	徐　康	刘玮汲
吴　坤	梁佳明	张善祺					
通信工程（含宽带网络、移动通信等），专业学位							
吴文斌	唐笑颜	梁童童	李　爽	熊　耀	漆正溢	邢华松	张立蔚
高　争	薛明志	吴　宇	程　华	李云双			
医学部							
公共卫生与预防医学，学术学位							
庞运洪	邓梦甜	罗思琦	谢竹夫	熊传真	黄新宇	张　浩	佘　露
符　煜	谭惠月	于甜甜	李秋颖	蒋裕婷	史峰峰	裴珮乐	任　研
余　涛	王坤玉	尹舟欣	彭平平	张　阳	陈　磊	莫少彩	刘俊贤
李　广	刘暑霞	成金鑫	汪　洋	向定涛	熊保盈	张　培	陆梓健
李凤坪	龚国傲	许慧阳	胡一鸣	孙鹏鹤	张　然	张雅男	周佩璇
许杨柳	杨　歆	姚勤峰	介玲瑶	李婉青	王晓龙	彭亚淋	
基础医学，学术学位							
钱　进	晏　妮	董　菁	李馨泉	郭　柳	李　旭	周福凯	黎新文
何恩浩	孙彩云	姜爱华	李　强	谢琮霞	陈依琪	廉鹏飞	刘　宜

续表

基础医学，学术学位							
李志辉	孟炜寒	余亚夫	任梦瑶	文　杰	丁　慧		
生物学，学术学位							
陈雯雯	邓　芳	李诗涵	李朝芝	杨萌柳	王　颖	邹　佳	段婷婷
儿科学，专业学位							
杨文强	尹　一	王婉蓉	迪力努尔·亚力昆	夏泽源	买迪娜·艾尼	吐地古丽·吐尔逊	黄玉叶
金玲玲	胡　琴	陈　宇	许元杰	孙旭玲	刘一勋	杨　朦	丁海燕
吴丝雨	张　宁	金　芳	余文博				
妇产科学，专业学位							
李　阳	张　倩	池　梅	唐　洁	黄丽容	郑飚飞	李　耀	尚　迪
王婷慧	李元元	穆金荣	潘晨昊	赵　烨	张培莉	熊丹妮	蒋芷荷
张晶晶	温美婷	汪洞宇	吴诗瑶	赵非霞	李崇旭	周青云	杜一然
郑　璇	金　飘	饶晓艳	付　婧	袁雨钦	杨　叶	卢梓君	杨　珂
庞小双							
护理，专业学位							
孟慧鑫	刘洁汝	冀春霞	李　岩	明　霞	臧　艳	陈心茹	颜娉婷
李　丹	李　婕	王　君	胡萍萍	李冰洁	陈玲雪	杨思昊	胡丽莎
沈晓琴	蔡鹏莉	王　珊	覃露梅	张　茜	马　丽	刘　佳	胡娟舟
张　彭	郭倩婷	宋春雪	杨丽昭	王　可	胡　兰	程　曦	李雪科
徐　恒	王俊玲	陈　冉	涂文菲	宋秀秀			
急诊医学，专业学位							
李　爽							
内科学，专业学位							
秦梦云	林　行	程子敏	李玉洁	成　曦	李灿灿	蒋　莹	成　科
马云燕	陈玲艳	张　瑶	李松林	徐　娇	谭　珍	雷希君	余东来
章贵昱	燕岚馨	喻巧园	祝　施	杜倩倩	黄　万	孙　倩	刘　晨
余　争	罗珍妍	吴心仪	危金棋	童　乐	戴剑明	袁海霞	谢合琴
胡　欢	范　丹	马文雯	侯晨晨	李　杉	陈家骏	范　偲	刘　瑞
徐亚衡	徐嘉蔚	郭　佳	赵　盈	和　超	赵　敏	卢新妍	刘　念
陈丹丹	黄　爔	车　波	张传成	戢　奇	刘子微	章雪平	喻　珮

续表

内科学，专业学位							
祝　璇	贾茜玉	袁雅倩	熊逢春	余丽娟	郑　江	汪　慧	程　慧
刘超柱	张益宇	程　冰	严　丹	张　瑾	黄　容	王　婧	李世娟
左海润	杨婷婷	杨莹莹	程淑贤	娄君豪	孙　颖	张思明	刘　悦
陈　景	郭佳丽	姜静雯	陈雅文	张钰景	冯夕纹	史广蒙	王洪杰
周冰青	陈嘉兴	邱令智	许雪婷	徐磊睿	余紫娟		
全科医学，专业学位							
陈　欣	刘　映	左　旭	丁振平	农礼华	李思阳	王　磊	伊利娜
代传国							
神经病学，专业学位							
刘　岩							
外科学，专业学位							
雷凌云	刘晓峰	姚宇轩	何正为	汪玉棋	陈垚鑫	祁连山	吴金龙
殷　微	黄英杰	滕　绘	李嘉豪	周治强	喻　晨	史佳宇	耿田旭
冯泰虎	梁　铭	王　琪	江新哲	刘义豪	刘　盾	陈冠宇	向宇鑫
林一煌	王舒发	管俊航	朱　迎	柯于洪	杨　锐	董亚兴	王　勇
龙　杰	梁　军	韦华桐	毛文君	吴祖壮	白三莉	项　阳	何　航
龚　齐	郑　凯	裴　璇	李兴邦	张耀宇	廖永成	王思迪	向鹏飞
唐傲林	鲁　欢	胡　凯	张　溥	董耀武	张　涛	谢豪豪	徐显志
唐　栋	吴　铭	詹恋胜	陈奇童	徐　玲	刘紫薇	鲁　辉	尹　震
刘梦威	李佳衡	余秋宇	彭汝成	陈佳锦	刘小龙	冯理想	姜家荃
冯　煜	熊　希	周　唯					
药学，专业学位							
李凳浪	库　雄	周春游	祝晨昊	纪鑫然	梅佳辉	赵明慧	凡　铖
车　浩	秦欢欢	林　雨	祁　蒙	杨　溢	李翰旭	郭恒忠	李天航
刘　霞	郑小月	马　婷	侯致远	尹双能	闫　安		
公共卫生与预防医学，同等学力							
张　华	郑立娜	王小蓉	房　莹	王玉霞	石倩昀	熊　琴	赵　文
万　杏	涂　宁	江利丽	吕丽琼	虞夏慧	刘玮玮	李　芬	韩雨珈
夏晓瑞	宋　涛	马子龙	张　佩	李　向	孙　婷	熊　丽	蔡雪芬
袁晓华	闫　蕾	孙欢欢	朱丽锦	陈静思	刘　军	舒　适	汪新妮

续表

公共卫生与预防医学，同等学力							
肖　伟	叶　萌	张　楚	张　昭	桂裕亮	瞿　利	袁子龙	庞　庆
艺术与设计学院							
设计学，学术学位							
王春晓	彭　晨	王宁然	夏　森	陈聪颖	潘帅澄	吴　凯	
艺术管理，学术学位							
顾文放							
艺术设计，专业学位							
陈　蕊	于子秋	郑妙婕	蔡文浩	詹林枫	梅艳芳	贾盈盈	晏珍妮
蒲小川	李碧君	杨　珍	陈佳丽	刘　娟	李媛媛	蒋　娇	徐卿卉
彭　瑶	杨　飒	吴雅歆	池甜甜	程思颖	张佳佳	万　婷	覃　瑾
王　玲	李　静	余苏菲	于雪晴	张子璇	庞祥彤	黄　果	仲羽多
陈鸿浈	张梦梦	朱　君	陈　杰	崔琳琪	刘永晟	陈美序	吴　梦
胡胜男	何佳珞	刘方琳	张凯伦	杜　倩	郑　悦	肖　暮	
资源与环境工程学院							
安全科学与工程，学术学位							
张键鸿	金　俊	张文豪	单　梁	胡　璨	王梦婷	梁雅琪	张金香
胡子沁	李九丽	田　磊	金钰轩	黄　锦	黄　洋	谭玉川	向文姝
李天明	宋　佳	王　鹏	杨　梅	潘舒涵			
环境工程，学术学位							
丰明佳							
环境科学与工程，学术学位							
余擎宏	郝森舰	赵　尧	卢慧慧	李紫航	刘晓迪	高润琴	汤　衍
胡传智	赵　喆	张国春	陈勉力	范芷萱	孟德康	黄　冕	吴尔希
矿业工程，学术学位							
谢　媛	乔　木	张天壮	张佳豪	李三奇	胡明欣	张　鑫	樊鑫成
严寒冰	张　杰	邱立强	陈怡昕	刘　超	徐泽平	袁乾峰	汤　阳
焦宇豪	肖　硕	谢　俊	胡宗岗	陈　兴	唐华倩	胡幼文	张小雨
张文翔							
矿业工程，留学生							
DOUMBOUYA SEKOU							

续表

土木工程，学术学位							
杨启帆	李剑飞	梅　钊	罗　旺				
安全工程，专业学位							
范小鹏	司凯凯	李肖肖	罗子豪	路越茗	王晨霞	王慧敏	谢广波
邹成祥	黄董平	刘一丁	王云株	陈弘昳	范一凡	熊淦麟	杨金凤
秦万里	穆　凯	李雪雪	余易凡				
环境工程，专业学位							
李傲君	张　壮	李崇瑞	任　巍	郭圣轩	胡泽康	李　鑫	朱元杰
龚　帅	梁俊杰	张学勉	宋必秀	王　玲	王小强	王世昌	
矿业工程，专业学位							
陈小霞	张　生	岳凯凯	乔　宇	刘一航	王康伟	张超伦	
资源与环境，专业学位							
叶婧婷	田洪庆	李　康	周方铭	张　涛	张　炎	胡才喜	刘家平
严　珊	王梦佳	孟瑶尧	孙乃博	王美娜	肖泽宇	吴睿鹏	蔡　陈
彭　宇	向金蓉	胡　钺	陈文敏	黄　涛	万　娟	韩雨非	于仕霖
黄建彬	黄　逗	周亚峰	孔晓威	陈　林	刘超军	张彦文	蒋添诚
胡兴誉	周成颂	刘振宇	刘飞扬	葛伟杰	霍春泽	彭　畅	胡　越
张瀚文	王　永						
安全科学与工程，同等学力							
熊　浩	董寅炜						
环境工程，同等学力							
杨骐瑛	李培育						
土木工程，同等学力							
颜　轩	秦　天						

（研究生院　提供）

本科毕业生

材料学部							
材料成型及控制工程专业							
陈 玮	张 诚	张 诚	南 健	韩 硕	段 誉	徐 晗	张 振
陈 旭	刘 毅	李 何	李 炎	赵 印	邹 佩	张 泽	吴 适
胡 阳	喻冬晴	程时秋	刘晨曦	徐晨锦	刘雅妮	陈楚博	隆新皇
方子皓	余昊哲	黄启豪	刘宇潇	李云龙	陈志杰	张朗坤	贾清贺
刘妤欣	陈珍妮	宋雨欣	胡可津	吴俊辉	孙林宇	赵振洋	田欣宇
吴简遥	黄忠浩	韩培瑶	宁鹭娜	徐欣亿	刘良勇	杨嘉宜	雷东昊
余志鹏	范俊杰	张卓宇	徐乐天	陈文龙	周鑫宏	胡衍龙	高子傲
金泽良	张鹏伟	李一坤					
材料化学专业							
马 效	冯 劢	杨 行	徐 旺	杨 博	周 钊	金 昊	王 博
涂 婳	曲 雅	黄 军	方 可	刘 畅	郑 磊	容 耀	周 茉
周 明	陈 诺	姜林青	左康杰	彭泽宇	蒋雨纤	秦佩雨	张添琛
徐啟斌	郑瑞涛	潘心雨	袁心怡	侯静雯	刘雨田	何玲珑	段吉成
罗良晨	樊友鑫	董林峰	蔡光桦	饶维学	王新淼	周宇琦	许永航
匡正华	王江风	吴宇曦	安兆坤	邱亭杰	郑希雯	孙秀粤	黄淑婷
金齐儒	陈斯奇	柯森华	余克鼎	陈伟豪	刘继陈	史富可	张舒展
贺伟志	王镇玉	宋雨涵	王康铭	胡博文	尹自力		
金属材料工程专业							
高 进	孙 雷	郭 佳	王 威	胡 映	徐 科	周 威	龙 宇
桂 柳	江 萱	钟 奕	文 高	李 涛	朱彦则	晏习强	石健烽
于思凡	牛香力	李婉淇	黄桢婧	汪子博	万鹏飞	徐明辉	徐浩哲
孙泾为	胡荣勋	熊劭伟	黄碧瑶	答国宇	李思杰	张俊亮	陈锦旗
黄智睿	毛成成	葛关仁	关富禧	覃一凡	张佳明	王豪强	周宜融

续表

金属材料工程专业							
孟令伟	帅忠杰	唐昊翔	谢文彬	张汉伟	王志旋	于嘉馨	陈润信
刘纪崴	谢瑞林	李植慎	蒋建江	曹振宇	刘梓枫	蒲星琏	张勇超
王小小	廖树斌	尹利成	张桂淋	孙兆康	黄佳林	彭佳怡	阿依努尔·如卜力
能源与动力工程专业							
杨 晨	潘 佳	柳 媛	胡 维	赵 铭	叶 繁	王 凡	黎 莹
夏 潘	章 君	陈 然	杨 希	刘 雄	彭 玥	夏 飞	杨 浪
曹 启	游 赞	姚 成	韩 韬	杨 迪	王 耀	侯亚伟	张世明
赵金龙	张奥琦	卢浩文	周宇翔	刘伟林	徐晨杰	刘威龙	石小伟
代欣然	文宇驰	曾玄铭	孙仕宗	鄢傲亚	张鹏飞	张晓晶	曹春园
华运杰	姚雄伟	罗振宇	王新云	孙皓然	陈楚天	王宇杭	金文昊
罗玉泽	黎华亮	王宇鹏	蔡阳可	冯文卓	胡雨晗	张清霞	贾希晨
赵祥瑞	梁辉庆	周英杰	孙浩然	李熙康	黄南云	吕子辰	张海洋
王炎哲	钟幸堃	刘非凡	李俊臻	丁凯伦	徐一帆	赵雨扬	屈鹏程
无机非金属材料工程专业							
杨 琼	胡 康	邱 响	唐 慧	李 响	路 睿	李 丹	刘 璇
肖 磊	袁 震	周 煜	王 桐	钱 铖	何 琦	谢 鸿	张 瑶
周 艺	洪 博	邹 航	徐 聪	张 强	李 贲	孙 涛	丁 钰
周 念	冯福鹏	原豪杰	贺文承	严则成	王诗萌	钱伟伦	潘天雨
曾慧枫	黄昭森	周瑞琪	喻菁飏	李梦洁	鲁荣啸	陈雪怡	毛晓迪
朱文秀	梁语嫣	刘典典	唐巧晨	谭道福	冯越恒	何志扬	胡兴鹏
杨颜军	魏勇超	赵冬贤	徐昌盛	陈昌昊	王佳泰	李安东	张俊华
李子龙	王宇翔	李晨安	刘翔宇	贾旭光	罗晓龙	刘铭杨	柳喆昊
张启帆	周尚豪	易陈腾	胡濠麟	韩敬闻	穆昌航	柳智威	王克磊
王越超	孔朝光	陶诺希	李京晶	陈思艺	范慧琳	吴紫棋	隋潇仪
彭斯棒	镇世昊	倪宇博	吴子轩	张宇航	郑江海	罗浩天	向紫阳
俞铁宸	王一帆	连晨皓	徐树旺	曾凡博	杨小虎	李明泽	刘洋希
许春雨	鲍龙云	徐晋豫	李文杰	张宇翔	胡铭达	李培成	万劲松
刘启超	白思远	王信莲	张晨欣	胡得胜	景肖戎	张书哲	陈童飞

续表

冶金工程专业							
吕　柔	吴　昊	魏　天	陈　辉	陈　博	张　碧	杨　浩	任　鹏
杨　鑫	周　顺	周　喜	柯　晶	吴　爽	陶　鼎	饶　卓	张　扬
徐　帆	刘　鹏	王丹瑜	何承涛	魏志钦	王卓云	陈丽媛	隋天健
陈雨欣	陈勇杰	何宇哲	韦容奕	严凌顶	田汉涛	黄星宇	王宇飞
王亚军	赵学辰	宋大为	薛博欢	龙宇飞	李昌雨	刘晟丞	郑文洋
卢培园	李正阳	李宗明	张篁虹	翟泽远	汪盼盼	刘立坤	顾鼎天
张齐航	姚宇轩	陈至多	覃风亚	刘子琪	冯秋铢	孙锦洋	杨家豪
姜宇航	张佳朗	张飞龙	李白通	任鹏伟	杨建勋	王崇梅	王家轩
魏建雄	吴勇杰	周隋达	唐致远	李鹏飞	赵江枫	潘治林	刘龙超
王宿安	王仕齐	王亚飞	杨富森	张宇琪	丁华云	任虹旭	张海庆
周家朝	张子昊	成子睿	彭双星	孙逸飞鸿			
城市建设学院							
城乡规划专业							
蔡　郊	徐　笑	赵　瑾	余　畅	韩　斌	赵　文	左　灿	胡　峰
唐　宁	陈　勇	刘　熹	曾泽峰	邓靖玥	俞家鑫	王佳雯	石思瑀
江晓宇	唐佳新	罗诗淇	赵祖红	姜航宇	杨皓钰	邹翔林	刘心雨
艾子晴	魏芳巧	王雨娴	李敖敖	陈芷湘	王新程	黎子铭	邱幸勃
张帅康	孙艳峰	刘思龙	孙树藤				
给排水科学与工程专业							
张　曦	彭　娜	向　阳	胡　进	黄　升	孙　冲	梁　登	王　皓
马　超	刘　泽	王　晨	罗　婧	马　闯	张　耀	程　润	赵　臣
余　哲	邹　旭	杨　康	王　旭	张　明	张钊晟	白政康	缪荣娥
秦子淇	邓丹妮	王初初	王梦硕	柯新语	陈冠尧	熊滨滨	廖乐成
杜志宇	谢宇轩	李存燚	黄立华	苗璟仁	吴思进	刘昌易	王宇飞
闫维茂	吉龙凤	黄诗琪	陈亚星	查雨希	王思怡	徐华鸿	杨秋云
覃江龙	何家俊	钟圣杰	赵明宇	姚杜旸	王祥菲	余槛柠	丁熠龙
林振羽	宋子秋	高胜林	李双琪	戴佳豪	张新建		
建筑环境与能源应用工程专业							
乐　凯	柯　毅	陈　洁	王　雄	段　杰	黄　郡	薛　李	赵　凯
王　思	陈　泉	付　强	余　果	张　鹏	许　诺	顾　悦	胡　翔

续表

建筑环境与能源应用工程专业							
李洪波	李江涛	向祯龙	张洋昆	李柏儒	姚璟仪	康源欣	郭萌毓
蒋文文	万雨芬	傅星宇	任思婧	孙瑞杰	詹正禄	张思博	王瀛丘
汪松松	樊国庆	付仁炯	杜江涛	蔡俊彪	魏天乐	吴子龙	梁振滔
曾健雄	周驰航	刘良泽	李双双	李登峰	黄颙睿	吴劭辉	罗威龙
余俊勇	栾淑雯	谢明颖	谭云潞	张和平	熊成龙	林禧民	郝志鹏
赵文升	肖龙港	龚建宇	吕德军	张人杰	谢旭旸	何卫建	钱想想
罗统文	潘子昂	高景明	陆彧恒	陈森林	牛广至	肖俊安	周鸿凌霞
马江巧玉	杨国孔明						
建筑学专业							
曾　越	付　洋	刘　超	马　均	邵　创	王　威	黄　灏	吕　辉
张　帆	张　琳	夏　琦	聂　云	王　涛	谢　帝	熊　策	许　童
杨　钰	滕　雨	张　涛	杨天雨	李佳怡	胡颖渊	雷丹妮	李沛雨
李颖钰	陈子静	陈昊翔	张翔宇	艾雨康	陈维傑	程鑫瀚	龚毅宇
胡斐逸	黎子泓	李侨龙	李宇航	林展鹏	毛科皓	汤一池	王斌腾
刘琰琰	庞晴霖	吴嘉炜	吴心怡	徐宇婷	张静洁	周木子	詹素娟
郑小龙	陈小文	严方易	余尧博	赵云龙	周宇驰	周子力	朱雨成
徐琦士	石璐杰	王江华	周若阳	樊昌浩	赵春波	娜迪热·艾麦尔	希日艾力·再帕尔
阿吉古丽·阿卜杜克热木							
土木工程专业							
安　童	邓　震	吕　梁	黄　槐	宋　楷	伊　卓	龙　威	王　卓
李　勇	王　毓	石　胜	李　行	熊　浩	罗　康	冯　阳	侯　磊
李　文	杜　玄	张　炜	胡　伟	曾　森	肖　博	赵　帅	李　欢
李　伟	代　兵	杨　迪	涂　高	谢　树	邓　淼	阳　灿	罗　乐
武　博	夏　冬	郭　威	宋　强	龙　旋	卢金兵	吴振龙	吴胜明
杨春财	杨皓程	李旭东	宋子瑞	吴挺峯	葛宇康	李文迪	李源劼
晏会玲	何雨佳	曲艺博	范泽鲜	杨炬龙	周玉麟	邹心如	叶谨豪
刘叶清	蒋兵兵	许子文	蹇天赐	武隽生	左煌辉	吕振宇	张焱淞
余双博	董舒娅	方新羽	郑紫婷	李静雯	李佳好	姜可乐	刘小龙

续表

土木工程专业							
胡金涛	莫启庆	李宇豪	汪裕章	谭支伟	付小龙	覃鑫益	吴尚琨
刘姚辉	饶卓栋	董灯灯	林益宁	朱能樟	陈兆杰	陈启凡	潘志鹏
付伊然	蒋梦娇	张奕骁	龚子文	刘济凡	王啸峰	何佳伟	李林璇
陶正刚	支传奥	冯茂伟	黄晨琛	何德昌	杨定坤	郭文喆	任智豪
张宝山	陈明洋	赵子涵	陈潘桐	马圣东	刘晨珑	高鹏程	熊喆宇
张子涵	余子山	刘安楠	李俊霖	刘宇骁	张驰宇	雷福春	石义方
黄睿杰	付小可	任泓业	李承睿	许进峰	赵华龙	蔺嘉龙	王大瑞
陈冠男	代逸涛	赵怡凡	李晓晴	韦天佑	朱达祥	林里俊	张玉奇
余敬永	邓敖成	胡明扬	徐双庆	栗明龙	戴昌万	陈志鹏	唐继卫
彭鼎盛	段睿思	王超强	殷仁云	李超颖	刘再奇	龚淳枫	邓忠华
罗兴武	杨鹏飞	戴纪龙	蒋浩文	刘吉虎	王乾坤	樊兴乐	胡泽宇
何思宜	陈添琦	乔熠凡	闵天润	张成喆	吴佳隆	蔡峤峰	李海洋
陈贤展冲	瓦日斯江·瓦里	麦迪乃姆·坎山	阿勒哈尔·吐热斯别克	图尔贡·图尔荪尼亚孜			
法学与经济学院							
法学专业							
李　星	徐　涵	吕　健	俞　阳	王　辉	胡　浩	王　欣	陈　怡
李　洋	母　丹	周　吕	魏　薇	陈　然	朱　泓	张　杰	田　柳
汪　也	程　琪	张　濛	张　亮	王金东	赵翔宇	胡选林	徐欣宇
柯翊贤	周家钰	苏先康	吴佳霖	王靖乐	谢文州	李妙芳	万阳阳
赵轶涵	唐泽慧	孟世语	刘艺珂	刘思懿	吕丹阳	任瑄瑄	马静怡
张梦倩	肖秋香	常杰鑫	张慧慧	张亚旻	孙云云	陈冰冰	曹小玉
何得泉	罗嘉成	吴浩霖	冉啟荧	周之阳	吕树炜	李浩然	唐传根
李思宇	何靖懿	严千姿	华苏琼	王诗汶	李奥京	裴韫妍	陈柳如
尚艳红	郑禹尧	刘凤仙	戴润萱	刘文静	叶欣然	康玉洁	李嘉玲
毛炼炼	吕皓轩	甄艾琳	陶思远	陈晓羽			
国际经济与贸易专业							
白　甜	赵　哲	徐　颖	罗　茜	李　桦	程　红	罗　璇	孙　雯
梁　焱	余　锴	康　彤	瞿　涛	葛　芳	谢　丹	彭　双	段　婷
徐　凯	谭　樟	陈　妙	周　欣	李　葭	魏　逸	陈　晨	汪　婧

续表

国际经济与贸易专业							
吕元元	朱明扬	李晓岩	钟志炜	高尚浩	马换朝	姜浩宇	张云飞
梁浩坤	郜文龙	郭子豪	闫黎琰	李菲菲	李扬阳	邹恬雨	宋晓雪
许晓娟	贾紫鑫	张齐悦	杨河雨	李雪曼	胡梦妮	王诺菲	马健翎
骆诗琨	贺慧子	张佳宇	陈家帅	时永涛	江奥龙	林新宇	李佳慧
黄小南	杨季瑶	杨晓彤	熊彩裙	王文玉	郭秋瑜	侯江琦	魏东华
周里茎	袁英霞	高新宇	杨紫薇	桂雨萌	冯紫怡	席梦媛	李文琪
陈碧莎	孙宇龙	郭海龙	张洪玮	邹朝阳	景子豪	周芯怡	董安娜
王梦怡	高婉婷	焦若桐	朱振恬	于佳鑫	胡婧妍	官李芳	关雪莹
王天宇	武海霞	张佳琦	周美慧	陈芳莉	安梦燃	夏嘉宜	曹珺婕
高萨尔·奴尔兰	艾力希尔·艾麦尔						
劳动与社会保障专业							
杨　雪	张　颖	周诗宇	陈俊池	周致远	丁宝兵	张子龙	李俊虎
胡照鑫	程雯悦	黄檬瑶	张鸿宇	高怡然	徐晓轩	刘嫣然	黄丹晨
汪佩琦	谢姆斯努尔·艾海提						
社会工作专业							
王　泽	陆　颖	刘　萱	夏　雪	李　姝	王　悠	吴　妍	程　爽
张　昕	李瑞奇	张孝林	马嘉鸣	梁自洁	黄冰冰	杨蓉蓉	李晨旭
闫亚丽	白若颖	龙慧竹	朱佳佳	洪瑞浛	沈心仪	孟秋月	陈欣然
周雨佳	许梦越	肖亦萌					
投资学专业							
汤　正	刘　强	孙　澳	陈　诺	方　沙	赵　钱	程　磊	高　畅
王　磊	云　霄	孙　科	钟　涛	李　佳	罗　静	王　祎	何　茜
张　颖	李顺灵	张明达	黄佩荣	杨培楷	梁宇恒	华超超	刘晟泉
原旭群	相鑫强	徐纪童	白李楠	肖龙权	潘宇譞	张天乐	刘秀雯
刘湘仪	王嘉睿	汤宇晨	王斐婷	孙喜玢	范宏楚	孙张弦	李函臻
田心怡	夏宇飞	沈美玥	赵庭婷	尤金灿	邱国锋	贺圣钧	胥峻郎
耿圻明	张润奇	尤守印	孙泽文	谢迪伟	刘昊默	高宇奇	郑湘玮
侯瑞帆	黄明惠	唐依梅	雷雅雯	王璐瑶	涂欣羽	陈钟文	熊熙睿

续表

投资学专业							
肖紫林	郑灵子	陈亚轩	周静怡				
行政管理专业							
王 妮	冯 俊	雷 超	阮 赛	贺 奎	雷 佳	卜 娴	李 欣
李 亮	侯 卓	胡 轩	颜 梅	王 娅	张 媛	王 硕	宋 楠
李泽浩	陈颖旅	李劲宏	潘泓宇	张自超	赵宇鹏	杨茂逍	宋雨嘉
董晋鹏	李秒秒	苏雨妍	彭雅雯	王柯丹	马梦瑶	张灵逸	崔同颖
李梦琪	杨梦雨	王佳冰	陈亦凡	靳冰珂	陈百川	李子泽	夏浩然
杨盛福	何立攀	陈晓龙	朱戎飞	樊硕珅	黄雅婧	童慧超	张舒琪
冯思宇	刘春琴	蒋宜芳	孙莹滢	鲁倩阳	甘雯瑄	哈尼克孜·艾力	古再丽努尔·阿不都热合曼
管理学院							
财务管理专业							
唐 颖	荣 欣	刘 歌	王 灿	王 萌	刘 琳	王 丽	吴俊霖
周文慧	段璐瑶	易华婷	韩凤玥	余彬彬	应思奇	栗祺尉	陈嘉仪
伍文瑞	吴宝森	任文慧	胡冬寅	唐可欣	刘琪琳	高露毓	孟如颖
何佳英	张秋叶	陈钰格	钟雪琴	唐明星	邓安琪	邓欣怡	向安淇
方莎莎	解广明	阳玉凤	章子纯	付安琪	方子盈	张恒仪	黄宇新
李乐天	林美君	朱芷洁	刘钰霖	卢芷榕	虞昕苗	郑红敏	李露露
王超杰	牟慧仪	王歆雨	张志伟	魏宏悦	高海东	张祥飞	王家燕
刘姝蕙	张雪蕾	李梦妮	李雅婷	徐冬娥	陈文娜	段紫穗	李思雨
吴小珊	李双慧	胡晨瑄	徐剑鸣	吴玉涵	彭芷含	陈嘉娱	吴诗茜
曲盈珂	王林芳	张宇乐	丁泓灵	崔诗翊	崔紫琦	朱兰亭	唐澌蕤
余虹利							
工程管理专业							
张 圳	朱 迅	罗 皓	石 强	侯 颖	王 茹	张 莹	潘 玲
赵 威	陈 浩	袁茂雨	谢丽燕	刘艾飞	李祥远	梁欣悦	柯俊祺
王柳曼	苟全勇	陈睿翀	黄灵芝	王豪龙	冉毅勇	李超然	万京秀
朱玲慧	苌明月	吴寒秋	王传棋	张年保	陈文烨	梅洋洋	侯旭杰
涂晶晶	杨雅晴	郭伟强	袁仁旭	万巧雅	邱俊豪	陈绍奕	王涵民

续表

工程管理专业							
房奕杭	王云笛	严芷芸	张孟田	卢庆鸿	蔡含琪	王梦珮	肖国龙
卢前兵	满一智	熊子瑞	曾雅丝	熊碧莲	李佳遥	张润晖	卢柯宪
卢鹏翔	邵汶昊	范泽威	张斯琦	段阳方	朱文瑄	王宁阳	吴倩莲
马宏林	郭宇熹	欧阳图治					
工商管理专业							
李　醒	肖　畅	王　举	洪　月	彭　可	王　辉	徐　江	贺　静
曾　妮	幸　迪	颜　思	张　曼	向　可	熊　露	罗　葭	何　歌
孙　航	张　伟	周　镕	陈　俊	罗　涵	陈　颖	程　淼	向　标
赵　楹	袁　逗	杨　浪	姜凯博	魏梦悦	褚哲乐	杨之周	周念德
朱泽楷	方一帆	赵里成	李瀚林	顾宇芳	方如意	赵紫晴	郭子扬
周志伟	陈雯贞	李昕晨	白逸雪	安德飞	董孔梅	梁沙丽	王丽红
黄斯乐	黄晓雨	张倩丽	张骏申	周园园	赵文希	程漫竹	马莉娅
刘书帆	刘梦浛	袁诗琴	夏雅琴	揭太龙	雷铃圆	许欣茹	金世麒
谭周帅	杨雅智	李小龙	熊文卓	杨理萍	蒋心语	王同蒙	陈子涵
黄倩倩	李佳乐	张艺慧	齐俊怡	佟佳仪	骆飞洋	熊琪琪	袁成杰
张成志	朱轶倩	许冬阳	肖欣雨	陈依雨	杨乘阳	林泳希	章睿驰
蔡仲冉	吕烨帆	田虹语菲					
会计学专业							
舒　晴	袁　铭	李　恬	张　熙	何　琪	张　妮	吴　静	阮　微
严　倩	熊　珍	李　耕	王　耕	张　文	唐　秒	吴　暄	马　冉
郭　晗	陆　遥	杜　璇	陈　佳	瞿　琴	刘　秀	沈　可	胡知炜
李子怡	车梓惠	戴一凡	杨琦伟	姚洲宁	卢佳丽	孙小龙	王月军
金国昕	刘铸辉	刘明豪	贺纸鸢	贾之玉	张吉西	尹晓露	南锦慧
刘科辰	蔡斯雨	裴易涵	钟婉怡	舒幸怡	王若辰	吴雨婷	陈代思
徐欣平	龚钰越	吴加瑶	刘雨晴	赵千慧	李佳博	张梦琪	李婧婷
郭紫彤	段兴超	卞修琦	余景怡	李子煜	张美雪	王利辰	周鹏城
胡晓钰	赵婧汐	胡玉兰	贺思琪	罗文琳	杨慧玲	陈歆依	李梦琦
祁文欣	台雅文	朱珑珠	张楚珺	向杨阳	彭秋歌	刘梦晓	易湘情
人力资源管理专业							
杨　醇	邱　婷	杨　超	张　毅	潘　凤	胡　钰	王　思	羊　曼

续表

人力资源管理专业							
熊权	梁超	赵涛	黄迎	王欣	刘雄	李晓	姜奇
杨龙	张雯珂	黄少东	田晓齐	屈乐茵	孙義婷	杨雨涵	薛麟子
俞佳慧	李文龙	王燕霞	陈梓华	曾芳丽	余欢欢	都瑞霖	邓雯欣
邹子琦	温泽一	任婧语	焦金悦	胡一航	曾郅祺	钱鹏辰	范天戈
宋紫嫣	易礼学	李易坤	余璐瑶	张元涛	刘瑾琪	闫胜炳	南卓伶
连晶莹	蒲亚杰	戴睿佳	邓成江	胡琪琳	胡沛洁	郑文慧	赵永强
刘丽雨	张思睿	刘今荣	廖明凤	江可欣	万文娟	方子豪	胡玉彬
肖雨璇	周婉丽	陈泓霖	熊邦豪	代佳如玉			
市场营销专业							
陈鑫	严娇	董玲	严彪	龚旭	韦芳	陈苗	王鑫
余娜	邱静	鲁丹	傅成铭	高森辉	陈如诗	白琳瑶	陈玟静
裴孟婕	刘小帆	赵进艳	周紫悦	余紫欣	杨兴莉	曾珂祎	裴婷婷
李诗蕾	胡宇欣	易静逸	易俏慧	徐梓子	王中莲	郭丝嘉	尹明豪
曹凯昕	王向成	库志炫	张婉清	岳昕妍	吴爱棉	王妙妙	王文钰
万可怡	叶姣姣	夏珍珍	陈梦琪	董茜语	廖蓓雯	汤亚琪	洪日豪
曹庆洲	朱灿阳	杨星晨	杨坤北	火水依	詹凌子	徐继男	刘珩玥
陈新顺子							
物流管理专业							
李玉	黄蓉	梁奥	张旭	李晶	李蝶	张菁	金姚
程汝	杜恒	贾晔	桑帆	朱丽娜	张佳怡	王朋利	牛雯洋
高婉馨	张依璇	王琦缘	杨梦梦	谢雨薇	聂红燕	陈雪雯	雷昕妍
王雨晨	李灵鸽	吴雨晴	苏晓馨	聂嫣媛	潘其开	王健凝	李治波
胡志方	黄士秦	吕成智	朱娇娇	王玺婷	徐宇思	叶欣彤	汤丽虹
赵淑雅	吴宇晨	李蓉蓉	李佳薇	韦星雨	姚昕妤	邬宇峰	李小刚
黄纪泽	何振华	蔡双红	曲润泽				
物业管理专业							
杨闫	周霞	万泉	严丹	刘迈	张彤	洪池	赵英
王冰	叶招	陈杰	张骞	刘康	李晓	何颖	李明
蒋杰	高见	邓宙	廖红	吕果	黄欢	周杰	孙浩
张焕	杨富	胡哲	张志环	陈秋雨	王佳佳	何婉盈	陈睿敏

续表

物业管理专业							
王文萱	庞自航	冷小雨	杨颖恒	谭辉龙	梁俊超	罗嘉和	胡海荣
张云煌	向津锋	徐勇康	王艺澄	梁雪慧	刘沛琦	李珂仪	赖韵瑶
王奕婷	吴国艳	李媛媛	裴萍萍	吴紫煜	杨颜静	李秋怡	陈文慧
朱孝成	朱龙辉	宋家同	周宇豪	龚佳梁	熊兆前	乐祖送	梁湘芸
唐维意	谭雨洁	金娉婷	周禹彤	王甜雨	肖福蓉	魏婉荣	詹伊琳
李雅南	杨雪纯	范袁宵	罗发山	高登怡	邝嘉乐	罗胜健	邓方勇
师一焜	李剑云	欧阳栋	肖卓辉	陈嘉文	罗丽娟	岑安倩	孟瑞娟
赵云宁	冷开敏	姜开芯	李舒柳	彭金涛	李学龙	曹辉辉	陆其华
钱金城	张晓龙	雷建华	郑思周				
信息管理与信息系统专业							
王　庆	罗　益	李　硕	程　聪	李　想	陈　哲	程　铭	李　蜜
梅　园	李　蓓	胡　蓉	周　璇	刘　思	卢　翔	杨　磊	梁　恒
陆　凯	刘　行	陈　超	柯　桥	林英豪	蒋雨卓	孟济堃	马文慧
岳佳媛	万清宇	王泽芮	万雅迪	孙黎娟	龚贤娴	王思琪	张雯萱
徐慕洁	杨静楠	汤佳怡	曾雨婷	胡诚慧	陆进磊	陈迪文	黄学书
刘力畅	韩思宇	孟卓越	马玉龙	曹传颖	池贤政	沈一卓	吴颖韬
陈翔宇	朱哲凯	王廷坚	仲婷玉	杜宇萌	徐婉昕	李婉仪	李心怡
姚诗奥	王思媛	陈玉苗	熊春雨	杨雨露	程奕覞	李展鹏	蒋壬伟
王少杰	严俊健	曾稼培	段博中	杜冠豪	黄家豪	程雨航	李俊杰
国际学院							
电子信息工程专业							
吴　健	鲁　辉	郑　逸	高　鹏	吴　昊	杨　枭	薛　晴	李　艳
邱　天	胡　皓	陈　诺	江　灿	吴　昊	刘　睿	胡　奇	孙　鑫
张　慧	王　滢	任凯威	李永宏	谭扬洋	罗昊天	黄琛雨	叶鑫明
翁宇峰	许佳鹏	李晨曦	范皓禹	吴嘉洋	李子琰	张嘉廉	丁云松
焦凌峰	沈楚晗	刘育昂	张义礼	董继中	王雨欣	赵珍蛉	魏雅君
向玉滢	方宇珑	舒显照	黄冬阳	蔡志睿	毛济美	王逸林	朱宇轩
姚俊睿	王琦林	石教轩	万晨曦	魏宇轩	黄霄宇	吴厚宏	陈保成
高子健	徐子益	刘轶升	张天笠	吕航哲	张知赫	朵慕远	朱靖宜
董吕倩	孙梦婷	鲍儒鹤	万雅婷	李暮思	周紫嫣		

续表

机械工程专业							
柯　晓	陈　钢	方　硕	曹　哲	张　颖	刘　津	刘　倩	张　阳
陈　悍	张　荣	何　钊	陈　航	郭　帅	程　阳	梁　培	陈　根
龚　薇	李　彬	谭　盛	杜　震	郑　威	黄　昊	冯　晓	张　艳
彭雨康	蔡文杰	钟蕴睿	朱浚杰	代维崴	秦若岚	曹书森	熊承乐
邓广语	聂卓航	邓志义	董明明	王相云	王鑫宇	赵心月	吴怡澜
周正毅	陈博文	胡乔木	钱震宇	蔡嘉逸	张宇轩	熊仁杰	明洋萱
刘逸丰	王海千	杨有卓	傅嘉楠	赵泽楷	吴怡蕊	程昊琦	王昕怡
蔡佳蕙	杨王政	唐振宇	何凯威	胡惟德	张颢洋	胡振海	刘宇晗
王海林	吴家骏	张天阳	阎庭屹	刘彦铭	熊功正	邓绪超	王千里
黄景涛	高天晨	彭怡格	方紫妍	张泽琳	程兰淇	胡锦琛	杨子依
春秋战国							
网络工程专业							
王　杰	姚　兰	李　亮	冯　华	袁　泉	曾　倬	雷　逸	陈　悦
徐　航	徐　曦	谈　凯	陈　媛	吴志熙	汪梽冉	魏彬宇	胡绪敏
管宇行	冯晨浩	蔡希明	方圣齐	刘与鼎	朱起贤	刘笑宇	严德昭
代硕呈	黄康森	黄子悦	岳博石	胡一鸣	刘宇航	马彬宇	姚子旻
章亦帆	王雅韵	田雨彤	刘冰洁	叶思怡	孔静姝	赵明月	万子君
李芸清	汪浏婷	许思懿	高芮葭	熊宇轩	黄子霖	潘宇航	赵宇轩
罗清源	肖金阳	汤斯维	魏饰羽	李伟刚	彭仁聪	黄智璇	申澳龙
郑子锐	李松洋	王梓旻	王印德	胡铄阳	田正龙	陶智杰	胡泽炎
王紫辰	汪睿子	王斯琦	李筱璇	余佳雯	任盈盈	成雨芹	黄珊珊
陈泽暄	陈化雨	雷依雯					
化学与化工学院							
化学工程与工艺专业							
黄　涛	黄　奥	周　元	李　蒙	安　国	谢　飞	张　波	蒋　洁
丁　辉	陈　睿	容　英	喻　晨	毛　创	黄　波	原　野	黄　威
张　杨	程　棋	杜　颖	徐　敏	叶　兵	李　弋	杨　航	蒋　伟
倪　强	田　杰	滕　瑞	吴　美	付　洋	龚　平	白　洲	周　创
杨　涛	王　顺	刘　呈	黄　霏	尤　杰	吴　靓	陈　林	魏　雄
包　涵	刘　可	高　佩	曾　宁	何　莹	吕学林	程斯容	陶志杰

续表

化学工程与工艺专业							
徐周鹏	徐煜雯	杨竣博	潘亚宁	刘浩源	吴俊杰	田汇原	何俊朗
谭瑞麟	王子威	高明杰	龚浩羚	虞一凡	宁春棚	龙忠伟	宋佳成
卿罗龙	张锦华	谢江文	刘梦辉	邱菊路	尹素素	鲁冰雨	王岚清
肖宇轩	闫佳淇	汪诗琦	薛万颖	程明西	鲍斯卓	李柏涛	韩明明
张浩楠	陈静海	王一帆	禹业聪	张文俊	程胜南	黄文博	李希良
李芊池	阮诗渊	陈林辉	谢佳欢	宋博文	赵永康	陈欣雨	石铃昕
丁小雅	辜碧含	陈诗曼	杨洁涵	李冰冰	胡文洁	孙雅琪	张熠豪
肖天宇	梁永灏	朱兴钒	丁玮泽	李振龙	毛刚柔	罗家翔	程俊鹏
孙俊南	王东明	李春辉	晏希文	罗杨子	王叶梅	郦琼燕	李相如
陈舒妮	徐盼盼	马浏景	郑媛洁	武奥阳	张丽平	艾永霞	周睿凡
陈文权	金晓亮	翁朝东	成振华	胡涵良	邱荣强	黄家锋	王青松
程时汉	王晨龙	张兴科	周贞勇	吕鸿博	陈家兴	余睿智	程雅亲
郑雨欣	徐德梅	程响响	潘梦婷	陈佳琪	周紫嫣	龚晓燕	蒋紫妍
朱喆辉	李青青	余成超	曹金玉	万恩辰	孙紫山	姜子涵	范国锐
徐鑫淼	童恒辉	陈红阳	彭宇驰	陈传斌	梅俊楠	尉家怡	赵世桢
张楚琪	毛云霞	吴心怡	杜锦霖	王瑞月	张清莹	欧阳润森	长弓莫及
生物工程专业							
何 鑫	潘 浩	代 民	黄 培	赵 珂	伊 凯	许 创	常 雄
陈 东	刘 可	杨 浩	刘 洁	操 琪	马子璇	张雨晨	武鸿文
谭端斌	袁漂漂	钱袁鑫	周云龙	郎纪轩	马金云	刘春萍	廖秭琼
邹盼盼	田婧媛	韩添柳	黄婉莹	江婷婷	熊梦奇	卜梓怡	李星宇
谭晓龙	王子鑫	程邦钦	陈海文	曹朋飞	刘程文	唐明亮	邹子扬
叶雨林	赵安琪	武诺帆	张雯霓	陈雯雯	陈星瑞	罗苗苗	汪香荣
应用化学专业							
杜 澳	胡 鑫	彭 震	刘 海	陶 毅	刘 品	张 镨	柳 鑫
田 旭	王 敏	喻 庭	秦 纪	方 波	杨 攀	郑 静	任 甜
曹雪灿	楼鑫垚	马云朝	安德福	杨英豪	谢梦帆	陈宏毅	向大宇
何泽兴	赵向阳	梁家成	张学立	崔经艳	杨少兰	肖耘倩	李雪晴
陈双园	左媛媛	王旭睿	李嘉婷	谭梦悦	温肖珍	王博宇	张旭伟
龚炜志	楚奉源	周海波	周文杰	严文俊	倪永强	何朋宸	吴海波

续表

应用化学专业							
杨江豪	魏家豪	王进朝	黄靖文	张文韬	赵力颖	张汝念	张静凝
陈冬婷	杨丹妮	刘青青					
机械自动化学院							
测控技术与仪器专业							
曾帅	柯琰	徐瑞	许瑞	肖龙	唐冲	潘晟	曹靖
马林	左灿	王灿平	李宇欣	董宇飞	王启业	孙一豪	杨怡飞
李佩瑶	龙一凡	付子怡	赵蕊芯	彭铭铭	刘依然	张梦瑶	苏嘉海
檀朝军	刘家新	唐枭宇	王海龙	陈书涵	韦博豪	徐泓韬	胡晨阳
李子辰	刘宇腾	鲍浩天	沈雨翔	何子康	魏霖韬	何千凡	张键豪
孟佳漫	李竹君	顾恺薇	管梦焱	章文昕	陈姝琳	白皓宇	胡圆满
杨英杰	沈启航	尚督喜	曾咏康	曾宇航	王战宇	余浩然	曹宇阳
曾泽来	杨明旺	姚思捷	鲜于晓涵				
工业工程专业							
王勇	张苗	王英	彭娜	陈彬	罗蕾	刘恺	张申
邓超	刘浪	胡琦	李静	汪慧	黄锐	田野	彭勃
张标	王博	胡浪	沈睿	王伟	闫攀	袁晨旭	蔡雨露
李淋淋	叶子晗	董欣雨	魏兴洳	邹紫云	陈思妍	唐力轩	鲁新翌
王朝旭	徐一波	占生博	易宜成	曾宪斌	夏凯文	吴泓俊	姚锦龙
周耀宇	陆时杰	李镕合	邹檬骏	甄镐哲	印贤旺	李玉凤	尹玉莲
孙柔孜	管益杰	刘佳程	轩豪杰	方朝权	陈治欣	季云飞	张正辉
王家阳	王一恒	董国航	刘文杰	沈奥成	王嘉辰	谌俊楠	张宏想
机械电子工程专业							
洪晖	韩骑	曹立	徐兵	向畅	万肖	付轩	陶冲
陈硕	樊志	舒聪	郭明	王政	曹炯	吴强	余炜
张磊	张鹏	童炎	张裕	陈毅	马斌	叶威	张弛
王闯	孙月	刘昊	程杰	谭宇	张满	陈城	刘硕
刘意	彭磊	吕钦	王博	孙强	李奇	边策	陈维
余津	石豪	彭聪	康威	刘顺	洪燚	汤彬	洪阳
杨欢	鲁凡	马晨	曾理	何瑞	赵杰	许诺	陈越
肖萌	胡轩	梁森	何航	张杰	丁逸	杨康	张敏

续表

机械电子工程专业							
杨 垚	鲁 典	李 杰	黄 欣	黎 鸿	张 滔	陈 邹	鞠 开
杨 涛	许鹏飞	陶振兴	柯先科	罗云浪	王为贵	刘义顺	朱振华
王文龙	胡伟成	钟扬帆	王俊杰	马荣超	刘朝麟	张嘉宁	库东桓
李嘉乐	李易岩	郑龙杰	胡敬荣	吴亚飞	徐昕宇	杨立齐	王智冰
宛振兴	杨子恒	刘昕宇	徐家均	杜梦男	康宇辰	张宇恒	姚智轩
刘轩阳	李懿贤	于昆正	陈俊贤	王绍宏	周鑫铭	马少昂	张之多
朱永桢	李聪聪	胡宇博	卢俊爽	曾祥伟	徐登龙	袁文迪	何意祥
唐宇轩	陈一龙	郭志楠	崔芯睿	邓兴榕	周军达	杜家豪	齐飞扬
尹一博	徐贝琳	叶宇杰	吉少宝	李仁杰	刘宇晖	张高翔	陈博文
彭宇驰	饶博雯	李宇亮	钱星宇	邹栋梁	刘逸枫	冯成奥	曹子淳
方浩宇	易章豪	马家琪	付子傲	李路路	万宏涛	姜子群	印传颀
袁海译	毛俊龙	蔡元楷	苏亮亮	姚新生	刘易明	李俊龙	张越天
黄君鹏	粟光亮	冯声威	杨邦民	秦世龙	米丹阳	李宝怡	徐晓鸥
黄承汉	汤杰杰	邢星奥	张永哲	马文强	陈思俊	杨金桦	曾国豪
彭海波	孟凡畅	尹骏达	邓浩文	陈浩祚	林子建	方宇轩	王文轩
张新媛	郑荃芳	王婧琦	黄静薇	白鑫云	李境伟	罗浩玮	黄星驰
石飞龙	王义林	方玥乾	何为之	李长风	万波为	冷进杰	郑文杰
张彦龙	余毅杰	邹俊杰	杨文琦	于明鹏	杨德志	张博越	张译文
王雨龙	孔德发	曹梓涵	乐志文	李明星	刘文浩	朱博奥	高加伟
王佳琪	颜伟中	周鹏程	彭雨祺	朱志鹏	蒋疏桐	李林航	刘泽凯
吴祥宗	陈启辉	黄思雨	苏张晨	卢凌霄	王旭亮	余辰亮	夏志雄
谢正浩	王李陈	朱厚升	李孟阳	段鹏龙	罗德曼	惠裕明	杜欣宇
袁雄威	张秋阳	文天喆	朱志锐	毕代微	贺路桥	原嘉华	李丹阳
龙汉森	穆建龙	解嘉蔚	段富云	张亚飞	张沛豪	徐飞飞	龚浩宇
万宗扬	郭尔重	谢先知	王舒然	王文龙	王家辉	张天宇	王文豪
吴晨昊	程梓豪	何家盛	向本龙	皮牛志旭			
机械工程专业							
康 锐	孙 昊	肖 瑾	刘 康	文 庆	王 泓	张 岩	刘 鑫
魏 博	单 恺	邱 凯	唐 川	龙 琼	杨 斌	杜 衡	傅 锴
周 龙	杨 鑫	刘 璠	李 敖	赵 游	刘 伟	李 游	吴 宁

续表

机械工程专业							
徐　桓	张　恒	肖　京	周鼎力	杜淑君	黄全勇	刘福成	王梓琦
胡润东	马俊杰	陈雨文	朱鎔浩	武家乐	刘明生	何琛文	魏双全
彭奇瑞	张春燕	蒋宋赢	雷洁茹	胡瑞贤	尚俊贤	辜忠波	廖仁杰
李泽皓	庄旭旭	宋兆磊	肖世刚	蔡泽凯	昌俊辰	胡纪风	杨新雨
周晓雯	陈德恩	王宇辰	张世茂	王家兴	王逸飘	徐佳润	张苏杰
杨辉奕	曹怡乐	毕世玉	曾小凡	朱明哲	张子琪	姜哲俊	周运康
宋佳乐	范炎希	谢开鑫	望睿蛟	沈天慈	雷新月	郑浩楠	张红宇
郑淮予	许耀升	文康杰	杨思宇	田毅恒	刘博闻	肖建波	关庆睿
郑颢然	郑森源	甘英杰	李宗洋	左思宇	颜伏越	柳宗铭	杨孝铎
张紫欣	龚陆轩	旷华祥	陈宇熙	姚伟平	黄添彩	王艺举	陈以珩
李家辉	毛乐秦晗						
计算机科学与技术学院							
计算机科学与技术专业							
代　维	李　峰	方　磊	陈　东	罗　璇	付　华	常　欢	陈　雨
周　洁	路　尧	杨　傲	高　雯	陈　炜	孙　萌	沈　昕	童　乐
王　雪	艾　超	詹　浩	邓　昆	何　睿	袁　创	马　健	闫　涵
王　林	孙　畅	邬　焱	胡　敬	苏　润	孙　谦	王　聪	陈　飞
张　欢	吴　坤	于　静	陈　朗	杨　宇	石　爽	张　杰	张　迈
刘　钊	杨　超	秦　驰	吴　湘	李　愉	邵　闯	张　璞	郑　浩
熊　博	李　亮	兰　翔	夏　力	杨　漾	张　训	雷　磊	李　政
王　亮	胡　磊	艾　梦	耿　洛	李　健	万　龙	王　旗	张　柱
马　阳	邓　希	郭　聪	刘　翔	李子泽	卢建益	冯海清	朱桂民
程文龙	梁云龙	汪清源	路芷涵	马馨悦	李奇成	徐义威	杜旭恒
陈佩宁	张昌安	崔书闻	叶思琪	廖兆平	丁开宇	赖文馥	张鑫源
胡逸凡	杨承成	张天枫	夏玉玲	王睿飞	龚湘凌	万越维	杨寒君
崔书晗	戴唯祎	廖安柏	雷鑫宇	李春懂	万浪怡	陈瑞俊	熊仁林
刘轶龙	尹传胜	薛恩维	谢子康	徐维业	姜鹤林	谢庭宇	杨尔行
梁承溪	黄和伟	李佳毅	鲍慧玲	向慧敏	刘金金	张瀚文	侯梦杰
薛文聪	张泽旭	杨俊杰	郑子豪	付迎澳	刘伟康	陈伟康	张英豪
石瑞楠	吴晓宙	宋晓利	江立桁	袁开俊	张顺平	夏文武	汤明齐

续表

计算机科学与技术专业							
周天琦	李嘉诚	张明哲	陈畅南	倪秀丽	何欣怡	龚宇畅	黄思宇
胡雨琪	邹世豪	赵伟淇	阳国威	毛凌沛	周宇晗	李钦杰	陈雨轩
梁洪玮	高鹏飞	余俊勇	吴与同	秦天天	熊学武	祝江鹏	段俊豪
张宇鑫	庞浩宇	刘星君	刘光胜	高歆然	颜向阳	段盼盼	武婉晴
刘婉婷	潘俊恒	陈庆峰	彭玉龙	刘宸洋	尚佳劲	耿俊杰	李必亿
卢一鸣	宋昌豪	张笛伦	罗兴伟	骆训浪	邵劲驰	杨世立	田泽瑞
黄炜淞	郭永杰	瞿章宇	吴家航	徐家顺	谢博谦	张智梁	薛智腾
范祖胜	丁立锴	叶倩文	王丽娟	胡译文	王子琪	邱雅文	蒋安娜
周光育	黄华瑞	吴国马	汪学镜	李旷驰	雷添翔	何美伦	黄荣华
饶海波	陈亚明	王宇轩	邹志海	李元庆	白文旭	曹康健	黄小东
陈紫霖	曾雪菲	尤泽冉	田慧琳	谢雨霏	石敏鑫	刘嘉辉	李江蕊
黄经伟	刘泽栋	肖文龙	侯哲昊	黎雨航	黄天宇	陈一凡	万榕彬
李博文	夏长城	刘玄寒	袁宇辰	许本阁	张子墨	田明杰	潘明杰
王俊豪	洪诗舒	颜弋乔					
软件工程专业							
邱　畅	陈　实	吴　杨	张　胜	汪　雪	余　阳	鲁　楠	祁　盼
黄　鹂	石　爽	冯　晟	杨　汕	张　硕	刘　晓	文　海	王　岳
彭　冲	方　彤	陈　健	周　盼	高　彤	祖　琦	黄　伟	李　荆
杨　逍	杨　攀	王　培	卢　榆	周　治	李　银	王　萌	徐　淋
闵　楠	别　倩	李　磊	林　泊	陈　瑞	丁　龙	祝　曙	樊　钢
李　帅	郭　臣	金　航	肖　鹏	孔令迪	陈亮亮	韩先文	张建春
朱业宇	蒋金平	孟凡军	许晟曦	张泳琪	吴天宇	卢文墨	赵宇鑫
汪子明	龚思诗	高云鹏	傅清山	彭思楠	董培玲	王彬彬	李雨晴
朱清莲	吴霜月	徐丹璐	别怡清	杨照辉	郭晓东	黄金鳌	马成鹰
占扶平	孙星海	张智鹏	贡焱彪	黄浩林	张恩泽	王梓迅	黑九龙
侯禧瑞	张建雄	刘希文	夏琦飞	刘海江	夏小俊	王嘉鹏	周少文
盛厚淇	刘雅姗	王锦丽	敖国贝	连晨晨	金鹤鸣	余志恒	危毅年
邹志杰	董凡勇	陈强光	刘世雄	严建钊	曾冉冉	黄恩泽	向展鹏
陈文豪	王俊杰	张立辛	李雲龙	邱家徐	林炜昊	李炫龙	孙越男
张蕊怡	张欣婕	马雪花	蓝贤民	黄泽波	林鸿港	白舜天	丰刘星

续表

软件工程专业							
孙君烨	张鸣峰	魏宇轩	张昭庆	张宇轩	余旨熙	梅云龙	田永祥
罗文达	张梦圆	李耀祖	徐天皓	左博文	王少东	斯拉依曼·阿卜力克木	玉苏普艾力·阿卜力克木
网络工程专业							
钟昆	阳庆	李柯	李锐	向楠	郭骥	刘梦	孙浩
邱宇	何浩	苏畅	杨尚	夏唯	龚裕	刘淇	陈卓
宋龙	江奥	魏帅	田昊	李聪	幸庄	童乐	李信
易楷	康雷	杨雄	戴德高	李诗佳	胡雨蝶	袁文龙	雷山刚
黄如意	陈武艺	纪树鹏	程志伟	彭姝雯	易佳乐	陈家辉	陈静华
董婉丽	赵语芊	阁晨晨	肖佳园	吴婧雯	徐思群	朱永凡	陈文淼
蔡季宁	赵子余	王有煜	李瀚章	包大吉	雷步云	陈博文	陆星易
周蔚然	贺海滨	余鹏程	殷海涛	葛济维	纪宇琛	郭祥宇	年心如
陈子月	童月颖	王妤冉	张予婕	易佳怡	郭森泽	李均剑	杨锦昀
刘心宇	张昊天	刘祥森	王忠齐	杨成奥	刘书琦	廖显奇	吴达威
黄俞傑	杨鸿昊	王梓琦	李品仪	杨礼锐	宋雨浩	望政韬	
信息安全专业							
李康	郑舟	韩啸	田苗	秦琪	范奥	滕肖	张洋
高磊	吴飞	张轲	孙悦	杨琪	黄睿	郑豪	李贺
文轩	汪勉	邹宇	代奇	李睿	顾家奇	杨子康	李国江
黄杰洲	廖博斐	汪茂林	黄天宇	陈正时	邓梦莹	郑显昊	谢玉琳
张琳馨	张凤怡	陈雨曦	丁慧源	程景怡	陈锦祺	金心杰	梅子彤
熊奔倩	吴敏杰	王锦浩	李胜捷	李柯晓	伍章驰	郭佳雄	易子龙
张潇鹏	高祥宇	邹小龙	敬凯欣	陈小雪	代雪晴	聂诗雨	彭熠闻
周冰颖	蔡怡樊	余旎辣	杨欣怡	刘心怡	潘厚成	向兴宇	李子涵
王梦博	刘传宇	徐学钦	王鑫驰	曾维龙	尹阿伟	鄢纵横	祝英策
王子懿	闵和祥	宋昌哲	陈宇凡	周开源	李会清	王树烽	
理学院							
材料物理专业							
贺臣	秦政	陈扬	陈焱	熊伟	刘俊	李祎	王倪
舒炅	赵毅	马杰	涂聪	李帆	付阳	彭鼎	王杰

续表

材料物理专业							
吴帆	刘轩	艾昌杰	张珂雨	潘晓倩	汪文静	廖已莹	何可倩
王雨霏	潘和庆	张雄雄	秦秉彦	詹紫龙	周航航	肖胜毅	王思云
郭宇希	朱建文	孙渤翔	伙安严	韩俊杰	李权洲	罗经纬	杨四平
刘俊宇	赵延波	王俊懿	任天翔	陈文彩	黄雨鑫	张文怡	王旻敏
王书声	李文成	刘双瑞	李青泓	段依凡	钟志恺	王智辉	徐作亮
祝长金	兰一豪	丁鹏翔	王思维	闵远智	胡泓亦	代元承诚	
工程力学专业							
王迅	田薇	廖洪	李潘	王震	吴双	吕天	郭航
郭磊	胡镕	程潜	吴杰	钱博	陈云	杨柳	何超
邱乙	汪淏	杨哲	王朱蕊	任姗姗	贺辰宇	程世林	王振安
叶小兴	孙庆雨	武安奇	刘汉龙	张文海	杨峻伦	刘治昊	毕松嵩
包奕航	廖禹成	王茂林	张武毅	叶万蓉	代冰雪	闫相木	孔祥郁
杨乐闻	徐正兴	李海华	曾凡欣	柯志杰	王向南	吴小虎	董佳星
蒋润鑫	吴晨曦	郑凯琪	胡烨谦	张博文	帅泽华	周志傲	熊天成
谢应龙	张立斌	季英杰					
统计学专业							
黄熙	鞠颖	雷瑶	陶辉	夏雪	黄灿	周逍	王灿
杨彬	李越	杨旭	丁娜	涂琲	杨潇	郑婧	王鉞
王捷	冯祎	李懿	徐宇涛	刘子涵	何茂林	李雨琪	刘梓伊
吴静雯	孟祥康	李慧敏	杜诗雨	王潇月	晏紫薇	李萍琳	杜晶晶
李孟鸾	陈星彤	赵双灵	王湘缇	吴子怡	陶君奕	张颖捷	熊玉英
肖雪晶	王素航	陈玉才	王望超	龙宏伟	刘衍宗	李天浩	姚子翔
梁泽宇	陶佳俊	曹金辉	罗存堃	杨子涵	姚云茜	喻婉婵	刘青红
罗淇萧	刘益昀	刘思祺	熊安妮	雷静怡	杨雅杰	魏千寻	黄博文
张雪立	郑义健	吴宇尧	李德章	向凌霄	魏泽旋	杨雨童	叶宇航
郭鸿昊	毛竣锋	吴嘉诚	左玉祥	杨芷若	王希宇	刘亭轩	马进康
胡皓然							
信息与计算科学专业							
徐利	黄悦	贺杰	程博	胡慧	郭婧	崔爽	龚涵
王畅	彭晟	陈喆	胡顺	王昆	刘奇	王锐	黄霞

续表

信息与计算科学专业							
李　琴	程　亮	刘　浪	闻　畅	蓝　锴	王　歌	李　航	周赛鹏
柳凌峰	廖世彬	刘浩南	徐金桥	蒋务祚	周粤帅	赵思凡	付刘芳
张子莹	蔡欣月	黄新桃	陈珠云	陈紫依	黄宇婷	冷选强	潘文杰
刘少博	刘岷松	白奇凡	乔梁益	梁振坤	桂天宇	张晨毅	田文杰
谢明彩	王文琪	郑琴诗	徐若涵	张可盈	钟海锋	彭佳海	韩贵宇
曾庆阳	朱安南	潘中发	余英杰	李嘉铭	杨崇基	龚银银	周吉良
吴震东	李天瑞	王博宇	陈耀威	但智锐	何纪龙	吴昌晗	赵朴煜
王力人	陈正东						
汽车与交通工程学院							
车辆工程专业							
艾　涛	刘　灿	赵　印	朱　浩	赵　润	周　浩	余　聪	王　浩
陈　哲	郭　纬	陈　苗	王　成	邓　烨	后　浪	吴　轩	李　超
宋　菁	邱　帆	马　桢	周　政	陈　欢	李　烨	罗　磊	胡　鑫
王　彤	庞　健	王　雪	许　亮	丁　阳	尤　强	詹　焕	钱　才
程　进	黄　岩	黄　晶	葛　映	罗　琼	许　毅	刘　翔	桑　轩
李　爽	姜景蓝	陈德航	胡家洪	潘吉龙	黄明録	吴道维	伍勇文
庄一言	黎建宇	吴俊奕	黄家瑜	余碧勇	杜佳芯	宋浩瀚	朱昱龙
毛艺侠	胡卓航	秦浩楠	王宏伟	杨潇萌	贺开杨	郝梓聪	张灵峰
李霁峰	陈骁俊	刘振光	倪圣明	马沐光	舒正昕	黄正一	陈铭嘉
杨劲毅	徐若雯	贾如意	刘世骏	郑好坤	柯军悦	张天广	黄毅杰
刘鑫健	董艳萍	陈正坪	李沁键	李嘉炜	蔺铖铖	杨建富	解林轩
吴泰阁	廖章洋	余帅印	王子怡	张宇腾	宰文昊	易京晶	曾令卓
乐小微	罗君雅	彭梓杨	周宇滕	王祎扬	杨仁杰	王蔚然	吕永昌
刘徐峰	肖红标	陈思源	秦健华	谭长鹏	肖修龙	陈普兵	吕玉晋
李琪瑞	杨翊廷	龚佳伟	张恩霈	张子龙	王明昭	吴尚语	刘宸琪
鄢豪军	彭佳豪	鄢泽清	龚家豪	徐江鹏	唐耀阳	李子庸	王树阳
陈佳欣	李佳乐	易江涵	熊张驰	汪正杰	雷武坤		
交通工程专业							
程　磊	胡　蝶	施　阳	肖　洋	高　杨	望　婕	张　剑	汪　川
袁　燊	潘　顺	高　畅	王　柳	夏　森	辛　喆	姚　慧	邓林樾

续表

交通工程专业							
刘宇辉	王昊天	韦国境	郑帅贤	罗嘉祁	张小河	冯海波	赖鸿佳
李雨龙	杨泽森	兰晓蔚	田汪霞	陈界杭	李永江	田津源	陶丽丽
高思汝	刘阳春	刘江波	马德彦	易飞阳	张兆辉	魏雯钥	汪勇东
赵云龙	张年丰	杨碧钢	华茂盛	陈明杰	何豪杰	雷仁哲	钟文斗
程响雷	任振宇	阮金杏	周智星	刘沄涛	单耀星	王志为	湛勇罡
陈景玥	周子童	陈俊孚	李宸翔	靳嘉禾	伍佳苇	李春辉	涂麒麟
魏乐研	熊文静	徐成卓	赵杨璇	易端婷	黄一唯		
交通运输专业							
张　万	施　彧	闫　莹	夏　灿	付　迪	齐　亮	陈建羽	李杰颖
张智昆	邱子佶	王一达	杨步婷	房鑫巍	聂李嵘	郭梦雨	韩家臣
刘鹏航	龙柏淳	褚洪旭	潘宇洋	张智深	曹瑞枫	蔡闻豪	龙月得才
物流工程专业							
蔡　莹	陆　艳	施　杰	阮　闻	谭　垚	吴　琦	刘　陈	万　洋
张　洁	周　杰	蒙　力	于　红	张　焕	曾　好	肖　垚	吴　晗
李　祺	岑晶艳	卢泽华	覃黎敏	董小峰	刘雨晴	李世垚	黄毅康
左思琪	李蓉蓉	章仪伟	侯玮琦	李琳轩	宋子晨	李康乐	吴祎凡
王博尧	陈梦莹	曾宇豪	张潇然	郭耀鹏	廖胜男	周欢欢	杨军霞
罗君鹏	刘健飞	向高静	曾颖瑄	钟泽伟	王章玲	杨皓文	宋无恙
黄定航	魏永康	肖晓君	陈伊茜	胡雪峰	黄羽晨	贾维夷	陈文博
周东东	冷俊峰	汪书帆	王一凡	邹雄博	刘渐栋		
生命科学与健康学院							
生物技术专业							
周　斌	沈　蝶	王　湘	孟　想	徐　月	尚　成	刘　雄	涂　聪
陈　璇	周　阳	徐嘉鹏	付睿轩	张婧潇	王锦程	雷雨甜	谢振海
伍晨曦	谢槟阳	钟植林	马艺戈	杨仕鹏	商海飞	夏学娇	毛昌霞
丁士杰	王运丹	周国奥	陈润发	杨秋杰	王鸿飞	周睿婕	王天泰
付忠强	张家乐	杨鑫宇	袁文彬	胡宇飞	许德立	占展志	凡畅畅
柳博仁	王博繁	邓逍童	杨语凡				

续表

体育学院							
体育教育专业							
姚 灿	姚 芯	雷 达	邓 鹏	李 江	韩 楷	安 琦	胡 炜
陈博健	余长林	黄天明	刘道湖	毛林宇	葛子曦	吴金栋	郭中超
刘世秋	蔡林轩	蔡佳磊	吴宗勉	张红达	陈柳业	尤志聪	梁建鹏
陈嘉乐	陈纪荣	刘天奥	李成勇	李宇聪			
外国语学院							
德语专业							
李 清	胡 博	黄 璐	林 敏	杨 多	高 杰	程文迪	董彬洁
郭东鹤	洪超珺	李珞芊	梁佳琪	林甜甜	罗颖琳	梅星语	欧奕杏
邱天添	施力维	田珈嘉	王贝祺	杨偲祎	叶玲莉	易海鸥	赵力心
赵羽凡	朱梦仪	丁荣朋	江泽宇	马逸扬	唐兵彬	杨道鹏	叶德宇
翻译专业							
吴 超	丁 妍	徐 莹	杨 彩	余 畅	周 亚	郭筱千	何陈菲
易梦琪	陈慧慧	龚书卉	龚文倩	李晓雅	李雅文	刘思彤	刘信瑶
刘云姣	马洁颖	彭慧轩	孙咪咪	童许诺	汪静寒	王一帆	王玉凤
王紫灵	吴东婧	吴雨轩	项凤彩	肖宇双	詹静怡	张子腾	章雨晨
陈剑铭	楚鹏羽	李东健	王金盛	温福兴			
英语专业							
何 伟	李 皓	张 彤	杜 灵	刘 威	华 佳	龙 丹	杨 芯
赵 敏	陈 前	李 娜	闵 琪	杨 萱	吴 玥	杨 瑶	王 琴
韩 娟	罗 菲	周 浩	刘 雨	甘 雨	于 莹	杨 娜	邢 楠
王 馨	高 洁	陈 晨	乾紫霞	冯宇晴	谭逸松	杨文悦	彭宇萱
杨雪莹	孔莹莹	符小敏	杜怡晓	任景怡	曾舜卿	王嘉琪	郑子苗
徐晶晶	毛煜杰	连皓月	李心怡	罗依成	李佩璇	卢嘉欣	万雯青
陈恭郡	王瑀琪	汪晓青	陈兰欣	李文倩	欧莹莹	余思洁	吕宇航
高思琪	戴小龙	边咏颀	李良怡	陈秀秀	张子希	张欣甜	郑家诺
陈新瑶	黄心怡	王思诗	成利双	刘芳方	赵孟萌	窦英姿	龚文红
孙佳惠	徐婧妮	贺盛杰	刘远毅	苏驿超	何道杰	尹春琴	闫雪瑶
周心月	漆梦妮	孟祥琪	丁子云	魏千玉	王梦冉	陈娇娇	张梦洁
唐正冰	尹世琪	张春城	张黎虹	包余蝶	刘佳琳	卢鑫宇	乃海茹

续表

英语专业							
汪思琪	苏宪铭	周子民	洪汉璐	王周童童	张丽忆讴		
信息科学与工程学院（人工智能学院）							
电气工程及其自动化专业							
陈　飞	张　璇	杨　恒	李　凯	余　潜	张　旭	孙　超	周　钥
李　营	黄　凯	李　旭	袁　杰	杨　淋	孙　哲	曾　涛	韩　琼
杨　婷	王　益	邵　俊	王　伟	张　州	于　爽	彭　海	李　傲
董艳超	赵志坚	袁奇林	梁少添	任秋儒	郭汇峰	程思源	刘洋赫
陈柔汐	李之颖	沈江雪	刘子旖	王锦娴	滕桢均	黄晓桐	尤启龙
周逸云	朱德伟	高国平	李徐雷	卢正华	朱近赤	柳博文	许家驹
司博文	万耀琪	胡辰雨	占子鉴	徐雄威	屈建交	杨逸帆	胡高博
卢伟鑫	金李涛	沈朝阳	茹科枫	王若鉴	何紫瑞	段冲亚	黄泽惠
陈彩凤	张译之	廖子宇	杨亚波	韦进波	陈思宇	曾昊然	汪智凌
曹仲超	蒋晓宇	耿竞宇	段永康	袁颖熙	胡浩越	刘龙飞	吴张磊
刘志杰	郭政海	闵涌淇	杜健玮	马青虎	吴凯杰	唐有胜	贺俊杰
祝一一	项曼婷	赵美玲					
电子科学与技术专业							
卢　苗	罗　冲	张　智	江　成	沈　政	陈　展	陈　涛	朱一博
赵海邻	李冰悦	徐承志	尚戈京	黄泽轩	郑朝伟	胡荣腾	蒲明阳
董嘉豪	吴仁杰	肖子豪	孙建宇	李嘉诚	陈绍朝	张志豪	陈秋燃
刘星宇	张振雄	傅乔奕	夏仕成	叶宇船	潘浩然	黄熙程	
电子信息工程专业							
汤　奇	周　伟	陈　彧	朱　鼎	李　媛	杨　可	冯　怡	章　怡
胡　婷	曾　澳	王　涛	许　鹏	陈　坤	戈　战	黄　河	程　博
焦　龙	栾　凯	罗　扬	施　鹏	兰　岚	杨　浩	黄　河	徐　扬
任　涛	万　凯	侯　耀	王　盼	梁　娜	杨　权	葛　鹏	丁　珂
何　瑜	汪　乐	张　鹏	云天泰	胡奇龙	刘奕辰	蒋振扬	邓明轩
杨泽立	周靖宇	赵培阳	唐晨晨	吴赵宇	彭艳娇	吴祥彬	王华渝
周润泽	李双龙	周佳怡	陶家兴	李天宇	冉云龙	张永康	陈星远
何秋阳	姜晓琳	朱柯睿	万雅婷	卢嘉怡	刘雪晴	程雨欣	葛晶睿

续表

电子信息工程专业							
闵康宁	牟晓宇	杨平安	杨志贤	陈祥胜	李勇生	左泓宇	黄创新
赵新平	閤伟龙	张锴悦	程一梁	杜非凡	刘世宇	陈嘉豪	张舒同
熊兆龙	张振兴	张小龙	杨屹飞	吴旭辉	戴伟君	周楚峰	曾思航
邹宇翔	刘宇嘉	龚煜丰	李开莹	罗宇轩	曹德馨	刘晨露	焦舒畅
郑玉洁	徐升千	万天玉	胡思婷	张锦秋	李梦莹	刘佳琪	朱艺涵
王思雨	张瑀非	高怡豪	时睿轩	刘佰涛	逯磊科	曾志强	邹福川
朱逢纪	陈文军	井申奥	吴逸君	李思远	杨子豪	朱里奥	项经鸿
张智杰	姚卓睿	马玉琦	柯浩鹏	刘子奥	聂辰宇	邓铭杰	王江南
朱子琦	胡鑫宇	吴昊东	冯俊杰	路锦绣	李博雅	陈而越	陈雪怡
叶润欣	李凉艺	徐贝贝	蒋鸿杰	赵叶萱	杨思懿	曹书豪	赵文锴
苏长固	陈军涛	张世伟	吴争意	伍声坤	杨云凯	龙佳鑫	熊伟佳
阮韶阳	吴时军	雷鹏程	张思源	陈俊伟	冯学圆	赵林威	成文灿
蔡昊天	焦子梁	王博文	高欣园	马佳亮	李凌浩	朱永钦	李传局
马宇辉	杜嘉睿	梁广利	陈垠宇	葛泳霖	易纯娟	彭子豪	刘荣臻
王牧晨	把语盈	殷梓杭	欧阳逸杰				
机器人工程专业							
丁奥	叶茂	柳艺	何煜	谭奥	程野	李刚	付伟
刘聪	谢天	秦影	李喆	向鹏	刘浩	胡康	胡俊
陈轩	陈明	陆洲	段淳	田文韬	臧萌萌	董志锋	王隆民
卜桦丽	李雨傲	梁竹君	吴王铮	杨冰洁	唐怡佳	吴浩然	童俊生
王昆昆	吴天宇	曹智雄	徐开星	敖育才	张红亮	李启航	汪若琛
王辰霖	吴风宜	卢秭安	王端初	彭麟翕	潘亚铎	王浩然	高佳瑶
李怡然	郑爱堞	张雪晶	张雅琦	贾亦然	刘茜影	王学科	赵贝宁
马志伟	段帅杰	周冰杰	朱家明	于得洋	刘重阳	林晗哲	孟诚智
陈长成	刘鑫宇	杜仲文	彭宇飞	彭王旭	刘曾庆冲		
通信工程专业							
舒昊	江旭	马颖	杨静	梅彤	刘标	张健	尹衡
姜辉	龚彬	杨喆	陈梁	柳康	高铭	马妍	柳傲
谢涛	陈豪	刘金	陈豪	袁行	程英豪	殷子怡	聂勤智
王富元	殷嘉睿	陈小鹏	温胡昊	苗依蕾	谢瑶环	彭希子	江慧兰

续表

通信工程专业							
艾安妮	黄妍艺	曹欣雨	曹兴启	朱子逸	杨懋宸	赵振超	王恒瑞
吴求龙	汪晋民	夏浩林	罗光鑫	胡政权	李草来	王天宗	赵章品
程兴鹏	万欣燃	罗锦轩	宋钊宇	吴佳尔	王佳佳	尚宇婧	郑琳瑛
秦霞霞	魏晨宇	易春焰	席孝琳	陈海莉	任连翅	刘超奇	何裕辉
朱悦明	童毅恒	赖欣龙	马浩淼	戎晨光	刘五羊	叶文韬	李中一
方志杰	郑嘉奥	王闰旭	叶志成	熊登峰	刘一帆	隗德政	汪佩豪
卢玥怡	彭琪雅						
自动化专业							
彭 俊	胡 柯	吴 亮	熊 铸	李 轲	胡 康	金 澳	王 静
陈 静	陈 铮	汪 海	龚 威	魏 杰	王 舟	刘 佳	陈 亮
周 欣	黄 冰	李 好	刘 凯	胡 凯	邓 达	杨 照	赵 爽
喻 鹏	陈 杰	曹 科	周 宓	熊 可	黄 浩	夏 彤	王 牌
杨 正	李 闯	李 亮	毛 闰	罗 燚	徐 聪	李 壮	陈 震
王 鑫	徐 凯	彭 旭	钟 杰	杨 淼	郑 煜	王 远	郑 涵
杨 争	胡 毅	徐 伟	黄 河	谢富强	汪天阳	李鑫昌	王航飞
向凌峰	熊雨阳	冉金鑫	唐尧林	王申奥	唐宇晨	张子煜	刘永康
巩依典	李千锐	赵宇航	刘骐恺	田洪雨	覃颖欣	张焦婧	聂诗雨
镇思琪	周奕晗	杨雨欣	史晓鑫	周心恬	吴楚楚	张小青	江柯葳
佟炳绅	杨明聪	倪礼栋	赵俊涛	谢振松	杨泽润	杨长松	邓雅尹
龚秒洲	冉建法	朱思敏	崔子剑	张晓东	刘纪辉	胡瑞阳	琚一凡
金雨臻	王义焕	甘永晟	王子祺	李佳颖	吴嘉诺	袁子依	陈唯一
尤悦晗	付清竹	杜雪怡	樊嘉庆	姜韦宇	董守志	高雪怿	邹克勤
谭宇遥	石志成	李炎城	黄太子	余骄阳	王晓灏	戴家伟	何文祥
严一淇	陈天成	宋楚波	梅金雨	徐天羿	胡浩帆	闫世冲	黄致衡
丁疆文	刘佳欣	高传耀	孙天龙	周传杰	罗文杰	史晓然	段瑞颖
张吴婷	胡琴娜	凡思梦	熊星宇	王瑞奇	刘雨娜	胡天闻	昂志伟
方书程	王浩宇	陈钇帆	詹玮伦	陈张枣	熊天宇	詹长齐	王文星
苏甘泉	王君豪	王洪杰	彭楚源	翟睿涵	付思源	杨时超	喻诚然
何湘俊	李陈拓	张丽华	李葳韬	冷华建	补皓男	邓大波	陈妍妮

续表

自动化专业							
李琪琪	裴晓迎	张新晨	吴小溪	牛佳欢	傅晗晖	勾松阳	高竭辰
凌维森	朱道政	覃阳辉	农海龙	甘名建	刘葆瑞	黄宇航	袁雨晖
欧阳轩	欧晓锋	黄克争	毕书鸿	姬鹏程	梁文伟	熊灏林	王小可
陈欣琳	张剑煜	张晓森	贾华韬	孙金波	刘桢强	赵星宇	贺锦轩
王月阳	蒋永梁	陈欢庆	陆一昕	朱文杰	杜成成	樊敢贤	王海龙
杨竟轩	王俊磊	邓曾宇	洪嘉琦	张鲁思竹			
医学部							
护理学专业							
黄　莹	祝　帆	曾　妍	施　悦	向　倩	熊　晨	雷　诺	江　阳
胡　蝶	吴　慧	张　璐	刘　茹	邓　蕊	陈　雯	柯　芳	夏　娟
程　冰	刘　婷	许　晞	张　冉	汪　灿	叶　茂	杨兆楠	徐君妍
江蘭希	杨智磊	彭欣怡	周家宇	罗林森	王玉雯	马婧雯	邹垄梅
陈颖欣	郑翊君	刘冰清	黄经迪	董婧飏	冯婉婷	郭安琪	何紫洋
谢芷月	毛雅雯	张启超	陈家乐	万江洲	施文丽	任倩倩	董舒雅
熊宝伊	苏梦成	方麒淇	柳雨婷	陈彦宇	徐天慧	邓亚丹	陈雅翎
李雨欣	朱一心	刘欣钰	徐燚凡	张雅淇			
临床医学专业							
罗　泽	李　新	宛　莎	周　蒙	邓　竞	方　瑞	刘　秦	周　敏
赵　萱	董　薇	高　翔	乐　森	陈　超	杨　竑	张　颖	彭　朵
梁　爽	陈　颖	刘　浩	王　枭	易　威	彭　铮	陈　浩	谢　青
张　立	龚　婷	倪　煜	王　元	申　银	吴　洁	方　瑾	李　妍
陈　灯	尹　航	高　杨	淡　艾	周　涵	鲁　悦	马　攀	严　昊
解　俊	常　开	陈　铭	汪　浩	关　涛	赵　迪	劳　倩	张　煜
冯　琴	朱　颖	谢　婷	李　杨	唐　晴	杨　蝶	杨　开	陈　捷
熊　京	闫　雄	蓬　翔	沈　平	朱　丽	彭　瑶	余卫芳	胡文涛
张闻笛	张紫怡	杨宇涵	杨梓晔	宋雨缪	薛沛然	黄延鑫	白一凡
王赵劼	常一帆	梅紫暄	梁子俊	谢珺洋	赵仲杰	柴新鹏	崔玲玲
代婉怡	冯佩怡	程璐璐	陈泓旭	卓辰宇	刘峻珲	杨久傲	文俊峰
谢桂林	杨竞云	应欣男	陈叶红	胡雅倩	袁东锋	王承涛	僧茜茜
岑宸翊	余仕章	熊伯卿	吴芷静	邬凤丹	王奕乐	孙鑫淼	吴方正

续表

临床医学专业							
冀鹏飞	张菲菲	王子歌	冯程程	匡征凌	李世显	黄思昂	颜晨曦
薛树正	张博皓	冯生武	刘英美	张浩杰	陈玉琳	徐静雯	廖秋蕾
齐五一	祝淑慧	许竞林	黄洋洋	向铃燕	李滨洋	詹佳思	翁丽洁
凌富豪	何广平	任鹏宇	顾天园	王康为	向大伟	梁浩浩	陈森森
吴燕平	李梦庆	郑若冰	郑雅婷	徐丹丹	段丽娜	潘莹莹	黎顺宁
赵艳丽	田龙娇	毛江城	王泽靖	练宗沛	胡忠辉	倪明渝	黄之麟
骆一帆	殷章栋	舒建怀	廖道志	孙世傲	李嘉伟	杜海龙	陈逸飞
向澳杰	粟胜男	王慧姗	张邵哲	刘丽翠	李君妍	刘蔚珂	冯琳祎
郭瑶瑶	艾运峰	陈先进	王尹天	邓文兴	董怀俊	付嘉玮	郑焕明
李晓燕	范文璟	徐梦樊	胡晨璐	李晶芳	马卓莹	陈雨婷	张奥妮
汤芳琦	杨秀琳	韦婷婷	高英弟	柯世奇	杜元旭	可福涛	杨友涵
丁新元	林博虎	马丹龙	杨尚儒	侯雨晴	杨书彤	刘雅诗	邱丽莎
程子涵	彭欣瑶	戴卓文	袁陈文	吴梦华	王宇洁	王星媛	李仲宇
任纪浩	张少立	李浩天	郑子龙	宋世杰	张哲新	赵子越	王泽宇
向烈裔	薛广昱	吴增灿	蔡新雨	万玉婷	张念念	任瑶林	袁志洁
张嘉欣	张卓语	周泓宇	吴翰凌	付秋瑾	汪逸翔	沈振阳	陈子旋
李锦富	吴千龙	陈雨薇	王淑君	冯思雨	吴雅婷	龚雨薇	周梦玲
陈玉娟	谭映雪	樊冰倩	吕友晨	肖翔天	朱兴龙	陈亦龙	伍潘岑龙
苏比努尔·乃比江	米海古丽·吐尔逊	热孜完古·萨伍提	吐伦阿依·吐尔洪江	热依罕姑丽·吾布力	玛伊努尔·吾斯曼江	祖木来提·沙吾提江	吐尔逊古丽·居麦克
阿迪莱·阿卜杜杰力力	阿不都色买提·阿巴拜克	热依汗姑丽·吾布力喀斯木					
卫生检验与检疫专业							
熊 煜	雷 洁	刘 青	樊 诚	蔡 芊	刘 鑫	余 珊	耿 强
谭 宸	梁 熹	李 叶	喻 娇	潘 媛	张 灿	陈 坤	陈 琨
敬鑫鑫	刘成雷	李雪姣	邬晨颖	鲍叶凡	常世玉	宋天明	李杰娟
覃焱芳	蒙政尧	叶思言	王博洋	刘辰滢	卢欣瑜	陈小雪	乔宇豪
刘斌峰	姚乐静	万芙欣	李东洋	苏静怡	李雨珊	张小美	陈梦珍
向远鹏	王一鸣	毛义昊	王一鸣	禄国龙	季小琦	余明珍	周训达

续表

卫生检验与检疫专业							
蒋启超	李明元	胡晓慧	杨孟飞	黄振飞	王谊珣	任淑齐	张溯凤
杨芷若	李佳盈	曾庆涛	饶宇凌	王金威	王志优	雷晓涵	杨心洁
周逸帆	欧阳志欣	乃皮色·买买提依明					
药学专业							
汪 洋	徐 瑞	胡 月	邹 佩	张 颖	刘 瑞	卢 瑶	汤 皓
何 杰	陈 娜	陈 楠	刘 溪	任 维	邹 越	李 琴	叶 方
曹 睿	古文静	廖楚尧	赵玲玲	罗雨婷	刘佳明	朱晶丹	左浩鹏
罗林巧	刘敬龙	王思思	袁卓玉	鲍倩倩	郭宇康	黄嘉慧	陈咏婉
曾好好	陈家乐	董阳阳	艾晨杨	李晓萌	李洵平	张雪丽	刘雯琳
沈含笑	王承红	黄琦淇	李怡晨	高顺华	丘雨婷	陈雨诺	丁晓飞
陈安宁	王仪珂	王欣宇	周祺龙	柴子雪	许小飞	高玉龙	刘熙玮
马思家	丁思思	文尚攀	吴祖萍	杨帛天	谢建荣	何福琴	王运峰
刘婉晴	肖成昊天						
预防医学专业							
程 意	陈 颖	冯 雨	余 冰	洪 乐	王 力	徐 帆	许 源
杨 雪	段 喆	程 曦	马 莹	陶金鑫	刘桂梅	张宇博	李正宏
徐一鸣	王必文	彭孝成	杨泽龙	朱聪睿	钟文昊	颜晓玥	罗雨希
柏表表	李云霞	刘亦凡	肖依萱	张境静	钟凤雪	胡彪彪	李金龙
任全龙	陈树银	汪恒昌	罗天宇	杨宁涛	张梦然	严淼淼	徐淑琳
周静静	胡思源	颜莲妍	王梦瑶	王一翔	王炫蘅	张宇倩	王昌思
黄清鲜	夏勒哈尔·巴开	库努都孜阿依·米尔卡米					
艺术与设计学院							
产品设计专业							
吴 霞	党 敏	胡 缘	汤 颖	和 平	黄 汐	刘 钰	廖 望
陈 堙	周 琼	杨 旭	谢 隆	曾 洁	袁 梦	郑晓文	麦玲姿
李心爽	李梦雨	陈敏捷	陈福源	庞耀军	疏雅文	李嘉惠	李文鸣
郎佳城	浦天宇	张海峰	陈玉顺	邓逸倩	柳艺婕	范哲思	宋宛泽
全俊超	陈奎源	陈仕璐	蒋贵梅	刘冰倩	孙彬烨	卓远忠	吴建辉

续表

产品设计专业							
周泽轩	赵婕妤	魏雯萱	杨雅瑜	王怀庆	朱倩倩	张宇锋	曾文迪
张欣然	张俊杰	周紫妍	俞靖威	朱佳乐	王媛瑞	许明杰	吴思怡
魏飞燕	王孔煜	曾令栀	田朝阳	李芷璇	王梓涵	晏思芸	陶雨梦
王梦鑫	金璞玉	房星怡	孙陈鑫子				
工业设计专业							
赵　雪	曹　杰	周　闯	陈　琪	黄　毅	杨　楚	陈　丹	张婷婷
韩博建	夏天赐	敖国澄	黎树仁	陈雪怡	温雨柔	朱雨蝶	巩汉林
杨婉婷	杨子怡	曾可心	张思远	黄素贞	陶可可	林廷姝	张甜倩
罗梅锐	许文韬	斉彦霏	万美琪				
公共艺术专业							
吴　凡	王　莹	林　愿	柯　懿	曾　诚	宋　扬	汤　航	代　睿
曾仁星	朱昌敏	黄美合	陈典振	魏肖肖	赵璐瑶	薛政冕	范宁馨
聂思懿	王一鸣	李孔铃	唐靖宜	毛陈泰	薛宇帆	刘秋雨	赵兴来
安梓萌	郝乙林	马玉洁	雷天舒	袁冰钰	连培生		
环境设计专业							
汪　昆	林　明	林　杰	符　娇	冯　瑶	白　天	侯　晴	李　红
张　琦	苏　赢	张　蕙	周　玲	王　茜	荀　菲	任　可	王　惠
唐　果	陈　蕾	牛　奕	李飞越	陈妙丹	葛文康	孔令煜	陈细妹
胡敏倩	韩雨薇	贾家威	何佳语	韩宇飞	陈宇轩	窦一丹	刘诺彤
郭梦真	罗芷轩	黄逸扬	李慧玲	刘诺亚	李煜群	黄晨希	贺宇轩
付梦涵	郭雯雯	鲍钰欢	刘宇杨	方鹤霏	田正莹	魏哲浩	苏福炫
姚慧芳	吴烨涵	徐静怡	麦金超	王佳琪	吕皓龙	杨一凡	王子梦
石朝辉	宋孝廉	袁佳怡	严昕雨	陈晓婷	喻莲莲	魏蓝翼	熊孝怡
徐子寒	吕永琦	巫书涵	杨雨晴	罗长娜			
绘画专业							
苏　可	杨　宏	熊　亮	刘　潜	胡　月	张　红	覃长帅	陈瑞明
韦翠园	徐先凤	孟苏瑞	李宛齐	关梦瑶	幸子淳	葛若诗	何梦璇
王方舒	蒋清芳	刘春颖	王国忠	梁姝欣			
视觉传达设计专业							
祝　甜	田　震	刘　丫	夏　娴	吴　桐	曹　茜	陈　漠	魏云珊

续表

视觉传达设计专业							
谢洁茹	郑冰冰	池靖懿	韩佳琪	郭璐羽	周子涵	黄天怡	王思琪
吴佳佳	陈垂婕	常奉时	郑凯方	阮绮思	刘鑫炎	龚诗婕	范诗琪
廖小芳	张一凡	段敏讷	陈燕华	黄雨露	孙嘉语	王周琳	邹家琦
夏可欣	任艺洁	蒋祖毅					
资源与环境工程学院							
安全工程专业							
宋　恒	李　淼	胡　芹	黄　晴	李　其	宋　浪	邢　伟	阎　璟
叶　鹏	肖　帆	苏　旭	孔　昊	吕　游	胡　晗	唐　昊	胡　海
陈　盛	江　龙	史　俊	何景辉	吴爱佳	宋保兴	许康安	李洪杰
梁彦林	张光耀	邓韩玲	张毓凌	屈善琦	杨彩奕	余丹妮	葛慕滢
耿嘉盛	王泽黎	姚胜洋	章西贝	陈少龙	潘克生	陈有亮	梁耀匀
鲁燕山	胡广平	王笑寒	钱学育	张子龙	余顺兵	蒲昊林	潘傲澜
柯焜宝	陈俊杰	熊嘉龙	王灿荣	赵心雅	王静文	曾雨洁	郑思琪
刘津津	齐佳昕	刘芷若	张德慧	邓刘美	谭卉淇	李奥琪	熊思棋
杜良玉	李玉虎	陈天行	牛然峰	陈厚瑜	李申奥	辜良欢	王云轩
陈子航	陈汐恺	肖代明	王传昊	黄明栊	朱恒祎	张启喆	温铭杰
采矿工程专业							
张　勋	王　婷	张　琪	高　鸿	彭　棣	肖　洋	邓　朋	刘玉洁
凡雅雯	张允臻	陈安琪	高念华	何卓挺	杨绘林	翟家伟	王生华
韩志权	张浩然	徐恩杰	赵乃军	曾博涵	颜俊涛	倪世忠	董作蕴
李胜前	黄长江	史馨雅	梅城浩	李翔龙	吴皓男	白轩宇	刘凯鹏
黄嘉润	丁正洋	李成龙	杨永隆	雷焰明	黄生淼	潘玖瑜	
地理信息科学专业							
丁　云	李　奥	马　倩	李　梦	李　希	卿　亲	文　欢	蔡　畅
陈　煜	卢　傲	胡　敏	胡　执	王　韬	金　腾	李俊康	邓祖豪
陈映海	陈钦豪	王佳怡	李思婷	李雨轩	邹芮宏	张贝贝	袁晨曦
邓雨婕	向胡志	周宁波	岳思琪	谢邹玥	高湘楚	朱厚玥	朱雨欣
蔡亦雯	陈律旨	程文杰	夏伊静	程子昕	黄润悦	罗悦丹	刘明远
杜梓麒	潘启山	张正风	刘贤军	周存远	王宇航	张李洋	孙中宁
柯项泽	赵冠钧	张兴宇	邹梓杨	张百娟	刘立婷	秦贝尔	黄淑彤

续表

地理信息科学专业							
祁哲云	罗晓鸥	张傲楠	李子旋	杨昀涵	蔡锦涵	何梦柯	程冰清
肖卓茜	黄玉珊	谭志渝	吴梦颖	胡乐阳	秦志威	李程博	汤俊超
章晨睿	杨俊偎	乔琨博	余晨熙	全宏政	於圣皓	张睿翔	
环境工程专业							
胡　娟	陈　吟	刘　冰	谢　辉	姚　欣	马　平	余　杨	吕　好
陈　卓	朱　骏	王　赞	涂　颖	王　星	任　爽	文　锐	唐　正
范依龙	张继文	赵聪娇	杨晓雨	郭天晴	甘真榕	张成婷	孙明珠
郑晓玲	黄军枝	郑晓俐	王宗杰	张靖文	张耀鑫	罗锦囊	张冰辉
王祖杰	张锦涛	杨柠溢	张玉林	许善俊	周林源	孙长安	陶丽娜
徐芳琴	宋红雨	蒋欣雨	王雷蕾	匡凌荟	农培育	龚文杰	钱培逸
冯云云	陈雯雯	黎妍均	胡章容	郭娟娟	闫友科	王子阳	汪沛儒
程景颂	余凌峰	孙嘉鹏	赵子翔	陈书伦	薛浩文	王云帅	乔粤威
陶成栋	韩庆泓	黄泽龙	何颜俊	吕晨璋璺	麦尔比耶·赛皮丁	美合日班·阿卜杜外力	
矿物加工工程专业							
丁　静	谢　慧	邱　兰	袁　杰	徐　州	冉　微	谭　诚	李　奥
叶　禹	刘　鹏	徐　胜	沈　洋	胡　童	邓　治	李　乐	刘　益
陈　珍	方　言	刘　淇	李　浩	钟　欢	周　龙	黄　鹏	何　超
潘仕文	沈泽基	何雨颖	施晓杏	蓝彩琪	淡祖素	邓忠烜	翟佳辉
雷航新	翟培武	张文董	田丛众	周佳欣	付洪奇	陈思新	童凌云
牛维康	谭永平	钱伟亿	燕道映	瞿智宏	邹利耘	吴沐澍	李江峰
严黄波	刘凡星	陈智彬	林颖欣	项思敏	邢雅婷	陈婷婷	邱天旭
赵一安	刘梓立	赵益康	邱灿燚	杨晓锴	李子豪	李卓冉	金路恒
张友成	李甘明	向书文	陈永龙	吕晨洋	江焱君	吕佳铭	张子君
骆羽林	艾孜买提·艾合买提						

（本科生院　提供）

图书在版编目（CIP）数据

武汉科技大学年鉴．2023／《武汉科技大学年鉴》编辑委员会编．-- 北京：冶金工业出版社，2025．4．

ISBN 978-7-5240-0169-0

Ⅰ．G649.286.31-54

中国国家版本馆 CIP 数据核字第 20254SP069 号

武汉科技大学年鉴 2023

出版发行	冶金工业出版社	**电　　话**	(010)64027926
地　　址	北京市东城区嵩祝院北巷 39 号	**邮　　编**	100009
网　　址	www.mip1953.com	**电子信箱**	service@mip1953.com

责任编辑　曾　媛　美术编辑　彭子赫　版式设计　郑小利

责任校对　梁江风　责任印制　禹　蕊

北京捷迅佳彩印刷有限公司印刷

2025 年 4 月第 1 版，2025 年 4 月第 1 次印刷

787mm×1092mm　1/16；55.25 印张；18 彩页；1158 千字；873 页

定价 120.00 元

投稿电话　(010)64027932　投稿信箱　tougao@cnmip.com.cn

营销中心电话　(010)64044283

冶金工业出版社天猫旗舰店　yjgycbs.tmall.com

（本书如有印装质量问题，本社营销中心负责退换）